한국어의 한자 및 한문 표기 자료의 목록과 서지 5
—19세기 후반(1851년~1893년)—

한국어의 한자 및 한문 표기 자료의 목록과 서지 5

19세기 후반(1851년~1893년)

박형익

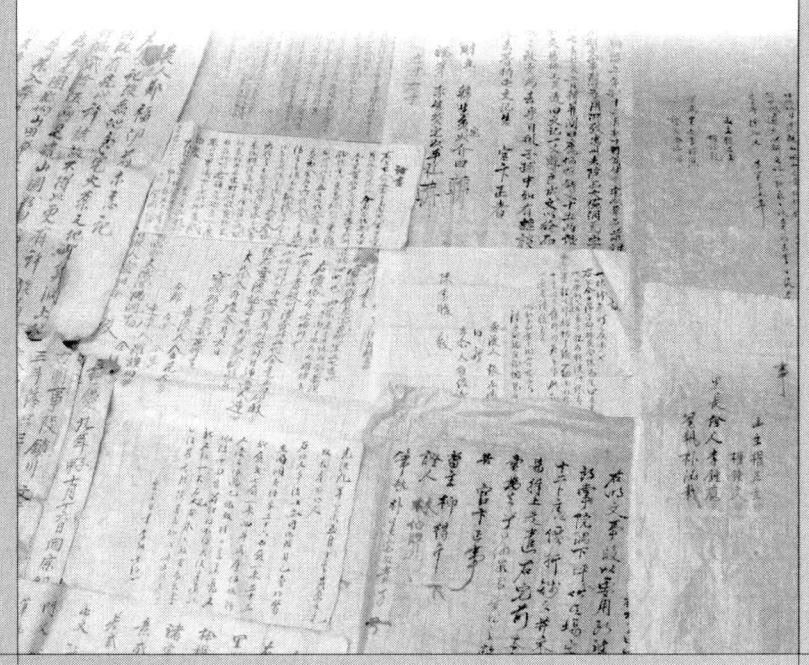

역락

1851년

<신해(辛亥). 철종 2년. 함풍(咸豊) 1년>

1851-01-01~1851-07-26. 「결속색등록(**結束色謄錄**)」 65, 병조(兵曹) 편(編). <1책 (65/107책). 102장. 필사본. 한자+이두. 조선 필사 이두 자료. 서울대학교 규장각 한국학연구원 홈페이지 1787년~1891년 낙질본 107책(1792년(건륭 57년), 1811년 (가경 16년) 하, 1816년(가경 21년), 1817년(가경 22년), 1824년(도광 4년), 1831(도 광 11년), 1871년(동치 10년), 1885년(광서 11년) 없음) 원문 이미지 보기>

1851-01-01~1851-12-30(辛亥).「전객사일기(**典客司日記**)」93, 예조(禮曹) 전객사(典 客司) 편(編). <1책(93/전99책). 117장. 필사본. 한자+이두. 조선 필사 이두 자료. 서울대학교 규장각 한국학연구원 홈페이지 원문 이미지 보기> <1640-01-22~ 1641-12-23(1)>

1851-01-02. **문장 토지매매명문**(門長土地賣買明文) 1, 전주 자필 족손 박용일(畚主自 筆族孫朴龍一). <1장. 한자+이두. 조선 필사 이두 자료. 경남 합천 용연서원 소장. 한국학중앙연구원 장서각 한국고문서자료관 홈페이지 원문 이미지 보기. 한국정 신문화연구원 편(1996) 참고>

1851-01-03. **종계 토지매매명문**(宗稧土地賣買明文), 답주 족노 정돌(畚主族奴丁乭). <1장. 한자+이두. 조선 필사 이두 자료. 경북 영해 인량 재령 이씨 충효당 소장. 한국학중앙연구원 장서각 한국고문서자료관 홈페이지 원문 이미지 보기. 한국정 신문화연구원 편(1997) 참고>

1851-01-04. **토지매매명문**(土地賣買明文),[1] 전답주 이달록(出畚主李達祿). <1장. 한자 +이두. 조선 필사 이두 자료. 전남 장성군 행주 기씨 금강 종가 소장. 호남권 한국학자료센터 홈페이지 원문 이미지와 텍스트 보기. 이재수(2003), 이수건 외 (2004) 참고>

---

1 호남권 한국학자료센터 홈페이지에서는 '1851년 이달록(李達祿) 방매(放賣) 토지매매명문(土地賣 買明文)'으로 표시하였다.

1851-01-04~1851-01-08(辛亥). 「황간현 전패작변 죄인 현원일회사문안(黃澗縣 殿牌作變罪人玄元日會查文案)」,[2] <1책. 49장. 표제는 '殿牌作變罪人玄元日會查文案'. 권수제는 '黃澗縣 殿牌作變罪人玄元日會查文案'. 한자+이두. 조선 필사 이두 자료. 서울대학교 규장각 한국학연구원 홈페이지 '奎27475'의 원문 이미지 보기> <영인본: 「각사등록」 48(충청도 보유편)(국사편찬위원회 편, 1991)>

1851-01-04~1861-01-00(辛亥~辛酉). 「수진궁등록(壽進宮謄錄)」 주(宙), 수진궁(壽進宮) 편(編). <1책(4/전5책 낙질본). 119장. 필사본. 표제는 '壽進宮謄錄'. 내제는 '(辛亥正月初四日)壽進宮謄錄'. 한자+이두 그리고 한글(42ㄱ-43ㄱ). 조선 필사 이두 자료. 서울대학교 규장각 한국학연구원 홈페이지 원문 보기> <1628-07-00~1828-07-09(地. 1/5)>

1851-01-17. **토지매매명문**(土地賣買明文), 답주 표인 안시종(畓主表人安時宗). <1장. 한자+이두. 조선 필사 이두 자료. 경북 경주시 내남면 이조리 경주 최씨·용산서원 소장. 한국학중앙연구원 장서각 한국고문서자료관 홈페이지 원문 이미지 보기. 한국정신문화연구원 편(2000) 참고>

1851-01-20. **수성 위소 표문**(水城位所標文), 종택(宗宅). <1장. 한자+이두. 조선 필사 이두 자료. 경북 안동시 수곡면 전주 류씨 삼산 종가 구장. 한국국학진흥원 소장. 한국학자료센터 영남권역센터 홈페이지 원문 이미지와 텍스트 보기. 최승희(1989), 이수건 외(2004) 참고>

1851-01-28. **박광록 토지매매명문**(朴光祿土地賣買明文), 답주 유 생원 댁 노 순갑(畓主兪生員宅奴順甲). <1장. 한자+이두. 조선 필사 이두 자료. 대전·청양 안동 김씨 삼당 후손가 소장. 한국학중앙연구원 장서각 한국고문서자료관 홈페이지 원문 이미지 보기. 박병호(1974ㄱ), 한국정신문화연구원 편(2003) 참고>

1851-01-30. **유학 조권진 토지매매명문**(幼學曺權鎭土地賣買明文), 답주 문장 유학 이수룡(畓主門長幼學李壽龍). <1장. 한자+이두. 조선 필사 이두 자료. 영암 미암 창녕 조씨 태호 후손가 소장. 호남권 한국학자료센터 홈페이지 원문 이미지 보기.

---

[2] 서울대학교 규장각 한국학연구원 홈페이지에서는 책명을 '殿牌作變罪人玄元日會查文案 전패작변죄인현원일회사문안'으로 표시하였다.

최승희(1989) 참고>

1851-01-00. **노석장 등 상서**(盧錫璋等上書), 노석장 등. <1장. 한자+이두. 조선 필사 이두 자료. 전북 남원시 대곡 장수 황씨 문중 소장. 호남권 한국학자료센터 홈페이지 원문 이미지와 텍스트 보기. 최승희(1989), 송준호(1993) 참고>

1851-01-00. **이규영 등 상서**(李奎榮等上書), 이규영 등. <1장. 한자+이두. 조선 필사 이두 자료. 전북 부안군 우반 부안 김씨 세덕각 소장. 한국학중앙연구원 장서각 한국고문서자료관 홈페이지 & 호남권 한국학자료센터 홈페이지 원문 이미지와 텍스트 보기. 박병호(1974ㄱ), 한국정신문화연구원 편(1983, 1998), 최승희(1989), 김현영(1999), 전경목(2001), 정구복(2002), 한국학중앙연구원 편(2017) 참고>

1851-01-00~1851-12-00(辛亥). 「추조결옥록(**秋曹決獄錄**)」 제76, 형조(刑曹) 편(編). <1책(7/낙질본 43). 71장. 필사본. 한자+이두. 조선 필사 이두 자료. 서울대학교 규장각 한국학연구원 홈페이지 원문 이미지 보기> <1822-01-00~1822-12-00(1/43)>

1851-02-02~1853-05-06(辛亥~癸丑). 「우포청등록(**右捕廳謄錄**)」, 포도청(捕盜廳) 편(編). <1책(6/전30책). 69장. 필사본. 표제는 '右捕廳謄錄'. 한자+이두. 조선 필사 이두 자료. 서울대학교 규장각 한국학연구원 홈페이지 원문 이미지 보기> <1807-01-13~1808-06-12(1/30)>

1851-02-12. **박업이 토지매매명문**(朴業伊土地賣買明文), 답주 양진당중(畓主養眞堂中). <1장. 한자+이두. 조선 필사 이두 자료. 대구 칠계 경주 최씨 백불암 종중 구장. 안동대학교 박물관 소장. 한국학자료센터 영남권역센터 홈페이지 원문 이미지와 텍스트 보기. 박병호(1974ㄱ), 최승희(1989), 이재수(2003), 이수건 외(2004) 참고>

1851-02-13. **족종질 유인영 송추매매명문**(族從侄劉仁永松楸賣買明文),[3] 송주 유응진(松主劉應診). <1장. 한자+이두. 조선 필사 이두 자료. 경북 예천군 감천면 강릉 유씨 벌방 종가 구장. 한국국학진흥원 소장. 한국학자료센터 영남권역센터 홈페이지 원문 이미지와 텍스트 보기. 전경목(1996), 김경숙(2002) 참고>

---

[3] 한국학자료센터 영남권역센터 홈페이지에서는 '1851년 송추(松楸0 매매 명문(明文)'으로 표시하였다.

1851-02-23. **조리철 토지매매명문**(曺理哲土地賣買明文), 갈마원 답주 권익문(葛麻員畓主權益文). <1장. 한자+이두. 조선 필사 이두 자료. 일본 경도대학 가와이문고(河合文庫) 소장. 고려대학교 해외한국학자료센터 홈페이지 원문 이미지 보기>

1851-02-26. **유위영 산송 관련 산도**(劉渭永山訟關聯山圖), 유위영. <1장. 한자+이두. 조선 필사 이두 자료. 경북 예천군 감천면 강릉 유씨 벌방 종가 구장. 한국국학진흥원 소장. 한국학자료센터 영남권역센터 홈페이지 원문 이미지와 텍스트 보기. 최연숙(2013) 참고>

1851-02-29. **최대영 단자**(崔大泳單子), 최대영. <1장. 한자+이두. 조선 필사 이두 자료. 일본 경도대학 가와이문고 소장. 고려대학교 해외한국학자료센터 홈페이지 원문 이미지 보기>

1851-02-00. **유인영 등 산송 관련 상서**(劉仁永等山訟關聯上書), 유인영 등. <1장. 한자+이두. 조선 필사 이두 자료. 경북 예천군 감천면 강릉 유씨 벌방 종가 구장. 한국국학진흥원 소장. 한국학자료센터 영남권역센터 홈페이지 원문 이미지와 텍스트 보기. 전경목(1996), 김경숙(2002) 참고>

1851-02-00. **유인영 등 산송 관련 소지**(劉仁永等山訟關聯所志), 유인영 등. <1장. 한자+이두. 조선 필사 이두 자료. 경북 예천군 감천면 강릉 유씨 벌방 종가 구장. 한국국학진흥원 소장. 한국학자료센터 영남권역센터 홈페이지 원문 이미지와 텍스트 보기. 전경목(1996), 김경숙(2002) 참고>

1851-03-11. **이광재 토지매매명문**(李光宰土地賣買明文), 전주 홍종렬(田主洪鍾烈). <1장. 한자+이두. 조선 필사 이두 자료. 제천 한수 연안 이씨 소장. 한국학중앙연구원 장서각 한국고문서자료관 홈페이지 원문 이미지 보기. 한국정신문화연구원 편(2001) 참고>

1851-03-17. **하 생원 댁 토지매매명문**(河生員宅土地賣買明文), 산지주 김창서(山地主金昌瑞). <1장. 한자+이두. 조선 필사 이두 자료. 전북대학교 박물관 소장. 호남권 한국학자료센터 홈페이지 원문 이미지와 텍스트 보기. 박병호(1974ㄱ), 이재수(2003) 참고>

1851-03-20. **형조 계목**(刑曹啓目), 형조. <1장. 점련문서. 한자+이두. 조선 필사 이두 자료. 충남 공주시 전주 이씨 숭선군파 종가 소장. 한국학중앙연구원 장서각 한국

고문서자료관 홈페이지 원문 이미지 보기>

1851-03-24. **임백열 토지매매명문**(任栢悅土地賣買明文), 전주 이행진(田主李行振). <1장. 한자+이두. 조선 필사 이두 자료. 제주 장전리 진주 강씨 강태복가 소장. 호남권 한국학자료센터 홈페이지 원문 이미지와 텍스트 보기. 최승희(1989), 고창석(2002) 참고>

1851-03-00. **김재철 등 상서**(金在轍等上書), 김재철 등. <1장. 한자+이두. 조선 필사 이두 자료. 무안 광산 김씨 모충사 소장. 호남권 한국학자료센터 홈페이지 원문 이미지 보기. 최승희(1989), 국립민속박물관 편(1991), 정구복 외(1999), 전경목 외(2006) 참고>

1851-03-00. **양세기 등 상서**(梁世基等上書), 양세기 등. <1장. 한자+이두. 조선 필사 이두 자료. 전북 부안군 우반 부안 김씨 세덕각 소장. 한국학중앙연구원 장서각 한국고문서자료관 홈페이지 & 호남권 한국학자료센터 홈페이지 원문 이미지와 텍스트 보기. 박병호(1974ㄱ), 한국정신문화연구원 편(1983, 1998), 최승희(1989), 김현영(1999), 전경목(2001), 정구복(2002), 한국학중앙연구원 편(2017) 참고>

1851-03-00. **이돈구 소지**(李敦九所志), 이돈구. <1장. 한자+이두. 조선 필사 이두 자료. 상주 연안 이씨 이만부 종가 소장. 한국학중앙연구원 장서각 한국고문서자료관 홈페이지 원문 이미지 보기>

1851-03-00. **창천리 오대집 소지**(倉川里吳大集所志), 오대집. <1장. 한자+이두. 조선 필사 이두 자료. 제주시 일도 2동 제주민속자연사박물관 소장. 호남권 한국학자료센터 홈페이지 원문 이미지와 텍스트 보기. 박병호(1974ㄱ), 최승희(1989), 정구복(2002) 참고>

1851-04-02. **김창운 수기**(金昌云手記), 수기주(手記主) 김창운. <1장. 한자+이두. 조선 필사 이두 자료. 전북대학교 박물관 소장. 호남권 한국학자료센터 홈페이지 원문 이미지와 텍스트 보기. 박병호(1974ㄱ), 이재수(2003) 참고>

1851-04-03. **영건소 유사 김대진·김행수 토지매매명문**(營建所有司金岱鎭金行壽土地賣買明文), 답주 김우수(畓主金宇壽). <1장. 한자+이두. 조선 필사 이두 자료. 안동 천전 의성 김씨 지촌 종택 소장. 한국학중앙연구원 장서각 한국고문서자료관 홈페이지 원문 이미지와 텍스트 보기. 한국정신문화연구원 편(1990) 참고>

1851-04-03. **영건소 유사 김중진·김행수 토지매매명문**(營建所有司金重鎭金行壽土地賣買明文), 답주 종손 김대진 자필(畓主宗孫金岱鎭自筆). <1장. 한자+이두. 조선 필사 이두 자료. 안동 천전 의성 김씨 지촌 종택 소장. 한국학중앙연구원 장서각 한국고문서자료관 홈페이지 원문 이미지와 텍스트 보기. 한국정신문화연구원 편(1990) 참고>

1851-04-07. **시장문기**(柴場文記),[4] 시장주 서기유(柴場主徐琦儒). <1장. 한자+이두. 조선 필사 이두 자료. 전남 영광군 염소면 원주 이씨가 구장. 광주광역시 이정옥 소장. 호남권 한국학자료센터 홈페이지 원문 이미지와 텍스트 보기. 최승희(1989), 정구복 외(1999) 참고>

1851-04-11. **유학 방준기 토지매매명문**(幼學房濬箕土地賣買明文), 오현상(吳顯常). <1장. 한자+이두. 조선 필사 이두 자료. 남원·구례 삭녕 최씨 구장. 한국학중앙연구원 장서각 한국고문서자료관 홈페이지 원문 이미지 보기. 한국정신문화연구원 편(2004) 참고>

1851-04-13. **충청도 관찰사 관**(忠淸都觀察使關), 충청도 관찰사. <1장. 한자+이두. 조선 필사 이두 자료. 충남 공주시 전주 이씨 숭선군파 종가 소장. 한국학중앙연구원 장서각 한국고문서자료관 홈페이지 원문 이미지 보기>

1851-04-30~1852-07-00(辛亥~壬子). 「황해감영 장계등록(**黃海監營狀啓謄錄**)」 10, 비변사(備邊司) 편(編). <1책(10/전22책). 219장. 필사본. 표제는 '黃海監營啓錄'. 권수제는 '(咸豊元年三月 日)黃海監司洪等眷變狀 啓謄錄'. 한자+이두. 조선 필사 이두 자료. 서울대학교 규장각 한국학연구원 홈페이지 '奎15107-v.10' 원문 이미지 보기> <영인본: 「각사등록」 23(황해도편 2)(국사편찬위원회 편, 1986)> <1832-07-02~1832-12-30(1/22), 1898-12-00~1899-06-00(22/22)>

1851-04-00. **수성동 거민 등장**(守城洞居民等狀), 수성동 거민. <1장. 한자+이두. 조선 필사 이두 자료. 경북 경주시 안강읍 옥산리 여주 이씨 장산서원·치암 종택 구장. 한국학중앙연구원 장서각 한국고문서자료관 홈페이지 원문 이미지 보기. 한국정

---

[4] 호남권 한국학자료센터 홈페이지에서는 '1851년 서기유(徐琦儒) 방매(放賣) 시장문기(柴場文記)'로 표시하였다.

신문화연구원 편(2003) 참고>

1851-04-00. **유경량 소지**(柳慶亮所志), 유경량. <1장. 한자+이두. 조선 필사 이두 자료. 전북 담양군 모현관 소장. 호남권 한국학자료센터 홈페이지 원문 이미지와 텍스트 보기. 최승희(1989), 정구복 외(1999) 참고>

1851-04-00. **유정환 등 소지**(柳正煥等所志), 유정환 등. <1장. 한자+이두. 조선 필사 이두 자료. 전북 담양군 모현관 소장. 호남권 한국학자료센터 홈페이지 원문 이미지와 텍스트 보기>

1851-04-00. **유정환 소지**(柳正煥所志), 유정환. <1장. 한자+이두. 조선 필사 이두 자료. 전북 담양군 모현관 소장. 호남권 한국학자료센터 홈페이지 원문 이미지와 텍스트 보기. 최승희(1989), 정구복 외(1999) 참고>

1851-04-00. **장흥고 공상지 공인권 매매명문**(長興庫供上紙貢人權賣買明文),[5] 재주 이취선(財主異就善). <1장. 한자+이두. 조선 필사 이두 자료. 일본 경도대학 가와이 문고 소장. 고려대학교 해외한국학자료센터 홈페이지 원문 이미지 보기>

1851-04-00. **최철효 등 등장**(崔喆孝等等狀), 최철효 등. <1장. 한자+이두. 조선 필사 이두 자료. 남원·구례 삭녕 최씨 구장. 한국학중앙연구원 장서각 한국고문서자료관 홈페이지 원문 이미지 보기. 한국정신문화연구원 편(2004) 참고>

1851-04-00. **최철효·최우윤 등 소지**(崔喆孝崔遇贇等所志) 1, 최철효·최우윤 등. <1장. 한자+이두. 조선 필사 이두 자료. 남원·구례 삭녕 최씨 구장. 한국학중앙연구원 장서각 한국고문서자료관 홈페이지 원문 이미지 보기. 한국정신문화연구원 편(2004) 참고>

1851-04-00. **최철효·최우윤 등 소지**(崔喆孝崔遇贇等所志) 2, 최철효·최우윤 등. <1장. 한자+이두. 조선 필사 이두 자료. 남원·구례 삭녕 최씨 구장. 한국학중앙연구원 장서각 한국고문서자료관 홈페이지 원문 이미지 보기. 한국정신문화연구원 편(2004) 참고>

1851-05-03. **수표**(手標),[6] 송주 유학 한명화(松主幼學韓明和). <1장. 한자+이두. 조선

---

5   고려대학교 해외한국학자료센터 홈페이지에서는 '1851년 이취선(異就善) 방매 장흥고(長興庫) 공상지(供上紙) 공인권(貢人權) 매매명문(賣買明文)'으로 표시하였다.

필사 이두 자료. 전남 영광군 입석 영월 신씨 소장. 한국학중앙연구원 장서각 한국고문서자료관 홈페이지 원문 이미지와 텍스트 보기. 한국정신문화연구원 편(1996) 참고>

1851-05-03. **유학 서신유 시장매매명문**(幼學徐信儒柴場賣買明文), 시장주 유학 이종찬(柴場主幼學伊種粲). <1장. 한자+이두. 조선 필사 이두 자료. 원주시 무릉박물관 소장. 한국학자료센터 강원권역센터 홈페이지 원문 이미지 보기. 최승희(1989), 전경목(2010), 채현경(2011), 박준호(2016) 참고>

1851-05-00. **최철효 등 상서**(崔喆孝等上書), 최철효 등. <1장. 한자+이두. 조선 필사 이두 자료. 남원·구례 삭녕 최씨 구장. 한국학중앙연구원 장서각 한국고문서자료관 홈페이지 원문 이미지 보기. 한국정신문화연구원 편(2004) 참고>

1851-06-03. **박 생원 토지매매명문**(朴生員土地賣買明文),[7] 답주 자필 김양신(畓主自筆金良臣). <1장. 한자+이두+한글. 조선 필사 이두 자료. 전남 보성군 박실 제주 양씨가 구장. 원광대학교 박물관 소장. 호남권 한국학자료센터 홈페이지 원문 이미지와 텍스트 보기. 박병호(1974ㄱ), 이재수(2003) 참고>

1851-07-28. **족형 신재정 토지매매명문**(族兄愼在正土地賣買明文), 답주 자필 족제 신재순(畓主自筆族弟愼在淳). <1장. 한자+이두. 조선 필사 이두 자료. 경남 거창 장기 거창 신씨가 소장. 한국학중앙연구원 장서각 한국고문서자료관 홈페이지 원문 이미지 보기. 한국학중앙연구원 편(2005) 참고>

1851-07-00. **남궁규 소지**(南宮珪所志), 남궁규. <1장. 한자+이두. 조선 필사 이두 자료. 전북 담양군 모현관 소장. 호남권 한국학자료센터 홈페이지 원문 이미지와 텍스트 보기. 최승희(1989), 정구복 외(1999) 참고>

1851-07-00. **최백효 차첩**(崔百孝差帖), 태인 현감(泰仁縣監). <1장. 한자+이두. 조선 필사 이두 자료. 전북 김제시 행촌 최완덕 구장. 전북대학교 박물관 소장. 호남권 한국학자료센터 홈페이지 원문 이미지와 텍스트 보기. 최승희(1989) 참고>

6 　한국학중앙연구원 장서각 한국고문서자료관 홈페이지에서는 '1851년 유학(幼學) 한명화(韓明和), 신항일(辛恒一) 수표(手標)'로 표시하였다.

7 　호남권 한국학자료센터 홈페이지에서는 '1851년 김양신(金良臣) 방매(放賣) 토지매매명문(土地賣買明文)'으로 표시하였다.

1851-08-01~1851-12-00. 「결속색등록(結束色謄錄)」 66, 병조(兵曹) 편(編). <1책(66/ 낙질본 107책). 141장. 필사본. 권수제는 '(咸豊元年辛亥卜)結束色謄錄'. 한자+이 두. 조선 필사 이두 자료. 서울대학교 규장각 한국학연구원 홈페이지 1787 년~1891년 낙질본 107책(1792년(건륭 57년), 1811년(가경 16년) 하, 1816년(가경 21년), 1817년(가경 22년), 1824년(도광 4년), 1831년(도광 11년), 1871년(동치 10년), 1885년(광서 11년) 없음) 원문 이미지 보기>

1851-08-22. **오치풍 전령**(吳致豊傳令), 금위대장(禁衛大將). <1장. 한자+이두. 조선 필사 이두 자료. 경기도 안성 해주 오씨 오치풍 후손가 소장. 한국학중앙연구원 장서각 한국고문서자료관 홈페이지 원문 이미지 보기>

1851-08-29 추정. **독락당 완문**(獨樂堂完文), 감영(監營). <1장. 한자+이두. 조선 필사 이두 자료. 경북 경주시 안강읍 옥산리 여주 이씨 독락당 소장. 한국학중앙연구원 장서각 한국고문서자료관 홈페이지 원문 이미지 보기. 한국정신문화연구원 편 (2003) 참고>

1851-08-00. **송학 등 품목**(宋㵢等稟目), 송학 등. <1장. 한자+이두. 조선 필사 이두 자료. 전남 장성군 행주 기씨 금강 종가 소장. 호남권 한국학자료센터 홈페이지 원문 이미지와 텍스트 보기. 김경숙(2008), 국사편찬위원회 편(2009) 참고>

1851-윤8-06. **김 노 고맹 토지매매명문**(金奴故孟土地賣買明文), 답주 김세량(畓主金世良). <1장. 한자+이두+한글. 조선 필사 이두 자료. 전남 보성군 박실 제주 양씨가 구장. 원광대학교 박물관 소장. 호남권 한국학자료센터 홈페이지 원문 이미지와 텍스트 보기. 박병호(1974ㄱ), 최승희(1989), 이재수(2003) 참고>

1851-윤8-12. 「**진주목 완문**(晉州牧完文)」, 진주목. <1책. 7장. 한자+이두. 조선 필사 이두 자료. 경남 고성 옥천사 보장각 소장. 한국학중앙연구원 장서각 한국고문서 자료관 홈페이지 원문 이미지 보기>

1851-윤8-25 추정. **경주부 첩**(慶州府帖), 경주부. <1장. 한자+이두. 조선 필사 이두 자료. 경북 경주시 안강읍 옥산리 여주 이씨 독락당 소장. 한국학중앙연구원 장서 각 한국고문서자료관 홈페이지 원문 이미지 보기. 한국정신문화연구원 편(2003) 참고>

1851-윤8-00. **강일대 처 임심 소지**(姜日大妻壬心所志), 임심. <1장. 한자+이두. 조선

필사 이두 자료. 경북 영해 인량 재령 이씨 충효당 소장. 한국학중앙연구원 장서각 한국고문서자료관 홈페이지 원문 이미지 보기. 한국학중앙연구원 편(2008) 참고>

1851-윤8-00. **국용헌 도형**(鞠龍憲圖形), 국용헌. <1장. 한자+이두. 조선 필사 이두 자료. 전북 고창 석호 담양 국씨가 구장. 전북대학교 박물관 소장. 호남권 한국학 자료센터 홈페이지 원문 이미지와 텍스트 보기. 박병호(1974ㄱ), 최승희(1989), 정구복 외(1999) 참고>

1851-09-17~1851-12-29(辛亥).「평안감영계록(平安監營啓錄)」22, 비변사(備邊司) 편(編). <1책(22/전37책). 128장. 필사본. 표제는 '各道啓錄'. 한자+이두. 조선 필사 이두 자료. 서울대학교 규장각 한국학연구원 홈페이지 원문 이미지 보기> <영인본:「각사등록」31(평안도편 3)(국사편찬위원회 편, 1988)> <1830-08-12~1830-12-30(1/37)>

1851-09-23~1851-09-29(함풍 원년 辛亥).「우포청등록(右捕廳謄錄)」상(上), 포도청(捕盜廳) 편(編). <1책(7/전30책). 57장. 필사본. 표제는 '右捕廳謄錄上'. 한자+이두. 신해 해서 옥사(辛亥海西獄事)에 관한 내용을 기록. 조선 필사 이두 자료. 서울대학교 규장각 한국학연구원 홈페이지 원문 이미지 보기> <1807-01-13~1808-06-12(1/30)>

1851-09-23~1851-10-27.「좌포청등록(左捕廳謄錄)」8, 포도청(捕盜廳) 편(編). <1책(8/전18책). 101장. 필사본. 내제는 '左右捕盜廳'. 표제는 '左捕廳謄錄'. 한자+이두. 조선 필사 이두 자료. 한국학연구원 홈페이지 낙질본 원문 이미지 보기> <1775-06-14~1775-윤10-29(1/18)>

1851-09-00.「검투(檢套)」,[8] 편자 미상. <1책. 34장. 필사본. 표제는 '辛亥九月 日 檢套'. 내제는 '檢套'. 권수제는 '辛亥九月 日上西面淨塘里致死男人郭大坤初覆檢文案'. 한자+이두. 조선 필사 이두 자료. 서울대학교 규장각 한국학연구원 홈페이지 원문 이미지 보기>

1851-09-00. **남궁갑 소지**(南宮鉀所志), 남궁갑. <1장. 한자+이두. 조선 필사 이두

---

[8] 서울대학교 규장각 한국학연구원 홈페이지에서는 책명을 '檢套'로 표시하였다.

자료. 전북 담양군 모현관 소장. 호남권 한국학자료센터 홈페이지 원문 이미지와 텍스트 보기. 최승희(1989), 정구복 외(1999) 참고>

1851-09-00. **이건모 등 소지**(李建模等所志), 이건모 등. <1장. 한자+이두. 조선 필사 이두 자료. 경북 성주 명곡 벽진 이씨 완석정 종택 소장. 한국학중앙연구원 장서각 한국고문서자료관 홈페이지 원문 이미지 보기. 한국학중앙연구원 편(2009) 참고>

1851-09-00. **장흥고 공상지 공인권 매매명문**(長興庫供上紙貢人權賣買明文),[9] 재주 최 경(財主崔熴). <1장. 한자+이두. 조선 필사 이두 자료. 일본 경도대학 가와이문고 소장. 고려대학교 해외한국학자료센터 홈페이지 원문 이미지 보기>

1851-10-06. **유학 오현풍 토지매매명문**(幼學吳顯豊土地賣買明文), 답주 종유사 유학 최석륜(畓主宗有司幼學崔錫崙). <1장. 한자+이두. 조선 필사 이두 자료. 남원·구례 삭녕 최씨 구장. 한국학중앙연구원 장서각 한국고문서자료관 홈페이지 원문 이미지 보기. 한국정신문화연구원 편(2004) 참고>

1851-10-09~1851-10-15(함풍 원년). 「우포청등록(右捕廳謄錄)」하(下), 포도청(捕盜 廳) 편(編). <1책(8/전30책). 58장. 필사본. 표제는 '右捕廳謄錄下'. 한자+이두. 신해 해서 옥사(辛亥海西獄事)에 관한 내용을 기록. 조선 필사 이두 자료. 서울대학교 규장각 한국학연구원 홈페이지 원문 이미지 보기> <1807-01-13~1808-06-12 (1/30)>

1851-10-21. **문장 토지매매명문**(門長土地賣買明文) 2, 전주 족말 박지림(畓主族末朴之 林). <1장. 한자+이두. 조선 필사 이두 자료. 경남 합천 용연서원 소장. 한국학중 앙연구원 장서각 한국고문서자료관 홈페이지 원문 이미지 보기. 한국정신문화연 구원 편(1996) 참고>

1851-10-23. **유학 김연종 토지매매명문**(幼學金連宗土地賣買明文), 답주 유학 이한옥 (畓主幼學李汗玉). <1장. 한자+이두+한글. 조선 필사 이두 자료. 전남 보성군 박실 제주 양씨가 구장. 원광대학교 박물관 소장. 호남권 한국학자료센터 홈페이

---

[9] 고려대학교 해외한국학자료센터 홈페이지에서는 '1851년 최경(崔熴) 방매 장흥고(長興庫) 공상지 (供上紙) 공인권(貢人權) 매매명문(賣買明文)'으로 표시하였다.

지 원문 이미지와 텍스트 보기. 박병호(1974ㄱ), 최승희(1989), 이재수(2003) 참고>

1851-10-28. **금장리 동원 토지매매명문**(錦帳里洞員土地賣買明文),[10] 답주 자필 유학 양익모(畓主自筆幼學梁益模). <1장. 한자+이두. 조선 필사 이두 자료. 전남 순천 황전 경주 정씨가 구장. 광주광역시 이정옥 소장. 호남권 한국학자료센터 홈페이지 원문 이미지와 텍스트 보기. 최승희(1989) 참고>

1851-10-00. **순화궁 수본**(順和宮手本), 순화궁. <1장. 한자+이두+한글. 조선 필사 이두 자료. 한국학중앙연구원 장서각 한국고문서자료관 홈페이지 원문 이미지와 텍스트 보기. 한국정신문화연구원 편(1992) 참고>

1851-10-00. **예조 완문**(禮曹完文), 예조. <1장. 한자+이두. 조선 필사 이두 자료. 경북 성주군 초전면 월곡 1리 벽진 이씨 명암 고택 구장. 한국국학진흥원 소장. 한국학자료센터 영남권역센터 홈페이지 원문 이미지와 텍스트 보기. 김성갑(2013) 참고>

1851-11-02. **문장 토지매매명문**(門長土地賣買明文) 3, 답주 자필 족손 박시민(畓主自筆族孫朴時攽). <1장. 한자+이두. 조선 필사 이두 자료. 경남 합천 용연서원 소장. 한국학중앙연구원 장서각 한국고문서자료관 홈페이지 원문 이미지 보기. 한국정신문화연구원 편(1996) 참고>

1851-11-07. **이기덕 다짐**(李基德侤音), 이기덕. <1장. 한자+이두. 조선 필사 이두 자료. 경북 성주 명곡 벽진 이씨 완석정 종택 소장. 한국학중앙연구원 장서각 한국고문서자료관 홈페이지 원문 이미지 보기. 한국학중앙연구원 편(2009) 참고>

1851-11-11. **김병헌 고목**(金炳憲告目), 예리 신계환(禮吏辛啓煥). <1장. 한자+이두. 조선 필사 이두 자료. 전북 부안군 우반 부안 김씨 세덕각 소장. 한국학중앙연구원 장서각 한국고문서자료관 홈페이지 & 호남권 한국학자료센터 홈페이지 원문 이미지와 텍스트 보기. 한국정신문화연구원 편(1983, 1998), 한국학중앙연구원 편(2017) 참고>

---

10 호남권 한국학자료센터 홈페이지에서는 '1851년 양익모(梁益模) 방매(放賣) 토지매매명문(土地賣買明文)'으로 표시하였다.

1851-11-15. **서악서원 통문**(西岳書院通文), 서악서원. <1장. 한자+이두. 조선 필사 이두 자료. 경북 경주시 내남면 이조리 경주 최씨·용산서원 소장. 한국학중앙연구원 장서각 한국고문서자료관 홈페이지 원문 이미지 보기. 한국정신문화연구원 편(2000) 참고>

1851-11-22. **유학 양기호 토지매매명문**(幼學梁基浩土地賣買明文), 답주 김창원(畓主金昌元). <1장. 한자+이두+한글. 조선 필사 이두 자료. 전남 보성군 박실 제주 양씨가 구장. 원광대학교 박물관 소장. 호남권 한국학자료센터 홈페이지 원문 이미지와 텍스트 보기. 박병호(1974ㄱ), 최승희(1989), 이재수(2003) 참고>

1851-11-25~1852-04-08. 「(함풍 2년 임자 상)결속색등록(**咸豊二年壬子上 結束色謄錄**)」, 병조(兵曹) 편(編). <1책(67). 125장. 필사본. 한자+이두. 조선 필사 이두 자료. 서울대학교 규장각 한국학연구원 홈페이지 1787년~1891년 낙질본 107책(1792년(건륭 57년), 1811년(가경 16년) 하, 1816년(가경 21년), 1817년(가경 22년), 1824년(도광 4년), 1831(도광 11년), 1871(동치 10년), 1885년(광서 11년) 없음) 원문 이미지 보기>

1851-11-30. **재종제 현달 토지매매명문**(再從弟顯達土地賣買明文), 답주 재종형 현백(畓主再從兄顯白). <1장. 한자+이두. 조선 필사 이두 자료. 전북 정읍시 동학농민혁명기념관 소장. 호남권 한국학자료센터 홈페이지 원문 이미지와 텍스트 보기. 박병호(1974ㄱ), 이재수(2003) 참고>

1851-11-00. **유경인 등 소지**(柳慶寅等所志) 1, 유경인 등. <1장. 한자+이두. 조선 필사 이두 자료. 전북 담양군 모현관 소장. 호남권 한국학자료센터 홈페이지 원문 이미지와 텍스트 보기. 최승희(1989), 정구복 외(1999) 참고>

1851-11-00. **유경인 등 소지**(柳慶寅等所志) 2, 유경인 등. <1장. 한자+이두. 조선 필사 이두 자료. 전북 담양군 모현관 소장. 호남권 한국학자료센터 홈페이지 원문 이미지와 텍스트 보기. 최승희(1989), 정구복 외(1999) 참고>

1851-11-00. **유정환 등 상서**(柳正煥等上書) 1, 유정환 등. <1장. 한자+이두. 조선 필사 이두 자료. 전북 담양군 모현관 소장. 호남권 한국학자료센터 홈페이지 원문 이미지와 텍스트 보기. 최승희(1989), 정구복 외(1999) 참고>

1851-11-00. **유정환 등 상서**(柳正煥等上書) 2, 유정환 등. <1장. 한자+이두. 조선

필사 이두 자료. 전북 담양군 모현관 소장. 호남권 한국학자료센터 홈페이지 원문 이미지와 텍스트 보기. 최승희(1989), 정구복 외(1999) 참고>

1851-11-00. **유학 문병화 등 상서**(幼學文秉華等上書), 문병화 등. <1장. 한자+이두. 조선 필사 이두 자료. 전남 영암군 장암 남평 문씨 문창집 소장. 한국학중앙연구원 장서각 한국고문서자료관 홈페이지 원문 이미지와 텍스트 보기. 한국정신문화연구원 편(1995) 참고>

1851-11-00. **이구운 등 발괄**(李久運等白活), 이구운 등. <1장. 한자+이두. 조선 필사 이두 자료. 경북 칠곡 석전 광주 이씨 구장. 한국학중앙연구원 장서각 한국고문서자료관 홈페이지 원문 이미지 보기. 한국학중앙연구원 편(2009) 참고>

1851-11-00. **임원식 가사매매명문**(林元植家舍賣買明文), 재주 최필문(財主崔必聞). <1장. 한자+이두. 조선 필사 이두 자료. 한국학중앙연구원 장서각 한국고문서자료관 홈페이지 원문 이미지와 텍스트 보기. 한국정신문화연구원 편(1992) 참고>

1851-12-05. **계장 유학 이기직 토지매매명문**(禊丈幼學李基直土地賣買明文),[11] 답주 유학 안엽(畓主幼學安㷌). <1장. 한자+이두. 조선 필사 이두 자료. 전남 보성군 택촌 죽산 안씨 은봉 종가 소장. 호남권 한국학자료센터 홈페이지 원문 이미지와 텍스트 보기. 김현영(2003), 이재수(2003) 참고>

1851-12-07. **만계 종중 토지매매명문**(灣溪宗中土地賣買明文), 답주 노유암 종유사 유학 최형구·최정구(畓主露濡菴宗有司幼學崔炯九崔貞九). <1장. 한자+이두. 조선 필사 이두 자료. 남원·구례 삭녕 최씨 구장. 한국학중앙연구원 장서각 한국고문서자료관 홈페이지 원문 이미지 보기. 한국정신문화연구원 편(2004) 참고>

1851-12-10. **서계 시장문기**(書禊柴場文記), 시장주 유학 신항신(柴場主幼學辛恒愼). <1장. 한자+이두. 조선 필사 이두 자료. 전남 영광군 입석 영월 신씨 소장. 한국학중앙연구원 장서각 한국고문서자료관 홈페이지 원문 이미지와 텍스트 보기. 한국정신문화연구원 편(1996) 참고>

1851-12-11. **표종형 김하진 토지매매명문**(表從兄金夏鎭土地賣買明文), 전주 자필 내

---

11 호남권 한국학자료센터 홈페이지에서는 '1851년 계(禊) 토지매매명문(土地賣買明文)'으로 표시하였다.

종제 김용갑(田主自筆內從弟金龍甲). <1장. 한자+이두. 조선 필사 이두 자료. 안동 천전 의성 김씨 지촌 종택 소장. 한국학중앙연구원 장서각 한국고문서자료관 홈페이지 원문 이미지와 텍스트 보기. 한국정신문화연구원 편(1990) 참고>

1851-12-12. **지산 영건소 유사 토지매매명문**(芝山營建所有司土地賣買明文), 답주 김성진(畓主金誠鎭). <1장. 한자+이두. 조선 필사 이두 자료. 안동 천전 의성 김씨 지촌 종택 소장. 한국학중앙연구원 장서각 한국고문서자료관 홈페이지 원문 이미지와 텍스트 보기. 한국정신문화연구원 편(1990) 참고>

1851-12-17. **토지매매명문**(土地賣買明文),[12] 답주 김석규(畓主金碩圭). <1장. 한자+이두. 조선 필사 이두 자료. 전북대학교 박물관 소장. 호남권 한국학자료센터 홈페이지 원문 이미지와 텍스트 보기. 박병호(1974ㄱ), 최승희(1989), 이재수(2003), 박준호(2004), 전경목 외(2006) 참고>

1851-12-20. **김계갑 토지매매명문**(金啓甲土地賣買明文),[13] 전주 한량 박기조(田主閑良朴基祚). <1장. 한자+이두. 조선 필사 이두 자료. 경북 영양군 영양읍 삼지리 한양 조씨 하담 고택 구장. 한국국학진흥원 소장. 한국학자료센터 영남권역센터 홈페이지 원문 이미지와 텍스트 보기. 박병호(1974ㄱ), 최승희(1989), 이재수(2003) 참고>

1851-12-20. **유학 박광은 토지매매명문**(幼學朴光殷土地賣買明文), 답주 박영대(畓主朴英大). <1장. 한자+이두. 조선 필사 이두 자료. 전북대학교 박물관 소장. 호남권 한국학자료센터 홈페이지 원문 이미지와 텍스트 보기. 최승희(1989), 정구복 외(1999), 이재수(2003) 참고>

1851-12-20. **주촌 당중 토지매매명문**(周村堂中土地賣買明文), 답주 조우술(畓主趙又述). <1장. 한자+이두. 조선 필사 이두 자료. 경북 안동시 주촌 진성 이씨 경류정 구장. 서울역사박물관 소장. 한국학중앙연구원 장서각 한국고문서자료관 홈페이지 원문 이미지와 텍스트 보기. 한국정신문화연구원 편(1999) 참고>

---

[12] 호남권 한국학자료센터 홈페이지에서는 '1851년 김석규(金碩圭) 방매 토지매매명문(土地賣買明文)'으로 표시하였다.

[13] 한국학자료센터 영남권역센터 홈페이지에서는 '1851년 박기조(朴基祚) 토지매매명문(土地賣買明文)'으로 표시하였다.

1851-12-20. **조 생원 토지매매명문**(趙生員土地賣買明文),[14] 전주 자필 황일성(黃日成)<1장. 한자+이두. 조선 필사 이두 자료. 경북 영양군 영양읍 삼지리 한양 조씨 하담 고택 구장. 한국국학진흥원 소장. 한국학자료센터 영남권역센터 홈페이지 원문 이미지와 텍스트 보기. 박병호(1974ㄱ), 최승희(1989), 이재수(2003) 참고>

1851-12-24. **시장문기**(柴場文記), 시장주 동몽 신응록(柴場主童蒙辛應祿). <1장. 한자+이두. 조선 필사 이두 자료. 전남 영광군 입석 영월 신씨 소장. 한국학중앙연구원 장서각 한국고문서자료관 홈페이지 원문 이미지와 텍스트 보기. 한국정신문화연구원 편(1996) 참고>

1851-12-00. **김일택 등 소지**(金馹澤等所志), 김일택 등. <1장. 한자+이두. 조선 필사 이두 자료. 전북 고창·고부 광산 김씨 소장. 한국학중앙연구원 고문서자료관 홈페이지 원문 이미지 보기. 한국학중앙연구원 편(2009) 참고>

1851-00-00. 「가례도감의궤(**嘉禮都監儀軌**)」,[15] 가례도감 편. <2책. 283장+162장. 필사본. 표제는 '(咸豊元年辛亥閏八月 日 哲宗二年)嘉禮都監儀軌'. 권수제는 '嘉禮都監儀軌'. 한자+이두. 조선 필사 이두 자료. 한국학중앙연구원 디지털장서각 홈페이지 'K2-2598' 원문 이미지와 텍스트 보기>

1851-00-00. **김만욱·서천탕 다짐**(金萬旭徐千畓侤音), 김만욱·서천탕. <1장. 점련문서. 한자+이두. 조선 필사 이두 자료. 경남 고성 옥천사 보장각 소장. 한국학중앙연구원 장서각 한국고문서자료관 홈페이지 원문 이미지 보기>

1851-00-00. 「대왕대비전 왕대비전 대비전존숭도감의궤(**大王大妃殿 王大妃殿 大妃殿尊崇都監儀軌**)」,[16] 존숭도감 편. <1책. 153장. 필사본. 표제는 '(咸豊元年辛亥六月 日 哲宗二年)尊崇都監儀軌 全'. 권수제는 '(咸豊元年辛亥 六月 日)大王大妃殿王大妃殿大

---

14 한국학자료센터 영남권역센터 홈페이지에서는 '1851년 황일성(黃日成) 토지매매명문(土地賣買明文)'으로 표시하였다.

15 한국학중앙연구원 디지털장서각 홈페이지에서는 서명을 '[철종철인왕후]가례도감의궤[哲宗哲仁王后]嘉禮都監儀軌)'로 적었다.

16 한국학중앙연구원 디지털장서각 홈페이지에서는 서명을 '대왕대비왕대비대비전존숭도감의궤(大王大妃王大妃大妃殿尊崇都監儀軌)'로 '殿'을 빼고 붙여 썼다.

妃殿尊崇都監儀軌'. 한자+이두. 조선 필사 이두 자료. 한국학중앙연구원 장서각 소장. 한국학중앙연구원 한국학 디지털 아카이브 홈페이지 원문 이미지와 텍스트 보기>

1851-00-00. 「대왕대비전 왕대비전 대비전존숭도감의궤(**大王大妃殿 王大妃殿 大妃殿尊崇都監儀軌**)」,[17] 존숭도감 편. <1책. 152장. 필사본. 표제는 '咸豊 年壬子六月 日 太白山上尊崇都監儀軌全'. 권수제는 '(咸豊元年辛亥六月 日)大王大妃殿 王大妃殿 大妃殿尊崇都監儀軌'. 한자+이두. 조선 필사 이두 자료. 서울대학교 규장각 한국학연구원 의궤 종합정보 홈페이지 '奎13385' 원문 이미지 보기>

1851-00-00. 「동문고략(**同文考略**)」 1~15, 사역원(司譯院) 찬술(撰述). <15책. 금속활자본. 예각 인서체자본. 「동문휘고(同文彙考)」의 열람 편의를 위하여 펴낸 책. 중국과 일본과의 외교 문서집. 이문 자료. 서울대학교 규장각 한국학연구원 & 일본 동양문고 소장. 서울대학교 규장각 한국학연구원 홈페이지 권4, 9, 15가 없는 낙질본 원문 이미지 보기. 박형익(2024: 132-133) 참고> <이본: 1881-00-00(「동문고략속(同文考略續)」>

1851-00-00. 「부묘도감의궤(**祔 廟都監儀軌**)」[18] 권하, 부묘도감 편. <1책/전2책. 123장. 필사본. 낙장본. 표제는 '咸豊 年壬子六月 日 哲宗三年祔 廟都監儀軌 下'. 권수제는 '(咸豊元年辛亥六月 日)祔 廟都監 房儀軌 下'. 한자+이두. 조선 필사 이두 자료. 한국학중앙연구원 디지털장서각 홈페이지 'K2-2244' 원문 이미지와 텍스트 보기>

1851-00-00. **조흘첩**(照訖帖), 조흘소(照訖所). <1장. 한자+이두. 조선 인쇄 이두 자료. 경기도 용인시 오산 해주 오씨 추탄 종가 구장. 한국학중앙연구원 장서각 한국고문서자료관 홈페이지 원문 이미지와 텍스트 보기. 한국정신문화연구원 편(1998) 참고>

1851-00-00. 「철종철인왕후가례도감의궤(**哲宗哲仁王后嘉禮都監儀軌**)」, 가례도감

---

[17] 서울대학교 규장각 한국학연구원 의궤 종합정보 홈페이지에서는 서명을 표제나 권수제와는 달리 '순원왕후신정왕후효정왕후존숭도감의궤(純元王后神貞王后孝定王后尊崇都監儀軌)'로 적었다.

[18] 한국학중앙연구원 디지털장서각 홈페이지에서는 서명을 '[정종대왕]부묘도감의궤,[헌종대왕효현왕후]부묘도감의궤([正宗大王]祔廟都監儀軌,[憲宗大王孝顯王后]祔廟都監儀軌)'로 적었다. 그리고 '상세정보'의 '서지사항'에서는 표지 서명은 '宗廟都監儀軌'이라고 잘못 설명하였다.

편. <2책. 필사본. 서울대학교 규장각 한국학연구원 의궤 종합정보 홈페이지 원문 이미지 보기>

1851-00-00.「헌종대왕국휼등록(憲宗大王國恤謄錄)」, 예조 계제사 전향사(禮曹稽制司典享司). <4책. 필사본. 한자+이두. 조선 필사 이두 자료. 한국학중앙연구원 디지털장서각 홈페이지 원문 이미지 보기>

1851-00-00.「헌종대왕 효현왕후부 묘도감의궤(憲宗大王 孝顯王后祔 廟都監儀軌)」[19] 상·하, 부묘도감 편. <2권 2책. 206장+123장. 필사본. 상권의 표제는 '(咸豊二年壬子 六月 日 宗廟上祔 廟都監儀軌 上'. 권수제는 '(咸豊元年辛亥六月 日)憲宗大王 孝顯王后 祔 廟都監儀軌'. 한자+이두. 조선 필사 이두 자료. 한국학중앙연구원 디지털장서각 홈페이지 'K2-2269' 원문 이미지 보기>

1851-00-00.「헌종대왕 효현왕후 부묘도감의궤(憲宗大王 孝顯王后祔 廟都監儀軌)」[20] 상·하, 부묘도감 편. <2책. 206장+121장. 필사본. 상권의 표제는 '祔 廟都監儀軌 上'. 권수제는 '(咸豊元年辛亥六月 日)憲宗大王孝顯王后祔 廟都監儀軌'. 한자+이두. 조선 필사 이두 자료. 서울대학교 규장각 한국학연구원 의궤 종합정보 홈페이지 '奎13796' 원문 이미지 보기>

1851-00-00.「헌종실록(憲宗實錄)」<16권 9책. 어휘 표기 자료. 1997년에 유네스코 세계기록유산으로 등록. 정족산, 태백산 소장. 조선왕조실록 홈페이지 원문 이미지와 텍스트 보기>

1852년

<임자(壬子), 철종 3년, 함풍 2년>

1852-01-01~1852-12-16(壬子).「전객사일기(典客司日記)」94, 예조(禮曹) 전객사(典

---

[19] 한국학중앙연구원 디지털장서각 홈페이지에서는 서명을 '[헌종대왕효현왕후]부묘도감의궤[憲宗大王孝顯王后]祔廟都監儀軌'로 붙여 썼다.

[20] 서울대학교 규장각 한국학연구원 의궤 종합정보 홈페이지에서는 서명을 '헌종효현왕후부묘도감의궤(憲宗孝顯王后祔廟都監儀軌)'로 적었다.

客司) 편(編). <1책(94/전99책). 59장. 필사본. 한자+이두. 조선 필사 이두 자료. 서울대학교 규장각 한국학연구원 홈페이지 원문 이미지 보기> <1640-01-22~1641-12-23(1)>

1852-01-05~1852-12-00(壬子). 「금영등록(禁營謄錄)」15, 금위영(禁衛營) 편(編). <1책(15/전15책. 낙질본). 83장. 필사본. 한자+이두. 조선 필사 이두 자료. 서울대학교 규장각 한국학연구원 홈페이지 원문 이미지 보기> <1682-02-29~1682-10-09(1/15)>

1852-01-11. **송필준 토지매매명문**(宋弼俊土地賣買明文), 답주 유학 송의옥(畓主幼學宋義玉). <1장. 한자+이두. 조선 필사 이두 자료. 전북대학교 박물관 소장. 호남권 한국학자료센터 홈페이지 원문 이미지와 텍스트 보기>

1852-01-14. **족질 만성 토지매매명문**(族姪萬性土地賣買明文), 전주 족숙 유학 종백(出主族叔幼學宗伯). <1장. 한자+이두+한글. 조선 필사 이두 자료. 원광대학교 박물관 소장. 호남권 한국학자료센터 홈페이지 원문 이미지와 텍스트 보기. 박병호(1974ㄱ), 이재수(2003) 참고>

1852-01-15. **유학 심응조 시장문기**(幼學沈膺祖柴場文記), 시장주 유학 이건수(柴場主幼學李健秀). <1장. 한자+이두. 조선 필사 이두 자료. 제천 한수 연안 이씨 소장. 한국학중앙연구원 장서각 한국고문서자료관 홈페이지 원문 이미지 보기. 한국정신문화연구원 편(2001) 참고>

1852-01-20. **강주탁 토지매매명문**(姜周鐸土地賣買明文), 답주 자필 강광윤(畓主自筆姜光潤). <1장. 한자+이두. 조선 필사 이두 자료. 경북 안동시 주촌 진성 이씨 경류정 소장. 한국학중앙연구원 장서각 한국고문서자료관 홈페이지 원문 이미지와 텍스트 보기. 한국정신문화연구원 편(1999) 참고>

1852-01-20. **망운정 유사 토지매매명문**(望雲亭有司土地賣買明文), 답주 자필 김문약(畓主自筆金文約). <1장. 한자+이두. 조선 필사 이두 자료. 경북 영양군 영양읍 삼지리 한양 조씨 하담 고택 구장. 한국국학진흥원 소장. 한국학자료센터 영남권 역센터 홈페이지 원문 이미지와 텍스트 보기. 박병호(1974ㄱ), 최승희(1989), 이재수(2003), 이수건 외(2004) 참고>

1852-01-30~1853-02-08(壬子~癸丑). 「금영계록(錦營 啓錄)」3, 비변사(備邊司) 편

(編). <1책(3/전9책). 140장. 필사본. 표제는 '忠淸監營啓錄'. 권수제는 '(咸豊二年正月 日)錦營 啓錄'. 한자+이두. 조선 필사 이두 자료. 서울대학교 규장각 한국학연구원 홈페이지 원문 이미지 보기> <영인본:「각사등록」 6-7(국사편찬위원회 편, 1982-1983)> <1836-02-15~1837-12-19(제1/9)>

1852-01-00. **김일택 등 소지**(金馹澤等所志) 1, 김일택 등. <1장. 한자+이두. 조선 필사 이두 자료. 전북 고창·고부 광산 김씨 소장. 한국학중앙연구원 고문서자료관 홈페이지 원문 이미지 보기. 한국학중앙연구원 편(2009) 참고>

1852-01-00. **오맹신 등 등장**(吳孟臣等等狀), 오맹신 등. <1장. 한자+이두. 조선 필사 이두 자료. 전남 강진 덕호사 소장. 호남권 한국학자료센터 홈페이지 원문 이미지 보기. 최승희(1989) 참고>

1852-01-00~1852-12-00. 「추조결옥록(**秋曹決獄錄**)」 8, 형조(刑曹) 편(編). <1책(8/낙질본 43책). 132장. 필사본. 한자+이두. 조선 필사 이두 자료. 서울대학교 규장각 한국학연구원 홈페이지 원문 이미지 보기> <1822-01-00~1822-12-00(1/43)>

1852-02-07. **박 생원 댁 노 후읍선 토지매매명문**(朴生員宅奴後邑先土地賣買明文), 전주 윤성준(田主尹聖俊). <1장. 한자+이두. 조선 필사 이두 자료. 경북 봉화군 명호면 도천리 안동 김씨 해헌 고택 구장. 한국국학진흥원 소장. 한국학자료센터 영남권역센터 홈페이지 원문 이미지와 텍스트 보기. 박병호(1974ㄱ), 최승희(1989), 이재수(2003), 이수건 외(2004) 참고>

1852-02-07. **서계 시장문기**(書稧柴場文記), 시장주 유학 신항유(柴場主幼學辛恒維). <1장. 한자+이두. 조선 필사 이두 자료. 전남 영광군 입석 영월 신씨 소장. 한국학중앙연구원 장서각 한국고문서자료관 홈페이지 원문 이미지와 텍스트 보기. 한국정신문화연구원 편(1996) 참고>

1852-02-17. **성기창 댁 명득 토지매매명문**(成祈昌宅明得土地賣買明文),[21] 전답주 자필 조호득(田畓主自筆趙好得). <1장. 한자+이두. 조선 필사 이두 자료. 경남 거창 장기 거창 신씨가 소장. 한국학중앙연구원 장서각 한국고문서자료관 홈페이지

---

21 한국학중앙연구원 장서각 한국고문서자료관 홈페이지에서는 '1852년 성명득(成明得) 토지매매명문(土地賣買明文)'으로 표시하였다.

원문 이미지 보기. 한국학중앙연구원 편(2005) 참고>

1852-02-17. **오토산 재장의 김우운 토지매매명문**(五土山齋掌議金祐運土地賣買明文), 답주 유학 이종한(畓主幼學李宗翰). <1장. 한자+이두. 조선 필사 이두 자료. 안동 천전 의성 김씨 지촌 종택 소장. 한국학중앙연구원 장서각 한국고문서자료관 홈페이지 원문 이미지와 텍스트 보기. 한국정신문화연구원 편(1990) 참고>

1852-02-24. **유학 이난성 토지매매명문**(幼學李鸞成土地賣買明文), 답주 풍헌 박기원(畓主風憲朴基元). <1장. 한자+이두. 조선 필사 이두 자료. 전북 정읍시 동학농민혁명기념관 소장. 호남권 한국학자료센터 홈페이지 원문 이미지와 텍스트 보기. 박병호(1974ㄱ), 이재수(2003) 참고>

1852-02-25 추정. **경주부 하체**(慶州府下帖), 경주부. <1장. 한자+이두. 조선 필사 이두 자료. 경북 경주시 안강읍 옥산리 여주 이씨 장산서원·치암 종택 구장. 한국학중앙연구원 장서각 한국고문서자료관 홈페이지 원문 이미지 보기. 한국정신문화연구원 편(2003) 참고>

1852-02-29~1853-02-28(壬子~癸丑). 「의주부장계등록(**義州府狀啓謄錄**)」 2, 비변사(備邊司) 편(編). <1책(2/6). 25장. 필사본. 표제는 '義州府啓錄'. 한자+이두. 조선 필사 이두 자료. 서울대학교 규장각 한국학연구원 홈페이지 원문 이미지 보기>
<1840-08-08~1841-10-29(1/6)>

1852-02-00. **고유승 등 소지**(高有昇等所志) 1, 고유승 등. <1장. 한자+이두. 조선 필사 이두 자료. 전북 군산시 임피면 갈운 제주 고씨가 구장. 군산근대역사박물관 소장. 호남권 한국학자료센터 홈페이지 원문 이미지와 텍스트 보기. 박병호(1974ㄱ), 최승희(1989), 전경목(1997), 정구복(2002), 김경숙(2012) 참고>

1852-02-00. **고유승 등 소지**(高有昇等所志) 2, 고유승 등. <1장. 한자+이두. 조선 필사 이두 자료. 전북 군산시 임피면 갈운 제주 고씨가 구장. 군산근대역사박물관 소장. 호남권 한국학자료센터 홈페이지 원문 이미지와 텍스트 보기. 박병호(1974ㄱ), 최승희(1989), 전경목(1997), 정구복(2002), 김경숙(2012) 참고>

1852-02-00. **김기택 등 소지**(金基澤等所志), 김기택 등. <1장. 한자+이두. 조선 필사 이두 자료. 전북 고창·고부 광산 김씨 소장. 한국학중앙연구원 고문서자료관 홈페이지 원문 이미지 보기. 한국학중앙연구원 편(2009) 참고>

1852-02-00. **김일택 등 소지**(金馹澤等所志) 2, 김일택 등. <1장. 한자+이두. 조선 필사 이두 자료. 전북 고창·고부 광산 김씨 소장. 한국학중앙연구원 고문서자료관 홈페이지 원문 이미지 보기. 한국학중앙연구원 편(2009) 참고>

1852-02-00. **토지매매명문**(土地賣買明文),[22] 답주 평성댁 노 송치(畓主坪城宅奴松致). <1장. 한자+이두. 조선 필사 이두 자료. 대구 칠계 경주 최씨 백불암 종중 구장. 안동대학교 박물관 소장. 한국학자료센터 영남권역센터 홈페이지 원문 이미지와 텍스트 보기. 박병호(1974ㄱ), 최승희(1989), 이재수(2003), 이수건 외(2004) 참고>

1852-03-02. **고산현감 도형**(高山縣監圖形), 고산현(孤山縣). <1장. 한자+이두. 조선 필사 이두 자료. 전북 군산시 임피면 갈운 제주 고씨가 구장. 군산근대역사박물관 소장. 호남권 한국학자료센터 홈페이지 원문 이미지와 텍스트 보기. 박병호(1974ㄱ), 최승희(1989), 전경목(1997), 정구복(2002), 김경숙(2012) 참고>

1852-03-10. **이 생원 댁 노 복심 토지매매명문**(李生員宅奴卜心土地賣買明文), 답주 조 선달[23] 태승(畓主曺先達台承). <1장. 한자+이두. 조선 필사 이두 자료. 제천 한수 연안 이씨 소장. 한국학중앙연구원 장서각 한국고문서자료관 홈페이지 원문 이미지 보기. 한국정신문화연구원 편(2001) 참고>

1852-03-10. **조내창 토지매매명문**(趙乃昌土地賣買明文),[24] 답주 과부 송 씨(畓主寡婦宋氏). <1장. 한자+이두. 조선 필사 이두 자료. 전남 영광 마산 경주 이씨가 구장. 진안 용담호미술관 소장. 호남권 한국학자료센터 홈페이지 원문 이미지와 텍스트 보기. 박병호(1974ㄱ), 최승희(1989), 이재수(2003) 참고>

1852-03-15. **면주전방말 안응종 단자**(綿紬廛房末安應鍾單子), 안응종. <1장. 한자+이두. 조선 필사 이두 자료. 일본 경도대학 가와이문고 소장. 고려대학교 해외한국학자료센터 홈페이지 원문 이미지 보기>

1852-03-18. **유학 박후진 토지매매명문**(幼學朴厚鎭土地賣買明文), 동종 박정기(同宗

---

[22] 한국학자료센터 영남권역센터 홈페이지에서는 '1852년 평성댁(坪城宅) 노(奴) 송치(松致) 토지매매명문(土地賣買明文)'으로 표시하였다.

[23] 과거에 급제하였으나 아직 벼슬하지 않은 사람.

[24] 호남권 한국학자료센터 홈페이지에서는 '1852년 과부(寡婦) 송씨(宋氏) 토지매매명문(土地賣買明文)'으로 표시하였다.

朴鼎基). <1장. 한자+이두. 조선 필사 이두 자료. 전북대학교 박물관 소장. 호남권 한국학자료센터 홈페이지 원문 이미지와 텍스트 보기. 박병호(1974ㄱ), 이재수(2003) 참고>

1852-03-18. **이기봉 토지매매명문**(李基奉土地賣買明文), 회장주 한재석(灰場主韓在碩). <1장. 한자+이두+한글. 조선 필사 이두 자료. 전남 보성군 박실 제주 양씨가 구장. 원광대학교 박물관 소장. 호남권 한국학자료센터 홈페이지 원문 이미지와 텍스트 보기. 박병호(1974ㄱ), 최승희(1989), 이재수(2003) 참고>

1852-03-26. **조 생원 댁 노 사금 토지매매명문**(曺生員宅奴社金土地賣買明文), 답주 자필 박 생원 댁 노 박묘득(畓主自筆朴生員宅奴朴卯得). <1장. 한자+이두. 조선 필사 이두 자료. 영암 미암 창녕 조씨 태호 후손가 소장. 호남권 한국학자료센터 홈페이지 원문 이미지 보기. 최승희(1989) 참고>

1852-03-00. **고종열 등 소지**(高宗說等所志), 고종열 등. <1장. 한자+이두. 조선 필사 이두 자료. 전북 군산시 임피면 갈운 제주 고씨가 구장. 군산근대역사박물관 소장. 호남권 한국학자료센터 홈페이지 원문 이미지와 텍스트 보기. 박병호(1974ㄱ), 최승희(1989), 전경목(1997), 정구복(2002), 김경숙(2012) 참고>

1852-03-00. **김일택 등 소지**(金馹澤等所志) 3, 김일택 등. <1장. 한자+이두. 조선 필사 이두 자료. 전북 고창·고부 광산 김씨 소장. 한국학중앙연구원 고문서자료관 홈페이지 원문 이미지 보기. 한국학중앙연구원 편(2009) 참고>

1852-03-00. **박신복 다짐**(朴信福侤音), 박신복. <1장. 한자+이두. 조선 필사 이두 자료. 전북 군산시 임피면 갈운 제주 고씨가 구장. 군산근대역사박물관 소장. 호남권 한국학자료센터 홈페이지 원문 이미지와 텍스트 보기. 박병호(1974ㄱ), 최승희(1989), 전경목(1997), 정구복(2002), 김경숙(2012) 참고>

1852-03-00. **유경인 등 소지**(柳慶寅等所志) 1, 유경인 등. <1장. 한자+이두. 조선 필사 이두 자료. 전북 담양군 모현관 소장. 호남권 한국학자료센터 홈페이지 원문 이미지와 텍스트 보기. 최승희(1989), 정구복 외(1999) 참고>

1852-04-01. **토지매매명문**(土地賣買明文),[25] 문장 자필 유학 김기복(門長自筆幼學金起

---

25 호남권 한국학자료센터 홈페이지에서는 '1852년 김기복(金起復) 방매(放賣) 토지매매명문(土地賣

復). <1장. 한자+이두. 조선 필사 이두 자료. 전북 부안군 우반 부안 김씨 세덕각 소장. 호남권 한국학자료센터 홈페이지 원문 이미지와 텍스트 보기. 박병호(1974 ㄱ), 이재수(2003) 참고>

1852-04-02. **도덕암 토지매매명문**(道德菴土地賣買明文), 답주 승 성훈 등(畓主僧性訓等). <1장. 한자+이두. 조선 필사 이두 자료. 경북 경주시 안강읍 옥산리 여주 이씨 독락당 소장. 한국학중앙연구원 장서각 한국고문서자료관 홈페이지 원문 이미지 보기. 한국정신문화연구원 편(2003) 참고>

1852-04-10. **성기창 댁 명득 토지매매명문**(成祈昌宅命得土地賣買明文),[26] 전답주 곽 노 선봉(田畓主郭奴先奉). <1장. 한자+이두. 조선 필사 이두 자료. 경남 거창 장기 거창 신씨가 소장. 한국학중앙연구원 장서각 한국고문서자료관 홈페이지 원문 이미지 보기. 한국학중앙연구원 편(2005) 참고>

1852-04-16. **영해 17동민 완의**(寧海十七洞民完議), 영해 17동민. <1장. 한자+이두. 조선 필사 이두 자료. 경북 영덕군 영해면 괴시리 영양 남씨 괴시파 영감댁 구장. 한국국학진흥원 소장. 한국학자료센터 영남권역센터 홈페이지 원문 이미지와 텍스트 보기>

1852-04-17. **노비매매명문**(奴婢賣買明文), 노부 김순일 등(奴父金順一等). <1장. 한자+이두. 조선 필사 이두 자료. 전남 영광군 입석 영월 신씨 소장. 한국학중앙연구원 장서각 한국고문서자료관 홈페이지 원문 이미지와 텍스트 보기. 한국정신문화연구원 편(1996) 참고>

1852-04-17. **유학 유인영 표기**(幼學劉仁永標記),[27] 표주 유학 이진화(標主幼學李鎭和). <1장. 한자+이두. 조선 필사 이두 자료. 경북 예천군 감천면 강릉 유씨 벌방 종가 구장. 한국국학진흥원 소장. 한국학자료센터 영남권역센터 홈페이지 원문 이미지와 텍스트 보기. 전경목(1996), 김경숙(2002) 참고>

買明文'으로 표시하였다.

[26] 한국학중앙연구원 장서각 한국고문서자료관 홈페이지에서는 '1852년 성명득(成明得) 토지매매 명문(土地賣買明文)'으로 표시하였다.

[27] 한국학자료센터 영남권역센터 홈페이지에서는 '1852년 이진화(李鎭和) 산송관련 수표(手標)'로 표시하였다.

1852-04-20. **족질 유학 조권진 토지매매명문**(族侄幼學曺權鎭土地賣買明文), 답주 자필 조응규(畓主自筆曺膺圭). <1장. 한자+이두. 조선 필사 이두 자료. 영암 미암 창녕 조씨 대호 후손가 소장. 호남권 한국학자료센터 홈페이지 원문 이미지 보기. 최승희(1989) 참고>

1852-04-00. **김세원 소지**(金世源所志), 김세원. <1장. 한자+이두. 조선 필사 이두 자료. 전북 고창·고부 광산 김씨 소장. 한국학중앙연구원 고문서자료관 홈페이지 원문 이미지 보기. 한국학중앙연구원 편(2009) 참고>

1852-04-00. **김일택 등 소지**(金馹澤等所志) 4, 김일택 등. <1장. 한자+이두. 조선 필사 이두 자료. 전북 고창·고부 광산 김씨 소장. 한국학중앙연구원 고문서자료관 홈페이지 원문 이미지 보기. 한국학중앙연구원 편(2009) 참고>

1852-04-00. **김태원 소지**(金泰源所志), 김태원. <1장. 한자+이두. 조선 필사 이두 자료. 전북 고창·고부 광산 김씨 소장. 한국학중앙연구원 고문서자료관 홈페이지 원문 이미지 보기. 한국학중앙연구원 편(2009) 참고>

1852-04-00. **남궁갑 소지**(南宮鉀所志) 1, 남궁갑. <1장. 한자+이두. 조선 필사 이두 자료. 전북 담양군 모현관 소장. 호남권 한국학자료센터 홈페이지 원문 이미지와 텍스트 보기. 최승희(1989), 정구복 외(1999) 참고>

1852-04-00. **남궁갑 소지**(南宮鉀所志) 2, 남궁갑. <1장. 한자+이두. 조선 필사 이두 자료. 전북 담양군 모현관 소장. 호남권 한국학자료센터 홈페이지 원문 이미지와 텍스트 보기. 최승희(1989), 정구복 외(1999) 참고>

1852-04-00. **이진옥 등 상서**(李眞玉等上書), 이진옥 등. <1장. 한자+이두. 조선 필사 이두 자료. 경북 경주시 안강읍 옥산리 여주 이씨 독락당 소장. 한국학중앙연구원 장서각 한국고문서자료관 홈페이지 원문 이미지 보기. 한국정신문화연구원 편(2003) 참고>

1852-04-00. **이질 등 상서**(李耊等上書), 이질 등. <1장. 한자+이두. 조선 필사 이두 자료. 경북 경주시 안강읍 옥산리 여주 이씨 독락당 소장. 한국학중앙연구원 장서각 한국고문서자료관 홈페이지 원문 이미지 보기. 한국정신문화연구원 편(2003) 참고>

1852-05-05. **이선익 토지매매명문**(李先益土地賣買明文), 전주 동성 오촌 이임봉(田主

同姓五寸李任奉). <1장. 한자+이두. 조선 필사 이두 자료. 삼척시립박물관 소장. 한국학자료센터 강원권역센터 홈페이지 원문 이미지와 텍스트 보기. 김건우(2008), 전경목(2010, 2014), 박준호(2016) 참고>

1852-05-06. **토지매매명문**(土地賣買明文),[28] 자필 답주 유학 장지흥(自筆畓主幼學張之興). <1장. 한자+이두. 조선 필사 이두 자료. 전북대학교 박물관 소장. 호남권 한국학자료센터 홈페이지 원문 이미지와 텍스트 보기. 최승희(1989), 정구복 외(1999) 이재수(2003) 참고>

1852-05-00. **유진명 등 등장**(柳震明等等狀) 1, 유진명 등. <1장. 한자+이두. 조선 필사 이두 자료. 전북 순창 청계 문화 유씨가 소장. 호남권 한국학자료센터 홈페이지 원문 이미지와 텍스트 보기. 최승희(1989), 김경숙(2002), 심재우(2013) 참고>

1852-06-24~1852-11-04(壬子). 「평안감영계록(平安監營啓錄)」 23, 비변사(備邊司) 편(編). <1책(23/전37책). 114장. 필사본. 표제는 '各道啓錄'. 한자+이두. 조선 필사 이두 자료. 서울대학교 규장각 한국학연구원 홈페이지 원문 이미지 보기> <영인본: 「각사등록」 31(평안도편 3)(국사편찬위원회 편, 1988)> <1830-08-12~1830-12-30(1/37)>

1852-06-00. **강일대 처 임심 소지**(姜日大妻壬心所志), 임심. <1장. 한자+이두. 조선 필사 이두 자료. 경북 영해 인량 재령 이씨 충효당 소장. 한국학중앙연구원 장서각 한국고문서자료관 홈페이지 원문 이미지 보기. 한국학중앙연구원 편(2008) 참고>

1852-06-00. **역천서원 품목**(嶧川書院稟目), 역천서원. <1장. 한자+이두. 조선 필사 이두 자료. 경남 거창 갈계 은진 임씨 소장. 한국학중앙연구원 장서각 한국고문서자료관 홈페이지 원문 이미지 보기. 한국학중앙연구원 편(2005) 참고>

1852-06-00. **유인영 산송 관련 소지**(劉仁永山訟關聯所志), 유인영. <1장. 한자+이두. 조선 필사 이두 자료. 경북 예천군 감천면 강릉 유씨 벌방 종가 구장. 한국국학진흥원 소장. 한국학자료센터 영남권역센터 홈페이지 원문 이미지와 텍스트 보기.

---

28 호남권 한국학자료센터 홈페이지에서는 '1852년 장지흥(張之興) 방매 토지매매명문(土地賣買明文)'으로 표시하였다.

전경목(1996), 김경숙(2002) 참고>

1852-06-00. **이둔홍 등 소지**(李屯興等所志), 이둔홍 등. <1장. 한자+이두. 조선 필사 이두 자료. 전남 화순 동면 창녕 조씨가 구장. 광주광역시 이정옥 소장. 호남권 한국학자료센터 홈페이지 원문 이미지와 텍스트 보기. 최승희(1989) 참고>

1852-07-04. **오치풍 전령**(吳致豊傳令), 금위대장(禁衛大將). <1장. 한자+이두. 조선 필사 이두 자료. 경기도 안성 해주 오씨 오치풍 후손가 소장. 한국학중앙연구원 장서각 한국고문서자료관 홈페이지 원문 이미지 보기>

1852-07-00. **고유담 등 소지**(高有淡等所志), 고유담 등. <1장. 한자+이두. 조선 필사 이두 자료. 전북 군산시 임피면 갈운 제주 고씨가 구장. 군산근대역사박물관 소장. 호남권 한국학자료센터 홈페이지 원문 이미지와 텍스트 보기. 박병호(1974ㄱ), 최승희(1989), 전경목(1997), 정구복(2002), 김경숙(2012) 참고>

1852-07-00. **고재룡 등 소지**(高在龍等所志), 고재룡 등. <1장. 한자+이두. 조선 필사 이두 자료. 전북 군산시 임피면 갈운 제주 고씨가 구장. 군산근대역사박물관 소장. 호남권 한국학자료센터 홈페이지 원문 이미지와 텍스트 보기. 박병호(1974ㄱ), 최승희(1989), 전경목(1997), 정구복(2002), 김경숙(2012) 참고>

1852-07-00. **김중교 등 상서**(金中敎等上書) 1, 김중교 등. <1장. 한자+이두. 조선 필사 이두 자료. 경북 안동시 오천 광산 김씨 후조당 소장. 한국학중앙연구원 장서각 한국고문서자료관 홈페이지 원문 이미지와 텍스트 보기. 한국정신문화연구원 편(1982) 참고>

1852-07-00. **김헌 등 상서**(金{金+憲}等上書), 김헌 등. <1장. 한자+이두. 조선 필사 이두 자료. 경북 안동시 오천 광산 김씨 후조당 소장. 한국학중앙연구원 장서각 한국고문서자료관 홈페이지 원문 이미지와 텍스트 보기. 한국정신문화연구원 편(1982) 참고>

1852-07-00. **노석승 등 상서**(盧錫昇等上書) 1, 노석승 등. <1장. 한자+이두. 조선 필사 이두 자료. 전북 부안군 우반 부안 김씨 세덕각 소장. 한국학중앙연구원 장서각 한국고문서자료관 홈페이지 & 호남권 한국학자료센터 홈페이지 원문 이미지와 텍스트 보기. 한국정신문화연구원 편(1983, 1998), 전경목(2001), 전경목 외(2006), 한국학중앙연구원 편(2017) 참고>

1852-08-06. **김병헌 고목**(金炳憲告目), 예리 김인욱(禮吏金寅旭). <1장. 한자+이두. 조선 필사 이두 자료. 전북 부안군 우반 부안 김씨 구장. 부안 우동 김형복 소장. 호남권 한국학자료센터 홈페이지 원문 이미지와 텍스트 보기. 한국정신문화연구원 편(1983, 1998) 참고>

1852-08-00. **김병헌 차첩**(金炳憲差帖), 부안현(扶安縣). <1장. 한자+이두. 조선 필사 이두 자료. 전북 부안군 우반 부안 김씨 구장. 부안 우동 김형복 소장. 호남권 한국학자료센터 홈페이지 & 한국학중앙연구원 장서각 한국고문서자료관 홈페이지 원문 이미지와 텍스트 보기. 한국정신문화연구원 편(1983, 1998), 한국학중앙연구원 편(2017) 참고>

1852-09-28. **부안현감 고목**(扶安縣監告目), 예리 김인욱(禮吏金寅旭). <1장. 한자+이두. 조선 필사 이두 자료. 전북 부안군 우반 부안 김씨 구장. 부안 우동 김형복 소장. 호남권 한국학자료센터 홈페이지 원문 이미지와 텍스트 보기. 한국정신문화연구원 편(1983, 1998) 참고>

1852-09-00. **김채상 차첩**(金彩相差帖), 부안현감(扶安縣監). <1장. 한자+이두. 조선 필사 이두 자료. 전북 부안군 우반 부안 김씨 구장. 부안 우동 김형복 소장. 호남권 한국학자료센터 홈페이지 & 한국학중앙연구원 장서각 한국고문서자료관 홈페이지 원문 이미지와 텍스트 보기. 한국정신문화연구원 편(1983, 1998), 한국학중앙연구원 편(2017) 참고>

1852-09-00. **유진명 등 등장**(柳震明等等狀) 2, 유진명 등. <1장. 한자+이두. 조선 필사 이두 자료. 전북 순창 계계 문화 유씨가 소장. 호남권 한국학자료센터 홈페이지 원문 이미지와 텍스트 보기. 최승희(1989), 김경숙(2002), 심재우(2013) 참고>

1852-09-00. **정동규 상서**(鄭東奎上書), 정동규. <1장. 한자+이두. 조선 필사 이두 자료. 경북 상주시 외서면 우산리 진주 정씨 우복 종택 소장. 한국학중앙연구원 장서각 한국고문서자료관 홈페이지 원문 이미지 보기. 한국학중앙연구원 편(2008) 참고>

1852-10-13. **용 씨 경행계 토지매매명문**(龍氏京行稧土地賣買明文), 답주 서 조이(畓主徐召史). <1장. 한자+이두. 조선 필사 이두 자료. 전북대학교 박물관 소장. 호남권 한국학자료센터 홈페이지 원문 이미지와 텍스트 보기. 박병호(1974ㄱ), 최승희

(1989), 이재수(2003), 박준호(2004), 전경목 외(2006) 참고>

1852-10-20. **작청계중 토지매매명문**(作廳楔中土地賣買明文), 원답주 김경하(元畓主金瓊河). <1장. 한자+이두. 조선 필사 이두 자료. 전북대학교 박물관 소장. 호남권 한국학자료센터 홈페이지 원문 이미지와 텍스트 보기>

1852-10-26. **유학 조홍진 토지매매명문**(幼學曺興振土地賣買明文), 답주 자필 유학 백기원(畓主自筆幼學白基元). <1장. 한자+이두+한글. 조선 필사 이두 자료. 전남 보성군 박실 제주 양씨가 구장. 원광대학교 박물관 소장. 호남권 한국학자료센터 홈페이지 원문 이미지와 텍스트 보기. 박병호(1974ㄱ), 최승희(1989), 채현경(2011) 참고>

1852-10-28. **김연우 토지매매명문**(金連友土地賣買明文), 답주 조성민(畓主趙聖敏). <1장. 한자+이두. 조선 필사 이두 자료. 전남 장흥군 연정 손금촌 소장. 최승희(1989), 국립민속박물관 편(1991), 정구복 외(1999) 참고>

1852-10-00. **김종현 차첩**(金宗鉉差帖), 무주부(茂朱府). <1장. 한자+이두. 조선 필사 이두 자료. 무주 초리 김해 김씨가 소장. 호남권 한국학자료센터 홈페이지 원문 이미지와 텍스트 보기. 박병호(1974ㄱ), 최승희(1989), 정구복 외(1999) 참고>

1852-11-01. **성조소 성상 배지**(成造所城上牌旨), 당중(堂中). <1장. 한자+이두. 조선 필사 이두 자료. 경북 안동시 주촌 진성 이씨 경류정 소장. 한국학중앙연구원 장서각 한국고문서자료관 홈페이지 원문 이미지와 텍스트 보기. 한국정신문화연구원 편(1999) 참고>

1852-11-01. **유학 박규진 토지매매명문**(幼學朴圭鎭土地賣買明文), 답주 노태금(畓主盧太金). <1장. 한자+이두. 조선 필사 이두 자료. 전북대학교 박물관 소장. 호남권 한국학자료센터 홈페이지 원문 이미지와 텍스트 보기. 최승희(1989), 정구복 외(1999), 이재수(2003) 참고>

1852-11-02. **유학 맹예순 토지매매명문**(幼學孟禮淳土地賣買明文), 답주 김복록(畓主金福祿). <1장. 한자+이두+한글. 조선 필사 이두 자료. 전남 보성군 박실 제주 양씨가 구장. 원광대학교 박물관 소장. 호남권 한국학자료센터 홈페이지 원문 이미지와 텍스트 보기. 박병호(1974ㄱ), 이재수(2003) 참고>

1852-11-15. **별소도감 이형일 토지매매명문**(別所都監李亨一土地賣買明文), 전주 자

필 이형상(出主自筆李亨常). <1장. 한자+이두. 조선 필사 이두 자료. 경북 안동시 주촌 진성 이씨 경류정 구장. 서울역사박물관 소장. 한국학중앙연구원 장서각 한국고문서자료관 홈페이지 원문 이미지와 텍스트 보기. 한국정신문화연구원 편(1999) 참고>

1852-11-16. **명동서당 별소 표문**(鳴洞書堂別所表文), 당중 유사 김(堂中有司金). <1장. 한자+이두. 조선 필사 이두 자료. 경북 안동시 주촌 진성 이씨 경류정 소장. 한국학중앙연구원 장서각 한국고문서자료관 홈페이지 원문 이미지와 텍스트 보기. 한국정신문화연구원 편(1999) 참고>

1852-11-16. **주촌 이 생원 댁 마명동 재사당 토지매매명문**(周邨李生員宅馬鳴洞齋舍堂土地賣買明文),[29] 답주 경광 별소 성상 이도석(畓主鏡光別所城上李道石). <1장. 한자+이두. 조선 필사 이두 자료. 경북 안동시 주촌 진성 이씨 경류정 구장. 서울역사박물관 소장. 한국학중앙연구원 장서각 한국고문서자료관 홈페이지 원문 이미지와 텍스트 보기. 한국정신문화연구원 편(1999) 참고>

1852-11-21. **남궁갑 수표**(南宮鉀手標) 1, 남궁갑. <1장. 한자+이두. 조선 필사 이두 자료. 전북 담양군 모현관 소장. 호남권 한국학자료센터 홈페이지 원문 이미지와 텍스트 보기. 최승희(1989), 정구복 외(1999) 참고>

1852-11-21. **남궁갑 수표**(南宮鉀手標) 2, 남궁갑. <1장. 한자+이두. 조선 필사 이두 자료. 전북 담양군 모현관 소장. 호남권 한국학자료센터 홈페이지 원문 이미지와 텍스트 보기. 최승희(1989), 정구복 외(1999) 참고>

1852-11-21. **사종형 신봉규 수표**(四從兄辛鳳珪手標), 신봉규. <1장. 한자+이두. 조선 필사 이두 자료. 전남 영광군 입석 영월 신씨 소장. 한국학중앙연구원 장서각 한국고문서자료관 홈페이지 원문 이미지와 텍스트 보기. 한국정신문화연구원 편(1996) 참고>

1852-11-23. **탑동 댁 사공소 노 토지매매명문**(塔洞宅私公所奴土地賣買明文), 전주 자필 송흥백(出主自筆宋興伯). <1장. 한자+이두. 조선 필사 이두 자료. 경북 안동시

---

[29] 한국학중앙연구원 장서각 한국고문서자료관 홈페이지에서는 '1852년 이생원댁(李生員宅) 토지매매명문(土地賣買明文)'으로 표시하였다.

법흥동 고성 이씨 탑동 종가 구장. 한국국학진흥원 소장. 한국학자료센터 영남권 역센터 홈페이지 원문 이미지와 텍스트 보기. 박병호(1974ㄱ), 최승희(1989), 이재수(2003), 이수건 외(2004) 참고>

1852-11-00. **김중교 등 상서**(金中敎等上書) 2, 김중교 등. <1장. 한자+이두. 조선 필사 이두 자료. 경북 안동시 오천 광산 김씨 후조당 소장. 한국학중앙연구원 장서각 한국고문서자료관 홈페이지 원문 이미지와 텍스트 보기. 한국정신문화연구원 편(1982) 참고>

1852-11-00. **남궁갑 소지**(南宮鉀所志) 3, 남궁갑. <1장. 한자+이두. 조선 필사 이두 자료. 전북 담양군 모현관 소장. 호남권 한국학자료센터 홈페이지 원문 이미지와 텍스트 보기. 최승희(1989), 정구복 외(1999) 참고>

1852-11-00. **노석승 등 상서**(盧錫昇等上書) 2, 노석승 등. <1장. 한자+이두. 조선 필사 이두 자료. 전북 부안군 우반 부안 김씨 세덕각 소장. 한국학중앙연구원 장서각 한국고문서자료관 홈페이지 & 호남권 한국학자료센터 홈페이지 원문 이미지와 텍스트 보기. 한국정신문화연구원 편(1983, 1998), 전경목(2001), 전경목 외(2006), 한국학중앙연구원 편(2017) 참고>

1852-11-00. **유경인 등 소지**(柳慶寅等所志) 2, 유경인 등. <1장. 한자+이두. 조선 필사 이두 자료. 전북 담양군 모현관 소장. 호남권 한국학자료센터 홈페이지 원문 이미지와 텍스트 보기. 최승희(1989), 정구복 외(1999) 참고>

1852-11-00. **이장 등 상서**(李檣等上書), 이장 등. <1장. 한자+이두. 조선 필사 이두 자료. 남원·구례 삭녕 최씨 구장. 한국학중앙연구원 장서각 한국고문서자료관 홈페이지 원문 이미지 보기. 한국정신문화연구원 편(2004) 참고>

1852-11-00. **토지매매명문**(土地賣買明文),[30] 답주 한량 안괴김(畓主閑良安怪金). <1장. 한자+이두. 조선 필사 이두 자료. 전북대학교 박물관 소장. 호남권 한국학자료센터 홈페이지 원문 이미지와 텍스트 보기. 최승희(1989), 정구복 외(1999), 이재수(2003) 참고>

---

[30] 호남권 한국학자료센터 홈페이지에서는 '1852년 안괴김(安怪金) 방매 토지매매명문(土地賣買明文)'으로 표시하였다.

1852-12-01. **예안 선인 이음성 댁 노 선봉 토지매매명문**(禮安宣仁李陰城宅奴先奉土地賣買明文), 답주 김정득(畓主金正得). <1장. 한자+이두. 조선 필사 이두 자료. 경북 안동시 도산면 의촌리 은졸재 고택 구장. 한국국학진흥원 소장. 한국학자료센터 영남권역센터 홈페이지 원문 이미지와 텍스트 보기>

1852-12-04~1853-01-10(壬子~癸丑). 「평안감영계록(**平安監營啓錄**)」, 비변사(備邊司) 편(編). <1책(24/37). 129장. 필사본. 표제는 '平安監營啓錄'. 한자+이두. 조선 필사 이두 자료. 서울대학교 규장각 한국학연구원 홈페이지 원문 이미지 보기> <영인본: 「각사등록」 32(평안도편 4)(국사편찬위원회 편, 1988)> <1830-08-12~1830-12-30(1/37)>

1852-12-07. **조권진 전당문기**(曺權鎭典當文記), 조익진(曺翼鎭). <1장. 한자+이두. 조선 필사 이두 자료. 영암 미암 창녕 조씨 태호 후손가 소장. 호남권 한국학자료센터 홈페이지 원문 이미지 보기. 최승희(1989) 참고>

1852-12-17~1853-04-15(壬子~癸丑). 「검제초록(**檢題抄錄**)」, 평안도(平安道) 편(編). <1책. 31장. 필사본. 한자+이두. 조선 필사 이두 자료. 서울대학교 규장각 한국학연구원 홈페이지 원문 이미지 보기>

1852-12-21. **증거재사 유사 토지매매명문**(增巨齋舍有司土地賣買明文), 답주 자필 권병수(畓主自筆權秉銖). <1장. 한자+이두. 조선 필사 이두 자료. 경북 안동시 주촌 진성 이씨 경류정 구장. 서울역사박물관 소장. 한국학중앙연구원 장서각 한국고문서자료관 홈페이지 원문 이미지와 텍스트 보기. 한국정신문화연구원 편(1999) 참고>

1852-12-00. **별변 토지매매명문**(別辯土地賣買明文), 고자 강원(庫子姜元). <1장. 한자+이두. 조선 필사 이두 자료. 원주시 무릉박물관 소장. 한국학자료센터 강원권역센터 홈페이지 원문 이미지 보기. 최승희(1989), 전경목(2010), 채현경(2011), 박준호(2016) 참고>

1852-12-00. **이조수 소지**(李肇秀所志), 이조수. <1장. 한자+이두. 조선 필사 이두 자료. 경북 칠곡 석전 광주 이씨 구장. 한국학중앙연구원 장서각 한국고문서자료관 홈페이지 원문 이미지 보기. 한국학중앙연구원 편(2009) 참고>

1852-00-00. 「가례도감의궤(**嘉禮都監儀軌**)」[31] 상·하, 가례도감 편. <2책. 285장+134

장. 필사본. 표제는 '(咸豊元年辛亥閏八月 日 五臺山上)嘉禮都監儀軌 上'. 권수제는 '嘉禮都監儀軌上'. 한자+이두. 조선 필사 이두 자료. 서울대학교 규장각 한국학연구원 의궤 종합정보 홈페이지 '奎13147' 원문 이미지 보기>

1852-00-00.「대왕대비전가상존호도감의궤(**大王大妃殿加上 尊號都監儀軌**)」,[32] 상호도감(上號都監) 편(編). <1책. 335장. 표제는 '(咸豊二年壬子正月 日 哲宗三年)上號都監儀軌'. 권수제는 '(咸豊二年壬子正月 日)大王大妃殿加上 尊號都監儀軌'. 한자+이두. 조선 필사 이두 자료. 한국학중앙연구원 디지털장서각 홈페이지 'K2-2798' 원문 이미지 보기>

1852-00-00.「대왕대비전가상존호도감의궤(**大王大妃殿加上 尊號都監儀軌**)」,[33] 상호도감 편. <1책. 167장. 필사본. 표제는 '(咸豊二年壬子正月 日 太白山上)上 號都監儀軌 全'. 권수제는 '(咸豊二年壬子正月 日)大王大妃殿加上 尊號都監儀軌'. 한자+이두. 조선 필사 이두 자료. 서울대학교 규장각 한국학연구원 의궤 종합정보 홈페이지 '奎13391' 원문 이미지 보기>

1852-00-00.「선원보략수정의궤(**璿源譜略修正儀軌**)」, 종부시 편. <1책. 14장. 필사본. 표제는 '(壬子 加上尊號 哲宗三年)璿源譜略修正儀軌'. 권수제는 '(咸豊二年壬子四月初二日)璿源譜略修正儀軌'. 한자+이두. 조선 필사 이두 자료. 서울대학교 규장각 한국학연구원 의궤 종합정보 홈페이지 '奎14111' 원문 이미지 보기>

1852-00-00.「실록청의궤(**實錄廳儀軌**)」, 실록청 편. <1책. 114장. 필사본. 표제는 '(憲宗朝 赤裳山城上)實錄儀軌 全'. 권수제는 '實錄廳儀軌'. 한자+이두. 조선 필사 이두 자료. 한국학중앙연구원 디지털장서각 홈페이지 'K2-3739' 원문 이미지와 텍스트 보기>

1852-00-00.「실록청의궤(**實錄廳儀軌**)」,[34] 실록청 편. <1책. 114장. 필사본. 표제는

---

31 서울대학교 규장각 한국학연구원 의궤 종합정보 홈페이지에서는 서명을 표제나 권수제와는 달리 '철종철인왕후가례도감의궤(哲宗哲仁王后嘉禮都監儀軌)'로 적었다.
32 한국학중앙연구원 디지털장서각 홈페이지에서는 서명을 '대왕대비전가상존호도감의궤(大王大妃殿加上尊號都監儀軌)'로 붙여 썼다.
33 서울대학교 규장각 한국학연구원 의궤 종합정보 홈페이지에서는 서명을 표제나 권수제와는 달리 '순원왕후가상존호도감의궤(純元王后加上尊號都監儀軌)'로 적었다.

'(憲宗朝 五臺山上)實錄儀軌 全'. 목록제는 '憲宗大王實錄廳儀軌目錄'. 권수제는 '實錄廳儀軌'. 한자+이두. 조선 필사 이두 자료. 서울대학교 규장각 한국학연구원 소장. 서울대학교 규장각 한국학연구원 의궤 종합정보 홈페이지 '奎14182' 원문 이미지 보기>

1852-00-00. 「왕비가례등록(**王妃嘉禮謄錄**)」, 예조(禮曹) 편(編). <1책. 87장. 필사본. 한자+이두. 조선 필사 이두 자료. 한국학중앙연구원 장서각 한국학자료센터 홈페이지 & 한국학중앙연구원 한국학 디지털 아카이브 홈페이지 원문 이미지와 텍스트 보기>

1852-00-00. 「칙사일기(**勅使日記**)」, 승정원(承政院) 편(編). <1책. 7장. 필사본. 한자+이두. 조선 필사 이두 자료. 서울대학교 규장각 한국학연구원 홈페이지 '奎26699'의 원문 이미지 보기>

1853년

<계축(癸丑), 철종 4년, 함풍 3년>

1853-01-01~1853-12-00. 「결속색등록(**結束色謄錄**)」 68, 병조(兵曹) 편(編). <1책(68/전107책). 181장. 필사본. 권수제는 '(咸豊三年癸丑)結束色謄錄'. 한자+이두. 조선 필사 이두 자료. 서울대학교 규장각 한국학연구원 홈페이지 1787년~1891년 낙질본 107책(1792년(건륭 57년), 1811년(가경 16년) 하, 1816년(가경 21년), 1817년(가경 22년), 1824년(도광 4년), 1831년(도광 11년), 1871년(동치 10년), 1885년(광서 11년) 없음) 원문 이미지 보기>

1853-01-03~1854-10-25(癸丑~甲寅). 「평안감영관첩(**平安監營關牒**)」 1, 비변사(備邊司) 편(編). <1책(1/4). 62장. 필사본. 표제는 '關西關報牒'. 한자+이두. 조선 필사 이두 자료. 서울대학교 규장각 한국학연구원 홈페이지 원문 이미지 보기>

---

34 서울대학교 규장각 한국학연구원 의궤 종합정보 홈페이지에서는 서명을 표제나 권수제와는 달리 '헌종실록청의궤(憲宗實錄廳儀軌)'로 적었다.

<1866-04-09~1869-05-08(2/4), 1869-05-29~1874-08-20(3/4), 1883-01-20~1889-10-00(4/4)>

1853-01-09. **시장문기**(柴場文記),[35] 시장주 남세용(柴場主南世用). <1장. 한자+이두. 조선 필사 이두 자료. 전남 영광군 염소면 원주 이씨가 구장. 광주광역시 이정옥 소장. 호남권 한국학자료센터 홈페이지 원문 이미지와 텍스트 보기. 최승희(1989), 정구복 외(1999) 참고>

1853-01-26. **토지매매명문**(土地賣買明文),[36] 자필 전주 박양준(自筆田主朴良俊). <1장. 한자+이두. 조선 필사 이두 자료. 전남 영광군 염소면 원주 이씨가 구장. 광주광역시 이정옥 소장. 호남권 한국학자료센터 홈페이지 원문 이미지와 텍스트 보기. 최승희(1989), 정구복 외(1999) 참고>

1853-01-27. **노봉서원 별고 유사 오현풍 토지매매명문**(露峰書院別庫有司吳顯豊土地賣買明文), 답주 자필 상인 유도천(畓主自筆喪人柳道天). <1장. 한자+이두. 조선 필사 이두 자료. 남원·구례 삭녕 최씨 구장. 한국학중앙연구원 장서각 한국고문서자료관 홈페이지 원문 이미지 보기. 한국정신문화연구원 편(2004) 참고>

1853-01-00. **김하진 소지**(金夏鎭所志), 김하진. <1장. 한자+이두. 조선 필사 이두 자료. 안동 천전 의성 김씨 지촌 종택 소장. 한국학중앙연구원 장서각 한국고문서자료관 홈페이지 원문 이미지 보기. 한국정신문화연구원 편(1989) 참고>

1853-01-00. **이 생원 댁 노 달숙 소지**(李生員宅奴達叔所志), 달숙. <1장. 한자+이두. 조선 필사 이두 자료. 경북 칠곡 석전 광주 이씨 구장. 한국학중앙연구원 장서각 한국고문서자료관 홈페이지 원문 이미지 보기. 한국학중앙연구원 편(2009) 참고>

1853-01-00. **이학운·이의운 등 발괄**(李學運李宜運等白活), 이학운·이의운 등. <1장. 한자+이두. 조선 필사 이두 자료. 경북 칠곡 석전 광주 이씨 구장. 한국학중앙연구원 장서각 한국고문서자료관 홈페이지 원문 이미지 보기. 한국학중앙연구원

---

[35] 호남권 한국학자료센터 홈페이지에서는 '1853년 남세용(南世用) 방매(放賣) 시장문기(柴場文記)'로 표시하였다.

[36] 호남권 한국학자료센터 홈페이지에서는 '1853년 박양준(朴良俊) 방매(放賣) 토지매매명문(土地賣買明文)'으로 표시하였다.

편(2009) 참고>

1853-01-00~1853-12-00(癸丑). 「추조결옥록(秋曹決獄錄)」9(제78), 형조(刑曹) 편(編). <1책(9/낙질본 43). 83장. 필사본. 한자+이두. 조선 필사 이두 자료. 서울대학교 규장각 한국학연구원 홈페이지 원문 이미지 보기> <1822-01-00~1822-12-00(1/43)>

1853-02-01. **밀양 박씨 종중 토지매매명문**(密陽朴氏宗中土地賣買明文), 산주 박두이(山主朴斗伊). <1장. 한자+이두. 조선 필사 이두 자료. 전북 임실군 청웅 밀양 박씨가 소장. 호남권 한국학자료센터 홈페이지 원문 이미지와 텍스트 보기. 박병호(1974ㄱ), 최승희(1989), 전경목 외(2006), 채현경(2011) 참고>

1853-02-01. **옥산서원 사림 첩정**(玉山書院士林牒呈), 옥산서원 사림. <1장. 한자+이두. 조선 필사 이두 자료. 경북 경주 옥산서원 구장. 경주시 강동면 양동마을 안길 여주 이씨 무첨당 소장. 한국학자료센터 영남권역센터 홈페이지 원문 이미지와 텍스트 보기. 이수환(2000, 2001) 참고>

1853-02-10. **유학 ■■■ 토지매매명문**(幼學■■■土地賣買明文),[37] 교답 당시 유사 유학 신재철 등(校畓當時有司幼學愼在哲等). <1장. 한자+이두. 조선 필사 이두 자료. 영암 미암 창녕 조씨 태호 후손가 소장. 호남권 한국학자료센터 홈페이지 원문 이미지 보기. 최승희(1989) 참고>

1853-02-11. **박 노 명쇠 토지매매명문**(朴奴命金土地賣買明文), 회장주 자필 유학 서명의(灰場主自筆幼學徐命毅). <1장. 한자+이두+한글. 조선 필사 이두 자료. 전남 보성군 박실 제주 양씨가 구장. 원광대학교 박물관 소장. 호남권 한국학자료센터 홈페이지 원문 이미지와 텍스트 보기. 박병호(1974ㄱ), 최승희(1989), 이재수(2003) 참고>

1853-02-12~1855-12-17(癸丑~乙卯). 「금영 계록(錦營 啓錄)」4, 비변사(備邊司) 편(編). <1책(제4/9). 247장. 필사본. 표제는 '忠淸監營啓錄'. 권수제는 '(咸豊三年二月日)錦營 啓錄'. 한자+이두. 조선 필수 이두 자료. 서울대학교 규장각 한국학연구원 홈페이지 원문 이미지 보기> <영인본: 「각사등록」 6-7(국사편찬위원회 편,

---

[37] 호남권 한국학자료센터 홈페이지에서는 '1853년 영암향교(靈巖鄕校) 방매(放賣) 토지매매명문(土地賣買明文)'으로 표시하였다.

1982-1983)> <1836-02-15~1837-12-19(제1/9)>

1853-02-19. **유학 조권진 토지매매명문**(幼學曺權鎭土地賣買明文), 답주 유학 임성한(畓主幼學林聖漢). <1장. 한자+이두. 조선 필사 이두 자료. 영암 미암 창녕 조씨 태호 후손가 소장. 호남권 한국학자료센터 홈페이지 원문 이미지 보기. 최승희(1989) 참고>

1853-02-25. **이 생원 댁 노 복심 토지매매명문**(李生員宅奴福心土地賣買明文), 답주 하대문(畓主河大文). <1장. 한자+이두. 조선 필사 이두 자료. 제천 한수 연안 이씨 소장. 한국학중앙연구원 장서각 한국고문서자료관 홈페이지 원문 이미지 보기. 한국정신문화연구원 편(2001) 참고>

1853-02-27~1856-05-21(癸丑~丙辰). 「황해병영(**黃海兵營**)」 1, 비변사(備邊司) 편(編). <1책(1/전4책). 84장. 필사본. 표제는 '黃海兵營啓錄'. 권수제는 '(咸豊三年二月 日) 黃海兵營'. 한자+이두. 조선 필사 이두 자료. 서울대학교 규장각 한국학연구원 홈페이지 원문 이미지 보기> <영인본:「각사등록」 24(황해도편 3)(국사편찬위원회 편, 1987)> <1861-02-16~1862-05-21(2/4), 1862-06-08~1867-03-03(3/4), 1884-11-16~1892-02-21(4/4)>

1853-02-00. **부안 전주 최씨가 공명첩**(扶安全州崔氏家空名帖)[38] 1, 부안현감(扶安縣監). <1장. 한자+이두+한글. 조선 필사 이두 자료. 전북 부안 궁월 전주 최씨가 소장. 호남권 한국학자료센터 홈페이지 원문 이미지와 텍스트 보기. 정구복 외(1999), 유지영(2007), 한문종 외(2009) 참고>

1853-02-00. **이현발 산도**(李鉉發山圖), 이현발. <1장. 한자+이두. 조선 필사 이두 자료. 경북 영해 인량 재령 이씨 충효당 소장. 한국학중앙연구원 장서각 한국고문서자료관 홈페이지 원문 이미지와 텍스트 보기. 한국정신문화연구원 편(1997) 참고>

1853-02-00. **이현발 소지**(李鉉發所志), 이현발. <1장. 한자+이두. 조선 필사 이두

---

[38] 공명첩은 조선 시대에 재정을 확보하기 위하여 발행했던 수취인의 이름을 기재하지 않은 백지 임명장이다. 보통 지방관이 곡식이나 돈을 받고 문서에 관계(官階), 관직명, 성명을 기입하여 공명첩을 교부하였는데, 공명첩을 받은 사람이 실제로 관직에 나가 업무를 담당하지는 않는다.

자료. 경북 영해 인량 재령 이씨 충효당 소장. 한국학중앙연구원 장서각 한국고문
서자료관 홈페이지 원문 이미지와 텍스트 보기. 한국정신문화연구원 편(1997)
참고>

1853-02-00. **토지매매명문**(土地賣買明文),[39] 하적계 동중 이끝삼 등(下赤溪洞中李唜三
等). <1장. 한자+이두. 조선 필사 이두 자료. 경북 성주군 월항면 대산리 성산
이씨 응와 종택 구장. 한국국학진흥원 소장. 한국학자료센터 영남권역센터 홈페
이지 원문 이미지와 텍스트 보기>

1853-03-07~1862-05-04(함풍 3년 癸丑~壬戌). 「황해감영병사채학영시관첩등록(**黃
海監營兵使蔡學永時關牒謄錄**)」 1, 비변사(備邊司) 편(編). <1책(1/전2책). 53장. 필
사본. 표제는 '岡營關報牒'. 한자+이두. 조선 필사 이두 자료. 서울대학교 규장각
한국학연구원 홈페이지 원문 이미지 보기> <영인본: 「각사등록」 24(황해도편
3)(국사편찬위원회 편, 1987)> <1882-12-21~1890-02-09(2/2)>

1853-03-09. **김 노 취근 토지매매명문**(金奴取斤土地賣買明文) 1, 답주 박수흥(畓主朴
壽興). <1장. 한자+이두. 조선 필사 이두 자료. 경북 안동시 오천 광산 김씨 후조
당 소장. 한국학중앙연구원 장서각 한국고문서자료관 홈페이지 원문 이미지와
텍스트 보기. 박병호(1974ㄱ), 한국정신문화연구원 편(1982), 최승희(1989) 참고>

1853-03-16. **손재중 토지매매명문**(孫再中土地賣買明文), 답주 자필 유학 김춘흥(畓主
自筆幼學金春興). <1장. 한자+이두+한글. 조선 필사 이두 자료. 전남 보성군 박실
제주 양씨가 구장. 원광대학교 박물관 소장. 호남권 한국학자료센터 홈페이지
원문 이미지와 텍스트 보기. 박병호(1974ㄱ), 최승희(1989), 이재수(2003) 참고>

1853-03-18. **김 노 취근 토지매매명문**(金奴取斤土地賣買明文) 2, 낙천 별소 고직 권준
이(洛川別所庫直權俊伊). <1장. 한자+이두. 조선 필사 이두 자료. 경북 안동시
오천 광산 김씨 후조당 소장. 한국학중앙연구원 장서각 한국고문서자료관 홈페이
지 원문 이미지와 텍스트 보기. 박병호(1974ㄱ), 한국정신문화연구원 편(1982),
최승희(1989) 참고>

---

[39] 한국학자료센터 영남권역센터 홈페이지에서는 '1853년 응왕문중(凝窩門中) 산지매매명문(山地賣
買明文)'으로 표시하였다.

1853-03-20. **신광규 토지매매명문**(辛光珪土地賣買明文), 답주 문중 유사 신항렬(畓主門中有司辛恒烈). <1장. 한자+이두. 조선 필사 이두 자료. 전남 영광군 입석 영월 신씨 소장. 한국학중앙연구원 장서각 한국고문서자료관 홈페이지 원문 이미지와 텍스트 보기. 한국정신문화연구원 편(1996) 참고>

1853-03-28. **민치경 토지매매명문**(閔致慶土地賣買明文), 답주 손재신(畓主孫在信). <1장. 한자+이두+한글. 조선 필사 이두 자료. 전남 보성군 박실 제주 양씨가 구장. 원광대학교 박물관 소장. 호남권 한국학자료센터 홈페이지 원문 이미지와 텍스트 보기. 박병호(1974ㄱ), 최승희(1989), 이재수(2003) 참고>

1853-03-28~1860-윤3-30(함풍 3년~함풍 10년). 「전라우수영계록(**全羅右水營啓錄**)」 1, 비변사(備邊司) 편(編). <1책(1/전2책). 120장. 필사본. 표제는 '全羅右水營啓錄'. 한자+이두. 조선 필사 이두 자료. 서울대학교 규장각 한국학연구원 홈페이지 원문 이미지 보기> <영인본: 「각사등록」 19(전라도편 2)(국사편찬위원회 편, 1986)> <1861-10-04~1862-09-00(2/2)>

1853-03-00. **김채상 차첩**(金彩相差帖), 부안현감(扶安縣監). <1장. 한자+이두. 조선 필사 이두 자료. 전북 부안군 우반 부안 김형복 소장. 한국학중앙연구원 장서각 한국고문서자료관 홈페이지 & 호남권 한국학자료센터 홈페이지 원문 이미지와 텍스트 보기. 한국정신문화연구원 편(1983, 1998), 한국학중앙연구원 편(2017) 참고>

1853-03-00. **윤치형 등 소지**(尹致亨等所志), 윤치형 등. <1장. 한자+이두. 조선 필사 이두 자료. 남원·구례 삭녕 최씨 구장. 한국학중앙연구원 장서각 한국고문서자료관 홈페이지 원문 이미지 보기. 한국정신문화연구원 편(2004) 참고>

1853-03-00. **최철효·최우윤 등 소지**(崔喆孝崔遇贇等所志), 최철효·최우윤 등. <1장. 한자+이두. 조선 필사 이두 자료. 남원·구례 삭녕 최씨 구장. 한국학중앙연구원 장서각 한국고문서자료관 홈페이지 원문 이미지 보기. 한국정신문화연구원 편(2004) 참고>

1853-04-09. **박상진 등 수기**(朴相鎭等手記), 박상진 등. <1장. 한자+이두. 조선 필사 이두 자료. 전북 임실군 청웅 밀양 박씨가 소장. 호남권 한국학자료센터 홈페이지 원문 이미지와 텍스트 보기. 최승희(1989), 이재수(2003), 채현경(2011) 참고>

1853-04-15. **강종락 토지매매명문**(姜宗樂土地賣買明文), 전주 자필집 강노진(田主自筆執姜魯鎭). <1장. 한자+이두. 조선 필사 이두 자료. 제주 어도내산 진주 강씨가 구장. 제주 한림 강우석 소장. 호남권 한국학자료센터 홈페이지 원문 이미지와 텍스트 보기. 고창석(2002), 오창명(2007) 참고>

1853-04-22. **사창[40] 댁 노 사금 토지매매명문**(社倉宅奴社金土地賣買明文), 답주 자필 쌍정 댁 노 춘만(畓主自筆双井宅奴春晚). <1장. 한자+이두. 조선 필사 이두 자료. 영암 미암 창녕 조씨 태호 후손가 소장. 호남권 한국학자료센터 홈페이지 원문 이미지 보기. 최승희(1989) 참고>

1853-04-00. **김한유 소지**(金漢裕所志) 1, 김한유. <1장. 한자+이두. 조선 필사 이두 자료. 전북 고창군 장두 광산 김씨가 소장. 호남권 한국학자료센터 홈페이지 원문 이미지와 텍스트 보기. 박병호(1974ㄱ), 최승희(1989), 정구복(2002) 참고>

1853-04-00. **선혜청 공사지 공인권 매매명문**(宣惠廳公事紙貢人權賣買明文),[41] 재주 이재승(財主李載升). <1장. 한자+이두. 조선 필사 이두 자료. 일본 경도대학 가와이문고 소장. 고려대학교 해외한국학자료센터 홈페이지 원문 이미지 보기>

1853-05-00. **김한유 소지**(金漢裕所志) 2, 김한유. <1장. 한자+이두. 조선 필사 이두 자료. 전북 고창군 장두 광산 김씨가 소장. 호남권 한국학자료센터 홈페이지 원문 이미지와 텍스트 보기. 박병호(1974ㄱ), 최승희(1989), 정구복(2002) 참고>

1853-05-00. **김한유 소지**(金漢裕所志) 3, 김한유. <1장. 한자+이두. 조선 필사 이두 자료. 전북 고창군 장두 광산 김씨가 소장. 호남권 한국학자료센터 홈페이지 원문 이미지와 텍스트 보기. 박병호(1974ㄱ), 최승희(1989), 정구복(2002) 참고>

1853-05-00~1856-02-22(癸丑~함풍 6년 丙辰).「우포청등록(**右捕廳謄錄**)」10, 포도청(捕盜廳) 편(編). <1책(10/전30책). 68장. 필사본. 표제는 '右捕廳謄錄'. 한자+이두. 조선 필사 이두 자료. 서울대학교 규장각 한국학연구원 홈페이지 원문 이미지 보기> <1807-01-13~1808-06-12(1/30)>

---

40 사창(社倉)은 조선 시대에 각 고을의 환곡을 저장하여 두던 곳집이다(「표준국어대사전」).

41 고려대학교 해외한국학자료센터 홈페이지에서는 '1853년 이재승(李載升) 방매 선혜청(宣惠廳) 공사지(公事紙) 공인권(貢人權) 매매명문(賣買明文)'으로 표시하였다.

1853-06-27~1862-윤8-24(癸丑~壬戌).⁴² 「홍성소첩등제(洪城訴牒謄題)」, 홍원현(洪原縣) 편(編). <1책. 88장. 필사본. 한자+이두. 조선 필사 이두 자료. 원래 표지의 표제는 '洪縣公案'. 서울대학교 규장각 한국학연구원 홈페이지 원문 이미지 보기>

1853-06-00 추정. **갑돌 소지**(甲乭所志), 갑돌. <1장. 한자+이두. 조선 필사 이두 자료. 경북 경주시 안강읍 옥산리 여주 이씨 장산서원·치암 종택 구장. 한국학중앙연구원 장서각 한국고문서자료관 홈페이지 원문 이미지 보기. 한국정신문화연구원 편(2003) 참고>

1853-07-01~1856-08-16(함풍 3년 癸丑~丙辰). 「평안병영계록(平安兵營啓錄)」 2, 비변사(備邊司) 편(編). <1책(2/전4책). 50장. 필사본. 표제는 '各道啓錄'. 한자+이두. 조선 필사 이두 자료. 서울대학교 규장각 한국학연구원 홈페이지 원문 이미지 보기> <1846-02-27~1853-01-15(1/4)>

1853-07-13. **김병헌 고목**(金炳憲告目), 수노 돌금(首奴乭金). <1장. 한자+이두. 조선 필사 이두 자료. 전북 부안군 우동 김형복 소장. 호남권 한국학자료센터 홈페이지 원문 이미지와 텍스트 보기. 한국정신문화연구원 편(1983, 1998), 한국학중앙연구원 편(2017) 참고>

1853-07-13~1875-09-30(함풍 3년~乙亥). 「충청병영관자등록(忠清兵營關子謄錄)」, 비변사(備邊司) 편(編). <1책. 35장. 필사본. 표제는 '清營關牒'. 한자+이두. 조선 필사 이두 자료. 서울대학교 규장각 한국학연구원 홈페이지 원문 이미지 보기>

1853-07-18. **김영기 토지매매명문**(金榮琪土地賣買明文), 회장주 한금용(灰場主韓今用). <1장. 한자+이두+한글. 조선 필사 이두 자료. 전남 보성군 박실 제주 양씨가 구장. 원광대학교 박물관 소장. 호남권 한국학자료센터 홈페이지 원문 이미지와 텍스트 보기. 박병호(1974ㄱ), 최승희(1989), 이재수(2003) 참고>

1853-08-00. **김매유 등 소지**(金邁儒等所志), 김매유 등. <1장. 한자+이두. 조선 필사 이두 자료. 경북 안동시 오천 광산 김씨 후조당 소장. 한국학중앙연구원 장서각

---

42 서울대학교 규장각 한국학연구원 홈페이지에서는 '간행연도'는 고종 연간(1864~1895)로 표시하였으며, '발행년도'는 1864년으로 적었다.

한국고문서자료관 홈페이지 원문 이미지와 텍스트 보기. 한국정신문화연구원 편(1982) 참고>

1853-08-00. **김한유 소지**(金漢裕所志) 4, 김한유. <1장. 한자+이두. 조선 필사 이두 자료. 전북 고창군 장두 광산 김씨가 소장. 호남권 한국학자료센터 홈페이지 원문 이미지와 텍스트 보기. 박병호(1974ㄱ), 최승희(1989), 정구복(2002) 참고>

1853-08-00. **김한유 소지**(金漢裕所志) 5, 김한유. <1장. 한자+이두. 조선 필사 이두 자료. 전북 고창군 장두 광산 김씨가 소장. 호남권 한국학자료센터 홈페이지 원문 이미지와 텍스트 보기. 박병호(1974ㄱ), 최승희(1989), 정구복(2002) 참고>

1853-09-01~1855-03-22(함풍 3년~함풍 5년). 「통제영계록(**統制營啓錄**)」 2, 비변사(備邊司) 편(編). <1책(2/전8책). 92장. 필사본. 표제는 '統營啓錄'. 한자+이두. 조선 필사 이두 자료. 서울대학교 규장각 한국학연구원 홈페이지 원문 이미지 보기> <영인본: 「각사등록」 17(경상도편 7)(국사편찬위원회 편, 1985)> <1847-02-04~1848-01-27(1/8)>

1853-09-02. **충청도관찰사 관**(忠淸道觀察使關), 충청도 관찰사. <1장. 한자+이두. 조선 필사 이두 자료. 충남 공주시 전주 이씨 숭선군파 종가 소장. 한국학중앙연구원 장서각 한국고문서자료관 홈페이지 원문 이미지 보기>

1853-09-11 추정. **독락당 완문**(獨樂堂完文), 경주부(慶州府). <1장. 한자+이두. 조선 필사 이두 자료. 경북 경주시 안강읍 옥산리 여주 이씨 독락당 소장. 한국학중앙연구원 장서각 한국고문서자료관 홈페이지 원문 이미지 보기. 한국정신문화연구원 편(2003) 참고>

1853-09-17~1854-05-29(癸丑~甲寅). 「황해감영김등장계등록(**黃海監營金等狀啓謄錄**)」 11, 비변사(備邊司) 편(編). <1책(11/전22책). 192장. 필사본. 표제는 '黃海監營啓錄'. 한자+이두. 조선 필사 이두 자료. 서울대학교 규장각 한국학연구원 홈페이지 원문 이미지 보기> <영인본: 「각사등록」 23(황해도편 2)(국사편찬위원회 편, 1986)> <1832-07-02~1832-12-30(1/22)>

1853-09-30. **황종하 토지매매명문**(黃宗河土地賣買明文),[43] 전주 자필 김동선(田主自

---

[43] 한국학자료센터 영남권역센터 홈페이지에서는 '1853년 김동선(金東㳍) 토지매매명문(土地賣買明

筆金東璇). <1장. 한자+이두. 조선 필사 이두 자료. 경북 영양군 영양읍 삼지리 한양 조씨 하담 고택 구장. 한국국학진흥원 소장. 한국학자료센터 영남권역센터 홈페이지 원문 이미지와 텍스트 보기. 박병호(1974ㄱ), 최승희(1989), 이재수(2003) 참고>

1853-09-00. **김갑교 등 소지**(金甲敎等所志), 김갑교 등. <1장. 한자+이두. 조선 필사 이두 자료. 경북 안동시 오천 광산 김씨 후조당 소장. 한국학중앙연구원 장서각 한국고문서자료관 홈페이지 원문 이미지와 텍스트 보기. 한국정신문화연구원 편(1982) 참고>

1853-10-02~1855-08-18(癸丑~乙卯). 「좌포청등록(**左捕廳謄錄**)」 9, 포도청(捕盜廳) 편(編). <1책(9/전18책). 78장. 필사본. 한자+이두. 조선 필사 이두 자료. 서울대학교 규장각 한국학연구원 홈페이지 낙질본 원문 이미지 보기> <1775-06-14~1775-윤10-29(1/18)>

1853-10-10 추정. **진영 전령**(鎭營傳令), 진영. <1장. 한자+이두. 조선 필사 이두 자료. 경북 경주시 안강읍 옥산리 여주 이씨 장산서원·치암 종택 구장. 한국학중앙연구원 장서각 한국고문서자료관 홈페이지 원문 이미지 보기. 한국정신문화연구원 편(2003) 참고>

1853-10-11. **독락당 회중 완의**(獨樂堂會中完議) 1, 독락당 회중. <1장. 한자+이두. 조선 필사 이두 자료. 경북 경주시 안강읍 옥산리 여주 이씨 독락당 소장. 한국학중앙연구원 장서각 한국고문서자료관 홈페이지 원문 이미지 보기. 한국정신문화연구원 편(2003) 참고>

1853-10-11. **독락당 회중 완의**(獨樂堂會中完議) 2, 독락당 회중. <1장. 한자+이두. 조선 필사 이두 자료. 경북 경주시 안강읍 옥산리 여주 이씨 독락당 소장. 한국학중앙연구원 장서각 한국고문서자료관 홈페이지 원문 이미지 보기. 한국정신문화연구원 편(2003) 참고>

1853-10-15. **소산위 성상 토지매매명문**(小山位城上土地賣買明文), 답주 재사 성상 백가(畓主齋舍城上白哥). <1장. 한자+이두. 조선 필사 이두 자료. 경북 안동시 일직

면 망호리 한산 이씨 소산 종가 구장. 한국국학진흥원 소장. 한국학자료센터 영남권역센터 홈페이지 원문 이미지와 텍스트 보기>

1853-10-16. **회덕 송정산 댁 노 학성 토지매매명문**(懷德宋定山宅奴學成土地賣買明文), 산주 김문중(山主金門中). <1장. 한자+이두. 조선 필사 이두 자료. 전북 무주 부남 김해 김씨가 소장. 호남권 한국학자료센터 홈페이지 원문 이미지와 텍스트 보기. 박병호(1974ㄱ), 최승희(1989), 정구복 외(1999) 참고>

1853-10-17~1854-09-25(癸丑~甲寅). 「우포청등록(**右捕廳謄錄**)」 9, 포도청(捕盜廳) 편(編). <1책(9/전30책). 77장. 필사본. 표제는 '右捕廳謄錄'. 한자+이두. 조선 필사 이두 자료. 서울대학교 규장각 한국학연구원 홈페이지 원문 이미지 보기>
<1807-01-13~1808-06-12(1/30)>

1853-10-24. **서학용 토지매매명문**(徐學用土地賣買明文), 원답주 조의록(元畓主曺義祿). <1장. 한자+이두. 조선 필사 이두 자료. 전북대학교 박물관 소장. 호남권 한국학자료센터 홈페이지 원문 이미지와 텍스트 보기. 최승희(1989), 정구복 외(1999), 이재수(2003) 참고>

1853-10-26. **박 생원 토지매매명문**(朴生員土地賣買明文), 답주 자필 김양신(畓主自筆金良臣). <1장. 한자+이두+한글. 조선 필사 이두 자료. 전남 보성군 박실 제주 양씨가 구장. 원광대학교 박물관 소장. 호남권 한국학자료센터 홈페이지 원문 이미지와 텍스트 보기. 박병호(1974ㄱ), 이재수(2003) 참고>

1853-10-29. **김 생원 댁 토지매매명문**(金生員宅土地賣買明文), 전주 정광진(田主鄭光眞). <1장. 한자+이두. 조선 필사 이두 자료. 경북 봉화군 명호면 도천리 안동 김씨 해헌 고택 구장. 한국국학진흥원 소장. 한국학자료센터 영남권역센터 홈페이지 원문 이미지와 텍스트 보기. 박병호(1974ㄱ), 최승희(1989), 이재수(2003), 이수건 외(2004) 참고>

1853-10-30. **한량 이유환 토지매매명문**(閑良李有環土地賣買明文), 답주 유학 박복동(畓主幼學朴福東). <1장. 한자+이두+한글. 조선 필사 이두 자료. 전남 보성군 박실 제주 양씨가 구장. 원광대학교 박물관 소장. 호남권 한국학자료센터 홈페이지 원문 이미지와 텍스트 보기. 박병호(1974ㄱ), 이재수(2003) 참고>

1853-10-30 추정. 「금제(**錦題**)」, 충청도(忠淸道) 편(編). <1책. 64장. 필사본. 한자+이

두. 조선 필사 이두 자료 서울대학교 규장각 한국학연구원 홈페이지 원문 이미지 보기>

1853-10-00. **김서교 등 소지**(金書敎等所志), 김서교 등. <1장. 한자+이두. 조선 필사 이두 자료. 경북 안동시 오천 광산 김씨 후조당 소장. 한국학중앙연구원 장서각 한국고문서자료관 홈페이지 원문 이미지와 텍스트 보기. 한국정신문화연구원 편(1982) 참고>

1853-10-00. **유학 박동혁 발괄**(幼學朴東赫白活), 박동혁. <1장. 한자+이두. 조선 필사 이두 자료. 전북 임실군 청웅 밀양 박씨가 소장. 호남권 한국학자료센터 홈페이지 원문 이미지와 텍스트 보기. 최승희(1989), 김경숙(2002), 심재우(2013) 참고>

1853-10-00. **토지매매명문**(土地賣買明文),[44] 답주 강득주(畓主姜得周). <1장. 한자+이두. 조선 필사 이두 자료. 전남 나주시 남내 밀양 박씨 청재 종가 소장. 호남권 한국학자료센터 홈페이지 원문 이미지와 텍스트 보기. 이수건(1987) 참고>

1853-11-01. **계중 토지매매명문**(稧中土地賣買明文), 답주 유학 배상림(畓主幼學裵相霖). <1장. 한자+이두. 조선 필사 이두 자료. 강원도 원주시 이정동 소장. 한국학자료센터 강원권역센터 홈페이지 원문 이미지와 텍스트 보기>

1853-11-05. **조 생원 댁 노 태금 토지매매명문**(曺生員宅奴太金土地賣買明文), 답주 한량 심순조(畓主閑良沈順祚). <1장. 한자+이두. 조선 필사 이두 자료. 영암 미암 창녕 조씨 태호 후손가 소장. 호남권 한국학자료센터 홈페이지 원문 이미지 보기. 최승희(1989) 참고>

1853-11-10. **문중계장 박윤옥 토지매매명문**(門中稧長朴允玉土地賣買明文), 답주 정수원(畓主鄭守元). <1장. 한자+이두+한글. 조선 필사 이두 자료. 전남 보성군 박실 제주 양씨가 구장. 원광대학교 박물관 소장. 호남권 한국학자료센터 홈페이지 원문 이미지와 텍스트 보기. 박병호(1974ㄱ), 이재수(2003) 참고>

1853-11-12. **노 흥쇠 배지**(奴興釗牌旨), 상전 황(上典黃). <1장. 한자+이두. 조선 필사 이두 자료. 안산 부곡 진주 류씨 경성당 소장. 한국학중앙연구원 장서각 한국고문

---

[44] 호남권 한국학자료센터 홈페이지에서는 '1853년 강득주(姜得周) 방매(放賣) 토지매매명문(土地賣買明文)'으로 표시하였다.

서자료관 홈페이지 원문 이미지 보기. 한국정신문화연구원 편(2002) 참고>

1853-11-00. **권 호 일녀 토지매매명문**(權戶日女土地賣買明文), 답주 남 호 대돌만(畓主南戶大乭萬). <1장. 한자+이두. 조선 필사 이두 자료. 경북 영덕 인량 재령 이씨 갈암 종택 구장. 한국국학진흥원 소장. 한국학중앙연구원 장서각 한국고문서자료관 홈페이지 원문 이미지와 텍스트 보기. 한국정신문화연구원 편(1997) 참고>

1853-12-10. **김 안성댁 노 천석 토지매매명문**(金安城宅奴千石土地賣買明文), 답주 댁 노비 임달금(畓主宅奴婢林達金). <1장. 점련문서. 한자+이두. 조선 필사 이두 자료. 경북 안동시 풍산읍 오미리 풍산 김씨 허백당 종택 구장. 한국국학진흥원 소장. 한국학자료센터 영남권역센터 홈페이지 원문 이미지와 텍스트 보기>

1853-12-10. **노 달금 패자**(奴達金牌子), 상전 김(上典金). <1장. 점련문서. 한자+이두. 조선 필사 이두 자료. 경북 안동시 풍산읍 오미리 풍산 김씨 허백당 종택 구장. 한국국학진흥원 소장. 한국학자료센터 영남권역센터 홈페이지 원문 이미지와 텍스트 보기>

1853-12-12. **삼종질 토지매매명문**(三從姪土地賣買明文),[45] 답주 삼종숙(畓主三從叔). <1장. 한자+이두. 조선 필사 이두 자료. 광주광역시 광산구 김해 김씨 소장. 호남권 한국학자료센터 홈페이지 원문 이미지와 텍스트 보기. 이재수(2003), 이수건 외(2004) 참고>

1853-12-16. **조 생원 댁 노 춘단 토지매매명문**(趙生員宅奴春丹土地賣買明文),[46] 답주 엄언용(畓主嚴彦龍). <1장. 한자+이두. 조선 필사 이두 자료. 경북 영양군 영양읍 삼지리 한양 조씨 하담 고택 구장. 한국국학진흥원 소장. 한국학자료센터 영남권역센터 홈페이지 원문 이미지와 텍스트 보기. 박병호(1974ㄱ), 최승희(1989), 이재수(2003), 이수건 외(2004) 참고>

1853-12-21. **나황윤 토지매매명문**(羅璜潤土地賣買明文), 답주 유학 송재명(畓主幼學

---

[45] 호남권 한국학자료센터 홈페이지에서는 '광주 광산구 김해김씨 토지매매문(土地賣買明文)'으로 표시하였다.

[46] 한국학자료센터 영남권역센터 홈페이지에서는 '1853년 엄언용(嚴彦龍) 토지매매문(土地賣買明文)'으로 표시하였다.

宋載明). <1장. 한자+이두. 조선 필사 이두 자료. 전남 나주시 남내 밀양 박씨 청재 종가 소장. 호남권 한국학자료센터 홈페이지 원문 이미지와 텍스트 보기. 이정수(1999) 참고>

1853-12-24. **진주 강씨 가락리 강시은 등 통문**(晉州姜氏加樂里姜時殷等通文), 강시은 등. <1장. 한자+이두. 조선 필사 이두 자료. 제주 어도내산 진주 강씨가 구장. 제주 한림 강우석 소장. 호남권 한국학자료센터 홈페이지 원문 이미지와 텍스트 보기. 최승희(1989) 참고>

1853-12-29. **손삼용·손응준 분재기**(孫三用孫應俊分財記), 손삼용·손응준. <1장. 한자+이두. 조선 필사 이두 자료. 경북 안동시 주촌 진성 이씨 경류정 소장. 한국학중앙연구원 장서각 한국고문서자료관 홈페이지 원문 이미지와 텍스트 보기. 한국정신문화연구원 편(1999) 참고>

1853-00-00. **부안 전주 최씨가 공명첩**(扶安全州崔氏家空名帖) 2, 부안현감(扶安縣監). <1장. 한자+이두+한글. 조선 필사 이두 자료. 전북 부안 궁월 전주 최씨가 소장. 호남권 한국학자료센터 홈페이지 원문 이미지와 텍스트 보기. 정구복 외(1999), 유지영(2007), 한문종 외(2009) 참고>

1853-00-00. 「선원보략수정의궤(**璿源譜略修正儀軌**)」, 종부시(宗簿寺) 편(編). <1책. 22장. 필사본. 표제는 '(癸丑十月 哲宗四年)璿源錄修正儀軌'. 권수제는 '(咸豊三年癸丑十月 日)璿源譜略修正儀軌'. 한자+이두. 조선 필사 이두 자료. 서울대학교 규장각 한국학연구원 의궤 종합정보 홈페이지 '奎14113' 원문 이미지 보기>

1853-00-00. 「선원보략수정의궤(**璿源譜略修正儀軌**)」, 종부시(宗簿寺) 편. <1책. 20장. 필사본. 표제는 '(癸丑 上尊號 哲宗四年)璿源譜略修正儀軌'. 권수제는 '(咸豊三年癸丑二月 日)璿源譜略修正儀軌'. 한자+이두. 조선 필사 이두 자료. 서울대학교 규장각 한국학연구원 의궤 종합정보 홈페이지 '奎14112' 원문 이미지 보기>

1853-00-00. 「순종대왕추상 존호 대왕대비전가상 존호도감의궤(**純宗大王追上 尊號 大王大妃殿加上 尊號都監儀軌**)」,[47] 존호도감(尊號都監) 편. <1책. 202장. 필사본.

---

[47] 서울대학교 규장각 한국학연구원 의궤 종합정보 홈페이지에서는 표제나 권수제와는 달리 '순조순원왕후상호감의궤(純祖純元王后上號都監儀軌)'로 적었다.

표제는 '(咸豊三年癸丑正月 日)上 號都監儀軌全'. 권수제는 '(咸豊三年癸丑正月 日)純宗大王追上 尊號 大王大妃殿加上 尊號都監儀軌'. 한자+이두. 조선 필사 이두 자료. 서울대학교 규장각 한국학연구원 의궤 종합정보 홈페이지 '奎13356' 원문 이미지 보기>

1853-00-00. 「순종대왕추상 존호 대왕대비전가상 존호도감의궤(**純宗大王追上 尊號 大王大妃殿加上 尊號都監儀軌**)」,[48] 존호도감 편. <1책. 203장. 필사본. 표제는 '(咸豊三年癸丑正月 日 哲宗四年)上號都監儀軌 全'. 권수제는 '(咸豊三年癸丑正月 日 純宗大王追上 尊號 大王大妃殿加上 尊號都監儀軌'. 한자+이두. 조선 필사 이두 자료. 한국학중앙연구원 디지털장서각 홈페이지 'K2-2817' 원문 이미지와 텍스트 보기>

1853-00-00. 「익종대왕추상 존호 왕대비전가상 존호 헌종대왕추상 존호 효현왕후추상 존호 대비전가상 존호도감의궤(**翼宗大王追上 尊號 王大妃殿加上 尊號 憲宗大王追上 尊號 孝顯王后追上 尊號 大妃殿加上 尊號都監儀軌**)」,[49] 존호도감(尊號都監) 편(編). <2책. 158장+85장. 필사본. 목록제는 '上 號都監儀軌目錄'. 권수제는 '(咸豊三年癸丑十月 日)翼宗大王追上 尊號 王大妃殿加上 尊號 憲宗大王追上 尊號 孝顯王后追上 尊號 大妃殿加上 尊號都監儀軌'. 한자+이두. 조선 필사 이두 자료. 한국학중앙연구원 디지털장서각 홈페이지 'K2-2828' 원문 이미지와 텍스트 보기>

1853-00-00. 「익종대왕추상 존호 왕대비전가상 존호 헌종대왕추상 존호 효현왕후추상 존호 대비전가상 존호도감의궤(**翼宗大王追上 尊號 王大妃殿加上 尊號 憲宗大王追上 尊號 孝顯王后追上 尊號 大妃殿加上 尊號都監儀軌**)」[50] 상·하, 존호도감(尊號都監) 편(編). <2책. 156장+83장. 필사본. 상권의 표제는 '(咸豊三年癸丑十月 日 春秋館上)上號都監儀軌上'. 권수제는 '(咸豊三年癸丑十月 日)翼宗大王追上 尊號 王大妃殿加上 尊號 憲宗大王追上 尊號 孝顯王后追上 尊號 大妃殿加上 尊號都監儀軌'.

---

[48] 한국학중앙연구원 디지털장서각 홈페이지에서는 서명을 '상호도감의궤(上號都監儀軌)'로 적었다.

[49] 한국학중앙연구원 디지털장서각 홈페이지에서는 서명을 '상호도감의궤(上號都監儀軌)'로 적었다.

[50] 서울대학교 규장각 한국학연구원 의궤 종합정보 홈페이지에서는 서명을 '익종신정왕후헌종효원왕후효정왕후상호도감의궤(翼宗神貞王后憲宗孝顯王后孝定王后上號都監儀軌)'로 적었다.

한자+이두. 조선 필사 이두 자료. 서울대학교 규장각 한국학연구원 의궤 종합정보 홈페이지 '奎13403' 원문 이미지 보기>

1853-00-00 이후 기입 추정.「불설관무량수불경(佛說觀無量壽佛經)」, 강량야사(畺良耶舍) 역(譯), 삼각산(三角山) 내원암(內院庵) 개간(開刊). <개간본. 25장. 목판본. 본문 한문+생획토 기입. 불교 서적. 조선 묵서 구결 자료. 국립중앙도서관 홈페이지 원문(한古朝21-50) 보기>

1853-00-00 이후 기입 추정.「불설관무량수불경(佛說觀無量壽佛經)」, 강량야사(畺良耶舍) 역(譯), 삼각산(三角山) 내원암(內院庵) 개간(開刊). <개간본. 37장. 목판본. 표제는 '十六觀經'. 본문에 한문+생획토 기입. 불교 서적. 조선 묵서 구결 자료. 국립중앙도서관 홈페이지 원문(古1741-25) 이미지 보기>

1854년

<갑인(甲寅), 철종 5년, 함풍 4년>

1854-01-02~1855-07-20.「결속색등록(結束色謄錄)」70, 병조(兵曹) 편(編). <1책(70/낙질본 107책). 156장. 필사본. 한자+이두. 조선 필사 이두 자료. 서울대학교 규장각 한국학연구원 홈페이지 1787년~1891년 낙질본 107책[51] 원문 이미지 보기>

1854-01-03. **상가리 강씨 문중 회문**(上加里姜氏門中回文), 강시은 등(姜時殷等). <1장. 한자+이두. 조선 필사 이두 자료. 제주 어도내산 진주 강씨가 구장. 제주 한림 강우석 소장. 호남권 한국학자료센터 홈페이지 원문 이미지와 텍스트 보기. 최승희(1989) 참고>

1854-01-04~1855-01-27(甲寅~乙卯).「해영송안(海營訟案)」1~14, 황해감영(黃海監營) 편(編). <14책. 필사본. 한자+이두. 조선 필사 이두 자료. 서울대학교 규장각 한국학연구원 홈페이지 원문 이미지 보기> <영인본:「각사등록」26(황해도편

---

[51] 1792년(건륭 57년), 1811년(가경 16년) 하, 1816년(가경 21년), 1817년(가경 22년), 1824년(도광 4년), 1831년(도광 11년), 1871년(동치 10년), 1885년(광서 11년) 없음.

5)(국사편찬위원회 편, 1987)>

1854-01-11. **조 노 춘단 토지매매명문**(趙奴春丹土地賣買明文),[52] 전주 자필 황익성(田主自筆黃益成). <1장. 한자+이두. 조선 필사 이두 자료. 경북 영양군 영양읍 삼지리 한양 조씨 하담 고택 구장. 한국국학진흥원 소장. 한국학자료센터 영남권역센터 홈페이지 원문 이미지와 텍스트 보기. 박병호(1974ㄱ), 최승희(1989), 이재수(2003), 이수건 외(2004) 참고>

1854-01-15. **상인 정윤우 토지매매명문**(喪人鄭允愚土地賣買明文), 산주 종손 상인 정주필(山主宗孫喪人鄭周弼). <1장. 한자+이두. 조선 필사 이두 자료. 경북 상주시 외서면 우산리 진주 정씨 우복 종택 소장. 한국학중앙연구원 장서각 한국고문서자료관 홈페이지 원문 이미지 보기. 한국학중앙연구원 편(2008) 참고>

1854-01-18. **영건소 성상 장복 토지매매명문**(營建所城上張卜土地賣買明文), 답주 전성대(畓主田成大). <1장. 한자+이두. 조선 필사 이두 자료. 안동 천전 의성 김씨 지촌 종택 소장. 한국학중앙연구원 장서각 한국고문서자료관 홈페이지 원문 이미지 보기. 한국정신문화연구원 편(1990) 참고>

1854-01-19. **토지매매명문**(土地賣買明文), 답주 한량 이항규(畓主閑良李恒奎). <1장. 한자+이두. 조선 필사 이두 자료. 전남 영광군 입석 영월 신씨 소장. 한국학중앙연구원 장서각 한국고문서자료관 홈페이지 원문 이미지와 텍스트 보기. 한국정신문화연구원 편(1996) 참고>

1854-01-21. **토지매매명문**(土地賣買明文),[53] 전주 김이언(田主金二彦). <1장. 한자+이두. 조선 필사 이두 자료. 전남 영광군 염소면 원주 이씨가 구장. 광주광역시 이정옥 소장. 호남권 한국학자료센터 홈페이지 원문 이미지와 텍스트 보기. 최승희(1989), 정구복 외(1999) 참고>

1854-01-27. **토지매매명문**(土地賣買明文),[54] 답주 고 진사 댁 노 재록(畓主高進士宅奴

---

52   한국학자료센터 영남권역센터 홈페이지에서는 '1854년 황익성(黃益成) 토지매매명문(土地賣買明文)'으로 표시하였다.

53   호남권 한국학자료센터 홈페이지에서는 '1854년 김이언(金二彦) 방매(放賣) 토지매매명문(土地賣買明文)'으로 표시하였다.

54   호남권 한국학자료센터 홈페이지에서는 '1854년 고진사댁노(高進士宅奴) 재록(再彔) 방매(放賣)

再衾). <1장. 한자+이두. 조선 필사 이두 자료. 전북 부안군 우반 부안 김씨 세덕각 소장. 한국학중앙연구원 장서각 한국고문서자료관 홈페이지 & 호남권 한국학자료센터 홈페이지 원문 이미지와 텍스트 보기. 박병호(1974ㄱ), 한국정신문화연구원 편(1983, 1998), 이재수(2003), 한국학중앙연구원 편(2017) 참고>

1854-01-29. **토지매매명문**(土地賣買明文), 답주 유학 정래강(畓主幼學鄭來綱). <1장. 한자+이두. 조선 필사 이두 자료. 경북 안동시 주촌 진성 이씨 경류정 소장. 한국학중앙연구원 장서각 한국고문서자료관 홈페이지 원문 이미지와 텍스트 보기. 한국정신문화연구원 편(1999) 참고>

1854-01-00. **김기협 등 등장**(金基俠等等狀), 김기협 등. <1장. 한자+이두. 조선 필사 이두 자료. 전북 부안군 취성재 소장. 호남권 한국학자료센터 홈페이지 원문 이미지와 텍스트 보기. 최승희(1989), 전경목(1997), 이수건 외(2004) 참고>

1854-01-00. **김두원 등 상서**(金斗元等上書), 김두원 등. <1장. 한자+이두. 조선 필사 이두 자료. 전북 부안군 우반 부안 김형복 소장. 한국학중앙연구원 장서각 한국고문서자료관 홈페이지 & 호남권 한국학자료센터 홈페이지 원문 이미지와 텍스트 보기. 박병호(1974ㄱ), 한국정신문화연구원 편(1983, 1998), 최승희(1989), 전경목(2001), 한국학중앙연구원 편(2017) 참고>

1854-01-00. **김한유 소지**(金漢裕所志) 1, 김한유. <1장. 한자+이두. 조선 필사 이두 자료. 전북 고창군 장두 광산 김씨가 소장. 호남권 한국학자료센터 홈페이지 원문 이미지와 텍스트 보기. 박병호(1974ㄱ), 최승희(1989), 정구복(2002) 참고>

1854-01-00~1854-12-00. 「추조결옥록(**秋曹決獄錄**)」 10, 형조(刑曹) 편(編). <1책(10/낙질본 43책). 79장. 필사본. 한자+이두. 조선 필사 이두 자료. 서울대학교 규장각 한국학연구원 홈페이지 원문 이미지 보기> <1822-01-00~1822-12-00(1/43)>

1854-02-07. **시장문기**(柴場文記), 시장주 신 생원 댁(柴場主辛生員宅). <1장. 한자+이두. 조선 필사 이두 자료. 전남 영광군 입석 영월 신씨 소장. 한국학중앙연구원 장서각 한국고문서자료관 홈페이지 원문 이미지와 텍스트 보기. 한국정신문화연구원 편(1996) 참고>

토지매매명문(土地賣買明文)'으로 표시하였다.

1854-02-08~1855-02-16(甲寅. 함풍 4년~乙卯 함풍 5년). 「전라감사 정■세 계록(全羅監司鄭■世 啓錄)」 5, 비변사(備邊司) 편(編). <1책(5/전7책). 177장. 필사본. 표제는 '全羅監營啓錄'. 한자+이두. 조선 필사 이두 자료. 서울대학교 규장각 한국학연구원 홈페이지 원문 이미지 보기> <영인본: 「각사등록」 18(전라도편 1)(국사편찬위원회 편, 1985)> <1829-08-10~1829-11-21(제1/7)>

1854-02-13. **김정룡 다짐**(金正龍侤音), 김정룡. <1장. 한자+이두. 조선 필사 이두 자료. 전북 고창군 장두 광산 김씨가 소장. 호남권 한국학자료센터 홈페이지 원문 이미지와 텍스트 보기. 박병호(1974ㄱ), 최승희(1989), 정구복(2002) 참고>

1854-02-14. **유학 족형 박광은 토지매매명문**(幼學族兄朴光殷土地賣買明文), 답주 유학 족제 박정진(畓主幼學族弟朴貞鎭). <1장. 한자+이두. 조선 필사 이두 자료. 전북대학교 박물관 소장. 호남권 한국학자료센터 홈페이지 원문 이미지와 텍스트 보기. 최승희(1989), 정구복 외(1999), 이재수(2003) 참고>

1854-02-15. **박직환 토지매매명문**(朴稷煥土地賣買明文), 답주 차정명(畓主車正命). <1장. 한자+이두. 조선 필사 이두 자료. 전북 부안 석동 류절재 소장. 호남권 한국학자료센터 홈페이지 원문 이미지와 텍스트 보기. 박병호(1974ㄱ), 최승희(1989), 이재수(2003) 참고>

1854-02-19. **별고 유사 유학 오현풍 토지매매명문**(別庫有司幼學吳顯豊土地賣買明文), 답주 자필 유학 최기효(畓主自筆幼學崔基孝). <1장. 한자+이두. 조선 필사 이두 자료. 남원·구례 삭녕 최씨 구장. 한국학중앙연구원 장서각 한국고문서자료관 홈페이지 원문 이미지 보기. 한국정신문화연구원 편(2004) 참고>

1854-02-20~1867-02-14(함풍 4년 甲寅~丁卯). 「경상우병영관첩(慶尙右兵營關牒)」 1, 비변사(備邊司) 편(編). <1책(1/전2책).[55] 133장. 필사본. 표제는 '慶尙右兵營關牒'. 권수제는 '兵使白等南益時報牒牒錄'. 한자+이두. 조선 필사 이두 자료. 서울대학교 규장각 한국학연구원 홈페이지 원문 이미지 보기> <영인본: 「각사등록」 13(경상도편 3)(국사편찬위원회 편, 1984)> <1882-12-10~1891-11-13(2/2)>

---

[55] 서울대학교 규장각 한국학연구원 홈페이지 「慶尙右兵營關牒 경상우병영관첩」의 '상세 정보'에서는 권1로 표시하였는데 '원문 이미지'에서는 권2의 원문이 올려져 있다.

1854-02-21. **박 생원 댁 노 벽귀 토지매매명문**(朴生員宅奴碧貴土地賣買明文), 전답주 지 노 종복(田畓主池奴宗福) <1장. 한자+이두. 조선 필사 이두 자료. 춘천 김현식 소장. 한국학자료센터 강원권역센터 홈페이지 원문 이미지 보기. 최승희(1989), 전경목(2010), 김성갑(2013), 박준호(2016) 참고>

1854-02-26. **박만영 토지매매명문**(朴萬榮土地賣買明文), 전주 자필 유학 김재형(出主 自筆幼學金再亨). <1장. 한자+이두. 조선 필사 이두 자료. 전북 임실군 지사 협계 태 씨가 소장. 호남권 한국학자료센터 홈페이지 원문 이미지와 텍스트 보기. 박병 호(1974ㄱ), 최승희(1989), 이재수(2003) 참고>

1854-02-28. **노봉서원 별고재중 토지매매명문**(露峰書院別庫齋中土地賣買明文), 답주 자필 상인 조정용(畓主自筆喪人趙廷龍). <1장. 한자+이두. 조선 필사 이두 자료. 남원·구례 삭녕 최씨 구장. 한국학중앙연구원 장서각 한국고문서자료관 홈페이 지 원문 이미지 보기. 한국정신문화연구원 편(2004) 참고>

1854-02-00. **김한유 소지**(金漢裕所志) 2, 김한유. <1장. 한자+이두. 조선 필사 이두 자료. 전북 고창군 장두 광산 김씨가 소장. 호남권 한국학자료센터 홈페이지 원문 이미지와 텍스트 보기. 박병호(1974ㄱ), 최승희(1989), 정구복(2002) 참고>

1854-02-00. **유생 김노수 등 소지 초**(儒生金魯洙等所志抄), 김노수 등. <1장. 한자+이 두. 조선 필사 이두 자료. 전남 영광군 입석 영월 신씨 소장. 한국학중앙연구원 장서각 한국고문서자료관 홈페이지 원문 이미지와 텍스트 보기. 한국정신문화연 구원 편(1996) 참고>

1854-02-00. **이약천·이휘정 등 상서**(李若天李彙政等上書), 이약천·이휘정 등. <1장. 한자+이두. 조선 필사 이두 자료. 경북 안동시 주촌 진성 이씨 경류정 소장. 한국 학중앙연구원 장서각 한국고문서자료관 홈페이지 원문 이미지와 텍스트 보기. 한국정신문화연구원 편(1999) 참고>

1854-02-00. **화민 신백규 소지**(化民辛百珪所志), 신백규. <1장. 한자+이두. 조선 필사 이두 자료. 전남 영광군 입석 영월 신씨 소장. 한국학중앙연구원 장서각 한국고문 서자료관 홈페이지 원문 이미지와 텍스트 보기. 한국정신문화연구원 편(1996) 참고>

1854-03-01 추정. **독락당 완문**(獨樂堂完文), 감영(監營). <1장. 한자+이두. 조선 필사

이두 자료. 경북 경주시 안강읍 옥산리 여주 이씨 독락당 소장. 한국학중앙연구원 장서각 한국고문서자료관 홈페이지 원문 이미지 보기. 한국정신문화연구원 편(2003) 참고>

1854-03-03. **유학 토지매매명문**(幼學土地賣買明文),[56] 답주 유학 박규진(畓主幼學朴奎鎭). <1장. 한자+이두. 조선 필사 이두 자료. 전북대학교 박물관 소장. 호남권 한국학자료센터 홈페이지 원문 이미지와 텍스트 보기. 박병호(1974ㄱ), 이재수(2003) 참고>

1854-03-06. **■...■ 노 천석 토지매매명문**(■...■奴千石土地賣買明文), 전주 김봉익(田主金鳳翼). <1장. 한자+이두. 조선 필사 이두 자료. 경북 안동시 풍산읍 오미리 풍산 김씨 허백당 종택 구장. 한국국학진흥원 소장. 한국학자료센터 영남권역센터 홈페이지 원문 이미지와 텍스트 보기>

1854-03-10. **박종복 토지매매명문**(朴宗福土地賣買明文), 전주 윤경철(田主尹京哲). <1장. 한자+이두. 조선 필사 이두 자료. 제주시 일도 2동 제주민속자연사박물관 소장. 호남권 한국학자료센터 홈페이지 원문 이미지와 텍스트 보기. 최승희(1989), 고창석(2002) 참고>

1854-03-20. **황철언 토지매매명문**(黃哲彦土地賣買明文), 답주 이진욱(畓主李震旭). <1장. 한자+이두. 조선 필사 이두 자료. 삼척시립박물관 소장. 한국학자료센터 강원권역센터 홈페이지 원문 이미지와 텍스트 보기. 최승희(2003), 전경목(2010), 김세민(2013), 김영란(2017) 참고>

1854-03-26. **유학 이■■ 토지매매명문**(幼學李■■土地賣買明文),[57] 답주 동성 유학 이준성(畓主同姓幼學李俊聖). <1장. 한자+이두. 조선 필사 이두 자료. 전남 나주시 남내 밀양 박씨 청재 종가 소장. 호남권 한국학자료센터 홈페이지 원문 이미지와 텍스트 보기. 정수환·이헌창(2008) 참고>

1854-03-28. **토지매매명문**(土地賣買明文),[58] 답주 조준민(畓主曺俊敁). <1장. 한자+

---

[56] 호남권 한국학자료센터 홈페이지에서는 '1854년 박규진(朴奎鎭) 방매 토지매매명문(土地賣買明文)'으로 표시하였다.

[57] 호남권 한국학자료센터 홈페이지에서는 '1854년 이준성(李俊聖) 방매(放賣) 토지매매명문(土地賣買明文)'으로 표시하였다.

이두. 조선 필사 이두 자료. 전남 영광 마산 경주 이씨가 구장. 진안 용담호미술관 소장. 호남권 한국학자료센터 홈페이지 원문 이미지와 텍스트 보기. 최승희(1989), 김소은(2004) 참고>

1854-03-29. **조 생원 댁 노 덕흥 토지매매명문**(曺生員宅奴德興土地賣買明文), 답주 유 생원 댁 노 천돌(畓主柳生員宅奴天乭). <1장. 한자+이두. 조선 필사 이두 자료. 전북 익산 마동 창녕 조씨가 소장. 호남권 한국학자료센터 홈페이지 원문 이미지와 텍스트 보기. 최승희(1989), 이재수(2003) 참고>

1854-03-00. **권공서 등 상서**(權恭瑞等上書), 권공서 등. <1장. 한자+이두. 조선 필사 이두 자료. 전북 순창 구미 남원 양씨가 소장. 호남권 한국학자료센터 홈페이지 원문 이미지와 텍스트 보기. 최승희(1989), 김경숙(2002), 심재우(2013) 참고>

1854-03-00. **영양향교 상서**(英陽鄕校上書), 영양향교 유생 조병상 등(儒生趙秉常等). <1장. 한자+이두. 조선 필사 이두 자료. 경북 영양군 일월면 도계리 영양향교 소장. 한국학자료센터 영남권역센터 홈페이지 원문 이미지와 텍스트 보기. 영남대학교 민족문화연구소 편(1992) 참고>

1854-03-00. **유월금 소지**(六月金所志), 유월금. <1장. 한자+이두. 조선 필사 이두 자료. 전북 담양군 모현관 소장. 호남권 한국학자료센터 홈페이지 원문 이미지와 텍스트 보기. 최승희(1989), 정구복 외(1999) 참고>

1854-03-00. **이봉현 등 상서**(李鳳賢等上書) 1, 이봉현 등. <1장. 한자+이두. 조선 필사 이두 자료. 전남 장흥 방촌 존재 후손가 소장. 호남권 한국학자료센터 홈페이지 원문 이미지 보기. 최승희(1989) 참고>

1854-03-00. **이예술 등 상서**(李禮述等上書) 1, 이예술 등. <1장. 한자+이두. 조선 필사 이두 자료. 전북 부안군 우반 부안 김씨 세덕각 소장. 한국학중앙연구원 장서각 한국고문서자료관 홈페이지 & 호남권 한국학자료센터 홈페이지 원문 이미지와 텍스트 보기. 박병호(1974ㄱ), 한국정신문화연구원 편(1983, 1998), 최승희(1989), 전경목(2001) 정구복(2002), 한국학중앙연구원 편(2017) 참고>

---

58 호남권 한국학자료센터 홈페이지에서는 '1854년 조준민(曺俊敃) 방매(放賣) 토지매매명문(土地賣買明文)'으로 표시하였다.

1854-03-00. **정윤우 등 상서**(鄭允愚等上書) 1, 정윤우 등. <1장. 한자+이두. 조선 필사 이두 자료. 경북 상주시 외서면 우산리 진주 정씨 우복 종택 소장. 한국학중앙연구원 장서각 한국고문서자료관 홈페이지 원문 이미지 보기. 한국학중앙연구원 편(2008) 참고>

1854-03-00. **정윤우 등 상서**(鄭允愚等上書) 2, 정윤우 등. <1장. 한자+이두. 조선 필사 이두 자료. 경북 상주시 외서면 우산리 진주 정씨 우복 종택 소장. 한국학중앙연구원 장서각 한국고문서자료관 홈페이지 원문 이미지 보기. 한국학중앙연구원 편(2008) 참고>

1854-03-00 이후 기입 추정. 「육조법보단경(**六祖法寶壇經**)」, 혜능(慧能) 찬(撰). <1책. 71장. 목활자본. 본문 전반부에 한문+생획토 기입. 불교 서적. 조선 묵서 구결 자료. 국립중앙도서관 홈페이지 원문 이미지 보기>

1854-04-14. **안동대도호부사 전령**(安東大都護府使傳令), 안동대도호부사. <1장. 한자+이두. 조선 필사 이두 자료. 경북 안동시 법흥동 고성 이씨 탑동 종가 구장. 한국국학진흥원 소장. 한국학자료센터 영남권역센터 홈페이지 원문 이미지와 텍스트 보기>

1854-04-23. **이구복 토지매매명문**(李龜福土地賣買明文),[59] 전주 최상순(田主崔尙淳). <1장. 한자+이두. 조선 필사 이두 자료. 삼척시립박물관 소장. 한국학자료센터 강원권역센터 홈페이지 원문 이미지와 텍스트 보기. 김건우(2008), 전경목(2010, 2014), 박준호(2016) 참고>

1854-04-25. **안병두 수표**(安秉斗手標), 안병두. <1장. 한자+이두. 조선 필사 이두 자료. 전남 순천 황전 경주 정씨가 구장. 광주광역시 이정옥 소장. 호남권 한국학자료센터 홈페이지 원문 이미지와 텍스트 보기. 최승희(1989) 참고>

1854-04-00. **김한유 소지**(金漢裕所志) 3, 김한유. <1장. 한자+이두. 조선 필사 이두 자료. 전북 고창군 장두 광산 김씨가 소장. 호남권 한국학자료센터 홈페이지 원문 이미지와 텍스트 보기. 박병호(1974ㄱ), 최승희(1989), 정구복(2002) 참고>

---

[59] 한국학자료센터 강원권역센터 홈페이지에서는 '1854년 이곳복(李廲福) 토지매매명문(土地賣買明文)'으로 표시하였다. '안내 정보'와 '상세 정보'에서는 '이구복(李龜福)'으로 적었다.

1854-04-00. **김호 소지**(金濠所志) 1, 김호. <1장. 한자+이두. 조선 필사 이두 자료. 전북 익산시 용제 경주 김씨가 소장. 호남권 한국학자료센터 홈페이지 원문 이미지와 텍스트 보기. 박병호(1974ㄱ), 최승희(1989), 정구복(2002) 참고>

1854-04-00. **박계림 소지**(朴啓林所志), 박계림. <1장. 한자+이두. 조선 필사 이두 자료. 전북 임실군 청웅 밀양 박씨가 소장. 호남권 한국학자료센터 홈페이지 원문 이미지와 텍스트 보기. 최승희(1989), 김선경(1993), 김경숙(2002) 참고>

1854-04-00. **유학 이정백·이임수 등 소지**(幼學李庭百李林秀等所志), 이정백·이임수 등. <1장. 한자+이두. 조선 필사 이두 자료. 경북 안동시 법흥동 고성 이씨 탑동 종가 구장. 한국국학진흥원 소장. 한국학자료센터 영남권역센터 홈페이지 원문 이미지와 텍스트 보기>

1854-04-00. **이인식 가사매매명문**(李仁植家舍賣買明文), 재주 임원식(財主林元植). <1장. 한자+이두. 조선 필사 이두 자료. 한국학중앙연구원 장서각 한국고문서자료관 홈페이지 원문 이미지와 텍스트 보기. 한국정신문화연구원 편(1992) 참고>

1854-04-00. **이전 등 상서**(李廛等上書), 이전 등. <1장. 한자+이두. 조선 필사 이두 자료. 경북 경주시 안강읍 옥산리 여주 이씨 독락당 소장. 한국학중앙연구원 장서각 한국고문서자료관 홈페이지 원문 이미지 보기. 한국정신문화연구원 편(2003) 참고>

1854-04-00. **이현발 등장**(李鉉發等狀), 이현발. <1장. 한자+이두. 조선 필사 이두 자료. 경북 영덕 인량 재령 이씨 충효당 구장. 한국국학진흥원 소장. 한국학중앙연구원 장서각 한국고문서자료관 홈페이지 원문 이미지와 텍스트 보기. 한국정신문화연구원 편(1997) 참고>

1854-04-00. **이후 등 완문**(李垕等完文) <1장. 한자+이두. 조선 필사 이두 자료. 경북 경주시 안강읍 옥산리 여주 이씨 독락당 소장. 한국학중앙연구원 장서각 한국고문서자료관 홈페이지 원문 이미지 보기. 한국정신문화연구원 편(2003) 참고>

1854-05-02. **김성진 토지매매명문**(金成辰土地賣買明文), 답주 용택빈(畓主龍澤彬). <1장. 한자+이두. 조선 필사 이두 자료. 전북대학교 박물관 소장. 호남권 한국학자료센터 홈페이지 원문 이미지와 텍스트 보기. 박병호(1974ㄱ), 최승희(1989), 이재수(2003), 박준호(2004), 전경복 외(2006) 참고>

1854-05-06. **강종락 토지매매명문**(姜宗樂土地賣買明文), 전주 강재혁(田主姜在赫). <1장. 한자+이두. 조선 필사 이두 자료. 제주 어도내산 진주 강씨가 구장. 제주 한림 강우석 소장. 호남권 한국학자료센터 홈페이지 원문 이미지와 텍스트 보기. 이재수(2003), 오창명(2007) 참고>

1854-05-12. **손연손 토지매매명문**(孫連孫土地賣買明文), 답주 자필 이형하(畓主自筆 李亨河). <1장. 한자+이두. 조선 필사 이두 자료. 경북 안동시 주촌 진성 이씨 경류정 소장. 한국학중앙연구원 장서각 한국고문서자료관 홈페이지 원문 이미지와 텍스트 보기. 한국정신문화연구원 편(1999) 참고>

1854-05-00. **김한유 소지**(金漢裕所志) 4, 김한유. <1장. 한자+이두. 조선 필사 이두 자료. 전북 고창군 장두 광산 김씨가 소장. 호남권 한국학자료센터 홈페이지 원문 이미지와 텍스트 보기. 박병호(1974ㄱ), 최승희(1989), 정구복(2002) 참고>

1854-05-00. **송정산 댁 노 학성 소지**(宋定山宅奴學成所志), 학성. <1장. 한자+이두. 조선 필사 이두 자료. 전북 무주 부남 김해 김씨가 소장. 호남권 한국학자료센터 홈페이지 원문 이미지와 텍스트 보기. 박병호(1974ㄱ), 최승희(1989), 정구복 외(1999) 참고>

1854-05-00. **영양향교 첩정**(英陽鄕校牒呈), 영양향교 집강(執綱) 오(吳). <1장. 한자+이두. 조선 필사 이두 자료. 경북 영양군 일월면 도계리 영양향교 소장. 한국학자료센터 영남권역센터 홈페이지 원문 이미지와 텍스트 보기. 영남대학교 민족문화연구소 편(1992) 참고>

1854-05-00. **이 승지댁 노 학종 소지**(李承旨宅奴學宗所志), 학종. <1장. 한자+이두. 조선 필사 이두 자료. 경북 성주군 월항면 대산리 성산 이씨 응와 종택 구장. 한국국학진흥원 소장. 한국학자료센터 영남권역센터 홈페이지 원문 이미지와 텍스트 보기>

1854-05-00. **전라도 금산군 입안**(全羅道錦山郡立案), 금산군. <1장. 한자+이두. 조선 필사 이두 자료. 전북 무주 부남 김해 김씨가 소장. 호남권 한국학자료센터 홈페이지 원문 이미지와 텍스트 보기. 박병호(1974ㄱ), 최승희(1989), 정구복 외(1999) 참고>

1854-05-00. **한순업 소지**(韓順業所志), 한순업. <1장. 한자+이두. 조선 필사 이두

자료. 전북 고창 석호 담양 국씨가 구장. 전북대학교 박물관 소장. 호남권 한국학
자료센터 홈페이지 원문 이미지와 텍스트 보기. 박병호(1974ㄱ), 최승희(1989),
정구복 외(1999) 참고>

1854-06-03. **토지매매명문**(土地賣買明文),⁶⁰ 답주 유학 구세화(畓主幼學具世花). <1
장. 한자+이두. 조선 필사 이두 자료. 원광대학교 소장. 호남권 한국학자료센터
홈페이지 원문 이미지와 텍스트 보기. 박병호(1974ㄱ), 이재수(2003) 참고>

1854-06-04. **사종형 신봉규 수표**(四從兄辛鳳珪手標), 신봉규. <1장. 한자+이두. 조선
필사 이두 자료. 전남 영광군 입석 영월 신씨 소장. 한국학중앙연구원 장서각
한국고문서자료관 홈페이지 원문 이미지와 텍스트 보기. 한국정신문화연구원
편(1996) 참고>

1854-06-20~1860-06-06(甲寅~庚申).「의주부 장계등록(**義州府狀啓謄錄**)」 3, 비변사
(備邊司) 편(編). <1책(3/전6책). 97장. 필사본. 표제는 '義州府啓錄'. 한자+이두.
조선 필사 이두 자료. 서울대학교 규장각 한국학연구원 홈페이지 원문 이미지
보기> <1840-08-08~1841-10-29(1/6)>

1854-06-24. **이시황 수기**(李時璜手記), 표주(標主) 이시황. <1장. 한자+이두. 조선
필사 이두 자료. 강원도 양양군 제주 고씨 소장. 한국학자료센터 강원권역센터
홈페이지 원문 이미지와 텍스트 보기. 한석수(2010), 전경목(2015), 박준호(2016)
참고>

1854-06-00. **수성동 거민 등장**(守城洞居民等狀), 수성동 거민. <1장. 한자+이두. 조선
필사 이두 자료. 경북 경주시 안강읍 옥산리 여주 이씨 장산서원·치암 종택 구장.
한국학중앙연구원 장서각 소장. 장서각 한국고문서자료관 홈페이지 원문 이미지
보기. 한국정신문화연구원 편(2003) 참고>

1854-06-00. **이봉현 등 상서**(李鳳賢等上書) 2, 이봉현 등. <1장. 한자+이두. 조선
필사 이두 자료. 전남 장흥 방촌 존재 후손가 소장. 호남권 한국학자료센터 홈페이
지 원문 이미지 보기. 최승희(1989) 참고>

---

60 호남권 한국학자료센터 홈페이지에서는 '1854년 구세화(具世花) 방매(放賣) 토지매매명문(土地賣
買明文)'으로 표시하였다.

1854-06-00~1855-12-00(甲寅~乙卯). 「목장색등록(牧場色謄錄)」 2, 사복시(司僕寺) 편(編). <1책(2/낙질본 5책).[61] 74장. 필사본. 한자+이두. 조선 필사 이두 자료. 서울대학교 규장각 한국학연구원 홈페이지 원문 이미지 보기> <1834-01-00~ 1834-12-00(1/5)>

1854-07-17, **진주 강씨 어도 문중 통문**(晉州姜氏於道門中通文), 진주 강씨 어도 문중 (於道門中). <1장. 한자+이두. 조선 필사 이두 자료. 제주 어도내산 진주 강씨가 구장. 제주 한림 강우석 소장. 호남권 한국학자료센터 홈페이지 원문 이미지와 텍스트 보기. 최승희(1989) 참고>

1854-07-18. **김병헌 고목**(金炳憲告目), 동림서원 수노 영용((首奴令用). <1장. 한자+이두. 조선 필사 이두 자료. 전북 부안군 우동 김형복 소장. 호남권 한국학자료센터 홈페이지 원문 이미지와 텍스트 보기. 한국정신문화연구원 편(1983, 1998) 참고>

1854-07-29~1863-07-30(甲寅, 乙卯, 己未, 庚申, 辛酉, 壬戌, 癸亥).「평안감영심리계록 (**平安監營審理啓錄**)」 1, 비변사(備邊司) 편(編). <1책(1/전4책).[62] 117장. 필사본. 표제는 '箕營審理啓錄'. 한자+이두. 조선 필사 이두 자료. 서울대학교 규장각 한국 학연구원 홈페이지 원문 이미지 보기> <1864-08-03~1874-06-24(2/전4책), 1867-03-17~1871-02-22(3/전4책), 1869-03-02~1872-06-19((4/전4책)>

1854-07-00. **김한유 소지**(金漢裕所志) 5, 김한유. <1장. 한자+이두. 조선 필사 이두 자료. 전북 고창군 장두 광산 김씨가 소장. 호남권 한국학자료센터 홈페이지 원문 이미지와 텍스트 보기. 박병호(1974ㄱ), 최승희(1989), 정구복(2002) 참고>

1854-07-00. **김호 소지**(金濠所志) 2, 김호. <1장. 한자+이두. 조선 필사 이두 자료. 전북 익산시 용제 경주 김씨가 소장. 호남권 한국학자료센터 홈페이지 원문 이미지와 텍스트 보기. 박병호(1974ㄱ), 최승희(1989), 정구복(2002) 참고>

---

[61] 서울대학교 규장각 한국학연구원 홈페이지에는 5책의 4권으로 표시하였으나, 작성 시기의 순서에 따라 '2/전5책'으로 고쳤다.

[62] 서울대학교 규장각 한국학연구원 홈페이지에는 권1과 권2의 권수가 바뀐 것 같다. 권2의 기록된 내용의 시기가 권1보다 빠르므로 '2/전4책'은 '1/전4책'으로, '1/전4책'은 '2/전4책'으로 고쳐야 할 것이다.

1854-07-00. **김호 소지**(金濠所志) 3, 김호. <1장. 한자+이두. 조선 필사 이두 자료. 전북 익산시 용제 경주 김씨가 소장. 호남권 한국학자료센터 홈페이지 원문 이미지와 텍스트 보기. 박병호(1974ㄱ), 최승희(1989), 정구복(2002) 참고>

1854-07-00. **유진명 등 등장**(柳震溟等等狀), 유진명 등. <1장. 한자+이두. 조선 필사 이두 자료. 전북 순창 청계 문화 유씨가 소장. 호남권 한국학자료센터 홈페이지 원문 이미지와 텍스트 보기. 최승희(1989), 김경숙(2002), 심재우(2013) 참고>

1854-07-00~1861-10-00(甲寅~辛酉). 「종친부등록(**宗親府謄錄**)」 3, 종친부(宗親府) 편(編). <1책(3/전12책. 奎13007-v.1-12). 75장. 필사본. 한자+이두. 조선 필사 이두 자료. 서울대학교 규장각 한국학연구원 홈페이지 원문 이미지 보기> <1756-04-01~1759-01-15(1/전12책)>

1854-윤7-01. **독락당 완문**(獨樂堂完文), 경주부(慶州府). <1장. 한자+이두. 조선 필사 이두 자료. 경북 경주시 안강읍 옥산리 여주 이씨 독락당 소장. 한국학중앙연구원 장서각 한국고문서자료관 홈페이지 원문 이미지 보기. 한국정신문화연구원 편 (2003) 참고>

1854-윤7-00. **김한유 소지**(金漢裕所志) 6, 김한유. <1장. 한자+이두. 조선 필사 이두 자료. 전북 고창군 장두 광산 김씨가 소장. 호남권 한국학자료센터 홈페이지 원문 이미지와 텍스트 보기. 박병호(1974ㄱ), 최승희(1989), 정구복(2002) 참고>

1854-윤7-00. **박제연 산송 관련 안동부 상서**(朴齊淵山訟關聯安東府上書) 1, 박제연. <1장. 한자+이두. 조선 필사 이두 자료. 경북 영주시 문수면 수도리 반남 박씨 오헌 고택 구장. 한국국학진흥원 소장. 한국학자료센터 영남권역센터 홈페이지 원문 이미지와 텍스트 보기. 전경목(1996), 김경숙(2002) 참고>

1854-윤7-00. **박제연 산송 관련 안동부 상서**(朴齊淵山訟關聯安東府上書) 2, 박제연. <1장. 한자+이두. 조선 필사 이두 자료. 경북 영주시 문수면 수도리 반남 박씨 오헌 고택 구장. 한국국학진흥원 소장. 한국학자료센터 영남권역센터 홈페이지 원문 이미지와 텍스트 보기. 전경목(1996), 김경숙(2002) 참고>

1854-윤7-00. **이현덕 등 소지**(李鉉德等所志), 이현덕 등. <1장. 한자+이두. 조선 필사 이두 자료. 경북 영덕 인량 재령 이씨 충효당 구장. 한국국학진흥원 소장. 한국학중앙연구원 장서각 한국고문서자료관 홈페이지 원문 이미지와 텍스트 보기. 한국

정신문화연구원 편(1997) 참고>

1854-윤7-00. **이현덕 소지**(李鉉德所志), 이현덕. <1장. 한자+이두. 조선 필사 이두 자료. 경북 영덕 인량 재령 이씨 충효당 구장. 한국국학진흥원 소장. 한국학중앙연구원 장서각 한국고문서자료관 홈페이지 원문 이미지와 텍스트 보기. 한국정신문화연구원 편(1997) 참고>

1854-08-04. **박제연 산송 관련 산도**(朴齊淵山訟關聯山圖), 박제연. <1장. 한자+이두. 조선 필사 이두 자료. 경북 영주시 문수면 수도리 반남 박씨 오헌 고택 구장. 한국국학진흥원 소장. 한국학자료센터 영남권역센터 홈페이지 원문 이미지와 텍스트 보기. 전경목(1996), 김경숙(2002) 참고>

1854-08-04. **토지매매명문**(土地賣買明文), 답주 양인 박화춘(畓主良人朴花春). <1장. 한자+이두. 조선 필사 이두 자료. 전남 영광군 입석 영월 신씨 소장. 한국학중앙연구원 장서각 한국고문서자료관 홈페이지 원문 이미지와 텍스트 보기. 한국정신문화연구원 편(1996) 참고>

1854-08-07. **김하원 수기**(金夏元手記), 김하원. <1장. 한자+이두. 조선 필사 이두 자료. 전남 보성 용문 낭주 최씨가 구장. 광주광역시 이정옥 소장. 호남권 한국학자료센터 홈페이지 원문 이미지와 텍스트 보기. 최승희(1989), 정구복 외(1999) 참고>

1854-08-11. **유학 이계화 시장문기**(幼學李啓華柴場文記), 시장주 유학 유치명(柴場主幼學兪致命). <1장. 한자+이두. 조선 필사 이두 자료. 전남 함평군 함평 이씨 이건풍 구장. 목포대학교 도서문화연구원 소장. 호남권 한국학자료센터 홈페이지 원문 이미지와 텍스트 보기. 최승희(1989) 참고>

1854-08-30. **겸관 하체**(兼官下帖), 겸관. <1장. 한자+이두. 조선 필사 이두 자료. 경남 밀양 신호 밀성 박씨·덕남서원 소장. 한국학중앙연구원 장서각 한국고문서자료관 홈페이지 원문 이미지 보기. 한국정신문화연구원 편(2004) 참고>

1854-08-00. **권희관 산송 관련 다짐**(權喜寬山訟關聯侤音), 권희관. <1장. 한자+이두. 조선 필사 이두 자료. 경북 영주시 문수면 수도리 반남 박씨 오헌 고택 구장. 한국국학진흥원 소장. 한국학자료센터 영남권역센터 홈페이지 원문 이미지와 텍스트 보기. 전경목(1996), 김경숙(2002) 참고>

1854-08-00. **김명해 등 상서**(金命海等上書), 김명해 등. <1장. 한자+이두. 조선 필사 이두 자료. 전북 부안군 취성재 소장. 호남권 한국학자료센터 홈페이지 원문 이미지와 텍스트 보기. 최승희(1989), 전경목(1997), 이수건 외(2004) 참고>

1854-08-00. **이예술 등 상서**(李禮述等上書) 2, 이예술 등. <1장. 한자+이두. 조선 필사 이두 자료. 전북 부안군 우반 부안 김씨 세덕각 소장. 한국학중앙연구원 장서각 한국고문서자료관 홈페이지 & 호남권 한국학자료센터 홈페이지 원문 이미지와 텍스트 보기. 박병호(1974ㄱ), 한국정신문화연구원 편(1983, 1998), 최승희(1989), 전경목(2001), 정구복(2002), 한국학중앙연구원 편(2017) 참고>

1854-09-11. **토지매매명문**(土地賣買明文),[63] 답주 이번지(畓主李番之). <1장. 한자+이두+한글. 조선 필사 이두 자료. 전남 보성군 박실 제주 양씨가 구장. 원광대학교 박물관 소장. 호남권 한국학자료센터 홈페이지 원문 이미지와 텍스트 보기. 박병호(1974ㄱ), 최승희(1989), 이재수(2003) 참고>

1854-09-00. **가사매매명문**(家舍賣買明文),[64] 재주 이인식(財主李仁植). <1장. 한자+이두. 조선 필사 이두 자료. 한국학중앙연구원 장서각 한국고문서자료관 홈페이지 원문 이미지와 텍스트 보기. 한국정신문화연구원 편(1992) 참고>

1854-09-00. **김종현 차첩**(金宗鉉差帖), 적상진 수성장(赤裳鎭守城將). <1장. 한자+이두. 조선 필사 이두 자료. 무주 초리 김해 김씨가 소장. 호남권 한국학자료센터 홈페이지 원문 이미지와 텍스트 보기. 박병호(1974ㄱ), 최승희(1989), 정구복 외(1999) 참고>

1854-09-00. **박제연 산송 관련 암행어사 상서**(朴齊淵山訟關聯暗行御史上書), 박제연. <1장. 한자+이두. 조선 필사 이두 자료. 경북 영주시 문수면 수도리 반남 박씨 오헌 고택 구장. 한국국학진흥원 소장. 한국학자료센터 영남권역센터 홈페이지 원문 이미지와 텍스트 보기. 전경목(1996), 김경숙(2002) 참고>

1854-09-00. **순창군수 차첩**(淳昌郡守差帖), 순창군수. <1장. 한자+이두. 조선 필사

---

[63] 호남권 한국학자료센터 홈페이지에서는 '1854년 이번지(李番之) 방매(放賣) 토지매매명문(土地賣買明文)'으로 표시하였다.

[64] 한국학중앙연구원 장서각 한국고문서자료관 홈페이지에서는 '1854년 이인식(李仁植) 방매 가사매매명문(家舍賣買明文)'으로 표시하였다.

이두 자료. 전북 순창 청계 문화 유씨가 소장. 호남권 한국학자료센터 홈페이지 원문 이미지와 텍스트 보기. 박병호(1974ㄱ), 최승희(1989), 정구복 외(1999) 참고>

1854-10-01. **유학 신광규 시장문기**(幼學辛㼛珪柴場文記), 시장주 자필 유학 신항두(柴場主自筆幼學辛恒斗). <1장. 한자+이두. 조선 필사 이두 자료. 전남 영광군 입석 영월 신씨 소장. 한국학중앙연구원 장서각 한국고문서자료관 홈페이지 원문 이미지와 텍스트 보기. 한국정신문화연구원 편(1996) 참고>

1854-10-15. **양 생원 댁 노 옥엽 토지매매명문**(梁生員宅奴玉葉土地賣買明文), 답주 한량 박승원(畓主閑良朴昇元). <1장. 한자+이두+한글. 조선 필사 이두 자료. 전남 보성군 박실 제주 양씨가 구장. 원광대학교 박물관 소장. 호남권 한국학자료센터 홈페이지 원문 이미지와 텍스트 보기. 박병호(1974ㄱ), 최승희(1989), 이재수(2003) 참고>

1854-10-17. **서정순 토지매매명문**(徐廷淳土地賣買明文), 답주 유학 이홍철(畓主幼學李興哲). <1장. 한자+이두. 조선 필사 이두 자료. 전남 순천 황전 경주 정씨가 구장. 광주광역시 이정옥 소장. 호남권 한국학자료센터 홈페이지 원문 이미지와 텍스트 보기. 최승희(1989) 참고>

1854-10-26. **토지매매명문**(土地賣買明文),[65] 답주 유학 양태호(畓主幼學梁泰浩). <1장. 한자+이두+한글. 조선 필사 이두 자료. 전남 보성군 박실 제주 양씨가 구장. 원광대학교 박물관 소장. 호남권 한국학자료센터 홈페이지 원문 이미지와 텍스트 보기. 박병호(1974ㄱ), 이재수(2003) 참고>

1854-10-30. **조용석 토지매매명문**(趙用碩土地賣買明文), 답주 자필 장순이(畓主自筆張順伊). <1장. 한자+이두. 조선 필사 이두 자료. 경북 안동시 주촌 진성 이씨 경류정 소장. 한국학중앙연구원 장서각 한국고문서자료관 홈페이지 원문 이미지와 텍스트 보기. 한국정신문화연구원 편(1999) 참고>

1854-10-00. **김순교 등 상서**(金舜教等上書), 김순교 등. <1장. 한자+이두. 조선 필사 이두 자료. 경북 안동시 오천 광산 김씨 후조당 소장. 한국학중앙연구원 장서각

---

[65] 호남권 한국학자료센터 홈페이지에서는 '1854년 양태호(梁泰浩) 방매(放賣) 토지매매명문(土地賣買明文)'으로 표시하였다.

한국고문서자료관 홈페이지 원문 이미지와 텍스트 보기. 한국정신문화연구원 편(1982) 참고>

1854-11-01. **유학 토지매매명문**(幼學土地賣買明文),[66] 답주 상인 조정만(畓主喪人趙正萬). <1장. 한자+이두. 조선 필사 이두 자료. 광주광역시 광산구 김해 김씨 소장. 호남권 한국학자료센터 홈페이지 원문 이미지와 텍스트 보기. 이재수(2003), 이수건 외(2004) 참고>

1854-11-06. **토지매매명문**(土地賣買明文),[67] 답주 자필 유학 이철종(畓主自筆幼學李徹鍾). <1장. 한자+이두. 조선 필사 이두 자료. 전남 영광 마산 경주 이씨가 구장. 진안 용담호미술관 소장. 호남권 한국학자료센터 홈페이지 원문 이미지와 텍스트 보기. 박병호(1974ㄱ), 최승희(1989), 이재수(2003) 참고>

1854-11-07. **오촌숙 김성환 토지매매명문**(五寸叔金成煥土地賣買明文), 답주 당질 김기원(畓主堂侄金琦源). <1장. 한자+이두+한글. 조선 필사 이두 자료. 전남 보성군 박실 제주 양씨가 구장. 원광대학교 박물관 소장. 호남권 한국학자료센터 홈페이지 원문 이미지와 텍스트 보기. 박병호(1974ㄱ), 이재수(2003) 참고>

1854-11-07. **주촌 자씨 토지매매명문**(周村姉氏土地賣買明文),[68] 답주 사제 시순(畓主舍弟時淳). <1장. 한자+이두. 조선 필사 이두 자료. 경북 안동시 주촌 진성 이씨 경류정 소장. 한국학중앙연구원 장서각 한국고문서자료관 홈페이지 원문 이미지와 텍스트 보기. 한국정신문화연구원 편(1999) 참고>

1854-11-08. **신복 토지매매명문**(新卜土地賣買明文), 답주 노 임삼(畓主奴壬三). <1장. 한자+이두. 조선 필사 이두 자료. 경북 영해 인량 재령 이씨 충효당 구장. 한국국학진흥원 소장. 한국학중앙연구원 장서각 한국고문서자료관 홈페이지 원문 이미지와 텍스트 보기. 한국정신문화연구원 편(1997) 참고>

---

66 호남권 한국학자료센터 홈페이지에서는 '1854년 조정만(趙正萬) 방매(放賣) 토지매매명문(土地賣買明文)'으로 표시하였다.

67 호남권 한국학자료센터 홈페이지에서는 '1854년 이철종(李徹鍾) 방매(放賣) 토지매매명문(土地賣買明文)'으로 표시하였다.

68 이 문서의 앞면은 계축년(1853년 추정) 납월(12월) 10일에 김(金) 씨가 한글로 옷의 치수를 적은 의양(衣樣)이다.

1854-11-13. **이상영 수표**(李相英手標), 이상영. <1장. 한자+이두. 조선 필사 이두 자료. 경북 영해 인량 재령 이씨 충효당 구장. 한국국학진흥원 소장. 한국학중앙연구원 장서각 한국고문서자료관 홈페이지 원문 이미지와 텍스트 보기. 한국정신문화연구원 편(1997) 참고>

1854-11-17. **유학 박춘오 토지매매명문**(幼學朴春伍土地賣買明文), 답주 유학 김한기(畓主幼學金漢起). <1장. 한자+이두+한글. 조선 필사 이두 자료. 전남 보성군 박실 제주 양씨가 구장. 원광대학교 박물관 소장. 호남권 한국학자료센터 홈페이지 원문 이미지와 텍스트 보기. 박병호(1974ㄱ), 최승희(1989), 이재수(2003) 참고>

1854-11-23. **토지매매명문**(土地賣買明文),[69] 답주 유학 김현기(畓主幼學金玄基). <1장. 한자+이두+한글. 조선 필사 이두 자료. 전남 보성군 박실 제주 양씨가 구장. 원광대학교 박물관 소장. 호남권 한국학자료센터 홈페이지 원문 이미지와 텍스트 보기. 박병호(1974ㄱ), 이재수(2003) 참고>

1854-11-28. **유학 조구현 토지매매명문**(幼學趙懼顯土地賣買明文), 답주 유학 양정모(畓主幼學梁井模). <1장. 한자+이두. 조선 필사 이두 자료. 전남 순천 황전 경주 정씨가 구장. 광주광역시 이정옥 소장. 호남권 한국학자료센터 홈페이지 원문 이미지와 텍스트 보기. 최승희(1989) 참고>

1854-11-00. **김한유 소지**(金漢裕所志) 7, 김한유. <1장. 한자+이두. 조선 필사 이두 자료. 전북 고창군 장두 광산 김씨가 소장. 호남권 한국학자료센터 홈페이지 원문 이미지와 텍스트 보기. 박병호(1974ㄱ), 최승희(1989), 정구복(2002) 참고>

1854-11-00. **김한유 의송**(金漢裕議送), 김한유. <1장. 한자+이두. 조선 필사 이두 자료. 전북 고창군 장두 광산 김씨가 소장. 호남권 한국학자료센터 홈페이지 원문 이미지와 텍스트 보기. 박병호(1974ㄱ), 최승희(1989), 정구복(2002) 참고>

1854-11-00. **박형국 소지**(朴馨國所志), 박형국. <1장. 한자+이두. 조선 필사 이두 자료. 전북 장수군 침곡 충주 박씨가 소장. 호남권 한국학자료센터 홈페이지 원문 이미지와 텍스트 보기. 박병호(1974ㄱ) 참고>

---

[69] 호남권 한국학자료센터 홈페이지에서는 '1854년 김현기(金玄基) 방매(放賣) 토지매매명문(土地賣買明文)'으로 표시하였다.

1854-12-06. **토지매매명문**(土地賣買明文),[70] 답주 동중 유학 박용수(畓主洞中幼學朴龍壽). <1장. 한자+이두. 조선 필사 이두 자료. 전남 순천 황전 경주 정씨가 구장. 광주광역시 이정옥 소장. 호남권 한국학자료센터 홈페이지 원문 이미지와 텍스트 보기. 최승희(1989) 참고>

1854-12-09. **유학 시장문기**(幼學柴場文記), 임인수(林寅洙). <1장. 한자+이두. 조선 필사 이두 자료. 영광 입석 영월 신씨 소장. 한국학중앙연구원 장서각 한국고문서자료관 홈페이지 원문 이미지와 텍스트 보기. 한국정신문화연구원 편(1996) 참고>

1854-12-13. **유학 임민 토지매매명문**(幼學任旻土地賣買明文), 답주 유학 박중기(畓主幼學朴重奇). <1장. 한자+이두. 조선 필사 이두 자료. 전남 보성군 능묵리 장흥 임씨가 구장. 전북대학교 박물관 소장. 호남권 한국학자료센터 홈페이지 원문 이미지와 텍스트 보기. 최승희(1989), 이재수(2003) 참고>

1854-12-15. **도색 문철만 고목**(都色文哲萬告目) 1, 문철만. <1장. 한자+이두. 조선 필사 이두 자료. 경북 경주시 안강읍 옥산리 여주 이씨 장산서원·치암 종택 구장. 한국학중앙연구원 장서각 한국고문서자료관 홈페이지 원문 이미지 보기. 한국정신문화연구원 편(2003) 참고>

1854-12-15. **도색 문철만 고목**(都色文哲萬告目) 2, 문철만. <1장. 한자+이두. 조선 필사 이두 자료. 경북 경주시 안강읍 옥산리 여주 이씨 장산서원·치암 종택 구장. 한국학중앙연구원 장서각 한국고문서자료관 홈페이지 원문 이미지 보기. 한국정신문화연구원 편(2003) 참고>

1854-12-18. **이 진사 댁 토지매매명문**(李進士宅土地賣買明文), 답주 유학 김선홍(畓主幼學金善鴻). <1장. 한자+이두+한글. 조선 필사 이두 자료. 전남 보성군 박실 제주 양씨가 구장. 원광대학교 박물관 소장. 호남권 한국학자료센터 홈페이지 원문 이미지와 텍스트 보기. 박병호(1974ㄱ), 최승희(1989), 이재수(2003) 참고>

1854-12-18. **종계 토지매매명문**(宗稧土地賣買明文), 답주 종택(畓主宗宅). <1장. 한자

---

[70] 호남권 한국학자료센터 홈페이지에서는 '1854년 박용수(朴龍壽) 방매(放賣) 토지매매명문(土地賣買明文)'으로 표시하였다.

+이두. 조선 필사 이두 자료. 경북 안동시 수곡면 전주 류씨 삼산 종가 구장. 대구광역시 수성구 만촌동 전주 류씨 종가 소장. 한국학자료센터 영남권역센터 홈페이지 원문 이미지와 텍스트 보기. 최승희(1989), 이재수(2003), 전경목(2010) 참고>

1854-12-19. **유 노 무정 토지매매명문**(柳奴戊丁土地賣買明文), 답주 권 노 윤매(畓主權奴允每). <1장. 한자+이두. 조선 필사 이두 자료. 안동 천전 의성 김씨 지촌 종택 소장. 한국학중앙연구원 장서각 한국고문서자료관 홈페이지 원문 이미지 보기. 한국정신문화연구원 편(1990) 참고>

1854-12-20. **가대매매명문**(家垈賣買明文),[71] 가대주 노정하(家垈主魯廷厦). <1장. 한자+이두. 조선 필사 이두 자료. 전남 영광 마산 경주 이씨가 구장. 진안 용담호미술관 소장. 호남권 한국학자료센터 홈페이지 원문 이미지와 텍스트 보기. 최승희(1989), 김소은(2004) 참고>

1854-12-20. **종가댁 토지매매명문**(宗家宅土地賣買明文), 전주 박광손(出主朴光孫). <1장. 한자+이두. 조선 필사 이두 자료. 경북 경주시 내남면 이조리 경주 최씨·용산서원 소장. 한국학중앙연구원 장서각 한국고문서자료관 홈페이지 원문 이미지 보기. 한국정신문화연구원 편(2000) 참고>

1854-12-20. **토지매매명문**(土地賣買明文),[72] 답주 유학 임석기(畓主幼學林錫騎). <1장. 한자+이두+한글. 조선 필사 이두 자료. 전남 보성군 박실 제주 양씨가 구장. 원광대학교 박물관 소장. 호남권 한국학자료센터 홈페이지 원문 이미지와 텍스트 보기. 박병호(1974ㄱ), 최승희(1989), 이재수(2003) 참고>

1854-12-25. **마동댁 토지매매명문**(馬洞宅土地賣買明文), 전주 김수영(出主金守英). <1장. 한자+이두. 조선 필사 이두 자료. 경북 안동시 주촌 진성 이씨 경류정 소장. 한국학중앙연구원 장서각 한국고문서자료관 홈페이지 원문 이미지와 텍스트 보기. 한국정신문화연구원 편(1999) 참고>

---

71 호남권 한국학자료센터 홈페이지에서는 '1854년 노정하(魯廷厦) 방매(放賣) 토지매매명문(土地賣買明文)'으로 표시하였다.

72 호남권 한국학자료센터 홈페이지에서는 '1854년 임석기(林錫騎) 방매(放賣) 토지매매명문(土地賣買明文)'으로 표시하였다.

1854-12-28. **도색 문철만 고목**(都色文哲萬告目) 3, 문철만. <1장. 한자+이두. 조선 필사 이두 자료. 경북 경주시 안강읍 옥산리 여주 이씨 장산서원·치암 종택 구장. 한국학중앙연구원 장서각 한국고문서자료관 홈페이지 원문 이미지 보기. 한국정신문화연구원 편(2003) 참고>

1854-12-28. **유귀동 토지매매명문**(劉貴童土地賣買明文), 답주 김광은 자필(畓主金光銀自筆). <1장. 한자+이두. 조선 필사 이두 자료. 경북 상주 낙동 풍양 조씨 양진당 소장. 한국학중앙연구원 장서각 한국고문서자료관 홈페이지 원문 이미지 보기>

1854-12-00. **김재철 소지**(金在轍所志), 김재철. <1장. 한자+이두. 조선 필사 이두 자료. 무안 광산 김씨 모충사 소장. 호남권 한국학자료센터 홈페이지 원문 이미지 보기. 최승희(1989), 국립민속박물관 편(1991), 정구복 외(1999), 전경목 외(2006) 참고>

1854-12-00. **김조연 소지**(金肇演所志) 1, 김조연. <1장. 한자+이두. 조선 필사 이두 자료. 대전·청양 안동 김씨 삼당 후손가 소장. 한국학중앙연구원 장서각 한국고문서자료관 홈페이지 원문 이미지 보기. 박병호(1974ㄱ), 한국정신문화연구원 편(2003) 참고>

1854-12-00. **김조연 소지**(金肇演所志) 2, 김조연. <1장. 한자+이두. 조선 필사 이두 자료. 대전·청양 안동 김씨 삼당 후손가 소장. 한국학중앙연구원 장서각 한국고문서자료관 홈페이지 원문 이미지 보기. 박병호(1974ㄱ), 한국정신문화연구원 편(2003) 참고>

1854-12-00. **김호 소지**(金濠所志) 4, 김호. <1장. 한자+이두. 조선 필사 이두 자료. 전북 익산시 용제 경주 김씨가 소장. 호남권 한국학자료센터 홈페이지 원문 이미지와 텍스트 보기. 박병호(1974ㄱ), 최승희(1989), 정구복(2002) 참고>

1854-12-00. **김호 소지**(金濠所志) 5, 김호. <1장. 한자+이두. 조선 필사 이두 자료. 전북 익산시 용제 경주 김씨가 소장. 호남권 한국학자료센터 홈페이지 원문 이미지와 텍스트 보기. 박병호(1974ㄱ), 최승희(1989), 정구복(2002) 참고>

1854-12-00. **김호 의송**(金濠議送), 김호. <1장. 한자+이두. 조선 필사 이두 자료. 전북 익산시 용제 경주 김씨가 소장. 호남권 한국학자료센터 홈페이지 원문 이미지와 텍스트 보기. 박병호(1974ㄱ), 최승희(1989), 정구복(2002) 참고>

1854-12-00. **김 진사 댁 노 순동 소지**(金進士宅奴順同所志), 순동. <1장. 한자+이두. 조선 필사 이두 자료. 대전·청양 안동 김씨 삼당 후손가 소장. 한국학중앙연구원 장서각 한국고문서자료관 홈페이지 원문 이미지 보기. 한국정신문화연구원 편 (2003) 참고>

1854-12-00. **육록완 가사매매명문**(六祿完家舍賣買明文), 가주 육록(家主六彔). <1장. 한자+이두. 조선 필사 이두 자료. 경북 안동시 법흥동 고성 이씨 탑동 종가 구장. 한국국학진흥원 소장. 한국학자료센터 영남권역센터 홈페이지 원문 이미지와 텍스트 보기. 박병호(1974ㄱ), 최승희(1989), 이재수(2003), 김성갑(2013) 참고>

1854-00-00~1867-00-00.「수부등록(**水部謄錄**), 공조(工曹) 편(編). <1책. 53장. 필사본. 한국학중앙연구원 장서각 소장. 한국학중앙연구원 한국학 디지털 아카이브 홈페이지 원문 이미지와 텍스트 보기>

1855년

<을묘(乙卯), 철종 6년, 함풍 5년>

1855-01-17. **참동계 토지매매명문**(慘洞稧土地賣買明文), 답주(畓主) ■...■. <1장. 한자+이두. 조선 필사 이두 자료. 경북 안동시 법흥동 고성 이씨 탑동 종가 구장. 한국국학진흥원 소장. 한국학자료센터 영남권역센터 홈페이지 원문 이미지와 텍스트 보기. 박병호(1974ㄱ), 최승희(1989), 이재수(2003), 김성갑(2013) 참고>

1855-01-21. **이 노 천부 토지매매명문**(李奴千僅土地賣買明文)[73] <1장. 한자+이두+한글. 조선 필사 이두 자료. 전남 보성군 박실 제주 양씨가 구장. 원광대학교 박물관 소장. 호남권 한국학자료센터 홈페이지 원문 이미지와 텍스트 보기. 최승희(1989), 정구복 외(1999), 이재수(2003) 참고>

1855-01-22. **유학 김망수 토지매매명문**(幼學金望壽土地賣買明文), 전주 권용승(田主

---

[73] 호남권 한국학자료센터 홈페이지에서는 '1855년 이노(李奴) 천의(千儀) 토지매매명문(土地賣買明文)'으로 표시하였다.

權龍昇). <1장. 한자+이두. 조선 필사 이두 자료. 안동 천전 의성 김씨 지촌 종택 소장. 한국학중앙연구원 장서각 한국고문서자료관 홈페이지 원문 이미지 보기. 한국정신문화연구원 편(1990) 참고>

1855-01-00. **김동문 준호구**(金東文準戶口), 대정현(大靜縣). <1장. 한자+이두. 조선 필사 이두 자료. 제주시 일도 2동 제주민속자연사박물관 소장. 호남권 한국학자료 센터 홈페이지 원문 이미지와 텍스트 보기. 최승희(1989), 손병규(2007) 참고>

1855-01-00. **김호 의송**(金濠議送) 1, 김호. <1장. 한자+이두. 조선 필사 이두 자료. 전북 익산시 용제 경주 김씨가 소장. 호남권 한국학자료센터 홈페이지 원문 이미지와 텍스트 보기. 박병호(1974ㄱ), 최승희(1989), 정구복 외(1999) 참고>

1855-01-00. **이형중 원정 초**(李馨重原情草), 이형중. <1장. 한자+이두. 조선 필사 이두 자료. 충남 공주시 전주 이씨 숭선군파 종가 소장. 한국학중앙연구원 장서각 한국고문서자료관 홈페이지 원문 이미지 보기>

1855-01-00~1855-12-00(乙卯). 「추조결옥록(**秋曹決獄錄**)」 11(제80), 형조(刑曹) 편(編). <1책(11/전43책). 68장. 낙질본. 필사본. 한자+이두. 조선 필사 이두 자료. 서울대학교 규장각 한국학연구원 홈페이지 원문 이미지 보기> <1822-01-00~1822-12-00(1/전43책)>

1855-02-07. **형조 계목**(刑曹啓目), 형조. <1장. 한자+이두. 조선 필사 이두 자료. 충남 공주시 전주 이씨 숭선군파 종가 소장. 한국학중앙연구원 장서각 한국고문서자료관 홈페이지 원문 이미지 보기>

1855-02-08. **양종우 수기**(梁鍾宇手記), 양종우. <1장. 한자+이두. 조선 필사 이두 자료. 남원·구례 삭녕 최씨 구장. 한국학중앙연구원 장서각 한국고문서자료관 홈페이지 원문 이미지 보기. 한국정신문화연구원 편(2004) 참고>

1855-02-13. **유학 토지매매명문**(幼學土地賣買明文),[74] 전주 자필 유학 박규협(出主自筆幼學朴奎協). <1장. 한자+이두. 조선 필사 이두 자료. 전남 보성 용문 낭주 최씨가 구장. 광주광역시 이정옥 소장. 호남권 한국학자료센터 홈페이지 원문

---

[74] 호남권 한국학자료센터 홈페이지에서는 '1855년 박규협(朴奎協) 방매(放賣) 토지매매명문(土地賣買明文)'으로 표시하였다.

이미지와 텍스트 보기. 최승희(1989), 정구복 외(1999) 참고>

1855-02-15. **권흥록 토지매매명문**(權興錄土地賣買明文), 전주 자필 이가동 댁(田主自筆李佳洞宅). <1장. 한자+이두. 조선 필사 이두 자료. 경북 안동시 주촌 진성이씨 경류정 소장. 한국학중앙연구원 장서각 한국고문서자료관 홈페이지 원문이미지와 텍스트 보기. 한국정신문화연구원 편(1999) 참고>

1855-02-18. **토지매매명문**(土地賣買明文),[75] 답주 유학 유태식(畓主幼學柳泰植). <1장. 한자+이두. 조선 필사 이두 자료. 전북 부안군 우반 부안 김씨 세덕각 소장. 호남권 한국학자료센터 홈페이지 원문 이미지와 텍스트 보기. 박병호(1974ㄱ), 이재수(2003) 참고>

1855-02-26. **탑동 별비공소 토지매매명문**(塔洞別備公所土地賣買明文),[76] 의국 성상월■(醫局城上月■). <1장. 한자+이두. 조선 필사 이두 자료. 경북 안동시 법흥동 고성 이씨 탑동 종가 구장. 한국국학진흥원 소장. 한국학자료센터 영남권역센터 홈페이지 원문 이미지와 텍스트 보기. 박병호(1974ㄱ), 최승희(1989), 이재수(2003), 이수건 외(2004) 참고>

1855-02-00. **가사매매명문**(家舍賣買明文),[77] 가주 박인근(家主朴仁根). <1장. 한자+이두. 조선 필사 이두 자료. 경남 거창 강동 초계 정씨 동계 종가 구장. 한국학중앙연구원 장서각 한국고문서자료관 홈페이지 원문 이미지와 텍스트 보기. 김태영(1983), 최승희(1989), 한국정신문화연구원 편(1995), 이재수(2003), 한국학중앙연구원 편(2005) 참고>

1855-02-00. **김호 의송**(金濠議送) 2, 김호. <1장. 한자+이두. 조선 필사 이두 자료. 전북 익산시 용제 경주 김씨가 소장. 호남권 한국학자료센터 홈페이지 원문 이미지와 텍스트 보기. 박병호(1974ㄱ), 최승희(1989), 정구복 외(1999) 참고>

---

75 호남권 한국학자료센터 홈페이지에서는 '1855년 유태식(柳泰植) 방매(放賣) 가사매매명문(家舍賣買明文)'으로 잘못 표시하였다.

76 한국학자료센터 영남권역센터 홈페이지에서는 '1855년 月■ 토지매매명문(土地賣買明文)'으로 표시하였다.

77 한국학중앙연구원 장서각 한국학자료센터 홈페이지에서는 '1855년 박인근(朴仁根) 가사매매명문(家舍賣買明文)'으로 표시하였다.

1855-02-00. **장흥고 공상지 공인권 매매명문**(長興庫供上紙貢人權賣買明文),[78] 재주 박량(財主朴亮). <1장. 한자+이두. 조선 필사 이두 자료. 일본 경도대학 가와이문고 소장. 고려대학교 해외한국학자료센터 홈페이지 원문 이미지 보기>

1855-02-00. **최우섭·최진구 소지**(崔遇燮崔振九所志), 최우섭·최진구. <1장. 한자+이두. 조선 필사 이두 자료. 남원·구례 삭녕 최씨 구장. 한국학중앙연구원 장서각 한국고문서자료관 홈페이지 원문 이미지 보기. 한국정신문화연구원 편(2004) 참고>

1855-03-01. **박규협 수기**(朴奎協手記), 박규협. <1장. 한자+이두. 조선 필사 이두 자료. 전남 보성 용문 낭주 최씨가 구장. 광주광역시 이정옥 소장. 호남권 한국학자료센터 홈페이지 원문 이미지와 텍스트 보기. 최승희(1989), 정구복 외(1999) 참고>

1855-03-03. **노 재손 배지**(奴再孫牌旨), 상전 윤(上典尹). <1장. 한자+이두. 조선 필사 이두 자료. 대전·청양 안동 김씨 삼당 후손가 소장. 한국학중앙연구원 장서각 한국고문서자료관 홈페이지 원문 이미지 보기. 한국정신문화연구원 편(2003) 참고>

1855-03-04. **김 부여댁 묘노 토지매매명문**(金扶餘宅墓奴土地賣買明文), 답주 윤 생원댁 노 재손(畓主尹生員宅奴再孫). <1장. 한자+이두. 조선 필사 이두 자료. 대전·청양 안동 김씨 삼당 후손가 소장. 한국학중앙연구원 장서각 한국고문서자료관 홈페이지 원문 이미지 보기. 한국정신문화연구원 편(2003) 참고>

1855-03-04. **토지매매명문**(土地賣買明文), 답주 자필 이문효(畓主自筆李文孝). <1장. 한자+이두. 조선 필사 이두 자료. 영광 입석 영월 신씨 소장. 한국학중앙연구원 장서각 한국고문서자료관 홈페이지 원문 이미지와 텍스트 보기. 한국정신문화연구원 편(1996) 참고>

1855-03-11. **권표응 다짐**(權豹應侤音), 권표응. <1장. 한자+이두. 조선 필사 이두 자료. 경북 안동시 오천 광산 김씨 후조당 소장. 한국학중앙연구원 장서각 한국고

---

[78] 고려대학교 해외한국학자료센터 홈페이지에서는 '1855년 박량(朴亮) 방매 장흥고(長興庫) 공상지(供上紙) 공인권(貢人權) 매매명문(賣買明文)'으로 표시하였다.

문서자료관 홈페이지 원문 이미지와 텍스트 보기. 한국정신문화연구원 편(1982) 참고>

1855-03-11(함풍 5년 을묘). **남 생원 문접 토지매매명문**(南生員門接土地賣買明文),[79] 답주 황신득(畓主黃新得). <1장. 한자+이두(爲去乎, 是去等). 조선 필사 이두 자료. 개인 소장>

1855-03-12. **유학 안계 토지매매명문**(幼學安桂土地賣買明文), 답주 자필 유학 안명호 (畓主自筆幼學安命浩). <1장. 한자+이두. 조선 필사 이두 자료. 전남 보성군 택촌 죽산 안씨 은봉 종가 소장. 호남권 한국학자료센터 홈페이지 원문 이미지와 텍스트 보기. 김태영(1983), 오인택(1996) 참고>

1855-03-16. **조 생원 댁 토지매매명문**(趙生員宅土地賣買明文), 전주 자필 박기영(全州自筆朴紀永). <1장. 한자+이두. 조선 필사 이두 자료. 강원도 원주시 이정동 소장. 한국학자료센터 강원권역센터 홈페이지 원문 이미지와 텍스트 보기. 김건우(2008), 전경목(2010, 2014), 박준호(2016) 참고>

1855-03-00. **이 감사댁 노 돌남 소지**(李監司宅奴乭男所志), 돌남. <1장. 한자+이두. 조선 필사 이두 자료. 경북 칠곡 석전 광주 이씨 구장. 한국학중앙연구원 장서각 한국고문서자료관 홈페이지 원문 이미지 보기. 한국학중앙연구원 편(2009) 참고>

1855-03-00. **임학상 소지**(林學相所志), 임학상. <1장. 한자+이두. 조선 필사 이두 자료. 전북 김제시 남산 임창종 구장. 전북대학교 박물관 소장. 호남권 한국학자료센터 홈페이지 원문 이미지와 텍스트 보기. 박병호(1974ㄱ), 최승희(1989), 김경숙(2002), 심재우(2013) 참고>

1855-04-02. **박규협 등 수기**(朴奎協等手記), 박규협 등. <1장. 한자+이두. 조선 필사 이두 자료. 전남 보성 웅문 낭주 최씨가 구장. 광주광역시 이정옥 소장. 호남권 한국학자료센터 홈페이지 원문 이미지와 텍스트 보기. 최승희(1989), 정구복 외 (1999) 참고>

---

[79] 서실(西實)의 남 생원 문접(서당)에서 황신득의 논을 145량을 지불하고 매입. 문서 크기는 세로 30.5센티미터 가로 33.2센티미터.

1855-04-12. **이 생원 토지매매명문**(李生員土地賣買明文), 답주 향리 김최빈(畓主鄕吏 金最彬). <1장. 한자+이두. 조선 필사 이두 자료. 경북 안동시 법흥동 고성 이씨 탑동 종가 구장. 한국국학진흥원 소장. 한국학자료센터 영남권역센터 홈페이지 원문 이미지와 텍스트 보기. 박병호(1974ㄱ), 최승희(1989), 이재수(2003), 이수건 외(2004) 참고>

1855-04-16. **토지임대명문**(土地賃貸明文),[80] 무양주 유학 김장멸(無養主幼學金章滅). <1장. 한자+이두. 조선 필사 이두 자료. 전남 순천 황전 경주 정씨가 구장. 광주광 역시 이정옥 소장. 호남권 한국학자료센터 홈페이지 원문 이미지와 텍스트 보기. 최승희(1989) 참고>

1855-04-20. **유학 최석형 토지매매명문**(幼學崔錫衡土地賣買明文),[81] 산주 능주 쌍봉 촌 유학 김대현(山主綾州雙鳳村幼學金大賢). <1장. 한자+이두. 조선 필사 이두 자료. 전남 보성 용문 낭주 최씨가 구장. 광주광역시 이정옥 소장. 호남권 한국학 자료센터 홈페이지 원문 이미지와 텍스트 보기. 최승희(1989), 정구복 외(1999) 참고>

1855-04-20~1855-11-10(乙卯).「황해감영김등장계등록(**黃海監營金等狀啓謄錄**)」12, 비변사(備邊司) 편(編). <1책(12/전22책). 111장. 필사본. 표제는 '黃海監營啓錄'. 한자+이두. 조선 필사 이두 자료. 서울대학교 규장각 한국학연구원 홈페이지 원문 이미지 보기> <영인본:「각사등록」23(황해도편 2)(국사편찬위원회 편, 1986)> <1832-07-02~1832-12-30(1/22)>

1855-04-00. **서성재 등 등장**(徐成在等等狀), 서성재 등. <1장. 한자+이두. 조선 필사 이두 자료. 전북 순창 청계 문화 유씨가 소장. 호남권 한국학자료센터 홈페이지 원문 이미지와 텍스트 보기. 박병호(1974ㄱ), 최승희(1989), 정구복 외(1999) 참고>

1855-05-15. **유학 최환국 토지매매명문**(幼學崔煥國土地賣買明文), 도동 별청 유사 유 학 김용석(道東別廳有司幼學金用錫). <1장. 한자+이두. 조선 필사 이두 자료. 전북

---

[80] 호남권 한국학자료센터 홈페이지에서는 '1855년 김장멸(金章滅) 방매(放賣) 토지매매명문(土地賣 買明文)'으로 표시하였다.

[81] 호남권 한국학자료센터 홈페이지에서는 '1855년 최석형(崔錫衡) 등 산지매매명문(山地賣買明文)' 으로 표시하였다.

부안 석동 류절재 소장. 호남권 한국학자료센터 홈페이지 원문 이미지와 텍스트 보기. 박병호(1974ㄱ), 최승희(1989), 정구복 외(1999) 참고>

1855-06-27~1855-12-00.「결속색등록(**結束色謄錄**)」70, 병조(兵曹) 편(編). <1책(70/낙질본 107책). 154장. 필사본. 한자+이두. 조선 필사 이두 자료. 서울대학교 규장각 한국학연구원 홈페이지 1787년~1891년 낙질본 107책[82] 원문 이미지 보기>

1855-06-00. **황신묵 차첩**(黃愼默差帖), 병조(兵曹). <1장. 한자+이두. 조선 필사 이두 자료. 전북 남원시 대곡 장수 황씨 문중 소장. 호남권 한국학자료센터 홈페이지 원문 이미지와 텍스트 보기. 최승희(1989), 송준호(1993) 참고>

1855-07-05. **김진복 토지매매명문**(金辰福土地賣買明文), 답주 유학 안기서(畓主幼學安琪瑞). <1장. 한자+이두. 조선 필사 이두 자료. 전남 장흥군 용산 밀양 박씨 박철환 소장. 호남권 한국학자료센터 홈페이지 원문 이미지와 텍스트 보기. 최승희(1989), 정구복 외(1999), 전경목 외(2006) 참고>

1855-07-15. **도덕암 토지매매명문**(道德菴土地賣買明文), 답주 정순복(畓主鄭順福). <1장. 한자+이두. 조선 필사 이두 자료. 경북 경주시 안강읍 옥산리 여주 이씨 독락당 소장. 한국학중앙연구원 장서각 한국고문서자료관 홈페이지 원문 이미지 보기. 한국정신문화연구원 편(2003) 참고>

1855-07-15. **임준만 토지매매명문**(林俊萬土地賣買明文), 답주 유학 최석형(畓主幼學崔錫衡). <1장. 한자+이두. 조선 필사 이두 자료. 전남 보성군 능묵리 장흥 임씨가 구장. 전북대학교 박물관 소장. 호남권 한국학자료센터 홈페이지 원문 이미지와 텍스트 보기. 최승희(1989), 이재수(2003) 참고>

1855-07-20. **토지매매명문**(土地賣買明文),[83] 답주 이한일(畓主李漢日). <1장. 한자+이두. 조선 필사 이두 자료. 전남 영광 마산 경주 이씨가 구장. 진안 용담호미술관 소장. 호남권 한국학자료센터 홈페이지 원문 이미지와 텍스트 보기. 박병호(1974ㄱ), 최승희(1989), 이재수(2003) 참고>

---

82   1792년(건륭 57년), 1811년(가경 16년) 하, 1816년(가경 21년), 1817년(가경 22년), 1824년(도광 4년), 1831년(도광 11년), 1871년(동치 10년) 없음.

83   호남권 한국학자료센터 홈페이지에서는 '1855년 이한일(李漢日) 방매(放賣) 토지매매명문(土地賣買明文)'으로 표시하였다.

1855-07-20. **한정석 수표**(韓正碩手標), 한정석. <1장. 한자+이두. 조선 필사 이두 자료. 전남 영광 마산 경주 이씨가 구장. 진안 용담호미술관 소장. 호남권 한국학 자료센터 홈페이지 원문 이미지와 텍스트 보기. 박병호(1974ㄱ), 최승희(1989), 이재수(2003) 참고>

1855-07-00. **김호 소지**(金濠所志), 김호. <1장. 한자+이두. 조선 필사 이두 자료. 전북 익산시 용제 경주 김씨가 소장. 호남권 한국학자료센터 홈페이지 원문 이미지와 텍스트 보기. 박병호(1974ㄱ), 최승희(1989), 정구복 외(1999) 참고>

1855-08-07. **김종태 고목**(金宗台告目), 김종태. <1장. 한자+이두. 조선 필사 이두 자료. 전남 신안군 하의면 김해 김씨 덕봉강당 소장. 호남권 한국학자료센터 홈페이지 원문 이미지 보기. 최승희(1989) 참고>

1855-08-28. **사 전령**(使傳令), 사(使). <1장. 한자+이두. 조선 필사 이두 자료. 남원·구례 삭녕 최씨 구장. 한국학중앙연구원 장서각 한국고문서자료관 홈페이지 원문 이미지 보기. 한국정신문화연구원 편(2004) 참고>

1855-08-29~1861-01-10(乙卯~辛酉). 「좌포청등록(**左捕廳謄錄**)」 10, 포도청(捕盜廳) 편(編). <1책(10/낙질본 18책). 79장. 필사본. 한자+이두. 조선 필사 이두 자료. 서울대학교 규장각 한국학연구원 홈페이지 낙질본 원문 이미지 보기> <1775-06-14~1775-윤10-29(1/18)>

1855-08-00. **노성국 등 상언**(盧聖國等上言), 노성국 등. <1장. 한자+이두. 조선 필사 이두 자료. 전남 곡성군 도동묘 소장. 호남권 한국학자료센터 홈페이지 원문 이미지와 텍스트 보기. 최승희(1989), 정구복 외(1999) 참고>

1855-08-00. **동임 차 첩보**(洞任車牒報) 1, 동임 차. <1장. 한자+이두. 조선 필사 이두 자료. 남원·구례 삭녕 최씨 구장. 한국학중앙연구원 장서각 한국고문서자료관 홈페이지 원문 이미지 보기. 한국정신문화연구원 편(2004) 참고>

1855-08-00. **동임 차 첩보**(洞任車牒報) 2, 동임 차. <1장. 한자+이두. 조선 필사 이두 자료. 남원·구례 삭녕 최씨 구장. 한국학중앙연구원 장서각 한국고문서자료관 홈페이지 원문 이미지 보기. 한국정신문화연구원 편(2004) 참고>

1855-08-00. **성주관 산도**(星州官山圖), 이조수(李肇秀). <1장. 한자+이두. 조선 필사 이두 자료. 경북 칠곡 석전 광주 이씨 구장. 한국학중앙연구원 장서각 한국고문서

자료관 홈페이지 원문 이미지 보기. 한국학중앙연구원 편(2009) 참고>

1855-08-00. **이상석 등 소지**(李相奭等所志),[84] 1, 이상석 등. <1장. 한자+이두. 조선 필사 이두 자료. 경북 칠곡 석전 광주 이씨 구장. 한국학중앙연구원 장서각 한국고문서자료관 홈페이지 원문 이미지 보기. 한국학중앙연구원 편(2009) 참고>

1855-08-00. **차효남·박춘삼 등 서목**(車孝男朴春三等書目), 차효남·박춘삼 등. <1장. 한자+이두. 조선 필사 이두 자료. 남원·구례 삭녕 최씨 구장. 한국학중앙연구원 장서각 한국고문서자료관 홈페이지 원문 이미지 보기. 한국정신문화연구원 편(2004) 참고>

1855-08-00. **최우섭 소지**(崔遇燮所志), 최우섭. <1장. 한자+이두. 조선 필사 이두 자료. 남원·구례 삭녕 최씨 구장. 한국학중앙연구원 장서각 한국고문서자료관 홈페이지 원문 이미지 보기. 한국정신문화연구원 편(2004) 참고>

1855-09-10. **김 노 운자 토지매매명문**(金奴云姊土地賣買明文),[85] 진주 황입삼(田主黃立三). <1장. 한자+이두. 조선 필사 이두 자료. 안동 천전 의성 김씨 지촌 종택 소장. 한국학중앙연구원 장서각 한국고문서자료관 홈페이지 원문 이미지 보기. 한국정신문화연구원 편(1990) 참고>

1855-09-12~1870-10-07(乙卯~庚午).[86] 「사헌부장고(**司憲府掌攷**)」, 사헌부(司憲府) 편(編). <1책. 37장. 필사본. 표제는 '憲府掌攷'. 한자+이두. 조선 필사 이두 자료. 서울대학교 규장각 한국학연구원 홈페이지 낙질본 원문 이미지 보기>

1855-09-16. **문기주 문병집 입후문기**(文記主文秉輯立後文記), 문병집. <1장. 한자+이두. 조선 필사 이두 자료. 전남 영암군 장암 남평 문씨 문창집 소장. 한국학중앙연구원 장서각 한국고문서자료관 홈페이지 원문 이미지와 텍스트 보기. 한국정신문화연구원 편(1995) 참고>

---

84 한국학중앙연구원 장서각 한국고문서자료관 홈페이지에서는 문서명을 '1855년 이조수(李肇秀) 소지(所志)'로 적었다.

85 한국학중앙연구원 장서각 한국고문서자료관 홈페이지에서는 문서명을 '1855년 운숙(云叔) 토지매매명문(土地賣買明文)'으로 잘못 표시하였다.

86 서울대학교 규장각 한국학연구원 홈페이지에서는 발행 연도는 1863년으로, 간행 연도는 1863년~1907년으로 표시하였다.

1855-09-28. **토지매매명문**(土地賣買明文),[87] 전주 자필 이종석(田主自筆李宗碩). <1장. 한자+이두. 조선 필사 이두 자료. 전남 영광군 염소면 원주 이씨가 구장. 광주광역시 이정옥 소장. 호남권 한국학자료센터 홈페이지 원문 이미지와 텍스트 보기. 최승희(1989), 정구복 외(1999) 참고>

1855-09-00. **토지매매명문**(土地賣買明文),[88] 답주 자필 최경관(畓主自筆崔暻寬). <1장. 한자+이두. 조선 필사 이두 자료. 전남 나주시 남내 밀양 박씨 청재 종가 소장. 호남권 한국학자료센터 홈페이지 원문 이미지와 텍스트 보기. 김태영(1983), 김현영(2003) 참고>

1855-10-01. **남국선 등 상서**(南國善等上書), 남국선 등. <1장. 한자+이두. 조선 필사 이두 자료. 경남 밀양 사촌 의령 남씨 침류정 소장. 한국학중앙연구원 장서각 한국고문서자료관 홈페이지 원문 이미지 보기. 한국정신문화연구원 편(2004) 참고>

1855-10-09. **유학 토지매매명문**(幼學土地賣買明文), 답주 유학 조감룡(畓主幼學趙甘龍). <1장. 한자+이두. 조선 필사 이두 자료. 광주광역시 광산구 김해 김씨 소장. 호남권 한국학자료센터 홈페이지 원문 이미지와 텍스트 보기. 이재수(2003), 이수건 외(2004) 참고>

1855-10-16~1857-03-18(乙卯~丁巳).「평안감영계록(**平安監營啓錄**)」 25, 비변사(備邊司) 편(編). <1책(25/전37책). 156장. 필사본. 표제는 '各道啓錄'. 한자+이두. 조선 필사 이두 자료. 서울대학교 규장각 한국학연구원 홈페이지 원문 이미지 보기> <영인본:「각사등록」 32(평안도편 4)(국사편찬위원회 편, 1988)> <1830-08-12~1830-12-30(1/37)>

1855-10-25. **김순직 토지매매명문**(金順直土地賣買明文), 답주 강희연(畓主姜希連). <1장. 한자+이두+한글. 조선 필사 이두 자료. 전남 보성군 박실 제주 양씨가 구장. 원광대학교 박물관 소장. 호남권 한국학자료센터 홈페이지 원문 이미지와

---

[87] 호남권 한국학자료센터 홈페이지에서는 '1855년 이종석(李宗碩) 방매(放賣) 토지매매명문(土地賣買明文)'으로 표시하였다.

[88] 호남권 한국학자료센터 홈페이지에서는 '1855년 최경관(崔暻寬) 방매(放賣) 토지매매명문(土地賣買明文)'으로 표시하였다.

텍스트 보기>

1855-10-00. **이돈구 등 발괄**(李敦九等白活), 이돈구 등. <1장. 한자+이두. 조선 필사 이두 자료. 상주 연안 이씨 이만부 종가 소장. 한국학중앙연구원 장서각 한국고문서자료관 홈페이지 원문 이미지 보기>

1855-10-00. **이상석 등 소지**(李相奭等所志)[89] 2, 이상석 등. <1장. 한자+이두. 조선 필사 이두 자료. 경북 칠곡 석전 광주 이씨 구장. 한국학중앙연구원 장서각 한국고문서자료관 홈페이지 원문 이미지 보기. 한국학중앙연구원 편(2009) 참고>

1855-10-00. **정충사 완문**(旌忠祠完文), 남원부사(南原府使). <1장. 한자+이두. 조선 필사 이두 자료. 전북 남원시 대곡 장수 황씨 문중 소장. 호남권 한국학자료센터 홈페이지 원문 이미지와 텍스트 보기. 최승희(1989), 김경숙(2002), 심재우(2013) 참고>

1855-11-03. **유학 김상백 시장문기**(幼學金尙白柴場文記), 시장주 유학 김영택(柴場主幼學金永宅). <1장. 한자+이두. 조선 필사 이두 자료. 광주광역시 광산구 김해 김씨 소장. 호남권 한국학자료센터 홈페이지 원문 이미지와 텍스트 보기. 이재수(2003), 이수건 외(2004) 참고>

1855-11-11. **박한명 수표**(朴漢命手標), 임성수(林聖洙). <1장. 한자+이두. 조선 필사 이두 자료. 전남 영암군 군서면 죽정서원 소장. 호남권 한국학자료센터 홈페이지 원문 이미지보기. 최승희(1989) 참고>

1855-11-13. **토지매매명문**(土地賣買明文),[90] 답주 이귀복(畓主李貴福). <1장. 한자+이두+한글. 조선 필사 이두 자료. 전남 보성군 박실 제주 양씨가 구장. 원광대학교 박물관 소장. 호남권 한국학자료센터 홈페이지 원문 이미지와 텍스트 보기. 박병호(1974ㄱ), 최승희(1989), 이재수(2003) 참고>

1855-11-16. **안 노 순매 토지매매명문**(安奴順每土地賣買明文), 답주 자필 최석형(畓主自筆崔錫衡). <1장. 한자+이두. 조선 필사 이두 자료. 전남 보성군 택촌 죽산

---

[89] 한국학중앙연구원 장서각 한국고문서자료관 홈페이지에서는 '1855년 이조수(李肇秀) 소지(所志)'로 표시하였다.

[90] 호남권 한국학자료센터 홈페이지에서는 '1855년 이귀복(李貴福) 방매(放賣) 토지매매명문(土地賣買明文)'으로 표시하였다.

안씨 은봉 종가 소장. 호남권 한국학자료센터 홈페이지 원문 이미지와 텍스트 보기. 김태영(1983) 참고>

1855-11-19. **익산군수 첩정**(益山郡守牒呈) 1, 익산군수. <1장. 한자+이두. 조선 필사 이두 자료. 전북 익산시 용제 경주 김씨가 소장. 호남권 한국학자료센터 홈페이지 원문 이미지와 텍스트 보기. 박병호(1974ㄱ), 최승희(1989), 정구복 외(1999) 참고>

1855-11-20. **전주부윤 첩정**(全州府尹牒呈) 1, 전주부(全州府). <1장. 한자+이두. 조선 필사 이두 자료. 전북 익산시 용제 경주 김씨가 소장. 호남권 한국학자료센터 홈페이지 원문 이미지와 텍스트 보기. 박병호(1974ㄱ), 최승희(1989), 정구복 외(1999) 참고>

1855-11-22~1856-04-16. 「결속색등록(**結束色謄錄**)」 71, 병조(兵曹) 편(編). <1책(71/낙질본 107책). 131장. 필사본. 권수제는 '(咸豊六年丙辰上)結束色謄錄'. 한자+이두. 조선 필사 이두 자료. 서울대학교 규장각 한국학연구원 홈페이지 1787년~1891년 낙질본 107책,[91] 1871(동치 10년), 1885년(광서 11년) 원문 이미지 보기>

1855-11-27. **박계춘 토지매매명문**(朴啓春土地賣買明文), 답주 인근식(畓主李根植). <1장. 한자+이두. 조선 필사 이두 자료. 전남 나주시 남내 밀양 박씨 청재 종가 소장. 호남권 한국학자료센터 홈페이지 원문 이미지와 텍스트 보기>

1855-11-00. **김달문 수표**(金達文手標), 김달문. <1장. 한자+이두. 조선 필사 이두 자료. 남원·구례 삭녕 최씨 구장. 한국학중앙연구원 장서각 한국고문서자료관 홈페이지 원문 이미지 보기. 한국정신문화연구원 편(2004) 참고>

1855-11-00. **이돈구 등 상서**(李敦九等上書), 이돈구 등. <1장. 한자+이두. 조선 필사 이두 자료. 상주 연안 이씨 이만부 종가 소장. 한국학중앙연구원 장서각 한국고문서자료관 홈페이지 원문 이미지 보기>

1855-11-00. **토지매매명문**(土地賣買明文),[92] 답주 정창익(畓主鄭昌益). <1장. 한자+

---

91   1792년(건륭 57년), 1811년(가경 16년) 하, 1816년(가경 21년), 1817년(가경 22년), 1824년(도광 4년), 1831(도광 11년) 없음.
92   호남권 한국학자료센터 홈페이지에서는 '1855년 정창익(鄭昌益) 방매(放賣) 토지매매명문(土地賣買明文)'으로 표시하였다.

이두+한글. 조선 필사 이두 자료. 전남 보성군 박실 제주 양씨가 구장. 원광대학교 박물관 소장. 호남권 한국학자료센터 홈페이지 원문 이미지와 텍스트 보기. 박병호(1974ㄱ), 이재수(2003) 참고>

1855-12-05. **익산군수 첩정**(益山郡守牒呈) 2, 익산군수. <1장. 한자+이두. 조선 필사 이두 자료. 전북 익산시 용제 경주 김씨가 소장. 호남권 한국학자료센터 홈페이지 원문 이미지와 텍스트 보기. 박병호(1974ㄱ), 최승희(1989), 정구복 외(1999) 참고>

1855-12-07. **향리 권한명 토지매매명문**(鄕吏權漢明土地賣買明文), 답주 손택문(畓主孫宅文). <1장. 한자+이두. 조선 필사 이두 자료. 경북 안동시 주촌 진성 이씨 경류정 소장. 한국학중앙연구원 장서각 한국고문서자료관 홈페이지 원문 이미지와 텍스트 보기. 한국정신문화연구원 편(1999) 참고>

1855-12-09. **김성첨 토지매매명문**(金聖瞻土地賣買明文), 답주 김문백이(畓主金文白伊). <1장. 한자+이두. 조선 필사 이두 자료. 경북 안동시 수곡면 전주 류씨 삼산 종가 구장. 대구광역시 수성구 만촌동 전주 류씨 종가 소장. 한국학자료센터 영남권역센터 홈페이지 원문 이미지와 텍스트 보기. 최승희(1989), 이재수(2000, 2003), 전경목(2010) 참고>

1855-12-09. **사종형 이기호 가사매매명문**(李紀昊家舍賣買明文), 가주 사종제 이기간(家主四從弟李紀幹). <1장. 한자+이두. 조선 필사 이두 자료. 경북 경주시 안강읍 옥산리 여주 이씨 독락당 소장. 한국학중앙연구원 장서각 한국고문서자료관 홈페이지 원문 이미지 보기. 한국정신문화연구원 편(2003) 참고>

1855-12-16. **종계 토지매매명문**(宗稧土地賣買明文), 답주 노 일근(畓主奴日根). <1장. 한자+이두. 조선 필사 이두 자료. 경북 안동시 수곡면 전주 류씨 삼산 종가 구장. 대구광역시 수성구 만촌동 전주 류씨 종가 소장. 한국학자료센터 영남권역센터 홈페이지 원문 이미지와 텍스트 보기. 최승희(1989), 이재수(2003), 전경목(2010) 참고>

1855-12-20. **유학 토지매매명문**(幼學土地賣買明文),[93] 답주 동유사 유학 김광하(畓主

---

[93] 호남권 한국학자료센터 홈페이지에서는 '1855년 김광하(金光河) 방매(放賣) 토지매매명문(土地賣買明文)'으로 표시하였다.

洞有司幼學金光河). <1장. 한자+이두. 조선 필사 이두 자료. 전남 순천 월등 목천 장씨가 구장. 전북대학교 박물관 소장. 호남권 한국학자료센터 홈페이지 원문 이미지와 텍스트 보기. 박병호(1974ㄱ), 이재수(2003) 참고>

1855-12-20. **족형 이규빈 토지매매명문**(族兄李奎彬土地賣買明文), 답주 자필 족제 이기규(畓主自筆族弟李基圭). <1장. 한자+이두+한글. 조선 필사 이두 자료. 전남 보성군 박실 제주 양씨가 구장. 원광대학교 박물관 소장. 호남권 한국학자료센터 홈페이지 원문 이미지와 텍스트 보기. 박병호(1974ㄱ), 이재수(2003) 참고>

1855-12-25. **임수재 토지매매명문**(林秀才土地賣買明文), 답주 박광록(畓主朴光祿). <1장. 한자+이두. 조선 필사 이두 자료. 대전·청양 안동 김씨 삼당 후손가 소장. 한국학중앙연구원 장서각 한국고문서자료관 홈페이지 원문 이미지 보기. 한국정신문화연구원 편(2003) 참고>

1855-12-27. **신발 표문**(辛潑表文),[94] 사중 표주 승 국림 등(寺中標主僧國林等). <1장. 한자+이두. 조선 필사 이두 자료. 경북 안동시 수곡면 전주 류씨 삼산 종가 구장. 대구광역시 수성구 만촌동 전주 류씨 종가 소장. 한국학자료센터 영남권역센터 홈페이지 원문 이미지와 텍스트 보기. 최승희(1989), 이재수(2003), 정수환(2012) 참고>

1855-12-27. **익산군수 첩정**(益山郡守牒呈) 3, 익산군수. <1장. 한자+이두. 조선 필사 이두 자료. 전북 익산시 용제 경주 김씨가 소장. 호남권 한국학자료센터 홈페이지 원문 이미지와 텍스트 보기. 박병호(1974ㄱ), 최승희(1989), 정구복 외(1999) 참고>

1855-12-28~187-05-16. 「남원현공사(**南原縣公事**)」, 남원현 편(編). <불분권 4책. 필사본. 한자+이두. 한국학중앙연구원 디지털장서각 홈페이지 원문 이미지와 텍스트 보기>

1855-12-00. **김연 원정**(金淵原情),[95] 김연. <1장. 한자+이두. 조선 필사 이두 자료. 전북 익산시 용제 경주 김씨가 소장. 호남권 한국학자료센터 홈페이지 원문 이미

---

[94] 한국학자료센터 영남권역센터 홈페이지에서는 '1855년 국림(國林) 외 4인 표문(標文)'으로 표시하였다.

[95] 호남권 한국학자료센터 홈페이지에서는 '1855년 김호(金濠) 원정(原情)'으로 표시하였다.

지와 텍스트 보기. 박병호(1974ㄱ), 최승희(1989), 정구복 외(1999) 참고>

1855-00-00.「소곡 선생 유고(素谷先生遺稿)」, 윤광소(尹光紹, 1708년~1786년) 저(著). <22권 11책. 목활자본. 한자+이두. 시문집. 서울대학교 규장각 한국학연구원 '奎15549' 소장. 한국고전종합DB 홈페이지 원문 이미지와 텍스트 보기> <이본: 20세기(목활자본, 서울대학교 규장각 한국학연구원 '古0270-4 원문 이미지 보기>

1855-00-00.「송남잡식(松南雜識)」, 조재삼(趙在三). <14책. 필사본. 4,435항목으로 이루어진 백과전서적 성격을 지닌 유서. 물명 자료. 한역(漢譯) 속담 수록. 서울대학교 규장각 한국학연구원 홈페이지 원문 이미지 보기> <영인본: 아세아문화사(1986)>

1855-00-00.「수릉천봉도감의궤(綏陵遷奉都監儀軌)」,[96] 천릉도감(遷陵都監) 편(編). <7책. 필사본. 권1의 표제는 '咸豊五年乙卯八月 日 五臺山上綏陵遷奉都監儀軌一'. 권수제는 '綏陵遷奉都監儀軌卷之一'. 한자+이두. 조선 필사 이두 자료. 서울대학교 규장각 한국학연구원 의궤 종합정보 홈페이지 '奎13769' 원문 이미지 보기>

1855-00-00.「수릉천봉등록(綏陵遷奉謄錄)」, 산릉도감(山陵都監). <1책. 69장. 필사본. 한자+이두. 조선 필사 이두 자료. 한국학중앙연구원 장서각 소장. 한국학중앙연구원 한국학 디지털 아카이브 홈페이지 원문 이미지와 텍스트 보기>

1855-00-00.「수릉천봉산릉도감의궤(綏陵遷奉山陵都監儀軌)」[97] 상·하, 산릉도감(山陵都監) 편(編). <2책. 264장+247장. 필사본. 표제는 '咸豊五年乙卯二月 日 五臺山上 翼宗大王綏陵遷奉時綏陵山陵都監儀軌上'. 목록제는 '綏陵遷奉山陵都監儀軌目錄'. 한자+이두. 조선 필사 이두 자료. 서울대학교 규장각 한국학연구원 의궤 종합정보 홈페이지 '奎13770' 원문 이미지 보기>

1855-00-00.「예주세록(禮州世錄)」 <목판본. 권1에 신득청(申得淸)의 '역대전리가(歷代轉理歌)(1371)' 수록. 조선 인쇄 이두 자료>

---

[96] 서울대학교 규장각 한국학연구원 의궤 종합정보 홈페이지에서는 서명을 표제나 권수제와는 달리 '익종수릉천봉도감의궤(翼宗綏陵遷奉都監儀軌)'로 적었다.

[97] 서울대학교 규장각 한국학연구원 홈페이지에서는 서명을 표제나 권수제와는 달리 '(文祖)綏陵遷奉山陵都監儀軌 (문조)수릉천봉산릉도감의궤'로 적었다.

1855-00-00.「장헌세자추상 존호 혜빈추상 존호도감의궤(莊獻世子追上 尊號 惠嬪追上 尊號都監儀軌)」,⁹⁸ 존호도감(尊號都監) 편. <1책. 153장. 필사본. 표제는 '(咸豊五年乙卯正月 日 哲宗六年)上 號都監儀軌 全'. 권수제는 '(咸豊五年乙卯正月 日)莊獻世子追上 尊號 惠嬪追上 尊號都監儀軌'. 한자+이두. 조선 필사 이두 자료. 한국학중앙연구원 디지털장서각 홈페이지 'K2-2819' 원문 이미지와 텍스트 보기>

1855-00-00.「장헌세자추상 존호 혜빈추상 존호도감의궤(莊獻世子追上 尊號 惠嬪追上 尊號都監儀軌)」,⁹⁹ 존호도감 편. <1책. 152장. 필사본. 표제는 '(咸豊五年乙卯正月 日 太白山城上)上 號都監儀軌全'. 권수제는 '(咸豊五年乙卯正月 日)莊獻世子追上 尊號 惠嬪追上 尊號都監儀軌'. 한자+이두. 조선 필사 이두 자료. 서울대학교 규장각 한국학연구원 의궤 종합정보 홈페이지 '奎13339' 원문 이미지 보기>

1855-00-00.「해영계초(海營啓抄)」, 황해 감영(黃海監營) 편(編). <1책. 32장. 필사본. 한자+이두. 조선 필사 이두 자료. 서울대학교 규장각 한국학연구원 홈페이지 원문 이미지 보기> <영인본:「각사등록」 55(황해도 보유편)(국사편찬위원회 편, 1991)>

1855-00-00.「휘경원천봉원소도감의궤(徽慶園遷奉園所都監儀軌)」¹⁰⁰ 상·하, 원소도감 편. <2책. 260장+185장. 필사본. 상권의 표제는 '(咸豊五年乙卯二月 日 春秋館上)徽慶園遷奉園所都監儀軌'. 권수제는 '徽慶園遷奉園所都監儀軌'. 한자+이두. 조선 필사 이두 자료. 서울대학교 규장각 한국학연구원 의궤 종합정보 홈페이지 '奎13952' 원문 이미지 보기>

1855-00-00.「휘경원천봉도감의궤(徽慶園遷奉都監儀軌)」¹⁰¹ 1~4, 천원도감 편. <4책. 173장+158장+175장+138장. 필사본. 권지1의 표제는 '(咸豊五年乙卯十月 日

98　한국학중앙연구원 디지털장서각 홈페이지에서는 서명을 '상호도감의궤(上號都監儀軌)'로 적었다.
99　서울대학교 규장각 한국학연구원 의궤 종합정보 홈페이지에서는 서명을 표제나 권수제와는 달리 '장헌세자혜빈추상존호도감의궤(莊獻世子惠嬪追上尊號都監儀軌)'로 적었다.
100　서울대학교 규장각 한국학연구원 의궤 종합정보 홈페이지에서는 서명을 표제나 권수제와는 달리 '수빈휘경원천봉원소도감의궤(綏嬪徽慶園遷奉園所都監儀軌)'로 적었다.
101　서울대학교 규장각 한국학연구원 의궤 종합정보 홈페이지에서는 서명을 표제나 권수제와는 달리 '수빈휘경원천원도감의궤(綏嬪徽慶園遷園都監儀軌)'로 적었다.

五臺山上)徽慶園遷奉都監儀軌一'. 권수제는 '徽慶園遷奉都監儀軌卷之一'. 한자+이두. 조선 필사 이두 자료. 서울대학교 규장각 한국학연구원 의궤 종합정보 홈페이지 '奎13946' 원문 이미지 보기>

1856년
<병진(丙辰), 철종 7년, 함풍 6년>

1856-01-08. **유학 토지매매명문**(幼學土地賣買明文),[102] 답주 유학 이관하(畓主幼學李觀夏). <1장. 한자+이두. 조선 필사 이두 자료. 전남 보성군 복내면 죽산 안씨 죽곡정사 소장. 호남권 한국학자료센터 홈페이지 원문 이미지와 텍스트 보기. 김소은(2004), 정수환·이헌창(2008) 참고>

1856-01-08. **전주부윤 전령**(全州府尹傳令), 전주부(全州府). <1장. 한자+이두. 조선 필사 이두 자료. 전북 익산시 용제 경주 김씨가 소장. 호남권 한국학자료센터 홈페이지 원문 이미지와 텍스트 보기. 박병호(1974ㄱ), 최승희(1989), 정구복 외(1999) 참고>

1856-01-21. **김상진 토지매매명문**(金相鎭土地賣買明文), 답주 마평 유학 이(畓主馬坪幼學李). <1장. 한자+이두. 조선 필사 이두 자료. 경북 안동시 법흥동 고성 이씨 탑동 종가 구장. 한국국학진흥원 소장. 한국학자료센터 영남권역센터 홈페이지 원문 이미지와 텍스트 보기. 박병호(1974ㄱ), 최승희(1989), 이재수(2003), 이수건 외(2004) 참고>

1856-01-00. **이돈구 등 상서**(李敦九等上書), 이돈구 등. <1장. 한자+이두. 조선 필사 이두 자료. 상주 연안 이씨 이만부 종가 소장. 한국학중앙연구원 장서각 한국고문서자료관 홈페이지 원문 이미지 보기>

1856-01-00. **이응석 수기**(李應碩手記), 이응석. <1장. 한자+이두. 조선 필사 이두

---

[102] 호남권 한국학자료센터 홈페이지에서는 '1856년 이관하(李觀夏) 방매(放賣) 토지매매명문(土地賣買明文)'으로 표시하였다.

자료. 전북 순창 청계 문화 유씨가 소장. 호남권 한국학자료센터 홈페이지 원문 이미지와 텍스트 보기. 박병호(1974ㄱ), 최승희(1989), 정구복 외(1999) 참고>

1856-01-00~1856-12-00(丙辰). 「추조결옥록(秋曹決獄錄)」 12, 형조(刑曹) 편(編). <1책(12[103]/전43책). 60장. 필사본. 낙질본. 한자+이두. 조선 필사 이두 자료. 서울대학교 규장각 한국학연구원 홈페이지 원문 이미지 보기> <1822-01-00~1822-12-00(1/43)>

1856-02-08. **영양향교 첩정**(英陽鄕校牒呈), 영양향교. <1장. 한자+이두. 조선 필사 이두 자료. 경북 영양군 일월면 도계리 영양향교 소장. 한국학자료센터 영남권역 센터 홈페이지 원문 이미지와 텍스트 보기. 영남대학교 민족문화연구소 편(1992) 참고>

1856-02-09. **조석구 토지매매명문**(趙錫九土地賣買明文), 답주 노작사리(畓主奴作沙里). <1장. 한자+이두. 조선 필사 이두 자료. 전남 순천 월등 목천 장씨가 구장. 전북대학교 박물관 소장. 호남권 한국학자료센터 홈페이지 원문 이미지와 텍스트 보기>

1856-02-10. **유학 이장하 토지매매명문**(幼學李章夏土地賣買明文), 재주 자필 유학 노학동(財主自筆幼學盧鬻東). <1장. 한자+이두. 조선 필사 이두 자료. 김포 의령 남씨 서윤공 남두장 후손가 소장. 한국학중앙연구원 장서각 한국고문서자료관 홈페이지 원문 이미지 보기>

1856-02-15. **제주목사 관문**(濟州牧使關文), 제주목사 겸 방어사(濟州牧使兼防禦使). <1장. 한자+이두. 조선 필사 이두 자료. 제주시 일도 2동 제주민속자연사박물관 소장. 호남권 한국학자료센터 홈페이지 원문 이미지와 텍스트 보기. 박병호(1974ㄱ), 최승희(1989) 참고>

1856-02-16. **영해향교 통문**(寧海鄕校通文), 영해향교. <1장. 한자+이두. 조선 필사 이두 자료. 경북 경주시 내남면 이조리 경주 최씨·용산서원 소장. 한국학중앙연구원 장서각 한국고문서자료관 홈페이지 원문 이미지 보기. 한국정신문화연구원

---

103 서울대학교 규장각 한국학연구원 홈페이지에는 '13/43'으로 표시했으나, '12/43'과 '13./43'의 차례가 잘못되어 바르게 고쳤다.

편(2000) 참고>

1856-02-19. **송계 토지매매명문**(松禊土地賣買明文), 답주 자필 유학 여치규(畓主自筆 幼學呂致奎). <1장. 한자+이두. 조선 필사 이두 자료. 대구 칠계 경주 최씨 백불암 종중 구장. 안동대학교 박물관 소장. 한국학자료센터 영남권역센터 홈페이지 원문 이미지와 텍스트 보기. 박병호(1974ㄱ), 최승희(1989), 이재수(2003), 이수건 외(2004) 참고>

1856-02-21. **박 씨 수표**(朴氏手標), 임성수(林聖洙). <1장. 한자+이두. 조선 필사 이두 자료. 전남 영암군 군서면 죽정서원 소장. 호남권 한국학자료센터 홈페이지 원문 이미지보기. 최승희(1989) 참고>

1856-02-23. **이 노 세운 토지매매명문**(李奴世云土地賣買明文), 답주 권 노 손돌(畓主權 奴孫乭). <1장. 한자+이두. 조선 필사 이두 자료. 경북 경주시 안강읍 옥산리 여주 이씨 독락당 소장. 한국학중앙연구원 장서각 한국고문서자료관 홈페이지 원문 이미지 보기. 한국정신문화연구원 편(2003) 참고>

1856-02-23~1857-03-09(丙辰~丁巳). 「인릉천봉시예방등록(**仁陵遷奉時禮房謄錄**)」, 예조(禮曹) 편(編). <1책. 39장. 필사본. 한자+이두. 조선 필사 이두 자료. 서울대학교 규장각 한국학연구원 홈페이지 원문 이미지 보기>

1856-02-24~1859-09-01(함풍 6년~함풍 9년). 「경상우병영계록(**慶尙右兵營啓錄**)」 1, 비변사(備邊司) 편(編). <1책(1/전4책). 61장. 필사본. 표제는 '慶尙右兵營啓錄'. 한자+이두. 조선 필사 이두 자료. 서울대학교 규장각 한국학연구원 홈페이지 원문 이미지 보기> <영인본: 「각사등록」 11(경상도편 1)(국사편찬위원회 편, 1984)> <1859-09-22~1861-03-13(2/4), 1876-03-29~1880-09-09(3/4), 1890-윤2-24~1892-01-01(4/4)>

1856-02-25~1858-03-21(함풍 6년~함풍 8년). 「함경남병영계록(**咸鏡南兵營啓錄**)」 1, 비변사(備邊司) 편(編). <1책(1/전7책). 37장. 필사본. 표제는 '南兵營啓錄'. 한자+이두. 조선 필사 이두 자료. 서울대학교 규장각 한국학연구원 홈페이지 원문 이미지 보기> <영인본: 「각사등록」 44(함경도편 3)(국사편찬위원회 편, 1990)> <1861-01-06~1866-12-03(2/7), 1871-11-28~1875-12-00(3/7), 1877-02-30~1878-07-22(4/7), 1881-06-13~1891-03-30(5/7), 1883-02-25~1888-01-06(6/7), 1888-10-

06~1891-03-29(7/7)>

1856-02-27~1856-08-02(함풍 6년 丙辰).[104] 「함경감영계록(咸鏡監營啓錄)」, 1, 비변사(備邊司) 편(編). <1책(1/전6책). 59장. 필사본. 표제는 '咸鏡監營啓錄'. 한자+이두. 조선 필사 이두 자료. 서울대학교 규장각 한국학연구원 홈페이지 원문 이미지 보기> <영인본:「각사등록」42(함경도편 1)(국사편찬위원회 편, 1990)> <1862-03-04~1863-01-20(2/6), 1863-02-00~1867-04-00(3/6), 1877-12-18~1882-10-00(4/6), 1879-02-15~1880-09-26(5/6), 1890-08-21~1892-03-19(6/6)>

1856-02-27~1892-03-07.「함경감영계록(咸鏡監營啓錄)」, 이왕직실록편찬회(李王職實錄編纂會) 편(編). <6책. 필사본. 한자+이두. 한국학중앙연구원 디지털장서각 홈페이지 'K2-3674' 원문 이미지와 텍스트 보기>

1856-02-00. **김시환 소지**(金時煥所志), 김시환. <1장. 한자+이두. 조선 필사 이두 자료. 전남 영암 밀양 김씨 김상회 소장. 호남권 한국학자료센터 홈페이지 원문 이미지 보기. 최승희(1989) 참고>

1856-02-00. **김연 소지**(金淵所志), 김연. <1장. 한자+이두. 조선 필사 이두 자료. 전북 익산시 용제 경주 김씨가 소장. 호남권 한국학자료센터 홈페이지 원문 이미지와 텍스트 보기. 박병호(1974ㄱ), 최승희(1989), 정구복 외(1999) 참고>

1856-02-00. **유진호 등 등장**(柳震浩等等狀), 유진호 등. <1장. 한자+이두. 조선 필사 이두 자료. 전북 순창 청계 문화 유씨가 소장. 호남권 한국학자료센터 홈페이지 원문 이미지와 텍스트 보기. 박병호(1974ㄱ), 최승희(1989), 정구복 외(1999) 참고>

1856-02-00. **이치훈 등 등장**(李致勳等等狀), 이치훈 등. <1장. 한자+이두. 조선 필사 이두 자료. 전북 남원 둔덕 전주 이씨가 구장. 전북대학교 박물관 소장. 호남권 한국학자료센터 홈페이지 원문 이미지와 텍스트 보기. 박병호(1974ㄱ), 최승희(1989), 정구복 외(1999) 참고>

1856-02-00. **이형중 단자**(李馨重單子), 이형중. <1장. 한자+이두. 조선 필사 이두 자료. 충남 공주시 전주 이씨 숭선군파 종가 소장. 한국학중앙연구원 장서각 한국고문서자료관 홈페이지 원문 이미지 보기>

---

[104] 표지에는 '丙辰 丁巳'가 적혀 있는데, 丁巳에 해당하는 내용이 없어 낙장본일 가능성이 있다.

1856-02-00. **황 주서댁 노 이득 소지**(黃注書宅奴以得所志) 1, 이득. <1장. 한자+이두. 조선 필사 이두 자료. 전북 남원시 대곡 장수 황씨 문중 소장. 호남권 한국학자료센터 홈페이지 원문 이미지와 텍스트 보기. 최승희(1989), 송준호(1993) 참고>

1856-02-00 추정. **한덕충 소지**(韓德忠所志), 한덕충. <1장. 한자+이두. 조선 필사 이두 자료. 경북 경주시 안강읍 옥산리 여주 이씨 장산서원·치암 종택 구장. 한국학중앙연구원 장서각 한국고문서자료관 홈페이지 원문 이미지 보기. 한국정신문화연구원 편(2003) 참고>

1856-03-01. **족숙 박광은 토지매매명문**(族叔朴光殷土地賣買明文), 전주 상전 유학 박용수(田主上典幼學朴用秀). <1장. 한자+이두. 조선 필사 이두 자료. 전북대학교 박물관 소장. 호남권 한국학자료센터 홈페이지 원문 이미지와 텍스트 보기. 박병호(1974ㄱ), 이재수(2003) 참고>

1856-03-04. **전라도 영암군수 정 첩정**(全羅道靈巖郡守鄭牒呈), 영암군수. <1장. 한자+이두. 조선 필사 이두 자료. 제주시 일도 2동 제주민속자연사박물관 소장. 호남권 한국학자료센터 홈페이지 원문 이미지와 텍스트 보기. 송철호(2012) 참고>

1856-03-05. **시장문기**(柴場文記), 시장주 김송강(柴場主金松江). <1장. 한자+이두. 조선 필사 이두 자료. 영광 입석 영월 신씨 소장. 장서각 한국고문서자료관 홈페이지 원문 이미지와 텍스트 보기. 한국정신문화연구원 편(1996) 참고>

1856-03-05. **정 생원 댁 토지매매명문**(鄭生員宅土地賣買明文),[105] 답주 박진복(畓主朴進福). <1장. 한자+이두. 조선 필사 이두 자료. 경북 영양군 영양읍 삼지리 한양 조씨 하담 고택 구장. 한국국학진흥원 소장. 한국학자료센터 영남권역센터 홈페이지 원문 이미지와 텍스트 보기. 박병호(1974ㄱ), 최승희(1989), 이재수(2003), 이수건 외(2004) 참고>

1856-03-08. **상주 옥동서원 품목**(尙州玉洞書院稟目) 1, 옥동서원. <1장. 한자+이두. 조선 필사 이두 자료. 경북 상주시 모동면 수봉리 옥동서원 소장. 한국학자료센터 영남권역센터 홈페이지 원문 이미지와 텍스트 보기. 이수환(2001) 참고>

---

105 한국학자료센터 영남권역센터 홈페이지에서는 '1856년 박진복(朴進福) 토지매매명문(土地賣買明文)'으로 표시하였다.

1856-03-10. **상주 옥동서원 품목**(尙州玉洞書院稟目) 2, 옥동서원. <1장. 한자+이두. 조선 필사 이두 자료. 경북 상주시 모동면 수봉리 옥동서원 소장. 한국학자료센터 영남권역센터 홈페이지 원문 이미지와 텍스트 보기. 이수환(2001) 참고>

1856-03-11. **정동열 고목**(鄭東悅告目), 정동열. <1장. 한자+이두. 조선 필사 이두 자료. 전북 남원시 대곡 장수 황씨 문중 소장. 호남권 한국학자료센터 홈페이지 원문 이미지와 텍스트 보기. 박병호(1974ㄱ), 최승희(1989), 전북향토문화연구회 편(1993), 정구복 외(1999) 참고>

1856-03-13. **상주 옥동서원 품목**(尙州玉洞書院稟目) 3, 옥동서원. <1장. 한자+이두. 조선 필사 이두 자료. 경북 상주시 모동면 수봉리 옥동서원 소장. 한국학자료센터 영남권역센터 홈페이지 원문 이미지와 텍스트 보기. 이수환(2001) 참고>

1856-03-17. **토지매매명문**(土地賣買明文),[106] 자필 답주 박학도(自筆畓主朴學島). <1장. 한자+이두. 조선 필사 이두 자료. 전남 영광군 염소면 원주 이씨가 구장. 광주광역시 이정옥 소장. 호남권 한국학자료센터 홈페이지 원문 이미지와 텍스트 보기. 최승희(1989), 정구복 외(1999) 참고>

1856-03-20. **상주목사 하첩**(尙州牧使下帖), 상주목사. <1장. 한자+이두. 조선 필사 이두 자료. 경북 상주시 모동면 수봉리 옥동서원 소장. 한국학자료센터 영남권역센터 홈페이지 원문 이미지와 텍스트 보기. 이수환(2001) 참고>

1856-03-21. **한수천 동중 토지매매명문**(汗水川洞中土地賣買明文),[107] 답주 한량 김삼시(畓主閑良金三時). <1장. 한자+이두. 조선 필사 이두 자료. 전북대학교 박물관 소장. 호남권 한국학자료센터 홈페이지 원문 이미지와 텍스트 보기. 최승희(1989), 정구복 외(1999), 이재수(2003) 참고>

1856-03-21~1858-06-01(丙辰~戊午). 「우포청등록(**右捕廳謄錄**)」 11, 포도청(捕盜廳) 편(編). <1책(11/전30책). 54장. 필사본. 표제는 '右捕廳謄錄'. 한자+이두. 조선 필사 이두 자료. 서울대학교 규장각 한국학연구원 홈페이지 원문 이미지 보기>

---

106 호남권 한국학자료센터 홈페이지에서는 '1856년 박학도(朴學島) 방매(放賣) 토지매매명문(土地賣買明文)'으로 표시하였다.

107 호남권 한국학자료센터 홈페이지에서는 '1856년 김삼시(金三時) 방매 토지매매명문(土地賣買明文)'으로 표시하였다.

<1807-01-13~1808-06-12(1/30)>

1856-03-22. **옥동서원 색리 김병린 고목**(玉洞書院色吏金炳鱗告目), 김병린. <1장. 한자+이두. 조선 필사 이두 자료. 경북 상주시 모동면 수봉리 옥동서원 소장. 한국학자료센터 영남권역센터 홈페이지 원문 이미지와 텍스트 보기. 이수환(2001) 참고>

1856-03-27. **남원부 형방 전령**(南原府刑房傳令), 남원부 형방. <1장. 한자+이두. 조선 필사 이두 자료. 전북 남원 풍산 밀양 박씨가 구장. 남원향토박물관 소장. 호남권한국학자료센터 홈페이지 원문 이미지와 텍스트 보기. 최승희(1989), 전경목 외 (2006) 참고>

1856-03-27. **유재수 토지매매명문**(柳在秀土地賣買明文), 기주 유학 이기수(記主幼學 李綺壽). <1장. 한자+이두. 조선 필사 이두 자료. 경북 경주시 안강읍 옥산리 여주 이씨 장산서원·치암 종택 구장. 한국학중앙연구원 장서각 한국고문서자료관 홈페이지 원문 이미지 보기. 한국정신문화연구원 편(2003) 참고>

1856-03-00. **가사매매명문**(家舍賣買明文),[108] 기주 유순오(家主柳順五). <1장. 한자+이두. 조선 필사 이두 자료. 경남 거창 강동 초계 정씨 동계 종가 구장. 한국학중앙연구원 장서각 한국고문서자료관 홈페이지 & 한국학중앙연구원 장서각 한국학자료센터 홈페이지 원문 이미지와 텍스트 보기. 김태영(1983), 최승희(1989), 한국정신문화연구원 편(1995), 이재수(2003), 한국학중앙연구원 편(2005) 참고>

1856-03-00. **박계준 등 소지**(朴桂俊等所志) 1, 박계준 등. <1장. 한자+이두. 조선 필사 이두 자료. 전북 남원 풍산 밀양 박씨가 구장. 남원향토박물관 소장. 호남권한국학자료센터 홈페이지 원문 이미지와 텍스트 보기. 최승희(1989), 전경목 외 (2006) 참고>

1856-03-00. **박계준 등 소지**(朴桂俊等所志) 2, 박계준 등. <1장. 한자+이두. 조선 필사 이두 자료. 전북 남원 풍산 밀양 박씨가 구장. 남원향토박물관 소장. 호남권한국학자료센터 홈페이지 원문 이미지와 텍스트 보기. 최승희(1989), 전경목 외

---

[108] 한국학중앙연구원 장서각 한국고문서자료관 홈페이지와 장서각 한국학자료센터 홈페이지에서는 '1856년 **1856년** 유순오(柳順五) 가사매매명문(家舍賣買明文)'으로 잘못 표시하였다.

(2006) 참고>

1856-03-00. **유태현 등 등장**(柳台鉉等等狀) 1, 유태현 등. <1장. 한자+이두. 조선 필사 이두 자료. 전북 순창 청계 문화 유씨가 소장. 호남권 한국학자료센터 홈페이지 원문 이미지와 텍스트 보기. 박병호(1974ㄱ), 최승희(1989), 정구복 외(1999) 참고>

1856-03-00. **유태현 등 등장**(柳台鉉等等狀) 2, 유태현 등. <1장. 한자+이두. 조선 필사 이두 자료. 전북 순창 청계 문화 유씨가 소장. 호남권 한국학자료센터 홈페이지 원문 이미지와 텍스트 보기. 박병호(1974ㄱ), 최승희(1989), 정구복 외(1999) 참고>

1856-03-00. **이승우 등 등장**(李丞愚等等狀), 이승우 등. <1장. 한자+이두. 조선 필사 이두 자료. 전북 남원 둔덕 전주 이씨가 구장. 전북대학교 박물관 소장. 호남권 한국학자료센터 홈페이지 원문 이미지와 텍스트 보기. 박병호(1974ㄱ), 최승희(1989), 정구복 외(1999) 참고>

1856-03-00. **황 주서댁 노 이득 소지**(黃注書宅奴以得所志) 2, 이득. <1장. 한자+이두. 조선 필사 이두 자료. 전북 남원시 대곡 장수 황씨 문중 소장. 호남권 한국학자료센터 홈페이지 원문 이미지와 텍스트 보기. 최승희(1989), 송준호(1993) 참고>

1856-04-22~1856-12-00. 「결속색등록(**結束色謄錄**)」 72, 병조(兵曹) 편(編). <1책(72/낙질본 107책). 102장. 필사본. 한자+이두. 조선 필사 이두 자료. 서울대학교 규장각 한국학연구원 홈페이지 1787년~1891년 낙질본 107책(1792년(건륭 57년), 1811년(가경 16년) 하, 1816년(가경 21년), 1817년(가경 22년), 1824년(도광 4년), 1831(도광 11년), 1871(동치 10년), 1885년(광서 11년) 없음) 원문 이미지 보기>

1856-04-25. **강종락 토지매매명문**(姜宗樂土地賣買明文), 전주 조희순(田主趙稀筍). <1장. 한자+이두. 조선 필사 이두 자료. 제주 어도내산 진주 강씨가 구장. 제주 한림 강우석 소장. 호남권 한국학자료센터 홈페이지 원문 이미지와 텍스트 보기. 이재수(2003), 오창명(2007) 참고>

1856-04-00. **강종락 소지**(姜宗樂所志), 강종락. <1장. 한자+이두. 조선 필사 이두 자료. 제주 어도내산 진주 강씨가 구장. 제주 한림 강우석 소장. 호남권 한국학자료센터 홈페이지 원문 이미지와 텍스트 보기. 박병호(1974ㄱ), 정구복 외(1999),

김경숙(2008) 참고>

1856-04-00. **박계준 등 소지**(朴桂俊等所志) 3, 박계준 등. <1장. 한자+이두. 조선 필사 이두 자료. 전북 남원 풍산 밀양 박씨가 구장. 남원향토박물관 소장. 호남권 한국학자료센터 홈페이지 원문 이미지와 텍스트 보기. 최승희(1989), 전경목 외 (2006) 참고>

1856-05-08. **옥산서원 완의**(玉山書院完議), 옥산서원. <1장. 한자+이두. 조선 필사 이두 자료. 경북 경주 옥산서원 소장. 한국학자료센터 영남권역센터 홈페이지 원문 이미지와 텍스트 보기. 이수환(2001), 이병훈(2016) 참고>

1856-05-30. **별감 임필권 토지매매명문**(別監林必權土地賣買明文), 외평 존위 김성운 등(外坪尊位金成云等). <1장. 한자+이두. 조선 필사 이두 자료. 원주시 무릉박물 관 소장. 한국학자료센터 강원권역센터 홈페이지 원문 이미지 보기. 박병호(1974 ㄱ), 최승희(1989), 김소은(2004), 김성갑(2013) 참고>

1856-05-00. **가사매매명문**(家舍賣買明文),[109] 재주 한경식(財主韓景植). <1장. 한자+ 이두. 조선 필사 이두 자료. 한국학중앙연구원 장서각 한국고문서자료관 홈페이 지 원문 이미지와 텍스트 보기. 한국정신문화연구원 편(1992) 참고>

1856-05-00. **김병헌 차첩**(金炳憲差帖), 부안현(扶安縣). <1장. 한자+이두. 조선 필사 이두 자료. 전북 부안군 우반 부안 김씨 세덕각 소장. 한국학중앙연구원 장서각 한국고문서자료관 홈페이지 & 호남권 한국학자료센터 홈페이지 원문 이미지와 텍스트 보기. 한국정신문화연구원 편(1983, 1998), 한국학중앙연구원 편(2017) 참 고>

1856-05-00. **박재인 등 등장**(朴載仁等等狀), 박재인 등. <1장. 한자+이두. 조선 필사 이두 자료. 전남 영암군 군서면 죽정서원 소장. 호남권 한국학자료센터 홈페이지 원문 이미지보기. 최승희(1989) 참고>

1856-06-19. **이돈구 산도**(李敦九山圖), 이돈구. <1장. 한자+이두. 조선 필사 이두 자료. 상주 연안 이씨 이만부 종가 소장. 한국학중앙연구원 장서각 한국고문서자

---

[109] 한국학중앙연구원 장서각 한국고문서자료관 홈페이지에서는 '1856년 한경식(韓景植) 방매 가사 매매명문(家舍賣買明文)'으로 표시하였다.

료관 홈페이지 원문 이미지 보기>

1856-06-25. **염장매매명문**(鹽場賣買明文),[110] 염부주 자필 김선홍(塩釜主自筆金善鴻). <1장. 한자+이두+한글. 조선 필사 이두 자료. 전남 보성군 박실 제주 양씨가 구장. 원광대학교 박물관 소장. 호남권 한국학자료센터 홈페이지 원문 이미지와 텍스트 보기. 박병호(1974ㄱ), 이재수(2003) 참고>

1856-06-26. **신 조이 토지매매명문**(申召史土地賣買明文),[111] 답주 박 노 순덕(畓主朴奴順德). <1장. 한자+이두+한글. 조선 필사 이두 자료. 전남 보성군 박실 제주 양씨가 구장. 원광대학교 박물관 소장. 호남권 한국학자료센터 홈페이지 원문 이미지와 텍스트 보기. 박병호(1974ㄱ), 이재수(2003) 참고>

1856-06-00. **가사매매명문**(家舍賣買明文),[112] 가주 백흥혁(家主白興爀). <1장. 한자+이두. 조선 필사 이두 자료. 경남 거창 강동 초계 정씨 동계 종가 구장. 한국학중앙연구원 장서각 한국고문서자료관 홈페이지 & 한국학중앙연구원 장서각 한국학자료센터 홈페이지 원문 이미지와 텍스트 보기. 김태영(1983), 최승희(1989), 한국정신문화연구원 편(1995), 이재수(2003), 한국학중앙연구원 편(2005) 참고>

1856-08-24~1858-01-04(함풍 6년 丙辰~함풍 8년).「강원감영계록(**江原監營啓錄**)」2, 비변사(備邊司) 편(編). <1책(2/전3책). 92장. 필사본. 표제는 '江原監營啓錄'. 한자+이두. 조선 필사 이두 자료. 서울대학교 규장각 한국학연구원 홈페이지 원문 이미지 보기> <영인본:「각사등록」27(강원도편 1)(국사편찬위원회 편, 1988)> <1831-08-17~1832-05-15(1/3)>

1856-08-24~1860-11-26(함풍 6년 丙辰~庚申).「평안병영계록(**平安兵營啓錄**)」3, 비변사(備邊司) 편(編). <1책(3/전4책). 69장. 필사본. 표제는 '各道啓錄'. 한자+이두. 조선 필사 이두 자료. 서울대학교 규장각 한국학연구원 홈페이지 원문 이미지

---

110 호남권 한국학자료센터 홈페이지에서는 '1856년 김선홍(金善鴻) 방매(放賣) 염장문기(鹽場文記)'로 표시하였다.
111 호남권 한국학자료센터 홈페이지에서는 '1856년 과부(寡婦) 신씨(申氏) 토지매매명문(土地賣買明文)'으로 표시하였다.
112 한국학중앙연구원 장서각 한국학자료센터 홈페이지에서는 '1856년 백흥혁(白興爀) 가사매매명문(家舍賣買明文)'으로 표시하였다.

보기> <1846-02-27~1853-01-15(1/4)>

1856-08-00. **정팔희 등 소지**(鄭八熙等所志),[113] 정팔희 등. <1장. 한자+이두. 조선 필사 이두 자료. 경남 거창 강동 초계 정씨 동계 종가 구장. 한국학중앙연구원 장서각 한국고문서자료관 홈페이지 & 한국학중앙연구원 장서각 한국학자료센터 홈페이지 원문 이미지와 텍스트 보기. 김태순(1993), 한국정신문화연구원 편(1995), 박병련·김학수(2001) 한국학중앙연구원 편(2005), 김성갑(2006) 참고>

1856-08-00. **최 씨가 소지**(崔氏家所志) 1, 최 씨가. <1장. 한자+이두. 조선 필사 이두 자료. 남원·구례 삭녕 최씨 구장. 한국학중앙연구원 장서각 한국고문서자료관 홈페이지 원문 이미지 보기. 한국정신문화연구원 편(2004) 참고>

1856-09-07. **한정석 전당문기**(韓正碩典當文記), 한정석. <1장. 한자+이두. 조선 필사 이두 자료. 전남 영광 마산 경주 이씨가 구장. 진안 용담호미술관 소장. 호남권 한국학자료센터 홈페이지 원문 이미지와 텍스트 보기. 최승희(1989), 정구복 외(1999), 채현경(2011) 참고>

1856-09-20. **임성수 다짐**(林聖洙侤音) 1, 임성수. <1장. 한자+이두. 조선 필사 이두 자료. 전남 영암군 군서면 죽정서원 소장. 호남권 한국학자료센터 홈페이지 원문 이미지보기. 최승희(1989) 참고>

1856-09-00. **김한유 소지**(金漢裕所志), 김한유. <1장. 한자+이두. 조선 필사 이두 자료. 전북 고창군 장두 광산 김씨가 소장. 호남권 한국학자료센터 홈페이지 원문 이미지와 텍스트 보기. 박병호(1974ㄱ), 최승희(1989), 정구복(2002) 참고>

1856-09-00. **박계준 등 소지**(朴桂俊等所志) 4, 박계준 등. <1장. 한자+이두. 조선 필사 이두 자료. 전북 남원 풍산 밀양 박씨가 구장. 남원향토박물관 소장. 호남권 한국학자료센터 홈페이지 원문 이미지와 텍스트 보기. 최승희(1989), 전경목 외(2006) 참고>

1856-09-00. **박재묵 등 등장**(朴載默等等狀), 박재묵 등. <1장. 한자+이두. 조선 필사 이두 자료. 전남 영암군 군서면 죽정서원 소장. 호남권 한국학자료센터 홈페이지

---

[113] 한국학중앙연구원 장서각 한국학자료센터 홈페이지에서는 '1856년 정팔희(鄭八熙) 등 의송(議送)'으로 표시하였다.

원문 이미지보기. 최승희(1989) 참고>

1856-09-00. **임천군수 이진만 정사**(林川郡守李搢萬呈辭), 임천군수. <1장. 한자+이두. 조선 필사 이두 자료. 전북 익산 왕궁 이인승 소장. 호남권 한국학자료센터 홈페이지 원문 이미지와 텍스트 보기. 박병호(1974ㄱ), 최승희(1989) 참고>

1856-09-00~1869-12-13.「공방등록(**工房謄錄**)」, 사복시(司僕寺) 편(編). <1책. 70장. 필사본. 한자+이두. 한국학중앙연구원 디지털장서각 홈페이지 'K2-3559' 원문 이미지와 텍스트 보기>

1856-10-04. **토지매매명문**(土地賣買明文),[114] 답주 문장 최재문(畓主門長崔載文). <1장. 한자+이두. 조선 필사 이두 자료. 전남 나주시 남내 밀양 박씨 청재 종가 소장. 호남권 한국학자료센터 홈페이지 원문 이미지와 텍스트 보기. 조윤선(2002), 한효정(2008) 참고>

1856-10-18. **이대용 토지매매명문**(李大用土地賣買明文), 답주 유학 김연종(畓主幼學金連宗). <1장. 한자+이두+한글. 조선 필사 이두 자료. 전남 보성군 박실 제주 양씨가 구장. 원광대학교 박물관 소장. 호남권 한국학자료센터 홈페이지 원문 이미지와 텍스트 보기. 최승희(1989), 정구복 외(1999), 이재수(2003) 참고>

1856-10-29. **토지매매명문**(土地賣買明文), 답주 서정순(畓主徐廷淳). <1장. 한자+이두. 조선 필사 이두 자료. 전남 순천 황전 경주 정씨가 구장. 광주광역시 이정옥 소장. 호남권 한국학자료센터 홈페이지 원문 이미지와 텍스트 보기. 최승희(1989) 참고>

1856-10-00. **최 씨가 소지**(崔氏家所志) 2, 최 씨가. <1장. 한자+이두. 조선 필사 이두 자료. 남원·구례 삭녕 최씨 구장. 한국학중앙연구원 장서각 한국고문서자료관 홈페이지 원문 이미지 보기. 한국정신문화연구원 편(2004) 참고>

1856-11-02. **토지매매명문**(土地賣買明文)[115] 1, 자필 답주 유학 김재유(自筆畓主幼學金載瑜). <1장. 한자+이두. 조선 필사 이두 자료. 전북대학교 박물관 소장. 호남권

---

[114] 호남권 한국학자료센터 홈페이지에서는 '1856년 최재문(崔載文) 방매(放賣) 토지매매명문(土地賣買明文)'으로 표시하였다.

[115] 호남권 한국학자료센터 홈페이지에서는 '1856년 김재유(金載瑜) 방매(放賣) 토지매매명문(土地賣買明文)'으로 표시하였다.

한국학자료센터 홈페이지 원문 이미지와 텍스트 보기. 최승희(1989), 정구복 외(1999), 이재수(2003) 참고>

1856-11-10. **토지매매명문**(土地賣買明文)[116] 2, 자필 답주 유학 김재유(自筆畓主幼學金載瑜). <1장. 한자+이두. 조선 필사 이두 자료. 전북대학교 박물관 소장. 호남권 한국학자료센터 홈페이지 원문 이미지와 텍스트 보기. 최승희(1989), 정구복 외(1999), 이재수(2003) 참고>

1856-11-13. **유 생원 댁 노 을매 가사매매명문**(兪生員宅奴乙每家舍賣買明文), 가사주 김 생원 댁 노 금복(家舍主金生員宅奴수ト). <1장. 한자+이두. 조선 필사 이두 자료. 원주시 무릉박물관 소장. 한국학자료센터 강원권역센터 홈페이지 원문 이미지 보기. 최승희(1989), 정수환(2010), 김세민(2013), 김영란(2017) 참고>

1856-11-21~1857-07-21. 「함풍 7년 정사 상)결속색등록(咸豊七年丁巳上 **結束色謄錄**)」73, 병조(兵曹) 편(編). <1책(73/낙질본 107책). 106장. 필사본. 한자+이두. 조선 필사 이두 자료. 서울대학교 규장각 한국학연구원 홈페이지 1787년~1891년 낙질본 107책(1792년(건륭 57년), 1811년(가경 16년) 하, 1816년(가경 21년), 1817년(가경 22년), 1824년(도광 4년), 1831년(도광 11년), 1871년(동치 10년), 1885년(광서 11년) 없음) 원문 이미지 보기>

1856-11-25. **이홍국 토지매매명문**(李興國土地賣買明文), 답주 이기서(畓主李基瑞). <1장. 한자+이두+한글. 조선 필사 이두 자료. 전남 보성군 박실 제주 양씨가 구장. 원광대학교 박물관 소장. 호남권 한국학자료센터 홈페이지 원문 이미지와 텍스트 보기. 최승희(1989), 정구복 외(1999), 이재수(2003) 참고>

1856-11-00. **김대진 등 상서**(金岱鎭等上書), 김대진 등. <1장. 한자+이두. 조선 필사 이두 자료. 안동 천전 의성 김씨 지촌 종택 소장. 한국학중앙연구원 장서각 한국고문서자료관 홈페이지 원문 이미지 보기. 한국정신문화연구원 편(1989) 참고>

1856-11-00. **김대진 등 소지**(金岱鎭等所志), 김대진 등. <1장. 한자+이두. 조선 필사 이두 자료. 안동 천전 의성 김씨 지촌 종택 소장. 한국학중앙연구원 장서각 한국고

---

[116] 호남권 한국학자료센터 홈페이지에서는 '1856년 김재유(金載瑜) 방매(放賣) 토지매매명문(土地賣買明文)'으로 표시하였다.

문서자료관 홈페이지 원문 이미지 보기. 한국정신문화연구원 편(1989) 참고>

1856-11-00. **김성오 등장**(金成五等狀), 김성오. <1장. 한자+이두. 조선 필사 이두 자료. 무안 광산 김씨 모충사 소장. 호남권 한국학자료센터 홈페이지 원문 이미지 보기. 최승희(1989), 국립민속박물관 편(1991), 정구복 외(1999), 전경목 외(2006) 참고>

1856-11-00. **이승우 단자**(李丞愚單子), 이승우. <1장. 한자+이두. 조선 필사 이두 자료. 전북 남원 둔덕 전주 이씨가 구장. 전북대학교 박물관 소장. 호남권 한국학자료센터 홈페이지 원문 이미지와 텍스트 보기. 박병호(1974ㄱ), 최승희(1989), 정구복 외(1999) 참고>

1856-12-02. **나주목 전령**(羅州牧傳令), 나주목사(羅州牧使). <1장. 한자+이두. 조선 필사 이두 자료. 전남 영암군 군서면 죽정서원 소장. 호남권 한국학자료센터 홈페이지 원문 이미지보기. 최승희(1989) 참고>

1856-12-10. **영건소 토지매매명문**(營建所土地賣買明文), 답주 양인 이개부리(畓主良人李介夫里). <1장. 한자+이두. 조선 필사 이두 자료. 안동 천전 의성 김씨 지촌 종택 소장. 한국학중앙연구원 장서각 한국고문서자료관 홈페이지 원문 이미지 보기. 한국정신문화연구원 편(1990) 참고>

1856-12-10. **토지매매명문**(土地賣買明文), 답주 유학 양석신(畓主幼學梁錫伩). <1장. 한자+이두. 조선 필사 이두 자료. 남원·구례 삭녕 최씨 구장. 한국학중앙연구원 장서각 한국고문서자료관 홈페이지 원문 이미지 보기. 한국정신문화연구원 편(2004) 참고>

1856-12-10. **토지매매명문**(土地賣買明文),[117] 답주 유학 최홍술(畓主幼學崔鴻述). <1장. 한자+이두. 조선 필사 이두 자료. 대구 칠계 경주 최씨 백불암 종중 구장. 안동대학교 박물관 소장. 한국학자료센터 영남권역센터 홈페이지 원문 이미지와 텍스트 보기. 박병호(1974ㄱ), 최승희(1989), 이재수(2003), 이수건 외(2004) 참고>

1856-12-13. **토지매매명문**(土地賣買明文),[118] 답주 필 이(畓主筆李). <1장. 한자+이두

---

[117] 한국학자료센터 영남권역센터 홈페이지에서는 '1856년 유학(幼學) 최홍술(崔鴻述) 토지매매명문(土地賣買明文)'으로 표시하였다.

+한글. 조선 필사 이두 자료. 전남 보성군 박실 제주 양씨가 구장. 원광대학교 박물관 소장. 호남권 한국학자료센터 홈페이지 원문 이미지와 텍스트 보기. 최승희(1989), 정구복 외(1999), 이재수(2003) 참고>

1856-12-19. **팔파문계 토지매매명문**(八派門稧土地賣買明文), 답주 이 생원 댁 노 복만(畓主李生員宅奴卜萬). <1장. 한자+이두+한글. 조선 필사 이두 자료. 전남 보성군 박실 제주 양씨가 구장. 원광대학교 박물관 소장. 호남권 한국학자료센터 홈페이지 원문 이미지와 텍스트 보기. 박병호(1974ㄱ), 이재수(2003) 참고>

1856-12-20. 「**대계서원 완약문**(大溪書院完約文)」, 문장 안담 등(門長安湛等). <1책. 2장. 한자+이두. 조선 필사 이두 자료. 전남 보성 옥암 죽산 안씨가 구장. 광주광역시 이정옥 소장. 호남권 한국학자료센터 홈페이지 원문 이미지와 텍스트 보기. 최승희(1989) 참고>

1856-12-20. **유학 유장오 토지매매명문**(幼學柳章五土地賣買明文), 답주 자필 유학 고경삼(畓主自筆幼學高景三). <1장. 한자+이두. 조선 필사 이두 자료. 전북 부안군 우반 부안 김씨 세덕각 소장. 한국학중앙연구원 장서각 한국고문서자료관 홈페이지 & 호남권 한국학자료센터 홈페이지 원문 이미지와 텍스트 보기. 박병호(1974ㄱ), 한국정신문화연구원 편(1983, 1998), 이재수(2003), 한국학중앙연구원 편(2017) 참고>

1856-12-21. **삼산종계 토지매매명문**(三山宗稧土地賣買明文), 답주 유 노 금석(畓主柳奴琴石). <1장. 한자+이두. 조선 필사 이두 자료. 경북 안동시 수곡면 전주 류씨 삼산 종가 구장. 대구광역시 수성구 만촌동 전주 류씨 종가 소장. 한국학자료센터 영남권역센터 홈페이지 원문 이미지와 텍스트 보기. 최승희(1989), 이재수(2003), 전경목(2010) 참고>

1856-12-22. **박도승 토지매매명문**(朴搗昇土地賣買明文), 답주 강순원(畓主姜順原). <1장. 한자+이두. 조선 필사 이두 자료. 영암 미암 창녕 조씨 태호 후손가 소장. 호남권 한국학자료센터 홈페이지 원문 이미지 보기. 최승희(1989) 참고>

---

118 호남권 한국학자료센터 홈페이지에서는 '1856년 이씨(李氏) 방매(放賣) 토지매매명문(土地賣買明文)'으로 표시하였다.

1856-12-23. **임성수 다짐**(林聖洙侤音) 2, 임성수. <1장. 한자+이두. 조선 필사 이두 자료. 전남 영암군 군서면 죽정서원 소장. 호남권 한국학자료센터 홈페이지 원문 이미지보기. 최승희(1989) 참고>

1856-12-24. **토지매매명문**(土地賣買明文),[119] 전주 과부 손성(田主寡婦孫姓). <1장. 한자+이두. 조선 필사 이두 자료. 전남 영광 마산 경주 이씨가 구장. 진안 용담호미술관 소장. 호남권 한국학자료센터 홈페이지 원문 이미지와 텍스트 보기. 최승희(1989), 김소은(2004) 참고>

1856-12-26. **옥산서원 통문**(玉山書院通文), 옥산서원. <1장. 한자+이두. 조선 필사 이두 자료. 경북 경주시 내남면 이조리 경주 최씨·용산서원 소장. 한국학중앙연구원 장서각 한국고문서자료관 홈페이지 원문 이미지 보기. 한국정신문화연구원 편(2000) 참고>

1856-12-26. **토지매매명문**(土地賣買明文),[120] 답주 김 노 삼득(畓主金奴三得). <1장. 한자+이두. 조선 필사 이두 자료. 경북 안동시 오천 광산 김씨 후조당 소장. 한국학중앙연구원 장서각 한국고문서자료관 홈페이지 원문 이미지와 텍스트 보기. 박병호(1974ㄱ), 한국정신문화연구원 편(1982), 최승희(1989) 참고>

1856-12-27. **이귀전 토지매매명문**(李貴銓土地賣買明文), 답주 자필 유학 이기규(畓主自筆幼學李基圭). <1장. 한자+이두+한글. 조선 필사 이두 자료. 전남 보성군 박실 제주 양씨가 구장. 원광대학교 박물관 소장. 호남권 한국학자료센터 홈페이지 원문 이미지와 텍스트 보기. 박병호(1974ㄱ), 이재수(2003) 참고>

1856-12-29. **유학 안양환 토지매매명문**(幼學安良煥土地賣買明文), 답주 동몽 안영환(畓主童蒙安英煥). <1장. 한자+이두. 조선 필사 이두 자료. 전남 보성군 복내면 죽산 안씨 죽곡정사 소장. 호남권 한국학자료센터 홈페이지 원문 이미지와 텍스트 보기. 이재수(2003), 이수건 외(2004) 참고>

1856-12-00. **김호 단자**(金濠單子), 김호. <1장. 한자+이두. 조선 필사 이두 자료

---

[119] 호남권 한국학자료센터 홈페이지에서는 '1856년 과부(寡婦) 손씨(孫氏) 방매(放賣) 토지매매명문(土地賣買明文)'으로 표시하였다.

[120] 한국학중앙연구원 장서각 한국고문서자료관 홈페이지에서는 '1856년 노(奴) 삼득(三得) 방매 토지매매명문(土地賣買明文)'으로 표시하였다.

전북 익산시 용제 경주 김씨가 소장. 호남권 한국학자료센터 홈페이지 원문 이미지와 텍스트 보기. 박병호(1974ㄱ), 최승희(1989), 정구복 외(1999) 참고>

1856-12-00. **신직모 등 등장**(申稷模等等狀), 신직모 등. <1장. 한자+이두. 조선 필사 이두 자료. 전북 순창 청계 문화 유씨가 소장. 호남권 한국학자료센터 홈페이지 원문 이미지와 텍스트 보기. 최승희(1989), 김경숙(2002), 심재우(2013) 참고>

1856-12-00. **유경운 소지**(柳慶雲所志), 유경운. <1장. 한자+이두. 조선 필사 이두 자료. 전북 담양군 모현관 소장. 호남권 한국학자료센터 홈페이지 원문 이미지와 텍스트 보기. 최승희(1989), 정구복 외(1999) 참고>

1856-12-00. **유환권 등 등장**(柳煥權等等狀), 유환권 등. <1장. 한자+이두. 조선 필사 이두 자료. 전북 순창 청계 문화 유씨가 소장. 호남권 한국학자료센터 홈페이지 원문 이미지와 텍스트 보기. 최승희(1989), 김경숙(2002), 심재우(2013) 참고>

1856-00-00. 「선원보략수정의궤(璿源譜略修正儀軌)」, 종부시(宗簿寺) 편. <1책. 20장. 필사본. 표제는 '(丙辰 附乙卯 哲宗七年)璿源譜略修正儀軌'. 권수제는 '(咸豊六年丙辰十月 日)璿源譜略修正儀軌'. 한자+이두. 조선 필사 이두 자료. 서울대학교 규장각 한국학연구원 의궤 종합정보 홈페이지 '奎14114' 원문 이미지 보기>

1856-00-00. 이문대사(吏文大師), 「이문행문합부(吏文行文合部)」 <1책. 105장. 이문과 행문(공문서)을 합한 필사본. 이두+한글 나열한 '이문대사(吏文大師)' 수록. 조선 필사 이두 자료. 국립중앙도서관 홈페이지 원문 이미지 보기>

1856-00-00. 「인릉천봉도감의궤(仁陵遷奉都監儀軌)」[121] 1~7, 천릉도감 편. <7책. 필사본. 권1의 표제는 '(咸豊六年丙辰二月 日 五臺山上)仁陵遷奉都監儀軌一'. 권수제는 '仁陵遷奉都監儀軌卷之一'. 한자+이두. 조선 필사 이두 자료. 서울대학교 규장각 한국학연구원 소장. 서울대학교 규장각 한국학연구원 의궤 종합정보 홈페이지 '奎13707' 원문 이미지 보기>

1856-00-00. 「인릉천봉등록(仁陵遷奉謄錄)」, 예조(禮曹) 편(編). <1책. 27장. 필사본. 한자+이두. 조선 필사 이두 자료. 한국학중앙연구원 장서각 한국학자료센터 홈

---

[121] 서울대학교 규장각 한국학연구원 의궤 종합정보 홈페이지에서는 서명을 표제나 권수제와는 달리 '순조인릉천봉도감의궤(純祖仁陵遷奉都監儀軌)'로 적었다.

페이지 이미지 보기>

1856-00-00. 「인릉천봉등록(仁陵遷奉謄錄)」, 예조(禮曹) 편(編). <1책. 107장. 필사본. 한자+이두. 조선 필사 이두 자료. 한국학중앙연구원 장서각 한국학자료센터 홈페이지 & 한국학중앙연구원 한국학 디지털 아카이브 홈페이지 이미지와 텍스트 보기>

1856-00-00. 「인릉천봉산릉도감의궤(仁陵遷奉山陵都監儀軌)」[122] 상·하, 산릉도감 편. <2책. 255장+280장. 필사본. 상권의 표제는 '(咸豊六年丙辰十月 一 五臺山上仁陵遷奉山陵都監儀軌上'. 목록제는 '仁陵遷奉山陵都監儀軌目錄'. 한자+이두. 조선 필사 이두 자료. 서울대학교 규장각 한국학연구원 의궤 종합정보 홈페이지 '奎13706' 원문 이미지 보기>

1856-00-00. 「책보 보략 지상 어제 어필급장치서적형지안(冊寶 譜略 誌狀 御製 御筆 及藏置書籍形止案)」,[123] 규장각 편. <1책. 48장. 필사본. 표제는 '(丙辰十一月 日)奎章閣形止案'. 권수제는 '(咸豊六年十一月 日江華府外 奎章閣奉 安)冊寶 譜略 誌狀 御製 御筆及藏置書籍形止案'. 한자+이두. 조선 필사 이두 자료. 국립중앙박물관 외규장각 의궤 홈페이지 '외규296' 원문 이미지와 텍스트 보기>

1857년

<정사(丁巳), 철종 8년, 함풍 7년>

1857-01-13. **유 노 일근 토지매매명문**(柳奴日根土地賣買明文), 전주 권 노 석돌(田主權奴石乭). <1장. 한자+이두. 조선 필사 이두 자료. 경북 안동시 수곡면 전주 류씨 삼산 종가 구장. 대구광역시 수성구 만촌동 전주 류씨 종가 소장. 한국학자료센터

---

122 서울대학교 규장각 한국학연구원 의궤 종합정보 홈페이지에서는 서명을 표제나 권수제와는 달리 '순조인릉천봉산릉도감의궤(純祖仁陵遷奉山陵都監儀軌)'로 적었다.

123 국립중앙박물관 외규장각 의궤 홈페이지에서는 서명을 표제나 권수제와는 달리 '강화부외규장각봉안책보보략어제어필급장치서적형지안(江華府外奎章閣奉安冊寶譜略御製御筆及藏置書籍形止案)'으로 적었다.

영남권역센터 홈페이지 원문 이미지와 텍스트 보기. 최승희(1989), 이재수(2000, 2003), 전경목(2010) 참고>

1857-01-18. **영건소 토지매매명문**(營建所土地賣買明文), 답주 노 지재지(畓主奴至才之). <1장. 한자+이두. 조선 필사 이두 자료. 안동 천전 의성 김씨 지촌 종택 소장. 한국학중앙연구원 장서각 한국고문서자료관 홈페이지 원문 이미지 보기. 한국정신문화연구원 편(1990) 참고>

1857-01-20. **노 일금 배자**(奴一金牌子),[124] 상전 이(上典李). <1장. 한자+이두+한글. 조선 필사 이두 자료. 전남 보성군 박실 제주 양씨가 구장. 원광대학교 박물관 소장. 호남권 한국학자료센터 홈페이지 원문 이미지와 텍스트 보기. 박병호(1974ㄱ), 최승희(1989), 이재수(2003) 참고>

1857-01-20. **양 생원 댁 노 토지매매명문**(梁生員宅奴土地賣買明文), 답주 이 생원 댁 노 일금(畓主李生員宅奴一金). <1장. 한자+이두+한글. 조선 필사 이두 자료. 전남 보성군 박실 제주 양씨가 구장. 원광대학교 박물관 소장. 호남권 한국학자료센터 홈페이지 원문 이미지와 텍스트 보기. 박병호(1974ㄱ), 최승희(1989), 이재수(2003) 참고>

1857-01-27. **익산군수 서목**(益山郡守書目) 1, 재영 순사(在營巡使). <1장. 한자+이두. 조선 필사 이두 자료. 전북 익산시 용제 경주 김씨가 소장. 호남권 한국학자료센터 홈페이지 원문 이미지와 텍스트 보기. 박병호(1974ㄱ), 최승희(1989), 정구복 외(1999) 참고>

1857-01-27. **익산군수 첩정**(益山郡守牒呈) 1, 순영 행관(巡營行官). <1장. 한자+이두. 조선 필사 이두 자료. 전북 익산시 용제 경주 김씨가 소장. 호남권 한국학자료센터 홈페이지 원문 이미지와 텍스트 보기. 박병호(1974ㄱ), 최승희(1989), 정구복 외(1999) 참고>

1857-01-28. **박계표 다짐**(朴桂表侤音), 박계표. <1장. 한자+이두. 조선 필사 이두 자료. 전북 담양군 모현관 소장. 호남권 한국학자료센터 홈페이지 원문 이미지와

---

124 호남권 한국학자료센터 홈페이지에서는 '1857년 이모(李某) 노(奴) 일금(一金) 패자(牌子)'로 표시하였다.

텍스트 보기. 최승희(1989), 정구복 외(1999) 참고>

1857-01-31. **노봉서원 유사 유학 류진국 토지매매명문**(露峰書院有司幼學柳震國土地賣買明文), 답주 자필 유학 이명전(畓主自筆幼學李明銓). <1장. 한자+이두. 조선 필사 이두 자료. 남원·구례 삭녕 최씨 구장. 한국학중앙연구원 장서각 한국고문서자료관 홈페이지 원문 이미지 보기. 한국정신문화연구원 편(2004) 참고>

1857-01-00. **김호 소지**(金濠所志) 1, 김호. <1장. 한자+이두. 조선 필사 이두 자료. 전북 익산시 용제 경주 김씨가 소장. 호남권 한국학자료센터 홈페이지 원문 이미지와 텍스트 보기. 박병호(1974ㄱ), 최승희(1989), 정구복 외(1999) 참고>

1857-01-00. **김호 소지**(金濠所志) 2, 김호. <1장. 한자+이두. 조선 필사 이두 자료. 전북 익산시 용제 경주 김씨가 소장. 호남권 한국학자료센터 홈페이지 원문 이미지와 텍스트 보기. 박병호(1974ㄱ), 최승희(1989), 정구복 외(1999) 참고>

1857-01-00. **최헌효·윤석현 등 소지**(崔獻孝尹錫鉉等所志), 최헌효·윤석현 등. <1장. 한자+이두. 조선 필사 이두 자료. 남원·구례 삭녕 최씨 구장. 한국학중앙연구원 장서각 한국고문서자료관 홈페이지 원문 이미지 보기. 한국정신문화연구원 편(2004) 참고>

1857-01-00~1857-12-00(丁巳). 「**추조결옥록**(秋曹決獄錄)」 13, 형조(刑曹) 편(編). <1책(13/낙질본 43책). 92장. 필사본. 한자+이두. 조선 필사 이두 자료. 서울대학교 규장각 한국학연구원 홈페이지 원문 이미지 보기> <1822-01-00~1822-12-00(1/43)>

1857-02-01. **삼종씨 유학 권인현 시장문기**(三從氏幼學權仁賢柴場文記), 시장주 유학 삼종제 권공현(柴場主幼學三從弟權恭賢). <1장. 한자+이두. 조선 필사 이두 자료. 전북 고창 읍내 안동 권씨가 소장. 호남권 한국학자료센터 홈페이지 원문 이미지와 텍스트 보기. 최승희(1989), 전북향토문화연구회 편(1993), 정구복 외(1999) 참고>

1857-02-03. **익산군수 서목**(益山郡守書目) 2, 재영 순사(在營巡使). <1장. 한자+이두. 조선 필사 이두 자료. 전북 익산시 용제 경주 김씨가 소장. 호남권 한국학자료센터 홈페이지 원문 이미지와 텍스트 보기. 박병호(1974ㄱ), 최승희(1989), 정구복 외(1999) 참고>

1857-02-03. **익산군수 첩정**(益山郡守牒呈) 2, 순영 행관(巡營行官). <1장. 한자+이두. 조선 필사 이두 자료. 전북 익산시 용제 경주 김씨가 소장. 호남권 한국학자료센터 홈페이지 원문 이미지와 텍스트 보기. 박병호(1974ㄱ), 최승희(1989), 정구복 외(1999) 참고>

1857-02-03. **토지매매명문**(土地賣買明文),[125] 자필 답주 유학 이종규(自筆畓主幼學李鍾奎). <1장. 한자+이두. 조선 필사 이두 자료. 전남 광양시 광양읍 인덕면 밀양 손씨가 구장. 전북대학교 박물관 소장. 호남권 한국학자료센터 홈페이지 원문 이미지와 텍스트 보기. 박병호(1974ㄱ), 이재수(2003) 참고>

1857-02-09. **권영백 토지매매명문**(權永百土地賣買明文), 전주 유치좌(全州柳致佐). <1장. 한자+이두. 조선 필사 이두 자료. 경북 안동시 수곡면 전주 류씨 삼산 종가 구장. 대구광역시 수성구 만촌동 전주 류씨 종가 소장. 한국학자료센터 영남권역센터 홈페이지 원문 이미지와 텍스트 보기. 최승희(1989), 이재수(2003), 전경목(2010) 참고>

1857-02-15. **탁연급 다짐**(卓然岌侤音) 1, 탁연급. <1장. 한자+이두. 조선 필사 이두 자료. 전북 익산시 용제 경주 김씨가 소장. 호남권 한국학자료센터 홈페이지 원문 이미지와 텍스트 보기. 박병호(1974ㄱ), 최승희(1989), 정구복 외(1999) 참고>

1857-02-17. **송용환 다짐**(宋龍煥侤音), 송용환. <1장. 한자+이두. 조선 필사 이두 자료. 전북 익산시 용제 경주 김씨가 소장. 호남권 한국학자료센터 홈페이지 원문 이미지와 텍스트 보기. 박병호(1974ㄱ), 최승희(1989), 정구복 외(1999) 참고>

1857-02-17. **신 숭지댁 노 일운 토지매매명문**(愼承旨宅奴一云土地賣買明文), 답주 권조이(畓主權召史). <1장. 한자+이두. 조선 필사 이두 자료. 경남 거창 장기 거창 신씨가 소장. 한국학중앙연구원 장서각 한국고문서자료관 홈페이지 원문 이미지 보기. 한국학중앙연구원 편(2005) 참고>

1857-02-17. **유학 김종항 토지매매명문**(幼學金宗恒土地賣買明文), 재주 자필 유학 이장하(財主自筆幼學李章夏). <1장. 한자+이두. 조선 필사 이두 자료. 김포 의령

---

125 호남권 한국학자료센터 홈페이지에서는 '1857년 이종규(李鍾奎) 방매 토지매매명문(土地賣買明文)'으로 표시하였다.

남씨 서윤공 남두장 후손가 소장. 한국학중앙연구원 장서각 한국고문서자료관 홈페이지 원문 이미지 보기>

1857-02-19. **토지매매명문**(土地賣買明文), 답주 유학 한명우(畓主幼學韓明祐). <1장. 한자+이두. 조선 필사 이두 자료. 영광 입석 영월 신씨 소장. 한국학중앙연구원 장서각 한국고문서자료관 홈페이지 원문 이미지와 텍스트 보기. 한국정신문화연구원 편(1996) 참고>

1857-02-20. **김호 수표**(金濠手標),[126] 수표 강진기(手標姜鎭綺). <1장. 한자+이두. 조선 필사 이두 자료. 전북 익산시 용제 경주 김씨가 소장. 호남권 한국학자료센터 홈페이지 원문 이미지와 텍스트 보기. 박병호(1974ㄱ), 최승희(1989), 정구복 외(1999) 참고>

1857-02-22. **임당 재직 배지**(林塘齋直牌旨), 수곡 종택(水谷宗宅). <1장. 한자+이두. 조선 필사 이두 자료. 안동 수곡 전주 류씨 무실 종가 소장. 한국학중앙연구원 고문서자료관 홈페이지 원문 이미지 보기. 한국정신문화연구원 편(1999) 참고>

1857-02-27. **임성수 다짐**(林聖洙侤音), 임성수. <1장. 한자+이두. 조선 필사 이두 자료. 전남 영암군 군서면 죽정서원 소장. 호남권 한국학자료센터 홈페이지 원문 이미지보기. 최승희(1989) 참고>

1857-02-00. **김호 소지**(金濠所志) 3, 김호. <1장. 한자+이두. 조선 필사 이두 자료. 전북 익산시 용제 경주 김씨가 소장. 호남권 한국학자료센터 홈페이지 원문 이미지와 텍스트 보기. 박병호(1974ㄱ), 최승희(1989), 정구복 외(1999) 참고>

1857-02-00. **김호 소지**(金濠所志) 4, 김호. <1장. 한자+이두. 조선 필사 이두 자료. 전북 익산시 용제 경주 김씨가 소장. 호남권 한국학자료센터 홈페이지 원문 이미지와 텍스트 보기. 박병호(1974ㄱ), 최승희(1989), 정구복 외(1999) 참고>

1857-02-00. **김호 의송**(金濠議送) 1, 김호. <1장. 한자+이두. 조선 필사 이두 자료. 전북 익산시 용제 경주 김씨가 소장. 호남권 한국학자료센터 홈페이지 원문 이미지와 텍스트 보기. 박병호(1974ㄱ), 최승희(1989), 정구복 외(1999) 참고>

1857-02-00. **박재묵 등 등장**(朴載默等等狀), 박재묵 등. <1장. 한자+이두. 조선 필사

---

[126] 호남권 한국학자료센터 홈페이지에서는 '1857년 강필서(姜畢瑞) 수표(手標)'로 표시하였다.

이두 자료. 전남 영암군 군서면 죽정서원 소장. 호남권 한국학자료센터 홈페이지 원문 이미지보기. 최승희(1989) 참고>

1857-02-00. **박재묵 등 의송**(朴載默等議送), 박재묵 등. <1장. 한자+이두. 조선 필사 이두 자료. 전남 영암군 군서면 죽정서원 소장. 호남권 한국학자료센터 홈페이지 원문 이미지보기. 최승희(1989) 참고>

1857-02-00. **영해 유생 권도성 등 의송**(寧海儒生權度聖等議送), 권도성 등. <1장. 한자+이두. 조선 필사 이두 자료. 경북 영덕군 영해면 괴시리 영양 남씨 괴시파 영감댁 구장. 한국국학진흥원 소장. 한국학자료센터 영남권역센터 홈페이지 원문 이미지와 텍스트 보기>

1857-02-00. **이규현 등 상서**(李揆鉉等上書), 이규현 등. <1장. 한자+이두. 조선 필사 이두 자료. 경북 성주군 초전면 월곡 1리 벽진 이씨 명암 고택 구장. 한국국학진흥원 소장. 한국학자료센터 영남권역센터 홈페이지 원문 이미지와 텍스트 보기. 김성갑(2013) 참고>

1857-02-00. **토지매매명문**(土地賣買明文), 자필 답주 유학 김응종(自筆畓主幼學金應鍾). <1장. 한자+이두. 조선 필사 이두 자료. 경북 경주시 소정리 경주 이씨 소장. 한국학중앙연구원 장서각 한국고문서자료관 홈페이지 원문 이미지 보기. 한국정신문화연구원 편(2002) 참고>

1857-03-07. **유학 사종제 안흥록 토지매매명문**(幼學四從弟安興祿土地賣買明文), 답주 사종형 유학 안양환(畓主四從兄幼學安良煥). <1장. 한자+이두. 조선 필사 이두 자료. 전남 보성군 복내면 죽산 안씨 죽곡정사 소장. 호남권 한국학자료센터 홈페이지 원문 이미지와 텍스트 보기. 김재문(1986), 최승희(1989), 이수건 외(2004) 참고>

1857-03-10. **고자 윤성옥 수표**(庫子尹性玉手標), 윤성옥. <1장. 한자+이두. 조선 필사 이두 자료. 경북 영해 인량 재령 이씨 충효당 구장. 한국국학진흥원 소장. 한국학중앙연구원 장서각 한국고문서자료관 홈페이지 원문 이미지와 텍스트 보기. 한국정신문화연구원 편(1997) 참고>

1857-03-10~1858-12-27(함풍 7년 丁巳~戊午). 「제17목록(**第十七目錄**)」[127] 1, 동래부(東萊府) 편(編). <1책(1/전5책). 69장. 필사본. 표제는 '(丁巳正月 日)目錄第一'. 권수

제는 '(咸豐七年三月 日)第十七目錄'. 한자+이두. 조선 필사 이두 자료. 서울대학교 규장각 한국학연구원 홈페이지 원문 이미지 보기> <영인본:「각사등록」17(경상도편 7)(국사편찬위원회 편, 1985)> <1889-08-17~1891-07-15(제2 목록), 1891-08-23~1893-07-03(제3 목록), 1893-07-22~1894-12-07(제4 목록), 1894-12-24~1895-윤5-23(제5 목록)>

1857-03-18. **이한일 전당문서**(李漢日典當文書), 이한일. <1장. 한자+이두. 조선 필사 이두 자료. 전남 영광 마산 경주 이씨가 구장. 진안 용담호미술관 소장. 호남권 한국학자료센터 홈페이지 원문 이미지와 텍스트 보기. 박병호(1974ㄱ), 최승희(1989), 이재수(2003) 참고>

1857-03-20. **도색 김지식 고목**(都色金之植告目), 김지식. <1장. 한자+이두. 조선 필사 이두 자료. 경북 경주시 안강읍 옥산리 여주 이씨 장산서원·치암 종택 구장. 한국학중앙연구원 장서각 한국고문서자료관 홈페이지 원문 이미지 보기. 한국정신문화연구원 편(2003) 참고>

1857-03-22. **토지매매명문**(土地賣買明文),¹²⁸ 전주 유학 임기상(田主幼學任璣常). <1장. 한자+이두. 조선 필사 이두 자료. 전북 부안군 우반 부안 김씨 세덕각 소장. 한국학중앙연구원 장서각 한국고문서자료관 홈페이지 & 호남권 한국학자료센터 홈페이지 원문 이미지와 텍스트 보기. 박병호(1974ㄱ), 한국정신문화연구원 편(1983, 1998), 이재수(2003), 한국학중앙연구원 편(2017) 참고>

1857-03-29. **토지매매명문**(土地賣買明文),¹²⁹ 답주 유학 김용길(畓主幼學金用吉). <1장. 한자+이두. 조선 필사 이두 자료. 전북 부안군 우반 부안 김씨 세덕각 소장. 한국학중앙연구원 장서각 한국고문서자료관 홈페이지 & 호남권 한국학자료센터 홈페이지 원문 이미지와 텍스트 보기. 박병호(1974ㄱ), 한국정신문화연구원 편(1983, 1998), 이재수(2003), 한국학중앙연구원 편(2017) 참고>

---

127 서울대학교 규장각 한국학연구원 홈페이지에서는 책명을 '公文日錄 공문일록'으로 표시하였다.
128 호남권 한국학자료센터 홈페이지에서는 '1857년 임기상(任璣常) 방매(放賣) 토지매매명문(土地賣買明文)'으로 표시하였다.
129 호남권 한국학자료센터 홈페이지에서는 '1857년 김용길(金用吉) 방매(放賣) 토지매매명문(土地賣買明文)'으로 표시하였다.

1857-03-00. **김호 소지**(金澔所志) 5, 김호. <1장. 한자+이두. 조선 필사 이두 자료. 전북 익산시 용제 경주 김씨가 소장. 호남권 한국학자료센터 홈페이지 원문 이미지와 텍스트 보기. 박병호(1974ㄱ), 최승희(1989), 정구복 외(1999) 참고>

1857-03-00. **영해 유생 권도석 등 의송**(寧海儒生權度錫等議送), 권도석 등. <1장. 한자+이두. 조선 필사 이두 자료. 경북 영덕군 영해면 괴시리 영양 남씨 괴시파 영감댁 구장. 한국국학진흥원 소장. 한국학자료센터 영남권역센터 홈페이지 원문 이미지와 텍스트 보기>

1857-03-00. **이병우 등 상서**(以秉佑等上書), 이병우 등. <1장. 한자+이두. 조선 필사 이두 자료. 전북 순창 구미 남원 양씨가 소장. 호남권 한국학자료센터 홈페이지 원문 이미지와 텍스트 보기. 최승희(1989), 김경숙(2002), 심재우(2013) 참고>

1857-04-06~1858-03-06(丁巳~戊午). 「평안감영계록(平安監營啓錄)」 26, 비변사(備邊司) 편(編). <1책(26/전37책). 109장. 필사본. 표제는 '各道啓錄'. 한자+이두. 조선 필사 이두 자료. 서울대학교 규장각 한국학연구원 홈페이지 원문 이미지 보기> <영인본:「각사등록」 32(평안도편 4)(국사편찬위원회 편, 1988)> <1830-08-12~1830-12-30(1/37)>

1857-04-11. **이악이 토지매매명문**(李岳伊土地賣買明文), 답주 김 노 은돌(畓主金奴殷乭). <1장. 한자+이두. 조선 필사 이두 자료. 경북 안동시 도산면 의촌리 은졸재 고택 구장. 한국국학진흥원 소장. 한국학자료센터 영남권역센터 홈페이지 원문 이미지와 텍스트 보기>

1857-04-00. **경주 옥산서원 수노 원문 소지**(慶州玉山書院首奴願文所志), 원문. <1장. 한자+이두. 조선 필사 이두 자료. 경북 경주 옥산서원 소장. 한국학자료센터 영남권역센터 홈페이지 원문 이미지와 텍스트 보기. 이수환(2001) 참고>

1857-04-00. **박희인 등 상서**(朴希寅等上書), 박희인 등. <1장. 한자+이두. 조선 필사 이두 자료. 전북 순창 구미 남원 양씨가 소장. 호남권 한국학자료센터 홈페이지 원문 이미지와 텍스트 보기. 최승희(1989), 김경숙(2002), 심재우(2013) 참고>

1857-04-00. **예조 입안**(禮曹立案), 예조 편. <1장. 한자+이두. 조선 필사 이두 자료. 전북 남원 풍산 밀양 박씨가 구장. 남원향토박물관 소장. 호남권 한국학자료센터 홈페이지 원문 이미지와 텍스트 보기. 박병호(1974ㄱ), 최승희(1989), 전경목 외

(2006) 참고>

1857-05-02. **오영선 전령**(吳永善傳令) 1, 어영대장(御營大將) 심낙신(沈樂臣). <1장. 한자+이두. 조선 필사 이두 자료. 경기도 안성 해주 오씨 오치풍 후손가 소장. 한국학중앙연구원 장서각 한국고문서자료관 홈페이지 원문 이미지 보기>

1857-05-00. **김호 소지**(金濠所志) 6, 김호. <1장. 한자+이두. 조선 필사 이두 자료. 전북 익산시 용제 경주 김씨가 소장. 호남권 한국학자료센터 홈페이지 원문 이미지와 텍스트 보기. 박병호(1974ㄱ), 최승희(1989), 정구복 외(1999) 참고>

1857-05-00. **김호 소지**(金濠所志) 7, 김호. <1장. 한자+이두. 조선 필사 이두 자료. 전북 익산시 용제 경주 김씨가 소장. 호남권 한국학자료센터 홈페이지 원문 이미지와 텍스트 보기. 박병호(1974ㄱ), 최승희(1989), 정구복 외(1999) 참고>

1857-05-00. **김호 소지**(金濠所志) 8, 김호. <1장. 한자+이두. 조선 필사 이두 자료. 전북 익산시 용제 경주 김씨가 소장. 호남권 한국학자료센터 홈페이지 원문 이미지와 텍스트 보기. 박병호(1974ㄱ), 최승희(1989), 정구복 외(1999) 참고>

1857-05-00. **김호 소지**(金濠所志) 9, 김호. <1장. 한자+이두. 조선 필사 이두 자료. 전북 익산시 용제 경주 김씨가 소장. 호남권 한국학자료센터 홈페이지 원문 이미지와 텍스트 보기. 박병호(1974ㄱ), 최승희(1989), 정구복 외(1999) 참고>

1857-05-00. **김호 의송**(金濠議送) 2, 김호. <1장. 한자+이두. 조선 필사 이두 자료. 전북 익산시 용제 경주 김씨가 소장. 호남권 한국학자료센터 홈페이지 원문 이미지와 텍스트 보기. 박병호(1974ㄱ), 최승희(1989), 정구복 외(1999) 참고>

1857-05-00. **장흥고 공상지 공인권 매매명문**(長興庫供上紙貢人權賣買明文),[130] 재주 이석윤(財主李錫允). <1장. 한자+이두. 조선 필사 이두 자료. 일본 경도대학 가와이문고 소장. 고려대학교 해외한국학자료센터 홈페이지 원문 이미지 보기>

1857-05-00. **최봉학 차첩**(崔鳳鶴差帖), 태인 현감(泰仁縣監). <1장. 한자+이두. 조선 필사 이두 자료. 전북 김제시 행촌 최완덕 구장. 전북대학교 박물관 소장. 호남권 한국학자료센터 홈페이지 원문 이미지와 텍스트 보기. 최승희(1989) 참고>

---

[130] 고려대학교 해외한국학자료센터 홈페이지에서는 '1857년 이석윤(李錫允) 방매 장흥고(長興庫) 공산지(供上紙) 공인권(貢人權) 매매명문(賣買明文)'으로 표시하였다.

1857-윤5-00. **김봉구 소지**(金鳳九所志) 1, 김봉구. <1장. 한자+이두. 조선 필사 이두 자료. 전북 부안군 우반 부안 김씨 세덕각 소장. 한국학중앙연구원 장서각 한국고문서자료관 홈페이지 & 호남권 한국학자료센터 홈페이지 원문 이미지와 텍스트 보기. 한국정신문화연구원 편(1983, 1998), 전경목(2001), 전경목 외(2006), 한국학중앙연구원 편(2017) 참고>

1857-윤5-00. **박성권 소지**(朴聖權所志), 박성권. <1장. 한자+이두. 조선 필사 이두 자료. 전남 영암군 군서면 죽정서원 소장. 호남권 한국학자료센터 홈페이지 원문 이미지보기. 최승희(1989) 참고>

1857-06-02. **부안현 유향소 서목**(扶安縣留鄕所書目), 부안현 유향소. <1장. 한자+이두. 조선 필사 이두 자료. 전북 부안군 우반 부안 김씨 세덕각 소장. 호남권 한국학자료센터 홈페이지 원문 이미지와 텍스트 보기. 박병호(1974ㄱ), 최승희(1989), 전경목(2001) 참고>

1857-06-20~1857-12-30. 「결속색등록(**結束色謄錄**)」 74, 병조(兵曹) 편(編). <1책(74/낙질본 107책). 99장. 필사본. 한자+이두. 조선 필사 이두 자료. 서울대학교 규장각 한국학연구원 홈페이지 1787년~1891년 낙질본 107책(1792년(건륭 57년), 1811년(가경 16년) 하, 1816년(가경 21년), 1817년(가경 22년), 1824년(도광 4년), 1831(도광 11년), 1871(동치 10년), 1885년(광서 11년) 없음) 원문 이미지 보기>

1857-06-21. **토지매매명문**(土地賣買明文),[131] 답주 신광달 댁 노자 덕금(畓主辛光達宅奴子德金). <1장. 한자+이두. 조선 필사 이두 자료. 전북 부안군 우반 부안 김씨 세덕각 소장. 한국학중앙연구원 장서각 한국고문서자료관 홈페이지 & 호남권 한국학자료센터 홈페이지 원문 이미지와 텍스트 보기. 박병호(1974ㄱ), 한국정신문화연구원 편(1983, 1998), 이재수(2003), 한국학중앙연구원 편(2017) 참고>

1857-06-23. **탁연급 다짐**(卓然及侤音) 2, 탁연급. <1장. 한자+이두. 조선 필사 이두 자료. 전북 익산시 용제 경주 김씨가 소장. 호남권 한국학자료센터 홈페이지 원문 이미지와 텍스트 보기. 박병호(1974ㄱ), 최승희(1989), 정구복 외(1999) 참고>

---

[131] 호남권 한국학자료센터 홈페이지에서는 '1857년 신광달댁노자(辛光達宅奴子) 덕금(德金) 방매(放賣) 토지매매명문(土地賣買明文)'으로 표시하였다.

1857-06-27. **유학 김호 수기**(幼學金濠手記),[132] 수기주 유학 강진기(手記主幼學姜鎭綺). <1장. 한자+이두. 조선 필사 이두 자료. 전북 익산시 용제 경주 김씨가 소장. 호남권 한국학자료센터 홈페이지 원문 이미지와 텍스트 보기. 박병호(1974ㄱ), 최승희(1989), 정구복 외(1999) 참고>

1857-06-27. **토지매매명문**(土地賣買明文),[133] 답주 이금손(畓主李今孫). <1장. 한자+이두+한글. 조선 필사 이두 자료. 전남 보성군 박실 제주 양씨가 구장. 원광대학교 박물관 소장. 호남권 한국학자료센터 홈페이지 원문 이미지와 텍스트 보기. 박병호(1974ㄱ), 최승희(1989), 이재수(2003) 참고>

1857-07-00. **완문**(完文), 삼도통제사(三道統制使). <1장. 한자+이두. 조선 필사 이두 자료. 경남 진주시 단목 진양 하씨 창주 후손가 소장. 한국학중앙연구원 장서각 한국고문서자료관 홈페이지 원문 이미지 보기. 한국정신문화연구원 편(2000) 참고>

1857-07-00. **진주목사 전령**(晋州牧使傳令), 진주목사. <1장. 한자+이두. 조선 필사 이두 자료. 경남 진주시 단목 진양 하씨 창주 후손가 소장. 한국학중앙연구원 장서각 한국고문서자료관 홈페이지 원문 이미지 보기. 한국정신문화연구원 편(2000) 참고>

1857-윤7-08. **김두표 토지매매명문**(金斗杓土地賣買明文), 회장주 김영기(灰場主金榮璣). <1장. 한자+이두+한글. 조선 필사 이두 자료. 전남 보성군 박실 제주 양씨가 구장. 원광대학교 박물관 소장. 호남권 한국학자료센터 홈페이지 원문 이미지와 텍스트 보기. 최승희(1989), 정구복 외(1999), 이재수(2003) 참고>

1857-08-04~1857-12-01. 「순원왕후국휼등록(**純元王后國恤謄錄**)」, 장생전(長生殿). <1책. 28장. 필사본. 한자+이두. 조선 필사 이두 자료. 한국학중앙연구원 장서각 한국학자료센터 홈페이지 원문 이미지와 텍스트 보기>

1857-08-04~1857-12-05(함풍 7년 丁巳). 「국휼등록(**國恤謄錄**)」 2, 편자 미상. <1책

---

132 호남권 한국학자료센터 홈페이지에서는 '1857년 강진기(姜鎭綺) 수기(手記)'로 표시하였다.

133 호남권 한국학자료센터 홈페이지에서는 '1857년 이금손(李今孫) 방매(放賣) 토지매매명문(土地賣買明文)'으로 표시하였다.

(2/4). 32장. 필사본. 한자+이두. 조선 필사 이두 자료. 서울대학교 규장각 한국학연구원 홈페이지 원문 이미지 보기> <1805-01-12~1849-06-02(1/4)>

1857-08-10. **토지매매명문**(土地賣買明文), 대주 전여중(垈主全汝中). <1장. 한자+이두. 조선 필사 이두 자료. 전남 구례군 토지면 오미리 문화 류씨 운조루 소장. 한국학중앙연구원 장서각 한국고문서자료관 홈페이지 원문 이미지와 텍스트 보기. 한국정신문화연구원 편(1998) 참고>

1857-08-00. **김진항 소지**(金鎭恒所志), 김진항. <1장. 한자+이두. 조선 필사 이두 자료. 전남 영암 밀양 김씨 김상회 소장. 호남권 한국학자료센터 홈페이지 원문 이미지 보기. 최승희(1989) 참고>

1857-08-00. **유경운 등 소지**(柳慶雲等所志), 유경운 등. <1장. 한자+이두. 조선 필사 이두 자료. 전북 담양군 모현관 소장. 호남권 한국학자료센터 홈페이지 원문 이미지와 텍스트 보기. 최승희(1989), 정구복 외(1999) 참고>

1857-09-02. **임칠룡 토지매매명문**(林七龍土地賣買明文), 답주 김수택(畓主金守宅). <1장. 한자+이두. 조선 필사 이두 자료. 전남 나주시 남내 밀양 박씨 청재 종가 소장. 호남권 한국학자료센터 홈페이지 원문 이미지와 텍스트 보기. 조복행(1981), 정두희(1998) 참고>

1857-09-02. **토지매매명문**(土地賣買明文),[134] 답주 김수택(畓主金守宅). <1장. 한자+이두. 조선 필사 이두 자료. 전남 나주시 남내 밀양 박씨 청재 종가 소장. 호남권 한국학자료센터 홈페이지 원문 이미지와 텍스트 보기. 조석곤(1995), 최승희(1997), 최윤오(2000) 참고>

1857-09-07. **우댁 노 문옥 토지매매명문**(右宅奴文玉土地賣買明文), 전주 평성댁 노 송치(田主坪城宅奴松致). <1장. 한자+이두. 조선 필사 이두 자료. 대구 칠계 경주 최씨 백불암 종중 구장. 안동대학교 박물관 소장. 한국학자료센터 영남권역센터 홈페이지 원문 이미지와 텍스트 보기. 박병호(1974ㄱ), 최승희(1989), 이재수(2003), 이수건 외(2004) 참고>

---

[134] 호남권 한국학자료센터 홈페이지에서는 '1857년 김수택(金守宅) 방매(放賣) 토지매매명문(土地賣買明文)'으로 표시하였다.

1857-09-10. **유학 족■…■ 토지매매명문**(幼學族■…■土地賣買明文),[135] 전주 유학 이춘헌(田主幼學李春憲). <1장. 한자+이두. 조선 필사 이두 자료. 전남 함평군 함평이씨 이건풍 구장. 목포대학교 도서문화연구원 소장. 호남권 한국학자료센터 홈페이지 원문 이미지와 텍스트 보기. 최승희(1989) 참고>

1857-09-20. **토지매매명문**(土地賣買明文),[136] 답주 자필 김달기(畓主自筆金達箕). <1장. 한자+이두+한글. 조선 필사 이두 자료. 전남 보성군 박실 제주 양씨가 구장. 원광대학교 박물관 소장. 호남권 한국학자료센터 홈페이지 원문 이미지와 텍스트 보기. 박병호(1974ㄱ), 최승희(1989), 이재수(2003) 참고>

1857-09-00. **김봉구 소지**(金鳳九所志) 2, 김봉구. <1장. 한자+이두. 조선 필사 이두 자료. 전북 부안군 우반 부안 김씨 세덕각 소장. 호남권 한국학자료센터 홈페이지 원문 이미지와 텍스트 보기. 한국정신문화연구원 편(1983, 1998), 전경목(2001), 전경목 외(2006), 한국학중앙연구원 편(2017) 참고>

1857-09-00. **김용관 등 소지**(金用觀等所志), 김용관 등. <1장. 한자+이두. 조선 필사 이두 자료. 전북 부안군 우반 부안 김씨 세덕각 소장. 한국학중앙연구원 장서각 한국고문서자료관 홈페이지 원문 이미지와 텍스트 보기. 한국정신문화연구원 편(1983, 1998), 한국학중앙연구원 편(2017) 참고>

1857-09-00. **김호 소지**(金濠所志) 10, 김호. <1장. 한자+이두. 조선 필사 이두 자료. 전북 익산시 용제 경주 김씨가 소장. 호남권 한국학자료센터 홈페이지 원문 이미지와 텍스트 보기. 박병호(1974ㄱ), 최승희(1989), 정구복 외(1999) 참고>

1857-09-00. **김호 소지**(金濠所志) 11, 김호. <1장. 한자+이두. 조선 필사 이두 자료. 전북 익산시 용제 경주 김씨가 소장. 호남권 한국학자료센터 홈페이지 원문 이미지와 텍스트 보기. 박병호(1974ㄱ), 최승희(1989), 정구복 외(1999) 참고>

1857-09-00. **김호 소지**(金濠所志) 12, 김호. <1장. 한자+이두. 조선 필사 이두 자료. 전북 익산시 용제 경주 김씨가 소장. 호남권 한국학자료센터 홈페이지 원문 이미

---

[135] 호남권 한국학자료센터 홈페이지에서는 '1857년 이춘헌(李春憲) 방매(放賣) 토지매매명문(土地賣買明文)'으로 표시하였다.

[136] 호남권 한국학자료센터 홈페이지에서는 '1857년 김달기(金達箕) 방매(放賣) 토지매매명문(土地賣買明文)'으로 표시하였다.

지와 텍스트 보기. 박병호(1974ㄱ), 최승희(1989), 정구복 외(1999) 참고>

1857-09-00. **김호 소지**(金灝所志) 13, 김호. <1장. 한자+이두. 조선 필사 이두 자료. 전북 익산시 용제 경주 김씨가 소장. 호남권 한국학자료센터 홈페이지 원문 이미지와 텍스트 보기. 박병호(1974ㄱ), 최승희(1989), 정구복 외(1999) 참고>

1857-09-00. **김호 소지**(金灝所志) 14, 김호. <1장. 한자+이두. 조선 필사 이두 자료. 전북 익산시 용제 경주 김씨가 소장. 호남권 한국학자료센터 홈페이지 원문 이미지와 텍스트 보기. 박병호(1974ㄱ), 최승희(1989), 정구복 외(1999) 참고>

1857-09-00~1861-12-23(丁巳~辛酉). 「용동궁등록(**龍洞宮謄錄**)」 현(玄), 편자 미상. <1책(2/낙질본 4책). 116장. 한자+이두. 조선 필사 이두 자료. 서울대학교 규장각 한국학연구원 홈페이지 원문 이미지 보기> <1849-03-00~1853-00-00(1/4. 낙질본)>

1857-10-01. **차석복 토지매매명문**(車石福土地賣買明文), 전주 자필 김덕근(田主自筆 金德根). <1장. 한자+이두. 조선 필사 이두 자료. 경북 상주 낙동 풍양 조씨 양진당 소장. 한국학중앙연구원 장서각 한국고문서자료관 홈페이지 원문 이미지 보기>

1857-10-03. **유학 박춘현 토지매매명문**(幼學朴春鉉土地賣買明文), 답주 유학 자필 김일성(畓主幼學自筆金日成). <1장. 한자+이두+한글. 조선 필사 이두 자료. 전남 보성군 박실 제주 양씨가 구장. 원광대학교 박물관 소장. 호남권 한국학자료센터 홈페이지 원문 이미지와 텍스트 보기. 박병호(1974ㄱ), 최승희(1989), 이재수(2003) 참고>

1857-10-05. **최명손 토지매매명문**(崔明孫土地賣買明文), 답주 자필 김원득(畓主自筆 金元得). <1장. 한자+이두+한글. 조선 필사 이두 자료. 전남 보성군 박실 제주 양씨가 구장. 원광대학교 박물관 소장. 호남권 한국학자료센터 홈페이지 원문 이미지와 텍스트 보기. 박병호(1974ㄱ), 최승희(1989), 이재수(2003) 참고>

1857-10-06.[137] **토지매매명문**(土地賣買明文),[138] 답주 자필 유학 박성춘(畓主自筆幼學

---

[137] 호남권 한국학자료센터 홈페이지 '안내 정보'에서는 '1857년 7월'로 잘못 표시하였다.

[138] 호남권 한국학자료센터 홈페이지에서는 '1857년 박성춘(朴成春) 방매(放賣) 토지매매명문(土地賣買明文)'으로 표시하였다.

朴成春). <1장. 한자+이두. 조선 필사 이두 자료. 전북 무장 원송 진주 강씨가 구장. 전북대학교 박물관 소장. 호남권 한국학자료센터 홈페이지 원문 이미지와 텍스트 보기. 박병호(1974ㄱ), 최승희(1989), 정구복 외(1999) 참고>

1857-10-12. **오영선 전령**(吳永善傳令) 2, 어영대장(御營大將) 심낙신(沈樂臣). <1장. 한자+이두. 조선 필사 이두 자료. 경기도 안성 해주 오씨 오치풍 후손가 소장. 한국학중앙연구원 장서각 한국고문서자료관 홈페이지 원문 이미지 보기>

1857-10-16. **유학 김재려 토지매매명문**(幼學金在礪土地賣買明文), 답주 유학 김기탁(畓主幼學金基鐸). <1장. 한자+이두. 조선 필사 이두 자료. 안동 천전 의성 김씨 지촌 종택 소장. 한국학중앙연구원 장서각 한국고문서자료관 홈페이지 원문 이미지 보기. 한국정신문화연구원 편(1990) 참고>

1857-10-16. **토지매매명문**(土地賣買明文), 답주 유학 김은대(畓主幼學金銀大). <1장. 한자+이두. 조선 필사 이두 자료. 전남 구례군 토지면 오미리 문화 류씨 운조루 소장. 한국학중앙연구원 장서각 한국고문서자료관 홈페이지 원문 이미지와 텍스트 보기. 한국정신문화연구원 편(1998) 참고>

1857-10-19. **문장 토지매매명문**(門長土地賣買明文) 1, 답주 자필 족손 박시원(畓主自筆族孫朴時源). <1장. 한자+이두. 조선 필사 이두 자료. 경남 합천 용연서원 소장. 한국학중앙연구원 장서각 한국고문서자료관 홈페이지 원문 이미지 보기. 한국정신문화연구원 편(1996) 참고>

1857-10-22. **문장 토지매매명문**(門長土地賣買明文) 2, 진주 과부 권 씨(畓主寡婦權氏). <1장. 한자+이두. 조선 필사 이두 자료. 경남 합천 용연서원 소장. 한국학중앙연구원 장서각 한국고문서자료관 홈페이지 원문 이미지 보기. 한국정신문화연구원 편(1996) 참고>

1857-10-22.[139] **안 서방 용갑 토지매매명문**(安書房龍甲土地賣買明文),[140] 답주 이악이(畓主李岳伊). <1장. 한자+이두. 조선 필사 이두 자료. 경북 안동시 도산면 의촌리

---

[139] 한국학자료센터 영남권역센터 홈페이지 '상세 정보'에서는 '10월 12일'로 잘못 적었다.
[140] 한국학자료센터 영남권역센터 홈페이지에서는 '1857년 안용갑(安龍甲) 토지매매명문(土地賣買明文)'으로 표시하였다.

은졸재 고택 구장. 한국국학진흥원 소장. 한국학자료센터 영남권역센터 홈페이지 원문 이미지와 텍스트 보기>

1857-10-26. **최 생원 댁 노 문옥 토지매매명문**(崔生員宅奴文玉土地賣買明文), 구전주 김 노 덕심(舊田主金奴德心). <1장. 한자+이두. 조선 필사 이두 자료. 대구 칠계 경주 최씨 백불암 종중 구장. 안동대학교 박물관 소장. 한국학자료센터 영남권역센터 홈페이지 원문 이미지와 텍스트 보기. 박병호(1974ㄱ), 최승희(1989), 이재수(2003), 이수건 외(2004) 참고>

1857-10-27. **오 생원 댁 노 가사매매명문**(吳生員宅奴家舍賣買明文), 가대주 이 생원 댁 노 만반(家垈主李生員宅奴萬反). <1장. 한자+이두. 조선 필사 이두 자료. 전북 여산군 합선면 함양 오씨가 구장. 전북대학교 박물관 소장. 호남권 한국학자료센터 홈페이지 원문 이미지와 텍스트 보기>

1857-10-00. **김호 의송**(金濠議送) 3, 김호. <1장. 한자+이두. 조선 필사 이두 자료. 전북 익산시 용제 경주 김씨가 소장. 호남권 한국학자료센터 홈페이지 원문 이미지와 텍스트 보기. 박병호(1974ㄱ), 최승희(1989), 정구복 외(1999) 참고>

1857-10-00. **김호 의송**(金濠議送) 4, 김호. <1장. 한자+이두. 조선 필사 이두 자료. 전북 익산시 용제 경주 김씨가 소장. 호남권 한국학자료센터 홈페이지 원문 이미지와 텍스트 보기. 박병호(1974ㄱ), 최승희(1989), 정구복 외(1999) 참고>

1857-10-00. **김호 의송**(金濠議送) 5, 김호. <1장. 한자+이두. 조선 필사 이두 자료. 전북 익산시 용제 경주 김씨가 소장. 호남권 한국학자료센터 홈페이지 원문 이미지와 텍스트 보기. 박병호(1974ㄱ), 최승희(1989), 정구복 외(1999) 참고>

1857-10-00. **병조 첩**(兵曹帖), 병조. <1장. 한자+이두. 조선 필사 이두 자료. 전남 무안 김해 김씨 김진호 구장. 광주 김해 김씨 김진호 소장. 호남권 한국학자료센터 홈페이지 원문 이미지와 텍스트 보기. 최승희(1989) 참고>

1857-10-00. **손시옥 소지**(孫時沃所志), 손시옥. <1장. 한자+이두. 조선 필사 이두 자료. 경북 경주시 안강읍 옥산리 여주 이씨 장산서원·치암 종택 구장. 한국학중앙연구원 장서각 한국고문서자료관 홈페이지 원문 이미지 보기. 한국정신문화연구원 편(2003) 참고>

1857-10-00. **임경택 등 상서**(林慶澤等上書), 임경택 등. <1장. 한자+이두. 조선 필사

이두 자료. 전북 부안군 우반 부안 김씨 세덕각 소장. 한국학중앙연구원 장서각 한국고문서자료관 홈페이지 & 호남권 한국학자료센터 홈페이지 원문 이미지와 텍스트 보기. 박병호(1974ㄱ), 한국정신문화연구원 편(1983, 1998), 최승희(1989), 전경목(2001), 정구복(2002), 한국학중앙연구원 편(2017) 참고>

1857-10-00. **최기형 등 상서**(崔基馨等上書),[141] 최기형 등. <1장. 한자+이두. 조선 필사 이두 자료. 영광 입석 영월 신씨 소장. 한국학중앙연구원 장서각 한국고문서 자료관 홈페이지 원문 이미지와 텍스트 보기. 한국정신문화연구원 편(1996) 참고>

1857-11-01. **족숙 복근 토지매매명문**(族叔福根土地賣買明文), 답주 족질 병련(畓主族侄炳鍊). <1장. 한자+이두. 조선 필사 이두 자료. 경북 봉화군 명호면 도천리 안동 김씨 해헌 고택 구장. 한국국학진흥원 소장. 한국학자료센터 영남권역센터 홈페이지 원문 이미지와 텍스트 보기. 박병호(1974ㄱ), 최승희(1989), 이재수(2003), 이수건 외(2004) 참고>

1857-11-05. **토지매매명문**(土地賣買明文),[142] 답주 자필 유학 양하영(畓主自筆幼學梁夏榮). <1장. 한자+이두+한글. 조선 필사 이두 자료. 전남 보성군 박실 제주 양씨가 구장. 원광대학교 박물관 소장. 호남권 한국학자료센터 홈페이지 원문 이미지와 텍스트 보기. 박병호(1974ㄱ), 최승희(1989), 이재수(2003) 참고>

1857-11-10. **박백석 토지매매명문**(朴百錫土地賣買明文), 답주 박중근(畓主朴重根). <1장. 한자+이두. 조선 필사 이두 자료. 경북 안동시 오천 광산 김씨 후조당 소장. 한국학중앙연구원 장서각 한국고문서자료관 홈페이지 원문 이미지와 텍스트 보기. 한국정신문화연구원 편(1982) 참고>

1857-11-10. **유경인 등 수표**(柳慶寅等手標), 유경인 등. <1장. 한자+이두. 조선 필사 이두 자료. 전북 담양군 모현관 소장. 호남권 한국학자료센터 홈페이지 원문 이미지와 텍스트 보기. 최승희(1989), 정구복 외(1999) 참고>

---

141 한국학중앙연구원 장서각 한국고문서자료관 홈페이지에서는 '1857년 소지(所志) 초(抄)'로 표시 하였다. 원문과 입력한 텍스트가 다르다.

142 호남권 한국학자료센터 홈페이지에서는 '1857년 양하영(梁夏榮) 방매(放賣) 토지매매명문(土地賣買明文)'으로 표시하였다.

1857-11-13. **유학 박중용 토지매매명문**(幼學朴重龍土地賣買明文), 답주 유학 문재일(畓主幼學文在一). <1장. 한자+이두+한글. 조선 필사 이두 자료. 전남 보성군 박실 제주 양씨가 구장. 원광대학교 박물관 소장. 호남권 한국학자료센터 홈페이지 원문 이미지와 텍스트 보기. 최승희(1989), 정수환·이헌창(2008), 채현경(2011) 참고>

1857-11-16. **상주 모동면 천하동 소민 등장**(尙州牟東面川下洞小民等狀), 허장수 등(許長壽 等). <1장. 한자+이두. 조선 필사 이두 자료. 경북 상주시 모동면 수봉리 옥동서원 소장. 한국학자료센터 영남권역센터 홈페이지 원문 이미지와 텍스트 보기. 이수환(2001) 참고>

1857-11-26. **이병방 토지매매명문**(李兵房土地賣買明文), 답주 천원갑(畓主千元甲). <1장. 한자+이두. 조선 필사 이두 자료. 영해 도곡 무안 박씨 무의공 종택 소장. 한국학중앙연구원 장서각 한국고문서자료관 홈페이지 원문 이미지 보기. 한국학중앙연구원 편(2008) 참고>

1857-11-00. **김호 소지**(金澔所志) 15, 김호. <1장. 한자+이두. 조선 필사 이두 자료. 전북 익산시 용제 경주 김씨가 소장. 호남권 한국학자료센터 홈페이지 원문 이미지와 텍스트 보기. 박병호(1974ㄱ), 최승희(1989), 정구복 외(1999) 참고>

1857-11-00. **김호 소지**(金澔所志) 16, 김호. <1장. 한자+이두. 조선 필사 이두 자료. 전북 익산시 용제 경주 김씨가 소장. 호남권 한국학자료센터 홈페이지 원문 이미지와 텍스트 보기. 박병호(1974ㄱ), 최승희(1989), 정구복 외(1999) 참고>

1857-11-00. **김호 소지**(金澔所志) 17, 김호. <1장. 한자+이두. 조선 필사 이두 자료. 전북 익산시 용제 경주 김씨가 소장. 호남권 한국학자료센터 홈페이지 원문 이미지와 텍스트 보기. 박병호(1974ㄱ), 최승희(1989), 정구복 외(1999) 참고>

1857-11-00. **김호 소지**(金澔所志) 18, 김호. <1장. 한자+이두. 조선 필사 이두 자료. 전북 익산시 용제 경주 김씨가 소장. 호남권 한국학자료센터 홈페이지 원문 이미지와 텍스트 보기. 박병호(1974ㄱ), 최승희(1989), 정구복 외(1999) 참고>

1857-11-00. **이 노 갑돌 소지**(李奴甲乭所志), 갑돌. <1장. 한자+이두. 조선 필사 이두 자료. 경북 경주시 안강읍 옥산리 여주 이씨 장산서원·치암 종택 구장. 한국학중앙연구원 장서각 한국고문서자료관 홈페이지 원문 이미지 보기. 한국정신문화연

구원 편(2003) 참고>

1857-11-00. **토지매매명문**(土地賣買明文),[143] 자필 답주 한량 우성오(自筆畓主閑良禹星五). <1장. 한자+이두. 조선 필사 이두 자료. 전북대학교 박물관 소장. 호남권 한국학자료센터 홈페이지 원문 이미지와 텍스트 보기. 최승희(1989), 정구복 외(1999), 이재수(2003) 참고>

1857-12-03. **조 노 춘단 토지매매명문**(趙奴春丹土地賣買明文),[144] 답주 정 노 정돌이(畓主鄭奴丁乭伊). <1장. 한자+이두. 조선 필사 이두 자료. 경북 영양군 영양읍 삼지리 한양 조씨 하담 고택 구장. 한국국학진흥원 소장. 한국학자료센터 영남권역센터 홈페이지 원문 이미지와 텍스트 보기. 박병호(1974ㄱ), 최승희(1989), 이재수(2003), 이수건 외(2004) 참고>

1857-12-05. **이 노 복만 토지매매명문**(李奴卜萬土地賣買明文), 답주 한량 박원욱(畓主閑良朴元郁). <1장. 한자+이두+한글. 조선 필사 이두 자료. 전남 보성군 박실 제주 양씨가 구장. 원광대학교 박물관 소장. 호남권 한국학자료센터 홈페이지 원문 이미지와 텍스트 보기. 최승희(1989), 정구복 외(1999), 이재수(2003) 참고>

1857-12-15. **계중 김용대 토지매매명문**(契中金用大土地賣買明文), 진주 정칠룡(全州丁七龍). <1장. 한자+이두. 조선 필사 이두 자료. 경남 합천 용연서원 소장. 한국학중앙연구원 장서각 한국고문서자료관 홈페이지 원문 이미지 보기. 한국정신문화연구원 편(1996) 참고>

1857-12-15. **유학 김희순 토지매매명문**(幼學金禧淳土地賣買明文), 답주 상인 최옥륜(畓主喪人崔玉崙). <1장. 한자+이두. 조선 필사 이두 자료. 광주광역시 광산구 김해 김씨 소장. 호남권 한국학자료센터 홈페이지 원문 이미지와 텍스트 보기. 이재수(2003), 이수건 외(2004) 참고>

1857-12-16. **이 생원 댁 노 작구 토지매매명문**(李生員宅奴作九土地賣買明文), 답주 유학 맹예순(畓主幼學孟禮淳). <1장. 한자+이두+한글. 조선 필사 이두 자료. 전

---

[143] 호남권 한국학자료센터 홈페이지에서는 '1857년 우성오(禹星五) 방매 토지매매명문(土地賣買明文)'으로 표시하였다.

[144] 한국학자료센터 영남권역센터 홈페이지에서는 '1857년 정돌이(丁乭伊) 토지매매명문(土地賣買明文)'으로 표시하였다.

남 보성군 박실 제주 양씨가 구장. 원광대학교 박물관 소장. 호남권 한국학자료센터 홈페이지 원문 이미지와 텍스트 보기. 박병호(1974ㄱ), 이재수(2003) 참고>

1857-12-18. **토지매매명문**(土地賣買明文),[145] 답주 유학 김선홍(畓主幼學金善鴻). <1장. 한자+이두+한글. 조선 필사 이두 자료. 전남 보성군 박실 제주 양씨가 구장. 원광대학교 박물관 소장. 호남권 한국학자료센터 홈페이지 원문 이미지와 텍스트 보기. 박병호(1974ㄱ), 최승희(1989), 이재수(2003) 참고>

1857-12-18. **토지매매명문**(土地賣買明文), 전주 김치하(出主金致夏). <1장. 한자+이두. 조선 필사 이두 자료. 경북 경주시 소정리 경주 이씨 소장. 한국학중앙연구원 장서각 한국고문서자료관 홈페이지 원문 이미지 보기. 한국정신문화연구원 편(2002) 참고>

1857-12-21. **가사매매명문**(家舍賣買明文),[146] 가대주 상인 박동인(家垈主喪人朴東仁). <1장. 한자+이두. 조선 필사 이두 자료. 전북 임실군 청웅 밀양 박씨가 소장. 호남권 한국학자료센터 홈페이지 원문 이미지와 텍스트 보기. 박병호(1974ㄱ), 최승희(1989), 전경목 외(2006), 채현경(2011) 참고>

1857-12-21. **영건소 성상 권석이 토지매매명문**(營建所城上權石伊土地賣買明文), 답주 이 진사 댁 노 윤암회(畓主李進士宅奴尹岩回). <1장. 한자+이두. 조선 필사 이두 자료. 안동 천전 의성 김씨 지촌 종택 소장. 한국학중앙연구원 장서각 한국고문서자료관 홈페이지 원문 이미지 보기. 한국정신문화연구원 편(1990) 참고>

1857-12-23~1859-03-20(丁巳~己未). 「호서병영장계등록(**湖西兵營狀啓謄錄**)」 3, 비변사(備邊司) 편(編). <1책. 3/전3책. 43장. 필사본. 표제는 '忠淸兵營啓錄'. 권수제는 '(咸豊七年十二月 日)湖西兵營狀啓謄錄'. 한자+이두. 조선 필사 이두 자료. 서울대학교 규장각 한국학연구원 홈페이지 원문 이미지 보기> <영인본:「각사등록」7(충청도편 2)(국사편찬위원회 편, 1983)> <1818-01-22~1826-04-25(제1/3)>

1857-12-24. **토지매매명문**(土地賣買明文),[147] 답주 유학 이동규(畓主幼學李東奎). <1

---

[145] 호남권 한국학자료센터 홈페이지에서는 '1857년 김선홍(金善鴻) 방매(放賣) 토지매매명문(土地賣買明文)'으로 표시하였다.

[146] 호남권 한국학자료센터 홈페이지에서는 '1857년 박동인(朴東仁) 방매(放賣) 가사매매명문(家舍賣買明文)'으로 표시하였다.

장. 한자+이두. 조선 필사 이두 자료. 전북대학교 박물관 소장. 호남권 한국학자료센터 홈페이지 원문 이미지와 텍스트 보기. 최승희(1989), 정구복 외(1999), 이재수(2003) 참고>

1857-12-25. **김국현 토지매매명문**(金國玄土地賣買明文), 답주 김학교(畓主金學敎). <1장. 한자+이두. 조선 필사 이두 자료. 전남 나주시 남내 밀양 박씨 청재 종가 소장. 호남권 한국학자료센터 홈페이지 원문 이미지와 텍스트 보기. 임학성(1994), 이정수(1999), 정수환·이헌창(2008) 참고>

1857-12-25. **서원 유사 유학 최준구 토지매매명문**(書院有司幼學崔峻九土地賣買明文), 답주 자필 상인 하천용(畓主自筆喪人河千溶). <1장. 한자+이두. 조선 필사 이두 자료. 남원·구례 삭녕 최씨 구장. 한국학중앙연구원 장서각 한국고문서자료관 홈페이지 원문 이미지 보기. 한국정신문화연구원 편(2004) 참고>

1857-12-29. **이영집 토지매매명문**(李永集土地賣買明文), 답주 박선용(답쥬朴선용). <1장. 한자+한글+이두. 조선 필사 이두 자료. 전남 보성군 박실 제주 양씨가 구장. 원광대학교 박물관 소장. 호남권 한국학자료센터 홈페이지 원문 이미지와 텍스트 보기. 박병호(1974ㄱ), 최승희(1989), 이재수(2003) 참고>

1857-12-30. **박후종 토지매매명문**(朴後種土地賣買明文), 답주 박중근(畓主朴仲根). <1장. 한자+이두. 조선 필사 이두 자료. 경북 안동시 오천 광산 김씨 후조당 소장. 한국학중앙연구원 장서각 한국고문서자료관 홈페이지 원문 이미지와 텍스트 보기. 박병호(1974ㄱ), 한국정신문화연구원 편(1982), 최승희(1989), 김영나(2007) 참고>

1857-12-00. **김호 소지**(金濠所志) 19, 김호. <1장. 한자+이두. 조선 필사 이두 자료. 전북 익산시 용제 경주 김씨가 소장. 호남권 한국학자료센터 홈페이지 원문 이미지와 텍스트 보기. 박병호(1974ㄱ), 최승희(1989), 정구복 외(1999) 참고>

1857-12-00. **김호 소지**(金濠所志) 20, 김호. <1장. 한자+이두. 조선 필사 이두 자료. 전북 익산시 용제 경주 김씨가 소장. 호남권 한국학자료센터 홈페이지 원문 이미

---

147 호남권 한국학자료센터 홈페이지에서는 '1857년 이동규(李東奎) 방매 토지매매명문(土地賣買明文)'으로 표시하였다.

지와 텍스트 보기. 박병호(1974ㄱ), 최승희(1989), 정구복 외(1999) 참고>

1857-12-00. **모동면 천하동 소민 등장**(牟東面川下洞小民等狀), 허장수 등(許長壽等). <1장. 한자+이두. 조선 필사 이두 자료. 경북 상주시 모동면 수봉리 옥동서원 소장. 한국학자료센터 영남권역센터 홈페이지 원문 이미지와 텍스트 보기. 이수환(2001) 참고>

1857-12-00. **박계준 등 소지**(朴桂俊等所志) 1, 박계준 등. <1장. 한자+이두. 조선 필사 이두 자료. 전북 남원 풍산 밀양 박씨가 구장. 남원향토박물관 소장. 호남권 한국학자료센터 홈페이지 원문 이미지와 텍스트 보기. 최승희(1989), 전경목 외(2006) 참고>

1857-12-00. **박계준 등 소지**(朴桂俊等所志) 2, 박계준 등. <1장. 한자+이두. 조선 필사 이두 자료. 전북 남원 풍산 밀양 박씨가 구장. 남원향토박물관 소장. 호남권 한국학자료센터 홈페이지 원문 이미지와 텍스트 보기. 최승희(1989), 전경목 외(2006) 참고>

1857-12-00. **설우석 등 상서**(偰禹錫等上書), 설우석 등. <1장. 한자+이두. 조선 필사 이두 자료. 전북 순창 청계 문화 유씨가 소장. 호남권 한국학자료센터 홈페이지 원문 이미지와 텍스트 보기. 최승희(1989), 김경숙(2002), 심재우(2013) 참고>

1857-12-00. **양재인 등 상서**(楊在仁等上書), 양재인 등. <1장. 한자+이두. 조선 필사 이두 자료. 전북 순창 구미 남원 양씨가 소장. 호남권 한국학자료센터 홈페이지 원문 이미지와 텍스트 보기. 최승희(1989), 김경숙(2002), 심재우(2013) 참고>

1857-12-00. **족질 유학 조권진 토지매매명문**(族侄幼學曺權鎭土地賣買明文), 시장주 자필 조응규(柴場主自筆曺膺圭). <1장. 한자+이두. 조선 필사 이두 자료. 영암 미암 창녕 조씨 태호 후손가 소장. 호남권 한국학자료센터 홈페이지 원문 이미지 보기. 최승희(1989) 참고>

1857-00-00. **김기석 등 상서**(金基錫等上書), 김기석 등. <1장. 한자+이두. 조선 필사 이두 자료. 전남 장흥 방촌 존재 후손가 소장. 호남권 한국학자료센터 홈페이지 원문 이미지 보기. 최승희(1989), 정구복 외(1999), 전경목 외(2006) 참고>

1857-00-00. 「순원왕후국장도감의궤(**純元王后國葬都監儀軌**)」 1~4, 국장도감 편. <4책. 필사본. 권1의 표제는 '(咸豊七年丁巳八月 日 五臺山上)純元王后 國葬都監儀

軌一'. 권수제는 '純元王后國葬都監儀軌卷首'. 한자+이두. 조선 필사 이두 자료. 서울대학교 규장각 한국학연구원 의궤 종합정보 홈페이지 '奎13686' 원문 이미지와 텍스트 보기>

1857-00-00.「순원왕후 빈전혼전도감의궤(**純元王后殯殿魂殿都監儀軌**)」상·중·하, 빈전혼전도감 편. <3책. 필사본. 상권의 표제는 '(咸豊七年丁巳八月 日 五臺山上)純元王后 殯殿魂殿都監儀軌上'. 목록제는 '純元王后殯殿魂殿都監儀軌目錄'. 한자+이두. 조선 필사 이두 자료. 서울대학교 규장각 한국학연구원 의궤 종합정보 홈페이지 '奎13688' 원문 이미지 보기>

1857-00-00.「순조대왕개상 시호 묘호추상 존호 순원왕후추상 존호도감의궤(**純祖大王改上 諡號 廟號追上 尊號 純元王后追上 尊號都監儀軌**)」[148] 상(上), 묘호도감(廟號都監) 편(編). <2권 1책. 필사본. 상권의 표제는 '(咸豊七年丁巳十月 日 哲宗八年)廟 號都監儀軌 上'. 권수제는 '(咸豊七年丁巳十月 日)純祖大王改上 諡號 廟號追上 尊號 純元王后追上 尊號都監儀軌'. 한자+이두. 조선 필사 이두 자료. 한국학중앙연구원 디지털장서각 홈페이지 'K2-3073' 원문 이미지와 텍스트 보기>

1857-00-00.「순조대왕개상시호묘호추상존호순원왕후추상존호도감의궤(**純祖大王改上諡號追上尊號純元王后追上尊號都監儀軌**)」하(下), 묘호도감(廟號都監) 편(編). <2권 1책. 필사본. 한자+이두. 조선 필사 이두 자료. 한국학중앙연구원 장서각 소장. 한국학중앙연구원 한국학 디지털 아카이브 홈페이지 원문 이미지와 텍스트 보기>

1857-00-00.「인릉산릉도감의궤(**仁陵山陵都監儀軌**)」[149] 상·하, 산릉도감 편. <2책. 175장+201장. 필사본. 상권의 표제는 '(咸豊七年丁巳八月 日 五臺山上)純元王后仁陵山陵都監儀軌上'. 권수제는 '仁陵山陵都監儀軌上'. 한자+이두. 조선 필사 이두 자료. 서울대학교 규장각 한국학연구원 의궤 종합정보 홈페이지 '奎13694' 원문 이미지 보기>

---

148 한국학중앙연구원 디지털장서각 홈페이지에서는 서명을 '순조대왕개상시호묘호추상존호순원왕후추상존호도감의궤(純祖大王改上諡號廟號追上尊號純元王后追上尊號都監儀軌)'로 붙여 썼다.

149 서울대학교 규장각 한국학연구원 의궤 종합정보 홈페이지에서는 서명을 '순원왕후인릉산릉도감의궤(純元王后仁陵山陵都監儀軌)'로 적었다.

1857-00-00. 「인정전중수의궤(仁政殿重修儀軌)」, 중수도감(重修都監) 편(編). <1책. 110장. 필사본. 표제는 '(咸豊七年丁巳十二月 日 哲宗八年)仁政殿重修儀軌 全'. 목록제는 '仁政殿重修儀軌目錄'. 한자+이두. 조선 필사 이두 자료. 한국학중앙연구원 디지털장서각 홈페이지 'K2-3577' 원문 이미지와 텍스트 보기>

1857-00-00. 「인정전중수의궤(仁政殿重修儀軌)」, 중수도감(重修都監) 편(編). <1책. 109장. 필사본. 표제는 '仁政殿重修儀軌'. 목록제는 '仁政殿重修儀軌目錄'. 한자+이두. 조선 필사 이두 자료. 서울대학교 규장각 한국학연구원 의궤 종합정보 홈페이지 '奎14343' 원문 이미지와 텍스트 보기>

1857-00-00. 「책보 보략 지상 어제 어필급장치서적형지안(冊寶 譜略 誌狀 御製 御筆 及藏置書籍形止案)」,[150] 규장각 편. <1책. 47장. 필사본. 표제는 '(丁巳九月 日 外閣上)奎章閣形止案'. 권수제는 '(咸豊七年九月 日江華府外 奎章閣奉 安)冊寶 譜略 誌狀 御製 御筆及藏置書籍形止案'. 한자+이두. 조선 필사 이두 자료. 국립중앙박물관 외규장각 의궤 홈페이지 '외규297' 원문 이미지와 텍스트 보기>

1857-00-00 이후 기입 추정. 「약사유리광여래본원공덕경(藥師琉璃光如來本願功德經)」, 당나라 현장(玄奘) 봉(奉) 조역(詔譯). <신간본. 1책. 16장. 목판본. 표제는 '藥師經'. 본문에 생획토 기입. 한문+묵서 구결. 불교 서적. 조선 묵서 구결 자료. 국립중앙도서관 홈페이지 원문 이미지 보기>

1858년

<무오(戊午), 철종 9년. 함풍 8년>

1858-01-01~1858-12-30. 「결속색등록(結束色謄錄)」 75, 병조(兵曹) 편(編). <1책(75/낙질본 107책). 182장. 필사본. 한자+이두. 조선 필사 이두 자료. 서울대학교 규장

---

150 국립중앙박물관 외규장각 의궤 홈페이지에서는 서명을 표제나 권수제와는 달리 '강화부외규장각봉안책보보략어제어필급장치서적형지안(江華府外奎章閣奉安冊寶譜略御製御筆及藏置書籍形止案)'으로 붙여 썼다.

각 한국학연구원 홈페이지 1787년~1891년 낙질본 107책(1792년(건륭 57년), 1811년(가경 16년) 하, 1816년(가경 21년), 1817년(가경 22년), 1824년(도광 4년), 1831(도광 11년), 1871년(동치 10년), 1885년(광서 11년) 없음) 원문 이미지 보기>

1858-01-10. **김병룡 토지매매명문**(金丙龍土地賣買明文), 답주 정 노 후읍 씨(畓主鄭奴後邑氏). <1장. 한자+이두. 조선 필사 이두 자료. 경북 안동시 주촌 진성 이씨 경류정 소장. 한국학중앙연구원 장서각 한국고문서자료관 홈페이지 & 한국학중앙연구원 한국학 디지털 아카이브 홈페이지 원문 이미지와 텍스트 보기. 한국정신문화연구원 편(1999) 참고>

1858-01-13. **당숙 김성환 토지매매명문**(堂叔金成煥土地賣買明文), 답회장주 당질 유학 자필 김기원(畓灰場主堂侄幼學自筆金琦源). <1장. 한자+한글+이두. 조선 필사 이두 자료. 전남 보성군 박실 제주 양씨가 구장. 원광대학교 박물관 소장. 호남권 한국학자료센터 홈페이지 원문 이미지와 텍스트 보기>

1858-01-22. **금학산 재사 유사 주 토지매매명문**(金鶴山齋舍有司主土地賣買明文), 답주 배명진(畓主裵命辰). <1장. 한자+이두. 조선 필사 이두 자료. 안동 천전 의성 김씨 지촌 종택 소장. 한국학중앙연구원 장서각 한국고문서자료관 홈페이지 원문 이미지 보기. 한국정신문화연구원 편(1990) 참고>

1858-01-24. **기현공소 유사 김관진 토지매매명문**(岐峴公所有司金觀鎭土地賣買明文), 답주 송석접소 유사 유학 김진원(畓主松石接所有司幼學金鎭元). <1장. 한자+이두. 조선 필사 이두 자료. 안동 천전 의성 김씨 지촌 종택 소장. 한국학중앙연구원 장서각 한국고문서자료관 홈페이지 원문 이미지 보기. 한국정신문화연구원 편(1990) 참고>

1858-01-00. **김두열 소지**(金斗烈所志), 김두열. <1장. 한자+이두. 조선 필사 이두 자료. 전북 고창 석호 담양 국씨가 구장. 전북대학교 박물관 소장. 호남권 한국학자료센터 홈페이지 원문 이미지와 텍스트 보기. 박병호(1974ㄱ), 최승희(1989), 정구복 외(1999) 참고>

1858-01-00. **유경선 등 소지**(柳慶善等所志) 1, 유경선 등. <1장. 한자+이두. 조선 필사 이두 자료. 전북 담양군 모현관 소장. 호남권 한국학자료센터 홈페이지 원문 이미지와 텍스트 보기>

1858-01-00~1858-12-00. 「추조결옥록(秋曹決獄錄)」 14, 형조(刑曹) 편(編). <1책(14/ 낙질본 43책). 106장. 필사본. 한자+이두. 조선 필사 이두 자료. 서울대학교 규장 각 한국학연구원 홈페이지 원문 이미지 보기> <1822-01-00~1822-12-00(1/43)>

1858-02-01~1859-05-03(戊午~己未). 「벽동군사적(碧潼郡事蹟)」, 벽동군(碧潼郡) 편 (編). <1책. 49장.[51] 필사본. 한자+이두 그리고 한자+한글. 조선 필사 이두 자료. 서울대학교 규장각 한국학연구원 홈페이지 원문 이미지 보기>

1858-02-02. **토지매매명문**(土地賣買明文), 답주 유학 김도원(畓主幼學金道源). <1장. 한자+이두. 조선 필사 이두 자료. 경북 경주시 내남면 이조리 경주 최씨·용산서 원 소장. 한국학중앙연구원 장서각 한국고문서자료관 홈페이지 & 한국학중앙연 구원 한국학 디지털 아카이브 홈페이지 원문 이미지 보기. 한국정신문화연구원 편(2000) 참고>

1858-02-09. **허정두 토지매매명문**(許貞斗土地賣買明文), 답주 정영수(畓主鄭永壽). <1장. 한자+이두. 조선 필사 이두 자료. 전남 나주시 남내 밀양 박씨 청재 종가 소장. 호남권 한국학자료센터 홈페이지 원문 이미지와 텍스트 보기. 이수건(1987), 이영훈(1999) 참고>

1858-02-20. **유학 박영근 토지매매명문**(幼學朴永根土地賣買明文), 답주 유학 김영성 (畓主幼學金永聲). <1장. 한자+한글+이두. 조선 필사 이두 자료. 전남 보성군 박실 제주 양씨가 구장. 원광대학교 박물관 소장. 호남권 한국학자료센터 홈페이 지 원문 이미지와 텍스트 보기. 최승희(1989), 정구복 외(1999), 이재수(2003) 참 고>

1858-02-28. **김 노 희상 토지매매명문**(金奴希尙土地賣買明文), 답주 장원집(畓主張元 執). <1장. 한자+이두. 조선 필사 이두 자료. 안동 천전 의성 김씨 지촌 종택 소장. 한국학중앙연구원 장서각 한국고문서자료관 홈페이지 원문 이미지 보기. 한국정신문화연구원 편(1990) 참고>

1858-02-00. **가사매매명문**(家舍賣買明文),[152] 재주 안사묵(財主安思默). <1장. 한자+

---

[51] 서울대학교 규장각 한국학연구원 홈페이지에서는 23장으로 잘못 표시하였다.
[52] 한국학중앙연구원 장서각 한국고문서자료관 홈페이지에서는 '1858년 안사묵(安思默) 방매 가사

한글+이두. 조선 필사 이두 자료. 한국학중앙연구원 장서각 한국고문서자료관 홈페이지 원문 이미지와 텍스트 보기. 한국정신문화연구원 편(1992) 참고>

1858-02-00. **김연철 소지**(金連哲所志), 김연철. <1장. 한자+이두. 조선 필사 이두 자료. 전남 무안 김해 김씨 김진호 구장. 광주 김해 김씨 김진호 소장. 호남권 한국학자료센터 홈페이지 원문 이미지와 텍스트 보기. 최승희(1989) 참고>

1858-02-00. **김재철 등 상서**(金才轍等上書), 김재철 등. <1장. 한자+이두. 조선 필사 이두 자료. 전남 무안 광산 김씨 모충사 소장. 호남권 한국학자료센터 홈페이지 원문 이미지 보기. 최승희(1989), 국립민속박물관 편(1991), 정구복 외(1999), 전경목 외(2006) 참고>

1858-02-00. **성주 이 참판댁 노 돗성 소지**(星州李參判宅奴遝成所志) 1, 돗성. <1장. 한자+이두. 조선 필사 이두 자료. 경북 성주군 월항면 대산리 성산 이씨 응와 종택 구장. 한국국학진흥원 소장. 한국학자료센터 영남권역센터 홈페이지 원문 이미지와 텍스트 보기>

1858-02-00. **송문화 댁 완문**(宋文化宅完文) 1, 겸관(兼官). <1장. 한자+이두. 조선 필사 이두 자료. 대전 회덕 은진 송씨 동춘당 후손가 구장. 대전시립박물관 소장. 한국학중앙연구원 장서각 한국고문서자료관 홈페이지 원문 이미지 보기. 한국학중앙연구원 편(2006) 참고>

1858-02-00. **안윤희 차첩**(安潤羲差帖), 부사(府使). <1장. 한자+이두. 조선 필사 이두 자료. 경북 안동시 갈전 순흥 안씨 소장. 한국학중앙연구원 장서각 한국고문서자료관 홈페이지 원문 이미지 보기. 한국정신문화연구원 편(1999) 참고>

1858-02-00. **유경선 등 소지**(柳慶善等所志) 2, 유경선 등. <1장. 한자+이두. 조선 필사 이두 자료. 전북 담양군 모현관 소장. 호남권 한국학자료센터 홈페이지 원문 이미지와 텍스트 보기>

1858-02-00. **이형중 원정 초**(李馨重原情草), 이형중. <1장. 한자+이두. 조선 필사 이두 자료. 충남 공주시 전주 이씨 숭선군파 종가 소장. 한국학중앙연구원 장서각 한국고문서자료관 홈페이지 원문 이미지 보기>

매매명문('家舍賣買明文'으로 표시하였다.

1858-03-02. **정사 토지매매명문**(精舍土地賣買明文), 답주 이약섭(畓主李若燮). <1장. 한자+이두. 조선 필사 이두 자료. 경북 안동시 주촌 진성 이씨 경류정 소장. 한국학중앙연구원 장서각 한국고문서자료관 홈페이지 & 한국학중앙연구원 한국학 디지털 아카이브 홈페이지 원문 이미지와 텍스트 보기. 한국정신문화연구원 편(1999) 참고>

1858-03-07. **삼종질 유학 조권진 토지매매명문**(三從姪幼學曺權鎭土地賣買明文), 답주 자필 유학 조응규(畓主自筆幼學曺膺主). <1장. 한자+이두. 조선 필사 이두 자료. 영암 미암 창녕 조씨 태호 후손가 소장. 호남권 한국학자료센터 홈페이지 원문 이미지 보기. 최승희(1989) 참고>

1858-03-12. **박만중 토지매매명문**(朴萬中土地賣買明文), 답주 자필 권 노 녹복(畓主自筆權奴祿福). <1장. 한자+이두. 조선 필사 이두 자료. 경북 안동시 수곡면 전주 류씨 삼산 종가 구장. 대구광역시 수성구 만촌동 전주 류씨 종가 소장. 한국학자료센터 영남권역센터 홈페이지 원문 이미지와 텍스트 보기. 최승희(1989), 이재수(2003), 전경목(2010) 참고>

1858-03-12~1859-02-20(戊午~己未). 「평안감영계록(**平安監營啓錄**)」 27, 비변사(備邊司) 편(編). <1책(27/전37책). 127장. 필사본. 표제는 '平安監營啓錄'. 한자+이두. 조선 필사 이두 자료. 서울대학교 규장각 한국학연구원 홈페이지 원문 이미지 보기> <영인본:「각사등록」 32(평안도편 4)(국사편찬위원회 편, 1988)> <1830-08-12~1830-12-30(1/37)>

1858-03-13. **종질 이계화 토지매매명문**(從姪李啓華土地賣買明文), 답주 동몽 이석암(畓主童蒙李石岩). <1장. 한자+이두. 조선 필사 이두 자료. 전남 함평군 함평 이씨 이건풍 구장. 목포대학교 도서문화연구원 소장. 호남권 한국학자료센터 홈페이지 원문 이미지와 텍스트 보기. 최승희(1989) 참고>

1858-03-16. **토지매매명문**(土地賣買明文), 전주 유학 이윤기(田主幼學李潤璣). <1장. 한자+이두. 조선 필사 이두 자료. 전남 구례군 토지면 오미리 문화 류씨 운조루 소장. 한국학중앙연구원 장서각 한국고문서자료관 홈페이지 원문 이미지와 텍스트 보기. 한국정신문화연구원 편(1998) 참고>

1858-03-19. **시장문기**(柴場文記), 시장주 유학 이자여(柴場主幼學李子汝). <1장. 한자

+이두. 조선 필사 이두 자료. 영광 입석 영월 신씨 소장. 한국학중앙연구원 장서각 한국고문서자료관 홈페이지 원문 이미지와 텍스트 보기. 한국정신문화연구원 편(1996) 참고>

1858-03-00. **성주 이 참판댁 산직 정금불 토지매매명문**(星州李參判宅山直鄭金不土地賣買明文), 계장 박 등(契長朴等). <1장. 한자+이두. 조선 필사 이두 자료. 경북 성주군 월항면 대산리 성산 이씨 응와 종택 구장. 한국국학진흥원 소장. 한국학자료센터 영남권역센터 홈페이지 원문 이미지와 텍스트 보기>

1858-04-02. **전라좌도 암행어사 관**(全羅左道暗行御史關), 전라좌도 암행어사. <1장. 한자+이두. 조선 필사 이두 자료. 대전 회덕 은진 송씨 동춘당 후손가 구장. 대전시립박물관 소장. 한국학중앙연구원 장서각 한국고문서자료관 홈페이지 원문 이미지 보기. 한국학중앙연구원 편(2006) 참고>

1858-04-03. **백승수 등 초사**(白昇水等招辭), 백승수 등. <1장. 한자+이두. 조선 필사 이두 자료. 대전 회덕 은진 송씨 동춘당 후손가 구장. 대전시립박물관 소장. 한국학중앙연구원 장서각 한국고문서자료관 홈페이지 원문 이미지 보기. 한국학중앙연구원 편(2006) 참고>

1858-04-06. **이진원 토지매매명문**(李鎭元土地賣買明文), 답주 유학 박복동(畓主幼學朴㣔同). <1장. 한자+이두. 조선 필사 이두 자료. 전북 부안군 취성재 소장. 호남권 한국학자료센터 홈페이지 원문 이미지와 텍스트 보기. 최승희(1989), 김건우(2008), 채현경(2011, 2013) 참고>

1858-04-22. **토지매매명문**(土地賣買明文),[153] 답주 유학 김정현(畓主幼學金正鉉). <1장. 한자+한글+이두. 조선 필사 이두 자료. 전남 보성군 박실 제주 양씨가 구장. 원광대학교 박물관 소장. 호남권 한국학자료센터 홈페이지 원문 이미지와 텍스트 보기. 박병호(1974ㄱ) 참고>

1858-04-30. **토지매매명문**(土地賣買明文),[154] 답주 유학 최일한(畓主幼學崔一翰). <1

---

[153] 호남권 한국학자료센터 홈페이지에서는 '1858년 김정현(金正鉉) 방매(放賣) 토지매매명문(土地賣買明文)'으로 표시하였다.

[154] 호남권 한국학자료센터 홈페이지에서는 '1858년 최일한(崔一翰) 방매(放賣) 토지매매명문(土地賣買明文)'으로 표시하였다.

장. 한자+이두. 조선 필사 이두 자료. 전남 영광 마산 경주 이씨가 구장. 진안 용담호미술관 소장. 호남권 한국학자료센터 홈페이지 원문 이미지와 텍스트 보기. 최승희(1989), 정구복 외(1999), 채현경(2011) 참고>

1858-04-00. **송문화 댁 완문**(宋文化宅完文) 2, 사(使). <1장. 한자+이두. 조선 필사 이두 자료. 대전 회덕 은진 송씨 동춘당 후손가 구장. 대전시립박물관 소장. 한국학중앙연구원 장서각 한국고문서자료관 홈페이지 원문 이미지 보기. 한국학중앙연구원 편(2006) 참고>

1858-04-00. **영해 유학 남봉수 등 의송**(寧海幼學南鳳壽等議送) 1, 남봉수 등. <1장. 한자+이두. 조선 필사 이두 자료. 경북 영덕군 영해면 괴시리 영양 남씨 괴시파 영감댁 구장. 한국국학진흥원 소장. 한국학자료센터 영남권역센터 홈페이지 원문 이미지와 텍스트 보기>

1858-04-00~1880-01-00. 「경기수영계록(**京畿水營啓錄**)」, 비변사(備邊司) 편(編). <2책. 필사본. 한자+이두. 서울대학교 규장각 한국학연구원 홈페이지 '奎15091' 원문 이미지와 텍스트 보기>

1858-05-12. **임대근 토지매매명문**(林大根土地賣買明文),[155] 전주 김한득(田主金恨得). <1장. 한자+이두. 조선 필사 이두 자료. 경북 영양군 영양읍 삼지리 한양 조씨 하담 고택 구장. 한국국학진흥원 소장. 한국학자료센터 영남권역센터 홈페이지 원문 이미지와 텍스트 보기. 박병호(1974ㄱ), 최승희(1989), 이재수(2003), 이수건 외(2004) 참고>

1858-05-15~1859-05-11(戊午~己未). 「우포청등록(**右捕廳謄錄**)」 12, 포도청(捕盜廳) 편(編). <1책(12/전30책). 50장. 필사본. 표제는 '右捕廳謄錄'. 한자+이두. 조선 필사 이두 자료. 서울대학교 규장각 한국학연구원 홈페이지 원문 이미지 보기> <1807-01-13~1808-06-12(1/30)>

1858-05-00. **박현도 등 소지**(朴甊道等所志), 박현도 등. <1장. 한자+한글+이두. 조선 필사 이두 자료. 봉화 꽃내 무안 박씨 화이당 박한 종가 소장. 한국학중앙연구원

---

[155] 한국학자료센터 영남권역센터 홈페이지에서는 '1858년 김한득(金恨得) 토지매매명문(土地賣買明文)'으로 표시하였다.

장서각 한국고문서자료관 홈페이지 원문 이미지 보기>

1858-05-00. **영해 유학 남봉수 등 의송**(寧海幼學南鳳壽等議送) 2, 남봉수 등. <1장. 한자+이두. 조선 필사 이두 자료. 경북 영덕군 영해면 괴시리 영양 남씨 괴시파 영감댁 구장. 한국국학진흥원 소장. 한국학자료센터 영남권역센터 홈페이지 원문 이미지와 텍스트 보기>

1858-05-00. **이제영 등 완문**(李爔英等完文), 행사(行使). <1장. 한자+이두. 조선 필사 이두 자료. 경북 영해 인량 재령 이씨 충효당 구장. 한국국학진흥원 소장. 한국학중앙연구원 장서각 한국고문서자료관 홈페이지 원문 이미지와 텍스트 보기. 한국정신문화연구원 편(1997) 참고>

1858-05-00. **이제영·이수곤 등 소지**(李蹄榮李壽坤等所志), 이제영·이수곤 등. <1장. 한자+이두. 조선 필사 이두 자료. 경북 영해 인량 재령 이씨 충효당 구장. 한국국학진흥원 소장. 한국학중앙연구원 장서각 한국고문서자료관 홈페이지 원문 이미지와 텍스트 보기. 한국정신문화연구원 편(1997) 참고>

1858-06-10. **국용헌 소지**(鞠龍憲所志), 국용헌. <1장. 한자+이두. 조선 필사 이두 자료. 전북 고창 석호 담양 국씨가 구장. 전북대학교 박물관 소장. 호남권 한국학자료센터 홈페이지 원문 이미지와 텍스트 보기. 박병호(1974ㄱ), 최승희(1989), 정구복 외(1999) 참고>

1858-06-00. **영해 읍대평 전부 의송**(寧海邑大坪田夫議送) 1, 영해읍 대평전 부. <1장. 한자+이두. 조선 필사 이두 자료. 경북 영덕군 영해면 괴시리 영양 남씨 괴시파 영감댁 구장. 한국국학진흥원 소장. 한국학자료센터 영남권역센터 홈페이지 원문 이미지와 텍스트 보기>

1858-07-08. **경주부 하체**(慶州府下帖), 경주부. <1장. 한자+이두. 조선 필사 이두 자료. 경북 경주시 내남면 이조리 경주 최씨·용산서원 소장. 한국학중앙연구원 장서각 한국고문서자료관 홈페이지 원문 이미지 보기. 한국정신문화연구원 편(2000) 참고>

1858-07-27. **유학 수표**(幼學手標),[156] 표주 자필 황종원(標主自筆黃鍾源). <1장. 한자+

---

[156] 호남권 한국학자료센터 홈페이지에서는 '1858년 황종원(黃鍾源) 수표(手標)'로 표시하였다.

이두. 조선 필사 이두 자료. 전북 부안군 우반 부안 김씨 세덕각 소장. 호남권 한국학자료센터 홈페이지 원문 이미지와 텍스트 보기. 박병호(1974ㄱ), 최승희(1989), 전경목(2001) 참고>

1858-07-27. **토지매매명문**(土地賣買明文),[157] 전주 유학 황종원(田主幼學黃鍾遠). <1장. 한자+이두. 조선 필사 이두 자료. 전북 부안군 우반 부안 김씨 세덕각 소장. 한국학중앙연구원 장서각 한국고문서자료관 홈페이지 & 호남권 한국학자료센터 홈페이지 원문 이미지와 텍스트 보기. 박병호(1974ㄱ), 한국정신문화연구원 편(1983, 1998), 이재수(2003), 한국학중앙연구원 편(2017) 참고>

1858-07-00. **영해 유학 남봉수 등 의송**(寧海幼學南鳳壽等議送) 3, 남봉수 등. <1장. 한자+이두. 조선 필사 이두 자료. 경북 영덕군 영해면 괴시리 영양 남씨 괴시파 영감댁 구장. 한국국학진흥원 소장. 한국학자료센터 영남권역센터 홈페이지 원문 이미지와 텍스트 보기>

1858-07-00. **영해 유학 남봉수 등 의송**(寧海幼學南鳳壽等議送) 4, 남봉수 등. <1장. 한자+이두. 조선 필사 이두 자료. 경북 영덕군 영해면 괴시리 영양 남씨 괴시파 영감댁 구장. 한국국학진흥원 소장. 한국학자료센터 영남권역센터 홈페이지 원문 이미지와 텍스트 보기>

1858-07-00. **영해 읍대평 전부 의송**(寧海邑大坪田夫議送) 2, 영해읍 대평전 부. <1장. 한자+이두. 조선 필사 이두 자료. 경북 영덕군 영해면 괴시리 영양 남씨 괴시파 영감댁 구장. 한국국학진흥원 소장. 한국학자료센터 영남권역센터 홈페이지 원문 이미지와 텍스트 보기>

1858-08-00. **임현풍 등 상서**(任賢豊等上書), 임현풍 등. <1장. 한자+이두. 조선 필사 이두 자료. 전북 완주군 비봉 반곡서원 소장. 호남권 한국학자료센터 홈페이지 원문 이미지와 텍스트 보기. 박병호(1974ㄱ), 최승희(1989) 참고>

1858-09-10. **계중 토지매매명문**(稧中土地賣買明文), 답주 용석(畓主用石). <1장. 한자+이두. 조선 필사 이두 자료. 경북 안동시 주촌 진성 이씨 경류정 소장. 한국학중

---

157 호남권 한국학자료센터 홈페이지에서는 '1858년 황종원(黃鍾遠) 방매(放賣) 토지매매명문(土地賣買明文)'으로 표시하였다.

앙연구원 장서각 한국고문서자료관 홈페이지 & 한국학중앙연구원 한국학 디지털 아카이브 홈페이지 원문 이미지와 텍스트 보기. 한국정신문화연구원 편(1999) 참고>

1858-09-15. **간소 토지매매명문**(刊所土地賣買明文), 답주 본소 고자 복손(畓主本所庫子福孫). <1장. 한자+이두. 조선 필사 이두 자료. 경북 경주시 내남면 이조리 경주 최씨·용산서원 소장. 한국학중앙연구원 장서각 한국고문서자료관 홈페이지 & 한국학중앙연구원 한국학 디지털 아카이브 홈페이지 원문 이미지 보기. 한국정신문화연구원 편(2000) 참고>

1858-09-15. **족숙 토지매매명문**(族叔土地賣買明文), 답주 김정교(畓主金貞敎). <1장. 한자+이두. 조선 필사 이두 자료. 경북 안동시 오천 광산 김씨 후조당 소장. 한국학중앙연구원 장서각 한국고문서자료관 홈페이지 원문 이미지와 텍스트 보기. 박병호(1974ㄱ), 한국정신문화연구원 편(1982), 최승희(1989), 김영나(2007) 참고>

1858-09-30. **경상도관찰사 관**(慶尙道觀察使關), 경상도 관찰사. <1장. 한자+이두. 조선 필사 이두 자료. 경북 성주군 월항면 대산리 성산 이씨 응와 종택 구장. 한국국학진흥원 소장. 한국학자료센터 영남권역센터 홈페이지 원문 이미지와 텍스트 보기>

1858-09-00. **성주 이 참판댁 호노 도성 소지**(星州李參判宅戶奴道成所志), 도성. <1장. 한자+이두. 조선 필사 이두 자료. 경북 성주군 월항면 대산리 성산 이씨 응와 종택 구장. 한국국학진흥원 소장. 한국학자료센터 영남권역센터 홈페이지 원문 이미지와 텍스트 보기>

1858-09-00. **영해 유학 남봉수 등 의송**(寧海幼學南鳳壽等議送) 4, 남봉수 등. <1장. 한자+이두. 조선 필사 이두 자료. 경북 영덕군 영해면 괴시리 영양 남씨 괴시파 영감댁 구장. 한국국학진흥원 소장. 한국학자료센터 영남권역센터 홈페이지 원문 이미지와 텍스트 보기>

1858-09-00. **예조 전령**(禮曹傳令), 예조. <1장. 한자+이두. 조선 필사 이두 자료. 안동 천전 의성 김씨 지촌 종택 소장. 한국학중앙연구원 장서각 한국고문서자료관 홈페이지 원문 이미지 보기. 한국정신문화연구원 편(1989) 참고>

1858-09-00. **정충사 완문**(旌忠祠完文), 남원부사(南原府使). <1장. 한자+이두. 조선

필사 이두 자료. 전북 남원시 대곡 장수 황씨 문중 소장. 호남권 한국학자료센터 홈페이지 원문 이미지와 텍스트 보기. 최승희(1989), 김경숙(2002), 심재우(2013) 참고>

1858-10-03~1860-07-01(함풍 8년~함풍 10년). 「경기수영계록(京畿水營 啓錄)」 1, 비변사(備邊司) 편(編). <2책(1/전2책). 21장. 필사본. 표제는 '各道啓錄'. 한자+이두. 조선 필사 이두 자료. 서울대학교 규장각 한국학연구원 홈페이지 원문 이미지 보기> <영인본: 「각사등록」 1(경기도편 1)(국사편찬위원회 편, 1981)> <1861-01-26~1870-07-01(제2/2)>

1858-10-12. **허한 토지매매명문**(許翰土地賣買明文), 자필 답주 김일창(自筆畓主金鎰昌). <1장. 한자+이두. 조선 필사 이두 자료. 전남 광양시 광양읍 인덕면 밀양 손씨가 구장. 전북대학교 박물관 소장. 호남권 한국학자료센터 홈페이지 원문 이미지와 텍스트 보기. 박병호(1974ㄱ), 이재수(2003) 참고>

1858-10-18. **사동재사직 갑이 토지매매명문**(寺洞齋舍直甲伊土地賣買明文), 답주 자필 권인근(畓主自筆權仁根). <1장. 한자+이두. 조선 필사 이두 자료. 경북 안동시 주촌 진성 이씨 경류정 소장. 한국학중앙연구원 장서각 한국고문서자료관 홈페이지 & 한국학중앙연구원 한국학 디지털 아카이브 홈페이지 원문 이미지와 텍스트 보기. 한국정신문화연구원 편(1999) 참고>

1858-10-19. **토지매매명문**(土地賣買明文),[158] 답주 김시종(畓主金時宗). <1장. 한자+한글+이두. 조선 필사 이두 자료. 전남 보성군 박실 제주 양씨가 구장. 원광대학교 박물관 소장. 호남권 한국학자료센터 홈페이지 원문 이미지와 텍스트 보기>

1858-10-20. **문장 토지매매명문**(門長土地賣買明文), 답주 동봉 박승룡(畓主童蒙朴升龍). <1장. 한자+이두. 조선 필사 이두 자료. 경남 합천 용연서원 소장. 한국학중앙연구원 장서각 한국고문서자료관 홈페이지 원문 이미지 보기. 한국정신문화연구원 편(1996) 참고>

1858-10-00. **김종현·김연철 등장**(金宗鉉金連哲等狀) 1, 김종현·김연철. <1장. 한자+

---

[158] 호남권 한국학자료센터 홈페이지에서는 '1858년 김시종(金時宗) 방매(放賣) 토지매매명문(土地賣買明文)'으로 표시하였다.

이두. 조선 필사 이두 자료. 전남 무안 김해 김씨 김진호 구장. 광주 김해 김씨 김진호 소장. 호남권 한국학자료센터 홈페이지 원문 이미지 보기. 최승희(1989) 참고>

1858-10-00. **김종현·김연철 등장**(金宗鉉金連哲等狀) 2, 김종현·김연철. <1장. 한자+이두. 조선 필사 이두 자료. 전남 무안 김해 김씨 김진호 구장. 광주 김해 김씨 김진호 소장. 호남권 한국학자료센터 홈페이지 원문 이미지 보기. 최승희(1989) 참고>

1858-10-00. **유경선 등 소지**(柳慶善等所志) 3, 유경선 등. <1장. 한자+이두. 조선 필사 이두 자료. 전북 담양군 모현관 소장. 호남권 한국학자료센터 홈페이지 원문 이미지와 텍스트 보기>

1858-10-00. **유경화 등 등장**(柳景和等等狀), 유경화 등. <1장. 한자+이두. 조선 필사 이두 자료. 전북 순창 청계 문화 유씨가 소장. 호남권 한국학자료센터 홈페이지 원문 이미지와 텍스트 보기. 박병호(1974ㄱ), 최승희(1989), 정구복 외(1999) 참고>

1858-10-00. **토지매매명문**(土地賣買明文),[159] 답주 박윤안(畓主朴允安). <1장. 한자+이두. 조선 필사 이두 자료. 전남 나주시 남내 밀양 박씨 청재 종가 소장. 호남권 한국학자료센터 홈페이지 원문 이미지와 텍스트 보기. 오인택(1996) 참고>

1858-10-00. **성주 이 참판댁 노 돗성 소지**(星州李參判宅奴噵成所志) 2, 돗성. <1장. 한자+이두. 조선 필사 이두 자료. 경북 성주군 월항면 대산리 성산 이씨 응와 종택 구장. 한국국학진흥원 소장. 한국학자료센터 영남권역센터 홈페이지 원문 이미지와 텍스트 보기>

1858-11-04. **유학 김희순 토지매매명문**(幼學金禧淳土地賣買明文), 답주 유학 조정만(畓主幼學趙正萬). <1장. 한자+이두. 조선 필사 이두 자료. 광주광역시 광산구 김해 김씨 소장. 호남권 한국학자료센터 홈페이지 원문 이미지와 텍스트 보기. 이재수(2003), 이수건 외(2004) 참고>

1858-11-07. **유학 이명전 토지매매명문**(幼學李明銓土地賣買明文), 종유사 자필 유학

---

[159] 호남권 한국학자료센터 홈페이지에서는 '1858년 박윤안(朴允安) 방매(放賣) 토지매매명문(土地賣買明文)'으로 표시하였다.

이방전(宗有司自筆幼學李邦銓). <1장. 한자+이두. 조선 필사 이두 자료. 남원·구
례 삭녕 최씨 구장. 한국학중앙연구원 장서각 한국고문서자료관 홈페이지 원문
이미지 보기. 한국정신문화연구원 편(2004) 참고>

1858-11-07. **조 생원 댁 노 춘단 토지매매명문**(趙生員宅奴春丹土地賣買明文),[160] 답주
박승남(畓主朴承男). <1장. 한자+이두. 조선 필사 이두 자료. 경북 영양군 영양읍
삼지리 한양 조씨 하담 고택 구장. 한국국학진흥원 소장. 한국학자료센터 영남권
역센터 홈페이지 원문 이미지와 텍스트 보기. 박병호(1974ㄱ), 최승희(1989), 이재
수(2003), 이수건 외(2004) 참고>

1858-11-11. **진성 이씨 의인파 문중 토지매매명문**(眞城李氏宜仁派門中土地賣買明文),
답주 이만조(畓主李晩祚). <1장. 한자+이두. 조선 필사 이두 자료. 경북 안동시
도산면 의촌리 은졸재 고택 구장. 한국국학진흥원 소장. 한국학자료센터 영남권
역센터 홈페이지 원문 이미지와 텍스트 보기>

1858-11-14. **개평 정 댁 토지매매명문**(介坪鄭宅土地賣買明文), 답주 여 노 명남(畓主呂
奴命男). <1장. 한자+이두. 조선 필사 이두 자료. 전북 익산 마동 창녕 조씨가
소장. 호남권 한국학자료센터 홈페이지 원문 이미지와 텍스트 보기. 최승희(1989),
이재수(2003) 참고>

1858-11-15. **토지매매명문**(土地賣買明文), 답주 용산서원 고자 복손(畓主龍山書院庫
子卜孫). <1장. 한자+이두. 조선 필사 이두 자료. 경북 경주시 내남면 이조리
경주 최씨·용산서원 소장. 한국학중앙연구원 장서각 한국고문서자료관 홈페이
지 & 한국학중앙연구원 한국학 디지털 아카이브 홈페이지 원문 이미지 보기.
한국정신문화연구원 편(2000) 참고>

1858-11-18. **재종형 유학 조권진 가사매매명문**(再從兄幼學曺權鎭家舍賣買明文), 가대
주 재종제 유학 조중진 자필(家垈主再從弟幼學曺中鎭自筆). <1장. 한자+이두. 조
선 필사 이두 자료. 영암 미암 창녕 조씨 태호 후손가 소장. 호남권 한국학자료센
터 홈페이지 원문 이미지 보기. 최승희(1989) 참고>

---

[160] 한국학자료센터 영남권역센터 홈페이지에서는 '1858년 박승남(朴承男) 토지매매명문(土地賣買明
文)'으로 표시하였다.

1858-11-20. **양 노 옥엽 토지매매명문**(梁奴玉葉土地賣買明文), 답주 김재연(畓主金在淵). <1장. 한자+한글+이두. 조선 필사 이두 자료. 전남 보성군 박실 제주 양씨가 구장. 원광대학교 박물관 소장. 호남권 한국학자료센터 홈페이지 원문 이미지와 텍스트 보기. 박병호(1974ㄱ), 최승희(1989), 이재수(2003) 참고>

1858-11-21. **가사매매명문**(家舍賣買明文), 유학 김한기(幼學金漢基等). <1장. 한자+이두. 조선 필사 이두 자료. 전북 부안군 우반 부안 김씨 세덕각 소장. 한국학중앙연구원 장서각 한국고문서자료관 홈페이지 원문 이미지와 텍스트 보기. 한국정신문화연구원 편(1983, 1998), 한국학중앙연구원 편(2017) 참고>

1858-11-27. **정동진 토지매매명문**(鄭東辰土地賣買明文), 전주 박송림(田主朴松林). <1장. 한자+이두. 조선 필사 이두 자료. 경북 안동시 오천 광산 김씨 후조당 소장. 한국학중앙연구원 장서각 한국고문서자료관 홈페이지 원문 이미지와 텍스트 보기. 박병호(1974ㄱ), 한국정신문화연구원 편(1982), 최승희(1989), 김영나(2007) 참고>

1858-11-28. **이종효 시장매매명문**(李宗孝柴場賣買明文), 시장주 유학 김인성(柴場主幼學金仁成). <1장. 한자+이두. 조선 필사 이두 자료. 원주시 무릉박물관 소장. 한국학자료센터 강원권역센터 홈페이지[161] 참고. 박병호(1974ㄱ), 최승희(1989), 김소은(2004), 김성갑(2013) 참고>

1858-11-29. **강종락 토지매매명문**(姜宗樂土地賣買明文), 전주 자필 송종안(田主自筆宋宗安). <1장. 한자+이두. 조선 필사 이두 자료. 제주 어도내산 진주 강씨가 구장. 제주 한림 강우석 소장. 호남권 한국학자료센터 홈페이지 원문 이미지와 텍스트 보기. 이재수(2003), 오창명(2007) 참고>

1858-11-00. **박계림 소지**(朴啓林所志) 1, 박계림. <1장. 한자+이두. 조선 필사 이두 자료. 전북 임실군 청웅 밀양 박씨가 소장. 호남권 한국학자료센터 홈페이지 원문 이미지와 텍스트 보기. 최승희(1989), 김선경(1993), 김경숙(2002) 참고>

1858-11-00. **송문화 댁 노 춘산 발괄**(宋文化宅奴春山白活), 춘산. <1장. 한자+이두. 조선 필사 이두 자료. 대전 회덕 은진 송씨 동춘당 후손가 구장. 대전시립박물관

---

[161] 한국학자료센터 강원권역센터 홈페이지의 원문 이미지와 텍스트가 다르다.

소장. 한국학중앙연구원 장서각 한국고문서자료관 홈페이지 원문 이미지 보기. 한국학중앙연구원 편(2006) 참고>

1858-12-02. **남 생원 시장매매명문**(南生員柴場賣買明文), 시장주 이종효(柴場主李宗孝). <1장. 한자+이두. 조선 필사 이두 자료. 원주시 무릉박물관 소장. 한국학자료센터 강원권역센터 홈페이지 원문 이미지 보기. 박병호(1974ㄱ), 최승희(1989), 김소은(2004), 김성갑(2013) 참고>

1858-12-07. **토지매매명문**(土地賣買明文),[162] 자필 답주 유학 정인철(自筆畓主幼學鄭仁喆). <1장. 한자+이두. 조선 필사 이두 자료. 전남 순천 황전 경주 정씨가 구장. 광주광역시 이정옥 소장. 호남권 한국학자료센터 홈페이지 원문 이미지와 텍스트 보기. 최승희(1989) 참고>

1858-12-23. **유학 조 노 귀상 토지매매명문**(幼學趙奴貴常土地賣買明文), 전주 자필 유학 오 노 말즉(田主自筆幼學吳奴䰻卽). <1장. 한자+이두. 조선 필사 이두 자료. 강원도 원주시 이정동 소장. 한국학자료센터 강원권역센터 홈페이지 원문 이미지와 텍스트 보기. 김건우(2008), 전경목(2010, 2014), 박준호(2016) 참고>

1858-12-28. **토지매매명문**(土地賣買明文),[163] 답주 유학 정안호(畓主幼學鄭安浩). <1장. 한자+이두. 조선 필사 이두 자료. 전남 순천 황전 경주 정씨가 구장. 광주광역시 이정옥 소장. 호남권 한국학자료센터 홈페이지 원문 이미지와 텍스트 보기. 최승희(1989) 참고>

1858-12-00. **박계림 소지**(朴啓林所志) 2, 박계림. <1장. 한자+이두. 조선 필사 이두 자료. 전북 임실군 청웅 밀양 박씨가 소장. 호남권 한국학자료센터 홈페이지 원문 이미지와 텍스트 보기. 최승희(1989), 김선경(1993), 김경숙(2002) 참고>

1858-12-00. **이 노 갑돌 소지**(李奴甲乭所志), 갑돌. <1장. 한자+이두. 조선 필사 이두 자료. 경북 경주시 안강읍 옥산리 여주 이씨 장산서원·치암 종택 구장. 한국학중앙연구원 장서각 한국고문서자료관 홈페이지 원문 이미지 보기. 한국정신문화연

---

[162] 호남권 한국학자료센터 홈페이지에서는 '1858년 정인철(鄭仁喆) 방매(放賣) 토지매매명문(土地賣買明文)'으로 표시하였다.

[163] 호남권 한국학자료센터 홈페이지에서는 '1858년 정안호(鄭安浩) 방매(放賣) 토지매매명문(土地賣買明文)'으로 표시하였다.

구원 편(2003) 참고>

1858-12-00. **최우섭 소지**(崔遇燮所志), 최우섭. <1장. 한자+이두. 조선 필사 이두 자료. 남원·구례 삭녕 최씨 구장. 한국학중앙연구원 장서각 한국고문서자료관 홈페이지 원문 이미지 보기. 한국정신문화연구원 편(2004) 참고>

1858-00-00. 「남전증건도감의궤(**南殿增建都監儀軌**)」, 증건도감 편. <1책. 169장. 필사본. 표제는 '南殿增建都監儀軌全'. 권수제는 '南殿增建都監儀軌卷之一'. 한자+이두. 조선 필사 이두 자료. 서울대학교 규장각 한국학연구원 의궤 종합정보 홈페이지 '奎14354' 원문 이미지 보기>

1858-00-00. 「동몽선습(**童蒙先習**)」 민제인(閔齊仁)·박세무(朴世茂) 외 공술(共述). <무오 중추 홍수동 신판(戊午仲秋紅樹洞新板). 1책. 목판본. 한자+생획토 구결. 조선 인쇄 구결 자료> <이본: 1543-00-00(원간본) 참고>

1858-00-00. 「선원보략수정의궤(**璿源譜略修正儀軌**)」, 종부시(宗簿寺) 편. <1책. 18장. 필사본. 표제는 '(戊午正月 日)璿源譜略修正儀軌'. 권수제는 '(咸豊八年戊午正月 日)璿源譜略修正儀軌'. 한자+이두. 조선 필사 이두 자료. 서울대학교 규장각 한국학연구원 의궤 종합정보 홈페이지 '奎14945' 원문 이미지 보기>

1858-00-00. 「선원보략수정의궤(**璿源譜略修正儀軌**)」, 종부시(宗簿寺) 편. <1책. 19장. 필사본. 표제는 '(戊午十月 日 哲宗九年)璿源譜略修正儀軌'. 권수제는 '(咸豊八年戊午十月 日)璿源譜略修正儀軌'. 한자+이두. 조선 필사 이두 자료. 서울대학교 규장각 한국학연구원 의궤 종합정보 홈페이지 '奎14115' 원문 이미지 보기>

1858-00-00. 「순조대왕개상 시호 묘호추상 존호 순원왕후추상 존호도감의궤(**純祖大王改上 諡號 廟號追上 尊號 純元王后追上 尊號都監儀軌**)」[164] 상·하. 묘호도감·존호도감 편. <2책. 105장+137장. 필사본. 상권의 표제는 '(咸豊七年丁巳十月 日 禮曹上)廟號都監儀軌上'. 권수제는 '(咸豊七年丁巳十月 日)純祖大王改上 諡號 廟號追上 尊號 純元王后追上 尊號都監儀軌'. 한자+이두. 조선 필사 이두 자료. 서울대학교 규장각 한국학연구원 의궤 종합정보 홈페이지 '奎13371' 원문 이미지 보기>

---

164 서울대학교 규장각 한국학연구원 의궤 종합정보 홈페이지에서는 서명을 '순조개상시호묘호추상존호순원왕후추상존호도감의궤(純祖改上諡號廟號追上尊號純元王后追上尊號都監儀軌)'로 붙여 썼다.

1858-00-00.「순조대왕추상 존호 순원왕후추상 존호도감의궤(純祖大王追上 尊號 純元王后追上 尊號都監儀軌)」,[165] 존호도감 편. <1책. 160장. 필사본. 표제는 '尊號都監儀軌全'. 권수제는 '(咸豊八年戊午五月 日)純祖大王追上 尊號 純元王后追上 尊號都監儀軌'. 한자+이두. 조선 필사 이두 자료. 서울대학교 규장각 한국학연구원 의궤 종합정보 홈페이지 '奎13359' 원문 이미지 보기>

1858-00-00.「순조대왕추상 존호 순원왕후추상 존호도감의궤(純祖大王追上 尊號 純元王后追上 尊號都監儀軌)」,[166] 존호도감(尊號都監) 편(編). <1책. 160장. 필사본. 표제는 '(咸豊八年戊午五月 日 哲宗九年)追上 尊號都監都儀軌 全'. 권수제는 '(咸豊八年戊午五月 日)純祖大王追上 尊號 純元王后追上 尊號都監儀軌'. 한자+이두. 조선 필사 이두 자료. 한국학중앙연구원 디지털장서각 홈페이지 'K2-2847' 원문 이미지와 텍스트 보기>

1858-00-00 추정.「순조대왕묘호등록(純祖大王廟號謄錄)」, 예조(禮曹). <1책. 40장. 필사본. 한자+이두. 조선 필사 이두 자료. 한국학중앙연구원 장서각 한국학자료센터 홈페이지 원문 이미지와 텍스트 보기>

1858-00-00 이후 추정.「효릉지(孝陵誌)」, 편자 미상. <1책. 87장. 필사본. 한자+이두. 서울대학교 규장각 한국학연구원 의궤 종합정보 홈페이지 '奎1655' 원문 이미지와 텍스트 보기>

1859년

<기미(己未). 철종 10년. 함풍 9년>

1859-01-01~1859-12-26(己未).「전객사일기(典客司日記)」95, 예조(禮曹) 전객사(典客司) 편(編). <1책(95/전99책). 81장. 필사본. 한자+이두. 조선 필사 이두 자료.

---

165 서울대학교 규장각 한국학연구원 의궤 종합정보 홈페이지에서는 서명을 '순조순원왕후추상존호도감의궤(純祖純元王后追上尊號都監儀軌)'로 적었다.

166 한국학중앙연구원 디지털장서각 홈페이지에서는 서명을 '[순조대왕·순원왕후]추상존호도감의궤[純祖大王·純元王后]追上尊號都監儀軌'로 붙여 썼다.

서울대학교 규장각 한국학연구원 홈페이지 원문 이미지 보기> <1640-01-22~ 1641-12-23(1)>

1859-01-01~1859-12-28. 「결속색등록(**結束色謄錄**)」 76, 병조(兵曹) 편(編). <1책(76/ 낙질본 107책). 169장. 필사본. 한자+이두. 조선 필사 이두 자료. 서울대학교 규장각 한국학연구원 홈페이지 1787년~1891년 낙질본 107책(1792년(건륭 57년), 1811년(가경 16년) 하, 1816년(가경 21년), 1817년(가경 22년), 1824년(도광 4년), 1831(도광 11년), 1871(동치 10년), 1885년(광서 11년) 없음) 원문 이미지 보기>

1859-01-04. **사촌댁 토지매매명문**(沙村宅土地賣買明文), 전답주 임준이(錢畓主林俊伊). <1장. 한자+이두. 조선 필사 이두 자료. 경북 안동시 수곡면 전주 류씨 삼산종가 구장. 대구광역시 수성구 만촌동 전주 류씨 종가 소장. 한국학자료센터 영남권역센터 홈페이지 원문 이미지와 텍스트 보기. 최승희(1989), 이재수(2003), 전경목(2010) 참고>

1859-01-06. **김준 토지매매명문**(金俊土地賣買明文), 답주 유 노 원이(畓主柳奴遠伊). <1장. 한자+이두. 조선 필사 이두 자료. 경북 안동시 수곡면 전주 류씨 삼산종가 구장. 대구광역시 수성구 만촌동 전주 류씨 종가 소장. 한국학자료센터 영남권역센터 홈페이지 원문 이미지와 텍스트 보기. 최승희(1989), 이재수(2003), 전경목(2010) 참고>

1859-01-07. **예연서원 통문**(禮淵書院通文), 예연서원. <1장. 한자+이두. 조선 필사 이두 자료. 경북 경주시 내남면 이조리 경주 최씨·용산서원 소장. 한국학중앙연구원 장서각 한국고문서자료관 홈페이지 & 한국학중앙연구원 한국학 디지털 아카이브 홈페이지 원문 이미지 보기. 한국정신문화연구원 편(2000) 참고>

1859-01-09. **금 생원 댁 노 월이 토지매매명문**(琴生員宅奴月伊土地賣買明文),[167] 답주 청계서원 수노 정희근(畓主清溪書院首奴鄭喜根). <1장. 한자+이두. 조선 필사 이두 자료. 경북 안동시 도산서원 구장. 한국국학진흥원 소장. 한국국학진흥원 유교넷 홈페이지 원문 이미지와 텍스트 보기>

---

167 한국국학진흥원 유교넷 홈페이지에서는 문서명을 '1859년 정희근이 **월**에게 토지를 매매한 문서'로 잘못 적었다.

1859-01-13. **토지매매명문**(土地賣買明文),[168] 답주 자필 상인 유학 박준성(畓主自筆喪人幼學朴俊成). <1장. 한자+이두. 조선 필사 이두 자료. 전북대학교 박물관 소장. 호남권 한국학자료센터 홈페이지 원문 이미지와 텍스트 보기. 최승희(1989), 정구복 외(1999), 이재수(2003) 참고>

1859-01-15. **호 오점 토지매매명문**(戶五占土地賣買明文),[169] 전주 김필룡(田主金必龍). <1장. 한자+이두. 조선 필사 이두 자료. 강원도 원주시 이정동 소장. 한국학자료센터 강원권역센터 홈페이지 원문 이미지와 텍스트 보기. 최승희(1989), 전경목(2010, 2014), 박준호(2016) 참고>

1859-01-17. **조수업 토지매매명문**(趙壽業土地賣買明文), 전주 김한손(田主金汗孫). <1장. 한자+이두. 조선 필사 이두 자료. 경북 안동시 주촌 진성 이씨 경류정 소장. 장서각 한국고문서자료관 홈페이지 원문 이미지와 텍스트 보기. 한국정신문화연구원 편(1999) 참고>

1859-01-18. **김흥석 토지매매명문**(金興石土地賣買明文), 답주 유정언 댁(畓主柳正言宅). <1장. 한자+이두. 조선 필사 이두 자료. 경북 성주군 월항면 대산리 성산 이씨 응와 종택 구장. 한국국학진흥원 소장. 한국학자료센터 영남권역센터 홈페이지 원문 이미지와 텍스트 보기>

1859-01-25. **우동댁 가사매매명문**(愚洞宅家舍賣買明文), 가대주 김시손(家岱主金時孫). <1장. 한자+이두. 조선 필사 이두 자료. 대구 칠계 경주 최씨 백불암 종중 구장. 안동대학교 박물관 소장. 한국학자료센터 영남권역센터 홈페이지 원문 이미지와 텍스트 보기. 박병호(1974ㄱ), 최승희(1989), 이재수(2003), 이수건 외(2004) 참고>

1859-01-00. **화민 문몽택 등 소지**(化民文夢澤等所志),[170] 문몽택 등. <1장. 한자+이두. 조선 필사 이두 자료. 전남 영암군 장암 남평 문씨 문창집 소장. 호남권 한국학자

---

[168] 호남권 한국학자료센터 홈페이지에서는 '1859년 박준성(朴俊成) 방매 토지매매명문(土地賣買明文)'으로 표시하였다.

[169] 한국학자료센터 강원권역센터 홈페이지에서는 '1859년 노비 오점(五占) 토지환퇴명문(土地還退明文)'으로 표시하였다.

[170] 호남권 한국학자료센터 홈페이지에서는 '1859년 문몽택(文夢澤) 등장(等狀)'으로 표시하였다.

료센터 홈페이지 & 호남권 한국학자료센터 홈페이지 원문 이미지와 텍스트 보기. 최승희(1989), 한국정신문화연구원 편(1995, 2003), 전경목 외(2006) 참고>

1859-01-00~1859-12-00(己未).「추조결옥록(秋曹決獄錄)」15, 형조(刑曹) 편(編). <1책(15/낙질본 43책). 69장. 필사본. 한자+이두. 조선 필사 이두 자료. 서울대학교 규장각 한국학연구원 홈페이지 원문 이미지 보기> <1822-01-00~1822-12-00 (1/43)>

1859-02-02. **양 노 옥선 토지매매명문**(梁奴玉善土地賣買明文), 답주 파청촌 거 한량 곽복룡(畓主波靑村居閑良郭福龍). <1장. 한자+한글+이두. 조선 필사 이두 자료. 전남 보성군 박실 제주 양씨가 구장. 원광대학교 박물관 소장. 호남권 한국학자료센터 홈페이지 원문 이미지와 텍스트 보기. 박병호(1974ㄱ), 최승희(1989), 이재수(2003) 참고>

1859-02-04. **이형중 원정 초**(李馨重原情草) 1, 이형중. <1장. 한자+이두. 조선 필사 이두 자료. 충남 공주시 전주 이씨 숭선군파 종가 소장. 한국학중앙연구원 장서각 한국고문서자료관 홈페이지 원문 이미지 보기>

1859-02-04. **이형중 원정 초**(李馨重原情草) 2, 이형중. <1장. 한자+이두. 조선 필사 이두 자료. 충남 공주시 전주 이씨 숭선군파 종가 소장. 한국학중앙연구원 장서각 한국고문서자료관 홈페이지 원문 이미지 보기>

1859-02-04. **이형중 원정 초 별지**(李馨重原情草別紙), 이형중. <1장. 한자+이두. 조선 필사 이두 자료. 충남 공주시 전주 이씨 숭선군파 종가 소장. 한국학중앙연구원 장서각 한국고문서자료관 홈페이지 원문 이미지 보기>

1859-02-06. **토지매매명문**(土地賣買明文), 전주 공 노 복운(田主孔奴卜云). <1장. 한자+이두. 조선 필사 이두 자료. 경북 경주시 소정리 경주 이씨 소장. 한국학중앙연구원 장서각 한국고문서자료관 홈페이지 원문 이미지 보기. 한국정신문화연구원 편(2002) 참고>

1859-02-09. **노 귀산 토지매매명문**(奴貴山土地賣買明文), 전주 자필 노 대복(田主自筆 奴大福). <1장. 한자+이두. 조선 필사 이두 자료. 강원도 원주시 이정동 소장. 한국학자료센터 강원권역센터 홈페이지 원문 이미지와 텍스트 보기. 최승희(1989), 전경목(2010, 2014), 박준호(2016) 참고>

1859-02-10. **삼산 유씨 공비 토지매매명문**(三山柳氏公備土地賣買明文), 전주 유학 배선우(田主幼學裵善宇). <1장. 한자+이두. 조선 필사 이두 자료. 경북 안동시 수곡면 전주 류씨 삼산 종가 구장. 대구광역시 수성구 만촌동 전주 류씨 종가 소장. 한국학자료센터 영남권역센터 홈페이지 원문 이미지와 텍스트 보기. 최승희(1989), 이재수(2003), 전경목(2010) 참고>

1859-02-10. **토지매매명문**(土地賣買明文), 답주 김 노 순월(畓主金奴順月).[171] <1장. 한자+이두. 조선 필사 이두 자료. 경북 경주시 내남면 이조리 경주 최씨·용산서원 소장. 한국학중앙연구원 장서각 한국고문서자료관 홈페이지 원문 이미지 보기. 한국정신문화연구원 편(2000) 참고>

1859-02-15. **경주부윤 하첩**(慶州府尹下帖), 경주부윤. <1장. 한자+이두. 조선 필사 이두 자료. 경북 경주 옥산서원 소장. 한국학자료센터 영남권역센터 홈페이지 원문 이미지와 텍스트 보기. 이수환(2001) 참고>

1859-02-20. **토지매매명문**(土地賣買明文), 답주 김욱철(畓主金頊哲). <1장. 한자+이두. 조선 필사 이두 자료. 대구 칠계 경주 최씨 백불암 종중 구장. 안동대학교 박물관 소장. 한국학자료센터 영남권역센터 홈페이지 원문 이미지와 텍스트 보기. 박병호(1974ㄱ), 최승희(1989), 이재수(2003), 이수건 외(2004) 참고>

1859-02-20~1860-윤3-25(己未~庚申). 「우포청등록(**右捕廳謄錄**)」 13, 포도청(捕盜廳) 편(編). <1책(13/전30책). 53장. 필사본. 표제는 '右捕廳謄錄'. 한자+이두. 조선 필사 이두 자료. 서울대학교 규장각 한국학연구원 홈페이지 원문 이미지 보기> <1807-01-13~1808-06-12(1/30)>

1859-02-23. **안풍환 토지매매명문**(安豊煥土地賣買明文), 답주 유학 안일환(畓主幼學安日煥). <1장. 한자+이두. 조선 필사 이두 자료. 전남 보성군 복내면 죽산 안씨 죽곡정사 소장. 호남권 한국학자료센터 홈페이지 원문 이미지와 텍스트 보기. 박노욱(1990), 김현영(2003) 참고>

1859-02-24. **토지매매명문**(土地賣買明文),[172] 기지주 안 노 순덕(基址主安奴順德). <1

---

171 한국학중앙연구원 장서각 한국고문서자료관 홈페이지 '기본 정보'에서는 '발급: 순동(順同)'으로 적었으며, '안내 정보'와 '상세 정보'에서는 '順月(순월)'로 적었다.

장. 한자+이두. 조선 필사 이두 자료. 전남 보성 용문 낭주 최씨가 구장. 광주광역시 이정옥 소장. 호남권 한국학자료센터 홈페이지 원문 이미지와 텍스트 보기. 최승희(1989), 정구복 외(1999) 참고>

1859-02-24. **토지매매명문**(土地賣買明文),[173] 답주 유학 채시로(畓主幼學蔡時魯). <1장. 한자+이두. 조선 필사 이두 자료. 대구 칠계 경주 최씨 백불암 종중 구장. 안동대학교 박물관 소장. 한국학자료센터 영남권역센터 홈페이지 원문 이미지와 텍스트 보기. 박병호(1974ㄱ), 최승희(1989), 이재수(2003), 이수건 외(2004) 참고>

1859-02-27. **한량 손생문 토지매매명문**(閑良孫生文土地賣買明文), 답주 유학 민치경(畓主幼學閔致慶). <1장. 한자+한글+이두. 조선 필사 이두 자료. 전남 보성군 박실 제주 양씨가 구장. 원광대학교 박물관 소장. 호남권 한국학자료센터 홈페이지 원문 이미지와 텍스트 보기. 박병호(1974ㄱ), 최승희(1989), 이재수(2003) 참고>

1859-02-00. **계정 수노 소지**(溪亭首奴所志), 계정 수노. <1장. 한자+이두. 조선 필사 이두 자료. 경북 경주시 안강읍 옥산리 여주 이씨 독락당 소장. 한국학중앙연구원 장서각 한국고문서자료관 홈페이지 원문 이미지 보기. 한국정신문화연구원 편(2003) 참고>

1859-02-00. **김호 소지**(金濠所志) 1, 김호. <1장. 한자+이두. 조선 필사 이두 자료. 전북 익산시 용제 경주 김씨가 소장. 호남권 한국학자료센터 홈페이지 원문 이미지와 텍스트 보기. 박병호(1974ㄱ), 최승희(1989), 정구복 외(1999) 참고>

1859-02-00. **김호 소지**(金濠所志) 2, 김호. <1장. 한자+이두. 조선 필사 이두 자료. 전북 익산시 용제 경주 김씨가 소장. 호남권 한국학자료센터 홈페이지 원문 이미지와 텍스트 보기. 박병호(1974ㄱ), 최승희(1989), 정구복 외(1999) 참고>

1859-02-00. **박계림 소지**(朴啓林所志) 1, 박계림. <1장. 한자+이두. 조선 필사 이두 자료. 전북 임실군 청웅 밀양 박씨가 소장. 호남권 한국학자료센터 홈페이지 원문 이미지와 텍스트 보기. 최승희(1989), 김선경(1993), 김경숙(2002) 참고>

---

172 호남권 한국학자료센터 홈페이지에서는 '1859년 최석형(崔錫衡) 산지매매명문(山地賣買明文)'으로 표시하였다. '기본 정보'의 '작성 주체'에서는 '안순덕(安順德)'으로 잘못 적었다.

173 한국학자료센터 영남권역센터 홈페이지에서는 '1859년 유학(幼學) 채시로(蔡時魯) 토지매매명문(土地賣買明文)'으로 표시하였다.

1859-02-00. **영해 유학 남경단 등 의송**(寧海幼學南景博等議送) 1, 남경단 등. <1장. 한자+이두. 조선 필사 이두 자료. 경북 영덕군 영해면 괴시리 영양 남씨 괴시파 영감댁 구장. 한국국학진흥원 소장. 한국학자료센터 영남권역센터 홈페이지 원문 이미지와 텍스트 보기>

1859-02-00. **유경화 등 등장**(柳景和等等狀), 유경화 등. <1장. 한자+이두. 조선 필사 이두 자료. 전북 순창 청계 문화 유씨가 소장. 호남권 한국학자료센터 홈페이지 원문 이미지와 텍스트 보기. 박병호(1974ㄱ), 최승희(1989), 정구복 외(1999) 참고>

1859-02-00. **정충사 완문**(旌忠祠完文), 남원부사. <1장. 한자+이두. 조선 필사 이두 자료. 전북 남원시 대곡 장수 황씨 문중 소장. 호남권 한국학자료센터 홈페이지 원문 이미지와 텍스트 보기. 최승희(1989), 김경숙(2002), 심재우(2013) 참고>

1859-03-02. **한량 김명조 토지매매명문**(閑良金命祚土地賣買明文), 답주 유학 이기직(畓主幼學李基直). <1장. 한자+이두. 조선 필사 이두 자료. 전남 보성군 택촌 죽산 안씨 은봉 종가 소장. 호남권 한국학자료센터 홈페이지 원문 이미지와 텍스트 보기. 박준호(2004), 박한설(2006) 참고>

1859-03-07. **신치몽 토지매매명문**(申致夢土地賣買明文), 전주 김우득(田主金又得). <1장. 한자+이두. 조선 필사 이두 자료. 경북 경주시 안강읍 옥산리 여주 이씨 독락당 소장. 한국학중앙연구원 장서각 한국고문서자료관 홈페이지 원문 이미지 보기. 한국정신문화연구원 편(2003) 참고>

1859-03-21. **시장문기**(柴場文記), 시장주 박윤회(柴場主朴允會). <1장. 한자+이두. 조선 필사 이두 자료. 영광 입석 영월 신씨 소장. 한국학중앙연구원 장서각 한국고문서자료관 홈페이지 원문 이미지와 텍스트 보기. 한국정신문화연구원 편(1996) 참고>

1859-03-25. **종손 강종락 토지매매명문**(宗孫姜宗樂土地賣買明文), 필집 당숙 강영묵(筆執堂叔姜永默). <1장. 한자+이두. 조선 필사 이두 자료. 제주 어도내산 진주 강씨가 구장. 제주 한림 강우석 소장. 호남권 한국학자료센터 홈페이지 원문 이미지와 텍스트 보기. 이재수(2003), 오창명(2007) 참고>

1859-03-00. **김호 소지**(金濠所志) 3, 김호. <1장. 한자+이두. 조선 필사 이두 자료. 전북 익산시 용제 경주 김씨가 소장. 호남권 한국학자료센터 홈페이지 원문 이미

지와 텍스트 보기. 박병호(1974ㄱ), 최승희(1989), 정구복 외(1999) 참고>
1859-03-00. **김호 소지**(金濠所志) 4, 김호. <1장. 한자+이두. 조선 필사 이두 자료. 전북 익산시 용제 경주 김씨가 소장. 호남권 한국학자료센터 홈페이지 원문 이미지와 텍스트 보기. 박병호(1974ㄱ), 최승희(1989), 정구복 외(1999) 참고>
1859-03-00. **김호 소지**(金濠所志) 5, 김호. <1장. 한자+이두. 조선 필사 이두 자료. 전북 익산시 용제 경주 김씨가 소장. 호남권 한국학자료센터 홈페이지 원문 이미지와 텍스트 보기. 박병호(1974ㄱ), 최승희(1989), 정구복 외(1999) 참고>
1859-03-00. **영해 유학 남경단 등 의송**(寧海幼學南景博等議送) 2, 남경단 등. <1장. 한자+이두. 조선 필사 이두 자료. 경북 영덕군 영해면 괴시리 영양 남씨 괴시파 영감댁 구장. 한국국학진흥원 소장. 한국학자료센터 영남권역센터 홈페이지 원문 이미지와 텍스트 보기>
1859-03-00. **영해 유학 남경단 등 의송**(寧海幼學南景博等議送) 3, 남경단 등. <1장. 한자+이두. 조선 필사 이두 자료. 경북 영덕군 영해면 괴시리 영양 남씨 괴시파 영감댁 구장. 한국국학진흥원 소장. 한국학자료센터 영남권역센터 홈페이지 원문 이미지와 텍스트 보기>
1859-03-00. **영해읍 대평 대소민 의송**(寧海邑大坪大小民議送) 1, 영해읍 대평 대소민. <1장. 한자+이두. 조선 필사 이두 자료. 경북 영덕군 영해면 괴시리 영양 남씨 괴시파 영감댁 구장. 한국국학진흥원 소장. 한국학자료센터 영남권역센터 홈페이지 원문 이미지와 텍스트 보기>
1859-04-09. **양 비 옥엽 토지매매명문**(梁婢玉葉土地賣買明文), 답주 한량 손생문(畓主閑良孫生文). <1장. 한자+한글+이두. 조선 필사 이두 자료. 전남 보성군 박실 제주 양씨가 구장. 원광대학교 박물관 소장. 호남권 한국학자료센터 홈페이지 원문 이미지와 텍스트 보기. 박병호(1974ㄱ), 최승희(1989), 이재수(2003) 참고>
1859-04-19. **토지매매명문**(土地賣買明文),[174] 답주 자필 유학 박용현(畓主自筆幼學朴龍鉉). <1장. 한자+이두. 조선 필사 이두 자료. 전북 무장 원송 진주 강씨가 구장.

---

174 호남권 한국학자료센터 홈페이지에서는 '1859년 박용현(朴龍鉉) 방매(放賣) 토지매매명문(土地賣買明文)'으로 표시하였다.

전북대학교 박물관 소장. 호남권 한국학자료센터 홈페이지 원문 이미지와 텍스트 보기. 박병호(1974ㄱ), 최승희(1989), 정구복 외(1999) 참고>

1859-04-00. **김호 의송**(金濠議送) 1, 김호. <1장. 한자+이두. 조선 필사 이두 자료. 전북 익산시 용제 경주 김씨가 소장. 호남권 한국학자료센터 홈페이지 원문 이미지와 텍스트 보기. 박병호(1974ㄱ), 최승희(1989), 정구복 외(1999) 참고>

1859-04-00. **남응규 등 등장**(南應奎等等狀) 1, 남응규 등. <1장. 한자+이두. 조선 필사 이두 자료. 경남 밀양 사촌 의령 남씨 침류정 소장. 한국학중앙연구원 장서각 한국고문서자료관 홈페이지 원문 이미지 보기. 한국정신문화연구원 편(2004) 참고>

1859-04-00. **박계림 소지**(朴啓林所志) 2, 박계림. <1장. 한자+이두. 조선 필사 이두 자료. 전북 임실군 청웅 밀양 박씨가 소장. 호남권 한국학자료센터 홈페이지 원문 이미지와 텍스트 보기. 최승희(1989), 김선경(1993), 김경숙(2002) 참고>

1859-04-00. **영해 유학 남경단 등 의송**(寧海幼學南景博等議送) 4, 남경단 등. <1장. 한자+이두. 조선 필사 이두 자료. 경북 영덕군 영해면 괴시리 영양 남씨 괴시파 영감댁 구장. 한국국학진흥원 소장. 한국학자료센터 영남권역센터 홈페이지 원문 이미지와 텍스트 보기>

1859-04-00. **영해 유학 남경단 등 의송**(寧海幼學南景博等議送) 5, 남경단 등. <1장. 한자+이두. 조선 필사 이두 자료. 경북 영덕군 영해면 괴시리 영양 남씨 괴시파 영감댁 구장. 한국국학진흥원 소장. 한국학자료센터 영남권역센터 홈페이지 원문 이미지와 텍스트 보기>

1859-04-00. **영해 은보평 17동 대소민 의송**(寧海隱洑坪十七洞大小民議送), 영해 은보평 17동 대소민. <1장. 한자+이두. 조선 필사 이두 자료. 경북 영덕군 영해면 괴시리 영양 남씨 괴시파 영감댁 구장. 한국국학진흥원 소장. 한국학자료센터 영남권역센터 홈페이지 원문 이미지와 텍스트 보기>

1859-04-00. **영해읍 대평 대소민 의송**(寧海邑大坪大小民議送) 2, 영해 읍대평 대소민. <1장. 한자+이두. 조선 필사 이두 자료. 경북 영덕군 영해면 괴시리 영양 남씨 괴시파 영감댁 구장. 한국국학진흥원 소장. 한국학자료센터 영남권역센터 홈페이지 원문 이미지와 텍스트 보기>

1859-04-00. **영해읍 대평 대소민 의송**(寧海邑大坪大小民議送) 3, 영해 읍대평 대소민. <1장. 한자+이두. 조선 필사 이두 자료. 경북 영덕군 영해면 괴시리 영양 남씨 괴시파 영감댁 구장. 한국국학진흥원 소장. 한국학자료센터 영남권역센터 홈페이지 원문 이미지와 텍스트 보기>

1859-04-00. **이진숙 등 원정**(李眞淑等原情), 이진숙 등. <1장. 한자+이두. 조선 필사 이두 자료. 경북 경주시 안강읍 옥산리 여주 이씨 장산서원·치암 종택 구장. 한국학중앙연구원 장서각 한국고문서자료관 홈페이지 원문 이미지 보기. 한국정신문화연구원 편(2003) 참고>

1859-04-00. **토지매매명문**(土地賣買明文),[175] 자필 답주 나택인(自筆畓主羅宅仁). <1장. 한자+이두. 조선 필사 이두 자료. 대구 칠계 경주 최씨 백불암 종중 구장. 안동대학교 박물관 소장. 한국학자료센터 영남권역센터 홈페이지 원문 이미지와 텍스트 보기. 박병호(1974ㄱ), 최승희(1989), 이재수(2003), 이수건 외(2004) 참고>

1859-04-00. **한성부 관**(漢城府關), 한성부. <1장. 한자+이두. 조선 필사 이두 자료. 충남 공주시 전주 이씨 숭선군파 종가 소장. 한국학중앙연구원 장서각 한국고문서자료관 홈페이지 원문 이미지 보기>

1859-05-03. **임 씨 분급문기**(林氏分給文記), 임 씨. <1장. 한자+이두. 조선 필사 이두 자료. 전북 부안군 우반 부안 김씨 세덕각 소장. 한국학중앙연구원 장서각 한국고문서자료관 홈페이지 원문 이미지와 텍스트 보기. 한국정신문화연구원 편(1983, 1998), 한국학중앙연구원 편(2017) 참고>

1859-05-12. **허 노 쌍동 토지매매명문**(許奴雙冬土地賣買明文), 회장주 유학 김두표(灰場主幼學金斗杓). <1장. 한자+한글+이두. 조선 필사 이두 자료. 전남 보성군 박실 제주 양씨가 구장. 원광대학교 박물관 소장. 호남권 한국학자료센터 홈페이지 원문 이미지와 텍스트 보기. 박병호(1974ㄱ), 최승희(1989), 이재수(2003) 참고>

1859-05-26. **양 노 옥엽 토지매매명문**(梁奴玉葉土地賣買明文) 1, 답주 자필 김재연(畓主自筆金在淵). <1장. 한자+한글+이두. 조선 필사 이두 자료. 전남 보성군 박실

---

[175] 한국학자료센터 영남권역센터 홈페이지에서는 '1859년 나택인(羅宅仁) 토지매매명문(土地賣買明文)'으로 표시하였다.

제주 양씨가 구장. 원광대학교 박물관 소장. 호남권 한국학자료센터 홈페이지 원문 이미지와 텍스트 보기. 박병호(1974ㄱ), 이재수(2003) 참고>

1859-05-00. **박계림 소지**(朴啓林所志) 3, 박계림. <1장. 한자+이두. 조선 필사 이두 자료. 전북 임실군 청웅 밀양 박씨가 소장. 호남권 한국학자료센터 홈페이지 원문 이미지와 텍스트 보기. 최승희(1989), 김선경(1993), 김경숙(2002) 참고>

1859-05-00. **혜민서 약재 공인권 매매명문**(惠民署藥材貢人權賣買明文),[176] 재주 강재검(財主康在儉). <1장. 한자+이두. 조선 필사 이두 자료. 일본 경도대학 가와이문고 소장. 고려대학교 해외한국학자료센터 홈페이지 원문 이미지 보기>

1859-06-07. **김행월 토지매매명문**(金幸月土地賣買明文), 답주 유 노 석복(畓主柳奴石福). <1장. 한자+이두. 조선 필사 이두 자료. 경북 안동시 수곡면 전주 류씨 삼산종가 구장. 대구광역시 수성구 만촌동 전주 류씨 종가 소장. 한국학자료센터 영남권역센터 홈페이지 원문 이미지와 텍스트 보기. 최승희(1989), 이재수(2003), 전경목(2010) 참고>

1859-06-15. **이우수 입사 명문**(李禹壽立嗣明文), 이우수. <1장. 한자+이두. 조선 필사 이두 자료. 경북 경주시 안강읍 옥산리 여주 이씨 장산서원·치암 종택 구장. 한국학중앙연구원 장서각 한국고문서자료관 홈페이지 원문 이미지 보기. 한국정신문화연구원 편(2003) 참고>

1859-06-00. **남응규 등 등장**(南應奎等等狀) 2, 남응규 등. <1장. 한자+이두. 조선 필사 이두 자료. 경남 밀양 사촌 의령 남씨 침류정 소장. 한국학중앙연구원 장서각 한국고문서자료관 홈페이지 원문 이미지 보기. 한국정신문화연구원 편(2004) 참고>

1859-07-14. **유학 박중곤 시장문기**(幼學朴重坤柴場文記), 시장주 유학 조진필(柴場主幼學曺振弼). <1장. 한자+이두. 조선 필사 이두 자료. 전북대학교 박물관 소장. 호남권 한국학자료센터 홈페이지 원문 이미지와 텍스트 보기. 최승희(1989), 정구복 외(1999), 이재수(2003) 참고>

---

[176] 고려대학교 해외한국학자료센터 홈페이지에서는 '1859년 강재검(康在儉) 방매 혜민서(惠民署) 약재 공인권(貢人權) 매매명문(賣買明文)'으로 표시하였다.

1859-07-25. **고산현감 서목**(高山縣監書目) 1, 고산현감. <1장. 한자+이두. 조선 필사 이두 자료. 전북 완주군 비봉 반곡서원 소장. 호남권 한국학자료센터 홈페이지 원문 이미지와 텍스트 보기. 박병호(1974ㄱ), 최승희(1989) 참고>

1859-07-26~1860-03-00(함풍 9년~庚申).「완영검제(**完營檢題**)」,[177] 완영 편. <1책. 13장. 필사본. 한자+이두. 조선 필사 이두 자료. 서울대학교 규장각 한국학연구원 홈페이지 '奎21586'의 원문 이미지 보기>

1859-07-27. **고산현감 서목**(高山縣監書目) 2, 고산현감. <1장. 한자+이두. 조선 필사 이두 자료. 전북 완주군 비봉 반곡서원 소장. 호남권 한국학자료센터 홈페이지 원문 이미지와 텍스트 보기. 박병호(1974ㄱ), 최승희(1989) 참고>

1859-07-29. **고산현감 서목**(高山縣監書目) 3, 고산현감. <1장. 한자+이두. 조선 필사 이두 자료. 전북 완주군 비봉 반곡서원 소장. 호남권 한국학자료센터 홈페이지 원문 이미지와 텍스트 보기. 박병호(1974ㄱ), 최승희(1989) 참고>

1859-07-31. **가사매매명문**(家舍賣買明文), 가대전주 유학 김옥여(家垈出主幼學金玉如). <1장. 한자+이두. 조선 필사 이두 자료. 전북 부안군 우반 부안 김씨 세덕각 소장. 한국학중앙연구원 장서각 한국고문서자료관 홈페이지 & 호남권 한국학자료센터 홈페이지 원문 이미지와 텍스트 보기. 박병호(1974ㄱ), 한국정신문화연구원 편(1983, 1998), 이재수(2003), 한국학중앙연구원 편(2017) 참고>

1859-07-00. **국은섭 등 원정**(鞠殷涉等原情), 국은섭 등. <1장. 한자+이두. 조선 필사 이두 자료. 전북 완주군 비봉 반곡서원 소장. 호남권 한국학자료센터 홈페이지 원문 이미지와 텍스트 보기. 박병호(1974ㄱ), 최승희(1989), 정구복 외(1999) 참고>

1859-07-00. **유승 등 상서**(柳昇等上書), 유승 등. <1장. 한자+이두. 조선 필사 이두 자료. 전북 완주군 비봉 반곡서원 소장. 호남권 한국학자료센터 홈페이지 원문 이미지와 텍스트 보기. 박병호(1974ㄱ), 최승희(1989) 참고>

1859-08-14. **허 노 토지매매명문**(許奴土地賣買明文), 산주 김응이(山主金應伊). <1장. 한자+한글+이두. 조선 필사 이두 자료. 전남 보성군 박실 제주 양씨가 구장.

---

177 표제는 '咸豊九年 完營檢題'이다. 서울대 규장각 한국학연구원 홈페이지에서는 책명을 '完營檢題 완영검제'로 표시하였다.

원광대학교 박물관 소장. 호남권 한국학자료센터 홈페이지 원문 이미지와 텍스트 보기. 박병호(1974ㄱ), 최승희(1989), 이재수(2003) 참고>

1859-08-19. **담양 유 생원 수기**(潭陽柳生員手記), 수기주 박계표 등(手記主朴桂杓等). <1장. 한자+이두. 조선 필사 이두 자료. 전북 담양군 모현관 소장. 호남권 한국학자료센터 홈페이지 원문 이미지와 텍스트 보기. 최승희(1989) 참고>

1859-08-00. **김호 의송**(金濠議送) 2, 김호. <1장. 한자+이두. 조선 필사 이두 자료. 전북 익산시 용제 경주 김씨가 소장. 호남권 한국학자료센터 홈페이지 원문 이미지와 텍스트 보기. 박병호(1974ㄱ), 최승희(1989), 정구복 외(1999) 참고>

1859-08-00. **김호 의송**(金濠議送) 3, 김호. <1장. 한자+이두. 조선 필사 이두 자료. 전북 익산시 용제 경주 김씨가 소장. 호남권 한국학자료센터 홈페이지 원문 이미지와 텍스트 보기. 박병호(1974ㄱ), 최승희(1989), 정구복 외(1999) 참고>

1859-08-00. **성주 이 참판댁 노 학종 소지**(星州李參判宅奴學宗所志), 학종. <1장. 한자+이두. 조선 필사 이두 자료. 경북 성주군 월항면 대산리 성산 이씨 응와 종택 구장. 한국국학진흥원 소장. 한국학자료센터 영남권역센터 홈페이지 원문 이미지와 텍스트 보기>

1859-08-00. **영해읍 대평 대소민 등장**(寧海邑大坪大小民等狀), 영해 읍대평 대소민. <1장. 한자+이두. 조선 필사 이두 자료. 경북 영덕군 영해면 괴시리 영양 남씨 괴시파 영감댁 구장. 한국국학진흥원 소장. 한국학자료센터 영남권역센터 홈페이지 원문 이미지와 텍스트 보기>

1859-08-00. **유경선 등 소지**(柳慶善等所志) 1, 유경선 등. <1장. 한자+이두. 조선 필사 이두 자료. 전북 담양군 모현관 소장. 호남권 한국학자료센터 홈페이지 원문 이미지와 텍스트 보기. 최승희(1989), 정구복 외(1999) 참고>

1859-09-08. **허 노 쌍쇠 토지매매명문**(許奴雙金土地賣買明文), 회장주 유학 이기봉(灰場主幼學伊基奉). <1장. 한자+한글+이두. 조선 필사 이두 자료. 전남 보성군 박실 제주 양씨가 구장. 원광대학교 박물관 소장. 호남권 한국학자료센터 홈페이지 원문 이미지와 텍스트 보기. 박병호(1974ㄱ), 최승희(1989), 이재수(2003) 참고>

1859-09-22~1861-03-13(함풍 9년~함풍 11년). 「경상우병영계록(**慶尙右兵營啓錄**)」 2, 비변사(備邊司) 편(編). <1책(2/전4책). 31장. 필사본. 표제는 '慶尙右兵營啓錄'.

한자+이두. 조선 필사 이두 자료. 서울대학교 규장각 한국학연구원 홈페이지 원문 이미지 보기> <영인본: 「각사등록」 11(경상도편 1)(국사편찬위원회 편, 1984)> <1856-02-24~1859-09-01(1/4)>

1859-09-24~1861-04-06(함풍 9년~함풍 11년). 「함경북병영계록(咸鏡北兵營啓錄)」 4, 비변사(備邊司) 편(編). <1책(4/전7책). 72장. 필사본. 표제는 '鏡營啓錄'. 한자+이두. 조선 필사 이두 자료. 서울대학교 규장각 한국학연구원 홈페이지 원문 이미지 보기> <영인본: 「각사등록」 43(함경도편 2)(국사편찬위원회 편, 1990)> <1844-03-29~1846-02-00(1/7)>

1859-09-25. **김채상 고목**(金彩相告目), 예리 최기봉(禮吏崔岐鳳). <1장. 한자+이두. 조선 필사 이두 자료. 전북 부안군 우동 김형복 소장. 호남권 한국학자료센터 홈페이지 원문 이미지와 텍스트 보기. 한국정신문화연구원 편(1983, 1998) 참고>

1859-09-25. **영천관 산도**(永川官山圖), 이조수(李肇秀). <1장. 한자+이두. 조선 필사 이두 자료. 경북 칠곡 석전 광주 이씨 구장. 한국학중앙연구원 장서각 한국고문서 자료관 홈페이지 원문 이미지 보기. 한국학중앙연구원 편(2009) 참고>

1859-09-00. **김호 소지**(金濠所志) 6, 김호. <1장. 한자+이두. 조선 필사 이두 자료. 전북 익산시 용제 경주 김씨가 소장. 호남권 한국학자료센터 홈페이지 원문 이미지와 텍스트 보기. 박병호(1974ㄱ), 최승희(1989), 정구복 외(1999) 참고>

1859-09-00. **임명호 차첩**(林命浩差帖), 수군절도사(水軍節度使). <1장. 한자+이두. 조선 필사 이두 자료. 전남 여수 좌수영박물관 소장. 호남권 한국학자료센터 홈페이지 원문 이미지와 텍스트 보기. 최승희(1989) 참고>

1859-10-15. **윤 생원 댁 노 성운 토지매매명문**(尹生員宅奴成雲土地賣買明文), 답주 안택량(畓主安宅良). <1장. 한자+이두. 조선 필사 이두 자료. 대전·청양 안동 김씨 삼당 후손가 소장. 한국학중앙연구원 장서각 한국고문서자료관 홈페이지 원문 이미지 보기. 한국정신문화연구원 편(2003) 참고>

1859-10-20. **김관준 토지매매명문**(金官俊土地賣買明文), 가대주 유학 신황근(家垈主 幼學申黃勤). <1장. 한자+이두. 조선 필사 이두 자료. 삼척시립박물관 소장. 한국학자료센터 강원권역센터 홈페이지 원문 이미지와 텍스트 보기. 최승희(1989), 전경목(2010), 채현경(2011), 김세민(2013) 참고>

1859-10-20. **노 천석 토지매매명문**(奴千石土地賣買明文), 전주 중암회(出主仲巖回). <1장. 한자+이두. 조선 필사 이두 자료. 경북 안동시 풍산읍 오미리 풍산 김씨 허백당 종택 구장. 한국국학진흥원 소장. 한국학자료센터 영남권역센터 홈페이지 원문 이미지와 텍스트 보기>

1859-10-24. **민점■ 토지매매명문**(閔点■土地賣買明文), 답주 유릉 하제 유사 유(畓主柳陵下齋有司柳). <1장. 한자+이두. 조선 필사 이두 자료. 경북 영주시 문수면 수도리 반남 박씨 오헌 고택 구장. 한국국학진흥원 소장. 한국학자료센터 영남권역센터 홈페이지 원문 이미지와 텍스트 보기. 김성갑(2013) 참고>

1859-10-30. **토지매매명문**(土地賣買明文),[178] 답주 남귀성(畓主南貴聲). <1장. 한자+이두. 조선 필사 이두 자료. 경북 안동시 오천 광산 김씨 후조당 소장. 한국학중앙연구원 장서각 한국고문서자료관 홈페이지 원문 이미지와 텍스트 보기. 박병호(1974ㄱ), 한국정신문화연구원 편(1982), 최승희(1989), 김영나(2007) 참고>

1859-10-00. **김호 소지**(金濠所志) 7, 김호. <1장. 한자+이두. 조선 필사 이두 자료. 전북 익산시 용제 경주 김씨가 소장. 호남권 한국학자료센터 홈페이지 원문 이미지와 텍스트 보기. 박병호(1974ㄱ), 최승희(1989), 정구복 외(1999) 참고>

1859-10-00. **김호 의송**(金濠議送) 4, 김호. <1장. 한자+이두. 조선 필사 이두 자료. 전북 익산시 용제 경주 김씨가 소장. 호남권 한국학자료센터 홈페이지 원문 이미지와 텍스트 보기. 박병호(1974ㄱ), 최승희(1989), 정구복 외(1999) 참고>

1859-10-00. **김호 의송**(金濠議送) 5, 김호. <1장. 한자+이두. 조선 필사 이두 자료. 전북 익산시 용제 경주 김씨가 소장. 호남권 한국학자료센터 홈페이지 원문 이미지와 텍스트 보기. 박병호(1974ㄱ), 최승희(1989), 정구복 외(1999) 참고>

1859-10-00. **이안모 등 소지**(李安模等所志) 1, 이안모 등. <1장. 한자+이두. 조선 필사 이두 자료. 경북 성주 명곡 벽진 이씨 완석정 종택 소장. 한국학중앙연구원 장서각 한국고문서자료관 홈페이지 원문 이미지 보기. 한국학중앙연구원 편(2009) 참고>

---

[178] 한국학중앙연구원 장서각 한국고문서자료관 홈페이지에서는 '1859년 남귀성(南貴聲) 방매 토지매매명문(土地賣買明文)'으로 표시하였다.

1859-11-20. **토지매매명문**(土地賣買明文),[179] 답주 이대용(畓主李大用). <1장. 한자+한글+이두. 조선 필사 이두 자료. 전남 보성군 박실 제주 양씨가 구장. 원광대학교 박물관 소장. 호남권 한국학자료센터 홈페이지 원문 이미지와 텍스트 보기. 박병호(1974ㄱ), 최승희(1989), 이재수(2003) 참고>

1859-11-23. **의암서원 품목**(義巖書院稟目), 의암서원. <1장. 한자+이두. 조선 필사 이두 자료. 전북 담양군 모현관 소장. 호남권 한국학자료센터 홈페이지 원문 이미지와 텍스트 보기. 최승희(1989), 정구복 외(1999) 참고>

1859-11-30. **저전매매명문**(苧田賣買明文),[180] 저전주 김병희(苧田主金柄喜). <1장. 한자+이두. 조선 필사 이두 자료. 전북 부안군 우반 부안 김씨 세턱각 소장. 장서각 한국고문서자료관 홈페이지 & 호남권 한국학자료센터 홈페이지 원문 이미지와 텍스트 보기. 박병호(1974ㄱ), 한국정신문화연구원 편(1983, 1998), 이재수(2003), 한국학중앙연구원 편(2017) 참고>

1859-11-00. **박원익 등 소지**(朴源益等所志), 박원익 등. <1장. 한자+이두. 조선 필사 이두 자료. 부여 은산 함양 박씨 소장. 한국학중앙연구원 장서각 한국고문서자료관 홈페이지 원문 이미지 보기. 한국정신문화연구원 편(2000) 참고>

1859-11-00. **유경선 등 소지**(柳慶善等所志) 2, 유경선 등. <1장. 한자+이두. 조선 필사 이두 자료. 전북 담양군 모현관 소장. 호남권 한국학자료센터 홈페이지 원문 이미지와 텍스트 보기. 최승희(1989), 정구복 외(1999) 참고>

1859-11-00. **이기수 등 소지**(李基壽等所志), 이기수 등. <1장. 한자+이두. 조선 필사 이두 자료. 경북 경주시 안강읍 옥산리 여주 이씨 장산서원·치암 종택 구장. 한국학중앙연구원 장서각 한국고문서자료관 홈페이지 원문 이미지 보기. 한국정신문화연구원 편(2003) 참고>

1859-11-00. **이안모 등 소지**(李安模等所志) 2, 이안모 등. <1장. 한자+이두. 조선 필사 이두 자료. 경북 성주 명곡 벽진 이씨 완석정 종택 소장. 한국학중앙연구원

---

[179] 호남권 한국학자료센터 홈페이지에서는 '1859년 이대용(李大用) 방매(放賣) 토지매매명문(土地賣買明文)'으로 표시하였다.

[180] 호남권 한국학자료센터 홈페이지에서는 '1859년 김병희(金柄喜) 방매(放賣) 토지매매명문(土地賣買明文)'으로 표시하였다.

장서각 한국고문서자료관 홈페이지 원문 이미지 보기. 한국학중앙연구원 편(2009) 참고>

1859-11-00. **토지매매명문**(土地賣買明文),[181] 답주 김두승(畓主金斗昇). <1장. 한자+이두. 조선 필사 이두 자료. 전남 나주시 남내 밀양 박씨 청재 종가 소장. 호남권 한국학자료센터 홈페이지 원문 이미지와 텍스트 보기. 김현영(2003) 참고>

1859-12-06. **상주 옥동서원 품목**(尙州玉洞書院稟目), 옥동서원 원장 김진려 등(玉洞書院院長金晉礪等). <1장. 점련문서. 한자+이두. 조선 필사 이두 자료. 경북 상주시 모동면 수봉리 옥동서원 소장. 한국학자료센터 영남권역센터 홈페이지 원문 이미지와 텍스트 보기. 이수환(2001) 참고>

1859-12-10. **유학 임창수 염장문기**(幼學林暢秀鹽場文記), 염부주 정 조이(鹽釜主鄭召史). <1장. 한자+한글+이두. 조선 필사 이두 자료. 전남 보성군 박실 제주 양씨가 구장. 원광대학교 박물관 소장. 호남권 한국학자료센터 홈페이지 원문 이미지와 텍스트 보기. 박병호(1974ㄱ), 최승희(1989), 이재수(2003) 참고>

1859-12-11. **김 노 유득 토지매매명문**(金奴有得土地賣買明文), 전주 재직 정삼손(田主齋直鄭三孫). <1장. 한자+이두. 조선 필사 이두 자료. 경북 안동시 오천 광산 김씨 후조당 소장. 한국학중앙연구원 장서각 한국고문서자료관 홈페이지 원문 이미지와 텍스트 보기. 박병호(1974ㄱ), 한국정신문화연구원 편(1982), 최승희(1989), 김영나(2007) 참고>

1859-12-11. **양 생원 노 옥엽 토지매매명문**(梁生員奴玉葉土地賣買明文), 답주 한량 정화보(畓主閑良鄭化甫). <1장. 한자+한글+이두. 조선 필사 이두 자료. 전남 보성군 박실 제주 양씨가 구장. 원광대학교 박물관 소장. 호남권 한국학자료센터 홈페이지 원문 이미지와 텍스트 보기>

1859-12-16. **소휘용 수표**(蘇輝容手標), 소휘용. <1장. 한자+이두. 조선 필사 이두 자료. 전남 보성 용문 낭주 최씨가 구장. 광주광역시 이정옥 소장. 호남권 한국학자료센터 홈페이지 원문 이미지와 텍스트 보기. 최승희(1989), 정구복 외(1999)

---

[181] 호남권 한국학자료센터 홈페이지에서는 '1859년 김두승(金斗昇) 방매(放賣) 토지매매명문(土地賣買明文)'으로 표시하였다.

참고>

1859-12-17. **국진섭 다짐**(鞠震涉侤音), 국진섭. <1장. 한자+이두. 조선 필사 이두 자료. 전북 완주군 비봉 반곡서원 소장. 호남권 한국학자료센터 홈페이지 원문 이미지와 텍스트 보기. 박병호(1974ㄱ), 최승희(1989) 참고>

1859-12-20. **양 노 옥엽 토지매매명문**(梁奴玉葉土地賣買明文) 2, 답주 자필 김재연(畓主自筆金在淵). <1장. 한자+한글+이두. 조선 필사 이두 자료. 전남 보성군 박실 제주 양씨가 구장. 원광대학교 박물관 소장. 호남권 한국학자료센터 홈페이지 원문 이미지와 텍스트 보기. 박병호(1974ㄱ), 이재수(2003) 참고>

1859-12-21. **작산 이씨 문중 토지매매명문**(鵲山李氏門中土地賣買明文), 답주 자필 임갑춘(畓主自筆林甲春). <1장. 한자+이두. 조선 필사 이두 자료. 경북 안동시 주촌 진성 이씨 경류정 소장. 한국학중앙연구원 장서각 한국고문서자료관 홈페이지 원문 이미지와 텍스트 보기. 한국정신문화연구원 편(1999) 참고>

1859-12-24. **권택록 토지매매명문**(權宅祿土地賣買明文), 답주 김갑복(畓主金甲福). <1장. 한자+이두. 조선 필사 이두 자료. 경북 안동시 오천 광산 김씨 후조당 소장. 한국학중앙연구원 장서각 한국고문서자료관 홈페이지 원문 이미지와 텍스트 보기. 박병호(1974ㄱ), 한국정신문화연구원 편(1982), 최승희(1989), 김영나(2007) 참고>

1859-12-24~1860-12-29. 「결속색등록(**結束色謄錄**)」77, 병조(兵曹) 편(編). <1책(77/낙질본 107책). 214장. 필사본. 한자+이두. 조선 필사 이두 자료. 서울대학교 규장각 한국학연구원 홈페이지 1787년~1891년 낙질본 107책(1792년(건륭 57년), 1811년(가경 16년) 하, 1816년(가경 21년), 1817년(가경 22년), 1824년(도광 4년), 1831(도광 11년), 1871(동치 10년), 1885년(광서 11년) 없음) 원문 이미지 보기>

1859-12-25. **유학 토지매매명문**(幼學土地賣買明文),[182] 답주 한량 김성한(畓主閑良金成漢). <1장. 한자+한글+이두. 조선 필사 이두 자료. 전남 보성군 박실 제주 양씨가 구장. 원광대학교 박물관 소장. 호남권 한국학자료센터 홈페이지 원문

---

182 호남권 한국학자료센터 홈페이지에서는 '1859년 김성한(金成漢) 방매(放賣) 토지매매명문(土地賣買明文)'으로 표시하였다.

이미지와 텍스트 보기. 박병호(1974ㄱ), 최승희(1989), 이재수(2003) 참고>

1859-12-25. **조 노 춘단 토지매매명문**(趙奴春丹土地賣買明文),[183] 답주 노 정정돌(畓主奴鄭丁乭). <1장. 한자+이두. 조선 필사 이두 자료. 경북 영양군 영양읍 삼지리 한양 조씨 하담 고택 구장. 한국국학진흥원 소장. 한국학자료센터 영남권역센터 홈페이지 원문 이미지와 텍스트 보기. 박병호(1974ㄱ), 최승희(1989), 이재수(2003), 이수건 외(2004) 참고>

1859-12-29. **토지매매명문**(土地賣買明文),[184] 전주 유학 김치운(出主幼學金致云). <1장. 한자+한글+이두. 조선 필사 이두 자료. 원광대학교 박물관 소장. 호남권 한국학자료센터 홈페이지 원문 이미지와 텍스트 보기. 박병호(1974ㄱ), 이재수(2003) 참고>

1859-12-30~1861-01-12(함풍 9년 己未~함풍 11년 辛酉).「강원감영관첩(**江原監營關牒**)」, 비변사(備邊司) 편(編). <1책(1/전6책). 41장. 필사본. 한자+이두. 조선 필사 이두 자료. 서울대학교 규장각 한국학연구원 홈페이지 원문 이미지 보기> <영인본:「각사등록」27(강원도편 1)(국사편찬위원회 편, 1988)> <1866-05-16~1868-01-26(2/6), 1868-02-03~1875-12-17(3/6), 1876-01-03~1879-10-18(4/6), 1879-11-01~18-10-1882-04-00(5/6), 1882-06-04~1883-12-29(6/6)>

1859-12-00. **김두열 소지**(金斗烈所志), 김두열. <1장. 한자+이두. 조선 필사 이두 자료. 전북 고창 석호 담양 국씨가 구장. 전북대학교 박물관 소장. 호남권 한국학자료센터 홈페이지 원문 이미지와 텍스트 보기. 박병호(1974ㄱ), 최승희(1989), 정구복 외(1999) 참고>

1859-12-00. **김호 소지**(金濠所志), 김호. <1장. 한자+이두. 조선 필사 이두 자료. 전북 익산시 용제 경주 김씨가 소장. 호남권 한국학자료센터 홈페이지 원문 이미지와 텍스트 보기. 박병호(1974ㄱ), 최승희(1989), 정구복 외(1999) 참고>

1859-12-00. **노 억금 배지**(奴億金牌旨), 상전 성(上典成). <1장. 한자+이두. 조선 필사

---

[183] 한국학자료센터 영남권역센터 홈페이지에서는 '1859년 정정돌(丁丁乭) 토지매매명문(土地賣買明文)'으로 표시하였다.

[184] 호남권 한국학자료센터 홈페이지에서는 '1859년 김치운(金致云) 방매(放賣) 토지매매명문(土地賣買明文)'으로 표시하였다.

이두 자료. 안산 부곡 진주 류씨 경성당 소장. 한국학중앙연구원 장서각 한국고문서자료관 홈페이지 원문 이미지 보기. 한국정신문화연구원 편(2002) 참고>

1859-12-00. **유우행 등 소지(柳友行等所志)**, 유우행 등. <1장. 한자+이두. 조선 필사 이두 자료. 전북 담양군 모현관 소장. 호남권 한국학자료센터 홈페이지 원문 이미지와 텍스트 보기. 최승희(1989), 정구복 외(1999) 참고>

1859-12-00. **이기수 등 상서(李基壽等上書)**, 이기수 등. <1장. 한자+이두. 조선 필사 이두 자료. 경북 경주시 안강읍 옥산리 여주 이씨 장산서원·치암 종택 구장. 한국학중앙연구원 장서각 소장. 장서각 한국고문서자료관 홈페이지 원문 이미지 보기. 한국정신문화연구원 편(2003) 참고>

1859-■■-00. **이상건 등 소지(李相健等所志)**, 이상건 등. <1장. 한자+이두. 조선 필사 이두 자료. 경북 영해 인량 재령 이씨 충효당 소장. 한국학중앙연구원 장서각 한국고문서자료관 홈페이지 원문 이미지 보기. 한국학중앙연구원 편(2008) 참고>

1859-00-00. 「대왕대비전 왕대비전존숭도감의궤(**大王大妃殿 王大妃殿尊崇都監儀軌**)」,[185] 존숭도감 편. <1책. 128장. 필사본. 표제는 '(咸豐九年己未十月 日 哲宗十年)尊崇都監儀軌'.[186] 권수제는 '(咸豐九年己未八月 日)大王大妃殿 王大妃殿尊崇都監儀軌'. 한자+이두. 조선 필사 이두 자료. 한국학중앙연구원 디지털장서각 홈페이지 'K2-2804' 원문 이미지와 텍스트 보기>

1859-00-00. 「선원보략수정의궤(**璿源譜略修正儀軌**)」, 종부시(宗簿寺) 편. <1책. 19장. 필사본. 표제는 '(己未正月 日)璿源譜略修正儀軌'. 권수제는 '(咸豐九年己未正月 日)璿源譜略修正儀軌'. 한자+이두. 조선 필사 이두 자료. 서울대학교 규장각 한국학연구원 의궤 종합정보 홈페이지 '奎 14117' 원문 이미지 보기>

1859-00-00. 「선원보략수정의궤(**璿源譜略修正儀軌**)」, 종부시(宗簿寺) 편. <1책. 21장. 필사본. 표제는 '(己未正月 日)璿源譜略修正儀軌'. 권수제는 '(咸豐九年己未十月 日)

---

[185] 한국학중앙연구원 디지털장서각 홈페이지에서는 서명을 '대왕대비전왕대비전존숭도감의궤(大王大妃殿王大妃殿尊崇都監儀軌)'로 붙여 썼다.

[186] 한국학중앙연구원 디지털장서각 홈페이지 '상세정보'의 '서지사항'에서는 '咸豐九年乙未'로 잘못 적었다.

璿源譜略修正儀軌'. 한자+이두. 조선 필사 이두 자료. 서울대학교 규장각 한국학연구원 의궤 종합정보 홈페이지 '奎14116' 원문 이미지 보기>

1859-00-00.「순원왕후국휼등록(純元王后國恤謄錄)」, 전향사(典享司) 편(編). <1책. 57장. 필사본. 한자+이두. 조선 필사 이두 자료. 한국학중앙연구원 장서각 한국학자료센터 홈페이지 & 한국학중앙연구원 한국학 디지털 아카이브 홈페이지 원문 이미지 보기>

1859-00-00.「순원왕후국휼등록(純元王后國恤謄錄)」, 전향사(典享司) 편(編). <1책. 121장. 필사본. 한자+이두. 조선 필사 이두 자료. 한국학중앙연구원 장서각 한국학자료센터 홈페이지 원문 이미지 보기>

1859-00-00.「순원왕후부묘도감의궤(純元王后祔廟都監儀軌)」,[187] 부묘도감 편. <1책. 179장. 필사본. 표제는 '(咸豊九年己未十月 日哲宗十年 祔 廟都監儀軌 全'. 권수제는 '(咸豊九年己未八月 日)純元王后祔 廟都監儀軌'. 한자+이두.[188] 조선 필사 이두 자료. 한국학중앙연구원 디지털장서각 홈페이지 'K2-2247' 원문 이미지와 텍스트 보기>

1859-00-00.「순원왕후부묘도감의궤(純元王后祔 廟都監儀軌)」,[189] 부묘도감 편. <1책. 179장. 필사본. 표제는 '(咸豊九年己未十月 日 宗廟署上)祔 廟都監儀軌 全'. 권수제는 '(咸豊九年己未八月 日)純元王后祔 廟都監儀軌'. 한자+이두. 조선 필사 이두 자료. 한국학중앙연구원 디지털장서각 홈페이지 'K2-2248' 원문 이미지와 텍스트 보기>

1859-00-00.「순원왕후부묘도감의궤(純元王后祔 廟都監儀軌)」,[190] 부묘도감 편. <1책. 179장. 필사본. 표제는 '祔 廟都監儀軌 全'. 권수제는 '(咸豊九年己未八月 日)純元

---

[187] 한국학중앙연구원 한국학 디지털 아카이브 홈페이지에서는 서명을 '[순원왕후]부묘도감의궤[純元王后]祔廟都監儀軌)'로 적었다.

[188] 한국학중앙연구원 장서각기록유산DB 홈페이지 '해제' '형태사항'에서는 '표기문자 한자'로 적었다.

[189] 한국학중앙연구원 한국학 디지털 아카이브 홈페이지에서는 서명을 '[순원왕후]부묘도감의궤[純元王后]祔廟都監儀軌)'로 적었다.

[190] 서울대학교 규장각 한국학연구원 의궤 종합정보 홈페이지에서는 서명을 '순원왕후부묘도감의궤(純元王后祔廟都監儀軌)'로 붙여 썼다.

王后祔 廟都監儀軌'. 한자+이두. 조선 필사 이두 자료. 서울대학교 규장각 한국학연구원 의궤 종합정보 홈페이지 '奎13703' 원문 이미지와 텍스트 보기>

1860년

<경신(庚申), 철종 11년. 함풍 10년>

1860-01-03~1861-01-12(함풍 10년~함풍 11년). 「강원감영계록(江原監營啓錄)」 3, 비변사(備邊司) 편(編). <1책(3/전3책). 7장. 필사본. 표제는 '江原監營啓錄'. 한자+이두. 조선 필사 이두 자료. 서울대학교 규장각 한국학연구원 홈페이지 원문 이미지 보기> <영인본: 「각사등록」 27(강원도편 1)(국사편찬위원회 편, 1988)> <1831-08-17~1832-05-15(1/3)>

1860-01-04. **백일굉 토지매매명문**(白日宏土地賣買明文), 답주 용산 재사 성상 김득(畓主龍山齋舍城上金得). <1장. 한자+이두. 조선 필사 이두 자료. 경북 안동시 주촌 진성 이씨 경류정 소장. 한국학중앙연구원 장서각 한국고문서자료관 홈페이지 원문 이미지와 텍스트 보기. 한국정신문화연구원 편(1999) 참고>

1860-01-20. **유학 조영채 토지매매명문**(幼學趙永采土地賣買明文), 답필 유학 남극로(畓筆幼學南極老). <1장. 한자+이두. 조선 필사 이두 자료. 남원·구례 삭녕 최씨 구장. 한국학중앙연구원 장서각 한국고문서자료관 홈페이지 원문 이미지 보기. 한국정신문화연구원 편(2004) 참고>

1860-01-22. **김 진사 댁 노 마당 가사매매명문**(金進士宅奴馬堂家舍賣買明文), 가대주 임 노 복산(家垈主林奴卜山).[191] <1장. 한자+이두. 조선 필사 이두 자료. 대전·청양 안동 김씨 삼당 후손가 소장. 한국학중앙연구원 장서각 한국고문서자료관 홈페이지 원문 이미지 보기. 한국정신문화연구원 편(2003) 참고>

1860-01-24. **박일양 토지매매명문**(朴一陽土地賣買明文), 전주 김사균(田主金泗均).

---

191 한국학중앙연구원 장서각 한국고문서자료관 홈페이지 '기본 정보'에서는 발급자를 '박산(朴山)'으로 잘못 적었다.

<1장. 한자+이두. 조선 필사 이두 자료. 경북 봉화군 명호면 도천리 안동 김씨 해헌 고택 구장. 한국국학진흥원 소장. 한국학자료센터 영남권역센터 홈페이지 원문 이미지와 텍스트 보기. 박병호(1974ㄱ), 최승희(1989), 이재수(2003), 이수건 외(2004) 참고>

1860-01-24. **학계 성■ 토지매매명문**(學稧城■土地賣買明文), ■주 자필 유학 김벽현(■主自筆幼學金璧鉉). <1장. 한자+이두. 조선 필사 이두 자료. 경북 안동시 하회 풍산 류씨 충효당 소장. 한국학중앙연구원 장서각 한국고문서자료관 홈페이지 원문 이미지와 텍스트 보기. 한국정신문화연구원 편(1994) 참고>

1860-01-29. **토지매매명문**(土地賣買明文), 답주 도 노 일금(畓主都奴日金). <1장. 한자+이두. 조선 필사 이두 자료. 대구 칠계 경주 최씨 백불암 종중 구장. 안동대학교 박물관 소장. 한국학자료센터 영남권역센터 홈페이지 원문 이미지와 텍스트 보기. 박병호(1974ㄱ), 최승희(1989), 이재수(2003), 이수건 외(2004) 참고>

1860-01-00. **노봉서원 재임 품목**(露峯書院齋任稟目), 노봉서원. <1장. 한자+이두. 조선 필사 이두 자료. 남원·구례 삭녕 최씨 구장. 한국학중앙연구원 장서각 한국고문서자료관 홈페이지 원문 이미지 보기. 한국정신문화연구원 편(2004) 참고>

1860-02-04. **강종명 토지매매명문**(姜宗明土地賣買明文), 전주 양도명(田主梁道明). <1장. 한자+이두. 조선 필사 이두 자료. 제주 장전리 진주 강씨 강태복가 소장. 호남권 한국학자료센터 홈페이지 원문 이미지와 텍스트 보기. 최승희(1989), 고창석(2002) 참고>

1860-02-10. **조 생원 댁 수기**(曺生員宅手記), 김양진(金良眞). <1장. 한자+이두. 조선 필사 이두 자료. 영암 미암 창녕 조씨 태호 후손가 소장. 호남권 한국학자료센터 홈페이지 원문 이미지 보기. 최승희(1989) 참고>

1860-02-11~1861-02-06(庚申~辛酉). 「황해감영장계등록(**黃海監營狀啓謄錄**)」 14, 비변사(備邊司) 편(編). <1책(14/전22책). 201장. 필사본. 표제는 '黃海監營啓錄'. 한자+이두. 조선 필사 이두 자료. 서울대학교 규장각 한국학연구원 홈페이지 원문 이미지 보기> <영인본: 「각사등록」 23(황해도편 2)(국사편찬위원회 편, 1986)> <1832-07-02~1832-12-30(1/22)>

1860-02-15. **유학 가사매매명문**(幼學家舍賣買明文),[192] 답주 자필 유학 김두학(畓主自

筆劝學金斗學). <1장. 한자+이두. 조선 필사 이두 자료. 전북 임실군 지사 협계태씨가 소장. 호남권 한국학자료센터 홈페이지 원문 이미지와 텍스트 보기. 김재문(1986), 이재수(2003), 채현경(2011) 참고>

1860-02-21. **호 양원 토지매매명문**(戶良元土地賣買明文), 답주 호 신계복(畓主戶新契卜). <1장. 한자+이두. 조선 필사 이두 자료. 경북 영해 인량 재령 이씨 충효당 소장. 한국학중앙연구원 장서각 한국고문서자료관 홈페이지 원문 이미지 보기. 한국정신문화연구원 편(1997) 참고>

1860-02-23. **박 생원 문중 토지매매명문**(朴生員門中土地賣買明文), 답주 유릉 하재고직 민대관(畓主柳陵下齋庫直閔大寬). <1장. 한자+이두. 조선 필사 이두 자료. 경북 영주시 문수면 수도리 반남 박씨 오헌 고택 구장. 한국국학진흥원 소장. 한국학자료센터 영남권역센터 홈페이지 원문 이미지와 텍스트 보기. 김성갑(2013) 참고>

1860-02-26. **종숙 김홍락 명문**(從叔金興洛明文), 표주 족질 김병모(標主族姪金秉模). <1장. 한자+이두. 조선 필사 이두 자료. 안동 금계 의성 김씨 학봉 종가 소장. 한국학중앙연구원 장서각 한국고문서자료관 홈페이지 원문 이미지와 텍스트 보기. 한국정신문화연구원 편(1990) 참고>

1860-02-29. **신 생원 댁 노 토지매매명문**(辛生員宅奴土地賣買明文), 답주 원당 김 생원 댁 노 유철(畓主元堂金生員宅奴有哲). <1장. 한자+이두. 조선 필사 이두 자료. 영광 입석 영월 신씨 소장. 한국학중앙연구원 장서각 한국고문서자료관 홈페이지 원문 이미지와 텍스트 보기. 한국정신문화연구원 편(1996) 참고>

1860-02-00. **경주 옥산서원 수노 원문 소지**(慶州玉山書院首奴願文所志) 1, 원문. <1장. 한자+이두. 조선 필사 이두 자료. 경북 경주 옥산서원 소장. 한국학자료센터 영남권역센터 홈페이지 원문 이미지와 텍스트 보기. 이수환(2001) 참고>

1860-02-00. **경주 옥산서원 수노 원문 소지**(慶州玉山書院首奴願文所志) 2, 원문. <1장. 한자+이두. 조선 필사 이두 자료. 경북 경주 옥산서원 소장. 한국학자료센터

---

192 호남권 한국학자료센터 홈페이지에서는 '1860년 김두학(金斗學) 방매(放賣) 가사매매명문(家舍賣買明文)'으로 표시하였다.

영남권역센터 홈페이지 원문 이미지와 텍스트 보기. 이수환(2001) 참고>

1860-02-00. **김방제 등 원정**(金邦濟等原情), 김방제 등. <1장. 한자+이두. 조선 필사 이두 자료. 전북 부안 석동 부안 김씨가 소장. 호남권 한국학자료센터 홈페이지 원문 이미지와 텍스트 보기. 박병호(1974ㄱ), 최승희(1989), 정구복 외(1999) 참고>

1860-02-00. **안영환 소지**(安永煥所志) 1, 안영환. <1장. 한자+이두. 조선 필사 이두 자료. 전남 보성군 택촌 죽산 안씨 은봉 종가 소장. 호남권 한국학자료센터 홈페이지 원문 이미지와 텍스트 보기. 김선경(1993), 김경숙(2002), 이수건 외(2004) 참고>

1860-02-00. **유승 등 상서**(柳昇等上書), 유승 등. <1장. 한자+이두. 조선 필사 이두 자료. 전북 완주군 비봉 반곡서원 소장. 호남권 한국학자료센터 홈페이지 원문 이미지와 텍스트 보기. 박병호(1974ㄱ), 최승희(1989) 참고>

1860-02-00. **유응식 등 상서**(柳應植等上書), 유응식 등. <1장. 한자+이두. 조선 필사 이두 자료. 전북 담양군 모현관 소장. 호남권 한국학자료센터 홈페이지 원문 이미지와 텍스트 보기. 최승희(1989), 정구복 외(1999) 참고>

1860-02-00. **유응식 등 소지**(柳應植等所志) 1, 유응식 등. <1장. 한자+이두. 조선 필사 이두 자료. 전북 담양군 모현관 소장. 호남권 한국학자료센터 홈페이지 원문 이미지와 텍스트 보기. 최승희(1989), 정구복 외(1999) 참고>

1860-02-00. **유응식 등 소지**(柳應植等所志) 2, 유응식 등. <1장. 한자+이두. 조선 필사 이두 자료. 전북 담양군 모현관 소장. 호남권 한국학자료센터 홈페이지 원문 이미지와 텍스트 보기. 최승희(1989), 정구복 외(1999) 참고>

1860-02-00. **유제환 도부**(柳齊煥到付), 유제환. <1장. 한자+이두. 조선 필사 이두 자료. 전북 담양군 모현관 소장. 호남권 한국학자료센터 홈페이지 원문 이미지와 텍스트 보기. 최승희(1989), 정구복 외(1999) 참고>

1860-02-00. **이내영 등 소지**(李來榮等所志) 1, 이내영 등. <1장. 한자+이두. 조선 필사 이두 자료. 경북 영해 인량 재령 이씨 충효당 소장. 한국학중앙연구원 장서각 한국고문서자료관 홈페이지 원문 이미지 보기. 한국학중앙연구원 편(2008) 참고>

1860-03-03. **이수락 소지**(李壽洛所志), 이수락. <1장. 한자+이두. 조선 필사 이두

자료. 경북 영해 인량 재령 이씨 충효당 소장. 한국학중앙연구원 장서각 한국고문서자료관 홈페이지 원문 이미지 보기. 한국학중앙연구원 편(2008) 참고>

1860-03-06. **유학 한관옥 토지매매명문**(幼學韓寬玉土地賣買明文), 답주 유학 배수만(畓主幼學裵守萬). <1장. 한자+이두. 조선 필사 이두 자료. 전북 정읍시 동학농민혁명기념관 소장. 호남권 한국학자료센터 홈페이지 원문 이미지와 텍스트 보기. 박병호(1974ㄱ), 이재수(2003) 참고>

1860-03-19. **박 생원 댁 노 토지매매명문**(朴生員宅奴土地賣買明文), 전주 황 생원 노 이남(田主黃生員奴二男). <1장. 한자+이두. 조선 필사 이두 자료. 부여 은산 함양 박씨 소장. 한국학중앙연구원 장서각 한국고문서자료관 홈페이지 원문 이미지 보기. 한국정신문화연구원 편(2000) 참고>

1860-03-30~1860-00-00(庚申). 「황해감영 심리등록(**黃海監營審理謄錄**)」 13, 비변사(備邊司) 편(編). <1책(13/전22책). 97장. 필사본. 표제는 '黃海監營啓錄'. 한자+이두. 조선 필사 이두 자료. 서울대학교 규장각 한국학연구원 홈페이지 원문 이미지 보기> <영인본: 「각사등록」 23(황해도편 2)(국사편찬위원회 편, 1986)> <1832-07-02~1832-12-30(1/22)>

1860-03-00. **고진호 등 등장**(高鎭皞等等狀), 고진호 등. <1장. 한자+이두. 조선 필사 이두 자료. 전북 부안 청호 제주 고씨 문중 구장. 전북 부안 청호 효충사 소장. 호남권 한국학자료센터 홈페이지 원문 이미지와 텍스트 보기. 최승희(1989), 김경숙(2002), 심재우(2013) 참고>

1860-03-00. **안영환 소지**(安永煥所志) 2, 안영환. <1장. 한자+이두. 조선 필사 이두 자료. 전남 보성군 택촌 죽산 안씨 은봉 종가 소장. 호남권 한국학자료센터 홈페이지 원문 이미지와 텍스트 보기. 김선경(1993), 김경숙(2002), 이수건 외(2004) 참고>

1860-03-00. **유도태 소지**(柳道泰所志), 유도태. <1장. 한자+이두. 조선 필사 이두 자료. 전북 순창 청계 문화 유씨가 소장. 호남권 한국학자료센터 홈페이지 원문 이미지와 텍스트 보기. 박병호(1974ㄱ), 최승희(1989), 정구복 외(1999) 참고>

1860-03-00. **유종식 등 상서**(柳鍾植等上書) 1, 유종식 등. <1장. 한자+이두. 조선 필사 이두 자료. 전북 담양군 모현관 소장. 호남권 한국학자료센터 홈페이지 원문

이미지와 텍스트 보기. 최승희(1989), 정구복 외(1999) 참고>

1860-03-00. **이내영 등 소지**(李來榮等所志) 2, 이내영 등. <1장. 한자+이두. 조선 필사 이두 자료. 경북 영해 인량 재령 이씨 충효당 소장. 한국학중앙연구원 장서각 한국고문서자료관 홈페이지 원문 이미지 보기. 한국학중앙연구원 편(2008) 참고>

1860-03-00. **조권진 소지**(曺權鎭所志), 조권진. <1장. 한자+이두. 조선 필사 이두 자료. 영암 미암 창녕 조씨 태호 후손가 소장. 호남권 한국학자료센터 홈페이지 원문 이미지 보기. 최승희(1989) 참고>

1860-윤3-05. **토지매매명문**(土地賣買明文),[193] 답주 자필 김상엽(畓主自筆金相燁). <1장. 한자+이두. 조선 필사 이두 자료. 전남 함평군 함평 이씨 이건풍 구장. 목포대학교 도서문화연구원 소장. 호남권 한국학자료센터 홈페이지 원문 이미지와 텍스트 보기. 최승희(1989) 참고>

1860-윤3-22. **조병규 소지**(曺丙圭所志), 조병규. <1장. 한자+이두. 조선 필사 이두 자료. 영암 미암 창녕 조씨 태호 후손가 소장. 호남권 한국학자료센터 홈페이지 원문 이미지 보기. 최승희(1989) 참고>

1860-윤3-27. **한치방 수기**(韓致邦手記), 한치방. <1장. 한자+이두. 조선 필사 이두 자료. 전북 부안 청호 제주 고씨 문중 구장. 전북 부안 청호 효충사 소장. 호남권 한국학자료센터 홈페이지 원문 이미지와 텍스트 보기. 박병호(1974ㄱ), 최승희(1989), 정구복 외(1999) 참고>

1860-윤3-30. **이 노 분돌 노비매매명문**(李奴分乭奴婢賣買明文), 조 노 분금(趙奴分金). <1장. 한자+이두. 조선 필사 이두 자료. 경남 거창 강동 초계 정씨 동계 종가 구장. 한국학중앙연구원 장서각 한국고문서자료관 홈페이지 & 한국학중앙연구원 장서각 한국학자료센터 홈페이지 원문 이미지와 텍스트 보기. 김태영(1983), 최승희(1989), 한국정신문화연구원 편(1995), 이재수(2003), 한국학중앙연구원 편(2005) 참고>

---

193 호남권 한국학자료센터 홈페이지에서는 '1860년 김상엽(金相燁) 방매(放賣) 토지매매명문(土地賣買明文)'으로 표시하였다.

1860-윤3-00. **가사매매명문**(家舍賣買明文), 가주 김덕기(家主金德基). <1장. 한자+이두. 조선 필사 이두 자료. 경남 거창 강동 초계 정씨 동계 종가 구장. 한국학중앙연구원 장서각 한국고문서자료관 홈페이지 & 한국학중앙연구원 장서각 한국학자료센터 홈페이지 원문 이미지와 텍스트 보기. 최승희(1989), 한국정신문화연구원 편(1995), 이재수(2003) 한국학중앙연구원 편(2005) 참고>

1860-윤3-00. **김호 소지**(金濠所志), 김호. <1장. 한자+이두. 조선 필사 이두 자료. 전북 익산시 용제 경주 김씨가 소장. 호남권 한국학자료센터 홈페이지 원문 이미지와 텍스트 보기. 박병호(1974ㄱ), 최승희(1989), 정구복 외(1999) 참고>

1860-04-08. **강인제 토지매매명문**(康仁悌土地賣買明文), 전주 이태연(田主李泰連). <1장. 한자+이두. 조선 필사 이두 자료. 제주시 일도 2동 제주민속자연사박물관 소장. 호남권 한국학자료센터 홈페이지 원문 이미지와 텍스트 보기. 최승희(1989), 고창석(2002) 참고>

1860-04-16. **강종락 토지매매명문**(姜宗樂土地賣買明文), 전주 강호진(田主姜好鎭). <1장. 한자+이두. 조선 필사 이두 자료. 제주 어도내산 진주 강씨가 구장. 제주 한림 강우석 소장. 호남권 한국학자료센터 홈페이지 원문 이미지와 텍스트 보기. 이재수(2003), 오창명(2007) 참고>

1860-04-00. **경주 옥산서원 수노 원문 소지**(慶州玉山書院首奴願文所志) 3, 원문. <1장. 한자+이두. 조선 필사 이두 자료. 경북 경주 옥산서원 소장. 한국학자료센터 영남권역센터 홈페이지 원문 이미지와 텍스트 보기. 이수환(2001) 참고>

1860-04-00. **나의성 등 상서**(羅義成等上書), 나의성 등. <1장. 한자+이두. 조선 필사 이두 자료. 전북 담양군 모현관 소장. 호남권 한국학자료센터 홈페이지 원문 이미지와 텍스트 보기. 최승희(1989), 정구복 외(1999) 참고>

1860-04-00. **유종식 등 상서**(柳鍾植等上書) 2, 유종식 등. <1장. 한자+이두. 조선 필사 이두 자료. 전북 담양군 모현관 소장. 호남권 한국학자료센터 홈페이지 원문 이미지와 텍스트 보기. 최승희(1989), 정구복 외(1999) 참고>

1860-05-09~1860-10-21(庚申). 「우포청등록(**右捕廳謄錄**)」14, 포도청(捕盜廳) 편(編). <1책(14/전30책). 45장. 필사본. 표제는 '右捕廳謄錄'. 한자+이두. 조선 필사 이두 자료. 서울대학교 규장각 한국학연구원 홈페이지 원문 이미지 보기> <1807-01-

13~1808-06-12(1/30)>

1860-05-00. **김면교 등 상서**(金冕教等上書), 김면교 등. <1장. 한자+이두. 조선 필사 이두 자료. 경북 안동시 오천 광산 김씨 후조당 소장. 한국학중앙연구원 장서각 한국고문서자료관 홈페이지 원문 이미지와 텍스트 보기. 한국정신문화연구원 편(1982) 참고>

1860-05-00. **김순교 등 상서**(金舜教等上書), 김순교 등. <1장. 한자+이두. 조선 필사 이두 자료. 경북 안동시 오천 광산 김씨 후조당 소장. 한국학중앙연구원 장서각 한국고문서자료관 홈페이지 원문 이미지와 텍스트 보기. 한국정신문화연구원 편(1982) 참고>

1860-05-00. **김이유 등 상서**(金頤儒等上書), 김이유 등. <1장. 한자+이두. 조선 필사 이두 자료. 경북 안동시 오천 광산 김씨 후조당 소장. 한국학중앙연구원 장서각 한국고문서자료관 홈페이지 원문 이미지와 텍스트 보기. 한국정신문화연구원 편(1982) 참고>

1860-05-00. **이기수 등 원정**(李基壽等原情), 이기수 등. <1장. 한자+이두. 조선 필사 이두 자료. 경북 경주시 안강읍 옥산리 여주 이씨 장산서원·치암 종택 구장. 한국학중앙연구원 장서각 한국고문서자료관 홈페이지 원문 이미지 보기. 한국정신문화연구원 편(2003) 참고>

1860-06-06~1861-04-18(함풍 29년~함풍 30년).「경상도 동래부사 박신규 장록(**慶尙道東萊府使朴臣圭狀錄**)」 2, 비변사(備邊司) 편(編). <1책(2/전9책). 70장. 필사본. 표제는 '東萊府啓錄'. 한자+이두. 조선 필사 이두 자료. 서울대학교 규장각 한국학연구원 홈페이지 원문 이미지 보기> <영인본:「각사등록」12(경상도편 2)(국사편찬위원회 편, 1984)> <1849-06-06~1850-04-18(1/9)>

1860-06-15~1868-08-21(함풍 10년 庚申~戊辰).「의주부장계등록(**義州府狀啓謄錄**)」 4, 비변사(備邊司) 편(編). <1책(4/전6책). 140장. 필사본. 표제는 '義州啓錄'. 한자+이두. 조선 필사 이두 자료. 서울대학교 규장각 한국학연구원 홈페이지 원문 이미지 보기> <1840-08-08~1841-10-29(1/6)>

1860-06-00. **경주 옥산서원 수노 원문 소지**(慶州玉山書院首奴願文所志) 4, 원문. <1장. 한자+이두. 조선 필사 이두 자료. 경북 경주 옥산서원 소장. 한국학자료센터

영남권역센터 홈페이지 원문 이미지와 텍스트 보기. 이수환(2001) 참고>

1860-06-00. **봉화현감 해유문서**(奉化縣監解由文書), 봉화현감. <1장. 한자+이두. 조선 필사 이두 자료. 영암 아산사 구장. 광주 해주 오씨 오철환 소장. 호남권 한국학자료센터 홈페이지 원문 이미지 보기. 최승희(2003) 참고>

1860-07-23. **정학묵 차첩**(鄭學默差帖), 도승지(都承旨). <1장. 한자+이두. 조선 필사 이두 자료. 경기도 군포시 속달 동래 정씨 정난종 종가 구장. 한국학중앙연구원 장서각 한국고문서자료관 홈페이지 원문 이미지 보기. 한국학중앙연구원 편(2010) 참고>

1860-07-29~1860-10-28(庚申). 「평안감영계록(平安監營啓錄)」, 비변사(備邊司) 편(編). <1책(28/전37책). 101장. 필사본. 표제는 '箕營別啓錄'. 한자+이두. 조선 필사 이두 자료. 서울대학교 규장각 한국학연구원 홈페이지 원문 이미지 보기> <영인본: 「각사등록」 32(평안도편 4)(국사편찬위원회 편, 1988)> <1830-08-12~1830-12-30(1/37)>

1860-07-00. **토지매매명문**(土地賣買明文),[194] 답주 문장 유학 한정유(畓主門長幼學韓鼎裕). <1장. 한자+이두. 조선 필사 이두 자료. 전북 무장 원송 진주 강씨가 구장. 전북대학교 박물관 소장. 호남권 한국학자료센터 홈페이지 원문 이미지와 텍스트 보기. 박병호(1974ㄱ), 최승희(1989), 정구복 외(1999) 참고>

1860-08-07. **장대서원 통문**(藏待書院通文), 장대서원. <1장. 한자+이두. 조선 필사 이두 자료. 경북 경주시 내남면 이조리 경주 최씨·용산서원 소장. 한국학중앙연구원 장서각 한국고문서자료관 홈페이지 원문 이미지 보기. 한국정신문화연구원 편(2000) 참고>

1860-08-20. **토지매매명문**(土地賣買明文),[195] 답주 조회겸(畓主曺晦謙). <1장. 한자+이두. 조선 필사 이두 자료. 전남 영광 마산 경주 이씨가 구장. 진안 용담호미술관 소장. 호남권 한국학자료센터 홈페이지 원문 이미지와 텍스트 보기. 최승희(1989),

---

[194] 호남권 한국학자료센터 홈페이지에서는 '1860년 한정유(韓鼎裕) 방매(放賣) 토지매매명문(土地賣買明文)'으로 표시하였다.

[195] 호남권 한국학자료센터 홈페이지에서는 '1860년 조회겸(曺晦謙) 방매(放賣) 토지매매명문(土地賣買明文)'으로 표시하였다.

정구복 외(1999), 채현경(2011) 참고>

1860-08-25. **합천좌수 이인혁 산도**(陝川座首李仁爀山圖), 이인혁. <1장. 한자+이두. 조선 필사 이두 자료. 경북 성주군 월항면 대산리 성산 이씨 응와 종택 구장. 한국국학진흥원 소장. 한국학자료센터 영남권역센터 홈페이지 원문 이미지와 텍스트 보기>

1860-08-00. **성주 이 참판댁 노 학종 소지**(星州李參判宅奴學宗所志), 학종. <1장. 한자+이두. 조선 필사 이두 자료. 경북 성주군 월항면 대산리 성산 이씨 응와 종택 구장. 한국국학진흥원 소장. 한국학자료센터 영남권역센터 홈페이지 원문 이미지와 텍스트 보기>

1860-09-27. **이진원 토지매매명문**(李鎭元土地賣買明文), 답주 유학 박복동(畓主幼學朴福童). <1장. 한자+이두. 조선 필사 이두 자료. 전북 부안군 취성재 소장. 호남권 한국학자료센터 홈페이지 원문 이미지와 텍스트 보기. 최승희(1989), 김건우(2008), 채현경(2011, 2013) 참고>

1860-09-00. **문몽택 등장**(文夢澤等狀) 1, 문몽택. <1장. 한자+이두. 조선 필사 이두 자료. 전남 영암군 장암 남평 문씨 문창집 소장. 호남권 한국학자료센터 홈페이지 & 호남권 한국학자료센터 홈페이지 원문 이미지와 텍스트 보기. 최승희(1989), 한국정신문화연구원 편(1995, 2003), 전경목 외(2006) 참고>

1860-09-00. **최 생원 댁 산직 원화 소지**(崔生員宅山直元火所志), 원화. <1장. 한자+이두. 조선 필사 이두 자료. 남원·구례 삭녕 최씨 구장. 한국학중앙연구원 장서각 한국고문서자료관 홈페이지 원문 이미지 보기. 한국정신문화연구원 편(2004) 참고>

1860-09-00. **최현수 등 소지**(崔顯秀等所志), 최현수 등. <1장. 한자+이두. 조선 필사 이두 자료. 전남 화순 해주 최씨가 소장. 호남권 한국학자료센터 홈페이지 원문 이미지 보기. 최승희(1989), 전경목 외(2006) 참고>

1860-09-00. **화민 문몽택 등 소지**(化民文夢澤等所志) 1, 문몽택 등. <1장. 한자+이두. 조선 필사 이두 자료. 전남 영암군 장암 남평 문씨 문창집 소장. 한국학중앙연구원 장서각 한국고문서자료관 홈페이지 원문 이미지와 텍스트 보기. 한국정신문화연구원 편(1995) 참고>

1860-10-12. **토지매매명문**(土地賣買明文),[196] 답주 황도경(畓主黃道京). <1장. 한자+이두. 조선 필사 이두 자료. 전남 보성군 택촌 죽산 안씨 은봉 종가 소장. 호남권 한국학자료센터 홈페이지 원문 이미지와 텍스트 보기. 김현영(1999), 박성종(1999), 박경(2008) 참고>

1860-10-13. **토지매매명문**(土地賣買明文),[197] 답주 권택록(畓主權宅祿). <1장. 한자+이두. 조선 필사 이두 자료. 경북 안동시 오천 광산 김씨 후조당 소장. 한국학중앙연구원 장서각 한국고문서자료관 홈페이지 원문 이미지와 텍스트 보기. 박병호(1974ㄱ), 한국정신문화연구원 편(1982), 최승희(1989), 김영나(2007) 참고>

1860-10-15. **토지매매명문**(土地賣買明文),[198] 답주 죄인 박성 상불착(畓主罪人朴姓喪不着). <1장. 한자+이두. 조선 필사 이두 자료. 전북대학교 박물관 소장. 호남권 한국학자료센터 홈페이지 원문 이미지와 텍스트 보기. 박병호(1974ㄱ), 최승희(1989), 정구복 외(1999) 참고>

1860-10-21~1861-12-11(庚申~辛酉). 「우포청등록(右捕廳謄錄)」 15, 포도청(捕盜廳) 편(編). <1책(15/전30책). 73장. 필사본. 표제는 '右捕廳謄錄'. 한자+이두. 조선 필사 이두 자료. 서울대학교 규장각 한국학연구원 홈페이지 원문 이미지 보기>
<1807-01-13~1808-06-12(1/30)>

1860-10-22. **유학 강양회 토지매매명문**(幼學姜陽會土地賣買明文), 답주 전황룡(畓主全黃龍). <1장. 한자+이두. 조선 필사 이두 자료. 전북 고창 석호 담양 국씨가 구장. 전북대학교 박물관 소장. 호남권 한국학자료센터 홈페이지 원문 이미지와 텍스트 보기. 최승희(1989), 정구복 외(1999), 이재수(2003) 참고>

1860-10-00. **문몽택 등장**(文夢澤等狀) 2, 문몽택. <1장. 한자+이두. 조선 필사 이두 자료. 전남 영암군 장암 남평 문씨 문창집 소장. 호남권 한국학자료센터 홈페이지

---

[196] 호남권 한국학자료센터 홈페이지에서는 '1860년 황도경(黃道京) 방매(放賣) 토지매매명문(土地賣買明文)'으로 표시하였다.
[197] 한국학중앙연구원 장서각 한국고문서자료관 홈페이지에서는 '1860년 권택록(權宅祿) 방매 토지매매명문(土地賣買明文)'으로 표시하였다.
[198] 호남권 한국학자료센터 홈페이지에서는 '1860년 박씨(朴氏) 방매 토지매매명문(土地賣買明文)'으로 표시하였다.

& 호남권 한국학자료센터 홈페이지 원문 이미지와 텍스트 보기. 최승희(1989), 한국정신문화연구원 편(1995, 2003), 전경목 외(2006) 참고>

1860-10-00. **시장문기**(柴場文記),[199] 시장주 김선필(柴場主金善必). <1장. 한자+이두. 조선 필사 이두 자료. 전남 나주시 나주 정씨 정문찬 소장. 호남권 한국학자료센터 홈페이지 원문 이미지와 텍스트 보기. 최승희(1989), 국립민속박물관 편(1991) 참고>

1860-10-00. **화민 문몽택 등 소지**(化民文夢澤等所志) 2, 문몽택 등. <1장. 한자+이두. 조선 필사 이두 자료. 전남 영암군 장암 남평 문씨 문창집 소장. 한국학중앙연구원 장서각 한국고문서자료관 홈페이지 원문 이미지와 텍스트 보기. 한국정신문화연구원 편(1995) 참고>

1860-11-08. **양 생원 댁 노비 옥엽 토지매매명문**(梁生員宅奴婢玉葉土地賣買明文), 답주 한량 박연순(畓主閑良朴連順). <1장. 한자+한글+이두. 조선 필사 이두 자료. 전남 보성군 박실 제주 양씨가 구장. 원광대학교 박물관 소장. 호남권 한국학자료센터 홈페이지 원문 이미지와 텍스트 보기. 박병호(1974ㄱ), 최승희(1989), 이재수(2003) 참고>

1860-11-12. **유학 장성일 토지매매명문**(幼學張聖一土地賣買明文), 답주 한량 양재인(畓主閑良梁再仁). <1장. 한자+한글+이두. 조선 필사 이두 자료. 전남 보성군 박실 제주 양씨가 구장. 원광대학교 박물관 소장. 호남권 한국학자료센터 홈페이지 원문 이미지와 텍스트 보기. 박병호(1974ㄱ), 최승희(1989), 이재수(2003) 참고>

1860-11-13~1861-12-29. 「(함풍 11년 신유)결속색등록(**咸豊十一年辛酉 結束色謄錄**)」 78, 병조(兵曹) 편(編). <1책(78/전107책). 213장. 필사본. 한자+이두. 조선 필사 이두 자료. 서울대학교 규장각 한국학연구원 홈페이지 1787년~1891년 낙질본 107책(1792년(건륭 57년), 1811년(가경 16년) 하, 1816년(가경 21년), 1817년(가경 22년), 1824년(도광 4년), 1831년(도광 11년), 1871년(동치 10년), 1885년(광서 11년) 없음) 원문 이미지 보기>

---

199 호남권 한국학자료센터 홈페이지에서는 '1860년 김선필(金善必) 방매(放賣) 시장문기(柴場文記)'로 표시하였다.

1860-11-17. **김 생원 댁 노 만수 토지매매명문**(金生員宅奴萬壽土地賣買明文), 전답주 유학 정상일(田畓主幼學鄭尙一). <1장. 한자+이두. 조선 필사 이두 자료. 경북 안동시 오천 광산 김씨 후조당 소장. 한국학중앙연구원 장서각 한국고문서자료관 홈페이지 원문 이미지와 텍스트 보기. 박병호(1974ㄱ), 한국정신문화연구원 편(1982), 최승희(1989), 김영나(2007) 참고>

1860-11-27. **계정 수노 천만 토지매매명문**(溪亭首奴千萬土地賣買明文),[200] 답주 유학 김정상(畓主幼學金正祥). <1장. 한자+이두. 조선 필사 이두 자료. 경북 경주시 안강읍 옥산리 여주 이씨 독락당 소장. 한국학중앙연구원 장서각 한국고문서자료관 홈페이지 원문 이미지 보기. 한국정신문화연구원 편(2003) 참고>

1860-11-27. **토지매매명문**(土地賣買明文),[201] 답주 자필 유학 정안호(畓主自筆幼學鄭安浩). <1장. 한자+이두. 조선 필사 이두 자료. 전남 순천 황전 경주 정씨가 구장. 광주광역시 이정옥 소장. 호남권 한국학자료센터 홈페이지 원문 이미지와 텍스트 보기. 최승희(1989) 참고>

1860-11-29. **토지매매명문**(土地賣買明文),[202] 자필 전주 유학 임영오(自筆田主幼學林永午). <1장. 한자+이두. 조선 필사 이두 자료. 전북대학교 박물관 소장. 호남권 한국학자료센터 홈페이지 원문 이미지와 텍스트 보기. 최승희(1989), 정구복 외(1999), 이재수(2003) 참고>

1860-11-30~1864-05-02(함풍 10년~동치 3년). 「호좌수영 계록(**湖左水營 啓錄**)」 2, 비변사(備邊司) 편(編). <1책(2/전5책). 38장. 필사본. 표제는 '全羅左水營啓錄'. 한자+이두. 조선 필사 이두 자료. 서울대학교 규장각 한국학연구원 홈페이지 원문 이미지 보기> <영인본: 「각사등록」 20(전라도편 3)(국사편찬위원회 편, 1986)> <1850-02-12~1860-07-22(1/5)>

---

[200] 한국학중앙연구원 장서각 한국고문서자료관 홈페이지에서는 '1860년 계정수노(溪亭首奴) 만허(萬許) 토지매매명문(土地賣買明文)'으로 표시하였다.

[201] 호남권 한국학자료센터 홈페이지에서는 '1860년 정안호(鄭安浩) 방매(放賣) 토지매매문(土地賣買明文)'으로 표시하였다.

[202] 호남권 한국학자료센터 홈페이지에서는 '1860년 임영오(林永午) 방매 토지매매명문(土地賣買明文)'으로 표시하였다.

1860-11-30~1863-04-03(庚申~癸亥) 추정. 「종친부등록(宗親府謄錄)」 2, 종친부(宗親府) 편(編). <1책(2/전2책). 75장. 표제는 '(庚申十一月 日)謄錄冊'. 필사본. 한자+이두. 조선 필사 이두 자료. 서울대학교 규장각 한국학연구원 홈페이지 원문 이미지 보기> <1785-08-00~1796-03-09(1/2)>

1860-11-00. **문규록 단자**(文圭祿單子), 문규록. <1장. 한자+이두. 조선 필사 이두 자료. 전남 영암군 장암 남평 문씨 문창집 소장. 호남권 한국학자료센터 홈페이지 & 호남권 한국학자료센터 홈페이지 원문 이미지와 텍스트 보기. 최승희(1989), 한국정신문화연구원 편(1995, 2003), 전경목 외(2006) 참고>

1860-11-00. **신준모 등 소지**(申浚模等所志), 신준모 등. <1장. 한자+이두. 조선 필사 이두 자료. 순창장류박물관 소장. 호남권 한국학자료센터 홈페이지 원문 이미지와 텍스트 보기. 박병호(1974ㄱ), 최승희(1989), 전경목(2001), 정구복(2002) 참고>

1360-11-00. **이선 등 소지**(李繕等所志), 이선 등. <1장. 한자+이두. 조선 필사 이두 자료. 경북 성주 명곡 벽진 이씨 완석정 종택 소장. 한국학중앙연구원 장서각 한국고문서자료관 홈페이지 원문 이미지 보기. 한국학중앙연구원 편(2009) 참고>

1860-11-00. **화민 신방묵 등 소지**(化民辛邦黙等所志), 신방묵 등. <1장. 한자+이두. 조선 필사 이두 자료. 영광 입석 영월 신씨 소장. 한국학중앙연구원 장서각 한국고문서자료관 홈페이지 원문 이미지와 텍스트 보기. 한국정신문화연구원 편(1996) 참고>

1860-11-■■. ■...■ **토지매매명문**(■...■土地賣買明文), 답주 이(畓主李). <1장. 한자+이두. 조선 필사 이두 자료. 경북 안동시 갈전 순흥 안씨 소장. 한국학중앙연구원 장서각 한국고문서자료관 홈페이지 원문 이미지 보기. 한국정신문화연구원 편(1999) 참고>

1860-12-06~1882-07-28(庚申~壬午). 「수진궁등록(**壽進宮謄錄**)」 홍(洪), 수진궁(壽進宮) 편(編). <1책(5/5 낙질본). 138장. 필사본. 한자+이두 그리고 한글(108ㄴ). 조선 필사 이두 자료. 서울대학교 규장각 한국학연구원 홈페이지 원문 보기> <1628-07-00~1828-07-09(地. 1/5)>

1860-12-11. **토지매매명문**(土地賣買明文),[203] 답주 유학 임성팔(畓主幼學林成八). <1

장. 한자+이두. 조선 필사 이두 자료. 전북대학교 박물관 소장. 호남권 한국학자료센터 홈페이지 원문 이미지와 텍스트 보기. 최승희(1989), 정구복 외(1999), 이재수(2003) 참고>

1860-12-14. **작산재사 당중 토지매매명문**(鵲山齋舍堂中土地賣買明文), 전주 김인이(田主金仁伊). <1장. 한자+이두. 조선 필사 이두 자료. 경북 안동시 주촌 진성이씨 경류정 소장. 한국학중앙연구원 장서각 한국고문서자료관 홈페이지 원문 이미지와 텍스트 보기. 한국정신문화연구원 편(1999) 참고>

1860-12-15. **유학 권인현 가사매매명문**(幼學權仁賢家舍賣買明文), 가대답주 유학 이대엽(家垈畓主幼學李大燁). <1장. 한자+이두. 조선 필사 이두 자료. 전북 고창읍내 안동 권씨가 소장. 호남권 한국학자료센터 홈페이지 원문 이미지와 텍스트 보기. 최승희(1989), 전북향토문화연구회 편(1993), 정구복 외(1999) 참고>

1860-12-22~1893-03-06(庚申~癸巳). 「광주부전유수재임시계록책(**廣州府前留守在任時啓錄冊**)」1~6, 비변사(備邊司) 편(編). <전6책. 필사본. 표제는 '廣營啓錄'. 한자+이두. 조선 필사 이두 자료. 서울대학교 규장각 한국학연구원 홈페이지 원문 이미지 보기> <영인본:「각사등록」4 & 5(경기도편)(국사편찬위원회 편, 1982)> <① 1860-12-22~1864-12-28(庚申~甲子). 「광주부전유수재임시계록책」(제1/6. 133장), ② 1865-01-20~1869-09-09(乙丑~己巳). 「광주부전유수재임시계록책」(제2/6. 59장), ③ 1869-10-04~1875-06-26(己巳~乙亥). 「광주부전유수재임시계록책」(제3/6. 199장), ④ 1875-07-00~1877-07-07(乙亥~丁丑). 「광주부전유수재임시계록책」(제4/6. 36장), ⑤ 1886-12-07~1889-05-24(丙戌~己丑). 「광주부전유수재임시계록책」(제5/6. 81장), ⑥ 1889-05-26~1893-03-06(己丑~癸巳). 「광주부전유수재임시계록책」(제6/6. 88장)>

1860-12-30. **향교 훈장·다사 첩**(鄕校訓長多士帖), 제주목사 겸 방어사(濟州牧使兼防禦使). <1장. 한자+이두. 조선 필사 이두 자료. 제주시 일도 2동 제주민속자연사박물관 소장. 호남권 한국학자료센터 홈페이지 원문 이미지와 텍스트 보기>

---

203 호남권 한국학자료센터 홈페이지에서는 '1860년 임성팔(林成八) 방매 토지매매명문(土地賣買明文)'으로 표시하였다.

1860-12-00. **김두열 소지**(金斗烈所志), 김두열. <1장. 한자+이두. 조선 필사 이두 자료. 전북 고창 석호 담양 국씨가 구장. 전북대학교 박물관 소장. 호남권 한국학 자료센터 홈페이지 원문 이미지와 텍스트 보기. 박병호(1974ㄱ), 최승희(1989), 정구복 외(1999) 참고>

1860-12-00. **김방제 등 소지**(金邦濟等所志), 김방제 등. <1장. 한자+이두. 조선 필사 이두 자료. 전북 부안 석동 부안 김씨가 소장. 호남권 한국학자료센터 홈페이지 원문 이미지와 텍스트 보기. 박병호(1974ㄱ), 최승희(1989), 정구복 외(1999) 참고>

1860-12-00. **안 노 순매 소지**(安奴順每所志), 순매. <1장. 한자+이두. 조선 필사 이두 자료. 전남 보성군 택촌 죽산 안씨 은봉 종가 소장. 호남권 한국학자료센터 홈페이지 원문 이미지와 텍스트 보기. 김선경(1993), 정구복 외(1997), 문숙자(2000) 참고>

1860-12-00. **전라감영 완문**(全羅監營完文), 전라감사(全羅監司). <1장. 한자+이두. 조선 필사 이두 자료. 전북 부안 석동 부안 김씨가 소장. 호남권 한국학자료센터 홈페이지 원문 이미지와 텍스트 보기. 박병호(1974ㄱ), 최승희(1989), 정구복 외(1999) 참고>

1860-12-00. **전라감영 입안**(全羅監營立案), 전라감사(全羅監司). <1장. 한자+이두. 조선 필사 이두 자료. 전북 부안 석동 부안 김씨가 소장. 호남권 한국학자료센터 홈페이지 원문 이미지와 텍스트 보기. 박병호(1974ㄱ), 최승희(1989), 정구복 외(1999) 참고>

1860-12-00. **토지매매명문**(土地賣買明文)[204] 1, 전주 고명조(田主高命祚). <1장. 한자+이두. 조선 필사 이두 자료. 한국학중앙연구원 장서각 한국고문서자료관 홈페이지 원문 이미지와 텍스트 보기. 한국정신문화연구원 편(1992) 참고>

1860-12-00. **토지매매명문**(土地賣買明文)[205] 2, 전주 고명조(田主高命祚). <1장. 한자+이두. 조선 필사 이두 자료. 한국학중앙연구원 장서각 한국고문서자료관 홈페

---

[204] 한국학중앙연구원 장서각 한국고문서자료관 홈페이지에서는 '1860년 고명조(高命祚) 방매 토지매매명문(土地賣買明文)'으로 표시하였다.

[205] 한국학중앙연구원 장서각 한국고문서자료관 홈페이지에서는 '1860년 고명조(高命祚) 방매 토지매매명문(土地賣買明文)'으로 표시하였다.

이지 원문 이미지와 텍스트 보기. 한국정신문화연구원 편(1992) 참고>

1860-12-00. **토지매매명문**(土地賣買明文)[206] 3, 전주 고명조(田主高命祚). <1장. 한자 +이두. 조선 필사 이두 자료. 한국학중앙연구원 장서각 한국고문서자료관 홈페이지 원문 이미지와 텍스트 보기. 한국정신문화연구원 편(1992) 참고>

1860-12-00. **토지매매명문**(土地賣買明文)[207] 4, 전주 고명조(田主高命祚). <1장. 한자 +이두. 조선 필사 이두 자료. 한국학중앙연구원 장서각 한국고문서자료관 홈페이지 원문 이미지와 텍스트 보기. 한국정신문화연구원 편(1992) 참고>

1860-12-00. **토지매매명문**(土地賣買明文),[208] 답주 유학 김형근(畓主幼學金亨謹). <1장. 한자+이두. 조선 필사 이두 자료. 전북대학교 박물관 소장. 호남권 한국학자료센터 홈페이지 원문 이미지와 텍스트 보기. 박병호(1974ㄱ), 최승희(1989), 정구복 외(1999) 참고>

1860-00-00. 「대왕대비전 왕대비전존숭도감의궤(**大王大妃殿 王大妃殿尊崇都監儀軌**)」,[209] 존숭도감 편. <1책. 127장. 필사본. 표제는 '(咸豊九年己未十月 日 五臺山城上)尊崇都監儀軌全'. 권수제는 '(咸豊九年己未八月 日)大王大妃殿 王大妃殿尊崇都監儀軌'. 한자+이두. 조선 필사 이두 자료. 서울대학교 규장각 한국학연구원 의궤 종합정보 홈페이지 '奎13437' 원문 이미지 보기>

1860-00-00 이후 기입 추정. 「서전(**書傳**)」 권1-5, 송나라 주희(朱熹) 집주(集註). <1책. 91장. 필사본. 본문에 생획토 기입. 조선 묵서 구결 자료. 국립중앙도서관 홈페이지 원문 이미지 보기>

1860-00-00~1884-00-00. 「금위영 전좌등록(**禁衛營殿座謄錄**)」, 금위영 편. <1책. 122장. 필사본. 한자+이두. 조선 필사 이두 자료. 한국학중앙연구원 장서각 소장.

---

[206] 한국학중앙연구원 장서각 한국고문서자료관 홈페이지에서는 '1860년 고명조(高命祚) 방매 토지매매명문(土地賣買明文)'으로 표시하였다.

[207] 한국학중앙연구원 장서각 한국고문서자료관 홈페이지에서는 '1860년 고명조(高命祚) 방매 토지매매명문(土地賣買明文)'으로 표시하였다.

[208] 호남권 한국학자료센터 홈페이지에서는 '1860년 김형근(金亨謹) 방매 토지매매명문(土地賣買明文)'으로 표시하였다.

[209] 서울대학교 규장각 한국학연구원 의궤 종합정보 홈페이지에서는 서명을 표제나 권수제와는 달리 '신정왕후효정왕후존숭도감의궤(神貞王后孝定王后尊崇都監儀軌)'로 적었다.

한국학중앙연구원 한국학 디지털 아카이브 홈페이지 원문 이미지와 텍스트 보기>

1860-00-00~1892-09-00 추정. 「가고(可考)」 상(上)·하(下), 편자 미상. <2책. 필사본. 한자+이두 그리고 한자+한글 토(상 후반부). 한자+이두. 조선 필사 이두 자료. 서울대학교 규장각 한국학연구원 홈페이지 원문 이미지 보기>

1861년

<신유(辛酉). 철종 12년. 함풍 11년>

1861-01-06~1866-12-03(함풍 11년 辛酉~동치 5년 丙寅). 「남병사오길선재임시장계등록(南兵使吳吉善在任時狀啓錄)」 2, 비변사(備邊司) 편(編). <1책(2/전7책). 119장. 필사본. 표제는 '南兵營啓錄'. 한자+이두. 이두 자료. 서울대학교 규장각 한국학연구원 홈페이지 원문 이미지 보기> <영인본: 「각사등록」 44(함경도편 3)(국사편찬위원회 편, 1990)> <1856-02-25~1858-03-21(1/7)>

1861-01-07. **유학 최필언 토지매매명문**(幼學崔必彦土地賣買明文), 답주 박 씨(畓主朴氏). <1장. 한자+이두. 조선 필사 이두 자료. 전북대학교 박물관 소장. 호남권 한국학자료센터 홈페이지 원문 이미지와 텍스트 보기. 최승희(1989), 정구복 외(1999), 이재수(2003) 참고>

1861-01-11. **남만실 토지매매명문**(南萬實土地賣買明文), 답주 박만중(畓主朴萬中). <1장. 한자+이두. 조선 필사 이두 자료. 경북 안동시 수곡면 전주 류씨 삼산종가 구장. 대구광역시 수성구 만촌동 전주 류씨 종가 소장. 한국학자료센터 영남권역센터 홈페이지 원문 이미지와 텍스트 보기. 최승희(1989), 이재수(2003), 전경목(2010) 참고>

1861-01-17~1861-07-27(辛酉. 함풍 11년). 「충청수영계록(忠淸水營啓錄)」 2, 비변사(備邊司) 편. <1책(2/전6책). 49장. 필사본. 표제는 '?忠水營啓錄'. 한자+이두. 조선 필사 이두 자료. 서울대학교 규장각 한국학연구원 홈페이지 원문 이미지 보기> <영인본: 「각사등록」 8(충청도편 3)(국사편찬위원회 편, 1983)> <1842-07-01~

1844-03-12(제1/6)>

1861-01-18~1872-10-10(함풍 11년~壬申).「경기수영관보첩등록(京畿水營關報牒謄錄)」, 비변사(備邊司) 편(編). <1책. 43장. 필사본. 표제는 '京水關報牒啓錄'. 한자+이두. 조선 필사 이두 자료. 서울대학교 규장각 한국학연구원 홈페이지 원문 이미지 보기> <영인본:「각사등록」 1(경기도편 1)(국사편찬위원회 편, 1981)>

1861-01-20~1865-07-19(辛酉~乙丑).「영좌병영계록(嶺左兵營啓錄)」 2, 비변사(備邊司) 편(編). <1책(2/전2책). 33장. 필사본. 표제는 '慶尙左兵營啓錄'. 한자+이두. 조선 필사 이두 자료. 서울대학교 규장각 한국학연구원 홈페이지 원문 이미지 보기> <영인본:「각사등록」 11(경상도편 1)(국사편찬위원회 편, 1984)> <1848-11-02~1851-윤8-29(1/2)>

1861-01-26. **김양업 토지매매명문**(金兩業土地賣買明文), 전주 권용석(田主權龍錫). <1장. 한자+이두. 조선 필사 이두 자료. 안동 천전 의성 김씨 지촌 종택 소장. 한국학중앙연구원 장서각 한국고문서자료관 홈페이지 원문 이미지 보기. 한국정신문화연구원 편(1990) 참고>

1861-01-26~1870-07-01(함풍 11년~동치 9년).「경기수영장계등록(京畿水營狀啓謄錄)」[210] 2, 비변사(備邊司) 편(編). <1책(2/전2책). 68장. 필사본. 표제는 '喬桐啓錄'. 권수제는 '(同治 年 月 日)京畿水營狀啓謄錄'. 한자+이두. 조선 필사 이두 자료. 서울대학교 규장각 한국학연구원 홈페이지 원문 이미지 보기> <영인본:「각사등록」 1(경기도편 1)(국사편찬위원회 편, 1981)> <1858-10-03~1860-07-01(1/2)>

1861-01-00. **경주 옥산서원 수노 광손 소지**(慶州玉山書院首奴光孫所志), 광손. <1장. 한자+이두. 조선 필사 이두 자료. 경북 경주 옥산서원 소장. 한국학자료센터 영남권역센터 홈페이지 원문 이미지와 텍스트 보기. 이수환(2001) 참고>

1861-01-00. **장유여 소지**(張有余所志), 장유여. <1장. 한자+이두. 조선 필사 이두 자료. 전북 고창 석호 담양 국씨가 구장. 전북대학교 박물관 소장. 호남권 한국학자료센터 홈페이지 원문 이미지와 텍스트 보기. 박병호(1974ㄱ), 최승희(1989),

---

210 서울대학교 규장각 한국학연구원 홈페이지에서는 서명을 '京畿水營啓錄 경기수영계록'으로 적었다.

정구복 외(1999) 참고>

1861-01-00~1861-12-00(辛酉). 「추조결옥록(**秋曹決獄錄**)」 16, 형조(刑曹) 편(編). <1책(16/낙질본 43책). 65장. 필사본. 한자+이두. 조선 필사 이두 자료. 서울대학교 규장각 한국학연구원 홈페이지 원문 이미지 보기> <1822-01-00~1822-12-00 (1/43)>

1861-01-00~1862-01-14(함풍 11년~동치 원년). 「함영비변사관자등록(**咸營備邊司關者謄錄**)」, 비변사(備邊司) 편(編). <1책. 30장. 필사본. 표제는 '咸營關牒'. 한자+이두. 조선 필사 이두 자료. 서울대학교 규장각 한국학연구원 홈페이지 원문 이미지 보기> <영인본: 「각사등록」 42(함경도편 1)(국사편찬위원회 편, 1990)>

1861-02-04~1861-11-10(辛酉). 「금영 계록(**錦營 啓錄**)」 5, 비변사(備邊司) 편(編). <1책. 5/전9책. 60장. 필사본. 표제는 '錦營啓錄'. 한자+이두. 조선 필사 이두 자료. 서울대학교 규장각 한국학연구원 홈페이지 원문 이미지 보기> <영인본: 「각사등록」 6-7(국사편찬위원회 편, 1982-1983)> <1836-02-15~1837-12-19(제1/9)>

1861-02-07. **김호 점렬 토지매매명문**(金戶占列土地賣買明文),[211] 답주 권귀심(畓主權貴心). <1장. 한자+이두. 조선 필사 이두 자료. 경북 영양군 영양읍 삼지리 한양 조씨 하담 고택 구장. 한국국학진흥원 소장. 한국학자료센터 영남권역센터 홈페이지 원문 이미지와 텍스트 보기. 박병호(1974ㄱ), 최승희(1989), 이재수(2003), 이수건 외(2004) 참고>

1861-02-10. **당질 정공달 토지매매명문**(堂侄鄭公達土地賣買明文), 답주 당숙 정문한(畓主堂叔鄭文漢). <1장. 한자+한글+이두. 조선 필사 이두 자료. 전남 보성군 박실 제주 양씨가 구장. 원광대학교 박물관 소장. 호남권 한국학자료센터 홈페이지 원문 이미지와 텍스트 보기>

1861-02-10. **승 준■ 토지매매명문**(僧俊■土地賣買明文), 답주 문중 유사 권(畓主門中有司權). <1장. 한자+이두. 조선 필사 이두 자료. 경북 안동시 주촌 진성 이씨 경류정 소장. 한국학중앙연구원 장서각 한국고문서자료관 홈페이지 원문 이미지

---

[211] 한국학자료센터 영남권역센터 홈페이지에서는 '1861년 권귀심(權貴心) 토지매매명문(土地賣買明文)'으로 표시하였다.

와 텍스트 보기. 한국정신문화연구원 편(1999) 참고>

1861-02-13. **권필룡 토지매매명문**(權必龍土地賣買明文), 전가대주 유 자필(田家垈主柳自筆). <1장. 한자+이두. 조선 필사 이두 자료. 경북 안동시 수곡면 전주 류씨 삼산 종가 구장. 대구광역시 수성구 만촌동 전주 류씨 종가 소장. 한국학자료센터 영남권역센터 홈페이지 원문 이미지와 텍스트 보기. 최승희(1989), 이재수(2003), 전경목(2010) 참고>

1861-02-16~1862-05-21(辛酉~壬戌).「황해병영(**黃海兵營**)」2, 비변사(備邊司) 편(編). <1책(2/전4책). 33장. 필사본. 표제는 '黃海兵營啓錄'. 한자+이두. 조선 필사 이두 자료. 서울대학교 규장각 한국학연구원 홈페이지 원문 이미지 보기> <영인본: 「각사등록」 24(황해도편 3)(국사편찬위원회 편, 1987)> <1853-02-27~1856-05-21(1/4)>

1861-02-00. **최 씨가 소지**(崔氏家所志), 최 씨가. <1장. 한자+이두. 조선 필사 이두 자료. 남원·구례 삭녕 최씨 구장. 한국학중앙연구원 장서각 한국고문서자료관 홈페이지 원문 이미지 보기. 한국정신문화연구원 편(2004) 참고>

1861-02-00. **토지매매명문**(土地賣買明文), 답주 유학 이원서(畓主幼學李元瑞). <1장. 한자+이두. 조선 필사 이두 자료. 전북 정읍시 동학농민혁명기념관 소장. 호남권 한국학자료센터 홈페이지 원문 이미지와 텍스트 보기. 박병호(1974ㄱ), 이재수(2003) 참고>

1861-03-06~1862-11-26(辛酉~壬戌).「좌포청등록(**左捕廳謄錄**)」11, 포도청(捕盜廳) 편(編). <1책(11/전18책). 50장. 필사본. 내제는 '左右捕盜廳'. 표제는 '左捕廳謄錄'. 한자+이두. 조선 필사 이두 자료. 서울대학교 규장각 한국학연구원 홈페이지 낙질본 원문 이미지 보기> <1775-06-14~1775-윤10-29(1/18)>

1861-03-08. **지례 종가댁 토지매매명문**(智禮宗家宅土地賣買明文), 답주 권영근(畓主權永根). <1장. 한자+이두. 조선 필사 이두 자료. 안동 천전 의성 김씨 지촌 종택 소장. 한국학중앙연구원 장서각 한국고문서자료관 홈페이지 원문 이미지 보기. 한국정신문화연구원 편(1990) 참고>

1861-03-10. **계중 토지매매명문**(稧中土地賣買明文), 답주 유학 이성오(畓主幼學李聖五). <1장. 한자+이두. 조선 필사 이두 자료. 전남 나주시 남내 밀양 박씨 청재

종가 소장. 호남권 한국학자료센터 홈페이지 원문 이미지와 텍스트 보기. 김소은(2004), 이수건 외(2004), 김영나(2007) 참고>

1861-03-10. **나계윤 토지매매명문**(羅啓允土地賣買明文), 답주 이국완(畓主李國完). <1장. 한자+이두. 조선 필사 이두 자료. 전남 나주시 남내 밀양 박씨 청재 종가 소장. 호남권 한국학자료센터 홈페이지 원문 이미지와 텍스트 보기. 김재문(1986), 김영나(2007) 참고>

1861-03-14. **토지매매명문**(土地賣買明文)[212] 1, 답주 유학 조내창(畓主幼學趙乃昌). <1장. 한자+이두. 조선 필사 이두 자료. 전남 영광 마산 경주 이씨가 구장. 진안 용담호미술관 소장. 호남권 한국학자료센터 홈페이지 원문 이미지와 텍스트 보기. 최승희(1989), 이재수(2003), 채현경(2011) 참고>

1861-03-14. **토지매매명문**(土地賣買明文)[213] 2, 답주 유학 조내창(畓主幼學趙乃昌). <1장. 한자+이두. 조선 필사 이두 자료. 전남 영광 마산 경주 이씨가 구장. 진안 용담호미술관 소장. 호남권 한국학자료센터 홈페이지 원문 이미지와 텍스트 보기. 최승희(1989), 이재수(2003), 채현경(2011) 참고>

1861-03-20. **토지매매명문**(土地賣買明文),[214] 답주 황종협(畓主黃鍾協). <1장. 한자+이두. 조선 필사 이두 자료. 전남 영광 마산 경주 이씨가 구장. 진안 용담호미술관 소장. 호남권 한국학자료센터 홈페이지 원문 이미지와 텍스트 보기. 박병호(1974ㄱ), 최승희(1989), 이재수(2003) 참고>

1861-03-23. **유학 김태순 토지매매명문**(幼學金泰淳土地賣買明文), 답주 유학 안수팔(畓主幼學安水八). <1장. 한자+이두. 조선 필사 이두 자료. 광주광역시 광산구 김해 김씨 소장. 호남권 한국학자료센터 홈페이지 원문 이미지와 텍스트 보기. 이재수(2003), 이수건 외(2004) 참고>

---

[212] 호남권 한국학자료센터 홈페이지에서는 '1861년 조내창(趙乃昌) 방매(放賣) 토지매매명문(土地賣買明文)'으로 표시하였다.

[213] 호남권 한국학자료센터 홈페이지에서는 '1861년 조내창(趙乃昌) 방매(放賣) 토지매매명문(土地賣買明文)'으로 표시하였다.

[214] 호남권 한국학자료센터 홈페이지에서는 '1861년 황종협(黃鍾協) 방매(放賣) 토지매매명문(土地賣買明文)'으로 표시하였다.

1861-03-25. **토지매매명문**(土地賣買明文),²¹⁵ 전주 자필 문기운(田主自筆文奇雲). <1장. 한자+이두. 조선 필사 이두 자료. 전북 고창 읍내 안동 권씨가 소장. 호남권 한국학자료센터 홈페이지 원문 이미지와 텍스트 보기. 최승희(1989), 전북향토문화연구회 편(1993), 정구복 외(1999) 참고>

1861-03-00. **김진옥 준호구**(金進玉准戶口), 제주목(濟州牧). <1장. 한자+이두. 필사 이두 자료. 제주교육박물관 소장. 사이버 제주교육박물관 홈페이지 원문 이미지와 텍스트 보기>

1861-03-00. **최추환 등 소지**(崔樞煥等所志), 최추환 등. <1장. 한자+이두. 조선 필사 이두 자료. 전북 부안 석동 류절재 소장. 호남권 한국학자료센터 홈페이지 원문 이미지와 텍스트 보기. 박병호(1974ㄱ), 최승희(1989) 참고>

1861-03-00. **최현수 등 소지**(崔顯秀等所志) 1, 최현수 등. <1장. 한자+이두. 조선 필사 이두 자료. 전남 화순 해주 최씨가 소장. 호남권 한국학자료센터 홈페이지 원문 이미지 보기. 최승희(1989), 전경목 외(2006) 참고>

1861-03-00. **최현수 등 소지**(崔顯秀等所志) 2, 최현수 등. <1장. 한자+이두. 조선 필사 이두 자료. 전남 화순 해주 최씨가 소장. 호남권 한국학자료센터 홈페이지 원문 이미지 보기. 최승희(1989), 전경목 외(2006) 참고>

1861-03-00. **최현수 등 소지**(崔顯秀等所志) 3, 최현수 등. <1장. 한자+이두. 조선 필사 이두 자료. 전남 화순 해주 최씨가 소장. 호남권 한국학자료센터 홈페이지 원문 이미지 보기. 최승희(1989), 전경목 외(2006) 참고>

1861-03-00. **화민 신굉규 등 소지**(化民申玊等所志), 신굉규 등. <1장. 한자+이두. 조선 필사 이두 자료. 영광 입석 영월 신씨 소장. 한국학중앙연구원 장서각 한국고문서자료관 홈페이지 원문 이미지와 텍스트 보기. 한국정신문화연구원 편(1996) 참고>

1861-04-04.²¹⁶ **시장문기**(柴場文記), 시장주 한명복(柴場主韓明福). <1장. 한자+이두.

---

215 호남권 한국학자료센터 홈페이지에서는 '1861년 문기운(文奇雲) 방매(放賣) 토지매매명문(土地賣買明文)'으로 표시하였다.
216 호남권 한국학자료센터 홈페이지 '안내 정보'에서는 '2월 초10일'로 잘못 적었다.

조선 필사 이두 자료. 전남 영광 마산 경주 이씨가 구장. 진안 용담호미술관 소장. 호남권 한국학자료센터 홈페이지 원문 이미지와 텍스트 보기. 박병호(1974ㄱ), 최승희(1989), 이재수(2003) 참고>

1861-04-06. **유학 조권진 토지매매명문**(幼學曺權鎭土地賣買明文), 답주 유학 최순일(畓主幼學崔舜一). <1장. 한자+이두. 조선 필사 이두 자료. 영암 미암 창녕 조씨 태호 후손가 소장. 호남권 한국학자료센터 홈페이지 원문 이미지 보기. 최승희(1989) 참고>

1861-04-00. **조택규 등 등장**(曺宅奎等等狀) 1, 조택규 등. <1장. 한자+이두. 조선 필사 이두 자료. 경남 밀양 사촌 의령 남씨 침류정 소장. 한국학중앙연구원 장서각 한국고문서자료관 홈페이지 원문 이미지 보기. 한국정신문화연구원 편(2004) 참고>

1861-05-18~1862-06-30(辛酉~壬戌). 「평안감영계록(平安監營啓錄)」 29, 비변사(備邊司) 편(編). <1책(29/전37책). 116장. 필사본. 표제는 '平安監營啓錄'. 한자+이두. 조선 필사 이두 자료. 서울대학교 규장각 한국학연구원 홈페이지 원문 이미지 보기> <영인본: 「각사등록」 32(평안도편 4)(국사편찬위원회 편, 1988)> <1830-08-12~1830-12-30(1/37)>

1861-05-20. **부안현감 전령**(扶安縣監傳令) 1, 부안현감. <1장. 한자+이두. 조선 필사 이두 자료. 전북 부안 청호 제주 고씨 문중 구장. 전북 부안 청호 효충사 소장. 호남권 한국학자료센터 홈페이지 원문 이미지와 텍스트 보기. 박병호(1974ㄱ), 최승희(1989), 정구복 외(1999) 참고>

1861-05-20. **부안현감 전령**(扶安縣監傳令) 2, 부안현감. <1장. 한자+이두. 조선 필사 이두 자료. 전북 부안 청호 제주 고씨 문중 구장. 전북 부안 청호 효충사 소장. 호남권 한국학자료센터 홈페이지 원문 이미지와 텍스트 보기. 박병호(1974ㄱ), 최승희(1989), 정구복 외(1999) 참고>

1861-05-20. **부안현감 전령**(扶安縣監傳令) 3, 부안현감. <1장. 한자+이두. 조선 필사 이두 자료. 전북 부안 청호 제주 고씨 문중 구장. 전북 부안 청호 효충사 소장. 호남권 한국학자료센터 홈페이지 원문 이미지와 텍스트 보기. 박병호(1974ㄱ), 최승희(1989), 정구복 외(1999) 참고>

1861-05-00. **고진호 등 등장**(高鎭皥等等狀) 1, 고진호 등. <1장. 한자+이두. 조선 필사 이두 자료. 전북 부안 청호 제주 고씨 문중 구장. 전북 부안 청호 효충사 소장. 호남권 한국학자료센터 홈페이지 원문 이미지와 텍스트 보기. 최승희(1989), 김경숙(2002), 심재우(2013) 참고>

1861-05-00. **남응규 등 의송**(南應奎等議送), 남응규 등. <1장. 한자+이두. 조선 필사 이두 자료. 경남 밀양 사촌 의령 남씨 침류정 소장. 한국학중앙연구원 장서각 한국고문서자료관 홈페이지 원문 이미지 보기. 한국정신문화연구원 편(2004) 참고>

1861-05-00. **남효관 등 등장**(南孝寬等等狀) 1, 남효관 등. <1장. 한자+이두. 조선 필사 이두 자료. 경남 밀양 사촌 의령 남씨 침류정 소장. 한국학중앙연구원 장서각 한국고문서자료관 홈페이지 원문 이미지 보기. 한국정신문화연구원 편(2004) 참고>

1861-05-00. **이영원 소지**(李永源所志), 이영원. <1장. 한자+이두. 조선 필사 이두 자료. 전북 익산 용화 전주 이씨가 구장. 전북대학교 박물관 소장. 호남권 한국학자료센터 홈페이지 원문 이미지와 텍스트 보기. 박병호(1974ㄱ), 최승희(1989), 정구복 외(1999) 참고>

1861-05-00. **조택규 등 등장**(曺宅奎等等狀) 2, 조택규 등. <1장. 한자+이두. 조선 필사 이두 자료. 경남 밀양 사촌 의령 남씨 침류정 소장. 한국학중앙연구원 장서각 한국고문서자료관 홈페이지 원문 이미지 보기. 한국정신문화연구원 편(2004) 참고>

1861-05-00. **조택규 등 의송**(曺宅奎等議送), 조택규 등. <1장. 한자+이두. 조선 필사 이두 자료. 경남 밀양 사촌 의령 남씨 침류정 소장. 한국학중앙연구원 장서각 한국고문서자료관 홈페이지 원문 이미지 보기. 한국정신문화연구원 편(2004) 참고>

1861-05-00. **최익봉 차첩**(崔翼鳳差帖), 태인현감(泰仁縣監). <1장. 한자+이두. 조선 필사 이두 자료. 전북 김제시 행촌 최완덕 구장. 전북대학교 박물관 소장. 호남권 한국학자료센터 홈페이지 원문 이미지와 텍스트 보기. 최승희(1989) 참고>

1861-06-00. **고진호 등 등장**(高鎭皥等等狀) 2, 고진호 등. <1장. 한자+이두. 조선

필사 이두 자료. 전북 부안 청호 제주 고씨 문중 구장. 전북 부안 청호 효충사 소장. 호남권 한국학자료센터 홈페이지 원문 이미지와 텍스트 보기. 최승희(1989), 김경숙(2002), 심재우(2013) 참고>

1861-07-18. **부안현감 서목**(扶安縣監書目) 1, 부안현감. <1장. 한자+이두. 조선 필사 이두 자료. 전북 부안 석동 류절재 소장. 호남권 한국학자료센터 홈페이지 원문 이미지와 텍스트 보기. 박병호(1974ㄱ), 최승희(1989) 참고>

1861-07-18. **부안현감 첩보**(扶安縣監牒報) 1, 부안현감. <1장. 한자+이두. 조선 필사 이두 자료. 전북 부안 석동 류절재 소장. 호남권 한국학자료센터 홈페이지 원문 이미지와 텍스트 보기. 박병호(1974ㄱ), 최승희(1989) 참고>

1861-07-00. **박기종 차첩**(朴淇鍾差帖), 이조(吏曹). <1장. 한자+한글+이두. 조선 필사 이두 자료. 무안 박씨 박기종가 소장. 호남권 한국학자료센터 홈페이지 원문 이미지와 텍스트 보기. 유지영(2007) 참고>

1861-07-00. **정면수 차첩**(鄭勉洙差帖), 이조(吏曹). <1장. 한자+이두. 조선 필사 이두 자료. 양주 안흥 광주 정씨 소장. 한국학중앙연구원 장서각 한국고문서자료관 홈페이지 원문 이미지 보기. 한국정신문화연구원 편(2004) 참고>

1861-07-00. **정학묵 차첩**(鄭學默差帖), 이조(吏曹). <1장. 점련문서. 1장. 한자+이두. 조선 필사 이두 자료. 경기도 군포시 속달 동래 정씨 정난종 종가 구장. 한국학중앙연구원 장서각 한국고문서자료관 홈페이지 원문 이미지 보기. 한국학중앙연구원 편(2010) 참고>

1861-07-00. **최기봉 차첩**(崔岐鳳差帖), 태인현감(泰仁縣監). <1장. 한자+이두. 조선 필사 이두 자료. 전북 김제시 행촌 최완덕 구장. 전북대학교 박물관 소장. 호남권 한국학자료센터 홈페이지 원문 이미지와 텍스트 보기. 최승희(1989) 참고>

1861-07-00~1862-11-00(辛酉~壬戌). 「목장색등록(**牧場色謄錄**)」 3, 사복시(司僕寺) 편(編). <1책(3/낙질본 5책).[217] 76장. 필사본. 한자+이두. 조선 필사 이두 자료. 서울대학교 규장각 한국학연구원 홈페이지 원문 이미지 보기> <1834-01-00~

---

[217] 서울대학교 규장각 한국학연구원 홈페이지에는 5책의 4권으로 표시하였으나, 작성 시기의 순서에 따라 '2/5'로 처리하였다. 따라서 '5/5'를 '3/5'로 고쳤다.

1834-12-00(1/5)>

1861-08-20. **토지매매명문**(土地賣買明文),²¹⁸ 자필 전주 유학 권복(自筆田主幼學權{火+僕}). <1장. 한자+이두. 조선 필사 이두 자료. 전북 고창 읍내 안동 권씨가 소장. 호남권 한국학자료센터 홈페이지 원문 이미지와 텍스트 보기. 최승희(1989), 전북향토문화연구회 편(1993), 정구복 외(1999) 참고>

1861-08-00. **화민 신창규 소지**(化民辛彰珪所志) 1, 신창규. <1장. 한자+이두. 조선 필사 이두 자료. 영광 입석 영월 신씨 소장. 한국학중앙연구원 장서각 한국고문서자료관 홈페이지 원문 이미지와 텍스트 보기. 한국정신문화연구원 편(1996) 참고>

1861-09-06. **시장문기**(柴場文記),²¹⁹ 시장주 정맹희(柴場主鄭孟希). <1장. 한자+이두. 조선 필사 이두 자료. 전남 영광군 염소면 원주 이씨가 구장. 광주광역시 이정옥 소장. 호남권 한국학자료센터 홈페이지 원문 이미지와 텍스트 보기. 최승희(1989), 정구복 외(1999) 참고>

1861-09-07. **춘심 토지매매명문**(春心土地賣買明文), 답주 계임 수임(畓主契任守任). <1장. 한자+이두. 조선 필사 이두 자료. 경북 경주시 안강읍 옥산리 여주 이씨 독락당 소장. 한국학중앙연구원 장서각 한국고문서자료관 홈페이지 원문 이미지 보기. 한국정신문화연구원 편(2003) 참고>

1861-09-09. **이 노 천만 토지매매명문**(李奴千萬土地賣買明文), 답주 김 노 춘심(畓主金奴春心). <1장. 한자+이두. 조선 필사 이두 자료. 경북 경주시 안강읍 옥산리 여주 이씨 독락당 소장. 한국학중앙연구원 장서각 한국고문서자료관 홈페이지 원문 이미지 보기. 한국정신문화연구원 편(2003) 참고>

1861-09-10. **부안현감 서목**(扶安縣監書目) 2, 부안현감. <1장. 한자+이두. 조선 필사 이두 자료. 전북 부안 석동 류절재 소장. 호남권 한국학자료센터 홈페이지 원문 이미지와 텍스트 보기. 박병호(1974ㄱ), 최승희(1989) 참고>

---

218 호남권 한국학자료센터 홈페이지에서는 '1861년 권복(權{火+僕}) 방매(放賣) 토지매매명문(土地賣買明文)'으로 표시하였다.
219 호남권 한국학자료센터 홈페이지에서는 '1861년 정맹희(鄭孟希) 방매(放賣) 시장문기(柴場文記)'로 표시하였다.

1861-09-10. **부안현감 첩보**(扶安縣監牒報) 2, 부안현감. <1장. 한자+이두. 조선 필사 이두 자료. 전북 부안 석동 류절재 소장. 호남권 한국학자료센터 홈페이지 원문 이미지와 텍스트 보기. 박병호(1974ㄱ), 최승희(1989) 참고>

1861-09-25. **이 남원댁 노 복심 토지매매명문**(李南原宅奴福心土地賣買明文), 전답주 김 성주댁 노 배광주(田畓主金星州宅奴裵光州). <1장. 한자+이두. 조선 필사 이두 자료. 제천 한수 연안 이씨 소장. 한국학중앙연구원 장서각 한국고문서자료관 홈페이지 원문 이미지 보기. 한국정신문화연구원 편(2001) 참고>

1861-09-27 추정. **독락당 완문**(獨樂堂完文), 진영(鎭營). <1장. 한자+이두. 조선 필사 이두 자료. 경북 경주시 안강읍 옥산리 여주 이씨 독락당 소장. 한국학중앙연구원 장서각 한국고문서자료관 홈페이지 원문 이미지 보기. 한국정신문화연구원 편(2003) 참고>

1861-09-00. **김재상 차첩**(金載相差帖), 부안현감(扶安縣監). <1장. 한자+이두. 조선 필사 이두 자료. 전북 부안군 우동 김형복 소장. 호남권 한국학자료센터 홈페이지 원문 이미지와 텍스트 보기. 한국정신문화연구원 편(1983, 1998) 참고>

1861-09-00. **화민 신창규 소지**(化民辛彰珪所志) 2, 신창규. <1장. 한자+이두. 조선 필사 이두 자료. 영광 입석 영월 신씨 소장. 한국학중앙연구원 장서각 한국고문서자료관 홈페이지 원문 이미지와 텍스트 보기. 한국정신문화연구원 편(1996) 참고>

1861-10-04. **부안현감 첩보**(扶安縣監牒報) 3, 부안현감. <1장. 한자+이두. 조선 필사 이두 자료. 전북 부안 석동 류절재 소장. 호남권 한국학자료센터 홈페이지 원문 이미지와 텍스트 보기. 박병호(1974ㄱ), 최승희(1989) 참고>

1861-10-04~1862-09-00(함풍 11년~동치 원년). 「전라우수영별계록(**全羅右水營別啓錄**)」, 비변사(備邊司) 편(編). <1책(2/2). 36장. 필사본. 표제는 '全羅右水營啓錄'. 한자+이두. 조선 필사 이두 자료. 서울대학교 규장각 한국학연구원 홈페이지 원문 이미지 보기> <영인본: 「각사등록」 19(전라도편 2)(국사편찬위원회 편, 1986)> <1853-03-28~1860-윤3-30(2/2)>

1861-10-10. **토지매매명문**(土地賣買明文),[220] 전주 유학 김정수(田主幼學金井洙). <1장. 한자+이두. 조선 필사 이두 자료. 전남 장성군 행주 기씨 금강 종가 소장.

호남권 한국학자료센터 홈페이지 원문 이미지와 텍스트 보기. 이재수(2003), 이수건 외(2004) 참고>

1861-10-11. **계중 토지매매명문**(稧中土地賣買明文), 전답주 자필 홍병간(田畓主自筆洪秉幹). <1장. 한자+이두. 조선 필사 이두 자료. 경북 안동시 주촌 진성 이씨 경류정 소장. 한국학중앙연구원 장서각 한국고문서자료관 홈페이지 원문 이미지와 텍스트 보기. 한국정신문화연구원 편(1999) 참고>

1861-10-15. **토지매매명문**(土地賣買明文),[221] 전주 자필 김초산 노자 명록(田主自筆金楚山奴子命彔). <1장. 한자+이두. 조선 필사 이두 자료. 경북 안동시 법흥동 고성 이씨 탑동 종가 구장. 한국국학진흥원 소장. 한국학자료센터 영남권역센터 홈페이지 원문 이미지와 텍스트 보기. 박병호(1974ㄱ), 최승희(1989), 이재수(2003), 김성갑(2013) 참고>

1861-10-00. **공인권 매매명문**(貢人權賣買明文), 재주 사동 김 병판 댁(財主寺洞金兵判宅). <1장. 한자+이두. 조선 필사 이두 자료. 일본 경도대학 가와이문고 소장. 고려대학교 해외한국학자료센터 홈페이지 원문 이미지 보기>

1861-10-00. **남효관 등 등장**(南孝寬等等狀) 2, 남효관 등. <1장. 한자+이두. 조선 필사 이두 자료. 경남 밀양 사촌 의령 남씨 침류정 소장. 한국학중앙연구원 장서각 한국고문서자료관 홈페이지 원문 이미지 보기. 한국정신문화연구원 편(2004) 참고>

1861-10-00. **유진호 등 등장**(柳震浩等等狀) 1, 유진호 등. <1장. 한자+이두. 조선 필사 이두 자료. 전북 순창 청계 문화 유씨가 소장. 호남권 한국학자료센터 홈페이지 원문 이미지와 텍스트 보기. 최승희(1989), 김경숙(2002), 심재우(2013) 참고>

1861-10-00~1864-02-03(辛酉~甲子). 「종친부등록(宗親府謄錄)」 4, 종친부(宗親府) 편(編). <1책(4/전12책. 奎13007-v.1-12). 66장. 필사본. 한자+이두. 조선 필사 이두 자료. 서울대학교 규장각 한국학연구원 홈페이지 원문 이미지 보기> <1756-04-

---

[220] 호남권 한국학자료센터 홈페이지에서는 '1861년 김정수(金井洙) 방매(放賣) 토지매매명문(土地賣買明文)'으로 표시하였다.

[221] 한국학자료센터 영남권역센터 홈페이지에서는 '1861년 명록(命彔) 토지매매명문(土地賣買明文)'으로 표시하였다.

01~1759-01-15(1/12)>

1861-11-10. **토지매매명문**(土地賣買明文),[222] 답주 이만회(畓主李萬會). <1장. 한자+한글+이두. 조선 필사 이두 자료. 전남 보성군 박실 제주 양씨가 구장. 원광대교 박물관 소장. 호남권 한국학자료센터 홈페이지 원문 이미지와 텍스트 보기. 박병호(1974ㄱ), 최승희(1989), 이재수(2003) 참고>

1861-11-13. **사문중 토지매매명문**(私門中土地賣買明文), 답주 유학 신용규(畓主幼學 辛用珪). <1장. 한자+이두. 조선 필사 이두 자료. 영광 입석 영월 신씨 소장. 한국학중앙연구원 장서각 한국고문서자료관 홈페이지 원문 이미지와 텍스트 보기. 한국정신문화연구원 편(1996) 참고>

1861-11-13. **침락정 재직 억록 토지매매명문**(枕洛亭齋直億祿土地賣買明文), 답주 하계 이 생원 고천댁(畓主下溪李生員高川宅). <1장. 한자+이두. 조선 필사 이두 자료. 경북 안동시 오천 광산 김씨 후조당 소장. 한국학중앙연구원 장서각 한국고문서자료관 홈페이지 원문 이미지와 텍스트 보기. 박병호(1974ㄱ), 한국정신문화연구원 편(1982), 최승희(1989), 김영나(2007) 참고>

1861-11-16. **토지매매명문**(土地賣買明文),[223] 답주 김삼이(畓主金三伊). <1장. 한자+이두. 조선 필사 이두 자료. 경북 안동시 오천 광산 김씨 후조당 소장. 한국학중앙연구원 장서각 한국고문서자료관 홈페이지 원문 이미지와 텍스트 보기. 박병호(1974ㄱ), 한국정신문화연구원 편(1982), 최승희(1989), 김영나(2007) 참고>

1861-11-16. **호 귀산 토지매매명문**(戶貴山土地賣買明文), 전주 김백운(田主金百云). <1장. 한자+이두. 조선 필사 이두 자료. 강원도 원주시 이정동 소장. 한국학자료센터 강원권역센터 홈페이지 원문 이미지와 텍스트 보기. 최승희(1989), 전경목(2010, 2014), 박준호(2016) 참고>

1861-11-21~1862-12-25.「결속색등록(**結束色謄錄**)」79, 병조(兵曹) 편(編). <1책(79/낙질본 107책). 155장. 필사본. 한자+이두. 조선 필사 이두 자료. 서울대학교 규장

---

[222] 호남권 한국학자료센터 홈페이지에서는 '1861년 이만회(李萬會) 방매(放賣) 토지매매명문(土地賣買明文)'으로 표시하였다.

[223] 한국학중앙연구원 장서각 한국고문서자료관 홈페이지에서는 '1861년 김삼이(金三伊) 방매 토지매매명문(土地賣買明文)'으로 표시하였다.

각 한국학연구원 홈페이지 1787년~1891년 낙질본 107책(1792년(건륭 57년), 1811년(가경 16년) 하, 1816년(가경 21년), 1817년(가경 22년), 1824년(도광 4년), 1831(도광 11년), 1871년(동치 10년), 1885년(광서 11년) 없음) 원문 이미지 보기>

1861-11-27. **배회주 토지매매명문**(裵會周土地賣買明文), 전답주 계중 정창하·김정석(田畓主稧中鄭昌夏金正錫). <1장. 한자+이두. 조선 필사 이두 자료. 경북 안동시 주촌 진성 이씨 경류정 소장. 한국학중앙연구원 장서각 한국고문서자료관 홈페이지 원문 이미지와 텍스트 보기. 한국정신문화연구원 편(1999) 참고>

1861-11-29. **서당 첨원 토지매매명문**(書堂僉員土地賣買明文), 답주 이만조(畓主李晚祚). <1장. 한자+이두. 조선 필사 이두 자료. 경북 안동시 도산면 의촌리 은졸재 고택 구장. 한국국학진흥원 소장. 한국학자료센터 영남권역센터 홈페이지 원문 이미지와 텍스트 보기>

1861-11-29. **현감 한 씨 해유문서**(縣監韓氏解由文書), 현감 한 씨. <1장. 한자+이두. 조선 필사 이두 자료. 원주시 무릉박물관 소장. 한국학자료센터 강원권역센터 홈페이지 원문 이미지 보기. 최승희(1989), 박준호(2016), 조미은(2018) 참고>

1861-11-00. **남효관 등 의송**(南孝寬等議送), 남효관 등. <1장. 한자+이두. 조선 필사 이두 자료. 경남 밀양 사촌 의령 남씨 침류정 소장. 한국학중앙연구원 장서각 한국고문서자료관 홈페이지 원문 이미지 보기. 한국정신문화연구원 편(2004) 참고>

1861-11-00. **유경 등 상서**(柳警等上書), 유경 등. <1장. 한자+이두. 조선 필사 이두 자료. 전북 완주군 비봉 반곡서원 소장. 호남권 한국학자료센터 홈페이지 원문 이미지와 텍스트 보기. 박병호(1974ㄱ), 최승희(1989) 참고>

1861-11-00. **유경집 등 소지**(柳慶集等所志), 유경집 등. <1장. 한자+이두. 조선 필사 이두 자료. 전북 담양군 모현관 소장. 호남권 한국학자료센터 홈페이지 원문 이미지와 텍스트 보기. 최승희(1989), 정구복 외(1999) 참고>

1861-11-00. **최상효 차첩**(崔尙孝差帖), 나주목사(羅州牧使). <1장. 한자+이두. 조선 필사 이두 자료. 신안 영산 경주 최씨 재유각 소장. 호남권 한국학자료센터 홈페이지 원문 이미지와 텍스트 보기. 최승희(1989), 국립민속박물관 편(1991), 정구복 외(1999), 송철호(2008) 참고>

1861-12-07. **토지매매명문**(土地賣買明文),²²⁴ 답주 노인칠(畓主盧仁柒). <1장. 한자+이두. 조선 필사 이두 자료. 전남 나주시 남내 밀양 박씨 청재 종가 소장. 호남권 한국학자료센터 홈페이지 원문 이미지와 텍스트 보기. 김재문(1986) 참고>

1861-12-08. **천필이 토지매매명문**(千必伊土地賣買明文), 전주 유 노 윤옥(田主柳奴允玉). <1장. 한자+이두. 조선 필사 이두 자료. 경북 안동시 수곡면 전주 류씨 삼산 종가 구장. 대구광역시 수성구 만촌동 전주 류씨 종가 소장. 한국학자료센터 영남권역센터 홈페이지 원문 이미지와 텍스트 보기. 최승희(1989), 이재수(2000, 2003), 전경목(2010) 참고>

1861-12-10. **노 노적 토지매매명문**(奴老積土地賣買明文), 전주 김장손(田主金長孫). <1장. 한자+이두. 조선 필사 이두 자료. 강원도 원주시 이정동 소장. 한국학자료센터 강원권역센터 홈페이지 원문 이미지와 텍스트 보기. 최승희(1989), 전경목(2010, 2014), 박준호(2016) 참고>

1861-12-10. **유학 김기두 토지매매명문**(幼學金箕斗土地賣買明文), 답주 유학 이우근(畓主幼學李遇根). <1장. 한자+이두. 조선 필사 이두 자료. 전북 고창군 장두 광산 김씨가 소장. 호남권 한국학자료센터 홈페이지 원문 이미지와 텍스트 보기. 박병호(1974ㄱ), 최승희(1989), 이재수(2003) 참고>

1861-12-10. **안풍환 토지매매명문**(安豊煥土地賣買明文), 답주 유학 윤병혁(畓主幼學尹柄爀). <1장. 한자+이두. 조선 필사 이두 자료. 전남 보성군 복내면 죽산 안씨 죽곡정사 소장. 호남권 한국학자료센터 홈페이지 원문 이미지와 텍스트 보기. 김태영(1983), 김현영(2003) 참고>

1861-12-11. **토지매매명문**(土地賣買明文),²²⁵ 답주 유학 김양만(畓主幼學金良萬). <1장. 한자+이두. 조선 필사 이두 자료. 전북 정읍시 옹동 전주 이태일가 소장. 호남권 한국학자료센터 홈페이지 원문 이미지와 텍스트 보기. 최승희(1989), 이재수(2003), 채현경(2011) 참고>

---

224 호남권 한국학자료센터 홈페이지에서는 '1861년 노인칠(盧仁柒) 방매(放賣) 토지매매명문(土地賣買明文)'으로 표시하였다.

225 호남권 한국학자료센터 홈페이지에서는 '1861년 김양만(金良萬) 방매(放賣) 토지매매명문(土地賣買明文)'으로 표시하였다.

1861-12-14~1862-08-22(辛酉~壬戌). 「우포청등록(右捕廳謄錄)」 16, 포도청(捕盜廳) 편(編). <1책(16/전30책). 62장. 필사본. 표제는 '右捕廳謄錄'. 한자+이두. 조선 필사 이두 자료. 서울대학교 규장각 한국학연구원 홈페이지 원문 이미지 보기> <1807-01-13~1808-06-12(1/30)>

1861-12-15. **상룡 분급문기**(象龍分給文記), 원재주 부(元財主父). <1장. 한자+한글+이두. 조선 필사 이두 자료. 전남 보성군 박실 제주 양씨가 구장. 원광대학교 박물관 소장. 호남권 한국학자료센터 홈페이지 원문 이미지와 텍스트 보기. 김건우(2008), 정수환·이헌창(2008), 채현경(2011ㄱ, 2011ㄴ) 참고>

1861-12-15. **유학 장성일 토지매매명문**(幼學張聖馹土地賣買明文), 답주 김벽손(畓主金碧孫). <1장. 한자+한글+이두. 조선 필사 이두 자료. 전남 보성군 박실 제주 양씨가 구장. 원광대학교 박물관 소장. 호남권 한국학자료센터 홈페이지 원문 이미지와 텍스트 보기. 박병호(1974ㄱ) 참고>

1861-12-15. **토지매매명문**(土地賣買明文),[226] 답주 한량 김시화(畓主閑良金時化). <1장. 앞의 2행 일부 결락. 한자+이두. 조선 필사 이두 자료. 전남 보성군 복내면 죽산 안씨 죽곡정사 소장. 호남권 한국학자료센터 홈페이지 원문 이미지와 텍스트 보기. 고창석(1996), 김현영(2003) 참고>

1861-12-16. **낙천사 완문**(洛川祠完文), 관(官). <1장. 한자+이두. 조선 필사 이두 자료. 경북 안동시 오천 광산 김씨 후조당 소장. 한국학중앙연구원 장서각 한국고문서자료관 홈페이지 원문 이미지와 텍스트 보기. 한국정신문화연구원 편(1982) 참고>

1861-12-17. **반포댁 노 박취근 토지매매명문**(反浦宅奴朴取斤土地賣買明文), 전답주 김연득(田畓主金連得). <1장. 한자+이두. 조선 필사 이두 자료. 경북 안동시 오천 광산 김씨 후조당 소장. 한국학중앙연구원 장서각 한국고문서자료관 홈페이지 원문 이미지와 텍스트 보기. 박병호(1974ㄱ), 한국정신문화연구원 편(1982), 최승희(1989), 김영나(2007) 참고>

---

[226] 호남권 한국학자료센터 홈페이지에서는 '1861년 김시화(金時化) 방매(放賣) 토지매매명문(土地賣買明文)'으로 표시하였다.

1861-12-20. **신춘손 토지매매명문**(申春孫土地賣買明文), 답주 백일공(畓主白日孔). <1장. 한자+이두. 조선 필사 이두 자료. 경북 안동시 주촌 진성 이씨 경류정 소장. 한국학중앙연구원 장서각 한국고문서자료관 홈페이지 원문 이미지와 텍스트 보기. 한국정신문화연구원 편(1999) 참고>

1861-12-20. **유 노 일근 토지매매명문**(柳奴日根土地賣買明文), 답주 정 노 순복(畓主鄭奴順福). <1장. 한자+이두. 조선 필사 이두 자료. 경북 안동시 수곡면 전주 류씨 삼산 종가 구장. 대구광역시 수성구 만촌동 전주 류씨 종가 소장. 한국학자료센터 영남권역센터 홈페이지 원문 이미지와 텍스트 보기. 최승희(1989), 이재수(2000, 2003), 전경목(2010) 참고>

1861-12-22. **동몽 양도수 송추문기**(童蒙梁嶋壽松楸文記), 산주 동몽 이장옥(山主童蒙李章玉). <1장. 한자+한글+이두. 조선 필사 이두 자료. 전남 보성군 박실 제주 양씨가 구장. 원광대학교 박물관 소장. 호남권 한국학자료센터 홈페이지 원문 이미지와 텍스트 보기. 최승희(1989), 정구복 외(1999), 이재수(2003) 참고>

1861-12-00. **남효관 등 등장**(南孝寬等等狀) 3, 남효관 등. <1장. 한자+이두. 조선 필사 이두 자료. 경남 밀양 사촌 의령 남씨 침류정 소장. 한국학중앙연구원 장서각 한국고문서자료관 홈페이지 원문 이미지 보기. 한국정신문화연구원 편(2004) 참고>

1861-12-00. **안영환 소지**(安永煥所志), 안영환. <1장. 한자+이두. 조선 필사 이두 자료. 전남 보성군 택촌 죽산 안씨 은봉 종가 소장. 호남권 한국학자료센터 홈페이지 원문 이미지와 텍스트 보기. 김선경(1993), 정구복 외(1997), 이수건 외(2004) 참고>

1861-12-00. **유진호 등 등장**(柳震浩等等狀) 2, 유진호 등. <1장. 한자+이두. 조선 필사 이두 자료. 전북 순창 청계 문화 유씨가 소장. 호남권 한국학자료센터 홈페이지 원문 이미지와 텍스트 보기. 최승희(1989), 김경숙(2002), 심재우(2013) 참고>

1861-12-00. **유진호 등 등장**(柳震浩等等狀) 3, 유진호 등. <1장. 문서 일부 결락. 한자+이두. 조선 필사 이두 자료. 전북 순창 청계 문화 유씨가 소장. 호남권 한국학자료센터 홈페이지 원문 이미지와 텍스트 보기. 박병호(1974ㄱ), 최승희(1989), 정구복 외(1999) 참고>

1861-12-00. **최우경·최보현 통문**(崔遇京崔輔鉉通文), 최우경·최보현. <1장. 한자+이두. 조선 필사 이두 자료. 남원·구례 삭녕 최씨 구장. 한국학중앙연구원 장서각 한국고문서자료관 홈페이지 원문 이미지 보기. 한국정신문화연구원 편(2004) 참고>

1861-■■-■■. **유진호 선산 도형**(柳震浩先山圖形), 유진호 등. <1장. 한자+이두. 조선 필사 이두 자료. 전북 순창 청계 문화 유씨가 소장. 호남권 한국학자료센터 홈페이지 원문 이미지와 텍스트 보기. 박병호(1974ㄱ), 최승희(1989), 정구복 외(1999) 참고>

1861-00-00. 「선원보략수정의궤(**璿源譜略修正儀軌**)」, 종부시(宗簿寺) 편. <1책. 19장. 필사본. 표제는 '(辛酉正月 日式年捧甘添入 哲宗十二年)璿源譜略修正儀軌'. 권수제는 '(咸豊十一年辛酉正月 日)璿源譜略修正儀軌'. 한자+이두. 조선 필사 이두 자료. 서울대학교 규장각 한국학연구원 의궤 종합정보 홈페이지 '奎14118' 원문 이미지 보기>

1861-00-00. 「순조대왕추상 존호 순원왕후추상 존호도감의궤(**純祖大王追上 尊號 純元王后追上 尊號都監儀軌**)」,[227] 존호도감 편. <1책. 181장. 필사본. 표제는 '(咸豊十一日辛酉正月 日 哲宗十二年)追上尊號都監儀軌 全'. 권수제는 '(咸豊十一年辛酉正月 日)純祖大王追上 尊號 純元王后追上 尊號都監儀軌'. 한자+이두. 조선 필사 이두 자료. 한국학중앙연구원 디지털장서각 홈페이지 'K2-2825' 원문 이미지와 텍스트 보기>

1861-00-00. 「순조대왕추상 존호 순원왕후추상 존호도감의궤(**純祖大王追上 尊號 純元王后追上 尊號都監儀軌**)」,[228] 존호도감 편. <1책. 160장. 필사본. 표제는 '追上尊號都監儀軌'. 권수제는 '(咸豊十一年辛酉正月 日)純祖大王追上 尊號 純元王后追上 尊號都監儀軌'. 한자+이두. 조선 필사 이두 자료. 서울대학교 규장각 한국학연구원 의궤 종합정보 홈페이지 '奎13365' 원문 이미지 보기>

---

[227] 한국학중앙연구원 디지털장서각 홈페이지에서는 원문과는 달리 서명을 '순조대왕추상존호순원왕후추상존호도감의궤(純祖大王追上尊號純元王后追上尊號都監儀軌)'로 붙여 썼다.

[228] 서울대학교 규장각 한국학연구원 의궤 종합정보 홈페이지에서는 서명을 표제나 권수제와는 달리 '순조순원왕후추상존호도감의궤(純祖純元王后追上尊號都監儀軌)'로 붙여 썼다.

1861-00-00.「하동괘서초발(河東掛書初跋)」,[229] 하동군(河東郡) 편(編). <1책. 66장. 필사본. 한자+이두. 조선 필사 이두 자료. 서울대학교 규장각 한국학연구원 홈페이지 '古5120-151'의 원문 이미지 보기>

1861-00-00~1878-00-00.「사직서등록(社稷署謄錄)」, 사직서 편. <1책. 90장. 필사본. 한자+이두. 조선 필사 이두 자료. 한국학중앙연구원 장서각 한국학자료센터 홈페이지 'K2-2154' 원문 이미지 보기>

1861-00-00 이후 기입 추정.「대방광원각수다라요의경(大方廣圓覺修多羅了義經)」. <중간본(重刊本). 47장. 5침 선장본. 표제는 '圓覺經'이고, 내제는 '大方廣圓覺修多羅了義經'이다. 본문에 생획토 기입. 불교 서적. 묵서 구결 자료. 국립중앙도서관 홈페이지 원문 이미지 보기>

1861-00-00~1866-00-00 사이 추정.「대동지지(大東地志)」, 고산자(古山子) 김정호(金正浩) 편. <32권 15책. 필사본. 지명 자료. 전국 지리지. 역사지리서. 국립중앙도서관 홈페이지 원문 이미지 보기. 고려대학교 도서관 김정호 친필본 소장> <이본: 1932-00-00(필사본. 서울대학교 규장각 한국학연구원 홈페이지 원문(권25, 26 결본) 이미지와 텍스트 보기)>

1862년

<임술(壬戌). 철종 13년. 동치(同治) 1년>

1862-01-01~1892-12-00(동치 원년~임진).「개성유영계록(開城留營啓錄)」1~4, 비변사(備邊司) 편(編). <전4책.[230] 필사본. 제1책과 제3책의 표제는 '開城留營啓錄'. 제2책과 제4책의 표제는 '松營啓錄'. 한자+이두. 조선 필사 이두 자료. 서울대학교 규장각 한국학연구원 홈페이지 원문 이미지 보기> <영인본:「각사등록」4.

---

[229] 서울대학교 규장각 한국학연구원 홈페이지에서는 책명을 '河東掛書初跋 하동괘서초발'로 표시하였다.

[230] 서울대학교 규장각 한국학연구원 홈페이지에는 제3책과 제4책의 순서가 바뀌어져 있다. 사항이 기록된 시기에 따라 제3책은 제4책으로, 제4책은 제3책으로 수정하였다.

경기도편(국사편찬위원회 편, 1982)> <1861-01-02~1862-12-24(辛酉~壬戌)(제1/4. 52장), 1873-01-01~1875-12-29(癸酉~乙亥)(제2/4. 71장), 1884-02-14~1889-12-26(甲申~己丑)(제3/4. 147장), 1890-01-01~1892-12-24(庚寅~壬辰)(제4/4. 77장)>

1862-01-04. **박기종 차첩**(朴淇錘差帖) 1, 이조(吏曹). <1장. 한자+이두. 조선 필사 이두 자료. 무안 박씨 박기종가 소장. 호남권 한국학자료센터 홈페이지 원문 이미지와 텍스트 보기. 유지영(2007) 참고>

1862-01-09. **이작동 토지매매명문**(李鵲洞土地賣買明文), 포전주 남 생원 댁 노 구월(浦田主南生員宅奴九月). <1장. 한자+이두. 조선 필사 이두 자료. 경북 상주 낙동 풍양 조씨 양진당 소장. 한국학중앙연구원 장서각 한국고문서자료관 홈페이지 원문 이미지 보기>

1862-01-20. **작청계 토지매매명문**(作廳稧土地賣買明文), 원답주 박봉의(元畓主朴鳳儀). <1장. 한자+이두. 조선 필사 이두 자료. 전북대학교 박물관 소장. 호남권 한국학자료센터 홈페이지 원문 이미지와 텍스트 보기>

1862-01-20. **종계 유사 족형 유택흠 토지매매명문**(宗稧有司族兄柳宅欽土地賣買明文), 전주 유명흠(田主柳明欽). <1장. 한자+이두. 조선 필사 이두 자료. 경북 안동시 수곡면 전주 류씨 삼산 종가 구장. 대구광역시 수성구 만촌동 전주 류씨 종가 소장. 한국학자료센터 영남권역센터 홈페이지 원문 이미지와 텍스트 보기. 최승희(1989), 이재수(2000, 2003), 전경목(2010) 참고>

1862-01-22. **정호관 토지매매명문**(鄭鎬寬土地賣買明文), 전답주 배회주(田畓主裵會周). <1장. 한자+이두. 조선 필사 이두 자료. 경북 안동시 주촌 진성 이씨 경류정 소장. 한국학중앙연구원 장서각 한국고문서자료관 홈페이지 원문 이미지와 텍스트 보기. 한국정신문화연구원 편(1999) 참고>

1862-01-25. **유학 이승우 토지매매명문**(幼學李丞愚土地賣買明文), 답주 자필 유학 송영호(畓主自筆幼學宋榮浩). <1장. 한자+이두. 조선 필사 이두 자료. 전북대학교 박물관 소장. 호남권 한국학자료센터 홈페이지 원문 이미지와 텍스트 보기. 박병호(1974ㄱ), 이재수(2003) 참고>

1862-01-27. **토지매매명문**(土地賣買明文),[231] 답주 자필 유학 유문찬(畓主自筆幼學柳文燦). <1장. 한자+이두. 조선 필사 이두 자료. 전북 임실군 지사 협계태 씨가

소장. 호남권 한국학자료센터 홈페이지 원문 이미지와 텍스트 보기. 최승희(1989), 정수환·이헌창(2008), 채현경(2011) 참고>

1862-01-29. **■...■ 댁 순건 토지매매명문**(■...■宅順巾土地賣買明文), 답주 김 생원 노 한득(畓主金生員奴汗得). <1장. 한자+이두. 조선 필사 이두 자료. 아산 선교 장흥 임씨 구장. 한국학중앙연구원 장서각 한국고문서자료관 홈페이지 원문 이미지 보기. 한국학중앙연구원 편(2008) 참고>

1862-01-30. **유학 토지매매명문**(幼學土地賣買明文),[232] 답주 유학 이기원(畓主幼學李基元). <1장. 한자+한글+이두. 조선 필사 이두 자료. 전남 보성군 박실 제주 양씨가 구장. 원광대학교 박물관 소장. 호남권 한국학자료센터 홈페이지 원문 이미지와 텍스트 보기. 최승희(1989), 이재수(2003) 참고>

1862-01-30. **이 생원 댁 토지매매명문**(李生員宅土地賣買明文), 답주 안진득(畓主安進得). <1장. 한자+이두. 조선 필사 이두 자료. 경북 영해 인량 재령 이씨 충효당 소장. 한국학중앙연구원 장서각 한국고문서자료관 홈페이지 원문 이미지 보기. 한국정신문화연구원 편(2004) 참고>

1862-01-31. **김두상 토지매매명문**(金斗相土地賣買明文) <1장. 한자+이두. 조선 필사 이두 자료. 경북 안동시 오천 광산 김씨 후조당 소장. 한국학중앙연구원 장서각 한국고문서자료관 홈페이지 원문 이미지와 텍스트 보기. 박병호(1974ㄱ), 한국정신문화연구원 편(1982), 최승희(1989), 김영나(2007) 참고>

1862-01-00. **경주 옥산서원 수노 원문 소지**(慶州玉山書院首奴願文所志) 1, 원문. <1장. 한자+이두. 조선 필사 이두 자료. 경북 경주 옥산서원 소장. 한국학자료센터 영남권역센터 홈페이지 원문 이미지와 텍스트 보기. 이수환(2001) 참고>

1862-01-00. **영사 전령**(營使傳令), 영사. <1장. 한자+이두. 조선 인쇄 이두 자료. 경기도 용인시 오산 해주 오씨 추탄 종가 구장. 한국학중앙연구원 장서각 한국고문서자료관 홈페이지 원문 이미지와 텍스트 보기. 한국정신문화연구원 편(1998)

---

231 호남권 한국학자료센터 홈페이지에서는 '1862년 유문찬(柳文燦) 방매(放賣) 토지매매명문(土地賣買明文)'으로 표시하였다.

232 호남권 한국학자료센터 홈페이지에서는 '1862년 이기원(李基元) 방매(放賣) 토지매매명문(土地賣買明文)'으로 표시하였다.

참고>

1862-01-00. **예조 관**(禮曹關), 예조. <1장. 한자+이두. 조선 필사 이두 자료. 전남 영암군 장암 남평 문씨 문창집 소장. 한국학중앙연구원 장서각 한국고문서자료관 홈페이지 원문 이미지와 텍스트 보기. 한국정신문화연구원 편(1995) 참고>

1862-01-00~1862-12-00. 「추조결옥록(秋曹決獄錄)」 17, 형조(刑曹) 편(編). <1책(17/낙질본 43책). 56장. 필사본. 한자+이두. 조선 필사 이두 자료. 서울대학교 규장각 한국학연구원 홈페이지 원문 이미지 보기> <1822-01-00~1822-12-00(1/43)>

1862-02-02. **족조 구주 토지매매명문**(族祖龜周土地賣買明文), 전답주 자필 족손 의룡(出畓主族孫宜龍). <1장. 한자+이두. 조선 필사 이두 자료. 경북 안동시 주촌 진성 이씨 경류정 소장. 한국학중앙연구원 장서각 한국고문서자료관 홈페이지 원문 이미지와 텍스트 보기. 한국정신문화연구원 편(1999) 참고>

1862-02-14. **김채상 고목**(金彩相告目), 부안현 예리 오한조(扶安縣禮吏吳漢祚). <1장. 한자+이두. 조선 필사 이두 자료. 전북 부안군 우동 김형복 소장. 호남권 한국학자료센터 홈페이지 원문 이미지와 텍스트 보기. 한국정신문화연구원 편(1983, 1998) 참고>

1862-02-15. **토지매매명문**(土地賣買明文),[233] 계중 김복대 등(稧中金卜大等). <1장. 한자+이두. 조선 필사 이두 자료. 경북 영양군 영양읍 삼지리 한양 조씨 하담 고택 구장. 한국국학진흥원 소장. 한국학자료센터 영남권역센터 홈페이지 원문 이미지와 텍스트 보기. 박병호(1974ㄱ), 최승희(1989), 이재수(2003), 이수건 외(2004) 참고>

1862-02-16. **유학 조권진 토지매매명문**(幼學曺權鎭土地賣買明文), 답주 자필 유학 현성묵(畓主自筆幼學玄成默). <1장. 한자+이두. 조선 필사 이두 자료. 영암 미암 창녕 조씨 태호 후손가 소장. 호남권 한국학자료센터 홈페이지 원문 이미지 보기. 최승희(1989) 참고>

1862-02-18. **김이원 토지매매명문**(金伊原土地賣買明文), 전답주 안용갑(出畓主安龍

---

[233] 한국학자료센터 영남권역센터 홈페이지에서는 '1862년 계중(稧中) 토지매매명문(土地賣買明文)'으로 표시하였다.

甲). <1장. 한자+이두. 조선 필사 이두 자료. 경북 안동시 도산면 의촌리 은졸재 고택 구장. 한국국학진흥원 소장. 한국학자료센터 영남권역센터 홈페이지 원문 이미지와 텍스트 보기>

1862-02-18. **조 생원 댁 노 박손 토지매매명문**(曺生員宅奴朴孫土地賣買明文), 답주 자필 한량 박도승(畓主自筆閑良朴搗昇). <1장. 한자+이두. 조선 필사 이두 자료. 영암 미암 창녕 조씨 태호 후손가 소장. 호남권 한국학자료센터 홈페이지 원문 이미지 보기. 최승희(1989) 참고>

1862-02-25. **이 진사 댁 노 일억 토지매매명문**(李進士宅奴日億土地賣買明文), 전주 최운이(出主崔云伊). <1장. 한자+이두. 조선 필사 이두 자료. 경북 안동시 하회 풍산 류씨 충효당 소장. 한국학중앙연구원 장서각 한국고문서자료관 홈페이지 원문 이미지와 텍스트 보기. 한국정신문화연구원 편(1994) 참고>

1862-02-26. **계정 수노 천만 토지매매명문**(溪亭首奴千萬土地賣買明文),[234] 답주 자필 최득매(畓主自筆崔得每). <1장. 한자+이두. 조선 필사 이두 자료. 경북 경주시 안강읍 옥산리 여주 이씨 독락당 소장. 한국학중앙연구원 장서각 한국고문서자료관 홈페이지 원문 이미지 보기. 한국정신문화연구원 편(2003) 참고>

1862-02-00. **김채상 차첩**(金彩相差帖), 부안현(扶安縣). <1장. 한자+이두. 조선 필사 이두 자료. 전북 부안군 우반 부안 김씨 세덕각 소장. 한국학중앙연구원 장서각 한국고문서자료관 홈페이지 & 호남권 한국학자료센터 홈페이지 원문 이미지와 텍스트 보기. 한국정신문화연구원 편(1983, 1998), 한국학중앙연구원 편(2017) 참고>

1862-02-00. **남효관 등 등장**(南孝寬等等狀), 남효관 등. <1장. 한자+이두. 조선 필사 이두 자료. 경남 밀양 사촌 의령 남씨 침류정 소장. 한국학중앙연구원 장서각 한국고문서자료관 홈페이지 원문 이미지 보기. 한국정신문화연구원 편(2004) 참고>

1862-03-02. **용공철 토지매매명문**(龍公哲土地賣買明文), 계답주 질 용천일 등(稧畓主

---

[234] 한국학중앙연구원 장서각 한국고문서자료관 홈페이지에서는 '1862년 계정수노(溪亭首奴) 만허(萬許) 토지매매명문(土地賣買明文)'으로 표시하였다.

侄龍千㐊等). <1장. 한자+이두. 조선 필사 이두 자료. 전북대학교 박물관 소장. 호남권 한국학자료센터 홈페이지 원문 이미지와 텍스트 보기. 박병호(1974ㄱ), 최승희(1989), 이재수(2003), 박준호(2004), 전경목 외(2006) 참고>

1862-03-04~1863-01-20(동치 원년 壬戌~동치 2년 癸亥). 「함경감영계록(**咸鏡監營啓錄**)」 2, 비변사(備邊司) 편(編). <1책(2/전6책). 97장. 필사본. 표제는 '咸鏡監營啓錄'. 한자+이두. 조선 필사 이두 자료. 서울대학교 규장각 한국학연구원 홈페이지 원문 이미지 보기> <영인본:「각사등록」 42(함경도편 1)(국사편찬위원회 편, 1990) 영인> <1856-02-27~1856-08-02(1/6)>

1862-03-05. **예림서원 품목**(禮林書院禀目), 예림서원. <1장. 한자+이두. 조선 필사 이두 자료. 경남 밀양 사촌 의령 남씨 침류정 소장. 한국학중앙연구원 장서각 한국고문서자료관 홈페이지 원문 이미지 보기. 한국정신문화연구원 편(2004) 참고>

1862-03-06. **김제군수 관문**(金堤郡守關文), 김제군수. <1장. 한자+이두. 조선 필사 이두 자료. 전북 부안 석동 류절재 소장. 호남권 한국학자료센터 홈페이지 원문 이미지와 텍스트 보기. 박병호(1974ㄱ), 최승희(1989) 참고>

1862-03-15. **덕남서원 품목**(德南書院禀目), 덕남서원. <1장. 한자+이두. 조선 필사 이두 자료. 경남 밀양 사촌 의령 남씨 침류정 소장. 한국학중앙연구원 장서각 한국고문서자료관 홈페이지 원문 이미지 보기. 한국정신문화연구원 편(2004) 참고>

1862-03-15. **모례서원 품목**(慕禮書院禀目), 모례서원. <1장. 한자+이두. 조선 필사 이두 자료. 경남 밀양 사촌 의령 남씨 침류정 소장. 한국학중앙연구원 장서각 한국고문서자료관 홈페이지 원문 이미지 보기. 한국정신문화연구원 편(2004) 참고>

1862-03-15. **삼강서원 품목**(三江書院禀目), 삼강서원. <1장. 한자+이두. 조선 필사 이두 자료. 경남 밀양 사촌 의령 남씨 침류정 소장. 한국학중앙연구원 장서각 한국고문서자료관 홈페이지 원문 이미지 보기. 한국정신문화연구원 편(2004) 참고>

1862-03-15. **오봉서원 품목**(五峯書院禀目), 오봉서원. <1장. 한자+이두. 조선 필사

이두 자료. 경남 밀양 사촌 의령 남씨 침류정 소장. 한국학중앙연구원 장서각 한국고문서자료관 홈페이지 원문 이미지 보기. 한국정신문화연구원 편(2004) 참고>

1862-03-15. **중봉서원 품목**(中峯書院稟目), 중봉서원. <1장. 한자+이두. 조선 필사 이두 자료. 경남 밀양 사촌 의령 남씨 침류정 소장. 한국학중앙연구원 장서각 한국고문서자료관 홈페이지 원문 이미지 보기. 한국정신문화연구원 편(2004) 참고>

1862-03-15. **칠탄사 품목**(七灘祠稟目), 칠탄사. <1장. 한자+이두. 조선 필사 이두 자료. 경남 밀양 사촌 의령 남씨 침류정 소장. 한국학중앙연구원 장서각 한국고문서자료관 홈페이지 원문 이미지 보기. 한국정신문화연구원 편(2004) 참고>

1862-03-18. **유학 박사정 토지매매명문**(幼學朴士貞土地賣買明文),[235] 전답주 양운철(田畓主梁云哲). <1장. 한자+이두. 조선 필사 이두 자료. 삼척시립박물관 소장. 한국학자료센터 강원권역센터 홈페이지 원문 이미지와 텍스트 보기. 김건우(2008), 전경목(2010, 2014), 박준호(2016) 참고>

1862-03-23. **신 노 일운 토지매매명문**(愼奴一云土地賣買明文), 전주 권 노 석만(田主權奴石萬). <1장. 한자+이두. 조선 필사 이두 자료. 경남 거창 장기 거창 신씨가 소장. 한국학중앙연구원 장서각 한국고문서자료관 홈페이지 원문 이미지 보기. 한국학중앙연구원 편(2005) 참고>

1862-03-26. **토지매매명문**(土地賣買明文),[236] 전주 한량 전영수(田主閑良全永壽). <1장. 한자+이두. 조선 필사 이두 자료. 전북 임실군 지사 협계태 씨가 소장. 호남권 한국학자료센터 홈페이지 원문 이미지와 텍스트 보기. 박병호(1974ㄱ), 최승희(1989), 이재수(2003) 참고>

1862-03-28. **김화일 토지매매명문**(金化日土地賣買明文), 답주 김금복(畓主金金卜). <1장. 한자+이두. 조선 필사 이두 자료. 전남 해남 연동 해남 윤씨 녹우당 소장.

---

[235] 한국학자료센터 강원권역센터 홈페이지에서는 '1862년 임사정(林士貞) 토지매매명문(土地賣買明文)'으로 표시하였다.

[236] 호남권 한국학자료센터 홈페이지에서는 '1862년 전영수(全永壽) 방매(放賣) 토지매매명문(土地賣買明文)'으로 표시하였다.

한국학중앙연구원 장서각 한국고문서자료관 홈페이지 원문 이미지와 텍스트 보기. 한국정신문화연구원 편(1986) 참고>

1862-03-00. **경상도 유림 상서**(慶尚道儒林上書), 경상도 유림. <1장. 한자+이두. 조선 필사 이두 자료. 경북 경주시 교동 경주향교 소장. 한국학자료센터 영남권역센터 홈페이지 원문 이미지와 텍스트 보기. 영남대학교 민족문화연구소 편(1992), 정구복(2002) 참고>

1862-03-00. **남상근 등 의송**(南相瑾等議送), 남상근 등. <1장. 한자+이두. 조선 필사 이두 자료. 경남 밀양 사촌 의령 남씨 침류정 소장. 한국학중앙연구원 장서각 한국고문서자료관 홈페이지 원문 이미지 보기. 한국정신문화연구원 편(2004) 참고>

1862-03-00. **남지용 등 등장**(南志容等等狀), 남지용 등. <1장. 한자+이두. 조선 필사 이두 자료. 경남 밀양 사촌 의령 남씨 침류정 소장. 한국학중앙연구원 장서각 한국고문서자료관 홈페이지 원문 이미지 보기. 한국정신문화연구원 편(2004) 참고>

1862-03-00. **손종서 등 의송**(孫鍾瑞等議送), 손종서 등. <1장. 한자+이두. 조선 필사 이두 자료. 경남 밀양 사촌 의령 남씨 침류정 소장. 한국학중앙연구원 장서각 한국고문서자료관 홈페이지 원문 이미지 보기. 한국정신문화연구원 편(2004) 참고>

1862-03-00. **유경집 등 소지**(柳慶集等所志) 1, 유경집 등. <1장. 한자+이두. 조선 필사 이두 자료. 전북 담양군 모현관 소장. 호남권 한국학자료센터 홈페이지 원문 이미지와 텍스트 보기. 최승희(1989), 정구복 외(1999) 참고>

1862-03-00. **유경집 등 소지**(柳慶集等所志) 2, 유경집 등. <1장. 한자+이두. 조선 필사 이두 자료. 전북 담양군 모현관 소장. 호남권 한국학자료센터 홈페이지 원문 이미지와 텍스트 보기. 최승희(1989), 정구복 외(1999) 참고>

1862-03-00. **전라도 겸 순찰사 감결**(全羅道兼巡察使甘結), 전라도 겸 순찰사. <1장. 한자+이두. 조선 필사 이두 자료. 전북 부안 석동 류절재 소장. 호남권 한국학자료센터 홈페이지 원문 이미지와 텍스트 보기. 박병호(1974ㄱ), 최승희(1989) 참고>

1862-04-02~1863-03-28(동치 원년 壬戌~동치 2년 癸亥). 「경상도 동래부사 엄석정 장록(慶尙道東萊府使嚴錫鼎 狀錄)」3, 비변사(備邊司) 편(編). <1책(3/전9책). 92장. 필사본. 표제는 '東萊府啓錄'. 한자+이두. 조선 필사 이두 자료. 서울대학교 규장각 한국학연구원 홈페이지 원문 이미지 보기> <영인본: 「각사등록」12(경상도편 2)(국사편찬위원회 편, 1984)> <1849-06-06~1850-04-18(1/9)>

1862-04-08. **윤 생원 댁 노 팔월 토지매매명문**(尹生員宅奴八月土地賣買明文), 전주 유 생원 댁 노 우길(田主柳生員宅奴又吉). <1장. 한자+이두. 조선 필사 이두 자료. 춘천 김현식 소장. 한국학자료센터 강원권역센터 홈페이지 원문 이미지 보기. 최승희(1989), 전경목(2010), 김성갑(2013), 박준호(2016) 참고>

1862-04-00. **고진호 등 등장**(高鎭皥等等狀), 고진호 등. <1장. 한자+이두. 조선 필사 이두 자료. 전북 부안 청호 제주 고씨 문중 구장. 전북 부안 청호 효충사 소장. 호남권 한국학자료센터 홈페이지 원문 이미지와 텍스트 보기. 최승희(1989), 김경숙(2002), 심재우(2013) 참고>

1862-04-00. **고진홍 등 등장**(高鎭弘等等狀), 고진홍 등. <1장. 한자+이두. 조선 필사 이두 자료. 전북 부안 청호 제주 고씨 문중 구장. 전북 부안 청호 효충사 소장. 호남권 한국학자료센터 홈페이지 원문 이미지와 텍스트 보기. 최승희(1989), 김경숙(2002), 심재우(2013) 참고>

1862-04-00. **김방제 등 원정**(金邦濟等原情), 김방제 등. <1장. 한자+이두. 조선 필사 이두 자료. 전북 부안 석동 류절재 소장. 호남권 한국학자료센터 홈페이지 원문 이미지와 텍스트 보기. 박병호(1974ㄱ), 최승희(1989) 참고>

1862-04-00. **영양향교 상서**(英陽鄕校上書), 영양향교. <1장. 한자+이두. 조선 필사 이두 자료. 경북 영양군 일월면 도계리 영양향교 소장. 한국학자료센터 영남권역센터 홈페이지 원문 이미지와 텍스트 보기. 영남대학교 민족문화연구소 편(1992) 참고>

1862-04-00. **이상유 등 등장**(李相儒等等狀), 이상유 등. <1장. 한자+이두. 조선 필사 이두 자료. 경북 영해 인량 재령 이씨 충효당 소장. 한국학중앙연구원 장서각 한국고문서자료관 홈페이지 원문 이미지 보기. 한국학중앙연구원 편(2008) 참고>

1862-04-00. **이행섭 등 상서**(李行燮等上書) 1, 이행섭 등. <1장. 한자+이두. 조선 필사 이두 자료. 전북 완주군 비봉 반곡서원 소장. 호남권 한국학자료센터 홈페이지 원문 이미지와 텍스트 보기. 박병호(1974ㄱ), 최승희(1989) 참고>

1862-04-00. **최두운 전령**(崔斗運傳令), 별장(別將). <1장. 한자+이두. 조선 필사 이두 자료. 신안 영산 경주 최씨 재유각 소장. 호남권 한국학자료센터 홈페이지 원문 이미지와 텍스트 보기. 최승희(1989), 국립민속박물관 편(1991) 참고>

1862-05-05. **경주부 하체**(慶州府下帖) 1, 경주부. <1장. 한자+이두. 조선 필사 이두 자료. 경북 경주시 내남면 이조리 경주 최씨·용산서원 소장. 한국학중앙연구원 장서각 한국고문서자료관 홈페이지 원문 이미지 보기. 한국정신문화연구원 편(2000) 참고>

1862-05-15~1862-12-30. 「촉영민장초개책(矗營民狀草槪冊)」 권1, 경상우도 병영(慶尙右道兵營) 편(編). <1책. 73장. 필사본. 한자+이두. 조선 필사 이두 자료. 서울대학교 규장각 한국학연구원 홈페이지 원문 이미지와 텍스트 보기>

1862-05-00. **김호 소지**(金濠所志), 김호. <1장. 한자+이두. 조선 필사 이두 자료. 전북 익산시 용제 경주 김씨가 소장. 호남권 한국학자료센터 홈페이지 원문 이미지와 텍스트 보기. 박병호(1974ㄱ), 최승희(1989), 정구복 외(1999) 참고>

1862-05-00. **김호 의송**(金濠議送) 1, 김호. <1장. 한자+이두. 조선 필사 이두 자료. 전북 익산시 용제 경주 김씨가 소장. 호남권 한국학자료센터 홈페이지 원문 이미지와 텍스트 보기. 박병호(1974ㄱ), 최승희(1989), 정구복 외(1999) 참고>

1862-05-00. **김호 의송**(金濠議送) 2, 김호. <1장. 한자+이두. 조선 필사 이두 자료. 전북 익산시 용제 경주 김씨가 소장. 호남권 한국학자료센터 홈페이지 원문 이미지와 텍스트 보기. 박병호(1974ㄱ), 최승희(1989), 정구복 외(1999) 참고>

1862-05-00. **성주 민인 김문옥 등 등장**(星州民人金文玉等等狀), 김문옥 등. <1장. 한자+이두. 조선 필사 이두 자료. 경북 성주군 월항면 대산리 성산 이씨 응와 종택 구장. 한국국학진흥원 소장. 한국학자료센터 영남권역센터 홈페이지 원문 이미지와 텍스트 보기>

1862-05-00. **성주 민인 박지석 등 등장**(星州民人朴之錫等等狀) 1, 박지석 등. <1장. 한자+이두. 조선 필사 이두 자료. 경북 성주군 월항면 대산리 성산 이씨 응와

종택 구장. 한국국학진흥원 소장. 한국학자료센터 영남권역센터 홈페이지 원문 이미지와 텍스트 보기>

1862-05-00. **이길원 소지**(李吉元所志), 이길원. <1장. 한자+이두. 조선 필사 이두 자료. 전북 익산 용화 전주 이씨가 구장. 전북대학교 박물관 소장. 호남권 한국학자료센터 홈페이지 원문 이미지와 텍스트 보기. 최승희(1989), 김경숙(2002), 심재우(2013) 참고>

1862-05-00. **이봉현 등 상서**(李鳳賢等上書), 이봉현 등. <1장. 한자+이두. 조선 필사 이두 자료. 전남 장흥 방촌 존재 후손가 소장. 호남권 한국학자료센터 홈페이지 원문 이미지 보기. 최승희(1989), 정구복 외(1999), 전경목 외(2006) 참고>

1862-05-00. **이의영 등 상서**(李義榮等上書), 이의영 등. <1장. 한자+이두. 조선 필사 이두 자료. 전북 부안군 우반 부안 김씨 세덕각 소장. 한국학중앙연구원 장서각 한국고문서자료관 홈페이지 & 호남권 한국학자료센터 홈페이지 원문 이미지와 텍스트 보기. 박병호(1974ㄱ), 한국정신문화연구원 편(1983, 1998), 최승희(1989), 김현영(1999), 전경목(2001), 정구복(2002), 한국학중앙연구원 편(2017) 참고>

1862-05-00. **최관석 등 상서**(崔觀錫等上書), 최관석 등. <1장. 한자+이두. 조선 필사 이두 자료. 전북 부안 석동 류절재 소장. 호남권 한국학자료센터 홈페이지 원문 이미지와 텍스트 보기. 박병호(1974ㄱ), 최승희(1989) 참고>

1862-06-03. **관초**(關抄) <1장. 한자+이두. 조선 인쇄 이두 자료. 경기도 용인시 오산 해주 오씨 추탄 종가 구장. 한국학중앙연구원 장서각 한국고문서자료관 홈페이지 원문 이미지와 텍스트 보기. 한국정신문화연구원 편(1998) 참고>

1862-06-05 추정. **경주부 하체**(慶州府下帖), 경주부. <1장. 한자+이두. 조선 필사 이두 자료. 경북 경주시 내남면 이조리 경주 최씨·용산서원 소장. 한국학중앙연구원 장서각 한국고문서자료관 홈페이지 원문 이미지 보기. 한국정신문화연구원 편(2000) 참고>

1862-06-08~1867-03-03(壬戌~丁卯).「황해병영계록(**黃海兵營啓錄**)」3, 비변사(備邊司) 편(編). <1책(3/전4책). 140장. 필사본. 표제는 '黃海兵營啓錄'. 한자+이두. 조선 필사 이두 자료. 서울대학교 규장각 한국학연구원 홈페이지 원문 이미지 보기> <영인본:「각사등록」24(황해도편 3)(국사편찬위원회 편, 1987)> <1853-02-27~

1856-05-21(1/4)＞

1862-06-21(동치 원년). 「회덕현삼정설구폐조목성책(懷德縣三政說捄弊條目成冊)」, 회덕현(懷德縣) 편(編). ＜1책. 15장. 필사본. 표제는 '三政說'. 한자+이두. 조선 필사 이두 자료. 서울대학교 규장각 한국학연구원 홈페이지 원문 이미지 보기. 「각사등록」 48(충청도 보유편)(국사편찬위원회 편, 1991) 영인＞

1862-06-00. **구룡규 차첩**(具龍圭差帖), 순창군수(淳昌郡守). ＜1장. 한자+이두. 조선 필사 이두 자료. 순창장류박물관 소장. 호남권 한국학자료센터 홈페이지 원문 이미지와 텍스트 보기. 박병호(1974ㄱ), 최승희(1989), 전경목 외(2006) 참고＞

1862-06-00. **성주 대소민인 등장**(星州大小民人等狀), 성주 대소민인. ＜1장. 한자+이두. 조선 필사 이두 자료. 경북 성주군 월항면 대산리 성산 이씨 응와 종택 구장. 한국국학진흥원 소장. 한국학자료센터 영남권역센터 홈페이지 원문 이미지와 텍스트 보기＞

1862-06-00. **성주 민인 박지석 등 등장**(星州民人朴之錫等等狀) 2, 박지석 등. ＜1장. 한자+이두. 조선 필사 이두 자료. 경북 성주군 월항면 대산리 성산 이씨 응와 종택 구장. 한국국학진흥원 소장. 한국학자료센터 영남권역센터 홈페이지 원문 이미지와 텍스트 보기＞

1862-06-00. 「전주 장성 영광 태인 호남 우사읍 수계(**全州長城靈光泰仁 湖南右四邑繡啓**)」,[237] 이후선(李後善) 저(著). ＜1책. 29장. 필사본. 표제는 '(壬戌六月 全羅右道 全州府長城府靈光郡泰仁縣暗行御史按廉記)繡啓 附別單'. 한자+이두. 조선 필사 이두 자료. 서울대학교 규장각 한국학연구원 홈페이지 원문 이미지 보기＞ ＜영인본:「각사등록」 54(전라도 보유편 2)(국사편찬위원회 편, 1991)＞

1862-06-00~1866-05-19(辛酉~丙寅). 「충청수영관첩(**忠淸水營關牒**)」 2, 비변사(備邊司) 편(編). ＜1책(2/전3책). 31장. 필사본. 표제는 '忠淸水營關牒'. 한자+이두. 조선 필사 이두 자료. 서울대학교 규장각 한국학연구원 홈페이지 원문 이미지 보기＞ ＜영인본:「각사등록」 8(충청도편 3)(국사편찬위원회 편, 1983)＞ ＜1808-02-26~

---

[237] 서울대학교 규장각 한국학연구원 홈페이지에서는 책명을 '湖南右四邑繡啓 호남우사읍수계'로 표시하였다.

1811-01-00(1/3)>

1862-07-02. **경주부 하체**(慶州府下帖) 2, 경주부. <1장. 한자+이두. 조선 필사 이두 자료. 경북 경주시 내남면 이조리 경주 최씨·용산서원 소장. 한국학중앙연구원 장서각 한국고문서자료관 홈페이지 원문 이미지 보기. 한국정신문화연구원 편 (2000) 참고>

1862-07-12. **유학 토지매매명문**(幼學土地賣買明文),[238] 답주 자필 유학 박기오(畓主自筆幼學朴基五). <1장. 한자+한글+이두. 조선 필사 이두 자료. 전남 보성군 박실 제주 양씨가 구장. 원광대학교 박물관 소장. 호남권 한국학자료센터 홈페이지 원문 이미지와 텍스트 보기. 최승희(1989), 정구복 외(1999), 이재수(2003) 참고>

1862-07-16. **박규언 다짐**(朴奎彦侤音), 박규언. <1장. 한자+이두. 조선 필사 이두 자료. 전북 담양군 모현관 소장. 호남권 한국학자료센터 홈페이지 원문 이미지와 텍스트 보기. 최승희(1989), 정구복 외(1999) 참고>

1862-08-14. **토지매매명문**(土地賣買明文),[239] 전주 양하일(田主梁夏日). <1장. 한자+이두. 조선 필사 이두 자료. 순창장류박물관 소장. 호남권 한국학자료센터 홈페이지 원문 이미지와 텍스트 보기. 최승희(1989), 전북향토문화연구회 편(1993), 정구복 외(1999) 참고>

1862-08-17. **김찬순 시장 문기**(金粲淳柴場文記), 시장주 유학 김화욱(柴場主幼學金華旭). <1장. 한자+이두. 조선 필사 이두 자료. 광주광역시 광산구 김해 김씨 소장. 호남권 한국학자료센터 홈페이지 원문 이미지와 텍스트 보기. 이재수(2003), 이수건 외(2004) 참고>

1862-08-18. **박기종 차첩**(朴淇鍾差帖) 2, 이조(吏曹). <1장. 한자+이두. 조선 필사 이두 자료. 무안 박씨 박기종가 소장. 호남권 한국학자료센터 홈페이지 원문 이미지와 텍스트 보기. 유지영(2007) 참고>

1862-08-22. **유학 족질 안임환 토지매매명문**(幼學族侄安林煥土地賣買明文), 답주 유

---

[238] 호남권 한국학자료센터 홈페이지에서는 '1862년 박기오(朴基五) 방매 토지매매명문(土地賣買明文)'으로 표시하였다.

[239] 호남권 한국학자료센터 홈페이지에서는 '1862년 양하일(梁夏日) 방매(放賣) 토지매매명문(土地賣買明文)'으로 표시하였다.

학 족숙 안명(畓主幼學族叔安楧). <1장. 한자+이두. 조선 필사 이두 자료. 전남 보성군 택촌 죽산 안씨 은봉 종가 소장. 호남권 한국학자료센터 홈페이지 원문 이미지와 텍스트 보기. 박한설(2006), 김영나(2007) 참고>

1862-08-25~1863-09-23(壬戌~癸亥). 「우포청등록(右捕廳謄錄)」 17, 포도청(捕盜廳) 편(編). <1책(17/전30책). 48장. 필사본. 표제는 '右捕廳謄錄'. 한자+이두. 조선 필사 이두 자료. 서울대학교 규장각 한국학연구원 홈페이지 원문 이미지 보기>
<1807-01-13~1808-06-12(1/30)>

1862-08-00. **경주 옥산서원 수노 원문 소지**(慶州玉山書院首奴願文所志) 2, 원문. <1장. 한자+이두. 조선 필사 이두 자료. 경북 경주 옥산서원 소장. 한국학자료센터 영남권역센터 홈페이지 원문 이미지와 텍스트 보기. 이수환(2001) 참고>

1862-08-00. **박최영 등 소지**(朴最永等所志), 박최영 등. <1장. 한자+이두. 조선 필사 이두 자료. 경북 영해 인량 재령 이씨 충효당 소장. 한국학중앙연구원 장서각 한국고문서자료관 홈페이지 원문 이미지 보기. 한국학중앙연구원 편(2008) 참고>

1862-08-00. **향중 첩정**(鄕中牒呈), 향중. <1장. 한자+이두. 조선 필사 이두 자료. 경북 영해 인량 재령 이씨 충효당 소장. 한국학중앙연구원 장서각 한국고문서자료관 홈페이지 원문 이미지 보기. 한국학중앙연구원 편(2008) 참고>

1862-윤8-02. **부안현감 등 첩보**(扶安縣監等牒報), 부안현감 등. <1장. 한자+이두. 조선 필사 이두 자료. 전북 부안 석동 류절재 소장. 호남권 한국학자료센터 홈페이지 원문 이미지와 텍스트 보기. 박병호(1974ㄱ), 최승희(1989), 정구복 외(1999) 참고>

1862-윤8-02. **부안현감 첩보**(扶安縣監牒報), 부안현감. <1장. 한자+이두. 조선 필사 이두 자료. 전북 부안 석동 류절재 소장. 호남권 한국학자료센터 홈페이지 원문 이미지와 텍스트 보기. 박병호(1974ㄱ), 최승희(1989) 참고>

1862-윤8-00. **이행섭 등 상서**(李行燮等上書) 2, 이행섭 등. <1장. 한자+이두. 조선 필사 이두 자료. 전북 완주군 비봉 반곡서원 소장. 호남권 한국학자료센터 홈페이지 원문 이미지와 텍스트 보기. 박병호(1974ㄱ), 최승희(1989) 참고>

1862-09-09~1863-01-16(동치 원년~동치 2년). 「단시등록(單市謄錄)」, 김영연(金亮

淵) 편(編). <1책. 53장. 필사본. 한자+이두. 이두 자료. 서울대학교 규장각 한국학연구원 홈페이지 원문 이미지 보기> <영인본:「각사등록」42(함경도편 1)(국사편찬위원회 편, 1990)>

1862-09-30. **유원주 토지매매명문**(柳遠鑄土地賣買明文), 동성 십촌 유학 유원광(同姓十寸幼學柳遠光). <1장. 한자+이두. 조선 필사 이두 자료. 안산 부곡 진주 류씨 경성당 소장. 한국학중앙연구원 장서각 한국고문서자료관 홈페이지 원문 이미지 보기. 한국정신문화연구원 편(2002) 참고>

1862-09-00. **계정 수노 소지**(溪亭首奴所志), 계정 수노 <1장. 한자+이두. 조선 필사 이두 자료. 경북 경주시 안강읍 옥산리 여주 이씨 독락당 소장. 한국학중앙연구원 장서각 한국고문서자료관 홈페이지 원문 이미지 보기. 한국정신문화연구원 편(2003) 참고>

1862-09-00 추정. **죽장면 각리 거민 등장**(竹長面各里居民等狀), 죽장면 각리 거민. <1장. 한자+이두. 조선 필사 이두 자료. 경북 경주시 안강읍 옥산리 여주 이씨 장산서원·치암 종택 구장. 한국학중앙연구원 장서각 한국고문서자료관 홈페이지 원문 이미지 보기. 한국정신문화연구원 편(2003) 참고>

1862-10-04. **토지매매명문**(土地賣買明文), 답주 자필 유학 한석하(畓主自筆幼學韓錫厦). <1장. 한자+이두. 조선 필사 이두 자료. 전남 구례군 토지면 오미리 문화 류씨 운조루 소장. 한국학중앙연구원 장서각 한국고문서자료관 홈페이지 원문 이미지와 텍스트 보기. 한국정신문화연구원 편(1998) 참고>

1862-10-16. **유학 윤명학 토지매매명문**(幼學尹明學土地賣買明文), 답주 한량 박쌍동(畓主閑良朴雙同). <1장. 한자+한글+이두. 조선 필사 이두 자료. 전남 보성군 박실 제주 양씨가 구장. 원광대학교 박물관 소장. 호남권 한국학자료센터 홈페이지 원문 이미지와 텍스트 보기. 최승희(1989), 정구복 외(1999), 이재수(2003) 참고>

1862-10-21. **족친댁 노 필봉 토지매매명문**(族親宅奴必奉土地賣買明文), 답주 유 생원댁 노 천돌(畓主柳生員宅奴天乭). <1장. 한자+이두. 조선 필사 이두 자료. 전북 익산 마동 창녕 조씨가 소장. 호남권 한국학자료센터 홈페이지 원문 이미지와 텍스트 보기. 최승희(1989), 이재수(2003) 참고>

1862-10-00. **고유한 등 소지**(高有漢等所志), 고유한 등. <1장. 한자+이두. 조선 필사 이두 자료. 전북 군산시 임피면 갈운 제주 고씨가 구장. 군산근대역사박물관 소장. 호남권 한국학자료센터 홈페이지 원문 이미지와 텍스트 보기. 박병호(1974ㄱ), 최승희(1989), 전경목(1997), 김현영(1999), 정구복(2002), 김경숙(2012) 참고>

1862-10-00. **유우행 등 소지**(柳友行等所志), 유우행 등. <1장. 한자+이두. 조선 필사 이두 자료. 전북 담양군 모현관 소장. 호남권 한국학자료센터 홈페이지 원문 이미지와 텍스트 보기. 최승희(1989), 정구복 외(1999) 참고>

1862-11-02. **류 생원 하계댁 산지매매명문**(柳生員下溪宅山地賣買明文), 황산사 주승 경첨 등(黃山寺主僧敬添等). <1장. 한자+이두. 조선 필사 이두 자료. 경북 안동시 박실 전주 류씨 수정재 고택 구장. 한국국학진흥원 소장. 한국학자료센터 영남권 역센터 홈페이지 원문 이미지와 텍스트 보기>

1862-11-06. **이강계 댁 노 명쇠 토지매매명문**(李江界宅奴命金土地賣買明文), 답주 정 생원 댁 노 사월이(畓主鄭生員宅奴四月伊). <1장. 한자+이두. 조선 필사 이두 자료. 아산 선교 장흥 임씨 구장. 한국학중앙연구원 장서각 한국고문서자료관 홈페이지 원문 이미지 보기. 한국학중앙연구원 편(2008) 참고>

1862-11-06. **토지매매명문**(土地賣買明文), 답주 유학 이정녀(畓主幼學李丁女). <1장. 한자+이두. 조선 필사 이두 자료. 중간 부분 결락. 경북 안동시 갈전 순흥 안씨 소장. 한국학중앙연구원 장서각 한국고문서자료관 홈페이지 원문 이미지 보기. 한국정신문화연구원 편(1999) 참고>

1862-11-09. **송 생원 댁 노 상명 토지매매명문**(宋生員宅奴常明土地賣買明文),[240] 답주 조 생원 댁 박복돌(畓主趙生員宅朴福乭). <1장. 한자+이두. 조선 필사 이두 자료. 전남 보성군 능묵리 장흥 임씨가 구장. 전북대학교 박물관 소장. 호남권 한국학자료센터 홈페이지 원문 이미지와 텍스트 보기. 최승희(1989), 이재수(2003) 참고>

1862-11-11. **양 노 옥엽 토지매매명문**(梁奴玉葉土地賣買明文) 1, 답주 윤갑득(畓主尹甲得). <1장. 한자+한글+이두. 조선 필사 이두 자료. 전남 보성군 박실 제주

---

[240] 호남권 한국학자료센터 홈페이지에서는 '1862년 송생원댁노(宋生員宅奴) 송칠언(宋七彦) 토지매매명문(土地賣買明文)'으로 표시하였다.

양씨가 구장. 원광대학교 박물관 소장. 호남권 한국학자료센터 홈페이지 원문 이미지와 텍스트 보기. 박병호(1974ㄱ), 이재수(2003) 참고>

1862-11-17. **김갑교 토지매매명문**(金甲敎土地賣買明文), 답주 자필 이만상(畓主自筆 李晩常). <1장. 한자+이두. 조선 필사 이두 자료. 경북 안동시 오천 광산 김씨 후조당 소장. 한국학중앙연구원 장서각 한국고문서자료관 홈페이지 원문 이미지 와 텍스트 보기. 박병호(1974ㄱ), 한국정신문화연구원 편(1982), 최승희(1989), 김영나(2007) 참고>

1862-11-17. **낙정소 고직 억시 토지매매명문**(洛亭所庫直億示土地賣買明文), 전주 김 (田主金). <1장. 한자+이두. 조선 필사 이두 자료. 경북 안동시 오천 광산 김씨 후조당 소장. 한국학중앙연구원 장서각 한국고문서자료관 홈페이지 원문 이미지 와 텍스트 보기. 박병호(1974ㄱ), 한국정신문화연구원 편(1982), 최승희(1989), 김영나(2007) 참고>

1862-11-21. **토지매매명문**(土地賣買明文),[241] 답주 한량 박호걸쇠(畓主閑良朴豪傑金). <1장. 한자+한글+이두. 조선 필사 이두 자료. 전남 보성군 박실 제주 양씨가 구장. 원광대학교 박물관 소장. 호남권 한국학자료센터 홈페이지 원문 이미지와 텍스트 보기. 최승희(1989), 정구복 외(1999), 이재수(2003) 참고>

1862-11-24. **노 노근 토지매매명문**(奴魯根土地賣買明文), 문중 답주 노 계복(門中畓主 奴稧卜). <1장. 한자+이두. 조선 필사 이두 자료. 경북 영해 인량 재령 이씨 충효당 구장. 한국국학진흥원 소장. 한국학중앙연구원 장서각 한국고문서자료관 홈페이지 원문 이미지 보기. 한국정신문화연구원 편(1997) 참고>

1862-11-27~1865-04-12(壬戌~乙丑).「좌포청등록(**左捕廳謄錄**)」 12, 포도청(捕盜廳) 편(編). <1책(12/전18책). 51장. 필사본. 한자+이두. 조선 필사 이두 자료. 서울대 학교 규장각 한국학연구원 홈페이지 낙질본 원문 이미지 보기> <1775-06-14~ 1775-윤10-29(1/18)>

1862-11-28. **양 노 옥엽 토지매매명문**(梁奴玉葉土地賣買明文) 2, 답주 김지복(畓主金

---

241 호남권 한국학자료센터 홈페이지에서는 '1862년 박호걸쇠(朴豪傑金) 방매(放賣) 토지매매명문(土 地賣買明文)'으로 표시하였다.

志福). <1장. 한자+한글+이두. 조선 필사 이두 자료. 전남 보성군 박실 제주
양씨가 구장. 원광대학교 박물관 소장. 호남권 한국학자료센터 홈페이지 원문
이미지와 텍스트 보기. 박병호(1974ㄱ), 이재수(2003) 참고>

1862-11-00~1862-12-29 추정. 「지전계등급(**紙廛契謄給**)」,[242] 호조(戶曹) 편(編). <1
책. 9장. 필사본. 한자+이두. 조선 필사 이두 자료. 서울대학교 규장각 한국학연구
원 홈페이지 원문 이미지 보기>

1862-12-07. **유학 김태순 토지매매명문**(幼學金泰淳土地賣買明文), 답주 문중 유사 김
학도(畓主門中有司金學道). <1장. 한자+이두. 조선 필사 이두 자료. 광주광역시
광산구 김해 김씨 소장. 호남권 한국학자료센터 홈페이지 원문 이미지와 텍스트
보기. 이재수(2003), 이수건 외(2004) 참고>

1862-12-12. **토지매매명문**(土地賣買明文),[243] 유학 남귀순(幼學南龜淳). <1장. 한자+
이두. 조선 필사 이두 자료. 전북대학교 박물관 소장. 호남권 한국학자료센터
홈페이지 원문 이미지와 텍스트 보기. 최승희(1989), 정구복 외(1999), 이재수
(2003) 참고>

1862-12-13. **유학 정보규 토지매매명문**(幼學鄭譜奎土地賣買明文), 답주 유학 김정교
(畓主幼學金鼎敎). <1장. 한자+이두. 조선 필사 이두 자료. 경북 안동시 오천 광산
김씨 후조당 소장. 한국학중앙연구원 장서각 한국고문서자료관 홈페이지 원문
이미지와 텍스트 보기. 박병호(1974ㄱ), 한국정신문화연구원 편(1982), 최승희
(1989), 김영나(2007) 참고>

1862-12-17. **토지매매명문**(土地賣買明文),[244] 답주 유학 문봉환(畓主幼學文鳳煥). <1
장. 한자+이두. 조선 필사 이두 자료. 전북대학교 박물관 소장. 호남권 한국학자
료센터 홈페이지 원문 이미지와 텍스트 보기. 최승희(1989), 정구복 외(1999), 이재

---

242 권수제는 '壬戌十一月 日謄給'이고, 표제는 '紙廛契謄給'이다. 서울대 규장각 한국학연구원 홈페
이지에서는 책명을 '紙廛契謄給 지전계등급'으로 잘못 표시하였다.
243 호남권 한국학자료센터 홈페이지에서는 '1862년 문일봉(文一奉) 방매 토지매매명문(土地賣買明
文)'으로 표시하였다.
244 호남권 한국학자료센터 홈페이지에서는 '1862년 문봉환(文鳳煥) 방매 토지매매명문(土地賣買明
文)'으로 표시하였다.

수(2003) 참고>

1862-12-19. **보종소 토지매매명문**(補宗所土地賣買明文), 전주 유학 김간수(田主幼學 金幹壽). <1장. 한자+이두. 조선 필사 이두 자료. 안동 천전 의성 김씨 지촌 종택 소장. 한국학중앙연구원 장서각 한국고문서자료관 홈페이지 원문 이미지 보기. 한국정신문화연구원 편(1990) 참고>

1862-12-19~1863-12-30. 「결속색등록(**結束色謄錄**)」80, 병조(兵曹) 편(編). <1책(80/ 낙질본 107책). 159장. 필사본. 한자+이두. 조선 필사 이두 자료. 서울대학교 규장 각 한국학연구원 홈페이지 1787년~1891년 낙질본 107책(1792년(건륭 57년), 1811 년(가경 16년) 하, 1816년(가경 21년), 1817년(가경 22년), 1824년(도광 4년), 1831 (도광 11년), 1871년(동치 10년), 1885년(광서 11년) 없음) 원문 이미지 보기>

1862-12-20. **유응식 전당명문**(柳應植典當明文), 송주신(宋柱臣). <1장. 한자+이두. 조 선 필사 이두 자료. 전북 담양군 모현관 소장. 호남권 한국학자료센터 홈페이지 원문 이미지와 텍스트 보기>

1862-12-23. **종가 토지매매명문**(宗家土地賣買明文), 답주 족인 유학 박세탁(畓主族人 幼學朴世琢). <1장. 한자+이두. 조선 필사 이두 자료. 경남 밀양 신호 밀성 박씨· 덕남서원 소장. 한국학중앙연구원 장서각 한국고문서자료관 홈페이지 원문 이미 지 보기. 한국정신문화연구원 편(2004) 참고>

1862-12-24. **박 생원 댁 토지매매명문**(朴生員宅土地賣買明文), 답주 김억룡(畓主金億 龍). <1장. 한자+이두. 조선 필사 이두 자료. 경북 영주시 문수면 수도리 반남 박씨 오헌 고택 구장. 한국국학진흥원 소장. 한국학자료센터 영남권역센터 홈페 이지 원문 이미지와 텍스트 보기. 김성갑(2013) 참고>

1862-12-25. **양 노 토지매매명문**(梁奴土地賣買明文), 답주 이 노 복만(畓主李奴卜萬). <1장. 한자+한글+이두. 조선 필사 이두 자료. 전남 보성군 박실 제주 양씨가 구장. 원광대학교 박물관 소장. 호남권 한국학자료센터 홈페이지 원문 이미지와 텍스트 보기. 최승희(1989), 정구복 외(1999), 이재수(2003) 참고>

1862-12-26. **양 노 옥엽 토지매매명문**(梁奴玉葉土地賣買明文) 3, 답주 이유환(畓主李 有環). <1장. 한자+한글+이두. 조선 필사 이두 자료. 전남 보성군 박실 제주 양씨가 구장. 원광대학교 박물관 소장. 호남권 한국학자료센터 홈페이지 원문

이미지와 텍스트 보기. 박병호(1974ㄱ), 이재수(2003) 참고>

1862-12-29~1864-02-14(癸亥~甲子). 「해영장계등록(**海營狀 啓謄錄**)」[245] 15, 비변사 (備邊司) 편(編). <1책(15/전22책). 215장. 필사본. 표제는 '黃海監營啓錄'. 권수제는 '(同治五年五月 日)海營狀 啓謄錄'. 한자+이두. 조선 필사 이두 자료. 서울대학교 규장각 한국학연구원 홈페이지 원문 이미지 보기> <영인본: 「각사등록」 23(황해도편 2)(국사편찬위원회 편, 1986)> <1832-07-02~1832-12-30(1/22)>

1862-12-30. **부안현감 하첩**(扶安縣監下帖), 부안현감. <1장. 한자+이두. 조선 필사 이두 자료. 전북 부안 청호 제주 고씨 문중 구장. 전북 부안 청호 효충사 소장. 호남권 한국학자료센터 홈페이지 원문 이미지와 텍스트 보기. 박병호(1974ㄱ), 최승희(1989), 정구복 외(1999) 참고>

1862-12-00. **김성행 등 등장**(金聲行等等狀), 김성행 등. <1장. 한자+이두. 조선 필사 이두 자료. 전북 부안군 취성재 소장. 호남권 한국학자료센터 홈페이지 원문 이미지와 텍스트 보기. 최승희(1989), 전경목(1997), 김현영(1999), 이수건 외(2004) 참고>

1862-12-00. **최권중 차첩**(崔權仲差帖), 영장(營將). <1장. 한자+이두. 조선 필사 이두 자료. 신안 영산 경주 최씨 재유각 소장. 호남권 한국학자료센터 홈페이지 원문 이미지와 텍스트 보기. 최승희(1989), 국립민속박물관 편(1991), 정구복 외(1999), 송철호(2008) 참고>

1862-12-00. **토지매매명문**(土地賣買明文),[246] 답주 김인주(畓主金仁主). <1장. 한자+이두. 조선 필사 이두 자료. 전남 영광군 염소면 원주 이씨가 구장. 광주광역시 이정옥 소장. 호남권 한국학자료센터 홈페이지 원문 이미지와 텍스트 보기. 최승희(1989), 정구복 외(1999) 참고>

1862-00-00. 「선원보략수정의궤(**璿源譜略修正儀軌**)」, 종부시(宗簿寺) 편. <1책. 21장. 필사본. 표제는 '壬戌正月 日 哲宗十三年璿源譜略修正儀軌'. 권수제는 '(同治元年壬

---

245 서울대학교 규장각 한국학연구원 홈페이지에서는 서명을 '黃海監營狀啓謄錄 황해감영장계등록'으로 적었다.

246 호남권 한국학자료센터 홈페이지에서는 '1862년 김인주(金仁主) 방매(放賣) 토지매매명문(土地賣買明文)'으로 표시하였다.

戌正月十二日)璿源譜略修正儀軌'. 한자+이두. 조선 필사 이두 자료. 서울대학교 규장각 한국학연구원 의궤 종합정보 홈페이지 '奎14119' 원문 이미지 보기>

1862-00-00. 「순조대왕추상 존호 순원왕후추상 존호도감의궤(**純祖大王追上 尊號 純元王后追上 尊號都監儀軌**)」,[247] 존호도감 편. <1책. 165장. 필사본. 표제는 '(同治元年壬戌正月 日 哲宗十三年)追上 尊號都監儀軌 全'. 권수제는 '(同治元年壬戌正月 日)純祖大王追上 尊號 純元王后追上 尊號都監儀軌'. 한자+이두. 조선 필사 이두 자료. 한국학중앙연구원 디지털장서각 홈페이지 'K2-2826' 원문 이미지와 텍스트 보기>

1862-00-00. 「순조대왕추상 존호 순원왕후추상 존호도감의궤(**純祖大王追上 尊號 純元王后追上 尊號都監儀軌**)」,[248] 추상존호도감 편. <1책. 164장. 필사본. 표제는 '(同治元年壬戌正月 日 五臺山上)追上尊號都監儀軌 全'. 권수제는 '(同治元年壬戌正月 日)純祖大王追上 尊號 純元王后追上 尊號都監儀軌'. 한자+이두. 조선 필사 이두 자료. 서울대학교 규장각 한국학연구원 의궤 종합정보 홈페이지 '奎13368' 원문 이미지 보기>

1862-00-00. 「순조대왕 순원왕후 추상존호도감의궤(**純祖大王純元王后追上尊號都監儀軌**)」, 추상존호도감 편. <1책. 164장. 필사본. 한자+이두. 조선 필사 이두 자료. 한국학중앙연구원 한국학 디지털 아카이브 홈페이지 원문 이미지 보기>

1862-00-00. 「이정청등록(**釐整廳謄錄**)」, 이정청(釐整廳) 편(編). <1책. 78장. 필사본. 한자+이두. 조선 필사 이두 자료. 서울대학교 규장각 한국학연구원 홈페이지 원문 이미지 보기>

1862-00-00. 「현륭원등록(**顯隆園謄錄**)」, 현륭원 편. <1책. 101장. 필사본. 한자+이두. 조선 필사 이두 자료. 한국학중앙연구원 장서각 한국학자료센터 홈페이지 참고>

1862-00-00~1863-00-00. 「임술록(**壬戌錄**)(嶺湖民變日記)」 <임술년 민란에 관한 기록물을 모아 국사편찬위원회에서 1958년에 편찬한 자료. 국사편찬위원회 한국사

---

[247] 한국학중앙연구원 디지털장서각 홈페이지에서는 원문과는 달리 서명을 '순조대왕추상존호순원왕후추상존호도감의궤(純祖大王追上尊號純元王后追上尊號都監儀軌)'로 붙여 썼다.

[248] 서울대학교 규장각 한국학연구원 의궤 종합정보 홈페이지에서는 서명을 표제나 권수제와는 달리 '순조대왕순원왕후추상존호도감의궤(純祖大王純元王后追上尊號都監儀軌)'로 적었다.

데이터베이스 한국사료총서 홈페이지 원문 텍스트 보기>

1862-00-00 이후 추정. 「검발사(檢跋辭)」, 홍재봉(洪在鳳) 편(編). <1책. 69장. 필사본. 한자+이두. 조선 필사 이두 자료. 서울대학교 규장각 한국학연구원 홈페이지 원문 이미지 보기>

1862-00-00 이후 기입 추정. 「불설대목련경(佛說大目連經)」, 서천(西天) 삼장법사(三藏法師) 법천(法天) 역(譯), 금강산(金剛山) 건봉사(乾鳳寺) 만일회(萬日會) 장판(藏板). <중간본. 1책. 20장. 목판본. 본문에 생획토 기입. 불교 서적. 조선 묵서 구결 자료. 국립중앙도서관 홈페이지 원문 이미지 보기>

1863년

<계해(癸亥). 철종 14년. 동치 2년>

1863-01-11~1866-12-00(계해~병인). 「개성유영관첩(開城留營關牒)」 1, 비변사(備邊司) 편(編). <1책(1/전3책). 69장. 필사본. 표제는 '開城留營關牒'. 내제는 '關牒'. 한자+이두. 조선 필사 이두 자료. 서울대학교 규장각 한국학연구원 홈페이지 원문 이미지 보기> <영인본:「각사등록」 4(경기도편 4)(국사편찬위원회 편, 1982)> <1882-01-00~1883-11-15(2/3), 1886-01-26~1889-09-22(3/3)>

1863-01-13. **하회 충효당 종계소 성상 토지매매명문**(河回忠孝堂宗稧所城上土地賣買明文), 전답주 노 성업(田畓主奴聖業). <1장. 한자+이두. 조선 필사 이두 자료. 경북 안동시 하회 풍산 류씨 충효당 소장. 한국학중앙연구원 장서각 한국고문서 자료관 홈페이지 원문 이미지와 텍스트 보기. 한국정신문화연구원 편(1994) 참고>

1863-01-23. **가사매매명문**(家舍賣買明文),[249] 가대주 박오(家垈主朴奧). <1장. 한자+

---

[249] 한국학중앙연구원 장서각 한국고문서자료관 홈페이지에서는 '1863년 토지매매명문(土地賣買明文)'으로 표시하였으며, 한국학중앙연구원 한국학 디지털 아카이브 홈페이지에서는 '토지명문(土地明文)'으로 표시하였다.

이두. 조선 필사 이두 자료. 상주 연안 이씨 이만부 종가 소장. 한국학중앙연구원 장서각 한국고문서자료관 홈페이지 & 한국학중앙연구원 한국학 디지털 아카이브 홈페이지 원문 이미지와 텍스트 보기>

1863-01-00. **계정 수노 소지**(溪亭首奴所志) 1, 계정 수노. <1장. 한자+이두. 조선 필사 이두 자료. 경북 경주시 안강읍 옥산리 여주 이씨 독락당 소장. 한국학중앙연구원 장서각 한국고문서자료관 홈페이지 원문 이미지 보기. 한국정신문화연구원 편(2003) 참고>

1863-01-00. **김낙형 등 상서**(金樂衡等上書), 김낙형 등. <1장. 한자+이두. 조선 필사 이두 자료. 경북 안동시 오천 광산 김씨 후조당 소장. 한국학중앙연구원 장서각 한국고문서자료관 홈페이지 원문 이미지와 텍스트 보기. 한국정신문화연구원 편(1982) 참고>

1863-01-00. **서창운 수기**(徐昌雲手記), 산주 오남용 댁(山主吳南庸宅). <1장. 한자+이두. 조선 필사 이두 자료. 경기도 용인시 오산 해주 오씨 추탄 종가 구장. 한국학중앙연구원 장서각 한국고문서자료관 홈페이지 원문 이미지와 텍스트 보기. 한국정신문화연구원 편(1998) 참고>

1863-01-00~1863-12-00(癸亥). 「추조결옥록(**秋曹決獄錄**)」 18, 형조(刑曹) 편(編). <1책(18/낙질본 43책). 32장. 필사본. 한자+이두. 이두 자료. 서울대학교 규장각 한국학연구원 홈페이지 원문 이미지 보기> <1822-01-00~1822-12-00(1/43)>

1863-02-10. **유학 토지매매명문**(幼學土地賣買明文),[250] 전주 상인 임윤현(田主喪人任潤鉉). <1장. 한자+한글+이두. 조선 필사 이두 자료. 전남 보성군 박실 제주 양씨가 구장. 원광대학교 박물관 소장. 호남권 한국학자료센터 홈페이지 원문 이미지와 텍스트 보기. 최승희(1989), 정수환·이헌창(2008), 채현경(2011) 참고>

1863-02-15. **조 생원 댁 노 덕흥 토지매매명문**(曺生員宅奴德興土地賣買明文), 답주 구 생원 댁 노 의금(畓主具生員宅奴宜金). <1장. 한자+이두. 조선 필사 이두 자료. 전북 익산 마동 창녕 조씨가 소장. 호남권 한국학자료센터 홈페이지 원문 이미지

---

250 호남권 한국학자료센터 홈페이지에서는 '1863년 임윤현(任潤鉉) 방매(放賣) 토지매매명문(土地賣買明文)'으로 표시하였다.

와 텍스트 보기. 박병호(1974ㄱ), 최승희(1989), 이재수(2003) 참고>

1863-02-19. **임하 망천 댁 토지매매명문**(臨河輞川宅土地賣買明文),²⁵¹ 전주 천전 만천 댁(卅主川前晚川宅). <1장. 한자+이두. 조선 필사 이두 자료. 경북 안동시 안동 권씨 이우당 종택 구장. 한국국학진흥원 소장. 한국국학진흥원 유교넷 홈페이지 원문 이미지와 텍스트 보기>

1863-02-20. **김양근 토지매매명문**(金良根土地賣買明文), 답주 김유광(畓主金有光). <1장. 한자+이두. 조선 필사 이두 자료. 경북 영덕 인량 재령 이씨 갈암 종택 구장. 한국국학진흥원 소장. 한국학자료센터 영남권역센터 홈페이지 원문 이미지 와 텍스트 보기>

1863-02-28. **유학 이 생원 노 북실 토지매매명문**(幼學李生員奴北實土地賣買明文), 답 주 유학 김시연(畓主幼學金時淵). <1장. 한자+한글+이두. 조선 필사 이두 자료. 전남 보성군 박실 제주 양씨가 구장. 원광대학교 박물관 소장. 호남권 한국학자료 센터 홈페이지 원문 이미지와 텍스트 보기. 박병호(1974ㄱ), 최승희(1989), 이재수 (2003) 참고>

1863-02-00. **계정 수노 소지**(溪亭首奴所志) 2, 계정 수노. <1장. 한자+이두. 조선 필사 이두 자료. 경북 경주시 안강읍 옥산리 여주 이씨 독락당 소장. 한국학중앙연 구원 장서각 한국고문서자료관 홈페이지 원문 이미지 보기. 한국정신문화연구원 편(2003) 참고>

1863-02-00. **김 씨 등 상서**(金氏等上書), 김 씨 등. <1장. 한자+이두. 조선 필사 이두 자료. 전북 군산시 발산리 합천 이씨가 구장. 전북대학교 박물관 소장. 호남권 한국학자료센터 홈페이지 원문 이미지와 텍스트 보기. 박병호(1974ㄱ), 최승희 (1989), 정구복 외(1999) 참고>

1863-02-00. **김순교 등 상서**(金舜教等上書), 김순교 등. <1장. 한자+이두. 조선 필사 이두 자료. 경북 안동시 오천 광산 김씨 후조당 소장. 한국학중앙연구원 장서각 한국고문서자료관 홈페이지 원문 이미지와 텍스트 보기. 한국정신문화연구원

---

251 한국국학진흥원 유교넷 홈페이지에서는 문서명을 '갑자년 만천댁가 망천댁에게 논을 팔았음을 증명하는 매매계약서'로 표시하였다.

편(1982) 참고>

1863-02-00~1867-04-00(동치 2년~동치 6년). 「함경감영계록(咸鏡監營啓錄)」 3, 비변사(備邊司) 편(編). <1책(3/전6책). 46장. 필사본. 표제는 '咸營啓錄'. 한자+이두. 조선 필사 이두 자료. 서울대학교 규장각 한국학연구원 홈페이지 원문 이미지 보기> <영인본: 「각사등록」 42(함경도편 1)(국사편찬위원회 편, 1990)> <1856-02-27~1856-08-02(1/6)>

1863-03-11. **토지매매명문**(土地賣買明文),[252] 답주 한량 문만옥(畓主閑良文萬玉). <1장. 한자+이두. 조선 필사 이두 자료. 전북 무장 원송 진주 강씨가 구장. 전북대학교 박물관 소장. 호남권 한국학자료센터 홈페이지 원문 이미지와 텍스트 보기. 최승희(1989), 김소은(2004) 참고>

1863-03-23. **유학 임상종 염장문기**(幼學林尙琮鹽場文記), 염부 급 답주 유학 자필 임창수(塩釜及畓主儒學者必林暢秀). <1장. 한자+한글+이두. 조선 필사 이두 자료. 전남 보성군 박실 제주 양씨가 구장. 원광대학교 박물관 소장. 호남권 한국학자료센터 홈페이지 원문 이미지와 텍스트 보기. 최승희(1989), 정구복 외(1999), 이재수(2003) 참고>

1863-03-23. **유학 최화악 토지매매명문**(幼學崔華岳土地賣買明文), 산지주 유학 이호(山地主幼學李浩). <1장. 한자+이두. 조선 필사 이두 자료. 전북 정읍시 동학농민혁명기념관 소장. 호남권 한국학자료센터 홈페이지 원문 이미지와 텍스트 보기. 박병호(1974ㄱ), 이재수(2003) 참고>

1863-03-24. **권 생원 댁 노 원손 가사매매명문**(權生員宅奴元孫家舍賣買明文), 가주 인천 박 생원 댁 노 수용(家主仁川朴生員宅奴水用). <1장. 한자+이두. 조선 필사 이두 자료. 경북 영덕 인량 재령 이씨 갈암 종택 구장. 한국국학진흥원 소장. 한국학자료센터 영남권역센터 홈페이지 원문 이미지와 텍스트 보기>

1863-03-28. **유학 양위무 토지매매명문**(幼學梁胃戊土地賣買明文), 답주 한량 양수성(畓主閑良梁壽成). <1장. 한자+한글+이두. 조선 필사 이두 자료. 전남 보성군

---

[252] 호남권 한국학자료센터 홈페이지에서는 '1863년 문만옥(文萬玉) 방매(放賣) 토지매매명문(土地賣買明文)'으로 표시하였다.

박실 제주 양씨가 구장. 원광대학교 박물관 소장. 호남권 한국학자료센터 홈페이지 원문 이미지와 텍스트 보기. 최승희(1989), 정구복 외(1999), 이재수(2003) 참고>

1863-03-29. **유학 강재식 토지매매명문**(幼學姜在湜土地賣買明文), 답주 자필 유학 박문현(畓主自筆幼學朴文鉉). <1장. 한자+이두. 조선 필사 이두 자료. 전북 무장 원송 진주 강씨가 구장. 전북대학교 박물관 소장. 호남권 한국학자료센터 홈페이지 원문 이미지와 텍스트 보기. 박병호(1974ㄱ), 최승희(1989), 정구복 외(1999) 참고>

1863-03-00. **김문환 소지**(金文煥所志) 1, 김문환. <1장. 한자+이두. 조선 필사 이두 자료. 전남 무안 김해 김씨 김진호 구장. 광주 김해 김씨 김진호 소장. 호남권 한국학자료센터 홈페이지 원문 이미지 보기. 최승희(1989) 참고>

1863-03-00. **김응상 등 소지**(金應祥等所志) 1, 김응상 등. <1장. 한자+이두. 조선 필사 이두 자료. 경북 경주시 소정리 경주 이씨 소장. 한국학중앙연구원 장서각 한국고문서자료관 홈페이지 원문 이미지 보기. 한국정신문화연구원 편(2002) 참고>

1863-03-00. **김응상 등 소지**(金應祥等所志) 2, 김응상 등. <1장. 한자+이두. 조선 필사 이두 자료. 경북 경주시 소정리 경주 이씨 소장. 한국학중앙연구원 장서각 한국고문서자료관 홈페이지 원문 이미지 보기. 한국정신문화연구원 편(2002) 참고>

1863-03-00. **김이유 등 상서**(金頤儒等上書), 김이유 등. <1장. 한자+이두. 조선 필사 이두 자료. 경북 안동시 오천 광산 김씨 후조당 소장. 한국학중앙연구원 장서각 한국고문서자료관 홈페이지 원문 이미지와 텍스트 보기. 한국정신문화연구원 편(1982) 참고>

1863-03-00. **양석조 등 소지**(楊錫祖等所志) 1, 양석조 등. <1장. 한자+이두. 조선 필사 이두 자료. 전북 순창 구미 남원 양씨가 소장. 호남권 한국학자료센터 홈페이지 원문 이미지와 텍스트 보기. 박병호(1974ㄱ), 최승희(1989), 전북향토문화연구회 편(1993), 정구복 외(1999) 참고>

1863-03-00. **이문구 소지**(李文九所志), 이문구. <1장. 한자+이두. 조선 필사 이두

자료. 상주 연안 이씨 이만부 종가 소장. 한국학중앙연구원 장서각 한국고문서자료관 홈페이지 원문 이미지 보기>

1863-03-00. **화민 신휘천 소지**(化民辛徽天所志), 신휘천. <1장. 한자+이두. 조선 필사 이두 자료. 영광 입석 영월 신씨 소장. 한국학중앙연구원 장서각 한국고문서자료관 홈페이지 원문 이미지와 텍스트 보기. 한국정신문화연구원 편(1996) 참고>

1863-04-01~1864-02-20(癸亥~甲子). 「경상감영계록(慶尙監營啓錄)」 1, 경상감영(慶尙監營) 편(編). <1책(1/전7책). 106장. 필사본. 표제는 '慶尙監營啓錄'. 한자+이두. 조선 필사 이두 자료. 서울대학교 규장각 한국학연구원 홈페이지 원문 이미지 보기> <1842-04-19~1842-11-16(6/7)>

1863-04-03. **김기환 수표**(金基煥手標), 김기환. <1장. 한자+이두. 조선 필사 이두 자료. 전북 순창 구미 남원 양씨가 소장. 호남권 한국학자료센터 홈페이지 원문 이미지와 텍스트 보기. 박병호(1974ㄱ), 최승희(1989), 전북향토문화연구회 편(1993), 정구복 외(1999) 참고>

1863-04-03. **유학 양석조 수기**(幼學楊錫祖手記), 수기주 양득운(手記主梁得雲). <1장. 한자+이두. 조선 필사 이두 자료. 전북 순창 구미 남원 양씨가 소장. 호남권 한국학자료센터 홈페이지 원문 이미지와 텍스트 보기. 최승희(1989), 김경숙(2002), 심재우(2013) 참고>

1863-04-03~1864-02-00(癸亥~甲子). 「종친부파보청등록(宗親府波譜廳謄錄)」, 종친부(宗親府) 편(編). <1책. 56장. 필사본. 한자+이두. 조선 필사 이두 자료. 서울대학교 규장각 한국학연구원 홈페이지 원문 이미지 보기>

1863-04-03~1865-01-09(동치 2년 癸亥~동치 4년). 「동래부계록(東萊府啓錄)」 4, 비변사(備邊司) 편(編). <1책(4/전9책). 141장. 필사본. 표제는 '東萊府啓錄'. 권수제는 '(同治二年四月 日)慶尙道東萊府使姜渗狀謄錄'. 한자+이두. 조선 필사 이두 자료. 서울대학교 규장각 한국학연구원 홈페이지 원문 이미지 보기> <영인본: 「각사등록」 12(경상도편 2)(국사편찬위원회 편, 1984)> <1849-06-06~1850-04-18(1/9)>

1863-04-13. **당숙주 송추문기**(堂叔主松楸文記), 금계주 당질 양구영(禁界主堂侄楊龜泳). <1장. 한자+이두. 조선 필사 이두 자료. 전북 순창 구미 남원 양씨가 소장.

호남권 한국학자료센터 홈페이지 원문 이미지와 텍스트 보기. 최승희(1989), 이재수(2003), 채현경(2011) 참고>

1863-04-13. **토지매매명문**(土地賣買明文), 답주 이 노 일손(畓主李奴日孫). <1장. 한자+이두. 조선 필사 이두 자료. 경북 경주시 안강읍 옥산리 여주 이씨 독락당 소장. 한국학중앙연구원 장서각 한국고문서자료관 홈페이지 원문 이미지 보기. 한국정신문화연구원 편(2003) 참고>

1863-04-27. **토지매매명문**(土地賣買明文),[253] 저전주 자필 이영손(楮田主自筆李英孫). <1장. 한자+이두. 조선 필사 이두 자료. 전남 장성군 행주 기씨 금강 종가 소장. 호남권 한국학자료센터 홈페이지 원문 이미지와 텍스트 보기. 김재문(1986), 이수건 외(2004) 참고>

1863-04-00. **강위회 첩보**(姜渭會牒報), 강위회. <1장. 한자+이두. 조선 필사 이두 자료. 전북 순창 구미 남원 양씨가 소장. 호남권 한국학자료센터 홈페이지 원문 이미지와 텍스트 보기. 최승희(1989), 김경숙(2002), 심재우(2013) 참고>

1863-04-00. **김문환 의송**(金文煥議送), 김문환. <1장. 한자+이두. 조선 필사 이두 자료. 전남 무안 김해 김씨 김진호 구장. 광주 김해 김씨 김진호 소장. 호남권 한국학자료센터 홈페이지 원문 이미지 보기. 최승희(1989) 참고>

1863-04-00. **김호 소지**(金濠所志), 김호. <1장. 한자+이두. 조선 필사 이두 자료. 전북 익산시 용제 경주 김씨가 소장. 호남권 한국학자료센터 홈페이지 원문 이미지와 텍스트 보기. 박병호(1974ㄱ), 최승희(1989), 정구복 외(1999) 참고>

1863-04-00. **양석조 등 소지**(楊錫祖等所志) 2, 양석조 등. <1장. 한자+이두. 조선 필사 이두 자료. 전북 순창 구미 남원 양씨가 소장. 호남권 한국학자료센터 홈페이지 원문 이미지와 텍스트 보기. 박병호(1974ㄱ), 최승희(1989), 전북향토문화연구회 편(1993), 정구복 외(1999) 참고>

1863-04-00. **유응식 소지**(柳應植所志), 유응식. <1장. 한자+이두. 조선 필사 이두 자료. 전북 담양군 모현관 소장. 호남권 한국학자료센터 홈페이지 원문 이미지와

---

[253] 호남권 한국학자료센터 홈페이지에서는 '1863년 이영손(李英孫) 방매(放賣) 토지매매명문(土地賣買明文)'으로 표시하였다.

텍스트 보기. 최승희(1989), 정구복 외(1999) 참고>

1863-05-10. **단산 고자 을용 고목**(丹山庫子乙用告目), 을용. <1장. 한자+이두. 조선 필사 이두 자료. 경북 영해 인량 재령 이씨 충효당 소장. 한국학중앙연구원 장서각 한국고문서자료관 홈페이지 원문 이미지 보기. 한국학중앙연구원 편(2008) 참고>

1863-05-25. **유학 최화악 시장문기**(幼學崔華岳柴場文記), 산지주 유학 이세문(山地主 幼學李世文). <1장. 한자+이두. 조선 필사 이두 자료. 전북 정읍시 동학농민혁명 기념관 소장. 호남권 한국학자료센터 홈페이지 원문 이미지와 텍스트 보기. 박병호(1974ㄱ), 이재수(2003) 참고>

1863-05-28. **진상 단자**(進上單子), 제주목(濟州牧). <1장. 한자+이두. 필사 이두 자료. 제주교육박물관 소장. 사이버 제주교육박물관 홈페이지 원문 이미지와 텍스트 보기>

1863-05-30. **함평현 겸임 무안현감 서목**(咸平縣兼任務安縣監書目), 함평현 겸임 무안현감. <1장. 한자+이두. 조선 필사 이두 자료. 전남 무안 김해 김씨 김진호 구장. 광주 김해 김씨 김진호 소장. 호남권 한국학자료센터 홈페이지 원문 이미지 보기. 최승희(1989) 참고>

1863-05-00. **김문환 소지**(金文煥所志) 2, 김문환. <1장. 한자+이두. 조선 필사 이두 자료. 전남 무안 김해 김씨 김진호 구장. 광주 김해 김씨 김진호 소장. 호남권 한국학자료센터 홈페이지 원문 이미지 보기. 최승희(1989) 참고>

1863-06-01. **김문환 소지**(金文煥所志) 3, 김문환. <1장. 한자+이두. 조선 필사 이두 자료. 전남 무안 김해 김씨 김진호 구장. 광주 김해 김씨 김진호 소장. 호남권 한국학자료센터 홈페이지 원문 이미지 보기. 최승희(1989) 참고>

1863-06-17~1865-09-20(동치 2년~동치 4년).「충청수영계록(**忠淸水營啓錄**)」3, 비변사(備邊司) 편. <1책. 3/전6책. 90장. 필사본. 표제는 '忠淸水營啓錄'. 한자+이두. 조선 필사 이두 자료. 서울대학교 규장각 한국학연구원 홈페이지 원문 이미지 보기> <영인본:「각사등록」8(충청도편 3)(국사편찬위원회 편, 1983)> <1842-07-01~1844-03-12(1/6)>

1863-07-11. **김병헌 고목**(金炳憲告目), 부안현 예리 김방두(扶安縣禮吏金邦斗). <1장.

한자+이두. 조선 필사 이두 자료. 전북 부안군 우동 김형복 소장. 호남권 한국학자료센터 홈페이지 원문 이미지와 텍스트 보기. 한국정신문화연구원 편(1983, 1998) 참고>

1863-07-21. **면임 우 산도**(面任禹山圖), 우(禹). <1장. 한자+이두. 조선 필사 이두 자료. 경북 상주 낙동 풍양 조씨 양진당 소장. 한국학중앙연구원 장서각 한국고문서자료관 홈페이지 원문 이미지 보기>

1863-07-00. **김문환 소지**(金文煥所志) 4, 김문환. <1장. 한자+이두. 조선 필사 이두 자료. 전남 무안 김해 김씨 김진호 구장. 광주 김해 김씨 김진호 소장. 호남권 한국학자료센터 홈페이지 원문 이미지 보기. 최승희(1989) 참고>

1863-07-00. **김병헌 차첩**(金炳憲差帖), 부안현감(扶安縣監). <1장. 한자+이두. 조선 필사 이두 자료. 전북 부안군 우반 부안 김씨 세덕각 소장. 한국학중앙연구원 장서각 한국고문서자료관 홈페이지 & 호남권 한국학자료센터 홈페이지 원문 이미지와 텍스트 보기. 박병호(1974ㄱ), 한국정신문화연구원 편(1983, 1998), 최승희(1989), 김현영(1999), 전경목(2001), 정구복(2002), 한국학중앙연구원 편(2017) 참고>

1863-07-00. **김성행 등 상서**(金聲行等上書), 김성행 등. <1장. 한자+이두. 조선 필사 이두 자료. 전북 부안군 취성재 소장. 호남권 한국학자료센터 홈페이지 원문 이미지와 텍스트 보기. 최승희(1989), 전경목(1997), 김현영(1999), 이수건 외(2004) 참고>

1863-07-00. **조상식 등 상서**(趙相息等上書) 1, 조상식 등. <1장. 한자+이두. 조선 필사 이두 자료. 경북 상주 낙동 풍양 조씨 양진당 소장. 한국학중앙연구원 장서각 한국고문서자료관 홈페이지 원문 이미지 보기>

1863-08-08~1863-09-05(동치 2년 癸亥). 「경상좌수영 이등 기춘시래관등록(**慶尙左水營李等基春時來關謄錄**)」[254] 1, 의정부(議政府) 편(編). <1책(1/전2책). 3장. 필사본. 표제는 '慶尙左水營李等基春時來關謄錄'. 권수제는 '(同治三年正月 日)慶尙左水

---

[254] 서울대학교 규장각 한국학연구원 홈페이지에서는 책명을 '慶尙左水營關牒 경상좌수영관첩'으로 표시하였다. 권1과 권2의 원문 이미지가 바뀌었다.

營李等基春時來關營錄'. 한자+이두. 조선 필사 이두 자료. 서울대학교 규장각 한국학연구원 홈페이지 원문 이미지 보기> <1866-02-12~1870-09-13(2/2)>

1863-08-24. **토지매매명문**(土地賣買明文),[255] 답주 자필 유학 이백용(畓主自筆幼學李伯容). <1장. 한자+한글+이두. 조선 필사 이두 자료. 전남 보성군 박실 제주 양씨가 구장. 원광대학교 박물관 소장. 호남권 한국학자료센터 홈페이지 원문 이미지와 텍스트 보기. 최승희(1989), 정구복 외(1999), 채현경(2011) 참고>

1863-08-25. **강천이 가사매매명문**(姜千伊家舍賣買明文), 가주 자필 권 노 석숭(家主自筆權奴石崇). <1장. 한자+이두. 조선 필사 이두 자료. 경북 영덕 인량 재령 이씨 갈암 종택 구장. 한국국학진흥원 소장. 한국학자료센터 영남권역센터 홈페이지 원문 이미지와 텍스트 보기>

1863-08-00. **설구 등 상서**(薛絿等上書), 설구 등. <1장. 한자+이두. 조선 필사 이두 자료. 전북 순창 청계 문화 유씨가 소장. 호남권 한국학자료센터 홈페이지 원문 이미지와 텍스트 보기. 최승희(1989), 김경숙(2002), 심재우(2013) 참고>

1863-08-00. **송문성 등 상서**(宋文成等上書) 1, 송문성 등. <1장. 한자+이두. 조선 필사 이두 자료. 전북 완주군 비봉 반곡서원 소장. 호남권 한국학자료센터 홈페이지 원문 이미지와 텍스트 보기. 박병호(1974ㄱ), 최승희(1989) 참고>

1863-08-00. **송문성 등 상서**(宋文成等上書) 2, 송문성 등. <1장. 한자+이두. 조선 필사 이두 자료. 전북 완주군 비봉 반곡서원 소장. 호남권 한국학자료센터 홈페이지 원문 이미지와 텍스트 보기. 박병호(1974ㄱ), 최승희(1989) 참고>

1863-08-00. **양석조 등 소지**(楊錫祖等所志) 3, 양석조 등. <1장. 한자+이두. 조선 필사 이두 자료. 전북 순창 구미 남원 양씨가 소장. 호남권 한국학자료센터 홈페이지 원문 이미지와 텍스트 보기. 박병호(1974ㄱ), 최승희(1989), 전북향토문화연구회 편(1993), 정구복 외(1999) 참고>

1863-08-00. **영양향교 첩정**(英陽鄕校牒呈), 영양향교. <1장. 한자+이두. 조선 필사 이두 자료. 경북 영양군 일월면 도계리 영양향교 소장. 한국학자료센터 영남권역

---

[255] 호남권 한국학자료센터 홈페이지에서는 '1863년 이백용(李伯容) 방매(放賣) 토지매매명문(土地賣買明文)'으로 표시하였다.

센터 홈페이지 원문 이미지와 텍스트 보기. 영남대학교 민족문화연구소 편(1992) 참고>

1863-08-00. **오철순 등 상서**(吳哲淳等上書), 오철순 등. <1장. 한자+이두. 조선 필사 이두 자료. 전북 순창 청계 문화 유씨가 소장. 호남권 한국학자료센터 홈페이지 원문 이미지와 텍스트 보기. 박병호(1974ㄱ), 최승희(1989), 정구복 외(1999) 참고>

1863-09-02. **시장문기**(柴場文記), 시장주 유학 신항석(柴場主幼學辛恒石). <1장. 한자+이두. 조선 필사 이두 자료. 영광 입석 영월 신씨 소장. 한국학중앙연구원 장서각 한국고문서자료관 홈페이지 원문 이미지와 텍스트 보기. 한국정신문화연구원 편(1996) 참고>

1863-09-1■. **수표**(手標), 표주 양■■(標主楊■■). <1장. 한자+이두. 조선 필사 이두 자료. 전북 순창 청계 문화 유씨가 소장. 호남권 한국학자료센터 홈페이지 원문 이미지와 텍스트 보기. 박병호(1974ㄱ), 최승희(1989), 정구복 외(1999) 참고>

1863-09-21~1864-06-00(癸亥~甲子). 「우포청등록(**右捕廳謄錄**)」 18, 포도청(捕盜廳) 편(編). <1책(18/전30책). 42장. 필사본. 표제는 '右捕廳謄錄'. 한자+이두. 조선 필사 이두 자료. 서울대학교 규장각 한국학연구원 홈페이지 원문 이미지 보기> <1807-01-13~1808-06-12(1/30)>

1863-09-22. **비변사 초료**(備邊司草料), 비변사. <1장. 한자+이두. 조선 필사 이두 자료. 제주시 일도 2동 제주민속자연사박물관 소장. 호남권 한국학자료센터 홈페이지 원문 이미지와 텍스트 보기. 최승희(1989) 참고>

1863-09-00. **유진호 등 등장**(柳震浩等等狀), 유진호 등. <1장. 한자+이두. 조선 필사 이두 자료. 전북 순창 청계 문화 유씨가 소장. 호남권 한국학자료센터 홈페이지 원문 이미지와 텍스트 보기. 최승희(1989), 김경숙(2002), 심재우(2013) 참고>

1863-09-00. **이찬 등 소지**(李瓚等所志), 이찬 등. <1장. 한자+이두. 조선 필사 이두 자료. 경북 안동시 법흥동 고성 이씨 임청각 구장. 한국학중앙연구원 장서각 한국고문서자료관 홈페이지 원문 이미지 보기. 한국정신문화연구원 편(2000) 참고>

1863-09-00. **조상식 등 상서**(趙相息等上書) 2, 조상식 등. <1장. 한자+이두. 조선 필사 이두 자료. 경북 상주 낙동 풍양 조씨 양진당 소장. 한국학중앙연구원 장서각 한국고문서자료관 홈페이지 원문 이미지 보기>

1863-09-00. **최세민 등 소지**(崔世民等所志), 최세민 등. <1장. 한자+이두. 조선 필사 이두 자료. 경북 경주시 내남면 이조리 경주 최씨·용산서원 소장. 한국학중앙연구원 장서각 한국고문서자료관 홈페이지 원문 이미지 보기. 한국정신문화연구원 편(2000) 참고>

1863-09-00. **화민 신창규 소지**(化民辛彰圭所志), 신창규. <1장. 한자+이두. 조선 필사 이두 자료. 영광 입석 영월 신씨 소장. 한국학중앙연구원 장서각 한국고문서자료관 홈페이지 원문 이미지와 텍스트 보기. 한국정신문화연구원 편(1996) 참고>

1863-10-06. **안구만 가사매매명문**(安口萬家舍賣買明文), 가주 강천이(家主姜天伊). <1장. 한자+이두. 조선 필사 이두 자료. 경북 영덕 인량 재령 이씨 갈암 종택 구장. 한국국학진흥원 소장. 한국학자료센터 영남권역센터 홈페이지 원문 이미지와 텍스트 보기>

1863-10-06. **조 생원 주표기**(趙生員主標記),[256] 표주 의흥리 박기주(標主義興吏朴基柱). <1장. 점련문서. 한자+이두. 조선 필사 이두 자료. 경북 상주 낙동 풍양 조씨 양진당 소장. 한국학중앙연구원 장서각 한국고문서자료관 홈페이지 원문 이미지 보기>

1863-10-07. **토지매매명문**(土地賣買明文),[257] 전주 자필 권영백(田主自筆權永百). <1장. 한자+이두. 조선 필사 이두 자료. 경북 안동시 수곡면 전주 류씨 삼산 종가 구장. 대구광역시 수성구 만촌동 전주 류씨 종가 소장. 한국학자료센터 영남권역센터 홈페이지 원문 이미지와 텍스트 보기. 최승희(1989), 이재수(2003), 전경목(2010) 참고>

1863-10-14. **산인 상운 토지매매명문**(山人祥雲土地賣買明文), 답주 박계춘(畓主朴啓春). <1장. 한자+이두. 조선 필사 이두 자료. 전남 나주시 남내 밀양 박씨 청재 종가 소장. 호남권 한국학자료센터 홈페이지 원문 이미지와 텍스트 보기. 이재수(2003), 박경(2008) 참고>

---

[256] 한국학중앙연구원 장서각 한국고문서자료관 홈페이지에서는 '1863년 의흥리(義興吏) 박기주(朴基柱) 산도(山圖)'와 '1863년 의흥리(義興吏) 박기주(朴基柱) 수표(手標)'로 표시하였다.

[257] 한국학자료센터 영남권역센터 홈페이지에서는 '1863년 권영백(權永百) 토지매매명문(土地賣買明文)'으로 표시하였다.

1863-10-21. **임사원 토지매매명문**(任思員土地賣買明文), 답주 한량 김충덕(畓主閑良 金忠德). <1장. 한자+한글+이두. 조선 필사 이두 자료. 전남 보성군 박실 제주 양씨가 구장. 원광대학교 박물관 소장. 호남권 한국학자료센터 홈페이지 원문 이미지와 텍스트 보기. 박병호(1974ㄱ), 최승희(1989), 이재수(2003) 참고>

1863-10-27. **이홍진 토지매매명문**(李泓稹土地賣買明文), 답주 유양노(畓主柳陽魯). <1장. 한자+이두. 조선 필사 이두 자료. 전북 진안 개화 전주 이씨가 소장. 호남권 한국학자료센터 홈페이지 원문 이미지와 텍스트 보기. 최승희(1989), 이재수(2003), 채현경(2011) 참고>

1863-10-00. **김기협 등 소지**(金基俠等所志), 김기협 등. <1장. 한자+이두. 조선 필사 이두 자료. 전북 부안군 취성재 소장. 호남권 한국학자료센터 홈페이지 원문 이미지와 텍스트 보기. 최승희(1989), 전경목(1997), 김현영(1999), 이수건 외(2004) 참고>

1863-10-00. **송문성 등 상서**(宋文成等上書) 3, 송문성 등. <1장. 한자+이두. 조선 필사 이두 자료. 전북 완주군 비봉 반곡서원 소장. 호남권 한국학자료센터 홈페이지 원문 이미지와 텍스트 보기. 박병호(1974ㄱ), 최승희(1989) 참고>

1863-10-00. **양석표 등 등장**(楊錫表等等狀), 양석표 등. <1장. 한자+이두. 조선 필사 이두 자료. 전북 순창 구미 남원 양씨가 소장. 호남권 한국학자료센터 홈페이지 원문 이미지와 텍스트 보기. 최승희(1989), 김경숙(2002), 심재우(2013) 참고>

1863-10-00. **조상식 등 상서**(趙相息等上書) 3, 조상식 등. <1장. 한자+이두. 조선 필사 이두 자료. 경북 상주 낙동 풍양 조씨 양진당 소장. 한국학중앙연구원 장서각 한국고문서자료관 홈페이지 원문 이미지 보기>

1863-10-00(癸亥). 「진안옥사발사(鎭安獄事跋辭)」, 진안군(鎭安郡) 편(篇). <1책. 26장. 필사본. 한자+이두. 조선 필사 이두 자료. 서울대학교 규장각 한국학연구원 홈페이지 원문 이미지 보기>

1863-10-00. **최세기 등 소지**(崔世器等所志), 최세기 등. <1장. 한자+이두. 조선 필사 이두 자료. 경북 경주시 내남면 이조리 경주 최씨·용산서원 소장. 한국학중앙연구원 장서각 한국고문서자료관 홈페이지 원문 이미지 보기. 한국정신문화연구원 편(2000) 참고>

1863-10-00. **토지매매명문**(土地賣買明文),[258] 답주 유학 황종고(畓主幼學黃鍾沽). <1장. 한자+이두. 조선 필사 이두 자료. 전남 영광 마산 경주 이씨가 구장. 진안 용담호미술관 소장. 호남권 한국학자료센터 홈페이지 원문 이미지와 텍스트 보기. 최승희(1989), 정구복 외(1999), 채현경(2011) 참고>

1863-10-00 추정. **오송화 댁 노 이손 소지**(吳松禾宅奴二孫所志), 이손. <1장. 한자+이두. 조선 필사 이두 자료. 경기도 용인시 오산 해주 오씨 추탄 종가 구장. 한국학중앙연구원 장서각 한국고문서자료관 홈페이지 원문 이미지와 텍스트 보기. 한국정신문화연구원 편(1998) 참고>

1863-11-02. **양노 옥엽 토지매매명문**(梁奴玉葉土地賣買明文), 답주 형 이용옥(畓主兄李龍玉). <1장. 한자+한글+이두. 조선 필사 이두 자료. 전남 보성군 박실 제주 양씨가 구장. 원광대학교 박물관 소장. 호남권 한국학자료센터 홈페이지 원문 이미지와 텍스트 보기. 박병호(1974ㄱ), 최승희(1989), 이재수(2003) 참고>

1863-11-06. **양 생원 댁 노 옥엽 토지매매명문**(梁生員宅奴玉葉土地賣買明文), 답주 동몽 손성춘(畓主童蒙孫成春). <1장. 한자+한글+이두. 조선 필사 이두 자료. 전남 보성군 박실 제주 양씨가 구장. 원광대학교 박물관 소장. 호남권 한국학자료센터 홈페이지 원문 이미지와 텍스트 보기. 박병호(1974ㄱ), 최승희(1989), 이재수(2003) 참고>

1863-11-11. **토지매매명문**(土地賣買明文), 답주 자필 김상준(畓主自筆金相俊). <1장. 한자+이두. 조선 필사 이두 자료. 경북 안동시 주촌 진성 이씨 경류정 구장. 서울역사박물관 소장. 장서각 한국고문서자료관 홈페이지 & 한국학중앙연구원 한국학 디지털 아카이브 홈페이지 원문 이미지와 텍스트 보기. 한국정신문화연구원 편(1999) 참고>

1863-11-16. **종계 유사 토지매매명문**(宗稧有司土地賣買明文), 전주 종가(田主宗家). <1장. 한자+이두. 조선 필사 이두 자료. 경북 안동시 수곡면 전주 류씨 삼산 종가 구장. 대구광역시 수성구 만촌동 전주 류씨 종가 소장. 한국학자료센터 영남

---

[258] 호남권 한국학자료센터 홈페이지에서는 '1863년 황종고(黃鍾沽) 방매(放賣) 토지매매명문(土地賣買明文)'으로 표시하였다.

권역센터 홈페이지 원문 이미지와 텍스트 보기. 최승희(1989), 이재수(2003), 전경목(2010) 참고>

1863-11-17. **종택 토지매매명문**(宗宅土地賣買明文), 전주 사종숙 이(田主四從叔李). <1장. 한자+이두. 조선 필사 이두 자료. 경북 안동시 오천 광산 김씨 후조당 소장. 한국학중앙연구원 장서각 한국고문서자료관 홈페이지 원문 이미지와 텍스트 보기. 박병호(1974ㄱ), 한국정신문화연구원 편(1982), 최승희(1989), 김영나(2007) 참고>

1863-11-18. **임상근 토지매매명문**(林尙根土地賣買明文), 전주 정동진(田主鄭東辰). <1장. 한자+이두. 조선 필사 이두 자료. 경북 안동시 오천 광산 김씨 후조당 소장. 한국학중앙연구원 장서각 한국고문서자료관 홈페이지 & 한국학중앙연구원 한국학 디지털 아카이브 홈페이지 원문 이미지와 텍스트 보기. 박병호(1974ㄱ), 한국정신문화연구원 편(1982), 최승희(1989), 김영나(2007) 참고>

1863-11-19. **종씨 이하룡 토지매매명문**(宗氏李夏龍土地賣買明文), 전답주 유학 이제신(田畓主幼學李躋新). <1장. 한자+이두. 조선 필사 이두 자료. 경북 안동시 주촌 진성 이씨 경류정 소장. 한국학중앙연구원 장서각 한국고문서자료관 홈페이지 원문 이미지와 텍스트 보기. 한국정신문화연구원 편(1999) 참고>

1863-11-20. **의인 제채고직 최정랑 토지매매명문**(宜仁祭債庫直崔丁郎土地賣買明文), 답주 김이원(畓主金伊元). <1장. 한자+이두. 조선 필사 이두 자료. 경북 안동시 도산면 의촌리 은졸재 고택 구장. 한국국학진흥원 소장. 한국학자료센터 영남권역센터 홈페이지 원문 이미지와 텍스트 보기>

1863-11-21. **작산당중 토지매매명문**(鵲山堂中土地賣買明文), 답주 김도택(畓主金道澤). <1장. 한자+이두. 조선 필사 이두 자료. 경북 안동시 주촌 진성 이씨 경류정 소장. 한국학중앙연구원 장서각 한국고문서자료관 홈페이지 & 한국학중앙연구원 한국학 디지털 아카이브 홈페이지 원문 이미지와 텍스트 보기. 한국정신문화연구원 편(1999) 참고>

1863-11-22. **토지매매명문**(土地賣買明文),[259] 답주 자필 노 용득(畓主自筆奴龍得). <1

---

259 한국학자료센터 영남권역센터 홈페이지에서는 '1863년 노(奴) 용득(龍得) 토지매매명문(土地賣買

장. 한자+이두. 조선 필사 이두 자료. 대구 칠계 경주 최씨 백불암 종중 구장. 안동대학교 박물관 소장. 한국학자료센터 영남권역센터 홈페이지 원문 이미지와 텍스트 보기. 박병호(1974ㄱ), 최승희(1989), 이재수(2003), 이수건 외(2004) 참고>

1863-11-27. **토지매매명문**(土地賣買明文),[260] 답주 유학 정현(畓主幼學鄭玄). <1장. 한자+이두. 조선 필사 이두 자료. 전북대학교 박물관 소장. 호남권 한국학자료센터 홈페이지 원문 이미지와 텍스트 보기. 최승희(1989), 정구복 외(1999), 이재수(2003) 참고>

1863-11-28. **병산서원 통문**(屛山書院通文), 병산서원. <1장. 한자+이두. 조선 필사 이두 자료. 경북 경주시 내남면 이조리 경주 최씨·용산서원 소장. 한국학중앙연구원 장서각 한국고문서자료관 홈페이지 원문 이미지 보기. 한국정신문화연구원 편(2000) 참고>

1863-11-00. **유경집 등 소지**(柳慶集等所志) 1, 유경집 등. <1장. 한자+이두. 조선 필사 이두 자료. 전북 담양군 모현관 소장. 호남권 한국학자료센터 홈페이지 원문 이미지와 텍스트 보기. 최승희(1989), 정구복 외(1999) 참고>

1863-11-00. **유경집 등 소지**(柳慶集等所志) 2, 유경집 등. <1장. 한자+이두. 조선 필사 이두 자료. 전북 담양군 모현관 소장. 호남권 한국학자료센터 홈페이지 원문 이미지와 텍스트 보기. 최승희(1989), 정구복 외(1999) 참고>

1863-11-00. **이찬 등 산도**(李瓚等山圖), 이찬 등. <1장. 한자+이두. 조선 필사 이두 자료. 경북 안동시 법흥동 고성 이씨 임청각 구장. 한국학중앙연구원 장서각 한국고문서자료관 홈페이지 원문 이미지 보기. 한국정신문화연구원 편(2000) 참고>

1863-12-08. **하리 박기주 초사**(下吏朴基柱招辭), 박기주. <1장. 한자+이두. 조선 필사 이두 자료. 경북 상주 낙동 풍양 조씨 양진당 소장. 한국학중앙연구원 장서각 한국고문서자료관 홈페이지 원문 이미지 보기>

1863-12-08~1864-03-03(동치 2년 癸亥~甲子).「국휼등록(**國恤謄錄**)」3, 편자 미상.

明文)'으로 표시하였다.

[260] 호남권 한국학자료센터 홈페이지에서는 '1863년 정현(鄭玄) 방매 토지매매명문(土地賣買明文)'으로 표시하였다.

<1책(3/전4책). 39장. 필사본. 한자+이두. 조선 필사 이두 자료. 서울대학교 규장각 한국학연구원 홈페이지 원문 이미지 보기> <1805-01-12~1849-06-02(1/4)>

1863-12-08~1866-02-01(癸亥~丙寅). 「종친부등록(宗親府謄錄)」 5, 종친부(宗親府) 편(編). <1책(5/전12책). 154장. 필사본. 한자+이두. 조선 필사 이두 자료. 서울대학교 규장각 한국학연구원 홈페이지 '奎13007-v.1-12' 원문 이미지 보기> <1756-04-01~1759-01-15(1/12)>

1863-12-10. **정 생원 댁 노 후읍 토지매매명문**(鄭生員宅奴厚邑土地賣買明文), 재주 한 생원 댁 노 개전(財主韓生員宅奴介田). <1장. 한자+이두. 조선 필사 이두 자료. 박형익 교수 소장>

1863-12-13. **유학 윤심훈 토지매매명문**(幼學尹審勳土地賣買明文), 답주 유학 김경진(畓主幼學金慶珍). <1장. 한자+이두. 조선 필사 이두 자료. 전남 보성군 복내면 죽산 안씨 죽곡정사 소장. 호남권 한국학자료센터 홈페이지 원문 이미지와 텍스트 보기. 최승희(1989), 김현영(2003), 이수건 외(2004) 참고>

1863-12-14. **시장문기**(柴場文記),[261] 시장주 자필 유학 신진규(柴場主自筆幼學辛縉珪). <1장. 한자+이두. 조선 필사 이두 자료. 영광 입석 영월 신씨 소장. 한국학중앙연구원 장서각 한국고문서자료관 홈페이지 원문 이미지와 텍스트 보기. 한국정신문화연구원 편(1996) 참고>

1863-12-20. **김 씨 가사매매명문**(金氏家舍賣買明文), 가대주 천종인(家垈主千宗人). <1장. 한자+이두. 조선 필사 이두 자료. 광주광역시 광산구 김해 김씨 소장. 호남권 한국학자료센터 홈페이지 참고>

1863-12-20. **유학 안필환 토지매매명문**(幼學安必煥土地賣買明文), 답주 과부 송 씨(畓主寡婦宋氏). <1장. 한자+이두. 조선 필사 이두 자료. 전남 보성군 택촌 죽산 안씨 은봉 종가 소장. 호남권 한국학자료센터 홈페이지 원문 이미지와 텍스트 보기. 이재수(2003), 김소은(2004) 참고>

1863-12-22. **철봉위 토지매매명문**(鐵峰位土地賣買明文), 답주 노 막록(畓主奴莫彔).

---

261 한국학중앙연구원 장서각 한국고문서자료관 홈페이지에서는 '1863년 가사매매명문(家舍賣買明文)'으로 표시하였다.

<1장. 한자+이두. 조선 필사 이두 자료. 안동 친전 의성 김씨 지촌 종택 소장. 한국학중앙연구원 장서각 한국고문서자료관 홈페이지 원문 이미지 보기. 한국정신문화연구원 편(1990) 참고>

1863-12-26. **토지매매명문**(土地賣買明文),[262] 답주 유학 이이철(畓主幼學李以喆). <1장. 한자+이두. 조선 필사 이두 자료. 전남 영광 마산 경주 이씨가 구장. 진안 용담호미술관 소장. 호남권 한국학자료센터 홈페이지 원문 이미지와 텍스트 보기. 최승희(1989), 정구복 외(1999), 채현경(2011) 참고>

1863-12-28. **면임 전령**(面任傳令), 겸관(兼官). <1장. 한자+이두. 조선 필사 이두 자료. 전북 부안군 우반 부안 김씨 세덕각 소장. 한국학중앙연구원 장서각 한국고문서자료관 홈페이지 원문 이미지와 텍스트 보기. 한국정신문화연구원 편(1983, 1998), 한국학중앙연구원 편(2017) 참고>

1863-12-28~1864-12-25(癸亥~甲子). 「평안감영계록(**平安監營啓錄**)」 30, 비변사(備邊司) 편(編). <1책(30/전37책). 157장. 필사본. 표제는 '箕營啓錄'. 한자+이두. 조선 필사 이두 자료. 서울대학교 규장각 한국학연구원 홈페이지 원문 이미지 보기> <영인본:「각사등록」 32(평안도편 4)(국사편찬위원회 편, 1988)> <1830-08-12~1830-12-30(1/37)>

1863-12-00. **권기일 단자**(權基一單子), 권기일. <1장. 한자+이두. 조선 필사 이두 자료. 전북 고창 읍내 안동 권씨가 소장. 호남권 한국학자료센터 홈페이지 원문 이미지와 텍스트 보기. 최승희(1989), 전북향토문화연구회 편(1993), 정구복 외(1999), 전경목(2001) 참고>

1863-12-00. **김문환 소지**(金文煥所志) 5, 김문환. <1장. 한자+이두. 조선 필사 이두 자료. 전남 무안 김해 김씨 김진호 구장. 광주 김해 김씨 김진호 소장. 호남권 한국학자료센터 홈페이지 원문 이미지 보기. 최승희(1989) 참고>

1863-12-00. **김병헌 소지**(金炳憲所志), 김병헌. <1장. 한자+이두. 조선 필사 이두 자료. 전북 부안군 우반 부안 김씨 세덕각 소장. 한국학중앙연구원 장서각 한국고

---

[262] 호남권 한국학자료센터 홈페이지에서는 '1863년 이이철(李以喆) 방매(放賣) 토지매매명문(土地賣買明文)'으로 표시하였다.

문서자료관 홈페이지 & 호남권 한국학자료센터 홈페이지 원문 이미지와 텍스트 보기. 박병호(1974ㄱ), 한국정신문화연구원 편(1983, 1998), 최승희(1989), 김현영(1999), 전경목(2001), 정구복(2002), 한국학중앙연구원 편(2017) 참고>

1863-12-00. **김채상 자손 완문**(金彩相子孫完文) 1, 겸관(兼官). <1장. 한자+이두. 조선 필사 이두 자료. 전북 부안군 우반 부안 김씨 세덕각 소장. 한국학중앙연구원 장서각 한국고문서자료관 홈페이지 원문 이미지와 텍스트 보기. 한국정신문화연구원 편(1983, 1998), 한국학중앙연구원 편(2017) 참고>

1863-12-00. **김채상 자손 완문**(金彩相子孫完文) 2, 겸관(兼官). <1장. 한자+이두. 조선 필사 이두 자료. 전북 부안군 우반 부안 김씨 세덕각 소장. 한국학중앙연구원 장서각 한국고문서자료관 홈페이지 원문 이미지와 텍스트 보기. 한국정신문화연구원 편(1983, 1998), 한국학중앙연구원 편(2017) 참고>

1863-12-00. **송문성 등 상서**(宋文成等上書) 4, 송문성 등. <1장. 한자+이두. 조선 필사 이두 자료. 전북 완주군 비봉 반곡서원 소장. 호남권 한국학자료센터 홈페이지 원문 이미지와 텍스트 보기. 박병호(1974ㄱ), 최승희(1989) 참고>

1863-12-00. **조재화 등 상서**(趙在和等上書), 조재화 등. <1장. 한자+이두. 조선 필사 이두 자료. 경북 상주 낙동 풍양 조씨 양진당 소장. 한국학중앙연구원 장서각 한국고문서자료관 홈페이지 원문 이미지 보기>

1863-00-00. 「노봉 선생 문집(蘆峯先生文集)」, 김정(金㳔, 1670년~1737년) 저(著). <4권 2책. 목활자본. 한자+이두. 고려대학교 도서관 '만송 D1 A306 1', '만송 D1 A306 2' 소장. 한국학중앙연구원 디지털장서각 홈페이지 원문 이미지 보기>

1863-00-00. 「상존호도감의궤(上 尊號都監儀軌)」,[263] 존호도감 편. <1책. 160장. 필사본. 표제는 '(同治 二年癸亥六月 日 哲宗十四年)上 尊號都監儀軌 全'. 권수제는 '上 尊號都監儀軌'. 한자+이두. 조선 필사 이두 자료. 한국학중앙연구원 디지털장서각 홈페이지 'K2-2806' 원문 이미지와 텍스트 보기>

1863-00-00. 「상존호도감의궤(上 尊號都監儀軌)」,[264] 존호도감 편. <1책. 159장. 필사

---

[263] 한국학중앙연구원 디지털장서각 홈페이지에서는 원문과는 달리 서명을 '상존호도감의궤(上尊號都監儀軌)'로 붙여 썼다.

본. 표제는 '(同治二年癸亥六月 日 太白山上)上 尊號都監儀軌全'. 권수제는 '上 尊號都監儀軌'. 한자+이두. 조선 필사 이두 자료. 서울대학교 규장각 한국학연구원 의궤 종합정보 홈페이지 '奎13479' 원문 이미지 보기>

1863-00-00. 「선원보략수정의궤(璿源譜略修正儀軌)」, 종부시(宗簿寺) 편. <1책. 20장. 필사본. 표제는 '(癸亥五月 日 徽 慶園墓 奉後修正時 哲宗十四年)璿源譜略修正儀軌'. 권수제는 '(同治二年癸亥五月十五日)璿源譜略修正儀軌'. 한자+이두. 조선 필사 이두 자료. 서울대학교 규장각 한국학연구원 의궤 종합정보 홈페이지 '奎14120' 원문 이미지 보기>

1863-00-00. 「신정명헌왕후 가상존호도감의궤(神貞明憲王后加上尊號都監儀軌)」, 존호도감 편. <1책. 147장. 필사본. 표제는 '加上尊號都監儀軌'. 한자+이두. 조선 필사 이두 자료. 한국학중앙연구원 장서각 한국학자료센터 홈페이지 원문 이미지와 텍스트 보기>

1863-00-00. 「육부율전합편(六部律典合編)」, 덕수세가(德水世家) 이종성(李種聖) 인(印) <2권 2책. 상단에 한문인데 일부 한문+생획토 기입 그리고 하단에 한문+한글 토 묵서 구결 및 한글 토 자료. 국립중앙도서관 홈페이지 원문 이미지 보기>

1863-00-00. 「철종대왕국장도감의궤(哲宗大王國葬都監儀軌)」 권지2, 국장도감 편. <1권 1책(2/전2책). 214장. 필사본. 개장한 표지의 표제는 '哲宗大王國葬都監儀軌全'. 권수제는 '哲宗大王國葬都監儀軌'. 한자+이두. 조선 필사 이두 자료. 한국학중앙연구원 디지털장서각 홈페이지 'K2-3022' 원문 이미지와 텍스트 보기>

1863-00-00. 「철종대왕빈전혼전도감별공작의궤(哲宗大王殯殿魂殿都監別工作儀軌)」, 혼전도감 편. <1책. 99장. 필사본. 개장한 표지의 표제는 '哲宗大王殯殿魂殿都監別工作儀軌 全'. 권수제는 '哲宗大王殯殿魂殿都監別工作儀軌'. 한자+이두. 조선 필사 이두 자료. 한국학중앙연구원 디지털장서각 홈페이지 'K2-3026' 원문 이미지와 텍스트 보기>

1863-00-00. 「철종대왕빈전혼전도감일방의궤(哲宗大王殯殿魂殿都監一房儀軌)」, 혼

---

264 서울대학교 규장각 한국학연구원 의궤 종합정보 홈페이지에서는 서명을 표제나 권수제와는 달리 '철종철인왕후상존호도감의궤(哲宗哲仁王后上尊號都監儀軌)'로 적었다.

전도감 편. <1책. 58장. 필사본. 개장한 표지의 표제는 '哲宗大王殯殿魂殿都監二房儀軌 全'. 목록제는 '哲宗大王殯殿魂殿都監一房儀軌目錄'.²⁶⁵ 한자+이두. 조선 필사 이두 자료. 한국학중앙연구원 디지털장서각 홈페이지 'K2-3027' 원문 이미지와 텍스트 보기>

1863-00-00. 「휘경원천봉등록(徽慶園遷奉謄錄)」, 예조(禮曹) 편(編). <3책. 필사본. 한자+이두. 조선 필사 이두 자료. 한국학중앙연구원 한국학 디지털 아카이브 홈페이지 & 한국학중앙연구원 장서각 한국학자료센터 홈페이지 원문 이미지와 텍스트 보기>

1863-00-00. 「휘경원천봉원소도감의궤(徽慶園遷奉園所都監儀軌)」,²⁶⁶ 1~4. 천원도감(遷園都監) 편. <4책. 171장+143장+223장+135장. 필사본. 개장한 표지의 1권 표제는 '徽慶園遷奉都監儀軌 一'. 목록제는 '徽慶園遷奉園所都監儀軌目錄'. 한자+이두, 조선 필사 이두 자료. 한국학중앙연구원 디지털장서각 홈페이지 'K2-2400' 원문 이미지와 텍스트 보기>

1863-00-00 이후 추정. 「의정부별등록(議政府別謄錄)」 1~4, 의정부(議政府) 편(編). <4책. 필사본. 1649년 기축 5월 8일부터 1863년 계해 6월까지의 의례적인 사항에 관한 기록. 한자+이두. 이두 자료. 서울대학교 규장각 한국학연구원 홈페이지 원문 이미지 보기> <영인본: 「각사등록」 V.62(국사편찬위원회 편, 1992)>

1863-00-00~1907-00-00. 「일성록(日省錄)」, 규장각(奎章閣) 편(編). <562책. 필사본. 14책 낙질본. 한자+이두. 조선 필사 이두 자료. 국보 제153호. 서울대학교 규장각 한국학연구원 홈페이지 '奎12816' 원문 이미지와 텍스트 보기> <① 1760-00-00~1800-00-00(676책. '奎12811') ② 1792-00-00~1800-00-00(2책. 별책. '奎12812') ③1800-00-00~1834-00-00(637책. '奎12813') ④ 1834-00-00~1849-00-00(199책. '奎12814') ⑤ 1849-00-00~1863-00-00(220책. '奎12815') ⑥ 1863-00-00~1907-00-

---

265 개장한 표지의 표제에는 '二房'이라고 적었으나, 목록제에는 '一房'으로 되어 있다. 한국학중앙연구원 디지털장서각 홈페이지에서는 서명을 표제와 같이 '철종대왕빈혼전진도감이방의궤(哲宗大王殯殿魂殿都監二房儀軌)'로 적었다.

266 한국학중앙연구원 디지털장서각 홈페이지에서는 서명을 '[유빈]휘경원천봉원소도감의궤[[綏嬪]徽慶園遷奉園所都監儀軌]'로 적었다.

00(562책. '奎12816')>

1863-00-00~1907-00-00. 「자길주경흥호염기(自吉州慶興互廉記)」, 함경감영(咸鏡監營) 편(編). <1책. 34장. 필사본. 한자+이두. 필사 이두 자료. 서울대학교 규장각 한국학연구원 홈페이지 원문 이미지 보기> <영인본:「각사등록」 45(함경도편 4)(국사편찬위원회 편, 1990)>

1864년

<갑자(甲子). 고종 1년. 동치 3년>

1864-01-01~1864-12-24(甲子).「전객사일기(典客司日記)」 96, 예조(禮曹) 전객사(典客司) 편(編). <1책(96/전99책). 100장. 필사본. 한자+이두. 조선 필사 이두 자료. 서울대학교 규장각 한국학연구원 홈페이지 원문 이미지 보기> <1640-01-22~1641-12-23(1)>

1864-01-12. **동래 정씨 종중 토지매매명문**(東萊鄭氏宗中土地賣買明文), 답주 종인 정현(畓主宗人鄭鉉). <1장. 한자+이두. 조선 필사 이두 자료. 전북 정읍시 장명 동래 정씨가 구장. 전북대학교 박물관 소장. 호남권 한국학자료센터 홈페이지 원문 이미지와 텍스트 보기. 박병호(1974ㄱ), 최승희(1989), 이재수(2003) 참고>

1864-01-14. **대계서원 품목**(大溪書院稟目) 1, 안영환 등(安永煥等). <1장. 한자+이두. 조선 필사 이두 자료. 전남 보성군 택촌 죽산 안씨 은봉 종가 소장. 호남권 한국학자료센터 홈페이지 원문 이미지와 텍스트 보기. 박병호(1974ㄱ), 이수건 외(2004) 참고>

1864-01-19. **박백석 토지매매명문**(朴伯碩土地賣買明文), 전주 권선학(田主權先學). <1장. 한자+이두. 조선 필사 이두 자료. 경북 안동시 수곡면 전주 류씨 삼산 종가 구장. 대구광역시 수성구 만촌동 전주 류씨 종가 소장. 한국학자료센터 영남권역센터 홈페이지 원문 이미지와 텍스트 보기. 최승희(1989), 이재수(2003), 전경목(2010) 참고>

1864-01-19. **유학 토지매매명문**(幼學土地賣買明文),[267] 답주 과댁 박 씨(畓主寡宅朴

氏). <1장. 한자+이두. 조선 필사 이두 자료. 전남 보성군 박실 제주 양씨가 구장. 원광대학교 박물관 소장. 호남권 한국학자료센터 홈페이지 원문 이미지와 텍스트 보기. 박병호(1974ㄱ), 최승희(1989), 이재수(2003) 참고>

1864-01-20. **송 생원 댁 노 대복 토지매매명문**(宋生員宅奴大卜土地賣買明文), 답주 박 생원 댁 노 벽염(畓主朴生員宅奴碧炎). <1장. 한자+이두. 조선 필사 이두 자료. 춘천 김현식 소장. 한국학자료센터 강원권역센터 홈페이지 원문 이미지 보기. 최승희(1989), 전경목(2010), 김성갑(2013), 박준호(2016) 참고>

1864-01-21. **이상환 등 소지**(李相桓等所志), 이상환 등. <1장. 한자+이두. 조선 필사 이두 자료. 경북 영해 인량 재령 이씨 충효당 구장. 한국국학진흥원 소장. 한국학중앙연구원 장서각 한국고문서자료관 홈페이지 원문 이미지 보기. 한국정신문화연구원 편(1997) 참고>

1864-01-23. **한량 조춘흥 토지매매명문**(閑良趙春興土地賣買明文), 답주 안 노 순봉(畓主安奴順奉). <1장. 한자+이두. 조선 필사 이두 자료. 전남 보성군 택촌 죽산 안씨 은봉 종가 소장. 호남권 한국학자료센터 홈페이지 원문 이미지와 텍스트 보기. 최승희(1989), 이재수(2003) 참고>

1864-01-24. **토지매매명문**(土地賣買明文),[268] 답주 동몽 이달봉(畓主童蒙李達鳳). <1장. 한자+이두. 조선 필사 이두 자료. 전북 무장 원송 진주 강씨가 구장. 전북대학교 박물관 소장. 호남권 한국학자료센터 홈페이지 원문 이미지와 텍스트 보기. 최승희(1989), 김소은(2004) 참고>

1864-01-27. **토지매매명문**(土地賣買明文), 답주 오 과부(畓主吳寡婦). <1장. 한자+이두. 조선 필사 이두 자료. 전북 무장 원송 진주 강씨가 구장. 전북대학교 박물관 소장. 호남권 한국학자료센터 홈페이지 원문 이미지와 텍스트 보기. 최승희(1989), 김소은(2004) 참고>

1864-01-00. 「**계하사목**(啓下事目)」, 충훈부(忠勳府) 편(編). <1책. 7장. 필사본. 한자+

---

[267] 호남권 한국학자료센터 홈페이지에서는 '1864년 과부(寡婦) 박씨(朴氏) 방매(放賣) 토지매매명문(土地賣買明文)'으로 표시하였다.

[268] 호남권 한국학자료센터 홈페이지에서는 '1864년 이달봉(李達鳳) 방매(放賣) 토지매매명문(土地賣買明文)'으로 표시하였다.

이두. 조선 필사 이두 자료. 서울대학교 규장각 한국학연구원 홈페이지 '奎27654'의 원문 이미지 보기>

1864-01-00. **고세흥 전령**(高世興傳令), 제주목사 겸 방어사(濟州牧使兼防禦使). <1장. 한자+이두. 조선 필사 이두 자료. 제주시 일도 2동 제주민속자연사박물관 소장. 호남권 한국학자료센터 홈페이지 원문 이미지와 텍스트 보기. 최승희(1989) 참고>

1864-01-00. **유경화 등 등장**(柳景和等等狀), 유경화 등. <1장. 한자+이두. 조선 필사 이두 자료. 전북 순창 청계 문화 유씨가 소장. 호남권 한국학자료센터 홈페이지 원문 이미지와 텍스트 보기. 박병호(1974ㄱ), 최승희(1989), 정구복 외(1999) 참고>

1864-01-00~1864-12-00(甲子). 「추조결옥록(秋曹決獄錄)」 19, 형조(刑曹) 편(編). <1책(19/낙질본 43책). 93장. 필사본. 한자+이두. 조선 필사 이두 자료. 서울대학교 규장각 한국학연구원 홈페이지 원문 이미지 보기> <1822-01-00~1822-12-00 (1/43)>

1864-01-00~1894-00-00. 「계후등록(繼後謄錄)」, 예조(禮曹) 편(編). <1책. 161장. 필사본. 한자+이두. 후사가 없는 사람에게 양자를 허가한 사실을 정리한 등록. 조선 필사 이두 자료. 한국학중앙연구원 디지털장서각 & 한국학중앙연구원 장서각 디지털아카이브 홈페이지 원문 이미지 보기>

1864-02-12. **이호 흥손 토지매매명문**(李戶興孫土地賣買明文), 답주 노 원진(畓主奴元辰). <1장. 한자+이두. 조선 필사 이두 자료. 경북 영해 인량 재령 이씨 충효당 구장. 한국국학진흥원 소장. 한국학중앙연구원 장서각 한국고문서자료관 홈페이지 원문 이미지 보기. 한국정신문화연구원 편(1997) 참고>

1864-02-17. **고천년 김■...■ 토지매매명문**(高千年金■...■土地賣買明文), ■...■김원여(■...■金元汝). <1장. 한자+이두. 조선 필사 이두 자료. 대전·청양 안동 김씨 삼당 후손가 소장. 한국학중앙연구원 장서각 한국고문서자료관 홈페이지 원문 이미지 보기. 한국정신문화연구원 편(2003) 참고>

1864-02-18. **의흥리 박기주 고목**(義興吏朴基柱告目), 박기주. <1장. 한자+이두. 조선 필사 이두 자료. 경북 상주 낙동 풍양 조씨 양진당 소장. 한국학중앙연구원 장서각 한국고문서자료관 홈페이지 원문 이미지 보기>

1864-02-19. **토지매매명문**(土地賣買明文),²⁶⁹ 답주 조석희(畓主曺錫犧). <1장. 한자+이두. 조선 필사 이두 자료. 전남 나주시 남내 밀양 박씨 청재 종가 소장. 호남권 한국학자료센터 홈페이지 원문 이미지와 텍스트 보기. 박노욱(1990), 박성종(1999) 참고>

1864-02-21. **최씨 종중 토지매매명문**(崔氏宗中土地賣買明文), 답주 강성태(畓主姜聖泰). <1장. 한자+이두. 조선 필사 이두 자료. 남원·구례 삭녕 최씨 구장. 한국학중앙연구원 장서각 한국고문서자료관 홈페이지 원문 이미지 보기. 한국정신문화연구원 편(2004) 참고>

1864-02-27. **대계서원 품목**(大溪書院稟目) 2, 안길환 등(安吉煥等). <1장. 한자+이두. 조선 필사 이두 자료. 전남 보성군 택촌 죽산 안씨 은봉 종가 소장. 호남권 한국학자료센터 홈페이지 원문 이미지와 텍스트 보기. 박병호(1974ㄱ), 이수건 외(2004) 참고>

1864-02-29. **학암서원 수리소 유사 토지매매명문**(鶴巖書院修理所有司土地賣買明文), 답주 당동 유사 정일규(畓主塘洞有司鄭一逵). <1장. 한자+이두. 조선 필사 이두 자료. 경북 안동시 주촌 진성 이씨 경류정 소장. 한국학중앙연구원 장서각 한국고문서자료관 홈페이지 & 한국학중앙연구원 한국학 디지털 아카이브 홈페이지 원문 이미지와 텍스트 보기. 한국정신문화연구원 편(1999) 참고>

1864-02-00. **김관필 등 원정**(金寬弼等原情), 김관필 등. <1장. 한자+이두. 조선 필사 이두 자료. 전북 부안 석동 류절재 소장. 호남권 한국학자료센터 홈페이지 원문 이미지와 텍스트 보기. 박병호(1974ㄱ), 최승희(1989), 정구복 외(1999) 참고>

1864-02-00. **송문성 등 상서**(宋文成等上書), 송문성 등. <1장. 한자+이두. 조선 필사 이두 자료. 전북 완주군 비봉 반곡서원 소장. 호남권 한국학자료센터 홈페이지 원문 이미지와 텍스트 보기. 박병호(1974ㄱ), 최승희(1989) 참고>

1864-02-00. **유경집 등 소지**(柳慶集等所志), 유경집 등. <1장. 한자+이두. 조선 필사 이두 자료. 전북 담양군 모현관 소장. 호남권 한국학자료센터 홈페이지 원문 이미

---

269 호남권 한국학자료센터 홈페이지에서는 '1864년 조석희(曺錫犧) 방매(放賣) 토지매매명문(土地賣買明文)'으로 표시하였다.

지와 텍스트 보기. 최승희(1989), 정구복 외(1999) 참고>

1864-02-00. **조수영 등 상서**(趙秀榮等上書), 조수영 등. <1장. 한자+이두. 조선 필사 이두 자료. 경북 상주 낙동 풍양 조씨 양진당 소장. 한국학중앙연구원 장서각 한국고문서자료관 홈페이지 원문 이미지 보기>

1864-02-00. **조일영 등 상서**(趙馹榮等上書), 조일영 등. <1장. 한자+이두. 조선 필사 이두 자료. 경북 상주 낙동 풍양 조씨 양진당 소장. 한국학중앙연구원 장서각 한국고문서자료관 홈페이지 원문 이미지 보기>

1864-03-06. **유 씨 댁 토지매매명문**(柳氏宅土地賣買明文), 답주 이 소■(畓主李召■). <1장. 한자+이두. 조선 필사 이두 자료. 경북 안동시 하회 풍산 류씨 충효당 소장. 한국학중앙연구원 장서각 한국고문서자료관 홈페이지 원문 이미지와 텍스트 보기. 한국정신문화연구원 편(1994) 참고>

1864-03-07. **연포 윤씨 문중 토지매매명문**(蓮浦尹氏門中土地賣買明文), 답주 삼종 윤종직(畓主三從尹鍾直). <1장. 한자+이두. 조선 필사 이두 자료. 전남 해남 연동 해남 윤씨 녹우당 소장. 한국학중앙연구원 장서각 한국고문서자료관 홈페이지 & 한국학중앙연구원 한국학 디지털 아카이브 홈페이지 원문 이미지와 텍스트 보기. 한국정신문화연구원 편(1986) 참고>

1864-03-10. **윤진해 댁 노 흥손 토지매매명문**(尹鎭海宅奴興孫土地賣買明文), 답주 황참봉 댁 노 학선(畓主黃參奉宅奴學先). <1장. 한자+이두. 조선 필사 이두 자료. 부여·강화·영주 창원 황씨 소장. 한국학중앙연구원 장서각 한국고문서자료관 홈페이지 원문 이미지와 텍스트 보기. 한국정신문화연구원 편(1990) 참고>

1864-03-10. **하리 박기주 초사**(下吏朴基柱招辭), 박기주. <1장. 한자+이두. 조선 필사 이두 자료. 경북 상주 낙동 풍양 조씨 양진당 소장. 한국학중앙연구원 장서각 한국고문서자료관 홈페이지 원문 이미지 보기>

1864-03-12. **이 생원 댁 문중 토지매매명문**(李生員宅門中土地賣買明文), 답주 윤수경(畓主尹守景). <1장. 한자+이두. 조선 필사 이두 자료. 경북 영해 인량 재령 이씨 충효당 구장. 한국국학진흥원 소장. 한국학중앙연구원 장서각 한국고문서자료관 홈페이지 원문 이미지 보기. 한국장신문화연구원(1997) 참고>

1864-03-13. **유 생원 댁 노 방오리 토지매매명문**(柳生員宅奴方五里土地賣買明文), 답

주 이 생원 댁 노 원단(宙主李生員宅奴円丹). <1장. 한자+이두. 조선 필사 이두 자료. 전북 익산 마동 창녕 조씨가 소장. 호남권 한국학자료센터 홈페이지 원문 이미지와 텍스트 보기. 박병호(1974ㄱ), 최승희(1989), 이재수(2003) 참고>

1864-03-14. **토지매매명문**(土地賣買明文),[270] 답주 유학 이광석(畓主幼學李光錫). <1장. 한자+이두. 조선 필사 이두 자료. 전남 순천 황전 경주 정씨가 구장. 광주광역시 이정옥 소장. 호남권 한국학자료센터 홈페이지 원문 이미지와 텍스트 보기. 최승희(1989) 참고>

1864-03-16. **토지매매명문**(土地賣買明文),[271] 답주 유학 김기원(畓主幼學金埼源). <1장. 한자+이두. 조선 필사 이두 자료. 전남 보성군 박실 제주 양씨가 구장. 원광대학교 박물관 소장. 호남권 한국학자료센터 홈페이지 원문 이미지와 텍스트 보기. 박병호(1974ㄱ) 참고>

1864-03-20. **토지매매명문**(土地賣買明文),[272] 답주 자필 유학 이제대(畓主自筆幼學李濟大). <1장. 한자+이두. 조선 필사 이두 자료. 전북 임실군 지사 협계태 씨가 소장. 호남권 한국학자료센터 홈페이지 원문 이미지와 텍스트 보기. 김재문(1986), 이재수(2003), 채현경(2011) 참고>

1864-03-21. **보성군수 첩정**(寶城郡守牒呈), 보성군수 유(兪). <1장. 한자+이두. 조선 필사 이두 자료. 전남 보성 옥암 죽산 안씨가 구장. 광주광역시 이정옥 소장. 호남권 한국학자료센터 홈페이지 원문 이미지와 텍스트 보기. 최승희(1989) 참고>

1864-03-27. **하인 심국철 고목**(下人沈國哲告目), 서원(書院). <1장. 한자+이두. 조선 필사 이두 자료. 경북 영해 인량 재령 이씨 충효당 구장. 한국국학진흥원 소장. 한국학중앙연구원 장서각 한국고문서자료관 홈페이지 원문 이미지 보기. 한국장

---

[270] 호남권 한국학자료센터 홈페이지에서는 '1864년 이광석(李光錫) 방매(放賣) 토지매매명문(土地賣買明文)'으로 표시하였다.

[271] 호남권 한국학자료센터 홈페이지에서는 '1864년 김기원(金埼源) 방매(放賣) 토지매매명문(土地賣買明文)'으로 표시하였다.

[272] 호남권 한국학자료센터 홈페이지에서는 '1864년 이제대(李濟大) 방매(放賣) 토지매매명문(土地賣買明文)'으로 표시하였다.

신문화연구원(1998) 참고>

1864-03-00. **대계서원 품목**(大溪書院稟目) 3, 안길환 등(安吉煥等). <1장. 한자+이두. 조선 필사 이두 자료. 전남 보성군 택촌 죽산 안씨 은봉 종가 소장. 호남권 한국학자료센터 홈페이지 원문 이미지와 텍스트 보기. 박병호(1974ㄱ), 이수건 외(2004) 참고>

1864-03-00. **조일영 상서**(趙馹榮上書), 조일영. <1장. 한자+이두. 조선 필사 이두 자료. 경북 상주 낙동 풍양 조씨 양진당 소장. 한국학중앙연구원 장서각 한국고문서자료관 홈페이지 원문 이미지 보기>

1864-04-01. **나영일 토지매매명문**(羅永逸土地賣買明文), 답주 이정서(畓主李正瑞). <1장. 한자+이두. 조선 필사 이두 자료. 전남 나주시 남내 밀양 박씨 청재 종가 소장. 호남권 한국학자료센터 홈페이지 원문 이미지와 텍스트 보기. 박성종(1999), 박준호(2004), 박한설(2006) 참고>

1864-04-09. **신 승지댁 노 일운 토지매매명문**(愼承旨宅奴一云土地賣買明文), 전주 권생원 댁 노 석만(出主權生員宅奴石萬). <1장. 한자+이두. 조선 필사 이두 자료. 경남 거창 장기 거창 신씨가 소장. 한국학중앙연구원 장서각 한국고문서자료관 홈페이지 원문 이미지 보기. 한국학중앙연구원 편(2005) 참고>

1864-04-15. **대계서원 품목**(大溪書院稟目) 4, 안길환 등(安吉煥等). <1장. 한자+이두. 조선 필사 이두 자료. 전남 보성군 택촌 죽산 안씨 은봉 종가 소장. 호남권 한국학자료센터 홈페이지 원문 이미지와 텍스트 보기. 박병호(1974ㄱ), 이수건 외(2004) 참고>

1864-04-15. **박기주 고목**(朴基柱告目), 박기주. <1장. 한자+이두. 조선 필사 이두 자료. 경북 상주 낙동 풍양 조씨 양진당 소장. 한국학중앙연구원 장서각 한국고문서자료관 홈페이지 원문 이미지 보기>

1864-04-20. **토지매매명문**(土地賣買明文),[273] 답주 서광운(畓主徐光雲). <1장. 한자+이두. 조선 필사 이두 자료. 전남 보성군 박실 제주 양씨가 구장. 원광대학교

---

[273] 호남권 한국학자료센터 홈페이지에서는 '1864년 서광운(徐光雲) 등 방매(放賣) 토지매매명문(土地賣買明文)'으로 표시하였다.

박물관 소장. 호남권 한국학자료센터 홈페이지 원문 이미지와 텍스트 보기. 박병호(1974ㄱ), 이재수(2003) 참고>

1864-04-21. **이재기 원정 초**(李載冀原情草) 1, 이재기. <1장. 한자+이두. 조선 필사 이두 자료. 충남 공주시 전주 이씨 숭선군파 종가 소장. 한국학중앙연구원 장서각 한국고문서자료관 홈페이지 원문 이미지 보기>

1864-04-00. **고진호 등 등장**(高鎭皥等等狀), 고진호 등. <1장. 한자+이두. 조선 필사 이두 자료. 전북 부안 청호 제주 고씨 문중 구장. 전북 부안 청호 효충사 소장. 호남권 한국학자료센터 홈페이지 원문 이미지와 텍스트 보기. 최승희(1989), 김경숙(2002), 심재우(2013) 참고>

1864-04-00. **유응식 소지**(柳應植所志) 1, 유응식. <1장. 한자+이두. 조선 필사 이두 자료. 전북 담양군 모현관 소장. 호남권 한국학자료센터 홈페이지 원문 이미지와 텍스트 보기. 최승희(1989), 정구복 외(1999) 참고>

1864-04-00. **유응식 소지**(柳應植所志) 2, 유응식. <1장. 한자+이두. 조선 필사 이두 자료. 전북 담양군 모현관 소장. 호남권 한국학자료센터 홈페이지 원문 이미지와 텍스트 보기. 최승희(1989), 정구복 외(1999) 참고>

1864-04-00. **이재기 원정 초**(李載冀原情草) 2, 이재기. <1장. 한자+이두. 조선 필사 이두 자료. 충남 공주시 전주 이씨 숭선군파 종가 소장. 한국학중앙연구원 장서각 한국고문서자료관 홈페이지 원문 이미지 보기>

1864-04-00. **화민 신창규 소지**(化民辛彰珪所志), 신창규. <1장. 한자+이두. 조선 필사 이두 자료. 영광 입석 영월 신씨 소장. 한국학중앙연구원 장서각 한국고문서자료관 홈페이지 원문 이미지와 텍스트 보기. 한국정신문화연구원 편(1996) 참고>

1864-05-12. **대계서원 품목**(大溪書院稟目) 5, 안길환 등(安吉煥等). <1장. 한자+이두. 조선 필사 이두 자료. 전남 보성군 택촌 죽산 안씨 은봉 종가 소장. 호남권 한국학자료센터 홈페이지 원문 이미지와 텍스트 보기. 박병호(1974ㄱ), 이수건 외(2004) 참고>

1864-05-17. **대계서원 품목**(大溪書院稟目) 6, 안대현 등(安大鉉等). <1장. 한자+이두. 조선 필사 이두 자료. 전남 보성군 택촌 죽산 안씨 은봉 종가 소장. 호남권 한국학자료센터 홈페이지 원문 이미지와 텍스트 보기. 박병호(1974ㄱ), 이수건 외(2004)

참고>

1864-05-27. **이백윤 토지매매명문**(李百允土地賣買明文), 전주 종제 최한무(田主從弟 崔翰戌). <1장. 한자+이두. 조선 필사 이두 자료. 경북 안동시 주촌 진성 이씨 경류정 소장. 한국학중앙연구원 장서각 한국고문서자료관 홈페이지 & 한국학중앙연구원 한국학 디지털 아카이브 홈페이지 원문 이미지와 텍스트 보기. 한국정신문화연구원 편(1999) 참고>

1864-05-00. **김채상 자손 완문**(金彩相子孫完文), 예조(禮曹). <1장. 한자+이두. 조선 필사 이두 자료. 전북 부안군 우반 부안 김씨 세덕각 소장. 한국학중앙연구원 장서각 한국고문서자료관 홈페이지 원문 이미지와 텍스트 보기. 한국정신문화연구원 편(1983, 1998), 한국학중앙연구원 편(2017) 참고>

1864-05-00. **이원달 등 상서**(李源達等上書), 이원달 등. <1장. 한자+이두. 조선 필사 이두 자료. 전북 부안군 우반 부안 김씨 세덕각 소장. 한국학중앙연구원 장서각 한국고문서자료관 홈페이지 & 호남권 한국학자료센터 홈페이지 원문 이미지와 텍스트 보기. 박병호(1974ㄱ), 한국정신문화연구원 편(1983, 1998), 최승희(1989), 김현영(1999), 전경목(2001), 한국학중앙연구원 편(2017) 참고>

1864-06-01~1864-11-21(甲子). 「우포청등록(**右捕廳謄錄**)」19, 포도청(捕盜廳) 편(編). <1책(19/전30책). 40장. 필사본. 표제는 '右捕廳謄錄'. 한자+이두. 조선 필사 이두 자료. 서울대학교 규장각 한국학연구원 홈페이지 원문 이미지 보기> <1807-01-13~1808-06-12(1/30)>

1864-06-00. **대계서원 품목**(大溪書院稟目)7, 안길환 등(安吉煥等). <1장. 한자+이두. 조선 필사 이두 자료. 전남 보성군 택촌 죽산 안씨 은봉 종가 소장. 호남권 한국학자료센터 홈페이지 원문 이미지와 텍스트 보기. 박병호(1974ㄱ), 이수건 외(2004) 참고>

1864-06-00. **유응식 소지**(柳應植所志) 3, 유응식. <1장. 한자+이두. 조선 필사 이두 자료. 전북 담양군 모현관 소장. 호남권 한국학자료센터 홈페이지 원문 이미지와 텍스트 보기. 최승희(1989), 정구복 외(1999) 참고>

1864-07-00. **조장 등 상서**(趙樟等上書), 조장 등. <1장. 한자+이두. 조선 필사 이두 자료. 경북 상주 낙동 풍양 조씨 양진당 소장. 한국학중앙연구원 장서각 한국고문

서자료관 홈페이지 원문 이미지 보기>

1864-08-02. **경주부 하체**(慶州府下帖), 경주부. <1장. 한자+이두. 조선 필사 이두 자료. 경북 경주시 내남면 이조리 경주 최씨·용산서원 소장. 한국학중앙연구원 장서각 한국고문서자료관 홈페이지 원문 이미지 보기. 한국정신문화연구원 편(2000) 참고>

1864-08-02. **김병헌 고목**(金炳憲告目), 부안현 예리 장만권(扶安縣禮吏張萬權). <1장. 한자+이두. 조선 필사 이두 자료. 전북 부안군 우동 김형복 소장. 호남권 한국학자료센터 홈페이지 원문 이미지와 텍스트 보기. 한국정신문화연구원 편(1983, 1998) 참고>

1864-08-03~1874-06-24(甲子~甲戌).「평안감영심리계록(**平安監營審理啓錄**)」2, 비변사(備邊司) 편(編). <1책(2/전4책). 174장. 필사본. 표제는 '箕營審理啓錄'. 한자+이두. 조선 필사 이두 자료. 서울대학교 규장각 한국학연구원 홈페이지 원문 이미지 보기> <1854-07-29~1863-07-30(1/4)>

1864-08-12. **박내욱 수기**(朴來彧手記), 박내욱. <1장. 한자+이두. 조선 필사 이두 자료. 경북 상주 낙동 풍양 조씨 양진당 소장. 한국학중앙연구원 장서각 한국고문서자료관 홈페이지 원문 이미지 보기>

1864-08-00. **김병헌 차첩**(金炳憲差帖), 부안현감(扶安縣監). <1장. 한자+이두. 조선 필사 이두 자료. 전북 부안군 우반 부안 김씨 구장. 부안 우동 김형복 소장. 한국학중앙연구원 장서각 한국고문서자료관 홈페이지 & 호남권 한국학자료센터 홈페이지 원문 이미지와 텍스트 보기. 한국정신문화연구원 편(1983, 1998), 한국학중앙연구원 편(2017) 참고>

1864-08-00. **노 순철 배지**(奴順哲牌旨), 상전 김(上典金). <1장. 한자+이두. 조선 필사 이두 자료. 전남 장성군 행주 기씨 금강 종가 소장. 호남권 한국학자료센터 홈페이지 원문 이미지와 텍스트 보기. 이수건 외(2004) 참고>

1864-08-00. **유학 이정백·이찬 등 소지**(幼學李庭百李瓚等所志), 이정백·이찬 등. <1장. 한자+이두. 조선 필사 이두 자료. 경북 안동시 법흥동 고성 이씨 탑동 종가 구장. 한국국학진흥원 소장. 한국학자료센터 영남권역센터 홈페이지 원문 이미지와 텍스트 보기>

1864-08-00. **조낙영 등 상서**(趙樂榮等上書) 1, 조낙영 등. <1장. 한자+이두. 조선 필사 이두 자료. 경북 상주 낙동 풍양 조씨 양진당 소장. 한국학중앙연구원 장서각 한국고문서자료관 홈페이지 원문 이미지 보기>

1864-08-00. **조낙영 등 상서**(趙樂榮等上書) 2, 조낙영 등. <1장. 한자+이두. 조선 필사 이두 자료. 경북 상주 낙동 풍양 조씨 양진당 소장. 한국학중앙연구원 장서각 한국고문서자료관 홈페이지 원문 이미지 보기>

1864-09-02. **최남수 초사**(崔南壽招辭), 최남수. <1장. 한자+이두. 조선 필사 이두 자료. 경북 경주시 내남면 이조리 경주 최씨·용산서원 소장. 한국학중앙연구원 장서각 한국고문서자료관 홈페이지 원문 이미지 보기. 한국정신문화연구원 편(2000) 참고>

1864-09-00. **김병헌 소지**(金炳憲所志), 김병헌. <1장. 한자+이두. 조선 필사 이두 자료. 전북 부안군 우반 부안 김씨 세턱각 소장. 한국학중앙연구원 장서각 한국고문서자료관 홈페이지 & 호남권 한국학자료센터 홈페이지 원문 이미지와 텍스트 보기. 박병호(1974ㄱ), 한국정신문화연구원 편(1983, 1998), 최승희(1989), 전경목(2001), 정구복(2002), 한국학중앙연구원 편(2017) 참고>

1864-09-00. **대계서원 품목**(大溪書院稟目) 8, 안대현 등(安大鉉等). <1장. 한자+이두. 조선 필사 이두 자료. 전남 보성군 택촌 죽산 안씨 은봉 종가 소장. 호남권 한국학자료센터 홈페이지 원문 이미지와 텍스트 보기. 박병호(1974ㄱ), 이수건 외(2004) 참고>

1864-10-04. **유학 재종질 안풍환 토지매매명문**(幼學再從侄安豊煥土地賣買明文), 회장주 재종숙 안계(灰場主再從叔安桂). <1장. 한자+이두. 조선 필사 이두 자료. 전남 보성군 복내면 죽산 안씨 죽곡정사 소장. 호남권 한국학자료센터 홈페이지 원문 이미지와 텍스트 보기. 이재수(2003), 박준호(2004) 참고>

1864-10-20. **류 생원 댁 노 수득 토지매매명문**(柳生員宅奴壽得土地賣買明文), 전주 최학선(田主崔學仙). <1장. 한자+이두. 조선 필사 이두 자료. 춘천 김현식 소장. 한국학자료센터 강원권역센터 홈페이지 원문 이미지 보기. 김건우(2008), 전경목(2010, 2014), 박준호(2016) 참고>

1864-10-22. **박씨 문중 토지매매명문**(朴氏門中土地賣買明文), 답주 상인 유경원(畓主

喪人柳景原). <1장. 한자+이두. 조선 필사 이두 자료. 경남 합천 용연서원 소장. 한국학중앙연구원 장서각 한국고문서자료관 홈페이지 원문 이미지 보기. 한국정신문화연구원 편(1996) 참고>

1864-10-00. **박인환 소지**(朴寅煥所志), 박인환. <1장. 한자+이두. 조선 필사 이두 자료. 전북 임실군 청웅 밀양 박씨가 소장. 호남권 한국학자료센터 홈페이지 원문 이미지와 텍스트 보기. 박병호(1974ㄱ), 최승희(1989), 김경숙(2002), 전경목 외 (2006) 참고>

1864-10-00. **이봉규 단자**(李鳳奎單子), 이봉규. <1장. 한자+이두. 조선 필사 이두 자료. 전북 익산 왕궁 이인승 소장. 호남권 한국학자료센터 홈페이지 원문 이미지와 텍스트 보기. 박병호(1974ㄱ), 최승희(1989), 김경숙(2002), 심재우(2013) 참고>

1864-10-00. **이혁구 등 단자**(李爀求等單子) 1, 이혁구 등. <1장. 한자+이두. 조선 필사 이두 자료. 영광 함안 이씨 이기태 구장. 영광농업기술센터 영인본 소장. 호남권 한국학자료센터 홈페이지 원문 이미지와 텍스트 보기. 최승희(1989) 참고>

1864-10-00 추정. **오송화 댁 노 이손 등 소지**(吳松禾宅奴二孫等所志), 이손 등. <1장. 한자+이두. 조선 필사 이두 자료. 경기도 용인시 오산 해주 오씨 추탄 종가 구장. 한국학중앙연구원 장서각 한국고문서자료관 홈페이지 원문 이미지와 텍스트 보기. 한국정신문화연구원 편(1998) 참고>

1864-11-01. **박 생원 댁 문계 토지매매명문**(朴生員宅門稧土地賣買明文),[274] 답주 장치룡(畓主張致龍). <1장. 한자+이두. 조선 필사 이두 자료. 영해 도곡 무안 박씨 무의공 종택 소장. 한국학중앙연구원 장서각 한국고문서자료관 홈페이지 원문 이미지 보기. 한국학중앙연구원 편(2008) 참고>

1864-11-01. **토지매매명문**(土地賣買明文),[275] 자필 답주 유학 허한(自筆畓主幼學許翰). <1장. 한자+이두. 조선 필사 이두 자료. 전북대학교 박물관 소장. 호남권 한국학

---

[274] 한국학중앙연구원 장서각 한국고문서자료관 홈페이지에서는 '1864년 박생원댁(朴生員宅) 문셜(門稧) 토지매매명문(土地賣買明文)'으로 표시하였다.

[275] 호남권 한국학자료센터 홈페이지에서는 '1864년 허한(許翰) 방매 토지매매명문(土地賣買明文)'으로 표시하였다.

자료센터 홈페이지 원문 이미지와 텍스트 보기. 최승희(1989), 정구복 외(1999), 이재수(2003) 참고>

1864-11-10. **박래길 토지매매명문**(朴來吉土地賣買明文), 답주 유학 조순국(畓主幼學 曺順局). <1장. 한자+이두. 조선 필사 이두 자료. 전남 보성군 박실 제주 양씨가 구장. 원광대학교 박물관 소장. 호남권 한국학자료센터 홈페이지 원문 이미지와 텍스트 보기. 박병호(1974ㄱ), 최승희(1989), 이재수(2003) 참고>

1864-11-27~1868-12-20(甲子~戊辰). 「용동궁등록(**龍洞宮謄錄**)」 우(宇), 편자 미상. <1책(3/4. 낙질본). 126장. 한자+이두. 조선 필사 이두 자료. 서울대학교 규장각 한국학연구원 홈페이지 원문 이미지 보기> <1849-03-00~1853-00-00(1/4. 낙질본)>

1864-11-00. **최 생원 댁 도산직 만상 소지**(崔生員宅都山直萬相所志), 만상. <1장. 한자+이두. 조선 필사 이두 자료. 남원·구례 삭녕 최씨 구장. 한국학중앙연구원 장서각 한국고문서자료관 홈페이지 원문 이미지 보기. 한국정신문화연구원 편(2004) 참고>

1864-11-00. **토지매매명문**(土地賣買明文),[276] 답주 최군석(畓主崔君碩). <1장. 한자+이두. 조선 필사 이두 자료. 전남 나주시 남내 밀양 박씨 청재 종가 소장. 호남권 한국학자료센터 홈페이지 원문 이미지와 텍스트 보기. 박화진(1998) 참고>

1864-11-00~1865-09-08(甲子~乙丑). 「우포청등록(**右捕廳謄錄**)」 20, 포도청(捕盜廳) 편(編). <1책(20/전30책). 45장. 필사본. 표제는 '右捕廳謄錄'. 한자+이두. 조선 필사 이두 자료. 서울대학교 규장각 한국학연구원 홈페이지 원문 이미지 보기> <1807-01-13~1808-06-12(1/30)>

1864-12-01. **토지매매명문**(土地賣買明文),[277] 답주 박경원(畓主朴敬原). <1장. 한자+이두. 조선 필사 이두 자료. 전남 나주시 남내 밀양 박씨 청재 종가 소장. 호남권 한국학자료센터 홈페이지 원문 이미지와 텍스트 보기. 김태영(1983), 김현영

---

[276] 호남권 한국학자료센터 홈페이지에서는 '1864년 최군석(崔君碩) 방매(放賣) 토지매매명문(土地賣買明文)'으로 표시하였다.

[277] 호남권 한국학자료센터 홈페이지에서는 '1864년 박경원(朴敬原) 방매(放賣) 토지매매명문(土地賣買明文)'으로 표시하였다.

(2003) 참고>

1864-12-04. **이 생원 댁 호노 무치 토지매매명문**(李生員宅戶奴無治土地賣買明文), 답주 김이용(畓主金已用). <1장. 한자+이두. 조선 필사 이두 자료. 경북 영해 인량 재령 이씨 충효당 구장. 한국국학진흥원 소장. 한국학중앙연구원 장서각 한국고문서자료관 홈페이지 원문 이미지 보기. 한국정신문화연구원 편(1997) 참고>

1864-12-07. **토지매매명문**(土地賣買明文),[278] 답주 유학 최종술(畓主幼學崔宗述). <1장. 한자+이두. 조선 필사 이두 자료. 대구 칠계 경주 최씨 백불암 종중 구장. 안동대학교 박물관 소장. 한국학자료센터 영남권역센터 홈페이지 원문 이미지와 텍스트 보기. 박병호(1974ㄱ), 최승희(1989), 이재수(2003), 이수건 외(2004) 참고>

1864-12-12. **신경로 수표**(辛景老手標), 신경로. <1장. 한자+이두. 조선 필사 이두 자료. 영광 입석 영월 신씨 소장. 한국학중앙연구원 장서각 한국고문서자료관 홈페이지 원문 이미지와 텍스트 보기. 한국정신문화연구원 편(1996) 참고>

1864-12-15. **양 생원 댁 노 옥엽 토지매매명문**(梁生員宅奴玉葉土地賣買明文), 답주 장성일(畓主張聖一). <1장. 한자+이두. 조선 필사 이두 자료. 전남 보성군 박실 제주 양씨가 구장. 원광대학교 박물관 소장. 호남권 한국학자료센터 홈페이지 원문 이미지와 텍스트 보기. 박병호(1974ㄱ) 참고>

1864-12-15. **이 노 별천근 토지매매명문**(李奴別千僅土地賣買明文), 답주 임정조(畓主林正祚). <1장. 한자+이두. 조선 필사 이두 자료. 전남 보성군 박실 제주 양씨가 구장. 원광대학교 박물관 소장. 호남권 한국학자료센터 홈페이지 원문 이미지와 텍스트 보기.[279] 박병호(1974ㄱ) 참고>

1864-12-17. **김성침 토지매매명문**(金成沈土地賣買明文), 답주 박중근(畓主朴仲根). <1장. 한자+이두. 조선 필사 이두 자료. 경북 안동시 수곡면 전주 류씨 삼산 종가 구장. 대구광역시 수성구 만촌동 전주 류씨 종가 소장. 한국학자료센터 영남권역센터 홈페이지 원문 이미지와 텍스트 보기. 최승희(1989), 이재수(2003), 전경

---

[278] 한국학자료센터 영남권역센터 홈페이지에서는 '1864년 유학(幼學) 최종술(崔宗述) 토지매매명문(土地賣買明文)'으로 표시하였다.

[279] 호남권 한국학자료센터 홈페이지의 원문 이미지와 텍스트의 내용이 다르다.

목(2010) 참고>

1864-12-17. **이 생원 노 흥복 토지매매명문**(李生員奴興福土地賣買明文), 답주 자필 전 생원 노 성돌(畓主自筆田生員奴成乭). <1장. 한자+이두. 조선 필사 이두 자료. 경북 영해 인량 재령 이씨 충효당 구장. 한국국학진흥원 소장. 한국학중앙연구원 장서각 한국고문서자료관 홈페이지 원문 이미지 보기. 한국정신문화연구원 편(1997) 참고>

1864-12-21. **이 생원 댁 문중 호 석남 토지매매명문**(李生員宅門中戶石男土地賣買明文), 답주 자필 권 생원 노 상복(畓主自筆權生員奴尙卜). <1장. 한자+이두. 조선 필사 이두 자료. 경북 영해 인량 재령 이씨 충효당 구장. 한국국학진흥원 소장. 한국학중앙연구원 장서각 한국고문서자료관 홈페이지 원문 이미지와 텍스트 보기. 한국정신문화연구원 편(1997) 참고>

1864-12-24. **이철영 토지매매명문**(李徹永土地賣買明文), 답주 송재순(畓主宋在淳). <1장. 한자+이두. 조선 필사 이두 자료. 경북 안동시 도산면 의촌리 은졸재 고택 구장. 한국국학진흥원 소장. 한국학자료센터 영남권역센터 홈페이지 원문 이미지와 텍스트 보기>

1864-12-28~1865-12-27. 「결속색등록(**結束色謄錄**)」 81, 병조(兵曹) 편(編). <1책(81/낙질본 107책). 126장. 필사본. 한자+이두. 조선 필사 이두 자료. 서울대학교 규장각 한국학연구원 홈페이지 1787년~1891년 낙질본 107책(1792년(건륭 57년), 1811년(가경 16년) 하, 1816년(가경 21년), 1817년(가경 22년), 1824년(도광 4년), 1831(도광 11년), 1871(동치 10년), 1885년(광서 11년) 없음) 원문 이미지 보기>

1864-12-29. **이 노 옥준 토지매매명문**(李奴玉俊土地賣買明文), 답주 손솔준(畓主孫{小+乙}俊). <1장. 한자+이두. 조선 필사 이두 자료. 경북 안동시 주촌 진성 이씨 경류정 소장. 한국학중앙연구원 장서각 한국고문서자료관 홈페이지 & 한국학중앙연구원 한국학 디지털 아카이브 홈페이지 원문 이미지와 텍스트 보기. 한국정신문화연구원 편(1999) 참고>

1864-12-00. **이혁구 등 단자**(李爀求等單子) 2, 이혁구 등. <1장. 한자+이두. 조선 필사 이두 자료. 영광 함안 이씨 이기태 구장. 영광농업기술센터 영인본 소장. 호남권 한국학자료센터 홈페이지 원문 이미지와 텍스트 보기. 최승희(1989) 참

고>

1864-12-00. **이혁구 등 단자**(李爀求等單子) 3, 이혁구 등. <1장. 한자+이두. 조선 필사 이두 자료. 영광 함안 이씨 이기태 구장. 영광농업기술센터 영인본 소장. 호남권 한국학자료센터 홈페이지 원문 이미지와 텍스트 보기. 최승희(1989) 참고>

1864-12-00. **임실현감 도형**(任實縣監圖形), 임실현(任實縣). <1장. 한자+이두. 조선 필사 이두 자료. 전북 임실군 청웅 밀양 박씨가 소장. 호남권 한국학자료센터 홈페이지 원문 이미지와 텍스트 보기. 박병호(1974ㄱ), 최승희(1989), 김경숙(2002), 전경목 외(2006) 참고>

1864-12-00. **정면수 차첩**(鄭勉洙差帖), 이조(吏曹). <1장. 한자+이두. 조선 필사 이두 자료. 양주 안흥 광주 정씨 소장. 한국학중앙연구원 장서각 한국고문서자료관 홈페이지 원문 이미지 보기. 한국정신문화연구원 편(2004) 참고>

1864-12-00. **화민 신굉규 등 소지**(化民辛宖珪等所志) 1, 신굉규 등. <1장. 한자+이두. 조선 필사 이두 자료. 영광 입석 영월 신씨 소장. 한국학중앙연구원 장서각 한국고문서자료관 홈페이지 원문 이미지와 텍스트 보기. 한국정신문화연구원 편(1996) 참고>

1864-12-00. **화민 신굉규 등 소지**(化民辛宖珪等所志) 2, 신굉규 등. <1장. 한자+이두. 조선 필사 이두 자료. 영광 입석 영월 신씨 소장. 한국학중앙연구원 장서각 한국고문서자료관 홈페이지 원문 이미지와 텍스트 보기. 한국정신문화연구원 편(1996) 참고>

1864-12-00. **화민 신기보 등 소지**(化民辛基輔等所志), 신기보 등. <1장. 한자+이두. 조선 필사 이두 자료. 영광 입석 영월 신씨 소장. 한국학중앙연구원 장서각 한국고문서자료관 홈페이지 원문 이미지와 텍스트 보기. 한국정신문화연구원 편(1996) 참고>

1864-00-00. 「**가상 존호도감의궤**(加上 尊號都監儀軌)」, 존호도감 편. <1책. 147장. 필사본. 표제는 '同治三年癸亥十一月 日 哲宗十四年加上尊號都監儀軌 全'. 권수제는 '加上尊號都監儀軌'. 한자+이두. 조선 필사 이두 자료. 한국학중앙연구원 디지털장서각 홈페이지 'K2-2791' 원문 이미지와 텍스트 보기>

1864-00-00. 「가상존호도감의궤(加上 尊號都監儀軌)」,²⁸⁰ 존호도감 편. <1책. 147장. 필사본. 표제는 '(同治二年癸亥十一月 日 五臺山上)加上 尊號都監儀軌全'. 권수제는 '加上 尊號都監儀軌'. 한자+이두. 조선 필사 이두 자료. 서울대학교 규장각 한국학 연구원 의궤 종합정보 홈페이지 '奎13444' 원문 이미지 보기>

1864-00-00. 「실록청의궤(實錄廳儀軌)」, 춘추관(春秋館). <1책. 100장. 필사본. 한자 +이두. 조선 필사 이두 자료. 한국학중앙연구원 장서각 소장. 한국학중앙연구원 한국학 디지털 아카이브 홈페이지 원문 이미지와 텍스트 보기>

1864-00-00. 「예릉산릉도감의궤(睿陵山陵都監儀軌)」²⁸¹ 상·하, 산릉도감 편. <2책. 201장+227장. 필사본. 상권의 표제는 '(同治二年癸亥二月 日 鼎足山城上 哲宗大王)睿陵山陵都監儀軌上'. 권수제는 '睿陵山陵都監儀軌上'. 한자+이두. 조선 필사 이두 자료. 서울대학교 규장각 한국학연구원 의궤 종합정보 홈페이지 '奎13852' 원문 이미지 보기>

1864-00-00. 「은봉전서(隱峯全書)」, 안방준(安邦俊, 1573년~1654년) 저, 대계서원(大溪書院). <중간본. 40권 20책. 활자본. 「우산선생집(牛山先生集)」에 누락된 자료 「기묘록(己卯錄)」 등을 첨부. 조선 인쇄 이두 자료. 한국고전종합DB 홈페이지 원문 보기. 서울대학교 규장각 한국학연구원 소장> <이본: ① 1773-00-00「우산선생집(牛山先生集)」. 초간본. 10권 5책. 목활자본. 국립중앙도서관 낙질본 소장) ② 1969-00-00(44권 21책)> <영인본: 「한국문집총간」 80-81(한국고전번역원 편)>

1864-00-00. 「철종대왕국장도감의궤(哲宗大王國葬都監儀軌)」, 국장도감. <1책. 필사본. 한자+이두+한글. 조선 필사 이두 자료. 한국학중앙연구원 장서각 소장. 한국학중앙연구원 한국학 디지털 아카이브 홈페이지 원문 이미지와 텍스트 보기>

1864-00-00. 「철종대왕빈전혼전도감이방의궤(哲宗大王殯殿魂殿都監二房儀軌)」, 빈혼전도감. <1책. 57장. 필사본. 한자+이두+한글. 한국학중앙연구원 장서각 소장.

---

280 서울대학교 규장각 한국학연구원 의궤 종합정보 홈페이지에서는 서명을 표제나 권수제와는 달리 '신정왕후효정왕후가상존호도감의궤(神貞王后孝定王后加上尊號都監儀軌)'로 적었다.

281 서울대학교 규장각 한국학연구원 의궤 종합정보 홈페이지에서는 서명을 표제나 권수제와는 달리 '철종예릉산릉도감의궤(哲宗睿陵山陵都監儀軌)'로 적었다.

한국학중앙연구원 한국학 디지털 아카이브 홈페이지 원문 이미지와 텍스트 보기>

1864-00-00. 「휘경원천봉도감의궤(徽慶園遷奉都監儀軌)」,²⁸² 천원도감(遷園都監) 편. <4권 4책. 필사본. 권1의 표제는 '(同治二年癸亥二月 日 五臺山上)徽慶園遷奉都監儀軌一'. 권수제는 '徽慶園遷奉都監儀軌卷之一'. 한자+이두. 조선 필사 이두 자료. 서울대학교 규장각 한국학연구원 의궤 종합정보 홈페이지 '奎13954' 원문 이미지 보기>

1864-00-00. 「휘경원천봉원소도감의궤(綏嬪徽慶園遷奉園所都監儀軌)」²⁸³ 상·하, 천봉원소도감(遷奉園所都監) 편. <2책. 171장+186장. 필사본. 상권의 표제는 '徽慶園遷奉園所都監儀軌上'. 권수제는 '徽慶園遷奉園所都監儀軌'. 한자+이두. 조선 필사 이두 자료. 서울대학교 규장각 한국학연구원 의궤 종합정보 홈페이지 '奎13962' 원문 이미지 없음>

1864-00-00~1895-00-00. 「순무영등록(巡撫營謄錄)」, 순무영. <5책. 한자+이두. 조선 필사 이두 자료. 한국학중앙연구원 장서각 소장. 한국학중앙연구원 한국학 디지털 아카이브 홈페이지 원문 이미지와 텍스트 보기>

1865년

<을축(乙丑). 고종 2년. 동치 4년>

1865-01-01~1865-12-25. 「전객사일기(典客司日記)」 97, 예조(禮曹) 전객사(典客司) 편(編). <1책(97/전99책). 57장. 필사본. 한자+이두. 조선 필사 이두 자료. 서울대학교 규장각 한국학연구원 홈페이지 원문 이미지 보기>

1865-01-02~1866-03-21(乙丑~丙寅). 「평안감영계록(平安監營啓錄)」 31, 비변사(備

---

282 서울대학교 규장각 한국학연구원 의궤 종합정보 홈페이지에서는 서명을 '수빈휘경원천봉도감의궤(綏嬪徽慶園遷奉都監儀軌)'로 적었다.
283 서울대학교 규장각 한국학연구원 의궤 종합정보 홈페이지에서는 서명을 표제나 권수제와는 달리 '수빈휘경원천봉원소도감의궤(綏嬪徽慶園遷奉園所都監儀軌)'로 적었다.

邊司) 편(編). <1책(31/전37책). 207장. 필사본. 표제는 '箕營啓錄'. 한자+이두. 조선 필사 이두 자료. 서울대학교 규장각 한국학연구원 홈페이지 원문 이미지 보기> <영인본:「각사등록」33(평안도편 5)(국사편찬위원회 편, 1988)> <1830-08-12~1830-12-30(1/37)>

1865-01-07. **사문 계중 토지매매명문**(私門稧中土地賣買明文),[284] 답주 자필 종손 양식 (畓主自筆宗孫梁楠). <1장. 한자+이두. 조선 필사 이두 자료. 전남 보성군 박실 제주 양씨가 구장. 원광대학교 박물관 소장. 호남권 한국학자료센터 홈페이지 원문 이미지와 텍스트 보기>

1865-01-08. **병산서원 통문**(屛山書院通文), 병산서원. <1장. 한자+이두. 조선 필사 이두 자료. 경북 경주시 내남면 이조리 경주 최씨·용산서원 소장. 한국학중앙연구원 장서각 한국고문서자료관 홈페이지 원문 이미지 보기. 한국정신문화연구원 편(2000) 참고>

1865-01-10. **심상손 토지매매명문**(沈尙孫土地賣買明文),[285] 전주 김필문(田主金㢸文). <1장. 한자+이두. 조선 필사 이두 자료. 경북 영양군 영양읍 삼지리 한양 조씨 하담 고택 구장. 한국국학진흥원 소장. 한국학자료센터 영남권역센터 홈페이지 원문 이미지와 텍스트 보기. 박병호(1974ㄱ), 최승희(1989), 이재수(2003), 이수건 외(2004) 참고>

1865-01-14. **정념 토지매매명문**(正念土地賣買明文), 답주 김보국(畓主金寶國). <1장. 한자+이두. 조선 필사 이두 자료. 전북 정읍시 옹동 전주 이태일가 소장. 호남권 한국학자료센터 홈페이지 원문 이미지와 텍스트 보기. 박병호(1974ㄱ), 최승희(1989), 이재수(2003) 참고>

1865-01-18. **진성 이씨 의인파 문중 재사 가사매매명문**(眞城李氏宜仁派門中齋舍家舍賣買明文), 가주 장석문(家主張石文). <1장. 한자+이두. 조선 필사 이두 자료. 경북 안동시 도산면 의촌리 은졸재 고택 구장. 한국국학진흥원 소장. 한국학자료센터

---

[284] 호남권 한국학자료센터 홈페이지에서는 '1865년 양식(梁楠) 방매(放賣) 토지매매명문(土地賣買明文)'으로 표시하였다.

[285] 한국학자료센터 영남권역센터 홈페이지에서는 '1865년 김필문(金㢸文) 토지매매명문(土地賣買明文)'으로 표시하였다.

영남권역센터 홈페이지 원문 이미지와 텍스트 보기>

1865-01-19. **정월 팔면 대소민인 등장**(正月八面大小民人等狀), 팔면 대소민인. <1장. 한자+이두. 조선 필사 이두 자료. 경북 영양군 일월면 도계리 영양향교 소장. 한국학자료센터 영남권역센터 홈페이지 원문 이미지와 텍스트 보기. 영남대학교 민족문화연구소 편(1992) 참고>

1865-01-23. **토지매매명문**(土地賣買明文), 답주 이 노 옥단(畓主李奴玉丹). <1장. 한자+이두. 조선 필사 이두 자료. 경북 경주시 내남면 이조리 경주 최씨·용산서원 소장. 한국학중앙연구원 장서각 한국고문서자료관 홈페이지 원문 이미지 보기. 한국정신문화연구원 편(2000) 참고>

1865-01-29. **부안현감 전령**(扶安縣監傳令), 부안현. <1장. 한자+이두. 조선 필사 이두 자료. 전북 부안 석동 류절재 소장. 호남권 한국학자료센터 홈페이지 원문 이미지와 텍스트 보기. 박병호(1974ㄱ), 최승희(1989) 참고>

1865-01-29. **유학 박중길 토지매매명문**(幼學朴重吉土地賣買明文), 진주 자필 유학 칠촌질 박내공(田主自筆幼學七寸姪朴乃公). <1장. 한자+이두. 조선 필사 이두 자료. 삼척시립박물관 소장. 한국학자료센터 강원권역센터 홈페이지 원문 이미지와 텍스트 보기. 김건우(2008), 전경목(2010, 2014), 박준호(2016) 참고>

1865-01-00. **고성군 산도**(固城郡山圖), 고성군. <1장. 한자+이두. 조선 필사 이두 자료. 경남 진주시 운문 진양 하씨 소장. 한국학중앙연구원 장서각 한국고문서자료관 홈페이지 원문 이미지 보기. 한국정신문화연구원 편(2001) 참고>

1865-01-00. **구룡규 차첩**(具龍圭差帖), 순창군(淳昌郡). <1장. 한자+이두. 조선 필사 이두 자료. 순창장류박물관 소장. 호남권 한국학자료센터 홈페이지 원문 이미지와 텍스트 보기. 박병호(1974ㄱ), 최승희(1989), 전경목 외(2006) 참고>

1865-01-00~1865-12-00. 「추조결옥록(秋曹決獄錄)」 20, 형조(刑曹) 편(編). <1책(20/낙질본 43책). 43장. 필사본. 한자+이두. 조선 필사 이두 자료. 서울대학교 규장각 한국학연구원 홈페이지 원문 이미지 보기> <1822-01-00~1822-12-00(1/43)>

1865-01-■■. **■...■ 토지매매명문**(■...■土地賣買明文), 답주 이상범(畓主李尙範). <1장. 한자+이두. 조선 필사 이두 자료. 중간 부분 결락. 경북 안동시 갈전 순흥 안씨 소장. 한국학중앙연구원 장서각 한국고문서자료관 홈페이지 원문 이미지

보기. 한국정신문화연구원 편(1999) 참고>

1865-02-07. **토지매매명문**(土地賣買明文),[286] 전주 자필 전학원(田主自筆田學遠). <1장. 한자+이두. 조선 필사 이두 자료. 전북 익산 마동 창녕 조씨가 소장. 호남권 한국학자료센터 홈페이지 원문 이미지와 텍스트 보기. 최승희(1989), 이재수(2003) 참고>

1865-02-10. **조 노 춘단 토지매매명문**(趙奴春丹土地賣買明文),[287] 전주 윤 노 순금(田主尹奴順金). <1장. 한자+이두. 조선 필사 이두 자료. 경북 영양군 영양읍 삼지리 한양 조씨 하담 고택 구장. 한국국학진흥원 소장. 한국학자료센터 영남권역센터 홈페이지 원문 이미지와 텍스트 보기. 박병호(1974ㄱ), 최승희(1989), 이재수(2003), 이수건 외(2004) 참고>

1865-02-18. **토지매매명문**(土地賣買明文), 답주 자필 호 창업(畓主自筆戶昌業). <1장. 한자+이두. 조선 필사 이두 자료. 경북 영해 인량 재령 이씨 충효당 구장. 한국국학진흥원 소장. 한국학중앙연구원 장서각 한국고문서자료관 홈페이지 원문 이미지와 텍스트 보기. 한국정신문화연구원 편(1997) 참고>

1865-02-18. **토지매매명문**(土地賣買明文), 답주 유학 유태식(畓主幼學柳泰植). <1장. 한자+이두. 조선 필사 이두 자료. 전북 부안군 우반 부안 김씨 세덕각 소장. 한국학중앙연구원 장서각 한국고문서자료관 홈페이지 원문 이미지와 텍스트 보기. 한국정신문화연구원 편(1983, 1998), 한국학중앙연구원 편(2017) 참고>

1865-02-25. **이 생원 문중 호 석남 토지매매명문**(李生員門中戶石男土地賣買明文), 자필 답주 김 호 맹용(自筆畓主金戶孟用). <1장. 한자+이두. 조선 필사 이두 자료. 경북 영해 인량 재령 이씨 충효당 구장. 한국국학진흥원 소장. 한국학중앙연구원 장서각 한국고문서자료관 홈페이지 원문 이미지와 텍스트 보기. 한국정신문화연구원 편(1997) 참고>

1865-02-00. **김홍제 등 소지**(金弘濟等所志), 김홍제 등. <1장. 한자+이두. 조선 필사

---

[286] 호남권 한국학자료센터 홈페이지에서는 '1865년 전학원(田學遠) 방매(放賣) 토지매매명문(土地賣買明文)'으로 표시하였다.

[287] 한국학자료센터 영남권역센터 홈페이지에서는 '1865년 순금(順金) 토지매매명문(土地賣買明文)'으로 표시하였다.

이두 자료. 전북 부안 석동 류절재 소장. 호남권 한국학자료센터 홈페이지 원문 이미지와 텍스트 보기. 박병호(1974ㄱ), 최승희(1989), 정구복 외(1999) 참고>

1865-02-00. **신익권 등 소지**(申翼權等所志), 신익권 등. <1장. 한자+이두. 조선 필사 이두 자료. 순창장류박물관 소장. 호남권 한국학자료센터 홈페이지 원문 이미지와 텍스트 보기. 박병호(1974ㄱ), 최승희(1989), 김현영(1999), 전경목(2001), 정구복(2002) 참고>

1865-02-00. **이혁구 등 단자**(李爀求等單子) 1, 이혁구 등. <1장. 한자+이두. 조선 필사 이두 자료. 영광 함안 이씨 이기태 구장. 영광농업기술센터 영인본 소장. 호남권 한국학자료센터 홈페이지 원문 이미지와 텍스트 보기. 최승희(1989) 참고>

1865-03-07. **양군옥 토지매매명문**(梁君玉土地賣買明文), 답주 박인서(畓主朴仁瑞). <1장. 한자+이두. 조선 필사 이두 자료. 안동 천전 의성 김씨 지촌 종택 소장. 한국학중앙연구원 장서각 한국고문서자료관 홈페이지 원문 이미지 보기. 한국정신문화연구원 편(1990) 참고>

1865-03-21. **토지매매명문**(土地賣買明文), 답주 유학 주봉현(畓主幼學朱鳳顯). <1장. 한자+이두. 조선 필사 이두 자료. 경남 합천 용연서원 소장. 한국학중앙연구원 장서각 한국고문서자료관 홈페이지 원문 이미지 보기. 한국정신문화연구원 편(1996) 참고>

1865-03-00. **경상도 영양현 유학 조언철 등 상서**(慶尙道英陽縣幼學趙彦轍等上書), 조언철 등. <1장. 한자+이두. 조선 필사 이두 자료. 경북 영양군 일월면 도계리 영양향교 구장. 영남대학교 민족문화연구소 소장. 한국학자료센터 영남권역센터 홈페이지 원문 이미지와 텍스트 보기. 영남대학교 민족문화연구소 편(1992) 참고>

1865-03-00. **구창휴 차첩**(具昌休差帖), 순창군(淳昌郡). <1장. 한자+이두. 조선 필사 이두 자료. 순창장류박물관 소장. 호남권 한국학자료센터 홈페이지 원문 이미지와 텍스트 보기. 박병호(1974ㄱ), 최승희(1989), 전경목 외(2006) 참고>

1865-03-00. **양석조 소지**(楊錫祖所志), 양석조. <1장. 한자+이두. 조선 필사 이두 자료. 전북 순창 구미 남원 양씨가 소장. 호남권 한국학자료센터 홈페이지 원문

이미지와 텍스트 보기. 최승희(1989), 김경숙(2002), 심재우(2013) 참고>

1865-03-00. **유경집 등 소지**(柳慶集等所志) 1, 유경집 등. <1장. 한자+이두. 조선 필사 이두 자료. 전북 담양군 모현관 소장. 호남권 한국학자료센터 홈페이지 원문 이미지와 텍스트 보기. 최승희(1989), 정구복 외(1999) 참고>

1865-03-00. **을축년 영양향교 첩정**(乙丑年英陽鄉校牒呈), 영양향교. <1장. 한자+이두. 조선 필사 이두 자료. 경북 영양군 일월면 도계리 영양향교 구장. 영남대학교 민족문화연구소 소장. 한국학자료센터 영남권역센터 홈페이지 원문 이미지와 텍스트 보기. 영남대학교 민족문화연구소 편(1992) 참고>

1865-03-00. **이혁구 등 단자**(李爀求等單子) 2, 이혁구 등. <1장. 한자+이두. 조선 필사 이두 자료. 영광 함안 이씨 이기대 구장. 영광농업기술센터 영인본 소장. 호남권 한국학자료센터 홈페이지 원문 이미지와 텍스트 보기. 최승희(1989) 참고>

1865-03-00. **임백능 등 단자**(任百能等單子), 임백능 등. <1장. 한자+이두. 조선 필사 이두 자료. 경기도 이천 고백 풍천 임씨 소장. 한국학중앙연구원 장서각 한국고문서자료관 홈페이지 원문 이미지 보기. 한국정신문화연구원 편(2004) 참고>

1865-03-00. **조술대 등 상서**(趙述大等上書), 조술대 등. <1장. 한자+이두. 조선 필사 이두 자료. 경북 상주 낙동 풍양 조씨 양진당 소장. 한국학중앙연구원 장서각 한국고문서자료관 홈페이지 원문 이미지 보기>

1865-04-20. **토지매매명문**(土地賣買明文), 자필 답주 김명한(自筆畓主金明漢). <1장. 한자+이두. 조선 필사 이두 자료. 경북 경주시 소정리 경주 이씨 소장. 한국학중앙연구원 장서각 한국고문서자료관 홈페이지 원문 이미지 보기. 한국정신문화연구원 편(2002) 참고>

1865-04-00. **경상도 영양현 유생 조언정 등 상서**(慶尙道英陽縣儒生趙彦楨等上書), 조언정 등. <1장. 한자+이두. 조선 필사 이두 자료. 경북 영양군 일월면 도계리 영양향교 구장. 영남대학교 민족문화연구소 소장. 한국학자료센터 영남권역센터 홈페이지 원문 이미지와 텍스트 보기. 영남대학교 민족문화연구소 편(1992) 참고>

1865-04-00. **김관욱 등 상서**(金寬郁等上書), 김관욱 등. <1장. 한자+이두. 조선 필사

이두 자료. 전남 무안 광산 김씨 모충사 소장. 호남권 한국학자료센터 홈페이지 원문 이미지 보기. 최승희(1989), 국립민속박물관 편(1991), 정구복 외(1999), 전경목 외(2006) 참고>

1865-04-00. **김봉구 소지**(金鳳九所志) 1, 김봉구. <1장. 한자+이두. 조선 필사 이두 자료. 전북 부안군 우반 부안 김씨 세덕각 소장. 한국학중앙연구원 장서각 한국고문서자료관 홈페이지 & 호남권 한국학자료센터 홈페이지 원문 이미지와 텍스트 보기. 한국정신문화연구원 편(1983, 1998), 전경목(2001), 전경목 외(2006), 한국학중앙연구원 편(2017) 참고>

1865-04-00. **김봉구 소지**(金鳳九所志) 2, 김봉구. <1장. 한자+이두. 조선 필사 이두 자료. 전북 부안군 우반 부안 김씨 세덕각 소장. 한국학중앙연구원 장서각 한국고문서자료관 홈페이지 & 호남권 한국학자료센터 홈페이지 원문 이미지와 텍스트 보기. 한국정신문화연구원 편(1983, 1998), 전경목(2001), 전경목 외(2006), 한국학중앙연구원 편(2017) 참고>

1865-04-00. **반촌회중 통문**(泮村會中通文), 반촌회중. <1장. 한자+이두. 조선 필사 이두 자료. 경북 경주시 내남면 이조리 경주 최씨·용산서원 소장. 한국학중앙연구원 장서각 한국고문서자료관 홈페이지 원문 이미지 보기. 한국정신문화연구원 편(2000) 참고>

1865-05-20 이후 기입 추정.「불설대목련경(佛說大目連經)」, 서천 삼장법사(西天三藏法師) 법천(法天) 역(譯). <1책. 26장. 목판본. 표제는 '目連經'. 본문에 생획토 기입. 불교 서적. 조선 묵서 구결 자료. 서울대학교 규장각 한국학연구원 홈페이지 '古1730-25' 원문 이미지 보기>

1865-05-28. **부안현감 전령**(扶安縣監傳令), 부안현. <1장. 한자+이두. 조선 필사 이두 자료. 전북 부안군 우반 부안 김씨 세덕각 구장. 부안 우동 김형복 소장. 한국학중앙연구원 장서각 한국고문서자료관 홈페이지 & 호남권 한국학자료센터 홈페이지 원문 이미지와 텍스트 보기. 한국정신문화연구원 편(1983, 1998), 한국학중앙연구원 편(2017) 참고>

1865-05-00. **김봉구 소지**(金鳳九所志) 3, 김봉구. <1장. 한자+이두. 조선 필사 이두 자료. 전북 부안군 우반 부안 김씨 세덕각 소장. 한국학중앙연구원 장서각 한국고

문서자료관 홈페이지 & 호남권 한국학자료센터 홈페이지 원문 이미지와 텍스트 보기. 한국정신문화연구원 편(1983, 1998), 전경목(2001), 전경목 외(2006), 한국학중앙연구원 편(2017) 참고>

1865-05-00. **김채상 자손 완문**(金彩相子孫完文), 관(官). <1장. 한자+이두. 조선 필사 이두 자료. 전북 부안군 우반 부안 김씨 세덕각 소장. 한국학중앙연구원 장서각 한국고문서자료관 홈페이지 원문 이미지와 텍스트 보기. 한국정신문화연구원 편(1983, 1998), 한국학중앙연구원 편(2017) 참고>

1865-05-00. **사노 만엽 소지**(私奴萬葉所志) 1, 만엽. <1장. 한자+이두. 조선 필사 이두 자료. 전북 부안군 우반 부안 김씨 세덕각 소장. 호남권 한국학자료센터 홈페이지 원문 이미지와 텍스트 보기. 박병호(1974ㄱ), 최승희(1989), 김현영(1999), 전경목(2001), 정구복(2002) 참고>

1865-05-00. **순창군 목과동면 도윤 첩정**(淳昌郡木果洞面都尹牒呈), 도윤. <1장. 한자+이두. 조선 필사 이두 자료. 전북 순창 청계 문화 유씨가 소장. 호남권 한국학자료센터 홈페이지 원문 이미지와 텍스트 보기. 박병호(1974ㄱ), 최승희(1989), 정구복(2002) 참고>

1865-05-00. **순창군 목과동면 방축리 대소민 등장**(淳昌郡木果洞面防築里大小民等狀), 방축리 대소민. <1장. 한자+이두. 조선 필사 이두 자료. 전북 순창 청계 문화 유씨가 소장. 호남권 한국학자료센터 홈페이지 원문 이미지와 텍스트 보기. 박병호(1974ㄱ), 최승희(1989), 정구복 외(1999) 참고>

1865-05-00. **이봉규 단자**(李鳳奎單子) 1, 이봉규. <1장. 한자+이두. 조선 필사 이두 자료. 전북 익산 왕궁 이인승 소장. 호남권 한국학자료센터 홈페이지 원문 이미지와 텍스트 보기. 박병호(1974ㄱ), 최승희(1989), 김경숙(2002), 심재우(2013) 참고>

1865-05-00. **이봉규 단자**(李鳳奎單子) 2, 이봉규. <1장. 한자+이두. 조선 필사 이두 자료. 전북 익산 왕궁 이인승 소장. 호남권 한국학자료센터 홈페이지 원문 이미지와 텍스트 보기. 박병호(1974ㄱ), 최승희(1989), 김경숙(2002), 심재우(2013) 참고>

1865-05-00. **이봉규 단자**(李鳳奎單子) 3, 이봉규. <1장. 한자+이두. 조선 필사 이두 자료. 전북 익산 왕궁 이인승 소장. 호남권 한국학자료센터 홈페이지 원문 이미지와 텍스트 보기. 박병호(1974ㄱ), 최승희(1989), 김경숙(2002), 심재우(2013) 참고>

1865-05-00. **임영준 차첩**(任永準差帖), 이조(吏曹). <1장. 한자+이두. 조선 필사 이두 자료. 경기도 이천 고백 풍천 임씨 소장. 한국학중앙연구원 장서각 한국고문서자료관 홈페이지 원문 이미지 보기. 한국정신문화연구원 편(2004) 참고>

1865-05-00. **황 정언댁[288] 노 이득 소지**(黃正言宅奴以得所志) 1, 이득. <1장. 한자+이두. 조선 필사 이두 자료. 전북 남원시 대곡 장수 황씨 문중 소장. 호남권 한국학자료센터 홈페이지 원문 이미지와 텍스트 보기. 박병호(1974ㄱ), 최승희(1989), 전북향토문화연구회 편(1993), 김경숙(2002) 참고>

1865-윤5-00. **장유여 소지**(張有余所志), 장유여. <1장. 한자+이두. 조선 필사 이두 자료. 전북 고창 석호 담양 국씨가 구장. 전북대학교 박물관 소장. 호남권 한국학자료센터 홈페이지 원문 이미지와 텍스트 보기. 박병호(1974ㄱ), 최승희(1989), 정구복 외(1999) 참고>

1865-윤5-00. **하광현 등 소지**(河光顯等所志) 1, 하광현 등. <1장. 한자+이두. 조선 필사 이두 자료. 경남 진주시 운문 진양 하씨 소장. 장서각 한국고문서자료관 홈페이지 원문 이미지 보기. 한국정신문화연구원 편(2001) 참고>

1865-06-05. **계부 주 토지매매명문**(季父主土地賣買明文),[289] 답주 자필 유자 강윤회(畓主自筆猶子姜尹會). <1장. 한자+이두. 조선 필사 이두 자료. 전북 무장 원송 진주 강씨가 구장. 전북대학교 박물관 소장. 호남권 한국학자료센터 홈페이지 원문 이미지와 텍스트 보기. 박병호(1974ㄱ), 최승희(1989), 정구복 외(1999) 참고>

1865-06-00. **설광형 등 상서**(薛匡衡等上書), 설광형 등. <1장. 한자+이두. 조선 필사 이두 자료. 전북 순창 청계 문화 유씨가 소장. 호남권 한국학자료센터 홈페이지 원문 이미지와 텍스트 보기. 최승희(1989), 김경숙(2002), 심재우(2013) 참고>

1865-06-00. **하광현 등 소지**(河光顯等所志) 2, 하광현 등. <1장. 한자+이두. 조선 필사 이두 자료. 경남 진주시 운문 진양 하씨 소장. 한국학중앙연구원 장서각 한국고문서자료관 홈페이지 원문 이미지 보기. 한국정신문화연구원 편(2001) 참

---

288 정언(正言)은 사간원에 속한 정육품 벼슬이다(『표준국어대사전』).

289 호남권 한국학자료센터 홈페이지에서는 '1865년 강윤회(姜尹會) 방매(放賣) 토지매매명문(土地賣買明文)'으로 표시하였다.

고>

1865-06-00~1866-04-11(乙丑~丙寅).「좌포청등록(左捕廳謄錄)」13, 포도청(捕盜廳) 편(編). <1책(13/전18책). 35장. 필사본. 한자+이두. 조선 필사 이두 자료. 서울대학교 규장각 한국학연구원 홈페이지 낙질본 원문 이미지 보기> <1775-06-14~1775-윤10-29(1/18)>

1865-07-31. **신굉규 수표**(辛宖珪手標), 신굉규. <1장. 한자+이두. 조선 필사 이두 자료. 영광 입석 영월 신씨 소장. 한국학중앙연구원 장서각 한국고문서자료관 홈페이지 원문 이미지와 텍스트 보기. 한국정신문화연구원 편(1996) 참고>

1865-08-07. **안 생원 댁 노 순매 토지매매명문**(安生員宅奴順每土地賣買明文), 전주 한량 채춘삼(田主閑良蔡春三). <1장. 한자+이두. 조선 필사 이두 자료. 전남 보성군 택촌 죽산 안씨 은봉 종가 소장. 호남권 한국학자료센터 홈페이지 원문 이미지와 텍스트 보기>

1865-08-00. **경상도 영양향교 교위 전답 사정안**(慶尙道英陽鄕校敎位田畓査定案), 영양향교. <1장. 한자+이두. 조선 필사 이두 자료. 경북 영양군 일월면 도계리 영양향교 소장. 한국학자료센터 영남권역센터 홈페이지 원문 이미지와 텍스트 보기>

1865-08-00. **설광복 등 상서**(薛匡復等上書), 설광복 등. <1장. 한자+이두. 조선 필사 이두 자료. 전북 순창 청계 문화 유씨가 소장. 호남권 한국학자료센터 홈페이지 원문 이미지와 텍스트 보기. 최승희(1989), 김경숙(2002), 심재우(2013) 참고>

1865-09-07~1866-04-08(乙丑~丙寅).「우포청등록(右捕廳謄錄)」21, 포도청(捕盜廳) 편(編). <1책(21/전30책). 35장. 필사본. 표제는 '右捕廳謄錄'. 한자+이두. 조선 필사 이두 자료. 서울대학교 규장각 한국학연구원 홈페이지 원문 이미지 보기> <1807-01-13~1808-06-12(1/30)>

1865-09-13. **토지매매명문**(土地賣買明文), 전주 민명학(田主閔明學). <1장. 한자+이두. 조선 필사 이두 자료. 경북 경주시 소정리 경주 이씨 소장. 한국학중앙연구원 장서각 한국고문서자료관 홈페이지 원문 이미지 보기. 한국정신문화연구원 편(2002) 참고>

1865-09-26. **김 생원 댁 노 마당 토지매매명문**(金生員宅奴馬堂土地賣買明文), 전주

박 생원 노 계금(田主朴生員奴啓今). <1장. 한자+이두. 조선 필사 이두 자료. 대전·청양 안동 김씨 삼당 후손가 소장. 한국학중앙연구원 장서각 한국고문서자료관 홈페이지 원문 이미지 보기. 한국정신문화연구원 편(2003) 참고>

1865-09-28~1875-06-01(동치 4년~광서 원년). 「동치 6년 9월 일 전라좌수사재임시 계록(同治六年九月 日全羅左水使在任時 啓錄)」, 비변사(備邊司) 편(編). <1책(3/전 5책). 85장. 필사본. 표제는 '全羅左水營啓錄'. 한자+이두. 조선 필사 이두 자료. 서울대학교 규장각 한국학연구원 홈페이지 원문 이미지 보기> <영인본: 「각사등록」 20(전라도편 3)(국사편찬위원회 편, 1986)> <1850-02-12~1860-07-22(1/5)>

1865-09-00. **이인기 장계 초**(李寅夔狀啓抄), 이인기. <1장. 한자+이두. 조선 필사 이두 자료. 부여·강화·영주 창원 황씨 소장. 한국학중앙연구원 장서각 한국고문서자료관 홈페이지 원문 이미지와 텍스트 보기. 한국정신문화연구원 편(1990) 참고>

1865-10-07. **유학 박인환 수기**(幼學朴寅煥手記),[290] 수기주 김남명(手記主金南明). <1장. 한자+이두. 조선 필사 이두 자료. 전북 임실군 청웅 밀양 박씨가 소장. 호남권 한국학자료센터 홈페이지 원문 이미지와 텍스트 보기. 박병호(1974ㄱ), 최승희(1989), 이재수(2003) 참고>

1865-10-13. **토지매매명문**(土地賣買明文),[291] 답주 과부 최 씨(畓主寡婦崔氏). <1장. 한자+이두. 조선 필사 이두 자료. 전남 영광 마산 경주 이씨가 구장. 진안 용담호미술관 소장. 호남권 한국학자료센터 홈페이지 원문 이미지와 텍스트 보기. 박병호(1974ㄱ), 최승희(1989), 이재수(2003) 참고>

1865-10-14. **토지매매명문**(土地賣買明文),[292] 산주 윤재원(山主尹再元). <1장. 한자+이두. 조선 필사 이두 자료. 원광대학교 박물관 소장. 호남권 한국학자료센터 홈페이지 원문 이미지와 텍스트 보기. 박병호(1974ㄱ), 이재수(2003) 참고>

---

290 호남권 한국학자료센터 홈페이지에서는 '1865년 김보명(金甫明) 수기(手記)'로 표시하였다.
291 호남권 한국학자료센터 홈페이지에서는 '1865년 과부(寡婦) 최씨(崔氏) 방매(放賣) 토지매매명문(土地賣買明文)'으로 표시하였다.
292 호남권 한국학자료센터 홈페이지에서는 '1865년 윤재원(尹再元) 방매(放賣) 토지매매명문(土地賣買明文)'으로 표시하였다.

1865-10-18. **정국태 초사**(鄭國泰招辭), 정국태. <1장. 한자+이두. 조선 필사 이두 자료. 경남 진주시 운문 진양 하씨 소장. 한국학중앙연구원 장서각 한국고문서자료관 홈페이지 원문 이미지 보기. 한국정신문화연구원 편(2001) 참고>

1865-10-21. **양 노 옥엽 토지매매명문**(梁奴玉葉土地賣買明文), 답주 김얼고(畓主金盈古). <1장. 한자+이두. 조선 필사 이두 자료. 전남 보성군 박실 제주 양씨가 구장. 원광대학교 박물관 소장. 호남권 한국학자료센터 홈페이지 원문 이미지와 텍스트 보기. 박병호(1974ㄱ) 참고>

1865-10-29. **토지매매명문**(土地賣買明文),[293] 답주 오 씨(畓主吳氏). <1장. 한자+이두. 조선 필사 이두 자료. 전북 무장 원송 진주 강씨가 구장. 전북대학교 박물관 소장. 호남권 한국학자료센터 홈페이지 원문 이미지와 텍스트 보기. 박병호(1974ㄱ), 최승희(1989), 이재수(2003), 이정수·김희호(2011) 참고>

1865-10-00. **장흥고 공상지 공인권 매매명문**(長興庫供上紙貢人權賣買明文),[294] 재주 김석(財主金錫). <1장. 한자+이두. 조선 필사 이두 자료. 일본 경도대학 가와이문고 소장. 고려대학교 해외한국학자료센터 홈페이지 원문 이미지 보기>

1865-10-00. **남원향교 통문**(南原鄕校通文), 남원향교. <1장. 한자+이두. 조선 필사 이두 자료. 전북 임실 오산 전주 유씨가 구장. 전북대학교 박물관 소장. 호남권 한국학자료센터 홈페이지 원문 이미지와 텍스트 보기. 박병호(1974ㄱ), 최승희(1989), 정구복 외(1999) 참고>

1865-10-00. **박인환 소지**(朴寅煥所志), 박인환. <1장. 한자+이두. 조선 필사 이두 자료. 전북 임실군 청웅 밀양 박씨가 소장. 호남권 한국학자료센터 홈페이지 원문 이미지와 텍스트 보기. 박병호(1974ㄱ), 최승희(1989), 김경숙(2002), 전경목 외(2006) 참고>

1865-10-00. **유경집 등 소지**(柳慶集等所志) 2, 유경집 등. <1장. 한자+이두. 조선 필사 이두 자료. 전북 담양군 모현관 소장. 호남권 한국학자료센터 홈페이지 원문

---

[293] 호남권 한국학자료센터 홈페이지에서는 '1865년 오씨(吳氏) 방매(放賣) 토지매매명문(土地賣買明文)'으로 표시하였다.

[294] 고려대학교 해외한국학자료센터 홈페이지에서는 '1865년 김석(金錫) 방매 장흥고(長興庫) 공상지(供上紙) 공인권(貢人權) 매매명문(賣買明文)'으로 표시하였다.

이미지와 텍스트 보기. 최승희(1989), 정구복 외(1999) 참고>

1865-10-00. **조 승지댁 종중 고자 도손 소지**(趙承旨宅宗中庫子道孫所志), 도손. <1장. 한자+이두. 조선 필사 이두 자료. 경북 상주 낙동 풍양 조씨 양진당 소장. 한국학중앙연구원 장서각 한국고문서자료관 홈페이지 원문 이미지 보기>

1865-10-00. **조재원 등 상서**(趙在元等上書), 조재원 등. <1장. 한자+이두. 조선 필사 이두 자료. 경북 상주 낙동 풍양 조씨 양진당 소장. 한국학중앙연구원 장서각 한국고문서자료관 홈페이지 원문 이미지 보기>

1865-10-00. **하석규 등 소지**(河錫圭等所志), 하석규 등. <1장. 한자+이두. 조선 필사 이두 자료. 경남 진주시 운문 진양 하씨 소장. 한국학중앙연구원 장서각 한국고문서자료관 홈페이지 원문 이미지 보기. 한국정신문화연구원 편(2001) 참고>

1865-10-00. **화민 신평규 등 소지**(化民辛㾟珪等所志), 신평규 등. <1장. 한자+이두. 조선 필사 이두 자료. 영광 입석 영월 신씨 소장. 한국학중앙연구원 장서각 한국고문서자료관 홈페이지 원문 이미지와 텍스트 보기. 한국정신문화연구원 편(1996) 참고>

1865-11-02. **토지매매명문**(土地賣買明文),[295] 전주 유학 김만담(田主幼學金滿潭). <1장. 한자+이두. 조선 필사 이두 자료. 전남 곡성군 설옥 최씨가 구장. 전북대학교 박물관 소장. 호남권 한국학자료센터 홈페이지 원문 이미지와 텍스트 보기. 박병호(1974ㄱ), 이재수(2003) 참고>

1865-11-11~1866-12-28. 「(동치 5년 병인)결속색등록(同治五年丙寅 結束色謄錄)」 82, 병조(兵曹) 편(編). <1책(82/107책). 223장. 필사본. 한자+이두. 이두 자료. 서울대학교 규장각 한국학연구원 홈페이지 1787년~1891년 낙질본 107책[296] 원문 이미지 보기>

1865-11-18. **동서 문계중 토지매매명문**(同婿門稧中土地賣買明文),[297] 답주 정공달(畓

---

[295] 호남권 한국학자료센터 홈페이지에서는 '1865년 김만담(金滿潭) 방매 토지매매명문(土地賣買明文)'으로 표시하였다.

[296] 1792년(건륭 57년), 1811년(가경 16년) 하, 1816년(가경 21년), 1817년(가경 22년), 1824년(도광 4년), 1831년(도광 11년), 1871년(동치 10년), 1885년(광서 11년) 없음.

[297] 호남권 한국학자료센터 홈페이지에서는 '1865년 정공달(鄭公達) 방매(放賣) 토지매매명문(土地賣

主鄭公達). <1장. 한자+이두. 조선 필사 이두 자료. 전남 보성군 박실 제주 양씨가 구장. 원광대학교 박물관 소장. 호남권 한국학자료센터 홈페이지 원문 이미지와 텍스트 보기>

1865-11-21. **유학 정지일 토지매매명문**(幼學鄭志馹土地賣買明文), 답주 유학 손예택(畓主幼學孫禮澤). <1장. 한자+이두. 조선 필사 이두 자료. 전남 보성군 박실 제주 양씨가 구장. 원광대학교 박물관 소장. 호남권 한국학자료센터 홈페이지 원문 이미지와 텍스트 보기. 김건우(2008), 정수환·이헌창(2008), 채현경(2011ㄱ, 2011ㄴ) 참고>

1865-11-00. **김경진 등 소지**(金敬鎭等所志), 김경진 등. <1장. 한자+이두. 조선 필사 이두 자료. 안동 천전 의성 김씨 지촌 종택 소장. 한국학중앙연구원 장서각 한국고문서자료관 홈페이지 원문 이미지 보기. 한국정신문화연구원 편(1989) 참고>

1865-11-00. **박숭목 소지**(朴崇穆所志) 1, 박숭목. <1장. 한자+이두. 조선 필사 이두 자료. 경남 밀양 신호 밀성 박씨·덕남서원 소장. 한국학중앙연구원 장서각 한국고문서자료관 홈페이지 원문 이미지 보기. 한국정신문화연구원 편(2004) 참고>

1865-11-00. **양석조 등 등장**(楊錫祖等等狀), 양석조 등. <1장. 한자+이두. 조선 필사 이두 자료. 전북 순창 구미 남원 양씨가 소장. 호남권 한국학자료센터 홈페이지 원문 이미지와 텍스트 보기. 최승희(1989), 김경숙(2002), 심재우(2013) 참고>

1865-11-00. **이승우 발괄**(李丞愚白活), 이승우. <1장. 한자+이두. 조선 필사 이두 자료. 전북 남원 둔덕 전주 이씨가 구장. 전북대학교 박물관 소장. 호남권 한국학자료센터 홈페이지 원문 이미지와 텍스트 보기. 박병호(1974ㄱ), 최승희(1989), 정구복 외(1999) 참고>

1865-11-00. **이흡 등 단자**(李洽等單子), 이흡 등. <1장. 한자+이두. 조선 필사 이두 자료. 전북 남원 둔덕 전주 이씨가 구장. 전북대학교 박물관 소장. 호남권 한국학자료센터 홈페이지 원문 이미지와 텍스트 보기. 박병호(1974ㄱ), 최승희(1989), 정구복 외(1999) 참고>

1865-11-00. **황 정언댁 노 이득 소지**(黃正言宅奴以得所志) 2, 이득. <1장. 한자+이두.

買明文'으로 표시하였다.

조선 필사 이두 자료. 전북 남원시 대곡 장수 황씨 문중 소장. 호남권 한국학자료 센터 홈페이지 원문 이미지와 텍스트 보기. 박병호(1974ㄱ), 최승희(1989), 전북향 토문화연구회 편(1993), 김경숙(2002) 참고>

1865-12-02. **김대룡 토지매매명문**(金大龍土地賣買明文), 전주 이동춘(出主李同春). <1장. 한자+이두. 조선 필사 이두 자료. 경북 안동시 오천 광산 김씨 후조당 소장. 한국학중앙연구원 장서각 한국고문서자료관 홈페이지 원문 이미지와 텍스트 보기. 박병호(1974ㄱ), 한국정신문화연구원 편(1982), 최승희(1989), 김영나(2007) 참고>

1865-12-04. **강인영 토지매매명문**(姜仁永土地賣買明文), 전주 임백열(出主林栢悅). <1장. 한자+이두. 조선 필사 이두 자료. 제주 장전리 진주 강씨 강태복가 소장. 호남권 한국학자료센터 홈페이지 원문 이미지와 텍스트 보기. 최승희(1989), 고창석(2002) 참고>

1865-12-04. **종형 김진화 가사매매명문**(宗兄金鎭華家舍賣買明文), 가주 족종제 김진호 자필(家主族從弟金鎭浩自筆). <1장. 한자+이두. 조선 필사 이두 자료. 안동 금계 의성 김씨 학봉 종가 소장. 한국학중앙연구원 장서각 한국고문서자료관 홈페이지 원문 이미지와 텍스트 보기. 한국정신문화연구원 편(1990) 참고>

1865-12-10. **가사매매명문**(家舍賣買明文), 가대주 유학 김학구(家岱主幼學金鶴九). <1장. 한자+이두. 조선 필사 이두 자료. 전북 부안군 우반 부안 김씨 세덕각 소장. 한국학중앙연구원 장서각 한국고문서자료관 홈페이지 & 호남권 한국학자 료센터 홈페이지 원문 이미지와 텍스트 보기. 박병호(1974ㄱ), 한국정신문화연구 원 편(1983, 1998), 이재수(2003), 한국학중앙연구원 편(2017) 참고>

1865-12-15. **토지매매명문**(土地賣買明文),[298] 전주 김 조이(出主金召史). <1장. 한자+ 이두. 조선 필사 이두 자료. 전남 영광군 염소면 원주 이씨가 구장. 광주광역시 이정옥 소장. 호남권 한국학자료센터 홈페이지 원문 이미지와 텍스트 보기. 최승희(1989), 정구복 외(1999) 참고>

---

298 호남권 한국학자료센터 홈페이지에서는 '1865년 김조이(金召史) 방매(放賣) 토지매매명문(土地賣 買明文)'으로 표시하였다.

1865-12-16. **송칠언 토지매매명문**(宋七言土地賣買明文), 답주 유학 김지기(畓主幼學金志璣). <1장. 한자+이두. 조선 필사 이두 자료. 전남 보성군 능묵리 장흥 임씨가 구장. 전북대학교 박물관 소장. 호남권 한국학자료센터 홈페이지 원문 이미지와 텍스트 보기. 최승희(1989), 이재수(2003) 참고>

1865-12-20. **가사매매명문**(家舍賣買明文),[299] 가대주 유학 김학구(家垈主幼學金鶴九). <1장. 한자+이두. 조선 필사 이두 자료. 전북 부안군 우반 부안 김씨 세덕각 소장. 호남권 한국학자료센터 홈페이지 원문 이미지와 텍스트 보기. 박병호(1974ㄱ), 이재수(2003) 참고>

1865-12-20. **박 생원 노 춘석 토지매매명문**(朴生員奴春錫土地賣買明文), 답주 김연득(畓主金連得). <1장. 한자+이두. 조선 필사 이두 자료. 경북 안동시 오천 광산 김씨 후조당 소장. 한국학중앙연구원 장서각 한국고문서자료관 홈페이지 원문 이미지와 텍스트 보기. 박병호(1974ㄱ), 한국정신문화연구원 편(1982), 최승희(1989), 김영나(2007) 참고>

1865-12-21. **유학 김희순 토지매매명문**(幼學金禧淳土地賣買明文), 전답주 천세록(田畓主千世彔). <1장. 한자+이두. 조선 필사 이두 자료. 광주광역시 광산구 김해 김씨 소장. 호남권 한국학자료센터 홈페이지 원문 이미지와 텍스트 보기. 이재수(2003), 이수건 외(2004) 참고>

1865-12-22. **가사매매명문**(家舍賣買明文) 1, 초가주 문장 이식원(草家主門長李植遠). <1장. 한자+이두. 조선 필사 이두 자료. 영광 입석 영월 신씨 소장. 한국학중앙연구원 장서각 한국고문서자료관 홈페이지 원문 이미지와 텍스트 보기. 한국정신문화연구원 편(1996) 참고>

1865-12-22. **가사매매명문**(家舍賣買明文) 2, 가대주 문장 이식원(家垈主門長李植遠). <1장. 한자+이두. 조선 필사 이두 자료. 영광 입석 영월 신씨 소장. 한국학중앙연구원 장서각 한국고문서자료관 홈페이지 원문 이미지와 텍스트 보기. 한국정신문화연구원 편(1996) 참고>

---

299 호남권 한국학자료센터 홈페이지에서는 '1865년 김학구(金鶴九) 방매(放賣) 토지매매명문(土地賣買明文)'으로 표시하였다.

1865-12-00. **박숭목 소지**(朴崇穆所志) 2, 박숭목. <1장. 한자+이두. 조선 필사 이두 자료. 경남 밀양 신호 밀성 박씨·덕남서원 소장. 한국학중앙연구원 장서각 한국고문서자료관 홈페이지 원문 이미지 보기. 한국정신문화연구원 편(2004) 참고>

1865-12-00. **사노 만엽 소지**(私奴萬葉所志) 2, 만엽. <1장. 한자+이두. 조선 필사 이두 자료. 전북 부안군 우반 부안 김씨 세덕각 소장. 호남권 한국학자료센터 홈페이지 원문 이미지와 텍스트 보기. 박병호(1974ㄱ), 최승희(1989), 김현영(1999), 전경목(2001), 정구복(2002) 참고>

1865-12-00. **이재호 차첩**(李在灝差帖), 이조(吏曹). <1장. 한자+이두. 조선 필사 이두 자료. 예산 한곡 한산 이씨 수당 고택 소장. 한국학중앙연구원 장서각 한국고문서자료관 홈페이지 원문 이미지 보기. 한국정신문화연구원 편(2002) 참고>

1865-00-00. 「대전회통(**大典會通**)」, 조두순(趙斗淳) 외 봉교(奉敎) 공편(共編), 한성: 교서관(校書館). <6권 5책. 목판본. 조선 인쇄 이두 자료. 조선 법전.[300] 국립중앙도서관 홈페이지 & 서울대학교 규장각 한국학연구원 홈페이지 원문 이미지 보기. 고려대학교 민족문화연구소 역주(1975) 참고>

1865-00-00. 「실록청의궤(**實錄廳儀軌**)」, 실록청 편. <1책. 98장. 필사본. 표제는 '(哲宗赤裳山城)實錄儀軌 全'. 목록제는 '哲宗大王實錄廳儀軌目錄'. 권수제는 '實錄廳儀軌'. 한자+이두. 조선 필사 이두 자료. 한국학중앙연구원 디지털장서각 홈페이지 'K2-3738' 원문 이미지와 텍스트 보기>

1865-00-00. 「실록청의궤(**實錄廳儀軌**)」,[301] 실록청 편. <1책. 100장. 필사본. 표제는 '(哲宗朝 太白山)實錄廳儀軌全'. 권수제는 '實錄廳儀軌'. 한자+이두. 조선 필사 이두 자료. 서울대학교 규장각 한국학연구원 의궤 종합정보 홈페이지 '奎14184' 원문

---

300 조선 시대에 펴낸 법전은 「조선경국전(朝鮮經國典)」(정도전 찬집, 1394), 「경제육전(經濟六典)」(조준 외, 1397), 「경제육전속전(經濟六典續典)」(하륜 외, 1413), 「신속육전등록(新續六典謄錄)」(이직 외, 1428), 「신찬경제속육전(新撰經濟續六典)」(황희 외, 1433), 「경국대전(經國大典)」(1471), 「경국대전속록」(1492), 「경국대전후속록」(1543), 「사송유취(詞訟類聚)」(1585), 「수교집록(受敎輯錄)」(1698), 「전록통고(典錄通考)」(1708), 「속대전」(1746), 「대전통편」(1786), 「대전회통」(1865), 「육전조례(六典條例)」(1866) 등이 있다.

301 서울대학교 규장각 한국학연구원 의궤 종합정보 홈페이지에서는 서명을 표제나 목록제와는 달리 '철종실록청의궤(哲宗實錄廳儀軌)'로 적었다.

이미지 보기>

1865-00-00. 「철종대왕국장도감의궤(哲宗大王國葬都監儀軌)」[302] 1-4, 국장도감 편. <4권 4책. 필사본. 권1의 표제는 '哲宗大王國葬都監儀軌一'. 권수제는 '哲宗大王國葬都監儀卷首'. 한자+이두. 조선 필사 이두 자료. 서울대학교 규장각 한국학연구원 의궤 종합정보 홈페이지 '奎13844' 원문 이미지 보기>

1865-00-00. 「철종대왕국휼의주등록(哲宗大王國恤儀註謄錄)」, 예조(禮曹). <3책. 필사본. 한자+이두. 조선 필사 이두 자료. 한국학중앙연구원 장서각 소장. 한국학중앙연구원 한국학 디지털 아카이브 홈페이지 원문 이미지와 텍스트 보기>

1865-00-00. 「철종대왕부묘도감의궤(哲宗大王祔廟都監儀軌)」, 부묘도감. <1책. 208장. 필사본. 표제는 '祔廟都監儀軌'. 한자+이두. 조선 필사 이두 자료. 한국학중앙연구원 장서각 소장. 한국학중앙연구원 한국학 디지털 아카이브 홈페이지 원문 이미지와 텍스트 보기>

1865-00-00. 「철종대왕빈전혼전도감의궤(哲宗大王殯殿魂殿都監儀軌)」[303] 1~3, 빈전혼전도감 편. <5권 3책. 필사본. 표제는 '(同治二年癸亥十二月 日 春秋館上)哲宗大王 殯殿魂殿都監儀軌 一'. 목록제는 '哲宗大王殯殿魂殿都監儀軌目錄'. 한자+이두. 조선 필사 이두 자료. 서울대학교 규장각 한국학연구원 의궤 종합정보 홈페이지 '奎13846' 원문 이미지 보기>

1865-00-00. 「철종실록(哲宗實錄)」<15권 9책. 어휘 표기 자료. 1997년에 유네스코 세계기록유산으로 등록. 정족산, 태백산 소장. 조선왕조실록 홈페이지 원문 이미지와 텍스트 보기>

1865-00-00. 「친림정부시의궤(親臨政府時儀軌)」, 편자 미상. <1책. 18장. 필사본. 표제는 '乙丑 親臨政府時儀軌全'. 한자+이두. 조선 필사 이두 자료. 서울대학교 규장각 한국학연구원 의궤 종합정보 홈페이지 '奎14944' 원문 이미지 보기>

1865-00-00. **한성부 서부 장영기 원정**(漢城府西部張英基原情), 장영기. <1장. 한자+

---

[302] 서울대학교 규장각 한국학연구원 의궤 종합정보 홈페이지에서는 서명을 표제나 권수제와는 달리 '철종국장도감의궤(哲宗國葬都監儀軌)'로 적었다.

[303] 서울대학교 규장각 한국학연구원 의궤 종합정보 홈페이지에서는 서명을 표제나 목록제와는 달리 '철종빈전혼전도감의궤(哲宗殯殿魂殿都監儀軌)'로 적었다.

이두. 조선 필사 이두 자료. 경북 성주군 월항면 대산리 성산 이씨 응와 종택 구장. 한국국학진흥원 소장. 한국학자료센터 영남권역센터 홈페이지 원문 이미지와 텍스트 보기>

1866년

<병인(丙寅). 고종 3년. 동치 5년>

1866-01-03. **유학 전성여 토지매매명문**(幼學全成汝土地賣買明文), 답주 유학 이윤실(畓主幼學李輪實). <1장. 한자+이두. 조선 필사 이두 자료. 전북 정읍시 동학농민혁명기념관 소장. 호남권 한국학자료센터 홈페이지 원문 이미지와 텍스트 보기. 박병호(1974ㄱ), 이재수(2003) 참고>

1866-01-20. **홍이정 토지매매명문**(洪伊正土地賣買明文), 전주 김취복(田主金取福). <1장. 한자+이두. 조선 필사 이두 자료. 안동 천전 의성 김씨 지촌 종택 소장. 한국학중앙연구원 장서각 한국고문서자료관 홈페이지 원문 이미지와 텍스트 보기. 한국정신문화연구원 편(1990) 참고>

1866-01-24. **구창수 차첩**(具昌洙差帖), 순창군수(淳昌郡守). <1장. 한자+이두. 조선 필사 이두 자료. 순창 좌부 천안 전씨가 구장. 순창장류박물관 소장. 호남권 한국학자료센터 홈페이지 원문 이미지와 텍스트 보기. 박병호(1974ㄱ), 최승희(1989), 전경목 외(2006) 참고>

1866-01-24. **영건소 토지매매명문**(營建所土地賣買明文),[304] 답주 ■■■. <1장. 한자+이두. 조선 필사 이두 자료. 안동 천전 의성 김씨 지촌 종택 구장. 한국국학진흥원 소장. 한국학중앙연구원 장서각 한국고문서자료관 홈페이지 & 한국국학진흥원 유교넷 홈페이지 원문 이미지와 텍스트 보기. 한국정신문화연구원 편(1990) 참고>

---

304 한국국학진흥원 유교넷 홈페이지에서는 문서명을 '의성김씨 지촌종택 1866년에 (결)과 영건소 사이에 작성된 명문(明文)(田畓賣買文記)[06590]'으로 표시하였다.

1866-01-27. **진민사 토지매매명문**(鎭民祠土地賣買明文), 답주 김 노 희상(畓主金奴希尙). <1장. 한자+이두. 조선 필사 이두 자료. 안동 천전 의성 김씨 지촌 종택 소장. 한국학중앙연구원 장서각 한국고문서자료관 홈페이지 원문 이미지와 텍스트 보기. 한국정신문화연구원 편(1990) 참고>

1866-01-29. **김옥진 토지매매명문**(金玉震土地賣買明文), 답주 김 노 천옥(畓主金奴千玉). <1장. 한자+이두. 조선 필사 이두 자료. 경북 안동시 주촌 진성 이씨 경류정 소장. 한국학중앙연구원 장서각 한국고문서자료관 홈페이지 원문 이미지와 텍스트 보기. 한국정신문화연구원 편(1999) 참고>

1866-01-00. **가사매매명문**(家舍賣買明文),[305] 재주 오종운(財主吳鍾韻). <1장. 한자+이두. 조선 필사 이두 자료. 경남 거창 강동 초계 정씨 동계 종가 구장. 한국학중앙연구원 장서각 한국고문서자료관 홈페이지 & 한국학중앙연구원 장서각 한국학자료센터 홈페이지 원문 이미지와 텍스트 보기. 김태영(1983), 최승희(1989), 한국정신문화연구원 편(1995), 이재수(2003) 한국학중앙연구원 편(2005) 참고>

1866-01-00. **이상간 등장**(李相侃等狀) 1, 이상간. <1장. 한자+이두. 조선 필사 이두 자료. 경북 영해 인량 재령 이씨 충효당 구장. 한국국학진흥원 소장. 한국학중앙연구원 장서각 한국고문서자료관 홈페이지 원문 이미지 보기. 한국정신문화연구원 편(2004) 참고>

1866-01-00. **장유여 발괄**(張有余白活), 장유여. <1장. 한자+이두. 조선 필사 이두 자료. 전북 고창 석호 담양 국씨가 구장. 전북대학교 박물관 소장. 호남권 한국학자료센터 홈페이지 원문 이미지와 텍스트 보기. 박병호(1974ㄱ), 최승희(1989), 정구복 외(1999) 참고>

1866-01-00. **하석규 등 소지**(河錫圭等所志), 하석규 등. <1장. 한자+이두. 조선 필사 이두 자료. 경남 진주시 운문 진양 하씨 소장. 한국학중앙연구원 장서각 한국고문서자료관 홈페이지 원문 이미지 보기. 한국정신문화연구원 편(2001) 참고>

1866-01-00~1866-12-00(丙寅).「추조결옥록(**秋曹決獄錄**)」21, 형조(刑曹) 편(編). <1

---

[305] 한국학중앙연구원 장서각 한국학자료센터 홈페이지에서는 '1866년 오종운(吳鍾韻)의 가사매매명문(家舍賣買明文)'으로 표시하였다.

책(21/낙질본 43책). 37장. 필사본. 한자+이두. 조선 필사 이두 자료. 서울대학교 규장각 한국학연구원 홈페이지 원문 이미지 보기> <1822-01-00~1822-12-00 (1/43)>

1866-02-02~1868-06-23(丙寅~戊辰). 「종친부등록(宗親府謄錄)」 6, 종친부(宗親府) 편(編). <1책(6/전12책). 158장. 필사본. 한자+이두. 조선 필사 이두 자료. 서울대학교 규장각 한국학연구원 홈페이지 '奎13007-v.1-12' 원문 이미지 보기> <1756-04-01~1759-01-15(1/12)>

1866-02-08. **강 생원 댁 토지매매명문**(姜生員宅土地賣買明文), 답주 조이 정 과(畓主召史鄭寡). <1장. 한자+이두. 조선 필사 이두 자료. 전북 무장 원송 진주 강씨가 구장. 전북대학교 박물관 소장. 호남권 한국학자료센터 홈페이지 원문 이미지와 텍스트 보기. 박병호(1974ㄱ), 최승희(1989), 이재수(2003), 이정수·김희호(2011) 참고>

1866-02-08. **강인영 토지매매명문**(姜仁永土地賣買明文), 전주 임순홍(田主任順洪). <1장. 한자+이두. 조선 필사 이두 자료. 제주 장전리 진주 강씨 강태복가 소장. 호남권 한국학자료센터 홈페이지 원문 이미지와 텍스트 보기. 최승희(1989), 고창석(2002) 참고>

1866-02-08. **김석이 토지매매명문**(金錫伊土地賣買明文), 답주 유학 김시하(畓主幼學 金始河). <1장. 한자+이두. 조선 필사 이두 자료. 삼척시립박물관 소장. 한국학자료센터 강원권역센터 홈페이지 원문 이미지와 텍스트 보기. 최승희(1989), 전경목(2010), 김세민(2013), 김영란(2017) 참고>

1866-02-10. **토지매매명문**(土地賣買明文),[306] 답주 이찬화(畓主李贊華). <1장. 한자+이두. 조선 필사 이두 자료. 전남 영광 마산 경주 이씨가 구장. 진안 용담호미술관 소장. 호남권 한국학자료센터 홈페이지 원문 이미지와 텍스트 보기. 박병호(1974ㄱ), 최승희(1989), 이재수(2003) 참고>

1866-02-12~1870-09-13(丙寅~동치 9년 庚午). 「경상좌수영 구등주원시보관등록(**慶**

---

306 호남권 한국학자료센터 홈페이지에서는 '1866년 이찬화(李贊華) 방매(放賣) 토지매매명문(土地賣買明文)'으로 표시하였다.

尙左水營具等甴元時報關謄錄)」[307] 2, 의정부(議政府) 편(編). <1책(2/전2책).[308] 37장. 필사본. 표제는 '慶尙左水營關牒'. 한자+이두. 조선 필사 이두 자료. 서울대학교 규장각 한국학연구원 홈페이지 원문 이미지 보기> <1863-08-08~1863-09-05 (1/2)>

1866-02-17. **유예안 댁 노 석철 토지매매문서**(柳禮安宅奴石哲土地賣買明文),[309] 답주 신정언 댁 노 억득(畓主申正言宅奴億得). <1장. 한자+이두. 조선 필사 이두 자료. 풍산 류씨 하회 화경당(북촌댁) 구장. 한국국학진흥원 소장. 한국국학진흥원 유교넷 홈페이지 원문 이미지와 텍스트 보기>

1866-02-18~1869-04-10(동치 5년~己巳).「충청수영계록(**忠淸水營啓錄**)」4, 비변사 편. <1책(4/전6책). 87장. 필사본. 표제는 '忠淸水營啓錄'. 한자+이두. 조선 필사 이두 자료. 서울대학교 규장각 한국학연구원 홈페이지 원문 이미지 보기> <영인본:「각사등록」8(충청도편 3)(국사편찬위원회 편, 1983)> <1842-07-01~1844-03-12(제1/6)>

1866-02-23. **박흥조 다짐**(朴興朝侤音), 박흥조. <1장. 한자+이두. 조선 필사 이두 자료. 전북 담양군 모현관 소장. 호남권 한국학자료센터 홈페이지 원문 이미지와 텍스트 보기. 최승희(1989), 정구복 외(1999) 참고>

1866-02-24. **처 상전댁 수기**(妻上典宅手記),[310] 표주 비부 김손이(標主婢夫金孫伊). <1장. 한자+이두. 조선 필사 이두 자료. 경북 예천군 감천면 강릉 유씨 벌방 종가 구장. 한국국학진흥원 소장. 한국학자료센터 영남권역센터 홈페이지 원문 이미지와 텍스트 보기>

1866-02-00. **김순교 등 상서**(金舜敎等上書), 김순교 등. <1장. 한자+이두. 조선 필사

---

307 서울대학교 규장각 한국학연구원 홈페이지에서는 책명을 '慶尙左水營關牒 경상좌수영관첩'으로 표시하였다.
308 서울대학교 규장각 한국학연구원 홈페이지에서는 2책의 권수를 바꾸어 매겼다.
309 한국국학진흥원 유교넷 홈페이지에서는 문서명을 '풍산류씨 하회마을 화경당(북촌댁) 병인년 2월에 노 억득과 노 석철 사이에 작성된 명문(明文)(土地賣買文記)[11234]'로 표시하였다.
310 한국학자료센터 영남권역센터 홈페이지에서는 '1866년 비부(婢夫) 김손이(金孫伊) 속신(贖身) 수표(手標)'로 표시하였다.

이두 자료. 경북 안동시 오천 광산 김씨 후조당 소장. 한국학중앙연구원 장서각 한국고문서자료관 홈페이지 원문 이미지와 텍스트 보기. 한국정신문화연구원 편(1982) 참고>

1866-02-00. **김영근 소지**(金英根所志), 김영근. <1장. 한자+이두. 조선 필사 이두 자료. 경북 안동시 오천 광산 김씨 후조당 소장. 한국학중앙연구원 장서각 한국고문서자료관 홈페이지 원문 이미지와 텍스트 보기. 한국정신문화연구원 편(1982) 참고>

1866-02-00. **남원향교 통문**(南原鄉校通文), 남원향교. <1장. 한자+이두. 조선 필사 이두 자료. 전북 남원 풍산 밀양 박씨가 구장. 남원향토박물관 소장. 호남권 한국학자료센터 홈페이지 원문 이미지와 텍스트 보기. 최승희(1989), 김경숙(2001) 참고>

1866-02-00. **윤기은 토지매매명문**(尹起殷土地賣買明文), 답주 유학 임상호(畓主幼學 林詳浩). <1장. 한자+이두. 조선 필사 이두 자료. 전북대학교 박물관 소장. 호남권 한국학자료센터 홈페이지 원문 이미지와 텍스트 보기. 최승희(1989), 정구복 외(1999), 이재수(2003) 참고>

1866-02-00. **이현발 등 소지**(李鉉發等所志), 이현발 등. <1장. 한자+이두. 조선 필사 이두 자료. 경북 영해 인량 재령 이씨 충효당 구장. 한국국학진흥원 소장. 한국학중앙연구원 장서각 한국고문서자료관 홈페이지 원문 이미지와 텍스트 보기. 한국정신문화연구원 편(1997) 참고>

1866-02-00. **이현성 소지**(李鉉成所志), 이현성. <1장. 한자+이두. 조선 필사 이두 자료. 경북 영해 인량 재령 이씨 충효당 소장. 한국학중앙연구원 장서각 한국고문서자료관 홈페이지 원문 이미지 보기. 한국정신문화연구원 편(2004) 참고>

1866-03-04. **토지매매명문**(土地賣買明文),[311] 전주 한량 김학룡(出主閑良金學龍). <1장. 한자+이두. 조선 필사 이두 자료. 전북대학교 박물관 소장. 호남권 한국학자료센터 홈페이지 원문 이미지와 텍스트 보기. 최승희(1989), 정구복 외(1999), 이재

---

311 호남권 한국학자료센터 홈페이지에서는 '1866년 김학룡(金學龍) 방매 토지매매명문(土地賣買明文)'으로 표시하였다.

수(2003) 참고>

1866-03-20 **손삼준 토지매매명문**(孫三俊土地賣買明文),[312] 답주 신소흠(畓主申韶欽). <1장. 한자+이두. 조선 필사 이두 자료. 경북 안동시 안동 권씨 이우당 종택 구장. 한국국학진흥원 소장. 한국국학진흥원 유교넷 홈페이지 원문 이미지와 텍스트 보기>

1866-03-28~1867-05-28(丙寅~丁卯). 「평안감영계록(**平安監營啓錄**)」 32, 비변사(備邊司) 편(編). <1책(32/전37책). 143장. 필사본. 표제는 '箕營啓錄'. 한자+이두. 조선 필사 이두 자료. 서울대학교 규장각 한국학연구원 홈페이지 원문 이미지 보기> <영인본: 「각사등록」 33(평안도편 5)(국사편찬위원회 편, 1988)> <1830-08-12~1830-12-30(1/37)>

1866-03-00. **김채상 차첩**(金彩相差帖), 부안현감(扶安縣監). <1장. 한자+이두. 조선 필사 이두 자료. 전북 부안군 우반 부안 김씨 세덕각 구장. 부안 우동 김형복 소장. 한국학중앙연구원 장서각 한국고문서자료관 홈페이지 & 호남권 한국학자료센터 홈페이지 원문 이미지와 텍스트 보기. 한국정신문화연구원 편(1983, 1998), 한국학중앙연구원 편(2017) 참고>

1866-03-00. **조술성 등 상서**(趙述誠等上書), 조술성 등. <1장. 한자+이두. 조선 필사 이두 자료. 경북 상주 낙동 풍양 조씨 양진당 소장. 한국학중앙연구원 장서각 한국고문서자료관 홈페이지 원문 이미지 보기>

1866-03-00. **최원석 등 상서**(崔元錫等上書) 1, 최원석 등. <1장. 한자+이두. 조선 필사 이두 자료. 전북 부안 석동 류절재 소장. 호남권 한국학자료센터 홈페이지 원문 이미지와 텍스트 보기. 박병호(1974ㄱ), 최승희(1989), 정구복 외(1999) 참고>

1866-03-00. **최원석 등 상서**(崔元錫等上書) 2, 최원석 등. <1장. 한자+이두. 조선 필사 이두 자료. 전북 부안 석동 류절재 소장. 호남권 한국학자료센터 홈페이지 원문 이미지와 텍스트 보기. 박병호(1974ㄱ), 최승희(1989), 정구복 외(1999) 참고>

1866-03-00. **최원석 등 상서**(崔元錫等上書) 3, 최원석 등. <1장. 한자+이두. 조선

---

312 한국국학진흥원 유교넷 홈페이지에서는 문서명을 '병인년 신소흠가 손삼준에게 논을 팔았음을 증명하는 매매계약서'로 표시하였다.

필사 이두 자료. 전북 부안 석동 류절재 소장. 호남권 한국학자료센터 홈페이지 원문 이미지와 텍스트 보기. 박병호(1974ㄱ), 최승희(1989), 정구복 외(1999) 참고>

1866-03-00 추정. **오송화 댁 노 이손 등 소지**(吳松禾宅奴二孫等所志), 이손 등. <1장. 한자+이두. 조선 필사 이두 자료. 경기도 용인시 오산 해주 오씨 추탄 종가 구장. 한국학중앙연구원 장서각 한국고문서자료관 홈페이지 원문 이미지와 텍스트 보기. 한국정신문화연구원 편(1998) 참고>

1866-04-03. **이준범 수표**(李浚凡手標), 이준범. <1장. 한자+이두. 조선 필사 이두 자료. 전북 남원 둔덕 전주 이씨가 구장. 전북대학교 박물관 소장. 호남권 한국학자료센터 홈페이지 원문 이미지와 텍스트 보기. 박병호(1974ㄱ), 최승희(1989), 정구복 외(1999) 참고>

1866-04-09. **토지매매명문**(土地賣買明文), 답주 최 노 귀동(畓主崔奴貴東). <1장. 한자+이두. 조선 필사 이두 자료. 경북 경주시 내남면 이조리 경주 최씨·용산서원 소장. 한국학중앙연구원 장서각 한국고문서자료관 홈페이지 원문 이미지 보기. 한국정신문화연구원 편(2000) 참고>

1866-04-09~1869-05-08(丙寅~己巳). 「평안감영관첩(**平安監營關牒**)」 2, 비변사(備邊司) 편(編). <1책(2/전4책). 62장. 필사본. 표제는 '箕營關牒'. 한자+이두. 조선 필사 이두 자료. 서울대학교 규장각 한국학연구원 홈페이지 원문 이미지 보기> <1853-01-03~1854-10-25(1/4)>

1866-04-10~1881-07-14(동치 5년~광서 7년). 「함경북병영관첩등록(**咸鏡北兵營關牒謄錄**)」, 의정부(議政府) 편(編). <1책. 43장. 필사본. 표제는 '鏡營關報牒'. 한자+이두. 조선 필사 이두 자료. 서울대학교 규장각 한국학연구원 홈페이지 원문 이미지 보기> <영인본: 「각사등록」 42(함경도편 1)(국사편찬위원회 편, 1990)>

1866-04-21. **조사룡 토지매매명문**(趙泗龍土地賣買明文), 전주 나성춘(田主羅盛春). <1장. 한자+이두. 조선 필사 이두 자료. 경북 고령군 대가야읍 본관 1리 홍와 고택 구장. 한국국학진흥원 소장. 한국학자료센터 영남권역센터 홈페이지 원문 이미지와 텍스트 보기. 김성갑(2013) 참고>

1866-04-21~1867-03-08(丙寅~丁卯). 「우포청등록(**右捕廳謄錄**)」 22, 포도청(捕盜廳) 편(編). <1책(22/전30책). 64장. 필사본. 표제는 '右捕廳謄錄'. 한자+이두. 조선 필

사 이두 자료. 서울대학교 규장각 한국학연구원 홈페이지 원문 이미지 보기>
<1807-01-13~1808-06-12(1/30)>

1866-04-00. **송고부 댁 노 보음 소지**(宋高阜宅奴甫音所志), 보음. <1장. 한자+이두. 조선 필사 이두 자료. 대전 회덕 은진 송씨 동춘당 후손가 구장. 대전시립박물관 소장. 한국학중앙연구원 장서각 한국고문서자료관 홈페이지 원문 이미지 보기. 한국학중앙연구원 편(2006) 참고>

1866-04-00. **최원석 등 상서**(崔元錫等上書) 4, 최원석 등. <1장. 한자+이두. 조선 필사 이두 자료. 전북 부안 석동 류절재 소장. 호남권 한국학자료센터 홈페이지 원문 이미지와 텍스트 보기. 박병호(1974ㄱ), 최승희(1989), 정구복 외(1999) 참고>

1866-04-00~1869-07-29(丙寅~己巳).「좌포청등록(**左捕廳謄錄**)」 14, 포도청(捕盜廳) 편(編). <1책(14/전18책). 139장. 필사본. 한자+이두. 조선 필사 이두 자료. 서울대학교 규장각 한국학연구원 홈페이지 낙질본 원문 이미지 보기> <1775-06-14~1775-윤10-29(1/18)>

1866-05-16~1868-01-26(동치 5년 丙寅~동치 7년 戊辰).「강원감영관첩(**江原監營關牒**)」 2, 비변사(備邊司) 편(編). <1책(2/전6책). 49장. 필사본. 표제는 '江原監營關牒'. 한자+이두. 조선 필사 이두 자료. 서울대학교 규장각 한국학연구원 홈페이지 원문 이미지 보기> <영인본:「각사등록」 27(강원도편 1)(국사편찬위원회 편, 1988)> <1859-12-30~1861-01-12(1/6)>

1866-05-23. **주서댁 노 순길 토지매매명문**(注書宅奴順吉土地賣買明文),[313] 전주 노 춘경(出主奴春卿). <1장. 한자+이두. 조선 필사 이두 자료. 풍산 류씨 하회 화경당(북촌댁) 구장. 한국국학진흥원 소장. 한국국학진흥원 유교넷 홈페이지 원문 이미지와 텍스트 보기>

1866-05-00. **가사매매명문**(家舍賣買明文),[314] 재주 오도열(財主吳道烈). <1장. 한자+이두. 조선 필사 이두 자료. 한국학중앙연구원 장서각 한국고문서자료관 홈페이

---

[313] 한국국학진흥원 유교넷 홈페이지에서는 문서명을 '풍산류씨 하회마을 화경당(북촌댁) 병인년 5월에 노 춘경과 노 순길 사이에 작성된 명문(明文)(土地賣買文記)[11229]'로 표시하였다.

[314] 한국학중앙연구원 장서각 한국고문서자료관 홈페이지에서는 '1866년 오도열(吳道烈) 방매 가사매매명문(家舍賣買明文)'으로 표시하였다.

지 원문 이미지와 텍스트 보기. 한국정신문화연구원 편(1992) 참고>

1866-05-00. **유경집 등 소지**(柳慶集等所志), 유경집 등. <1장. 한자+이두. 조선 필사 이두 자료. 전북 담양군 모현관 소장. 호남권 한국학자료센터 홈페이지 원문 이미지와 텍스트 보기. 최승희(1989), 정구복 외(1999) 참고>

1866-05-00. **정백문 소지**(鄭百文所志), 정백문. <1장. 한자+이두. 조선 필사 이두 자료. 제주시 일도 2동 제주민속자연사박물관 소장. 호남권 한국학자료센터 홈페이지 원문 이미지와 텍스트 보기>

1866-05-00. **최영권 등 상서**(崔榮權等上書), 최영권 등. <1장. 한자+이두. 조선 필사 이두 자료. 전북 부안 석동 류절재 소장. 호남권 한국학자료센터 홈페이지 원문 이미지와 텍스트 보기. 박병호(1974ㄱ), 최승희(1989), 정구복 외(1999) 참고>

1866-06-15~1868-02-22(丙寅~戊辰).「황해감영장계등록(黃海監營狀啓謄錄)」17, 비변사(備邊司) 편(編). <1책(17/전22책). 320장. 필사본. 표제는 '黃海監營啓錄'. 한자+이두. 조선 필사 이두 자료. 서울대학교 규장각 한국학연구원 홈페이지 원문 이미지 보기> <영인본:「각사등록」23(황해도편 2)(국사편찬위원회 편, 1986)> <1832-07-02~1832-12-30(1/22)>

1866-06-15~1889-06-15.「황해감영장계등록(黃海監營狀啓謄錄)」<7책. 필사본. 한자+이두. 황해감영에서 승정원에 올린 장계를 모은 등록을 이왕직 실록편찬회에서 등사한 것을 장서각에서 소장하고 있다. 한국학중앙연구원 디지털장서각 홈페이지 'K2-3676' 원문 이미지와 텍스트 보기>

1866-07-00. **김응익 등 의송**(金應翼等議送), 김응익 등. <1장. 한자+이두. 조선 필사 이두 자료. 경북 안동시 오천 광산 김씨 후조당 소장. 한국학중앙연구원 장서각 한국고문서자료관 홈페이지 원문 이미지와 텍스트 보기. 한국정신문화연구원 편(1982) 참고>

1866-07-00. **최광호 등 소지**(崔光浩等所志), 최광호 등. <1장. 한자+이두. 조선 필사 이두 자료. 전북 남원 풍산 밀양 박씨가 구장. 남원향토박물관 소장. 호남권 한국학자료센터 홈페이지 원문 이미지와 텍스트 보기. 박병호(1974ㄱ), 최승희(1989), 김경숙(2002), 전경목 외(2006) 참고>

1866-08-02. **신굉규 수표**(辛宖珪手標), 신굉규. <1장. 한자+이두. 조선 필사 이두

자료. 영광 입석 영월 신씨 소장. 한국학중앙연구원 장서각 한국고문서자료관 홈페이지 원문 이미지와 텍스트 보기. 한국정신문화연구원 편(1996) 참고>

1866-08-14~1872-05-26(동치 5년~동치 11년).「탐영계록(**眈營啓錄**)」2, 비변사(備邊司) 편(編). <1책(2/전5책). 129장. 필사본. 표제는 '濟州啓錄'. 한자+이두. 조선 필사 이두 자료. 서울대학교 규장각 한국학연구원 홈페이지 원문 이미지 보기> <영인본:「각사등록」19(전라도편 2)(국사편찬위원회 편, 1986)> <1846-02-04~1858-1?-02(1/5)>

1866-08-19. **옥산서원 통문**(玉山書院通文), 옥산서원. <1장. 한자+이두. 조선 필사 이두 자료. 경북 경주시 내남면 이조리 경주 최씨·용산서원 소장. 한국학중앙연구원 장서각 한국고문서자료관 홈페이지 원문 이미지 보기. 한국정신문화연구원 편(2000) 참고>

1866-08-20. **반촌회중 통문**(泮村會中通文), 반촌회중. <1장. 한자+이두. 조선 필사 이두 자료. 경북 경주시 내남면 이조리 경주 최씨·용산서원 소장. 한국학중앙연구원 장서각 한국고문서자료관 홈페이지 원문 이미지 보기. 한국정신문화연구원 편(2000) 참고>

1866-08-21. **토지매매명문**(土地賣買明文),[315] 표답주 손성대(標畓主孫聖大). <1장. 한자+이두. 조선 필사 이두 자료. 전남 나주시 남내 밀양 박씨 청재 종가 소장. 호남권 한국학자료센터 홈페이지 원문 이미지와 텍스트 보기. 박준호(2004) 참고>

1866-08-23~1867-03-29(丙寅~丁卯).[316]「동치 7년 4월 일 황해감영사계등록(**同治七年四月 日黃海監營查啓謄錄**)」16, 비변사(備邊司) 편(編). <1책(16/전22책). 106장. 필사본. 표제는 '黃海監營啓錄'. 한자+이두. 조선 필사 이두 자료. 서울대학교 규장각 한국학연구원 홈페이지 원문 이미지 보기> <영인본:「각사등록」23(황해도편 2)(국사편찬위원회 편, 1986)> <1832-07-02~1832-12-30(1/22)>

315　호남권 한국학자료센터 홈페이지에서는 '1866년 손성대(孫聖大) 방매(放賣) 토지매매명문(土地賣買明文)'으로 표시하였다.
316　책의 앞표지에는 '戊辰'으로 적혀 있다.

1866-08-00. **강황규 차첩**(姜璜主差帖), 군수(郡守). <1장. 한자+이두. 조선 필사 이두 자료. 제주시 제주교육박물관 소장. 사이버 제주교육박물관 홈페이지 원문 이미지와 텍스트 보기>

1866-10-03. **양 노 옥엽 토지매매명문**(梁奴玉葉土地賣買明文), 답주 자필 최성학(畓主自筆崔性鶴). <1장. 한자+이두. 조선 필사 이두 자료. 전남 보성군 박실 제주 양씨가 구장. 원광대학교 박물관 소장. 호남권 한국학자료센터 홈페이지 원문 이미지와 텍스트 보기. 최승희(1989), 정구복 외(1999), 이재수(2003) 참고>

1866-10-08~1883-01-01.[317] 「어영청습진등록(御營廳習陣謄錄)」, 어영청 편(編). <1책, 67장. 한자+이두. 조선 필사 이두 자료. 한국학중앙연구원 장서각 소장. 한국학중앙연구원 한국학 디지털 아카이브 홈페이지 'K2-3353' 원문 이미지와 텍스트 보기>

1866-10-10~1866-10-17. 「순무영등록(巡撫營謄錄)」 4, 순무영(巡撫營) 편(編). <1책 (4/전5책). 59장. 필사본. 한자+이두. 조선 필사 이두 자료. 서울대학교 규장각 한국학연구원 홈페이지 원문 이미지 보기>

1866-10-13. **이휘철 입안**(李彙澈立案),[318] 예조(禮曹). <1장. 한자+이두. 조선 필사 이두 자료. 진성 이씨 향산 고택 구장. 한국국학진흥원 소장. 한국국학진흥원 유교넷 홈페이지 원문 이미지와 텍스트 보기>

1866-10-00. **안정석 토지매매명문**(安精石土地賣買明文), 자필 답주 유학 박태유(自筆畓主幼學朴泰攸). <1장. 한자+이두. 조선 필사 이두 자료. 전북대학교 박물관 소장. 호남권 한국학자료센터 홈페이지 원문 이미지와 텍스트 보기. 최승희(1989), 정구복 외(1999), 이재수(2003) 참고>

1866-11-04. **토지매매명문**(土地賣買明文),[319] 전주 박재근(出主朴在根). <1장. 한자+이두. 조선 필사 이두 자료. 전북 임실군 지사 협계태 씨가 소장. 호남권 한국학자

---

317 한국학중앙연구원 한국학 디지털 아카이브 홈페이지에서는 '간행년'을 '1864~1895'로 적었다.
318 한국국학진흥원 유교넷 홈페이지에서는 문서명을 '1866년 예조에서 이휘철에게 문중에서의 후사 문제에 대해 지은 입안(立案)'으로 표시하였다.
319 호남권 한국학자료센터 홈페이지에서는 '1866년 박재근(朴在根) 방매(放賣) 토지매매명문(土地賣買明文)'으로 표시하였다.

료센터 홈페이지 원문 이미지와 텍스트 보기. 박병호(1974ㄱ), 최승희(1989), 이재수(2003) 참고>

1866-11-07. **토지매매명문**(土地賣買明文),[320] 답주 유학 박(畓主幼學朴). <1장. 한자+이두. 조선 필사 이두 자료. 경북 영주시 문수면 수도리 반남 박씨 오헌 고택 구장. 한국국학진흥원 소장. 한국학자료센터 영남권역센터 홈페이지 원문 이미지와 텍스트 보기. 김성갑(2013) 참고>

1866-11-09. **유학 김현탁 토지매매명문**(幼學金賢鐸土地賣買明文), 답주 유학 양학로(畓主幼學梁學魯). <1장. 한자+이두. 조선 필사 이두 자료. 전남 해남 연동 해남 윤씨 녹우당 소장. 한국학중앙연구원 장서각 한국고문서자료관 홈페이지 원문 이미지와 텍스트 보기. 한국정신문화연구원 편(1986) 참고>

1866-11-15~1867-12-29. 「결속색등록(**結束色謄錄**)」 83, 병조(兵曹) 편(編). <1책(83/낙질본 107책). 198장. 필사본. 한자+이두. 조선 필사 이두 자료. 서울대학교 규장각 한국학연구원 홈페이지 1787년~1891년 낙질본 107책(1792년(건륭 57년), 1811년(가경 16년) 하, 1816년(가경 21년), 1817년(가경 22년), 1824년(도광 4년), 1831(도광 11년), 1871(동치 10년), 1885년(광서 11년) 없음) 원문 이미지 보기>

1866-11-19~1869-09-04(丙寅~己巳). 「좌포청등록(**左捕廳謄錄**)」 15, 포도청(捕盜廳) 편(編). <1책(15/전18책). 97장. 필사본. 한자+이두. 조선 필사 이두 자료. 서울대학교 규장각 한국학연구원 홈페이지 낙질본 원문 이미지 보기> <1775-06-14~1775-윤10-29(1/18)>

1866-11-21. **유학 박준원 토지매매명문**(幼學朴俊元土地賣買明文), 전주 자필 종손 유학 김용기(田主自筆宗孫幼學金龍基). <1장. 한자+이두. 조선 필사 이두 자료. 전북대학교 박물관 소장. 호남권 한국학자료센터 홈페이지 원문 이미지와 텍스트 보기. 최승희(1989), 정구복 외(1999), 이재수(2003) 참고>

1866-11-00. **고암서원 통문**(考巖書院通文), 고암서원. <1장. 한자+이두. 조선 필사 이두 자료. 전북 남원 풍산 밀양 박씨가 구장. 남원향토박물관 소장. 호남권 한국

---

[320] 한국학자료센터 영남권역센터 홈페이지에서는 '1866년 유학(幼學) 박○○(朴○○) 방매 토지매매명문(土地賣買明文)'으로 표시하였다.

학자료센터 홈페이지 원문 이미지와 텍스트 보기. 최승희(1989), 김경숙(2001) 참고>

1866-11-00. **김재철 등 상서**(金在轍等上書), 김재철 등. <1장. 한자+이두. 조선 필사 이두 자료. 전남 무안 광산 김씨 모충사 소장. 호남권 한국학자료센터 홈페이지 원문 이미지 보기. 최승희(1989), 국립민속박물관 편(1991), 정구복 외(1999), 전경목 외(2006) 참고>

1866-11-00. **첩정**(牒呈), 안의현감(安義縣監). <1장, 한자+이두. 조선 필사 이두 자료. 경남 거창 강동 초계 정씨 소장. 한국학중앙연구원 한국학 디지털 아카이브 홈페이지 원문 이미지 보기>

1866-11-00. **태학 통문**(太學通文), 태학. <1장. 한자+이두. 조선 필사 이두 자료. 경북 경주시 내남면 이조리 경주 최씨·용산서원 소장. 한국학중앙연구원 장서각 한국고문서자료관 홈페이지 원문 이미지 보기. 한국정신문화연구원 편(2000) 참고>

1866-12-01. **유학 박창호 토지매매명문**(幼學朴昌浩土地賣買明文), 답주 유학 하한귀(畓主幼學河漢貴). <1장. 한자+이두. 조선 필사 이두 자료. 전남 보성군 박실 제주 양씨가 구장. 원광대학교 박물관 소장. 호남권 한국학자료센터 홈페이지 원문 이미지와 텍스트 보기. 박병호(1974ㄱ), 최승희(1989), 이재수(2003) 참고>

1866-12-15. **유학 양주영 가사매매명문**(幼學梁柱榮家舍賣買明文), 가대 급 전주 유학 김재민(家垈及田主幼學金在玟). <1장. 한자+이두. 조선 필사 이두 자료. 전남 보성군 박실 제주 양씨가 구장. 원광대학교 박물관 소장. 호남권 한국학자료센터 홈페이지 원문 이미지와 텍스트 보기. 박병호(1974ㄱ), 최승희(1989), 이재수(2003) 참고>

1866-12-17. **박■■ 토지매매명문**(朴■■土地賣買明文),[321] 답주 임정화(畓主林廷和). <1장. 한자+이두. 조선 필사 이두 자료. 경북 영주시 문수면 수도리 반남 박씨 오헌 고택 구장. 한국국학진흥원 소장. 한국학자료센터 영남권역센터 홈페이지

---

[321] 한국학자료센터 영남권역센터 홈페이지에서는 '1866년 임정화(林廷和) 방매 토지매매명문(土地賣買明文)'으로 표시하였다.

원문 이미지와 텍스트 보기. 김성갑(2013) 참고>

1866-12-24. **유학 김태순 가사매매명문**(幼學金泰淳家舍賣買明文), 가대주 김 씨(家垈主金氏). <1장. 한자+이두. 조선 필사 이두 자료. 광주광역시 광산구 김해 김씨 소장. 호남권 한국학자료센터 홈페이지 원문 이미지와 텍스트 보기. 김재문(1986), 이재수(2003) 참고>

1866-12-25. **토지매매명문**(土地賣買明文), 전답주 가후동 석역소 회중(田畓主家後洞石役所會中). <1장. 한자+이두. 조선 필사 이두 자료. 경북 안동시 주촌 진성 이씨 경류정 소장. 한국학중앙연구원 장서각 한국고문서자료관 홈페이지 원문 이미지와 텍스트 보기. 한국정신문화연구원 편(1999) 참고>

1866-12-26. **강병훈 토지매매명문**(姜炳勳土地賣買明文), 전주 자필집 고영걸(田主自筆執高永傑). <1장. 한자+이두. 조선 필사 이두 자료. 제주 어도내산 진주 강씨가 구장. 제주 한림 강우석 소장. 호남권 한국학자료센터 홈페이지 원문 이미지와 텍스트 보기. 이재수(2003), 오창명(2007) 참고>

1866-12-26. **배상선 토지매매명문**(裵相善土地賣買明文),[322] 전주 이철수(田主李喆秀). <1장. 한자+이두. 조선 필사 이두 자료. 안동 천전 의성 김씨 지촌 종택 구장. 한국국학진흥원 소장. 한국국학진흥원 유교넷 홈페이지 & 한국학중앙연구원 장서각 한국고문서자료관 홈페이지 원문 이미지와 텍스트 보기. 한국정신문화연구원 편(1990) 참고>

1866-12-26. **토지매매명문**(土地賣買明文),[323] 계유사 유학 전영오(稧有司幼學全永五). <1장. 한자+이두. 조선 필사 이두 자료. 전남 보성군 박실 제주 양씨가 구장. 원광대학교 박물관 소장. 호남권 한국학자료센터 홈페이지 원문 이미지와 텍스트 보기. 최승희(1989), 정수환·이헌창(2008), 채현경(2011) 참고>

1866-12-27. **토지매매명문**(土地賣買明文),[324] 원답주 서학룡(元畓主徐學龍). <1장. 한

---

[322] 한국국학진흥원 유교넷 홈페이지에서는 문서명을 '의성김씨 지촌종택 1866년에 이철수와 배상선 사이에 작성된 명문(明文)〔田畓賣買文記[06591]'로 표시하였다.

[323] 호남권 한국학자료센터 홈페이지에서는 '1866년 전영오(全永五) 방매(放賣) 토지매매명문(土地賣買明文)'으로 표시하였다.

[324] 호남권 한국학자료센터 홈페이지에서는 '1866년 서학룡(徐學龍) 방매(放賣) 토지매매명문(土地賣

자+이두. 조선 필사 이두 자료. 순천부 방답진 단양 우씨가 구장. 전북대학교 박물관 소장. 호남권 한국학자료센터 홈페이지 원문 이미지와 텍스트 보기>

1866-12-29. **최순철 토지매매명문**(崔順哲土地賣買明文), 답주 유학 안정환(畓主幼學 安程煥). <1장. 한자+이두. 조선 필사 이두 자료. 전남 보성군 택촌 죽산 안씨 은봉 종가 소장. 호남권 한국학자료센터 홈페이지 원문 이미지와 텍스트 보기. 김소은(2004) 참고>

1866-12-31. **이 생원 전노 옥준 토지매매명문**(李生員前奴玉俊土地賣買明文),[325] 전주 조수업(出主趙壽業). <1장. 한자+이두. 조선 필사 이두 자료. 경북 안동시 주촌 진성 이씨 경류정 소장. 한국학중앙연구원 장서각 한국고문서자료관 홈페이지 원문 이미지와 텍스트 보기. 한국정신문화연구원 편(1999) 참고>

1866-12-00. **박한기 소지**(朴漢驥所志), 박한기. <1장. 한자+이두. 조선 필사 이두 자료. 경남 밀양 신호 밀성 박씨·덕남서원 소장. 한국학중앙연구원 장서각 한국고문서자료관 홈페이지 원문 이미지 보기. 한국정신문화연구원 편(2004) 참고>

1866-00-00. 「가례도감의궤(**嘉禮都監儀軌**)」,[326] 상·하, 가례도감 편. <2책. 285장 +134장. 필사본. 상권의 표제는 '(同治五年丙寅三月 日)嘉禮都監儀軌 上'. 권수제는 '嘉禮都監儀軌'. 한자+이두. 조선 필사 이두 자료. 한국학중앙연구원 디지털장서 각 홈페이지 'K2-2599' 원문 이미지와 텍스트 보기>

1866-00-00. 「가례도감의궤(**嘉禮都監儀軌**)」[327] 상·하, 가례도감 편. <2책. 281장 +119장. 필사본. 상권의 표제는 '(同治五年丙寅三月 日 大白山城上)嘉禮都監儀軌上'. 권수제는 '嘉禮都監儀軌上'. 한자+이두. 조선 필사 이두 자료. 서울대학교 규장각 한국학연구원 의궤 종합정보 홈페이지 '奎13153' 원문 이미지 보기>

買明文'으로 표시하였다.

[325] 한국학중앙연구원 장서각 한국고문서자료관 홈페이지에서는 '1866년 이생원(李生員) 토지매매 명문(土地賣買明文)'으로 표시하였다.

[326] 한국학중앙연구원 디지털장서각 홈페이지에서는 서명을 '[고종명성황후]가례도감의궤[高宗明 成皇后]嘉禮都監儀軌]'로 적었다.

[327] 서울대학교 규장각 한국학연구원 의궤 종합정보 홈페이지에서는 서명을 표제나 권수제와는 달 리 '고종명성왕후-가례도감의궤(高宗明聖王后嘉禮都監儀軌)'로 적었다.

1866-00-00. 「대왕대비전 왕대비전 대비전존숭도감의궤(大王大妃殿 大王妃殿 大妃殿尊崇都監儀軌)」,³²⁸ <1책. 148장. 필사본. 표제는 '(同治四年丙寅十二月 日)尊崇都監儀軌 全'. 권수제는 '(同治四年乙丑十一月 日)大王大妃殿 大王妃殿 大妃殿尊崇都監儀軌'. 한자+이두. 조선 필사 이두 자료. 한국학중앙연구원 디지털장서각 홈페이지 'K2-2803' 원문 이미지와 텍스트 보기>

1866-00-00. 「대왕대비전 왕대비전 대비전존숭도감의궤(大王大妃殿 王大妃殿 大妃殿尊崇都監儀軌)」,³²⁹ 존숭도감 편. <1책. 147장. 필사본. 표제는 '尊崇都監儀軌'. 권수제는 '(同治四年乙丑十一月 日)大王大妃殿 王大妃殿 大妃殿尊崇都監儀軌'. 한자+이두. 조선 필사 이두 자료. 서울대학교 규장각 한국학연구원 의궤 종합정보 홈페이지 '奎13448' 원문 이미지 보기>

1866-00-00. 「왕비가례등록(王妃嘉禮謄錄)」, 사옹원(司饔院). <1책. 37장. 필사본. 한자+이두. 조선 필사 이두 자료. 한국학중앙연구원 장서각 한국학자료센터 홈페이지 원문 이미지와 텍스트 보기>

1866-00-00. **이상간 등장**(李相侃等狀) 2, 이상간. <1장. 한자+이두. 조선 필사 이두 자료. 경북 영해 인량 재령 이씨 충효당 구장. 한국국학진흥원 소장. 한국학중앙연구원 장서각 한국고문서자료관 홈페이지 원문 이미지 보기. 한국정신문화연구원 편(2004) 참고>

1866-00-00. 「익종대왕추상 존호 대왕대비전가상 존호 헌종대왕추상 존호 효현왕후추상 존호 왕대비전가상 존호 철종대왕추상 존호 대비전가상 존호도감의궤(翼宗大王追上 尊號 大王大妃殿加上 尊號 憲宗大王追上 尊號 孝顯王后追上 尊號 王大妃殿加上 尊號 哲宗大王追上 尊號 大妃殿加上 尊號都監儀軌)」,³³⁰ 존호도감 편. <1책. 235장. 필사본. 목록제는 '上 號都監儀軌目錄'. 권수제는 '(同治五年丙寅四月 日)翼宗大王追上 尊號 大王大妃殿加上 尊號 憲宗大王追上 尊號 孝顯王后追上 尊號

---

328 한국학중앙연구원 디지털장서각 홈페이지에서는 서명을 권수제와는 달리 '대왕대비전왕대비전대비전존숭도감의궤(大王大妃殿大王妃殿大妃殿尊崇都監儀軌)'로 붙여 썼다.

329 서울대학교 규장각 한국학연구원 의궤 종합정보 홈페이지에서는 서명을 표제나 권수제와는 달리 '신정왕후효정왕후철인왕후존숭도감의궤(神貞王后孝定王后哲仁王后尊崇都監儀軌)'로 적었다.

330 한국학중앙연구원 디지털장서각 홈페이지에서는 서명을 '상호도감의궤(上號都監儀軌)'로 적었다.

王大妃殿加上 尊號 哲宗大王追上 尊號 大妃殿加上 尊號都監儀軌'. 한자+이두. 조선 필사 이두 자료. 한국학중앙연구원 디지털장서각 홈페이지 원문 이미지와 텍스트 보기>

1866-00-00. 「익종대왕추상 존호 대왕대비전가상 존호 헌종대왕추상 존호 효현왕후 추상 존호 왕대비전가상 존호 철종대왕추상 존호 대비전가상 존호도감의궤(**翼宗大王追上 尊號 大王大妃殿加上 尊號 憲宗大王追上 尊號 孝顯王后追上 尊號 王大妃殿加上 尊號 哲宗大王追上 尊號 大妃殿加上 尊號都監儀軌**)」,[331] 존호도감(尊號都監) 편. <1책. 235장. 필사본. 표제는 '(同治五年丙寅四月 日 五臺山城上)上 號都監儀軌全'. 목록제는 '上 號都監儀軌目錄'. 권수제는 '(同治五年丙寅四月 日)翼宗大王追上 尊號 大王大妃殿加上 尊號 憲宗大王追上 尊號 孝顯王后追上 尊號 王大妃殿加上 尊號 哲宗大王追上 尊號 大妃殿加上 尊號都監儀軌'. 한자+이두. 조선 필사 이두 자료. 서울대학교 규장각 한국학연구원 의궤 종합정보 홈페이지 '奎13408' 원문 이미지 보기>

1866-00-00. 「철종대왕국휼등록(**哲宗大王國恤謄錄**)」, 예조 계제사(禮曹稽制司). <1책. 150장. 필사본. 한자+이두. 조선 필사 이두 자료. 한국학중앙연구원 장서각 한국학자료센터 홈페이지 & 한국학중앙연구원 한국학 디지털 아카이브 홈페이지 원문 이미지 보기>

1866-00-00. 「철종대왕국휼등록(**哲宗大王國恤謄錄**)」, 예조 전향사(禮曹典享司). <1책. 76장. 필사본. 한자+이두. 조선 필사 이두 자료. 한국학중앙연구원 장서각 한국학자료센터 홈페이지 참고>

1866-00-00. 「철종대왕국휼의주등록(**哲宗大王國恤儀註謄錄**)」, 예조(禮曹). <2책. 필사본. 한자+이두. 조선 필사 이두 자료. 한국학중앙연구원 장서각 한국학자료센터 홈페이지 원문 이미지 보기>

1866-00-00. 「철종대왕부묘도감의궤(**哲宗大王祔 廟都監儀軌**)」,[332] 부묘도감 편. <1

---

[331] 서울대학교 규장각 한국학연구원 의궤 종합정보 홈페이지에서는 서명을 표제나 권수제와는 달리 '익종신정왕후헌종효현왕후효정왕후철종절인왕후상호도감의궤(翼宗神貞王后憲宗孝顯王后孝定王后哲宗哲仁王后上號都監儀軌)'로 붙여 썼다.

[332] 한국학중앙연구원 디지털장서각 홈페이지에서는 서명을 '[철종대왕]부묘도감의궤[哲宗大王]祔

책. 209장. 필사본. 개장한 표지의 표제는 '祔廟都監儀軌(哲宗) 全'. 권수제는 '(同治四年乙丑十一月 一日)哲宗大王祔 廟都監儀軌'. 한자+이두. 조선 필사 이두 자료. 한국학중앙연구원 디지털장서각 홈페이지 'K2-2264' 원문 이미지 보기>

1866-00-00. 「철종대왕부묘도감의궤(**哲宗大王祔 廟都監儀軌**)」,[333] 부묘도감 편. <1책. 209장. 필사본. 표제는 '(同治五年丙寅十二月 日 宗廟署上)祔 廟都監儀軌 全'. 권수제는 '(同治四年乙丑十一月 日)哲宗大王祔 廟都監儀軌'. 한자+이두. 조선 필사 이두 자료. 한국학중앙연구원 디지털장서각 홈페이지 'K2-2265' 원문 이미지 보기>

1866-00-00. 「철종대왕부묘도감의궤(**哲宗大王祔 廟都監儀軌**)」,[334] 부묘도감 편. <1책. 208장. 필사본. 표제는 '(同治四年丙寅十二月 日)祔 廟都監儀軌 全'. 권수제는 '(同治四年乙丑十一月 日)哲宗大王祔 廟都監儀軌'. 한자+이두. 조선 필사 이두 자료. 한국학중앙연구원 디지털장서각 홈페이지 'K2-2266' 원문 이미지 보기>

1866-00-00. 「철종대왕부묘도감의궤(**哲宗大王祔 廟都監儀軌**)」,[335] 부묘도감 편. <1책. 208장. 필사본. 표제는 '(哲宗大王)祔 廟都監儀軌全'. 권수제는 '(同治四年乙丑十一月 日)哲宗大王祔 廟都監儀軌'. 한자+이두. 조선 필사 이두 자료. 서울대학교 규장각 한국학연구원 의궤 종합정보 홈페이지 '奎13854' 원문 이미지 보기>

1866-00-00. 「태조대왕 태실수개의궤(**太祖大王 胎室修改儀軌**)」,[336] 편자 미상. <1책. 9장. 필사본. 표제는 '(同治五年七月 日全羅道珍山地)太祖大王胎室石物改封築石物塗灰改莎草修補儀軌'. 권수제는 '(同治五年丙寅 月 日)全羅道珍山地萬仞山 太祖大王胎室修改儀軌'. 한자+이두. 조선 필사 이두 자료. 서울대학교 규장각 한국학연구

廟都監儀軌'로 붙여 썼다.

[333] 한국학중앙연구원 디지털장서각 홈페이지에서는 서명을 '[철종대왕]부묘도감의궤[哲宗大王]祔廟都監儀軌'로 붙여 썼다.

[334] 한국학중앙연구원 디지털장서각 홈페이지에서는 서명을 '[철종대왕]부묘도감의궤[哲宗大王]祔廟都監儀軌'로 붙여 썼다.

[335] 서울대학교 규장각 한국학연구원 의궤 종합정보 홈페이지에서는 서명을 표제나 권수제와는 달리 '철종부묘도감의궤(哲宗祔廟都監儀軌)'로 붙여 썼다.

[336] 서울대학교 규장각 한국학연구원 의궤 종합정보 홈페이지에서는 서명을 표제나 권수제와는 달리 '태조태실수개의궤(太祖胎室修改儀軌)'로 적었다.

원 의궤 종합정보 홈페이지 '奎14942' 원문 이미지 보기>

1866-00-00(또는 1870년 무렵) 추정. 「월주집(月州集)」, 소두산(蘇斗山, 1627년~1693년) 저(著). <5권 3책. 인서체 목활자본. 한국고전종합DB 홈페이지 원문 이미지와 텍스트 보기>

1867년

<정묘(丁卯). 고종 4년. 동치 6년>

1867-01-05. **옥산서원 통문**(玉山書院通文), 옥산서원. <1장. 한자+이두. 조선 필사 이두 자료. 경북 경주시 내남면 이조리 경주 최씨·용산서원 소장. 한국학중앙연구원 장서각 한국고문서자료관 홈페이지 원문 이미지 보기. 한국정신문화연구원 편(2000) 참고>

1867-01-19. **가사매매명문**(家舍賣買明文),[337] 가주 자필 박권규(家主自筆朴權奎). <1장. 한자+이두. 조선 필사 이두 자료. 전남 영광군 염소면 원주 이씨가 구장. 광주광역시 이정옥 소장. 호남권 한국학자료센터 홈페이지 원문 이미지와 텍스트 보기. 최승희(1989), 정구복 외(1999) 참고>

1867-01-20. **박호 정삼 상전댁 토지매매명문**(朴戶鄭三上典宅土地賣買明文),[338] 답주 자필 박 호 금돌(畓主自筆朴戶金乭). <1장. 한자+이두. 조선 필사 이두 자료. 영해 도곡 무안 박씨 대소헌 구장. 한국국학진흥원 소장. 한국국학진흥원 유교넷 홈페이지 원문 이미지 보기>

1867-01-21~1867-09-22(丁卯). 「동래부계록(東萊府啓錄)」 5, 비변사(備邊司) 편(編). <1책(5/전9책). 23장. 필사본. 표제는 '東萊府啓錄'. 한자+이두. 조선 필사 이두 자료. 서울대학교 규장각 한국학연구원 홈페이지 원문 이미지 보기> <영인본:

---

[337] 호남권 한국학자료센터 홈페이지에서는 '1867년 박권규(朴權奎) 방매(放賣) 가사매매명문(家舍賣買明文)'으로 표시하였다.

[338] 한국국학진흥원 유교넷 홈페이지에서는 문서명을 '정묘년 박금돌이 박정삼 상전댁에 논을 팔았음을 증명하는 매매계약서'로 표시하였다.

「각사등록」 12(경상도편 2)(국사편찬위원회 편, 1984)> <1849-06-06~1850-04-18(1/9)>

1867-01-28. **이명노 산지매매명문**(李明魯山地賣買明文), 산주 상인 정중현(山主喪人 鄭重鉉). <1장. 한자+이두. 조선 필사 이두 자료. 양양 전주 이씨 소장. 한국학자료센터 강원권역센터 홈페이지 원문 이미지 보기. 최승희(1989), 전경목(2010), 채현경(2011), 박준호(2016) 참고>

1867-01-28. **호 황산 토지매매명문**(戶黃山土地賣買明文), 전주 호 철문(畓主戶哲文). <1장. 한자+이두. 조선 필사 이두 자료. 강원도 원주시 이정동 소장. 한국학자료센터 강원권역센터 홈페이지 원문 이미지와 텍스트 보기. 김건우(2008), 전경목(2010, 2014), 박준호(2016) 참고>

1867-01-00. **김흥록 소지**(金興錄所志), 김흥록. <1장. 한자+이두. 조선 필사 이두 자료. 전북 부안군 우반 부안 김씨 세덕가 구장. 부안 우동 김형복 소장. 한국학중앙연구원 장서각 한국고문서자료관 홈페이지 & 호남권 한국학자료센터 홈페이지 원문 이미지와 텍스트 보기. 한국정신문화연구원 편(1983, 1998), 한국학중앙연구원 편(2017) 참고>

1867-01-00~1884-09-00(정묘~갑신). 「감결책(甘結冊)」, 의정부(議政府) 편(編). <3책. 필사본. 한자+이두. 조선 필사 이두 자료. 서울대학교 규장각 한국학연구원 홈페이지 원문 이미지 보기>

1867-02-01. **향교 통문**(鄕校通文), 향교. <1장. 한자+이두. 조선 필사 이두 자료. 경북 경주시 내남면 이조리 경주 최씨·용산서원 소장. 한국학중앙연구원 장서각 한국고문서자료관 홈페이지 원문 이미지 보기. 한국정신문화연구원 편(2000) 참고>

1867-02-12. **토지매매명문**(土地賣買明文)[339] 1, 답주 자필 유학 이석만(畓主自筆幼學 李錫晩). <1장. 한자+이두. 조선 필사 이두 자료. 전북대학교 박물관 소장. 호남권 한국학자료센터 홈페이지 원문 이미지와 텍스트 보기. 최승희(1989), 정구복 외

---

[339] 호남권 한국학자료센터 홈페이지에서는 '1867년 이석만(李錫晩) 방매 토지매매명문(土地賣買明文)'으로 표시하였다.

(1999), 이재수(2003) 참고>

1867-02-17. **임필하 토지환퇴명문**(林弼夏土地還退明文), 답주 이문영(畓主李文永). <1장. 한자+이두. 조선 필사 이두 자료. 삼척시립박물관 소장. 한국학자료센터 강원권역센터 홈페이지 원문 이미지와 텍스트 보기. 최승희(1989), 이재수(2000), 김소은(2004), 전경목(2010) 참고>

1867-02-18. **유학 양 토지매매명문**(幼學粱土地賣買明文),[340] 답주 과부 김 씨(畓主寡婦金氏). <1장. 한자+이두. 조선 필사 이두 자료. 전남 보성군 박실 제주 양씨가 구장. 원광대학교 박물관 소장. 호남권 한국학자료센터 홈페이지 원문 이미지와 텍스트 보기. 박병호(1974ㄱ), 최승희(1989), 전북향토문화연구회 편(1993) 참고>

1867-02-19. **시장문기**(柴場文記),[341] 시장주 박영순(柴場主朴永淳). <1장. 한자+이두. 조선 필사 이두 자료. 전남 영광군 염소면 원주 이씨가 구장. 광주광역시 이정옥 소장. 호남권 한국학자료센터 홈페이지 원문 이미지와 텍스트 보기. 최승희(1989), 정구복 외(1999) 참고>

1867-02-29. **재종질 토지매매명문**(再從侄土地賣買明文),[342] 답주 재종숙 장진(畓主再從叔璋鎭). <1장. 한자+이두. 조선 필사 이두 자료. 안동 천전 의성 김씨 지촌 종택 구장. 한국국학진흥원 소장. 한국국학진흥원 유교넷 홈페이지 & 한국학중앙연구원 장서각 한국고문서자료관 홈페이지 원문 이미지와 텍스트 보기. 한국정신문화연구원 편(1990) 참고>

1867-02-00. **김방혁 소지**(金芳奕所志) 1, 김방혁. <1장. 한자+이두. 조선 필사 이두 자료. 전남 무안 광산 김씨 모충사 소장. 호남권 한국학자료센터 홈페이지 원문 이미지 보기. 최승희(1989), 국립민속박물관 편(1991), 정구복 외(1999), 전경목 외(2006) 참고>

---

[340] 호남권 한국학자료센터 홈페이지에서는 '1867년 양아무개(粱) 토지매매명문(土地賣買明文)'으로 표시하였다.

[341] 호남권 한국학자료센터 홈페이지에서는 '1867년 박영순(朴永淳) 방매(放賣) 시장문기(柴場文記)'로 표시하였다.

[342] 한국국학진흥원 유교넷 홈페이지에서는 문서명을 '의성김씨 지촌종택 1867년에 장진과 재종질 사이에 작성된 명문(明文)[田畓賣買文書][06592]'로 표시하였다. 그리고 장서각 한국고문서자료관 홈페이지에서는 '1867년 항락(恒洛) 토지매매명문(土地賣買明文)'으로 표시하였다.

1867-02-00. **김재철 등 등장**(金在轍等等狀) 1, 김재철 등. <1장. 한자+이두. 조선 필사 이두 자료. 전남 무안 광산 김씨 모충사 소장. 호남권 한국학자료센터 홈페이지 원문 이미지 보기. 최승희(1989), 국립민속박물관 편(1991), 정구복 외(1999), 전경목 외(2006) 참고>

1867-02-00. **김재철 등 산도**(金在轍等山圖), 김재철 등. <1장. 한자+이두. 조선 필사 이두 자료. 전남 무안 광산 김씨 모충사 소장. 호남권 한국학자료센터 홈페이지 원문 이미지 보기. 최승희(1989), 국립민속박물관 편(1991), 정구복 외(1999), 전경목 외(2006) 참고>

1867-02-00. **박이휴 등 상서**(朴彛休等上書), 박이휴 등. <1장. 한자+이두. 조선 필사 이두 자료. 전남 장흥 방촌 존재 후손가 소장. 호남권 한국학자료센터 홈페이지 원문 이미지 보기. 최승희(1989), 정구복 외(1999), 전경목 외(2006) 참고>

1867-02-00. **신유장 등 상서**(辛裕章等上書), 신유장 등. <1장. 한자+이두. 조선 필사 이두 자료. 전남 무안 광산 김씨 모충사 소장. 호남권 한국학자료센터 홈페이지 원문 이미지 보기. 최승희(1989), 국립민속박물관 편(1991), 정구복 외(1999), 전경목 외(2006) 참고>

1867-02-00. **안각환 등 소지**(安珏煥等所志), 안각환 등. <1장. 한자+이두. 조선 필사 이두 자료. 전남 보성군 택촌 죽산 안씨 은봉 종가 소장. 호남권 한국학자료센터 홈페이지 원문 이미지와 텍스트 보기. 정구복 외(1997), 김경숙(2002), 이수건 외(2004) 참고>

1867-02-00. **안영환 소지**(安永煥所志), 안영환. <1장. 한자+이두. 조선 필사 이두 자료. 전남 보성군 택촌 죽산 안씨 은봉 종가 소장. 호남권 한국학자료센터 홈페이지 원문 이미지와 텍스트 보기. 정구복 외(1997), 이수건 외(2004), 김경숙(2008) 참고>

1867-02-00. **안정 등 소지**(安樎等所志) 1, 안정 등. <1장. 한자+이두. 조선 필사 이두 자료. 전남 보성군 택촌 죽산 안씨 은봉 종가 소장. 호남권 한국학자료센터 홈페이지 원문 이미지와 텍스트 보기. 박병호(1974ㄱ), 정구복 외(1997), 김경숙(2008) 참고>

1867-02-00. **안정 등 소지**(安樎等所志) 2, 안정 등. <1장. 한자+이두. 조선 필사 이두

자료. 전남 보성군 택촌 죽산 안씨 은봉 종가 소장. 호남권 한국학자료센터 홈페이지 원문 이미지와 텍스트 보기. 박병호(1974ㄱ), 정구복 외(1997), 김경숙(2008) 참고>

1867-02-00. **양경환 등 상서**(楊敬煥等上書), 양경환 등. <1장. 한자+이두. 조선 필사 이두 자료. 전북 순창 청계 문화 유씨가 소장. 호남권 한국학자료센터 홈페이지 원문 이미지와 텍스트 보기. 최승희(1989), 김경숙(2002), 심재우(2013) 참고>

1867-02-00. **이 생원 노 복례 소지**(李生員奴卜禮所志), 복례. <1장. 한자+이두. 조선 필사 이두 자료. 전북 익산 용화 전주 이씨가 구장. 전북대학교 박물관 소장. 호남권 한국학자료센터 홈페이지 원문 이미지와 텍스트 보기. 최승희(1989) 참고>

1867-03-02. **노 운이 토지매매명문**(奴云伊土地賣買明文), 전주 노 후읍선(田主奴後邑先). <1장. 한자+이두. 조선 필사 이두 자료. 경북 봉화군 명호면 도천리 안동 김씨 해헌 고택 구장. 한국국학진흥원 소장. 한국학자료센터 영남권역센터 홈페이지 원문 이미지와 텍스트 보기. 박병호(1974ㄱ), 최승희(1989), 이재수(2003), 이수건 외(2004) 참고>

1867-03-05. **이흥칠 토지매매명문**(李興七土地賣買明文), 답주 유학 김선겸(畓主幼學 金善蒹). <1장. 한자+이두. 조선 필사 이두 자료. 전남 보성군 박실 제주 양씨가 구장. 원광대학교 박물관 소장. 호남권 한국학자료센터 홈페이지 원문 이미지와 텍스트 보기. 박병호(1974ㄱ), 최승희(1989), 이재수(2003) 참고>

1867-03-06. **유씨 문장 유치형 토지매매명문**(柳氏門長柳致馨土地賣買明文), 표주 종손 유학 안만제 등(標主宗孫幼學安萬濟等). <1장. 한자+이두. 조선 필사 이두 자료. 경북 안동시 수곡면 전주 류씨 삼산 종가 구장. 대구광역시 수성구 만촌동 진주 류씨 종가 소장. 한국학자료센터 영남권역센터 홈페이지 원문 이미지와 텍스트 보기. 최승희(1989), 이수건 외(2004) 참고>

1867-03-11. **토지매매명문**(土地賣買明文)[343] 2, 답주 자필 유학 이석만(畓主自筆幼學

---

[343] 호남권 한국학자료센터 홈페이지에서는 '1867년 이석만(李錫晩) 방매 토지매매명문(土地賣買明文)'으로 표시하였다.

李錫晩). <1장. 한자+이두. 조선 필사 이두 자료. 전북대학교 박물관 소장. 호남권 한국학자료센터 홈페이지 원문 이미지와 텍스트 보기. 최승희(1989), 정구복 외 (1999), 이재수(2003) 참고>

1867-03-14~1868-윤4-23(丁卯~戊辰).「우포청등록(右捕廳謄錄)」23, 포도청(捕盜廳) 편(編). <1책(23/전30책). 61장. 필사본. 표제는 '右捕廳謄錄'. 한자+이두. 조선 필사 이두 자료. 서울대학교 규장각 한국학연구원 홈페이지 원문 이미지 보기> <1807-01-13~1808-06-12(1/30)>

1867-03-17~1871-02-22(丁卯, 戊辰, 己巳, 辛未).「평안감영심리계록(平安監營審理啓錄)」3, 비변사(備邊司) 편(編). <1책(3/전4책). 200장. 필사본. 표제는 '箕營審理啓錄'. 한자+이두. 조선 필사 이두 자료. 서울대학교 규장각 한국학연구원 홈페이지 원문 이미지 보기> <1854-07-29~1863-07-30(1/4)>

1867-03-21. **송 생원 댁 노 토지매매명문**(宋生員宅奴土地賣買明文),[344] 답주 조 생원 댁 노 덕흥(畓主曺生員宅奴德興). <1장. 한자+이두. 조선 필사 이두 자료. 전북 익산 마동 창녕 조씨가 소장. 호남권 한국학자료센터 홈페이지 원문 이미지와 텍스트 보기. 최승희(1989), 이재수(2003) 참고>

1867-03-25. **섬학소 성상 토지매매명문**(贍學所城上土地賣買明文), 전답주 이 노 재철 (田畓主李奴再喆). <1장. 한자+이두. 조선 필사 이두 자료. 경북 안동시 주촌 진성이씨 경류정 구장. 서울역사박물관 소장. 한국학중앙연구원 장서각 한국고문서자료관 홈페이지 & 한국학중앙연구원 한국학 디지털 아카이브 홈페이지 원문 이미지와 텍스트 보기. 한국정신문화연구원 편(1999) 참고>

1867-03-00. **가사매매명문**(家舍賣買明文),[345] 재주 김두식(財主金斗植). <1장. 한자+이두. 조선 필사 이두 자료. 한국학중앙연구원 장서각 한국고문서자료관 홈페이지 원문 이미지와 텍스트 보기. 한국정신문화연구원 편(1992) 참고>

1867-03-00. **문선훈 상서**(文宣勳上書), 문선훈. <1장. 한자+이두. 조선 필사 이두

---

[344] 호남권 한국학자료센터 홈페이지에서는 '1867년 조생원댁(曺生員宅) 노(奴) 덕흥(德興) 방매(放賣) 토지매매명문(土地賣買明文)'으로 표시하였다.

[345] 한국학중앙연구원 장서각 한국고문서자료관 홈페이지에서는 '1867년 김두식(金斗植) 방매 가사매매명문(家舍賣買明文)'으로 표시하였다.

자료. 전남 영암군 장암 남평 문씨 문창집 소장. 한국학중앙연구원 장서각 한국고문서자료관 홈페이지 원문 이미지와 텍스트 보기. 한국정신문화연구원 편(1995) 참고>

1867-03-00. **유응식 소지**(柳應植所志), 유응식. <1장. 한자+이두. 조선 필사 이두 자료. 전북 담양군 모현관 소장. 호남권 한국학자료센터 홈페이지 원문 이미지와 텍스트 보기. 최승희(1989), 정구복 외(1999) 참고>

1867-03-00. **임택환 등 상서**(任宅煥等上書) 1, 임택환 등. <1장. 한자+이두. 조선 필사 이두 자료. 해남 덕정 장흥 임씨가 소장. 호남권 한국학자료센터 홈페이지 원문 이미지 보기. 최승희(1989), 정구복 외(1999), 전경목 외(2006) 참고>

1867-03-00. **임택환 등 상서**(任宅煥等上書) 2, 임택환 등. <1장. 한자+이두. 조선 필사 이두 자료. 해남 덕정 장흥 임씨가 소장. 호남권 한국학자료센터 홈페이지 원문 이미지 보기. 최승희(1989), 정구복 외(1999), 전경목 외(2006) 참고>

1867-04-20. **전라감사 관**(全羅監司關) 1, 전라감영(全羅監營). <1장. 한자+이두. 조선 필사 이두 자료. 전북 완주군 비봉 반곡서원 소장. 호남권 한국학자료센터 홈페이지 원문 이미지와 텍스트 보기. 박병호(1974ㄱ), 최승희(1989) 참고>

1867-04-20. **전라감사 관**(全羅監司關) 2, 전라감영(全羅監營). <1장. 한자+이두. 조선 필사 이두 자료. 전북 완주군 비봉 반곡서원 소장. 호남권 한국학자료센터 홈페이지 원문 이미지와 텍스트 보기. 박병호(1974ㄱ), 최승희(1989) 참고>

1867-04-00. **강종락 등 등장**(姜宗樂等等狀), 강종락 등. <1장. 한자+이두. 조선 필사 이두 자료. 제주 어도내산 진주 강씨가 구장. 제주 한림 강우석 소장. 호남권 한국학자료센터 홈페이지 원문 이미지와 텍스트 보기. 최승희(1989), 전경목(1997), 김경숙(2012) 참고>

1867-04-00. **박계림 등 등장**(朴啓林等等狀), 박계림 등. <1장. 한자+이두. 조선 필사 이두 자료. 전북 임실군 청웅 밀양 박씨가 소장. 호남권 한국학자료센터 홈페이지 원문 이미지와 텍스트 보기. 최승희(1989), 김선경(1993), 김경숙(2002) 참고>

1867-04-00. **박인환 소지**(朴寅煥所志), 박인환. <1장. 한자+이두. 조선 필사 이두 자료. 전북 임실군 청웅 밀양 박씨가 소장. 호남권 한국학자료센터 홈페이지 원문 이미지와 텍스트 보기. 박병호(1974ㄱ), 최승희(1989), 김경숙(2002), 전경목 외

(2006) 참고>

1867-05-09. **김봉구 수표**(金鳳九手標), 김봉구. <1장. 한자+이두. 조선 필사 이두 자료. 전북 부안군 우반 부안 김씨 세덕각 소장. 한국학중앙연구원 장서각 한국고문서자료관 홈페이지 원문 이미지와 텍스트 보기. 한국정신문화연구원 편(1983, 1998), 한국학중앙연구원 편(2017) 참고>

1867-05-30. **토지매매명문**(土地賣買明文),[346] 답주 유학 이주수(畓主幼學李柱秀). <1장. 한자+이두. 조선 필사 이두 자료. 전북대학교 박물관 소장. 호남권 한국학자료센터 홈페이지 원문 이미지와 텍스트 보기. 최승희(1989), 정구복 외(1999), 이재수(2003) 참고>

1867-05-00. **기양연 차첩**(奇陽衍差帖) 1, 이조(吏曹). <1장. 한자+이두. 조선 필사 이두 자료. 전남 장성군 행주 기씨 금강 종가 소장. 호남권 한국학자료센터 홈페이지 원문 이미지와 텍스트 보기. 유지영(2007) 참고>

1867-05-00. **박재영 소지**(朴再英所志), 박재영. <1장. 한자+이두. 조선 필사 이두 자료. 전북 장수군 침곡 충주 박씨가 소장. 호남권 한국학자료센터 홈페이지 원문 이미지와 텍스트 보기. 박병호(1974ㄱ) 참고>

1867-05-00. 「육전조례(六典條例)」 1~10, 고종(高宗) 명편(命編). <10권 10책. 금속활자본. 전사자본. 조선 인쇄 이두 자료. 법제서. 서울대학교 규장각 한국학연구원 홈페이지 원문 이미지 보기> <영인본: 법제처 법제 자료 27집(1966~1967)>

1867-05-00. **이봉덕 차첩**(李鳳德差帖), 이조(吏曹). <1장. 한자+이두. 조선 필사 이두 자료. 전북 전주시 교동 남안재 소장. 호남권 한국학자료센터 홈페이지 원문 이미지와 텍스트 보기. 최승희(1989), 정구복(2002) 참고>

1867-05-00. **정기상 등 소지**(鄭璣相等所志) 1, 정기상 등. <1장, 한자+이두. 조선 필사 이두 자료. 경남 거창 강동 초계 정씨 동계 종가 구장. 한국학중앙연구원 장서각 한국고문서자료관 홈페이지 & 한국학중앙연구원 장서각 한국학자료센터 홈페이지 원문 이미지와 텍스트 보기. 한국정신문화연구원 편(1995), 한국학중앙

---

[346] 호남권 한국학자료센터 홈페이지에서는 '1867년 이주수(李柱秀) 방매 토지매매명문(土地賣買明文)'으로 표시하였다.

연구원 편(2005) 참고>

1867-06-01~1869-05-15(丁卯~己巳). 「평안감영계록(平安監營啓錄)」 33, 비변사(備邊司) 편(編). <1책(33/전37책). 171장. 필사본. 표제는 '箕營啓錄'. 한자+이두. 조선 필사 이두 자료. 서울대학교 규장각 한국학연구원 홈페이지 원문 이미지 보기> <영인본: 「각사등록」 33(평안도편 5)(국사편찬위원회 편, 1988)> <1830-08-12~1830-12-30(1/37)>

1867-06-17. **박능수 차첩**(朴能壽差帖),[347] 이조(吏曹). <1장. 한자+이두. 조선 필사 이두 자료. 경기도 의정부 장암 반남 박씨가 소장. 한국학중앙연구원 한국학 디지털 아카이브 홈페이지 & 장서각 한국고문서자료관 홈페이지 원문 이미지와 텍스트 보기>

1867-06-00. **명서암 첩정**(冥棲庵牒呈), 명서암. <1장. 한자+이두. 조선 필사 이두 자료. 경북 영해 인량 재령 이씨 충효당 소장. 한국학중앙연구원 장서각 한국고문서자료관 홈페이지 원문 이미지 보기. 한국학중앙연구원 편(2008) 참고>

1867-06-00. **이조수 차첩**(李肇秀差帖), 이조(吏曹). <1장. 한자+이두. 조선 필사 이두 자료. 경북 칠곡 석전 광주 이씨 구장. 한국학중앙연구원 장서각 한국고문서자료관 홈페이지 원문 이미지 보기. 한국학중앙연구원 편(2009) 참고>

1867-06-00. **정기상 등 소지**(鄭璣相等所志) 2, 정기상 등. <1장, 한자+이두. 조선 필사 이두 자료. 경남 거창 강동 초계 정씨 동계 종가 구장. 한국학중앙연구원 장서각 한국고문서자료관 홈페이지 & 한국학중앙연구원 장서각 한국학자료센터 홈페이지 원문 이미지와 텍스트 보기. 한국정신문화연구원 편(1995), 한국학중앙연구원 편(2005) 참고>

1867-08-17. **강종락 토지매매명문**(姜宗樂土地賣買明文), 전주 이명신(出主李明信). <1장. 한자+이두. 조선 필사 이두 자료. 제주 어도내산 진주 강씨가 구장. 제주 한림 강우석 소장. 호남권 한국학자료센터 홈페이지 원문 이미지와 텍스트 보기. 이재수(2003), 오창명(2007) 참고>

---

347 한국학중앙연구원 장서각 한국고문서자료관 홈페이지에서는 '1867년 예조(禮曹) 차첩(差帖)'으로 표시하였다.

1867-09-07. **박 생원 수기**(朴生員手記),[348] 수기주 김보명(手記主金甫明). <1장. 한자+이두. 조선 필사 이두 자료. 전북 임실군 청웅 밀양 박씨가 소장. 호남권 한국학자료센터 홈페이지 원문 이미지와 텍스트 보기. 박병호(1974ㄱ), 최승희(1989), 이재수(2003), 이정수·김희호(2011) 참고>

1867-09-12. **유 노 복만 토지매매명문**(柳奴福萬土地賣買明文),[349] 답주 박득범(畓主朴得範). <1장. 한자+이두. 조선 필사 이두 자료. 안동 천전 의성 김씨 지촌 종택 구장. 한국국학진흥원 소장. 한국국학진흥원 유교넷 홈페이지 원문 이미지와 텍스트 보기>

1867-09-13. **유 노 복만 토지매매명문**(柳奴福萬土地賣買明文), 답주 박득범(畓主朴得範). <1장. 한자+이두. 조선 필사 이두 자료. 안동 천전 의성 김씨 지촌 종택 소장. 한국학중앙연구원 장서각 한국고문서자료관 홈페이지 원문 이미지와 텍스트 보기. 한국정신문화연구원 편(1990) 참고>

1867-09-17. **박흥진 토지매매명문**(朴興鎭土地賣買明文), 답주 자필 유학 김봉하(畓主自筆幼學金鳳河). <1장. 한자+이두. 조선 필사 이두 자료. 원광대학교 박물관 소장. 호남권 한국학자료센터 홈페이지 원문 이미지와 텍스트 보기>

1867-09-23. **유학 토지매매명문**(幼學土地賣買明文),[350] 답주 자필 유학 박태룡(畓主自筆幼學朴泰龍). <1장. 한자+이두. 조선 필사 이두 자료. 전남 보성군 박실 제주 양씨가 구장. 원광대학교 박물관 소장. 호남권 한국학자료센터 홈페이지 원문 이미지와 텍스트 보기. 박병호(1974ㄱ), 최승희(1989), 이재수(2003), 이정수·김희호(2011) 참고>

1867-09-00. **박계림 소지**(朴啓林所志), 박계림. <1장. 한자+이두. 조선 필사 이두 자료. 전북 임실군 청웅 밀양 박씨가 소장. 호남권 한국학자료센터 홈페이지 원문 이미지와 텍스트 보기. 최승희(1989), 김선경(1993), 김경숙(2002), 이정수·김희호

---

[348] 호남권 한국학자료센터 홈페이지에서는 '1867년 김보명(金甫明) 수기(手記)'로 표시하였다.
[349] 한국국학진흥원 유교넷 홈페이지에서는 문서명을 '의성김씨 지촌종택 1867년에 박득범과 류노복만 사이에 작성된 명문(明文)(田畓賣買文書)[06593]'으로 표시하였다.
[350] 호남권 한국학자료센터 홈페이지에서는 '1867년 박태룡(朴泰龍) 방매(放賣) 토지매매명문(土地賣買明文)'으로 표시하였다.

(2011) 참고>

1867-09-00. **이인한 등 소지**(李寅漢等所志) 1, 이인한 등. <1장. 한자+이두. 조선 필사 이두 자료. 경북 고령군 대가야읍 본관 1리 홍와 고택 구장. 한국국학진흥원 소장. 한국학자료센터 영남권역센터 홈페이지 원문 이미지와 텍스트 보기. 김성갑(2013) 참고>

1867-09-00. **이인한 등 소지**(李寅漢等所志) 2, 이인한 등. <1장. 한자+이두. 조선 필사 이두 자료. 경북 고령군 대가야읍 본관 1리 홍와 고택 구장. 한국국학진흥원 소장. 한국학자료센터 영남권역센터 홈페이지 원문 이미지와 텍스트 보기. 김성갑(2013) 참고>

1867-10-12. **■...■ 토지매매명문**(■...■土地賣買明文),[351] 답주 김용근(畓主金用根). <1장. 한자+이두. 조선 필사 이두 자료. 전남 나주시 남내 밀양 박씨 청재 종가 소장. 호남권 한국학자료센터 홈페이지 원문 이미지와 텍스트 보기. 최윤오(2000), 한효정(2008) 참고>

1867-10-17. **하리 박재주 초사**(下吏朴在柱招辭), 박재주. <1장. 한자+이두. 조선 필사 이두 자료. 경북 상주 낙동 풍양 조씨 양진당 소장. 한국학중앙연구원 장서각 한국고문서자료관 홈페이지 원문 이미지 보기>

1867-10-20. **서희준 고목**(徐喜俊告目), 서희준. <1장. 한자+이두. 조선 필사 이두 자료. 진안 정천 진주 이씨 서곡 이정영 후손가 구장. 한국학중앙연구원 장서각 한국고문서자료관 홈페이지 원문 이미지와 텍스트 보기. 한국정신문화연구원 편(2002) 참고>

1867-10-00. **김방혁 소지**(金芳奕所志) 2, 김방혁. <1장. 한자+이두. 조선 필사 이두 자료. 전남 무안 광산 김씨 모충사 소장. 호남권 한국학자료센터 홈페이지 원문 이미지 보기. 최승희(1989), 국립민속박물관 편(1991), 정구복 외(1999), 전경목 외(2006) 참고>

1867-10-00. **김재철 등 등장**(金在轍等等狀) 2, 김재철 등. <1장. 한자+이두. 조선

---

351 호남권 한국학자료센터 홈페이지에서는 '1867년 김용근(金用根) 방매(放賣) 토지매매명문(土地賣買明文)'으로 표시하였다.

필사 이두 자료. 전남 무안 광산 김씨 모충사 소장. 호남권 한국학자료센터 홈페이지 원문 이미지 보기. 최승희(1989), 국립민속박물관 편(1991), 정구복 외(1999), 전경목 외(2006) 참고>

1867-10-00. **심행원 토지매매명문**(瀋幸元土地賣買明文), 전주 유학 정한서(田主幼學丁漢瑞). <1장. 한자+이두. 조선 필사 이두 자료. 전남 나주시 나주 정씨 정문찬 소장. 호남권 한국학자료센터 홈페이지 원문 이미지와 텍스트 보기. 최승희(1989), 국립민속박물관 편(1991) 참고>

1867-10-00. **이수악 등 소지**(李壽岳等所志), 이수악 등. <1장. 한자+이두. 조선 필사 이두 자료. 경북 영해 인량 재령 이씨 충효당 소장. 한국학중앙연구원 장서각 한국고문서자료관 홈페이지 원문 이미지 보기. 한국학중앙연구원 편(2008) 참고>

1867-10-00. **조재원 등 상서**(趙在元等上書), 조재원 등. <1장. 한자+이두. 조선 필사 이두 자료. 경북 상주 낙동 풍양 조씨 양진당 소장. 한국학중앙연구원 장서각 한국고문서자료관 홈페이지 원문 이미지 보기>

1867-11-02. **양식 수표**(梁植手標), 양식. <1장. 한자+이두. 조선 필사 이두 자료. 전남 보성군 박실 제주 양씨가 구장. 원광대학교 박물관 소장. 호남권 한국학자료센터 홈페이지 원문 이미지와 텍스트 보기>

1867-11-03. **유씨 종중 토지매매명문**(柳氏宗中土地賣買明文), 답주 맹철(畓主孟哲). <1장. 한자+이두. 조선 필사 이두 자료. 전북 익산 마동 창녕 조씨가 소장. 호남권 한국학자료센터 홈페이지 원문 이미지와 텍스트 보기. 최승희(1989), 이재수(2003) 참고>

1867-11-19. **제주 고씨 문중 토지매매명문**(濟州高氏門中土地賣買明文), 답주 고준화(畓主高浚和). <1장. 한자+이두. 조선 필사 이두 자료. 전북 부안 청호 제주 고씨 문중 구장. 전북 부안 청호 효충사 소장. 호남권 한국학자료센터 홈페이지 원문 이미지와 텍스트 보기. 박병호(1974ㄱ), 최승희(1989), 이재수(2003) 참고>

1867-11-20. **이 생원 댁 토지매매명문**(李生員宅土地賣買明文), 답주 홍일귀(畓主洪一貴). <1장. 한자+이두. 조선 필사 이두 자료. 경북 안동시 주촌 진성 이씨 경류정 소장. 한국학중앙연구원 장서각 한국고문서자료관 홈페이지 & 한국학중앙연구

원 한국학 디지털 아카이브 홈페이지 원문 이미지와 텍스트 보기. 한국정신문화 연구원 편(1999) 참고>

1867-11-25. **신 생원 댁 가사매매명문**(辛生員宅家舍賣買明文), 가대주 자필 이봉채(家垈主自筆李鳳彩). <1장. 한자+이두. 조선 필사 이두 자료. 영광 입석 영월 신씨 소장. 한국학중앙연구원 장서각 한국고문서자료관 홈페이지 원문 이미지와 텍스트 보기. 한국정신문화연구원 편(1996) 참고>

1867-11-27~1868-12-00. 「결속색등록(**結束色謄錄**)」 84, 병조(兵曹) 편(編). <1책(84/낙질본 107책). 211장. 필사본. 한자+이두. 조선 필사 이두 자료. 서울대학교 규장각 한국학연구원 홈페이지 1787년~1891년 낙질본 107책(1792년(건륭 57년), 1811년(가경 16년) 하, 1816년(가경 21년), 1817년(가경 22년), 1824년(도광 4년), 1831(도광 11년), 1871(동치 10년), 1885년(광서 11년) 없음) 원문 이미지 보기>

1867-11-30. **향회소 품목**(鄕會所稟目) 1, 향회소. <1장. 한자+이두. 조선 필사 이두 자료. 전북 담양군 모현관 소장. 호남권 한국학자료센터 홈페이지 원문 이미지와 텍스트 보기. 최승희(1989), 정구복 외(1999) 참고>

1867-11-00. **노 박석철 토지매매명문**(奴朴石哲土地賣買明文),[352] 답주 장량(畓主張樑). <1장. 한자+이두. 조선 필사 이두 자료. 풍산 류씨 하회 화경당(북촌댁) 구장. 한국국학진흥원 소장. 한국국학진흥원 유교넷 홈페이지 원문 이미지와 텍스트 보기>

1867-11-00. **노 일손 배지**(奴日孫牌旨), 상전 유(上典柳). <1장. 한자+이두. 조선 필사 이두 자료. 안산 부곡 진주 류씨 경성당 소장. 한국학중앙연구원 장서각 한국고문서자료관 홈페이지 & 한국학중앙연구원 한국학 디지털 아카이브 홈페이지 원문 이미지 보기. 한국정신문화연구원 편(2002) 참고>

1867-12-01. **향회소 품목**(鄕會所稟目) 2, 향회소. <1장. 한자+이두. 조선 필사 이두 자료. 전북 담양군 모현관 소장. 호남권 한국학자료센터 홈페이지 원문 이미지와 텍스트 보기. 최승희(1989), 정구복 외(1999) 참고>

---

352 한국국학진흥원 유교넷 홈페이지에서는 문서명을 '풍산류씨 하회마을 화경당(북촌댁) 동치 6년에 답주 장량과 노 박석철 사이에 작성된 명문(明文)(田畓賣買文記)[11255]'로 표시하였다.

1867-12-01. **향회소 품목**(鄕會所稟目) 3, 향회소. <1장. 한자+이두. 조선 필사 이두 자료. 전북 담양군 모현관 소장. 호남권 한국학자료센터 홈페이지 원문 이미지와 텍스트 보기. 최승희(1989), 정구복 외(1999) 참고>

1867-12-08. **승정원 개탁**(承政院開坼) 1 <1장. 한자+이두. 조선 필사 이두 자료. 한국학중앙연구원 장서각 소장. 한국학중앙연구원 한국학 디지털 아카이브 홈페이지 원문 이미지 보기>

1867-12-08. **장계**(狀啓) 1 <1장. 한자+이두. 조선 필사 이두 자료. 한국학중앙연구원 장서각 한국고문서자료관 홈페이지 원문 이미지 보기. 한국정신문화연구원 편(1992) 참고>

1867-12-18. **승정원 개탁**(承政院開坼) 2 <1장. 한자+이두. 조선 필사 이두 자료. 한국학중앙연구원 장서각 소장. 한국학중앙연구원 한국학 디지털 아카이브 홈페이지 원문 이미지 보기>

1867-12-18. **장계**(狀啓) 2 <1장. 한자+이두. 조선 필사 이두 자료. 한국학중앙연구원 장서각 한국고문서자료관 홈페이지 원문 이미지 보기. 한국정신문화연구원 편(1992) 참고>

1867-12-24. **고목**(告目), 방직 임창연(房直林昌連). <1장. 한자+이두. 조선 필사 이두 자료. 전남 장성군 행주 기씨 금강 종가 소장. 호남권 한국학자료센터 홈페이지 원문 이미지와 텍스트 보기>

1867-12-24. **이 노 소성업 토지매매명문**(李奴小成業土地賣買明文), ■...■. <1장. 한자+이두. 조선 필사 이두 자료. 전남 보성군 박실 제주 양씨가 구장. 원광대학교 박물관 소장. 호남권 한국학자료센터 홈페이지 원문 이미지와 텍스트 보기. 최승희(1989), 정구복 외(1999), 이재수(2003) 참고>

1867-12-28. **시장문기**(柴場文記), 시장주 김기화(柴場主金己化). <1장. 한자+이두. 조선 필사 이두 자료. 전북대학교 박물관 소장. 호남권 한국학자료센터 홈페이지 원문 이미지와 텍스트 보기. 최승희(1989), 정구복 외(1999), 이재수(2003) 참고>

1867-12-00. **기양연 차첩**(奇陽衍差帖) 2, 이조(吏曹). <1장. 한자+이두. 조선 필사 이두 자료. 전남 장성군 행주 기씨 금강 종가 소장. 호남권 한국학자료센터 홈페이지 원문 이미지와 텍스트 보기. 유지영(2007) 참고>

1867-12-00~1869-11-00(丁卯~己巳). 「목장색등록(**牧場色謄錄**)」, 사복시(司僕寺) 편(編). <1책(4/5.³⁵³ 낙질본). 117장. 필사본. 한자+이두. 조선 필사 이두 자료. 서울대학교 규장각 한국학연구원 홈페이지 원문 이미지 보기> <1834-01-00~1834-12-00(1/5)>

1867-00-00. **정읍현감 산도**(井邑縣監山圖), 정읍 현감. <1장. 한자+이두. 조선 필사 이두 자료. 전북 고창·고부 광산 김씨 소장. 한국학중앙연구원 고문서자료관 홈페이지 원문 이미지 보기. 한국학중앙연구원 편(2009) 참고>

1867-00-00. **홍철주 서계**(洪澈周書啓), 홍철주. <1장. 한자+이두. 조선 필사 이두 자료. 진안 정천 전주 이씨 서곡 이정영 후손가 구장. 한국학중앙연구원 장서각 소장. 한국학중앙연구원 고문서자료관 홈페이지 원문 이미지 보기. 한국정신문화연구원 편(2002) 참고>

1867-00-00 기입 추정. 「찬화정응태주본(**贊畵丁應泰奏本**)」, 명나라 정응태(丁應泰)·기정진(奇正鎭) 저(著). <1책. 17장. 필사본. 본문에 생획토 기입. 조선 묵서 구결 자료. 국립중앙도서관 홈페이지 원문 이미지 보기>

1867-00-00~1882-00-00. 「금위영습진등록(**禁衛營習陣謄錄**), 금위영. <1책. 38장. 필사본. 표제는 '禁衛營習陣ᄂᆞᆫ謄錄'. 한자+이두. 조선 필사 이두 자료. 한국학중앙연구원 장서각 소장. 한국학중앙연구원 한국학 디지털 아카이브 홈페이지 원문 이미지와 텍스트 보기>

1868년

<무진(戊辰). 고종 5년. 동치 7년>

1868-01-03. **정 노 정랑 토지매매명문**(鄭奴正朗土地賣買明文), 전주 권만철(出主權萬喆). <1장. 한자+이두. 조선 필사 이두 자료. 경북 안동시 오천 광산 김씨 후조당

---

353 서울대학교 규장각 한국학연구원 홈페이지에는 5책의 4권으로 표시하였으나, 작성 시기의 순서에 따라 '2/5'로 처리하였다. 따라서 '2/5'를 '4/5'로 고쳤다.

소장. 한국학중앙연구원 장서각 한국고문서자료관 홈페이지 원문 이미지와 텍스트 보기. 박병호(1974ㄱ), 한국정신문화연구원 편(1982), 최승희(1989), 김영나(2007) 참고>

1868-01-07. **조업이 토지매매명문**(趙業伊土地賣買明文), 전주 김 노 귀손(田主金奴貴孫). <1장. 한자+이두. 조선 필사 이두 자료. 안동 천전 의성 김씨 지촌 종택 소장. 한국학중앙연구원 장서각 한국고문서자료관 홈페이지 원문 이미지와 텍스트 보기. 한국정신문화연구원 편(1990) 참고>

1868-01-08. **토지매매명문**(土地賣買明文),[354] 답주 유학 임성찬(畓主幼學林聖贊). <1장. 한자+이두. 조선 필사 이두 자료. 전북대학교 박물관 소장. 호남권 한국학자료센터 홈페이지 원문 이미지와 텍스트 보기. 최승희(1989), 정구복 외(1999), 이재수(2003) 참고>

1868-01-10. **공충도 관찰사 겸 순찰사 장계**(公忠道觀察使兼巡察使狀啓) 1, 민(閔). <1장. 한자+이두. 조선 필사 이두 자료. 한국학중앙연구원 고문서자료관 홈페이지 원문 이미지와 텍스트 보기. 한국정신문화연구원 편(1992) 참고>

1868-01-12. **가사매매명문**(家舍賣買明文),[355] 가대주 김석원(家垈主金碩元). <1장. 한자+이두. 조선 필사 이두 자료. 전남 영광 마산 경주 이씨가 구장. 진안 용담호미술관 소장. 호남권 한국학자료센터 홈페이지 원문 이미지와 텍스트 보기. 박병호(1974ㄱ), 최승희(1989), 정구복 외(1999), 이재수(2003) 참고>

1868-01-13. **정순용 토지매매명문**(鄭順用土地賣買明文), 전주 남덕행(田主南德行). <1장. 한자+이두. 조선 필사 이두 자료. 전남 보성군 복내면 죽산 안씨 죽곡정사 소장. 호남권 한국학자료센터 홈페이지 원문 이미지와 텍스트 보기. 최승희(1989), 이수건 외(2004) 참고>

1868-01-23. **토지매매명문**(土地賣買明文),[356] 답주 자필 유학 손종언(畓主自筆幼學孫

---

[354] 호남권 한국학자료센터 홈페이지에서는 '1868년 임성찬(林聖贊) 방매 토지매매명문(土地賣買明文)'으로 표시하였다.

[355] 호남권 한국학자료센터 홈페이지에서는 '1868년 김석원(金碩元) 방매(放賣) 가사매매명문(家舍賣買明文)'으로 표시하였다.

[356] 호남권 한국학자료센터 홈페이지에서는 '1868년 손종언(孫宗彦) 방매(放賣) 토지매매명문(土地賣

宗彦). <1장. 한자+이두. 조선 필사 이두 자료. 전남 보성군 복내면 죽산 안씨 죽곡정사 소장. 호남권 한국학자료센터 홈페이지 원문 이미지와 텍스트 보기. 최승희(1989), 김현영(2003) 참고>

1868-01-25. **장질 강승로 토지매매명문**(長姪姜承魯土地賣買明文), 전주 장숙 강명관(出主長叔姜明寬). <1장. 한자+이두. 조선 필사 이두 자료. 제주 장전리 진주 강씨 강태복가 소장. 호남권 한국학자료센터 홈페이지 원문 이미지와 텍스트 보기. 최승희(1989), 고창석(2002) 참고>

1868-01-26. **공충도 관찰사 겸 순찰사 장계**(公忠道觀察使兼巡察使狀啓) 2, 민(閔). <1장. 한자+이두. 조선 필사 이두 자료. 한국학중앙연구원 고문서자료관 홈페이지 원문 이미지와 텍스트 보기. 한국정신문화연구원 편(1992) 참고>

1868-01-29. **공충도 관찰사 겸 순찰사 장계**(公忠道觀察使兼巡察使狀啓) 3, 민(閔). <1장. 한자+이두. 조선 필사 이두 자료. 한국학중앙연구원 고문서자료관 홈페이지 원문 이미지와 텍스트 보기. 한국정신문화연구원 편(1992) 참고>

1868-01-00~1868-12-00(戊辰).「추조결옥록(**秋曹決獄錄**)」 22, 형조(刑曹) 편(編). <1책(22/낙질본 43책). 28장. 필사본. 한자+이두. 조선 필사 이두 자료. 서울대학교 규장각 한국학연구원 홈페이지 원문 이미지 보기> <1822-01-00~1822-12-00 (1/43)>

1868-02-03~1875-12-17(동치 7년 戊辰~乙亥).「강원감영관첩(**江原監營關牒**)」 3, 비변사(備邊司) 편(編). <1책(3/전6책). 169장. 필사본. 표제는 '江原監營關牒'. 한자+이두. 조선 필사 이두 자료. 서울대학교 규장각 한국학연구원 홈페이지 원문 이미지 보기> <영인본:「각사등록」 27(강원도편 1)(국사편찬위원회 편, 1988)> <1859-12-30~1861-01-12(1/6)>

1868-02-04. **유학 토지매매명문**(幼學土地賣買明文),[357] 답주 유학 윤정현(畓主幼學尹{王+貞}鉉). <1장. 한자+이두. 조선 필사 이두 자료. 전남 보성군 복내면 죽산

買明文)'으로 표시하였다.

357 호남권 한국학자료센터 홈페이지에서는 '1868년 윤정현(尹{王+貞}鉉) 방매(放賣) 토지매매명문(土地賣買明文)'으로 표시하였다.

안씨 죽곡정사 소장. 호남권 한국학자료센터 홈페이지 원문 이미지와 텍스트 보기. 박노욱(1990), 이재수(2003) 참고>

1868-02-04. **장계**(狀啓) 1 <1장. 한자+이두. 조선 필사 이두 자료. 한국학중앙연구원 고문서자료관 홈페이지 원문 이미지와 텍스트 보기. 한국정신문화연구원 편(1992) 참고>

1868-02-11. **장계**(狀啓) 2 <1장. 한자+이두. 조선 필사 이두 자료. 한국학중앙연구원 고문서자료관 홈페이지 원문 이미지와 텍스트 보기. 한국정신문화연구원 편(1992) 참고>

1868-02-11. **장수향교 재회소 통문**(長水鄕校齋會所通文), 장수향교 재회소 한세응 등(韓世膺等). <1장. 한자+이두. 조선 필사 이두 자료. 전북 임실 오산 전주 유씨가 구장. 전북대학교 박물관 소장. 호남권 한국학자료센터 홈페이지 원문 이미지와 텍스트 보기. 박병호(1974ㄱ), 최승희(1989), 정구복 외(1999) 참고>

1868-02-15(戊辰) 추정.「파평 윤씨 종약절목(坡平尹氏宗約節目)」,[358] 윤선응(尹善應) 편(編). <1책. 10장. 필사본. 한자+이두. 조선 필사 이두 자료. 서울대학교 규장각 한국학연구원 홈페이지 '古4256-25'의 원문 이미지 보기>

1868-02-00. **화민 신굉규 소지**(化民辛宏珪所志) 1, 신굉규. <1장. 한자+이두. 조선 필사 이두 자료. 영광 입석 영월 신씨 소장. 한국학중앙연구원 장서각 한국고문서자료관 홈페이지 원문 이미지와 텍스트 보기. 한국정신문화연구원 편(1996) 참고>

1868-03-02. **의인 선봉 토지매매명문**(宜仁先奉土地賣買明文), 답주 지응손(畓主池應孫). <1장. 한자+이두. 조선 필사 이두 자료. 경북 안동시 도산면 의촌리 은졸재 고택 구장. 한국국학진흥원 소장. 한국학자료센터 영남권역센터 홈페이지 원문 이미지와 텍스트 보기>

1868-03-02. **하민계 토지매매명문**(下民禊土地賣買明文), 전답주 유학 윤두혁(田畓主

---

[358] 표제는 '坡平尹氏宗約節目'이고, 내제는 '宗約節目'이다. 서울대학교 규장각 한국학연구원 홈페이지에서는 책명을 '宗約節目 종약절목'으로 표시하였다. 그리고 간년 미상으로 적었으나 여기에서는 서문을 쓴 시기를 제시하였다.

幼學ヲヒ㮹). <1장. 한자+이두. 조선 필사 이두 자료. 전남 보성군 복내면 죽산 안씨 죽곡정사 소장. 호남권 한국학자료센터 홈페이지 원문 이미지와 텍스트 보기. 김현영(2003) 참고>

1868-03-09. **송경순 다짐**(宋景淳侤音), 손경순. <1장. 한자+이두. 조선 필사 이두 자료. 전북 군산시 임피면 갈운 제주 고씨가 구장. 군산근대역사박물관 소장. 호남권 한국학자료센터 홈페이지 원문 이미지와 텍스트 보기. 박병호(1974ㄱ), 최승희(1989), 전경목(1997), 김현영(1999), 정구복(2002), 김경숙(2012) 참고>

1868-03-10. **박화집 토지매매명문**(朴和輯土地賣買明文), 전주 이 생원 댁 노 철금(田主李生員宅奴哲金). <1장. 한자+이두. 조선 필사 이두 자료. 아산 선교 장흥 임씨 구장. 한국학중앙연구원 장서각 한국고문서자료관 홈페이지 원문 이미지 보기. 한국학중앙연구원 편(2008) 참고>

1868-03-13. **이춘성 토지매매명문**(李春成土地賣買明文), 자필 답주 조석헌(自筆畓主曺錫瀗). <1장. 한자+이두. 조선 필사 이두 자료. 전북대학교 박물관 소장. 호남권 한국학자료센터 홈페이지 원문 이미지와 텍스트 보기. 최승희(1989), 정구복 외 (1999), 이재수(2003) 참고>

1868-03-20. **장계**(狀啓) 3 <1장. 한자+이두. 조선 필사 이두 자료. 한국학중앙연구원 고문서자료관 홈페이지 원문 이미지와 텍스트 보기. 한국정신문화연구원 편 (1992) 참고>

1868-03-20~1868-윤4-25(戊辰). 「양박사감결급문보등서성책(**洋舶事甘結及文報謄書成冊**)」,³⁵⁹ 철도진(鐵島鎭) 편(編). <1책. 54장. 필사본. 한자+이두. 조선 필사 이두 자료. 서울대학교 규장각 한국학연구원 홈페이지 '古951.541-y17'의 원문 이미지 보기>

1868-03-30. **강종락 토지매매명문**(姜宗樂土地賣買明文), 전주(田主) ■...■. <1장. 한자+이두. 조선 필사 이두 자료. 제주 어도내산 진주 강씨가 구장. 제주 한림 강우석 소장. 호남권 한국학자료센터 홈페이지 원문 이미지와 텍스트 보기. 이재수

---

359 개장한 표지의 표제는 '洋舶事甘結及文報謄書成冊'이고, 옛 표지의 표제는 '戊辰三月日洋舶湖上時諸般件事 甘報問書'이다.

(2003), 오창명(2007) 참고>

1868-03-00. **고성진 등 소지**(高性鎭等所志) 1, 고성진 등. <1장. 한자+이두. 조선 필사 이두 자료. 전북 군산시 임피면 같은 제주 고씨가 구장. 군산근대역사박물관 소장. 호남권 한국학자료센터 홈페이지 원문 이미지와 텍스트 보기. 박병호(1974ㄱ), 최승희(1989), 전경목(1997), 김현영(1999), 정구복(2002), 김경숙(2012) 참고>

1868-03-00. **김국운 소지**(金國樤所志), 김국운. <1장. 한자+이두. 조선 필사 이두 자료. 전북 고창·고부 광산 김씨 소장. 한국학중앙연구원 고문서자료관 홈페이지 원문 이미지 보기. 한국학중앙연구원 편(2009) 참고>

1868-03-00. **김병규 등 소지**(金炳奎等所志), 김병규 등. <1장. 한자+이두. 조선 필사 이두 자료. 전남 무안 광산 김씨 모충사 소장. 호남권 한국학자료센터 홈페이지 원문 이미지 보기. 최승희(1989), 국립민속박물관 편(1991), 정구복 외(1999), 전경목 외(2006) 참고>

1868-03-00. **김재철 등 등장**(金在轍等等狀), 김재철 등. <1장. 한자+이두. 조선 필사 이두 자료. 전남 무안 광산 김씨 모충사 소장. 호남권 한국학자료센터 홈페이지 원문 이미지 보기. 최승희(1989), 국립민속박물관 편(1991), 정구복 외(1999), 전경목 외(2006) 참고>

1868-03-00. **박시묵 등 소지**(朴時默等所志), 박시묵 등. <1장. 한자+이두. 조선 필사 이두 자료. 경남 밀양 신호 밀성 박씨·덕남서원 소장. 한국학중앙연구원 장서각 한국고문서자료관 홈페이지 원문 이미지 보기. 한국정신문화연구원 편(2004) 참고>

1868-03-00. **박시찬 등 소지**(朴始燦等所志) 1, 박시찬 등. <1장. 한자+이두. 조선 필사 이두 자료. 영해 도곡 무안 박씨 무의공 종택 소장. 한국학중앙연구원 장서각 한국고문서자료관 홈페이지 원문 이미지 보기. 한국학중앙연구원 편(2008) 참고>

1868-03-00. **박시찬 등 소지**(朴始燦等所志) 2, 박시찬 등. <1장. 한자+이두. 조선 필사 이두 자료. 영해 도곡 무안 박씨 무의공 종택 소장. 한국학중앙연구원 장서각 한국고문서자료관 홈페이지 원문 이미지 보기. 한국학중앙연구원 편(2008) 참고>

1868-03-00. **박시찬 등 소지**(朴始燦等所志) 3, 박시찬 등. <1장. 한자+이두. 조선 필사 이두 자료. 영해 도곡 무안 박씨 무의공 종택 소장. 한국학중앙연구원 장서각 한국고문서자료관 홈페이지 원문 이미지 보기. 한국학중앙연구원 편(2008) 참고>

1868-03-00. **박시찬·남회찬 등 소지**(朴始燦南晦燦等所志) 1, 박시찬·남회찬 등. <1장. 한자+이두. 조선 필사 이두 자료. 영해 도곡 무안 박씨 무의공 종택 소장. 한국학중앙연구원 장서각 한국고문서자료관 홈페이지 원문 이미지 보기. 한국학중앙연구원 편(2008) 참고>

1868-03-00. **박시찬·남회찬 등 소지**(朴始燦南晦燦等所志) 2, 박시찬·남회찬 등. <1장. 한자+이두. 조선 필사 이두 자료. 영해 도곡 무안 박씨 무의공 종택 소장. 한국학중앙연구원 장서각 한국고문서자료관 홈페이지 원문 이미지 보기. 한국학중앙연구원 편(2008) 참고>

1868-03-00. **신석현 수표**(申錫玄手標), 신석현. <1장. 한자+이두. 조선 필사 이두 자료. 부여 은산 함양 박씨 소장. 한국학중앙연구원 장서각 한국고문서자료관 홈페이지 원문 이미지 보기. 한국정신문화연구원 편(2000) 참고>

1868-03-00. **윤병오 등 상서**(尹秉澳等上書), 윤병오 등. <1장. 한자+이두. 조선 필사 이두 자료. 전북 남원 풍산 밀양 박씨가 구장. 남원향토박물관 소장. 호남권 한국학자료센터 홈페이지 원문 이미지와 텍스트 보기. 최승희(1989), 전경목 외(2006) 참고>

1868-04-10 추정. **용산서원 통문**(龍山書院通文), 용산서원. <1장. 한자+이두. 조선 필사 이두 자료. 경북 경주시 내남면 이조리 경주 최씨·용산서원 소장. 한국학중앙연구원 장서각 한국고문서자료관 홈페이지 원문 이미지 보기. 한국정신문화연구원 편(2000) 참고>

1868-04-18. **나택순 토지매매명문**(羅宅順土地賣買明文), 답주 유학 김영호(畓主幼學金永湖). <1장. 한자+이두. 조선 필사 이두 자료. 전남 나주시 남내 밀양 박씨 청재 종가 소장. 호남권 한국학자료센터 홈페이지 원문 이미지와 텍스트 보기. 조복행(1981), 임학성(1994) 참고>

1868-04-27 추정. **향교 통문**(鄉校通文), 향교. <1장. 한자+이두. 조선 필사 이두 자료

경북 경주시 내남면 이조리 경주 최씨·용산서원 소장. 한국학중앙연구원 장서각 한국고문서자료관 홈페이지 원문 이미지 보기. 한국정신문화연구원 편(2000) 참고>

1868-04-00. **김우교 등 상서**(金禹敎等上書) 1, 김우교 등. <1장. 한자+이두. 조선 필사 이두 자료. 경북 안동시 오천 광산 김씨 후조당 소장. 한국학중앙연구원 장서각 한국고문서자료관 홈페이지 원문 이미지와 텍스트 보기. 한국정신문화연구원 편(1982) 참고>

1868-04-00. **김우교 등 소지**(金禹敎等所志), 김우교 등. <1장. 한자+이두. 조선 필사 이두 자료. 경북 안동시 오천 광산 김씨 후조당 소장. 한국학중앙연구원 장서각 한국고문서자료관 홈페이지 원문 이미지와 텍스트 보기. 한국정신문화연구원 편(1982) 참고>

1868-04-00. **김헌교 등 소지**(金獻敎等所志), 김헌교 등. <1장. 한자+이두. 조선 필사 이두 자료. 경북 안동시 오천 광산 김씨 후조당 소장. 한국학중앙연구원 장서각 한국고문서자료관 홈페이지 원문 이미지와 텍스트 보기. 한국정신문화연구원 편(1982) 참고>

1868-04-00. **박선경 등 소지**(朴善慶等所志), 박선경 등. <1장. 한자+이두. 조선 필사 이두 자료. 경남 밀양 신호 밀성 박씨·덕남서원 소장. 한국학중앙연구원 장서각 한국고문서자료관 홈페이지 원문 이미지 보기. 한국정신문화연구원 편(2004) 참고>

1868-04-00. **박장석 단자**(朴章錫單子), 박장석. <1장. 점련문서. 한자+이두. 조선 필사 이두 자료. 부여 은산 함양 박씨 소장. 한국학중앙연구원 장서각 한국고문서자료관 홈페이지 원문 이미지 보기. 한국정신문화연구원 편(2000) 참고>

1868-윤4-07. **유학 이인한 산지매매명문**(幼學李寅漢山地賣買明文), 산주 유학 최석한(山主幼學崔奭翰). <1장. 한자+이두. 조선 필사 이두 자료. 경북 고령군 대가야읍 본관 1리 홍와 고택 구장. 한국국학진흥원 소장. 한국학자료센터 영남권역센터 홈페이지 원문 이미지와 텍스트 보기. 김성갑(2013) 참고>

1868-윤4-10. **순창군수 도형**(淳昌郡守圖形), 순창군. <1장. 한자+이두. 조선 필사 이두 자료. 전북 순창 구미 남원 양씨가 소장. 호남권 한국학자료센터 홈페이지

원문 이미지와 텍스트 보기. 박병호(1974ㄱ), 최승희(1989), 전경목 외(2006) 참고>

1868-윤4-12. **토지매매명문**(土地賣買明文),[360] 답주 성기호(畓主成琦{王+高}). <1장. 한자+이두. 조선 필사 이두 자료. 전남 나주시 남내 밀양 박씨 청재 종가 소장. 호남권 한국학자료센터 홈페이지 원문 이미지와 텍스트 보기. 최승희(1989, 1997), 조석곤(1995) 참고>

1868-윤4-13~1873-05-13(戊辰, 壬申, 癸酉, 庚午, 甲子). 「경상감영계록(**慶尙監營啓錄**)」 7, 경상감영(慶尙監營) 편(編). <1책(7/전7책). 121장. 필사본. 필사한 사람이 다수. 표제는 '慶尙監營啓錄'. 한자+이두. 조선 필사 이두 자료. 서울대학교 규장각 한국학연구원 홈페이지 원문 이미지 보기> <1842-04-19~1842-11-16(6/7)>

1868-윤4-00. **가사매매명문**(家舍賣買明文),[361] 재주 임봉규(財主林鳳圭). <1장. 한자+이두. 조선 필사 이두 자료. 한국학중앙연구원 장서각 한국고문서자료관 홈페이지 원문 이미지와 텍스트 보기. 한국정신문화연구원 편(1992) 참고>

1868-윤4-00. **박시찬 등 소지**(朴始燦等所志) 4, 박시찬 등. <1장. 한자+이두. 조선 필사 이두 자료. 영해 도곡 무안 박씨 무의공 종택 소장. 한국학중앙연구원 장서각 한국고문서자료관 홈페이지 원문 이미지 보기. 한국학중앙연구원 편(2008) 참고>

1868-윤4-00. **박시찬·남회찬·박재대 등 소지**(朴始燦南晦燦朴載大等所志), 박시찬·남회찬·박재대 등. <1장. 한자+이두. 조선 필사 이두 자료. 영해 도곡 무안 박씨 무의공 종택 소장. 한국학중앙연구원 장서각 한국고문서자료관 홈페이지 원문 이미지 보기. 한국학중앙연구원 편(2008) 참고>

1868-윤4-00. **성종진·이휘택 등 상서**(成鍾震李彙澤等上書), 성종진·이휘택 등. <1장. 한자+이두. 조선 필사 이두 자료. 경북 안동시 주촌 진성 이씨 경류정 소장. 한국학중앙연구원 장서각 한국고문서자료관 홈페이지 원문 이미지와 텍스트 보기. 한국정신문화연구원 편(1999) 참고>

---

[360] 호남권 한국학자료센터 홈페이지에서는 '1868년 성기호(成琦{王+高}) 방매(放賣) 토지매매명문(土地賣買明文)'으로 표시하였다.

[361] 한국학중앙연구원 장서각 한국고문서자료관 홈페이지에서는 '1868년 임봉주(林鳳主) 방매 가사매매명문(家舍賣買明文)'으로 표시하였다.

1868-윤4-00. **하재범 등 소지**(河載範等所志), 하재범 등. <1장. 한자+이두. 조선 필사 이두 자료. 경남 진주시 운문 진양 하씨 소장. 한국학중앙연구원 장서각 한국고문서자료관 홈페이지 원문 이미지 보기. 한국정신문화연구원 편(2001) 참고>

1868-윤4-00. **화민 신굉규 소지**(化民辛宏珪所志) 2, 신굉규. <1장. 한자+이두. 조선 필사 이두 자료. 영광 입석 영월 신씨 소장. 한국학중앙연구원 장서각 한국고문서자료관 홈페이지 원문 이미지와 텍스트 보기. 한국정신문화연구원 편(1996) 참고>

1868-05-12~1889-06-28. 「소차등록(疏箚謄錄)」1~5, 의정부(議政府) 편(編). <5책. 필사본. 한자+이두. 조선 필사 이두 자료. 서울대학교 규장각 한국학연구원 홈페이지 낙질본 5책 원문 이미지 보기> <영인본: 「각사등록」62(국사편찬위원회 편, 1992)> <1868-05-12~1873-11-19(戊辰~癸酉)(1책(1/5). 97장), 1873-11-21~1875-12-23(癸酉~乙亥)(1책(2/5). 73장), 1881-05-03~1882-10-16(辛巳~壬午)(1책(3/5). 66장), 1882-10-21~1886-04-06(壬午~丙戌)(1책(4/5). 113장), 1886-04-10~1889-06-28(丙戌~己丑)(1책(5/5). 71장)>

1868-05-14. **송한표 다짐**(宋漢杓侤音), 송한표. <1장. 한자+이두. 조선 필사 이두 자료. 전북 군산시 임피면 갈운 제주 고씨가 구장. 군산근대역사박물관 소장. 호남권 한국학자료센터 홈페이지 원문 이미지와 텍스트 보기. 박병호(1974ㄱ), 최승희(1989), 전경목(1997), 김현영(1999), 정구복(2002), 김경숙(2012) 참고>

1868-05-28. **하 씨가 송추문기**(河氏家松楸文記), 강인여(姜仁汝). <1장. 한자+이두. 조선 필사 이두 자료. 경남 진주시 운문 진양 하씨 소장. 한국학중앙연구원 장서각 한국고문서자료관 홈페이지 원문 이미지 보기. 한국정신문화연구원 편(2001) 참고>

1868-05-00. **고성진 등 소지**(高性鎭等所志) 2, 고성진 등. <1장. 한자+이두. 조선 필사 이두 자료. 전북 군산시 임피면 갈운 제주 고씨가 구장. 군산근대역사박물관 소장. 호남권 한국학자료센터 홈페이지 원문 이미지와 텍스트 보기. 박병호(1974ㄱ), 최승희(1989), 전경목(1997), 김현영(1999), 정구복(2002), 김경숙(2012) 참고>

1868-05-00. **손기오 등 상서**(孫基五等上書), 손기오 등. <1장. 한자+이두. 조선 필사 이두 자료. 전북 부안군 우반 부안 김씨 세덕각 소장. 한국학중앙연구원 장서각

한국고문서자료관 홈페이지 & 호남권 한국학자료센터 홈페이지 원문 이미지와 텍스트 보기. 박병호(1974ㄱ), 한국정신문화연구원 편(1983, 1998), 최승희(1989), 김현영(1999), 전경목(2001), 정구복(2002), 한국학중앙연구원 편(2017) 참고>

1868-05-00. **홍병삼 등 상서**(洪秉三等上書), 홍병삼 등. <1장. 한자+이두. 조선 필사 이두 자료. 전북 순창 청계 문화 유씨가 소장. 호남권 한국학자료센터 홈페이지 원문 이미지와 텍스트 보기. 최승희(1989), 김경숙(2002), 심재우(2013) 참고>

1868-06-05~1869-12-14(戊辰~己巳).「황해감영관첩등록(**黃海監營關牒謄錄**)」, 의정부(議政府) 편(編). <1책. 64장. 필사본. 표제는 '海營關報牒'. 한자+이두. 조선 필사 이두 자료. 서울대학교 규장각 한국학연구원 홈페이지 원문 이미지 보기> <영인본:「각사등록」 24(황해도편 3)(국사편찬위원회 편, 1987)>

1868-06-06. **유학 김기윤 토지매매명문**(幼學金箕潤土地賣買明文), 전주 유학 성사묵(出主幼學成師默). <1장. 한자+이두. 조선 필사 이두 자료. 전남 보성군 박실 제주 양씨가 구장. 원광대학교 박물관 소장. 호남권 한국학자료센터 홈페이지 원문 이미지와 텍스트 보기. 박병호(1974ㄱ), 최승희(1989), 이재수(2003) 참고>

1868-06-29~1871-05-23(戊辰~辛未).「종친부등록(**宗親府謄錄**)」 7, 종친부(宗親府) 편(編). <1책(7/전12책). 150장. 필사본. 한자+이두. 조선 필사 이두 자료. 서울대학교 규장각 한국학연구원 홈페이지 '奎13007-v.1-12' 원문 이미지 보기> <1756-04-01~1759-01-15(1/12)>

1868-06-00~1869-08-28(戊辰~己巳).「우포청등록(**右捕廳謄錄**)」 24, 포도청(捕盜廳) 편(編). <1책(24/전30책). 48장. 필사본. 표제는 '右捕廳謄錄'. 한자+이두. 조선 필사 이두 자료. 서울대학교 규장각 한국학연구원 홈페이지 원문 이미지 보기> <1807-01-13~1808-06-12(1/30)>

1868-07-12. **경광서원 통문**(鏡光書院通文), 경광서원. <1장. 한자+이두. 조선 필사 이두 자료. 경북 경주시 내남면 이조리 경주 최씨·용산서원 소장. 한국학중앙연구원 장서각 한국고문서자료관 홈페이지 원문 이미지 보기. 한국정신문화연구원 편(2000) 참고>

1868-07-15~1868-08-24(또는 1808-07-15~1808-08-24) 추정.「제사(**題辭**)」, 의주부(義州府) 편(編). <1책. 85장. 필사본. 한자+이두. 조선 필사 이두 자료. 서울대학교

규장각 한국학연구원 홈페이지 원문 이미지 보기>

1868-07-00. **국지섭 등 상서**(鞠智涉等上書), 국지섭 등. <1장. 한자+이두. 조선 필사 이두 자료. 전북 완주군 비봉 반곡서원 소장. 호남권 한국학자료센터 홈페이지 원문 이미지와 텍스트 보기. 박병호(1974ㄱ), 최승희(1989) 참고>

1868-07-00. **최세기 상서**(崔世器上書), 최세기. <1장. 한자+이두. 조선 필사 이두 자료. 경북 경주시 내남면 이조리 경주 최씨·용산서원 소장. 한국학중앙연구원 장서각 한국고문서자료관 홈페이지 원문 이미지 보기. 한국정신문화연구원 편(2000) 참고>

1868-08-00. **김우교 등 상서**(金禹敎等上書) 2, 김우교 등. <1장. 한자+이두. 조선 필사 이두 자료. 경북 안동시 오천 광산 김씨 후조당 소장. 한국학중앙연구원 장서각 한국고문서자료관 홈페이지 원문 이미지와 텍스트 보기. 한국정신문화연구원 편(1982) 참고>

1868-09-05. **안영조 수표**(安永祚手標), 안영조. <1장. 한자+이두. 조선 필사 이두 자료. 경북 경주시 내남면 이조리 경주 최씨·용산서원 소장. 한국학중앙연구원 장서각 한국고문서자료관 홈페이지 원문 이미지 보기. 한국정신문화연구원 편(2000) 참고>

1868-09-07. **김 생원 댁 토지매매명문**(金生員宅土地賣買明文), 전주 동몽 김청기(田主 童蒙金淸奇). <1장. 한자+이두. 조선 필사 이두 자료. 전북 고창군 장두 광산 김씨가 소장. 호남권 한국학자료센터 홈페이지 원문 이미지와 텍스트 보기. 박병호(1974ㄱ), 최승희(1989), 이재수(2003) 참고>

1868-09-17. **영암군수 전령**(靈巖郡守傳令) 1, 영암군. <1장. 한자+이두. 조선 필사 이두 자료. 전남 영암군 장암 남평 문씨 문창집 소장. 한국학중앙연구원 장서각 한국고문서자료관 홈페이지 원문 이미지와 텍스트 보기. 한국정신문화연구원 편(1995) 참고>

1868-09-19. **도호부사 하체**(都護府使下帖), 도호부(都護府). <1장. 한자+이두. 조선 필사 이두 자료. 전남 영암군 장암 남평 문씨 문창집 소장. 한국학중앙연구원 장서각 한국고문서자료관 홈페이지 원문 이미지와 텍스트 보기. 한국정신문화연구원 편(1995) 참고>

1868-10-01 추정. **경주부 하체**(慶州府下帖), 경주부. <1장. 한자+이두. 조선 필사 이두 자료. 경북 경주시 내남면 이조리 경주 최씨·용산서원 소장. 한국학중앙연구원 장서각 한국고문서자료관 홈페이지 원문 이미지 보기. 한국정신문화연구원 편(2000) 참고>

1868-10-00. **김정환 소지**(金貞煥所志), 김정환. <1장. 한자+이두. 조선 필사 이두 자료. 전남 영암 밀양 김씨 김상회 소장. 호남권 한국학자료센터 홈페이지 원문 이미지 보기. 최승희(1989) 참고>

1868-10-00. **박시찬 등 소지**(朴始燦等所志) 5, 박시찬 등. <1장. 한자+이두. 조선 필사 이두 자료. 영해 도곡 무안 박씨 무의공 종택 소장. 한국학중앙연구원 장서각 한국고문서자료관 홈페이지 원문 이미지 보기. 한국학중앙연구원 편(2008) 참고>

1868-10-00. **유학 이기순 등 상서**(幼學李基淳等上書), 이기순 등. <1장. 한자+이두. 조선 필사 이두 자료. 경북 안동시 오천 광산 김씨 후조당 소장. 한국학중앙연구원 장서각 한국고문서자료관 홈페이지 원문 이미지와 텍스트 보기. 한국정신문화연구원 편(1982) 참고>

1868-11-06. **토지매매명문**(土地賣買明文), 답주 최 노 석봉(畓主崔奴石奉). <1장. 한자+이두. 조선 필사 이두 자료. 경북 경주시 내남면 이조리 경주 최씨·용산서원 소장. 한국학중앙연구원 장서각 한국고문서자료관 홈페이지 원문 이미지 보기. 한국정신문화연구원 편(2000) 참고>

1868-11-07. **우득호 토지매매명문**(禹得浩土地賣買明文), 전라도 순천부 방답진 작청 계 수 정인조(全羅道順川府防踏鎭作廳楔首丁仁祚). <1장. 한자+이두. 조선 필사 이두 자료. 전북대학교 박물관 소장. 호남권 한국학자료센터 홈페이지 원문 이미지와 텍스트 보기>

1868-11-08. **김 진사 댁 노 마당 토지매매명문**(金進士宅奴馬堂土地賣買明文), 전주 고천년금(出主高千年金). <1장. 한자+이두. 조선 필사 이두 자료. 대전·청양 안동 김씨 삼당 후손가 소장. 한국학중앙연구원 장서각 한국고문서자료관 홈페이지 원문 이미지 보기. 한국정신문화연구원 편(2003) 참고>

1868-11-09. **유학 토지매매명문**(幼學土地賣買明文),[362] 답주 유학 김석준(畓主幼學金

錫準). <1장. 한자+이두. 조선 필사 이두 자료. 전남 보성군 박실 제주 양씨가 구장. 원광대학교 박물관 소장. 호남권 한국학자료센터 홈페이지 원문 이미지와 텍스트 보기. 박병호(1974ㄱ), 최승희(1989), 이재수(2003) 참고>

1868-11-13. **토지매매명문**(土地賣買明文),[363] 답주 대대곡 이 노 광득(畓主大大谷李奴光得). <1장. 한자+이두. 조선 필사 이두 자료. 전남 보성군 박실 제주 양씨가 구장. 원광대학교 박물관 소장. 호남권 한국학자료센터 홈페이지 원문 이미지와 텍스트 보기. 박병호(1974ㄱ), 최승희(1989), 이재수(2003) 참고>

1868-11-20. **토지매매명문**(土地賣買明文),[364] 답주 노권국(畓主魯權國). <1장. 한자+이두. 조선 필사 이두 자료. 전남 영광 마산 경주 이씨가 구장. 진안 용담호미술관 소장. 호남권 한국학자료센터 홈페이지 원문 이미지와 텍스트 보기. 박병호(1974ㄱ), 최승희(1989), 이재수(2003) 참고>

1868-11-20. **문회중 토지매매명문**(門會中土地賣買明文), 전주 유학 박기인(田主幼學朴基寅). <1장. 한자+이두. 조선 필사 이두 자료. 경남 합천 용연서원 소장. 한국학중앙연구원 장서각 한국고문서자료관 홈페이지 원문 이미지 보기. 한국정신문화연구원 편(1996) 참고>

1868-11-20~1869-12-00. 「결속색등록(**結束色謄錄**)」 85, 병조(兵曹) 편(編). <1책(85/낙질본 107책). 182장. 필사본. 한자+이두. 조선 필사 이두 자료. 서울대학교 규장각 한국학연구원 홈페이지 1787년~1891년 낙질본 107책(1792년(건륭 57년), 1811년(가경 16년) 하, 1816년(가경 21년), 1817년(가경 22년), 1824년(도광 4년), 1831(도광 11년), 1871(동치 10년), 1885년(광서 11년) 없음) 원문 이미지 보기>

1868-11-28. **백동암 토지매매명문**(白同巖土地賣買明文), 답주 조 조이(畓主趙召史). <1장. 한자+이두. 조선 필사 이두 자료. 전남 해남 연동 해남 윤씨 녹우당 소장.

---

[362] 호남권 한국학자료센터 홈페이지에서는 '1868년 김석준(金錫準) 방매(放賣) 토지매매명문(土地賣買明文)'으로 표시하였다.

[363] 호남권 한국학자료센터 홈페이지에서는 '1868년 이노(李奴) 광득(光得) 방매(放賣) 토지매매명문(土地賣買明文)'으로 표시하였다.

[364] 호남권 한국학자료센터 홈페이지에서는 '1868년 노권국(魯權國) 방매(放賣) 토지매매명문(土地賣買明文)'으로 표시하였다.

한국학중앙연구원 장서각 한국고문서자료관 홈페이지 원문 이미지와 텍스트 보기. 한국정신문화연구원 편(1986) 참고>

1868-11-29. **청원계 상유사 품목**(淸元禊上有司稟目) 1, 청원계 상유사 문 씨(文氏). <1장. 한자+이두. 조선 필사 이두 자료. 전남 영암군 장암 남평 문씨 문창집 소장. 호남권 한국학자료센터 홈페이지 원문 이미지와 텍스트 보기. 한국정신문화연구원 편(1995) 참고>

1868-11-00. **문병홍 등 등장**(文秉洪等等狀), 문병홍 등. <1장. 한자+이두. 조선 필사 이두 자료. 전남 영암군 장암 남평 문씨 문창집 소장. 한국학중앙연구원 장서각 한국고문서자료관 홈페이지 원문 이미지와 텍스트 보기. 한국정신문화연구원 편(1995) 참고>

1868-11-00. **민인 문병집 등 소지**(民人文秉戢等所志), 문병집 등. <1장. 한자+이두. 조선 필사 이두 자료. 전남 영암군 장암 남평 문씨 문창집 소장. 한국학중앙연구원 장서각 한국고문서자료관 홈페이지 원문 이미지와 텍스트 보기. 한국정신문화연구원 편(1995) 참고>

1868-12-02. **영암군수 전령**(靈巖郡守傳令) 2, 영암군. <1장. 한자+이두. 조선 필사 이두 자료. 전남 영암군 장암 남평 문씨 문창집 소장. 호남권 한국학자료센터 홈페이지 원문 이미지와 텍스트 보기. 최승희(1989), 국립민속박물관 편(1991), 한국정신문화연구원 편(1995) 참고>

1868-12-07. **유학 토지매매명문**(幼學土地賣買明文),[365] 산주 유학 염정환(山主幼學廉正煥). <1장. 한자+이두. 조선 필사 이두 자료. 전남 보성군 복내면 죽산 안씨 죽곡정사 소장. 호남권 한국학자료센터 홈페이지 원문 이미지와 텍스트 보기. 김태영(1983), 최승희(1989), 김현영(2003) 참고>

1868-12-07. **청원계 상유사 품목**(淸元禊上有司稟目) 2, 청원계 상유사 신 씨(愼氏). <1장. 한자+이두. 조선 필사 이두 자료. 전남 영암군 장암 남평 문씨 문창집 소장. 호남권 한국학자료센터 홈페이지 원문 이미지와 텍스트 보기. 한국정신문

---

[365] 호남권 한국학자료센터 홈페이지에서는 '1868년 염정환(廉正煥) 방매(放賣) 토지매매명문(土地賣買明文)'으로 표시하였다.

화연구원 편(1995) 참고>

1868-12-08. **토지매매명문**(土地賣買明文),[366] 답주 최인지(畓主崔仁之). <1장. 한자+이두. 조선 필사 이두 자료. 전남 나주시 남내 밀양 박씨 청재 종가 소장. 호남권 한국학자료센터 홈페이지 원문 이미지와 텍스트 보기. 임학성(1994), 정두희(1998), 조윤선(2002) 참고>

1868-12-08. **토지매매명문**(土地賣買明文),[367] 답주 한화성(畓主韓化成). <1장. 한자+이두. 조선 필사 이두 자료. 전남 영광 마산 경주 이씨가 구장. 진안 용담호미술관 소장. 호남권 한국학자료센터 홈페이지 원문 이미지와 텍스트 보기. 최승희(1989), 이재수(2003), 채현경(2011) 참고>

1868-12-09. **일도면 훈장 김 품목**(一道面訓長金稟目), 일도면 훈장 김(金). <1장. 한자+이두. 조선 필사 이두 자료. 전북 부안군 우반 부안 김씨 세덕각 소장. 한국학중앙연구원 장서각 한국고문서자료관 홈페이지 원문 이미지와 텍스트 보기. 한국정신문화연구원 편(1983, 1998), 한국학중앙연구원 편(2017) 참고>

1868-12-10. **유학 김태순 토지매매명문**(幼學金泰淳土地賣買明文), 전답주 유학 김광문(出畓主幼學金光文). <1장. 한자+이두. 조선 필사 이두 자료. 광주광역시 광산구 김해 김씨 소장. 호남권 한국학자료센터 홈페이지 원문 이미지와 텍스트 보기. 이재수(2003), 이수건 외(2004) 참고>

1868-12-10. **유학 안풍환 토지매매명문**(幼學安豊煥土地賣買明文), 전주 유학 염원종(出主幼學廉元鍾). <1장. 한자+이두. 조선 필사 이두 자료. 전남 보성군 복내면 죽산 안씨 죽곡정사 소장. 호남권 한국학자료센터 홈페이지 원문 이미지와 텍스트 보기. 김현영(2003), 손환일(2004ㄱ), 이수건 외(2004) 참고>

1868-12-13. **김 노 손이 토지매매명문**(金奴孫伊土地賣買明文), 답주 이 노 개금(畓主李奴介今). <1장. 한자+이두. 조선 필사 이두 자료. 경북 안동시 도산면 의촌리 은졸재 고택 구장. 한국국학진흥원 소장. 한국학자료센터 영남권역센터 홈페이지

---

[366] 호남권 한국학자료센터 홈페이지에서는 '1868년 최인지(崔仁之) 방매(放賣) 토지매매명문(土地賣買明文)'으로 표시하였다.

[367] 호남권 한국학자료센터 홈페이지에서는 '1868년 한화성(韓化成) 방매(放賣) 토지매매명문(土地賣買明文)'으로 표시하였다.

원문 이미지와 텍스트 보기>

1868-12-15. **장암 화민 문낙훈 등 보장**(場巖化民文樂勳等報狀), 문낙훈 등. <1장. 한자＋이두. 조선 필사 이두 자료. 전남 영암군 장암 남평 문씨 문창집 소장. 한국학중앙연구원 장서각 한국고문서자료관 홈페이지 원문 이미지와 텍스트 보기. 한국정신문화연구원 편(1995) 참고>

1868-12-15. **최백승 등 보장**(崔栢承等報狀), 최백승 등. <1장. 한자＋이두. 조선 필사 이두 자료. 전남 영암군 장암 남평 문씨 문창집 소장. 호남권 한국학자료센터 홈페이지 원문 이미지와 텍스트 보기. 한국정신문화연구원 편(1995, 2003) 참고>

1868-12-20. **김갑이 토지매매명문**(金甲伊土地賣買明文), 답주 임선록(畓主林先祿). <1장. 한자＋이두. 조선 필사 이두 자료. 경북 안동시 수곡면 전주 류씨 삼산 종가 구장. 대구광역시 수성구 만촌동 전주 류씨 종가 소장. 한국학자료센터 영남권역센터 홈페이지 원문 이미지와 텍스트 보기. 최승희(1989), 이재수(2003), 전경목(2010) 참고>

1868-12-20. **영암군수 전령**(靈巖郡守傳令) 3, 영암군. <1장. 한자＋이두. 조선 필사 이두 자료. 전남 영암군 장암 남평 문씨 문창집 소장. 호남권 한국학자료센터 홈페이지 원문 이미지와 텍스트 보기. 최승희(1989), 국립민속박물관 편(1991), 한국정신문화연구원 편(1995) 참고>

1868-12-22. **토지매매명문**(土地賣買明文),[368] 답주 자필 김제덕(畓主自筆金濟德). <1장. 한자＋이두. 조선 필사 이두 자료. 경북 안동시 수곡면 전주 류씨 삼산 종가 구장. 대구광역시 수성구 만촌동 전주 류씨 종가 소장. 한국학자료센터 영남권역센터 홈페이지 원문 이미지와 텍스트 보기. 최승희(1989), 이재수(2003), 정수환(2012) 참고>

1868-12-25. **유학 김성환 토지매매명문**(幼學金成煥土地賣買明文), 유학 정태호(幼學鄭台昊). <1장. 한자＋이두. 조선 필사 이두 자료. 전남 보성군 박실 제주 양씨가 구장. 원광대학교 박물관 소장. 호남권 한국학자료센터 홈페이지 원문 이미지와

---

[368] 한국학자료센터 영남권역센터 홈페이지에서는 '1868년 김제덕(金濟德) 토지매매명문(土地賣買明文)'으로 표시하였다.

텍스트 보기>

1868-12-26. **토지매매명문**(土地賣買明文),[369] 답주 한량 김도여(畓主閑良金道汝). <1장. 한자+이두. 조선 필사 이두 자료. 전남 영광 마산 경주 이씨가 구장. 진안 용담호미술관 소장. 호남권 한국학자료센터 홈페이지 원문 이미지와 텍스트 보기. 최승희(1989), 정구복 외(1999), 이재수(2003), 채현경(2011) 참고>

1868-12-00. **김순교 등 상서**(金舜敎等上書), 김순교 등. <1장. 한자+이두. 조선 필사 이두 자료. 경북 안동시 오천 광산 김씨 후조당 소장. 한국학중앙연구원 장서각 한국고문서자료관 홈페이지 원문 이미지와 텍스트 보기. 한국정신문화연구원 편(1982) 참고>

1868-12-00. **남평 문씨 보장**(南平文氏報狀) <1장. 한자+이두. 조선 필사 이두 자료. 전남 영암 남평 문씨 문창집 소장. 호남권 한국학자료센터 홈페이지 원문 이미지와 텍스트 보기. 최승희(1989), 한국정신문화연구원 편(1995) 참고>

1868-12-00. **첩정**(牒呈), 풍헌 최(風憲崔)·이임 권(里任權). <1장. 한자+이두. 조선 필사 이두 자료. 경북 안동시 갈전 순흥 안씨 소장. 한국학중앙연구원 한국학 디지털 아카이브 홈페이지 & 한국학중앙연구원 장서각 한국고문서자료관 홈페이지 원문 이미지와 텍스트 보기. 한국정신문화연구원 편(1999) 참고>

1868-12-00. **토지매매명문**(土地賣買明文),[370] 답주 한량 김윤갑(畓主閑良金允甲). <1장. 한자+이두. 조선 필사 이두 자료. 전북대학교 박물관 소장. 호남권 한국학자료센터 홈페이지 원문 이미지와 텍스트 보기. 최승희(1989), 정구복 외(1999), 이재수(2003) 참고>

1868-12-00. **화민 신광규 등 소지**(化民辛㻋珪等所志), 신광규 등. <1장. 한자+이두. 조선 필사 이두 자료. 영광 입석 영월 신씨 소장. 한국학중앙연구원 장서각 한국고문서자료관 홈페이지 원문 이미지와 텍스트 보기. 한국정신문화연구원 편(1996) 참고>

---

[369] 호남권 한국학자료센터 홈페이지에서는 '김도여(金道汝) 방매(放賣) 토지매매명문(土地賣買明文)'으로 표시하였다.

[370] 호남권 한국학자료센터 홈페이지에서는 '1868년 김윤갑(金允甲) 방매 토지매매명문(土地賣買明文)'으로 표시하였다.

1868-12-00. ■■■ 소지(■■■所志), ■■■. <1장. 한자+이두. 조선 필사 이두 자료. 중간 부분 결락. 경북 안동시 갈전 순흥 안씨 소장. 한국학중앙연구원 장서각 한국고문서자료관 홈페이지 원문 이미지 보기. 한국정신문화연구원 편(1999) 참고>

1868-12-00 추정. **수성동 거민 수본**(守城洞居民手本), 수성동 거민. <1장. 한자+이두. 조선 필사 이두 자료. 경북 경주시 안강읍 옥산리 여주 이씨 장산서원·치암 종택 구장. 한국학중앙연구원 장서각 한국고문서자료관 홈페이지 원문 이미지 보기. 한국정신문화연구원 편(2003) 참고>

1868-12-00~1871-01-11(戊辰~辛未) 추정.[371] 「구등황해수아영등록(**具等 黃海水亞營謄錄**)」, 수아영(水亞營) 편(編). <1책. 89장. 필사본. 표제는 '具等 黃海水亞營報謄錄'. 한자+이두. 조선 필사 이두 자료. 서울대학교 규장각 한국학연구원 홈페이지 '古4255-5-v.1'의 원문 이미지 보기> <영인본: 「각사등록」 55(황해도 보유편)(국사편찬위원회 편, 1991)>

1868-■■-23. **읍내 정남휘 시장문기**(邑內丁南輝柴場文記), 산주 종손 유학 김규서(山主宗孫幼學金奎西). <1장. 한자+이두. 조선 필사 이두 자료. 전남 나주시 나주 정씨 정문찬 소장. 호남권 한국학자료센터 홈페이지 원문 이미지와 텍스트 보기. 최승희(1989), 국립민속박물관 편(1991) 참고>

1868-00-00. 「예기집설대전(**禮記集設大全**)」, 원나라 진호(陣澔) 집설(集說), 명나라 호광(胡廣) 외 봉칙(奉勅) 찬수(纂修). <무진 여름 개간본(戊辰夏開刊本). 30권 15책. 목판본. 축쇄본. 현토본. 한자+생획자 인쇄 구결. 국립중앙도서관 홈페이지 낙질본(권6, 7-8, 11-12, 13-15, 23-26, 29-30) 원문 이미지 보기>

1868-00-00. 「의종손익(**醫宗損益**)」, 황도연(黃道淵, 1807년~884년) 편, 한양: 찬화당(贊化堂). <7책. 목판본. 향약명 자료. 국립중앙도서관 홈페이지 원문 이미지 보기>

1868-00-00. 「진찬의궤(**進饌儀軌**)」 권수(卷首)~권지2, 의궤청(儀軌廳). 편 <3책. 필사본. 수권의 표제는 '進饌儀軌首卷'. 권수제는 '內進饌儀軌'. 한자+이두. 조선 필

---

[371] 서울대학교 규장각 한국학연구원 홈페이지에서는 '刊年未詳'으로 표시하였다.

사 이두 자료. 서울대학교 규장각 한국학연구원 의궤 종합정보 홈페이지 '奎 14374' 원문 이미지 보기>

1868-00-00. 「학어(學語)」, 박재철(朴載哲) 편. <봉산신간(鳳山新刊). 1책. 77장. 목판본. '학어집(學語集)'이라고도 한다. 발문은 1862년(崇禎四壬戌正月丁亥)에 썼다. 송근수(宋近洙)가 1868년(崇禎後五戊辰仲秋日)에 쓴 서문을 붙여 간행한 것이다. 한문 초학서. 한자 사이(예: 又, 卩 등)와 문장 끝(예: 爲加叱, 伊尼叱 등)에 본문 글자보다 작은 글자로 구결이 인쇄되어 있다. 본문의 한자 아래에 생획자 구결이 달려 있다. 인쇄 구결 자료. 국립중앙도서관 & 한국학중앙연구원 장서각 소장. 국립중앙도서관 홈페이지 & 한국학중앙연구원 한국학 디지털 아카이브 홈페이지 원문 이미지 보기> <이본: 간행 시기 미상인 책이 국립중앙도서관에 소장되어 있다. 좌우에 생획자 구결이 달려 있는 책도 있다.>

1869년

<기사(己巳). 고종 6년. 동치 8년>

1869-01-01~1871-04-28(동치 8년 己巳~동치 10년 辛未).「경상도 동래부사 현덕장등록(慶尙道東萊府使顯德狀謄錄)」 6, 비변사(備邊司) 편(編). <1책(6/전9책). 165장. 필사본. 표제는 '東萊府啓錄'. 한자+이두. 조선 필사 이두 자료. 서울대학교 규장각 한국학연구원 홈페이지 '奎15105' 원문 이미지 보기> <영인본:「각사등록」 12(경상도편 2)(국사편찬위원회 편, 1984)> <1849-06-06~1850-04-18(1/9)>

1869-01-10. **유학 토지매매명문**(幼學土地賣買明文),[372] 답주 유학 박재준(畓主幼學朴載駿). <1장. 한자+이두. 조선 필사 이두 자료. 전남 나주시 남내 밀양 박씨 청재 종가 소장. 호남권 한국학자료센터 홈페이지 원문 이미지와 텍스트 보기. 임학성(1994), 정수환·이헌창(2008) 참고>

---

[372] 호남권 한국학자료센터 홈페이지에서는 '1869년 박재준(朴載駿) 방매(放賣) 토지매매명문(土地賣買明文)'으로 표시하였다.

1869-01-15. **토지매매명문**(土地賣買明文),[373] 답주 최 노 진명(沓主崔奴辰明). <1장. 한자+이두. 조선 필사 이두 자료. 경북 경주시 내남면 이조리 경주 최씨·용산서원 소장. 한국학중앙연구원 장서각 한국고문서자료관 홈페이지 원문 이미지 보기. 한국정신문화연구원 편(2000) 참고>

1869-01-17. **토지매매명문**(土地賣買明文), 답주 유학 허윤방(沓主幼學許允方). <1장. 한자+이두. 조선 필사 이두 자료. 전북 정읍시 옹동 전주 이태일가 소장. 호남권 한국학자료센터 홈페이지 원문 이미지와 텍스트 보기. 최승희(1989), 이재수(2003), 채현경(2011) 참고>

1869-01-20. **백홍진 등 상서**(白洪鎭等上書), 백홍진 등. <1장. 한자+이두. 조선 필사 이두 자료. 전북 부안군 취성재 소장. 호남권 한국학자료센터 홈페이지 원문 이미지와 텍스트 보기. 최승희(1989), 전경목(1997), 김현영(1999), 이수건 외(2004) 참고>

1869-01-22. **토지매매명문**(土地賣買明文), 전주 안굉이(田主安宏伊). <1장. 한자+이두. 조선 필사 이두 자료. 경북 안동시 주촌 진성 이씨 경류정 소장. 한국학중앙연구원 장서각 한국고문서자료관 홈페이지 원문 이미지와 텍스트 보기. 한국정신문화연구원 편(1999) 참고>

1869-01-24. **토지매매명문**(土地賣買明文),[374] 답주 유학 정종영(沓主幼學鄭鍾榮). <1장. 한자+이두. 조선 필사 이두 자료. 전북 고창 읍내 안동 권씨가 소장. 호남권 한국학자료센터 홈페이지 원문 이미지와 텍스트 보기. 최승희(1989), 전북향토문화연구회 편(1993), 정구복 외(1999) 참고>

1869-01-26 추정. **영천군 첩정**(永川郡牒呈), 영천군. <1장. 한자+이두. 조선 필사 이두 자료. 경북 경주시 안강읍 옥산리 여주 이씨 장산서원·치암 종택 구장. 한국학중앙연구원 장서각 한국고문서자료관 홈페이지 원문 이미지 보기. 한국정신문화연구원 편(2003) 참고>

---

[373] 호남권 한국학자료센터 홈페이지에서는 '1869년 허윤방(許允方) 방매(放賣) 토지매매명문(土地賣買明文)'으로 표시하였다.

[374] 호남권 한국학자료센터 홈페이지에서는 '1869년 정종영(鄭鍾榮) 방매(放賣) 토지매매명문(土地賣買明文)'으로 표시하였다.

1869-01-28. **토지매매명문**(土地賣買明文), 답주 자필 최 노 도치(畓主自筆崔奴道致). <1장. 한자+이두. 조선 필사 이두 자료. 경북 경주시 내남면 이조리 경주 최씨·용산서원 소장. 한국학중앙연구원 장서각 한국고문서자료관 홈페이지 원문 이미지 보기. 한국정신문화연구원 편(2000) 참고>

1869-01-29. **토지매매명문**(土地賣買明文),[375] 답주 유학 이완택(畓主幼學李完宅). <1장. 한자+이두. 조선 필사 이두 자료. 전북대학교 박물관 소장. 호남권 한국학자료센터 홈페이지 원문 이미지와 텍스트 보기. 박병호(1974ㄱ), 최승희(1989), 이재수(2003), 박준호(2004), 전경목 외(2006) 참고>

1869-01-00. **김병헌 소지**(金炳憲所志), 김병헌. <1장. 한자+이두. 조선 필사 이두 자료. 전북 부안군 우반 부안 김씨 세덕각 소장. 한국학중앙연구원 장서각 한국고문서자료관 홈페이지 & 호남권 한국학자료센터 홈페이지 원문 이미지와 텍스트 보기. 박병호(1974ㄱ), 한국정신문화연구원 편(1983, 1998), 최승희(1989), 김현영(1999), 전경목(2001), 정구복(2002), 한국학중앙연구원 편(2017) 참고>

1869-01-00. **김조연 소지**(金肇演所志), 김조연. <1장. 한자+이두. 조선 필사 이두 자료. 대전·청양 안동 김씨 삼당 후손가 소장. 한국학중앙연구원 장서각 한국고문서자료관 홈페이지 원문 이미지 보기. 한국정신문화연구원 편(2003) 참고>

1869-01-00 추정. **수성동 거민 수본**(守城洞居民手本) 1, 수성동 거민. <1장. 한자+이두. 조선 필사 이두 자료. 경북 경주시 안강읍 옥산리 여주 이씨 장산서원·치암종택 구장. 한국학중앙연구원 장서각 한국고문서자료관 홈페이지 원문 이미지 보기. 한국정신문화연구원 편(2003) 참고>

1869-01-00 추정. **수성동 거민 수본**(守城洞居民手本) 2, 수성동 거민. <1장. 한자+이두. 조선 필사 이두 자료. 경북 경주시 안강읍 옥산리 여주 이씨 장산서원·치암종택 구장. 한국학중앙연구원 장서각 한국고문서자료관 홈페이지 원문 이미지 보기. 한국정신문화연구원 편(2003) 참고>

1869-01-00~1869-12-00(己巳).「추조결옥록(**秋曹決獄錄**)」23, 형조(刑曹) 편(編). <1

---

[375] 호남권 한국학자료센터 홈페이지에서는 '1869년 이완택(李完宅) 방매 토지매매명문(土地賣買明文)'으로 표시하였다.

책(23/낙질본 43책). 32장. 필사본. 한자+이두. 조선 필사 이두 자료. 서울대학교 규장각 한국학연구원 홈페이지 원문 이미지 보기> <1822-01-00~1822-12-00(1/43)>

1869-02-09. **도산서원 통문**(陶山書院通文) 1, 도산서원. <1장. 한자+이두. 조선 필사 이두 자료. 경북 경주시 내남면 이조리 경주 최씨·용산서원 소장. 한국학중앙연구원 장서각 한국고문서자료관 홈페이지 원문 이미지 보기. 한국정신문화연구원 편(2000) 참고>

1869-02-09. **도산서원 통문**(陶山書院通文) 2, 도산서원. <1장. 한자+이두. 조선 필사 이두 자료. 경북 경주시 내남면 이조리 경주 최씨·용산서원 소장. 한국학중앙연구원 장서각 한국고문서자료관 홈페이지 원문 이미지 보기. 한국정신문화연구원 편(2000) 참고>

1869-02-20. **정 노 강아지 토지매매명문**(鄭奴江牙之土地賣買明文), 답주 고직 흥복(畓主庫直興福). <1장. 한자+이두. 조선 필사 이두 자료. 경북 안동시 주촌 진성이씨 경류정 소장. 한국학중앙연구원 장서각 한국고문서자료관 홈페이지 원문 이미지와 텍스트 보기. 한국정신문화연구원 편(1999) 참고>

1869-02-21. **토지매매명문**(土地賣買明文),[376] 산지주 유학 이관춘(山地主幼學李觀春). <1장. 한자+이두. 조선 필사 이두 자료. 전남 보성군 복내면 죽산 안씨 죽곡정사 소장. 호남권 한국학자료센터 홈페이지 원문 이미지와 텍스트 보기. 김소은(2004) 참고>

1869-02-26. **예림서원 통문**(禮林書院通文), 예림서원. <1장. 한자+이두. 조선 필사 이두 자료. 경북 경주시 내남면 이조리 경주 최씨·용산서원 소장. 한국학중앙연구원 장서각 한국고문서자료관 홈페이지 원문 이미지 보기. 한국정신문화연구원 편(2000) 참고>

1869-02-00. **김내우 소지**(金來禹所志), 김내우. <1장. 한자+이두. 조선 필사 이두 자료. 대전·청양 안동 김씨 삼당 후손가 소장. 한국학중앙연구원 장서각 한국고문

---

[376] 호남권 한국학자료센터 홈페이지에서는 '1869년 이관춘(李觀春) 방매(放賣) 토지매매명문(土地賣買明文)'으로 표시하였다.

서자료관 홈페이지 원문 이미지 보기. 한국정신문화연구원 편(2003) 참고>

1869-02-00. **이기영 등 등장**(李岐榮等等狀), 이기영 등. <1장. 한자+이두. 조선 필사 이두 자료. 경북 영해 인량 재령 이씨 충효당 소장. 한국학중앙연구원 장서각 한국고문서자료관 홈페이지 원문 이미지 보기. 한국학중앙연구원 편(2008) 참고>

1869-02-00. **황병규 등 소지**(黃丙奎等所志), 황병규 등. <1장. 한자+이두. 조선 필사 이두 자료. 전북 남원시 대곡 장수 황씨 문중 소장. 호남권 한국학자료센터 홈페이지 원문 이미지와 텍스트 보기. 최승희(1989), 김경숙(2002), 심재우(2013) 참고>

1869-03-02~1872-06-19(己巳, 庚午, 壬申).「평안감영심리계록(平安監營審理啓錄)」4, 비변사(備邊司) 편(編). <1책(4/전4책). 156장. 필사본. 표제는 '箕營審理啓錄'. 한자+이두. 조선 필사 이두 자료. 서울대학교 규장각 한국학연구원 홈페이지 원문 이미지 보기> <1854-07-29~1863-07-30(1/4)>

1869-03-04. **토지매매명문**(土地賣買明文),[377] 답주 종손 유학 조병화 등(畓主宗孫幼學趙柄華等). <1장. 한자+이두. 조선 필사 이두 자료. 전북대학교 박물관 소장. 호남권 한국학자료센터 홈페이지 원문 이미지와 텍스트 보기. 최승희(1989), 정구복 외(1999), 이재수(2003) 참고>

1869-03-05. **토지매매명문**(土地賣買明文),[378] 전답주 박 씨(田畓主朴氏). <1장. 한자+이두. 조선 필사 이두 자료. 전북 임실군 청웅 밀양 박씨가 소장. 호남권 한국학자료센터 홈페이지 원문 이미지와 텍스트 보기. 박병호(1974ㄱ), 최승희(1989), 전경목 외(2006), 채현경(2011) 참고>

1869-03-11. **강종락 토지매매명문**(姜宗樂土地賣買明文), 전주 미상(田主未詳). <1장. 한자+이두. 조선 필사 이두 자료. 제주 어도내산 진주 강씨가 구장. 제주 한림 강우석 소장. 호남권 한국학자료센터 홈페이지 원문 이미지와 텍스트 보기. 이재수(2003), 오창명(2007) 참고>

---

377 호남권 한국학자료센터 홈페이지에서는 '1869년 조병화(趙柄華) 등 방매 토지매매명문(土地賣買明文)'으로 표시하였다.

378 호남권 한국학자료센터 홈페이지에서는 '1869년 박씨(朴氏) 방매(放賣) 토지매매명문(土地賣買明文)'으로 표시하였다.

1869-03-17. **토지매매명문**(土地賣買明文), 전주 이성록(田主李成祿). <1장. 한자+이두. 조선 필사 이두 자료. 경북 안동시 오천 광산 김씨 후조당 소장. 한국학중앙연구원 장서각 한국고문서자료관 홈페이지 원문 이미지와 텍스트 보기. 한국정신문화연구원 편(1982) 참고>

1869-03-20. **이 노 월금 토지매매명문**(李奴月金土地賣買明文), 답주 김 노 손이(畓主金奴孫伊). <1장. 한자+이두. 조선 필사 이두 자료. 경북 안동시 도산면 의촌리 은졸재 고택 구장. 한국국학진흥원 소장. 한국학자료센터 영남권역센터 홈페이지 원문 이미지와 텍스트 보기>

1869-03-00. **김 노 천석 소지**(金奴千石所志), 천석. <1장. 한자+이두. 조선 필사 이두 자료. 경북 안동시 풍산읍 오미리 풍산 김씨 허백당 종택 구장. 한국국학진흥원 소장. 한국학자료센터 영남권역센터 홈페이지 원문 이미지와 텍스트 보기. 박병호(1974ㄱ), 전경목(1996), 김경숙(2002), 이재수(2003), 최연숙(2005) 참고>

1869-03-00. **김찬순 소지**(金粲淳所志), 김찬순. <1장. 한자+이두. 조선 필사 이두 자료. 광주광역시 광산구 김해 김씨 소장. 호남권 한국학자료센터 홈페이지 원문 이미지와 텍스트 보기. 김선경(1993), 국사편찬위원회 편(2009) 참고>

1869-03-00. **박제경 차첩**(朴齊敬差帖), 이조(吏曹). <1장. 한자+이두. 조선 필사 이두 자료. 경기도 의정부 장암 반남 박씨가 소장. 한국학중앙연구원 장서각 한국고문서자료관 홈페이지 원문 이미지 보기>

1869-03-00. **최긍권 등 상서**(崔亘權等上書), 최긍권 등. <1장. 한자+이두. 조선 필사 이두 자료. 전북 부안 석동 류절재 소장. 호남권 한국학자료센터 홈페이지 원문 이미지와 텍스트 보기. 박병호(1974ㄱ), 최승희(1989) 참고>

1869-04-24. **고산현감 도형**(高山縣監圖形), 고산현. <1장. 한자+이두. 조선 필사 이두 자료. 전북 군산시 임피면 갈운 제주 고씨가 구장. 군산근대역사박물관 소장. 호남권 한국학자료센터 홈페이지 원문 이미지와 텍스트 보기. 박병호(1974ㄱ), 최승희(1989), 전경목(1997), 김현영(1999), 정구복(2002), 김경숙(2012) 참고>

1869-04-24. **차신영 다짐**(車信永侤音) 1, 차신영. <1장. 한자+이두. 조선 필사 이두 자료. 전북 군산시 임피면 갈운 제주 고씨가 구장. 군산근대역사박물관 소장. 호남권 한국학자료센터 홈페이지 원문 이미지와 텍스트 보기. 박병호(1974ㄱ),

최승희(1989), 전경목(1997), 김현영(1999), 정구복(2002), 김경숙(2012) 참고>

1869-04-26~1879-12-28(自己巳至己卯).「전객사일기(**典客司日記**)」98, 예조(禮曹) 전객사(典客司) 편(編). <1책(98/전99책). 49장. 필사본. 한자+이두. 조선 필사 이두 자료. 서울대학교 규장각 한국학연구원 홈페이지 원문 이미지 보기> <1640-01-22~1641-12-23(1/99)>

1869-04-00. **고성진 등 소지**(高性鎭等所志), 고성진 등. <1장. 한자+이두. 조선 필사 이두 자료. 전북 군산시 임피면 갈운 제주 고씨가 구장. 군산근대역사박물관 소장. 호남권 한국학자료센터 홈페이지 원문 이미지와 텍스트 보기. 박병호(1974ㄱ), 최승희(1989), 전경목(1997), 김현영(1999), 정구복(2002), 김경숙(2012) 참고>

1869-04-00. **안윤덕·안병로 등 소지**(安潤德安秉魯等所志) 1, 안윤덕·안병로 등. <1장. 한자+이두. 조선 필사 이두 자료. 경북 안동시 갈전 순흥 안씨 소장. 한국학중앙연구원 장서각 한국고문서자료관 홈페이지 원문 이미지 보기. 한국정신문화연구원 편(1999) 참고>

1869-05-04. **별방진 조방장 고 서목**(別防鎭助防將高書目), 별방진 조방진 고. <1장. 한자+이두. 필사 이두 자료. 제주교육박물관 소장. 사이버 제주교육박물관 홈페이지 원문 이미지와 텍스트 보기>

1869-05-04. **우도 삼소임 서목**(牛島三所任書目), 우도 삼소임. <1장. 한자+이두. 필사 이두 자료. 제주교육박물관 소장. 사이버 제주교육박물관 홈페이지 원문 이미지와 텍스트 보기>

1869-05-07. **토지매매명문**(土地賣買明文), 전주(田主). <1장. 한자+이두. 조선 필사 이두 자료. 경북 안동시 오천 광산 김씨 후조당 소장. 한국학중앙연구원 장서각 한국고문서자료관 홈페이지 원문 이미지와 텍스트 보기. 한국정신문화연구원 편(1982) 참고>

1869-05-07. **토지매매명문**(土地賣買明文), 전주 이선록(田主李先祿). <1장. 한자+이두. 조선 필사 이두 자료. 경북 안동시 오천 광산 김씨 후조당 소장. 한국학중앙연구원 장서각 한국고문서자료관 홈페이지 원문 이미지와 텍스트 보기. 한국정신문화연구원 편(1982) 참고>

1869-05-07~1878-06-11(己巳~광서 4년 戊寅).「충청수영관첩(**忠淸水營關牒**)」3, 비

변사(備邊司) 편(編). <1책(3/전3책). 57장. 필사본. 표제는 '箕營關報牒'. 한자+이두. 조선 필사 이두 자료. 서울대학교 규장각 한국학연구원 홈페이지 원문 이미지 보기> <영인본: 「각사등록」 8(충청도편 3)(국사편찬위원회 편, 1983)> <1808-02-26~1811-01-00(1/3)>

1869-05-15~1870-12-24(己巳~庚午). 「평안감영계록(平安監營啓錄)」 34, 비변사(備邊司) 편(編). <1책(34/전37책). 160장. 필사본. 표제는 '箕營啓錄'. 한자+이두. 조선 필사 이두 자료. 서울대학교 규장각 한국학연구원 홈페이지 원문 이미지 보기. 「각사등록」 33(평안도편 5)(국사편찬위원회 편, 1988)> <1830-08-12~1830-12-30(1/37)>

1869-05-29. **유학 지광조 토지매매명문**(幼學池光祚土地賣買明文), 자필 답주 유학 최두신(自筆畓主幼學崔斗信). <1장. 한자+이두. 조선 필사 이두 자료. 전남 여수 좌수영박물관 소장. 호남권 한국학자료센터 홈페이지 원문 이미지와 텍스트 보기. 최승희(1989), 국립민속박물관 편(1991) 참고>

1869-05-29~1874-08-20(己巳~甲戌). 「평안감영관첩(平安監營關牒)」 3, 비변사(備邊司) 편(編). <1책(3/전4책). 80장. 필사본. 표제는 '箕營關牒'. 한자+이두. 조선 필사 이두 자료. 서울대학교 규장각 한국학연구원 홈페이지 원문 이미지 보기> <1853-01-03~1854-10-25(1/4)>

1869-05-00. **고성진 등 의송**(高性鎭等議送), 고성진 등. <1장. 한자+이두. 조선 필사 이두 자료. 전북 군산시 임피면 갈운 제주 고씨가 구장. 군산근대역사박물관 소장. 호남권 한국학자료센터 홈페이지 원문 이미지와 텍스트 보기. 박병호(1974ㄱ), 최승희(1989), 전경목(1997), 김현영(1999), 정구복(2002), 김경숙(2012) 참고>

1869-05-00. **기태직 등 소지**(奇泰稷等所志), 기태직 등. <1장. 한자+이두. 조선 필사 이두 자료. 전남 장성군 행주 기씨 금강 종가 소장. 호남권 한국학자료센터 홈페이지 원문 이미지와 텍스트 보기. 김경숙(2008), 국사편찬위원회 편(2009) 참고>

1869-05-00. **김일택 등 소지**(金馹澤等所志), 김일택 등. <1장. 한자+이두. 조선 필사 이두 자료. 전북 고창·고부 광산 김씨 소장. 한국학중앙연구원 고문서자료관 홈페이지 원문 이미지 보기. 한국학중앙연구원 편(2009) 참고>

1869-05-00. **신정구 소지**(申定求所志), 신정구. <1장. 한자+이두. 조선 필사 이두

자료. 순창 좌부 천안 전씨가 구장. 순창장류박물관 소장. 호남권 한국학자료센터 홈페이지 원문 이미지와 텍스트 보기. 박병호(1974ㄱ), 최승희(1989), 김현영(1999), 전경목(2001), 정구복(2002) 참고>

1869-05-00. **안병연·안홍렬 등 소지**(安秉淵安弘烈等所志) 1, 안병연·안홍렬 등. <1장. 한자+이두. 조선 필사 이두 자료. 경북 안동시 갈전 순흥 안씨 소장. 한국학중앙연구원 장서각 한국고문서자료관 홈페이지 원문 이미지 보기. 한국정신문화연구원 편(1999) 참고>

1869-05-00. **안병연·안홍렬 등 소지**(安秉淵安弘烈等所志) 2, 안병연·안홍렬 등. <1장. 한자+이두. 조선 필사 이두 자료. 경북 안동시 갈전 순흥 안씨 소장. 한국학중앙연구원 장서각 한국고문서자료관 홈페이지 원문 이미지 보기. 한국정신문화연구원 편(1999) 참고>

1869-05-00. **안윤덕·안병로 등 소지**(安潤德安秉魯等所志) 2, 안윤덕·안병로 등. <1장. 한자+이두. 조선 필사 이두 자료. 경북 안동시 갈전 순흥 안씨 소장. 한국학중앙연구원 장서각 한국고문서자료관 홈페이지 원문 이미지 보기. 한국정신문화연구원 편(1999) 참고>

1869-05-00. **이광렴 소지**(李光濂所志), 이광렴. <1장. 한자+이두. 조선 필사 이두 자료. 경북 영해 인량 재령 이씨 충효당 소장. 한국학중앙연구원 장서각 한국고문서자료관 홈페이지 원문 이미지 보기. 한국학중앙연구원 편(2008) 참고>

1869-06-19~1870-04-17(己巳~庚午) 추정. 「**진휼등록**(賑恤謄錄)」, 편자 미상. <1책. 109장. 필사본. 문서가 시기별로 정리되어 있지 않다. 한자+이두. 조선 필사 이두 자료. 서울대학교 규장각 한국학연구원 홈페이지 원문 이미지 보기> <영인본: 「각사등록」 48(충청도 보유편)(국사편찬위원회 편, 1991)>

1869-07-05. **최남수 초사**(崔南壽招辭), 최남수. <1장. 한자+이두. 조선 필사 이두 자료. 경북 경주시 내남면 이조리 경주 최씨·용산서원 소장. 한국학중앙연구원 장서각 한국고문서자료관 홈페이지 원문 이미지 보기. 한국정신문화연구원 편(2000) 참고>

1869-07-21. **상주 도남서원 통문**(尙州道南書院通文), 도남서원. <1장. 한자+이두. 조선 필사 이두 자료. 경북 경주 옥산서원 구장. 경주시 강동면 양동마을 안길

여주 이씨 무첨당 소장. 한국학자료센터 영남권역센터 홈페이지 원문 이미지와 텍스트 보기. 이수환(2001, 2009) 참고>

1869-08-06. **배행근 토지매매명문**(裵倖根土地賣買明文), 답주 이 노 연대(畓主李奴淵大). <1장. 한자+이두. 조선 필사 이두 자료. 경북 안동시 오천 광산 김씨 후조당 소장. 한국학중앙연구원 장서각 한국고문서자료관 홈페이지 원문 이미지와 텍스트 보기. 한국정신문화연구원 편(1982) 참고>

1869-08-11. **문 생원 수기**(文生員手記), 양명환 등(梁明煥等). <1장. 한자+이두. 조선 필사 이두 자료. 전남 영암 남평 문씨 문창집 소장. 호남권 한국학자료센터 홈페이지 원문 이미지와 텍스트 보기. 최승희(1989), 국립민속박물관 편(1991), 한국정신문화연구원 편(1995, 2003) 참고>

1869-08-11. **양명환 등 수기**(梁明煥等手記), 양명환 등. <1장. 한자+이두. 조선 필사 이두 자료. 전남 영암군 장암 남평 문씨 문창집 소장. 한국학중앙연구원 장서각 한국고문서자료관 홈페이지 원문 이미지와 텍스트 보기. 한국정신문화연구원 편(1995) 참고>

1869-08-27. **토지매매명문**(土地賣買明文), 전주 유학 손백무 등(田主幼學孫佰武等). <1장. 한자+이두. 조선 필사 이두 자료. 전북대학교 박물관 소장. 호남권 한국학자료센터 홈페이지 원문 이미지와 텍스트 보기. 최승희(1989), 정구복 외(1999), 이재수(2003) 참고>

1869-08-28. **강병훈 토지매매명문**(姜炳勳土地賣買明文) 1, 진주 자필집 송진광(田主自筆執宋進光). <1장. 한자+이두. 조선 필사 이두 자료. 제주 어도내산 진주 강씨가 구장. 제주 한림 강우석 소장. 호남권 한국학자료센터 홈페이지 원문 이미지와 텍스트 보기. 이재수(2003), 오창명(2007) 참고>

1869-08-00. **문규인 상서**(文奎寅上書), 문규인. <1장. 한자+이두. 조선 필사 이두 자료. 전남 영암 남평 문씨 문창집 소장. 호남권 한국학자료센터 홈페이지 원문 이미지와 텍스트 보기. 최승희(1989), 한국정신문화연구원 편(1995, 2003), 전경목 외(2006) 참고>

1869-08-00. **조인수 등 상서**(趙隣洙等上書), 조인수 등. <1장. 한자+이두. 조선 필사 이두 자료. 경북 상주 낙동 풍양 조씨 양진당 소장. 한국학중앙연구원 장서각

한국고문서자료관 홈페이지 원문 이미지 보기>

1869-08-00. **화민 문규인 상서**(化民文奎寅上書), 문규인. <1장. 한자+이두. 조선 필사 이두 자료. 전남 영암 남평 문씨 문창집 소장. 호남권 한국학자료센터 홈페이지 원문 이미지와 텍스트 보기. 한국정신문화연구원 편(1995) 참고>

1869-09-08~1871-12-00(己巳~辛未). 「좌포청등록(左捕廳謄錄)」 16, 포도청(捕盜廳) 편(編). <1책(16/전18책). 66장. 필사본. 한자+이두. 조선 필사 이두 자료. 서울대학교 규장각 한국학연구원 홈페이지 낙질본 원문 이미지 보기> <1775-06-14~1775-윤10-29(1/18)>

1869-09-00. **고성진 등 단자**(高性鎭等單子), 고성진 등. <1장. 한자+이두. 조선 필사 이두 자료. 전북 군산시 임피면 갈운 제주 고씨가 구장. 군산근대역사박물관 소장. 호남권 한국학자료센터 홈페이지 원문 이미지와 텍스트 보기. 박병호(1974ㄱ), 최승희(1989), 전경목(1997), 김현영(1999), 정구복(2002), 김경숙(2012) 참고>

1869-09-00. **이원달 등 상서**(李原達等上書), 이원달 등. <1장. 한자+이두. 조선 필사 이두 자료. 전북 부안군 우반 부안 김씨 세덕각 소장. 한국학중앙연구원 장서각 한국고문서자료관 홈페이지 & 호남권 한국학자료센터 홈페이지 원문 이미지와 텍스트 보기. 박병호(1974ㄱ), 한국정신문화연구원 편(1983, 1998), 최승희(1989), 김현영(1999), 전경목(2001), 정구복(2002), 한국학중앙연구원 편(2017) 참고>

1869-10-06. **차신영 다짐**(車信永侤音) 2, 차신영. <1장. 한자+이두. 조선 필사 이두 자료. 전북 군산시 임피면 갈운 제주 고씨가 구장. 군산근대역사박물관 소장. 호남권 한국학자료센터 홈페이지 원문 이미지와 텍스트 보기. 박병호(1974ㄱ), 최승희(1989), 전경목(1997), 김현영(1999), 정구복(2002), 김경숙(2012) 참고>

1869-10-10. **토지매매명문**(土地賣買明文),[379] 답주 박윤신(畓主朴允信). <1장. 한자+이두. 조선 필사 이두 자료. 전남 나주시 남내 밀양 박씨 청재 종가 소장. 호남권 한국학자료센터 홈페이지 원문 이미지와 텍스트 보기. 이정수(1999), 정수환·이헌창(2008) 참고>

---

[379] 호남권 한국학자료센터 홈페이지에서는 '1869년 박윤신(朴允信) 방매(放賣) 토지매매명문(土地賣買明文)'으로 표시하였다.

1869-10-27. **토지매매명문**(土地賣買明文),[380] 자필 무계주 유학 김덕일(自筆茂界主幼學金德一). <1장. 한자+이두. 조선 필사 이두 자료. 전남 순천 황전 경주 정씨가 구장. 광주광역시 이정옥 소장. 호남권 한국학자료센터 홈페이지 원문 이미지와 텍스트 보기. 최승희(1989) 참고>

1869-10-00. **양태희 등 소지**(楊泰熙等所志), 양태희 등. <1장. 한자+이두. 조선 필사 이두 자료. 전북 순창 구미 남원 양씨가 소장. 호남권 한국학자료센터 홈페이지 원문 이미지와 텍스트 보기. 박병호(1974ㄱ), 최승희(1989), 김경숙(2002), 심재우(2013) 참고>

1869-11-02. **토지매매명문**(土地賣買明文),[381] 답주 김성찬(畓主金聖贊). <1장. 한자+이두. 조선 필사 이두 자료. 전남 나주시 남내 밀양 박씨 청재 종가 소장. 호남권 한국학자료센터 홈페이지 원문 이미지와 텍스트 보기. 이정수(1999) 참고>

1869-11-04. **토지매매명문**(土地賣買明文),[382] 답주 정재중(畓主鄭再仲). <1장. 한자+이두. 조선 필사 이두 자료. 전남 나주시 남내 밀양 박씨 청재 종가 소장. 호남권 한국학자료센터 홈페이지 원문 이미지와 텍스트 보기. 이수건(1987) 참고>

1869-11-11. **이웅직 산도**(李應稷山圖), 안동대도호부(安東大都護府). <1장. 한자+이두. 조선 필사 이두 자료. 경북 안동시 일직면 망호리 한산 이씨 소산 종가 구장. 한국국학진흥원 소장. 한국학자료센터 영남권역센터 홈페이지 원문 이미지와 텍스트 보기>

1869-11-15. **유학 박 토지매매명문**(幼學朴土地賣買明文),[383] 답주 유학 이정병(畓主幼學李正柄). <1장. 한자+이두. 조선 필사 이두 자료. 전남 보성군 박실 제주 양씨가 구장. 원광대학교 박물관 소장. 호남권 한국학자료센터 홈페이지 원문 이미지와

---

380 호남권 한국학자료센터 홈페이지에서는 '1869년 김덕일(金德一) 토지매매명문(土地賣買明文)'으로 표시하였다.

381 호남권 한국학자료센터 홈페이지에서는 '1869년 김성찬(金聖贊) 방매(放賣) 토지매매명문(土地賣買明文)'으로 표시하였다.

382 호남권 한국학자료센터 홈페이지에서는 '1869년 정재중(鄭再仲) 방매(放賣) 토지매매명문(土地賣買明文)'으로 표시하였다.

383 호남권 한국학자료센터 홈페이지에서는 '1869년 이정병(李正柄) 방매(放賣) 토지매매명문(土地賣買明文)'으로 표시하였다.

텍스트 보기. 김건우(2008), 정수환·이헌창(2008), 채현경(2011ㄱ, 2011ㄴ) 참고>

1869-11-15. **유학 토지매매명문**(幼學土地賣買明文),[384] 산지주 유학 박양현(山地主幼學朴良鉉). <1장. 한자+이두. 조선 필사 이두 자료. 전남 보성군 박실 제주 양씨가 구장. 원광대학교 박물관 소장. 호남권 한국학자료센터 홈페이지 원문 이미지와 텍스트 보기. 최승희(1989), 정구복 외(1999), 이재수(2003) 참고>

1869-11-19~1869-12-00. 「결속색등록(**結束色謄錄**)」, 병조(兵曹) 편(編). <1책(86/낙질본 107책). 218장. 필사본. 한자+이두. 조선 필사 이두 자료. 서울대학교 규장각 한국학연구원 홈페이지 1787년~1891년 낙질본 107책(1792년(건륭 57년), 1811년(가경 16년) 하, 1816년(가경 21년), 1817년(가경 22년), 1824년(도광 4년), 1831년(도광 11년), 1871년(동치 10년), 1885년(광서 11년) 없음) 원문 이미지 보기>

1869-11-25. **이당촌 토지매매명문**(李當村土地賣買明文), 포전주 주 생원 노 봉주(浦田主朱生員奴奉舟). <1장. 한자+이두. 조선 필사 이두 자료. 경북 상주 낙동 풍양 조씨 양진당 소장. 장서각 한국고문서자료관 홈페이지 원문 이미지 보기>

1869-11-00. **문창보 소지**(文昌輔所志), 문창보. <1장. 한자+이두. 조선 필사 이두 자료. 전남 영암 남평 문씨 문창집 소장. 호남권 한국학자료센터 홈페이지 원문 이미지와 텍스트 보기. 최승희(1989), 한국정신문화연구원 편(1995, 2003), 전경목 외(2006) 참고>

1869-11-00. **신치구 등 소지**(申治求等所志), 신치구 등. <1장. 한자+이두. 조선 필사 이두 자료. 순창 좌부 천안 전씨가 구장. 순창장류박물관 소장. 호남권 한국학자료센터 홈페이지 원문 이미지와 텍스트 보기. 박병호(1974ㄱ), 최승희(1989), 김현영(1999), 전경목(2001), 정구복(2002) 참고>

1869-11-00. **이찬 차첩**(李瓚差帖), 안동부(安東府). <1장. 한자+이두. 조선 필사 이두 자료. 경북 안동시 법흥동 고성 이씨 임청각 구장. 한국학중앙연구원 장서각 한국고문서자료관 홈페이지 원문 이미지 보기. 한국정신문화연구원 편(2000) 참고>

1869-11-00. **토지매매명문**(土地賣買明文),[385] 답주 집필 유학 장치완(畓主自筆幼學張

---

[384] 호남권 한국학자료센터 홈페이지에서는 '1869년 박양현(朴良鉉) 방매(放賣) 토지매매명문(土地賣買明文)'으로 표시하였다.

致完). <1장. 한자+이두. 조선 필사 이두 자료. 전북대학교 박물관 소장. 호남권 한국학자료센터 홈페이지 원문 이미지와 텍스트 보기>

1869-12-07. **학계 토지매매명문**(學稧土地賣買明文), 답주 자필 노 복천(畓主自筆奴卜千). <1장. 한자+이두. 조선 필사 이두 자료. 경북 영양군 영양읍 삼지리 한양 조씨 하담 고택 구장. 한국국학진흥원 소장. 한국학자료센터 영남권역센터 홈페이지 원문 이미지와 텍스트 보기. 박병호(1974ㄱ), 최승희(1989), 이재수(2003), 이수건 외(2004) 참고>

1869-12-08. **토지매매명문**(土地賣買明文),[386] 전주 강점철(田主姜占哲). <1장. 한자+이두. 조선 필사 이두 자료. 전북대학교 박물관 소장. 호남권 한국학자료센터 홈페이지 원문 이미지와 텍스트 보기. 최승희(1989), 정구복 외(1999), 이재수(2003) 참고>

1869-12-12. **이득룡 토지매매명문**(李得龍土地賣買明文), 답주 전귀종(畓主全貴宗). <1장. 한자+이두. 조선 필사 이두 자료. 경북 영양군 영양읍 삼지리 한양 조씨 하담 고택 구장. 한국국학진흥원 소장. 한국학자료센터 영남권역센터 홈페이지 원문 이미지와 텍스트 보기. 박병호(1974ㄱ), 최승희(1989), 이재수(2003), 이수건 외(2004) 참고>

1869-12-12. **질 준원 토지매매명문**(侄俊元土地賣買明文), 답주 숙모 서 씨(畓主叔母徐氏). <1장. 한자+이두. 조선 필사 이두 자료. 전북대학교 박물관 소장. 호남권 한국학자료센터 홈페이지 원문 이미지와 텍스트 보기. 최승희(1989), 정구복 외(1999), 이재수(2003) 참고>

1869-12-16. **강병훈 토지매매명문**(姜炳勳土地賣買明文) 2, 전주 송계은(田主宋啓殷). <1장. 한자+이두. 조선 필사 이두 자료. 제주 어도내산 진주 강씨가 구장. 제주 한림 강우석 소장. 호남권 한국학자료센터 홈페이지 원문 이미지와 텍스트 보기. 이재수(2003), 오창명(2007) 참고>

---

[385] 호남권 한국학자료센터 홈페이지에서는 '1869년 장치완(張致完) 방매 토지매매명문(土地賣買明文)'으로 표시하였다.

[386] 호남권 한국학자료센터 홈페이지에서는 '1869년 강점철(姜占哲) 방매 토지매매명문(土地賣買明文)'으로 표시하였다.

1869-12-20. **장수현 서강계 완약**(長水縣書堂禊完約), 박상순 등(朴相淳等). <1장. 한자+이두. 조선 필사 이두 자료. 전북 장수군 화양 흥학당 소장. 호남권 한국학자료센터 홈페이지 원문 이미지와 텍스트 보기. 박병호(1974ㄱ) 참고>

1869-12-29. **토지매매명문**(土地賣買明文), 답주 유학 유(畓主幼學柳). <1장. 한자+이두. 조선 필사 이두 자료. 전남 구례군 토지면 오미리 문화 류씨 운조루 소장. 한국학중앙연구원 장서각 한국고문서자료관 홈페이지 원문 이미지와 텍스트 보기. 한국정신문화연구원 편(1998) 참고>

1869-12-00. **박인환 소지**(朴寅煥所志), 박인환. <1장. 한자+이두. 조선 필사 이두 자료. 전북 임실군 청웅 밀양 박씨가 소장. 호남권 한국학자료센터 홈페이지 원문 이미지와 텍스트 보기. 박병호(1974ㄱ), 최승희(1989), 김경숙(2002), 전경목 외(2006) 참고>

1869-12-00. **용산서원 사림 품목**(龍山書院士林稟目), 용산서원 사림. <1장. 한자+이두. 조선 필사 이두 자료. 경북 경주시 내남면 이조리 경주 최씨·용산서원 소장. 한국학중앙연구원 장서각 한국고문서자료관 홈페이지 원문 이미지 보기. 한국정신문화연구원 편(2000) 참고>

1869-12-00. **조 노 귀산 토지매매명문**(趙奴貴山土地賣買明文), 전주 자필 정 노 천도(出主自筆鄭奴千島). <1장. 한자+이두. 조선 필사 이두 자료. 강원도 원주시 이정동 소장. 한국학자료센터 강원권역센터 홈페이지 원문 이미지와 텍스트 보기. 최승희(1989), 전경목(2010, 2014), 박준호(2016) 참고>

1869-12-00. **토지매매명문**(土地賣買明文),[387] 답주 계원 허려 등(畓主稧員許欐等). <1장. 한자+이두. 조선 필사 이두 자료. 전북대학교 박물관 소장. 호남권 한국학자료센터 홈페이지 원문 이미지와 텍스트 보기>

1869-00-00. 「**미암집**(眉巖集)」, 유희춘(柳希春) 저. 유경심(柳慶深)·유경인(柳慶寅) 편집, 유정식(柳廷楠) 초간. <21권 10책. '미암선생집(眉巖先生集)'이라고도 한다. 조선 인쇄 이두 자료. 유희춘 시문집. 서울대학교 규장각 한국학연구원 홈페이지

---

[387] 호남권 한국학자료센터 홈페이지에서는 '1869년 허려(許欐) 방매 토지매매명문(土地賣買明文)'으로 표시하였다.

원문 이미지 보기> <이본: 1897-00-00('속부록' 추가 재간)>

1869-00-00~1870-00-00(己巳~庚午).「경상감영계록(慶尙監營啓錄)」2, 경상감영(慶尙監營) 편(編). <1책(2/전7책). 194장. 필사본. 표제는 '慶尙監營啓錄'. 한자+이두. 조선 필사 이두 자료. 서울대학교 규장각 한국학연구원 홈페이지 원문 이미지 보기> <1842-04-19~1842-11-16(6/7)>

1869-00-00 이후 기입 추정.「금강반야바라밀경(金剛般若波羅密經)」, 송나라 야부천로(冶父川老) 송(頌), 경기 광주(京畿廣州): 수도산 봉은사(修道山奉恩寺). <1책. 43장. 목판본. 합철본. 표제는 '金剛經 川老頌'. '천로금강경(川老金剛經)'이라고도 한다. 본문에 생획토 기입. 불교 서적. 조선 묵서 구결 자료. 서울대학교 규장각 한국학연구원 '古 1730-84' 소장. 서울대학교 규장각 한국학연구원 원문 이미지 보기. 남풍현(2014ㄱ: 266), 서울대학교 규장각 한국학연구원 홈페이지 박진호 해제 참고>

1870년

<경오(庚午). 고종 7년. 동치 9년>

1870-01-10. **삼종형 토지매매명문**(三從兄土地賣買明文),[388] 삼종제 권근영(三從弟權根永). <1장. 한자+이두. 조선 필사 이두 자료. 경북 안동시 오천 광산 김씨 후조당 소장. 한국학중앙연구원 장서각 한국고문서자료관 홈페이지 원문 이미지와 텍스트 보기. 한국정신문화연구원 편(1982) 참고>

1870-01-18. **박판손 토지매매명문**(朴判孫土地賣買明文), 답주 김여수(畓主金汝壽). <1장. 한자+이두. 조선 필사 이두 자료. 전북 정읍시 동학농민혁명기념관 소장. 호남권 한국학자료센터 홈페이지 원문 이미지와 텍스트 보기. 박병호(1974ㄱ), 이재수(2003) 참고>

---

[388] 한국학중앙연구원 장서각 한국고문서자료관 홈페이지에서는 '1870년 권■■(權■■) 토지매매명문(土地賣買明文)'으로 표시하였다.

1870-01-26. **토지매매명문**(土地賣買明文),[389] 답전주 유학 김한서(畓田主幼學金漢瑞). <1장. 한자+이두. 조선 필사 이두 자료. 전남 순천 월등 목천 장씨가 구장. 전북대학교 박물관 소장. 호남권 한국학자료센터 홈페이지 원문 이미지와 텍스트 보기. 최승희(1989), 정구복 외(1999), 이재수(2003) 참고>

1870-01-00. **문낙훈 소지**(文樂勳所志), 문낙훈. <1장. 한자+이두. 조선 필사 이두 자료. 전남 영암 남평 문씨 문창집 소장. 호남권 한국학자료센터 홈페이지 원문 이미지와 텍스트 보기. 최승희(1989), 한국정신문화연구원 편(1995, 2003), 전경목 외(2006) 참고>

1870-01-00. **임홍원 등장**(林洪源等狀), 임홍원. <1장. 한자+이두. 조선 필사 이두 자료. 경남 거창 갈계 은진 임씨 소장. 한국학중앙연구원 장서각 한국고문서자료관 홈페이지 원문 이미지 보기. 한국학중앙연구원 편(2005) 참고>

1870-01-00~1870-12-00(庚午). 「**추조결옥록**(秋曹決獄錄)」 24, 형조(刑曹) 편(編). <1책(24/낙질본 43책). 58장. 필사본. 한자+이두. 조선 필사 이두 자료. 서울대학교 규장각 한국학연구원 홈페이지 원문 이미지 보기> <1822-01-00~1822-12-00 (1/43)>

1870-02-02. **이 생원 댁 노 원상 토지매매명문**(李生員宅奴元尙土地賣買明文), 필전주 정 생원 노 방손(筆田主鄭生員奴房孫). <1장. 한자+이두. 조선 필사 이두 자료. 경북 영덕 인량 재령 이씨 갈암 종택 구장. 한국국학진흥원 소장. 한국학자료센터 영남권역센터 홈페이지 원문 이미지와 텍스트 보기>

1870-02-02. **토지매매명문**(土地賣買明文), 답주 최 노 진명(畓主崔奴進命). <1장. 한자+이두. 조선 필사 이두 자료. 경북 경주시 내남면 이조리 경주 최씨·용산서원 소장. 한국학중앙연구원 장서각 한국고문서자료관 홈페이지 원문 이미지 보기. 한국정신문화연구원 편(2000) 참고>

1870-02-04. **노 용매 토지매매명문**(奴龍每土地賣買明文), 답주 노 철근(畓主奴哲根). <1장. 한자+이두. 조선 필사 이두 자료. 안동 천전 의성 김씨 지촌 종택 소장.

---

[389] 호남권 한국학자료센터 홈페이지에서는 '1870년 김한서(金漢瑞) 방매(放賣) 토지매매명문(土地賣買明文)'으로 표시하였다.

한국학중앙연구원 장서각 한국고문서자료관 홈페이지 원문 이미지와 텍스트 보기. 한국정신문화연구원 편(1990) 참고>

1870-02-04. **이동록 표문**(李東祿表文), 전당 전주 자필 현우석(典當田主自筆玄禹錫). <1장. 한자+이두. 조선 필사 이두 자료. 제주시 제주교육박물관 소장. 사이버 제주교육박물관 홈페이지 원문 이미지와 텍스트 보기>

1870-02-05. **김훈 토지매매명문**(金壎土地賣買明文), 전주 자필 김여두(田主自筆金如斗). <1장. 한자+이두. 조선 필사 이두 자료. 제주시 일도 2동 제주민속자연사박물관 소장. 호남권 한국학자료센터 홈페이지 원문 이미지와 텍스트 보기>

1870-02-09. **영해 석포 이씨 문중 유사 유학 이찬영 가사매매명문**(寧海石浦李氏門中有司幼學李纘榮家舍賣買明文), 가답주 유학 남정하(家畓主幼學南正夏). <1장. 한자+이두. 조선 필사 이두 자료. 경북 영해 인량 재령 이씨 충효당 소장. 한국학중앙연구원 장서각 한국고문서자료관 홈페이지 원문 이미지 보기. 한국정신문화연구원 편(1997) 참고>

1870-02-13. **김 진사 댁 노 마당 토지매매명문**(金進士宅奴馬堂土地賣買明文), 답주 임상진(畓主林上眞). <1장. 한자+이두. 조선 필사 이두 자료. 대전·청양 안동 김씨 삼당 후손가 소장. 한국학중앙연구원 장서각 한국고문서자료관 홈페이지 원문 이미지 보기. 한국정신문화연구원 편(2003) 참고>

1870-02-13. **차신영 다짐**(車信永侤音) 1, 차신영. <1장. 한자+이두. 조선 필사 이두 자료. 전북 군산시 임피면 갈운 제주 고씨가 구장. 군산근대역사박물관 소장. 호남권 한국학자료센터 홈페이지 원문 이미지와 텍스트 보기. 박병호(1974ㄱ), 최승희(1989), 전경목(1997), 김현영(1999), 정구복(2002), 김경숙(2012) 참고>

1870-02-15. **유사 최제구 토지매매명문**(有司崔濟九土地賣買明文), 유사 유학 윤태관(有司幼學尹泰燿). <1장. 한자+이두. 조선 필사 이두 자료. 남원·구례 삭녕 최씨 구장. 한국학중앙연구원 장서각 한국고문서자료관 홈페이지 원문 이미지 보기. 한국정신문화연구원 편(2004) 참고>

1870-02-15. **토지매매명문**(土地賣買明文),[390] 답주 장필삼(畓主張弼三). <1장. 한자+

---

390 호남권 한국학자료센터 홈페이지에서는 '1870년 장필삼(張弼三) 방매 토지매매명문(土地賣買明

이두. 조선 필사 이두 자료. 전북대학교 박물관 소장. 호남권 한국학자료센터 홈페이지 원문 이미지와 텍스트 보기. 최승희(1989), 정구복 외(1999), 이재수(2003) 참고>

1870-02-20. **재종질숙 동몽 조달용 토지매매명문**(再從姪童蒙曺達龍土地賣買明文), 답주 재종숙 조문습(畓主再從叔曺文習). <1장. 한자+이두. 조선 필사 이두 자료. 영암 미암 창녕 조씨 태호 후손가 소장. 호남권 한국학자료센터 홈페이지 원문 이미지 보기. 최승희(1989) 참고>

1870-02-23. **종중 토지매매명문**(宗中土地賣買明文), 전주 족인 최우찬(田主族人崔遇贊). <1장. 한자+이두. 조선 필사 이두 자료. 남원·구례 삭녕 최씨 구장. 한국학중앙연구원 장서각 한국고문서자료관 홈페이지 원문 이미지 보기. 한국정신문화연구원 편(2004) 참고>

1870-02-23. **토지매매명문**(土地賣買明文),[391] 답주 최항석(畓主崔項石). <1장. 한자+이두. 조선 필사 이두 자료. 전남 보성군 택촌 죽산 안씨 은봉 종가 소장. 호남권 한국학자료센터 홈페이지 원문 이미지와 텍스트 보기. 김현영(2003), 김영나(2007) 참고>

1870-02-24. **최우장·최우창 통문**(崔遇章崔遇昌通文), 최우장·최우창. <1장. 한자+이두. 조선 필사 이두 자료. 남원·구례 삭녕 최씨 구장. 한국학중앙연구원 장서각 한국고문서자료관 홈페이지 원문 이미지 보기. 한국정신문화연구원 편(2004) 참고>

1870-02-24. **토지매매명문**(土地賣買明文),[392] 전주 권증시(田主權曾是). <1장. 한자+이두. 조선 필사 이두 자료. 경북 안동시 수곡면 전주 류씨 삼산 종가 구장. 대구광역시 수성구 만촌동 전주 류씨 종가 소장. 한국학자료센터 영남권역센터 홈페이지 원문 이미지와 텍스트 보기. 최승희(1989), 이재수(2003), 전경목(2010), 정수환

文'으로 표시하였다.

[391] 호남권 한국학자료센터 홈페이지에서는 '1870년 최항석(崔項石) 방매(放賣) 토지매매문(土地賣買明文)'으로 표시하였다.

[392] 한국학자료센터 영남권역센터 홈페이지에서는 '1870년 권증시(權曾是) 토지매매문(土地賣買明文)'으로 표시하였다.

(2012) 참고>

1870-02-27. **토지매매명문**(土地賣買明文),[393] 존중 유학 이우근 등(村中幼學李遇根等). <1장. 한자+이두. 조선 필사 이두 자료. 전북 고창군 장두 광산 김씨가 소장. 호남권 한국학자료센터 홈페이지 원문 이미지와 텍스트 보기. 박병호(1974ㄱ), 최승희(1989), 이재수(2003) 참고>

1870-02-28. **강용서 토지매매명문**(康龍瑞土地賣買明文), 전주 강시호(出主康始浩). <1장. 한자+이두. 조선 필사 이두 자료. 제주시 일도 2동 제주민속자연사박물관 소장. 호남권 한국학자료센터 홈페이지 원문 이미지와 텍스트 보기. 이재수(2003) 참고>

1870-02-00. **고유종 등 소지**(高有鍾等所志), 고유종 등. <1장. 한자+이두. 조선 필사 이두 자료. 전북 군산시 임피면 같은 제주 고씨가 구장. 군산근대역사박물관 소장. 호남권 한국학자료센터 홈페이지 원문 이미지와 텍스트 보기. 박병호(1974ㄱ), 최승희(1989), 전경목(1997), 김현영(1999), 정구복(2002), 김경숙(2012) 참고>

1870-02-00. **이진상 등 상서**(李眞相等上書), 이진상. <1장. 한자+이두. 조선 필사 이두 자료. 경북 경주시 안강읍 옥산리 여주 이씨 독락당 소장. 한국학중앙연구원 장서각 한국고문서자료관 홈페이지 원문 이미지 보기. 한국정신문화연구원 편 (2003) 참고>

1870-03-02. **가사매매명문**(家舍賣買明文), 가대주 유학 정재형(家岱主幼學丁載亨). <1장. 한자+이두. 조선 필사 이두 자료. 영광 입석 영월 신씨 소장. 한국학중앙연구원 장서각 한국고문서자료관 홈페이지 원문 이미지와 텍스트 보기. 한국정신문화연구원 편(1996) 참고>

1870-03-16. **수표**(手標), 상유사 유학 박성실(上有司幼學朴成實). <1장. 한자+이두. 조선 필사 이두 자료. 전북 임실군 청웅 밀양 박씨가 소장. 호남권 한국학자료센터 홈페이지 원문 이미지와 텍스트 보기. 박병호(1974ㄱ), 최승희(1989), 김경숙 (2002), 전경목 외(2006) 참고>

---

393 호남권 한국학자료센터 홈페이지에서는 '1870년 이우근(李遇根) 방매(放賣) 토지매매명문(土地賣買明文)'으로 표시하였다.

1870-03-16. **이 노 선봉 토지매매명문**(李奴先奉土地賣買明文), 답주 이 노 월금 자필(畓主李奴月金自筆). <1장. 한자+이두. 조선 필사 이두 자료. 경북 안동시 도산면 의촌리 은졸재 고택 구장. 한국국학진흥원 소장. 한국학자료센터 영남권역센터 홈페이지 원문 이미지와 텍스트 보기>

1870-03-18~1871-11-29(庚午 동치 9년~辛未 동치 10년).「통제영계록(**統制營啓錄**)」3, 비변사(備邊司) 편(編). <1책(3/전8책). 210장. 필사본. 표제는 '統制營啓錄'. 한자+이두. 조선 필사 이두 자료. 서울대학교 규장각 한국학연구원 홈페이지 원문 이미지 보기> <영인본:「각사등록」17(경상도편 7)(국사편찬위원회 편, 1985)> <1847-02-04~1848-01-27(1/8)>

1870-03-20. **지례 김영록 상전 댁 토지매매명문**(智禮金英彔上典宅土地賣買明文), 전주(田主). <1장. 한자+이두. 조선 필사 이두 자료. 안동 천전 의성 김씨 지촌 종택 소장. 한국학중앙연구원 장서각 한국고문서자료관 홈페이지 원문 이미지와 텍스트 보기. 한국정신문화연구원 편(1990) 참고>

1870-03-23. **토지매매명문**(土地賣買明文),[394] 답주 유학 김시문(畓主幼學金始文). <1장. 한자+이두. 조선 필사 이두 자료. 전남 보성군 박실 제주 양씨가 구장. 원광대학교 박물관 소장. 호남권 한국학자료센터 홈페이지 원문 이미지와 텍스트 보기. 박병호(1974ㄱ) 참고>

1870-03-28. **토지매매명문**(土地賣買明文),[395] 답주 유학 이상길(畓主幼學李相吉). <1장. 한자+이두. 조선 필사 이두 자료. 전남 영광 마산 경주 이씨가 구장. 진안 용담호미술관 소장. 호남권 한국학자료센터 홈페이지 원문 이미지와 텍스트 보기. 최승희(1989), 정구복 외(1999), 이재수(2003), 채현경(2011) 참고>

1870-03-00. **김 노 중록 소지**(金奴仲彔所志), 중록. <1장. 한자+이두. 조선 필사 이두 자료. 경북 안동시 풍산읍 오미리 풍산 김씨 허백당 종택 구장. 한국국학진흥원 소장. 한국학자료센터 영남권역센터 홈페이지 원문 이미지와 텍스트 보기. 박병

---

[394] 호남권 한국학자료센터 홈페이지에서는 '1870년 김시문(金始文) 방매(放賣) 토지매매명문(土地賣買明文)'으로 표시하였다.

[395] 호남권 한국학자료센터 홈페이지에서는 '1870년 이상길(李相吉) 방매(放賣) 토지매매명문(土地賣買明文)'으로 표시하였다.

호(1974ㄱ), 이재수(2003), 최연숙(2005) 참고>

1870-03-00. **양석두 등 소지**(楊錫斗等所志), 양석두 등. <1장. 한자+이두. 조선 필사 이두 자료. 전북 순창 구미 남원 양씨가 소장. 호남권 한국학자료센터 홈페이지 원문 이미지와 텍스트 보기. 박병호(1974ㄱ), 최승희(1989), 김경숙(2002), 심재우(2013) 참고>

1870-03-00. **이 씨가 노 복천 소지**(李氏家盧卜千所志) 1, 복천. <1장. 한자+이두. 조선 필사 이두 자료. 경북 경주시 안강읍 옥산리 여주 이씨 장산서원·치암 종택 구장. 한국학중앙연구원 장서각 한국고문서자료관 홈페이지 원문 이미지 보기. 한국정신문화연구원 편(2003) 참고>

1870-03-00. **이 씨가 노 복천 소지**(李氏家盧卜千所志) 2, 복천. <1장. 한자+이두. 조선 필사 이두 자료. 경북 경주시 안강읍 옥산리 여주 이씨 장산서원·치암 종택 구장. 한국학중앙연구원 장서각 한국고문서자료관 홈페이지 원문 이미지 보기. 한국정신문화연구원 편(2003) 참고>

1870-04-06. **수산댁 노 을춘 토지매매명문**(首山宅奴乙春土地賣買明文), 전주 다인 강영억(出主多人姜永億). <1장. 한자+이두. 조선 필사 이두 자료. 안동 친전 의성 김씨 지촌 종택 소장. 한국학중앙연구원 장서각 한국고문서자료관 홈페이지 원문 이미지와 텍스트 보기. 한국정신문화연구원 편(1990) 참고>

1870-04-13. **토지매매명문**(土地賣買明文),[396] 답주 자필 유학 이승대(畓主自筆幼學李承大). <1장. 한자+이두. 조선 필사 이두 자료. 전북 임실군 지사 협게태 씨가 소장. 호남권 한국학자료센터 홈페이지 원문 이미지와 텍스트 보기. 김재문(1986), 이재수(2003), 채현경(2011) 참고>

1870-04-29. **차신영 다짐**(車信永侤音) 2, 차신영. <1장. 한자+이두. 조선 필사 이두 자료. 전북 군산시 임피면 갈운 제주 고씨가 구장. 군산근대역사박물관 소장. 호남권 한국학자료센터 홈페이지 원문 이미지와 텍스트 보기. 박병호(1974ㄱ), 최승희(1989), 전경목(1997), 김현영(1999), 정구복(2002), 김경숙(2012) 참고>

---

396 호남권 한국학자료센터 홈페이지에서는 '1870년 이승대(李承大) 방매(放賣) 토지매매명문(土地賣買明文)'으로 표시하였다.

1870-04-00. **가사매매명문**(家舍賣買明文),[397] 재주 김정국(財主金鼎國). <1장. 한자+이두. 조선 필사 이두 자료. 한국학중앙연구원 장서각 한국고문서자료관 홈페이지 원문 이미지와 텍스트 보기. 한국정신문화연구원 편(1992) 참고>

1870-04-00. **고석태 등 소지**(高錫台等所志), 고석태 등. <1장. 한자+이두. 조선 필사 이두 자료. 전북 군산시 임피면 같은 제주 고씨가 구장. 군산근대역사박물관 소장. 호남권 한국학자료센터 홈페이지 원문 이미지와 텍스트 보기. 박병호(1974ㄱ), 최승희(1989), 전경목(1997), 김현영(1999), 정구복(2002), 김경숙(2012) 참고>

1870-04-00. **박기환 소지**(朴基煥所志), 박기환. <1장. 한자+이두. 조선 필사 이두 자료. 전북 임실군 청웅 밀양 박씨가 소장. 호남권 한국학자료센터 홈페이지 원문 이미지와 텍스트 보기. 박병호(1974ㄱ), 최승희(1989), 김경숙(2002), 전경목 외(2006) 참고>

1870-04-00. **박문환 등 등장**(朴文煥等等狀), 박문환 등. <1장. 한자+이두. 조선 필사 이두 자료. 전남 영암군 군서면 죽정서원 소장. 호남권 한국학자료센터 홈페이지 원문 이미지보기. 최승희(1989) 참고>

1870-04-00. **최영권 등 상서**(崔榮權等上書), 최영권 등. <1장. 한자+이두. 조선 필사 이두 자료. 전북 부안 석동 류절재 소장. 호남권 한국학자료센터 홈페이지 원문 이미지와 텍스트 보기. 박병호(1974ㄱ), 최승희(1989), 정구복 외(1999) 참고>

1870-04-00. **최윤수 등 소지**(崔崙壽等所志), 최윤수 등. <1장. 한자+이두. 조선 필사 이두 자료. 경북 경주시 내남면 이조리 경주 최씨·용산서원 소장. 한국학중앙연구원 장서각 한국고문서자료관 홈페이지 원문 이미지 보기. 한국정신문화연구원 편(2000) 참고>

1870-05-03. **전당문기**(典當文記), 전주 유학 이관하(田主幼學李觀夏). <1장. 한자+이두. 조선 필사 이두 자료. 전남 순천 월등 목천 장씨가 구장. 전북대학교 박물관 소장. 호남권 한국학자료센터 홈페이지 원문 이미지와 텍스트 보기. 박병호(1974ㄱ), 최승희(1989), 이재수(2003), 박준호(2004), 전경목 외(2006) 참고>

---

[397] 한국학중앙연구원 장서각 한국고문서자료관 홈페이지에서는 '1870년 김정국(金鼎國) 방매 가사매매명문(家舍賣買明文)'으로 표시하였다.

1870-05-12. **조병만 감결**(曺秉萬甘結), 전라도사(全羅道使). <1장. 한자+이두. 조선 필사 이두 자료. 전남 화순 동면 창녕 조씨가 구장. 광주광역시 이정옥 소장. 호남권 한국학자료센터 홈페이지 원문 이미지와 텍스트 보기. 최승희(1989) 참고>

1870-05-29. **수기**(手記),[398] 수기주 조연교(手記主趙璉敎). <1장. 한자+이두. 조선 필사 이두 자료. 광주광역시 광산구 김해 김씨 소장. 호남권 한국학자료센터 홈페이지 원문 이미지와 텍스트 보기. 김선경(1993), 국사편찬위원회 편(2009) 참고>

1870-05-00. **고석태 등 상서**(高錫台等上書), 고석태 등. <1장. 한자+이두. 조선 필사 이두 자료. 전북 군산시 임피면 갈운 제주 고씨가 구장. 군산근대역사박물관 소장. 호남권 한국학자료센터 홈페이지 원문 이미지와 텍스트 보기. 박병호(1974ㄱ), 최승희(1989), 전경목(1997), 김현영(1999), 정구복(2002), 김경숙(2012) 참고>

1870-05-00. **김정환 소지**(金貞璞所志), 김정환. <1장. 한자+이두. 조선 필사 이두 자료. 전남 영암 밀양 김씨 김상회 소장. 호남권 한국학자료센터 홈페이지 원문 이미지 보기. 최승희(1989) 참고>

1870-05-00. **김찬순 소지**(金粲淳所志), 김찬순. <1장. 한자+이두. 조선 필사 이두 자료. 광주광역시 광산구 김해 김씨 소장. 호남권 한국학자료센터 홈페이지 원문 이미지와 텍스트 보기. 김선경(1993), 국사편찬위원회 편(2009) 참고>

1870-06-18. **수기**(手記), 수기주 유학 강백형(手記主幼學康伯亨). <1장. 한자+이두. 조선 필사 이두 자료. 전북 임실군 청웅 밀양 박씨가 소장. 호남권 한국학자료센터 홈페이지 원문 이미지와 텍스트 보기. 박병호(1974ㄱ), 최승희(1989), 김경숙(2002), 전경목 외(2006) 참고>

1870-07-14. **정윤 토지매매명문**(鄭允土地賣買明文), 산지주 이정식(山地主李正植). <1장. 한자+이두. 조선 필사 이두 자료. 전남 순천장류박물관 소장. 호남권 한국학자료센터 홈페이지 원문 이미지와 텍스트 보기. 최승희(1989), 전북향토문화연구회 편(1993), 정구복 외(1999) 참고>

1870-07-17 추정. **경주부윤 전령**(慶州府尹傳令), 경주부. <1장. 한자+이두. 조선 필

---

[398] 호남권 한국학자료센터 홈페이지에서는 '1870년 조연교(趙璉敎) 다짐(侤音)'으로 표시하였다.

사 이두 자료. 경북 경주시 안강읍 옥산리 여주 이씨 장산서원·치암 종택 구장. 한국학중앙연구원 장서각 한국고문서자료관 홈페이지 원문 이미지 보기. 한국정신문화연구원 편(2003) 참고>

1870-07-26~1876-06-09(庚午~丙子). 「황해수영계첩(黃海水營啓牒)」 1, 비변사(備邊司) 편(編). <1책(1/전4책). 83장. 필사본. 표제는 '黃海水營啓錄'. 한자+이두. 조선 필사 이두 자료. 서울대학교 규장각 한국학연구원 홈페이지 원문 이미지 보기> <영인본: 「각사등록」 25(황해도편 4)(국사편찬위원회 편, 1987)> <1876-12-00~1878-07-11(2/4), 1880-09-06~1887-08-29(3/4), 1888-05-28~1892-02-29(4/4)>

1870-07-26~1892-01-19. 「황해수영계첩(黃海水營啓牒)」 <필사본. 한자+이두. 1910년 이후에 이왕직 실록편찬회에서 5책으로 필사하였다. 한국학중앙연구원 디지털장서각 홈페이지 'K2-3397' 원문 이미지 보기>

1870-07-00. **박문환 등 상서**(朴文煥等上書) 1, 박문환 등. <1장. 한자+이두. 조선 필사 이두 자료. 전남 영암군 군서면 죽정서원 소장. 호남권 한국학자료센터 홈페이지 원문 이미지보기. 최승희(1989) 참고>

1870-07-00. **박문환 등 의송**(朴文煥等議送), 박문환 등. <1장. 한자+이두. 조선 필사 이두 자료. 전남 영암군 군서면 죽정서원 소장. 호남권 한국학자료센터 홈페이지 원문 이미지보기. 최승희(1989) 참고>

1870-08-14. **토지매매명문**(土地賣買明文) <1장. 한자+이두. 조선 필사 이두 자료. 경북 경주시 소정리 경주 이씨 소장. 한국학중앙연구원 장서각 한국고문서자료관 홈페이지 원문 이미지 보기. 한국정신문화연구원 편(2002) 참고>

1870-08-21. **토지매매명문**(土地賣買明文), 자필 유학 답주 이정회(自筆幼學畓主李正會). <1장. 한자+이두. 조선 필사 이두 자료. 전남 보성군 박실 제주 양씨가 구장. 원광대학교 박물관 소장. 호남권 한국학자료센터 홈페이지 원문 이미지와 텍스트 보기. 박병호(1974ㄱ) 참고>

1870-08-27~1872-07-16(동치 9년 庚午~동치 11년 壬申). 「윤등영하동시장계등록(尹等永夏東時狀啓謄錄)」 7, 비변사(備邊司) 편(編). <1책(7/전9책). 165장. 필사본. 표제는 '東萊府啓錄'. 한자+이두. 조선 필사 이두 자료. 서울대학교 규장각 한국학연구원 홈페이지 원문 이미지 보기> <영인본: 「각사등록」 12(경상도편 2)(국사편

찬위원회 편, 1984)> <1849-06-06~1850-04-18(1/9)>

1870-08-00. **고진호 등 등장**(高鎭皥等等狀), 고진호 등. <1장. 한자+이두. 조선 필사 이두 자료. 전북 부안 청호 제주 고씨 문중 구장. 전북 부안 청호 효충사 소장. 호남권 한국학자료센터 홈페이지 원문 이미지와 텍스트 보기. 박병호(1974ㄱ), 최승희(1989) 참고>

1870-08-00. **임 정승댁 노 막동 토지매매명문**(任政丞宅奴莫同土地賣買明文), 답주 이 노 득점(畓主李奴得占). <1장. 한자+이두. 조선 필사 이두 자료. 안산 부곡 진주 류씨 경성당 소장. 한국학중앙연구원 장서각 한국고문서자료관 홈페이지 & 한국학중앙연구원 한국학 디지털 아카이브 홈페이지 원문 이미지 보기. 한국정신문화연구원 편(2002) 참고>

1870-08-00. **조병만 소지**(曺秉萬所志), 조병만. <1장. 한자+이두. 조선 필사 이두 자료. 전남 화순 동면 창녕 조씨가 구장. 광주광역시 이정옥 소장. 호남권 한국학자료센터 홈페이지 원문 이미지와 텍스트 보기. 최승희(1989) 참고>

1870-09-29. **권상룡 표문**(權相龍標文), 가표주 조녹금(家標主趙錄金). <1장. 한자+이두. 조선 필사 이두 자료. 경북 안동시 주촌 진성 이씨 경류정 구장. 서울역사박물관 소장. 한국학중앙연구원 장서각 한국고문서자료관 홈페이지 원문 이미지와 텍스트 보기. 한국정신문화연구원 편(1999) 참고>

1870-09-00. **강문회 단자**(姜文會單子), 강문회. <1장. 한자+이두. 조선 필사 이두 자료. 영광 함안 이씨 이기태 구장. 영광농업기술센터 영인본 소장. 호남권 한국학자료센터 홈페이지 원문 이미지와 텍스트 보기. 최승희(1989), 국립민속박물관 편(1991), 전경목 외(2006) 참고>

1870-09-00. **고 오학영 및 자손 입안**(故 吳學泳 및 子孫 立案), 예조(禮曹). <1장. 한자+이두. 조선 필사 이두 자료. 경기도 용인시 오산 해주 오씨 추탄 종가 구장. 한국학중앙연구원 장서각 한국고문서자료관 홈페이지 원문 이미지와 텍스트 보기. 한국정신문화연구원 편(1998) 참고>

1870-09-00. **고진호 등 소지**(高鎭皥等所志), 고진호 등. <1장. 한자+이두. 조선 필사 이두 자료. 전북 부안 청호 제주 고씨 문중 구장. 전북 부안 청호 효충사 소장. 호남권 한국학자료센터 홈페이지 원문 이미지와 텍스트 보기. 박병호(1974ㄱ),

최승희(1989) 참고>

1870-10-18. **사동재 사당 가사매매명문**(寺洞齋舍堂家舍賣買明文), 가주 권상룡(家主權相龍). <1장. 한자+이두. 조선 필사 이두 자료. 경북 안동시 주촌 진성 이씨 경류정 구장. 서울역사박물관 소장. 한국학중앙연구원 장서각 한국고문서자료관 홈페이지 원문 이미지와 텍스트 보기. 한국정신문화연구원 편(1999) 참고>

1870-10-21. **양창현 수표**(梁昶鉉手標), 표주 유학 김재현(標主幼學金在鉉). <1장. 한자+이두. 조선 필사 이두 자료. 전남 보성군 박실 제주 양씨가 구장. 원광대학교 박물관 소장. 호남권 한국학자료센터 홈페이지 원문 이미지와 텍스트 보기. 박병호(1974ㄱ), 최승희(1989), 이재수(2003) 참고>

1870-10-00. **김일택 등 소지**(金馹澤等所志), 김일택. <1장. 한자+이두. 조선 필사 이두 자료. 전북 고창·고부 광산 김씨 소장. 한국학중앙연구원 고문서자료관 홈페이지 원문 이미지 보기. 한국학중앙연구원 편(2009) 참고>

1870-10-00. 「전라좌수영 별포위신설절목(**全羅左水營別砲衛新設節目**)」, 전라좌수영(全羅左水營) 편(編). <1책. 63장. 필사본. 한자+이두. 조선 필사 이두 자료. 서울대학교 규장각 한국학연구원 홈페이지 원문 이미지 보기. 「각사등록」 54(전라도 보유편 2)(국사편찬위원회 편, 1991) 영인>

1870-윤10-16~1874-10-11(동치 9년~동치 13년). 「동치 9년 윤10월 위시호남병영장계등록(**同治九年十月爲始湖南兵營狀啓謄錄**)」, 전라병영(全羅兵營) 편(編). <1책(2/4). 68장. 필사본. 표제는 '全羅兵營啓錄'. 한자+이두. 조선 필사 이두 자료. 서울대학교 규장각 한국학연구원 홈페이지 원문 이미지 보기> <영인본: 「각사등록」 19(전라도편 2)(국사편찬위원회 편, 1986)> <1834-01-24~1835-06-01(1/4)>

1870-윤10-17. **노비매매명문**(奴婢賣買明文),[399] 물계 회원 김낙화 등(勿溪會員金樂和等). <1장. 한자+이두. 조선 필사 이두 자료. 경북 안동시 풍산읍 오미리 풍산 김씨 허백당 종택 구장. 한국국학진흥원 소장. 한국학자료센터 영남권역센터 홈페이지 원문 이미지와 텍스트 보기>

---

[399] 한국학자료센터 영남권역센터 홈페이지에서는 '1870년 물계회원(勿溪會員)이 노비를 판 노비매매명문(奴婢賣買明文)'으로 표시하였다.

1870-윤10-20. **김적성 댁 노 대득 토지매매명문**(金積城宅奴大得土地賣買明文), 전주 이금석(出主李今石). <1장. 한자+이두. 조선 필사 이두 자료. 대전·청양 안동 김씨 삼당 후손가 소장. 한국학중앙연구원 장서각 한국고문서자료관 홈페이지 원문 이미지 보기. 한국정신문화연구원 편(2003) 참고>

1870-윤10-23. **수표**(手票),[400] 표주 조연교(票主趙璉敎). <1장. 한자+이두. 조선 필사 이두 자료. 광주광역시 광산구 김해 김씨 소장. 호남권 한국학자료센터 홈페이지 원문 이미지와 텍스트 보기. 김선경(1993), 국사편찬위원회 편(2009) 참고>

1870-윤10-27. **김성침 토지매매명문**(金成侵土地賣買明文), 전주 박율이(出主朴律伊). <1장. 한자+이두. 조선 필사 이두 자료. 경북 안동시 수곡면 진주 류씨 삼산 종가 구장. 대구광역시 수성구 만촌동 전주 류씨 종가 소장. 한국학자료센터 영남권역센터 홈페이지 원문 이미지와 텍스트 보기. 최승희(1989), 이재수(2003), 전경목(2010), 정수환(2012) 참고>

1870-윤10-00. **유방 단자**(柳滂單子) 1, 유방. <1장. 한자+이두. 조선 필사 이두 자료. 안산 부곡 진주 류씨 경성당 소장. 한국학중앙연구원 장서각 한국고문서자료관 홈페이지 원문 이미지 보기. 한국정신문화연구원 편(2002) 참고>

1870-윤10-00. **유방 단자**(柳滂單子) 2, 유방. <1장. 한자+이두. 조선 필사 이두 자료. 안산 부곡 진주 류씨 경성당 소장. 한국학중앙연구원 장서각 한국고문서자료관 홈페이지 원문 이미지 보기. 한국정신문화연구원 편(2002) 참고>

1870-윤10-00. **유방 단자**(柳滂單子) 3, 유방. <1장. 한자+이두. 조선 필사 이두 자료. 안산 부곡 진주 류씨 경성당 소장. 한국학중앙연구원 장서각 한국고문서자료관 홈페이지 원문 이미지 보기. 한국정신문화연구원 편(2002) 참고>

1870-윤10-00. **유방 단자**(柳滂單子) 4, 유방. <1장. 한자+이두. 조선 필사 이두 자료. 안산 부곡 진주 류씨 경성당 소장. 한국학중앙연구원 장서각 한국고문서자료관 홈페이지 원문 이미지 보기. 한국정신문화연구원 편(2002) 참고>

1870-11-10. **시장문기**(柴場文記),[401] 시장주 자필 유학 신진규(柴場主自筆幼學辛縉珪).

---

[400] 호남권 한국학자료센터 홈페이지에서는 '1870년 조연교(趙璉敎) 다짐(侤音)'으로 표시하였다.
[401] 한국학중앙연구원 장서각 한국고문서자료관 홈페이지에서는 '1870년 가사매매명문(家舍賣買明

<1장. 한자+이두. 조선 필사 이두 자료. 영광 입석 영월 신씨 소장. 한국학중앙연구원 장서각 한국고문서자료관 홈페이지 원문 이미지와 텍스트 보기. 한국정신문화연구원 편(1996) 참고>

1870-11-10. **안 척형 주 노비매매명문**(安戚兄主奴婢賣買明文), 노주 낙범(奴主洛範). <1장. 한자+이두. 조선 필사 이두 자료. 경북 안동시 풍산읍 오미리 풍산 김씨 허백당 종택 구장. 한국국학진흥원 소장. 한국학자료센터 영남권역센터 홈페이지 원문 이미지와 텍스트 보기>

1870-11-15. **지례 종가댁 토지매매명문**(智禮宗家宅土地賣買明文), 전주 조사호(出主 趙寺浩). <1장. 한자+이두. 조선 필사 이두 자료. 안동 천전 의성 김씨 지촌 종택 소장. 한국학중앙연구원 장서각 한국고문서자료관 홈페이지 원문 이미지와 텍스트 보기. 한국정신문화연구원 편(1990) 참고>

1870-11-20. **토지매매명문**(土地賣買明文), 답주 자필 유학 이명전(畓主自筆幼學李明銓). <1장. 한자+이두. 조선 필사 이두 자료. 남원·구례 삭녕 최씨 구장. 한국학중앙연구원 장서각 한국고문서자료관 홈페이지 원문 이미지 보기. 한국정신문화연구원 편(2004) 참고>

1870-11-22. **토지매매명문**(土地賣買明文), 답주 자필 권수(畓主自筆權壽). <1장. 한자+이두. 조선 필사 이두 자료. 경북 안동시 주촌 진성 이씨 경류정 구장. 서울역사박물관 소장. 한국학중앙연구원 장서각 한국고문서자료관 홈페이지 원문 이미지와 텍스트 보기. 한국정신문화연구원 편(1999) 참고>

1870-11-23. **황귀동 토지매매명문**(黃貴同土地賣買明文), 답주 박윤흥(畓主朴允興). <1장. 한자+이두. 조선 필사 이두 자료. 부여 은산 함양 박씨 소장. 한국학중앙연구원 장서각 한국고문서자료관 홈페이지 원문 이미지 보기. 한국정신문화연구원 편(2000) 참고>

1870-11-28. **이 서방님 산운댁 토지매매명문**(李書房主山雲宅土地賣買明文), 답주 김상중(畓主金尙中). <1장. 한자+이두. 조선 필사 이두 자료. 경북 안동시 도산면 의촌리 은졸재 고택 구장. 한국국학진흥원 소장. 한국학자료센터 영남권역센터

文'으로 표시하였다.

홈페이지 원문 이미지와 텍스트 보기>

1870-11-29. **토지매매명문**(土地賣買明文),[402] 전답주 유학 이정림(畓主幼學李正林). <1장. 한자+이두. 조선 필사 이두 자료. 전남 순천 월등 목천 장씨가 구장. 전북대학교 박물관 소장. 호남권 한국학자료센터 홈페이지 원문 이미지와 텍스트 보기. 최승희(1989), 정구복 외(1999), 이재수(2003) 참고>

1870-11-00. **권계환 등 상서**(權啓煥等上書), 권계환 등. <1장. 한자+이두. 조선 필사 이두 자료. 안동 천전 의성 김씨 지촌 종택 소장. 한국학중앙연구원 장서각 한국고문서자료관 홈페이지 원문 이미지와 텍스트 보기. 한국정신문화연구원 편(1989) 참고>

1870-11-00. **박문환 등 상서**(朴文煥等上書) 2, 박문환 등. <1장. 한자+이두. 조선 필사 이두 자료. 전남 영암군 군서면 죽정서원 소장. 호남권 한국학자료센터 홈페이지 원문 이미지보기. 최승희(1989) 참고>

1870-11-00. **용산서원 사림 품목**(龍山書院士林稟目), 용산서원 사림. <1장. 한자+이두. 조선 필사 이두 자료. 경북 경주시 내남면 이조리 경주 최씨·용산서원 소장. 한국학중앙연구원 장서각 한국고문서자료관 홈페이지 원문 이미지 보기. 한국정신문화연구원 편(2000) 참고>

1870-11-00. **화민 신일규 소지**(化民辛日珪所志), 신일규. <1장. 한자+이두. 조선 필사 이두 자료. 영광 입석 영월 신씨 소장. 한국학중앙연구원 장서각 한국고문서자료관 홈페이지 원문 이미지와 텍스트 보기. 한국정신문화연구원 편(1996) 참고>

1870-12-02. **보종소 유사 족숙 김제형 토지매매명문**(補宗所有司族叔金濟衡土地賣買明文), 답주 족질 김두상(畓主族侄金斗相). <1장. 한자+이두. 조선 필사 이두 자료. 경북 안동시 오천 광산 김씨 후조당 소장. 한국학중앙연구원 장서각 한국고문서자료관 홈페이지 원문 이미지와 텍스트 보기. 한국정신문화연구원 편(1982) 참고>

1870-12-02. **양 씨 토지매매명문**(梁氏土地賣買明文), 답주 유학 김재복(畓主幼學金在

---

[402] 호남권 한국학자료센터 홈페이지에서는 '1870년 이정림(李正林) 방매 토지매매명문(土地賣買明文)'으로 표시하였다.

福). <1장. 한자+이두. 조선 필사 이두 자료. 전남 보성군 박실 제주 양씨가 구장. 원광대학교 박물관 소장. 호남권 한국학자료센터 홈페이지 원문 이미지와 텍스트 보기. 박병호(1974ㄱ), 최승희(1989), 이재수(2003) 참고>

1870-12-02. **양창현 가사매매명문**(梁昶鉉家舍賣買明文), 가주 유학 김재복(家主幼學金在福). <1장. 한자+이두. 조선 필사 이두 자료. 전남 보성군 박실 제주 양씨가 구장. 원광대학교 박물관 소장. 호남권 한국학자료센터 홈페이지 원문 이미지와 텍스트 보기. 박병호(1974ㄱ), 최승희(1989), 이재수(2003) 참고>

1870-12-04. **이 노 은이 토지매매명문**(李奴銀伊土地賣買明文), 전주 박 노 광돌(田主朴奴光乭). <1장. 한자+이두. 조선 필사 이두 자료. 경북 영해 인량 재령 이씨 충효당 소장. 한국학중앙연구원 장서각 한국고문서자료관 홈페이지 원문 이미지 보기. 한국정신문화연구원 편(2004) 참고>

1870-12-06. **토지매매명문**(土地賣買明文),[403] 답주 이흥춘(畓主李興春). <1장. 한자+이두. 조선 필사 이두 자료. 전남 영광 마산 경주 이씨가 구장. 진안 용담호미술관 소장. 호남권 한국학자료센터 홈페이지 원문 이미지와 텍스트 보기. 박병호(1974ㄱ), 최승희(1989), 이재수(2003) 참고>

1870-12-10. **이리 오명환 고목**(吏吏吳命煥告目), 오명환. <1장. 한자+이두. 조선 필사 이두 자료. 경기도 양주 사릉 해주 정씨 종가 소장. 장서각 한국고문서자료관 홈페이지 이미지 보기>

1870-12-12. **박윤의 토지매매명문**(朴潤義土地賣買明文), 답주 한량 김운칠(畓主閑良金雲七). <1장. 한자+이두. 조선 필사 이두 자료. 전남 나주시 남내 밀양 박씨 청재 종가 소장. 호남권 한국학자료센터 홈페이지 원문 이미지와 텍스트 보기. 이수건(1987) 참고>

1870-12-15. **대계서원 품목**(大溪書院稟目), 대계서원. <1장. 한자+이두. 조선 필사 이두 자료. 전남 보성군 택촌 죽산 안씨 은봉 종가 소장. 호남권 한국학자료센터 홈페이지 원문 이미지와 텍스트 보기. 최승희(1989), 정구복 외(1997) 참고>

---

403 호남권 한국학자료센터 홈페이지에서는 '1870년 이흥춘(李興春) 방매(放賣) 토지매매명문(土地賣買明文)'으로 표시하였다.

1870-12-15. **토지매매명문**(土地賣買明文), 전주 유학 신석모(田主幼學申碩謨). <1장. 한자+이두. 조선 필사 이두 자료. 경북 고령군 대가야읍 본관 1리 홍와 고택 구장. 한국국학진흥원 소장. 한국학자료센터 영남권역센터 홈페이지 원문 이미지와 텍스트 보기. 김성갑(2013) 참고>

1870-12-17. **토지매매명문**(土地賣買明文), 답주 유학 황지묵(畓主幼學黃之黙). <1장. 한자+이두. 조선 필사 이두 자료. 남원·구례 삭녕 최씨 구장. 한국학중앙연구원 장서각 한국고문서자료관 홈페이지 원문 이미지 보기. 한국정신문화연구원 편(2004) 참고>

1870-12-20. **김만일 토지매매명문**(金萬一土地賣買明文), 답주 김귀손(畓主金貴孫). <1장. 한자+이두. 조선 필사 이두 자료. 안동 천전 의성 김씨 지촌 종택 소장. 한국학중앙연구원 장서각 한국고문서자료관 홈페이지 원문 이미지와 텍스트 보기. 한국정신문화연구원 편(1990) 참고>

1870-12-23. **이순지 처 토지매매명문**(李順之妻土地賣買明文), 답주 황귀동(畓主黃貴同). <1장. 한자+이두. 조선 필사 이두 자료. 부여 은산 함양 박씨 소장. 한국학중앙연구원 장서각 한국고문서자료관 홈페이지 원문 이미지 보기. 한국정신문화연구원 편(2000) 참고>

1870-12-23. **토지매매명문**(土地賣買明文),[404] 답주 한량 김운칠(畓主閑良金雲七). <1장. 한자+이두. 조선 필사 이두 자료. 전남 나주시 남내 밀양 박씨 청재 종가 소장. 호남권 한국학자료센터 홈페이지 원문 이미지와 텍스트 보기. 이재수(2003), 이수건 외(2004) 참고>

1870-12-26. **최 생원 토지매매명문**(崔生員土地賣買明文) 1, 답주 상인 이원거(畓主喪人李元居). <1장. 한자+이두. 조선 필사 이두 자료. 전남 나주시 남내 밀양 박씨 청재 종가 소장. 호남권 한국학자료센터 홈페이지 원문 이미지와 텍스트 보기. 오인택(1994), 김현영(2003) 참고>

1870-12-27. **최 생원 토지매매명문**(崔生員土地賣買明文) 2, 답주 상인 이원거(畓主喪

---

404 호남권 한국학자료센터 홈페이지에서는 '1870년 김운칠(金雲七) 방매(放賣) 토지매매명문(土地賣買明文)'으로 표시하였다.

人李元擧). <1장. 한자+이두. 조선 필사 이두 자료. 전남 나주시 남내 밀양 박씨 청재 종가 소장. 호남권 한국학자료센터 홈페이지 원문 이미지와 텍스트 보기. 김현영(2003), 손환일(2004ㄱ) 참고>

1870-12-29. **토지매매명문**(土地賣買明文),[405] 전주 후손 이옥언(田主後孫李玉彦). <1장. 한자+이두. 조선 필사 이두 자료. 경북 안동시 수곡면 전주 류씨 삼산 종가 구장. 대구광역시 수성구 만촌동 전주 류씨 종가 소장. 한국학자료센터 영남권역센터 홈페이지 원문 이미지와 텍스트 보기. 최승희(1989), 이재수(2003), 전경목(2010), 정수환(2012) 참고>

1870-12-하순. **예안현감 정열 기문**(禮安縣監鄭烈記文), 정열. <1장. 한자+이두. 조선 필사 이두 자료. 경북 안동시 주촌 진성 이씨 경류정 구장. 서울역사박물관 소장. 한국학중앙연구원 장서각 한국고문서자료관 홈페이지 원문 이미지와 텍스트 보기. 한국정신문화연구원 편(1999) 참고>

1870-00-00. 「구급신방(**救急新方**)」 <1책. 56장. 한글+한자 향약명 자료. 국립중앙박물관, 국립민속박물관 소장. 이은규(1999, 2011) 참고> <이본: 1870-00-00 이전>

1870-00-00. 「이우당실기(**二憂堂實記**)」, 이경(李瓊, 14세기) 저(著). <2권 1책. 목활자본. 한자+이두. 후손 이병의(李丙義)와 이종섭(李琮燮)이 고려 후기의 문신 이경의 유고와 연보 등을 편집하여 간행. 한국학중앙연구원 디지털장서각 홈페이지 'PB91-39' 원문 이미지 보기>

1870-00-00. 「임실향교절목(**任實鄕校節目**)」, 임실향교. <1책. 한자+이두. 조선 필사 이두 자료. 전북 임실군 임실읍 이도리 임실향교 소장. 호남권 한국학자료센터 홈페이지 원문 이미지 보기>

1870-00-00~1873-00-00(庚午~癸酉). 「금영계록(**錦營啓錄**)」 6, 비변사(備邊司) 편(編). <1책. 6/전9책. 183장. 필사본. 표제는 '忠淸監營啓錄'. 한자+이두. 조선 필사 이두 자료. 서울대학교 규장각 한국학연구원 홈페이지 원문 이미지 보기> <영인본: 「각사등록」 7(국사편찬위원회 편, 1982-1983)> <1836-02-15~1837-12-19(제1/9)>

---

[405] 한국학자료센터 영남권역센터 홈페이지에서는 '1870년 이옥언(李玉彦) 토지매매명문(土地賣買明文)'으로 표시하였다.

1871년

<신미(辛未). 고종 8년. 동치 10년>

1871-01-09. **오천공소 유사 김하상 토지매매명문**(烏川公所有司金廈相土地賣買明文), 답주 박제건(畓主朴濟健). <1장. 한자+이두. 조선 필사 이두 자료. 경북 안동시 오천 광산 김씨 후조당 소장. 한국학중앙연구원 장서각 한국고문서자료관 홈페이지 원문 이미지와 텍스트 보기. 한국정신문화연구원 편(1982) 참고>

1871-01-10. **유학 박기은 토지매매명문**(幼學朴基殷土地賣買明文), 답주 종손 정일규(畓主宗孫鄭馹逵). <1장. 한자+이두. 조선 필사 이두 자료. 경북 안동시 주촌 진성 이씨 경류정 구장. 서울역사박물관 소장. 한국학중앙연구원 장서각 한국고문서자료관 홈페이지 원문 이미지와 텍스트 보기. 한국정신문화연구원 편(1999) 참고>

1871-01-12. **시장문기**(柴場文記),[406] 시장주 박영조(柴場主朴永祚). <1장. 한자+이두. 조선 필사 이두 자료. 전남 영광 마산 경주 이씨가 구장. 진안 용담호미술관 소장. 호남권 한국학자료센터 홈페이지 원문 이미지와 텍스트 보기. 최승희(1989), 김소은(2004) 참고>

1871-01-12. **족종 유학 김동교 토지매매명문**(族從幼學金同敎土地賣買明文), 답주 족형 유학 김진교(畓主足形幼學金鎭敎). <1장. 한자+이두. 조선 필사 이두 자료. 경북 안동시 오천 광산 김씨 후조당 소장. 한국학중앙연구원 장서각 한국고문서자료관 홈페이지 원문 이미지와 텍스트 보기. 한국정신문화연구원 편(1982) 참고>

1871-01-12. **토지매매명문**(土地賣買明文),[407] 답주 자필 유학 박정찬(畓主自筆幼學朴廷讚). <1장. 한자+이두. 조선 필사 이두 자료. 전남 순천 황전 경주 정씨가 구장. 광주광역시 이정옥 소장. 호남권 한국학자료센터 홈페이지 원문 이미지와 텍스트

---

[406] 호남권 한국학자료센터 홈페이지에서는 '1871년 박영조(朴永祚) 방매(放賣) 시장문기(柴場文記)'로 표시하였다.

[407] 호남권 한국학자료센터 홈페이지에서는 '1871년 박정찬(朴廷讚) 방매(放賣) 토지매매명문(土地賣買明文)'으로 표시하였다.

보기. 최승희(1989) 참고>

1871-01-16. **정윤 토지매매명문**(鄭允土地賣買明文), 산지주 이정식(山地主李正植). <1장. 한자+이두. 조선 필사 이두 자료. 순창 좌부 천안 전씨가 구장. 순창장류박물관 소장. 호남권 한국학자료센터 홈페이지 원문 이미지와 텍스트 보기. 박병호(1974ㄱ), 최승희(1989), 전북향토문화연구회 편(1993) 참고>

1871-01-17. **토지매매명문**(土地賣買明文), 전주 조각린(出主趙閣隣). <1장. 한자+이두. 조선 필사 이두 자료. 경남 합천 용연서원 소장. 한국학중앙연구원 장서각 한국고문서자료관 홈페이지 원문 이미지 보기. 한국정신문화연구원 편(1996) 참고>

1871-01-18. **전라관찰사 첩**(全羅觀察使帖), 전라도 관찰사. <1장. 한자+이두. 조선 필사 이두 자료. 전북 순창 청계 문화 유씨가 소장. 호남권 한국학자료센터 홈페이지 원문 이미지와 텍스트 보기. 박병호(1974ㄱ), 최승희(1989), 정구복 외(1999) 참고>

1871-01-18. **토지매매명문**(土地賣買明文), 답주 오 노 귀단(畓主吳奴貴丹). <1장. 한자+이두. 조선 필사 이두 자료. 경북 경주시 내남면 이조리 경주 최씨·용산서원 소장. 한국학중앙연구원 장서각 한국고문서자료관 홈페이지 원문 이미지 보기. 한국정신문화연구원 편(2000) 참고>

1871-01-20. **토지매매명문**(土地賣買明文),[408] 답주 이용여(畓主李龍汝). <1장. 한자+이두. 조선 필사 이두 자료. 전남 영광 마산 경주 이씨가 구장. 진안 용담호미술관 소장. 호남권 한국학자료센터 홈페이지 원문 이미지와 텍스트 보기. 최승희(1989), 이재수(2003), 채현경(2011) 참고>

1871-01-24. **강월매 수기**(姜月每手記), 강월매. <1장. 한자+이두. 조선 필사 이두 자료. 경북 경주시 내남면 이조리 경주 최씨·용산서원 소장. 한국학중앙연구원 장서각 한국고문서자료관 홈페이지 원문 이미지 보기. 한국정신문화연구원 편(2000) 참고>

---

[408] 호남권 한국학자료센터 홈페이지에서는 '1871년 이용녀(李龍汝) 방매(放賣) 토지매매명문(土地賣買明文)'으로 표시하였다.

1871-01-24. **계중 토지매매명문**(稧中土地賣買明文), 답주 백동암(畓主白同岩). <1장. 한자+이두. 조선 필사 이두 자료. 전남 해남 연동 해남 윤씨 녹우당 소장. 한국학중앙연구원 장서각 한국고문서자료관 홈페이지 원문 이미지와 텍스트 보기. 한국정신문화연구원 편(1986) 참고>

1871-01-00. **김만식 소지**(金萬植所志) 1, 김만식. <1장. 한자+이두. 조선 필사 이두 자료. 해남 노송 김해 김씨 노송사 소장. 한국학중앙연구원 장서각 한국고문서자료관 홈페이지 & 호남권 한국학자료센터 홈페이지 원문 이미지와 텍스트 보기. 최승희(1989), 한국정신문화연구원 편(1998) 참고>

1871-01-00. **김재용 등 상서**(金在鏞等上書), 김재용 등. <1장. 한자+이두. 조선 필사 이두 자료. 전남 무안 광산 김씨 모충사 소장. 호남권 한국학자료센터 홈페이지 원문 이미지 보기. 최승희(1989), 국립민속박물관 편(1991), 정구복 외(1999), 전경목 외(2006) 참고>

1871-01-00. **엄석신 등 등장**(嚴錫信等等狀), 엄석신 등. <1장. 한자+이두. 조선 필사 이두 자료. 순창 인화 전주 이씨가 구장. 전주 효자 전주 이씨가 소장. 호남권 한국학자료센터 홈페이지 원문 이미지와 텍스트 보기. 최승희(2003), 이수건 외(2004) 참고>

1871-01-00. **최영권 등 상서**(崔榮權等上書), 최영권 등. <1장. 한자+이두. 조선 필사 이두 자료. 전북 부안 석동 류절재 소장. 호남권 한국학자료센터 홈페이지 원문 이미지와 텍스트 보기. 박병호(1974ㄱ), 최승희(1989) 참고>

1871-01-00. **토지매매명문**(土地賣買明文), 답주 이 노 재삼(畓主李奴再三). <1장. 한자+이두. 조선 필사 이두 자료. 경북 경주시 내남면 이조리 경주 최씨·용산서원 소장. 한국학중앙연구원 장서각 한국고문서자료관 홈페이지 원문 이미지 보기. 한국정신문화연구원 편(2000) 참고>

1871-01-00~1871-12-00(辛未).「추조결옥록(**秋曹決獄錄**)」 25, 형조(刑曹) 편(編). <1책(25/낙질본 43책). 25장. 필사본. 한자+이두. 조선 필사 이두 자료. 서울대학교 규장각 한국학연구원 홈페이지 원문 이미지 보기> <1822-01-00~1822-12-00 (1/43)>

1871-02-04. **재호 석남 토지매매명문**(齋戶石男土地賣買明文), 전주 호 선업(田主戶先

業). <1장. 한자+이두. 조선 필사 이두 자료. 경북 영해 인량 재령 이씨 충효당 소장. 한국학중앙연구원 장서각 한국고문서자료관 홈페이지 원문 이미지와 텍스트 보기. 한국정신문화연구원 편(1997) 참고>

1871-02-12. **김 노 복이 토지매매명문**(金奴卜伊土地賣買明文), 답주 김 노 상득(畓主金奴尙得). <1장. 한자+이두. 조선 필사 이두 자료. 안동 금계 의성 김씨 학봉 종가 소장. 한국학중앙연구원 장서각 한국고문서자료관 홈페이지 원문 이미지와 텍스트 보기. 한국정신문화연구원 편(1990) 참고>

1871-02-15. **족조 면순 토지매매명문**(族祖冕淳土地賣買明文), 답주 족손 병홍(畓主族孫炳泓). <1장. 한자+이두. 조선 필사 이두 자료. 경북 봉화군 명호면 도천리 안동 김씨 해헌 고택 구장. 한국국학진흥원 소장. 한국학자료센터 영남권역센터 홈페이지 원문 이미지와 텍스트 보기. 박병호(1974ㄱ), 최승희(1989), 이재수(2003), 이수건 외(2004) 참고>

1871-02-21. **계 토지매매명문**(契土地賣買明文) 1, 전주 정위종(田主鄭爲宗). <1장. 한자+이두. 조선 필사 이두 자료. 경북 경주시 안강읍 옥산리 여주 이씨 독락당 소장. 한국학중앙연구원 장서각 한국고문서자료관 홈페이지 원문 이미지 보기. 한국정신문화연구원 편(2003) 참고>

1871-02-22. **장서면 유사·지사인 서목**(長西面有司知事人書目), 장서면 유사·지사인. <1장. 한자+이두. 조선 필사 이두 자료. 전남 장흥군 금자 남평 문씨 문현기 소장. 호남권 한국학자료센터 홈페이지 원문 이미지와 텍스트 보기. 최승희(1989), 전경목(1997), 전경목 외(2006), 김경숙(2008) 참고>

1871-02-26. **동암정 간소 토지전당명문**(東巖亭刊所土地典當明文), 전주 남운백(田主南雲伯). <1장. 한자+이두. 조선 필사 이두 자료. 경북 안동시 박실 전주 류씨 수정재 고택 구장. 한국국학진흥원 소장. 한국학자료센터 영남권역센터 홈페이지 원문 이미지와 텍스트 보기>

1871-02-27. **가사매매명문**(家舍賣買明文), 가대 시장주 동봉 유방갑(家垈柴場主童蒙庾邦甲). <1장. 한자+이두. 조선 필사 이두 자료. 영광 입석 영월 신씨 소장. 한국학중앙연구원 장서각 한국고문서자료관 홈페이지 원문 이미지와 텍스트 보기. 한국정신문화연구원 편(1996) 참고>

1871-02-27. **상하 계중 토지매매명문**(上下禊中土地賣買明文), 답주 윤 노 등에(畓主尹奴登衣). <1장. 한자+이두. 조선 필사 이두 자료. 전남 해남 연동 해남 윤씨 녹우당 소장. 한국학중앙연구원 장서각 한국고문서자료관 홈페이지 원문 이미지와 텍스트 보기. 한국정신문화연구원 편(1986) 참고>

1871-02-00. **문기철 산송**(文基哲山訟), 문기철. <1장. 한자+이두. 조선 필사 이두 자료. 전남 장흥군 금자 남평 문씨 문헌기 소장. 호남권 한국학자료센터 홈페이지 원문 이미지와 텍스트 보기. 최승희(1989), 전경목(1997), 전경목 외(2006), 김경숙(2008) 참고>

1871-02-00. **문기철 산송 관련 산도**(文基哲山訟關聯山圖), 장흥군(長興郡). <1장. 한자+이두. 조선 필사 이두 자료. 전남 장흥군 금자 남평 문씨 문헌기 소장. 호남권 한국학자료센터 홈페이지 원문 이미지와 텍스트 보기. 최승희(1989), 전경목 외(2006), 김경숙(2008) 참고>

1871-02-00. **박장석 소지**(朴章錫所志), 박장석. <1장. 한자+이두. 조선 필사 이두 자료. 부여 은산 함양 박씨 소장. 한국학중앙연구원 장서각 한국고문서자료관 홈페이지 원문 이미지 보기. 한국정신문화연구원 편(2000) 참고>

1871-02-00. **양규영 등 상서**(楊奎泳等上書), 양규영 등. <1장. 한자+이두. 조선 필사 이두 자료. 순창 인화 전주 이씨가 구장. 전주 효자 전주 이씨가 소장. 호남권 한국학자료센터 홈페이지 원문 이미지와 텍스트 보기. 최승희(2003), 이수건 외(2004) 참고>

1871-02-00. **정치상 소지**(鄭致祥所志), 정치상. <1장. 한자+이두. 조선 필사 이두 자료. 경남 거창 강동 초계 정씨 동계 종가 구장. 한국학중앙연구원 장서각 한국고문서자료관 홈페이지 & 장서각 한국학자료센터 홈페이지 원문 이미지와 텍스트 보기. 한국정신문화연구원 편(1995), 한국학중앙연구원 편(2005) 참고>

1871-02-00. **한명희 등 상서**(韓明禧等上書), 한명희 등. <1장. 한자+이두. 조선 필사 이두 자료. 순창 인화 전주 이씨가 구장. 전주 효자 전주 이씨가 소장. 호남권 한국학자료센터 홈페이지 원문 이미지와 텍스트 보기. 최승희(2003), 이수건 외(2004) 참고>

1871-03-09. **한사언 시장문기**(韓事彦柴場文記), 한사언. <1장. 한자+이두. 조선 필사

이두 자료. 전남 영광 마산 경주 이씨가 구장. 진안 용담호미술관 소장. 호남권 한국학자료센터 홈페이지 원문 이미지와 텍스트 보기. 최승희(1989), 정구복 외 (1999), 채현경(2011) 참고>

1871-03-14. **허화 토지매매명문**(許和土地賣買明文). 답주 자필 이 생원 댁 노 한중(畓 主自筆李生員宅奴漢仲). <1장. 한자+이두. 조선 필사 이두 자료. 전북 익산 마동 창녕 조씨가 소장. 호남권 한국학자료센터 홈페이지 원문 이미지와 텍스트 보기. 박병호(1974ㄱ), 최승희(1989), 이재수(2003) 참고>

1871-03-20. **계 토지매매명문**(契土地賣買明文) 2, 전주 김우득(田主金又得). <1장. 한 자+이두. 조선 필사 이두 자료. 경북 경주시 안강읍 옥산리 여주 이씨 독락당 소장. 한국학중앙연구원 장서각 한국고문서자료관 홈페이지 원문 이미지 보기. 한국정신문화연구원 편(2003) 참고>

1871-03-25. **토지매매명문**(土地賣買明文),[409] 전주 최(田主崔). <1장. 한자+이두. 조 선 필사 이두 자료. 전남 화순 해주 최씨가 소장. 호남권 한국학자료센터 홈페이지 원문 이미지 보기. 최승희(1989), 국립민속박물관 편(1991) 참고>

1871-03-00. **김기택 등 소지**(金基澤等所志), 김기택 등. <1장. 한자+이두. 조선 필사 이두 자료. 전북 고창·고부 광산 김씨 소장. 한국학중앙연구원 고문서자료관 홈페 이지 원문 이미지 보기. 한국학중앙연구원 편(2009) 참고>

1871-03-00. **김일원 등 상서**(金一遠等上書), 김일원 등. <1장. 한자+이두. 조선 필사 이두 자료. 전북 순창군 인화 전주 이씨가 구장. 전북 전주시 효자동 전주 이씨가 소장. 호남권 한국학자료센터 홈페이지 원문 이미지와 텍스트 보기. 최승희(1989), 이수건 외(2004) 참고>

1871-03-00. **면주전 도원 첩문**(綿紬塵都員帖文) 1, 면주전 대방(大房). <1장. 한자+이 두. 조선 필사 이두 자료. 일본 경도대학 가와이문고 소장. 고려대학교 해외한국학 자료센터 홈페이지 원문 이미지 보기>

1871-03-00. **박성간 등 산송 관련 소지**(朴成幹等山訟關聯所志) 1, 박성간 등. <1장.

---

[409] 호남권 한국학자료센터 홈페이지에서는 '1871년 최씨(崔氏) 방매(放賣) 토지매매명문(土地賣買明 文)'으로 표시하였다.

한자+이두. 조선 필사 이두 자료. 경북 영주시 문수면 수도리 반남 박씨 오헌 고택 구장. 한국국학진흥원 소장. 한국학자료센터 영남권역센터 홈페이지 원문 이미지와 텍스트 보기. 전경목(1996), 김경숙(2002) 참고>

1871-03-00. **토지매매명문**(土地賣買明文), 답주 최 노 자월(畓主崔 奴自月) <1장. 한자+이두. 조선 필사 이두 자료. 경북 경주시 내남면 이조리 경주 최씨·용산서원 소장. 한국학중앙연구원 장서각 한국고문서자료관 홈페이지 원문 이미지 보기. 한국정신문화연구원 편(2000) 참고>

1871-04-13. **양석일 등 소지**(楊錫一等所志), 양석일 등. <1장. 한자+이두. 조선 필사 이두 자료. 전북 순창 구미 남원 양씨가 소장. 호남권 한국학자료센터 홈페이지 원문 이미지와 텍스트 보기. 최승희(1989), 김경숙(2002), 심재우(2013) 참고>

1871-04-15. **안동도회소 통문**(安東都會所通文), 안동도회소. <1장. 한자+이두. 조선 필사 이두 자료. 경북 경주 옥산서원 구장. 경주시 강동면 양동마을 안길 여주 이씨 무첨당 소장. 한국학자료센터 영남권역센터 홈페이지 원문 이미지와 텍스트 보기. 이수환(2001) 참고>

1871-04-21. **토지매매명문**(土地賣買明文), 자필 문장 유학 정세룡·정수룡(自筆門長幼 學鄭世龍鄭守龍). <1장. 한자+이두. 조선 필사 이두 자료. 전북대학교 박물관 소장. 호남권 한국학자료센터 홈페이지 원문 이미지와 텍스트 보기. 최승희(1989), 정구복 외(1999), 이재수(2003) 참고>

1871-04-24. **토지매매명문**(土地賣買明文), 답주 치동 김 노 봉단(畓主致洞金奴夢丹). <1장. 한자+이두. 조선 필사 이두 자료. 경북 경주시 안강읍 옥산리 여주 이씨 독락당 소장. 한국학중앙연구원 장서각 한국고문서자료관 홈페이지 원문 이미지 보기. 한국정신문화연구원 편(2003) 참고>

1871-04-25. **토지매매명문**(土地賣買明文), 전주 한량 김희옥(出主閑良金稀玉). <1장. 한자+이두. 조선 필사 이두 자료. 영광 입석 영월 신씨 소장. 한국학중앙연구원 장서각 한국고문서자료관 홈페이지 원문 이미지와 텍스트 보기. 한국정신문화연 구원 편(1996) 참고>

1871-04-26. **조연교 다짐**(趙連敎侤音), 조연교. <1장. 한자+이두. 조선 필사 이두 자료. 광주광역시 광산구 김해 김씨 소장. 호남권 한국학자료센터 홈페이지 원문

이미지와 텍스트 보기. 김선경(1993), 국사편찬위원회 편(2009) 참고>

1871-04-29. **의성도회중 통문**(義城道會中通文), 의성도회중. <1장. 한자+이두. 조선 필사 이두 자료. 경북 경주 옥산서원 구장. 경주시 강동면 양동마을 안길 여주 이씨 무첨당 소장. 한국학자료센터 영남권역센터 홈페이지 원문 이미지와 텍스트 보기. 이수환(2001) 참고>

1871-04-00. **김만식 소지**(金萬植所志) 2, 김만식. <1장. 한자+이두. 조선 필사 이두 자료. 해남 노송 김해 김씨 노송사 소장. 한국학중앙연구원 장서각 한국고문서자료관 홈페이지 & 호남권 한국학자료센터 홈페이지 원문 이미지와 텍스트 보기. 최승희(1989), 한국정신문화연구원 편(1998) 참고>

1871-04-00. **김찬순 소지**(金粲淳所志), 김찬순. <1장. 한자+이두. 조선 필사 이두 자료. 광주광역시 광산구 김해 김씨 소장. 호남권 한국학자료센터 홈페이지 원문 이미지와 텍스트 보기. 김선경(1993), 국사편찬위원회 편(2009) 참고>

1871-04-00. **박좌양 토지 환퇴 관련 입지**(朴佐陽土地還退關聯立旨), 영천군(永川郡). <1장. 한자+이두. 조선 필사 이두 자료. 경북 영주시 문수면 수도리 반남 박씨 오헌 고택 구장. 한국국학진흥원 소장. 한국학자료센터 영남권역센터 홈페이지 원문 이미지와 텍스트 보기>

1871-05-05~1874-02-01(동치 10년 辛未~동치 13년 甲戌). 「동래부계록(**東萊府啓錄**)」 8, 비변사(備邊司) 편(編). <1책(8/전9책). 171장. 필사본. 표제는 '東萊府啓錄'. 한자+이두. 조선 필사 이두 자료. 서울대학교 규장각 한국학연구원 홈페이지 원문 이미지 보기> <영인본: 「각사등록」 12(경상도편 2)(국사편찬위원회 편, 1984)> <1849-06-06~1850-04-18(1/9)>

1871-05-13. **경상도관찰사 순영감결등서**(慶尙道觀察使巡營甘結謄書), 경상감영(慶尙監營). <1장. 한자+이두. 조선 필사 이두 자료. 경북 영양군 일월면 도계리 영양향교 소장. 한국학자료센터 영남권역센터 홈페이지 원문 이미지와 텍스트 보기. 영남대학교 민족문화연구소 편(1992) 참고>

1871-05-00. **조병만 단자**(曺秉萬單子), 조병만. <1장. 한자+이두. 조선 필사 이두 자료. 전남 화순 동면 창녕 조씨가 구장. 광주광역시 이정옥 소장. 호남권 한국학자료센터 홈페이지 원문 이미지와 텍스트 보기. 최승희(1989) 참고>

1871-06-02~1875-09-30(辛未~乙亥).「종친부등록(宗親府謄錄)」 8, 종친부(宗親府) 편(編). <1책(8/전12책). 143장. 필사본. 한자+이두. 조선 필사 이두 자료. 서울대학교 규장각 한국학연구원 홈페이지 '奎13007-v.1-12' 원문 이미지 보기> <1756-04-01~1759-01-15(1/12)>

1871-06-15. **한평삼 토지매매명문**(韓平三土地賣買明文), 자필 전주 한기행(自筆田主韓基行). <1장. 한자+이두. 조선 필사 이두 자료. 제주시 일도 2동 제주민속자연사박물관 소장. 호남권 한국학자료센터 홈페이지 원문 이미지와 텍스트 보기. 최승희(1989), 고창석(2002) 참고>

1871-06-16. **정 토지매매명문**(鄭土地賣買明文), 산지태 전주 구건곡(山地太田主具乾谷). <1장. 한자+이두. 조선 필사 이두 자료. 순창 좌부 천안 전씨가 구장. 순창장류박물관 소장. 호남권 한국학자료센터 홈페이지 원문 이미지와 텍스트 보기. 박병호(1974ㄱ), 최승희(1989), 전북향토문화연구회 편(1993) 참고>

1871-06-00. **정윤 소지**(鄭允所志), 정윤. <1장. 한자+이두. 조선 필사 이두 자료. 순창 좌부 천안 전씨가 구장. 순창장류박물관 소장. 호남권 한국학자료센터 홈페이지 원문 이미지와 텍스트 보기. 박병호(1974ㄱ), 최승희(1989), 김현영(1999), 전경목(2001), 정구복(2002) 참고>

1871-07-09. **토지매매명문**(土地賣買明文), 답주 고문룡(畓主高汶龍). <1장. 한자+이두. 조선 필사 이두 자료. 전남 나주시 남내 밀양 박씨 청재 종가 소장. 호남권 한국학자료센터 홈페이지 원문 이미지와 텍스트 보기. 박화진(1998), 박준호(2004), 박한설(2006) 참고>

1871-07-10~1872-08-03(동치 10년 辛未~동치 11년 壬申).「선장등록(膳狀謄錄)」, 경상감영(慶尙監營) 편(編). <1책. 167장. 필사본. 한자+이두. 조선 필사 이두 자료. 서울대학교 규장각 한국학연구원 홈페이지 원문 이미지 보기> <영인본:「각사등록」 50(경상도 보유편 2)(국사편찬위원회 편. 1991)>

1871-07-12~1874-03-11(辛未~甲戌).「우포청등록(右捕廳謄錄)」 25, 포도청(捕盜廳) 편(編). <1책(25/전30책). 33장. 필사본. 표제는 '右捕廳謄錄'. 한자+이두. 조선 필사 이두 자료. 서울대학교 규장각 한국학연구원 홈페이지 원문 이미지 보기> <1807-01-13~1808-06-12(1/30)>

1871-07-15. **토지매매명문**(土地賣買明文), 답주 김기준(畓主金基俊). <1장. 한자+이두. 조선 필사 이두 자료. 전남 구례군 토지면 오미리 문화 류씨 운조루 소장. 한국학중앙연구원 장서각 한국고문서자료관 홈페이지 원문 이미지와 텍스트 보기. 한국정신문화연구원 편(1998) 참고>

1871-07-00. **면주전 도원 첩문**(綿紬廛都員帖文) 2, 면주전 대방(大房). <1장. 한자+이두. 조선 필사 이두 자료. 일본 경도대학 가와이문고 소장. 고려대학교 해외한국학자료센터 홈페이지 원문 이미지 보기>

1871-07-00. **이조 차정첩**(吏曹差定帖), 이조. <1장. 한자+이두. 조선 필사 이두 자료. 경기도 용인시 오산 해주 오씨 추탄 종가 구장. 한국학중앙연구원 장서각 한국고문서자료관 홈페이지 원문 이미지와 텍스트 보기. 한국정신문화연구원 편(1998) 참고>

1871-07-00. **토지매매명문**(土地賣買明文),[410] 전주 이장혁(田主李長爀). <1장. 한자+이두. 조선 필사 이두 자료. 경북 고령군 대가야읍 본관 1리 홍와 고택 구장. 한국국학진흥원 소장. 한국학자료센터 영남권역센터 홈페이지 원문 이미지와 텍스트 보기. 김성갑(2013) 참고>

1871-07-00~1873-06-00(辛未~癸酉). 「목장색등록(**牧場色謄錄**)」 5, 사복시(司僕寺) 편(編). <1책(5/낙질본 5책).[411] 114장. 필사본. 한자+이두. 조선 필사 이두 자료. 서울대학교 규장각 한국학연구원 홈페이지 원문 이미지 보기> <1834-01-00~1834-12-00(1/5)>

1871-08-08. **하임원 토지매매명문**(河恁源土地賣買明文), 답주 유학 자필 오경장(畓主儒學者筆吳慶章). <1장. 한자+이두. 조선 필사 이두 자료. 영암 미암 창녕 조씨 태호 후손가 소장. 호남권 한국학자료센터 홈페이지 원문 이미지 보기. 최승희(1989) 참고>

1871-08-24. **상주목사 하첩**(尙州牧使下帖), 상주목사. <1장. 한자+이두. 조선 필사

---

[410] 한국학자료센터 영남권역센터 홈페이지에서는 '1871년 이장혁(李長爀) 방매 토지매매명문(土地賣買明文)'으로 표시하였다.

[411] 서울대학교 규장각 한국학연구원 홈페이지에는 5책의 권4로 표시하였으나, 작성 시기의 순서에 따라 '2/5'로 처리하였다. 따라서 '3/5'를 '5/5'로 고쳤다.

이두 자료. 경북 상주시 모동면 수봉리 옥동서원 소장. 한국학자료센터 영남권역센터 홈페이지 원문 이미지와 텍스트 보기. 이수환(2001) 참고>

1871-08-28. **이 생원 토지매매명문**(李生員土地賣買明文), 회장주 김숭현(灰場主金崇玹). <1장. 한자+이두. 조선 필사 이두 자료. 전남 보성군 박실 제주 양씨가 구장. 원광대학교 박물관 소장. 호남권 한국학자료센터 홈페이지 원문 이미지와 텍스트 보기. 최승희(1989), 정구복 외(1999), 이재수(2003) 참고>

1871-08-00. **계정 수노 소지**(溪亭首奴所志), 계정 수노. <1장. 한자+이두. 조선 필사 이두 자료. 경북 경주시 안강읍 옥산리 여주 이씨 독락당 소장. 한국학중앙연구원 장서각 한국고문서자료관 홈페이지 원문 이미지 보기. 한국정신문화연구원 편(2003) 참고>

1871-08-00. **면주전 도원 첩문**(綿紬廛都員帖文) 3, 면주전 대방(大房). <1장. 한자+이두. 조선 필사 이두 자료. 일본 경도대학 가와이문고 소장. 고려대학교 해외한국학자료센터 홈페이지 원문 이미지 보기>

1871-08-00. **박성간 등 산송 관련 소지**(朴成幹等山訟關聯所志) 2, 박성간 등. <1장. 한자+이두. 조선 필사 이두 자료. 경북 영주시 문수면 수도리 반남 박씨 오헌고택 구장. 한국국학진흥원 소장. 한국학자료센터 영남권역센터 홈페이지 원문 이미지와 텍스트 보기. 전경목(1996), 김경숙(2002) 참고>

1871-08-00. **안영환 소지**(安永煥所志), 안영환. <1장. 한자+이두. 조선 필사 이두 자료. 전남 보성군 택촌 죽산 안씨 은봉 종가 소장. 호남권 한국학자료센터 홈페이지 원문 이미지와 텍스트 보기. 최승희(1989), 이수건 외(2004), 김경숙(2008) 참고>

1871-09-09. **유학 토지매매명문**(幼學土地賣買明文), 답주 유학 흥흠(畓主幼學興欽). <1장. 한자+이두. 조선 필사 이두 자료. 전남 보성군 박실 제주 양씨가 구장. 원광대학교 박물관 소장. 호남권 한국학자료센터 홈페이지 원문 이미지와 텍스트 보기. 최승희(1989), 정구복 외(1999), 채현경(2011) 참고>

1871-09-28. **하양향교 서목**(河陽鄕校書目), 하양향교. <1장. 한자+이두. 조선 필사 이두 자료. 경북 경산시 하양읍 교리 하양향교 소장. 한국학자료센터 영남권역센터 홈페이지 원문 이미지와 텍스트 보기. 영남대학교 민족문화연구소 편(1992)

참고>

1871-09-00. **김내우 소지**(金來禹所志), 김내우. <1장. 한자+이두. 조선 필사 이두 자료. 대전·청양 안동 김씨 삼당 후손가 소장. 한국학중앙연구원 장서각 한국고문서자료관 홈페이지 원문 이미지 보기. 한국정신문화연구원 편(2003) 참고>

1871-10-04. **최영철 토지매매명문**(崔永哲土地賣買明文), 답주 김석이(畓主金碩伊). <1장. 한자+이두. 조선 필사 이두 자료. 삼척시립박물관 소장. 한국학자료센터 강원권역센터 홈페이지 원문 이미지와 텍스트 보기. 최승희(1989), 김소은(2004), 김세민(2013), 김영란(2017) 참고>

1871-10-08. **토지매매명문**(土地賣買明文),[412] 답주 한량 김성록(畓主閑良金成祿). <1장. 한자+이두. 조선 필사 이두 자료. 전북대학교 박물관 소장. 호남권 한국학자료센터 홈페이지 원문 이미지와 텍스트 보기. 최승희(1989), 정구복 외(1999), 이재수(2003) 참고>

1871-10-00. **덕천리 존위 김 소지**(德川里尊位金所志), 덕천리 존위 김. <1장. 한자+이두. 조선 필사 이두 자료. 제주시 일도 2동 제주민속자연사박물관 소장. 호남권 한국학자료센터 홈페이지 원문 이미지와 텍스트 보기. 고창석 역해(2012) 참고>

1871-10-00. 「양지현읍지(**陽智縣邑誌**)」, 양지현 편. <1책. 16장. 경기도 양지군 읍지. 지명 자료. 국사편찬위원회 전자도서관 사본 소장> <이본: 1899-05-00. 「양지군읍지(陽智郡邑誌)」(1책. 필사본. 서울대학교 규장각 한국학연구원 & 한국학중앙연구원 장서각 홈페이지 원문 이미지 보기)>

1871-10-00. **유방 단자**(柳滂單子), 유방. <1장. 한자+이두. 조선 필사 이두 자료. 안산 부곡 진주 류씨 경성당 소장. 한국학중앙연구원 장서각 한국고문서자료관 홈페이지 원문 이미지 보기. 한국정신문화연구원 편(2002) 참고>

1871-10-00. **유원성 단자**(柳遠聲單子), 유원성. <1장. 한자+이두. 조선 필사 이두 자료. 안산 부곡 진주 류씨 경성당 소장. 한국학중앙연구원 장서각 한국고문서자료관 홈페이지 원문 이미지 보기. 한국정신문화연구원 편(2002) 참고>

---

412 호남권 한국학자료센터 홈페이지에서는 '1871년 김성록(金成祿) 방매 토지매매명문(土地賣買明文)'으로 표시하였다.

1871-11-02. **유학 토지매매명문**(幼學土地賣買明文),[413] 답주 유학 신인식(畓主幼學申麟植). <1장. 한자+이두. 조선 필사 이두 자료. 순창 좌부 천안 전씨가 구장. 순창장류박물관 소장. 호남권 한국학자료센터 홈페이지 원문 이미지와 텍스트 보기. 최승희(1989), 전북향토문화연구회 편(1993), 정구복 외(1999) 참고>

1871-11-04. **척숙 임춘여 토지매매명문**(戚叔林春與土地賣買明文), 답주 유학 전영관(畓主幼學全永觀). <1장. 한자+이두. 조선 필사 이두 자료. 전남 보성군 박실 제주 양씨가 구장. 원광대학교 박물관 소장. 호남권 한국학자료센터 홈페이지 원문 이미지와 텍스트 보기. 최승희(1989), 이재수(2003) 참고>

1871-11-19. **유학 토지매매명문**(幼學土地賣買明文)[414] 1, 답주 유학 박인환(畓主幼學朴仁煥). <1장. 한자+이두. 조선 필사 이두 자료. 전남 보성군 복내면 죽산 안씨 죽곡정사 소장. 호남권 한국학자료센터 홈페이지 원문 이미지와 텍스트 보기. 김현영(2003), 이재수(2003) 참고>

1871-11-20. **이 노 석록 토지매매명문**(李奴石彔土地賣買明文),[415] 답주 장치억(畓主張致億). <1장. 한자+이두. 조선 필사 이두 자료. 경북 영해 인량 재령 이씨 충효당 소장. 한국학중앙연구원 장서각 한국고문서자료관 홈페이지 원문 이미지 보기. 한국학중앙연구원 편(2008) 참고>

1871-11-20. **학계 토지매매명문**(學稧土地賣買明文), 답주 호 귀전(畓主戶貴田). <1장. 한자+이두. 조선 필사 이두 자료. 경북 영양군 영양읍 삼지리 한양 조씨 하담 고택 구장. 한국국학진흥원 소장. 한국학자료센터 영남권역센터 홈페이지 원문 이미지와 텍스트 보기. 박병호(1974ㄱ), 최승희(1989), 이재수(2003), 이수건 외(2004) 참고>

1871-11-21. **토지매매명문**(土地賣買明文),[416] 답주 김병권(畓主金秉權). <1장. 한자+

---

[413] 호남권 한국학자료센터 홈페이지에서는 '1871년 신인식(申麟植) 방매(放賣) 토지매매명문(土地賣買明文)'으로 표시하였다.

[414] 호남권 한국학자료센터 홈페이지에서는 '1871년 박인환(朴仁煥) 방매(放賣) 토지매매명문(土地賣買明文)'으로 표시하였다.

[415] 한국학중앙연구원 장서각 한국고문서자료관 홈페이지에서는 '1871년 이수락(李壽洛) 토지매매명문(土地賣買明文)'으로 표시하였다.

이두. 조선 필사 이두 자료. 전남 보성군 택촌 죽산 안씨 은봉 종가 소장. 호남권 한국학자료센터 홈페이지 원문 이미지와 텍스트 보기. 김제문(1986), 이수건 외 (2004) 참고>

1871-11-28~1875-12-00(동치 10년~광서 원년).「남병영계록(南兵營啓錄)」3, 비변사(備邊司) 편(編). <1책(3/전7책). 87장. 필사본. 표제는 '南兵營啓錄'. 권수제 부분 결락. 한자+이두. 조선 필사 이두 자료. 서울대학교 규장각 한국학연구원 홈페이지 원문 이미지 보기> <영인본:「각사등록」44(함경도편 3)(국사편찬위원회 편, 1990)> <1856-02-25~1858-03-21(1/7)>

1871-11-00. **양좌영 소지**(楊佐泳所志), 양좌영. <1장. 한자+이두. 조선 필사 이두 자료. 전북 순창 구미 남원 양씨가 소장. 호남권 한국학자료센터 홈페이지 원문 이미지와 텍스트 보기. 최승희(1989), 김경숙(2002), 심재우(2013) 참고>

1871-12-01~1872-12-29.「결속색등록(**結束色謄錄**)」87, 병조(兵曹) 편(編). <1책(87/낙질본 107책). 221장. 필사본. 한자+이두. 조선 필사 이두 자료. 서울대학교 규장각 한국학연구원 홈페이지 1787년~1891년 낙질본 107책(1792년(건륭 57년), 1811년(가경 16년) 하, 1816년(가경 21년), 1817년(가경 22년), 1824년(도광 4년), 1831(도광 11년), 1871(동치 10년), 1885년(광서 11년) 없음) 원문 이미지 보기>

1871-12-04. **유학 토지매매명문**(幼學土地賣買明文)[417] 2, 답주 유학 박인환(畓主幼學朴仁煥). <1장. 한자+이두. 조선 필사 이두 자료. 전남 보성군 복내면 죽산 안씨 죽곡정사 소장. 호남권 한국학자료센터 홈페이지 원문 이미지와 텍스트 보기. 손환일(2004ㄱ) 참고>

1871-12-07. **유학 박춘손 토지매매명문**(幼學朴春孫土地賣買明文), 답주 유학 김선훈(畓主幼學金善勳). <1장. 한자+이두. 조선 필사 이두 자료. 전남 보성군 박실 제주 양씨가 구장. 원광대학교 박물관 소장. 호남권 한국학자료센터 홈페이지 원문 이미지와 텍스트 보기. 박병호(1974ㄱ), 최승희(1989), 이재수(2003) 참고>

---

[416] 호남권 한국학자료센터 홈페이지에서는 '1871년 김병권(金秉權) 방매(放賣) 토지매매명문(土地賣買明文)'으로 표시하였다.

[417] 호남권 한국학자료센터 홈페이지에서는 '1871년 박인환(朴仁煥) 방매(放賣) 토지매매명문(土地賣買明文)'으로 표시하였다.

1871-12-08. **지례 종가댁 토지매매명문**(知禮宗家宅土地賣買明文), 전주 최춘내(出主 崔春乃). <1장. 한자+이두. 조선 필사 이두 자료. 안동 천전 의성 김씨 지촌 종택 소장. 한국학중앙연구원 장서각 한국고문서자료관 홈페이지 원문 이미지와 텍스트 보기. 한국정신문화연구원 편(1990) 참고>

1871-12-09. **토지매매명문**(土地賣買明文),[418] 답주 상인 최봉덕(畓主喪人崔鳳德). <1장. 한자+이두. 조선 필사 이두 자료. 전북 임실군 지사 협계태 씨가 소장. 호남권 한국학자료센터 홈페이지 원문 이미지와 텍스트 보기. 김재문(1986), 이재수(2003), 채현경(2011) 참고>

1871-12-12. **계중 토지매매명문**(楔中土地賣買明文), 답주 김승안(畓主金承安). <1장. 한자+이두. 조선 필사 이두 자료. 전남 해남 연동 해남 윤씨 녹우당 소장. 한국학중앙연구원 장서각 한국고문서자료관 홈페이지 원문 이미지와 텍스트 보기. 한국정신문화연구원 편(1986) 참고>

1871-12-16. **토지매매명문**(土地賣買明文)[419] 1, 답주 한량 김유성(畓主閑良金有聲). <1장. 한자+이두. 조선 필사 이두 자료. 전남 보성군 복내면 죽산 안씨 죽곡정사 소장. 호남권 한국학자료센터 홈페이지 원문 이미지와 텍스트 보기. 이재수(2003), 이수건 외(2004) 참고>

1871-12-18. **양 생원 댁 노 승엽 토지매매명문**(梁生員宅奴勝葉土地賣買明文), 답주 한량 이경여(畓主閑良伊敬汝). <1장. 한자+이두. 조선 필사 이두 자료. 전남 보성군 박실 제주 양씨가 구장. 원광대학교 박물관 소장. 호남권 한국학자료센터 홈페이지 원문 이미지와 텍스트 보기. 박병호(1974ㄱ), 이재수(2003) 참고>

1871-12-20. **질 서준원 토지매매명문**(侄徐俊元土地賣買明文), 답주 숙모 서 씨(畓主叔母徐氏). <1장. 한자+이두. 조선 필사 이두 자료. 전북대학교 박물관 소장. 호남권 한국학자료센터 홈페이지 원문 이미지와 텍스트 보기. 최승희(1989), 정구복 외(1999), 이재수(2003) 참고>

---

[418] 호남권 한국학자료센터 홈페이지에서는 '1871년 최봉덕(崔鳳德) 방매(放賣) 토지매매명문(土地賣買明文)'으로 표시하였다.

[419] 호남권 한국학자료센터 홈페이지에서는 '1871년 김유성(金有聲) 방매(放賣) 토지매매명문(土地賣買明文)'으로 표시하였다.

1871-12-20. **토지매매명문**(土地賣買明文),[420] 답주 장덕계(畓主張德桂). <1장. 한자+이두. 조선 필사 이두 자료. 전남 나주시 남내 밀양 박씨 청재 종가 소장. 호남권 한국학자료센터 홈페이지 원문 이미지와 텍스트 보기. 김태영(1983), 박성종(1999), 박준호(2004) 참고>

1871-12-22~1872-04-00(辛未~壬申). 「영혜옹주 길례등록(**永惠翁主吉禮謄錄**)」, 편자 미상. <1책. 76장. 필사본. 한자+이두. 조선 필사 이두 자료. 서울대학교 규장각 한국학연구원 홈페이지 원문 이미지 보기>

1871-12-23. **토지매매명문**(土地賣買明文), 답주 동몽 나준신(畓主童蒙羅俊臣). <1장. 한자+이두. 조선 필사 이두 자료. 전남 나주시 남내 밀양 박씨 청재 종가 소장. 호남권 한국학자료센터 홈페이지 원문 이미지와 텍스트 보기. 박노욱(1990), 박경(2008) 참고>

1871-12-23~1879-01-15(동치 10년 辛未~광서 5년 己卯). 「통제영 관첩(**統制營關牒**)」, 비변사(備邊司) 편(編). <1책(1/2). 85장. 필사본. 표제는 '統制營關牒'. 한자+이두. 이두 자료. 서울대학교 규장각 한국학연구원 홈페이지 원문 이미지 보기> <영인본: 「각사등록」 13(경상도편 3)(국사편찬위원회 편, 1984)> <1883-02-00~1891-10-19(2/2)>

1871-12-24. **토지매매명문**(土地賣買明文), 답주 백 생원 문중(畓主白生員門中). <1장. 한자+이두. 조선 필사 이두 자료. 경북 영해 인량 재령 이씨 충효당 구장. 한국국학진흥원 소장. 한국학중앙연구원 장서각 한국고문서자료관 홈페이지 원문 이미지와 텍스트 보기. 한국정신문화연구원 편(1997) 참고>

1871-12-25. **유학 문영록 토지매매명문**(幼學文永祿土地賣買明文), 답주 계임 유학 조만승(畓主禊任幼學曺晩承). <1장. 한자+이두. 조선 필사 이두 자료. 전남 보성군 박실 제주 양씨 구장. 원광대학교 박물관 소장. 호남권 한국학자료센터 홈페이지 원문 이미지와 텍스트 보기. 박병호(1974ㄱ), 이재수(2003) 참고>

1871-12-26. **문장·종손 완의**(門長宗孫完議), 문장·종손. <1장. 한자+이두. 조선 필사

---

[420] 호남권 한국학자료센터 홈페이지에서는 '1871년 장덕계(張德桂) 방매(放賣) 토지매매명문(土地賣買明文)'으로 표시하였다.

이두 자료. 경북 안동시 법흥동 고성 이씨 임청각 구장. 한국학중앙연구원 장서각 한국고문서자료관 홈페이지 원문 이미지 보기. 한국정신문화연구원 편(2000) 참고>

1871-12-27. **김희승 토지매매명문**(金熙昇土地賣買明文), 답주 정(畓主鄭). <1장. 한자+이두. 조선 필사 이두 자료. 경북 안동시 주촌 진성 이씨 경류정 소장. 한국학중앙연구원 장서각 한국고문서자료관 홈페이지 원문 이미지와 텍스트 보기. 한국정신문화연구원 편(1999) 참고>

1871-12-29. **양 생원 토지매매명문**(梁生員土地賣買明文),[421] 답주 한량 서영복(畓主閑良徐永福). <1장. 한자+이두. 조선 필사 이두 자료. 전남 보성군 박실 제주 양씨가 구장. 원광대학교 박물관 소장. 호남권 한국학자료센터 홈페이지 원문 이미지와 텍스트 보기. 박병호(1974ㄱ), 이재수(2003) 참고>

1871-12-29. **토지매매명문**(土地賣買明文)[422] 2, 답주 한량 김유성(畓主閑良金有聲). <1장. 한자+이두. 조선 필사 이두 자료. 전남 보성군 복내면 죽산 안씨 죽곡정사 소장. 호남권 한국학자료센터 홈페이지 원문 이미지와 텍스트 보기. 이재수(2003), 이수건 외(2004) 참고>

1871-12-00. **면주전 도원 첩문**(綿紬廛都員帖文) 4, 면주전 대방(大房). <1장. 한자+이두. 조선 필사 이두 자료. 일본 경도대학 가와이문고 소장. 고려대학교 해외한국학자료센터 홈페이지 원문 이미지 보기>

1871-12-00. **하계룡 등 소지**(河啓龍等所志), 하계룡 등. <1장. 한자+이두. 조선 필사 이두 자료. 경남 진주시 단목 진양 하씨 창주 후손가 소장. 한국학중앙연구원 장서각 한국고문서자료관 홈페이지 원문 이미지 보기. 한국정신문화연구원 편(2000) 참고>

1871-00-00~1872-00-00. 「관서읍지(關西邑誌)」, 편저자 미상. <21책. 필사본. 평안도 44읍의 읍지를 종합한 도지(道誌). 서울대학교 규장각 한국학연구원 홈페이지

---

[421] 호남권 한국학자료센터 홈페이지에서는 '1871년 양생원처(梁生員妻) 토지매매명문(土地賣買明文)'으로 잘못 표시하였다.

[422] 호남권 한국학자료센터 홈페이지에서는 '1871년 김유성(金有聲) 방매(放賣) 토지매매명문(土地賣買明文)'으로 표시하였다.

원문 이미지 보기> <이본: 1895-00-00(26책. 서울대학교 규장각 한국학연구원 홈페이지 원문 이미지 보기)> <영인본: 한국학문헌연구소 한국지리지총서 읍지 14-15: 평안도편 1-2>

1872년

<임신(壬申). 고종 9년. 동치 11년>

1872-01-01~1872-12-20(壬申). 「경상감영계록(慶尙監營啓錄)」 3, 경상감영(慶尙監營) 편(編). <1책(3/전7책). 132장. 필사본. 표제는 '慶尙監營啓錄'. 한자+이두. 조선 필사 이두 자료. 서울대학교 규장각 한국학연구원 홈페이지 원문 이미지 보기> <1842-04-19~1842-11-16(6/7)>

1872-01-04. **유학 이찬영 토지매매명문**(幼學李纘榮土地賣買明文), 도유사 유학 신치정(都有司幼學申致正). <1장. 한자+이두. 조선 필사 이두 자료. 경북 영해 인량 재령 이씨 충효당 구장. 한국국학진흥원 소장. 한국학중앙연구원 장서각 한국고문서자료관 홈페이지 원문 이미지 보기. 한국정신문화연구원 편(1997) 참고>

1872-01-13. **유학 이상제 시장문기**(幼學李喪制柴場文記),[423] 시장주 상인 박화삼(柴場主喪人朴花三). <1장. 한자+이두. 조선 필사 이두 자료. 전남 함평군 함평 이씨 이건풍 구장. 목포대학교 도서문화연구원 소장. 호남권 한국학자료센터 홈페이지 원문 이미지와 텍스트 보기. 최승희(1989) 참고>

1872-01-15. **권정수 토지매매명문**(權正銖土地賣買明文), 답주 자필 권긍일(畓主自筆權肯一). <1장. 한자+이두. 조선 필사 이두 자료. 경북 영양군 영양읍 삼지리 한양 조씨 하담 고택 구장. 한국국학진흥원 소장. 한국학자료센터 영남권역센터 홈페이지 원문 이미지와 텍스트 보기. 박병호(1974ㄱ), 최승희(1989), 이재수(2003), 이수건 외(2004) 참고>

---

423 호남권 한국학자료센터 홈페이지에서는 '1872년 박화삼(朴花三) 방매(放賣) 시장문기(柴場文記)'와 '1872년 이상재(李喪制) 시장문기(柴場文記)' 두 가지로 표시하였다.

1872-01-27. **구창수 차첩**(具昌洙差帖) 1, 순창군수(淳昌郡守). <1장. 한자+이두. 조선 필사 이두 자료. 순창 좌부 천안 전씨가 구장. 순창장류박물관 소장. 호남권 한국학자료센터 홈페이지 원문 이미지와 텍스트 보기. 박병호(1974ㄱ), 최승희(1989), 전경목 외(2006) 참고>

1872-01-27. **대계서원 서목**(大溪書員書目), 대계서원. <1장. 한자+이두. 조선 필사 이두 자료. 전남 보성군 택촌 죽산 안씨 은봉 종가 소장. 호남권 한국학자료센터 홈페이지 원문 이미지와 텍스트 보기. 박병호(1974ㄱ), 최승희(1989) 참고>

1872-01-27. **양 생원 댁 토지매매명문**(梁生員宅土地賣買明文), 답주 이유경(畓主李有卿). <1장. 한자+이두. 조선 필사 이두 자료. 전남 보성군 박실 제주 양씨가 구장. 원광대학교 박물관 소장. 호남권 한국학자료센터 홈페이지 원문 이미지와 텍스트 보기. 박병호(1974ㄱ), 이재수(2003) 참고>

1872-01-27. **우씨 문중 토지매매명문**(禹氏門中土地賣買明文), 답주 자필 유학 권현수(畓主自筆幼學權賢秀). <1장. 한자+이두. 조선 필사 이두 자료. 경북 안동시 수곡면 전주 류씨 삼산 종가 구장. 대구광역시 수성구 만촌동 전주 류씨 종가 소장. 한국학자료센터 영남권역센터 홈페이지 원문 이미지와 텍스트 보기. 최승희(1989), 이재수(2003), 전경목(2010), 정수환(2012) 참고>

1872-01-27. **토지매매명문**(土地賣買明文), 전답주 정 노 소복태(田畓主鄭奴小卜太). <1장. 한자+이두. 조선 필사 이두 자료. 경북 안동시 주촌 진성 이씨 경류정 소장. 한국학중앙연구원 장서각 한국고문서자료관 홈페이지 원문 이미지와 텍스트 보기. 한국정신문화연구원 편(1999) 참고>

1872-01-00. **안영환 소지**(安永煥所志) 1, 안영환. <1장. 한자+이두. 조선 필사 이두 자료. 전남 보성군 택촌 죽산 안씨 은봉 종가 소장. 호남권 한국학자료센터 홈페이지 원문 이미지와 텍스트 보기. 김선경(1993), 문숙자(2000), 이수건 외(2004) 참고>

1872-01-00. **안영환 소지**(安永煥所志) 2, 안영환. <1장. 한자+이두. 조선 필사 이두 자료. 전남 보성군 택촌 죽산 안씨 은봉 종가 소장. 호남권 한국학자료센터 홈페이지 원문 이미지와 텍스트 보기. 김선경(1993), 문숙자(2000), 이수건 외(2004) 참고>

1872-01-00. **가사매매명문**(家舍賣買明文),[424] 재주 유종혁(財主劉鍾爀). <1장. 한자+이두. 조선 필사 이두 자료. 한국학중앙연구원 장서각 한국고문서자료관 홈페이지 원문 이미지와 텍스트 보기. 한국정신문화연구원 편(1992) 참고>

1872-02-01. **전라도관찰사 감결**(全羅道觀察使甘結), 전라도 관찰사. <1장. 한자+이두. 조선 필사 이두 자료. 전북 부안 석동 류절재 소장. 호남권 한국학자료센터 홈페이지 원문 이미지와 텍스트 보기. 박병호(1974ㄱ) 참고>

1872-02-05. **유학 종유사 박치인 토지매매명문**(幼學宗有司朴致仁土地賣買明文), 답주 유학 김만학(畓主幼學金萬學). <1장. 한자+이두. 조선 필사 이두 자료. 전북 장수군 침곡 충주 박씨가 소장. 호남권 한국학자료센터 홈페이지 원문 이미지와 텍스트 보기. 박병호(1974ㄱ), 최승희(1989), 이재수(2003), 이정수·김희호(2011) 참고>

1872-02-06. **가사매매명문**(家舍賣買明文), 가대주 유학 경재엽(家垈主幼學景在曄). <1장. 한자+이두. 조선 필사 이두 자료. 전북 정읍시 동학농민혁명기념관 소장. 호남권 한국학자료센터 홈페이지 원문 이미지와 텍스트 보기. 박병호(1974ㄱ), 이재수(2003) 참고>

1872-02-20. **시장 문기**(柴場文記),[425] 표주 신석규(票主申錫奎). <1장. 한자+이두. 조선 필사 이두 자료. 전남 영광 마산 경주 이씨가 구장. 진안 용담호미술관 소장. 호남권 한국학자료센터 홈페이지 원문 이미지와 텍스트 보기. 최승희(1989), 정구복 외(1999), 채현경(2011) 참고>

1872-02-29. **족노 귀산 토지매매명문**(族奴貴山土地賣買明文), 전주 조 노 득손(出主趙奴得孫). <1장. 한자+이두. 조선 필사 이두 자료. 강원도 원주시 이정동 소장. 한국학자료센터 강원권역센터 홈페이지 원문 이미지와 텍스트 보기. 최승희(1989), 전경목(2010, 2014), 박준호(2016) 참고>

1872-02-00. **남하진 등 의송**(南夏鎭等議送), 남하진 등. <1장. 한자+이두. 조선 필사 이두 자료. 경남 밀양 사촌 의령 남씨 침류정 소장. 한국학중앙연구원 장서각

---

[424] 한국학중앙연구원 장서각 한국고문서자료관 홈페이지에서는 '1872년 유종혁(劉鍾爀) 방매 가사매매명문(家舍賣買明文)'으로 표시하였다.

[425] 호남권 한국학자료센터 홈페이지에서는 '1872년 신석규(申錫奎) 방매(放賣) 시장문기(柴場文記)'로 표시하였다.

한국고문서자료관 홈페이지 원문 이미지 보기. 한국정신문화연구원 편(2004) 참고>

1872-02-00. **안규백 소지**(安圭白所志), 안규백. <1장. 한자+이두. 조선 필사 이두 자료. 전남 보성군 택촌 죽산 안씨 은봉 종가 소장. 호남권 한국학자료센터 홈페이지 원문 이미지와 텍스트 보기. 박병호(1974ㄱ), 문숙자(2000) 이수건 외(2004) 참고>

1872-02-00. **양도영 소지**(梁道榮所志), 양도영. <1장. 한자+이두. 조선 필사 이두 자료. 전남 보성군 박실 제주 양씨가 구장. 원광대학교 박물관 소장. 호남권 한국학자료센터 홈페이지 원문 이미지와 텍스트 보기>

1872-02-00. **양신묵 소지**(梁信默所志), 양신묵. <1장. 한자+이두. 조선 필사 이두 자료. 전남 보성군 박실 제주 양씨가 구장. 원광대학교 박물관 소장. 호남권 한국학자료센터 홈페이지 원문 이미지와 텍스트 보기>

1872-03-05. **소도천 토지매매명문**(蘇道天土地賣買明文), 답주 왕세강 처 이 씨(畓主王世綱妻李氏). <1장. 한자+이두. 조선 필사 이두 자료. 남원·구례 삭녕 최씨 구장. 한국학중앙연구원 장서각 한국고문서자료관 홈페이지 원문 이미지 보기. 한국정신문화연구원 편(2004) 참고>

1872-03-08. **강성로 토지매매명문**(姜成老土地賣買明文), 답주 유학 김찬일(畓主幼學金贊鎰). <1장. 한자+이두. 조선 필사 이두 자료. 전남 보성군 박실 제주 양씨가 구장. 원광대학교 박물관 소장. 호남권 한국학자료센터 홈페이지 원문 이미지와 텍스트 보기. 박병호(1974ㄱ), 이재수(2003) 참고>

1872-03-08. **김운학 산지매매명문**(金雲鶴山地賣買明文), 산주 이주훈(山主李周勳). <1장. 한자+이두. 조선 필사 이두 자료. 경북 고령군 대가야읍 본관 1리 홍와 고택 구장. 한국국학진흥원 소장. 한국학자료센터 영남권역센터 홈페이지 원문 이미지와 텍스트 보기. 김성갑(2013) 참고>

1872-03-08. **양 생원 댁 노 승엽 토지매매명문**(梁生員宅奴勝葉土地賣買明文), 답주 금 수문장 정치근(畓主今守門將鄭治勤). <1장. 한자+이두. 조선 필사 이두 자료. 전남 보성군 박실 제주 양씨가 구장. 원광대학교 박물관 소장. 호남권 한국학자료센터 홈페이지 원문 이미지와 텍스트 보기. 박병호(1974ㄱ) 참고>

1872-03-18. **노 세룡 배지**(奴世龍牌旨), 상전 심(上典沈). <1장. 한자+이두. 조선 필사 이두 자료. 경북 봉화군 명호면 도천리 안동 김씨 해헌 고택 구장. 한국국학진흥원 소장. 한국학자료센터 영남권역센터 홈페이지 원문 이미지와 텍스트 보기. 박병호(1974ㄱ), 최승희(1989), 이재수(2003), 이수건 외(2004) 참고>

1872-03-23. **안 생원 토지매매명문**(安生員土地賣買明文), 전답주 조병석(田畓主趙秉奭). <1장. 한자+이두. 조선 필사 이두 자료. 강원도 원주시 이정동 소장. 한국학자료센터 강원권역센터 홈페이지 원문 이미지와 텍스트 보기. 김건우(2008), 전경목(2010, 2014), 박준호(2016) 참고>

1872-03-31. **토지매매명문**(土地賣買明文), 답주 이 노 순이(畓主李奴順伊). <1장. 한자+이두. 조선 필사 이두 자료. 경북 경주시 내남면 이조리 경주 최씨·용산서원 소장. 한국학중앙연구원 장서각 한국고문서자료관 홈페이지 원문 이미지 보기. 한국정신문화연구원 편(2000) 참고>

1872-03-00. **김제명 등 상서**(金濟明等上書) 1, 김제명 등. <1장. 한자+이두. 조선 필사 이두 자료. 경북 안동시 오천 광산 김씨 후조당 소장. 한국학중앙연구원 장서각 한국고문서자료관 홈페이지 원문 이미지와 텍스트 보기. 한국정신문화연구원 편(1982) 참고>

1872-03-00. **김제명 등 상서**(金濟明等上書) 2, 김제명 등. <1장. 한자+이두. 조선 필사 이두 자료. 경북 안동시 오천 광산 김씨 후조당 소장. 한국학중앙연구원 장서각 한국고문서자료관 홈페이지 원문 이미지와 텍스트 보기. 한국정신문화연구원 편(1982) 참고>

1872-03-00. **면주전 도원 첩문**(綿紬廛都員帖文) 1, 면주전 대방(大房). <1장. 한자+이두. 조선 필사 이두 자료. 일본 경도대학 가와이문고 소장. 고려대학교 해외한국학자료센터 홈페이지 원문 이미지 보기>

1872-03-00. **면주전 도원 첩문**(綿紬廛都員帖文) 2, 면주전 대방(大房). <1장. 한자+이두. 조선 필사 이두 자료. 일본 경도대학 가와이문고 소장. 고려대학교 해외한국학자료센터 홈페이지 원문 이미지 보기>

1872-03-00. **면주전 도원 첩문**(綿紬廛都員帖文) 3, 면주전 대방(大房). <1장. 한자+이두. 조선 필사 이두 자료. 일본 경도대학 가와이문고 소장. 고려대학교 해외한국학

자료센터 홈페이지 원문 이미지 보기>

1872-03-00. **면주전 도원 첩문**(綿紬廛都員帖文) 4, 면주전 대방(大房). <1장. 한자+이두. 조선 필사 이두 자료. 일본 경도대학 가와이문고 소장. 고려대학교 해외한국학 자료센터 홈페이지 원문 이미지 보기>

1872-03-00. **양 노 맹문 소지**(梁奴孟文所志), 맹문. <1장. 한자+이두. 조선 필사 이두 자료. 전남 보성군 박실 제주 양씨가 구장. 원광대학교 박물관 소장. 호남권 한국학자료센터 홈페이지 원문 이미지와 텍스트 보기>

1872-03-00. **정 도정댁[426] 노 ■철 토지매매명문**(鄭都正宅奴■哲土地賣買明文), 답주 최백항(畓主崔伯恒). <1장. 한자+이두. 조선 필사 이두 자료. 경기도 양주 사릉 해주 정씨 종가 소장. 한국학중앙연구원 장서각 한국고문서자료관 홈페이지 이미지 보기>

1872-04-02. **차신영 다짐**(車信永侤音), 차신영. <1장. 한자+이두. 조선 필사 이두 자료. 전북 군산시 임피면 갈은 제주 고씨가 구장. 군산근대역사박물관 소장. 호남권 한국학자료센터 홈페이지 원문 이미지와 텍스트 보기. 박병호(1974ㄱ), 최승희(1989), 전경목(1997), 김현영(1999), 정구복(2002), 김경숙(2012) 참고>

1872-04-02. **토지매매명문**(土地賣買明文),[427] 자필 답주 유학 남병린(自筆畓主幼學南秉麟). <1장. 한자+이두. 조선 필사 이두 자료. 전남 순천 월등 목천 장씨가 구장. 전북대학교 박물관 소장. 호남권 한국학자료센터 홈페이지 원문 이미지와 텍스트 보기. 최승희(1989), 정구복 외(1999), 이재수(2003) 참고>

1872-04-05. **부안현감 첩보**(扶安縣監捷報) 1, 부안현감. <1장. 한자+이두. 조선 필사 이두 자료. 전북 부안 석동 류절재 소장. 호남권 한국학자료센터 홈페이지 원문 이미지와 텍스트 보기. 박병호(1974ㄱ), 최승희(1989), 정구복 외(1999) 참고>

1872-04-25. **토지매매명문**(土地賣買明文),[428] 답주 유학 오상문(畓主幼學吳尙文). <1

---

[426] 도정(都正)은 조선 시대에 종친부, 돈령부, 훈련원에 속하여 종친과 외척에 관한 사무를 맡아보던 정3품 벼슬이다(「표준국어대사전」).

[427] 호남권 한국학자료센터 홈페이지에서는 '1872년 남병린(南秉麟) 방매(放賣) 토지매매명문(土地賣買明文)'으로 표시하였다.

[428] 호남권 한국학자료센터 홈페이지에서는 '1872년 오상문(吳尙文) 방매 토지매매명문(土地賣買明

장. 한자+이두. 조선 필사 이두 자료. 전북대학교 박물관 소장. 호남권 한국학자료센터 홈페이지 원문 이미지와 텍스트 보기>

1872-04-26. **족인 이지범 시장문기**(族人李志範柴場文記), 시장주 이계열(柴場主李啓烈). <1장. 한자+이두. 조선 필사 이두 자료. 전남 함평군 함평 이씨 이건풍 구장. 목포대학교 도서문화연구원 소장. 호남권 한국학자료센터 홈페이지 원문 이미지와 텍스트 보기. 최승희(1989) 참고>

1872-04-00. **고산현감 완문**(高山縣監完文), 고산현감. <1장. 한자+이두. 조선 필사 이두 자료. 전북 군산시 임피면 같운 제주 고씨가 구장. 군산근대역사박물관 소장. 호남권 한국학자료센터 홈페이지 원문 이미지와 텍스트 보기. 박병호(1974ㄱ), 최승희(1989), 전경목(1997), 김현영(1999), 정구복(2002), 김경숙(2012) 참고>

1872-04-00. **김주진 등 발괄**(金周鎭等白活) 1, 김주진 등. <1장. 한자+이두. 조선 필사 이두 자료. 안동 천전 의성 김씨 지촌 종택 소장. 한국학중앙연구원 장서각 한국고문서자료관 홈페이지 원문 이미지 보기. 한국정신문화연구원 편(1989) 참고>

1872-04-00. **김주진 등 발괄**(金周鎭等白活) 2, 김주진 등. <1장. 한자+이두. 조선 필사 이두 자료. 안동 천전 의성 김씨 지촌 종택 소장. 한국학중앙연구원 장서각 한국고문서자료관 홈페이지 원문 이미지 보기. 한국정신문화연구원 편(1989) 참고>

1872-05-18. **토지매매명문**(土地賣買明文),[429] 답주 자필 유학 김성환(畓主自筆幼學金成煥). <1장. 한자+이두. 조선 필사 이두 자료. 전남 보성군 박실 제주 양씨가 구장. 원광대학교 박물관 소장. 호남권 한국학자료센터 홈페이지 원문 이미지와 텍스트 보기. 박병호(1974ㄱ), 이재수(2003) 참고>

1872-05-22. **대댁 중부 토지매매명문**(大宅仲父土地賣買明文),[430] 죄질 중현 자필(罪侄

文'으로 표시하였다.

[429] 호남권 한국학자료센터 홈페이지에서는 '1872년 김성환(金成煥) 방매(放賣) 토지매매명문(土地賣買明文)'으로 표시하였다.

[430] 한국학자료센터 영남권역센터 홈페이지에서는 '1872년 중현(重鉉) 토지매매명문(土地賣買明文)'으로 표시하였다.

重鉉自筆). <1장. 한자+이두. 조선 필사 이두 자료. 경북 안동시 일직면 망호리 한산 이씨 소산 종가 구장. 한국국학진흥원 소장. 한국학자료센터 영남권역센터 홈페이지 원문 이미지와 텍스트 보기>

1872-05-27. **유학 토지매매명문**(幼學土地賣買明文),[431] 답주 유학 김태원(畓主幼學金泰源). <1장. 한자+이두. 조선 필사 이두 자료. 전남 보성군 박실 제주 양씨가 구장. 원광대학교 박물관 소장. 호남권 한국학자료센터 홈페이지 원문 이미지와 텍스트 보기. 박병호(1974ㄱ), 이재수(2003) 참고>

1872-05-30. **진제필 고목**(陳濟弼告目), 진제필. <1장. 한자+이두. 조선 필사 이두 자료. 일본 경도대학 가와이문고 소장. 고려대학교 해외한국학자료센터 홈페이지 원문 이미지 보기>

1872-05-00. **고영석 등 소지**(高永碩等所志), 고영석 등. <1장. 한자+이두. 조선 필사 이두 자료. 전북 군산시 임피면 갈운 제주 고씨가 구장. 군산근대역사박물관 소장. 호남권 한국학자료센터 홈페이지 원문 이미지와 텍스트 보기. 박병호(1974ㄱ), 최승희(1989), 전경목(1997), 김현영(1999), 정구복(2002), 김경숙(2012) 참고>

1872-06-00. **안긍원 차첩**(安兢遠差帖), 이조(吏曹). <1장. 한자+이두. 조선 필사 이두 자료. 경기도 광주 기곡 광주 안씨 순암 종가 소장. 한국학중앙연구원 한국고문서자료관 홈페이지 원문 이미지와 텍스트 보기. 한국정신문화연구원 편(1990) 참고>

1872-07-03. **구창수 차첩**(具昌洙差帖) 2, 순창군수(淳昌郡守). <1장. 한자+이두. 조선 필사 이두 자료. 순창 좌부 천안 전씨가 구장. 순창장류박물관 소장. 호남권 한국학자료센터 홈페이지 원문 이미지와 텍스트 보기. 박병호(1974ㄱ), 최승희(1989), 전경목 외(2006) 참고>

1872-07-15. **구동익 차첩**(具東翊差帖), 순창군수(淳昌郡守). <1장. 한자+이두. 조선 필사 이두 자료. 순창 좌부 천안 전씨가 구장. 순창장류박물관 소장. 호남권 한국학자료센터 홈페이지 원문 이미지와 텍스트 보기. 박병호(1974ㄱ), 최승희(1989),

---

[431] 호남권 한국학자료센터 홈페이지에서는 '1872년 김태원(金泰源) 방매(放賣) 토지매매명문(土地賣買明文)'으로 표시하였다.

전경목 외(2006) 참고>

1872-07-17. **영해부 예방 신의순 고목**(寧海府禮房申義淳告目), 신의순. <1장. 한자+이두. 조선 필사 이두 자료. 경북 영덕군 영해면 괴시리 영양 남씨 괴시파 영감댁 구장. 한국국학진흥원 소장. 한국학자료센터 영남권역센터 홈페이지 원문 이미지와 텍스트 보기>

1872-07-00. **류 생원 댁 노 ■득 토지매매명문**(柳生員宅奴■得土地賣買明文), 전주 황 생원 댁 노 예접(田主黃生員宅奴禮接). <1장. 한자+이두. 조선 필사 이두 자료. 춘천 김현식 소장. 한국학자료센터 강원권역센터 홈페이지 원문 이미지 보기. 김건우(2008), 전경목(2010), 김성갑(2013), 박준호(2016) 참고>

1872-07-00. **유학 남흥수 한관 차정첩**(幼學南興壽獻官差定帖), 영해부(寧海府). <1장. 한자+이두. 조선 필사 이두 자료. 경북 영덕군 영해면 괴시리 영양 남씨 괴시파 영감댁 구장. 한국국학진흥원 소장. 한국학자료센터 영남권역센터 홈페이지 원문 이미지와 텍스트 보기>

1872-08-08. **노 흥득 토지매매명문**(奴興得土地賣買明文), 답주 홍옥구(畓主洪沃溝). <1장. 한자+이두. 조선 필사 이두 자료. 일본 경도대학 가와이문고 소장. 고려대학교 해외한국학자료센터 홈페이지 원문 이미지 보기>

1872-08-08. **부안현감 첩보**(扶安縣監捷報) 2, 부안현감. <1장. 한자+이두. 조선 필사 이두 자료. 전북 부안 석동 류절재 소장. 호남권 한국학자료센터 홈페이지 원문 이미지와 텍스트 보기. 박병호(1974ㄱ), 최승희(1989), 정구복 외(1999) 참고>

1872-08-16. **부안현감 서목**(扶安縣監書目), 부안현감. <1장. 한자+이두. 조선 필사 이두 자료. 전북 부안 석동 류절재 소장. 호남권 한국학자료센터 홈페이지 원문 이미지와 텍스트 보기. 박병호(1974ㄱ), 최승희(1989) 참고>

1872-08-24. **부안 김씨 문중 토지매매명문**(扶安金氏門中土地賣買明文), 산지주 유학 최일영(山地主幼學崔日榮). <1장. 한자+이두. 조선 필사 이두 자료. 전북 부안군 취성재 소장. 호남권 한국학자료센터 홈페이지 원문 이미지와 텍스트 보기. 최승희(1989), 전북향토문화연구회 편(1993), 정구복 외(1999) 참고>

1872-08-25. **부안 김씨 문중 가사매매명문**(扶安金氏門中家舍賣買明文), 가대주 유학 최일영(家垈主幼學崔日榮). <1장. 한자+이두. 조선 필사 이두 자료. 전북 부안군

취성재 소장. 호남권 한국학자료센터 홈페이지 원문 이미지와 텍스트 보기. 박병호(1974ㄱ), 최승희(1989), 이재수(2003) 참고>

1872-08-00. **김유현 상서**(金裕鉉上書), 김유현. <1장. 한자+이두. 조선 필사 이두 자료. 전남 무안 광산 김씨 모충사 소장. 호남권 한국학자료센터 홈페이지 원문 이미지 보기. 최승희(1989), 국립민속박물관 편(1991), 정구복 외(1999), 전경목 외(2006) 참고>

1872-09-20. **이 노 천의 토지매매명문**(李奴千儀土地賣買明文), 답주 이 노 별천의(畓主李奴別千儀). <1장. 한자+이두. 조선 필사 이두 자료. 전남 보성군 박실 제주 양씨가 구장. 원광대학교 박물관 소장. 호남권 한국학자료센터 홈페이지 원문 이미지와 텍스트 보기. 박병호(1974ㄱ), 이재수(2003) 참고>

1872-09-00. **김재철 등 상서**(金在轍等上書), 김재철 등. <1장. 한자+이두. 조선 필사 이두 자료. 전남 무안 광산 김씨 모충사 소장. 호남권 한국학자료센터 홈페이지 원문 이미지 보기. 최승희(1989), 국립민속박물관 편(1991), 정구복 외(1999), 전경목 외(2006) 참고>

1872-10-18. **이 생원 댁 구로동 재사 토지매매명문**(李生員宅九老洞齋舍土地賣買明文), 매주 김상범(賣主金相範). <1장. 한자+이두. 조선 필사 이두 자료. 경북 안동시 주촌 진성 이씨 경류정 소장. 한국학중앙연구원 장서각 한국고문서자료관 홈페이지 원문 이미지와 텍스트 보기. 한국정신문화연구원 편(1999) 참고>

1872-10-22. **수표**(手票), 표주 와장 이도현(票主瓦匠李道玄). <1장. 한자+이두. 조선 필사 이두 자료. 영광 입석 영월 신씨 소장. 한국학중앙연구원 장서각 한국고문서자료관 홈페이지 원문 이미지와 텍스트 보기. 한국정신문화연구원 편(1996) 참고>

1872-11-02~1874-02-12(동치 11년~동치 13년).「통제영계록(**統制營啓錄**)」4, 비변사(備邊司) 편(編). <1책(4/전8책). 130장. 필사본. 표제는 '統制營啓錄'. 한자+이두. 조선 필사 이두 자료. 서울대학교 규장각 한국학연구원 홈페이지 원문 이미지 보기> <영인본:「각사등록」17(경상도편 7)(국사편찬위원회 편, 1985)> <1847-02-04~1848-01-27(1/8)>

1872-11-09. **유학 안풍환 토지매매명문**(幼學安豊煥土地賣買明文), 산주 유학 이관춘

(山主幼學李觀春). <1장. 한자+이두. 조선 필사 이두 자료. 전남 보성군 복내면 죽산 안씨 죽곡정사 소장. 호남권 한국학자료센터 홈페이지 원문 이미지와 텍스트 보기. 이재수(2003), 이수건 외(2004) 참고>

1872-11-10~1873-12-13(壬申~癸酉).「평안감영계록(**平安監營啓錄**)」 35, 비변사(備邊司) 편(編). <1책(35/전37책). 89장. 필사본. 표제는 '箕營啓錄'. 한자+이두. 조선 필사 이두 자료. 서울대학교 규장각 한국학연구원 홈페이지 원문 이미지 보기> <영인본:「각사등록」 33(평안도편 5)(국사편찬위원회 편, 1988)> <1830-08-12~1830-12-30(1/37)>

1872-11-10~1875-07-28(壬申~乙亥).「우포청등록(**右捕廳謄錄**)」 26, 포도청(捕盜廳) 편(編). <1책(26/전30책). 41장. 필사본. 표제는 '右捕廳謄錄'. 한자+이두. 조선 필사 이두 자료. 서울대학교 규장각 한국학연구원 홈페이지 원문 이미지 보기> <1807-01-13~1808-06-12(1/30)>

1872-11-14. **토지매매명문**(土地賣買明文),[432] 전주 유학 정용택(田主幼學鄭龍澤). <1장. 한자+이두. 조선 필사 이두 자료. 전북대학교 박물관 소장. 호남권 한국학자료센터 홈페이지 원문 이미지와 텍스트 보기. 최승희(1989), 정구복 외(1999), 이재수(2003) 참고>

1872-11-26. **유학 토지매매명문**(幼學土地賣買明文),[433] 답주 자필 수문장 김영태(畓主自筆守門將金永泰). <1장. 한자+이두. 조선 필사 이두 자료. 전남 보성군 박실 제주 양씨가 구장. 원광대학교 박물관 소장. 호남권 한국학자료센터 홈페이지 원문 이미지와 텍스트 보기. 최승희(1989), 정수환·이헌창(2008), 채현경(2011) 참고>

1872-11-26. **토지매매명문**(土地賣買明文),[434] 답주 이영천(畓主李永泉). <1장. 한자+

---

[432] 호남권 한국학자료센터 홈페이지에서는 '1872년 정용택(鄭龍澤) 방매 토지매매명문(土地賣買明文)'으로 표시하였다.

[433] 호남권 한국학자료센터 홈페이지에서는 '1872년 김영태(金永泰) 방매(放賣) 토지매매명문(土地賣買明文)'으로 표시하였다.

[434] 호남권 한국학자료센터 홈페이지에서는 '1872년 이영천(李永泉) 방매(放賣) 토지매매명문(土地賣買明文)'으로 표시하였다.

이두. 조선 필사 이두 자료. 전남 보성군 박실 제주 양씨가 구장. 원광대학교 박물관 소장. 호남권 한국학자료센터 홈페이지 원문 이미지와 텍스트 보기. 박병호(1974ㄱ), 최승희(1989), 이재수(2003) 참고>

1872-11-27. **토지매매명문**(土地賣買明文),[435] 답주 자필 김화일(畓主自筆金華一). <1장. 한자+이두. 조선 필사 이두 자료. 전남 나주시 남내 밀양 박씨 청재 종가 소장. 호남권 한국학자료센터 홈페이지 원문 이미지와 텍스트 보기. 김재문(1986), 김태영(1996) 참고>

1872-11-28. **유학 권필호 토지매매명문**(幼學權弼祜土地賣買明文),[436] 송계동중 조영교 등(松稧洞中趙榮敎等). <1장, 한자+이두. 조선 필사 이두 자료. 경남 거창 강동 초계 정씨 동계 종가 구장. 한국학중앙연구원 장서각 한국고문서자료관 홈페이지 & 한국학중앙연구원 장서각 한국학자료센터 홈페이지 원문 이미지와 텍스트 보기. 한국정신문화연구원 편(1995), 한국학중앙연구원 편(2005) 참고>

1872-11-29. **조 노 귀삼·권 노 귀득 산지매매명문**(趙奴貴三權奴貴得山地賣買明文),[437] 증필 유 노 추석(證筆柳奴秋夕). <1장, 한자+이두. 조선 필사 이두 자료. 경남 거창 강동 초계 정씨 동계 종가 구장. 한국학중앙연구원 장서각 한국학자료센터 & 장서각 한국고문서자료관 홈페이지 원문 이미지와 텍스트 보기. 한국정신문화연구원 편(1995), 한국학중앙연구원 편(2005) 참고>

1872-11-00. **이 노 후읍종 소지**(李奴後邑種所志), 후읍종. <1장. 한자+이두. 조선 필사 이두 자료. 경북 영해 인량 재령 이씨 충효당 구장. 한국국학진흥원 소장. 한국학중앙연구원 장서각 한국고문서자료관 홈페이지 원문 이미지 보기. 한국학중앙연구원 편(2008) 참고>

1872-11-00. **토지매매명문**(土地賣買明文), 답주 노 천예(畓主奴仟禮). <1장. 한자+이

---

[435] 호남권 한국학자료센터 홈페이지에서는 '1872년 김화일(金華一) 방매(放賣) 토지매매명문(土地賣買明文)'으로 표시하였다.

[436] 한국학중앙연구원 장서각 한국학자료센터 홈페이지에서는 '1872년 조영교(趙榮敎)의 산지매매명문(山地賣買明文)'으로 표시하였다.

[437] 한국학중앙연구원 장서각 한국학자료센터 홈페이지에서는 '1872년 류씨(柳氏) 노(奴) 초석(秋夕) 산지매매문서(山地賣買文書)'로 표시하였다.

두. 조선 필사 이두 자료. 경북 경주시 내남면 이조리 경주 최씨·용산서원 소장. 한국학중앙연구원 장서각 한국고문서자료관 홈페이지 원문 이미지 보기. 한국정신문화연구원 편(2000) 참고>

1872-11-00. **토지매매명문**(土地賣買明文),[438] 전주 권부경(田主權夫卿). <1장. 한자+이두. 조선 필사 이두 자료. 경북 고령군 대가야읍 본관 1리 홍와 고택 구장. 한국국학진흥원 소장. 한국학자료센터 영남권역센터 홈페이지 원문 이미지와 텍스트 보기. 김성갑(2013) 참고>

1872-11-00. **화민 이상화·이현발 산송 관련 상서**(化民李相樺李鉉發山訟關聯上書), 이상화·이현발. <1장. 한자+이두. 조선 필사 이두 자료. 영해 인량 재령 이씨 우계 종택 구장. 한국국학진흥원 소장. 한국학자료센터 영남권역센터 홈페이지 원문 이미지와 텍스트 보기>

1872-12-01~1873-12-00. 「결속색등록(**結束色謄錄**)」88, 병조(兵曹) 편(編). <1책(88/낙질본 107책). 105장. 필사본. 한자+이두. 조선 필사 이두 자료. 서울대학교 규장각 한국학연구원 홈페이지 1787년~1891년 낙질본 107책(1792년(건륭 57년), 1811년(가경 16년) 하, 1816년(가경 21년), 1817년(가경 22년), 1824년(도광 4년), 1831(도광 11년), 1871(동치 10년), 1885년(광서 11년) 없음) 원문 이미지 보기>

1872-12-04. **토지매매명문**(土地賣買明文), 답주 권성침(畓主權聖枕). <1장. 한자+이두. 조선 필사 이두 자료. 경북 안동시 주촌 진성 이씨 경류정 소장. 한국학중앙연구원 장서각 한국고문서자료관 홈페이지 원문 이미지와 텍스트 보기. 한국정신문화연구원 편(1999) 참고>

1872-12-07. **전만복 토지매매명문**(全萬福土地賣買明文), 답주 조 생원 댁 노 흥득(畓主趙生員宅奴興得). <1장. 한자+이두. 조선 필사 이두 자료. 일본 경도대학 가와이문고 소장. 고려대학교 해외한국학자료센터 홈페이지 원문 이미지 보기>

1872-12-10. **용산 문중 토지매매명문**(龍山門中土地賣買明文), 답주 유학 이의중(畓主幼學李宜中). <1장. 한자+이두. 조선 필사 이두 자료. 경북 안동시 주촌 진성

---

[438] 한국학자료센터 영남권역센터 홈페이지에서는 '1872년 권부경(權夫卿) 방매 토지매매명문(土地賣買明文)'으로 표시하였다.

이씨 경류정 소장. 한국학중앙연구원 장서각 한국고문서자료관 홈페이지 원문 이미지와 텍스트 보기. 한국정신문화연구원 편(1999) 참고>

1872-12-14. **토지매매명문**(土地賣買明文),[439] 답주 산인 호연(畓主山人浩然). <1장. 한자+이두. 조선 필사 이두 자료. 전남 나주시 남내 밀양 박씨 청재 종가 소장. 호남권 한국학자료센터 홈페이지 원문 이미지와 텍스트 보기. 고창석(2000ㄱ), 김소은(2004) 참고>

1872-12-15. **원정 나 생원 노 명화 토지매매명문**(元井羅生員奴明化土地賣買明文), 답주 이경학(畓主李敬學). <1장. 한자+이두. 조선 필사 이두 자료. 전남 나주시 남내 밀양 박씨 청재 종가 소장. 호남권 한국학자료센터 홈페이지 원문 이미지와 텍스트 보기. 김소은(2004), 김영나(2007) 참고>

1872-12-16. **나 생원 토지매매명문**(羅生員土地賣買明文), 답주 한량 황찬여(畓主閑良黃贊汝). <1장. 한자+이두. 조선 필사 이두 자료. 전남 나주시 남내 밀양 박씨 청재 종가 소장. 호남권 한국학자료센터 홈페이지 원문 이미지와 텍스트 보기. 김소은(2004) 참고>

1872-12-17. **오완흥 토지매매명문**(吳完興土地賣買明文), 답주 조 호 친룡(畓主趙戶千龍). <1장. 한자+이두. 조선 필사 이두 자료. 강원도 원주시 이정동 소장. 한국학자료센터 강원권역센터 홈페이지 원문 이미지와 텍스트 보기. 김건우(2008), 전경목(2010, 2014), 박준호(2016) 참고>

1872-12-20. **신항재 노 토지매매명문**(申伉齋奴土地賣買明文), 답주 노 엇손(畓主奴旕孫). <1장. 한자+이두. 조선 필사 이두 자료. 강원도 원주시 이정동 소장. 한국학자료센터 강원권역센터 홈페이지 원문 이미지와 텍스트 보기. 김건우(2008), 전경목(2010, 2014), 박준호(2016) 참고>

1872-12-25. **유학 토지매매명문**(幼學土地賣買明文),[440] 답주 자필 유학 채염석(畓主自筆幼學蔡琰錫). <1장. 한자+이두. 조선 필사 이두 자료. 전남 보성군 복내면 죽산

---

[439] 호남권 한국학자료센터 홈페이지에서는 '1872년 호연(浩然) 방매(放賣) 토지매매명문(土地賣買明文)'으로 표시하였다.

[440] 호남권 한국학자료센터 홈페이지에서는 '1872년 채염석(蔡琰錫) 방매(放賣) 토지매매명문(土地賣買明文)'으로 표시하였다.

안씨 죽곡정사 소장. 호남권 한국학자료센터 홈페이지 원문 이미지와 텍스트 보기. 김태영(1983), 김현영(2003) 참고>

1872-12-27. **박곡 노 상손 토지매매명문**(朴谷奴尙孫土地賣買明文), 전주 동암정 간소 유사 댁 유(出主東巖亭刊所有司宅柳). <1장. 한자+이두. 조선 필사 이두 자료. 경북 안동시 박실 전주 류씨 수정재 고택 구장. 한국국학진흥원 소장. 한국학자료 센터 영남권역센터 홈페이지 원문 이미지와 텍스트 보기>

1872-12-28. **토지매매명문**(土地賣買明文),[441] 답주 자필 최덕원(畓主自筆崔德元). <1 장. 한자+이두. 조선 필사 이두 자료. 전남 나주시 남내 밀양 박씨 청재 종가 소장. 호남권 한국학자료센터 홈페이지 원문 이미지와 텍스트 보기. 최윤오(2000), 한효정(2008) 참고>

1872-12-00. **박숭목 소지**(朴崇穆所志), 박숭목. <1장. 한자+이두. 조선 필사 이두 자료. 경남 밀양 신호 밀성 박씨·덕남서원 소장. 한국학중앙연구원 장서각 한국고 문서자료관 홈페이지 원문 이미지 보기. 한국정신문화연구원 편(2004) 참고>

1872-12-00. **신상하 등 소지**(申相夏等所志), 신상하 등. <1장. 한자+이두. 조선 필사 이두 자료. 경북 의성군 아주 신씨 호계 가문 소장. 한국학중앙연구원 장서각 한국고문서자료관 홈페이지 원문 이미지 보기. 한국정신문화연구원 편(2005) 참 고>

1872-12-00. **양신묵 소지 초**(梁信默所志草) 1, 양신묵. <1장. 한자+이두. 조선 필사 이두 자료. 전남 보성군 박실 제주 양씨가 구장. 원광대학교 박물관 소장. 호남권 한국학자료센터 홈페이지 원문 이미지와 텍스트 보기>

1872-12-00. **양신묵 소지 초**(梁信默所志草) 2, 양신묵. <1장. 한자+이두. 조선 필사 이두 자료. 전남 보성군 박실 제주 양씨가 구장. 원광대학교 박물관 소장. 호남권 한국학자료센터 홈페이지 원문 이미지와 텍스트 보기>

1872-12-00. **양신묵 원정**(梁信默原情), 양신묵. <1장. 한자+이두. 조선 필사 이두 자료. 전남 보성군 박실 제주 양씨가 구장. 원광대학교 박물관 소장. 호남권 한국

---

441 호남권 한국학자료센터 홈페이지에서는 '1872년 최덕원(崔德元) 방매(放賣) 토지매매명문(土地賣 買明文)'으로 표시하였다.

학자료센터 홈페이지 원문 이미지와 텍스트 보기>

1872-12-00. **토지매매명문**(土地賣買明文),[442] 답주 양문숙(畓主梁文淑). <1장. 한자+이두. 조선 필사 이두 자료. 전남 나주시 남내 밀양 박씨 청재 종가 소장. 호남권 한국학자료센터 홈페이지 원문 이미지와 텍스트 보기>

1872-00-00. 「어진이모도감도청의궤(御眞移摸都監都廳儀軌)」,[443] 종친부(宗親府) 편. <1책. 94장. 필사본. 표지 일부 결락. 권수제는 '同治十一年壬申正月 日 御眞移摸都監都廳儀軌'. 한자+이두. 조선 필사 이두 자료. 서울대학교 규장각 한국학연구원 의궤 종합정보 홈페이지 '奎13998' 원문 이미지 보기>

1872-00-00. 「어진이모도감의궤(御眞移摸圖鑑儀軌)」,[444] 어진이모도감 편. <1책. 94장. 필사본. 표제는 '御眞移摸儀軌'. 한자+이두. 조선 필사 이두 자료. 한국학중앙연구원 한국학 디지털 아카이브 홈페이지 & 서울대학교 규장각 한국학연구원 의궤 종합정보 홈페이지 원문 이미지와 텍스트 보기>

1872-00-00. 「영혜옹주길례등록(永惠翁主吉禮謄錄)」, 예조(禮曹) 편. <1책. 76장. 필사본. 한자+이두. 조선 필사 이두 자료. 한국학중앙연구원 장서각 한국학자료센터 홈페이지 원문 이미지와 텍스트 보기>

1872-00-00. 「영혜옹주길례등록(永惠翁主吉禮謄錄)」, 예조(禮曹) 편. <1책. 96장. 필사본. 한자+이두. 조선 필사 이두 자료. 한국학중앙연구원 장서각 한국학자료센터 홈페이지 원문 이미지와 텍스트 보기>

1872-00-00. 「유서필지(儒胥必知)」, 편저자 미상. <임신 중동 완서 중간본(壬申仲冬完西重刊本). 1책. 56장. 목판본. 한자+이두 그리고 이두+한글. 중간본에는 방각본 「이문잡례」에서 인용한 이두-한글 목록인 '이두휘편(吏頭彙編)'이 부록으로 수록되어 있다. 목민관의 공문 서식의 예규집과 이두 목록. 서울대학교 규장각

---

[442] 호남권 한국학자료센터 홈페이지에서는 '1872년 양문숙(梁文淑) 방매(放賣) 토지매매명문(土地賣買明文)'으로 표시하였다.

[443] 서울대학교 규장각 한국학연구원 의궤 종합정보 홈페이지에서는 서명을 권수제와는 달리 '태조원종어진이모도감의궤(太祖元宗御眞移摸都監都廳儀軌)'로 적었다.

[444] 서울대학교 규장각 한국학연구원 의궤 종합 정보 홈페이지에서는 '태조원종어진이모도감의궤(太祖元宗御眞移摸圖鑑儀軌)'로 표시하였다.

한국학연구원 홈페이지 '想白古031-Y98w2'의 원문 이미지 보기> <이본: 1844-00-00(갑진년 맹춘 개간 무교 신간) 참고>

1873년

<계유(癸酉). 고종 10년. 동치 12년>

1873-01-13. **오윤달 토지매매명문**(吳允達土地賣買明文), 답주 유학 이윤경(畓主幼學 李允景). <1장. 한자+이두. 조선 필사 이두 자료. 전남 나주시 남내 밀양 박씨 청재 종가 소장. 호남권 한국학자료센터 홈페이지 원문 이미지와 텍스트 보기. 김태영(1983), 이재수(2003) 참고>

1873-01-16. **토지매매명문**(土地賣買明文),[445] 답주 자필 양윤경(畓主自筆梁允慶). <1장. 한자+이두. 조선 필사 이두 자료. 전남 나주시 남내 밀양 박씨 청재 종가 소장. 호남권 한국학자료센터 홈페이지 원문 이미지와 텍스트 보기. 이재수(2003), 김영나(2007), 정수환·이헌창(2008) 참고>

1873-01-18. **남중달 토지매매명문**(南仲達土地賣買明文), 전주 윤 조이(田主尹召史). <1장. 한자+이두. 조선 필사 이두 자료. 경북 상주 낙동 풍양 조씨 양진당 소장. 한국학중앙연구원 장서각 한국고문서자료관 홈페이지 원문 이미지 보기>

1873-01-00. **양석일 등 소지**(楊錫一等所志), 양석일 등. <1장. 한자+이두. 조선 필사 이두 자료. 전북 순창 구미 남원 양씨가 소장. 호남권 한국학자료센터 홈페이지 원문 이미지와 텍스트 보기. 최승희(1989), 김경숙(2002), 심재우(2013) 참고>

1873-01-00~1873-12-00(癸酉). 「추조결옥록(**秋曹決獄錄**)」26, 형조(刑曹) 편(編). <1책(26/낙질본 43책). 26장. 필사본. 한자+이두. 조선 필사 이두 자료. 서울대학교 규장각 한국학연구원 홈페이지 원문 이미지 보기> <1822-01-00~1822-12-00 (1/43)>

---

445 호남권 한국학자료센터 홈페이지에서는 '1873년 양윤경(梁允慶) 방매(放賣) 토지매매명문(土地賣 買明文)'으로 표시하였다.

1873-02-04. **전라도순찰사 감결**(全羅道巡察使甘結), 전라도순찰사. <1장. 한자+이두. 조선 필사 이두 자료. 전북 부안 석동 류절재 소장. 호남권 한국학자료센터 홈페이지 원문 이미지와 텍스트 보기. 박병호(1974ㄱ), 최승희(1989), 정구복 외(1999) 참고>

1873-02-05. **유학 선기홍 토지매매명문**(幼學宣基洪土地賣買明文), 답주 유학 조동승(沓主幼學曺東承). <1장. 한자+이두. 조선 필사 이두 자료. 전남 보성군 박실 제주 양씨가 구장. 원광대학교 박물관 소장. 호남권 한국학자료센터 홈페이지 원문 이미지와 텍스트 보기>

1873-02-06. **토지매매명문**(土地賣買明文), 답주 이 노 춘원(沓主李奴春原). <1장. 한자+이두. 조선 필사 이두 자료. 경북 경주시 내남면 이조리 경주 최씨·용산서원 소장. 한국학중앙연구원 장서각 한국고문서자료관 홈페이지 원문 이미지 보기. 한국정신문화연구원 편(2000) 참고>

1873-02-07. **유학 박근환 가사매매명문**(幼學朴根煥家舍賣買明文), 가대주 유학 온석기(家垈主幼學溫錫麒). <1장. 한자+이두. 조선 필사 이두 자료. 전북 장수군 침곡 충주 박씨가 소장. 호남권 한국학자료센터 홈페이지 원문 이미지와 텍스트 보기. 최승희(1989), 이재수(2003), 이정수·김희호(2011) 참고>

1873-02-18. **가사매매명문**(家舍賣買明文), 가대주 정석희(家垈主丁錫喜). <1장. 한자+이두. 조선 필사 이두 자료. 영광 입석 영월 신씨 소장. 한국학중앙연구원 장서각 한국고문서자료관 홈페이지 원문 이미지와 텍스트 보기. 한국정신문화연구원 편(1996) 참고>

1873-02-19. **부안현감 첩보**(扶安縣監牒報) 1, 부안현감. <1장. 한자+이두. 조선 필사 이두 자료. 전북 부안 석동 류절재 소장. 호남권 한국학자료센터 홈페이지 원문 이미지와 텍스트 보기. 박병호(1974ㄱ), 최승희(1989), 정구복 외(1999) 참고>

1873-02-20. **부안현감 서목**(扶安縣監書目), 부안현감. <1장. 한자+이두. 조선 필사 이두 자료. 전북 부안 석동 류절재 소장. 호남권 한국학자료센터 홈페이지 원문 이미지와 텍스트 보기. 박병호(1974ㄱ), 최승희(1989), 정구복 외(1999) 참고>

1873-02-24. **정충사 본손 황우룡 증명서**(旌忠祠本孫黃禹龍證明書) 1, 남원부 좌수 김석연 등(南原府座首金錫淵等). <1장. 한자+이두. 조선 필사 이두 자료. 전북 남원

시 대곡 장수 황씨 문중 소장. 호남권 한국학자료센터 홈페이지 원문 이미지와 텍스트 보기. 최승희(1989), 전북향토문화연구회 편(1993), 정구복 외(1999) 참고>

1873-02-24. **정충사 본손 황우룡 증명서**(旌忠祠本孫黃禹龍證明書) 2, 남원부 좌수 김석연 등(南原府座首金錫淵等). <1장. 한자+이두. 조선 필사 이두 자료. 전북 남원시 대곡 장수 황씨 문중 소장. 호남권 한국학자료센터 홈페이지 원문 이미지와 텍스트 보기. 최승희(1989), 전북향토문화연구회 편(1993), 정구복 외(1999) 참고>

1873-02-25. **하무리 오소임 고목**(下無里五所任告目), 하무리 오소임. <1장. 한자+이두. 조선 필사 이두 자료. 제주 어도내산 진주 강씨가 구장. 제주 한림 강우석 소장. 호남권 한국학자료센터 홈페이지 원문 이미지와 텍스트 보기. 정구복 외(1997) 참고>

1873-02-28. **토지매매명문**(土地賣買明文), 답주 자필 재종 손영태(畓主自筆再從孫永泰). <1장. 한자+이두. 조선 필사 이두 자료. 전남 보성군 박실 제주 양씨가 구장. 원광대학교 박물관 소장. 호남권 한국학자료센터 홈페이지 원문 이미지와 텍스트 보기. 김건우(2008), 정수환·이헌창(2008), 채현경(2011ㄱ, 2011ㄴ) 참고>

1873-02-29. **토지매매명문**(土地賣買明文), 비석주 정창근(碑石主丁昌根). <1장. 한자+이두. 조선 필사 이두 자료. 영광 입석 영월 신씨 소장. 한국학중앙연구원 장서각 한국고문서자료관 홈페이지 원문 이미지와 텍스트 보기. 한국정신문화연구원 편(1996) 참고>

1873-02-00. **이 노 후읍종 소지**(李奴後邑種所志), 후읍종. <1장. 점련문서. 한자+이두. 조선 필사 이두 자료. 경북 영해 인량 재령 이씨 충효당 구장. 한국국학진흥원 소장. 한국학중앙연구원 장서각 한국고문서자료관 홈페이지 원문 이미지 보기. 한국학중앙연구원 편(2008) 참고>

1873-02-00. **최영권 등 상서**(崔榮權等上書), 최영권 등. <1장. 한자+이두. 조선 필사 이두 자료. 전북 부안 석동 류절재 소장. 호남권 한국학자료센터 홈페이지 원문 이미지와 텍스트 보기. 박병호(1974ㄱ), 최승희(1989), 정구복 외(1999) 참고>

1873-02-00. **토지매매명문**(土地賣買明文),[446] 전주 송영운(田主宋英雲). <1장. 한자+

---

[446] 호남권 한국학자료센터 홈페이지에서는 '1873년 송영운(宋英雲) 방매 토지매매명문(土地賣買明

이두. 조선 필사 이두 자료. 전북대학교 박물관 소장. 호남권 한국학자료센터 홈페이지 원문 이미지와 텍스트 보기. 최승희(1989), 정구복 외(1999), 이재수(2003) 참고>

1873-03-04. **토지매매명문**(土地賣買明文), 답주 김 노 수철(畓主金奴壽哲). <1장. 한자+이두. 조선 필사 이두 자료. 안동 금계 의성 김씨 학봉 종가 소장. 한국학중앙연구원 장서각 한국고문서자료관 홈페이지 원문 이미지와 텍스트 보기. 한국정신문화연구원 편(1990) 참고>

1873-03-05. **지례별소 고직 천삼 토지매매명문**(知禮別所庫直千三土地賣買明文), 답주 유 노 복만(畓主柳奴福萬). <1장. 한자+이두. 조선 필사 이두 자료. 안동 천전 의성 김씨 지촌 종택 소장. 한국학중앙연구원 장서각 한국고문서자료관 홈페이지 원문 이미지 보기. 한국정신문화연구원 편(1990) 참고>

1873-03-06. **부안현감 첩보**(扶安縣監牒報) 2, 부안현감. <1장. 한자+이두. 조선 필사 이두 자료. 전북 부안 석동 류절재 소장. 호남권 한국학자료센터 홈페이지 원문 이미지와 텍스트 보기. 박병호(1974ㄱ), 최승희(1989), 정구복 외(1999) 참고>

1873-03-10. **사형 토지매매명문**(舍兄土地賣買明文), 진주 사제(出主舍弟). <1장. 한자+이두. 조선 필사 이두 자료. 경북 경주시 안강읍 옥산리 여주 이씨 독락당 소장. 한국학중앙연구원 장서각 한국고문서자료관 홈페이지 원문 이미지 보기. 한국정신문화연구원 편(2003) 참고>

1873-03-13. **신겸계 토지매매명문**(愼謙契土地賣買明文),[447] 답주 최득신(畓主崔得新). <1장. 한자+이두. 조선 필사 이두 자료. 경남 진주시 운문 진양 하씨 소장. 한국학중앙연구원 장서각 한국고문서자료관 홈페이지 원문 이미지 보기. 한국정신문화연구원 편(2001) 참고>

1873-03-15. **이동운 토지매매명문**(李東雲土地賣買明文), 진주 김천룡(出主金天龍). <1장. 한자+이두. 조선 필사 이두 자료. 경북 상주 낙동 풍양 조씨 양진당 소장.

文'으로 표시하였다.

447 한국학중앙연구원 장서각 한국고문서자료관 홈페이지에서는 '1873년 신겨계**전**(愼謙契前) 토지매매명문(土地賣買明文)'으로 표시하였다.

한국학중앙연구원 장서각 한국고문서자료관 홈페이지 원문 이미지 보기>
1873-03-15~1876-04-03(癸酉~丙子). 「금영계록(**錦營啓錄**)」 7, 비변사(備邊司) 편(編). <1책(7/전9책). 259장. 필사본. 표제는 '忠淸監營啓錄'. 한자+이두. 조선 필사 이두 자료. 서울대학교 규장각 한국학연구원 홈페이지 원문 이미지 보기> <영인본: 「각사등록」 7(국사편찬위원회 편, 1982-1983)> <1836-02-15~1837-12-19(제1/9)>
1873-03-29. **내종 이군거 산지매매명문**(內從李君擧山地賣買明文), 표주 표종 박여문(標主表從朴汝文). <1장. 한자+이두. 조선 필사 이두 자료. 전남 영광군 염소면 원주 이씨가 구장. 광주광역시 이정옥 소장. 호남권 한국학자료센터 홈페이지 원문 이미지와 텍스트 보기. 최승희(1989), 정구복 외(1999) 참고>
1873-03-30. **유학 윤치곤 토지매매명문**(幼學尹致坤土地賣買明文), 집필 유학 강지승(執筆幼學姜志昇). <1장. 한자+이두. 조선 필사 이두 자료. 원주시 무릉박물관 소장. 한국학자료센터 강원권역센터 홈페이지 원문 이미지 보기. 박병호(1974ㄱ), 최승희(1989), 김소은(2004), 김성갑(2013) 참고>
1873-03-00. **김진옥 준호구**(金辰玉准戶口), 제주목(濟州牧). <1장. 한자+이두. 필사 이두 자료. 제주교육박물관 소장. 사이버 제주교육박물관 홈페이지 원문 이미지와 텍스트 보기>
1873-04-06. **강병훈 토지매매명문**(姜炳勳土地賣買明文), 전주 자필 강영관(田主自筆 姜永琯). <1장. 한자+이두. 조선 필사 이두 자료. 제주 어도내산 진주 강씨가 구장. 제주 한림 강우석 소장. 호남권 한국학자료센터 홈페이지 원문 이미지와 텍스트 보기. 이재수(2003), 오창명(2007) 참고>
1873-04-08. **유 생원 댁 노 삼동 가사매매명문**(柳生員宅奴三同家舍賣買明文),[448] 가대주 구 생원 댁 노 의금(家垈主具生員宅奴宜金). <1장. 한자+이두. 조선 필사 이두 자료. 전북 익산 마동 창녕 조씨가 소장. 호남권 한국학자료센터 홈페이지 원문 이미지와 텍스트 보기. 박병호(1974ㄱ), 최승희(1989), 이재수(2003) 참고>
1873-04-10. **강종락 토지매매명문**(姜宗樂土地賣買明文) 1, 전주 문여행(田主文汝行).

---

448 호남권 한국학자료센터 홈페이지에서는 '1873년 유**진사**댁(柳**進士**宅) 노(奴) 삼동(三同) 가사매매 명문(家舍賣買明文)'으로 잘못 표시하였다.

<1장. 한자+이두. 조선 필사 이두 자료. 제주 어도내산 진주 강씨가 구장. 제주 한림 강우석 소장. 호남권 한국학자료센터 홈페이지 원문 이미지와 텍스트 보기. 이재수(2003), 오창명(2007) 참고>

1873-04-10. **토지매매명문**(土地賣買明文), 전답주 이철진(田畓主李哲振). <1장. 한자+이두. 조선 필사 이두 자료. 경북 안동시 주촌 진성 이씨 경류정 구장. 서울역사박물관 소장. 한국학중앙연구원 장서각 한국고문서자료관 홈페이지 원문 이미지와 텍스트 보기. 한국정신문화연구원 편(1999) 참고>

1873-04-00. **가사매매명문**(家舍賣買明文), 재주 오상린(財主吳相麟). <1장. 한자+이두. 조선 필사 이두 자료. 한국학중앙연구원 장서각 한국고문서자료관 홈페이지 원문 이미지와 텍스트 보기. 한국정신문화연구원 편(1992) 참고>

1873-04-00. **김제남 등 상서**(金濟南等上書), 김제남 등. <1장. 한자+이두. 조선 필사 이두 자료. 경북 안동시 오천 광산 김씨 후조당 소장. 한국학중앙연구원 장서각 한국고문서자료관 홈페이지 원문 이미지와 텍스트 보기. 한국정신문화연구원 편(1982) 참고>

1873-04-00. **박 승지댁 노 부철 소지**(朴承旨宅奴夫哲所志), 부철. <1장. 한자+이두. 조선 필사 이두 자료. 경북 영주시 문수면 수도리 반남 박씨 오헌 고택 구장. 한국국학진흥원 소장. 한국학자료센터 영남권역센터 홈페이지 원문 이미지와 텍스트 보기>

1873-04-00. **배영완 소지**(裵永完所志) 1, 배영완. <1장. 한자+이두. 조선 필사 이두 자료. 전북 군산시 임피면 갈운 제주 고씨가 구장. 군산근대역사박물관 소장. 호남권 한국학자료센터 홈페이지 원문 이미지와 텍스트 보기. 박병호(1974ㄱ), 최승희(1989), 전경목(1997), 김현영(1999), 정구복(2002), 김경숙(2012) 참고>

1873-05-01. **김동원 고목**(金東源告目), 김동원. <1장. 한자+이두. 조선 필사 이두 자료. 전남 장성군 행주 기씨 금강 종가 소장. 호남권 한국학자료센터 홈페이지 원문 이미지와 텍스트 보기>

1873-05-07. **김형락 소지**(金瀅洛所志) 1, 김형락. <1장. 한자+이두. 조선 필사 이두 자료. 안동 천전 의성 김씨 지촌 종택 소장. 한국학중앙연구원 장서각 한국고문서자료관 홈페이지 원문 이미지 보기. 한국정신문화연구원 편(1989) 참고>

1873-05-09 **사완영 고목**(舍完榮告目), 사완영. <1장. 한자+이두. 조선 필사 이두 자료. 전남 장성군 행주 기씨 금강 종가 소장. 호남권 한국학자료센터 홈페이지 원문 이미지와 텍스트 보기>

1873-05-29. **수표**(手標), 표주 윤필성(標主尹弼聖). <1장. 한자+이두. 조선 필사 이두 자료. 전남 장성군 행주 기씨 금강 종가 소장. 호남권 한국학자료센터 홈페이지 원문 이미지와 텍스트 보기>

1873-05-00. **강상문 첩**(康相文帖), 군수(郡守). <1장. 한자+이두. 제주교육박물관 소장. 사이버 제주교육박물관 홈페이지 원문 이미지와 텍스트 보기>

1873-05-00. **송만선 등 상서**(宋萬善等上書), 송만선 등. <1장. 한자+이두. 조선 필사 이두 자료. 부여 은산 함양 박씨 소장. 한국학중앙연구원 장서각 한국고문서자료관 홈페이지 원문 이미지 보기. 한국정신문화연구원 편(2000) 참고>

1873-06-06. **강종락 토지매매명문**(姜宗樂土地賣買明文) 2, 답주 자필 장용(畓主自筆張龍). <1장. 한자+이두. 조선 필사 이두 자료. 제주 어도내산 진주 강씨가 구장. 제주 한림 강우석 소장. 호남권 한국학자료센터 홈페이지 원문 이미지와 텍스트 보기. 이재수(2003), 오창명(2007) 참고>

1873-06-15. **전주향교 통문**(全州鄕校通文), 전주향교. <1장. 한자+이두. 조선 필사 이두 자료. 전북 부안군 우반 부안 김씨 세덕각 소장. 한국학중앙연구원 장서각 한국고문서자료관 홈페이지 & 호남권 한국학자료센터 홈페이지 원문 이미지와 텍스트 보기. 박병호(1974ㄱ), 한국정신문화연구원 편(1983, 1998), 최승희(1989), 전경목(2001), 한국학중앙연구원 편(2017) 참고>

1873-06-26. **오재호 등 상서**(吳在祜等上書), 오재호 등. <1장. 한자+이두. 조선 필사 이두 자료. 전북 부안군 우반 부안 김씨 세덕각 소장. 한국학중앙연구원 장서각 한국고문서자료관 홈페이지 & 호남권 한국학자료센터 홈페이지 원문 이미지와 텍스트 보기. 한국정신문화연구원 편(1983, 1998), 전경목(2001), 전경목 외(2006), 한국학중앙연구원 편(2017) 참고>

1873-06-30. **유정식 단자**(柳廷植單子), 유정식. <1장. 한자+이두. 조선 필사 이두 자료. 전북 담양군 모현관 소장. 호남권 한국학자료센터 홈페이지 원문 이미지와 텍스트 보기. 최승희(1989), 정구복 외(1999) 참고>

1873-06-00. **가사매매명문**(家舍賣買明文),[449] 재주 송희태(財主宋熙泰). <1장. 한자+이두. 조선 필사 이두 자료. 한국학중앙연구원 장서각 한국고문서자료관 홈페이지 원문 이미지 보기. 한국정신문화연구원 편(1992) 참고>

1873-06-00. **김형락 소지**(金瀅洛所志) 2, 김형락. <1장. 한자+이두. 조선 필사 이두 자료. 안동 천전 의성 김씨 지촌 종택 소장. 한국학중앙연구원 장서각 한국고문서자료관 홈페이지 원문 이미지 보기. 한국정신문화연구원 편(1989) 참고>

1873-06-00. **박근환 등 등장**(朴根煥等等狀), 박근환 등. <1장. 한자+이두. 조선 필사 이두 자료. 전북 장수군 침곡 충주 박씨가 소장. 호남권 한국학자료센터 홈페이지 원문 이미지와 텍스트 보기>

1873-06-00. **윤태형 등 상서**(尹泰衡等上書), 윤태형 등. <1장. 한자+이두. 조선 필사 이두 자료. 전북 부안군 우반 부안 김씨 세덕각 소장. 한국학중앙연구원 장서각 한국고문서자료관 홈페이지 & 호남권 한국학자료센터 홈페이지 원문 이미지와 텍스트 보기. 한국정신문화연구원 편(1983, 1998), 전경목(2001), 전경목 외(2006), 한국학중앙연구원 편(2017) 참고>

1873-06-00. **장흥고 공상지 공인권 매매명문**(長興庫供上紙貢人權賣買明文),[450] 재주 박환(財主朴煥). <1장. 한자+이두. 조선 필사 이두 자료. 일본 경도대학 가와이문고 소장. 고려대학교 해외한국학자료센터 홈페이지 원문 이미지 보기>

1873-07-03. **이완돌 토지매매명문**(李完乭土地賣買明文), 답주 강 진사 댁 노 욱불(畓主姜進士宅奴旭弗). <1장. 한자+이두. 조선 필사 이두 자료. 경북 상주 낙동 풍양 조씨 양진당 소장. 한국학중앙연구원 장서각 한국고문서자료관 홈페이지 원문 이미지 보기>

1873-07-10~1873-08-29(癸酉). 「(동치 12년 계유 7월 일)초량객사중수등록(同治十二年癸酉七月 日 草梁客舍重修謄錄)」, 동래부(東萊府) 편(編). <1책. 19장. 필사본. 한자+이두. 조선 필사 이두 자료. 서울대학교 규장각 한국학연구원 홈페이지

---

[449] 한국학중앙연구원 장서각 한국고문서자료관 홈페이지에서는 '1873년 송희태(宋熙泰) 방매 가사매매명문(家舍賣買明文)'으로 표시하였다.

[450] 고려대학교 해외한국학자료센터 홈페이지에서는 '1873년 박환(朴煥) 방매 장흥고(長興庫) 공상지(供上紙) 공인권(貢人權) 매매명문(賣買明文)'으로 표시하였다.

원문 이미지 보기>

1873-07-15. **나주향교 통문**(羅州鄕校通文), 나주향교. <1장. 한자+이두. 조선 필사 이두 자료. 전북 부안군 우반 부안 김씨 세덕각 소장. 한국학중앙연구원 장서각 한국고문서자료관 홈페이지 & 호남권 한국학자료센터 홈페이지 원문 이미지와 텍스트 보기. 박병호(1974ㄱ), 한국정신문화연구원 편(1983, 1998), 최승희(1989), 전경목(2001), 한국학중앙연구원 편(2017) 참고>

1873-07-20. **광주향교 통문**(光州鄕校通文), 광주향교. <1장. 한자+이두. 조선 필사 이두 자료. 전북 부안군 우반 부안 김씨 세덕각 소장. 한국학중앙연구원 장서각 한국고문서자료관 홈페이지 & 호남권 한국학자료센터 홈페이지 원문 이미지와 텍스트 보기. 박병호(1974ㄱ), 한국정신문화연구원 편(1983, 1998), 최승희(1989), 전경목(2001), 한국학중앙연구원 편(2017) 참고>

1873-07-20.[451] **남 노 은성·이 노 계남 댁 과계 토지매매명문**(南奴隱星李奴桂男宅科契土地賣買明文), 전주 자필 이 노 계남(田主自筆李奴桂男). <1장. 한자+이두. 조선 필사 이두 자료. 삼척시립박물관 소장. 한국학자료센터 강원권역센터 홈페이지 원문 이미지와 텍스트 보기. 최승희(1989), 전경목(2010), 채현경(2011), 김세민(2013) 참고>

1873-07-00. **남원향교 통문**(南原鄕校通文), 남원향교. <1장. 한자+이두. 조선 필사 이두 자료. 전북 부안군 우반 부안 김씨 세덕각 소장. 한국학중앙연구원 장서각 한국고문서자료관 홈페이지 & 호남권 한국학자료센터 홈페이지 원문 이미지와 텍스트 보기. 박병호(1974ㄱ), 한국정신문화연구원 편(1983, 1998), 최승희(1989), 전경목(2001), 한국학중앙연구원 편(2017) 참고>

1873-07-00. **유경집 등 소지**(柳慶集等所志), 유경집 등. <1장. 한자+이두. 조선 필사 이두 자료. 전북 담양군 모현관 소장. 호남권 한국학자료센터 홈페이지 원문 이미지와 텍스트 보기. 최승희(1989), 정구복 외(1999) 참고>

1873-07-00. **유진석 등 등장**(柳震錫等等狀), 유진석 등. <1장. 한자+이두. 조선 필사 이두 자료. 전북 순창 청계 문화 유씨가 소장. 호남권 한국학자료센터 홈페이지

---

[451] 한국학자료센터 강원권역센터 홈페이지 '안내 정보'에서는 '7월 12일'로 잘못 적었다.

원문 이미지와 텍스트 보기. 박병호(1974ㄱ), 최승희(1989), 정구복 외(1999) 참고>

1873-08-01. **김요심 등 상서**(金堯心等上書), 김요심 등. <1장. 한자+이두. 조선 필사 이두 자료. 전북 순창 청계 문화 유씨가 소장. 호남권 한국학자료센터 홈페이지 원문 이미지와 텍스트 보기. 박병호(1974ㄱ), 최승희(1989), 정구복 외(1999) 참고>

1873-08-10. **유학 김병옥 토지매매명문**(幼學金秉玉土地賣買明文), 답주 동원 손세옥 등(畓主洞員孫世郁等). <1장. 한자+이두. 조선 필사 이두 자료. 원주시 무릉박물관 소장. 한국학자료센터 강원권역센터 홈페이지 원문 이미지 보기. 최승희(1989), 김건우(2008), 전경목(2010), 박준호(2016) 참고>

1873-08-17. **토지매매명문**(土地賣買明文), 전답주 쳐 노 심이(田畓主崔奴心伊). <1장. 한자+이두. 조선 필사 이두 자료. 경북 경주시 소정리 경주 이씨 소장. 한국학중앙연구원 장서각 한국고문서자료관 홈페이지 원문 이미지 보기. 한국정신문화연구원 편(2002) 참고>

1873-08-19. **이 생원 댁 문중표기**(李生員宅門中表記),[452] 표주 신상이(標主申商㸙). <1장. 한자+이두. 조선 필사 이두 자료. 영해 인량 재령 이씨 우계 종택 구장. 한국국학진흥원 소장. 한국학자료센터 영남권역센터 홈페이지 원문 이미지와 텍스트 보기>

1873-08-22. **유학 신원연 다짐**(幼學申源淵侤音), 신원연. <1장. 한자+이두. 조선 필사 이두 자료. 영해 인량 재령 이씨 우계 종택 구장. 한국국학진흥원 소장. 한국학자료센터 영남권역센터 홈페이지 원문 이미지와 텍스트 보기>

1873-08-22. **이수근 산도**(李壽根山圖), 영해부(寧海府). <1장. 한자+이두. 조선 필사 이두 자료. 영해 인량 재령 이씨 우계 종택 구장. 한국국학진흥원 소장. 한국학자료센터 영남권역센터 홈페이지 원문 이미지와 텍스트 보기>

1873-08-00. **고진호 등 단자**(高鎭暭等單子), 고진호 등. <1장. 한자+이두. 조선 필사 이두 자료. 전북 부안 청호 제주 고씨 문중 구장. 전북 부안 청호 효충사 소장. 호남권 한국학자료센터 홈페이지 원문 이미지와 텍스트 보기. 박병호(1974ㄱ),

---

[452] 한국학자료센터 영남권역센터 홈페이지에서는 '1873년 신상이(申商㸙) 산송 관련 수표(手標)'로 표시하였다.

최승희(1989) 참고>

1873-08-00. **김우교 등 상서**(金禹敎等上書), 김우교 등. <1장. 한자+이두. 조선 필사 이두 자료. 경북 안동시 오천 광산 김씨 후조당 소장. 한국학중앙연구원 장서각 한국고문서자료관 홈페이지 원문 이미지와 텍스트 보기. 한국정신문화연구원 편(1982) 참고>

1873-08-00. **김형락 소지**(金瀅洛所志) 3, 김형락. <1장. 한자+이두. 조선 필사 이두 자료. 안동 천전 의성 김씨 지촌 종택 소장. 한국학중앙연구원 장서각 한국고문서자료관 홈페이지 원문 이미지 보기. 한국정신문화연구원 편(1989) 참고>

1873-08-00. **신상하 소지**(申相夏所志), 신상하. <1장. 한자+이두. 조선 필사 이두 자료. 경북 의성군 아주 신씨 호계 가문 소장. 한국학중앙연구원 장서각 한국고문서자료관 홈페이지 원문 이미지 보기. 한국학중앙연구원 편(2005) 참고>

1873-08-00. **이조수 등 소지**(李肇秀等所志), 이조수 등. <1장. 한자+이두. 조선 필사 이두 자료. 경북 칠곡 석전 광주 이씨 구장. 한국학중앙연구원 장서각 한국고문서자료관 홈페이지 원문 이미지 보기. 한국학중앙연구원 편(2009) 참고>

1873-08-00. **화민 이상화·이현발 상서**(化民李相樺李鉉發上書), 이상화·이현발. <1장. 한자+이두. 조선 필사 이두 자료. 영해 인량 재령 이씨 우계 종택 구장. 한국국학진흥원 소장. 한국학자료센터 영남권역센터 홈페이지 원문 이미지와 텍스트 보기>

1873-09-24. **토지매매명문**(土地賣買明文),[453] 답주 집필 양상수(畓主執筆梁相璓). <1장. 한자+이두. 조선 필사 이두 자료. 전남 나주시 남내 밀양 박씨 청재 종가 소장. 호남권 한국학자료센터 홈페이지 원문 이미지와 텍스트 보기. 김재문(1986), 김현영(2003) 참고>

1873-09-24~1880-01-24(동치 12년~광서 6년). 「경기우방어영 계첩등록(**京畿右防御營 啓牒謄錄**)」, 비변사(備邊司) 편(編). <1책. 71장. 필사본. 표제는 '京水關報牒啓錄'. 한자+이두. 조선 필사 이두 자료. 서울대학교 규장각 한국학연구원 홈페이지

---

453 호남권 한국학자료센터 홈페이지에서는 '1873년 양상수(梁相璓) 방매(放賣) 토지매매명문(土地賣買明文)'으로 표시하였다.

원문 이미지 보기> <영인본: 「각사등록」 1(경기도편 1)(국사편찬위원회 편, 1981)>

1873-10-03~1884-08-30. 「청우일록(靑又日錄)」 인(仁), 김형규(金衡圭, 1861년~1935년) 저(著). <1책. 147장. 필사본. 인명, 지명, 관직명 자료. 일기. 역사 기록물. 한국학중앙연구원 하성문고 소장. 한국학중앙연구원 디지털장서각 홈페이지 원문 이미지 보기. 국사편찬위원회 한국사데이터베이스 한국사료총서 홈페이지 원문 이미지와 텍스트 보기>

1873-10-05. **박인환 소지**(朴寅煥所志), 박인환. <1장. 한자+이두. 조선 필사 이두 자료. 전북 임실군 청웅 밀양 박씨가 소장. 호남권 한국학자료센터 홈페이지 원문 이미지와 텍스트 보기. 박병호(1974ㄱ), 최승희(1989), 김경숙(2002), 전경목 외 (2006) 참고>

1873-10-05. **척제 양신묵 토지매매명문**(戚弟梁信默土地賣買明文), 답주 이성 6촌 형 이병선(畓主異姓六寸兄李秉善). <1장. 한자+이두. 조선 필사 이두 자료. 전남 보성군 박실 제주 양씨가 구장. 원광대학교 박물관 소장. 호남권 한국학자료센터 홈페이지 원문 이미지와 텍스트 보기. 박병호(1974ㄱ), 최승희(1989), 이재수(2003) 참고>

1873-10-07. **이원수 등 초사**(李元壽等招辭), 이원수 등. <1장. 한자+이두. 조선 필사 이두 자료. 경북 경주시 안강읍 옥산리 여주 이씨 장산서원·치암 종택 구장. 한국학중앙연구원 장서각 한국고문서자료관 홈페이지 원문 이미지 보기. 한국정신문화연구원 편(2003) 참고>

1873-10-20. **유학 김 가사매매명문**(幼學金家舍賣買明文), 가대주 유학 양창현(家垈主 幼學梁昶鉉). <1장. 한자+이두. 조선 필사 이두 자료. 전남 보성군 박실 제주 양씨가 구장. 원광대학교 박물관 소장. 호남권 한국학자료센터 홈페이지 원문 이미지와 텍스트 보기. 박병호(1974ㄱ), 최승희(1989), 이재수(2003) 참고>

1873-10-20.[454] **이 진사 댁 자매명문**(李進士宅自賣明文), 자매 비 백금이(自賣婢白金伊). <1장. 한자+이두. 조선 필사 이두 자료. 경북 경주시 안강읍 옥산리 여주 이씨 독락당 소장. 한국학중앙연구원 장서각 한국고문서자료관 홈페이지 원문

---

454 한국학중앙연구원 장서각 한국고문서자료관 홈페이지에서는 '10월 12일'로 잘못 적었다.

이미지 보기. 한국정신문화연구원 편(2003) 참고>

1873-10-26. **토지매매명문**(土地賣買明文), 태전주 유학 송지경(太田主幼學宋持敬). <1장. 한자+이두. 조선 필사 이두 자료. 전북 정읍시 동학농민혁명기념관 소장. 호남권 한국학자료센터 홈페이지 원문 이미지와 텍스트 보기. 박병호(1974ㄱ), 이재수(2003) 참고>

1873-10-27. **시장문기**(柴場文記), 시장주 유학 송지경(柴場主幼學宋持敬). <1장. 한자+이두. 조선 필사 이두 자료. 전북 정읍시 동학농민혁명기념관 소장. 호남권 한국학자료센터 홈페이지 원문 이미지와 텍스트 보기. 박병호(1974ㄱ), 이재수(2003) 참고>

1873-10-29. **재종 형정 토지매매명문**(再從亨楨土地賣買明文), 답주 재종 세정(畓主再從世楨). <1장. 한자+이두. 조선 필사 이두 자료. 경북 안동시 수곡면 전주 류씨 삼산 종가 구장. 대구광역시 수성구 만촌동 전주 류씨 종가 소장. 한국학자료센터 영남권역센터 홈페이지 원문 이미지와 텍스트 보기. 최승희(1989), 이재수(2003), 전경목(2010), 정수환(2012) 참고>

1873-10-29. **전령**(傳令), 영해부(寧海府). <1장. 한자+이두. 조선 필사 이두 자료. 영해 인량 재령 이씨 우계 종택 구장. 한국국학진흥원 소장. 한국학자료센터 영남권역센터 홈페이지 원문 이미지와 텍스트 보기>

1873-10-00. **경주부 첩정**(慶州府牒呈), 경주부. <1장. 한자+이두. 조선 필사 이두 자료. 경북 경주시 안강읍 옥산리 여주 이씨 장산서원·치암 종택 구장. 한국학중앙연구원 장서각 한국고문서자료관 홈페이지 원문 이미지 보기. 한국정신문화연구원 편(2003) 참고>

1873-10-00. **김대술 등 상서**(金大述等上書), 김대술 등. <1장. 한자+이두. 조선 필사 이두 자료. 안동 천전 의성 김씨 지촌 종택 소장. 한국학중앙연구원 장서각 한국고문서자료관 홈페이지 원문 이미지 보기. 한국정신문화연구원 편(1989) 참고>

1873-10-00. **김세술 소지**(金世述所志), 김세술. <1장. 한자+이두. 조선 필사 이두 자료. 안동 천전 의성 김씨 지촌 종택 소장. 한국학중앙연구원 장서각 한국고문서자료관 홈페이지 원문 이미지 보기. 한국정신문화연구원 편(1989) 참고>

1873-10-00. **이수근 소지**(李壽根所志), 이수근. <1장. 한자+이두. 조선 필사 이두

자료. 영해 인량 재령 이씨 우계 종택 구장. 한국국학진흥원 소장. 한국학자료센터 영남권역센터 홈페이지 원문 이미지와 텍스트 보기>

1873-10-00. **이현발·이상화 상서**(李鉉發李相樺上書), 이현발·이상화. <1장. 한자+이두. 조선 필사 이두 자료. 영해 인량 재령 이씨 우계 종택 구장. 한국국학진흥원 소장. 한국학자료센터 영남권역센터 홈페이지 원문 이미지와 텍스트 보기>

1873-10-00. **충훈부 완문**(忠勳府完文), 충훈부. <1장. 한자+이두. 조선 필사 이두 자료. 전북 부안 청호 제주 고씨 문중 구장. 전북 부안 청호 효충사 소장. 호남권 한국학자료센터 홈페이지 원문 이미지와 텍스트 보기. 박병호(1974ㄱ), 최승희(1989) 참고>

1873-11-06. **토지매매명문**(土地賣買明文),[455] 답주 유학 조종호(畓主幼學趙琮浩). <1장. 한자+이두. 조선 필사 이두 자료. 전북대학교 박물관 소장. 호남권 한국학자료센터 홈페이지 원문 이미지와 텍스트 보기. 최승희(1989), 정구복 외(1999), 이재수(2003) 참고>

1873-11-22. **배영완 수표**(裵永完手標), 배영완. <1장. 한자+이두. 조선 필사 이두 자료. 전북 군산시 임피면 같운 제주 고씨가 구장. 군산근대역사박물관 소장. 호남권 한국학자료센터 홈페이지 원문 이미지와 텍스트 보기. 박병호(1974ㄱ), 최승희(1989), 전경목(1997), 김현영(1999), 정구복(2002), 김경숙(2012) 참고>

1873-11-23. **송추문기**(松楸文記),[456] 금앙주 유학 이원용(禁養主幼學李元用). <1장. 한자+이두. 조선 필사 이두 자료. 광주광역시 광산구 김해 김씨 소장. 호남권 한국학자료센터 홈페이지 원문 이미지와 텍스트 보기. 김재문(1986), 이수건 외(2004) 참고>

1873-11-26. **김종호 토지매매명문**(金宗號土地賣買明文), 답주 유학 송선묵(畓主幼學宋善黙). <1장. 한자+이두. 조선 필사 이두 자료. 전남 장흥군 용산 밀양 박씨 박철환 소장. 호남권 한국학자료센터 홈페이지 원문 이미지와 텍스트 보기. 최승

---

[455] 호남권 한국학자료센터 홈페이지에서는 '1873년 조종호(趙琮浩) 방매 토지매매명문(土地賣買明文)'으로 표시하였다.

[456] 호남권 한국학자료센터 홈페이지에서는 '1873년 이원용(李元用) 방매(放賣) 송추문기(松楸文記)'로 표시하였다.

희(1989), 정구복 외(1999), 전경목 외(2006), 나달숙(2016) 참고>

1873-11-00. **가사매매명문**(家舍賣買明文),[457] 제주 김덕형(財主金德瀅). <1장. 한자+이두. 조선 필사 이두 자료. 한국학중앙연구원 장서각 한국고문서자료관 홈페이지 원문 이미지와 텍스트 보기. 한국정신문화연구원 편(1992) 참고>

1873-11-00. **고문기 등 소지**(高文祺等所志), 고문기 등. <1장. 한자+이두. 조선 필사 이두 자료. 전북 군산시 임피면 갈운 제주 고씨가 구장. 군산근대역사박물관 소장. 호남권 한국학자료센터 홈페이지 원문 이미지와 텍스트 보기. 박병호(1974ㄱ), 최승희(1989), 전경목(1997), 김현영(1999), 정구복(2002), 김경숙(2012) 참고>

1873-11-00. **배영완 소지**(裵永完所志) 2, 배영완. <1장. 한자+이두. 조선 필사 이두 자료. 전북 군산시 임피면 갈운 제주 고씨가 구장. 군산근대역사박물관 소장. 호남권 한국학자료센터 홈페이지 원문 이미지와 텍스트 보기. 박병호(1974ㄱ), 최승희(1989), 전경목(1997), 김현영(1999), 정구복(2002), 김경숙(2012) 참고>

1873-11-00. **신 감역댁 노 대복 발괄**(愼監役宅奴大福白活),[458] 대복. <1장. 한자+이두. 조선 필사 이두 자료. 경남 거창 장기 거창 신씨가 소장. 한국학중앙연구원 장서각 한국고문서자료관 홈페이지 원문 이미지 보기. 한국학중앙연구원 편(2005) 참고>

1873-12-01~1874-12-00.「결속색등록(**結束色謄錄**)」89, 병조(兵曹) 편(編). <1책(89/낙질본 107책). 121장. 필사본. 한자+이두. 조선 필사 이두 자료. 서울대학교 규장각 한국학연구원 홈페이지 1787년~1891년 낙질본 107책(1792년(건륭 57년), 1811년(가경 16년) 하, 1816년(가경 21년), 1817년(가경 22년), 1824년(도광 4년), 1831(도광 11년), 1871(동치 10년), 1885년(광서 11년) 없음) 원문 이미지 보기>

1873-12-02. **도산서원 수노 만이 토지매매명문**(陶山書院首奴萬伊土地賣買明文)[459] 1,

---

457 한국학중앙연구원 장서각 한국고문서자료관 홈페이지에서는 '1873년 김덕형(金德瀅) 방매 가사매매명문('家舍賣買明文)'으로 표시하였다.

458 한국학중앙연구원 장서각 한국고문서자료관 홈페이지에서는 '1873년 신감역댁(愼監役宅) 발괄(白活)'로 잘못 표시하였다.

459 한국국학진흥원 유교넷 홈페이지에서는 문서명을 '1873년 수노만이 선이가 토지를 매매한 문서'로 잘못 표시하였다.

답주 이 노 기동(畓主李奴箕東). <1장. 한자+이두. 조선 필사 이두 자료. 경북 안동시 도산서원 구장. 한국국학진흥원 소장. 한국국학진흥원 유교넷 홈페이지 원문 이미지와 텍스트 보기>

1873-12-02. **수표**(手標),[460] 표주 신영중(標主申永中). <1장. 한자+이두. 조선 필사 이두 자료. 전북 고창 석호 담양 국씨가 구장. 전북대학교 박물관 소장. 호남권 한국학자료센터 홈페이지 원문 이미지와 텍스트 보기. 박병호(1974ㄱ), 최승희 (1989), 정구복 외(1999) 참고>

1873-12-05. **첩정**(牒呈) 1, 조병만(曺秉萬). <1장. 한자+이두. 조선 필사 이두 자료. 전남 화순 동면 창녕 조씨가 구장. 광주광역시 이정옥 소장. 호남권 한국학자료센터 홈페이지 원문 이미지와 텍스트 보기. 최승희(1989) 참고>

1873-12-05. **토지매매명문**(土地賣買明文),[461] 답주 자필 유학 박제순(畓主自筆幼學朴濟淳). <1장. 한자+이두. 조선 필사 이두 자료. 전남 순천 황전 경주 정씨가 구장. 광주광역시 이정옥 소장. 호남권 한국학자료센터 홈페이지 원문 이미지와 텍스트 보기. 최승희(1989) 참고>

1873-12-10. **전당문기**(典當文記),[462] 낭개주 김흥만(莨芥主金興滿). <1장. 한자+이두. 조선 필사 이두 자료. 전남 순천 황전 경주 정씨가 구장. 광주광역시 이정옥 소장. 호남권 한국학자료센터 홈페이지 원문 이미지와 텍스트 보기. 최승희(1989) 참고>

1873-12-14. **안동 천전 김씨 문중 죽산소 토지매매명문**(安東川前金氏門中竹山所土地賣買明文), 답주 양재하(畓主梁在夏). <1장. 한자+이두. 조선 필사 이두 자료. 안동 천전 의성 김씨 지촌 종택 소장. 한국학중앙연구원 장서각 한국고문서자료관 홈페이지 원문 이미지 보기. 한국정신문화연구원 편(1990) 참고>

1873-12-14. **오토산 재사 토지매매명문**(五土山齋舍土地賣買明文), 답주 김 노 희상(畓

---

[460] 호남권 한국학자료센터 홈페이지에서는 '1873년 신영중(申永中) 수표(手標)'로 표시하였다.
[461] 호남권 한국학자료센터 홈페이지에서는 '1873년 박제순(朴濟淳) 방매(放賣) 토지매매명문(土地賣買明文)'으로 표시하였다.
[462] 호남권 한국학자료센터 홈페이지에서는 '1873년 김흥만(金興滿) 전당문기(典當文記)'로 표시하였다.

主金奴希尙). <1장. 한자+이두. 조선 필사 이두 자료. 안동 천전 의성 김씨 지촌 종택 소장. 한국학중앙연구원 장서각 한국고문서자료관 홈페이지 원문 이미지 보기. 한국정신문화연구원 편(1990) 참고>

1873-12-14. **족형 안규삼 토지매매명문**(族兄安圭三土地賣買明文), 전주 자필 유학 안규전(田主自筆幼學安圭全). <1장. 한자+이두. 조선 필사 이두 자료. 전남 보성군 택촌 죽산 안씨 은봉 종가 소장. 호남권 한국학자료센터 홈페이지 원문 이미지와 텍스트 보기. 이재수(2003) 참고>

1873-12-15. **토지매매명문**(土地賣買明文),[463] 답주 유학 자필 박태형(畓主幼學自筆朴台亨). <1장. 한자+이두. 조선 필사 이두 자료. 전북대학교 박물관 소장. 호남권 한국학자료센터 홈페이지 원문 이미지와 텍스트 보기. 최승희(1989), 정구복 외(1999), 이재수(2003) 참고>

1873-12-16. **도산서원 수노 만이 토지매매명문**(陶山書院首奴萬伊土地賣買明文)[464] 2, 답주 고산재 사직 선이(畓主孤山齋舍直先伊). <1장. 한자+이두. 조선 필사 이두 자료. 경북 안동시 도산서원 구장. 한국국학진흥원 소장. 한국국학진흥원 유교넷 홈페이지 원문 이미지와 텍스트 보기>

1873-12-16. **토지매매명문**(土地賣買明文), 전주 노 귀봉(田主奴貴奉). <1장. 한자+이두. 조선 필사 이두 자료. 경북 경주시 내남면 이조리 경주 최씨·용산서원 소장. 한국학중앙연구원 장서각 한국고문서자료관 홈페이지 원문 이미지 보기. 한국정신문화연구원 편(2000) 참고>

1873-12-19. **이기동·이기운 수기**(李起東李起雲手記), 이기동·이기운. <1장. 한자+이두. 조선 필사 이두 자료. 영광 입석 영월 신씨 소장. 한국학중앙연구원 장서각 한국고문서자료관 홈페이지 원문 이미지와 텍스트 보기. 한국정신문화연구원 편(1996) 참고>

1873-12-22. **토지매매명문**(土地賣買明文),[465] 답주 유학 김찬일(畓主幼學金讚鎰). <1

---

[463] 호남권 한국학자료센터 홈페이지에서는 '1873년 박태형(朴台亨) 방매 토지매매명문(土地賣買明文)'으로 표시하였다.

[464] 한국국학진흥원 유교넷 홈페이지에서는 문서명을 '1873년 수노만이 선이가 토지를 매매한 문서'로 잘못 표시하였다.

장. 한자+이두. 조선 필사 이두 자료. 전남 보성군 박실 제주 양씨가 구장. 원광대학교 박물관 소장. 호남권 한국학자료센터 홈페이지 원문 이미지와 텍스트 보기. 박병호(1974ㄱ), 이재수(2003) 참고>

1873-12-23. **이 생원 댁 노 귀봉 토지매매명문**(李生員宅奴貴鳳土地賣買明文), 전답주 김용학(出畓主金龍學). <1장. 한자+이두. 조선 필사 이두 자료. 부여 은산 함양 박씨 소장. 한국학중앙연구원 장서각 한국고문서자료관 홈페이지 원문 이미지 보기. 한국정신문화연구원 편(2000) 참고>

1873-12-23~1874-10-22(癸酉~甲戌).「평안감영계록(平安監營啓錄)」36, 비변사(備邊司) 편(編). <1책(36/전37책). 99장. 필사본. 표제는 '箕營啓錄'. 한자+이두. 조선 필사 이두 자료. 서울대학교 규장각 한국학연구원 홈페이지 원문 이미지 보기> <영인본:「각사등록」33(평안도편 5)(국사편찬위원회 편, 1988)> <1830-08-12~1830-12-30(1/37)>

1873-12-29. **토지매매명문**(土地賣買明文),[466] 전주 한량 조화시락(出主閑良趙花時落). <1장. 한자+이두. 조선 필사 이두 자료. 전북대학교 박물관 소장. 호남권 한국학자료센터 홈페이지 원문 이미지와 텍스트 보기. 최승희(1989), 정구복 외(1999), 이재수(2003) 참고>

1873-12-00. **김인태 상서**(金寅泰上書), 김인태. <1장. 한자+이두. 조선 필사 이두 자료. 전북 순창 청계 문화 유씨가 소장. 호남권 한국학자료센터 홈페이지 원문 이미지와 텍스트 보기. 박병호(1974ㄱ), 최승희(1989), 정구복 외(1999) 참고>

1873-12-00. **신정구 등 소지**(申定求等所志), 신정구 등. <1장. 한자+이두. 조선 필사 이두 자료. 순창 좌부 천안 전씨가 구장. 순창장류박물관 소장. 호남권 한국학자료센터 홈페이지 원문 이미지와 텍스트 보기. 박병호(1974ㄱ), 한국정신문화연구원 편(1983, 1998), 최승희(1989), 김현영(1999), 전경목(2001), 정구복(2002) 참고>

1873-12-00. **이기동·이기운 소지**(李起東李起雲所志), 이기동·이기운. <1장. 한자+

---

465 호남권 한국학자료센터 홈페이지에서는 '1873년 김찬일(金讚鎰) 방매(放賣) 토지매매명문(土地賣買明文)'으로 표시하였다.

466 호남권 한국학자료센터 홈페이지에서는 '1873년 조화시락(趙花時落) 방매 토지매매명문(土地賣買明文)'으로 표시하였다.

이두. 조선 필사 이두 자료. 영광 입석 영월 신씨 소장. 한국학중앙연구원 장서각 한국고문서자료관 홈페이지 원문 이미지와 텍스트 보기. 한국정신문화연구원 편(1996) 참고>

1873-12-00. **첩정**(牒呈) 2, 조병만(曺秉萬). <1장. 한자+이두. 조선 필사 이두 자료. 전남 화순 동면 창녕 조씨가 구장. 광주광역시 이정옥 소장. 호남권 한국학자료센터 홈페이지 원문 이미지와 텍스트 보기. 최승희(1989) 참고>

1873-12-00. **한성부 관문**(漢城府關文), 한성부. <1장. 한자+이두. 조선 필사 이두 자료. 전북 순창 청계 문화 유씨가 소장. 호남권 한국학자료센터 홈페이지 원문 이미지와 텍스트 보기. 박병호(1974ㄱ), 최승희(1989), 정구복 외(1999) 참고>

1873-12-00. **한성부 입안 절목**(漢城府立案節目), 한성부. <1장. 한자+이두. 조선 필사 이두 자료. 전북 순창 청계 문화 유씨가 소장. 호남권 한국학자료센터 홈페이지 원문 이미지와 텍스트 보기. 박병호(1974ㄱ), 최승희(1989), 정구복 외(1999) 참고>

1873-00-00. 「진작의궤(**進爵儀軌**)」, 예조(禮曹) 편(編). <1책. 67장. 필사본. 표제는 '進爵儀軌 二(缺本)'. 권수제는 '進爵儀軌'. 한자+이두. 조선 필사 이두 자료. 한국학중앙연구원 디지털장서각 홈페이지 'K2-2861' 원문 이미지와 텍스트 보기>

1873-00-00. 「진작의궤(**進爵儀軌**)」권지2, 의궤청(儀軌廳) 편(編). <1책. 67장. 필사본. 권지2의 표제는 '(癸酉)進爵儀軌'. 권수제는 '進爵儀軌卷之二'. 한자+이두. 조선 필사 이두 자료. 서울대학교 규장각 한국학연구원 의궤 종합정보 홈페이지 '奎 14375-2' 원문 이미지와 텍스트 보기>

1874년

<갑술(甲戌), 고종 11년, 동치 13년, 명치 7년>

1874-01-01. **유학 윤종욱 토지매매명문**(幼學尹鍾旭土地賣買明文), 답주 산인 관찰(畓主山人寬札). <1장. 한자+이두. 조선 필사 이두 자료. 전남 해남 연동 해남 윤씨 녹우당 소장. 한국학중앙연구원 장서각 한국고문서자료관 홈페이지 & 한국학중앙연구원 한국학 디지털 아카이브 홈페이지 원문 이미지와 텍스트 보기. 한국정

신문화연구원 편(1986) 참고>

1874-01-09. **종손 양운영 토지매매명문**(宗孫梁雲永土地賣買明文), 문장 11촌 숙 양옥담(門長十一寸叔梁沃㼊). <1장. 한자+이두. 조선 필사 이두 자료. 전남 보성군 박실 제주 양씨가 구장. 원광대학교 박물관 소장. 호남권 한국학자료센터 홈페이지 원문 이미지와 텍스트 보기. 박병호(1974ㄱ), 최승희(1989), 이재수(2003) 참고>

1874-01-11. **■...■ 토지매매명문**(■...■土地賣買明文),[467] 만일사 주지 재주 경운(萬日寺主持財主敬云). <1장. 한자+이두. 조선 필사 이두 자료. 전북 순창 구미 남원 양씨가 소장. 호남권 한국학자료센터 홈페이지 원문 이미지와 텍스트 보기. 박병호(1974ㄱ), 최승희(1989), 전경목 외(2006), 채현경(2011) 참고>

1874-01-12. **토지매매명문**(土地賣買明文),[468] 산주 유학 김진호(山主幼學金鎭浩). <1장. 한자+이두. 조선 필사 이두 자료. 경북 고령군 대가야읍 본관 1리 홍와 고택 구장. 한국국학진흥원 소장. 한국학자료센터 영남권역센터 홈페이지 원문 이미지와 텍스트 보기. 김성갑(2013) 참고>

1874-01-16. **이치일 토지매매명문**(李致日土地賣買明文), 전주 정유용(出主鄭有用). <1장. 한자+이두. 조선 필사 이두 자료. 전북대학교 박물관 소장. 호남권 한국학자료센터 홈페이지 원문 이미지와 텍스트 보기. 최승희(1989), 정구복 외(1999), 이재수(2003) 참고>

1874-01-17. **완문**(完文), 진주목(晉州牧). <1장. 한자+이두. 조선 필사 이두 자료. 경남 진주시 단목 진양 하씨 창주 후손가 소장. 한국학중앙연구원 장서각 한국고문서자료관 홈페이지 원문 이미지 보기. 한국정신문화연구원 편(2000) 참고>

1874-01-22. **계중 토지매매명문**(稧中土地賣買明文),[469] 문장 유학 김지년 등(門丈幼學金志年). <1장. 한자+이두. 조선 필사 이두 자료. 전남 보성군 박실 제주 양씨가

---

[467] 호남권 한국학자료센터 홈페이지에서는 '1874년 만일사주지(萬日寺主持) 경운(敬云) 토지매매명문(土地賣買明文)'으로 표시하였다.

[468] 한국학자료센터 영남권역센터 홈페이지에서는 '1874년 유학(幼學) 김진호(金鎭浩) 방매 산지매매명문(山地賣買明文)'으로 표시하였다.

[469] 호남권 한국학자료센터 홈페이지에서는 '1874년 김지년(金志年) 방매(放賣) 토지매매명문(土地賣買明文)'으로 표시하였다.

구장. 원광대학교 박물관 소장. 호남권 한국학자료센터 홈페이지 원문 이미지와 텍스트 보기. 박병호(1974ㄱ), 최승희(1989), 이재수(2003) 참고>

1874-01-25. **손금만이 토지매매명문**(孫金萬伊土地賣買明文) <1장. 한자+이두. 조선 필사 이두 자료. 전남 보성군 박실 제주 양씨가 구장. 원광대학교 박물관 소장. 호남권 한국학자료센터 홈페이지 원문 이미지와 텍스트 보기>

1874-01-00. 고목(告目),[470] 예방 신수곤(禮房申守坤). <1장. 한자+이두. 조선 필사 이두 자료. 경북 영덕군 영해면 괴시리 영양 남씨 괴시파 영감댁 구장. 한국국학진흥원 소장. 한국학자료센터 영남권역센터 홈페이지 원문 이미지와 텍스트 보기>

1874-01-00. **박인환 소지**(朴寅煥所志), 박인환. <1장. 한자+이두. 조선 필사 이두 자료. 전북 임실군 청웅 밀양 박씨가 소장. 호남권 한국학자료센터 홈페이지 원문 이미지와 텍스트 보기. 박병호(1974ㄱ), 최승희(1989), 김경숙(2002), 전경목 외 (2006) 참고>

1874-01-00. **유학 남흥수 헌관 차정첩**(幼學南興壽獻官差定帖),[471] 영해부(寧海府). <1 장. 한자+이두. 조선 필사 이두 자료. 경북 영덕군 영해면 괴시리 영양 남씨 괴시파 영감댁 구장. 한국국학진흥원 소장. 한국학자료센터 영남권역센터 홈페이지 원문 이미지와 텍스트 보기>

1874-02-02. **유학 김태순 토지매매명문**(幼學金泰淳土地賣買明文) 1, 답주 상인 김종두(畓主喪人金鍾斗). <1장. 한자+이두. 조선 필사 이두 자료. 광주광역시 광산구 김해 김씨 소장. 호남권 한국학자료센터 홈페이지 원문 이미지와 텍스트 보기. 김재문(1986), 이재수(2003) 참고>

1874-02-04~1874-07-14(甲戌). 「병보관(**兵報關**)」,[472] 경상감영(慶尙監營) 편(編). <1 책. 130장. 필사본. 한자+이두. 조선 필사 이두 자료. 서울대학교 규장각 한국학연

---

[470] 한국학자료센터 영남권역센터 홈페이지에서는 '1874년 영해부(寧海府) 예방(禮房) 신수곤(申守坤) 고목(告目)'으로 표시하였다.

[471] 한국학자료센터 영남권역센터 홈페이지에서는 '1874년 유학(幼學) 남흥수(南興壽) 헌관(獻官) 차정첩(差定帖)'으로 적었다.

[472] 표제는 '日兵報關 同治十三年'이다. 서울대학교 규장각 한국학연구원 홈페이지에서는 책명을 '慶尙監營兵房報關冊 경상감영병방보관책'으로 표시하였다.

구원 홈페이지 원문 이미지 보기> <영인본:「각사등록」51(경상도 보유편 3)(국사편찬위원회 편, 1991)>

1874-02-09. **토지매매명문**(土地賣買明文),[473] 답주 유학 전석홍(畓主幼學全錫弘). <1장. 한자+이두. 조선 필사 이두 자료. 광주광역시 광산구 김해 김씨 소장. 호남권 한국학자료센터 홈페이지 원문 이미지와 텍스트 보기. 김재문(1986), 이수건 외(2004) 참고>

1874-02-14. **토지매매명문**(土地賣買明文), 전주 김 노 걸득(出主金奴乬得). <1장. 한자+이두. 조선 필사 이두 자료. 경북 경주시 소정리 경주 이씨 소장. 한국학중앙연구원 장서각 한국고문서자료관 홈페이지 원문 이미지 보기. 한국정신문화연구원 편(2002) 참고>

1874-02-15. **금계 김 도사 진사주 전 표기**(金溪金都事進賜主前標記),[474] 표주 심학중(標主沈學中). <1장. 한자+이두. 조선 필사 이두 자료. 안동 금계 의성 김씨 학봉종가 소장. 한국학중앙연구원 장서각 한국고문서자료관 홈페이지 원문 이미지와 텍스트 보기. 한국정신문화연구원 편(1990) 참고>

1874-02-20~1876-04-27(동치 13년 甲戌~丙子).「의주부장계등록(**義州府狀啓謄錄**)」5, 비변사(備邊司) 편(編). <1책(5/전6책). 36장. 필사본. 표제는 '灣府啓錄'.[475] 한자+이두. 조선 필사 이두 자료. 서울대학교 규장각 한국학연구원 홈페이지 원문 이미지 보기> <1840-08-08~1841-10-29(1/6)>

1874-02-23. **토지매매명문**(土地賣買明文),[476] 답주 김치서(畓主金致瑞). <1장. 한자+이두. 조선 필사 이두 자료. 전남 영광 마산 경주 이씨가 구장. 진안 용담호미술관 소장. 호남권 한국학자료센터 홈페이지 원문 이미지와 텍스트 보기. 최승희(1989),

---

[473] 호남권 한국학자료센터 홈페이지에서는 '1874년 전석홍(全錫弘) 방매(放賣) 토지매매명문(土地賣買明文)'으로 표시하였다.

[474] 한국학중앙연구원 장서각 한국고문서자료관 홈페이지에서는 '1874년 심학중(沈學中) 표기(標記)'로 표시하였다.

[475] 만부(灣府)는 평안북도 의주의 옛 이름. =의주부.

[476] 호남권 한국학자료센터 홈페이지에서는 '1874년 김치서(金致瑞) 방매(放賣) 토지매매명문(土地賣買明文)'으로 표시하였다.

이재수(2003), 채현경(2011) 참고>

1874-02-27~1879-03-10(동치 13년 甲戌~己卯).「평안병영계록(平安兵營啓錄)」, 비변사(備邊司) 편(編). <1책(4/전4책). 57장. 필사본. 표제는 '安營啓錄'. 한자+이두. 조선 필사 이두 자료. 서울대학교 규장각 한국학연구원 홈페이지 원문 이미지 보기> <1846-02-27~1853-01-15(1/4)>

1874-02-29. **유학 김맹득 토지매매명문**(幼學金孟得土地賣買明文), 가대주 유학 진운규(家垈主幼學秦云奎). <1장. 한자+이두. 조선 필사 이두 자료. 삼척시립박물관 소장. 한국학자료센터 강원권역센터 홈페이지 원문 이미지와 텍스트 보기. 김건우(2008), 전경목(2010, 2014), 박준호(2016) 참고>

1874-02-00. **김홍제 등 원정**(金弘濟等原情), 김홍제 등. <1장. 한자+이두. 조선 필사 이두 자료. 전북 부안 석동 류절재 소장. 호남권 한국학자료센터 홈페이지 원문 이미지와 텍스트 보기. 박병호(1974ㄱ), 최승희(1989), 정구복 외(1999) 참고>

1874-02-00~1874-12-00(甲戌).「추조결옥록(秋曹決獄錄)」 27, 형조(刑曹) 편(編). <1책(27/낙질본 43책). 117장. 필사본. 한자+이두. 조선 필사 이두 자료. 서울대학교 규장각 한국학연구원 홈페이지 원문 이미지 보기> <1822-01-00~1822-12-00(1/43)>

1874-02-00~1883-11-12(甲戌~癸未).「배위결속색등록(陪衛結束色謄錄)」 1, 편자 미상. <1책(1/전3책). 103장. 필사본. 한자+이두. 조선 필사 이두 자료. 서울대학교 규장각 한국학연구원 홈페이지 '圭12941' 원문 이미지와 텍스트 보기> <1889-11-29-1890-12-29(제2/3), 1890-11-11-1891-12-29(제3/3)>

1874-02-00~1894-12-11(甲戌~甲午).「서계소보관록(書契所報關錄)」 1~3, 동래부(東萊府) 편(編). <3책. 필사본. 제1책의 표제는 '朴等報關錄', 내제는 '(同治十三年甲戌二月 日)書契所報關錄'. 제2책과 제3책의 표제는 '書契色來報關錄'. 한자+이두. 조선 필사 이두 자료. 서울대학교 규장각 한국학연구원 홈페이지 원문 이미지 보기> <영인본:「각사등록」 13(경상도편 3)(국사편찬위원회 편, 1984)인>

1874-03-01. **노호 석매 토지매매명문**(奴戶石梅土地賣買明文), 답주 노 김충심(畓主奴金忠心). <1장. 한자+이두. 조선 필사 이두 자료. 경북 영양군 영양읍 삼지리 한양 조씨 하담 고택 구장. 한국국학진흥원 소장. 한국학자료센터 영남권역센터

홈페이지 원문 이미지와 텍스트 보기. 박병호(1974ㄱ), 최승희(1989), 이재수(2003), 이수건 외(2004) 참고>

1874-03-04. **토지매매명문**(土地賣買明文),[477] 저진주 최익현(苧田主崔益鉉). <1장. 한자+이두. 조선 필사 이두 자료. 전남 영광 마산 경주 이씨가 구장. 진안 용담호미술관 소장. 호남권 한국학자료센터 홈페이지 원문 이미지와 텍스트 보기. 최승희(1989), 이재수(2003), 채현경(2011) 참고>

1874-03-05. **전라관찰사 관문**(全羅觀察使關文), 전라관찰사. <1장. 한자+이두. 조선 필사 이두 자료. 전북 순창 청계 문화 유씨가 소장. 호남권 한국학자료센터 홈페이지 원문 이미지와 텍스트 보기. 박병호(1974ㄱ), 최승희(1989), 유지영(2007) 참고>

1874-03-00. **김유현 소지**(金裕鉉所志), 김유현. <1장. 한자+이두. 조선 필사 이두 자료. 전남 무안 광산 김씨 모충사 소장. 호남권 한국학자료센터 홈페이지 원문 이미지 보기. 최승희(1989), 국립민속박물관 편(1991), 정구복 외(1999), 전경목 외(2006) 참고>

1874-03-00. **이정실 소지**(李庭實所志), 이정실. <1장. 한자+이두. 조선 필사 이두 자료. 경북 안동시 법흥동 고성 이씨 임청각 구장. 한국학중앙연구원 장서각 한국고문서자료관 홈페이지 원문 이미지 보기. 한국정신문화연구원 편(2000) 참고>

1874-03-00. **한성부 입안 절목 사본**(漢城府立案節目寫本), 전라도 관찰사(全羅道觀察使). <1장. 한자+이두. 조선 필사 이두 자료. 전북 순창 청계 문화 유씨가 소장. 호남권 한국학자료센터 홈페이지 원문 이미지와 텍스트 보기. 박병호(1974ㄱ), 최승희(1989), 정구복 외(1999) 참고>

1874-04-05. **괴시리 남 생원 토지매매명문**(槐市里南生員土地賣明文), 산주 유상충(山主劉尙忠). <1장. 한자+이두. 조선 필사 이두 자료. 경북 영덕군 영해면 괴시리 영양 남씨 괴시파 영감댁 구장. 한국국학진흥원 소장. 한국학자료센터 영남권역센터 홈페이지 원문 이미지와 텍스트 보기>

1874-04-17. **구이동 두방리 도형**(龜耳洞斗防里圖形),[478] 전라도 전주 관(全羅道全州

---

[477] 호남권 한국학자료센터 홈페이지에서는 '1874년 최익현(崔益鉉) 방매(放賣) 토지매매명문(土地賣買明文)'으로 표시하였다.

官). <1장. 한자+이두. 조선 필사 이두 자료. 서울 정동 진주 강씨가 구장. 전북대학교 박물관 소장. 호남권 한국학자료센터 홈페이지 원문 이미지와 텍스트 보기. 박병호(1974ㄱ), 최승희(1989), 정구복 외(1999) 참고>

1874-04-26~1876-03-16(동치 13년 甲戌~광서 2년 丙子).「함경북병영계록(咸鏡北兵營啓錄)」, 비변사(備邊司) 편(編). <1책(5/7). 118장. 필사본. 표제는 '鏡營啓錄'. 한자+이두. 조선 필사 이두 자료. 서울대학교 규장각 한국학연구원 홈페이지 원문 이미지 보기> <영인본:「각사등록」 43(함경도편 2)(국사편찬위원회 편, 1990)> <1844-03-29~1846-02-00(1/7)>

1874-04-27. **권억윤 토지매매명문**(權億允土地賣買明文), 진주 종아 율이(田主從牙律伊). <1장. 한자+이두. 조선 필사 이두 자료. 경북 안동시 주촌 진성 이씨 경류정 구장. 서울역사박물관 소장. 한국학중앙연구원 장서각 한국고문서자료관 홈페이지 & 한국학중앙연구원 한국학 디지털 아카이브 홈페이지 원문 이미지와 텍스트 보기. 한국정신문화연구원 편(1999) 참고>

1874-04-28~1874-10-30(甲戌).「북도열읍관문급이문급이문등서(北道列邑關文及移文及移文謄書)」 1~2, 함경도 암행어사(咸鏡道暗行御史) 편(編). <2책. 필사본. 한자+이두. 조선 필사 이두 자료. 서울대학교 규장각 한국학연구원 홈페이지 '古4206-4' 원문 이미지 보기> <영인본:「각사등록」 45(함경도편 4)(국사편찬위원회 편, 1990)>

1874-04-29. **척형 표기**(戚兄標記),[479] 표주 금하규(標主琴夏圭). <1장. 한자+이두. 조선 필사 이두 자료. 경북 예천군 감천면 강릉 유씨 벌방 종가 구장. 한국국학진흥원 소장. 한국학자료센터 영남권역센터 홈페이지 원문 이미지와 텍스트 보기>

1874-04-00. **강재국 등 단자**(姜在國等單子), 강재국 등. <1장. 한자+이두. 조선 필사 이두 자료. 서울 정동 진주 강씨가 구장. 전북대학교 박물관 소장. 호남권 한국학자료센터 홈페이지 원문 이미지와 텍스트 보기. 박병호(1974ㄱ), 최승희(1989),

---

[478] 호남권 한국학자료센터 홈페이지에서는 '1974년 강재진(姜在鎭) 도형(圖形)'으로 표시하였다.
[479] 한국학자료센터 영남권역센터 홈페이지에서는 '1874년 금하규(琴夏圭) 금전 거래 관련 수표(手標)'로 표시하였다.

정구복 외(1999) 참고>

1874-04-00. **강재진 등 상서**(姜在鎭等上書) 1, 강재진 등. <1장. 한자+이두. 조선 필사 이두 자료. 서울 정동 진주 강씨가 구장. 전북대학교 박물관 소장. 호남권 한국학자료센터 홈페이지 원문 이미지와 텍스트 보기. 박병호(1974ㄱ), 최승희(1989), 정구복 외(1999) 참고>

1874-04-00. **강재진 등 상서**(姜在鎭等上書) 2, 강재진 등. <1장. 한자+이두. 조선 필사 이두 자료. 서울 정동 진주 강씨가 구장. 전북대학교 박물관 소장. 호남권 한국학자료센터 홈페이지 원문 이미지와 텍스트 보기. 박병호(1974ㄱ), 최승희(1989), 정구복 외(1999) 참고>

1874-04-00. **남유영 소지**(南有{金+永}所志), 남유영. <1장. 한자+이두. 조선 필사 이두 자료. 경북 영덕군 영해면 괴시리 영양 남씨 괴시파 영감댁 구장. 한국국학진흥원 소장. 한국학자료센터 영남권역센터 홈페이지 원문 이미지와 텍스트 보기>

1874-04-00. **유학 박숭목 조흘첩**(幼學朴崇穆照訖帖), 학례(學禮). <1장. 한자+이두. 조선 인쇄 이두 자료. 목판본으로 인쇄한 서식 종이에 이름, 날짜 등을 필기한 자료.[480] 경남 밀양 신호 밀성 박씨·덕남서원 소장. 한국학중앙연구원 장서각 한국고문서자료관 홈페이지 원문 이미지 보기. 최승희(1989), 정구복(2003), 한국정신문화연구원 편(2004) 참고>

1874-05-01. **토지매매명문**(土地賣買明文),[481] 답주 조내집(畓主曺乃執). <1장. 한자+이두. 조선 필사 이두 자료. 전남 영광 마산 경주 이씨가 구장. 진안 용담호미술관 소장. 호남권 한국학자료센터 홈페이지 원문 이미지와 텍스트 보기. 최승희(1989), 이재수(2003), 채현경(2011) 참고>

1874-05-03~1882-06-09. 「지구관청헌일기(知彀官廳憲日記)」, 무위소(武衛所) 편(編). <불분권 9책. 필사본. 한자+이두. 한국학중앙연구원 디지털장서각 홈페이지 'K2-3375' 원문 이미지와 텍스트 보기>

---

480 이 책의 목록에서 처음으로 등장하는 인쇄한 서식 종이에 붓으로 이름, 날짜 등을 직접 적은 문서이다.
481 호남권 한국학자료센터 홈페이지에서는 '1874년 조내집(曺乃執) 방매(放賣) 토지매매명문(土地賣買明文)'으로 표시하였다.

1874-05-11. **토지매매명문**(土地賣買明文),[482] 답우 진주 최창환(淡宇田主崔昌煥). <1장. 한자+이두. 조선 필사 이두 자료. 전북대학교 박물관 소장. 호남권 한국학자료센터 홈페이지 원문 이미지와 텍스트 보기. 최승희(1989), 정구복 외(1999), 이재수(2003) 참고>

1874-05-28~1874-09-13. 「충청좌도수행시공사(忠淸左道繡行時公事)」, 이승수(李升洙) 편(編). <1책. 45장. 필사본. 표제는 '湖左公事'. 한자+이두. 조선 필사 이두 자료. 서울대학교 규장각 한국학연구원 홈페이지 원문 이미지 보기>

1874-05-00. **가사매매명문**(家舍賣買明文), 재주 박주호(財主朴周浩). <1장, 한자+이두. 조선 필사 이두 자료. 경남 거창 강동 초계 정씨 동계 종가 구장. 한국학중앙연구원 장서각 한국학자료센터 홈페이지 & 한국학중앙연구원 장서각 한국고문서자료관 홈페이지 & 한국학중앙연구원 한국학 디지털 아카이브 홈페이지 원문 이미지와 텍스트 보기. 김태영(1983), 최승희(1989), 한국정신문화연구원 편(1995), 이재수(2003), 한국학중앙연구원 편(2005) 참고>

1874-05-00. **강조영 등 단자**(姜肇永等單子) 1, 강조영 등. <1장. 한자+이두. 조선 필사 이두 자료. 서울 정동 진주 강씨가 구장. 전북대학교 박물관 소장. 호남권 한국학자료센터 홈페이지 원문 이미지와 텍스트 보기. 박병호(1974ㄱ), 최승희(1989), 정구복 외(1999) 참고>

1874-05-00. **토지매매명문**(土地賣買明文),[483] 답주 자필 한치곤(畓主自筆韓致坤). <1장. 한자+이두. 조선 필사 이두 자료. 전남 영광 마산 경주 이씨가 구장. 진안 용담호미술관 소장. 호남권 한국학자료센터 홈페이지 원문 이미지와 텍스트 보기. 최승희(1989), 이재수(2003), 채현경(2011) 참고>

1874-06-16. **유학 조태규 토지매매명문**(幼學曺泰圭土地賣買明文), 답주 청원계 도계장 최창윤(畓主淸元禊都禊長崔昌潤). <1장. 한자+이두. 조선 필사 이두 자료. 영암 미암 창녕 조씨 태호 후손가 소장. 호남권 한국학자료센터 홈페이지 원문 이미지

---

[482] 호남권 한국학자료센터 홈페이지에서는 '1874년 최창환(崔昌煥) 방매 토지매매명문(土地賣買明文)'으로 표시하였다.

[483] 호남권 한국학자료센터 홈페이지에서는 '1874년 한치곤(韓致坤) 방매(放賣) 토지매매명문(土地賣買明文)'으로 표시하였다.

보기. 최승희(1989) 참고>

1874-06-00. **김인태 등 등장**(金寅泰等等狀), 김인태 등. <1장. 한자+이두. 조선 필사 이두 자료. 전북 순창 청계 문화 유씨가 소장. 호남권 한국학자료센터 홈페이지 원문 이미지와 텍스트 보기. 최승희(1989), 김경숙(2002), 심재우(2013) 참고>

1874-06-00. **병조 관**(兵曹關), 병조. <1장. 한자+이두. 조선 필사 이두 자료. 전남 화순 동면 창녕 조씨가 구장. 광주광역시 이정옥 소장. 호남권 한국학자료센터 홈페이지 원문 이미지와 텍스트 보기. 최승희(1989) 참고>

1874-06-00. **진주 강씨가 상서**(晉州姜氏家上書), 진주 강씨가. <1장. 한자+이두. 조선 필사 이두 자료. 서울 정동 진주 강씨가 구장. 전북대학교 박물관 소장. 호남권 한국학자료센터 홈페이지 원문 이미지와 텍스트 보기. 박병호(1974ㄱ), 최승희(1989), 정구복 외(1999) 참고>

1874-06-00. **토지매매명문**(土地賣買明文),[484] 답주 자필 이무홍(畓主自筆李武洪). <1장. 한자+이두. 조선 필사 이두 자료. 전남 나주시 남내 밀양 박씨 청재 종가 소장. 호남권 한국학자료센터 홈페이지 원문 이미지와 텍스트 보기. 박성종(1999), 이재수(2003) 참고>

1874-07-24. **류 생원 댁 노 점돌 토지매매명문**(柳生員宅奴占乭土地賣買明文) 1, 답주 박득범(畓主朴得範). <1장. 한자+이두. 조선 필사 이두 자료. 경북 안동시 박실 전주 류씨 수정재 고택 구장. 한국국학진흥원 소장. 한국학자료센터 영남권역센터 홈페이지 원문 이미지와 텍스트 보기>

1874-07-24. **류 생원 댁 노 점돌 토지매매명문**(柳生員宅奴占乭土地賣買明文) 2, 답주 박득범(畓主朴得範). <1장. 한자+이두. 조선 필사 이두 자료. 경북 안동시 박실 전주 류씨 수정재 고택 구장. 한국국학진흥원 소장. 한국학자료센터 영남권역센터 홈페이지 원문 이미지와 텍스트 보기>

1874-07-00. **고준필 등 등장**(高俊弼等等狀), 고준필 등. <1장. 한자+이두. 조선 필사 이두 자료. 전북 군산시 임피면 갈운 제주 고씨가 구장. 군산근대역사박물관 소장.

---

484 호남권 한국학자료센터 홈페이지에서는 '1874년 이무홍(李武洪) 방매(放賣) 토지매매명문(土地賣買明文)'으로 표시하였다.

호남권 한국학자료센터 홈페이지 원문 이미지와 텍스트 보기. 박병호(1974ㄱ), 최승희(1989), 전경목(1997), 김현영(1999), 정구복(2002), 김경숙(2012) 참고>

1874-07-00. **이봉규 차첩**(李鳳奎差帖), 이조(吏曹). <1장. 한자+이두. 조선 필사 이두 자료. 전북 익산 왕궁 이인승 소장. 호남권 한국학자료센터 홈페이지 원문 이미지와 텍스트 보기. 심우준(1989), 최승희(1989), 이수건 외(2004) 참고>

1874-07-00. **정족산성 사고 참봉 차정첩**(鼎足山城史庫參奉差定帖) 1, 강화부(江華府). <1장. 한자+이두. 조선 필사 이두 자료. 일본 경도대학 가와이문고 소장. 고려대학교 해외한국학자료센터 홈페이지 원문 이미지 보기>

1874-07-00. **정족산성 사고 참봉 차정첩**(鼎足山城史庫參奉差定帖) 2, 강화부(江華府). <1장. 한자+이두. 조선 필사 이두 자료. 일본 경도대학 가와이문고 소장. 고려대학교 해외한국학자료센터 홈페이지 원문 이미지 보기>

1874-07-00. **화민 이■■ 소지**(化民李■■所志), 이■■. <1장. 한자+이두. 조선 필사 이두 자료. 경북 영해 인량 재령 이씨 충효당 구장. 한국국학진흥원 소장. 한국학중앙연구원 장서각 한국고문서자료관 홈페이지 원문 이미지 보기. 한국정신문화연구원 편(1997) 참고>

1874-08-12. **한갑철 염장문기**(韓甲哲鹽場文記), 염부주 한량 임일량(鹽釜主閑良任日良). <1장. 한자+이두. 조선 필사 이두 자료. 전남 보성군 박실 제주 양씨가 구장. 원광대학교 박물관 소장. 호남권 한국학자료센터 홈페이지 원문 이미지와 텍스트 보기. 박병호(1974ㄱ), 최승희(1989), 이재수(2003) 참고>

1874-08-29. **양씨 문중 토지매매명문**(梁氏門中土地賣買明文), 전답주 유학 김맹득(田畓主幼學金孟得). <1장. 한자+이두. 조선 필사 이두 자료. 삼척시립박물관 소장. 한국학자료센터 강원권역센터 홈페이지 원문 이미지와 텍스트 보기. 김건우(2008), 전경목(2010, 2014), 박준호(2016) 참고>

1874-08-00. **강재진 등 단자**(姜在鎭等單子), 강재진 등. <1장. 한자+이두. 조선 필사 이두 자료. 서울 정동 진주 강씨가 구장. 전북대학교 박물관 소장. 호남권 한국학자료센터 홈페이지 원문 이미지와 텍스트 보기. 박병호(1974ㄱ), 최승희(1989), 정구복 외(1999) 참고>

1874-08-00. **강재진 등 상서**(姜在鎭等上書) 3, 강재진 등. <1장. 한자+이두. 조선

필사 이두 자료. 서울 정동 진주 강씨가 구장. 전북대학교 박물관 소장. 호남권 한국학자료센터 홈페이지 원문 이미지와 텍스트 보기. 박병호(1974ㄱ), 최승희(1989), 정구복 외(1999) 참고>

1874-08-00. **강재진 등 상서**(姜在鎭等上書) 4, 강재진 등. <1장. 한자+이두. 조선 필사 이두 자료. 서울 정동 진주 강씨가 구장. 전북대학교 박물관 소장. 호남권 한국학자료센터 홈페이지 원문 이미지와 텍스트 보기. 박병호(1974ㄱ), 최승희(1989), 정구복 외(1999) 참고>

1874-08-00. **강조영 등 단자**(姜肇永等單子) 2, 강조영 등. <1장. 한자+이두. 조선 필사 이두 자료. 서울 정동 진주 강씨가 구장. 전북대학교 박물관 소장. 호남권 한국학자료센터 홈페이지 원문 이미지와 텍스트 보기. 박병호(1974ㄱ), 최승희(1989), 정구복 외(1999) 참고>

1874-08-00. **김경희 등 상서**(金敬熙等上書), 김경희 등. <1장. 한자+이두. 조선 필사 이두 자료. 전북 순창 청계 문화 유씨가 소장. 호남권 한국학자료센터 홈페이지 원문 이미지와 텍스트 보기. 최승희(1989), 김경숙(2002), 심재우(2013) 참고>

1874-08-00. **김세술 소지**(金世述所志), 김세술. <1장. 한자+이두. 조선 필사 이두 자료. 안동 천전 의성 김씨 지촌 종택 소장. 한국학중앙연구원 장서각 한국고문서자료관 홈페이지 원문 이미지 보기. 한국정신문화연구원 편(1989) 참고>

1874-09-09. **김관손 토지매매명문**(金寬孫土地賣買明文), 전주 자필 김복리(出主自筆 金福履). <1장. 한자+이두. 조선 필사 이두 자료. 강원도 원주시 이정동 소장. 한국학자료센터 강원권역센터 홈페이지 원문 이미지와 텍스트 보기. 김건우(2008), 전경목(2010, 2014), 박준호(2016) 참고>

1874-09-14. **토지매매명문**(土地賣買明文), 답주 박 노 단춘(畓主朴奴丹春). <1장. 한자+이두. 조선 필사 이두 자료. 경북 경주시 내남면 이조리 경주 최씨·용산서원 소장. 장서각 한국고문서자료관 홈페이지 & 한국학중앙연구원 한국학 디지털 아카이브 홈페이지 원문 이미지 보기. 한국정신문화연구원 편(2000) 참고>

1874-09-20. **수표**(手標),[485] 표주 양인 박석호(標主良人朴石虎). <1장. 한자+이두. 조

---

[485] 한국학자료센터 영남권역센터 홈페이지에서는 '1874년 박석호(朴石虎) 묘위전(墓位田) 관련 수표

선 필사 이두 자료. 경북 예천군 감천면 강릉 유씨 벌방 종가 구장. 한국국학진흥원 소장. 한국학자료센터 영남권역센터 홈페이지 원문 이미지와 텍스트 보기>

1874-09-24. **토지매매명문**(土地賣買明文),[486] 답주 문장 모관진 등(畓主門長车寬晋). <1장. 한자+이두. 조선 필사 이두 자료. 전북대학교 박물관 소장. 호남권 한국학자료센터 홈페이지 원문 이미지와 텍스트 보기. 박병호(1974ㄱ), 이재수(2003) 참고>

1874-09-29. **김천조 다짐**(金千祚侤音), 김천조. <1장. 한자+이두. 조선 필사 이두 자료. 영광 입석 영월 신씨 소장. 한국학중앙연구원 장서각 한국고문서자료관 홈페이지 원문 이미지와 텍스트 보기. 한국정신문화연구원 편(1996) 참고>

1874-09-00. **김조연 소지**(金肇演所志), 김조연. <1장. 한자+이두. 조선 필사 이두 자료. 대전·청양 안동 김씨 삼당 후손가 소장. 한국학중앙연구원 장서각 한국고문서자료관 홈페이지 원문 이미지 보기. 한국정신문화연구원 편(2003) 참고>

1874-09-00. **화민 신휘상 소지**(化民辛徽常所志) 1, 신휘상. <1장. 한자+이두. 조선 필사 이두 자료. 영광 입석 영월 신씨 소장. 한국학중앙연구원 장서각 한국고문서자료관 홈페이지 원문 이미지와 텍스트 보기. 한국정신문화연구원 편(1996) 참고>

1874-09-00. **화민 신휘상 소지**(化民辛徽常所志) 2, 신휘상. <1장. 한자+이두. 조선 필사 이두 자료. 영광 입석 영월 신씨 소장. 한국학중앙연구원 장서각 한국고문서자료관 홈페이지 원문 이미지와 텍스트 보기. 한국정신문화연구원 편(1996) 참고>

1874-09-00 추정. **수성동 거민 수본**(守城洞居民手本), 수성동 거민. <1장. 한자+이두. 조선 필사 이두 자료. 경북 경주시 안강읍 옥산리 여주 이씨 장산서원·치암 종택 구장. 한국학중앙연구원 장서각 한국고문서자료관 홈페이지 원문 이미지 보기. 한국정신문화연구원 편(2003) 참고>

(手標)'로 표시하였다.

[486] 호남권 한국학자료센터 홈페이지에서는 '1874년 모관진(车寬晋) 등 방매 토지매매명문(土地賣買明文)'으로 표시하였다.

1874-10-01~1875-06-09(甲戌~乙亥). 「송안(訟案)」, 함경감영(咸鏡監營) 편(篇). <2책. 필사본. 한자+이두. 이두 자료. 서울대학교 규장각 한국학연구원 홈페이지 '古 5125-80-V.1-2'의 원문 이미지 보기>

1874-10-11. **영광군수 전령**(靈光郡守傳令), 영광군수. <1장. 한자+이두. 조선 필사 이두 자료. 영광 입석 영월 신씨 소장. 한국학중앙연구원 장서각 한국고문서자료관 홈페이지 원문 이미지와 텍스트 보기. 한국정신문화연구원 편(1996) 참고>

1874-10-22. **정해린 등 상서**(鄭海麟等上書), 정해린 등. <1장. 한자+이두. 조선 필사 이두 자료. 전북 부안군 우반 부안 김씨 세덕각 소장. 한국학중앙연구원 장서각 한국고문서자료관 홈페이지 & 호남권 한국학자료센터 홈페이지 원문 이미지와 텍스트 보기. 한국정신문화연구원 편(1983, 1998), 전경목(2001), 전경목 외(2006), 한국학중앙연구원 편(2017) 참고>

1874-10-26. **토지매매명문**(土地賣買明文),[487] 답주 안 노 만춘(畓主安奴萬春). <1장. 한자+이두. 조선 필사 이두 자료. 전남 보성군 박실 제주 양씨가 구장. 원광대학교 박물관 소장. 호남권 한국학자료센터 홈페이지 원문 이미지와 텍스트 보기. 박병호(1974ㄱ), 이재수(2003) 참고>

1874-10-28. **정석원 산도**(鄭錫元山圖), 정석원. <1장. 한자+이두. 조선 필사 이두 자료. 양주 안흥 광주 정씨 소장. 한국학중앙연구원 장서각 한국고문서자료관 홈페이지 원문 이미지 보기. 한국정신문화연구원 편(2004) 참고>

1874-10-00. **권경하 등 상서**(權經夏等上書) 1, 권경하 등. <1장. 한자+이두. 조선 필사 이두 자료. 경북 예천군 용문면 대제리 원동 권씨 춘우재 고택 구장. 한국국학진흥원 소장. 한국학자료센터 영남권역센터 홈페이지 원문 이미지와 텍스트 보기>

1874-10-00. **예천 유학 권경하·권재하 등 소지**(醴泉幼學權經夏權在夏等所志), 권경하·권재하 등. <1장. 한자+이두. 조선 필사 이두 자료. 경북 예천군 용문면 대제리 원동 권씨 춘우재 고택 구장. 한국국학진흥원 소장. 한국학자료센터 영남권역

---

[487] 호남권 한국학자료센터 홈페이지에서는 '1874년 안노(安奴) 만춘(萬春) 방매(放賣) 토지매매명문(土地賣買明文)'으로 표시하였다.

센터 홈페이지 원문 이미지와 텍스트 보기>

1874-10-00. **화민 신휘상 소지**(化民辛徽常所志) 3, 신휘상. <1장. 한자+이두. 조선 필사 이두 자료. 영광 입석 영월 신씨 소장. 한국학중앙연구원 장서각 한국고문서자료관 홈페이지 원문 이미지와 텍스트 보기. 한국정신문화연구원 편(1996) 참고>

1874-11-04. **박계흥 토지매매명문**(朴啓興土地賣買明文), 답주 심연백(畓主沈連伯). <1장. 한자+이두. 조선 필사 이두 자료. 경북 안동시 주촌 진성 이씨 경류정 구장. 서울역사박물관 소장. 한국학중앙연구원 장서각 한국고문서자료관 홈페이지 & 한국학중앙연구원 한국학 디지털 아카이브 홈페이지 원문 이미지와 텍스트 보기. 한국정신문화연구원 편(1999) 참고>

1874-11-04. **토지매매명문**(土地賣買明文),[488] 답주 유학 기재형(畓主幼學奇在亨). <1장. 한자+이두. 조선 필사 이두 자료. 전남 장성군 행주 기씨 금강 종가 소장. 호남권 한국학자료센터 홈페이지 원문 이미지와 텍스트 보기. 김재문(1986), 이수건 외(2004) 참고>

1874-11-07. **유학 토지매매명문**(幼學土地賣買明文),[489] 답주 유학 장의권(畓主幼學張宜權). <1장. 한자+이두. 조선 필사 이두 자료. 전남 순천 월등 목천 장씨가 구장. 전북대학교 박물관 소장. 호남권 한국학자료센터 홈페이지 원문 이미지와 텍스트 보기. 최승희(1989), 정구복 외(1999), 이재수(2003) 참고>

1874-11-08. **이문규 토지매매명문**(李文奎土地賣買明文), 답주 자필 심인혁(畓主自筆沈仁赫). <1장. 한자+이두. 조선 필사 이두 자료. 삼척시립박물관 소장. 한국학자료센터 강원권역센터 홈페이지 원문 이미지와 텍스트 보기. 최승희(1989), 채현경(2011ㄱ), 김세민(2013), 김영란(2017) 참고>

1874-11-09. **권경하 등 산도**(權經夏等山圖), 풍기군(豊基郡). <1장. 점련문서. 한자+이두. 조선 필사 이두 자료. 경북 예천군 용문면 대제리 원동 권씨 춘우재 고택

---

[488] 호남권 한국학자료센터 홈페이지에서는 '1874년 기재형(奇在亨) 방매(放賣) 토지매매명문(土地賣買明文)'으로 표시하였다.

[489] 호남권 한국학자료센터 홈페이지에서는 '1874년 장의권(張宜權) 방매(放賣) 토지매매명문(土地賣買明文)'으로 표시하였다.

구장. 한국국학진흥원 소장. 한국학자료센터 영남권역센터 홈페이지 원문 이미지와 텍스트 보기>

1874-11-09. **정사 본소 토지매매명문**(精舍本所土地賣買明文), 답주 섬학소 회중(畓主贍學所會中). <1장. 한자+이두. 조선 필사 이두 자료. 경북 안동시 주촌 진성 이씨 경류정 구장. 서울역사박물관 소장. 한국학중앙연구원 장서각 한국고문서자료관 홈페이지 & 한국학중앙연구원 한국학 디지털 아카이브 홈페이지 원문 이미지와 텍스트 보기. 한국정신문화연구원 편(1999) 참고>

1874-11-11. **신굉규 토지매매명문**(辛宖珪土地賣買明文), 선산 장손 유학 이돈중(先山長孫幼學李敦中). <1장. 한자+이두. 조선 필사 이두 자료. 영광 입석 영월 신씨 소장. 한국학중앙연구원 장서각 한국고문서자료관 홈페이지 원문 이미지와 텍스트 보기. 한국정신문화연구원 편(1996) 참고>

1874-11-11. **화순현감 서목**(和順縣監書目), 화순 현감. <1장. 한자+이두. 조선 필사 이두 자료. 전남 화순 동면 창녕 조씨가 구장. 광주광역시 이정옥 소장. 호남권 한국학자료센터 홈페이지 원문 이미지와 텍스트 보기. 최승희(1989) 참고>

1874-11-14. **토지매매명문**(土地賣買明文),[490] 답주 자필 유학 이철용(畓主自筆幼學李哲容). <1장. 한자+이두. 조선 필사 이두 자료. 전남 보성군 박실 제주 양씨가 구장. 원광대학교 박물관 소장. 호남권 한국학자료센터 홈페이지 원문 이미지와 텍스트 보기. 최승희(1989), 정구복 외(1999), 채현경(2011) 참고>

1874-11-15. **이 노 복천 토지매매명문**(李奴卜千土地賣買明文), 답주 권 노 봉이(畓主權奴鋒伊). <1장. 한자+이두. 조선 필사 이두 자료. 경북 안동시 오천 광산 김씨 후조당 소장. 한국학중앙연구원 장서각 한국고문서자료관 홈페이지 원문 이미지와 텍스트 보기. 한국정신문화연구원 편(1982) 참고>

1874-11-15. **장우완 토지매매명문**(張又完土地賣買明文), 답주 김치백(畓主金致伯). <1장. 한자+이두. 조선 필사 이두 자료. 경북 영양군 영양읍 삼지리 한양 조씨 하담 고택 구장. 한국국학진흥원 소장. 한국학자료센터 영남권역센터 홈페이지

---

490 호남권 한국학자료센터 홈페이지에서는 '1874년 이철용(李哲容) 방매(放賣) 토지매매명문(土地賣買明文)'으로 표시하였다.

& 한국국학진흥원 유교넷 홈페이지 원문 이미지와 텍스트 보기. 박병호(1974ㄱ), 최승희(1989), 이재수(2003), 이수건 외(2004) 참고>

1874-11-19. **토지매매명문**(土地賣買明文),[491] 답주 유학 최재우(畓主幼學崔載佑). <1장. 한자+이두. 조선 필사 이두 자료. 광주광역시 광산구 김해 김씨 소장. 호남권 한국학자료센터 홈페이지 원문 이미지와 텍스트 보기. 이재수(2003), 이수건 외(2004) 참고>

1874-11-25(동치 14년 갑술).[492] **하 노 삼복 토지매매명문**(河奴三福土地賣買明文), 답주 김철철(畓主金喆鐵). <1장. 한자+이두. 조선 필사 이두 자료. 안동 송파 진주 하씨 하위지 후손가 소장. 한국학중앙연구원 장서각 한국고문서자료관 홈페이지 & 한국국학진흥원 유교넷 홈페이지 원문 이미지 보기. 한국정신문화연구원 편(2002) 참고>

1874-11-26. **유학 박사봉 토지매매명문**(幼學朴士奉土地賣買明文), 가기주 유학 박창현(家基主幼學朴昌鉉). <1장. 한자+이두. 조선 필사 이두 자료. 삼척시립박물관 소장. 한국학자료센터 강원권역센터 홈페이지 원문 이미지와 텍스트 보기. 김건우(2008), 전경목(2010, 2014), 박준호(2016) 참고>

1874-11-30. **토지매매명문**(土地賣買明文), 답주 재종숙 문현(畓主再從叔文賢). <1장. 한자+이두. 조선 필사 이두 자료. 전북 고창 읍내 안동 권씨가 소장. 호남권 한국학자료센터 홈페이지 원문 이미지와 텍스트 보기. 최승희(1989), 전북향토문화연구회 편(1993), 정구복 외(1999) 참고>

1874-11-00. **권경하 등 상서**(權經夏等上書) 2, 권경하 등. <1장. 한자+이두. 조선 필사 이두 자료. 경북 예천군 용문면 대제리 원동 권씨 춘우재 고택 구장. 한국국학진흥원 소장. 한국학자료센터 영남권역센터 홈페이지 원문 이미지와 텍스트 보기>

1874-11-00. **권 진사 댁 노 용운 소지**(權進士宅奴龍云所志), 용운. <1장. 한자+이두.

---

[491] 호남권 한국학자료센터 홈페이지에서는 '1874년 최재우(崔載佑) 방매(放賣) 토지매매명문(土地賣買明文)'으로 표시하였다.

[492] 한국국학진흥원 유교넷 홈페이지에서는 문서명을 '**1934년** 김철철이 하씨의 노비 삼복에게 논을 팔았음을 증명하는 명문'으로 잘못 적었다.

조선 필사 이두 자료. 경북 예천군 용문면 대제리 원동 권씨 춘우재 고택 구장. 한국국학진흥원 소장. 한국학자료센터 영남권역센터 홈페이지 원문 이미지와 텍스트 보기>

1874-11-00. **이병직 등 소지**(李炳直等所志), 이병직 등. <1장. 한자+이두. 조선 필사 이두 자료. 전남 장성군 행주 기씨 금강 종가 소장. 호남권 한국학자료센터 홈페이지 원문 이미지와 텍스트 보기>

1874-11-00. **이진숙 등 상서**(李眞淑等上書), 이진숙 등. <1장. 한자+이두. 조선 필사 이두 자료. 경북 경주시 안강읍 옥산리 여주 이씨 독락당 소장. 한국학중앙연구원 장서각 한국고문서자료관 홈페이지 원문 이미지 보기. 한국정신문화연구원 편(2003) 참고>

1874-11-00. **홍종찬 등 소지**(洪鍾贊等所志), 홍종찬 등. <1장. 한자+이두. 조선 필사 이두 자료. 전남 장성군 행주 기씨 금강 종가 소장. 호남권 한국학자료센터 홈페이지 원문 이미지와 텍스트 보기>

1874-12-02. **유학 동성 규삼 토지매매명문**(幼學同姓圭三土地賣買明文),[493] 전주 유학 안정현(田主幼學安鼎鉉). <1장. 한자+이두. 조선 필사 이두 자료. 전남 보성군 택촌 죽산 안씨 은봉 종가 소장. 호남권 한국학자료센터 홈페이지 원문 이미지와 텍스트 보기>

1874-12-03. **고제호 토지매매명문**(高濟浩土地賣買明文), 답주 권 노 덕손(畓主權奴德孫). <1장. 한자+이두. 조선 필사 이두 자료. 경북 안동시 오천 광산 김씨 후조당 소장. 한국학중앙연구원 장서각 한국고문서자료관 홈페이지 원문 이미지와 텍스트 보기. 한국정신문화연구원 편(1982) 참고>

1874-12-11. **김용해 토지매매명문**(金龍海土地賣買明文), 전주 이 노 동내(田主李奴同乃). <1장. 한자+이두. 조선 필사 이두 자료. 경북 상주 낙동 풍양 조씨 양진당 소장. 한국학중앙연구원 장서각 한국고문서자료관 홈페이지 원문 이미지 보기>

1874-12-13. **토지매매명문**(土地賣買明文),[494] 전주 유학 고의중(田主幼學高宜中). <1

---

[493] 호남권 한국학자료센터 홈페이지에서는 '1874년 안규삼(安圭三) 토지매매명문(土地賣買明文)'으로 표시하였다.

장. 한자+이두. 조선 필사 이두 자료. 전북대학교 박물관 소장. 호남권 한국학자
료센터 홈페이지 원문 이미지와 텍스트 보기. 최승희(1989), 정구복 외(1999), 이재
수(2003) 참고>

1874-12-17. **금학산 공소 토지매매명문**(金鶴山公所土地賣買明文),[495] 답주 배현규(畓
主裵顯珪). <1장. 한자+이두. 조선 필사 이두 자료. 안동 천전 의성 김씨 지촌
종택 소장. 한국학중앙연구원 장서각 한국고문서자료관 홈페이지 원문 이미지
보기. 한국정신문화연구원 편(1989) 참고>

1874-12-18. **족조 유학 문병완 토지매매명문**(族祖幼學文秉完土地賣買明文), 전주 족
인 규오(田主族人圭玉). <1장. 한자+이두. 조선 필사 이두 자료. 전남 영암군 장암
남평 문씨 문창집 소장. 한국학중앙연구원 장서각 한국고문서자료관 홈페이지
원문 이미지와 텍스트 보기. 한국정신문화연구원 편(1995) 참고>

1874-12-20. **가사매매명문**(家舍賣買明文), 가대주 박 노 기례(家垈主朴奴其禮). <1장.
한자+이두. 조선 필사 이두 자료. 경북 경주시 소정리 경주 이씨 소장. 한국학중
앙연구원 장서각 한국고문서자료관 홈페이지 원문 이미지 보기. 한국정신문화연
구원 편(2002) 참고>

1874-12-20. **호 귀산 토지매매명문**(戶貴山土地賣買明文), 전주 자필 호 점녀(田主自筆
戶占女). <1장. 한자+이두. 조선 필사 이두 자료. 강원도 원주시 이정동 소장.
한국학자료센터 강원권역센터 홈페이지 원문 이미지와 텍스트 보기. 최승희
(1989), 전경목(2010, 2014), 박준호(2016) 참고>

1874-12-21. **김 비 용녀 토지매매명문**(金婢龍女土地賣買明文), 전주 김후손(田主金後
孫). <1장. 한자+이두. 조선 필사 이두 자료. 경북 봉화군 명호면 도천리 안동
김씨 해헌 고택 구장. 한국국학진흥원 소장. 한국학자료센터 영남권역센터 홈페
이지 원문 이미지와 텍스트 보기. 박병호(1974ㄱ), 최승희(1989), 이재수(2003),
이수건 외(2004) 참고>

---

[494] 호남권 한국학자료센터 홈페이지에서는 '1874년 고의중(高宜中) 방매 토지매매명문(土地賣買明文)'으로 표시하였다.

[495] 한국학중앙연구원 장서각 한국고문서자료관 홈페이지에서는 '187년 **김**학산공소(金鶴山公所) 토지매매명문(土地賣買明文)'으로 잘못 적었다.

1874-12-21. **유학 김태순 토지매매명문**(幼學金泰淳土地賣買明文) 2, 답주 김기보(畓主金基甫). <1장. 한자+이두. 조선 필사 이두 자료. 광주광역시 광산구 김해 김씨 소장. 호남권 한국학자료센터 홈페이지 원문 이미지와 텍스트 보기. 김재문(1986), 이재수(2003) 참고>

1874-12-23. **유학 김태순 토지매매명문**(幼學金泰淳土地賣買明文) 3, 답주 유학 김달홍(畓主幼學金達弘). <1장. 한자+이두. 조선 필사 이두 자료. 광주광역시 광산구 김해 김씨 소장. 호남권 한국학자료센터 홈페이지 원문 이미지와 텍스트 보기. 김재문(1986), 이재수(2003) 참고>

1874-12-26. **유학 김문숙 토지매매명문**(幼學金文淑土地賣買明文), 답주 재직 윤영만(畓主齋直尹永萬). <1장. 한자+이두. 조선 필사 이두 자료. 전남 보성군 박실 제주 양씨가 구장. 원광대학교 박물관 소장. 호남권 한국학자료센터 홈페이지 원문 이미지와 텍스트 보기. 박병호(1974ㄱ), 최승희(1989), 이재수(2003) 참고>

1874-12-27. **강순석 토지매매명문**(姜順石土地賣買明文), 답주 전만복(畓主全萬福). <1장. 한자+이두. 조선 필사 이두 자료. 일본 경도대학 가와이문고 소장. 고려대학교 해외한국학자료센터 홈페이지 원문 이미지 보기>

1874-12-27. **안 노 영복 토지매매명문**(安奴永卜土地賣買明文), 답주 한량 김금소회(畓主閑良金今所回). <1장. 한자+이두. 조선 필사 이두 자료. 전남 보성군 박실 제주 양씨가 구장. 원광대학교 박물관 소장. 호남권 한국학자료센터 홈페이지 원문 이미지와 텍스트 보기. 박병호(1974ㄱ), 최승희(1989), 이재수(2003) 참고>

1874-12-28. **유학 김태순 시장·토지매매명문**(幼學金泰淳柴場土地賣買明文), 시장여 전주 유학 최석행(柴場與田主幼學崔石行). <1장. 한자+이두. 조선 필사 이두 자료. 광주광역시 광산구 김해 김씨 소장. 호남권 한국학자료센터 홈페이지 원문 이미지와 텍스트 보기. 김재문(1986), 이재수(2003) 참고>

1874-12-28. **이 생원 토지매매명문**(李生員土地賣買明文), 전주 정윤성(田主鄭允性). <1장. 한자+이두. 조선 필사 이두 자료. 경북 안동시 주촌 진성 이씨 경류정 구장. 서울역사박물관 소장. 한국학중앙연구원 장서각 한국고문서자료관 홈페이지 & 한국학중앙연구원 한국학 디지털 아카이브 홈페이지 원문 이미지와 텍스트 보기. 한국정신문화연구원 편(1999) 참고>

1874-12-28. **토지매매명문**(土地賣買明文),⁴⁹⁶ 답주 자필 유학 양신묵(畓主自筆幼學梁信默). <1장. 한자+이두. 조선 필사 이두 자료. 전남 보성군 박실 제주 양씨가 구장. 원광대학교 박물관 소장. 호남권 한국학자료센터 홈페이지 원문 이미지와 텍스트 보기. 박병호(1974ㄱ), 최승희(1989), 이재수(2003) 참고>

1874-12-00. **김제신 등 상서**(金濟信等上書), 김제신 등. <1장. 한자+이두. 조선 필사 이두 자료. 경북 안동시 오천 광산 김씨 후조당 소장. 한국학중앙연구원 장서각 한국고문서자료관 홈페이지 원문 이미지와 텍스트 보기. 한국정신문화연구원 편(1982) 참고>

1874-12-00. **화민 신굉규 소지**(化民辛宖珪所志) 1, 신굉규. <1장. 한자+이두. 조선 필사 이두 자료. 영광 입석 영월 신씨 소장. 한국학중앙연구원 장서각 한국고문서자료관 홈페이지 원문 이미지와 텍스트 보기. 한국정신문화연구원 편(1996) 참고>

1874-12-00. **화민 신굉규 소지**(化民辛宖珪所志) 2, 신굉규. <1장. 한자+이두. 조선 필사 이두 자료. 영광 입석 영월 신씨 소장. 한국학중앙연구원 장서각 한국고문서자료관 홈페이지 원문 이미지와 텍스트 보기. 한국정신문화연구원 편(1996) 참고>

1874-12-00. **화민 이현발·이상행·이수영 등 소지**(化民李鉉發李相行李秀榮等所志)⁴⁹⁷ 1, 이현발·이상행·이수영 등. <1장. 한자+이두. 조선 필사 이두 자료. 경북 영해 인량 재령 이씨 충효당 구장. 한국국학진흥원 소장. 한국학중앙연구원 장서각 한국고문서자료관 홈페이지 원문 이미지 보기. 한국정신문화연구원 편(1997) 참고>

1874-12-00. **화민 이현발·이상행·이수영 등 소지**(化民李鉉發李相行李秀榮等所志)⁴⁹⁸

---

496 호남권 한국학자료센터 홈페이지에서는 '1874년 양신묵(梁信默) 방매(放賣) 토지매매명문(土地賣買明文)'으로 표시하였다.

497 한국학중앙연구원 장서각 한국고문서자료관 홈페이지에서는 '1874년 이상행(李相行) 이수영(李秀榮) 등 소지(所志)'로 표시하였다.

498 한국학중앙연구원 장서각 한국고문서자료관 홈페이지에서는 '1874년 이상행(李相行) 이수영(李秀榮) 등 소지(所志)'로 표시하였다.

2, 이현발·이상행·이수영 등. <1장. 한자+이두. 조선 필사 이두 자료. 경북 영해 인량 재령 이씨 충효당 구장. 한국국학진흥원 소장. 한국학중앙연구원 장서각 한국고문서자료관 홈페이지 원문 이미지 보기. 한국정신문화연구원 편(1997) 참고>

1874-00-00. 「경성 함경도각읍사록(鏡城 咸鏡道各邑事錄)」, 조병세(趙秉世) 편(編). <1책. 26장. 필사본. 한자+이두. 조선 필사 이두 자료. 서울대학교 규장각 한국학연구원 홈페이지 '奎27553'의 원문 이미지 보기> <영인본: 「각사등록」 46(함경도편 5)(국사편찬위원회 편, 1990) 영인>

1874-00-00. 「경원 함경도각읍사록(鏡源 咸鏡道各邑事錄)」, 조병세(趙秉世) 편(編). <1책. 10장. 필사본. 한자+이두. 조선 필사 이두 자료. 서울대학교 규장각 한국학연구원 홈페이지 '奎27548'의 원문 이미지 보기. 「각사등록」 46(함경도편 5)(국사편찬위원회 편, 1990)>

1874-00-00. 「경흥 홍원이북수사록(慶興 洪原以北隨事錄)」, 경흥군(慶興郡) 편(編). <1책. 14장. 필사본. 한자+이두. 조선 필사 이두 자료. 서울대학교 규장각 한국학연구원 홈페이지 '奎27545'의 원문 이미지 보기> <영인본: 「각사등록」 43(함경도편 2)(국사편찬위원회 편, 1990)>

1874-00-00. 「덕원 함경도각읍사록(德源 咸鏡道各邑事錄)[499]」, 조병세(趙秉世) 편(編). <1책. 26장. 필사본. 한자+이두. 조선 필사 이두 자료. 서울대학교 규장각 한국학연구원 홈페이지 '奎27552'의 원문 이미지 보기> <영인본: 「각사등록」 46(함경도편 5)(국사편찬위원회 편, 1990)>

1874-00-00. 「무산 함경도각읍사록(茂山 咸鏡道各邑事錄)」, 조병세(趙秉世) 편(編). <1책. 17장. 필사본. 한자+이두. 조선 필사 이두 자료. 서울대학교 규장각 한국학연구원 홈페이지 '奎27546'의 원문 이미지 보기> <영인본: 「각사등록」 46(함경도편 5)(국사편찬위원회 편, 1990)>

1874-00-00. 「선원보략수정의궤(璿源譜略修正儀軌)」, 종친부(宗親府) 편. <1책. 102

---

[499] 표제는 '德源'이다. 서울대 규장각 한국학연구원 홈페이지에서는 책명을 '咸鏡道各邑事錄 함경도각읍사록'으로 표시하였다.

장. 필사본. 권수제는 '(同治十一年壬申正月 日)璿源譜略修正儀軌'. 한자+이두. 조선 필사 이두 자료. 서울대학교 규장각 한국학연구원 의궤 종합정보 홈페이지 '奎14121' 원문 이미지 보기>

1874-00-00. 「원자아기씨안 태등록(元子阿只氏安 胎謄錄)」,[500] 편자 미상. <1책. 8장. 필사본. 표제는 '■■■~■■■ 元子阿只氏藏 胎儀軌'. 권수제는 '(同治十三年六月初八日忠淸道結城縣項面卯山甲坐庚向地)元子阿只氏安 胎謄錄'. 한자+이두. 조선 필사 이두 자료. 서울대학교 규장각 한국학연구원 의궤 종합정보 홈페이지 '奎13975' 원문 이미지 보기>

1874-00-00. 「태천집(苔泉集)」, 민인백(閔仁伯, 1552년~1626년)저, 민기용(閔璣容) 간행. <초간본. 6권 2책. 활자본. 조선 이두 자료. 한국고전종합DB 홈페이지 원문 보기. 서울대학교 규장각 한국학연구원, 국립중앙도서관, 고려대학교 도서관, 연세대학교 도서관 소장>

1875년

<을해(乙亥), 고종 12년, 광서(光緖) 1년. 명치 8년>

1875-01-01~1875-12-00. 「결속색등록(結束色謄錄)」 90, 병조(兵曹) 편(編). <1책(90/낙질본 107책). 140장. 필사본. 한자+이두. 조선 필사 이두 자료. 서울대학교 규장각 한국학연구원 홈페이지 1787년~1891년 낙질본 107책[501] 원문 이미지 보기>

1875-01-01~1906-12-30(을해~광무 10년).[502] 「춘방일기(春坊日記)」, 이왕직 실록편찬회(李王職實錄編纂會). <51책. 필사본. 한자+이두.[503] 조선 필사 이두 자료. 한국

---

500 서울대학교 규장각 한국학연구원 의궤 종합정보 홈페이지에서는 서명을 권수제와는 달리 '원자아기씨장태의궤(元子阿只氏藏胎儀軌)'로 적었다.

501 1792년(건륭 57년), 1811년(가경 16년) 하, 1816년(가경 21년), 1817년(가경 22년), 1824년(도광 4년), 1831년(도광 11년), 1871년(동치 10년) 없음.

502 한국학중앙연구원 한국학 디지털 아카이브 홈페이지에서는 간행년을 '1930년'으로 잘못 적었다.

503 한국학중앙연구원 한국학 디지털 아카이브 홈페이지 '서지'의 '언어'에서는 '한문'으로 잘못 적

학중앙연구원 장서각 소장. 한국학중앙연구원 한국학 디지털 아카이브 홈페이지 원문 이미지와 텍스트 보기>

1875-01-15. **토지매매명문**(土地賣買明文),[504] 답주 자필 유학 최창두(畓主自筆幼學崔昌斗). <1장. 한자+이두. 조선 필사 이두 자료. 전북 임실군 지사 협계태 씨가 소장. 호남권 한국학자료센터 홈페이지 원문 이미지와 텍스트 보기. 김재문(1986), 이재수(2003), 채현경(2011) 참고>

1875-01-22. **응덕 가사매매명문**(應德家舍賣買明文), 가사주 김문손(家舍主金紋孫). <1장. 한자+이두. 조선 필사 이두 자료. 상주 연안 이씨 이만부 종가 소장. 한국학중앙연구원 장서각 한국고문서자료관 홈페이지 원문 이미지 보기>

1875-01-24. **유학 토지매매명문**(幼學土地賣買明文),[505] 답주 자필 유학 최태륜(畓主自筆幼學崔泰崙). <1장. 한자+이두. 조선 필사 이두 자료. 광주광역시 광산구 김해 김씨 소장. 호남권 한국학자료센터 홈페이지 원문 이미지와 텍스트 보기. 이재수(2003), 이수건 외(2004) 참고>

1875-01-28. **유학 토지매매명문**(幼學土地賣買明文),[506] 답주 김달서(畓主金達西). <1장. 한자+이두. 조선 필사 이두 자료. 광주광역시 광산구 김해 김씨 소장. 호남권 한국학자료센터 홈페이지 원문 이미지와 텍스트 보기. 김재문(1986), 이재수(2003) 참고>

1875-01-00. **상하계중 토지매매명문**(上下稧中土地賣買明文), 답주 유학 윤주현(畓主幼學尹柱賢). <1장. 한자+이두. 조선 필사 이두 자료. 전남 해남 연동 해남 윤씨 녹우당 소장. 한국학중앙연구원 장서각 한국고문서자료관 홈페이지 & 한국학중앙연구원 한국학 디지털 아카이브 홈페이지 원문 이미지와 텍스트 보기. 한국정

었다.

[504] 호남권 한국학자료센터 홈페이지에서는 '1875년 최창중(崔昌中) 토지매매명문(土地賣買明文)'으로 표시하였다.

[505] 호남권 한국학자료센터 홈페이지에서는 '1875년 최태륜(崔泰崙) 방매(放賣) 토지매매명문(土地賣買明文)'으로 표시하였다.

[506] 호남권 한국학자료센터 홈페이지에서는 '1875년 김달서(金達西) 방매(放賣) 토지매매명문(土地賣買明文)'으로 표시하였다.

신문화연구원 편(1986) 참고>

1875-01-00. **이기하 상서**(李紀夏上書), 이기하. <1장. 한자+이두. 조선 필사 이두 자료. 경북 경주시 안강읍 옥산리 여주 이씨 장산서원·치암 종택 구장. 한국학중앙연구원 장서각 한국고문서자료관 홈페이지 원문 이미지 보기. 한국정신문화연구원 편(2003) 참고>

1875-01-00~1875-12-00(乙亥). 「추조결옥록(**秋曹決獄錄**)」 28, 형조(刑曹) 편(編). <1책(28/낙질본 43책). 36장. 필사본. 한자+이두. 조선 필사 이두 자료. 서울대학교 규장각 한국학연구원 홈페이지 원문 이미지 보기> <1822-01-00~1822-12-00(1/43)>

1875-02-03. 「검안(**檢案**)」, 목천현(木川縣) 편(篇). <1책. 43장. 필사본. 한자+이두. 이두 자료. 서울대학교 규장각 한국학연구원 홈페이지 원문 이미지 보기>

1875-02-06. **토지매매명문**(土地賣買明文),[507] 답주 황문금(畓主黃文金). <1장. 한자+이두. 조선 필사 이두 자료. 전북 임실군 지사 협계태 씨가 소장. 호남권 한국학자료센터 홈페이지 원문 이미지와 텍스트 보기. 박병호(1974ㄱ), 최승희(1989), 이재수(2003) 참고>

1875-02-07. **토지매매명문**(土地賣買明文),[508] 답주 동몽 이지성(畓主童蒙李志誠). <1장. 한자+이두. 조선 필사 이두 자료. 전북대학교 박물관 소장. 호남권 한국학자료센터 홈페이지 원문 이미지와 텍스트 보기. 최승희(1989), 정구복 외(1999), 이재수(2003) 참고>

1875-02-09. **유학 임창상 토지매매명문**(幼學林昌相土地賣買明文), 답주 유학 유병훈(畓主幼學柳秉薰). <1장. 한자+이두. 조선 필사 이두 자료. 전남 나주시 남내 밀양 박씨 청재 종가 소장. 호남권 한국학자료센터 홈페이지 원문 이미지와 텍스트 보기. 이재수(2003) 참고>

1875-02-16. **토지매매명문**(土地賣買明文),[509] 전주 박원석(田主朴元石). <1장. 한자+

---

[507] 호남권 한국학자료센터 홈페이지에서는 '1875년 황문금(黃文金) 방매(放賣) 토지매매명문(土地賣買明文)'으로 표시하였다.

[508] 호남권 한국학자료센터 홈페이지에서는 '1875년 이지성(李志誠) 방매 토지매매명문(土地賣買明文)'으로 표시하였다.

이두. 조선 필사 이두 자료. 전남 순천 월등 목천 장씨가 구장. 전북대학교 박물관 소장. 호남권 한국학자료센터 홈페이지 원문 이미지와 텍스트 보기. 최승희(1989), 정구복 외(1999), 이재수(2003) 참고>

1875-02-27. **유학 제상표 토지매매명문**(幼學諸尙杓土地賣買明文),[510] 진주 유학 박기환(田主幼學朴基煥). <1장. 한자+이두. 조선 필사 이두 자료. 전남 보성군 박실 제주 양씨가 구장. 원광대학교 박물관 소장. 호남권 한국학자료센터 홈페이지 원문 이미지와 텍스트 보기. 김건우(2008), 정수환·이헌창(2008), 채현경(2011ㄱ, 2011ㄴ) 참고>

1875-02-29. **시장문기**(柴場文記),[511] 시장주 윤도윤(柴場主尹道允). <1장. 한자+이두. 조선 필사 이두 자료. 전북대학교 박물관 소장. 호남권 한국학자료센터 홈페이지 원문 이미지와 텍스트 보기. 최승희(1989), 정구복 외(1999), 이재수(2003) 참고>

1875-02-29. **토지매매명문**(土地賣買明文), 답주 이 판서 댁 노 유득(畓主李判書宅奴有得). <1장. 한자+이두. 조선 필사 이두 자료. 일본 경도대학 가와이문고 소장. 고려대학교 해외한국학자료센터 홈페이지 원문 이미지 보기>

1875-02-00. **권경하 등 소지**(權經夏等所志) 1, 권경하 등. <1장. 한자+이두. 조선 필사 이두 자료. 경북 예천군 용문면 대제리 원동 권씨 춘우재 고택 구장. 한국국학진흥원 소장. 한국학자료센터 영남권역센터 홈페이지 원문 이미지와 텍스트 보기>

1875-02-00. **권경하 등 소지**(權經夏等所志) 2, 권경하 등. <1장. 한자+이두. 조선 필사 이두 자료. 경북 예천군 용문면 대제리 원동 권씨 춘우재 고택 구장. 한국국학진흥원 소장. 한국학자료센터 영남권역센터 홈페이지 원문 이미지와 텍스트 보기>

---

[509] 호남권 한국학자료센터 홈페이지에서는 '1875년 박원석(朴元石) 방매(放賣) 토지매매명문(土地賣買明文)'으로 표시하였다.

[510] 호남권 한국학자료센터 홈페이지에서는 '1875년 박상표(朴尙杓) 토지매매명문(土地賣買明文)'으로 표시하였다. 작성 시기는 '5월'로 잘못 적었다.

[511] 호남권 한국학자료센터 홈페이지에서는 '1875년 윤도윤(尹道允) 방매 시장문기(柴場文記)'로 표시하였다.

1875-02-00. **김내우 소지**(金來禹所志) 1, 김내우. <1장. 한자+이두. 조선 필사 이두 자료. 대전·청양 안동 김씨 삼당 후손가 소장. 한국학중앙연구원 장서각 한국고문서자료관 홈페이지 원문 이미지 보기. 한국정신문화연구원 편(2003) 참고>

1875-02-00. **김내우 의송**(金來禹議送), 김내우. <1장. 한자+이두. 조선 필사 이두 자료. 대전·청양 안동 김씨 삼당 후손가 소장. 한국학중앙연구원 장서각 한국고문서자료관 홈페이지 원문 이미지 보기. 한국정신문화연구원 편(2003) 참고>

1875-02-00. **김병헌 소지**(金炳憲所志), 김병헌. <1장. 한자+이두. 조선 필사 이두 자료. 전북 부안군 우반 부안 김씨 세덕각 소장. 한국학중앙연구원 장서각 한국고문서자료관 홈페이지 & 호남권 한국학자료센터 홈페이지 원문 이미지와 텍스트 보기. 박병호(1974ㄱ), 한국정신문화연구원 편(1983, 1998), 최승희(1989), 김현영(1999), 전경목(2001), 정구복(2002), 한국학중앙연구원 편(2017) 참고>

1875-02-00. **김조연 소지**(金肇演所志), 김조연. <1장. 한자+이두. 조선 필사 이두 자료. 대전·청양 안동 김씨 삼당 후손가 소장. 한국학중앙연구원 장서각 한국고문서자료관 홈페이지 원문 이미지 보기. 한국정신문화연구원 편(2003) 참고>

1875-02-00. **김조연 의송**(金肇演議送), 김조연. <1장. 한자+이두. 조선 필사 이두 자료. 대전·청양 안동 김씨 삼당 후손가 소장. 한국학중앙연구원 장서각 한국고문서자료관 홈페이지 원문 이미지 보기. 한국정신문화연구원 편(2003) 참고>

1875-02-00. **노 복자 배지**(奴福者牌旨), 상전 유(上典柳). <1장. 한자+이두. 조선 필사 이두 자료. 안산 부곡 진주 류씨 경성당 소장. 한국학중앙연구원 장서각 한국고문서자료관 홈페이지 원문 이미지 보기. 한국정신문화연구원 편(2002) 참고>

1875-02-00. **유학 권경하 등 의송**(幼學權經夏等議送) 1, 권경하 등. <1장. 한자+이두. 조선 필사 이두 자료. 경북 예천군 용문면 대제리 원동 권씨 춘우재 고택 구장. 한국국학진흥원 소장. 한국학자료센터 영남권역센터 홈페이지 원문 이미지와 텍스트 보기>

1875-02-00. **족제 이인한 산지매매명문**(族弟李寅漢山地賣買明文), 산주 이인철(山主李寅哲). <1장. 한자+이두. 조선 필사 이두 자료. 경북 고령군 대가야읍 본관1리 홍와 고택 구장. 한국국학진흥원 소장. 한국학자료센터 영남권역센터 홈페이지 원문 이미지와 텍스트 보기. 김성갑(2013) 참고>

1875-02-00. **최관구·최병한·최병하 상서**(崔冠九崔柄翰崔炳夏上書) 1, 최관구·최병한·최병하. <1장. 한자+이두. 조선 필사 이두 자료. 남원·구례 삭녕 최씨 구장. 한국학중앙연구원 장서각 한국고문서자료관 홈페이지 원문 이미지 보기. 한국정신문화연구원 편(2004) 참고>

1875-02-00. **최관구·최병한·최병하 상서**(崔冠九崔柄翰崔炳夏上書) 2, 최관구·최병한·최병하. <1장. 한자+이두. 조선 필사 이두 자료. 남원·구례 삭녕 최씨 구장. 한국학중앙연구원 장서각 한국고문서자료관 홈페이지 원문 이미지 보기. 한국정신문화연구원 편(2004) 참고>

1875-03-03. **토지매매명문**(土地賣買明文),[512] 답주 윤덕승(畓主尹德承). <1장. 한자+이두. 조선 필사 이두 자료. 전북대학교 박물관 소장. 호남권 한국학자료센터 홈페이지 원문 이미지와 텍스트 보기. 최승희(1989), 정구복 외(1999), 이재수(2003) 참고>

1875-03-05. **토지매매명문**(土地賣買明文),[513] 전주 자필 유학 박해풍(田主自筆幼學朴海豊). <1장. 한자+이두. 조선 필사 이두 자료. 전북대학교 박물관 소장. 호남권 한국학자료센터 홈페이지 원문 이미지와 텍스트 보기. 최승희(1989), 정구복 외(1999), 이재수(2003) 참고>

1875-03-17. **강씨 문중 표문**(姜氏門中標文),[514] 표주 송치중(標主宋致重). <1장. 한자+이두. 조선 필사 이두 자료. 제주 어도내산 진주 강씨가 구장. 제주 한림 강우석 소장. 호남권 한국학자료센터 홈페이지 원문 이미지와 텍스트 보기. 최승희(1989) 참고>

1875-03-20. **신 생원 댁 수표**(辛生員宅手標),[515] 표주 자필 유학 이익재·이기동(標主自

---

512 호남권 한국학자료센터 홈페이지에서는 '1875년 윤덕승(尹德承) 방매 토지매매명문(土地賣買明文)'으로 표시하였다.
513 호남권 한국학자료센터 홈페이지에서는 '1875년 박해풍(朴海風) 방매 토지매매명문(土地賣買明文)'으로 잘못 표시하였다.
514 호남권 한국학자료센터 홈페이지에서는 '1875년 송치중(宋致重) 표문(標文)'으로 표시하였다.
515 한국학중앙연구원 장서각 한국고문서자료관 홈페이지에서는 '1875년 유학(幼學) 이기동(李起東), 이익재(李益宰) 수기(手記)'로 표시하였다.

筆幼學李益宰李起束). <1장. 한자+이두. 조선 필사 이두 자료. 영광 입석 영월 신씨 소장. 한국학중앙연구원 장서각 한국고문서자료관 홈페이지 원문 이미지와 텍스트 보기. 한국정신문화연구원 편(1996) 참고>

1875-03-21. **경기관찰사 감결**(京畿觀察使甘結), 경기 감영(京畿監營). <1장. 한자+이두. 조선 인쇄 이두 자료. 목판으로 인쇄한 서식 종이에 이름, 날짜 등을 묵서로 기입한 자료. '爲去乎', '良中' 등의 이두가 인쇄되어 있다. 일본 경도대학 가와이문고 소장. 고려대학교 해외한국학자료센터 홈페이지 원문 이미지 보기>

1875-03-21. **청안 댁 토지매매명문**(淸安宅土地賣買明文), 전주 김학이(田主金學伊). <1장. 한자+이두. 조선 필사 이두 자료. 경북 안동시 도산면 의촌리 은졸재 고택 구장. 한국국학진흥원 소장. 한국학자료센터 영남권역센터 홈페이지 원문 이미지와 텍스트 보기>

1875-03-21. **형조 유배 죄인 호송첩**(刑曹流配罪人護送帖), 형조(刑曹). <1장. 한자+이두. 일본 경도대학 가와이문고 소장. 고려대학교 해외한국학자료센터 홈페이지 원문 이미지 보기>

1875-03-24. **강 댁 문중 표문**(姜宅門中表文),[516] 표주 양치훈(表主梁致勳). <1장. 한자+이두. 조선 필사 이두 자료. 제주 어도내산 진주 강씨가 구장. 제주 한림 강우석 소장. 호남권 한국학자료센터 홈페이지 원문 이미지와 텍스트 보기. 최승희(1989), 전경목(1997), 김경숙(2012) 참고>

1875-03-26. **한장섭 토지매매명문**(韓章燮土地賣買明文), 답주 자필 유학 강준영(畓主自筆幼學姜俊永). <1장. 한자+이두. 조선 필사 이두 자료. 전북 무장 원송 진주 강씨가 구장. 전북대학교 박물관 소장. 호남권 한국학자료센터 홈페이지 원문 이미지와 텍스트 보기. 박병호(1974ㄱ), 최승희(1989), 이재수(2003), 이정수·김희호(2011) 참고>

1875-03-27. **경기도 시흥 현령 관**(京畿道始興縣令關), 시흥현령. <1장. 한자+이두. 조선 필사 이두 자료. 일본 경도대학 가와이문고 소장. 고려대학교 해외한국학자료센터 홈페이지 원문 이미지 보기>

---

[516] 호남권 한국학자료센터 홈페이지에서는 '1875년 양치훈(梁致勳) 표문(表文)'으로 표시하였다.

1875-03-00. **이요수 소지**(李堯壽所志), 이요수. <1장. 한자+이두. 조선 필사 이두 자료. 경북 경주시 안강읍 옥산리 여주 이씨 독락당 소장. 한국학중앙연구원 장서각 한국고문서자료관 홈페이지 원문 이미지 보기. 한국정신문화연구원 편(2003) 참고>

1875-04-07. **조사룡 산지매매명문**(趙泗龍山地賣買明文) 1, 산주 유학 이경규(山主幼學李敬奎). <1장. 한자+이두. 조선 필사 이두 자료. 경북 고령군 대가야읍 본관1리 홍와 고택 구장. 한국국학진흥원 소장. 한국학자료센터 영남권역센터 홈페이지 원문 이미지와 텍스트 보기. 김성갑(2013) 참고>

1875-04-13. **토지매매명문**(土地賣買明文), 자필 전주 이 노 명월(自筆田主李奴明月). <1장. 한자+이두. 조선 필사 이두 자료. 경북 경주시 소정리 경주 이씨 소장. 한국학중앙연구원 장서각 한국고문서자료관 홈페이지 원문 이미지 보기. 한국정신문화연구원 편(2002) 참고>

1875-04-27. **가사매매명문**(家舍賣買明文), 대전주 자필 안설언(垈田主自筆安雪彦). <1장. 한자+이두. 조선 필사 이두 자료. 상주 연안 이씨 이만부 종가 소장. 한국학중앙연구원 장서각 한국고문서자료관 홈페이지 원문 이미지 보기>

1875-04-00. **박인환 소지**(朴寅煥所志) 1, 박인환. <1장. 한자+이두. 조선 필사 이두 자료. 전북 임실군 청웅 밀양 박씨가 소장. 호남권 한국학자료센터 홈페이지 원문 이미지와 텍스트 보기. 박병호(1974ㄱ), 최승희(1989), 김경숙(2002), 전경목 외(2006) 참고>

1875-04-00. **양주영 등 단자**(梁柱永等單子), 양주영 등. <1장. 한자+이두. 조선 필사 이두 자료. 전남 화순 능주 제주 양씨가 구장. 광주광역시 이정옥 소장. 호남권 한국학자료센터 홈페이지 원문 이미지와 텍스트 보기. 최승희(2003) 참고>

1875-04-00. **최관구·최병한·최병하 소지**(崔冠九崔柄翰崔炳夏所志), 최관구·최병한·최병하. <1장. 한자+이두. 조선 필사 이두 자료. 남원·구례 삭녕 최씨 구장. 한국학중앙연구원 장서각 한국고문서자료관 홈페이지 원문 이미지 보기. 한국정신문화연구원 편(2004) 참고>

1875-05-10. **정 생원 댁 노 응덕 가사매매명문**(鄭生員宅奴應德家舍賣買明文), 가사주 박여장(家舍主朴汝章). <1장. 한자+이두. 조선 필사 이두 자료. 상주 연안 이씨

이만부 종가 소장. 한국학중앙연구원 장서각 한국고문서자료관 홈페이지 원문 이미지 보기>

1875-05-11. **정 댁 노 응덕 가사매매명문**(鄭宅奴應德家舍賣買明文), ■…■. <1장. 한자+이두. 조선 필사 이두 자료. 상주 연안 이씨 이만부 종가 소장. 한국학중앙연구원 장서각 한국고문서자료관 홈페이지 원문 이미지 보기>

1875-05-12. **허응덕 가사매매명문**(許應德家舍賣買明文), 가사주 박용범(家舍主朴用範). <1장. 한자+이두. 조선 필사 이두 자료. 상주 연안 이씨 이만부 종가 소장. 한국학중앙연구원 장서각 한국고문서자료관 홈페이지 원문 이미지 보기>

1875-05-16. **김치경 등 수기**(金致敬等手記), 김치경 등. <1장. 한자+이두. 조선 필사 이두 자료. 상주 연안 이씨 이만부 종가 소장. 한국학중앙연구원 장서각 한국고문서자료관 홈페이지 원문 이미지 보기>

1875-05-21. **토지매매명문**(土地賣買明文), 답주 이 노 복열(畓主李奴卜烈). <1장. 한자+이두. 조선 필사 이두 자료. 경북 경주시 소정리 경주 이씨 소장. 한국학중앙연구원 장서각 한국고문서자료관 홈페이지 원문 이미지 보기. 한국정신문화연구원 편(2002) 참고>

1875-05-23. **이 생원 댁 완의**(李生員宅完議),[517] 산주 이현오(山主李鉉伍). <1장. 한자+이두. 조선 필사 이두 자료. 경북 영해 인량 재령 이씨 충효당 구장. 한국국학진흥원 소장. 한국학중앙연구원 장서각 한국고문서자료관 홈페이지 원문 이미지 보기. 한국정신문화연구원 편(1997) 참고>

1875-05-00. **권경하 등 소지**(權經夏等所志) 3, 권경하 등. <1장. 한자+이두. 조선 필사 이두 자료. 경북 예천군 용문면 대제리 원동 권씨 춘우재 고택 구장. 한국국학진흥원 소장. 한국학자료센터 영남권역센터 홈페이지 원문 이미지와 텍스트 보기>

1875-05-00. **김준영 등 등장**(金俊英等等狀), 김준영 등. <1장. 한자+이두. 조선 필사 이두 자료. 경북 경주시 소정리 경주 이씨 소장. 한국학중앙연구원 장서각 한국고

---

[517] 한국학중앙연구원 장서각 한국고문서자료관 홈페이지에서는 '1875년 이현오(李鉉伍) 완의(完議)'로 표시하였다.

문서자료관 홈페이지 원문 이미지 보기. 한국정신문화연구원 편(2002) 참고>

1875-05-00. **노응호 등 등장**(盧應浩等等狀) 1, 노응호 등. <1장. 한자+이두. 조선 필사 이두 자료. 경북 경주시 소정리 경주 이씨 소장. 한국학중앙연구원 장서각 한국고문서자료관 홈페이지 원문 이미지 보기. 한국정신문화연구원 편(2002) 참고>

1875-05-00. **양권영 등 첩정**(梁權永等牒呈), 양권영 등. <1장. 한자+이두. 조선 필사 이두 자료. 전남 화순 능주 제주 양씨가 구장. 광주광역시 이정옥 소장. 호남권 한국학자료센터 홈페이지 원문 이미지와 텍스트 보기. 최승희(2003) 참고>

1875-05-00. **유학 권경하 등 의송**(幼學權經夏等議送) 2, 권경하 등. <1장. 한자+이두. 조선 필사 이두 자료. 경북 예천군 용문면 대제리 원동 권씨 춘우재 고택 구장. 한국국학진흥원 소장. 한국학자료센터 영남권역센터 홈페이지 원문 이미지와 텍스트 보기>

1875-05-00. **이 노 금철 소지**(李奴今哲所志) 1, 금철. <1장. 한자+이두. 조선 필사 이두 자료. 경북 고령군 대가야읍 본관 1리 홍와 고택 구장. 한국국학진흥원 소장. 한국학자료센터 영남권역센터 홈페이지 원문 이미지와 텍스트 보기. 김성갑(2013) 참고>

1875-05-00. **이 노 금철 소지**(李奴今哲所志) 2, 금철. <1장. 한자+이두. 조선 필사 이두 자료. 경북 고령군 대가야읍 본관 1리 홍와 고택 구장. 한국국학진흥원 소장. 한국학자료센터 영남권역센터 홈페이지 원문 이미지와 텍스트 보기. 김성갑(2013) 참고>

1875-06-27. **허응득 토지매매명문**(許應得土地賣買明文), 대전주 김중간(代田主金中澗). <1장. 일부 내용 결락. 상주 연안 이씨 식산 이만부 종가 소장. 한국학중앙연구원 한국고문서자료관 홈페이지 원문 이미지 보기>

1875-06-00. **노응호 등 등장**(盧應浩等等狀) 2, 노응호 등. <1장. 한자+이두. 조선 필사 이두 자료. 경북 경주시 소정리 경주 이씨 소장. 한국학중앙연구원 장서각 한국고문서자료관 홈페이지 원문 이미지 보기. 한국정신문화연구원 편(2002) 참고>

1875-06-00. **이 노 금철 소지**(李奴今哲所志) 3, 금철. <1장. 한자+이두. 조선 필사

이두 자료. 경북 고령군 대가야읍 본관 1리 홍와 고택 구장. 한국국학진흥원 소장. 한국학자료센터 영남권역센터 홈페이지 원문 이미지와 텍스트 보기. 김성갑(2013) 참고>

1875-07-01. **하낙도 수기**(河洛圖手記), 하낙도. <1장. 한자+이두. 조선 필사 이두 자료. 경남 진주시 운문 진양 하씨 소장. 한국학중앙연구원 장서각 한국고문서자료관 홈페이지 원문 이미지 보기. 한국정신문화연구원 편(2001) 참고>

1875-07-12. **토지매매명문**(土地賣買明文),[518] 답주 전 씨(畓主全氏). <1장. 한자+이두. 조선 필사 이두 자료. 전남 나주시 남내 밀양 박씨 청재 종가 소장. 호남권 한국학자료센터 홈페이지 원문 이미지와 텍스트 보기. 김태영(1983), 고창석(1996), 이재수(2003) 참고>

1875-07-13. **권귀공 토지매매명문**(權貴公土地賣買明文), 답주 신순철(畓主申順喆). <1장. 한자+이두. 조선 필사 이두 자료. 경북 안동시 주촌 진성 이씨 경류정 소장. 한국학중앙연구원 장서각 한국고문서자료관 홈페이지 원문 이미지와 텍스트 보기. 한국정신문화연구원 편(1999) 참고>

1875-07-22. **박숭목 상서**(朴崇穆上書) 1, 박숭목. <1장. 한자+이두. 조선 필사 이두 자료. 경남 밀양 신호 밀성 박씨·덕남서원 소장. 한국학중앙연구원 장서각 한국고문서자료관 홈페이지 원문 이미지 보기. 한국정신문화연구원 편(2004) 참고>

1875-07-31. **김종인 수표**(金宗仁手標), 김종인. <1장. 한자+이두. 조선 필사 이두 자료. 경북 영해 인량 재령 이씨 충효당 구장. 한국국학진흥원 소장. 한국학중앙연구원 장서각 한국고문서자료관 홈페이지 원문 이미지 보기. 한국학중앙연구원 편(2008) 참고>

1875-07-00. **박숭목 상서**(朴崇穆上書) 2, 박숭목. <1장. 한자+이두. 조선 필사 이두 자료. 경남 밀양 신호 밀성 박씨·덕남서원 소장. 한국학중앙연구원 장서각 한국고문서자료관 홈페이지 원문 이미지 보기. 한국정신문화연구원 편(2004) 참고>

1875-07-00. **박윤경 등 상서**(朴潤慶等上書) 1, 박윤경 등. <1장. 한자+이두. 조선

---

[518] 호남권 한국학자료센터 홈페이지에서는 '1875년 전씨(全氏) 방매(放賣) 토지매매명문(土地賣買明文)'으로 표시하였다.

필사 이두 자료. 경남 밀양 신호 밀성 박씨·덕남서원 소장. 한국학중앙연구원 장서각 한국고문서자료관 홈페이지 원문 이미지 보기. 한국정신문화연구원 편(2004) 참고>

1875-07-00. **박윤경 등 상서**(朴潤慶等上書) 2, 박윤경 등. <1장. 한자+이두. 조선 필사 이두 자료. 경남 밀양 신호 밀성 박씨·덕남서원 소장. 한국학중앙연구원 장서각 한국고문서자료관 홈페이지 원문 이미지 보기. 한국정신문화연구원 편(2004) 참고>

1875-07-00. **유선 등 소지**(柳善等所志), 유선 등. <1장. 한자+이두. 조선 필사 이두 자료. 전남 장성군 행주 기씨 금강 종가 소장. 호남권 한국학자료센터 홈페이지 원문 이미지와 텍스트 보기>

1875-07-00. **유학 권경하 등 의송**(幼學權經夏等議送) 3, 권경하 등. <1장. 한자+이두. 조선 필사 이두 자료. 경북 예천군 용문면 대제리 원동 권씨 춘우재 고택 구장. 한국국학진흥원 소장. 한국학자료센터 영남권역센터 홈페이지 원문 이미지와 텍스트 보기>

1875-07-00. **화민 이현발 등 소지**(化民李鉉發等所志), 이현발 등. <1장. 한자+이두. 조선 필사 이두 자료. 경북 영해 인량 재령 이씨 충효당 구장. 한국국학진흥원 소장. 한국학중앙연구원 장서각 한국고문서자료관 홈페이지 원문 이미지 보기. 한국정신문화연구원 편(1997) 참고>

1875-08-06. **권씨 문중 수기**(權氏門中手記), 표주 김칠근·김팔근(標主金七根金八根). <1장. 한자+이두. 조선 필사 이두 자료. 경북 예천군 용문면 대제리 원동 권씨 춘우재 고택 구장. 한국국학진흥원 소장. 한국학자료센터 영남권역센터 홈페이지 원문 이미지와 텍스트 보기>

1875-08-06. **수표**(手標), 표주 김칠근·김팔근(標主金七根金八根). <1장. 한자+이두. 조선 필사 이두 자료. 경북 예천군 용문면 대제리 원동 권씨 춘우재 고택 구장. 한국국학진흥원 소장. 한국학자료센터 영남권역센터 홈페이지 원문 이미지와 텍스트 보기>

1875-08-06. **조사롱 산지매매명문**(趙泗龍山地賣買明文) 2, 산주 황석준(山主黃席俊). <1장. 한자+이두. 조선 필사 이두 자료. 경북 고령군 대가야읍 본관 1리 홍와

고택 구장. 한국국학진흥원 소장. 한국학자료센터 영남권역센터 홈페이지 원문 이미지와 텍스트 보기. 김성갑(2013) 참고>

1875-08-16~1877-05-30(乙亥~丁丑). 「전라좌수영내관록(**全羅左水營來 關錄**)」, 의정부(議政府) 편(編). <1책. 4장. 필사본. 표제는 '全羅左水營關牒'. 내제는 '(光緒二年 九月 日)全羅左水營來 關錄'. 한자+이두. 조선 필사 이두 자료 서울대학교 규장각 한국학연구원 홈페이지 원문 이미지 보기> <영인본: 「각사등록」 20(전라도편 3)(국사편찬위원회 편, 1986)>

1875-08-00. **국치윤 상서**(鞠致允上書), 국치윤. <1장. 한자+이두. 조선 필사 이두 자료. 전북 완주군 비봉 반곡서원 소장. 호남권 한국학자료센터 홈페이지 원문 이미지와 텍스트 보기. 박병호(1974ㄱ), 최승희(1989) 참고>

1875-08-00. **김내우 소지**(金來禹所志) 2, 김내우. <1장. 한자+이두. 조선 필사 이두 자료. 대전·청양 안동 김씨 삼당 후손가 소장. 한국학중앙연구원 장서각 한국고문서자료관 홈페이지 원문 이미지 보기. 한국정신문화연구원 편(2003) 참고>

1875-09-13. **토지매매명문**(土地賣買明文),[519] 답주 자필 유학 유경환(畓主自筆幼學柳景煥). <1장. 한자+이두. 조선 필사 이두 자료. 전북 임실군 지사 협계태 씨가 소장. 호남권 한국학자료센터 홈페이지 원문 이미지와 텍스트 보기. 김재문(1986), 이재수(2003), 채현경(2011) 참고>

1875-09-21. **유학 양준묵 시장문기**(幼學梁俊默柴場文記), 시장주 유학 남정수(柴場主幼學南廷洙). <1장. 한자+이두. 조선 필사 이두 자료. 전남 화순 능주 제주 양씨가 구장. 광주광역시 이정옥 소장. 호남권 한국학자료센터 홈페이지 원문 이미지와 텍스트 보기. 최승희(2003) 참고>

1875-09-22. **양 노 토지매매명문**(梁奴土地賣買明文), 답주 강진 거 상인 박인세(畓主康津居喪人朴仁世). <1장. 한자+이두. 조선 필사 이두 자료. 전남 보성군 박실 제주 양씨가 구장. 원광대학교 박물관 소장. 호남권 한국학자료센터 홈페이지 원문 이미지와 텍스트 보기. 박병호(1974ㄱ) 참고>

---

[519] 호남권 한국학자료센터 홈페이지에서는 '1875년 유경환(柳景煥) 방매(放賣) 토지매매명문(土地賣買明文)'으로 표시하였다.

1875-09-00. **전라도관찰사 하체**(全羅道觀察使下帖), 전라도관찰사. <1장. 한자+이두. 조선 필사 이두 자료. 전남 영암군 장암 남평 문씨 문창집 소장. 한국학중앙연구원 장서각 한국고문서자료관 홈페이지 원문 이미지와 텍스트 보기. 한국정신문화연구원 편(1995) 참고>

1875-10-01~1881-02-05(乙亥~辛巳). 「종친부등록(宗親府謄錄)」 9, 종친부(宗親府) 편(編). <1책(9/전12책. 奎13007-v.1-12). 120장. 필사본. 한자+이두. 조선 필사 이두 자료. 서울대학교 규장각 한국학연구원 홈페이지 원문 이미지 보기> <1756-04-01~1759-01-15(1/12)>

1875-10-07. **안영기 토지매매명문**(安永璣土地賣買明文), 전주 족질 질노(出主足{才+疾}魯). <1장. 한자+이두. 조선 필사 이두 자료. 경북 안동시 오천 광산 김씨 후조당 소장. 한국학중앙연구원 장서각 한국고문서자료관 홈페이지 원문 이미지와 텍스트 보기. 한국정신문화연구원 편(1982) 참고>

1875-10-08. **족숙 유방 토지매매명문**(族叔柳滂土地賣買明文), 전주 유학 유원익(出主幼學柳遠翊). <1장. 한자+이두. 조선 필사 이두 자료. 안산 부곡 진주 류씨 경성당 소장. 한국학중앙연구원 장서각 한국고문서자료관 홈페이지 원문 이미지 보기. 한국정신문화연구원 편(2002) 참고>

1875-10-16. **박계량 수표**(朴啓良手標), 박계량. <1장. 한자+이두. 조선 필사 이두 자료. 전북 임실군 청웅 밀양 박씨가 소장. 호남권 한국학자료센터 홈페이지 원문 이미지와 텍스트 보기. 박병호(1974ㄱ), 최승희(1989), 김경숙(2002), 전경목 외(2006) 참고>

1875-10-27. **토지매매명문**(土地賣買明文),[520] 답주 유학 박정민(畓主幼學朴珽玟). <1장. 한자+이두. 조선 필사 이두 자료. 전북대학교 박물관 소장. 호남권 한국학자료센터 홈페이지 원문 이미지와 텍스트 보기. 최승희(1989), 정구복 외(1999), 이재수(2003) 참고>

1875-10-00. **구용규 차첩**(具龍圭差帖), 순창군(淳昌郡). <1장. 한자+이두. 조선 필사

---

[520] 호남권 한국학자료센터 홈페이지에서는 '1875년 박정민(朴珽玟) 방매 토지매매명문(土地賣買明文)'으로 표시하였다.

이두 자료. 순창 좌부 천안 전씨가 구장. 순창장류박물관 소장. 호남권 한국학자료
센터 홈페이지 원문 이미지와 텍스트 보기. 박병호(1974ㄱ), 최승희(1989), 전경목
외(2006) 참고>

1875-10-00. **김만식 소지**(金萬植所志), 김만식. <1장. 한자+이두. 조선 필사 이두
자료. 해남 노송 김해 김씨 노송사 소장. 한국학중앙연구원 장서각 한국고문서자
료관 홈페이지 & 호남권 한국학자료센터 홈페이지 원문 이미지와 텍스트 보기.
최승희(1989), 한국정신문화연구원 편(1998) 참고>

1875-10-00. **박익순 단자**(朴翼淳單子), 박익순. <1장. 한자+이두. 조선 필사 이두
자료. 부여 은산 함양 박씨 소장. 한국학중앙연구원 장서각 한국고문서자료관
홈페이지 원문 이미지 보기. 한국정신문화연구원 편(2000) 참고>

1875-10-00. **영암군수 하체**(靈巖郡守下帖), 영암군수. <1장. 한자+이두. 조선 필사
이두 자료. 전남 영암군 장암 남평 문씨 문창집 소장. 한국학중앙연구원 장서각
한국고문서자료관 홈페이지 원문 이미지와 텍스트 보기. 한국정신문화연구원
편(1995) 참고>

1875-10-00. **유도수 등 등장**(柳道秀等等狀), 유도수 등. <1장. 한자+이두. 조선 필사
이두 자료. 전북 순창 청계 문화 유씨가 소장. 호남권 한국학자료센터 홈페이지
원문 이미지와 텍스트 보기. 최승희(1989), 김경숙(2002), 심재우(2013) 참고>

1875-10-00. **유도형 등 상서**(柳道衡等上書), 유도형 등. <1장. 한자+이두. 조선 필사
이두 자료. 전북 순창 청계 문화 유씨가 소장. 호남권 한국학자료센터 홈페이지
원문 이미지와 텍스트 보기. 최승희(1989), 김경숙(2002), 심재우(2013) 참고>

1875-10-00. **유동현 등 등장**(柳同鉉等等狀), 유동현 등. <1장. 한자+이두. 조선 필사
이두 자료. 전북 순창 청계 문화 유씨가 소장. 호남권 한국학자료센터 홈페이지
원문 이미지와 텍스트 보기. 최승희(1989), 김경숙(2002), 심재우(2013) 참고>

1875-10-00. **유학 권경하 등 의송**(幼學權經夏等議送) 4, 권경하 등. <1장. 한자+이두.
조선 필사 이두 자료. 경북 예천군 용문면 대제리 원동 권씨 춘우재 고택 구장.
한국국학진흥원 소장. 한국학자료센터 영남권역센터 홈페이지 원문 이미지와
텍스트 보기>

1875-10-00. **임성호 단자**(任成鎬單子), 임성호. <1장. 한자+이두. 조선 필사 이두

자료. 경기도 이천 고백 풍천 임씨 소장. 한국학중앙연구원 장서각 한국고문서자료관 홈페이지 원문 이미지 보기. 한국정신문화연구원 편(2004) 참고>

1875-10-00. **토지매매명문**(土地賣買明文),[521] 전주 박 노 삼월(田主朴奴三月). <1장. 한자+이두. 조선 필사 이두 자료. 경북 고령군 대가야읍 본관 1리 홍와 고택 구장. 한국국학진흥원 소장. 한국학자료센터 영남권역센터 홈페이지 원문 이미지와 텍스트 보기. 김성갑(2013) 참고>

1875-11-03. **토지매매명문**(土地賣買明文), 답주 김시욱(畓主金時郁). <1장. 한자+이두. 조선 필사 이두 자료. 경북 안동시 오천 광산 김씨 후조당 소장. 한국학중앙연구원 장서각 한국고문서자료관 홈페이지 원문 이미지와 텍스트 보기. 한국정신문화연구원 편(1982) 참고>

1875-11-08. **양 생원 토지매매명문**(梁生員土地賣買明文), 답주 윤명학(畓主尹明學). <1장. 한자+이두. 조선 필사 이두 자료. 전남 보성군 박실 제주 양씨가 구장. 원광대학교 박물관 소장. 호남권 한국학자료센터 홈페이지 원문 이미지와 텍스트 보기. 최승희(1989), 정구복 외(1999), 이재수(2003) 참고>

1875-11-11. **박차길 토지매매명문**(朴次吉土地賣買明文), 답주 자필 노 김일복(畓主自筆奴金一福). <1장. 한자+이두. 조선 필사 이두 자료. 경북 봉화 꽃내 무안 박씨 화이당 박한 종가 소장. 한국학중앙연구원 장서각 한국고문서자료관 홈페이지 원문 이미지 보기>

1875-11-12. **토지매매명문**(土地賣買明文),[522] 답주 유학 이순구(畓主幼學李淳九). <1장. 한자+이두. 조선 필사 이두 자료. 전남 보성군 박실 제주 양씨가 구장. 원광대학교 박물관 소장. 호남권 한국학자료센터 홈페이지 원문 이미지와 텍스트 보기. 최승희(1989), 김건우(2008), 정수환·이헌창(2008), 채현경(2011) 참고>

1875-11-13. **토지매매명문**(土地賣買明文), 답주 유학 임흥수(畓主幼學林興秀). <1장. 한자+이두. 조선 필사 이두 자료. 경북 경주시 소정리 경주 이씨 소장. 한국학중

---

521 한국학자료센터 영남권역센터 홈페이지에서는 '1875년 박노(朴奴) 삼월(三月) 방매 토지매매명문(土地賣買明文)'으로 표시하였다.

522 호남권 한국학자료센터 홈페이지에서는 '1875년 이순구(李淳九) 방매(放賣) 토지매매명문(土地賣買明文)'으로 표시하였다.

앙연구원 장서각 한국고문서자료관 홈페이지 원문 이미지 보기. 한국정신문화연구원 편(2002) 참고>

1875-11-20. **토지매매명문**(土地賣買明文),[523] 답주 문우현(畓主文禹鉉). <1장. 한자+이두. 조선 필사 이두 자료. 전북 임실군 지사 협계태 씨가 소장. 호남권 한국학자료센터 홈페이지 원문 이미지와 텍스트 보기. 김재문(1986), 이재수(2003), 채현경(2011) 참고>

1875-11-22. **박문숙 토지매매명문**(朴文叔土地賣買明文), 답주 주춘화(畓主朱春化). <1장. 한자+이두. 조선 필사 이두 자료. 전남 나주시 남내 밀양 박씨 청재 종가 소장. 호남권 한국학자료센터 홈페이지 원문 이미지와 텍스트 보기>

1875-11-22. **정일권 토지매매명문**(鄭一權土地賣買明文), 답주 유귀동(畓主劉貴童). <1장. 한자+이두. 조선 필사 이두 자료. 경북 상주 낙동 풍양 조씨 양진당 소장. 한국학중앙연구원 장서각 한국고문서자료관 홈페이지 원문 이미지 보기>

1875-11-26. **토지매매명문**(土地賣買明文), 답주 유학 이실(畓主幼學李實). <1장. 한자+이두. 조선 필사 이두 자료. 전북대학교 박물관 소장. 호남권 한국학자료센터 홈페이지 원문 이미지와 텍스트 보기. 최승희(1989), 정구복 외(1999), 이재수(2003) 참고>

1875-11-29. **토지매매명문**(土地賣買明文),[524] 전주 유학 최경하(田主幼學崔景河). <1장. 한자+이두. 조선 필사 이두 자료. 원광대학교 박물관 소장. 호남권 한국학자료센터 홈페이지 원문 이미지와 텍스트 보기>

1875-11-30. **유학 이성회 토지매매명문**(幼學李成會土地賣買明文), 회장주 유학 김재무(灰場主幼學金在武). <1장. 한자+이두. 조선 필사 이두 자료. 전남 보성군 박실 제주 양씨가 구장. 원광대학교 박물관 소장. 호남권 한국학자료센터 홈페이지 원문 이미지와 텍스트 보기. 최승희(1989), 정구복 외(1999), 이재수(2003) 참고>

1875-11-00. **박 호노 충돌 토지매매명문**(朴戶奴忠石土地賣買明文),[525] ■…■. <1장.

---

[523] 호남권 한국학자료센터 홈페이지에서는 '1875년 문우현(文禹鉉) 방매(放賣) 토지매매명문(土地賣買明文)'으로 표시하였다.

[524] 호남권 한국학자료센터 홈페이지에서는 '1875년 최경하(崔景河) 방매(放賣) 토지매매명문(土地賣買明文)'으로 표시하였다.

일부 내용 결락. 한자+이두. 조선 필사 이두 자료. 영해 도곡 무안 박씨 무의공 종택 소장. 한국학중앙연구원 장서각 한국고문서자료관 홈페이지 원문 이미지 보기. 한국학중앙연구원 편(2008) 참고>

1875-11-00. 「완의(完議)」,[526] 편자 미상. <1책. 4장. 필사본. 표제는 '乙亥十月 日 完議'. 한자+이두. 이두 자료. 서울대학교 규장각 한국학연구원 홈페이지 '古 4259-42'의 원문 이미지 보기>

1875-11-00. **유도수 선산 도형**(柳道秀先山圖形), 유도수. <1장. 한자+이두. 조선 필사 이두 자료. 전북 순창 청계 문화 유씨가 소장. 호남권 한국학자료센터 홈페이지 원문 이미지와 텍스트 보기. 박병호(1974ㄱ), 최승희(1989), 정구복 외(1999) 참고>

1875-12-02. **이 생원 댁 노 완수 토지매매명문**(李生員宅奴完守土地賣買明文), 답주 노천수(畓主盧千壽). <1장. 한자+이두. 조선 필사 이두 자료. 전남 보성군 박실 제주 양씨가 구장. 원광대학교 박물관 소장. 호남권 한국학자료센터 홈페이지 원문 이미지와 텍스트 보기. 박병호(1974ㄱ), 이재수(2003) 참고>

1875-12-11. **양문 노 수일 토지매매명문**(梁門奴守一土地賣買明文), 답주 유학 김문숙(畓主幼學金文淑). <1장. 한자+이두. 조선 필사 이두 자료. 전남 보성군 박실 제주 양씨가 구장. 원광대학교 박물관 소장. 호남권 한국학자료센터 홈페이지 원문 이미지와 텍스트 보기. 박병호(1974ㄱ), 최승희(1989), 이재수(2003) 참고>

1875-12-16. **김재홍 수표**(金在洪手標), 김재홍. <1장. 한자+이두. 조선 필사 이두 자료. 경남 밀양 사촌 의령 남씨 침류정 소장. 한국학중앙연구원 장서각 한국고문서자료관 홈페이지 원문 이미지 보기. 한국정신문화연구원 편(2004) 참고>

1875-12-19. **최 생원 토지매매명문**(崔生員土地賣買明文), 답주 이군칠(畓主李君七). <1장. 한자+이두. 조선 필사 이두 자료. 전남 나주시 남내 밀양 박씨 청재 종가 소장. 호남권 한국학자료센터 홈페이지 원문 이미지와 텍스트 보기>

1875-12-22. **토지매매명문**(土地賣買明文), 답주 자필 유학 최찬영(畓主自筆幼學崔燦

---

[525] 한국학중앙연구원 장서각 한국고문서자료관 홈페이지 '안내정보'와 '상세정보'에서는 '朴戶 金石'에게 토지를 방매하면서 작성한 명문으로 설명하였다.

[526] 서울대학교 규장각 한국학연구원 홈페이지에서는 책명을 '分院洞中完議 분원동중완의'로 표시하였다.

永). <1장. 한자+이두. 조선 필사 이두 자료. 전남 구례군 토지면 오미리 문화 류씨 운조루 소장. 한국학중앙연구원 장서각 한국고문서자료관 홈페이지 원문 이미지와 텍스트 보기. 한국정신문화연구원 편(1998) 참고>

1875-12-23. **만계 토지매매명문**(萬稧土地賣買明文), 답주 윤석만(畓主尹石萬). <1장. 한자+이두. 조선 필사 이두 자료. 경북 상주 낙동 풍양 조씨 양진당 소장. 한국학중앙연구원 장서각 한국고문서자료관 홈페이지 원문 이미지 보기>

1875-12-26. **종제 옥성 토지매매명문**(宗弟玉成土地賣買明文), 자필 전주 족형 우성(自筆田主族兄虞成). <1장. 한자+이두. 조선 필사 이두 자료. 경북 안동시 주촌 진성 이씨 경류정 소장. 한국학중앙연구원 장서각 한국고문서자료관 홈페이지 원문 이미지와 텍스트 보기. 한국정신문화연구원 편(1999) 참고>

1875-12-26~1876-01-00(乙亥~광서 2년 丙子). 「왜사일기(**倭使日記**)」 1, 의정부(議政府) 편(編). <1책(1/전14책). 97장. 필사본. 한자+이두. 조선 필사 이두 자료. 서울대학교 규장각 한국학연구원 홈페이지 원문 이미지 보기> <1876-01-26~1876-03-09(제2), 1876-03-10~1876-06-15(제3), 1876-06-16~1876-06-27(제4), 1876-06-28~1877-01-00(제5), 1877-09-02~1877-11-26(제6), 1878-04-15~1878-08-11(제7), 1878-08-12~1878-08-27(제8), 1878-08-29~1879-윤3-22(제9), 1879-윤3-23~1879-04-14(제10), 1879-04-15~1879-06-13(제11), 1879-05-19~1879-07-09(제12), 1879-07-27~1880-04-22(제13), 1880-04-22~1880-12-29(제14)>

1875-12-28. **남영춘 토지매매명문**(南永春土地賣買明文), 답주 박계정(畓主朴啓鼎). <1장. 한자+이두. 조선 필사 이두 자료. 경북 안동시 주촌 진성 이씨 경류정 소장. 한국학중앙연구원 장서각 한국고문서자료관 홈페이지 원문 이미지와 텍스트 보기. 한국정신문화연구원 편(1999) 참고>

1875-12-29~1876-12-29. 「결속색등록(**結束色謄錄**)」 91, 병조(兵曹) 편(編). <1책(91/낙질본 107책). 120장. 필사본. 한자+이두. 조선 필사 이두 자료. 서울대학교 규장각 한국학연구원 홈페이지 1787년~1891년 낙질본 107책(1792년(건륭 57년), 1811년(가경 16년) 하, 1816년(가경 21년), 1817년(가경 22년), 1824년(도광 4년), 1831(도광 11년), 1871(동치 10년), 1885년(광서 11년) 없음) 원문 이미지 보기>

1875-12-00. **남지용 소지**(南志容所志), 남지용. <1장. 한자+이두. 조선 필사 이두

자료. 경남 밀양 사촌 의령 남씨 침류정 소장. 한국학중앙연구원 장서각 한국고문서자료관 홈페이지 원문 이미지 보기. 한국정신문화연구원 편(2004) 참고>

1875-12-00. **박인환 소지**(朴寅煥所志) 2, 박인환. <1장. 한자+이두. 조선 필사 이두 자료. 전북 임실군 청웅 밀양 박씨가 소장. 호남권 한국학자료센터 홈페이지 원문 이미지와 텍스트 보기. 박병호(1974ㄱ), 최승희(1989), 김경숙(2002), 전경목 외(2006) 참고>

1875-12-00. **박인환 소지**(朴寅煥所志) 3, 박인환. <1장. 한자+이두. 조선 필사 이두 자료. 전북 임실군 청웅 밀양 박씨가 소장. 호남권 한국학자료센터 홈페이지 원문 이미지와 텍스트 보기. 박병호(1974ㄱ), 최승희(1989), 김경숙(2002), 전경목 외(2006) 참고>

1875-12-00. **토지매매명문**(土地賣買明文),[527] 답주 나주 재의동 김기학(畓主羅州齋衣洞金起學). <1장. 한자+이두. 조선 필사 이두 자료. 전북대학교 박물관 소장. 호남권 한국학자료센터 홈페이지 원문 이미지와 텍스트 보기. 최승희(1989), 정구복 외(1999), 이재수(2003) 참고>

1875-12-00. **토지매매명문**(土地賣買明文), 답주 배행근(畓主裵幸根). <1장. 한자+이두. 조선 필사 이두 자료. 경북 안동시 오천 광산 김씨 후조당 소장. 한국학중앙연구원 장서각 한국고문서자료관 홈페이지 원문 이미지와 텍스트 보기. 한국정신문화연구원 편(1982) 참고>

1875-12-00. **토지매매명문**(土地賣買明文),[528] 답주 장인환(畓主張仁煥). <1장. 한자+이두. 조선 필사 이두 자료. 전북대학교 박물관 소장. 호남권 한국학자료센터 홈페이지 원문 이미지와 텍스트 보기. 박병호(1974ㄱ), 이재수(2003) 참고>

1875-■■-■■. ■...■ **토지매매명문**(■...■土地賣買明文), 답주 윤주백(畓主尹周百). <1장. 한자+이두. 조선 필사 이두 자료. 경북 안동시 갈전 순흥 안씨 소장. 한국학중앙연구원 장서각 한국고문서자료관 홈페이지 원문 이미지 보기. 한국정신문화

---

[527] 호남권 한국학자료센터 홈페이지에서는 '1875년 김기학(金起學) 방매 토지매매명문(土地賣買明文)'으로 표시하였다.

[528] 호남권 한국학자료센터 홈페이지에서는 '1875년 장인환(張仁煥) 방매 토지매매명문(土地賣買明文)'으로 표시하였다.

연구원 편(1999) 참고>

1875-00-00.「상호도감의궤(上號都監儀軌)」,[529] 상호도감 편. <1책. 158장. 필사본. 권수제는 '上 號都監儀軌'. 한자+이두. 조선 필사 이두 자료. 한국학중앙연구원 디지털장서각 홈페이지 'K2-2821' 원문 이미지와 텍스트 보기>

1875-00-00.「선원보략수정의궤(璿源譜略修正儀軌)」, 종친부(宗親府) 편. <1책. 26장. 필사본. 표제는 '乙亥二月 日璿源譜略修正儀軌'. 권수제는 '(光緒元年乙亥二月 日)璿源譜略修正儀軌'. 한자+이두. 조선 필사 이두 자료. 서울대학교 규장각 한국학연구원 소장. 서울대학교 규장각 한국학연구원 의궤 종합정보 홈페이지 '奎14122' 원문 이미지 보기>

1875-00-00.「왕세자책례도감(王世子冊禮都監)」,[530] 책례도감. <1책. 146장. 필사본. 표제는 '王世子冊禮都監儀軌全'. 권수제는 '(光緒元年乙亥二月 日)王世子冊禮都監'. 한자+이두. 조선 필사 이두 자료. 한국학중앙연구원 한국학 디지털 아카이브 홈페이지 원문 이미지 보기>

1875-00-00.「왕세자책례도감의궤(王世子冊禮都監儀軌)」,[531] 책례도감. <1책. 145장. 필사본. 표제는 '(光緒元年乙亥二月 日 太白山上)王世子冊禮都監儀軌全'. 목록제는 '王世子冊禮都監儀軌目錄'. 권수제는 '(光緒元年乙亥二月 日)王世子冊禮都監'. 한자+이두. 조선 필사 이두 자료. 서울대학교 규장각 한국학연구원 의궤 종합정보 홈페이지 '奎13169' 원문 이미지 보기>

1875-00-00.「왕세자책례도감의궤(王世子冊禮都監儀軌)」, 책례도감 편. <1책. 146장. 필사본. 표제는 '(光緒元年乙亥二月 日)王世子冊禮都監儀軌 全'. 목록제는 '王世子冊禮都監儀軌目錄'. 권수제는 '(光緒元年乙亥二月 日)王世子冊禮都監'. 한국학중앙연구원 디지털장서각 홈페이지 'K2-2691' 원문 이미지와 텍스트 보기>

---

[529] 한국학중앙연구원 디지털장서각 홈페이지에서는 서명을 '상호도감의궤(上號都監儀軌)'로 붙여 썼다.
[530] 한국학중앙연구원 한국학 디지털 아카이브 홈페이지에서는 서명을 '왕세자책례도감의궤(王世子冊禮都監儀軌)'로 적었다.
[531] 서울대학교 규장각 한국학연구원 의궤 종합정보 홈페이지에서는 서명을 '순종왕세자책례도감의궤(純宗王世子冊禮都監儀軌)'로 적었다.

1875-00-00.「왕세자책례등록(王世子冊禮謄錄)」, 예조(禮曹). <1책. 39장. 필사본. 한자+이두. 조선 필사 이두 자료. 한국학중앙연구원 디지털장서각 홈페이지 원문 이미지 보기>

1876년

<병자(丙子). 고종 13년. 광서 2년, 명치 9년>

1876-01-02~1876-07-06(丙子).「일사문자(日使文字)」1, 통리문섭통상사무아문(統理文涉通商事務衙門)」편(編). <1책(1/전2책). 56장. 필사본. 한자+이두. 조선 필사 이두 자료. 서울대학교 규장각 한국학연구원 홈페이지 원문 이미지 보기> <1876-07-05~1879-06-23(2/2)>

1876-01-03~1879-10-18(丙子~광서 5년 己卯).「강원도관첩(江原道關牒)」4, 비변사(備邊司) 편(編). <1책(4/전6책). 68장. 필사본. 표제는 '江原監營關牒'. 한자+이두. 조선 필사 이두 자료. 서울대학교 규장각 한국학연구원 홈페이지 원문 이미지 보기> <영인본:「각사등록」27(강원도편 1)(국사편찬위원회 편, 1988)> <1859-12-30~1861-01-12(1/6)>

1876-01-04~1877-10-20(丙子~丁丑).「왜사문답(倭使問答)」1, 통리교섭통상사무아문(統理交涉通商事務衙門) 편(編). <1책(1/전3책). 60장. 필사본. 한자+이두. 조선 필사 이두 자료. 서울대학교 규장각 한국학연구원 홈페이지 원문 이미지 보기> <1877-10-22~1879-04-15(제2), 1879-04-18~1879-07-17(제3)>

1876-01-06. **이화준 토지매매명문**(李和俊土地賣買明文), 답주 자필 정사흠(畓主自筆鄭思欽). <1장. 한자+이두. 조선 필사 이두 자료. 경북 안동시 주촌 진성 이씨 경류정 소장. 한국학중앙연구원 장서각 한국고문서자료관 홈페이지 원문 이미지와 텍스트 보기. 한국정신문화연구원 편(1999) 참고>

1876-01-09. **종형주 이형만 토지매매명문**(從兄主李亨晩土地賣買明文), 전답주 자필 이형재(田畓主自筆李亨在). <1장. 한자+이두. 조선 필사 이두 자료. 경북 안동시 주촌 진성 이씨 경류정 구장. 서울역사박물관 소장. 한국학중앙연구원 장서각

한국고문서자료관 홈페이지 원문 이미지와 텍스트 보기. 한국정신문화연구원 편(1999) 참고>

1876-01-10. **이화엽 토지매매명문**(李花葉土地賣買明文) 1, 답주 김 노 순일(畓主金奴順日). <1장. 한자+이두. 조선 필사 이두 자료. 경북 상주 낙동 풍양 조씨 양진당 소장. 한국학중앙연구원 장서각 한국고문서자료관 홈페이지 원문 이미지 보기>

1876-01-11. **롱기상 토지매매명문**(朧其象土地賣買明文), 전주 김 노 춘득(田主金奴春得). <1장. 한자+이두. 조선 필사 이두 자료. 안동 천전 의성 김씨 지촌 종택 소장. 한국학중앙연구원 장서각 한국고문서자료관 홈페이지 원문 이미지 보기. 한국정신문화연구원 편(1990) 참고>

1876-01-15. **계 토지매매명문**(稧土地賣買明文), 답주 유학 장오열(畓主幼學張五烈). <1장. 한자+이두. 조선 필사 이두 자료. 전남 순천 월등 목천 장씨가 구장. 전북대학교 박물관 소장. 호남권 한국학자료센터 홈페이지 원문 이미지와 텍스트 보기. 박병호(1974ㄱ), 이재수(2003) 참고>

1876-01-15. **토지매매명문**(土地賣買明文) 1, 답주 자필 유학 박제순(畓主自筆幼學朴濟淳). <1장. 한자+이두. 조선 필사 이두 자료. 전남 순천 황전 경주 정씨가 구장. 광주광역시 이정옥 소장. 호남권 한국학자료센터 홈페이지 원문 이미지와 텍스트 보기. 최승희(1989) 참고>

1876-01-19. **신 노 치원 토지매매명문**(申奴致元土地賣買明文), 답주 이 노 성준(畓主李奴性俊). <1장. 한자+이두. 조선 필사 이두 자료. 경북 안동시 도산면 의촌리 은졸재 고택 구장. 한국국학진흥원 소장. 한국학자료센터 영남권역센터 홈페이지 원문 이미지와 텍스트 보기>

1876-01-20. **토지매매명문**(土地賣買明文),[532] 답주 유학 김영경(畓主幼學金永慶). <1장. 한자+이두. 조선 필사 이두 자료. 전북대학교 박물관 소장. 호남권 한국학자료센터 홈페이지 원문 이미지와 텍스트 보기. 최승희(1989), 정구복 외(1999), 이재수(2003) 참고>

---

[532] 호남권 한국학자료센터 홈페이지에서는 '1876년 김영경(金永慶) 방매 토지매매명문(土地賣買明文)'으로 표시하였다.

1876-01-23. **토지매매명문**(土地賣買明文), 답주 윤종욱(畓主尹鍾旭). <1장. 한자+이두. 조선 필사 이두 자료. 전남 해남 윤씨 소장. 한국학중앙연구원 한국학 디지털 아카이브 홈페이지 원문 이미지 보기>

1876-01-26~1876-03-09(광서 2년 丙子). 「왜사일기(**倭使日記**)」 2, 의정부(議政府) 편(編). <1책(2/전14책). 52장. 필사본. 한자+이두. 조선 필사 이두 자료. 서울대학교 규장각 한국학연구원 홈페이지 원문 이미지 보기> <1875-12-26~1876-01-00(제1)>

1876-01-00. **김만식 소지**(金萬植所志), 김만식. <1장. 한자+이두. 조선 필사 이두 자료. 해남 노송 김해 김씨 노송사 소장. 한국학중앙연구원 장서각 한국고문서자료관 홈페이지 & 호남권 한국학자료센터 홈페이지 원문 이미지와 텍스트 보기. 최승희(1989), 한국정신문화연구원 편(1998) 참고>

1876-01-00. **김일주 토지매매명문**(金日周土地賣買明文), 전주 김원백(出主金元白). <1장. 한자+이두. 조선 필사 이두 자료. 경북 안동시 주촌 진성 이씨 경류정 소장. 한국학중앙연구원 장서각 한국고문서자료관 홈페이지 & 한국학중앙연구원 한국학 디지털 아카이브 홈페이지 원문 이미지와 텍스트 보기. 한국정신문화연구원 편(1999) 참고>

1876-01-00. **송종오 차첩**(宋鍾五差帖) 1, 이조(吏曹). <1장. 한자+이두. 조선 필사 이두 자료. 대전 회덕 은진 송씨 동춘당 후손가 구장. 대전시립박물관 소장. 한국학중앙연구원 장서각 한국고문서자료관 홈페이지 원문 이미지 보기. 한국학중앙연구원 편(2006) 참고>

1876-01-00. **이기수 소지**(李基壽所志) 1, 이기수. <1장. 한자+이두. 조선 필사 이두 자료. 경북 경주시 안강읍 옥산리 여주 이씨 장산서원·치암 종택 구장. 한국학중앙연구원 장서각 한국고문서자료관 홈페이지 원문 이미지 보기. 한국정신문화연구원 편(2003) 참고>

1876-01-00. **조 노 익암 소지**(趙奴益巖所志), 익암. <1장. 한자+이두. 조선 필사 이두 자료. 경북 상주 낙동 풍양 조씨 양진당 소장. 한국학중앙연구원 장서각 한국고문서자료관 홈페이지 원문 이미지 보기>

1876-01-00~1876-12-30(광서 2년 丙子). 「의금부등록(**義禁府謄錄**)」 6, 의금부(義禁

府) 편(編). <1책(6/전6책). 40장. 필사본. 표제는 '義禁府謄錄'. 한자+이두. 조선 필사 이두 자료. 서울대학교 규장각 한국학연구원 홈페이지 원문 이미지 보기. 「각사등록」 73(4-6)(국사편찬위원회 편, 1994) 영인> <1635-02-09~1635-12-14 (1/6)>

1876-02-06. **상촌 문중 토지매매명문**(上村門中土地賣買明文), 답주 사종 휘준(畓主四從彙準). <1장. 한자+이두. 조선 필사 이두 자료. 경북 안동시 도산면 의촌리 은졸재 고택 구장. 한국국학진흥원 소장. 한국학자료센터 영남권역센터 홈페이지 원문 이미지와 텍스트 보기>

1876-02-09. **박오종 토지매매명문**(朴五宗土地賣買明文), 답주 유학 박성규(畓主幼學朴聖圭). <1장. 한자+이두. 조선 필사 이두 자료. 전남 보성군 박실 제주 양씨가 구장. 원광대학교 박물관 소장. 호남권 한국학자료센터 홈페이지 원문 이미지와 텍스트 보기. 박병호(1974ㄱ), 최승희(1989), 이재수(2003) 참고>

1876-02-09. **임치백 토지매매명문**(林致伯土地賣買明文), 답주 허재형(畓主許在衡). <1장. 한자+이두. 조선 필사 이두 자료. 전남 나주시 남내 밀양 박씨 청재 종가 소장. 호남권 한국학자료센터 홈페이지 원문 이미지와 텍스트 보기. 박노욱(1990), 이재수(2003) 참고>

1876-02-14~1876-07-28(광서 2년). 「전라감사계록(**全羅監司鄭範朝 啓錄**)」 6, 비변사(備邊司) 편(編). <1책(6/전7책). 29장. 필사본. 표제는 '全羅監營啓錄'. 권수제는 '全羅監司鄭範朝 啓錄第一卷'. 한자+이두. 조선 필사 이두 자료. 서울대학교 규장각 한국학연구원 홈페이지 '奎15095' 원문 이미지 보기> <영인본: 「각사등록」 18(전라도편 1)(국사편찬위원회 편, 1985)> <1829-08-10~1829-11-21(제1/7)>

1876-02-19. **최현익 초사**(崔鉉益招辭), 최현익. <1장. 한자+이두. 조선 필사 이두 자료. 경북 경주시 안강읍 옥산리 여주 이씨 장산서원·치암 종택 구장. 한국학중앙연구원 장서각 한국고문서자료관 홈페이지 원문 이미지 보기. 한국정신문화연구원 편(2003) 참고>

1876-02-27. **박명신 토지매매명문**(朴明信土地賣買明文), 전주 김두철(田主金斗哲). <1장. 한자+이두. 조선 필사 이두 자료. 제주시 일도 2동 제주민속자연사박물관 소장. 호남권 한국학자료센터 홈페이지 원문 이미지와 텍스트 보기. 최승희(1989),

고창석(2002) 참고>

1876-02-27. **토지매매명문**(土地賣買明文), 답주 유학 노병진(畓主幼學盧秉鎭). <1장. 한자+이두. 조선 필사 이두 자료. 전남 구례군 토지면 오미리 문화 류씨 운조루 소장. 한국학중앙연구원 장서각 한국고문서자료관 홈페이지 원문 이미지와 텍스트 보기. 한국정신문화연구원 편(1998) 참고>

1876-02-00. **계정 수노 소지**(溪亭首奴所志), 계정 수노. <1장. 한자+이두. 조선 필사 이두 자료. 경북 경주시 안강읍 옥산리 여주 이씨 독락당 소장. 한국학중앙연구원 장서각 한국고문서자료관 홈페이지 원문 이미지 보기. 한국정신문화연구원 편(2003) 참고>

1876-02-00. **박인환 소지**(朴寅煥所志), 박인환. <1장. 한자+이두. 조선 필사 이두 자료. 전북 임실군 청웅 밀양 박씨가 소장. 호남권 한국학자료센터 홈페이지 원문 이미지와 텍스트 보기. 박병호(1974ㄱ), 최승희(1989), 김경숙(2002), 전경목 외(2006) 참고>

1876-02-00. **이기수 소지**(李基壽所志) 2, 이기수. <1장. 한자+이두. 조선 필사 이두 자료. 경북 경주시 안강읍 옥산리 여주 이씨 장산서원·치암 종택 구장. 한국학중앙연구원 장서각 한국고문서자료관 홈페이지 원문 이미지 보기. 한국정신문화연구원 편(2003) 참고>

1876-03-04. **양문계중 토지매매명문**(梁門契中土地賣買明文), 답주 자필 유학 문달룡(畓主自筆幼學文達龍). <1장. 한자+이두. 조선 필사 이두 자료. 전남 보성군 박실 제주 양씨가 구장. 원광대학교 박물관 소장. 호남권 한국학자료센터 홈페이지 원문 이미지와 텍스트 보기. 박병호(1974ㄱ), 이재수(2003) 참고>

1876-03-04. **진주 강씨 어도 문중 강병훈 등 통문**(晉州姜氏於道門中姜炳勳等通文), 강병훈 등. <1장. 한자+이두. 조선 필사 이두 자료. 제주 어도내산 진주 강씨가 구장. 제주 한림 강우석 소장. 호남권 한국학자료센터 홈페이지 원문 이미지와 텍스트 보기. 최승희(1989) 참고>

1876-03-10. **진주 강씨 장전·광령리 강성관 등 통문**(晉州姜氏長田光令里姜性寬等通文), 강성관 등. <1장. 한자+이두. 조선 필사 이두 자료. 제주 어도내산 진주 강씨가 구장. 제주 한림 강우석 소장. 호남권 한국학자료센터 홈페이지 원문 이미

지와 텍스트 보기. 최승희(1989) 참고>

1876-03-10~1876-06-15(丙子). 「왜사일기(倭使日記)」 3, 의정부(議政府) 편(編). <1책 (3/전14책). 49장. 필사본. 한자+이두. 조선 필사 이두 자료. 서울대학교 규장각 한국학연구원 홈페이지 원문 이미지 보기> <1875-12-26~1876-01-00(제1)>

1876-03-17. **조 생원 댁 노 일득 토지매매명문**(趙生員宅奴日得土地賣買明文), 답주 윤 생원 댁 노 돌이(畓主尹生員宅奴乭伊). <1장. 한자+이두. 조선 필사 이두 자료. 대전·청양 안동 김씨 삼당 후손가 소장. 한국학중앙연구원 장서각 한국고문서자료관 홈페이지 원문 이미지 보기. 한국정신문화연구원 편(2003) 참고>

1876-03-18. **강병훈 토지매매명문**(姜炳勳土地賣買明文), 전주 고순돌(田主高順乭). <1장. 한자+이두. 조선 필사 이두 자료. 제주 어도내산 진주 강씨가 구장. 제주 한림 강우석 소장. 호남권 한국학자료센터 홈페이지 원문 이미지와 텍스트 보기. 이재수(2003), 오창명(2007) 참고>

1876-03-22. **신 노 봉지 토지매매명문**(申奴奉地土地賣買明文), 답주 자필 박영석(畓主自筆朴永錫). <1장. 한자+이두. 조선 필사 이두 자료. 경북 안동시 오천 광산 김씨 후조당 소장. 한국학중앙연구원 장서각 한국고문서자료관 홈페이지 원문 이미지와 텍스트 보기. 한국정신문화연구원 편(1982) 참고>

1876-03-29 추정. **경주부 첩정**(慶州府牒呈), 경주부. <1장. 한자+이두. 조선 필사 이두 자료. 경북 경주시 안강읍 옥산리 여주 이씨 장산서원·치암 종택 구장. 한국학중앙연구원 장서각 한국고문서자료관 홈페이지 원문 이미지 보기. 한국정신문화연구원 편(2003) 참고>

1876-03-29~1880-09-09(광서 2년~광서 6년). 「경상우병영계록(慶尙右兵營啓錄)」 3, 비변사(備邊司) 편(編). <1책(3/전4책). 106장. 필사본. 표제는 '嚞營啓錄'. 한자+이두. 조선 필사 이두 자료. 서울대학교 규장각 한국학연구원 홈페이지 원문 이미지 보기> <영인본: 「각사등록」 11(경상도편 1)(국사편찬위원회 편, 1984)> <1856-02-24~1859-09-01(1/4)>

1876-03-00. **김일택 등 소지**(金馹澤等所志), 김일택 등. <1장. 한자+이두. 조선 필사 이두 자료. 전북 고창·고부 광산 김씨 소장. 한국학중앙연구원 고문서자료관 홈페이지 원문 이미지 보기. 한국학중앙연구원 편(2009) 참고>

1876-03-00. **이기수 소지**(李基壽所志) 3, 이기수. <1장. 한자+이두. 조선 필사 이두 자료. 경북 경주시 안강읍 옥산리 여주 이씨 장산서원·치암 종택 구장. 한국학중앙연구원 장서각 한국고문서자료관 홈페이지 원문 이미지 보기. 한국정신문화연구원 편(2003) 참고>

1876-03-00. **적면 상추동장 소지**(赤面上楸洞長所志), 적면 상추동장. <1장. 한자+이두. 조선 필사 이두 자료. 대진·청양 안동 김씨 삼당 후손가 소장. 한국학중앙연구원 장서각 한국고문서자료관 홈페이지 원문 이미지 보기. 한국정신문화연구원 편(2003) 참고>

1876-04-01. **시장문기**(柴場文記),[533] 시장주 자필 유학 신진규(柴場主自筆幼學辛縉珪). <1장. 한자+이두. 조선 필사 이두 자료. 영광 입석 영월 신씨 소장. 한국학중앙연구원 장서각 한국고문서자료관 홈페이지 원문 이미지와 텍스트 보기. 한국정신문화연구원 편(1996) 참고>

1876-04-01. **족종 양도업 토지매매명문**(族從梁道業土地賣買明文), 회장주 유학 양운영(灰場主幼學梁雲永). <1장. 한자+이두. 조선 필사 이두 자료. 전남 보성군 박실 제주 양씨가 구장. 원광대학교 박물관 소장. 호남권 한국학자료센터 홈페이지 원문 이미지와 텍스트 보기. 최승희(1989), 정구복 외(1999), 이재수(2003) 참고>

1876-04-10~1877-12-03(丙子~丁丑). 「**완화군관례등록**(完和君冠禮謄錄)」, 편자 미상. <1책. 34장. 표제는 '丁丑年 完和君冠禮謄錄'. 필사본. 한자+이두. 조선 필사 이두 자료. 1877년 12월 4일에 거행된 완화군 관례에 관한 기록. 서울대학교 규장각 한국학연구원 홈페이지 원문 이미지 보기>

1876-04-11. **박춘■ 토지매매명문**(朴春■土地賣買明文), 답주 남만실(畓主南萬實). <1장. 한자+이두. 조선 필사 이두 자료. 경북 안동시 수곡면 전주 류씨 삼산 종가 구장. 대구광역시 수성구 만촌동 전주 류씨 종가 소장. 한국학자료센터 영남권역센터 홈페이지 원문 이미지와 텍스트 보기. 최승희(1989), 이재수(2003), 전경목(2010), 정수환(2012) 참고>

---

[533] 한국학중앙연구원 장서각 한국고문서자료관 홈페이지에서는 '1876년 토지매매명문(土地賣買明文)'으로 표시하였다.

1876-04-16. **유학 임종기 토지매매명문**(幼學任鍾夔土地賣買明文) 1, 충주 유학 윤진국(塚主幼學尹鎭國). <1장. 한자+이두. 조선 필사 이두 자료. 전북 김제 남산 임창종 구장. 전북대학교 박물관 소장. 호남권 한국학자료센터 홈페이지 원문 이미지와 텍스트 보기. 최승희(1989), 김소은(2004) 참고>

1876-04-19~1878-02-23(丙子~戊寅).「금영 계록(**錦營 啓錄**)」8, 비변사(備邊司) 편(編). <1책(8/전9책). 91장. 필사본. 표제는 '錦營啓錄'. 권수제는 '(光緖二年四月 日)錦營 啓錄'. 한자+이두. 조선 필사 이두 자료. 서울대학교 규장각 한국학연구원 홈페이지 원문 이미지 보기> <영인본:「각사등록」7(국사편찬위원회 편, 1982-1983)> <1836-02-15~1837-12-19(1/9)>

1876-04-21~1876-04-25(丙子).「수신사등록(**修信使謄錄**)」,[534] 김기수(金綺秀) 저(著). <1책. 8장. 필사본. 표제는 '(丙子四月 日)修信使謄錄'. 한자+이두. 조선 필사 이두 자료. 서울대학교 규장각 한국학연구원 홈페이지 원문 이미지 보기>

1876-04-22. **금학산 별소 고직 노 토지매매명문**(金鶴山別所庫直土地賣買明文),[535] 답주 강학소 성상 백이(講學所城上伯伊). <1장. 한자+이두. 조선 필사 이두 자료. 안동 천전 의성 김씨 지촌 종택 소장. 한국학중앙연구원 장서각 한국고문서자료관 홈페이지 원문 이미지 보기. 한국정신문화연구원 편(1990) 참고>

1876-04-24. **종제 용화 토지매매명문**(宗弟龍華土地賣買明文), 답주 종형(畓主從兄). <1장. 한자+이두. 조선 필사 이두 자료. 경북 영양군 영양읍 삼지리 한양 조씨 하담 고택 구장. 한국국학진흥원 소장. 한국학자료센터 영남권역센터 홈페이지 원문 이미지와 텍스트 보기. 박병호(1974ㄱ), 최승희(1989), 이재수(2003), 이수건 외(2004) 참고>

1876-04-00. **가사매매명문**(家舍賣買明文),[536] 재주 김석구(財主金錫九). <1장. 한자+

---

[534] 서울대학교 규장각 한국학연구원 홈페이지에는 책명을 '修信使謄錄 수신사등록'으로 표시하였다.

[535] 한국학중앙연구원 장서각 한국고문서자료관 홈페이지에서는 '**김**학산별소고직(金鶴山別所庫直)토지매매명문(土地賣買明文)'으로 표시하였다.

[536] 한국학중앙연구원 장서각 한국고문서자료관 홈페이지에서는 '1876년 김석구(金錫九) 방매 가사매매명문(家舍賣買明文)'으로 표시하였다.

이두. 조선 필사 이두 자료. 한국학중앙연구원 장서각 한국고문서자료관 홈페이지 원문 이미지와 텍스트 보기. 한국정신문화연구원 편(1992) 참고>

1876-04-00. **김 도정댁 노 대득 소지**(金都正宅奴大得所志), 대득. <1장. 한자+이두. 조선 필사 이두 자료. 대전·청양 안동 김씨 삼당 후손가 소장. 한국학중앙연구원 장서각 한국고문서자료관 홈페이지 원문 이미지 보기. 한국정신문화연구원 편(2003) 참고>

1876-04-00. **김재성 등 등장**(金在聲等等狀), 김재성 등. <1장. 한자+이두. 조선 필사 이두 자료. 전북 정읍시 동학농민혁명기념관 소장. 호남권 한국학자료센터 홈페이지 원문 이미지와 텍스트 보기>

1876-04-00. **남지용 소지**(南志容所志) 1, 남지용. <1장. 한자+이두. 조선 필사 이두 자료. 밀양 사촌 의령 남씨 침류정 소장. 한국학중앙연구원 장서각 한국고문서자료관 홈페이지 원문 이미지 보기. 한국정신문화연구원 편(2004) 참고>

1876-04-00. **면주전 시민 등장**(綿紬廛市民等狀), 면주전 시민. <1장. 한자+이두. 조선 필사 이두 자료. 일본 경도대학 가와이문고 소장. 고려대학교 해외한국학자료센터 홈페이지 원문 이미지 보기>

1876-05-03. **이씨 문중 댁 토지매매명문**(李氏門中宅土地賣買明文), 진주 지정길(旨主池貞吉). <1장. 한자+이두. 조선 필사 이두 자료. 경북 안동시 주촌 진성 이씨 경류정 소장. 한국학중앙연구원 장서각 한국고문서자료관 홈페이지 원문 이미지와 텍스트 보기. 한국정신문화연구원 편(1999) 참고>

1876-05-06~1878-03-22(광서 2년~광서 4년). 「북병사 조희순 시장계등록(北兵使趙義純時狀啓謄錄)」[537] 6, 비변사(備邊司) 편(編). <1책(6/전7책). 119장. 필사본. 표제는 '各道啓錄'. 한자+이두. 조선 필사 이두 자료. 서울대학교 규장각 한국학연구원 홈페이지 원문 이미지 보기> <영인본:「각사등록」43(함경도편 2)(국사편찬위원회 편, 1990)> <1844-03-29~1846-02-00(1/7)>

1876-05-13. **대정현 중면 풍헌 강 서목**(大靜縣中面風憲姜書目), 풍헌 강. <1장. 한자+

---

537 서울대학교 규장각 한국학연구원에서는 책명을 '咸鏡北兵營啓錄 함경북병영계록'으로 표시하였다. 이 책의 표제는 '鏡營啓錄'이고, 내제는 '北兵使趙義純時狀 啓謄錄'이다.

이두. 조선 필사 이두 자료. 제주시 일도 2동 제주민속자연사박물관 소장. 호남권 한국학자료센터 홈페이지 원문 이미지와 텍스트 보기. 최승희(1989), 고창석(2002, 2012) 참고>

1876-05-13. **유학 임종기 토지매매명문**(幼學任鍾夔土地賣買明文) 2, 산지주 유학 성재학(山地主幼學成栽學). <1장. 한자+이두. 조선 필사 이두 자료. 전북 김제 남산 임창종 구장. 전북대학교 박물관 소장. 호남권 한국학자료센터 홈페이지 원문 이미지와 텍스트 보기. 최승희(1989), 김소은(2004) 참고>

1876-05-21. **유무용 가사매매명문**(柳武用家舍賣買明文),[538] 가대주 유준오(家垈主柳俊五). <1장. 한자+이두. 조선 필사 이두 자료. 원주시 무릉박물관 소장. 한국학자료센터 강원권역센터 홈페이지 원문 이미지 보기. 최승희(1989), 김건우(2008), 전경목(2010), 박준호(2016) 참고>

1876-05-22. **이화엽 토지매매명문**(李花葉土地賣買明文) 2, 답주 이만준(畓主李萬俊). <1장. 한자+이두. 조선 필사 이두 자료. 경북 상주 낙동 풍양 조씨 양진당 소장. 한국학중앙연구원 장서각 한국고문서자료관 홈페이지 원문 이미지 보기>

1876-05-25. **김중원 토지매매명문**(金仲元土地賣買明文), 답주 정준여(畓主鄭俊汝). <1장. 한자+이두. 조선 필사 이두 자료. 전남 나주시 남내 밀양 박씨 청재 종가 소장. 호남권 한국학자료센터 홈페이지 원문 이미지와 텍스트 보기>

1876-05-26. **토지매매명문**(土地賣買明文),[539] 답주 과부 임 씨(畓主寡婦任氏). <1장. 한자+이두. 조선 필사 이두 자료. 전북 임실군 지사 협계태 씨가 소장. 호남권 한국학자료센터 홈페이지 원문 이미지와 텍스트 보기. 박병호(1974ㄱ), 최승희(1989), 이재수(2003) 참고>

1876-윤5-00. **장흥고 유둔지 공인권 매매명문**(長興庫油芚紙貢人權賣買明文), 재주 이의정(財主李義正). <1장. 한자+이두. 조선 필사 이두 자료. 일본 경도대학 가와이 문고 소장. 고려대학교 해외한국학자료센터 홈페이지 원문 이미지 보기>

---

[538] 한국학자료센터 강원권역센터 홈페이지에서는 '1876년 유무용(柳武用)의 토지매매명문(土地賣買明文)'으로 표시하였다.

[539] 호남권 한국학자료센터 홈페이지에서는 '1876년 과부(寡婦) 임씨(任氏) 방매(放賣) 토지매매명문(土地賣買明文)'으로 표시하였다.

1876-윤5-00. **조봉환 소지**(曺鳳煥所志), 조봉환. <1장. 한자+이두. 조선 필사 이두 자료. 전남 화순 동면 창녕 조씨가 구장. 광주광역시 이정옥 소장. 호남권 한국학자료센터 홈페이지 원문 이미지와 텍스트 보기. 최승희(1989) 참고>

1876-윤5-00. **향교훈장 김두현 품목**(鄕校訓長金斗鉉稟目), 김두현. <1장. 한자+이두. 조선 필사 이두 자료. 제주시 일도 2동 제주민속자연사박물관 소장. 호남권 한국학자료센터 홈페이지 원문 이미지와 텍스트 보기. 최승희(1989), 고창석 역해(2012) 참고>

1876-06-16~1876-06-27(丙子). 「왜사일기(**倭使日記**)」 4, 의정부(議政府) 편(編). <1책(4/전14책). 51장. 필사본. 한자+이두. 조선 필사 이두 자료. 서울대학교 규장각 한국학연구원 홈페이지 원문 이미지 보기> <1875-12-26~1876-01-00(제1)>

1876-06-18. **별방소 조방장 서목**(別防所助防將書目), 별방소 조방장. <1장. 한자+이두. 조선 필사 이두 자료. 제주시 일도 2동 제주민속자연사박물관 소장. 호남권 한국학자료센터 홈페이지 원문 이미지와 텍스트 보기. 최승희(1989), 고창석(2002, 2012) 참고>

1876-06-28~1877-01-00(丙子~丁丑). 「왜사일기(**倭使日記**)」 제5, 의정부(議政府) 편(編). <1책(5/전14책). 57장. 필사본. 한자+이두. 조선 필사 이두 자료. 서울대학교 규장각 한국학연구원 홈페이지 원문 이미지 보기> <1875-12-26~1876-01-00(제1)>

1876-06-00. **이 노 금철 소지**(李奴今哲所志), 금철. <1장. 한자+이두. 조선 필사 이두 자료. 경북 고령군 대가야읍 본관 1리 홍와 고택 구장. 한국국학진흥원 소장. 한국학자료센터 영남권역센터 홈페이지 원문 이미지와 텍스트 보기. 김성갑(2013) 참고>

1876-07-05~1879-06-23(丙子~명치 12년 己卯). 「일사문자(**日使文字**)」 2, 통리문섭통상사무아문(統理文涉通商事務衙門)」 편(編). <1책(2/전2책). 52장. 필사본. 한자+이두. 조선 필사 이두 자료. 서울대학교 규장각 한국학연구원 홈페이지 원문 이미지 보기> <1876-01-02~1876-07-06(1/2)>

1876-07-25. **토지매매명문**(土地賣買明文), 답주 유학 정영동(畓主幼學丁永童). <1장. 한자+이두. 조선 필사 이두 자료. 영광 입석 영월 신씨 소장. 한국학중앙연구원

장서각 한국고문서자료관 홈페이지 원문 이미지와 텍스트 보기. 한국정신문화연구원 편(1996) 참고>

1876-07-00. **남지용 소지**(南志容所志) 2, 남지용. <1장. 한자+이두. 조선 필사 이두 자료. 밀양 사촌 의령 남씨 침류정 소장. 한국학중앙연구원 장서각 한국고문서자료관 홈페이지 원문 이미지 보기. 한국정신문화연구원 편(2004) 참고>

1876-07-00. **송종오 차첩**(宋鍾五差帖) 2, 이조(吏曹). <1장. 한자+이두. 조선 필사 이두 자료. 대전 회덕 은진 송씨 동춘당 후손가 구장. 대전시립박물관 소장. 한국학중앙연구원 장서각 한국고문서자료관 홈페이지 원문 이미지 보기. 한국학중앙연구원 편(2006) 참고>

1876-08-20. **이장수 댁 이상연 완문**(李長水宅李象淵完文) <1장. 한자+이두. 조선 필사 이두 자료. 전북 진안군 정천면 진주 이씨 서곡 이정영 후손가 구장. 한국학중앙연구원 장서각 한국고문서자료관 홈페이지 원문 이미지 보기. 한국정신문화연구원 편(2002) 참고>

1876-08-00. **경주 옥산서원 수노 도치 소지**(慶州玉山書員首奴道致所志), 도치. <1장. 한자+이두. 조선 필사 이두 자료. 경북 경주 옥산서원 소장. 한국학자료센터 영남권역센터 홈페이지 원문 이미지와 텍스트 보기. 이수환(2001) 참고>

1876-08-00. **김응상 등 등장**(金應祥等等狀), 김응상 등. <1장. 한자+이두. 조선 필사 이두 자료. 경북 경주시 소정리 경주 이씨 소장. 한국학중앙연구원 장서각 한국고문서자료관 홈페이지 원문 이미지 보기. 한국정신문화연구원 편(2002) 참고>

1876-08-00. **부여 정 진사 입지**(扶餘鄭進士立旨), 곡성관(谷城官). <1장. 한자+이두. 조선 필사 이두 자료. 양주 안흥 광주 정씨 소장. 한국학중앙연구원 장서각 한국고문서자료관 홈페이지 원문 이미지 보기. 한국정신문화연구원 편(2004) 참고>

1876-09-02. **손영항 초사**(孫永恒招辭), 손영항. <1장. 한자+이두. 조선 필사 이두 자료. 경북 경주시 소정리 경주 이씨 소장. 한국학중앙연구원 장서각 한국고문서자료관 홈페이지 원문 이미지 보기. 한국정신문화연구원 편(2002) 참고>

1876-09-02. **정영관 수표**(丁永寬手標), 정영관. <1장. 한자+이두. 조선 필사 이두 자료. 전북 무장 원송 진주 강씨가 구장. 전북대학교 박물관 소장. 호남권 한국학자료센터 홈페이지 원문 이미지와 텍스트 보기. 박병호(1974ㄱ), 최승희(1989),

정구복 외(1999) 참고>

1876-09-10. **토지매매명문**(土地賣買明文), 답주 한량 임근성(畓主閑良林根成). <1장. 한자+이두. 조선 필사 이두 자료. 전남 해남 윤씨 소장. 한국학중앙연구원 한국학 디지털 아카이브 홈페이지 원문 이미지 보기>

1876-09-20. **금 노 윤산 토지매매명문**(琴奴允山土地賣買明文), 답주 이 노 맹돌(畓主李奴孟乭). <1장. 한자+이두. 조선 필사 이두 자료. 경북 안동시 도산면 의촌리 은졸재 고택 구장. 한국국학진흥원 소장. 한국학자료센터 영남권역센터 홈페이지 원문 이미지와 텍스트 보기>

1876-09-29~1877-05-29(丙子~丁丑).「진부(賑簿)」, 충청감영(忠淸監營) 편(編). <1책. 31장. 필사본. 한자+이두. 조선 필사 이두 자료. 서울대학교 규장각 한국학연구원 홈페이지 원문 이미지 보기> <영인본:「각사등록」48(충청도 보유편)(국사편찬위원회 편, 1991)>

1876-09-00. **경주부윤 산도**(慶州府尹山圖), 경주부. <1장. 한자+이두. 조선 필사 이두 자료. 경북 경주시 소정리 경주 이씨 소장. 한국학중앙연구원 장서각 한국고문서자료관 홈페이지 원문 이미지 보기. 한국정신문화연구원 편(2002) 참고>

1876-09-00. **김낙휴 소지**(金洛休所志),[540] 김낙휴. <1장. 한자+이두. 조선 필사 이두 자료. 전북 부안군 우반 부안 김씨 세덕각 소장. 한국학중앙연구원 장서각 한국고문서자료관 홈페이지 & 호남권 한국학자료센터 홈페이지 원문 이미지와 텍스트 보기. 박병호(1974ㄱ), 한국정신문화연구원 편(1983, 1998), 최승희(1989), 김현영(1999), 전경목(2001), 정구복(2002), 한국학중앙연구원 편(2017) 참고>

1876-10-07. **최 생원 토지매매명문**(崔生員土地賣買明文), 답주 한량 이영준(畓主閑良李永俊). <1장. 한자+이두. 조선 필사 이두 자료. 전남 나주시 남내 밀양 박씨

---

[540] 호남권 한국학자료센터 홈페이지에서는 '1876년 김낙휴(金洛休) 소지(所志)'로 표시하였다. '안내정보'에서는 김낙휴가 부안현감에게 자신의 12촌 족제의 속납을 당내 가까운 친척들의 뜻에 따라 징출할 것을 요청하는 소지로 설명하였다. 한국학중앙연구원 장서각 한국고문서자료관 홈페이지에서는 문서명을 '1876년 김낙휴(金洛休) 단자(單子)'로 적었으나, '안내정보'는 호남권 한국학자료센터 홈페이지의 '안내정보'와 동일하다. 소지(所志)는 관아에 제출했던 청원서이고, 단자(單子)는 부조나 선물 등의 내용을 적은 종이이다.

청재 종가 소장. 호남권 한국학자료센터 홈페이지 원문 이미지와 텍스트 보기. 김태영(1983), 김재문(1986), 최승희(1989) 참고>

1876-10-13. **토지매매명문**(土地賣買明文),[541] 답주 임화서(畓主林化西). <1장. 한자+이두. 조선 필사 이두 자료. 전남 나주시 남내 밀양 박씨 청재 종가 소장. 호남권 한국학자료센터 홈페이지 원문 이미지와 텍스트 보기. 김재문(1986), 이재수(2003), 이수건 외(2004) 참고>

1876-10-20. **계중 전집 토지매매명문**(楔中典執土地賣買明文),[542] 답주 계원 한량 박운수(畓主楔員閑良朴云水). <1장. 한자+이두. 조선 필사 이두 자료. 전남 보성군 박실 제주 양씨가 구장. 원광대학교 박물관 소장. 호남권 한국학자료센터 홈페이지 원문 이미지와 텍스트 보기. 박병호(1974ㄱ), 최승희(1989), 이재수(2003) 참고>

1876-10-26. **토지매매명문**(土地賣買明文),[543] 답주 유학 이해로(畓主幼學李海魯). <1장. 한자+이두. 조선 필사 이두 자료. 전남 나주시 남내 밀양 박씨 청재 종가 소장. 호남권 한국학자료센터 홈페이지 원문 이미지와 텍스트 보기. 박성종(1999), 이재수(2003) 참고>

1876-10-28. **권미갈 토지매매명문**(權美碣土地賣買明文), 전답주 과댁 권 씨(田畓主寡宅權氏). <1장. 한자+이두. 조선 필사 이두 자료. 경북 안동시 주촌 진성 이씨 경류정 소장. 한국학중앙연구원 장서각 한국고문서자료관 홈페이지 원문 이미지와 텍스트 보기. 한국정신문화연구원 편(1999) 참고>

1876-10-■■. **토지매매명문**(土地賣買明文), 답주 유학 한도서(畓主幼學韓道瑞). <1장. 한자+이두. 조선 필사 이두 자료. 전북 정읍시 동학농민혁명기념관 소장. 호남권 한국학자료센터 홈페이지 원문 이미지와 텍스트 보기. 박병호(1974ㄱ), 이재수(2003) 참고>

---

541 호남권 한국학자료센터 홈페이지에서는 '1876년 임화서(林化西) 방매(放賣) 토지매매명문(土地賣買明文)'으로 표시하였다.
542 호남권 한국학자료센터 홈페이지에서는 '1876년 강회계(講會楔) 토지매매명문(土地賣買明文)'으로 표시하였다.
543 호남권 한국학자료센터 홈페이지에서는 '1876년 이해노(李海魯) 방매(放賣) 토지매매명문(土地賣買明文)'으로 표시하였다.

1876-11-02. **토지매매명문**(土地賣買明文) 2, 답주 자필 유학 박제순(畓主自筆幼學朴濟淳). <1장. 한자+이두. 조선 필사 이두 자료. 전남 순천 황전 경주 정씨가 구장. 광주광역시 이정옥 소장. 호남권 한국학자료센터 홈페이지 원문 이미지와 텍스트 보기. 최승희(1989) 참고>

1876-11-07~1877-12-29. 「광서 3년 정축 결속색등록(光緒三年丁丑 結束色謄錄)」 92, 병조(兵曹) 편(編). <1책(92/낙질본 107책). 99장. 필사본. 한자+이두. 조선 필사 이두 자료. 서울대학교 규장각 한국학연구원 홈페이지 1787년~1891년 낙질본 107책(1792년(건륭 57년), 1811년(가경 16년) 하, 1816년(가경 21년), 1817년(가경 22년), 1824년(도광 4년), 1831년(도광 11년), 1871년(동치 10년), 1885년(광서 11년) 없음) 원문 이미지 보기>

1876-11-09. **유학 양신묵 토지매매명문**(幼學梁信默土地賣買明文), 금양주 자필 유학 김재천(禁養主自筆幼學金在千). <1장. 한자+이두. 조선 필사 이두 자료. 전남 보성군 박실 제주 양씨가 구장. 원광대학교 박물관 소장. 호남권 한국학자료센터 홈페이지 원문 이미지와 텍스트 보기. 박병호(1974ㄱ), 최승희(1989), 이재수(2003) 참고>

1876-11-11. **김 노 예단 가사매매명문**(金奴禮丹家舍賣買明文), 가사주 김아을개(家舍主金馬乙介). <1장. 한자+이두. 조선 필사 이두 자료. 성주 명곡 벽진 이씨 완석정 종택 소장. 한국학중앙연구원 고문서자료관 홈페이지 원문 이미지 보기. 한국학중앙연구원 편(2009) 참고>

1876-11-12~1877-02-30(丙子~丁丑). 「사송록(詞訟錄)」, 목천현(木川縣) 편(編). <1책. 84장. 필사본. 한자+이두. 조선 필사 이두 자료. 서울대학교 규장각 한국학연구원 홈페이지 '古5125-72'의 원문 이미지 보기>

1876-11-13. **유학 김현만 토지환퇴명문**(幼學金顯晩土地還退明文), 답주 유학 최성길(畓主幼學崔成吉). <1장. 한자+이두. 조선 필사 이두 자료. 삼척시립박물관 소장. 한국학자료센터 강원권역센터 홈페이지 원문 이미지와 텍스트 보기. 이재수(1986, 2000), 최승희(1989), 전경목(2010) 참고>

1876-11-15. **유학 유제 토지매매명문**(幼學柳堤土地賣買明文), 답주 유학 조형승(畓主幼學曺亨承). <1장. 한자+이두. 조선 필사 이두 자료. 전북 익산 마동 창녕 조씨가

소장. 호남권 한국학자료센터 홈페이지 원문 이미지와 텍스트 보기. 최승희(1989), 이재수(2003) 참고>

1876-11-16. **정치길 토지매매명문**(鄭致吉土地賣買明文), 답주 유학 김일기(畓主幼學 金馹基). <1장. 한자+이두. 조선 필사 이두 자료. 전남 보성군 박실 제주 양씨가 구장. 원광대학교 박물관 소장. 호남권 한국학자료센터 홈페이지 원문 이미지와 텍스트 보기>

1876-11-20. **양 노 토지매매명문**(梁奴土地賣買明文),[544] 답주 박분돌(畓主朴分乭). <1장. 한자+이두. 조선 필사 이두 자료. 전남 보성군 박실 제주 양씨가 구장. 원광대학교 박물관 소장. 호남권 한국학자료센터 홈페이지 원문 이미지와 텍스트 보기. 박병호(1974ㄱ), 이재수(2003) 참고>

1876-11-20. **종제 승우 토지매매명문**(從弟勝祐土地賣買明文), 전주 종형 승길(田主從兄勝吉). <1장. 한자+이두. 조선 필사 이두 자료. 경북 봉화군 명호면 도천리 안동 김씨 해헌 고택 구장. 한국국학진흥원 소장. 한국학자료센터 영남권역센터 홈페이지 원문 이미지와 텍스트 보기. 박병호(1974ㄱ), 최승희(1989), 이재수(2003), 이수건 외(2004) 참고>

1876-11-23. **종대부 조흥진 토지매매명문**(從大父曺興振土地賣買明文), 답주 동몽 삼종손 조시정(畓主童蒙三從孫曺始禎). <1장. 한자+이두. 조선 필사 이두 자료. 전남 보성군 박실 제주 양씨가 구장. 원광대학교 박물관 소장. 호남권 한국학자료센터 홈페이지 원문 이미지와 텍스트 보기. 박병호(1974ㄱ), 최승희(1989), 정구복 외(1999), 채현경(2011) 참고>

1876-11-26. **이의홍 토지매매명문**(李宜洪土地賣買明文), 전주 박계홍(田主朴桂洪). <1장. 한자+이두. 조선 필사 이두 자료. 전남 영광군 염소면 원주 이씨가 구장. 광주광역시 이정옥 소장. 호남권 한국학자료센터 홈페이지 원문 이미지와 텍스트 보기. 최승희(1989), 정구복 외(1999) 참고>

1876-11-28. **토지매매명문**(土地賣買明文), 답주 하 노 철근(畓主河奴哲根). <1장. 한자

---

544 호남권 한국학자료센터 홈페이지에서는 '1876년 박분돌(朴分乭) 방매(放賣) 토지매매명문(土地賣買明文)'으로 표시하였다.

+이두. 조선 필사 이두 자료. 경남 진주시 운문 진양 하씨 소장. 한국학중앙연구원 장서각 한국고문서자료관 홈페이지 원문 이미지 보기. 한국정신문화연구원 편(2001) 참고>

1876-12-02. **토지매매명문**(土地賣買明文),[545] 답주 전백륜(畓主錢伯倫). <1장. 한자+이두. 조선 필사 이두 자료. 전남 나주시 남내 밀양 박씨 청재 종가 소장. 호남권 한국학자료센터 홈페이지 원문 이미지와 텍스트 보기. 김태영(1983), 이재수(2003), 김영나(2007) 참고>

1876-12-03. **김경화 수표**(金景化手標), 회조동 주인 조춘장(會鳥洞主人曺春長). <1장. 한자+이두. 조선 필사 이두 자료. 영암 미암 창녕 조씨 태호 후손가 소장. 호남권 한국학자료센터 홈페이지 원문 이미지 보기. 최승희(1989) 참고>

1876-12-03. **이재빈 토지매매명문**(李在彬土地賣買明文), 자필 답주 김영문(自筆畓主金永文). <1장. 한자+이두. 조선 필사 이두 자료. 전남 영광군 염소면 원주 이씨가 구장. 광주광역시 이정옥 소장. 호남권 한국학자료센터 홈페이지 원문 이미지와 텍스트 보기. 최승희(1989), 정구복 외(1999) 참고>

1876-12-06. **양 노 승엽 염장문기**(梁奴勝葉鹽場文記), 사전주 한량 김봉원(沙田主閑良金鳳元). <1장. 한자+이두. 조선 필사 이두 자료. 전남 보성군 박실 제주 양씨가 구장. 원광대학교 박물관 소장. 호남권 한국학자료센터 홈페이지 원문 이미지와 텍스트 보기. 박병호(1974ㄱ), 최승희(1989) 참고>

1876-12-07. **이영준 토지매매명문**(李英俊土地賣買明文) 1, 답주 이제민(畓主李悌民). <1장. 한자+이두. 조선 필사 이두 자료. 원광대학교 박물관 소장. 호남권 한국학자료센터 홈페이지 원문 이미지와 텍스트 보기>

1876-12-08. **권 생원 댁 토지매매명문**(權生員宅土地賣買明文), 전주 이동복(田主李東福). <1장. 한자+이두. 조선 필사 이두 자료. 경북 안동시 주촌 진성 이씨 경류정 소장. 한국학중앙연구원 장서각 한국고문서자료관 홈페이지 원문 이미지와 텍스트 보기. 한국정신문화연구원 편(1999) 참고>

---

[545] 호남권 한국학자료센터 홈페이지에서는 '1876년 전백륜(錢伯倫) 방매(放賣) 토지매매명문(土地賣買明文)'으로 표시하였다.

1876-12-08. **유학 토지매매명문**(幼學土地賣買明文),⁵⁴⁶ 면전주 유학 김재형(綿田主幼學金在衡). <1장. 한자+이두. 조선 필사 이두 자료. 전북대학교 박물관 소장. 호남권 한국학자료센터 홈페이지 원문 이미지와 텍스트 보기. 최승희(1989), 정구복 외(1999), 이재수(2003) 참고>

1876-12-12. **토지매매명문**(土地賣買明文),⁵⁴⁷ 전주 주화경(田主朱化敬). <1장. 한자+이두. 조선 필사 이두 자료. 원광대학교 박물관 소장. 호남권 한국학자료센터 홈페이지 원문 이미지와 텍스트 보기>

1876-12-13. **영보소 토지매매명문**(營補所土地賣買明文) 1, 전주 최응술(田主崔應述). <1장. 한자+이두. 조선 필사 이두 자료. 경북 상주 낙동 풍양 조씨 양진당 소장. 장서각 한국고문서자료관 홈페이지 원문 이미지 보기>

1876-12-14. **이영준 토지매매명문**(李英俊土地賣買明文) 2, 답주 자필 이제민(畓主自筆李悌民). <1장. 한자+이두. 조선 필사 이두 자료. 원광대학교 박물관 소장. 호남권 한국학자료센터 홈페이지 원문 이미지와 텍스트 보기>

1876-12-17. **강 생원주 황룡 댁 수표**(姜生員主黃龍宅手標),⁵⁴⁸ 표주 손호만(標主孫胡萬). <1장. 한자+이두. 조선 필사 이두 자료. 전북 무장 원송 진주 강씨가 구장. 전북대학교 박물관 소장. 호남권 한국학자료센터 홈페이지 원문 이미지와 텍스트 보기. 박병호(1974ㄱ), 최승희(1989), 정구복 외(1999) 참고>

1876-12-17. **김몽문 토지매매명문**(金夢文土地賣買明文), 전주 남중달(田主南仲達). <1장. 한자+이두. 조선 필사 이두 자료. 경북 상주 낙동 풍양 조씨 양진당 소장. 한국학중앙연구원 장서각 한국고문서자료관 홈페이지 원문 이미지 보기>

1876-12-17. **이천석 토지매매명문**(李千石土地賣買明文), 전주 김 생원 댁(田主金生員宅). <1장. 한자+이두. 조선 필사 이두 자료. 경북 봉화군 명호면 도천리 안동 김씨 해헌 고택 구장. 한국국학진흥원 소장. 한국학자료센터 영남권역센터 홈페

---

546 호남권 한국학자료센터 홈페이지에서는 '1876년 김재형(金在衡) 방매 토지매매명문(土地賣買明文)'으로 표시하였다.

547 호남권 한국학자료센터 홈페이지에서는 '1876년 주화경(朱化敬) 방매(放賣) 토지매매명문(土地賣買明文)'으로 표시하였다.

548 호남권 한국학자료센터 홈페이지에서는 문서명을 '1876년 손호만(孫胡萬) 수표(手標)'로 적었다.

이지 원문 이미지와 텍스트 보기. 박병호(1974ㄱ), 최승희(1989), 이재수(2003), 이수건 외(2004) 참고>

1876-12-18. **영보소 토지매매명문**(營補所土地賣買明文) 2, 전답주 정상기(田畓主鄭祥基). <1장. 한자+이두. 조선 필사 이두 자료. 경북 상주 낙동 풍양 조씨 양진당 소장. 한국학중앙연구원 장서각 한국고문서자료관 홈페이지 원문 이미지 보기>

1876-12-18. **이 생원 댁 노 옥이 토지매매명문**(李生員宅奴玉伊土地賣買明文), 답주 강 생원 댁 노 흥록(畓主姜生員宅奴興祿). <1장. 한자+이두. 조선 필사 이두 자료. 경북 봉화군 명호면 도천리 안동 김씨 해헌 고택 구장. 한국국학진흥원 소장. 한국학자료센터 영남권역센터 홈페이지 원문 이미지와 텍스트 보기. 박병호(1974ㄱ), 최승희(1989), 이재수(2003), 이수건 외(2004) 참고>

1876-12-19. **토지매매명문**(土地賣買明文),[549] 유학 조태양 등(幼學趙太陽等). <1장. 한자+이두. 조선 필사 이두 자료. 전북대학교 박물관 소장. 호남권 한국학자료센터 홈페이지 원문 이미지와 텍스트 보기. 최승희(1989), 정구복 외(1999), 이재수(2003) 참고>

1876-12-21. **고신록 토지매매명문**(高信祿土地賣買明文), 전주 황용언(田主黃用彦). <1장. 한자+이두. 조선 필사 이두 자료. 제주시 일도 2동 제주민속자연사박물관 소장. 호남권 한국학자료센터 홈페이지 원문 이미지와 텍스트 보기. 최승희(1989), 고창석 역해(2012) 참고>

1876-12-23. **유학 안 토지매매명문**(幼學安土地賣買明文), 답주 유학 이광회(畓主幼學李光會). <1장. 한자+이두. 조선 필사 이두 자료. 전남 보성군 박실 제주 양씨가 구장. 원광대학교 박물관 소장. 호남권 한국학자료센터 홈페이지 원문 이미지와 텍스트 보기. 최승희(1989), 정구복 외(1999), 채현경(2011) 참고>

1876-12-27~1879-10-20(丙子~己卯). 「강학청일기(**講學廳日記**)」 1~2, 강학청(講學廳) 편(編). <2책. 필사본. 한자+이두. 조선 필사 이두 자료. 서울대학교 규장각 한국학연구원 홈페이지 원문 이미지 보기>

---

549 호남권 한국학자료센터 홈페이지에서는 '1876년 조태양(趙太陽) 등 방매 토지매매명문(土地賣買明文)'으로 표시하였다.

1876-12-28. **영보소 토지매매명문**(營補所土地賣買明文) 3, 답주 자필 김옥지(畓主自筆金玉只). <1장. 한자+이두. 조선 필사 이두 자료. 경북 상주 낙동 풍양 조씨 양진당 소장. 한국학중앙연구원 장서각 한국고문서자료관 홈페이지 원문 이미지 보기>

1876-12-28. **토지매매명문**(土地賣買明文), 대전주 김영악(垈田主金永岳). <1장. 한자+이두. 조선 필사 이두 자료. 상주 연안 이씨 이만부 종가 소장. 한국학중앙연구원 장서각 한국고문서자료관 홈페이지 원문 이미지 보기>

1876-12-28. **토지매매명문**(土地賣買明文), 전주 안 노 선이(田主安奴先伊). <1장. 한자+이두. 조선 필사 이두 자료. 경북 경주시 소정리 경주 이씨 소장. 한국학중앙연구원 장서각 한국고문서자료관 홈페이지 원문 이미지 보기. 한국정신문화연구원 편(2002) 참고>

1876-12-29. **토지매매명문**(土地賣買明文), 답주 김화일(畓主金化日). <1장. 한자+이두. 조선 필사 이두 자료. 전남 해남 윤씨 소장. 한국학중앙연구원 한국학 디지털 아카이브 홈페이지 원문 이미지 보기>

1876-12-00. **유월금 소지**(六月金所志), 유월금. <1장. 한자+이두. 조선 필사 이두 자료. 전북 담양군 모현관 소장. 호남권 한국학자료센터 홈페이지 원문 이미지와 텍스트 보기. 최승희(1989), 정구복 외(1999) 참고>

1876-12-00. **토지매매명문**(土地賣買明文),[550] 답주 유학 김달순(畓主幼學金達淳). <1장. 한자+이두. 조선 필사 이두 자료. 전북대학교 박물관 소장. 호남권 한국학자료센터 홈페이지 원문 이미지와 텍스트 보기>

1876-12-00. **토지매매명문**(土地賣買明文),[551] 자필 답주 유학 서군민(自筆畓主幼學徐君珉). <1장. 한자+이두. 조선 필사 이두 자료. 전북대학교 박물관 소장. 호남권 한국학자료센터 홈페이지 원문 이미지와 텍스트 보기. 최승희(1989), 정구복 외(1999), 이재수(2003) 참고>

---

[550] 호남권 한국학자료센터 홈페이지에서는 '1876년 김달순(金達淳) 방매 토지매매명문(土地賣買明文)'으로 표시하였다.

[551] 호남권 한국학자료센터 홈페이지에서는 '1876년 서군민(徐君珉) 방매 토지매매명문(土地賣買明文)'으로 표시하였다.

1876-12-■■. **토지매매명문**(土地賣買明文), 전주 이동복(田主伊東福). <1장. 한자+이두. 조선 필사 이두 자료. 경북 안동시 주촌 진성 이씨 소장. 한국학중앙연구원 한국학 디지털 아카이브 홈페이지 원문 이미지 보기>

1876-12-■■. **토지매매명문**(土地賣買明文), 전주 한 노 복랑(田主韓奴卜郞). <1장. 한자+이두. 조선 필사 이두 자료. 경북 경주시 소정리 경주 이씨 소장. 한국학중앙연구원 장서각 한국고문서자료관 홈페이지 원문 이미지 보기. 한국정신문화연구원 편(2002) 참고>

1876-12-00~1878-07-11(丙子~戊寅).「황해수영계첩(**黃海水營 啓牒**)」2, 비변사(備邊司) 편(編). <1책(2/전4책). 22장. 필사본. 표제는 '黃海水營啓錄'. 한자+이두. 조선 필사 이두 자료. 서울대학교 규장각 한국학연구원 홈페이지 원문 이미지 보기> <영인본:「각사등록」25(황해도편 4)(국사편찬위원회 편, 1987)> <1870-07-26~1876-06-09(1/4)>

1876-12-00~1890-11-23(丙子~丁亥).「운감등록(**雲監謄錄**)」, 관상감(觀象監) 편(編). <1책. 33장. 필사본. 한자+이두. 조선 필사 이두 자료. 서울대학교 규장각 한국학연구원 홈페이지 원문 이미지 보기>

1876-00-00.「보인소의궤(**寶印所儀軌**)」, 보인소 편. <1책. 80장. 필사본. 표제는 '光緒二年丙子十一月 日寶印所儀軌 全'. 목록제는 '寶印所儀軌目錄'. 한자+이두. 조선 필사 이두 자료. 한국학중앙연구원 디지털장서각 홈페이지 'K3-568' 원문 이미지 보기>

1876-00-00.「선원보략수정의궤(**璿源譜略修正儀軌**)」, 종친부(宗親府) 편. <1책. 24장. 필사본. 표제는 '乙亥十二月 日璿源譜略修正儀軌'. 권수제는 '光緖元年乙亥十二月 日璿源譜略修正儀軌'. 한자+이두. 조선 필사 이두 자료. 서울대학교 규장각 한국학연구원 의궤 종합정보 홈페이지 '奎14123' 원문 이미지 보기>

1877년

<정축(丁丑). 고종 14년. 광서 3년. 명치 10년>

1877-01-06. **유학 정민렴 토지매매명문**(幼學鄭民廉土地賣買明文), 답주 유학 강제회(畓主幼學姜齊會). <1장. 한자+이두. 조선 필사 이두 자료. 경남 거창 장기 거창 신씨가 소장. 한국학중앙연구원 장서각 한국고문서자료관 홈페이지 원문 이미지 보기. 한국학중앙연구원 편(2005) 참고>

1877-01-08. **유학 토지매매명문**(幼學土地賣買明文), 답주 유학 임사훈(畓主幼學任思勳). <1장. 한자+이두. 조선 필사 이두 자료. 전남 보성군 박실 제주 양씨가 구장. 원광대학교 박물관 소장. 호남권 한국학자료센터 홈페이지 원문 이미지와 텍스트 보기. 박병호(1974ㄱ), 최승희(1989), 이재수(2003) 참고>

1877-01-11. **만계 토지매매명문**(萬稧土地賣買明文), 답주 윤운수(畓主尹雲守). <1장. 한자+이두. 조선 필사 이두 자료. 경북 상주 낙동 풍양 조씨 양진당 소장. 한국학중앙연구원 장서각 한국고문서자료관 홈페이지 원문 이미지 보기>

1877-01-11. **전룡 토지매매명문**(全龍土地賣買明文),[552] 전주 자필 한상택(田主自筆漢上宅). <1장. 한자+이두. 조선 필사 이두 자료. 경북 안동시 주촌 진성 이씨 경류정 소장. 한국학중앙연구원 장서각 한국고문서자료관 홈페이지 원문 이미지와 텍스트 보기. 한국정신문화연구원 편(1999) 참고>

1877-01-14. **유학 토지매매명문**(幼學土地賣買明文),[553] 답주 유학 정언문(畓主幼學鄭彦文). <1장. 한자+이두. 조선 필사 이두 자료. 전북대학교 박물관 소장. 호남권 한국학자료센터 홈페이지 원문 이미지와 텍스트 보기. 최승희(1989), 정구복 외(1999), 이재수(2003) 참고>

1877-01-14. **토지매매명문**(土地賣買明文), 답주 권은목(畓主權殷睦). <1장. 한자+이두. 조선 필사 이두 자료. 경북 안동시 주촌 진성 이씨 경류정 소장. 한국학중앙연구원 장서각 한국고문서자료관 홈페이지 원문 이미지와 텍스트 보기. 한국정신문화연구원 편(1999) 참고>

1877-01-16. **대정군수 첩정**(大靜郡守牒呈) 1, 대정군수. <1장. 한자+이두. 조선 필사

---

[552] 한국학중앙연구원 장서각 한국고문서자료관 홈페이지에서는 '1877년 **김룡**(金龍) 토지매매명문(土地賣買明文)'으로 잘못 표시하였다.

[553] 호남권 한국학자료센터 홈페이지에서는 '1877년 정언문(鄭彦文) 방매 토지매매명문(土地賣買明文)'으로 표시하였다.

이두 자료. 제주시 일도 2동 제주민속자연사박물관 소장. 호남권 한국학자료센터 홈페이지 원문 이미지와 텍스트 보기. 최승희(1989), 고창석(2002, 2012) 참고>

1877-01-16. **토지매매명문**(土地賣買明文), 답주 유학 박두월(畓主幼學朴斗月). <1장. 한자+이두. 조선 필사 이두 자료. 전남 구례군 토지면 오미리 문화 류씨 운조루 소장. 한국학중앙연구원 장서각 한국고문서자료관 홈페이지 원문 이미지와 텍스트 보기. 한국정신문화연구원 편(1998) 참고>

1877-01-19. **최윤수 차첩**(崔崙壽差帖), 고종(高宗). <1장. 한자+이두. 조선 필사 이두 자료. 경북 경주시 내남면 이조리 경주 최씨·용산서원 소장. 한국학중앙연구원 장서각 한국고문서자료관 홈페이지 원문 이미지 보기. 한국정신문화연구원 편(2000) 참고>

1877-01-22. **박 생원 댁 노 점남 토지매매명문**(朴生員宅奴占男土地賣買明文), 전주서 조이(田主徐召史). <1장. 한자+이두. 조선 필사 이두 자료. 경북 봉화군 명호면 도천리 안동 김씨 해헌 고택 구장. 한국국학진흥원 소장. 한국학자료센터 영남권역센터 홈페이지 원문 이미지와 텍스트 보기. 박병호(1974ㄱ), 최승희(1989), 김건우(2008) 참고>

1877-01-26. **토지매매명문**(土地賣買明文),[554] 전주 유학 최일하(田主幼學崔一河). <1장. 한자+이두. 조선 필사 이두 자료. 원광대학교 박물관 소장. 호남권 한국학자료센터 홈페이지 원문 이미지와 텍스트 보기>

1877-01-28. **이재빈 토지매매명문**(李在彬土地賣買明文), 답주 이 조이(畓主李召史). <1장. 한자+이두. 조선 필사 이두 자료. 전남 영광군 염소면 원주 이씨가 구장. 광주광역시 이정옥 소장. 호남권 한국학자료센터 홈페이지 원문 이미지와 텍스트 보기. 최승희(1989), 정구복 외(1999) 참고>

1877-01-28. **지례 종가댁 명문**(知禮宗家宅明文), 표주 상인 정희락(標主喪人鄭羲洛). <1장. 한자+이두. 조선 필사 이두 자료. 안동 천전 의성 김씨 지촌 종택 소장. 한국학중앙연구원 장서각 한국고문서자료관 홈페이지 원문 이미지 보기. 한국정

---

554 호남권 한국학자료센터 홈페이지에서는 '1877년 최일하(崔一河) 방매(放賣) 토지매매명문(土地賣買明文)'으로 표시하였다.

신문화연구원 편(1990) 참고>

1877-01-29. **재종형 조병삼 토지매매명문**(再從兄曺秉杉土地賣買明文), 답주 유학 조한준(畓主幼學曺漢駿). <1장. 한자+이두. 조선 필사 이두 자료. 영암 미암 창녕 조씨 태호 후손가 소장. 호남권 한국학자료센터 홈페이지 원문 이미지 보기. 최승희(1989) 참고>

1877-01-00(또는 1817-01-00) 추정. 「부 박정국 옥발 남화리 옥안(**附朴正局獄跋 南化里獄案**)」,⁵⁵⁵ 목천현(木川縣) 편(篇). <1책. 35장. 필사본. 내제는 '附朴正局獄跋 南化里獄案'. 개장한 표지의 표제는 '南化里獄案'. 한자+이두. 조선 필사 이두 자료. 서울대학교 규장각 한국학연구원 홈페이지 원문 이미지 보기>

1877-01-00~1877-12-00(丁丑). 「추조결옥록(**秋曹決獄錄**)」 29, 형조(刑曹) 편(編). <1책(29/낙질본 43책). 25장. 필사본. 한자+이두. 조선 필사 이두 자료. 서울대학교 규장각 한국학연구원 홈페이지 원문 이미지 보기> <1822-01-00~1822-12-00 (1/43)>

1877-02-04. **계중 토지매매명문**(契中土地賣買明文), 전주 족종 의억(田主族從宜億). <1장. 한자+이두. 조선 필사 이두 자료. 경북 안동시 주촌 진성 이씨 경류정 소장. 한국학중앙연구원 장서각 한국고문서자료관 홈페이지 원문 이미지와 텍스트 보기. 한국정신문화연구원 편(1999) 참고>

1877-02-07. **김흥복 토지매매명문**(金興福土地賣買明文), 전주 박인술(田主朴仁術). <1장. 한자+이두. 조선 필사 이두 자료. 경북 안동시 박실 전주 류씨 수정재 고택 구장. 한국국학진흥원 소장. 한국학자료센터 영남권역센터 홈페이지 원문 이미지와 텍스트 보기>

1877-02-07. **노 응득 토지매매명문**(奴應得家舍賣買明文), 대전주 민원오(垈田主閔元五). <1장. 한자+이두. 조선 필사 이두 자료. 상주 연안 이씨 이만부 종가 소장. 한국학중앙연구원 장서각 한국고문서자료관 홈페이지 원문 이미지 보기>

1877-02-08. **유학 토지매매명문**(幼學土地賣買明文),⁵⁵⁶ 답주 김응칠(畓主金應七). <1

---

555 서울대학교 규장각 한국학연구원 홈페이지에서는 책명을 '木川縣西面南化里致死女人金召史初檢案 목천현서면남화리치사여인김소사초검안'으로 표시하였다.

장. 한자+이두. 조선 필사 이두 자료. 광주광역시 광산구 김해 김씨 소장. 호남권 한국학자료센터 홈페이지 원문 이미지와 텍스트 보기. 김재문(1986), 이수건 외(2004) 참고>

1877-02-09. **주촌 이씨 문중 토지매매명문**(周村李氏門中土地賣買明文), 답주 자필 종손 유학 권병직(畓主自筆幼學權秉直). <1장. 한자+이두. 조선 필사 이두 자료. 경북 안동시 주촌 진성 이씨 경류정 소장. 한국학중앙연구원 장서각 한국고문서자료관 홈페이지 원문 이미지와 텍스트 보기. 한국정신문화연구원 편(1999) 참고>

1877-02-09. **토지매매명문**(土地賣買明文),[557] 전주 자필 유학 김오서(出主自筆幼學金晤瑞). <1장. 한자+이두. 조선 필사 이두 자료. 전북 임실군 청웅 밀양 박씨가 소장. 호남권 한국학자료센터 홈페이지 원문 이미지와 텍스트 보기. 박병호(1974ㄱ), 최승희(1989), 전경목 외(2006), 채현경(2011) 참고>

1877-02-10. **심기화 토지매매명문**(沈基和土地賣買明文), 답주 이문영(畓主李文永). <1장. 한자+이두. 조선 필사 이두 자료. 삼척시립박물관 소장. 한국학자료센터 강원권역센터 홈페이지 원문 이미지와 텍스트 보기. 최승희(1989), 김소은(2004), 김세민(2013), 김영란(2017) 참고>

1877-02-10. **유학 가사매매명문**(幼學家舍賣買明文),[558] 가대주 자필 유학 김윤서(家垈主自筆幼學金允西). <1장. 한자+이두. 조선 필사 이두 자료. 광주광역시 광산구 김해 김씨 소장. 호남권 한국학자료센터 홈페이지 원문 이미지와 텍스트 보기. 김재문(1986), 이수건 외(2004) 참고>

1877-02-15. **토지매매명문**(土地賣買明文),[559] 답주 서 씨(畓主徐氏). <1장. 한자+이두.

---

[556] 호남권 한국학자료센터 홈페이지에서는 '1877년 김응칠(金應七) 방매(放賣) 토지매매명문(土地賣買明文)'으로 표시하였다.

[557] 호남권 한국학자료센터 홈페이지에서는 '1877년 김오서(金晤瑞) 방매(放賣) 토지매매명문(土地賣買明文)'으로 표시하였다.

[558] 호남권 한국학자료센터 홈페이지에서는 '1877년 김윤서(金允西) 방매(放賣) 가사매매명문(家舍賣買明文)'으로 표시하였다.

[559] 호남권 한국학자료센터 홈페이지에서는 '1877년 서씨(徐氏) 방매(放賣) 토지매매명문(土地賣買明文)'으로 표시하였다.

조선 필사 이두 자료. 광주광역시 광산구 김해 김씨 소장. 호남권 한국학자료센터 홈페이지 원문 이미지와 텍스트 보기. 김재문(1986), 이수건 외(2004) 참고>

1877-02-16. **가사매매명문**(家舍賣買明文), 가대주 한 노 복랑(家垈主韓奴卜郞). <1장. 한자+이두. 조선 필사 이두 자료. 경북 경주시 소정리 경주 이씨 소장. 한국학중앙연구원 장서각 한국고문서자료관 홈페이지 원문 이미지 보기. 한국정신문화연구원 편(2002) 참고>

1877-02-16. **토지매매명문**(土地賣買明文),[560] 답주 김명운(畓主金明雲). <1장. 한자+이두. 조선 필사 이두 자료. 전남 나주시 나주 정씨 정문찬 소장. 호남권 한국학자료센터 홈페이지 원문 이미지와 텍스트 보기. 최승희(1989), 국립민속박물관 편(1991) 참고>

1877-02-17. **천지 토지매매명문**(千地土地賣買明文), 답주 김 노 선득(畓主金奴先得). <1장. 한자+이두. 조선 필사 이두 자료. 경북 경주시 안강읍 옥산리 여주 이씨 독락당 소장. 한국학중앙연구원 장서각 한국고문서자료관 홈페이지 원문 이미지 보기. 한국정신문화연구원 편(2003) 참고>

1877-02-18. **노 용득 배지**(奴龍得牌旨), 상전 강(上典姜). <1장. 한자+이두. 조선 필사 이두 자료. 경북 봉화군 명호면 도천리 안동 김씨 해헌 고택 구장. 한국국학진흥원 소장. 한국학자료센터 영남권역센터 홈페이지 원문 이미지와 텍스트 보기. 박병호(1974ㄱ), 최승희(1989), 이재수(2003), 이수건 외(2004) 참고>

1877-02-18. **수기**(手記),[561] 수기주 상인 김양순(手記主喪人金良順). <1장. 한자+이두. 조선 필사 이두 자료. 전북 임실군 청웅 밀양 박씨가 소장. 호남권 한국학자료센터 홈페이지 원문 이미지와 텍스트 보기. 박병호(1974ㄱ), 최승희(1989), 김경숙(2002), 전경목 외(2006) 참고>

1877-02-18. **토지매매명문**(土地賣買明文),[562] 답주 이평화(畓主李平和). <1장. 한자+

---

560 호남권 한국학자료센터 홈페이지에서는 '1877년 김명운(金明雲) 방매(放賣) 토지매매명문(土地賣買明文)'으로 표시하였다.

561 호남권 한국학자료센터 홈페이지에서는 '1877년 김양순(金良順) 수표(手標)'로 표시하였다.

562 호남권 한국학자료센터 홈페이지에서는 '1877년 이평화(李平和) 방매(放賣) 토지매매명문(土地賣買明文)'으로 표시하였다.

이두. 조선 필사 이두 자료. 전남 나주시 남내 밀양 박씨 청재 종가 소장. 호남권 한국학자료센터 홈페이지 원문 이미지와 텍스트 보기. 최승희(1989), 이재수(2003) 참고>

1877-02-20. **신 생원 댁 토지매매명문**(辛生員宅土地賣買明文),[563] 자척 여형 박 조이(自斥女兄朴召史). <1장. 한자+이두. 조선 필사 이두 자료. 영광 입석 영월 신씨 소장. 한국학중앙연구원 장서각 한국고문서자료관 홈페이지 원문 이미지와 텍스트 보기. 한국정신문화연구원 편(1996) 참고>

1877-02-22. **토지매매명문**(土地賣買明文),[564] 답주 유학 이진숙(畓主幼學李鎭肅). <1장. 한자+이두. 조선 필사 이두 자료. 전남 보성군 박실 제주 양씨가 구장. 원광대학교 박물관 소장. 호남권 한국학자료센터 홈페이지 원문 이미지와 텍스트 보기. 박병호(1974ㄱ), 최승희(1989), 이재수(2003) 참고>

1877-02-23. **수노 봉이 토지매매명문**(首奴封伊土地賣買明文), 전주 노 은례(田主奴殷禮). <1장. 한자+이두. 조선 필사 이두 자료. 경북 경주시 안강읍 옥산리 여주 이씨 독락당 소장. 한국학중앙연구원 장서각 한국고문서자료관 홈페이지 원문 이미지 보기. 한국정신문화연구원 편(2003) 참고>

1877-02-25. **김 생원 댁 노 중록 토지매매명문**(金生員宅奴仲彔土地賣買明文), 전답주 홍이정(田畓主洪伊正). <1장. 한자+이두. 조선 필사 이두 자료. 안동 천전 의성 김씨 지촌 종택 소장. 한국학중앙연구원 장서각 한국고문서자료관 홈페이지 원문 이미지 보기. 한국정신문화연구원 편(1990) 참고>

1877-02-28. **가사매매명문**(家舍賣買明文), 가대주 유 노 예금(家垈主柳奴禮今). <1장. 한자+이두. 조선 필사 이두 자료. 경북 경주시 소정리 경주 이씨 소장. 한국학중앙연구원 장서각 한국고문서자료관 홈페이지 원문 이미지 보기. 한국정신문화연구원 편(2002) 참고>

1877-02-28. **토지매매명문**(土地賣買明文), 답주 자필 최 노 돌악(畓主自筆崔奴乭岳).

---

[563] 한국학중앙연구원 장서각 한국고문서자료관 홈페이지에서는 '1877년 생원(生員) 신(辛) 토지매매명문(土地賣買明文)'으로 표시하였다.

[564] 호남권 한국학자료센터 홈페이지에서는 '1877년 이진숙(李鎭肅) 방매(放賣) 토지매매명문(土地賣買明文)'으로 표시하였다.

<1장. 한자+이두. 조선 필사 이두 자료. 경북 경주시 내남면 이조리 경주 최씨·용산서원 소장. 한국학중앙연구원 장서각 한국고문서자료관 홈페이지 원문 이미지 보기. 한국정신문화연구원 편(2000) 참고>

1877-02-29. **토지매매명문**(土地賣買明文),[565] 답주 과부 임 씨(畓主寡婦林氏). <1장. 한자+이두. 조선 필사 이두 자료. 전북 무장 원송 진주 강씨가 구장. 전북대학교 박물관 소장. 호남권 한국학자료센터 홈페이지 원문 이미지와 텍스트 보기. 박병호(1974ㄱ), 최승희(1989), 이재수(2003) 참고>

1877-02-30. **용인우 토지매매명문**(龍仁宇土地賣買明文), 전주 박원근(田主朴元根). <1장. 한자+이두. 조선 필사 이두 자료. 전북대학교 박물관 소장. 호남권 한국학자료센터 홈페이지 원문 이미지와 텍스트 보기. 박병호(1974ㄱ), 최승희(1989), 이재수(2003), 박준호(2004), 전경목 외(2006) 참고>

1877-02-30. **토지매매명문**(土地賣買明文),[566] 답주 유학 박태묵(畓主幼學朴泰黙). <1장. 한자+이두. 조선 필사 이두 자료. 전남 보성군 박실 제주 양씨가 구장. 원광대학교 박물관 소장. 호남권 한국학자료센터 홈페이지 원문 이미지와 텍스트 보기. 최승희(1989), 정구복 외(1999), 이재수(2003) 참고>

1877-02-30~1878-07-22(광서 3년 丁丑~광서 4년 戊寅). 「**함경남병영계록**(咸鏡南兵營啓錄)」 4, 비변사(備邊司) 편(編). <1책(4/전7책). 47장. 필사본. 표제는 '南兵營啓錄'. 한자+이두. 조선 필사 이두 자료. 서울대학교 규장각 한국학연구원 홈페이지 원문 이미지 보기> <영인본: 「각사등록」 44(함경도편 3)(국사편찬위원회 편, 1990)> <1856-02-25~1858-03-21(1/7)>

1877-02-00. **가사매매명문**(家舍賣買明文),[567] 자필 가대주 한량 김시갑(自筆家垈主閑良金始甲). <1장. 한자+이두. 조선 필사 이두 자료. 전북대학교 박물관 소장. 호남

---

[565] 호남권 한국학자료센터 홈페이지에서는 '1877년 과부(寡婦) 임씨(林氏) 방매(放賣) 토지매매명문(土地賣買明文)'으로 표시하였다.

[566] 호남권 한국학자료센터 홈페이지에서는 문서명을 '1877년 박태묵(朴泰黙) 방매(放賣) 토지매매명문(土地賣買明文)'으로 적었다.

[567] 호남권 한국학자료센터 홈페이지에서는 '1877년 김시갑(金始甲) 방매 가사매매명문('家舍賣買明文)'으로 표시하였다.

권 한국학자료센터 홈페이지 원문 이미지와 텍스트 보기. 최승희(1989), 정구복 외(1999), 이재수(2003) 참고>

1877-02-00. **건입리 민인 등장**(健入里民人等狀) 1, 건입리 민인. <1장. 한자+이두. 조선 필사 이두 자료. 제주시 이도 제주 고씨 고명진 구장. 제주시 일도 2동 제주민속자연사박물관 소장. 호남권 한국학자료센터 홈페이지 원문 이미지와 텍스트 보기. 최승희(1989) 참고>

1877-02-00. **건입리 민인 등장**(健入里民人等狀) 2, 건입리 민인. <1장. 한자+이두. 조선 필사 이두 자료. 제주시 이도 제주 고씨 고명진 구장. 제주시 일도 2동 제주민속자연사박물관 소장. 호남권 한국학자료센터 홈페이지 원문 이미지와 텍스트 보기. 최승희(1989) 참고>

1877-02-00. **고서흥 전령**(高瑞興傳令), 제주목사 겸 방어사(濟州牧使兼防禦使). <1장. 한자+이두. 조선 필사 이두 자료. 제주시 이도 제주 고씨 고명진 구장. 제주시 일도 2동 제주민속자연사박물관 소장. 호남권 한국학자료센터 홈페이지 원문 이미지와 텍스트 보기. 최승희(1989) 참고>

1877-02-00. **화민 신휘상 소지**(化民辛徽常所志), 신휘상. <1장. 한자+이두. 조선 필사 이두 자료. 영광 입석 영월 신씨 소장. 한국학중앙연구원 장서각 한국고문서자료관 홈페이지 원문 이미지와 텍스트 보기. 한국정신문화연구원 편(1996) 참고>

1877-03-03. **유 생원 시장문기**(柳生員柴場文記), 시장주 박덕여(柴場主朴德汝). <1장. 한자+이두. 조선 필사 이두 자료. 광주광역시 광산구 김해 김씨 소장. 호남권 한국학자료센터 홈페이지 원문 이미지와 텍스트 보기. 이재수(2003), 이수건 외(2004) 참고>

1877-03-05. **시장문기**(柴場文記), 시장 저전주 유학 신문규(柴場苧田主幼學辛文珪). <1장. 한자+이두. 조선 필사 이두 자료. 영광 입석 영월 신씨 소장. 한국학중앙연구원 장서각 한국고문서자료관 홈페이지 원문 이미지와 텍스트 보기. 한국정신문화연구원 편(1996) 참고>

1877-03-08. **토지매매명문**(土地賣買明文), 산주 김기동(山主金基束). <1장. 한자+이두. 조선 필사 이두 자료. 경북 경주시 소정리 경주 이씨 소장. 한국학중앙연구원 장서각 한국고문서자료관 홈페이지 원문 이미지 보기. 한국정신문화연구원 편

(2002) 참고>

1877-03-10. **봉■■ 토지매매명문**(鳳■■土地賣買明文), 전주 김한손(田主金漢孫). <1장. 한자+이두. 조선 필사 이두 자료. 경북 안동시 주촌 진성 이씨 경류정 구장. 서울역사박물관 소장. 한국학중앙연구원 장서각 한국고문서자료관 홈페이지 원문 이미지와 텍스트 보기. 한국정신문화연구원 편(1999) 참고>

1877-03-15. **토지매매명문**(土地賣買明文), 답주 김철철(畓主金哲喆). <1장. 한자+이두. 조선 필사 이두 자료. 경북 상주 낙동 풍양 조씨 양진당 소장. 한국학중앙연구원 장서각 한국고문서자료관 홈페이지 원문 이미지 보기>

1877-03-17. **이돈수 자매명문**(李敦壽自賣明文), 주모 이 조이(主母李召史). <1장. 한자+이두. 조선 필사 이두 자료. 경북 경주시 안강읍 옥산리 여주 이씨 장산서원·치암 종택 구장. 한국학중앙연구원 장서각 한국고문서자료관 홈페이지 원문 이미지 보기. 한국정신문화연구원 편(2003) 참고>

1877-03-18. **토지매매명문**(土地賣買明文), 전주 동몽 유칠언(田主童蒙柳七彦). <1장. 한자+이두. 조선 필사 이두 자료. 경북 경주시 소정리 경주 이씨 소장. 한국학중앙연구원 장서각 한국고문서자료관 홈페이지 원문 이미지 보기. 한국정신문화연구원 편(2002) 참고>

1877-03-19. **양 생원 댁 노 맹문 자매명문**(梁生員宅奴孟文自賣明文), 분덕 부 이원옥(分德父李元玉). <1장. 한자+이두. 조선 필사 이두 자료. 전남 보성군 박실 제주 양씨가 구장. 원광대학교 박물관 소장. 호남권 한국학자료센터 홈페이지 원문 이미지와 텍스트 보기>

1877-03-19. **토지매매명문**(土地賣買明文),[568] 전주 유학 이상희(田主幼學李象喜). <1장. 한자+이두. 조선 필사 이두 자료. 전남 보성군 박실 제주 양씨가 구장. 원광대학교 박물관 소장. 호남권 한국학자료센터 홈페이지 원문 이미지와 텍스트 보기. 최승희(1989), 이재수(2003) 참고>

1877-03-21. **시장문기**(柴場文記),[569] 시장주 정순조(柴場主丁順祚). <1장. 한자+이두.

---

[568] 호남권 한국학자료센터 홈페이지에서는 '1877년 이상희(李象喜) 방매(放賣) 토지매매명문(土地賣買明文)'으로 표시하였다.

조선 필사 이두 자료. 전남 나주시 나주 정씨 정문찬 소장. 호남권 한국학자료센터 홈페이지 원문 이미지와 텍스트 보기. 최승희(1989), 국립민속박물관 편(1991) 참고>

1877-03-22. **이호 두선 토지매매명문**(李戶斗先土地賣買明文), 답주 김득이(畓主金得伊). <1장. 한자+이두. 조선 필사 이두 자료. 경북 영해 인량 재령 이씨 충효당 구장. 한국국학진흥원 소장. 한국학중앙연구원 장서각 한국고문서자료관 홈페이지 원문 이미지 보기. 한국정신문화연구원 편(1997) 참고>

1877-03-22. **정의군수 첩정**(旌義郡守牒呈) 1, 정의군수 강이호(康履昊). <1장. 한자+이두. 조선 필사 이두 자료. 제주시 일도 이동규 구장. 제주시 일도 2동 제주민속자연사박물관 소장. 호남권 한국학자료센터 홈페이지 원문 이미지와 텍스트 보기. 최승희(1989), 고창석(2002, 2012) 참고>

1877-03-22. **정의군수 첩정**(旌義郡守牒呈) 2, 정의군수 강이호(康履昊). <1장. 한자+이두. 조선 필사 이두 자료. 제주시 일도 이동규 구장. 제주시 일도 2동 제주민속자연사박물관 소장. 호남권 한국학자료센터 홈페이지 원문 이미지와 텍스트 보기. 최승희(1989), 고창석(2002, 2012) 참고>

1877-03-22. **정의군수 첩정부**(旌義郡守牒呈部), 정의군수 강이호(康履昊). <1장. 한자+이두. 조선 필사 이두 자료. 제주시 일도 이동규 구장. 제주시 일도 2동 제주민속자연사박물관 소장. 호남권 한국학자료센터 홈페이지 원문 이미지와 텍스트 보기. 최승희(1989), 고창석(2002, 2012) 참고>

1877-03-22. **토지매매명문**(土地賣買明文), 답주 김일동(畓主金日東). <1장. 한자+이두. 조선 필사 이두 자료. 경북 경주시 소정리 경주 이씨 소장. 한국학중앙연구원 장서각 한국고문서자료관 홈페이지 원문 이미지 보기. 한국정신문화연구원 편(2002) 참고>

1877-03-23. **토지매매명문**(土地賣買明文),[570] 답주 유학 최봉교(畓主幼學崔鳳敎). <1

---

569 호남권 한국학자료센터 홈페이지에서는 '1877년 정순조(丁順祚) 방매(放賣) 시장문기(柴場文記)'로 표시하였다.

570 호남권 한국학자료센터 홈페이지에서는 '1877년 최봉교(崔鳳敎) 방매(放賣) 토지매매명문(土地賣買明文)'으로 표시하였다.

장. 한자+이두. 조선 필사 이두 자료. 전남 나주시 남내 밀양 박씨 청재 종가 소장. 호남권 한국학자료센터 홈페이지 원문 이미지와 텍스트 보기. 최승희(1989), 이재수(2003), 김영나(2007) 참고>

1877-03-23. **토지매매명문**(土地賣買明文),[571] 답주 주문삼(畓主朱文三). <1장. 한자+이두. 조선 필사 이두 자료. 전남 영광 마산 경주 이씨가 구장. 진안 용담호미술관 소장. 호남권 한국학자료센터 홈페이지 원문 이미지와 텍스트 보기. 최승희(1989), 정구복 외(1999), 채현경(2011) 참고>

1877-03-24. **이 생원 댁 호노 춘쇠 자매명문**(李生員宅戶奴春釗自賣明文), 자매녀 김쌍련(自賣女金雙連). <1장. 한자+이두. 조선 필사 이두 자료. 경북 영해 인량 재령 이씨 충효당 구장. 한국국학진흥원 소장. 한국학중앙연구원 장서각 한국고문서자료관 홈페이지 원문 이미지 보기. 한국정신문화연구원 편(1997) 참고>

1877-03-24. **종제 김성추 토지매매명문**(從弟金聲秋土地賣買明文), 답주 종형 김정추(畓主從兄金政秋). <1장. 한자+이두. 조선 필사 이두 자료. 광주광역시 광산구 김해 김씨 소장. 호남권 한국학자료센터 홈페이지 원문 이미지와 텍스트 보기. 이재수(2003), 이수건 외(2004) 참고>

1877-03-28. **토지매매명문**(土地賣買明文),[572] 답주 유학 김겸여(畓主幼學金兼如). <1장. 한자+이두. 조선 필사 이두 자료. 전북대학교 박물관 소장. 호남권 한국학자료센터 홈페이지 원문 이미지와 텍스트 보기. 박병호(1974ㄱ), 이재수(2003) 참고>

1877-03-00. **박인환 소지**(朴寅煥所志), 박인환. <1장. 한자+이두. 조선 필사 이두 자료. 전북 임실군 청웅 밀양 박씨가 소장. 호남권 한국학자료센터 홈페이지 원문 이미지와 텍스트 보기. 박병호(1974ㄱ), 최승희(1989), 김경숙(2002), 전경목 외(2006) 참고>

1877-03-00. **이황주 댁 노 이대 토지매매명문**(李黃洲宅奴二大土地賣買明文), 전주 김

---

[571] 호남권 한국학자료센터 홈페이지에서는 '1877년 주문삼(朱文三) 방매(放賣) 토지매매명문(土地賣買明文)'으로 표시하였다.

[572] 호남권 한국학자료센터 홈페이지에서는 '1877년 김겸여(金兼如) 방매 토지매매명문(土地賣買明文)'으로 표시하였다.

준성(田主金俊成). <1장. 한자+이두. 조선 필사 이두 자료. 제천 한수 연안 이씨 소장. 한국학중앙연구원 장서각 한국고문서자료관 홈페이지 원문 이미지 보기. 한국정신문화연구원 편(2001) 참고>

1877-03-00. **정기상 의송**(鄭璣相議送), 정기상. <1장, 한자+이두. 조선 필사 이두 자료. 경남 거창 강동 초계 정씨 동계 종가 구장. 한국학중앙연구원 장서각 한국학자료센터 홈페이지 원문 이미지와 텍스트 보기. 한국정신문화연구원 편(1995), 한국학중앙연구원 편(2005) 참고>

1877-03-00. **정현상 등 소지**(鄭鉉相等所志), 정현상 등. <1장, 한자+이두. 조선 필사 이두 자료. 경남 거창 강동 초계 정씨 동계 종가 구장. 한국학중앙연구원 장서각 한국학자료센터 홈페이지 원문 이미지와 텍스트 보기. 한국정신문화연구원 편(1995), 한국학중앙연구원 편(2005) 참고>

1877-04-01. **노비매매명문**(奴婢賣買明文), 노비주 임천 책소 성상 댁(奴婢主臨川冊所城上宅). <1장. 한자+이두. 조선 필사 이두 자료. 안동 금계 의성 김씨 학봉 종가 소장. 한국학중앙연구원 장서각 한국고문서자료관 홈페이지 원문 이미지와 텍스트 보기. 한국정신문화연구원 편(1990) 참고>

1877-04-01. **무안현감 첩정**(務安縣監牒呈), 무안현감. <1장. 한자+이두. 조선 필사 이두 자료. 전북 임실군 지사 협계태 씨가 소장. 호남권 한국학자료센터 홈페이지 원문 이미지와 텍스트 보기>

1877-04-03. **진성 이씨 문중 표문**(眞城李氏門中表文), 표주 정씨 문중 종손 정성락 등(標主鄭氏門中宗孫鄭成洛等). <1장. 한자+이두. 조선 필사 이두 자료. 경북 안동시 주촌 진성 이씨 경류정 소장. 한국학중앙연구원 장서각 한국고문서자료관 홈페이지 원문 이미지와 텍스트 보기. 한국정신문화연구원 편(1999) 참고>

1877-04-06. **김현곡 댁 노 상격 노비매매명문**(金縣谷宅奴尙格奴婢賣買明文),[573] 노비주 임천 책소 성상 댁 손(奴婢主臨川冊所城上宅孫). <1장. 한자+이두. 조선 필사 이두 자료. 안동 금계 의성 김씨 학봉 종가 소장. 한국학중앙연구원 장서각 한국고

---

573 한국학중앙연구원 장서각 한국고문서자료관 홈페이지에서는 '1877년 상락(尙洛) 노비매매명문(奴婢賣買明文)'으로 표시하였다.

문서자료관 홈페이지 원문 이미지와 텍스트 보기. 한국정신문화연구원 편(1990) 참고>

1877-04-07. **곽정택 토지매매명문**(郭鄭宅土地賣買明文), 두릉동 중시 존위 엄석진 등(杜陵洞中時尊位嚴錫鎭等). <1장. 한자+이두. 조선 필사 이두 자료. 상주 연안 이씨 이만부 종가 소장. 한국학중앙연구원 장서각 한국고문서자료관 홈페이지 원문 이미지 보기>

1877-04-08. **척종형 김우균 토지매매명문**(戚從兄金右均土地賣買明文), 전주 종제 박승우(田主從弟朴勝祐). <1장. 한자+이두. 조선 필사 이두 자료. 경북 봉화군 명호면 도천리 안동 김씨 해헌 고택 구장. 한국국학진흥원 소장. 한국학자료센터 영남권역센터 홈페이지 원문 이미지와 텍스트 보기. 박병호(1974ㄱ), 최승희(1989), 이재수(2003), 이수건 외(2004) 참고>

1877-04-16. **류 노 득삼 토지매매명문**(柳奴得三土地賣買明文), 답주 노 만천(畓主奴萬千). <1장. 한자+이두. 조선 필사 이두 자료. 경북 안동시 박실 전주 류씨 수정재 고택 구장. 한국국학진흥원 소장. 한국학자료센터 영남권역센터 홈페이지 원문 이미지와 텍스트 보기>

1877-04-20. **토지매매명문**(土地賣買明文), 답주 김일동(畓主金日東). <1장. 한자+이두. 조선 필사 이두 자료. 경북 경주시 소정리 경주 이씨 소장. 한국학중앙연구원 장서각 한국고문서자료관 홈페이지 원문 이미지 보기. 한국정신문화연구원 편(2002) 참고>

1877-04-22. **유 생원 원흠 댁 표문**(柳生員元欽宅表文),[574] 이촌 거주 유학 우상지 등(吏村居住幼學禹相智等). <1장. 한자+이두. 조선 필사 이두 자료. 경북 안동시 수곡면 전주 류씨 수곡파 대야 고택 구장. 한국국학진흥원 소장. 한국학자료센터 영남권역센터 홈페이지 원문 이미지와 텍스트 보기>

1877-04-22. **장치서 가대매매명문**(張致書家垈賣買明文),[575] 가대주 이 생원 댁 노(家垈

---

574 한국학자료센터 영남권역센터 홈페이지에서는 '1877년 이촌(吏村) 유학(幼學) 우상지(禹相智) 등 수표(手標)'로 표시하였다.

575 한국학중앙연구원 장서각 한국고문서자료관 홈페이지에서는 '1877년 장치서(張致書) 토지매매명문(土地賣買明文)'으로 표시하였다.

主李生員宅奴). <1장. 한자+이두. 조선 필사 이두 자료. 부여 은산 함양 박씨 소장. 한국학중앙연구원 장서각 한국고문서자료관 홈페이지 원문 이미지 보기. 한국정신문화연구원 편(2000) 참고>

1877-04-25. **이부복 토지매매명문**(李復福土地賣買明文), 답주 심만철(畓主沈萬喆). <1장. 한자+이두. 조선 필사 이두 자료. 원주시 무릉박물관 소장. 한국학자료센터 강원권역센터 홈페이지 원문 이미지 보기. 박병호(1974ㄱ), 최승희(1989), 김소은(2004), 김성갑(2013) 참고>

1877-04-25. **정의군수 첩정**(旌義郡守牒呈) 3, 정의군수 강이호(康履昊). <1장. 한자+이두. 조선 필사 이두 자료. 제주시 일도 이동규 구장. 제주시 일도 2동 제주민속자연사박물관 소장. 호남권 한국학자료센터 홈페이지 원문 이미지와 텍스트 보기. 최승희(1989), 고창석(2002, 2012) 참고>

1877-04-25. **정의군수 첩정**(旌義郡守牒呈) 4, 정의군수 강이호(康履昊). <1장. 한자+이두. 조선 필사 이두 자료. 제주시 일도 이동규 구장. 제주시 일도 2동 제주민속자연사박물관 소장. 호남권 한국학자료센터 홈페이지 원문 이미지와 텍스트 보기. 최승희(1989), 고창석(2002, 2012) 참고>

1877-04-27. **토지매매명문**(土地賣買明文),[576] 답주 노 조이(畓主盧召史). <1장. 한자+이두. 조선 필사 이두 자료. 전남 나주시 남내 밀양 박씨 청재 종가 소장. 호남권 한국학자료센터 홈페이지 원문 이미지와 텍스트 보기. 안승준(1989), 이재수(2003) 참고>

1877-04-29. **대정군수 첩정**(大靜郡守牒呈) 2, 대정군수. <1장. 한자+이두. 조선 필사 이두 자료. 제주시 일도 2동 제주민속자연사박물관 소장. 호남권 한국학자료센터 홈페이지 원문 이미지와 텍스트 보기. 최승희(1989), 고창석(2002, 2012) 참고>

1877-05-01. **수표**(手標) 1, 표주 도내 입석 유학 신휘상(標主道內立石幼學辛徽常). <1장. 한자+이두. 조선 필사 이두 자료. 영광 입석 영월 신씨 소장. 한국학중앙연구원 장서각 한국고문서자료관 홈페이지 원문 이미지와 텍스트 보기. 한국정신문화

---

576 호남권 한국학자료센터 홈페이지에서는 '1877년 노소사(盧召史) 방매(放賣) 토지매매명문(土地賣買明文)'으로 표시하였다.

연구원 편(1996) 참고>

1877-05-06. **수표**(手標) 2, 표주 도내 입석 유학 신휘상(標主道內立石幼學辛徽常). <1장. 한자+이두. 조선 필사 이두 자료. 영광 입석 영월 신씨 소장. 한국학중앙연구원 장서각 한국고문서자료관 홈페이지 원문 이미지와 텍스트 보기. 한국정신문화연구원 편(1996) 참고>

1877-05-06. **이 노 복천 토지매매명문**(李奴卜千土地賣買明文), 답주 자필 정필흠(畓主自筆鄭弼欽). <1장. 한자+이두. 조선 필사 이두 자료. 경북 안동시 오천 광산 김씨 후조당 소장. 한국학중앙연구원 장서각 한국고문서자료관 홈페이지 원문 이미지와 텍스트 보기. 한국정신문화연구원 편(1982) 참고>

1877-05-12. **김 서방 춘록 토지매매명문**(金書房春祿土地賣買明文), 답주 권 노 돌이댁(畓主權奴乭伊宅). <1장. 한자+이두. 조선 필사 이두 자료. 경북 안동시 오천 광산 김씨 후조당 소장. 한국학중앙연구원 장서각 한국고문서자료관 홈페이지 원문 이미지와 텍스트 보기. 한국정신문화연구원 편(1982) 참고>

1877-05-27. **유학 박준원 토지매매명문**(幼學朴準元土地賣買明文), 산주 상인 이흥원(山主喪人伊興元). <1장. 한자+이두. 조선 필사 이두 자료. 전북대학교 박물관 소장. 호남권 한국학자료센터 홈페이지 원문 이미지와 텍스트 보기. 박병호(1974ㄱ), 이재수(2003) 참고>

1877-05-28. **진상 단자**(進上單子), 제주목(濟州牧). <1장. 한자+이두. 필사 이두 자료. 제주교육박물관 소장. 사이버 제주교육박물관 홈페이지 원문 이미지와 텍스트 보기>

1877-06-02. **유학 이성회 가사매매명문**(幼學李成會家舍賣買明文), 가대주 유학 양주원(家垈主幼學梁冑源). <1장. 한자+이두. 조선 필사 이두 자료. 전남 보성군 박실 제주 양씨가 구장. 원광대학교 박물관 소장. 호남권 한국학자료센터 홈페이지 원문 이미지와 텍스트 보기. 박병호(1974ㄱ), 최승희(1989), 이재수(2003) 참고>

1877-06-07. **면주전 도원 백봉규 단자**(綿紬廛都員白鳳圭單子), 백봉규. <1장. 한자+이두. 조선 필사 이두 자료. 일본 경도대학 가와이문고 소장. 고려대학교 해외한국학자료센터 홈페이지 원문 이미지 보기>

1877-06-18. **별방소 조방장 첩정**(別防所助防將牒呈), 조방장 박(朴). <1장. 한자+이

두. 조선 필사 이두 자료. 제주시 일도 2동 제주민속자연사박물관 소장. 호남권 한국학자료센터 홈페이지 원문 이미지와 텍스트 보기. 최승희(1989), 고창석(2002, 2012) 참고>

1877-06-19. **하낙겸 수기**(河洛兼手記), 하낙겸. <1장. 한자+이두. 조선 필사 이두 자료. 경남 진주시 운문 진양 하씨 소장. 한국학중앙연구원 장서각 한국고문서자료관 홈페이지 원문 이미지 보기. 한국정신문화연구원 편(2001) 참고>

1877-06-20. **토지매매명문**(土地賣買明文)[577] 1, 답주 정화신(畓主鄭化信). <1장. 한자+이두. 조선 필사 이두 자료. 전남 나주시 남내 밀양 박씨 청재 종가 소장. 호남권 한국학자료센터 홈페이지 원문 이미지와 텍스트 보기. 최승희(1989), 이재수(2003) 참고>

1877-06-20. **토지매매명문**(土地賣買明文)[578] 2, 답주 정화신(畓主鄭化信). <1장. 한자+이두. 조선 필사 이두 자료. 전남 나주시 남내 밀양 박씨 청재 종가 소장. 호남권 한국학자료센터 홈페이지 원문 이미지와 텍스트 보기. 이재수(2003) 참고>

1877-06-20. **화북소 조방장 홍 첩정**(禾北所助防將洪牒呈), 화북소 조방장 홍. <1장. 한자+이두. 조선 필사 이두 자료. 제주시 성산 오문복 구장. 제주시 일도 2동 제주민속자연사박물관 소장. 호남권 한국학자료센터 홈페이지 원문 이미지와 텍스트 보기. 고창석(2002, 2012) 참고>

1877-06-27. **토지매매명문**(土地賣買明文),[579] 전주 김종실(出主金宗實). <1장. 한자+이두. 조선 필사 이두 자료. 광주광역시 광산구 김해 김씨 소장. 호남권 한국학자료센터 홈페이지 원문 이미지와 텍스트 보기. 김재문(1986), 이수건 외(2004) 참고>

1877-06-29. **대정군수 첩정**(大靜郡守牒呈) 3, 대정군수. <1장. 한자+이두. 조선 필사

---

[577] 호남권 한국학자료센터 홈페이지에서는 '1877년 정화신(鄭化信) 방매(放賣) 토지매매명문(土地賣買明文)'으로 표시하였다.

[578] 호남권 한국학자료센터 홈페이지에서는 '1877년 정화신(鄭化信) 방매(放賣) 토지매매명문(土地賣買明文)'으로 표시하였다.

[579] 호남권 한국학자료센터 홈페이지에서는 '1877년 김종실(金宗實) 방매(放賣) 토지매매명문(土地賣買明文)'으로 표시하였다.

이두 자료. 제주시 일도 2동 제주민속자연사박물관 소장. 호남권 한국학자료센터 홈페이지 원문 이미지와 텍스트 보기. 최승희(1989), 고창석(2002, 2012) 참고>

1877-06-29. **유학 김원순 시장문기**(幼學金源淳柴場文記) 1, 시장주 유학 김동근(柴場主幼學金東根). <1장. 한자+이두. 조선 필사 이두 자료. 광주광역시 광산구 김해 김씨 소장. 호남권 한국학자료센터 홈페이지 원문 이미지와 텍스트 보기. 김재문(1986), 이재수(2003) 참고>

1877-06-29. **토지매매명문**(土地賣買明文),[580] 전주 자필 최재순(田主自筆崔載珣). <1장. 한자+이두. 조선 필사 이두 자료. 광주광역시 광산구 김해 김씨 소장. 호남권 한국학자료센터 홈페이지 원문 이미지와 텍스트 보기. 이재수(2003), 이수건 외(2004) 참고>

1877-06-30. **토지매매명문**(土地賣買明文),[581] 답주 자필 유학 이치선(畓主自筆幼學李治先). <1장. 한자+이두. 조선 필사 이두 자료. 전북대학교 박물관 소장. 호남권 한국학자료센터 홈페이지 원문 이미지와 텍스트 보기. 최승희(1989), 정구복 외(1999), 이재수(2003) 참고>

1877-06-00. **「면주전 각소 권대전수 성책**(綿紬廛各所權貸錢數成冊)」, 면주전. <1책. 필사본. 한자+이두. 조선 필사 이두 자료. 일본 경도대학 가와이문고 소장. 고려대학교 해외한국학자료센터 홈페이지 원문 이미지 보기>

1877-07-15. **박 승지 댁 노 월삼 노비매매명문**(朴承旨宅奴月三奴婢賣買明文), 노비주 김계남 댁 노 원록(奴婢主金溪男宅奴元彔). <1장. 한자+이두. 조선 필사 이두 자료. 경북 영주시 문수면 수도리 반남 박씨 오헌 고택 구장. 한국국학진흥원 소장. 한국학자료센터 영남권역센터 홈페이지 원문 이미지와 텍스트 보기. 김성갑(2013) 참고>

1877-07-22. **금계리 첩정**(錦溪里牒呈), 두민 김달균 등(頭民金達均等). <1장. 한자+이두. 조선 필사 이두 자료. 밀양 사촌 의령 남씨 침류정 소장. 한국학중앙연구원

---

[580] 호남권 한국학자료센터 홈페이지에서는 '1877년 최재순(崔載珣) 방매(放賣) 토지매매명문(土地賣買明文)'으로 표시하였다.

[581] 호남권 한국학자료센터 홈페이지에서는 '1877년 이치선(李治先) 방매(放賣) 토지매매명문(土地賣買明文)'으로 표시하였다.

장서각 한국고문서자료관 홈페이지 원문 이미지 보기. 한국정신문화연구원 편(2004) 참고>

1877-07-26~1881-05-03(광서 3년 丁丑~辛巳).「의주부장계등록(義州府狀啓謄錄)」의정부(議政府) 편(編). <1책. 43장. 필사본. 표제는 '灣府關牒'. 한자+이두. 조선 필사 이두 자료. 서울대학교 규장각 한국학연구원 홈페이지 원문 이미지 보기>

1877-07-27. **시장전매매명문**(柴場田賣買明文),[582] 시장전주 최재순(柴場田主崔載珣). <1장. 한자+이두. 조선 필사 이두 자료. 광주광역시 광산구 김해 김씨 소장. 호남권 한국학자료센터 홈페이지 원문 이미지와 텍스트 보기. 김재문(1986), 이수건 외(2004) 참고>

1877-07-00. **김병헌 차첩**(金炳憲差帖), 부안현감(扶安縣監). <1장. 한자+이두. 조선 필사 이두 자료. 전북 부안군 우반 부안 김씨 세덕각 소장. 한국학중앙연구원 장서각 한국고문서자료관 홈페이지 & 호남권 한국학자료센터 홈페이지 원문 이미지와 텍스트 보기. 한국정신문화연구원 편(1983, 1998), 한국학중앙연구원 편(2017) 참고>

1877-07-00. **남지용 소지**(南志容所志), 남지용. <1장. 한자+이두. 조선 필사 이두 자료. 밀양 사촌 의령 남씨 침류정 소장. 한국학중앙연구원 장서각 한국고문서자료관 홈페이지 원문 이미지 보기. 한국정신문화연구원 편(2004) 참고>

1877-07-00. **남철규 등 등장**(南喆圭等等狀), 남철규 등. <1장. 한자+이두. 조선 필사 이두 자료. 밀양 사촌 의령 남씨 침류정 소장. 한국학중앙연구원 장서각 한국고문서자료관 홈페이지 원문 이미지 보기. 한국정신문화연구원 편(2004) 참고>

1877-08-04. **유학 김원순 시장문기**(幼學金源淳柴場文記) 2, 시장주 유학 유상권(柴場主幼學柳庠權). <1장. 한자+이두. 조선 필사 이두 자료. 광주광역시 광산구 김해 김씨 소장. 호남권 한국학자료센터 홈페이지 원문 이미지와 텍스트 보기. 김재문(1986), 이수건 외(2004) 참고>

1877-08-04. **토지매매명문**(土地賣買明文), 전주 김 노 갑심(田主金奴甲心). <1장. 한자

---

[582] 호남권 한국학자료센터 홈페이지에서는 '1877년 최재순(崔載珣) 방매(放賣) 토지매매명문(土地賣買明文)'으로 표시하였다.

+이두. 조선 필사 이두 자료. 경북 경주시 내남면 이조리 경주 최씨·용산서원 소장. 한국학중앙연구원 장서각 한국고문서자료관 홈페이지 원문 이미지 보기. 한국정신문화연구원 편(2000) 참고>

1877-08-20. **박기성 토지매매명문**(朴基成土地賣買明文), 송전주 유학 유경욱(松田主幼學柳景郁). <1장. 한자+이두. 조선 필사 이두 자료. 경남 거창 장기 거창 신씨가 소장. 한국학중앙연구원 장서각 한국고문서자료관 홈페이지 원문 이미지 보기. 한국학중앙연구원 편(2005) 참고>

1877-08-20. **서운선 토지매매명문**(徐雲仙土地賣買明文), 답주 김성원(畓主金聖元). <1장. 한자+이두. 조선 필사 이두 자료. 원주시 무릉박물관 소장. 한국학자료센터 강원권역센터 홈페이지 원문 이미지 보기. 최승희(1989), 전경목(2010), 김성갑(2013), 박준호(2016) 참고>

1877-08-25. **토지매매명문**(土地賣買明文),[583] 무계주 자필 유학 김석례(茂界主自筆幼學金石禮). <1장. 한자+이두. 조선 필사 이두 자료. 전남 순천 황전 경주 정씨가 구장. 광주광역시 이정옥 소장. 호남권 한국학자료센터 홈페이지 원문 이미지와 텍스트 보기. 최승희(1989) 참고>

1877-08-00. **김준모 등 상서**(金濬模等上書), 김준모 등. <1장. 한자+이두. 조선 필사 이두 자료. 안동 금계 의성 김씨 학봉 종가 소장. 한국학중앙연구원 장서각 한국고문서자료관 홈페이지 원문 이미지와 텍스트 보기. 한국정신문화연구원 편(1989) 참고>

1877-08-00. **박 승지댁 노 월삼 노비매매입지**(朴承旨宅奴月三奴婢賣買立旨), 영천군(榮川郡). <1장. 한자+이두. 조선 필사 이두 자료. 경북 영주시 문수면 수도리 반남 박씨 오헌 고택 구장. 한국국학진흥원 소장. 한국학자료센터 영남권역센터 홈페이지 원문 이미지와 텍스트 보기>

1877-09-02~1877-11-26(丁丑). 「왜사일기(**倭使日記**)」 6, 의정부(議政府) 편(編). <1책 (6/전14책). 61장. 필사본. 한자+이두. 조선 필사 이두 자료. 서울대학교 규장각

---

583 호남권 한국학자료센터 홈페이지에서는 '1877년 김석례(金石禮) 방매(放賣) 토지매매명문(土地賣買明文)'으로 표시하였다.

한국학연구원 홈페이지 원문 이미지 보기> <1875-12-26~1876-01-00(1/14)>

1877-09-07. **토지매매명문**(土地賣買明文), 답주 문성 이금정(畓主文星李今亭). <1장. 한자+이두. 조선 필사 이두 자료. 경북 경주시 안강읍 옥산리 여주 이씨 독락당 소장. 한국학중앙연구원 장서각 한국고문서자료관 홈페이지 원문 이미지 보기. 한국정신문화연구원 편(2003) 참고>

1877-09-10. **김근이 토지매매명문**(金根伊土地賣買明文),[584] 답주 권 노 석매(畓主權奴石每). <1장. 한자+이두. 조선 필사 이두 자료. 경북 영양군 영양읍 삼지리 한양 조씨 하담 고택 구장. 한국국학진흥원 소장. 한국학자료센터 영남권역센터 홈페이지 원문 이미지와 텍스트 보기. 박병호(1974ㄱ), 최승희(1989), 이재수(2003) 참고>

1877-09-10. **시장문기**(柴場文記), 시장주 유학 오치인(柴場主幼學吳致仁). <1장. 한자+이두. 조선 필사 이두 자료. 영광 입석 영월 신씨 소장. 한국학중앙연구원 장서 각 한국고문서자료관 홈페이지 원문 이미지와 텍스트 보기. 한국정신문화연구원 편(1996) 참고>

1877-09-10. **토지매매명문**(土地賣買明文), 산지주 유학 오치인·오상월(山地主幼學吳致仁吳相月). <1장. 한자+이두. 조선 필사 이두 자료. 영광 입석 영월 신씨 소장. 한국학중앙연구원 장서각 한국고문서자료관 홈페이지 원문 이미지와 텍스트 보 기. 한국정신문화연구원 편(1996) 참고>

1877-09-20. **토지매매명문**(土地賣買明文), 전주 손 노 하운(田主孫奴下云). <1장. 한자 +이두. 조선 필사 이두 자료. 경북 경주시 내남면 이조리 경주 최씨·용산서원 소장. 한국학중앙연구원 장서각 한국고문서자료관 홈페이지 원문 이미지 보기. 한국정신문화연구원 편(2000) 참고>

1877-09-24. **종제 토지매매명문**(從弟土地賣買明文), 답주 종형 이팔릉(畓主從兄李八陵). <1장. 한자+이두. 조선 필사 이두 자료. 경북 상주 낙동 풍양 조씨 양진당 소장. 한국학중앙연구원 장서각 한국고문서자료관 홈페이지 원문 이미지 보기>

---

584 한국학자료센터 영남권역센터 홈페이지에서는 '1877년 권노(權奴) 석매(石每) 토지매매명문(土地賣買明文)'으로 표시하였다.

1877-09-00. **대정군 중문리 서 씨 입안**(大靜郡中文里徐氏立案), 방영(防營). <1장. 한자+이두. 필사 이두 자료. 제주교육박물관 소장. 사이버 제주교육박물관 홈페이지 원문 이미지와 텍스트 보기>

1877-10-02. **토지매매명문**(土地賣買明文), 전주 자필 김경선(田主自筆金慶善). <1장. 한자+이두. 조선 필사 이두 자료. 부여 은산 함양 박씨 소장. 한국학중앙연구원 장서각 한국고문서자료관 홈페이지 원문 이미지 보기. 한국정신문화연구원 편(2000) 참고>

1877-10-04. **박 생원 댁 자매명문**(朴生員宅自賣明文), 모과 조이 김(母寡召史金). <1장. 한자+이두. 조선 필사 이두 자료. 전북 고창군 장두 광산 김씨가 소장. 호남권 한국학자료센터 홈페이지 원문 이미지와 텍스트 보기. 박병호(1974ㄱ), 최승희(1989), 이재수(2003) 참고>

1877-10-15~1880-05-27(광서 3년 丁丑~庚辰).「좌포청등록(**左捕廳謄錄**)」17, 포도청(捕盜廳) 편(編). <1책(17/전18책). 52장. 필사본. 표제는 '左捕廳謄錄'. 내제는 '左右捕盜廳'. 한자+이두. 조선 필사 이두 자료. 서울대학교 규장각 한국학연구원 홈페이지 낙질본 원문 이미지 보기> <1775-06-14~1775-윤10-29(1/18)>

1877-10-22~1879-04-15(丁丑~己卯).「왜사문답(**倭使問答**)」제2, 통리교섭통상사무아문(統理交涉通商事務衙門) 편(編). <1책(2/전3책). 55장. 필사본. 한자+이두. 조선 필사 이두 자료. 서울대학교 규장각 한국학연구원 홈페이지 원문 이미지 보기> <1876-01-04~1877-10-20(1/3)>

1877-10-25. **종회소 통문**(宗會所通文), 종회소. <1장. 한자+이두. 조선 필사 이두 자료. 남원·구례 삭녕 최씨 구장. 한국학중앙연구원 장서각 한국고문서자료관 홈페이지 원문 이미지 보기. 한국정신문화연구원 편(2004) 참고>

1877-10-31. **산인 시헌 토지매매명문**(山人是憲土地賣買明文),[585] 답주 산인 수인(畓主山人守仁). <1장. 한자+이두. 조선 필사 이두 자료. 전남 구례군 토지면 오미리 문화 류씨 운조루 소장. 한국학중앙연구원 장서각 한국고문서자료관 홈페이지

---

[585] 한국학중앙연구원 장서각 한국고문서자료관 홈페이지에서는 '1877년 토지매매명문(土地賣買明文)'으로 표시하였다.

원문 이미지와 텍스트 보기. 한국정신문화연구원 편(1998) 참고>

1877-10-00. **화민 오세녕 소지**(化民吳世寧所志), 오세녕. <1장. 한자+이두. 조선 필사 이두 자료. 경북 영양 청기 함양 오씨 우재공파 구장. 한국국학진흥원 소장. 한국학자료센터 영남권역센터 홈페이지 원문 이미지와 텍스트 보기>

1877-11-02. **토지매매명문**(土地賣買明文), 산지주 유학 오치인(山地主幼學吳致仁). <1장. 한자+이두. 조선 필사 이두 자료. 영광 입석 영월 신씨 소장. 한국학중앙연구원 장서각 한국고문서자료관 홈페이지 원문 이미지와 텍스트 보기. 한국정신문화연구원 편(1996) 참고>

1877-11-10. **함안군수 서목**(咸安郡守書目), 함안군수. <1장. 한자+이두. 조선 필사 이두 자료. 전북 진안군 정천면 전주 이씨 서곡 이정영 후손가 구장. 한국학중앙연구원 장서각 한국고문서자료관 홈페이지 원문 이미지 보기. 한국정신문화연구원 편(2002) 참고>

1877-11-10. **함안군수 첩정**(咸安郡守牒呈), 함안군수. <1장. 한자+이두. 조선 필사 이두 자료. 전북 진안군 정천면 전주 이씨 서곡 이정영 후손가 구장. 한국학중앙연구원 장서각 한국고문서자료관 홈페이지 원문 이미지 보기. 한국정신문화연구원 편(2002) 참고>

1877-11-10. **화북진 조방장 고 첩정**(禾北鎭助防將告牒呈), 화북진 조방장 고. <1장. 한자+이두. 조선 필사 이두 자료. 제주시 성산 오문복 구장. 제주시 일도 2동 제주민속자연사박물관 소장. 호남권 한국학자료센터 홈페이지 원문 이미지와 텍스트 보기. 고창석(2002, 2012), 오창명(2007) 참고>

1877-11-12. **토지매매명문**(土地賣買明文), 답주 유학 이호직(畓主幼學伊浩直). <1장. 한자+이두. 조선 필사 이두 자료. 전북 정읍시 동학농민혁명기념관 소장. 호남권 한국학자료센터 홈페이지 원문 이미지와 텍스트 보기. 박병호(1974ㄱ), 이재수(2003) 참고>

1877-11-15. **박억수 토지매매명문**(朴億壽土地賣買明文), 전주 자필 황후공(出主自筆黃後公). <1장. 한자+이두. 조선 필사 이두 자료. 경북 안동시 수곡면 전주 류씨 삼산 종가 구장. 대구광역시 수성구 만촌동 전주 류씨 종가 소장. 한국학자료센터 영남권역센터 홈페이지 원문 이미지와 텍스트 보기. 최승희(1989), 이재수(2003),

전경목(2010), 정수환(2012) 참고>

1877-11-15. **유학 지철준 토지매매명문**(幼學池哲俊土地賣買明文), 답주 유학 백성찬(畓主幼學白聖贊). <1장. 한자+이두. 조선 필사 이두 자료. 전남 여수 좌수영박물관 소장. 호남권 한국학자료센터 홈페이지 원문 이미지와 텍스트 보기. 최승희(1989), 국립민속박물관 편(1991) 참고>

1877-11-15. **임 생원 댁 노 막선 가사매매명문**(任生員宅奴莫先家舍賣買明文), 가대주 박순거(家垈主朴順去). <1장. 한자+이두. 조선 필사 이두 자료. 아산 선교 장흥 임씨 구장. 한국학중앙연구원 장서각 한국고문서자료관 홈페이지 원문 이미지 보기. 한국학중앙연구원 편(2008) 참고>

1877-11-17. **토지매매명문**(土地賣買明文), 답주 산승 화일(畓主山僧華日). <1장. 한자+이두. 조선 필사 이두 자료. 남원·구례 삭녕 최씨 구장. 한국학중앙연구원 장서각 한국고문서자료관 홈페이지 원문 이미지 보기. 한국정신문화연구원 편(2004) 참고>

1877-11-18. **일가 댁 노 사금 토지매매명문**(一家宅奴士金土地賣買明文), 답주 일가 댁 노 쇠손(畓主一家宅奴金孫). <1장. 한자+이두. 조선 필사 이두 자료. 전북 익산 마동 창녕 조씨가 소장. 호남권 한국학자료센터 홈페이지 원문 이미지와 텍스트 보기. 박병호(1974ㄱ), 최승희(1989), 이재수(2003), 이정수·김희호(2011) 참고>

1877-11-20. **정 진사 댁 노 계록 토지매매명문**(鄭進士宅奴癸祿土地賣買明文), 답주 정 노 정랑(畓主鄭奴丁郞). <1장. 한자+이두. 조선 필사 이두 자료. 경북 안동시 오천 광산 김씨 후조당 소장. 한국학중앙연구원 장서각 한국고문서자료관 홈페이지 원문 이미지와 텍스트 보기. 한국정신문화연구원 편(1982) 참고>

1877-11-21~1878-12-28. 「결속색등록(**結束色謄錄**)」93, 병조(兵曹) 편(編). <1책(93/낙질본 107책). 142장. 필사본. 한자+이두. 조선 필사 이두 자료. 서울대학교 규장각 한국학연구원 홈페이지 1787년~1891년 낙질본 107책(1792년(건륭 57년), 1811년(가경 16년) 하, 1816년(가경 21년), 1817년(가경 22년), 1824년(도광 4년), 1831(도광 11년), 1871(동치 10년), 1885년(광서 11년) 없음) 원문 이미지 보기>

1877-11-22. **임학교 수기**(任學敎手記), 임학교. <1장. 한자+이두. 조선 필사 이두 자료. 아산 선교 장흥 임씨 구장. 한국학중앙연구원 장서각 한국고문서자료관

홈페이지 원문 이미지 보기. 한국학중앙연구원 편(2008) 참고>

1877-11-23. **토지매매명문**(土地賣買明文),[586] 저전주 유학 김응수(苧田主幼學金應秀). <1장. 한자+이두. 필사 이두 자료. 전북 정읍시 웅동 전주 이씨 이태일가 소장. 호남권 한국학자료센터 홈페이지 원문 이미지와 텍스트 보기. 박병호(1974ㄱ), 최승희(1989), 이재수(2003) 참고>

1877-11-28. **계중 토지매매명문**(稧中土地賣買明文),[587] 답주 한량 김치일(畓主閑良金致一). <1장. 한자+이두. 조선 필사 이두 자료. 전남 보성군 박실 제주 양씨가 구장. 원광대학교 박물관 소장. 호남권 한국학자료센터 홈페이지 원문 이미지와 텍스트 보기. 박병호(1974ㄱ), 이재수(2003) 참고>

1877-11-00. **면주전 시민 박상명 등 소지**(綿紬廛市民朴尙明等所志), 박상명 등. <1장. 한자+이두. 조선 필사 이두 자료. 일본 경도대학 가와이문고 소장. 고려대학교 해외한국학자료센터 홈페이지 원문 이미지 보기>

1877-11-00. **조병만 상서**(曺秉萬上書), 조병만. <1장. 한자+이두. 조선 필사 이두 자료. 전남 화순 동면 창녕 조씨가 구장. 광주광역시 이정옥 소장. 호남권 한국학자료센터 홈페이지 원문 이미지와 텍스트 보기. 최승희(1989) 참고>

1877-11-00. **조봉환 상서**(曺鳳煥上書), 조봉환. <1장. 한자+이두. 조선 필사 이두 자료. 전남 화순 동면 창녕 조씨가 구장. 광주광역시 이정옥 소장. 호남권 한국학자료센터 홈페이지 원문 이미지와 텍스트 보기. 최승희(1989) 참고>

1877-12-02. **유학 조명승 토지매매명문**(幼學曺命承土地賣買明文), 답주 구림동계 유사 박한인(畓主鳩林洞契有司朴漢仁). <1장. 한자+이두. 조선 필사 이두 자료. 영암 미암 창녕 조씨 태호 후손가 소장. 호남권 한국학자료센터 홈페이지 원문 이미지 보기. 최승희(1989) 참고>

1877-12-02. **유학 조병삼 토지매매명문**(幼學曺秉杉土地賣買明文), 답주 구림동계 유사 유학 박한인(畓主鳩林洞契有司幼學朴漢仁). <1장. 한자+이두. 조선 필사 이두

---

[586] 호남권 한국학자료센터 홈페이지에서는 '1877년 김응수(金應秀) 방매(放賣) 토지매매명문(土地賣買明文)'으로 표시하였다.

[587] 호남권 한국학자료센터 홈페이지에서는 '1877년 김치일(金致一) 방매(放賣) 토지매매명문(土地賣買明文)'으로 표시하였다.

자료. 영암 미암 창녕 조씨 태호 후손가 소장. 호남권 한국학자료센터 홈페이지 원문 이미지 보기. 최승희(1989) 참고>

1877-12-05. **이화성 가대매매명문**(李化成家垈賣買明文),[588] 가주 최순조(家主崔順祚). <1장. 한자+이두. 조선 필사 이두 자료. 부여 은산 함양 박씨 소장. 한국학중앙연구원 장서각 한국고문서자료관 홈페이지 원문 이미지 보기. 한국정신문화연구원 편(2000) 참고>

1877-12-06. **조 생원 노 춘단 책계 토지매매명문**(趙生員奴春丹冊稧土地賣買明文),[589] 답주 장경준(畓主張敬俊). <1장. 한자+이두. 조선 필사 이두 자료. 경북 영양군 영양읍 삼지리 한양 조씨 하담 고택 구장. 한국국학진흥원 소장. 한국학자료센터 영남권역센터 홈페이지 원문 이미지와 텍스트 보기. 박병호(1974ㄱ), 최승희(1989), 이재수(2003), 이수건 외(2004) 참고>

1877-12-10. **영보소 가사매매명문**(營補所家舍賣買明文), 가대전주 김경문(家垈田主金敬文). <1장. 한자+이두. 조선 필사 이두 자료. 경북 상주 낙동 풍양 조씨 양진당 소장. 한국학중앙연구원 장서각 한국고문서자료관 홈페이지 원문 이미지 보기>

1877-12-13. **토지매매명문**(土地賣買明文), 전답주 민달룡(田畓主閔達龍). <1장. 한자+이두. 조선 필사 이두 자료. 경북 경주시 소정리 경주 이씨 소장. 한국학중앙연구원 장서각 한국고문서자료관 홈페이지 원문 이미지 보기. 한국정신문화연구원 편(2002) 참고>

1877-12-16. **유학 토지매매명문**(幼學土地賣買明文),[590] 답주 상인 양명환(畓主喪人梁明煥). <1장. 한자+이두. 조선 필사 이두 자료. 전남 보성군 박실 제주 양씨가 구장. 원광대학교 박물관 소장. 호남권 한국학자료센터 홈페이지 원문 이미지와 텍스트 보기. 박병호(1974ㄱ), 최승희(1989), 이재수(2003) 참고>

---

[588] 한국학중앙연구원 장서각 한국고문서자료관 홈페이지에서는 '1877년 토지매매명문(土地賣買明文)'으로 표시하였다.

[589] 한국학자료센터 영남권역센터 홈페이지에서는 '1877년 장경준(張敬俊) 토지매매명문(土地賣買明文)'으로 표시하였다.

[590] 호남권 한국학자료센터 홈페이지에서는 '1877년 양명환(梁明煥) 방매(放賣) 토지매매명문(土地賣買明文)'으로 표시하였다.

1877-12-17~1877-12-21(丁丑). 「공주목 옥사 사안(公州牧獄事查案)」, 공주목(公州牧) 편(篇). <1책. 42장. 필사본. 한자+이두. 조선 필사 이두 자료. 서울대학교 규장각 한국학연구원 홈페이지 원문 이미지 보기> <영인본: 「각사등록」 48(충청도 보유편)(국사편찬위원회 편, 1991)>

1877-12-18~1882-10-00(광서 3년~광서 8년). 「함경감영 장계계록(咸鏡監營啓錄)」 4, 비변사(備邊司) 편(編). <1책(4/전6책). 134장. 필사본. 표제는 '咸鏡監營啓錄'. 한자+이두. 조선 필사 이두 자료. 서울대학교 규장각 한국학연구원 홈페이지 원문 이미지 보기> <영인본: 「각사등록」 42(함경도편 1)(국사편찬위원회 편, 1990)> <1856-02-27~1856-08-02(1/6)>

1877-12-20. **강병훈 토지매매명문**(姜炳勳土地賣買明文), 전주 자필 장재만(田主自筆張才萬). <1장. 한자+이두. 조선 필사 이두 자료. 제주 어도내산 진주 강씨가 구장. 제주 한림 강우석 소장. 호남권 한국학자료센터 홈페이지 원문 이미지와 텍스트 보기. 이재수(2003), 오창명(2007) 참고>

1877-12-22. **신씨 문중 토지매매명문**(辛氏門中土地賣買明文), 송전주 유학 이인환(松田主幼學李寅煥). <1장. 한자+이두. 조선 필사 이두 자료. 영광 입석 영월 신씨 소장. 한국학중앙연구원 장서각 한국고문서자료관 홈페이지 원문 이미지와 텍스트 보기. 한국정신문화연구원 편(1996) 참고>

1877-12-23. **감사 감결**(監司甘結), 감사. <1장. 한자+이두. 필사 이두 자료. 전북 진안군 정천면 전주 이씨 서곡 이정영 후손가 구장. 한국학중앙연구원 장서각 한국고문서자료관 홈페이지 원문 이미지 보기. 한국정신문화연구원 편(2002) 참고>

1877-12-23. **유학 양신묵 토지매매명문**(幼學梁信默土地賣買明文), 금양주 유학 김재연(禁養主幼學金在淵). <1장. 한자+이두. 조선 필사 이두 자료. 전남 보성군 박실 제주 양씨가 구장. 원광대학교 박물관 소장. 호남권 한국학자료센터 홈페이지 원문 이미지와 텍스트 보기. 최승희(1989), 정구복 외(1999), 이재수(2003) 참고>

1877-12-26~1879-05-19(丁丑~乙卯). 「우포청등록(右捕廳謄錄)」 27, 포도청(捕盜廳) 편(編). <1책(27/전30책). 50장. 필사본. 표제는 '右捕廳謄錄'. 한자+이두. 조선 필사 이두 자료. 서울대학교 규장각 한국학연구원 홈페이지 원문 이미지 보기>

<1807-01-13~1808-06-12(1/30)>

1877-12-28~1878-11-19(丁丑~戊寅).「함영검제록(咸營檢題錄)」, 함경감영(咸鏡監營) 편(編). <1책. 34장. 필사본. 한자+이두. 조선 필사 이두 자료. 서울대학교 규장각 한국학연구원 홈페이지 원문 이미지 보기>

1877-12-30. **김두만 토지매매명문**(金斗萬土地賣買明文), 답주 김종택(畓主金宗宅). <1장. 한자+이두. 조선 필사 이두 자료. 전남 보성군 박실 제주 양씨가 구장. 원광대학교 박물관 소장. 호남권 한국학자료센터 홈페이지 원문 이미지와 텍스트 보기. 박병호(1974ㄱ), 이재수(2003) 참고>

1877-12-00. **양 노 옥엽 소지**(梁奴玉葉所志), 옥엽. <1장. 한자+이두. 조선 필사 이두 자료. 전남 보성군 박실 제주 양씨가 구장. 원광대학교 박물관 소장. 호남권 한국학자료센터 홈페이지 원문 이미지와 텍스트 보기>

1877-■■-■■. **상전 이 호 흥복 토지매매명문**(上典李戶興福土地賣買明文), 전주 노 하백이(田主奴下伯伊). <1장. 한자+이두. 조선 필사 이두 자료. 경북 영해 인량 재령 이씨 충효당 구장. 한국국학진흥원 소장. 한국학중앙연구원 장서각 한국고문서자료관 홈페이지 원문 이미지 보기. 한국정신문화연구원 편(1997) 참고>

1877-■■-■■. **토지매매명문**(土地賣買明文), 답주 강 노 석금(畓主姜奴石金). <1장. 한자+이두. 조선 필사 이두 자료. 경북 경주시 소정리 경주 이씨 소장. 한국학중앙연구원 장서각 한국고문서자료관 홈페이지 원문 이미지 보기. 한국정신문화연구원 편(2002) 참고>

1877-00-00.「상존호도감의궤(上 尊號都監儀軌)」,[591] 상존호도감 편. <1책. 251장. 필사본. 표제는 '同治十二年癸酉四月 日 五臺山上上尊號都監儀軌全'. 권수제는 '上 尊號都監儀軌'. 한자+이두. 조선 필사 이두 자료. 서울대학교 규장각 한국학연구원 의궤 종합정보 홈페이지 '奎13455' 원문 이미지 보기>

1877-00-00.「상호도감의궤(上 號都監儀軌)」,[592] 상호도감 편. <1책. 150장. 필사본.

---

[591] 서울대학교 규장각 한국학연구원 의궤 종합정보 홈페이지에서는 서명을 표제나 권수제와는 달리 '고종신정왕후효정왕후철인왕후명성왕후상존호도감의궤(高宗神貞王后孝定王后哲仁王后明聖王后上尊號都監儀軌)'로 적었다.

[592] 서울대학교 규장각 한국학연구원 의궤 종합정보 홈페이지에서는 서명을 표제나 권수제와는 달

표제는 '光緒元年乙亥十二月 日 太白山上上號都監儀軌 全'. 권수제는 '上 號都監儀軌'. 한자+이두. 조선 필사 이두 자료. 서울대학교 규장각 한국학연구원 의궤 종합정보 홈페이지 '奎13412' 원문 이미지 보기>

1877-00-00.「선원보략수정의궤(璿源譜略修正儀軌)」, 종친부(宗親府) 편. <1책. 25장. 필사본. 표제는 '丁丑正月 日璿源譜略修正儀軌'. 권수제는 '光緒三年丁丑正月 日)璿源譜略修正儀軌'. 한자+이두. 조선 필사 이두 자료. 서울대학교 규장각 한국학연구원 의궤 종합정보 홈페이지 '奎14124' 원문 이미지 보기>

1877-00-00.「진찬의궤(進饌儀軌)」,[593] 진연도감(進宴都監) 편(編). <4책. 금속활자본. 재주 정리자본. 도판은 목판본. 권1의 표제는 '丁丑─進饌儀軌 一'. 권수제는 '進饌儀軌'. 한자+이두. 조선 인쇄 이두 자료. 한국학중앙연구원 디지털장서각 홈페이지 'K2-2875' 원문 이미지와 텍스트 보기>

1877-00-00.「진찬의궤(進饌儀軌)」 1~4, 의궤청(儀軌廳) 편. <4책. 필사본. 한자+이두. 조선 필사 이두 자료. 한국학중앙연구원 한국학 디지털 아카이브 홈페이지 원문 이미지와 텍스트 보기>

1877-00-00.「진찬의궤(進饌儀軌)」 1~4, 의궤청(儀軌廳) 편. <4책. 금속활자본. 권1의 표제는 '丁丑進饌儀軌 一' 권수제는 '進饌儀軌卷首'. 한자+이두. 조선 인쇄 이두 자료. 서울대학교 규장각 한국학연구원 의궤 종합정보 홈페이지 '奎14376' 원문 이미지와 텍스트 보기>

1877-00-00 추정. **제주판관 첩정**(濟州判官牒呈), 제주 판관. <1장. 한자+이두. 조선 필사 이두 자료. 제주시 성산 오문복 구장. 제주시 일도 2동 제주민속자연사박물관 소장. 호남권 한국학자료센터 홈페이지 원문 이미지와 텍스트 보기. 최승희(1989), 고창석(2002, 2012) 참고>

리 '익종신정왕후상호도감의궤(翼宗神貞王后上號都監儀軌)'로 적었다

[593] 한국학중앙연구원 디지털장서각 홈페이지에서는 서명을 '[정축]진찬의궤[丁丑進饌儀軌]'로 적었다.

1878년

<무인(戊寅), 고종 15년, 광서 4년, 명치 11년>

1878-01-02~1880-02-09. 「강영일기(岡營日記)」, 황주목사(黃州牧使) 민성호(閔成鎬, 1821년~1883년) 저(著), 황해병영(黃海兵營) 편(編). <1책. 65장. 필사본. 한자+이두. 한국학중앙연구원 디지털장서각 홈페이지 'K2-3281' 원문 이미지와 텍스트 보기>

1878-01-04. **지례 공소위 토지매매명문**(知禮公所位土地賣買明文), 답주 이위상(畓主 李謂祥). <1장. 한자+이두. 조선 필사 이두 자료. 안동 천전 의성 김씨 지촌 종택 소장. 한국학중앙연구원 장서각 한국고문서자료관 홈페이지 원문 이미지 보기. 한국정신문화연구원 편(1990) 참고>

1878-01-06. **무인년 충훈부 전답조사표지**(戊寅年忠勳府田畓調查標旨), 충훈부. <1장. 한자+이두. 조선 필사 이두 자료. 경남 거창 강동 초계 정씨 동계 종가 구장. 한국학중앙연구원 장서각 한국학자료센터 홈페이지 원문 이미지와 텍스트 보기. 한국정신문화연구원 편(1995), 한국학중앙연구원 편(2005) 참고>

1878-01-09. **이 생원 댁 노 점록 토지매매명문**(李生員宅奴占彔土地賣買明文), 답주 이완돌(畓主李完乭). <1장. 한자+이두. 조선 필사 이두 자료. 경북 상주 낙동 풍양 조씨 양진당 소장. 한국학중앙연구원 장서각 한국고문서자료관 홈페이지 원문 이미지 보기>

1878-01-21. **신 생원 토지매매명문**(申生員土地賣買明文), 답주 자필 박윤석(畓主自筆 朴允碩). <1장. 한자+이두. 조선 필사 이두 자료. 경북 안동시 오천 광산 김씨 후조당 소장. 한국학중앙연구원 장서각 한국고문서자료관 홈페이지 원문 이미지와 텍스트 보기. 한국정신문화연구원 편(1982) 참고>

1878-01-21. **유학 신달 토지매매명문**(幼學辛達土地賣買明文), 답주 자필 상인 황석광 (畓主自筆喪人黃石光). <1장. 한자+이두. 조선 필사 이두 자료. 경북 안동시 수곡 면 전주 류씨 삼산 종가 구장. 대구광역시 수성구 만촌동 전주 류씨 종가 소장. 한국학자료센터 영남권역센터 홈페이지 원문 이미지와 텍스트 보기. 최승희

(1989), 이재수(2003), 전경목(2010), 정수환(2012) 참고>

1878-01-23. **영보소 토지매매명문**(營補所土地賣買明文), 답주 자필 정칠봉(畓主自筆鄭七鳳). <1장. 한자+이두. 조선 필사 이두 자료. 경북 상주 낙동 풍양 조씨 양진당 소장. 한국학중앙연구원 장서각 한국고문서자료관 홈페이지 원문 이미지 보기>

1878-01-25. **토지매매명문**(土地賣買明文),[594] 자필 답주 유학 조윤상(自筆畓主幼學趙潤相). <1장. 한자+이두. 조선 필사 이두 자료. 전남 순천 황전 경주 정씨가 구장. 광주광역시 이정옥 소장. 호남권 한국학자료센터 홈페이지 원문 이미지와 텍스트 보기. 최승희(1989) 참고>

1878-01-26. **족숙 김항교 토지매매명문**(族叔金恒敎土地賣買明文), 전주 김제달(田主金濟達). <1장. 한자+이두. 조선 필사 이두 자료. 경북 안동시 오천 광산 김씨 후조당 소장. 한국학중앙연구원 장서각 한국고문서자료관 홈페이지 원문 이미지와 텍스트 보기. 한국정신문화연구원 편(1982) 참고>

1878-01-00. **고서홍 전령**(高瑞興傳令), 대장(大將). <1장. 한자+이두. 조선 필사 이두 자료. 제주시 이도 제주 고씨 고명진 구장. 제주시 일도 2동 제주민속자연사박물관 소장. 호남권 한국학자료센터 홈페이지 원문 이미지와 텍스트 보기. 최승희(1989) 참고>

1878-01-00. **유낙안 댁 노 복래 소지**(柳落安宅奴福來所志), 복래. <1장. 한자+이두. 조선 필사 이두 자료. 전남 구례군 토지면 오미리 문화 류씨 운조루 소장. 한국학중앙연구원 장서각 한국고문서자료관 홈페이지 원문 이미지와 텍스트 보기. 한국정신문화연구원 편(1998) 참고>

1878-01-00. **정기상 소지**(鄭璣相所志) 1, 정기상. <1장, 한자+이두. 조선 필사 이두 자료. 경남 거창 강동 초계 정씨 동계 종가 구장. 한국학중앙연구원 장서각 한국학자료센터 홈페이지 & 한국학중앙연구원 장서각 한국고문서자료관 홈페이지 원문 이미지와 텍스트 보기. 한국정신문화연구원 편(1995), 한국학중앙연구원 편(2005) 참고>

---

594 호남권 한국학자료센터 홈페이지에서는 '1878년 조윤상(趙潤相) 방매(放賣) 토지매매명문(土地賣買明文)'으로 표시하였다.

1878-01-00. **토지매매명문**(土地賣買明文),[595] 자필 답주 김종원(自筆畓主金鍾遠). <1장. 한자+이두. 조선 필사 이두 자료. 전북대학교 박물관 소장. 호남권 한국학자료센터 홈페이지 원문 이미지와 텍스트 보기. 최승희(1989), 정구복 외(1999), 이재수(2003) 참고>

1878-01-00. **토지매매명문**(土地賣買明文),[596] 저전주 유학 김재홍(苧田主幼學金在洪). <1장. 한자+이두. 조선 필사 이두 자료. 전남 보성군 박실 제주 양씨가 구장. 원광대학교 박물관 소장. 호남권 한국학자료센터 홈페이지 원문 이미지와 텍스트 보기. 박병호(1974ㄱ), 최승희(1989), 이재수(2003) 참고>

1878-01-00~1878-12-00(戊寅). 「추조결옥록(秋曹決獄錄)」 30, 형조(刑曹) 편(編). <1책(30/낙질본 43책). 31장. 필사본. 한자+이두. 조선 필사 이두 자료. 서울대학교 규장각 한국학연구원 홈페이지 원문 이미지 보기> <1822-01-00~1822-12-00 (1/43)>

1878-02-03. **이재민 토지매매명문**(李在民土地賣買明文), 전주 권치한(田主權致漢). <1장. 한자+이두. 조선 필사 이두 자료. 경북 안동시 주촌 진성 이씨 경류정 소장. 한국학중앙연구원 장서각 한국고문서자료관 홈페이지 원문 이미지와 텍스트 보기. 한국정신문화연구원 편(1999) 참고>

1878-02-03. **지례 김씨 댁 공소 토지매매명문**(知禮金氏宅公所土地賣買明文), 답주 김만일(畓主金萬一). <1장. 한자+이두. 조선 필사 이두 자료. 안동 천전 의성 김씨 지촌 종택 소장. 한국학중앙연구원 장서각 한국고문서자료관 홈페이지 원문 이미지 보기. 한국정신문화연구원 편(1990) 참고>

1878-02-04. **금석수 토지매매명문**(琴錫壽土地賣買明文), 전주 전용이(田主全用伊). <1장. 한자+이두. 조선 필사 이두 자료. 경북 안동시 주촌 진성 이씨 경류정 소장. 한국학중앙연구원 장서각 한국고문서자료관 홈페이지 원문 이미지와 텍스트 보기. 한국정신문화연구원 편(1999) 참고>

---

[595] 호남권 한국학자료센터 홈페이지에서는 '1878년 김종원(金鍾遠) 방매(放賣) 토지매매명문(土地賣買明文)'으로 표시하였다.

[596] 호남권 한국학자료센터 홈페이지에서는 '1878년 김재홍(金在洪) 방매(放賣) 토지매매명문(土地賣買明文)'으로 표시하였다.

1878-02-14. **가사매매명문**(家舍賣買明文),[597] 가사주 유학 유제형(家舍主幼學柳濟亨). <1장. 한자+이두. 조선 필사 이두 자료. 전남 구례군 토지면 오미리 문화 류씨 운조루 소장. 한국학중앙연구원 장서각 한국고문서자료관 홈페이지 원문 이미지 와 텍스트 보기. 한국정신문화연구원 편(1998) 참고>

1878-02-20. **토지매매명문**(土地賣買明文), 답주 노 삼계(畓主奴三契). <1장. 한자+이 두. 조선 필사 이두 자료. 경북 상주 낙동 풍양 조씨 양진당 소장. 한국학중앙연구 원 장서각 한국고문서자료관 홈페이지 원문 이미지 보기>

1878-02-20. **토지매매명문**(土地賣買明文), 답주 자필 유학 허현[598](畓主自筆幼學許泫). <1장. 한자+이두. 조선 필사 이두 자료. 전남 구례군 토지면 오미리 문화 류씨 운조루 소장. 한국학중앙연구원 장서각 한국고문서자료관 홈페이지 원문 이미지 와 텍스트 보기. 한국정신문화연구원 편(1998) 참고>

1878-02-27. **토지매매명문**(土地賣買明文), 전주 이 노 금리(田主李奴今履). <1장. 한자 +이두. 조선 필사 이두 자료. 경북 경주시 소정리 경주 이씨 소장. 한국학중앙연 구원 장서각 한국고문서자료관 홈페이지 원문 이미지 보기. 한국정신문화연구원 편(2002) 참고>

1878-02-29. **토지매매명문**(土地賣買明文),[599] 답주 자필 임인교(畓主自筆任仁敎). <1 장. 한자+이두. 조선 필사 이두 자료. 전북대학교 박물관 소장. 호남권 한국학자 료센터 홈페이지 원문 이미지와 텍스트 보기. 박병호(1974ㄱ), 이재수(2003) 참 고>

1878-02-00. **김두현 차첩**(金斗鉉差帖), 제주목사 겸 방어사(濟州牧使兼防禦使). <1장. 한자+이두. 조선 필사 이두 자료. 제주시 이도 일도 이동규 구장. 제주시 일도 2동 제주민속자연사박물관 소장. 호남권 한국학자료센터 홈페이지 원문 이미지

---

[597] 한국학중앙연구원 장서각 한국고문서자료관 홈페이지에서는 '1878년 토지매매명문(土地賣買明 文)'으로 표시하였다.

[598] 한국학중앙연구원 장서각 한국고문서자료관 홈페이지 '기본 정보'에서는 '발급: 허윤(許汯)'으로 표시하였으며, '원문 텍스트'에서는 '許泫'으로 표시하였다.

[599] 호남권 한국학자료센터 홈페이지에서는 '1878년 최방원(崔邦源) 토지매매명문(土地賣買明文)'으 로 잘못 적었다. 토지 매입자는 명기되어 있지 않으며, 최방원은 증인(證人)이다.

와 텍스트 보기. 최승희(1989), 고창석(2002) 참고>

1878-02-00. **이만걸·김규영 등 상서**(李晩杰金奎永等上書), 이만걸·김규영 등. <1장. 한자+이두. 조선 필사 이두 자료. 경북 안동시 주촌 진성 이씨 경류정 소장. 한국학중앙연구원 장서각 한국고문서자료관 홈페이지 원문 이미지와 텍스트 보기. 한국정신문화연구원 편(1999) 참고>

1878-03-03. **유학 김원순 시장문기**(幼學金源淳柴場文記), 시장주 유학 김치억(柴場主幼學金致億). <1장. 한자+이두. 조선 필사 이두 자료. 광주광역시 광산구 김해 김씨 소장. 호남권 한국학자료센터 홈페이지 원문 이미지와 텍스트 보기. 이재수(2003), 이수건 외(2004) 참고>

1878-03-10. **토지매매명문**(土地賣買明文),[600] 답주 주만유(畓主朱萬有). <1장. 한자+이두. 조선 필사 이두 자료. 전남 나주시 남내 밀양 박씨 청재 종가 소장. 호남권 한국학자료센터 홈페이지 원문 이미지와 텍스트 보기. 박성종(1999), 김현영(2003), 이재수(2003) 참고>

1878-03-18. **토지매매명문**(土地賣買明文), 답주 이 노 상화(畓主李奴尙化). <1장. 한자+이두. 조선 필사 이두 자료. 경북 경주시 내남면 이조리 경주 최씨·용산서원 소장. 한국학중앙연구원 장서각 한국고문서자료관 홈페이지 원문 이미지 보기. 한국정신문화연구원 편(2000) 참고>

1878-03-00. **김유현 등 상서**(金裕鉉等上書), 김유현 등. <1장. 한자+이두. 조선 필사 이두 자료. 전남 무안 광산 김씨 모충사 소장. 호남권 한국학자료센터 홈페이지 원문 이미지 보기. 최승희(1989), 국립민속박물관 편(1991), 정구복 외(1999), 전경목 외(2006) 참고>

1878-03-00. **이조수 등 소지**(李肇秀等所志), 이조수 등. <1장. 한자+이두. 조선 필사 이두 자료. 경북 칠곡 석전 광주 이씨 구장. 한국학중앙연구원 장서각 한국고문서자료관 홈페이지 원문 이미지 보기. 한국학중앙연구원 편(2009) 참고>

1878-04-02. **토지매매명문**(土地賣買明文), 답주 이 노 귀돌(畓主李奴貴乭). <1장. 한자

---

[600] 호남권 한국학자료센터 홈페이지에서는 '1878년 주만유(朱萬有) 방매(放賣) 토지매매명문(土地賣買明文)'으로 표시하였다.

+이두. 조선 필사 이두 자료. 경북 경주시 내남면 이조리 경주 최씨·용산서원 소장. 한국학중앙연구원 장서각 한국고문서자료관 홈페이지 원문 이미지 보기. 한국정신문화연구원 편(2000) 참고>

1878-04-13. **노 춘단 토지매매명문**(奴春丹土地賣買明文), 전주 박춘성(田主朴春成). <1장. 한자+이두. 조선 필사 이두 자료. 경북 영양군 영양읍 삼지리 한양 조씨 하담 고택 구장. 한국국학진흥원 소장. 한국학자료센터 영남권역센터 홈페이지 원문 이미지와 텍스트 보기. 박병호(1974ㄱ), 최승희(1989), 이재수(2003), 이수건 외(2004) 참고>

1878-04-15~1878-08-11(戊寅). 「왜사일기(**倭使日記**)」 7, 의정부(議政府) 편(編). <1책 (7/전14책). 69장. 필사본. 한자+이두. 이두 자료. 서울대학교 규장각 한국학연구원 홈페이지 원문 이미지 보기> <1875-12-26~1876-01-00(1/14)>

1878-04-00. **강필근 첩**(康弼根帖), 군수(郡守). <1장. 한자+이두. 제주교육박물관 소장. 사이버 제주교육박물관 홈페이지 원문 이미지와 텍스트 보기>

1878-04-00. **남유영 소지**(南有{金+永}所志), 남유영. <1장. 한자+이두. 조선 필사 이두 자료. 경북 영덕군 영해면 괴시리 영양 남씨 괴시파 영감댁 구장. 한국국학진흥원 소장. 한국학자료센터 영남권역센터 홈페이지 원문 이미지와 텍스트 보기>

1878-05-12~1879-04-10(광서 4년 戊寅~己卯). 「국휼등록(**國恤謄錄**)」 4, 편자 미상. <1책(4/전4책). 46장. 필사본. 한자+이두. 조선 필사 이두 자료. 서울대학교 규장각 한국학연구원 홈페이지 원문 이미지 보기> <1805-01-12~1849-06-02(1/4)>

1878-05-23(또는 1818-05-00) 추정. 「남평리 검안(**南坪里檢案**)」, 목천현(木川縣) 편(篇). <1책. 28장. 필사본. 한자+이두. 조선 필사 이두 자료. 서울대학교 규장각 한국학연구원 홈페이지 원문 이미지 보기>

1878-06-01. **신휘상 수표**(辛徽常手標) 1, 신휘상. <1장. 한자+이두. 조선 필사 이두 자료. 영광 입석 영월 신씨 소장. 한국학중앙연구원 장서각 한국고문서자료관 홈페이지 원문 이미지와 텍스트 보기. 한국정신문화연구원 편(1996) 참고>

1878-06-00. **가사매매명문**(家舍賣買明文),[601] 재주 장윤기(財主張允基). <1장. 한자+

---

601 한국학중앙연구원 장서각 한국고문서자료관 홈페이지에서는 '1878년 장윤기(張允基) 방매 가사

이두. 조선 필사 이두 자료. 한국학중앙연구원 장서각 한국고문서자료관 홈페이지 원문 이미지와 텍스트 보기. 한국정신문화연구원 편(1992) 참고>

1878-07-04. **신휘상 수표**(辛徽常手標) 2, 신휘상. <1장. 한자+이두. 조선 필사 이두 자료. 영광 입석 영월 신씨 소장. 한국학중앙연구원 장서각 한국고문서자료관 홈페이지 원문 이미지와 텍스트 보기. 한국정신문화연구원 편(1996) 참고>

1878-08-12~1878-08-27(戊寅).「왜사일기(**倭使日記**)」8, 의정부(議政府) 편(編). <1책(8/전14책). 61장. 필사본. 한자+이두. 이두 자료. 서울대학교 규장각 한국학연구원 홈페이지 원문 이미지 보기> <1875-12-26~1876-01-00(1/14)>

1878-08-26~1880-08-16.「호남계록(**湖南啓錄**)」, 전라감영(全羅監營) 편(編). <불분권 6책. 필사본. 한자+이두. 한국학중앙연구원 디지털장서각 홈페이지 'K2-3675' 원문 이미지와 텍스트 보기>

1878-08-29~1879-윤3-22(戊寅~己卯).「왜사일기(**倭使日記**)」9, 의정부(議政府) 편(編). <1책(9/전14책). 50장. 필사본. 한자+이두. 조선 필사 이두 자료. 서울대학교 규장각 한국학연구원 홈페이지 원문 이미지 보기> <1875-12-26~1876-01-00(1/14)>

1878-08-00. **김병헌 소지**(金炳憲所志) 1, 김병헌. <1장. 한자+이두. 조선 필사 이두 자료. 전북 부안군 우반 부안 김씨 세덕각 소장. 한국학중앙연구원 장서각 한국고문서자료관 홈페이지 & 호남권 한국학자료센터 홈페이지 원문 이미지와 텍스트 보기. 박병호(1974ㄱ), 한국정신문화연구원 편(1983, 1998), 최승희(1989), 김현영(1999), 전경목(2001), 정구복(2002), 한국학중앙연구원 편(2017) 참고>

1878-08-00. **김병헌 소지**(金炳憲所志) 2, 김병헌. <1장. 한자+이두. 조선 필사 이두 자료. 전북 부안군 우반 부안 김씨 세덕각 소장. 한국학중앙연구원 장서각 한국고문서자료관 홈페이지 & 호남권 한국학자료센터 홈페이지 원문 이미지와 텍스트 보기. 박병호(1974ㄱ), 한국정신문화연구원 편(1983, 1998), 최승희(1989), 김현영(1999), 전경목(2001), 정구복(2002), 한국학중앙연구원 편(2017) 참고>

1878-09-24. **김 생원 댁 문중 가사매매명문**(金生員宅門中家舍賣買明文), 가대주 양인

매매명문(家舍賣買明文)'으로 표시하였다.

안일문(家㒇主良人安一文). <1장. 한자+이두. 조선 필사 이두 자료. 전북 부안군 취성재 소장. 호남권 한국학자료센터 홈페이지 원문 이미지와 텍스트 보기. 최승희(1989), 정구복 외(1999), 전경목(2001), 이재수(2003) 참고>

1878-09-00. **정기상 소지**(鄭璣相所志),[602] 2, 정기상. <1장, 한자+이두. 조선 필사 이두 자료. 경남 거창 강동 초계 정씨 동계 종가 구장. 한국학중앙연구원 장서각 한국고문서자료관 홈페이지 & 한국학중앙연구원 장서각 한국학자료센터 홈페이지 원문 이미지와 텍스트 보기. 한국정신문화연구원 편(1995), 한국학중앙연구원 편(2005) 참고>

1878-09-00. **화민 신진규 소지**(化民辛縉珪所志), 신진규. <1장. 한자+이두. 조선 필사 이두 자료. 영광 입석 영월 신씨 소장. 한국학중앙연구원 장서각 한국고문서자료관 홈페이지 원문 이미지와 텍스트 보기. 한국정신문화연구원 편(1996) 참고>

1878-10-02. **토지매매명문**(土地賣買明文),[603] 답주 창평 고 생원 댁 노 동금(畓主昌平高生員宅奴同今). <1장. 한자+이두. 조선 필사 이두 자료. 전북 정읍시 옹동 전주 이태일가 소장. 호남권 한국학자료센터 홈페이지 원문 이미지와 텍스트 보기. 박병호(1974ㄱ), 최승희(1989), 이재수(2003) 참고>

1878-10-03~1879-12-28. 「결속색등록(結束色謄錄)」94, 병조(兵曹) 편(編). <1책(94/낙질본 107책). 111장. 필사본. 한자+이두. 조선 필사 이두 자료. 서울대학교 규장각 한국학연구원 홈페이지 1787년~1891년 낙질본 107책(1792년(건륭 57년), 1811년(가경 16년) 하, 1816년(가경 21년), 1817년(가경 22년), 1824년(도광 4년), 1831(도광 11년), 1871(동치 10년) 없음) 원문 이미지 보기>

1878-10-15~1880-08-13(戊寅~庚辰). 「광서 6년 3월 일 황해수영보첩(光緒六年三月日黃海水營報牒)」, 의정부(議政府) 편(編). <1책. 17장. 필사본. 표제는 '甕營關報牒'. 한자+이두. 조선 필사 이두 자료. 서울대학교 규장각 한국학연구원 홈페이지 원문 이미지 보기> <영인본: 「각사등록」 26(황해도편 5)(국사편찬위원회 편,

---

[602] 한국학중앙연구원 장서각 한국학자료센터 홈페이지에서는 '1878년 정기상(鄭璣相) 상서(上書)'로 표시하였다.

[603] 호남권 한국학자료센터 홈페이지에서는 '1878년 고생원노(高生員奴) 동금(同今) 방매(放賣) 토지매매명문(土地賣買明文)'으로 표시하였다.

1987)>

1878-10-00. **김학현 등 상서**(金學鉉等上書), 김학현 등. <1장. 한자+이두. 조선 필사 이두 자료. 전남 무안 광산 김씨 모충사 소장. 호남권 한국학자료센터 홈페이지 원문 이미지 보기. 최승희(1989), 국립민속박물관 편(1991), 정구복 외(1999), 전경목 외(2006) 참고>

1878-10-00. **남지용 소지**(南志容所志), 남지용. <1장. 한자+이두. 조선 필사 이두 자료. 밀양 사촌 의령 남씨 침류정 소장. 한국학중앙연구원 장서각 한국고문서자료관 홈페이지 원문 이미지 보기. 한국정신문화연구원 편(2004) 참고>

1878-11-01. **언양현감 첩정**(彦陽縣監牒呈), 언양현감. <1장. 한자+이두. 조선 필사 이두 자료. 영해 도곡 무안 박씨 무의공 종택 소장. 한국학중앙연구원 장서각 한국고문서자료관 홈페이지 원문 이미지 보기. 한국학중앙연구원 편(2008) 참고>

1878-11-01. **토지매매명문**(土地賣買明文), 전주 자필 유학 한익회(田主自筆幼學韓益會). <1장. 한자+이두. 조선 필사 이두 자료. 부여 은산 함양 박씨 소장. 한국학중앙연구원 장서각 한국고문서자료관 홈페이지 원문 이미지 보기. 한국정신문화연구원 편(2000) 참고>

1878-11-08. **이기원 토지매매명문**(李紀元土地賣買明文), 답주 유학 이한수(畓主幼學李漢壽). <1장. 한자+이두. 조선 필사 이두 자료. 경북 경주시 안강읍 옥산리 여주 이씨 독락당 소장. 한국학중앙연구원 장서각 한국고문서자료관 홈페이지 원문 이미지 보기. 한국정신문화연구원 편(2003) 참고>

1878-11-14. **토지매매명문**(土地賣買明文), 답주 박창서(畓主朴昌西). <1장. 한자+이두. 조선 필사 이두 자료. 영광 입석 영월 신씨 소장. 한국학중앙연구원 장서각 한국고문서자료관 홈페이지 원문 이미지와 텍스트 보기. 한국정신문화연구원 편(1996) 참고>

1878-11-15. **토지매매명문**(土地賣買明文),[604] 자필 답주 유학 안형신(自筆畓主幼學安

---

[604] 호남권 한국학자료센터 홈페이지에서는 '1878년 안형신(安亨信) 방매 토지매매명문(土地賣買明文)'으로 표시하였다.

亨信). <1장. 한자+이두. 조선 필사 이두 자료. 전북대학교 박물관 소장. 호남권 한국학자료센터 홈페이지 원문 이미지와 텍스트 보기. 최승희(1989), 정구복 외(1999), 이재수(2003) 참고>

1878-11-15. **토지매매명문**(土地賣買明文), 진답주 강독실(出畓主姜獨實). <1장. 한자+이두. 조선 필사 이두 자료. 경북 안동시 주촌 진성 이씨 경류정 소장. 한국학중앙연구원 장서각 한국고문서자료관 홈페이지 원문 이미지와 텍스트 보기. 한국정신문화연구원 편(1999) 참고>

1878-11-17. **단장면 첩정**(丹場面牒呈), 단장면. <1장. 한자+이두. 조선 필사 이두 자료. 밀양 사촌 의령 남씨 침류정 소장. 한국학중앙연구원 장서각 한국고문서자료관 홈페이지 원문 이미지 보기. 한국정신문화연구원 편(2004) 참고>

1878-11-20. **토지매매명문**(土地賣買明文),[605] 답주 유학 윤철기(畓主幼學尹哲基). <1장. 한자+이두. 조선 필사 이두 자료. 전북대학교 박물관 소장. 호남권 한국학자료센터 홈페이지 원문 이미지와 텍스트 보기>

1878-11-23. **조 노 육손 토지매매명문**(趙奴六孫土地賣買明文), 답주 오 노 막랑(畓主吳奴莫郎). <1장. 한자+이두. 조선 필사 이두 자료. 강원도 원주시 이정동 소장. 한국학자료센터 강원권역센터 홈페이지 원문 이미지와 텍스트 보기. 최승희(1989), 전경목(2010, 2014), 박준호(2016) 참고>

1878-11-24. **유학 김재옥 토지매매명문**(幼學金材玉土地賣買明文), 답주 유학 김선숙(畓主幼學金善淑). <1장. 한자+이두. 조선 필사 이두 자료. 전남 보성군 박실 제주 양씨가 구장. 원광대학교 박물관 소장. 호남권 한국학자료센터 홈페이지 원문 이미지와 텍스트 보기. 최승희(1989), 정구복 외(1999), 이재수(2003) 참고>

1878-11-25. **계중 토지매매명문**(稧中土地賣買明文) 1, 답주 유학 김장필(畓主幼學金章弼). <1장. 점련문서. 한자+이두. 조선 필사 이두 자료. 영광 입석 영월 신씨 소장. 한국학중앙연구원 장서각 한국고문서자료관 홈페이지 원문 이미지와 텍스트 보기. 한국정신문화연구원 편(1996) 참고>

---

605   호남권 한국학자료센터 홈페이지에서는 '1878년 윤철기(尹哲基) 방매 토지매매명문(土地賣買明文)'으로 표시하였다.

1878-11-25. **계중 토지매매명문**(稧中土地賣買明文) 2, 답주 유학 이상신(畓主幼學李相信). <1장. 점련문서. 한자+이두. 조선 필사 이두 자료. 영광 입석 영월 신씨 소장. 한국학중앙연구원 장서각 한국고문서자료관 홈페이지 원문 이미지와 텍스트 보기. 한국정신문화연구원 편(1996) 참고>

1878-11-00. **경상도 안의현감 첩정**(慶尙道安義縣監牒呈), 안의현감. <1장, 한자+이두. 조선 필사 이두 자료. 경남 거창 강동 초계 정씨 동계 종가 구장. 한국학중앙연구원 장서각 한국학자료센터 홈페이지 원문 이미지와 텍스트 보기. 한국정신문화연구원 편(1995), 한국학중앙연구원 편(2005) 참고>

1878-11-00. **광주 이씨가 완문**(廣州李氏家完文), 관(官). <1장. 한자+이두. 조선 필사 이두 자료. 경북 칠곡 석전 광주 이씨 구장. 한국학중앙연구원 장서각 한국고문서자료관 홈페이지 원문 이미지 보기. 한국학중앙연구원 편(2009) 참고>

1878-11-00. **국종호 등 상서**(鞠宗鎬等上書), 국종호 등. <1장. 한자+이두. 조선 필사 이두 자료. 전북 완주군 비봉 반곡서원 소장. 호남권 한국학자료센터 홈페이지 원문 이미지와 텍스트 보기. 박병호(1974ㄱ), 최승희(1989) 참고>

1878-11-00. **국치진 등 상서**(鞠致鎭等上書), 국치진 등. <1장. 한자+이두. 조선 필사 이두 자료. 전북 완주군 비봉 반곡서원 소장. 호남권 한국학자료센터 홈페이지 원문 이미지와 텍스트 보기. 박병호(1974ㄱ), 최승희(1989) 참고>

1878-11-00. **기양연 마첩**(奇陽衍馬帖), 사복시(司僕寺). <1장. 한자+이두. 사복시에서 목판으로 인쇄한 서류 양식의 빈칸에 묵서로 날짜와 구체적인 내용을 기입한 조선 필사 이두 자료. 전남 장성군 행주 기씨 금강 종가 소장. 호남권 한국학자료센터 홈페이지 원문 이미지와 텍스트 보기>

1878-11-00. **성주 대포리 이 노 차석 소지**(星州大浦里李奴且石所志), 차석. <1장. 한자+이두. 조선 필사 이두 자료. 경북 성주군 월항면 대산리 성산 이씨 응와 종택 구장. 한국국학진흥원 소장. 한국학자료센터 영남권역센터 홈페이지 원문 이미지와 텍스트 보기>

1878-11-00. **양석일 등 소지**(楊錫一等所志), 양석일 등. <1장. 한자+이두. 조선 필사 이두 자료. 전북 순창 구미 남원 양씨가 소장. 호남권 한국학자료센터 홈페이지 원문 이미지와 텍스트 보기. 최승희(1989), 김경숙(2002), 심재우(2013) 참고>

1878-11-00. **정기상 소지**(鄭璣相所志),[606] 3, 정기상. <1장, 한자+이두. 조선 필사 이두 자료. 경남 거창 강동 초계 정씨 동계 종가 구장. 한국학중앙연구원 장서각 한국고문서자료관 홈페이지 & 한국학중앙연구원 장서각 한국학자료센터 홈페이지 원문 이미지와 텍스트 보기. 한국정신문화연구원 편(1995), 한국학중앙연구원 편(2005) 참고>

1878-12-01. **김익조 가사매매명문**(金益朝家舍賣買明文),[607] 가대주 장치서(家垈主張致西). <1장. 한자+이두. 조선 필사 이두 자료. 부여 은산 함양 박씨 소장. 한국학중앙연구원 장서각 한국고문서자료관 홈페이지 원문 이미지 보기. 한국정신문화연구원 편(2000) 참고>

1878-12-02. **박 생원 댁 노 후례 토지매매명문**(朴生員宅奴後禮土地賣買明文), 전답주 송 생원 노 대복(田畓主宋生員奴大卜). <1장. 한자+이두. 조선 필사 이두 자료. 춘천 김현식 소장. 한국학자료센터 강원권역센터 홈페이지 원문 이미지 보기. 최승희(1989), 전경목(2010), 김성갑(2013), 박준호(2016) 참고>

1878-12-03. **차지 토지매매명문**(車知土地賣買明文), 전주 이광보(田主李光甫). <1장. 한자+이두. 조선 필사 이두 자료. 경북 상주 낙동 풍양 조씨 양진당 소장. 한국학중앙연구원 장서각 한국고문서자료관 홈페이지 원문 이미지 보기>

1878-12-04. **김윤성 토지매매명문**(金允成土地賣買明文), 전주 김 노 복(田主金奴福). <1장. 한자+이두. 조선 필사 이두 자료. 경북 안동시 도산면 의촌리 은졸재 고택 구장. 한국국학진흥원 소장. 한국학자료센터 영남권역센터 홈페이지 원문 이미지와 텍스트 보기>

1878-12-06. **김문중 토지매매명문**(金文中土地賣買明文), 전주 김병희(田主金秉羲). <1장. 한자+이두. 조선 필사 이두 자료. 경북 안동시 수곡면 전주 류씨 삼산 종가 구장. 대구광역시 수성구 만촌동 전주 류씨 종가 소장. 한국학자료센터 영남권역센터 홈페이지 원문 이미지와 텍스트 보기. 최승희(1989), 이재수(2003), 전경

---

[606] 한국학중앙연구원 장서각 한국학자료센터 홈페이지에서는 '1878년 정기상(鄭璣相) 상서(上書)'로 표시하였다.

[607] 한국학중앙연구원 장서각 한국고문서자료관 홈페이지에서는 '1878년 김익조(金益朝) 토지매매명문(土地賣買明文)'으로 표시하였다.

목(2010), 정수환(2012) 참고>

1878-12-07. **간소 토지매매명문**(刊所土地賣買明文) 1, 답주 노 권복(畓主奴權福). <1장. 한자+이두. 조선 필사 이두 자료. 안동 천전 의성 김씨 지촌 종택 소장. 한국학중앙연구원 장서각 한국고문서자료관 홈페이지 원문 이미지 보기. 한국정신문화연구원 편(1990) 참고>

1878-12-07. **간소 토지매매명문**(刊所土地賣買明文) 2, 답주 별소 성상 석순(畓主別所城上石順). <1장. 한자+이두. 조선 필사 이두 자료. 안동 천전 의성 김씨 지촌 종택 소장. 한국학중앙연구원 장서각 한국고문서자료관 홈페이지 원문 이미지 보기. 한국정신문화연구원 편(1990) 참고>

1878-12-10. **장우목 토지매매명문**(張又木土地賣買明文), 답주 손응준(畓主孫應俊). <1장. 한자+이두. 조선 필사 이두 자료. 경북 안동시 주촌 진성 이씨 경류정 소장. 한국학중앙연구원 장서각 한국고문서자료관 홈페이지 원문 이미지와 텍스트 보기. 한국정신문화연구원 편(1999) 참고>

1878-12-17~1879-05-25(戊寅~己卯).「우포청등록(**右捕廳謄錄**)」28, 포도청(捕盜廳) 편(編). <1책(28/전30책). 31장. 필사본. 표제는 '右捕廳謄錄'. 한자+이두. 조선 필사 이두 자료. 서울대학교 규장각 한국학연구원 홈페이지 원문 이미지 보기>
<1807-01-13~1808-06-12(1/30)>

1878-12-18. **토지매매명문**(土地賣買明文), 전답주 윤 노 정례(田畓主尹奴丁禮). <1장. 한자+이두. 조선 필사 이두 자료. 경북 경주시 소정리 경주 이씨 소장. 한국학중앙연구원 장서각 한국고문서자료관 홈페이지 원문 이미지 보기. 한국정신문화연구원 편(2002) 참고>

1878-12-21. **임화인 수기**(林化仁手記), 임화인. <1장. 한자+이두. 조선 필사 이두 자료. 전북 익산 왕궁 이인승 소장. 호남권 한국학자료센터 홈페이지 원문 이미지와 텍스트 보기. 박병호(1974ㄱ), 최승희(1989), 김경숙(2002), 심재우(2013) 참고>

1878-12-25. **과부 안 씨 수표**(寡婦安氏手標), 과부 안 씨. <1장. 한자+이두. 조선 필사 이두 자료. 전남 보성군 박실 제주 양씨가 구장. 원광대학교 박물관 소장. 호남권 한국학자료센터 홈페이지 원문 이미지와 텍스트 보기. 박병호(1974ㄱ), 최승희(1989), 이재수(2003) 참고>

1878-12-27. **유학 권영수 토지매매명문**(幼學權永壽土地賣買明文), 전주 재종질 수현(卄主再從侄秀賢). <1장. 한자+이두. 조선 필사 이두 자료. 경북 안동시 수곡면 전주 류씨 삼산 종가 구장. 대구광역시 수성구 만촌동 전주 류씨 종가 소장. 한국학자료센터 영남권역센터 홈페이지 원문 이미지와 텍스트 보기. 최승희(1989), 이재수(2003), 전경목(2010), 정수환(2012) 참고>

1878-12-28. **양창현 수표**(梁昶鉉手標), 양창현. <1장. 한자+이두. 조선 필사 이두 자료. 전남 보성군 박실 제주 양씨가 구장. 원광대학교 박물관 소장. 호남권 한국학자료센터 홈페이지 원문 이미지와 텍스트 보기. 박병호(1974ㄱ), 최승희(1989), 이재수(2003) 참고>

1878-12-00. **김복원 등 상서**(金復源等上書), 김복원. <1장. 한자+이두. 조선 필사 이두 자료. 전북 부안군 취성재 소장. 호남권 한국학자료센터 홈페이지 원문 이미지와 텍스트 보기. 최승희(1989), 전경목(1997), 김현영(1999), 이재수(2003), 이수건 외(2004) 참고>

1878-12-00. **성주 이 판서댁 노 도성 소지**(星州李判書宅奴道成所志), 도성. <1장. 한자+이두. 조선 필사 이두 자료. 경북 성주군 월항면 대산리 성산 이씨 응와 종택 구장. 한국국학진흥원 소장. 한국학자료센터 영남권역센터 홈페이지 원문 이미지와 텍스트 보기>

1878-12-00. **양 노 맹문 소지**(梁奴孟文所志), 맹문. <1장. 한자+이두. 조선 필사 이두 자료. 전남 보성군 박실 제주 양씨가 구장. 원광대학교 박물관 소장. 호남권 한국학자료센터 홈페이지 원문 이미지와 텍스트 보기>

1878-12-00. **이 노 산립 입지**(李奴山立立旨), 영천 관아(永川官衙). <1장. 한자+이두. 조선 필사 이두 자료. 경북 성주군 초전면 월곡 1리 벽진 이씨 명암 고택 구장. 한국국학진흥원 소장. 한국학자료센터 영남권역센터 홈페이지 원문 이미지와 텍스트 보기. 김성갑(2013) 참고>

1878-12-00. **이만형 등 발괄**(李萬馨等白活), 이만형. <1장. 한자+이두. 조선 필사 이두 자료. 성주 명곡 벽진 이씨 완석정 종택 소장. 한국학중앙연구원 고문서자료관 홈페이지 원문 이미지 보기. 한국학중앙연구원 편(2009) 참고>

1878-12-00. **이헌만 단자**(李憲萬單子), 이헌만. <1장. 한자+이두. 조선 필사 이두

자료. 전북 익산 왕궁 이인승 소장. 호남권 한국학자료센터 홈페이지 원문 이미지와 텍스트 보기. 박병호(1974ㄱ), 최승희(1989), 김경숙(2002), 심재우(2013) 참고>

1878-12-00. **이헌만 등 단자**(李憲萬等單子), 이헌만 등. <1장. 한자+이두. 조선 필사 이두 자료. 전북 익산 왕궁 이인승 소장. 호남권 한국학자료센터 홈페이지 원문 이미지와 텍스트 보기. 박병호(1974ㄱ), 최승희(1989), 김경숙(2002), 심재우(2013) 참고>

1878-00-00. **노 소운 배지**(奴小云牌旨),[608] 상전 황(上典黃). <1장. 한자+이두. 조선 필사 이두 자료. 충남 부여군 함양 박씨 소장. 한국학중앙연구원 한국학 디지털 아카이브 홈페이지 원문 이미지와 텍스트 보기>

1878-00-00. 「보인소의궤(**寶印所儀軌**)」, 보인소 편. <1책. 80장. 필사본. 표제는 '光緖二年丙子十一月 日 太白山上寶印所儀軌全'. 목록제는 '寶印所儀軌目錄'. 한자+이두. 조선 필사 이두 자료. 서울대학교 규장각 한국학연구원 의궤 종합정보 홈페이지 '奎14212' 원문 이미지 보기>

1878-00-00. 「선원보략수정의궤(**璿源譜略修正儀軌**)」, 종친부(宗親府) 편. <1책. 25장. 필사본. 표제는 '戊寅正月 日璿源譜略修正儀軌'. 권수제는 '光緖四年戊寅正月 日)璿源譜畧修正儀軌'. 한자+이두. 조선 필사 이두 자료. 서울대학교 규장각 한국학연구원 의궤 종합정보 홈페이지 '奎14125' 원문 이미지 보기>

1878-00-00. 「선원보략수정의궤(**璿源譜略修正儀軌**)」, 종친부(宗親府) 편. <1책. 22장. 필사본. 표제는 '戊寅十月 日璿源譜略修正儀軌'. 권수제는 '光緖四年戊寅十月 日)璿源譜畧修正儀軌'. 한자+이두. 조선 필사 이두 자료. 서울대학교 규장각 한국학연구원 의궤 종합정보 홈페이지 '奎14126' 원문 이미지 보기>

1878-00-00. **이헌만 도형**(李憲萬圖形), 색리 이동식(色吏李東植). <1장. 한자+이두. 조선 필사 이두 자료. 전북 익산 왕궁 이인승 소장. 호남권 한국학자료센터 홈페이지 원문 이미지와 텍스트 보기. 박병호(1974ㄱ), 최승희(1989), 김경숙(2002), 심재우(2013) 참고>

1878-00-00. 「철인왕후국휼등록(**哲仁王后國恤謄錄**)」, 계제사(稽制司) 편(編). <불분

---

[608] 한국학중앙연구원 한국학 디지털 아카이브 홈페이지에서는 '패지5(牌旨5)'로 표시하였다.

권 2책. 55장. 필사본. 한자+이두. 조선 필사 이두 자료. 한국학중앙연구원 장서각 소장. 한국학중앙연구원 한국학 디지털 아카이브 홈페이지 & 한국학중앙연구원 장서각 한국학자료센터 홈페이지 원문 이미지와 텍스트 보기>

1878-00-00. 「철인왕후빈전혼전도감의궤(**哲仁王后殯殿魂殿都監儀軌**)」 건(乾)·곤(坤), 빈전혼전도감 편. <2권 2책(2/3). 214장+171장. 필사본. '乾'의 개장한 표지의 표제는 '哲仁王后殯殿魂殿都監儀軌 乾'. 목록제는 '哲仁王后殯殿魂殿都監一房儀軌目錄'. 한자+이두. 조선 필사 이두 자료. 한국학중앙연구원 디지털장서각 홈페이지 'K2-3021' 원문 이미지와 텍스트 보기>

1879년

<기묘(己卯), 고종 16년, 광서 5년, 명치 12년>

1879-01-08. **전라감사 감결**(全羅監司甘結), 전라감사. <1장. 한자+이두. 조선 필사 이두 자료. 전북 완주군 비봉 반곡서원 소장. 호남권 한국학자료센터 홈페이지 원문 이미지와 텍스트 보기. 박병호(1974ㄱ), 최승희(1989) 참고>

1879-01-09. **조 생원 댁 노 칠득 토지매매명문**(趙生員宅奴七得土地賣買明文), 답주 정광언(畓主鄭光彦). <1장. 한자+이두. 조선 필사 이두 자료. 경북 상주 낙동 풍양 조씨 양진당 소장. 장서각 한국고문서자료관 홈페이지 원문 이미지 보기>

1879-01-09. **조부모 소제조 성치문**(祖父母掃祭條成置文), 강노관 등(姜老寬等). <1장. 한자+이두. 조선 필사 이두 자료. 제주 장전리 진주 강씨 강태복가 소장. 호남권 한국학자료센터 홈페이지 원문 이미지와 텍스트 보기. 최승희(1989), 고창석(2002) 참고>

1879-01-09. **종중조 소분제 성치문**(從曾祖掃墳祭成置文), 종손 강승노 등(宗孫姜承魯等). <1장. 한자+이두. 조선 필사 이두 자료. 제주 장전리 진주 강씨 강태복가 소장. 호남권 한국학자료센터 홈페이지 원문 이미지와 텍스트 보기. 최승희(1989), 고창석(2002) 참고>

1879-01-22. **토지매매명문**(土地賣買明文), 답주 김 노 성갑(畓主金奴成甲). <1장. 한자

+이두. 조선 필사 이두 자료. 경북 경주시 소정리 경주 이씨 소장. 한국학중앙연구원 장서각 한국고문서자료관 홈페이지 원문 이미지 보기. 한국정신문화연구원 편(2002) 참고>

1879-01-27. **오광영 수표**(吳光泳手標), 오광영. <1장. 한자+이두. 조선 필사 이두 자료. 양주 안흥 광주 정씨 소장. 한국학중앙연구원 장서각 한국고문서자료관 홈페이지 원문 이미지 보기. 한국정신문화연구원 편(2004) 참고>

1879-01-27. **토지매매명문**(土地賣買明文),[609] 답주 유학 이운집(畓主幼學李云執). <1장. 한자+이두. 조선 필사 이두 자료. 전북대학교 박물관 소장. 호남권 한국학자료센터 홈페이지 원문 이미지와 텍스트 보기. 최승희(1989), 정구복 외(1999), 이재수(2003) 참고>

1879-01-29. **김기동 토지매매명문**(金基東土地賣買明文), 전주 권 생원 댁(田主權生員宅). <1장. 한자+이두. 조선 필사 이두 자료. 경북 안동시 주촌 진성 이씨 경류정 소장. 한국학중앙연구원 장서각 한국고문서자료관 홈페이지 & 한국학중앙연구원 한국학 디지털 아카이브 홈페이지 원문 이미지와 텍스트 보기. 한국정신문화연구원 편(1999) 참고>

1879-01-30~1880-12-28. 「결속색등록(結束色謄錄)」 95, 병조(兵曹) 편(編). <1책(95/낙질본 107책). 142장. 필사본. 한자+이두. 조선 필사 이두 자료. 서울대학교 규장각 한국학연구원 홈페이지 1787년~1891년 낙질본 107책(1792년(건륭 57년), 1811년(가경 16년) 하, 1816년(가경 21년), 1817년(가경 22년), 1824년(도광 4년), 1831(도광 11년), 1871(동치 10년), 1885년(광서 11년) 없음) 원문 이미지 보기>

1879-01-00. **면주전 시민 등 발괄**(綿紬塵市民等白活), 면주전 시민 등. <1장. 한자+이두. 조선 필사 이두 자료. 일본 경도대학 가와이문고 소장. 고려대학교 해외한국학자료센터 홈페이지 원문 이미지 보기>

1879-01-00. **영천군 완문**(永川郡完文), 영천군. <1장. 한자+이두. 조선 필사 이두 자료. 경북 성주군 초전면 월곡 1리 벽진 이씨 명암 고택 구장. 한국국학진흥원

---

[609] 호남권 한국학자료센터 홈페이지에서는 '1879년 이운집(李云執) 방매 토지매매명문(土地賣買明文)'으로 표시하였다.

소장. 한국학자료센터 영남권역센터 홈페이지 원문 이미지와 텍스트 보기. 김성갑(2013) 참고>

1879-01-00. **이 감사댁 노 강원실·장신복 소지**(李監司宅奴姜願實張新福所志), 강원실·장신복. <1장. 한자+이두. 조선 필사 이두 자료. 경북 칠곡 석전 광주 이씨 구장. 한국학중앙연구원 장서각 한국고문서자료관 홈페이지 원문 이미지 보기. 한국학중앙연구원 편(2009) 참고>

1879-01-00. **정 교리댁 노 철발 소지**(鄭校理宅奴哲發所志), 철발. <1장, 한자+이두. 조선 필사 이두 자료. 경남 거창 강동 초계 정씨 동계 종가 구장. 한국학중앙연구원 장서각 한국고문서자료관 홈페이지 & 한국학중앙연구원 장서각 한국학자료센터 홈페이지 원문 이미지와 텍스트 보기. 한국정신문화연구원 편(1995), 한국학중앙연구원 편(2005) 참고>

1879-01-00~1879-12-00. 「추조결옥록(**秋曹決獄錄**)」 31, 형조(刑曹) 편(編). <1책(31/낙질본 43책). 36장. 필사본. 한자+이두. 이두 자료. 서울대학교 규장각 한국학연구원 홈페이지 원문 이미지 보기> <1822-01-00~1822-12-00(1/43)>

1879-02-03. **토지매매명문**(土地賣買明文),[610] 답주 유학 위석우(畓主幼學魏錫禹). <1장. 한자+이두. 조선 필사 이두 자료. 전남 장흥군 용산 밀양 박씨 박철환 소장. 호남권 한국학자료센터 홈페이지 원문 이미지와 텍스트 보기. 최승희(1989), 정구복 외(1999), 전경목 외(2006) 참고>

1879-02-11. **대구영사 전령**(大邱營使傳令), 대구영사. <1장. 한자+이두. 조선 필사 이두 자료. 경북 경주시 안강읍 옥산리 여주 이씨 장산서원·치암 종택 구장. 한국학중앙연구원 장서각 한국고문서자료관 홈페이지 원문 이미지 보기. 한국정신문화연구원 편(2003) 참고>

1879-02-13. **토지매매명문**(土地賣買明文), 답주 자필 유학 강응삼(畓主自筆幼學姜應三). <1장. 한자+이두. 조선 필사 이두 자료. 전남 구례군 토지면 오미리 문화 류씨 운조루 소장. 한국학중앙연구원 장서각 한국고문서자료관 홈페이지 원문

---

610 호남권 한국학자료센터 홈페이지에서는 '1879년 위석우(魏錫禹) 방매(放賣) 토지매매명문(土地賣買明文)'으로 표시하였다.

이미지와 텍스트 보기. 한국정신문화연구원 편(1998) 참고>

1879-02-13. **토지매매명문**(土地賣買明文),⁶¹¹ 전주 이군신(田主李君信). <1장. 한자+이두. 조선 필사 이두 자료. 전남 영광 마산 경주 이씨가 구장. 진안 용담호미술관 소장. 호남권 한국학자료센터 홈페이지 원문 이미지와 텍스트 보기. 최승희(1989), 정구복 외(1999), 채현경(2011) 참고>

1879-02-15~1880-09-26(광서 5년 己卯~庚辰).「함경감영계록(**咸鏡監營啓錄**)」5, 비변사(備邊司) 편(編). <1책(5/전6책). 71장. 필사본. 표제는 '咸鏡監營啓錄'. 한자+이두. 조선 필사 이두 자료. 서울대학교 규장각 한국학연구원 홈페이지 원문 이미지 보기> 영인본:「각사등록」42(함경도편 1)(국사편찬위원회 편, 1990)> <1856-02-27~1856-08-02(1/6)>

1879-02-27. **조병춘 토지매매명문**(趙秉春土地賣買明文), 답주 남조락·남극양(畓主南朝洛南極陽). <1장. 한자+이두. 조선 필사 이두 자료. 경북 영양군 영양읍 삼지리 한양 조씨 하담 고택 구장. 한국국학진흥원 소장. 한국학자료센터 영남권역센터 홈페이지 원문 이미지와 텍스트 보기. 박병호(1974ㄱ), 최승희(1989), 이재수(2003) 참고>

1879-02-28. **예안 김 노 희문 토지매매명문**(禮安金奴喜文土地賣買明文), 전주 이일홍(田主李日洪). <1장. 한자+이두. 조선 필사 이두 자료. 경북 안동시 수곡면 전주 류씨 삼산 종가 구장. 대구광역시 수성구 만촌동 전주 류씨 종가 소장. 한국학자료센터 영남권역센터 홈페이지 원문 이미지와 텍스트 보기. 최승희(1989), 이재수(2000, 2003), 전경목(2010), 정수환(2012) 참고>

1879-02-29. **고수길 가사매매명문**(高秀吉家舍賣買明文), 가주 김여흥(家主金汝興). <1장. 한자+이두. 조선 필사 이두 자료. 제주시 이도 일도 이동규 구장. 제주시 일도 2동 제주민속자연사박물관 소장. 호남권 한국학자료센터 홈페이지 원문 이미지와 텍스트 보기. 최승희(1989), 고창석(2002) 참고>

1879-02-29. **토지매매명문**(土地賣買明文),⁶¹² 답주 상인 박시규(畓主喪人朴時奎). <1

---

611 호남권 한국학자료센터 홈페이지에서는 '1879년 이군신(李君信) 방매(放賣) 토지매매명문(土地賣買明文)'으로 표시하였다.

장. 한자+이두. 조선 필사 이두 자료. 전북 임실군 지사 협계태 씨가 소장. 호남권 한국학자료센터 홈페이지 원문 이미지와 텍스트 보기. 김재문(1986), 이재수(2003), 채현경(2011) 참고>

1879-02-00. **국종호 등 상서**(鞠宗鎬等上書), 국종호 등. <1장. 한자+이두. 조선 필사 이두 자료. 전북 완주군 비봉 반곡서원 소장. 호남권 한국학자료센터 홈페이지 원문 이미지와 텍스트 보기. 박병호(1974ㄱ), 최승희(1989) 참고>

1879-02-00. **이성호 소지**(李性浩所志), 이성호. <1장. 한자+이두. 조선 필사 이두 자료. 경북 영해 인량 재령 이씨 충효당 구장. 한국국학진흥원 소장. 한국학중앙연구원 장서각 한국고문서자료관 홈페이지 원문 이미지 보기. 한국정신문화연구원 편(1997) 참고>

1879-02-00. **정만교 차첩**(鄭萬敎差帖), 이조(吏曹). <1장. 한자+이두. 조선 필사 이두 자료. 경기도 양주 사릉 해주 정씨 종가 소장. 한국학중앙연구원 장서각 한국고문서자료관 홈페이지 이미지 보기>

1879-03-03. **변두만 토지매매명문**(邊頭滿土地賣買明文) 답주 자필 신 노 용이(畓主自筆申奴龍伊). <1장. 한자+이두. 조선 필사 이두 자료. 영해 도곡 무안 박씨 무의공 종택 소장. 한국학중앙연구원 장서각 한국고문서자료관 홈페이지 원문 이미지 보기. 박병호(1974ㄱ), 최승희(1989), 이재수(2003), 정구복(2005), 한국학중앙연구원 편(2008) 참고>

1879-03-03. **토지매매명문**(土地賣買明文),[613] 답주 유학 김홍규(畓主幼學金洪逵). <1장. 한자+이두. 조선 필사 이두 자료. 전북대학교 박물관 소장. 호남권 한국학자료센터 홈페이지 원문 이미지와 텍스트 보기. 최승희(1989), 정구복 외(1999), 이재수(2003) 참고>

1879-03-06. **유학 김형추 토지매매명문**(幼學金炯秋土地賣買明文), 답주 자필 유학 최기원(畓主自筆幼學崔麒源). <1장. 한자+이두. 조선 필사 이두 자료. 전남 보성군

---

612 호남권 한국학자료센터 홈페이지에서는 '1879년 박시규(朴時奎) 방매(放賣) 토지매매명문(土地賣買明文)'으로 표시하였다.

613 호남권 한국학자료센터 홈페이지에서는 '1879년 김홍규(金洪逵) 방매 토지매매명문(土地賣買明文)'으로 표시하였다.

박실 제주 양씨가 구장. 원광대학교 박물관 소장. 호남권 한국학자료센터 홈페이지 원문 이미지와 텍스트 보기. 박병호(1974ㄱ) 참고>

1879-03-10. **윤 생원 토지매매명문**(尹生員土地賣買明文), 답주 동몽 김석훈(畓主童蒙金石勳). <1장. 한자+이두. 조선 필사 이두 자료. 전남 해남 윤씨 소장. 한국학중앙연구원 한국학 디지털 아카이브, 홈페이지 원문 이미지 보기>

1879-03-22. **종택 토지매매명문**(宗宅土地賣買明文), 답주 족제 재연(畓主族弟在淵). <1장. 한자+이두. 조선 필사 이두 자료. 경북 안동시 주촌 진성 이씨 경류정 소장. 한국학중앙연구원 장서각 한국고문서자료관 홈페이지 & 한국학중앙연구원 한국학 디지털 아카이브 홈페이지 원문 이미지와 텍스트 보기. 한국정신문화연구원 편(1999) 참고>

1879-03-00. **김우균 소지**(金禹均所志), 김우균. <1장. 한자+이두. 조선 필사 이두 자료. 대전·청양 안동 김씨 삼당 후손가 소장. 한국학중앙연구원 장서각 한국고문서자료관 홈페이지 원문 이미지 보기. 한국정신문화연구원 편(2003) 참고>

1879-03-00. **이진상 등 상서**(李眞相等上書) 1, 이진상 등. <1장. 한자+이두. 조선 필사 이두 자료. 경북 경주시 안강읍 옥산리 여주 이씨 장산서원·치암 종택 구장. 한국학중앙연구원 장서각 한국고문서자료관 홈페이지 원문 이미지 보기. 한국정신문화연구원 편(2003) 참고>

1879-03-00. **이진상 등 상서**(李眞相等上書) 2, 이진상 등. <1장. 한자+이두. 조선 필사 이두 자료. 경북 경주시 안강읍 옥산리 여주 이씨 장산서원·치암 종택 구장. 한국학중앙연구원 장서각 한국고문서자료관 홈페이지 원문 이미지 보기. 한국정신문화연구원 편(2003) 참고>

1879-윤3-04. **토지매매명문**(土地賣買明文),[614] 답주 유학 정종근(畓主幼學鄭鍾瑾). <1장. 한자+이두. 조선 필사 이두 자료. 전북 무장 원송 진주 강씨가 구장. 전북대학교 박물관 소장. 호남권 한국학자료센터 홈페이지 원문 이미지와 텍스트 보기. 박병호(1974ㄱ), 최승희(1989), 정구복 외(1999) 참고>

---

[614] 호남권 한국학자료센터 홈페이지에서는 '1879년 정종근(鄭鍾瑾) 방매(放賣) 토지매매명문(土地賣買明文)'으로 표시하였다.

1879-윤3-06. **종부 소산댁 토지매매명문**(宗婦素山宅土地賣買明文), 전답주 자필 부족 조 이형래(田畓主自筆夫族祖李亨來). <1장. 한자+이두. 조선 필사 이두 자료. 경북 안동시 주촌 진성 이씨 경류정 소장. 한국학중앙연구원 장서각 한국고문서자료관 홈페이지 & 한국학중앙연구원 한국학 디지털 아카이브 홈페이지 원문 이미지와 텍스트 보기. 한국정신문화연구원 편(1999) 참고>

1879-윤3-07. **김석철 토지매매명문**(金碩哲土地賣買明文), 답주 소천 정 진사 댁 노 정인(畓主韶川鄭進士宅奴丁仁). <1장. 한자+이두. 조선 필사 이두 자료. 경북 안동시 오천 광산 김씨 후조당 소장. 한국학중앙연구원 장서각 한국고문서자료관 홈페이지 원문 이미지와 텍스트 보기. 한국정신문화연구원 편(1982) 참고>

1879-윤3-07. **호노 중흥 토지매매명문**(戶奴中興土地賣買明文), 답주 변두만(畓主邊頭滿). <1장. 한자+이두. 조선 필사 이두 자료. 영해 도곡 무안 박씨 무의공 종택 소장. 한국학중앙연구원 장서각 한국고문서자료관 홈페이지 원문 이미지 보기. 박병호(1974ㄱ), 최승희(1989), 이재수(2003), 정구복(2005), 한국학중앙연구원 편(2008) 참고>

1879-윤3-10. **유학 이재두 수표**(幼學李載斗手標), 문장 칠촌 유학 이허규 등(門長七寸幼學李許奎等). <1장. 한자+이두. 조선 필사 이두 자료. 전북 순창군 인화 전주 이씨가 구장. 전북 전주시 효자동 전주 이씨가 소장. 호남권 한국학자료센터 홈페이지 원문 이미지와 텍스트 보기. 최승희(1989), 이수건 외(2004) 참고>

1879-윤3-23~1879-04-14(己卯).「왜사일기(**倭使日記**)」10, 의정부(議政府) 편(編). <1책(10/전14책). 65장. 필사본. 한자+이두. 이두 자료. 서울대학교 규장각 한국학연구원 홈페이지 원문 이미지 보기> <1875-12-26~1876-01-00(1/14)>

1879-윤3-00. **가사매매명문**(家舍賣買明文),[615] 재주 안철수(財主安哲壽). <1장, 한자+이두. 조선 필사 이두 자료. 경남 거창 강동 초계 정씨 동계 종가 구장. 한국학중앙연구원 장서각 한국고문서자료관 홈페이지 & 한국학중앙연구원 장서각 한국학자료센터 홈페이지 & 한국학중앙연구원 한국학 디지털 아카이브 홈페이지 원문

---

615 한국학중앙연구원 장서각 한국학자료센터 홈페이지에서는 '1879년 안철수(安哲壽) 가사매매명문(家舍賣買明文)'으로 표시하였다.

이미지와 텍스트 보기. 한국정신문화연구원 편(1995), 한국학중앙연구원 편(2005) 참고>

1879-윤3-00. **토지매매명문**(土地賣買明文),[616] 전주 김성(出主金姓). <1장. 한자+이두. 조선 필사 이두 자료. 경북 고령군 대가야읍 본관 1리 홍와 고택 구장. 한국국학진흥원 소장. 한국학자료센터 영남권역센터 홈페이지 원문 이미지와 텍스트 보기. 김성갑(2013) 참고>

1879-04-02. **토지매매명문**(土地賣買明文), 산지주 유학 오치인 등(山地主幼學吳致仁 等). <1장. 한자+이두. 조선 필사 이두 자료. 영광 입석 영월 신씨 소장. 한국학중앙연구원 장서각 한국고문서자료관 홈페이지 원문 이미지와 텍스트 보기. 한국정신문화연구원 편(1996) 참고>

1879-04-06. **박사봉 토지매매명문**(朴士奉土地賣買明文), 전주 전덕조(出主全德祚). <1장. 한자+이두. 조선 필사 이두 자료. 삼척시립박물관 소장. 한국학자료센터 강원권역센터 홈페이지 원문 이미지와 텍스트 보기. 김건우(2008), 전경목(2010, 2014), 박준호(2016) 참고>

1879-04-13. **토지매매명문**(土地賣買明文), 전답주 송석구(出畓主宋石九). <1장. 한자+이두. 조선 필사 이두 자료. 경북 경주시 소정리 경주 이씨 소장. 한국학중앙연구원 장서각 한국고문서자료관 홈페이지 원문 이미지 보기. 한국정신문화연구원 편(2002) 참고>

1879-04-15. **옥산서원 사림 첩정**(玉山書院士林牒呈), 옥산서원 사림. <1장. 한자+이두. 조선 필사 이두 자료. 경북 경주 옥산서원 구장. 경주시 강동면 양동마을 안길 여주 이씨 무첨당 소장. 한국학자료센터 영남권역센터 홈페이지 원문 이미지와 텍스트 보기. 이수환(2001) 참고>

1879-04-15~1879-06-13(己卯).「왜사일기(**倭使日記**)」11, 의정부(議政府) 편(編). <1책(11/전14책). 81장. 필사본. 한자+이두. 조선 필사 이두 자료. 서울대학교 규장각 한국학연구원 홈페이지 원문 이미지 보기> <1875-12-26~1876-01-00(1/14)>

---

616 한국학자료센터 영남권역센터 홈페이지에서는 '1879년 김성(金姓) 방매 토지매매명문(土地賣買明文)'으로 표시하였다.

1879-04-18~1879-07-17(己卯).「왜사문답(倭使問答)」3, 통리교섭통상사무아문(統理交涉通商事務衙門) 편(編). <1책(3/전3책). 43장. 필사본. 한자+이두. 조선 필사 이두 자료. 서울대학교 규장각 한국학연구원 홈페이지 원문 이미지 보기> <1876-01-04~1877-10-20(제1)>

1879-04-00. **유기성 단자**(柳基性單子), 유기성. <1장. 한자+이두. 조선 필사 이두 자료. 전북 담양군 모현관 소장. 호남권 한국학자료센터 홈페이지 원문 이미지와 텍스트 보기. 최승희(1989), 정구복 외(1999) 참고>

1879-04-00. **유학 이대룡·진사 이응순 상서**(幼學李大龍進士李膺純上書), 이대룡·이응순. <1장. 한자+이두. 조선 필사 이두 자료. 영광 입석 영월 신씨 소장. 한국학중앙연구원 장서각 한국고문서자료관 홈페이지 원문 이미지와 텍스트 보기. 한국정신문화연구원 편(1996) 참고>

1879-04-00. **이재두 소지**(李載斗所志), 이재두. <1장. 한자+이두. 조선 필사 이두 자료. 전북 순창군 인화 전주 이씨가 구장. 전북 전주시 효자동 전주 이씨가 소장. 호남권 한국학자료센터 홈페이지 원문 이미지와 텍스트 보기. 최승희(1989), 이수건 외(2004) 참고>

1879-04-00 이후 기입 추정.「지장보살본원경(地裝菩薩本願經)」, 조선 석(釋) 고경 역(譯), 대원(大圓) 증명(證明), 일진(日眞) 교증(校證), 경기 양주(京畿楊州): 천마산 보정사(天磨山寶晶社) 개간(開刊) 유판(留板). <중간본. 3권 1책. 84장. 목판본. 표제는 '地藏經'. '현토지장경(懸吐地藏經)', '지장경(地藏經)', '지장본원경(地藏本願經)'이라고도 한다. 한문 그리고 한글 문장. 본문에 생획토 기입. '석음(釋音)'을 30ㄱ~30ㄴ, 56ㄱ~57ㄱ에 수록. 불교 서적. 조선 묵서 구결 자료. 한글 자료. 서울대학교 규장각 한국학연구원 2종 소장. 서울대학교 규장각 한국학연구원 홈페이지 '古1730-488'의 원문 이미지 보기> <이본: 1340-00-00(충청도 계룡산 동학사(東學寺) 간행본) 참고>

1879-윤4-00. **이형만 단자**(李瀅萬單子) 1, 이형만. <1장. 한자+이두. 조선 필사 이두 자료. 전북 익산 왕궁 이인승 소장. 호남권 한국학자료센터 홈페이지 원문 이미지와 텍스트 보기. 박병호(1974ㄱ), 최승희(1989) 참고>

1879-05-08. **유학 임상건 수기**(幼學林尙健手記), 임상건. <1장. 한자+이두. 조선 필사

이두 자료. 전북 익산 왕궁 이인승 소장. 호남권 한국학자료센터 홈페이지 원문 이미지와 텍스트 보기. 박병호(1974ㄱ), 최승희(1989) 참고>

1879-05-19~1879-07-09(己卯). 「왜사일기(倭使日記)」 12, 의정부(議政府) 편(編). <1책(12/전14책). 49장. 필사본. 한자+이두. 이두 자료. 서울대학교 규장각 한국학연구원 홈페이지 원문 이미지 보기> <1875-12-26~1876-01-00(1/14)>

1879-05-00. **오치임 소지**(吳致任所志), 오치임. <1장. 한자+이두. 조선 필사 이두 자료. 전북 익산 용화 전주 이씨가 구장. 전북대학교 박물관 소장. 호남권 한국학자료센터 홈페이지 원문 이미지와 텍스트 보기. 최승희(1989), 김경숙(2002), 심재우(2013) 참고>

1879-05-00. **이형만 단자**(李瀅萬單子) 2, 이형만. <1장. 한자+이두. 조선 필사 이두 자료. 전북 익산 왕궁 이인승 소장. 호남권 한국학자료센터 홈페이지 원문 이미지와 텍스트 보기. 박병호(1974ㄱ), 최승희(1989) 참고>

1879-06-00. **이형만 단자**(李瀅萬單子) 23, 이형만. <1장. 한자+이두. 조선 필사 이두 자료. 전북 익산 왕궁 이인승 소장. 호남권 한국학자료센터 홈페이지 원문 이미지와 텍스트 보기. 박병호(1974ㄱ), 최승희(1989) 참고>

1879-07-21~1880-10-13(己卯~庚辰). 「우포청등록(右捕廳謄錄)」 29, 포도청(捕盜廳) 편(編). <1책(29/전30책). 31장. 필사본. 표제는 '右捕廳謄錄'. 한자+이두. 조선 필사 이두 자료. 서울대학교 규장각 한국학연구원 홈페이지 원문 이미지 보기> <1807-01-13~1808-06-12(1/30)>

1879-07-22. **유학 안채환 토지매매명문**(幼學安采煥土地賣買明文), 전주 자필 전방욱(田主自筆全邦郁). <1장. 한자+이두. 조선 필사 이두 자료. 전남 보성군 박실 제주 양씨가 구장. 원광대학교 박물관 소장. 호남권 한국학자료센터 홈페이지 원문 이미지와 텍스트 보기. 박병호(1974ㄱ), 최승희(1989), 이재수(2003) 참고>

1879-07-26. **토지매매명문**(土地賣買明文),[617] 답주 동장 용성직(畓主洞長龍性直). <1장. 한자+이두. 조선 필사 이두 자료. 전북대학교 박물관 소장. 호남권 한국학자

---

617 호남권 한국학자료센터 홈페이지에서는 '1879년 용성직(龍性直) 방매 토지매매명문(土地賣買明文)'으로 표시하였다.

료센터 홈페이지 원문 이미지와 텍스트 보기. 박병호(1974ㄱ), 최승희(1989), 이재수(2003), 박준호(2004), 전경목 외(2006) 참고>

1879-07-27~1880-04-22(己卯~庚辰). 「왜사일기(倭使日記)」 13, 의정부(議政府) 편(編). <1책(13/전14책). 58장. 필사본. 한자+이두. 조선 필사 이두 자료. 서울대학교 규장각 한국학연구원 홈페이지 원문 이미지 보기> <1875-12-26~1876-01-00(1/14)>

1879-07-30. **유학 박여중 토지매매명문**(幼學朴汝仲土地賣買明文), 답주 동몽 장갑천(畓主童蒙張甲天). <1장. 한자+이두. 조선 필사 이두 자료. 전남 장흥군 용산 밀양 박씨 박철환 소장. 호남권 한국학자료센터 홈페이지 원문 이미지와 텍스트 보기. 최승희(1989), 정구복 외(1999), 전경목 외(2006) 참고>

1879-08-11. **이 생원 댁 토지매매명문**(李生員宅土地賣買明文), 회장주 김종현(灰場主金宗玄). <1장. 한자+이두. 조선 필사 이두 자료. 전남 보성군 박실 제주 양씨가 구장. 원광대학교 박물관 소장. 호남권 한국학자료센터 홈페이지 원문 이미지와 텍스트 보기. 박병호(1974ㄱ), 최승희(1989), 이재수(2003) 참고>

1879-08-11~1879-08-29(己卯). 「민소초개책(民訴草槩冊)」[618] 1, 경산현(慶山縣) 편(編). <1책. 8장. 필사본. 표제와 내제는 '民訴草槩冊'. 한자+이두. 조선 필사 이두 자료. 서울대학교 규장각 한국학연구원 홈페이지 원문 이미지 보기>

1879-08-14. **변대연 다짐**(邊大淵侤音) 1, 변대연. <1장. 한자+이두. 조선 필사 이두 자료. 경북 안동시 갈전 순흥 안씨 소장. 한국학중앙연구원 장서각 한국고문서자료관 홈페이지 원문 이미지 보기. 한국정신문화연구원 편(1999) 참고>

1879-08-00. **강필호 첩**(康弼好帖), 군수(郡守). <1장. 한자+이두. 조선 필사 이두 자료. 제주교육박물관 소장. 사이버 제주교육박물관 홈페이지 원문 이미지와 텍스트 보기>

1879-08-00. **안병규·안성렬 등 소지**(安秉圭安成烈等所志) 1, 안병규·안성렬 등. <1장. 한자+이두. 조선 필사 이두 자료. 경북 안동시 갈전 순흥 안씨 소장. 한국학중앙

---

[618] 서울대학교 규장각 한국학연구원 홈페이지에서는 책명을 '民訴草槪冊 민소초개책'으로 표시하였다.

연구원 장서각 한국고문서자료관 홈페이지 원문 이미지 보기. 한국정신문화연구원 편(1999) 참고>

1879-08-00. **안병규·안성렬 등 소지**(安秉圭安成烈等所志) 2, 안병규·안성렬 등. <1장. 한자+이두. 조선 필사 이두 자료. 경북 안동시 갈전 순흥 안씨 소장. 한국학중앙연구원 장서각 한국고문서자료관 홈페이지 원문 이미지 보기. 한국정신문화연구원 편(1999) 참고>

1879-09-14. **유학 임문화 수기**(幼學林文化手記),[619] 염부주 한량 박오종·박용석(鹽釜主閑良朴五宗朴龍石). <1장. 한자+이두. 조선 필사 이두 자료. 전남 보성군 박실 제주 양씨가 구장. 원광대학교 박물관 소장. 호남권 한국학자료센터 홈페이지 원문 이미지와 텍스트 보기. 최승희(1989), 정구복 외(1999), 이재수(2003) 참고>

1879-09-00. **이진영 등 상서**(李進榮等上書), 이진영 등. <1장. 한자+이두. 조선 필사 이두 자료. 경북 영해 인량 재령 이씨 충효당 소장. 한국학중앙연구원 장서각 한국고문서자료관 홈페이지 원문 이미지 보기. 한국학중앙연구원 편(2008) 참고>

1879-10-21. **토지매매명문**(土地賣買明文),[620] 답주 이원거(畓主李元巨). <1장. 한자+이두. 조선 필사 이두 자료. 전남 나주시 남내 밀양 박씨 청재 종가 소장. 호남권 한국학자료센터 홈페이지 원문 이미지와 텍스트 보기. 김태영(1983), 최승희(1989) 참고>

1879-10-24. **권 생원 댁 수기**(權生員宅手記),[621] 표주 김칠근(標主金七根). <1장. 한자+이두. 조선 필사 이두 자료. 경북 예천군 용문면 대제리 원동 권씨 춘우재 고택 구장. 한국국학진흥원 소장. 한국학자료센터 영남권역센터 홈페이지 원문 이미지와 텍스트 보기>

1879-10-00. **권경하 등 소지**(權經夏等所志), 권경하. <1장. 한자+이두. 조선 필사

---

[619] 호남권 한국학자료센터 홈페이지에서는 '1879년 박오종(朴五宗) 수기(手記)'로 표시하였다.
[620] 호남권 한국학자료센터 홈페이지에서는 '1879년 이원거(李元巨) 방매(放賣) 토지매매명문(土地賣買明文)'으로 표시하였다.
[621] 한국학자료센터 영남권역센터 홈페이지에서는 '1879년 김칠근(金七根), 김팔근(金八根) 형제 산송 관련 수표(手標)'로 표시하였다.

이두 자료. 경북 예천군 용문면 대제리 원동 권씨 춘우재 고택 구장. 한국국학진흥원 소장. 한국학자료센터 영남권역센터 홈페이지 원문 이미지와 텍스트 보기>

1879-10-00. **분재기**(分財記), 분재주 김양근(分財主金瀁根). <1장. 한자+이두. 조선 필사 이두 자료. 전북 임실군 지사 협계태 씨가 소장. 호남권 한국학자료센터 홈페이지 원문 이미지와 텍스트 보기. 김석희·박용숙(1989), 전경목(2002, 2003) 참고>

1879-10-00. **이광렴 등 상서**(李光濂等上書), 이광렴 등. <1장. 한자+이두. 조선 필사 이두 자료. 경북 영해 인량 재령 이씨 충효당 구장. 한국국학진흥원 소장. 한국학중앙연구원 장서각 한국고문서자료관 홈페이지 원문 이미지 보기. 한국정신문화연구원 편(1997) 참고>

1879-10-00(광서 5년 己卯). 「홍등중기(洪等重記)」,[622] 무주부(茂州府) 편(編). <1책. 39장. 필사본. 표제는 '(己卯十月 日)洪等重記'. 권수제는 '(光緖五年十月 日)洪等重記'. 한자++이두. 조선 필사 이두 자료. 서울대학교 규장각 한국학연구원 홈페이지 원문 이미지 보기> <영인본: 「각사등록」 41(평안도편 13)(국사편찬위원회 편, 1990)>

1879-11-01~1882-04-00(광서 5년 己卯~광서 8년). 「강원감영관첩(江原監營關牒)」 5, 비변사(備邊司) 편(編). <1책(5/전6책). 24장. 필사본. 표제는 '江原監營關牒'. 한자+이두. 조선 필사 이두 자료. 서울대학교 규장각 한국학연구원 홈페이지 원문 이미지 보기> <영인본: 「각사등록」 27(강원도편 1)(국사편찬위원회 편, 1988)> <1859-12-30~1861-01-12(1/6)>

1879-11-16. **변대연 다짐**(邊大淵侉音) 2, 변대연. <1장. 한자+이두. 조선 필사 이두 자료. 경북 안동시 갈전 순흥 안씨 소장. 한국학중앙연구원 장서각 한국고문서자료관 홈페이지 원문 이미지 보기. 한국정신문화연구원 편(1999) 참고>

1879-11-18. **김홍식 토지매매명문**(金弘植土地賣買明文), 답주 김제강(畓主金濟康). <1장. 한자+이두. 조선 필사 이두 자료. 안동 천전 의성 김씨 지촌 종택 소장. 한국학중앙연구원 장서각 한국고문서자료관 홈페이지 원문 이미지 보기. 한국정

---

[622] 서울대학교 규장각 한국학연구원 홈페이지에서는 책명을 '洪等重記 홍등중기'로 표시하였다.

신문화연구원 편(1990) 참고>

1879-11-23. **계중 토지매매명문**(稧中土地賣買明文), 답주 유학 김한규(畓主幼學金漢奎). <1장. 한자+이두. 조선 필사 이두 자료. 전남 나주시 남내 밀양 박씨 청재 종가 소장. 호남권 한국학자료센터 홈페이지 원문 이미지와 텍스트 보기. 최승희(1989), 김현영(2003) 참고>

1879-11-28. **토지매매명문**(土地賣買明文), 전주 유학 정원혁(田主幼學鄭元爀). <1장. 한자+이두. 조선 필사 이두 자료. 부여 은산 함양 박씨 소장. 한국학중앙연구원 장서각 한국고문서자료관 홈페이지 원문 이미지 보기. 한국정신문화연구원 편(2000) 참고>

1879-11-29. **토지매매명문**(土地賣買明文),[623] 답주 유학 최명한(畓主幼學崔明翰). <1장. 한자+이두. 조선 필사 이두 자료. 전남 나주시 남내 밀양 박씨 청재 종가 소장. 호남권 한국학자료센터 홈페이지 원문 이미지와 텍스트 보기. 최승희(1989), 김현영(2003) 참고>

1879-11-00. **이찬영 등 소지**(李繼榮等所志), 이찬영 등. <1장. 한자+이두. 조선 필사 이두 자료. 경북 영해 인량 재령 이씨 충효당 소장. 한국학중앙연구원 장서각 한국고문서자료관 홈페이지 원문 이미지 보기. 한국학중앙연구원 편(2008) 참고>

1879-12-05. **이 생원 댁 노 귀단 토지매매명문**(李生員宅奴貴丹土地賣買明文), 전주 정주택(田主鄭周澤). <1장. 한자+이두. 조선 필사 이두 자료. 제천 한수 연안 이씨 소장. 한국학중앙연구원 장서각 한국고문서자료관 홈페이지 원문 이미지 보기. 한국정신문화연구원 편(2001) 참고>

1879-12-09. **토지매매명문**(土地賣買明文),[624] 답주 유학 이응원(畓主幼學李應元). <1장. 한자+이두. 조선 필사 이두 자료. 전남 나주시 남내 밀양 박씨 청재 종가 소장. 호남권 한국학자료센터 홈페이지 원문 이미지와 텍스트 보기. 고창석(1996),

---

[623] 호남권 한국학자료센터 홈페이지에서는 '1879년 최명한(崔明翰) 방매(放賣) 토지매매명문(土地賣買明文)'으로 표시하였다.

[624] 호남권 한국학자료센터 홈페이지에서는 '1879년 이응원(李應元) 방매(放賣) 토지매매명문(土地賣買明文)'으로 표시하였다.

박성종(1999), 이재수(2003) 참고>

1879-12-12. **의인 계중 토지매매명문**(宜仁稧中土地賣買明文), 답주 이만발(畓主李晩發). <1장. 한자+이두. 조선 필사 이두 자료. 경북 안동시 도산면 의촌리 은졸재 고택 구장. 한국국학진흥원 소장. 한국학자료센터 영남권역센터 홈페이지 원문 이미지와 텍스트 보기>

1879-12-15. **보종소 토지매매명문**(補宗所土地賣買明文), 답주 김하상(畓主金廈相). <1장. 한자+이두. 조선 필사 이두 자료. 경북 안동시 오천 광산 김씨 후조당 소장. 한국학중앙연구원 장서각 한국고문서자료관 홈페이지 원문 이미지와 텍스트 보기. 한국정신문화연구원 편(1982) 참고>

1879-12-16. **토지매매명문**(土地賣買明文), 전답주 윤재례(田畓主尹才禮). <1장. 한자+이두. 조선 필사 이두 자료. 경북 경주시 소정리 경주 이씨 소장. 한국학중앙연구원 장서각 한국고문서자료관 홈페이지 원문 이미지 보기. 한국정신문화연구원 편(2002) 참고>

1879-12-17. **토지매매명문**(土地賣買明文),[625] 답주 유학 서형문(畓主幼學徐馨文). <1장. 한자+이두. 조선 필사 이두 자료. 전북대학교 박물관 소장. 호남권 한국학자료센터 홈페이지 원문 이미지와 텍스트 보기. 최승희(1989), 정구복 외(1999), 이재수(2003) 참고>

1879-12-17. **토지매매명문**(土地賣買明文),[626] 답주 이 조이(畓主李召史). <1장. 한자+이두. 조선 필사 이두 자료. 전북대학교 박물관 소장. 호남권 한국학자료센터 홈페이지 원문 이미지와 텍스트 보기. 최승희(1989), 정구복 외(1999), 이재수(2003) 참고>

1879-12-20. **조 생원 댁 토지매매명문**(曺生員宅土地賣買明文), 답주 박기업(畓主朴基業). <1장. 한자+이두. 조선 필사 이두 자료. 전북 익산 마동 창녕 조씨가 소장. 호남권 한국학자료센터 홈페이지 원문 이미지와 텍스트 보기. 박병호(1974ㄱ),

---

[625] 호남권 한국학자료센터 홈페이지에서는 '1879년 서형문(徐馨文) 방매 토지매매명문(土地賣買明文)'으로 표시하였다.

[626] 호남권 한국학자료센터 홈페이지에서는 '1879년 이소사(李召史) 방매 토지매매명문(土地賣買明文)'으로 표시하였다.

최승희(1989), 이재수(2003), 이정수·김희호(2011) 참고>

1879-12-21. **유학 양치환 토지매매명문**(幼學梁致煥土地賣買明文), 답주 유학 양인보(畓主幼學梁仁甫). <1장. 한자+이두. 조선 필사 이두 자료. 전남 보성군 박실 제주 양씨가 구장. 원광대학교 박물관 소장. 호남권 한국학자료센터 홈페이지 원문 이미지와 텍스트 보기. 최승희(1989), 전북향토문화연구회 편(1993), 정구복 외(1999) 참고>

1879-12-21. **이경회 토지매매명문**(李景會土地賣買明文), 답주 유학 이병석(畓主幼學李秉碩). <1장. 한자+이두. 조선 필사 이두 자료. 전남 보성군 박실 제주 양씨가 구장. 원광대학교 박물관 소장. 호남권 한국학자료센터 홈페이지 원문 이미지와 텍스트 보기. 박병호(1974ㄱ), 이재수(2003) 참고>

1879-12-21. **정무현 토지매매명문**(鄭武鉉土地賣買明文),[627] 답주 유학 양인보(畓主幼學梁仁寶). <1장. 한자+이두. 조선 필사 이두 자료. 전남 보성군 박실 제주 양씨가 구장. 원광대학교 박물관 소장. 호남권 한국학자료센터 홈페이지 원문 이미지와 텍스트 보기>

1879-12-27. **유학 양 토지매매명문**(幼學梁土地賣買明文), 답주 유학 안동환(畓主幼學安東煥). <1장. 한자+이두. 조선 필사 이두 자료. 전남 보성군 박실 제주 양씨가 구장. 원광대학교 박물관 소장. 호남권 한국학자료센터 홈페이지 원문 이미지와 텍스트 보기. 최승희(1989), 정구복 외(1999), 채현경(2011) 참고>

1879-12-27. **토지매매명문**(土地賣買明文),[628] 답주 유학 한성일(畓主幼學韓性壹). <1장. 한자+이두. 조선 필사 이두 자료. 전북 무장 원송 진주 강씨가 구장. 전북대학교 박물관 소장. 호남권 한국학자료센터 홈페이지 원문 이미지와 텍스트 보기. 최승희(1989), 김소은(2004) 참고>

1879-12-29. **유학 문성호 토지매매명문**(幼學文成鎬土地賣買明文), 답주 삼촌숙 유학 문기태(畓主三寸叔幼學文基台). <1장. 한자+이두. 조선 필사 이두 자료. 전남 장

---

[627] 호남권 한국학자료센터 홈페이지 '안내 정보'에서는 '정무현 토지매매명문'이 아닌 '1888년 양주묵(梁周黙) 소지(所志)'를 소개하고 있다.

[628] 호남권 한국학자료센터 홈페이지에서는 '1879년 한성일(韓性壹) 방매(放賣) 토지매매명문(土地賣買明文)'으로 표시하였다.

흥군 금자 남평 문씨 문현기 소장. 호남권 한국학자료센터 홈페이지 원문 이미지와 텍스트 보기. 최승희(1989), 국립민속박물관 편(1991), 정구복 외(1999), 나달숙(2016) 참고>

1879-12-29. **향교 통문**(鄕校通文), 향교. <1장. 한자+이두. 조선 필사 이두 자료. 경북 경주시 내남면 이조리 경주 최씨·용산서원 소장. 한국학중앙연구원 장서각 한국고문서자료관 홈페이지 원문 이미지 보기. 한국정신문화연구원 편(2000) 참고>

1879-12-00. **유경집 소지**(柳慶集所志) 1, 유경집. <1장. 한자+이두. 조선 필사 이두 자료. 전북 담양군 모현관 소장. 호남권 한국학자료센터 홈페이지 원문 이미지와 텍스트 보기. 최승희(1989), 정구복 외(1999) 참고>

1879-12-00. **유경집 소지**(柳慶集所志) 2, 유경집. <1장. 한자+이두. 조선 필사 이두 자료. 전북 담양군 모현관 소장. 호남권 한국학자료센터 홈페이지 원문 이미지와 텍스트 보기. 최승희(1989), 정구복 외(1999) 참고>

1879-12-00. **이 노 금철 소지**(李奴今哲所志), 금철. <1장. 한자+이두. 조선 필사 이두 자료. 경북 고령군 대가야읍 본관 1리 홍와 고택 구장. 한국국학진흥원 소장. 한국학자료센터 영남권역센터 홈페이지 원문 이미지와 텍스트 보기. 김성갑(2013) 참고>

1879-00-00.「대산집(臺山集)」, 김매순(金邁淳, 1776년~1840년). <20권 10책. 활자본. 전사자본. 시문집. 국립중앙도서관 홈페이지 & 서울대학교 규장각 한국학연구원 홈페이지 '經古819.54-G422d' 원문 이미지 보기> <이본: ①「대산초고(臺山初藁)」(서울대학교 규장각 한국학연구원, 성균관대학교 존경각 소장) ②「대산유집(臺山遺集)」(조선 필사 이두 자료. 연세대학교 학술정보원 소장)>

1879-00-00.「선원보략수정의궤(璿源譜略修正儀軌)」, 종친부(宗親府) 편. <1책. 22장. 필사본. 표제는 '己卯正月 日璿源譜略修正時儀軌'. 권수제는 '光緒五年己卯正月 日璿源譜略修正儀軌'. 한자+이두. 조선 필사 이두 자료. 서울대학교 규장각 한국학연구원 의궤 종합정보 홈페이지 '奎14127' 원문 이미지 보기>

1879-00-00. **손종원 첩정**(孫鍾遠牒呈), 손종원. <1장. 한자+이두. 조선 필사 이두 자료. 경주 양동 경주 손씨 송첨 종택 소장. 한국학중앙연구원 장서각 한국고문서

자료관 홈페이지 원문 이미지 보기. 한국정신문화연구원 편(1997) 참고>

1880년

<경진(庚辰), 고종 17년, 광서 6년, 명치 13년>

1880-01-14. **박 참지댁[629] 수판 운반 관련 소지**(朴參知宅壽板運搬關聯傳令), 영천군 관아(榮川郡官衙). <1장. 한자+이두. 조선 필사 이두 자료. 경북 영주시 문수면 수도리 반남 박씨 오헌 고택 구장. 한국국학진흥원 소장. 한국학자료센터 영남권역센터 홈페이지 원문 이미지와 텍스트 보기>

1880-01-20. **토지매매명문**(土地賣買明文),[630] 전주 윤 진사 댁 오문(田主尹進士宅五文. <1장. 한자+이두. 조선 필사 이두 자료. 전남 보성군 복내면 죽산 안씨 죽곡 정사 소장. 호남권 한국학자료센터 홈페이지 원문 이미지와 텍스트 보기. 김현영(2003) 참고>

1880-01-21. **권경하 등 상서**(權經夏等上書), 권경하 등. <1장. 한자+이두. 조선 필사 이두 자료. 경북 예천군 용문면 대제리 원동 권씨 춘우재 고택 구장. 한국국학진흥원 소장. 한국학자료센터 영남권역센터 홈페이지 원문 이미지와 텍스트 보기>

1880-01-22. **토지매매명문**(土地賣買明文)[631] 1, 답주 유학 조매성(畓主幼學趙賣成). <1장. 한자+이두. 조선 필사 이두 자료. 전남 나주시 남내 밀양 박씨 청재 종가 소장. 호남권 한국학자료센터 홈페이지 원문 이미지와 텍스트 보기. 최승희(1989), 이재수(2003) 참고>

1880-01-25. **영양 유향소 공형 전령**(英陽留鄕所公兄傳令), 영해부 관아(寧海府官衙). <1장. 한자+이두. 조선 필사 이두 자료. 경북 영덕군 영해면 괴시리 영양 남씨

---

[629] 참지(參知)는 조선 시대에 육조에 둔 정3품 벼슬이다「표준국어대사전」).
[630] 호남권 한국학자료센터 홈페이지에서는 '1880년 오문(五文) 방매(放賣) 토지매매명문(土地賣買明文)'으로 표시하였다.
[631] 호남권 한국학자료센터 홈페이지에서는 '1880년 조매성(趙賣成) 방매(放賣) 토지매매명문(土地賣買明文)'으로 표시하였다.

괴시파 영감댁 구장. 한국국학진흥원 소장. 한국학자료센터 영남권역센터 홈페이지 원문 이미지와 텍스트 보기>

1880-01-00. **남유화 등 소지**(南有鏵等所志), 남유화 등. <1장. 한자+이두. 조선 필사 이두 자료. 경북 영덕군 영해면 괴시리 영양 남씨 괴시파 영감댁 구장. 한국국학진흥원 소장. 한국학자료센터 영남권역센터 홈페이지 원문 이미지와 텍스트 보기>

1880-02-03~1886-12-25(庚辰~丙戌). 「전객사일기(**典客司日記**)」 99, 예조(禮曹) 전객사(典客司) 편(編). <1책(99/전99책). 44장. 필사본. 한자+이두. 이두 자료. 서울대학교 규장각 한국학연구원 홈페이지 원문 이미지 보기> <1640-01-22~1641-12-23(1/99)>

1880-02-05. **유학 최영태 토지매매명문**(幼學崔榮台土地賣買明文), 답주 유학 이경래(畓主幼學李畊來). <1장. 한자+이두. 조선 필사 이두 자료. 전남 나주시 남내 밀양 박씨 청재 종가 소장. 호남권 한국학자료센터 홈페이지 원문 이미지와 텍스트 보기. 박노욱(1990), 이재수(2003) 참고>

1880-02-10. **조병삼 토지매매명문**(曺秉杉土地賣買明文), 답주 유학 조태규(畓主幼學曺泰圭). <1장. 한자+이두. 조선 필사 이두 자료. 영암 미암 창녕 조씨 대호 후손가 소장. 호남권 한국학자료센터 홈페이지 원문 이미지 보기. 최승희(1989) 참고>

1880-02-10. **토지매매명문**(土地賣買明文)[632] 2, 답주 유학 조매성(畓主幼學趙賣成). <1장. 한자+이두. 조선 필사 이두 자료. 전남 나주시 남내 밀양 박씨 청재 종가 소장. 호남권 한국학자료센터 홈페이지 원문 이미지와 텍스트 보기. 김태영(1983), 이재수(2003), 김영나(2007) 참고>

1880-02-00. **김두현 차첩**(金斗鉉差帖), 제주목(濟州牧). <1장. 한자+이두. 조선 필사 이두 자료. 제주시 이도 일도 이동규 구장. 제주시 일도 2동 제주민속자연사박물관 소장. 호남권 한국학자료센터 홈페이지 원문 이미지와 텍스트 보기. 최승희(1989), 유지영(2007) 참고>

1880-02-00. **김원철 소지**(金元哲所志), 김원철. <1장. 한자+이두. 조선 필사 이두

---

[632] 호남권 한국학자료센터 홈페이지에서는 '1880년 조매성(趙賣成) 방매(放賣) 토지매매명문(土地賣買明文)'으로 표시하였다.

자료. 전북 순창 구미 남원 양씨가 소장. 호남권 한국학자료센터 홈페이지 원문 이미지와 텍스트 보기. 최승희(1989), 김경숙(2002), 심재우(2013) 참고>

1880-02-00. **양석일 등 소지**(楊錫一等所志) 1, 양석일 등. <1장. 한자+이두. 조선 필사 이두 자료. 전북 순창 구미 남원 양씨가 소장. 호남권 한국학자료센터 홈페이지 원문 이미지와 텍스트 보기. 최승희(1989), 김경숙(2002), 심재우(2013) 참고>

1880-02-00. **정연학 등 소지**(鄭然學等所志),[633] 정연학 등. <1장, 한자+이두. 조선 필사 이두 자료. 경남 거창 강동 초계 정씨 동계 종가 구장. 한국학중앙연구원 장서각 한국고문서자료관 홈페이지 & 한국학중앙연구원 장서각 한국자료센터 홈페이지 원문 이미지와 텍스트 보기. 한국정신문화연구원 편(1995), 박병련·김학수(2001), 한국학중앙연구원 편(2005), 김성갑(2006) 참고>

1880-02-00. **토지매매명문**(土地賣買明文),[634] 자필 답주 유학 장순지(自筆畓主幼學張舜之). <1장. 한자+이두. 조선 필사 이두 자료. 전북대학교 박물관 소장. 호남권 한국학자료센터 홈페이지 원문 이미지와 텍스트 보기. 최승희(1989), 정구복 외(1999), 이재수(2003) 참고>

1880-02-00~1880-12-00(庚辰). 「추조결옥록(**秋曹決獄錄**)」 32, 형조(刑曹) 편(編). <1책(32/낙질본 43책). 28장. 필사본. 한자+이두. 조선 필사 이두 자료. 서울대학교 규장각 한국학연구원 홈페이지 원문 이미지 보기> <1822-01-00~1822-12-00(1/43)>

1880-03-11. **토지매매명문**(土地賣買明文),[635] 답주 자필 유학 정휴덕(畓主自筆幼學鄭休德). <1장. 한자+이두. 조선 필사 이두 자료. 전북 무장 원송 진주 강씨가 구장. 전북대학교 박물관 소장. 호남권 한국학자료센터 홈페이지 원문 이미지와 텍스트 보기. 박병호(1974ㄱ), 최승희(1989), 이재수(2003) 참고>

---

[633] 한국학중앙연구원 장서각 한국학자료센터 홈페이지에서는 문서명을 '1880년 정연학(鄭然學) 상서'로 적었다.

[634] 호남권 한국학자료센터 홈페이지에서는 '1880년 장순지(張舜之) 방매 토지매매명문(土地賣買明文)'으로 표시하였다.

[635] 호남권 한국학자료센터 홈페이지에서는 '1880년 정휴덕(鄭休德) 방매(放賣) 토지매매명문(土地賣買明文)'으로 표시하였다.

1880-03-20. **김백준 토지매매명문**(金伯俊土地賣買明文), 전주 권성환(田主權星煥). <1장. 한자+이두. 조선 필사 이두 자료. 경북 안동시 주촌 진성 이씨 경류정 소장. 한국학중앙연구원 장서각 한국고문서자료관 홈페이지 원문 이미지와 텍스트 보기. 한국정신문화연구원 편(1999) 참고>

1880-03-20. **토지매매명문**(土地賣買明文), 전주 한 노 명원(田主韓奴命原). <1장. 한자+이두. 조선 필사 이두 자료. 경북 경주시 소정리 경주 이씨 소장. 한국학중앙연구원 장서각 한국고문서자료관 홈페이지 원문 이미지 보기. 한국정신문화연구원 편(2002) 참고>

1880-03-00. **유낙안 댁 노 성준 소지**(柳樂安宅奴成俊所志), 성준. <1장. 한자+이두. 조선 필사 이두 자료. 전남 구례군 토지면 오미리 문화 류씨 운조루 소장. 한국학중앙연구원 장서각 한국고문서자료관 홈페이지 원문 이미지와 텍스트 보기. 한국정신문화연구원 편(1998) 참고>

1880-03-00. **이민구 상서**(李玟九上書) 1, 이민구. <1장. 한자+이두. 조선 필사 이두 자료. 상주 연안 이씨 이만부 종가 소장. 한국학중앙연구원 장서각 한국고문서자료관 홈페이지 원문 이미지 보기>

1880-04-01. **남원 양씨 도형**(南原楊氏圖形), 순창군(淳昌郡). <1장. 한자+이두. 조선 필사 이두 자료. 전북 순창 구미 남원 양씨가 소장. 호남권 한국학자료센터 홈페이지 원문 이미지와 텍스트 보기. 최승희(1989), 김경숙(2002), 심재우(2013) 참고>

1880-04-06. **토지매매명문**(土地賣買明文),[636] 답주 한량 조응춘(畓主閑良趙應春). <1장. 한자+이두. 조선 필사 이두 자료. 전남 장흥군 용산 밀양 박씨 박철환 소장. 호남권 한국학자료센터 홈페이지 원문 이미지와 텍스트 보기. 최승희(1989), 정구복 외(1999), 전경목 외(2006) 참고>

1880-04-10. **수계소 유사 품목**(修禊所有司稟目), 수계소 유사. <1장. 한자+이두. 조선 필사 이두 자료. 경북 상주시 외서면 우산리 진주 정씨 우복 종택 소장. 한국학중앙연구원 장서각 한국고문서자료관 홈페이지 원문 이미지 보기. 한국학중앙연구

---

[636] 호남권 한국학자료센터 홈페이지에서는 '1880년 조응춘(趙應春) 방매(放賣) 토지매매명문(土地賣買明文)'으로 표시하였다.

원 편(2008) 참고>

1880-04-22~1880-12-29(庚辰).「왜사일기(**倭使日記**)」14, 의정부(議政府) 편(編). <1책(14/전14책). 41장. 필사본. 한자+이두. 조선 필사 이두 자료. 서울대학교 규장각 한국학연구원 홈페이지 원문 이미지 보기> <1875-12-26~1876-01-00(1/14)>

1880-04-00.「경산현 읍내면 서상리 치사 남인 전관업 초검 문안(**慶山縣邑內面西上里致死男人全寬業初檢文案**)」,[637] 경산현(慶山縣) 편(編). <1책. 21장. 필사본. 한자+이두. 조선 필사 이두 자료. 서울대학교 규장각 한국학연구원 홈페이지 원문 이미지 보기>

1880-04-00. **예조 관(禮曹關)**, 예조. <1장. 한자+이두. 조선 필사 이두 자료. 경북 경주시 소정리 경주 이씨 소장. 한국학중앙연구원 장서각 한국고문서자료관 홈페이지 원문 이미지 보기. 한국정신문화연구원 편(2002) 참고>

1880-04-00. **이민구 상서(李玟九上書)** 2, 이민구. <1장. 한자+이두. 조선 필사 이두 자료. 상주 연안 이씨 이만부 종가 소장. 한국학중앙연구원 장서각 한국고문서자료관 홈페이지 원문 이미지 보기>

1880-04-00. **이민구 의송(李玟九議送)** 1, 이민구. <1장. 한자+이두. 조선 필사 이두 자료. 상주 연안 이씨 이만부 종가 소장. 한국학중앙연구원 장서각 한국고문서자료관 홈페이지 원문 이미지 보기>

1880-04-00. **토지매매명문(土地賣買明文)**, 답주 최지평(畓主崔之平). <1장. 한자+이두. 조선 필사 이두 자료. 경북 경주시 내남면 이조리 경주 최씨·용산서원 소장. 한국학중앙연구원 장서각 한국고문서자료관 홈페이지 원문 이미지 보기. 한국정신문화연구원 편(2000) 참고>

1880-05-02~1880-08-12(광서 6년 庚辰).「수신사행등록(**修信使行謄錄**)」,[638] 편자 미상. <1책. 4장. 필사본. 표제는 '光緖六年庚辰六月 日修信使行書契謄錄'. 한자+이

---

[637] 표제는 '慶山檢案'이고, 내제는 '庚辰四月 慶山檢案'이다. 여기에서는 권수제를 책명으로 선택했다. 서울대학교 규장각 한국학연구원 홈페이지에서는 책명을 '慶山檢案 경산검안'으로 표시하였다.

[638] 서울대학교 규장각 한국학연구원 홈페이지에서는 책명을 '修信使行謄錄 수신사행등록'으로 표시하였다.

두. 조선 필사 이두 자료. 서울대학교 규장각 한국학연구원 홈페이지 원문 이미지 보기>

1880-05-13. **토지매매명문**(土地賣買明文), 답주 유학 최경록(畓主幼學崔敬祿). <1장. 한자+이두. 조선 필사 이두 자료. 남원·구례 삭녕 최씨 구장. 한국학중앙연구원 장서각 한국고문서자료관 홈페이지 원문 이미지 보기. 한국정신문화연구원 편(2004) 참고>

1880-05-00. **이민구 의송**(李玟九議送) 2, 이민구. <1장. 한자+이두. 조선 필사 이두 자료. 상주 연안 이씨 이만부 종가 소장. 한국학중앙연구원 장서각 한국고문서자료관 홈페이지 원문 이미지 보기>

1880-05-00. **전라도 관찰사 관**(全羅道觀察使關), 호조(戶曹). <1장. 한자+이두. 조선 필사 이두 자료. 전남 강진 양산 김씨 군자서원 소장. 호남권 한국학자료센터 홈페이지 원문 이미지와 텍스트 보기. 최승희(1989), 국립민속박물관 편(1991), 정구복 외(1999), 전경목 외(2006) 참고>

1880-06-11~1882-07-09(광서 6년 庚辰~광서 8년 壬午). 「충청수영(**忠淸水營**)」[639] 5, 비변사 편. <1책(5/전6책). 55장. 필사본. 권수제는 '(光緖八年十一月)忠淸水營'. 한자+이두. 조선 필사 이두 자료. 서울대학교 규장각 한국학연구원 홈페이지 '奎15094' 원문 이미지 보기> <영인본: 「각사등록」 8(충청도편 3)(국사편찬위원회 편, 1983)> <1842-07-01~1844-03-12(1/6)>

1880-06-15. **밀양부사 전령**(密陽府使傳令), 밀양부사. <1장. 한자+이두. 조선 필사 이두 자료. 밀양 사촌 의령 남씨 침류정 소장. 한국학중앙연구원 장서각 한국고문서자료관 홈페이지 원문 이미지 보기. 한국정신문화연구원 편(2004) 참고>

1880-06-00. **김영술 소지**(金永述所志), 김영술. <1장. 한자+이두. 조선 필사 이두 자료. 전북 부안군 우반 부안 김씨 세덕각 소장. 한국학중앙연구원 장서각 한국고문서자료관 홈페이지 & 호남권 한국학자료센터 홈페이지 원문 이미지와 텍스트 보기. 한국정신문화연구원 편(1983, 1998), 한국학중앙연구원 편(2017) 참고>

---

[639] 서울대학교 규장각 한국학연구원 홈페이지에서는 책명을 '忠淸水營啓錄 충청수영계록'으로 적었다.

1880-06-00. **남계익 소지**(南啓翼所志), 남계익. <1장. 한자+이두. 조선 필사 이두 자료. 밀양 사촌 의령 남씨 침류정 소장. 한국학중앙연구원 장서각 한국고문서자료관 홈페이지 원문 이미지 보기. 한국정신문화연구원 편(2004) 참고>

1880-06-00. **남지용 소지**(南志容所志) 1, 남지용. <1장. 한자+이두. 조선 필사 이두 자료. 밀양 사촌 의령 남씨 침류정 소장. 한국학중앙연구원 장서각 한국고문서자료관 홈페이지 원문 이미지 보기. 한국정신문화연구원 편(2004) 참고>

1880-06-00(또는 1820-00-00) 추정. 「대구부 복검문안(大邱府覆檢文案)」,[640] 대구부(大邱府) 편(篇). <1책. 23장. 필사본. 한자+이두. 조선 필사 이두 자료. 서울대학교 규장각 한국학연구원 홈페이지 원문 이미지 보기>

1880-07-14. **유학 토지매매명문**(幼學土地賣買明文),[641] 답주 자필 유학 전방락(畓主自筆幼學全邦鉻). <1장. 한자+이두. 조선 필사 이두 자료. 전남 보성군 박실 제주양씨가 구장. 원광대학교 박물관 소장. 호남권 한국학자료센터 홈페이지 원문 이미지와 텍스트 보기. 최승희(1989), 전북향토문화연구회 편 (1993), 정구복 외 (1999) 참고>

1880-07-21~1880-07-25. 「승정원 조보(承政院朝報)」.[642] 승정원. <1장. 한자+이두. 조선 칠사 이두 자료. 서울대학교 규장각 한국학연구원 홈페이지 '66006' 원문 이미지와 텍스트 보기. 최승희(1989: 247-248) 참고>

1880-07-27. **토지매매명문**(土地賣買明文),[643] 답주 나윤화(畓主羅允化). <1장. 한자+이두. 조선 필사 이두 자료. 전남 나주시 남내 밀양 박씨 청재 종가 소장. 호남권 한국학자료센터 홈페이지 원문 이미지와 텍스트 보기. 김재문(1986), 최승희(1989), 이재수(2003) 참고>

---

640 서울대학교 규장각 한국학연구원 홈페이지에서는 책명을 '大邱府東上面後洞致死女人金召史覆檢案 대구부동상면후동치사여인김소사복검안'으로 표시하였다. 표제는 '大邱府覆檢文案'이다.

641 호남권 한국학자료센터 홈페이지에서는 '1880년 전방락(全邦鉻) 방매(放賣) 토지매매명문(土地賣買明文)'으로 표시하였다.

642 「조보」 이후에 발행된 관보는 「한성순보」(1883~1884), 「구한국관보」(1894~1910), 「조선총독부관보」(1910~1945), 「대한민국임시정부공보」(1919~1944), 「미군정청관보」(1945~1948) 등이 있다.

643 호남권 한국학자료센터 홈페이지에서는 '1880년 나윤화(羅允化) 방매(放賣) 토지매매명문(土地賣買明文)'으로 표시하였다.

1880-07-00. **고유종 등 상서**(高有鍾等上書) 1, 고유종 등. <1장. 한자+이두. 조선 필사 이두 자료. 전북 군산시 임피면 갈운 제주 고씨가 구장. 군산근대역사박물관 소장. 호남권 한국학자료센터 홈페이지 원문 이미지와 텍스트 보기. 박병호(1974ㄱ), 최승희(1989), 전경목(1997), 김현영(1999), 정구복(2002), 김경숙(2012) 참고>

1880-07-00. **이두훈 소지**(李斗勳所志), 이두훈. <1장. 한자+이두. 조선 필사 이두 자료. 경북 고령군 대가야읍 본관 1리 홍와 고택 구장. 한국국학진흥원 소장. 한국학자료센터 영남권역센터 홈페이지 원문 이미지와 텍스트 보기. 김성갑(2013) 참고>

1880-08-17. **계중 토지매매명문**(稧中土地賣買明文), 전주 강일천(田主姜日千). <1장. 한자+이두. 조선 필사 이두 자료. 경북 안동시 주촌 진성 이씨 경류정 소장. 한국학중앙연구원 장서각 한국고문서자료관 홈페이지 원문 이미지와 텍스트 보기. 한국정신문화연구원 편(1999) 참고>

1880-08-00. **가사매매명문**(家舍賣買明文),[644] 재주 신재묵(財主申在默). <1장. 한자+이두. 조선 필사 이두 자료. 한국학중앙연구원 장서각 한국고문서자료관 홈페이지 원문 이미지와 텍스트 보기. 한국정신문화연구원 편(1992) 참고>

1880-08-00. **고유종 등 상서**(高有鍾等上書) 2, 고유종 등. <1장. 한자+이두. 조선 필사 이두 자료. 전북 군산시 임피면 갈운 제주 고씨가 구장. 군산근대역사박물관 소장. 호남권 한국학자료센터 홈페이지 원문 이미지와 텍스트 보기. 박병호(1974ㄱ), 최승희(1989), 전경목(1997), 김현영(1999), 정구복(2002), 김경숙(2012) 참고>

1880-08-00. **이지평 댁 노 순이 소지**(李持平宅奴順伊所志), 순이. <1장. 한자+이두. 조선 필사 이두 자료. 경북 경주시 소정리 경주 이씨 소장. 한국학중앙연구원 장서각 한국고문서자료관 홈페이지 원문 이미지 보기. 한국정신문화연구원 편(2002) 참고>

1880-08-00. **토지매매명문**(土地賣買明文), 답주 유학 고규환(畓主幼學高圭桓). <1장. 한자+이두. 조선 필사 이두 자료. 전남 구례군 토지면 오미리 문화 류씨 운조루

---

[644] 한국학중앙연구원 장서각 한국고문서자료관 홈페이지에서는 '1880년 신재묵(申在默) 가사매매명문(家舍賣買明文)'으로 표시하였다.

소장. 한국학중앙연구원 장서각 한국고문서자료관 홈페이지 원문 이미지와 텍스트 보기. 한국정신문화연구원 편(1998) 참고>

1880-08-00 추정.「칠곡부 사옥안(漆谷府査獄案)」, 칠곡부(漆谷府) 편(篇). <1책. 17장. 필사본. 한자+이두. 조선 필사 이두 자료. 서울대학교 규장각 한국학연구원 홈페이지 원문 이미지 보기>

1880-09-04. **토지매매명문**(土地賣買明文),[645] 답주 유학 최명한(畓主幼學崔明翰). <1장. 한자+이두. 조선 필사 이두 자료. 전남 나주시 남내 밀양 박씨 청재 종가 소장. 호남권 한국학자료센터 홈페이지 원문 이미지와 텍스트 보기. 이재수(2003), 김영나(2007) 참고>

1880-09-06~1887-08-29(丙子~丁亥).「황해수영계첩(黃海水營 啓牒)」3, 비변사(備邊司) 편(編). <1책(3/전4책). 157장. 필사본. 표제는 '黃海水營啓錄'. 한자+이두. 조선 필사 이두 자료. 서울대학교 규장각 한국학연구원 홈페이지 원문 이미지 보기> <영인본:「각사등록」25(황해도편 4)(국사편찬위원회 편, 1987)> <1870-07-26~1876-06-09(1/4)>

1880-09-21. **최윤수 등 상서**(崔崙壽等上書), 최윤수 등. <1장. 한자+이두. 조선 필사 이두 자료. 경북 경주시 내남면 이조리 경주 최씨·용산서원 소장. 한국학중앙연구원 장서각 한국고문서자료관 홈페이지 원문 이미지 보기. 한국정신문화연구원 편(2000) 참고>

1880-09-22. **변대연 다짐**(邊大淵侤音), 변대연. <1장. 한자+이두. 조선 필사 이두 자료. 경북 안동시 갈전 순흥 안씨 소장. 한국학중앙연구원 장서각 한국고문서자료관 홈페이지 원문 이미지 보기. 한국정신문화연구원 편(1999) 참고>

1880-09-00. **장순걸 소지**(張順杰所志),[646] 장순걸. <1장. 한자+이두. 조선 필사 이두 자료. 밀양 사촌 의령 남씨 침류정 소장. 한국학중앙연구원 장서각 한국고문서자료관 홈페이지 원문 이미지 보기. 한국정신문화연구원 편(2004) 참고>

---

[645] 호남권 한국학자료센터 홈페이지에서는 '1880년 최명한(崔明翰) 방매(放賣) 토지매매명문(土地賣買明文)'으로 표시하였다.

[646] 한국학중앙연구원 장서각 한국고문서자료관 홈페이지에서는 '1880년 밀양부사(密陽府使) 소지(所志)'로 표시하였다.

1880-10-03. **유학 토지매매명문**(幼學土地賣買明文),[647] 답주 유학 양우영(畓主幼學梁佑永). <1장. 한자+이두. 조선 필사 이두 자료. 전북 정읍시 동학농민혁명기념관 소장. 호남권 한국학자료센터 홈페이지 원문 이미지와 텍스트 보기. 박병호(1974ㄱ), 이재수(2003) 참고>

1880-10-16. **상주 옥동서원 품목**(尙州玉洞書院稟目), 옥동서원. <1장. 한자+이두. 조선 필사 이두 자료. 경북 상주시 모동면 수봉리 옥동서원 소장. 한국학자료센터 영남권역센터 홈페이지 원문 이미지와 텍스트 보기. 이수환(2001) 참고>

1880-10-17. **정 씨 문곡소 문중 토지매매명문**(鄭氏文谷所門中土地賣買明文), 전주 윤관업(田主尹寬業). <1장. 한자+이두. 조선 필사 이두 자료. 경북 안동시 주촌 진성 이씨 경류정 소장. 한국학중앙연구원 장서각 한국고문서자료관 홈페이지 원문 이미지와 텍스트 보기. 한국정신문화연구원 편(1999) 참고>

1880-10-18. **이화■ 토지매매명문**(李花■土地賣買明文), 답주 김 노 순일(畓主金奴順日). <1장. 한자+이두. 조선 필사 이두 자료. 경북 상주 낙동 풍양 조씨 양진당 소장. 한국학중앙연구원 장서각 한국고문서자료관 홈페이지 원문 이미지 보기>

1880-10-21 추정. **사노 잉읍산 토지매매명문**(私奴仍邑山土地賣買明文), 전주 장용택(田主張龍擇). <1장. 한자+이두. 조선 필사 이두 자료. 경북 경주시 안강읍 옥산리 여주 이씨 독락당 소장. 한국학중앙연구원 장서각 한국고문서자료관 홈페이지 원문 이미지 보기. 한국정신문화연구원 편(2003) 참고>

1880-10-22. **강성의 토지매매명문**(姜聖義土地賣買明文) 1, 답주 유학 이시중(畓主幼學李時中). <1장. 한자+이두. 조선 필사 이두 자료. 전남 나주시 남내 밀양 박씨 청재 종가 소장. 호남권 한국학자료센터 홈페이지 원문 이미지와 텍스트 보기. 김현영(2003), 이재수(2003) 참고>

1880-10-23. **강성의 토지매매명문**(姜聖義土地賣買明文) 2, 답주 유학 이윤영(畓主幼學李允榮). <1장. 한자+이두. 조선 필사 이두 자료. 전남 나주시 남내 밀양 박씨 청재 종가 소장. 호남권 한국학자료센터 홈페이지 원문 이미지와 텍스트 보기.

---

[647] 호남권 한국학자료센터 홈페이지에서는 '1880년 양우영(梁佑永) 방매 토지매매명문(土地賣買明文)'으로 표시하였다.

이재수(2003), 이수건 외(2004) 참고>

1880-10-24. **박윤의 토지매매명문**(朴允義土地賣買明文), 2두락 답주 이윤하(二斗落畓主李允河)·5두락 답주 이시중(五斗落畓主李時仲). <1장. 한자+이두. 조선 필사 이두 자료. 전남 나주시 남내 밀양 박씨 청재 종가 소장. 호남권 한국학자료센터 홈페이지 원문 이미지와 텍스트 보기. 이재수(2003), 이수건 외(2004) 참고>

1880-10-00. **이현성 소지**(伊鉉成所志), 이현성. <1장. 한자+이두. 조선 필사 이두 자료. 경북 영해 인량 재령 이씨 충효당 소장. 한국학중앙연구원 장서각 한국고문서자료관 홈페이지 원문 이미지 보기. 한국정신문화연구원 편(2004) 참고>

1880-11-01. **토지매매명문**(土地賣買明文),[648] 답주 유학 강태회(畓主幼學姜泰會). <1장. 한자+이두. 조선 필사 이두 자료. 전북 무장 원송 진주 강씨가 구장. 전북대학교 박물관 소장. 호남권 한국학자료센터 홈페이지 원문 이미지와 텍스트 보기. 최승희(1989), 김소은(2004) 참고>

1880-11-06. **토지매매명문**(土地賣買明文)[649] 1, 답주 이윤하(畓主李允河). <1장. 한자+이두. 조선 필사 이두 자료. 전남 나주시 남내 밀양 박씨 청재 종가 소장. 호남권 한국학자료센터 홈페이지 원문 이미지와 텍스트 보기. 박노욱(1990), 이재수(2003) 참고>

1880-11-07. **토지매매명문**(土地賣買明文),[650] 전주 과댁 김 씨(田主寡宅金氏). <1장. 한자+이두. 조선 필사 이두 자료. 전남 화순 해주 최씨가 소장. 호남권 한국학자료센터 홈페이지 원문 이미지 보기. 최승희(1989), 국립민속박물관 편(1991) 참고>

1880-11-17. **신영희 다짐**(申永熙侤音), 신영희. <1장. 한자+이두. 조선 필사 이두 자료. 전북 정읍시 옹동 전주 이태일가 소장. 호남권 한국학자료센터 홈페이지

---

[648] 호남권 한국학자료센터 홈페이지에서는 '1880년 강태회(姜泰會) 방매(放賣) 토지매매명문(土地賣買明文)'으로 표시하였다.

[649] 호남권 한국학자료센터 홈페이지에서는 '1880년 이윤하(李允河) 방매(放賣) 토지매매명문(土地賣買明文)'으로 표시하였다.

[650] 호남권 한국학자료센터 홈페이지에서는 '1880년 과부(寡婦) 김씨(金氏) 방매(放賣) 토지매매명문(土地賣買明文)'으로 표시하였다.

원문 이미지와 텍스트 보기. 박병호(1974ㄱ), 최승희(1989), 이재수(2003) 참고>

1880-11-19~1881-12-29. 「결속색등록(結束色謄錄)」 96, 병조(兵曹) 편(編). <1책(96/낙질본 107책). 152장. 필사본. 한자+이두. 조선 필사 이두 자료. 서울대학교 규장각 한국학연구원 홈페이지 1787년~1891년 낙질본 107책(1792년(건륭 57년), 1811년(가경 16년) 하, 1816년(가경 21년), 1817년(가경 22년), 1824년(도광 4년), 1831(도광 11년), 1871(동치 10년), 1885년(광서 11년) 없음) 원문 이미지 보기>

1880-11-20. **유학 박여중 토지매매명문**(幼學朴汝仲土地賣買明文), 전주 유학 변세도(卞主幼學邊世道). <1장. 한자+이두. 조선 필사 이두 자료. 전남 장흥군 용산 밀양박씨 박철환 소장. 호남권 한국학자료센터 홈페이지 원문 이미지와 텍스트 보기. 최승희(1989), 정구복 외(1999), 전경목 외(2006) 참고>

1880-11-20. **토지매매명문**(土地賣買明文),[651] 답주 유학 심의신(畓主幼學沈宜臣). <1장. 한자+이두. 조선 필사 이두 자료. 전남 순천 월등 목천 장씨가 구장. 전북대학교 박물관 소장. 호남권 한국학자료센터 홈페이지 원문 이미지와 텍스트 보기. 최승희(1989), 정구복 외(1999), 이재수(2003) 참고>

1880-11-20. **토지매매명문**(土地賣買明文),[652] 당주 자필 유학 장중기(堂主自筆幼學張重基). <1장. 한자+이두. 조선 필사 이두 자료. 전남 순천 월등 목천 장씨가 구장. 전북대학교 박물관 소장. 호남권 한국학자료센터 홈페이지 원문 이미지와 텍스트 보기. 최승희(1989), 정구복 외(1999), 이재수(2003) 참고>

1880-11-21. **토지매매명문**(土地賣買明文),[653] 답주 계원 유학 박관일 등(畓主稧員幼學朴寬日等). <1장. 한자+이두. 조선 필사 이두 자료. 전남 보성군 박실 제주 양씨가 구장. 원광대학교 박물관 소장. 호남권 한국학자료센터 홈페이지 원문 이미지와 텍스트 보기. 박병호(1974ㄱ), 최승희(1989), 이재수(2003) 참고>

---

[651] 호남권 한국학자료센터 홈페이지에서는 '1880년 심의신(沈宜臣) 방매(放賣) 토지매매명문(土地賣買明文)'으로 표시하였다.

[652] 호남권 한국학자료센터 홈페이지에서는 '1880년 장중기(張重基) 방매(放賣) 토지매매명문(土地賣買明文)'으로 표시하였다.

[653] 호남권 한국학자료센터 홈페이지에서는 '1880년 박관일(朴寬日) 등 방매(放賣) 토지매매명문(土地賣買明文)'으로 표시하였다.

1880-11-24. **유학 토지매매명문**(幼學土地賣買明文), 답주 유학 노제국(畓主幼學盧濟國). <1장. 한자+이두. 조선 필사 이두 자료. 전남 화순 동면 창녕 조씨가 구장. 광주광역시 이정옥 소장. 호남권 한국학자료센터 홈페이지 원문 이미지와 텍스트 보기. 최승희(1989) 참고>

1880-11-00. **남지용 소지**(南志容所志) 2, 남지용. <1장. 한자+이두. 조선 필사 이두 자료. 밀양 사촌 의령 남씨 침류정 소장. 한국학중앙연구원 한국고문서자료관 홈페이지 원문 이미지 보기. 한국정신문화연구원 편(2004) 참고>

1880-11-00. **노 복금 배지**(奴福金牌旨), 상전(上典) 한(韓). <1장. 한자+이두. 조선 필사 이두 자료. 제천 한수 연안 이씨 소장. 한국학중앙연구원 장서각 한국고문서자료관 홈페이지 원문 이미지 보기. 한국정신문화연구원 편(2001) 참고>

1880-11-00. **양 노 맹문 소지**(梁奴孟文所志), 맹문. <1장. 한자+이두. 조선 필사 이두 자료. 전남 보성군 박실 제주 양씨가 구장. 원광대학교 박물관 소장. 호남권 한국학자료센터 홈페이지 원문 이미지와 텍스트 보기>

1880-11-00. **양석일 등 소지**(楊錫一等所志) 2, 양석일 등. <1장. 한자+이두. 조선 필사 이두 자료. 전북 순창 구미 남원 양씨가 소장. 호남권 한국학자료센터 홈페이지 원문 이미지와 텍스트 보기. 최승희(1989), 김경숙(2002), 심재우(2013) 참고>

1880-11-00. **토지매매명문**(土地賣買明文),[654] 답주 상인 추병성(畓主喪人秋柄筬). <1장. 한자+이두. 조선 필사 이두 자료. 전남 장흥군 용산 밀양 박씨 박철환 소장. 호남권 한국학자료센터 홈페이지 원문 이미지와 텍스트 보기. 최승희(1989), 정구복 외(1999), 전경목 외(2006) 참고>

1880-11-00. **토지매매명문**(土地賣買明文),[655] 답주 유학 신석규(畓主幼學申碩圭). <1장. 한자+이두. 조선 필사 이두 자료. 전북 무장 원송 진주 강씨가 구장. 전북대학교 박물관 소장. 호남권 한국학자료센터 홈페이지 원문 이미지와 텍스트 보기. 최승희(1989), 정구복 외(1999), 이재수(2003) 참고>

---

[654] 호남권 한국학자료센터 홈페이지에서는 '1880년 추병성(秋柄筬) 방매(放賣) 토지매매명문(土地賣買明文)'으로 표시하였다.

[655] 호남권 한국학자료센터 홈페이지에서는 '1880년 신석규(申碩圭) 방매(放賣) 토지매매명문(土地賣買明文)'으로 표시하였다.

1880-12-01~1881-12-01(庚辰~辛巳).「우포청등록(右捕廳謄錄)」30, 포도청(捕盜廳) 편(編). <1책(30/전30책). 73장. 필사본. 표제는 '右捕廳謄錄'. 한자+이두. 조선 필사 이두 자료. 서울대학교 규장각 한국학연구원 홈페이지 원문 이미지 보기> <1807-01-13~1808-06-12(1/30)>

1880-12-03. **토지매매명문**(土地賣買明文),[656] 계원 유학 왕사묵·유학 채승신(稧員幼學王師默幼學蔡承臣). <1장. 한자+이두. 조선 필사 이두 자료. 전남 순천 월등 목천 장씨가 구장. 전북대학교 박물관 소장. 호남권 한국학자료센터 홈페이지 원문 이미지와 텍스트 보기. 최승희(1989), 정구복 외(1999), 이재수(2003) 참고>

1880-12-07. **토지매매명문**(土地賣買明文),[657] 답주 자필 최기전(畓主自筆崔驥展). <1장. 한자+이두. 조선 필사 이두 자료. 전남 나주시 남내 밀양 박씨 청재 종가 소장. 호남권 한국학자료센터 홈페이지 원문 이미지와 텍스트 보기. 김태형(1983), 이재수(2003) 참고>

1880-12-10. **토지매매명문**(土地賣買明文), 전주 우 노 명단(田主禹奴命丹). <1장. 한자+이두. 조선 필사 이두 자료. 경북 경주시 소정리 경주 이씨 소장. 한국학중앙연구원 장서각 한국고문서자료관 홈페이지 원문 이미지 보기. 한국정신문화연구원 편(2002) 참고>

1880-12-13. **계중 토지매매명문**(稧中土地賣買明文),[658] 답주 지용백(畓主池龍伯). <1장. 한자+이두. 조선 필사 이두 자료. 경북 안동시 주촌 진성 이씨 경류정 소장. 한국학중앙연구원 장서각 한국고문서자료관 홈페이지 원문 이미지와 텍스트 보기. 한국정신문화연구원 편(1999) 참고>

1880-12-13. **김 노 의동 토지매매명문**(金奴義同土地賣買明文), 전주 한 노 복금(田主韓奴福金). <1장. 한자+이두. 조선 필사 이두 자료. 제천 한수 연안 이씨 소장. 한국

---

[656] 호남권 한국학자료센터 홈페이지에서는 '1880년 왕사묵(王師默) 등 방매(放賣) 토지매매명문(土地賣買明文)'으로 표시하였다.

[657] 호남권 한국학자료센터 홈페이지에서는 '1880년 최기전(崔驥展) 방매(放賣) 토지매매명문(土地賣買明文)'으로 표시하였다.

[658] 한국학중앙연구원 장서각 한국고문서자료관 홈페이지에서는 '1880년 이씨문중(李氏門中) 토지매매명문(土地賣買明文)'으로 표시하였다.

학중앙연구원 장서각 한국고문서자료관 홈페이지 원문 이미지 보기. 한국정신문화연구원 편(2001) 참고>

1880-12-17. **토지매매명문**(土地賣買明文),[659] 자필 양산주 유학 조윤상(自筆養山主幼學趙潤相). <1장. 한자+이두. 조선 필사 이두 자료. 전남 순천 황전 경주 정씨가 구장. 광주광역시 이정옥 소장. 호남권 한국학자료센터 홈페이지 원문 이미지와 텍스트 보기. 최승희(1989) 참고>

1880-12-20. **토지매매명문**(土地賣買明文)[660] 2, 답주 이윤하(畓主李允河). <1장. 한자+이두. 조선 필사 이두 자료. 전남 나주시 남내 밀양 박씨 청재 종가 소장. 호남권 한국학자료센터 홈페이지 원문 이미지와 텍스트 보기. 박노욱(1990), 이재수(2003) 참고>

1880-12-25. **종가댁 토지매매명문**(宗家宅土地賣買明文), 답주 이옥이(畓主李沃伊). <1장. 한자+이두. 조선 필사 이두 자료. 안동 천전 의성 김씨 지촌 종택 소장. 한국학중앙연구원 장서각 한국고문서자료관 홈페이지 원문 이미지 보기. 한국정신문화연구원 편(1990) 참고>

1880-12-25. **화수계 토지매매명문**(花樹契土地賣買明文), 전답주 가후동 석역소 회중(田畓主家後洞石役所會中). <1장. 한자+이두. 조선 필사 이두 자료. 경북 안동시 주촌 진성 이씨 경류정 구장. 서울역사박물관 소장. 한국학중앙연구원 장서각 한국고문서자료관 홈페이지 원문 이미지와 텍스트 보기. 한국정신문화연구원 편(1999) 참고>

1880-12-00. **가사매매명문**(家舍賣買明文),[661] 가대주 유성화(家垈主柳成化). <1장. 한자+이두. 조선 필사 이두 자료. 전북 부안군 우반 부안 김씨 세덕각 소장. 한국학중앙연구원 장서각 한국고문서자료관 홈페이지 & 호남권 한국학자료센터 홈페

---

[659] 호남권 한국학자료센터 홈페이지에서는 '1880년 조윤상(趙潤相) 방매(放賣) 토지매매명문(土地賣買明文)'으로 표시하였다.

[660] 호남권 한국학자료센터 홈페이지에서는 '1880년 이유하(李允河) 방매(放賣) 토지매매명문(土地賣買明文)'으로 표시하였다.

[661] 호남권 한국학자료센터 홈페이지에서는 '1880년 유성화(柳成化) 방매(放賣) 가사매매명문(家舍賣買明文)'으로 표시하였다.

이지 원문 이미지와 텍스트 보기. 박병호(1974ㄱ), 한국정신문화연구원 편(1983, 1998), 이재수(2003), 한국학중앙연구원 편(2017) 참고>

1880-12-00. **박만규 소지**(朴晩奎所志), 박만규. <1장. 한자+이두. 조선 필사 이두 자료. 경북 경주시 안강읍 옥산리 여주 이씨 장산서원·치암 종택 구장. 한국학중앙연구원 장서각 한국고문서자료관 홈페이지 원문 이미지 보기. 한국정신문화연구원 편(2003) 참고>

1880-■■-05. **이두훈 산도**(李斗勳山圖), 관(官). <1장. 한자+이두. 조선 필사 이두 자료. 경북 고령군 대가야읍 본관 1리 홍와 고택 구장. 한국국학진흥원 소장. 한국학자료센터 영남권역센터 홈페이지 원문 이미지와 텍스트 보기. 김성갑(2013) 참고>

1880-00-00. 「예릉산릉도감의궤(睿陵山陵都監儀軌)」[662] 상·하, 산릉도감 편. <2책. 180장+204장. 필사본. 표제는 '(鼎足山城上)哲仁王后睿陵山陵都監儀軌上'. 권수제는 '睿陵山陵都監儀軌上'. 한자+이두. 조선 필사 이두 자료. 서울대학교 규장각 한국학연구원 의궤 종합정보 홈페이지 '奎13873' 원문 이미지 보기>

1880-00-00. 「완화군궁례장시등록(完和君宮禮葬時謄錄)」, 예조(禮曹). <1책. 20장. 필사본. 한자+이두. 조선 필사 이두 자료. 한국학중앙연구원 한국학 디지털 아카이브 홈페이지 & 한국학중앙연구원 장서각 한국학자료센터 홈페이지 원문 이미지와 텍스트 보기>

1880-00-00. 「진찬의궤(進饌儀軌)」 5~8, 의궤청(儀軌廳) 편(編). <4책. 활자본. 낙질본. 권5의 표제는 '(丁亥―)進饌儀軌五'. 권수제는 '進饌儀軌卷之―'. 한자+이두. 조선 인쇄 이두 자료. 서울대학교 규장각 한국학연구원 의궤 종합정보 홈페이지 '奎14405' 원문 이미지 보기>

1880-00-00. 「철인왕후국장도감의궤(哲仁王后國葬都 監儀軌)」 1~4, 국장도감 편. <4권 4책. 필사본. 권1의 표제는 '哲仁王后國葬都監儀軌―'. 권수제는 '哲仁王后國葬都 監儀軌卷首'. 한자+이두. 조선 필사 이두 자료. 서울대학교 규장각 한국학연

---

[662] 서울대학교 규장각 한국학연구원 의궤 종합정보 홈페이지에서는 서명을 '철인왕후예릉산릉도감의궤(哲仁王后睿陵山陵都監儀軌)'로 적었다.

구원 의궤 종합정보 홈페이지 '奎13860' 원문 이미지 보기>

1880-00-00. 「철인왕후부묘도감의궤(**哲仁王后祔 廟都監儀軌**)」,[663] 부묘도감 편. <1책. 146장. 필사본. 표제는 '(光緒六年庚辰五月 日)祔 廟都監儀軌 全'. 권수제는 '(光緒六年庚辰五月 日)哲仁王后祔 廟都監儀軌'. 한자+이두. 조선 필사 이두 자료. 한국학중앙연구원 디지털장서각 홈페이지 'K2-2262' 원문 이지미와 텍스트 보기>

1880-00-00. 「철인왕후부묘도감의궤(**哲仁王后祔 廟都監儀軌**)」,[664] 부묘도감 편. <1책. 146장. 필사본. 표제는 '(光緖六年庚辰五月 日)哲仁王后 宗廟署上 祔 廟都監儀軌 全'. 권수제는 '(光緖六年庚辰五月 日)哲仁王后祔 廟都監儀軌'. 한자+이두. 조선 필사 이두 자료. 한국학중앙연구원 디지털장서각 홈페이지 'K2-2263' 원문 이지미와 텍스트 보기>

1880-00-00. 「철인왕후 빈전혼전도감의궤(**哲仁王后殯殿魂殿都監儀軌**)」 상·중·하, 빈전혼전도감 편. <5권 3책. 필사본. 상권의 표제는 '(光緒四年戊寅正月 日)春秋館上 哲仁王后 殯殿魂殿都監儀軌 上'. 목록제는 '哲仁王后殯殿魂殿都監儀軌目錄;. 한자+이두. 조선 필사 이두 자료. 서울대학교 규장각 한국학연구원 의궤 종합정보 홈페이지 '奎13866' 원문 이미지 보기>

1880-00-00. **토지매매명문**(土地賣買明文),[665] 답주 이 노 봉원(畓主李奴奉元). <1장. 한자+이두. 조선 필사 이두 자료. 경북 고령군 대가야읍 본관 1리 홍와 고택 구장. 한국국학진흥원 소장. 한국학자료센터 영남권역센터 홈페이지 원문 이미지와 텍스트 보기. 김성갑(2013) 참고>

1880-00-00(또는 1820-00-00) 추정. 「부 경산 수추 죄인 김용이 사보 청안 우금산 송사안(**附慶山囚推罪人金用伊查報 淸安禹金山訟查案**)」,[666] 목천현(木川縣) 편(篇).

---

[663] 한국학중앙연구원 디지털장서각 홈페이지에서는 서명을 '[철인왕후]부묘도감의궤[哲仁王后]祔 廟都監儀軌]'로 붙여 썼다.

[664] 한국학중앙연구원 디지털장서각 홈페이지에서는 서명을 '[철인왕후]부묘도감의궤[哲仁王后]祔 廟都監儀軌]'로 붙여 썼다.

[665] 한국학자료센터 영남권역센터 홈페이지에서는 '1880년 이노(李奴) 봉원(奉元) 방매 토지매매명문 (土地賣買明文)'으로 표시하였다.

[666] 서울대학교 규장각 한국학연구원 홈페이지에서는 책명을 '淸安禹金山訟查案 청안우금산송사안' 으로 표시하였다.

<1책. 8장. '慶山郡推罪人金用伊査報'와 합철. 필사본. 한자+이두. 조선 필사 이두 자료. 서울대학교 규장각 한국학연구원 홈페이지 '古5125-75' 원문 이미지 보기>

1881년

<신사(辛巳), 고종 18년, 광서 7년, 명치 14년>

1881-01-01~1882-04-29(辛巳 광서 7년~壬午 광서 8년). 「통제영계록(**統制營啓錄**)」 5, 비변사(備邊司) 편(編). <1책(5/전8책). 114장. 필사본. 표제는 '統制營啓錄'. 한자+이두. 조선 필사 이두 자료. 서울대학교 규장각 한국학연구원 홈페이지 원문 이미지 보기> <영인본: 「각사등록」 17(경상도편 7)(국사편찬위원회 편, 1985)> <1847-02-04~1848-01-27(1/8)>

1881-01-07. **작산 간역소 토지매매명문**(鵲山刊役所土地賣買明文) 1, 답주 김재길(畓主金在吉). <1장. 한자+이두. 조선 필사 이두 자료. 경북 안동시 주촌 진성 이씨 경류정 구장. 서울역사박물관 소장. 한국학중앙연구원 장서각 한국고문서자료관 홈페이지 원문 이미지와 텍스트 보기. 한국정신문화연구원 편(1999) 참고>

1881-01-07. **작산 간역소 토지매매명문**(鵲山刊役所土地賣買明文) 2, 답주필 유학 박기상(畓主筆幼學朴基相). <1장. 한자+이두. 조선 필사 이두 자료. 경북 안동시 주촌 진성 이씨 경류정 구장. 서울역사박물관 소장. 한국학중앙연구원 장서각 한국고문서자료관 홈페이지 원문 이미지와 텍스트 보기. 한국정신문화연구원 편(1999) 참고>

1881-01-12. **이 노 충이 토지매매명문**(李奴充伊土地賣買明文), 답주 금 노 윤산(畓主琴奴允山). <1장. 한자+이두. 조선 필사 이두 자료. 경북 안동시 도산면 의촌리 은졸재 고택 구장. 한국국학진흥원 소장. 한국학자료센터 영남권역센터 홈페이지 원문 이미지와 텍스트 보기>

1881-01-20. **토지매매명문**(土地賣買明文),[667] 답주 유학 윤병수(畓主幼學尹炳壽). <1

---

[667] 호남권 한국학자료센터 홈페이지에서는 '1881년 윤병수(尹炳壽) 방매(放賣) 토지매매명문(土地賣

장. 한자+이두. 조선 필사 이두 자료. 전북 임실군 지사 협계태 씨가 소장. 호남권 한국학자료센터 홈페이지 원문 이미지와 텍스트 보기. 김재문(1986), 이재수(2003), 채현경(2011) 참고>

1881-01-20. **토지매매명문**(土地賣買明文),[668] 답주 최두천(畓主崔斗千). <1장. 한자+이두. 조선 필사 이두 자료. 전남 순천 월등 목천 장씨가 구장. 전북대학교 박물관 소장. 호남권 한국학자료센터 홈페이지 원문 이미지와 텍스트 보기. 최승희(1989), 정구복 외(1999), 이재수(2003) 참고>

1881-01-21. **토지매매명문**(土地賣買明文), 답주 자필 유학 이송대(畓主自筆幼學李松大). <1장. 한자+이두. 조선 필사 이두 자료. 남원·구례 삭녕 최씨 구장. 한국학중앙연구원 장서각 한국고문서자료관 홈페이지 원문 이미지 보기. 한국정신문화연구원 편(2004) 참고>

1881-01-26. **이동팔 토지매매명문**(李洞八土地賣買明文), 답주 자필 유학 윤병교(畓主自筆幼學尹炳敎). <1장. 한자+이두. 조선 필사 이두 자료. 전남 보성군 박실 제주 양씨가 구장. 원광대학교 박물관 소장. 호남권 한국학자료센터 홈페이지 원문 이미지와 텍스트 보기. 박병호(1974ㄱ), 최승희(1989), 이재수(2003) 참고>

1881-01-29. **이씨 문중 토지매매명문**(李氏門中土地賣買明文), 산주 유학 정주극(山主幼學鄭柱極). <1장. 한자+이두. 조선 필사 이두 자료. 경북 안동시 주촌 진성 이씨 경류정 구장. 서울역사박물관 소장. 한국학중앙연구원 장서각 한국고문서자료관 홈페이지 원문 이미지와 텍스트 보기. 한국정신문화연구원 편(1999) 참고>

1881-01-29~1882-02-20(辛巳~壬午). 「송안(訟案)」1~4, 양성현(陽城縣) 편(編). <4책. 필사본. 한자+이두. 조선 필사 이두 자료. 서울대학교 규장각 한국학연구원 홈페이지 '古5125-8-v.1-4'의 원문 이미지 보기>

1881-01-00. **이승경 등 단자**(李承璟等單子), 이승경 등. <1장. 한자+이두. 조선 필사 이두 자료. 부여 은산 함양 박씨 소장. 한국학중앙연구원 장서각 한국고문서자료

買明文)'으로 표시하였다.

[668] 호남권 한국학자료센터 홈페이지에서는 '1881년 최두천(崔斗千) 방매 토지매매명문(土地賣買明文)'으로 표시하였다.

관 홈페이지 원문 이미지 보기. 한국정신문화연구원 편(2000) 참고>

1881-01-00~1881-12-00(辛巳).「추조결옥록(秋曹決獄錄)」33, 형조(刑曹) 편(編). <1책(33/낙질본 43책). 30장. 필사본. 한자+이두. 조선 필사 이두 자료. 서울대학교 규장각 한국학연구원 홈페이지 원문 이미지 보기> <1822-01-00~1822-12-00 (1/43)>

1881-02-06. **유 노 화득 토지매매명문**(柳奴和得土地賣買明文) 1, 답주 신 비 심이(畓主辛婢心伊). <1장. 한자+이두. 조선 필사 이두 자료. 경북 안동시 수곡면 전주 류씨 삼산 종가 구장. 대구광역시 수성구 만촌동 전주 류씨 종가 소장. 한국학자료센터 영남권역센터 홈페이지 원문 이미지와 텍스트 보기. 최승희(1989), 이재수(2000, 2003), 전경목(2010), 정수환(2012) 참고>

1881-02-11. **유 노 화득 표기**(柳奴和得標記), 표주 신 노 공이(標主辛奴公伊). <1장. 한자+이두. 조선 필사 이두 자료. 경북 안동시 수곡면 전주 류씨 삼산 종가 구장. 대구광역시 수성구 만촌동 전주 류씨 종가 소장. 한국학자료센터 영남권역센터 홈페이지 원문 이미지와 텍스트 보기. 최승희(1989), 이재수(2000) 참고>

1881-02-12. **유 노 화득 토지매매명문**(柳奴和得土地賣買明文) 2, 전주 신 비 심이(田主辛婢心伊). <1장. 한자+이두. 조선 필사 이두 자료. 경북 안동시 수곡면 전주 류씨 삼산 종가 구장. 대구광역시 수성구 만촌동 전주 류씨 종가 소장. 한국학자료센터 영남권역센터 홈페이지 원문 이미지와 텍스트 보기. 최승희(1989), 이재수(2000, 2003), 전경목(2010), 정수환(2012) 참고>

1881-02-14. **가사매매명문**(家舍賣買明文),[669] 답주 유학 김봉준(畓主幼學金奉準). <1장. 한자+이두. 조선 필사 이두 자료. 전남 보성군 복내면 죽산 안씨 죽곡정사 소장. 호남권 한국학자료센터 홈페이지 원문 이미지와 텍스트 보기>

1881-02-14. **조 생원 댁 노 덕흥 토지매매명문**(曺生員宅奴德興家土地買明文), 답주 유 생원 댁 노 철명(畓主柳生員宅奴喆明). <1장. 한자+이두. 조선 필사 이두 자료. 전북 익산 마동 창녕 조씨가 소장. 호남권 한국학자료센터 홈페이지 원문 이미지

---

[669] 호남권 한국학자료센터 홈페이지에서는 '1881년 김봉준(金奉準) 방매(放賣) 가사매매명문(家舍賣買明文)'으로 표시하였다.

와 텍스트 보기. 박병호(1974ㄱ), 최승희(1989), 이재수(2003), 이정수·김희호(2011) 참고>

1881-02-17. **유학 김종소 산지매매명문**(幼學金鍾韶山地賣買明文), 산주 유학 오치임(山主幼學吳致任). <1장. 한자+이두. 조선 필사 이두 자료. 전북 익산 용화 전주 이씨가 구장. 전북대학교 박물관 소장. 호남권 한국학자료센터 홈페이지 원문 이미지와 텍스트 보기. 최승희(1989), 이재수(2003) 참고>

1881-03-15. **토지매매명문**(土地賣買明文), 답주 유학 박겸오(畓主幼學朴兼五). <1장. 한자+이두. 조선 필사 이두 자료. 전남 나주시 남내 밀양 박씨 청재 종가 소장. 호남권 한국학자료센터 홈페이지 원문 이미지와 텍스트 보기. 이재수(2003) 참고>

1881-03-21~1882-06-00(광서 7년 辛巳~壬午). 「강화유영계첩록(**江華留營啓牒錄**)」, 의정부(議政府) 편(編). <1책. 13장. 필사본. 표제는 '江華留營啓牒錄'. 한자+이두. 조선 필사 이두 자료. 서울대학교 규장각 한국학연구원 홈페이지 원문 이미지 보기> <영인본: 「각사등록」 4(경기도편 4)(국사편찬위원회 편, 1982)>

1881-03-00. **남유화 등 상서**(南有鏵等上書), 남유화 등. <1장. 한자+이두. 조선 필사 이두 자료. 경북 영덕군 영해면 괴시리 영양 남씨 괴시파 영감댁 구장. 한국국학진흥원 소장. 한국학자료센터 영남권역센터 홈페이지 원문 이미지와 텍스트 보기>

1881-03-00. **박두순 단자**(朴斗淳單子), 박두순. <1장. 한자+이두. 조선 필사 이두 자료. 부여 은산 함양 박씨 소장. 한국학중앙연구원 장서각 한국고문서자료관 홈페이지 원문 이미지 보기. 한국정신문화연구원 편(2000) 참고>

1881-03-00. **박주서·박시순 입안**(朴注書朴始淳立案), 박주서·박시순. <1장. 한자+이두. 조선 필사 이두 자료. 부여 은산 함양 박씨 소장. 한국학중앙연구원 장서각 한국고문서자료관 홈페이지 원문 이미지 보기. 한국정신문화연구원 편(2000) 참고>

1881-03-00. **이승경 등 소지**(李承璟等所志) 1, 이승경 등. <1장. 한자+이두. 조선 필사 이두 자료. 부여 은산 함양 박씨 소장. 한국학중앙연구원 장서각 한국고문서자료관 홈페이지 원문 이미지 보기. 한국정신문화연구원 편(2000) 참고>

1881-03-00. **최흥수 등 상서**(崔興洙等上書), 최흥수 등. <1장. 한자+이두. 조선 필사

이두 자료. 전북 부안 석동 류절재 소장. 호남권 한국학자료센터 홈페이지 원문 이미지와 텍스트 보기. 박병호(1974ㄱ), 최승희(1989), 정구복 외(1999) 참고>

1881-04-01~1889-01-29(辛巳~己丑).「종친부등록(宗親府謄錄)」10, 종친부(宗親府) 편(編). <1책(10/전12책). 99장. 필사본. 한자+이두. 조선 필사 이두 자료. 서울대학교 규장각 한국학연구원 홈페이지 '奎13007-v.1-12' 원문 이미지 보기> <1756-04-01~1759-01-15(1/12)>

1881-04-05. **안동 지례 김씨 외선영위 토지매매명문**(安東知禮金氏外先塋位土地賣買明文), 답주 주광규(畓主朱光奎). <1장. 한자+이두. 조선 필사 이두 자료. 안동 천전 의성 김씨 지촌 종택 소장. 한국학중앙연구원 장서각 한국고문서자료관 홈페이지 원문 이미지 보기. 한국정신문화연구원 편(1990) 참고>

1881-04-15. **유학 박기홍 토지매매명문**(幼學朴基洪土地賣買明文),[670] 답주 유학 김방순(畓主幼學金邦順). <1장. 한자+이두. 조선 필사 이두 자료. 전남 보성군 박실 제주 양씨가 구장. 원광대학교 박물관 소장. 호남권 한국학자료센터 홈페이지 원문 이미지와 텍스트 보기>

1881-04-19. **재사 수리소 토지매매명문**(齋舍修理所土地賣買明文), 전답주 유학 이의현(田畓主幼學李宜憲). <1장. 한자+이두. 조선 필사 이두 자료. 경북 안동시 주촌 진성 이씨 경류정 소장. 한국학중앙연구원 장서각 한국고문서자료관 홈페이지 원문 이미지와 텍스트 보기. 한국정신문화연구원 편(1999) 참고>

1881-04-26~1884-11-17(辛巳~甲申).「좌포청등록(左捕廳謄錄)」18, 포도청(捕盜廳) 편(編). <1책(18/전18책). 40장. 필사본. 한자+이두. 조선 필사 이두 자료. 서울대학교 규장각 한국학연구원 홈페이지 낙질본 원문 이미지 보기> <1775-06-14~1775-윤10-29(1/18)>

1881-04-00. **고유종 등 상서**(高有鐘等上書), 고유종 등. <1장. 한자+이두. 조선 필사 이두 자료. 전북 군산시 임피면 갈운 제주 고씨가 구장. 군산근대역사박물관 소장. 호남권 한국학자료센터 홈페이지 원문 이미지와 텍스트 보기. 박병호(1974ㄱ),

---

670 호남권 한국학자료센터 홈페이지 '안내 정보'에서는 '1881년 2월에 유학 **정지일**이 전라도 보성군 율어면 일월곡촌에 있는 김방순 논을 사면서 받은 토지매매명문'으로 잘못 적었다.

최승희(1989), 전경목(1997), 김현영(1999), 정구복(2002), 김경숙(2012) 참고>

1881-04-00. **남지용 소지**(南志容所志) 1, 남지용. <1장. 한자+이두. 조선 필사 이두 자료. 밀양 사촌 의령 남씨 침류정 소장. 한국학중앙연구원 한국고문서자료관 홈페이지 원문 이미지 보기. 한국정신문화연구원 편(2004) 참고>

1881-04-00. **화민 유학 정상화 등 상서**(化民幼學鄭祥和等上書), 정상화 등. <1책. 6장. 한자+이두. 조선 필사 이두 자료. 경남 산청 덕천서원 소장. 한국학중앙연구원 장서각 한국고문서자료관 홈페이지 원문 이미지와 텍스트 보기. 한국정신문화연구원 편(1995) 참고>

1881-05-03. **김이징 가좌전매매명문**(金履徵家座田賣買明文), 가주 강 조이(家主康召史). <1장. 한자+이두. 조선 필사 이두 자료. 제주시 이도 일도 이동규 구장. 제주시 일도 2동 제주민속자연사박물관 소장. 호남권 한국학자료센터 홈페이지 원문 이미지와 텍스트 보기. 박병호(1974ㄱ), 최승희(1989), 이재수(2003) 참고>

1881-05-07. **토지매매명문**(土地賣買明文), 진전주 과부 정 씨(陳田主寡婦鄭氏). <1장. 한자+이두. 조선 필사 이두 자료. 영광 입석 영월 신씨 소장. 한국학중앙연구원 장서각 한국고문서자료관 홈페이지 원문 이미지와 텍스트 보기. 한국정신문화연구원 편(1996) 참고>

1881-05-12. **안의현감 전령**(安義縣監傳令), 안의현. <1장. 한자+이두. 조선 필사 이두 자료. 경남 거창 장기 거창 신씨가 소장. 한국학중앙연구원 장서각 한국고문서자료관 홈페이지 원문 이미지 보기. 한국학중앙연구원 편(2005) 참고>

1881-05-00. **김성혁 의송**(金星赫議送) 1, 김성혁. <1장. 한자+이두. 조선 필사 이두 자료. 해남 노송 김해 김씨 노송사 소장. 한국학중앙연구원 장서각 한국고문서자료관 홈페이지 & 호남권 한국학자료센터 홈페이지 원문 이미지와 텍스트 보기. 최승희(1989), 한국정신문화연구원 편(1998), 조정곤(2013) 참고>

1881-05-00. **남지용 소지**(南志容所志) 2, 남지용. <1장. 한자+이두. 조선 필사 이두 자료. 밀양 사촌 의령 남씨 침류정 소장. 한국학중앙연구원 한국고문서자료관 홈페이지 원문 이미지 보기. 한국정신문화연구원 편(2004) 참고>

1881-05-00. **안창렬·안병룡 등 소지**(安昌烈安秉龍等所志), 안창렬·안병룡 등. <1장. 한자+이두. 조선 필사 이두 자료. 경북 안동시 갈전 순흥 안씨 소장. 한국학중앙

연구원 장서각 한국고문서자료관 홈페이지 원문 이미지 보기. 한국정신문화연구원 편(1999) 참고>

1881-05-00. **정연학 등 소지**(鄭然學等所志), 정연학 등. <1장. 한자+이두. 조선 필사 이두 자료. 경남 거창 강동 초계 정씨 동계 종가 구장. 한국학중앙연구원 장서각 한국고문서자료관 홈페이지 & 한국학중앙연구원 장서각 한국학자료센터 홈페이지 원문 이미지와 텍스트 보기. 한국정신문화연구원 편(1995), 박병련·김학수(2001), 한국학중앙연구원 편(2005), 김성갑(2006) 참고>

1881-05-00. **화민 박래양 등 소지**(化民朴來陽等所志), 박래양 등. <1장. 한자+이두. 조선 필사 이두 자료. 전북 부안군 취성재 소장. 호남권 한국학자료센터 홈페이지 원문 이미지와 텍스트 보기. 최승희(1989), 정구복 외(1999), 전경목 외(2006) 참고>

1881-06-13~1891-03-30(광서 7년 辛巳~辛卯). 「함경남병영계록(咸鏡南兵營啓錄)」 5, 비변사(備邊司) 편(編). <1책(5/전7책). 38장. 필사본. 표제는 '(南兵營啓錄)靑營關牒'. 권수제는 '(光緖九年二月 日)■南兵使徐■■在任時關牒謄錄'. 한자+이두. 조선 필사 이두 자료. 서울대학교 규장각 한국학연구원 홈페이지 '奎15115' 원문 이미지 보기> <영인본:「각사등록」 44(함경도편 3)(국사편찬위원회 편, 1990)> <1856-02-25~1858-03-21(1/7)>

1881-06-18~1881-07-19. 「민초과(民抄課)」, 의주부(義州府) 편(編). <1책. 93장. 필사본. 한자+이두. 조선 필사 이두 자료. 서울대학교 규장각 한국학연구원 홈페이지 원문 이미지 보기>

1881-06-00. **고맹권 소지**(高孟權所志), 고맹권. <1장. 한자+이두. 조선 필사 이두 자료. 전북 군산시 임피면 갈운 제주 고씨가 구장. 군산근대역사박물관 소장. 호남권 한국학자료센터 홈페이지 원문 이미지와 텍스트 보기. 박병호(1974ㄱ), 최승희(1989), 전경목(1997), 김현영(1999), 정구복(2002), 김경숙(2012) 참고>

1881-06-00. **김기호 등 상서**(金基灝等上書), 김기호 등. <1장. 한자+이두. 조선 필사 이두 자료. 전북 부안군 취성재 소장. 호남권 한국학자료센터 홈페이지 원문 이미지와 텍스트 보기. 최승희(1989), 전경목(1997), 김현영(1999), 이수건 외(2004) 참고>

1881-06-00. **김성혁 의송**(金星赫議送) 2, 김성혁. <1장. 한자+이두. 조선 필사 이두 자료. 해남 노송 김해 김씨 노송사 소장. 한국학중앙연구원 장서각 한국고문서자료관 홈페이지 & 호남권 한국학자료센터 홈페이지 원문 이미지와 텍스트 보기. 최승희(1989), 한국정신문화연구원 편(1998), 조정곤(2013) 참고>

1881-07-10. **차신영 다짐**(車信永侤音), 차신영. <1장. 한자+이두. 조선 필사 이두 자료. 전북 군산시 임피면 갈운 제주 고씨가 구장. 군산근대역사박물관 소장. 호남권 한국학자료센터 홈페이지 원문 이미지와 텍스트 보기. 박병호(1974ㄱ), 최승희(1989), 전경목(1997), 김현영(1999), 정구복(2002), 김경숙(2012) 참고>

1881-07-21~1882-09-00(辛巳~壬午). 「함경도 덕원부 계록 급 계하관등록(**咸鏡道德源府啓錄及啓下關謄錄**)」, 덕원부(德源府) 편(編). <1책. 36장. 필사본. 한자+이두. 조선 필사 이두 자료. 서울대학교 규장각 한국학연구원 홈페이지 원문 이미지 보기> <영인본: 「각사등록」 44(함경도편 3)(국사편찬위원회 편, 1990)>

1881-07-00. **예조 첩**(禮曹帖) 1, 예조. <1장. 한자+이두. 목판으로 찍은 서식 종이에 필사로 기입. 조선 인쇄 이두 자료. 전남 신안 하의 김해 김씨 덕봉강당 소장. 호남권 한국학자료센터 홈페이지 원문 이미지와 텍스트 보기. 최승희(1989) 참고>

1881-07-00. **이두훈 상서**(李斗勳上書) 1, 이두훈. <1장. 한자+이두. 조선 필사 이두 자료. 경북 고령군 대가야읍 본관 1리 홍와 고택 구장. 한국국학진흥원 소장. 한국학자료센터 영남권역센터 홈페이지 원문 이미지와 텍스트 보기. 김성갑(2013) 참고>

1881-07-00. **이원구 소지**(李垣久所志) 1, 이원구. <1장. 한자+이두. 조선 필사 이두 자료. 경북 경주시 안강읍 옥산리 여주 이씨 장산서원·치암 종택 구장. 한국학중앙연구원 장서각 한국고문서자료관 홈페이지 원문 이미지 보기. 한국정신문화연구원 편(2003) 참고>

1881-윤7-09~1883-05-08(광서 7년~광서 9년). 「탐영별계록(**眈營別啓錄**)」 3, 비변사(備邊司) 편(編). <1책(3/전5책). 19장. 필사본. 표제는 '濟州啓錄'. 한자+이두. 조선 필사 이두 자료. 서울대학교 규장각 한국학연구원 홈페이지 원문 이미지 보기> <영인본: 「각사등록」 19(전라도편 2)(국사편찬위원회 편, 1986)> <1846-02-04~

1858-10-02(「제주계록」 1/5)>

1881-윤7-11. **시장문기**(柴場文記),[671] 양산주 유학 지득복(養山主幼學池得複). <1장. 한자+이두. 조선 필사 이두 자료. 전남 여수 좌수영박물관 소장. 호남권 한국학자료센터 홈페이지 원문 이미지와 텍스트 보기. 최승희(1989), 국립민속박물관 편(1991) 참고>

1881-윤7-24~1886-04-25(광서 7년~광서 12년). 「전라좌수영계록(**全羅左水營啓錄**)」 4, 비변사(備邊司) 편(編). <1책(4/전5책). 37장. 필사본. 표제는 '全羅左水營啓錄'.[672] 권수제는 '(光緒九年七月 日)全羅左水營辛巳七月以癸未七月至 啓錄'. 한자+이두. 조선 필사 이두 자료. 서울대학교 규장각 한국학연구원 홈페이지 원문 이미지 보기> <영인본:「각사등록」 20(전라도편 3)(국사편찬위원회 편, 1986)> <1850-02-12~1860-07-22(1/5)>

1881-윤7-00. **이두훈 상서**(李斗勳上書) 2, 이두훈. <1장. 한자+이두. 조선 필사 이두 자료. 경북 고령군 대가야읍 본관 1리 홍와 고택 구장. 한국국학진흥원 소장. 한국학자료센터 영남권역센터 홈페이지 원문 이미지와 텍스트 보기. 김성갑(2013) 참고>

1881-윤7-00. **이원구 소지**(李垣久所志) 2, 이원구. <1장. 한자+이두. 조선 필사 이두 자료. 경북 경주시 안강읍 옥산리 여주 이씨 장산서원·치암 종택 구장. 한국학중앙연구원 장서각 한국고문서자료관 홈페이지 원문 이미지 보기. 한국정신문화연구원 편(2003) 참고>

1881-윤7-00. **토지매매명문**(土地賣買明文),[673] 답주 김관백(畓主金官白). <1장. 한자+이두. 조선 필사 이두 자료. 전남 나주시 남내 밀양 박씨 청재 종가 소장. 호남권 한국학자료센터 홈페이지 원문 이미지와 텍스트 보기. 김태영(1983), 이재수

---

[671] 호남권 한국학자료센터 홈페이지에서는 '1881년 지득복(池得複) 방매(放賣) 시장문기(柴場文記)'로 표시하였다.

[672] 권1의 표제는 '各道啓錄'인데, 권2~권5의 표제는 '全羅左水營啓錄'이다. 개장 등으로 표제가 달라질 수 있다.

[673] 호남권 한국학자료센터 홈페이지에서는 '1881년 김관백(金官白) 방매(放賣) 토지매매명문(土地賣買明文)'으로 표시하였다.

(2003), 김영나(2007) 참고>

1881-08-06. **김 생원 댁 토지매매명문**(金生員宅土地賣買明文), 답주 김 과 조이(畓主金 寡召史). <1장. 한자+이두. 조선 필사 이두 자료. 부여·강화·영주 창원 황씨 소장. 한국학중앙연구원 장서각 한국고문서자료관 홈페이지 원문 이미지와 텍스트 보기. 한국정신문화연구원 편(1990) 참고>

1881-08-20. **변대연 다짐**(邊大淵侤音), 변대연. <1장. 한자+이두. 조선 필사 이두 자료. 중간 부분 결락. 경북 안동시 갈전 순흥 안씨 소장. 한국학중앙연구원 장서 각 한국고문서자료관 홈페이지 원문 이미지 보기. 한국정신문화연구원 편(1999) 참고>

1881-09-02. **김덕찬 토지매매명문**(金德贊土地賣買明文), 산주 유학 조연승(山主幼學 曺連承). <1장. 한자+이두. 조선 필사 이두 자료. 전남 보성군 박실 제주 양씨가 구장. 원광대학교 박물관 소장. 호남권 한국학자료센터 홈페이지 원문 이미지와 텍스트 보기. 최승희(1989), 정구복 외(1999), 이재수(2003) 참고>

1881-09-06. **백 생원 댁 노 시내 토지매매명문**(白生員宅奴時乃土地賣買明文), 답주 유득오(畓主柳得午). <1장. 한자+이두. 조선 필사 이두 자료. 박형익 교수 소장>

1881-09-08. **토지매매명문**(土地賣買明文), 전주 이 노 소쳔(出主李奴所天). <1장. 한자 +이두. 조선 필사 이두 자료. 경북 경주시 소정리 경주 이씨 소장. 한국학중앙연 구원 장서각 한국고문서자료관 홈페이지 원문 이미지 보기. 한국정신문화연구원 편(2002) 참고>

1881-09-08. **토지매매명문**(土地賣買明文), 답주 오 노 오자(畓主吳奴五子). <1장. 한자 +이두. 조선 필사 이두 자료. 경북 경주시 소정리 경주 이씨 소장. 한국학중앙연 구원 장서각 한국고문서자료관 홈페이지 원문 이미지 보기. 한국정신문화연구원 편(2002) 참고>

1881-09-00. **이두훈 상서**(李斗勳上書) 3, 이두훈. <1장. 한자+이두. 조선 필사 이두 자료. 경북 고령군 대가야읍 본관 1리 홍와 고택 구장. 한국국학진흥원 소장. 한국학자료센터 영남권역센터 홈페이지 원문 이미지와 텍스트 보기. 김성갑 (2013) 참고>

1881-09-00. **이두훈 상서**(李斗勳上書) 4, 이두훈. <1장. 한자+이두. 조선 필사 이두

자료. 경북 고령군 대가야읍 본관 1리 홍와 고택 구장. 한국국학진흥원 소장. 한국학자료센터 영남권역센터 홈페이지 원문 이미지와 텍스트 보기. 김성갑(2013) 참고>

1881-09-00. **이두훈 상서**(李斗勳上書) 5, 이두훈. <1장. 한자+이두. 조선 필사 이두 자료. 경북 고령군 대가야읍 본관 1리 홍와 고택 구장. 한국국학진흥원 소장. 한국학자료센터 영남권역센터 홈페이지 원문 이미지와 텍스트 보기. 김성갑(2013) 참고>

1881-09-00. **이승한 등 소지**(李承翰等所志), 이승한 등. <1장. 한자+이두. 조선 필사 이두 자료. 경북 성주군 초전면 월곡 1리 벽진 이씨 명암 고택 구장. 한국국학진흥원 소장. 한국학자료센터 영남권역센터 홈페이지 원문 이미지와 텍스트 보기. 김성갑(2013) 참고>

1881-10-02. **이승한 등 산도**(李承翰等山圖) 1, 형리 김기현(刑吏金基鉉). <1장. 한자+이두. 조선 필사 이두 자료. 경북 성주군 초전면 월곡 1리 벽진 이씨 명암 고택 구장. 한국국학진흥원 소장. 한국학자료센터 영남권역센터 홈페이지 원문 이미지와 텍스트 보기. 김성갑(2013) 참고>

1881-10-03. **토지매매명문**(土地賣買明文), 답주 박 노 예단(畓主朴奴禮丹). <1장. 한자+이두. 조선 필사 이두 자료. 경북 경주시 내남면 이조리 경주 최씨·용산서원 소장. 한국학중앙연구원 장서각 한국고문서자료관 홈페이지 원문 이미지 보기. 한국정신문화연구원 편(2000) 참고>

1881-10-07. **소종중 토지매매명문**(小宗中土地賣買明文), 진주 임곡 댁(田主林谷宅). <1장. 한자+이두. 조선 필사 이두 자료. 성주 명곡 벽진 이씨 완석정 종택 소장. 한국학중앙연구원 고문서자료관 홈페이지 원문 이미지 보기. 한국학중앙연구원 편(2009) 참고>

1881-10-21. **진기석 다짐**(陳基碩侤音), 진기석. <1장. 한자+이두. 조선 필사 이두 자료. 전남 화순 해주 최씨가 소장. 호남권 한국학자료센터 홈페이지 원문 이미지 보기. 최승희(1989), 국립민속박물관 편(1991) 참고>

1881-10-26. **이승한 등 산도**(李承翰等山圖) 2, 형리 김두윤(刑吏金斗潤). <1장. 한자+이두. 조선 필사 이두 자료. 경북 성주군 초전면 월곡 1리 벽진 이씨 명암 고택

구장. 한국국학진흥원 소장. 한국학자료센터 영남권역센터 홈페이지 원문 이미지와 텍스트 보기. 김성갑(2013) 참고>

1881-10-00. **김면락 소지**(金冕洛所志), 김면락. <1장. 한자+이두. 조선 필사 이두 자료. 안동 천전 의성 김씨 지촌 종택 소장. 한국학중앙연구원 장서각 한국고문서자료관 홈페이지 원문 이미지 보기. 한국정신문화연구원 편(1989) 참고>

1881-10-00. **이승기 소지**(李承淇所志), 이승기. <1장. 한자+이두. 조선 필사 이두 자료. 부여 은산 함양 박씨 소장. 한국학중앙연구원 장서각 한국고문서자료관 홈페이지 원문 이미지 보기. 한국정신문화연구원 편(2000) 참고>

1881-10-00. **이승한 등 상서**(李承翰等上書) 1, 이승한 등. <1장. 한자+이두. 조선 필사 이두 자료. 경북 성주군 초전면 월곡 1리 벽진 이씨 명암 고택 구장. 한국국학진흥원 소장. 한국학자료센터 영남권역센터 홈페이지 원문 이미지와 텍스트 보기. 김성갑(2013) 참고>

1881-10-00. **이승한 등 상서**(李承翰等上書) 2, 이승한 등. <1장. 한자+이두. 조선 필사 이두 자료. 경북 성주군 초전면 월곡 1리 벽진 이씨 명암 고택 구장. 한국국학진흥원 소장. 한국학자료센터 영남권역센터 홈페이지 원문 이미지와 텍스트 보기. 김성갑(2013) 참고>

1881-10-00. **최시경 등 소지**(崔時景等所志), 최시경 등. <1장. 한자+이두. 조선 필사 이두 자료. 전남 화순 해주 최씨가 소장. 호남권 한국학자료센터 홈페이지 원문 이미지 보기. 최승희(1989), 전경목 외(2006) 참고>

1881-10-00. **토지매매명문**(土地賣買明文),[674] 답주 이 노 봉원(畓主李奴奉元). <1장. 한자+이두. 조선 필사 이두 자료. 경북 고령군 대가야읍 본관 1리 홍와 고택 구장. 한국국학진흥원 소장. 한국학자료센터 영남권역센터 홈페이지 원문 이미지와 텍스트 보기. 김성갑(2013) 참고>

1881-10-00. **하상흡 소지**(河相翕所志), 하상흡. <1장. 한자+이두. 조선 필사 이두 자료. 안동 송파 진주 하씨 하위지 후손가 소장. 한국학중앙연구원 장서각 한국고

---

674 한국학자료센터 영남권역센터 홈페이지에서는 '1881년 이노(李奴) 봉원(奉元) 방매 토지매매명문(土地賣買明文)'으로 표시하였다.

문서자료관 홈페이지 원문 이미지 보기. 한국정신문화연구원 편(2002) 참고>

1881-11-01. **토지매매명문**(土地賣買明文),[675] 전주 유학 최사홍(出主幼學崔仕洪). <1장. 한자+이두. 조선 필사 이두 자료. 원광대학교 박물관 소장. 호남권 한국학자료센터 홈페이지 원문 이미지와 텍스트 보기. 박병호(1974ㄱ), 이재수(2003) 참고>

1881-11-01~1882-12-28. 「결속색등록(**結束色謄錄**)」 97, 병조(兵曹) 편(編). <1책(97/낙질본 107책). 155장. 필사본. 한자+이두. 조선 필사 이두 자료. 서울대학교 규장각 한국학연구원 홈페이지 1787년~1891년 낙질본 107책(1792년(건륭 57년), 1811년(가경 16년) 하, 1816년(가경 21년), 1817년(가경 22년), 1824년(도광 4년), 1831(도광 11년), 1871년(동치 10년), 1885년(광서 11년) 없음) 원문 이미지 보기>

1881-11-02. **시장문기**(柴場文記),[676] 시장주 자필 유학 유겸호(柴場主自筆幼學柳謙鎬). <1장. 한자+이두. 조선 필사 이두 자료. 전남 장성군 행주 기씨 금강 종가 소장. 호남권 한국학자료센터 홈페이지 원문 이미지와 텍스트 보기. 이재수(2003), 이수건 외(2004) 참고>

1881-11-04. **토지매매명문**(土地賣買明文),[677] 전답주 유학 정재호(出畓主幼學鄭在浩). <1장. 한자+이두. 조선 필사 이두 자료. 전남 순천 황전 경주 정씨가 구장. 광주광역시 이정옥 소장. 호남권 한국학자료센터 홈페이지 원문 이미지와 텍스트 보기. 최승희(1989) 참고>

1881-11-06. **이 사과댁 노 천복 토지매매명문**(李司果宅奴千福土地賣買明文), 답주 강순석(畓主姜順石). <1장. 한자+이두. 조선 필사 이두 자료. 일본 경도대학 가와이 문고 소장. 고려대학교 해외한국학자료센터 홈페이지 원문 이미지 보기>

1881-11-13. **토지매매명문**(土地賣買明文),[678] 답주 유학 박용민(畓主幼學朴用民). <1

---

[675] 호남권 한국학자료센터 홈페이지에서는 '1881년 최사홍(崔仕洪) 방매(放賣) 토지매매명문(土地賣買明文)'으로 표시하였다.

[676] 호남권 한국학자료센터 홈페이지에서는 '1881년 유겸호(柳謙鎬) 방매(放賣) 시장문기(柴場文記)'로 표시하였다.

[677] 호남권 한국학자료센터 홈페이지에서는 '1881년 정재호(鄭在浩) 방매(放賣) 토지매매명문(土地賣買明文)'으로 표시하였다.

장. 한자+이두. 조선 필사 이두 자료. 전북대학교 박물관 소장. 호남권 한국학자료센터 홈페이지 원문 이미지와 텍스트 보기>

1881-11-14. **권용철 토지매매명문**(權龍哲土地賣買明文), 전답주 자필 유학 이위형(田畓主自筆幼學李渭衡). <1장. 한자+이두. 조선 필사 이두 자료. 경북 안동시 주촌 진성 이씨 경류정 소장. 한국학중앙연구원 장서각 한국고문서자료관 홈페이지 원문 이미지와 텍스트 보기. 한국정신문화연구원 편(1999) 참고>

1881-11-27. **금학산 공소 고직 토지매매명문**(金鶴山公所庫直土地賣買明文), 답주 권노 복만(畓主權奴福萬). <1장. 한자+이두. 조선 필사 이두 자료. 안동 천전 의성 김씨 지촌 종택 소장. 한국학중앙연구원 장서각 한국고문서자료관 홈페이지 원문 이미지 보기. 한국정신문화연구원 편(1990) 참고>

1881-11-27. **금학산 공소 토지매매명문**(金鶴山公所土地賣買明文), 답주 김양업(畓主金良業). <1장. 한자+이두. 조선 필사 이두 자료. 안동 천전 의성 김씨 지촌 종택 소장. 한국학중앙연구원 장서각 한국고문서자료관 홈페이지 원문 이미지 보기. 한국정신문화연구원 편(1990) 참고>

1881-11-27. **수본**(手本) <1장. 한자+이두. 조선 필사 이두 자료. 일본 경도대학 가와이문고 소장. 고려대학교 해외한국학자료센터 홈페이지 원문 이미지 보기>

1881-11-28. **조 생원 댁 노 덕흥 가사매매명문**(曺生員宅奴德興家舍賣買明文), 가대주 유 생원 댁 노 삼동(家垈主柳生員宅奴三同). <1장. 한자+이두. 조선 필사 이두 자료. 전북 익산 마동 창녕 조씨가 소장. 호남권 한국학자료센터 홈페이지 원문 이미지와 텍스트 보기. 박병호(1974ㄱ), 최승희(1989), 이재수(2003), 이정수·김희호(2011) 참고>

1881-11-28. **지례 공소 토지매매명문**(知禮公所土地賣買明文), 답주 이관억(畓主李觀億). <1장. 한자+이두. 조선 필사 이두 자료. 안동 천전 의성 김씨 지촌 종택 소장. 한국학중앙연구원 장서각 한국고문서자료관 홈페이지 원문 이미지 보기. 한국정신문화연구원 편(1990) 참고>

---

678 호남권 한국학자료센터 홈페이지에서는 '1881년 박용민(朴用民) 방매 토지매매명문(土地賣買明文)'으로 표시하였다.

1881-11-30. **토지매매명문**(土地賣買明文),[679] 답주 유학 강준영(畓主幼學姜俊永). <1장. 한자+이두. 조선 필사 이두 자료. 전북 무장 원송 진주 강씨가 구장. 전북대학교 박물관 소장. 호남권 한국학자료센터 홈페이지 원문 이미지와 텍스트 보기. 박병호(1974ㄱ), 최승희(1989), 이재수(2003) 참고>

1881-11-00. **김영술 소지**(金永述所志), 김영술. <1장. 한자+이두. 조선 필사 이두 자료. 전북 부안군 우반 부안 김씨 세덕각 소장. 한국학중앙연구원 장서각 한국고문서자료관 홈페이지 & 호남권 한국학자료센터 홈페이지 원문 이미지와 텍스트 보기. 박병호(1974ㄱ), 한국정신문화연구원 편(1983, 1998), 최승희(1989), 김현영(1999), 전경목(2001), 정구복(2002), 한국학중앙연구원 편(2017) 참고>

1881-11-00. **박우신 등 소지**(朴雨新等所志), 박우신 등. <1장. 한자+이두. 조선 필사 이두 자료. 경남 합천 용연서원 소장. 한국학중앙연구원 장서각 한국고문서자료관 홈페이지 원문 이미지 보기. 한국정신문화연구원 편(1996) 참고>

1881-11-00. **박치규 등 등장**(朴致奎等等狀), 박치규 등. <1장. 한자+이두. 조선 필사 이두 자료. 전북 장수군 침곡 충주 박씨가 소장. 호남권 한국학자료센터 홈페이지 원문 이미지와 텍스트 보기. 박병호(1974ㄱ) 참고>

1881-11-00. **박치규 등 소지**(朴致奎等所志), 박치규 등. <1장. 한자+이두. 조선 필사 이두 자료. 전북 장수군 침곡 충주 박씨가 소장. 호남권 한국학자료센터 홈페이지 원문 이미지와 텍스트 보기. 박병호(1974ㄱ) 참고>

1881-11-00. **신 노 일운 토지매매명문**(愼奴一云土地賣買明文), 답주 정 노 소차금(畓主鄭奴小此今). <1장. 한자+이두. 조선 필사 이두 자료. 경남 거창 장기 거창 신씨가 소장. 한국학중앙연구원 장서각 한국고문서자료관 홈페이지 원문 이미지 보기. 한국학중앙연구원 편(2005) 참고>

1881-11-00. **이강직 단자**(李벌植單子), 이강직. <1장. 한자+이두. 조선 필사 이두 자료. 부여 은산 함양 박씨 소장. 한국학중앙연구원 장서각 한국고문서자료관 홈페이지 원문 이미지 보기. 한국정신문화연구원 편(2000) 참고>

---

[679] 호남권 한국학자료센터 홈페이지에서는 '1881년 강준영(姜俊永) 방매(放賣) 토지매매명문(土地賣買明文)'으로 표시하였다.

1881-11-00. **이승윤 등 소지**(李承閏等所志), 이승윤 등. <1장. 한자+이두. 조선 필사 이두 자료. 경북 성주군 초전면 월곡 1리 벽진 이씨 명암 고택 구장. 한국국학진흥원 소장. 한국학자료센터 영남권역센터 홈페이지 원문 이미지와 텍스트 보기. 김성갑(2013) 참고>

1881-11-00. **토지매매명문**(土地賣買明文), 답주 윤 노 상월(畓主尹奴尙月). <1장. 한자+이두. 조선 필사 이두 자료. 경북 경주시 소정리 경주 이씨 소장. 한국학중앙연구원 장서각 한국고문서자료관 홈페이지 원문 이미지 보기. 한국정신문화연구원 편(2002) 참고>

1881-11-00~1882-02-00. 「왕세자가례도감의궤(**王世子嘉禮都監儀軌**)」[680] 1~2, 가례도감 편. <2책. 필사본. 권1의 표제는 '(光緒八年壬午二月 日 禮曹上)王世子嘉禮都監儀軌上'. 권수제는 '王世子嘉禮都監儀軌上'. 한자+이두. 조선 필사 이두 자료. 서울대학교 규장각 한국학연구원 의궤 종합정보 홈페이지 '奎13176' 원문 이미지 보기>

1881-12-03. **토지매매명문**(土地賣買明文),[681] 답주 유학 최영태(畓主幼學崔榮台). <1장. 한자+이두. 조선 필사 이두 자료. 전남 나주시 남내 밀양 박씨 청재 종가 소장. 호남권 한국학자료센터 홈페이지 원문 이미지와 텍스트 보기. 안승준(1989), 이재수(2003) 참고>

1881-12-05. **토지매매명문**(土地賣買明文), 답주 최 노 복례(畓主崔奴卜礼). <1장. 한자+이두. 조선 필사 이두 자료. 경남 거창 장기 거창 신씨가 소장. 한국학중앙연구원 장서각 한국고문서자료관 홈페이지 원문 이미지 보기. 한국학중앙연구원 편(2005) 참고>

1881-12-07. **토지매매명문**(土地賣買明文),[682] 답주 유학 박창호(畓主幼學朴昌浩). <1

---

[680] 서울대학교 규장각 한국학연구원 홈페이지에서는 책명을 '[純宗純明后]嘉禮都監儀軌 [순종순명후]가례도감의궤'로 적었다.

[681] 호남권 한국학자료센터 홈페이지에서는 '1881년 최영태(崔榮台) 방매(放賣) 토지매매명문(土地賣買明文)'으로 표시하였다.

[682] 호남권 한국학자료센터 홈페이지에서는 '1881년 박창호(朴昌浩) 방매(放賣) 토지매매명문(土地賣買明文)'으로 표시하였다.

장. 한자+이두. 조선 필사 이두 자료. 전남 보성군 박실 제주 양씨가 구장. 원광대학교 박물관 소장. 호남권 한국학자료센터 홈페이지 원문 이미지와 텍스트 보기. 박병호(1974ㄱ), 최승희(1989), 이재수(2003) 참고>

1881-12-08. **유학 권재문 토지매매명문**(幼學權載文土地賣買明文), 답주 종질 권만우(畓主從姪萬祐). <1장. 한자+이두. 조선 필사 이두 자료. 경북 안동시 수곡면 전주 류씨 삼산 종가 구장. 대구광역시 수성구 만촌동 전주 류씨 종가 소장. 한국학자료센터 영남권역센터 홈페이지 원문 이미지와 텍스트 보기. 최승희(1989), 이재수(2003), 전경목(2010), 정수환(2012) 참고>

1881-12-09. **토지매매명문**(土地賣買明文),[683] 답주 자필 유학 조병채(畓主自筆幼學曺秉采). <1장. 한자+이두. 조선 필사 이두 자료. 전북대학교 박물관 소장. 호남권 한국학자료센터 홈페이지 원문 이미지와 텍스트 보기. 박병호(1974ㄱ), 이재수(2003) 참고>

1881-12-14. **작산 간역소 토지매매명문**(鵲山刊役所土地賣買明文) 3, 답주 강독술(畓主姜獨述). <1장. 한자+이두. 조선 필사 이두 자료. 경북 안동시 주촌 진성 이씨 경류정 구장. 서울역사박물관 소장. 한국학중앙연구원 장서각 한국고문서자료관 홈페이지 원문 이미지와 텍스트 보기. 한국정신문화연구원 편(1999) 참고>

1881-12-19. **토지매매명문**(土地賣買明文), 계주 최 노 귀춘(契主崔奴貴春). <1장. 한자+이두. 조선 필사 이두 자료. 경북 경주시 내남면 이조리 경주 최씨·용산서원 소장. 한국학중앙연구원 장서각 한국고문서자료관 홈페이지 원문 이미지 보기. 한국정신문화연구원 편(2000) 참고>

1881-12-20. **토지매매명문**(土地賣買明文),[684] 답주 유학 정낙호(畓主幼學鄭樂昊). <1장. 한자+이두. 조선 필사 이두 자료. 전남 보성군 박실 제주 양씨가 구장. 원광대학교 박물관 소장. 호남권 한국학자료센터 홈페이지 원문 이미지와 텍스트 보기. 최승희(1989), 이재수(2003) 참고>

---

[683] 호남권 한국학자료센터 홈페이지에서는 '1881년 조병채(曺秉采) 방매 토지매매명문9土地賣買明文)'으로 표시하였다.

[684] 호남권 한국학자료센터 홈페이지에서는 '1881년 정낙호(鄭樂昊) 방매(放賣) 토지매매명문(土地賣買明文)'으로 표시하였다.

1881-12-20. **토지매매명문**(土地賣買明文),[685] 답주 자필 유학 이정회(畓主自筆幼學李正會). <1장. 한자+이두. 조선 필사 이두 자료. 전남 보성군 박실 제주 양씨가 구장. 원광대학교 박물관 소장. 호남권 한국학자료센터 홈페이지 원문 이미지와 텍스트 보기. 최승희(1989), 이재수(2003) 참고>

1881-12-25. **김덕찬 송추문기**(金德贊松楸文記), 산주 유학 조용승(山主幼學曺用承). <1장. 한자+이두. 조선 필사 이두 자료. 전남 보성군 박실 제주 양씨가 구장. 원광대학교 박물관 소장. 호남권 한국학자료센터 홈페이지 원문 이미지와 텍스트 보기. 최승희(1989), 정구복 외(1999), 이재수(2003) 참고>

1881-12-25. **정 노 원심 토지매매명문**(鄭奴元心土地賣買明文), 전답주 김활석(田畓主金活石). <1장. 한자+이두. 조선 필사 이두 자료. 경북 봉화군 명호면 도천리 안동 김씨 해헌 고택 구장. 한국국학진흥원 소장. 한국학자료센터 영남권역센터 홈페이지 원문 이미지와 텍스트 보기. 박병호(1974ㄱ), 최승희(1989), 이재수(2003), 이수건 외(2004) 참고>

1881-12-26. **유학 양신묵 토지매매명문**(幼學梁信默土地賣買明文), 대기주 유학 김재천(垈基主幼學金在千). <1장. 한자+이두. 조선 필사 이두 자료. 전남 보성군 박실 제주 양씨가 구장. 원광대학교 박물관 소장. 호남권 한국학자료센터 홈페이지 원문 이미지와 텍스트 보기. 박병호(1974ㄱ), 최승희(1989), 이재수(2003) 참고>

1881-12-27. **권 노 삼득 토지매매명문**(權奴三得土地賣買明文),[686] 답주 김춘이(畓主金春伊). <1장. 한자+이두. 조선 필사 이두 자료. 경북 영양군 영양읍 삼지리 한양 조씨 하담 고택 구장. 한국국학진흥원 소장. 한국학자료센터 영남권역센터 홈페이지 원문 이미지와 텍스트 보기. 박병호(1974ㄱ), 최승희(1989), 이재수(2003), 이수건 외(2004) 참고>

1881-12-29. **이 생원 댁 종중 토지매매명문**(李生員宅宗中土地賣買明文), 답주 김용석(畓主金龍錫). <1장. 한자+이두. 조선 필사 이두 자료. 성주 명곡 벽진 이씨 완석정

---

[685] 호남권 한국학자료센터 홈페이지에서는 '1881년 이정회(李正會) 방매(放賣) 토지매매명문(土地賣買明文)'으로 표시하였다.

[686] 한국학자료센터 영남권역센터 홈페이지에서는 '1881년 김춘이(金春伊) 토지매매명문(土地賣買明文)'으로 표시하였다.

종택 소장. 한국학중앙연구원 고문서자료관 홈페이지 원문 이미지 보기. 한국학중앙연구원 편(2009) 참고>

1881-12-00. **이장수 댁 노 만대 발괄**(李長水宅奴萬大白活), 만대. <1장. 한자+이두. 필사 이두 자료. 전북 진안군 정천면 전주 이씨 서곡 이정영 후손가 구장. 한국학중앙연구원 장서각 한국고문서자료관 홈페이지 원문 이미지 보기. 한국정신문화연구원 편(2002) 참고>

1881-12-00. **토지매매명문**(土地賣買明文), 답주 유학 이홍준(畓主幼學李洪浚). <1장. 한자+이두. 조선 필사 이두 자료. 전남 구례군 토지면 오미리 문화 류씨 운조루 소장. 한국학중앙연구원 장서각 한국고문서자료관 홈페이지 원문 이미지와 텍스트 보기. 한국정신문화연구원 편(1998) 참고>

1881-12-00. **토지매매명문**(土地賣買明文),[687] 산주 유학 조용승(山主幼學曺龍承). <1장. 한자+이두. 조선 필사 이두 자료. 전남 보성군 박실 제주 양씨가 구장. 원광대학교 박물관 소장. 호남권 한국학자료센터 홈페이지 원문 이미지와 텍스트 보기. 박병호(1974ㄱ), 최승희(1989), 이재수(2003) 참고>

1881-■■-■■. **이승경 등 소지**(李承璟等所志) 2, 이승경 등. <1장. 한자+이두. 조선 필사 이두 자료. 부여 은산 함양 박씨 소장. 한국학중앙연구원 장서각 한국고문서자료관 홈페이지 원문 이미지 보기. 한국정신문화연구원 편(2000) 참고>

1881-■■-■■. **이승기 단자**(李承淇單子),[688] 이승기. <1장. 한자+이두. 조선 필사 이두 자료. 부여 은산 함양 박씨 소장. 한국학중앙연구원 장서각 한국고문서자료관 홈페이지 & 한국학중앙연구원 한국학 디지털 아카이브 홈페이지 원문 이미지 보기. 한국정신문화연구원 편(2000) 참고>

1881-00-00. 「동래어사서계(東萊御史書啓)」,[689] 이헌영(李(金+憲)永, 1837년~1907

---

[687] 호남권 한국학자료센터 홈페이지에서는 '1881년 조용승(曺龍承) 방매(放賣) 토지매매명문(土地賣買明文)'으로 표시하였다.

[688] 한국학중앙연구원 한국학 디지털 아카이브 홈페이지에서는 '원정1(原情1)'로 표시하였다. 원정(原情)은 심문 받는 죄인이 범죄의 자초지종을 공술한 내용을 가리킨다(「고려대 한국어대사전」).

[689] 서울대학교 규장각 한국학연구원 홈페이지에서는 책명을 '東來御史書啓 동래어사서계'로 잘못 표시하였다.

년). <1책. 13장. 필사본. 한자+이두. 조선 필사 이두 자료. 서울대학교 규장각 한국학연구원 홈페이지 원문 이미지 보기>

1881-00-00. 「동문고략속(同文考略續)」 1~4, 사역원(司譯院) 찬술(撰述). <전4책. 활자본. 예각 인서체자본. 중국과 일본과의 외교문서집. 이문 자료. 서울대학교 규장각 한국학연구원 홈페이지 원문 이미지 보기> <이본: ① 1851-00-00「동문고략(同文考略)」 ② 1863-00-00「동문고략속」. 서울대학교 규장각 한국학연구원 홈페이지 원문 이미지 보기)>

1881-00-00. **예조 첩**(禮曹帖) 2, 예조 <1장. 한자+이두. 목판으로 찍은 서식 종이. 조선 인쇄 이두 자료. 전남 신안 하의 김해 김씨 덕봉강당 소장. 호남권 한국학자료센터 홈페이지 원문 이미지와 텍스트 보기. 최승희(1989) 참고>

1881-00-00. 「철인왕후부묘도감의궤(哲仁王后祔 廟都監儀軌)」,[690] 부묘도감 편. <1책. 145장. 필사본. 표제는 '光緒六年庚辰五月 日春秋館上 哲仁王后祔廟都監儀軌 全'. 권수제는 '光緖六年庚辰五月 日)哲仁王后祔 廟都監儀軌'. 한자+이두. 조선 필사 이두 자료. 서울대학교 규장각 한국학연구원 의궤 종합정보 홈페이지 '奎13874' 원문 이미지 보기>

1881-00-00~1882-00-00. 「왕세자가례등록(王世子嘉禮謄錄)」, 예조(禮曹). <1책. 109장. 필사본. 한자+이두. 조선 필사 이두 자료. 한국학중앙연구원 한국학 디지털 아카이브 홈페이지 & 한국학중앙연구원 장서각 한국학자료센터 홈페이지 원문 이미지와 텍스트 보기>

1882년

<임오(壬午), 고종 19년, 광서 8년, 명치 15년>

1882-01-09. **토지매매명문**(土地賣買明文),[691] 전주 자필 유학 여동봉(田主自筆幼學呂

---

[690] 서울대학교 규장각 한국학연구원 의궤 종합정보 홈페이지에서는 서명을 '철인왕후부묘도감의궤(哲仁王后祔廟都監儀軌)'로 붙여 썼다.

束鳳). <1장. 한자+이두. 조선 필사 이두 자료. 전남 화순 해주 최씨가 소장. 호남권 한국학자료센터 홈페이지 원문 이미지 보기. 최승희(1989), 국립민속박물관 편(1991) 참고>

1882-01-17. **박호 기남 토지매매명문**(朴戶己男土地賣買明文),[692] 답주 자필 김호 암회(畓主自筆金戶岩回). <1장. 한자+이두. 조선 필사 이두 자료. 경북 영양군 영양읍 삼지리 한양 조씨 하담 고택 구장. 한국국학진흥원 소장. 한국학자료센터 영남권역센터 홈페이지 원문 이미지와 텍스트 보기. 박병호(1974ㄱ), 최승희(1989), 이재수(2003), 이수건 외(2004) 참고>

1882-01-19. **박윤의 토지매매명문**(朴允儀土地賣買明文) 1, 답주 유학 임창상(畓主幼學林昌相). <1장. 한자+이두. 조선 필사 이두 자료. 전남 나주시 남내 밀양 박씨 청재 종가 소장. 호남권 한국학자료센터 홈페이지 원문 이미지와 텍스트 보기. 이재수(2003), 김영나(2007) 참고>

1882-01-19. **토지매매명문**(土地賣買明文), 답주 유학 백채혁(畓主幼學白采爀). <1장. 한자+이두. 조선 필사 이두 자료. 경북 경주시 내남면 이조리 경주 최씨·용산서원 소장. 한국학중앙연구원 장서각 한국고문서자료관 홈페이지 원문 이미지 보기. 한국정신문화연구원 편(2000) 참고>

1882-01-20. **조반계중 토지매매명문**(趙班稧中土地賣買明文), 전주 심일점(田主沈日占). <1장. 한자+이두. 조선 필사 이두 자료. 경북 영양군 영양읍 삼지리 한양 조씨 하담 고택 구장. 한국국학진흥원 소장. 한국학자료센터 영남권역센터 홈페이지 원문 이미지와 텍스트 보기. 박병호(1974ㄱ), 최승희(1989), 이재수(2003) 참고>

1882-01-26. **유학 토지매매명문**(幼學土地賣買明文),[693] 답주 유학 정환채(畓主幼學鄭

---

691 호남권 한국학자료센터 홈페이지에서는 '1882년 여동봉(呂東鳳) 방매(放賣) 토지매매명문(土地賣買明文)'으로 표시하였다.

692 한국학자료센터 영남권역센터 홈페이지에서는 '1882년 김호 암회(金戶岩回) 토지매매명문(土地賣買明文)'으로 표시하였다.

693 호남권 한국학자료센터 홈페이지에서는 '1882년 정환채(鄭煥彩) 방매(放賣) 토지매매명문(土地賣買明文)'으로 표시하였다.

煥彩). <1장. 한자+이두. 조선 필사 이두 자료. 전남 보성군 박실 제주 양씨가 구장. 원광대학교 박물관 소장. 호남권 한국학자료센터 홈페이지 원문 이미지와 텍스트 보기. 박병호(1974ㄱ), 이재수(2003) 참고>

1882-01-29. **유학 서경원 토지매매명문**(幼學徐京元土地賣買明文), 산지주 권 도사 댁 노 안용(山地主權都事宅奴安用). <1장. 한자+이두. 조선 필사 이두 자료. 전북 진안 개화 전주 이씨가 소장. 호남권 한국학자료센터 홈페이지 원문 이미지와 텍스트 보기. 최승희(1989), 전북향토문화연구회 편(1993), 정구복 외(1999) 참고>

1882-01-29. **토지매매명문**(土地賣買明文), 답주 유학 양훈(畓主幼學梁壎). <1장. 한자+이두. 조선 필사 이두 자료. 전남 순천 황전 경주 정씨가 구장. 광주광역시 이정옥 소장. 호남권 한국학자료센터 홈페이지 원문 이미지와 텍스트 보기. 최승희(1989) 참고>

1882-01-00. **고유종 등 소지**(高有鍾等所志), 고유종 등. <1장. 한자+이두. 조선 필사 이두 자료. 전북 군산시 임피면 갈은 제주 고씨가 구장. 군산근대역사박물관 소장. 호남권 한국학자료센터 홈페이지 원문 이미지와 텍스트 보기. 박병호(1974ㄱ), 최승희(1989), 전경목(1997), 김현영(1999), 정구복(2002), 김경숙(2012) 참고>

1882-01-00. **우유신 토지매매명문**(禹有信土地賣買明文), 원답주 문경화(元畓主文京化). <1장. 한자+이두. 조선 필사 이두 자료. 전라도 순천부 여상도 방답진 구장. 전북대학교 박물관 소장. 호남권 한국학자료센터 홈페이지 원문 이미지와 텍스트 보기>

1882-01-00. **이조현 등 의송**(李祖玄等議送), 이조현 등. <1장. 한자+이두. 조선 필사 이두 자료. 제천 한수 연안 이씨 소장. 한국학중앙연구원 장서각 한국고문서자료관 홈페이지 원문 이미지 보기. 한국정신문화연구원 편(2001) 참고>

1882-01-00~1882-12-00. 「주조결옥록(**秋曹決獄錄**)」 34, 형조(刑曹) 편(編). <1책(34/낙질본 43책). 38장. 필사본. 한자+이두. 조선 필사 이두 자료. 서울대학교 규장각 한국학연구원 홈페이지 원문 이미지 보기> <1822-01-00~1822-12-00(1/43)>

1882-01-00~1883-11-15(壬午~癸未). 「개성유영관첩(**開城留營關牒**)」 2, 비변사(備邊司) 편(編). <1책(2/전3책). 20장. 필사본. 표제는 '開城留營關牒'. 내제는 '關牒'. 한자+이두. 조선 필사 이두 자료. 서울대학교 규장각 한국학연구원 홈페이지

원문 이미지 보기> <영인본: 「각사등록」 4(경기도편 4)(국사편찬위원회 편, 1982)> <1863-01-11~1866-12-00(1/3)>

1882-02-02. **의인 상촌제위소 노 선봉 토지매매명문**(宜仁上村祭位所奴先奉土地賣買明文), 답주 별고 수노 만이(畓主別庫首奴萬伊). <1장. 한자+이두. 조선 필사 이두 자료. 경북 안동시 도산면 의촌리 은졸재 고택 구장. 한국국학진흥원 소장. 한국학자료센터 영남권역센터 홈페이지 원문 이미지와 텍스트 보기>

1882-02-03. **유학 토지매매명문**(幼學土地賣買明文),[694] 답주 손용준(畓主孫龍準). <1장. 한자+이두. 조선 필사 이두 자료. 전남 보성군 복내면 죽산 안씨 죽곡정사 소장. 호남권 한국학자료센터 홈페이지 원문 이미지와 텍스트 보기. 이재수(2003), 이수건 외(2004) 참고>

1882-02-04. **토지매매명문**(土地賣買明文),[695] 훈장 전(訓長全)·상유사 최(上有司崔). <1장. 한자+이두. 조선 필사 이두 자료. 전북 정읍시 동학농민혁명기념관 소장. 호남권 한국학자료센터 홈페이지 원문 이미지와 텍스트 보기. 박병호(1974ㄱ), 이재수(2003) 참고>

1882-02-06. **박윤의 토지매매명문**(朴允儀土地賣買明文) 2, 답주 유학 임치인(畓主幼學林治仁). <1장. 한자+이두. 조선 필사 이두 자료. 전남 나주시 남내 밀양 박씨 청재 종가 소장. 호남권 한국학자료센터 홈페이지 원문 이미지와 텍스트 보기. 최승희(1989), 이재수(2003) 참고>

1882-02-06. **토지매매명문**(土地賣買明文),[696] 산주 황운수(山主黃雲秀). <1장. 한자+이두. 조선 필사 이두 자료. 경북 고령군 대가야읍 본관 1리 홍와 고택 구장. 한국국학진흥원 소장. 한국학자료센터 영남권역센터 홈페이지 원문 이미지와 텍스트 보기. 김성갑(2013) 참고>

---

[694] 호남권 한국학자료센터 홈페이지에서는 '1882년 손용준(孫龍準) 방매(放賣) 토지매매명문(土地賣買明文)'으로 표시하였다.

[695] 호남권 한국학자료센터 홈페이지에서는 '1882년 전씨(全氏) 방매 토지매매명문(土地賣買明文)'으로 표시하였다.

[696] 한국학자료센터 영남권역센터 홈페이지에서는 '1882년 황운수(黃雲秀) 방매 산지매매명문(山地賣買明文)'으로 표시하였다.

1882-02-13. **토지매매명문**(土地賣買明文),[697] 자필 유학 조준효(自筆幼學趙浚孝). <1장. 한자+이두. 조선 필사 이두 자료. 전남 순천 황전 경주 정씨가 구장. 광주광역시 이정옥 소장. 호남권 한국학자료센터 홈페이지 원문 이미지와 텍스트 보기. 최승희(1989) 참고>

1882-02-18. **유 씨 공비 토지매매명문**(柳氏公備土地賣買明文), 답주 자필 유사 유학 우종진(畓主自筆有司幼學禹鍾震). <1장. 한자+이두. 조선 필사 이두 자료. 경북 안동시 수곡면 전주 류씨 삼산 종가 구장. 대구광역시 수성구 만촌동 전주 류씨 종가 소장. 한국학자료센터 영남권역센터 홈페이지 원문 이미지와 텍스트 보기. 최승희(1989), 이재수(2003), 전경목(2010), 정수환(2012) 참고>

1882-02-21~1882-03-10. 「황해감영심리등록(**黃海監營審理謄錄**)」 18, 비변사(備邊司) 편(編). <1책(18/전22책). 26장. 필사본. 표제는 '海營啓錄'. 한자+이두. 조선 필사 이두 자료. 서울대학교 규장각 한국학연구원 홈페이지 원문 이미지 보기> <영인본: 「각사등록」 24(황해도편 3)(국사편찬위원회 편, 1987)> <1832-07-02~1832-12-30(1/22)>

1882-02-22. **토지매매명문**(土地賣買明文), 답주 동중 계장 유학 이병식 등(畓主洞中稧長幼學李秉植等). <1장. 한자+이두. 조선 필사 이두 자료. 경남 거창 장기 거창 신씨가 소장. 한국학중앙연구원 장서각 한국고문서자료관 홈페이지 원문 이미지 보기. 한국학중앙연구원 편(2005) 참고>

1882-02-25. **상곡댁 토지매매명문**(上谷宅土地賣買明文),[698] 답주 자필 기정연(畓主自筆奇鼎衍). <1장. 한자+이두. 조선 필사 이두 자료. 서울 행주 기씨 연파 후손가 소장. 호남권 한국학자료센터 홈페이지 원문 이미지와 텍스트 보기>

1882-02-25. **조 호 운흥 토지매매명문**(趙戶云興土地賣買明文),[699] 답주 박 노 기남(畓

---

[697] 호남권 한국학자료센터 홈페이지에서는 '1882년 조준효(趙浚孝) 방매(放賣) 토지매매명문(土地賣買明文)'으로 표시하였다.

[698] 호남권 한국학자료센터 홈페이지에서는 '1882년 기정연(奇鼎衍) 토지매매명문(土地賣買明文)'으로 표시하였다.

[699] 한국학자료센터 영남권역센터 홈페이지에서는 '1882년 박노(朴奴) 이남(已男) 토지매매명문(土地賣買明文)'으로 표시하였다.

主朴奴己男). <1장. 한자+이두. 조선 필사 이두 자료. 경북 영양군 영양읍 삼지리 한양 조씨 하담 고택 구장. 한국국학진흥원 소장. 한국학자료센터 영남권역센터 홈페이지 원문 이미지와 텍스트 보기. 박병호(1974ㄱ), 최승희(1989), 이재수(2003), 이수건 외(2004) 참고>

1882-02-25. **토지매매명문**(土地賣買明文), 전주 조 노 정례(田主趙奴丁礼). <1장. 한자+이두. 조선 필사 이두 자료. 경남 거창 장기 거창 신씨가 소장. 한국학중앙연구원 장서각 한국고문서자료관 홈페이지 원문 이미지 보기. 한국학중앙연구원 편(2005) 참고>

1882-02-29. **남헌조 수표**(南憲朝手標), 남헌조. <1장. 한자+이두. 조선 필사 이두 자료. 경북 영해 인량 재령 이씨 충효당 소장. 한국학중앙연구원 장서각 한국고문서자료관 홈페이지 원문 이미지 보기. 한국정신문화연구원 편(1997) 참고>

1882-02-00. **고수문 등 소지**(高守文等所志), 고수문 등. <1장. 한자+이두. 조선 필사 이두 자료. 전북 군산시 임피면 갈은 제주 고씨가 구장. 군산근대역사박물관 소장. 호남권 한국학자료센터 홈페이지 원문 이미지와 텍스트 보기. 박병호(1974ㄱ), 최승희(1989), 전경목(1997), 김현영(1999), 정구복(2002), 김경숙(2012) 참고>

1882-02-00. **내남면 비지석활리 거민 등장**(內南面飛只石活里居民等狀), 비지석활리 거민. <1장. 한자+이두. 조선 필사 이두 자료. 경북 경주시 내남면 이조리 경주 최씨·용산서원 소장. 한국학중앙연구원 장서각 한국고문서자료관 홈페이지 원문 이미지 보기. 한국정신문화연구원 편(2000) 참고>

1882-02-00. **조석용 의송**(曺錫龍議送), 조석용. <1장. 한자+이두. 조선 필사 이두 자료. 전남 보성군 창녕 조씨 하계정사 소장. 호남권 한국학자료센터 홈페이지 원문 이미지와 텍스트 보기. 최승희(1989), 국립민속박물관 편(1991), 정구복 외(1999) 참고>

1882-03-18. **토지매매명문**(土地賣買明文), 답주 유학 김윤주(畓主幼學金潤株). <1장. 한자+이두. 조선 필사 이두 자료. 전남 구례군 토지면 오미리 문화 류씨 운조루 소장. 한국학중앙연구원 장서각 한국고문서자료관 홈페이지 원문 이미지와 텍스트 보기. 한국정신문화연구원 편(1998) 참고>

1882-03-20. **토지매매명문**(土地賣買明文),[700] 산주 신치백(山主申致伯). <1장. 한자+

이두. 조선 필사 이두 자료. 원광대학교 박물관 소장. 호남권 한국학자료센터 홈페이지 원문 이미지와 텍스트 보기. 박병호(1974ㄱ), 이재수(2003) 참고>

1882-03-27. **설병택 토지매매명문**(薛炳澤土地賣買明文), 답주 유학 이병렬(畓主幼學李秉烈). <1장. 한자+이두. 조선 필사 이두 자료. 전북 정읍시 동학농민혁명기념관 소장. 호남권 한국학자료센터 홈페이지 원문 이미지와 텍스트 보기. 박병호(1974ㄱ), 이재수(2003) 참고>

1882-03-28. **김기군 토지매매명문**(金基軍土地賣買明文), 전답주 김윤곡(田畓主金尹谷). <1장. 한자+이두. 조선 필사 이두 자료. 경북 안동시 주촌 진성 이씨 경류정 구장. 서울역사박물관 소장. 한국학중앙연구원 장서각 한국고문서자료관 홈페이지 원문 이미지와 텍스트 보기. 한국정신문화연구원 편(1999) 참고>

1882-03-28. **사평계중 토지매매명문**(沙坪稧中土地賣買明文), 답주 재 노 임(畓主齋奴林). <1장. 한자+이두. 조선 필사 이두 자료. 경북 영양군 영양읍 삼지리 한양 조씨 하담 고택 구장. 한국국학진흥원 소장. 한국학자료센터 영남권역센터 홈페이지 원문 이미지와 텍스트 보기. 박병호(1974ㄱ), 최승희(1989), 이재수(2003) 참고>

1882-03-00. **양선영 등 상서 초**(梁善永等上書草), 양선영 등. <1장. 한자+이두. 조선 필사 이두 자료. 전남 보성군 박실 제주 양씨가 구장. 원광대학교 박물관 소장. 호남권 한국학자료센터 홈페이지 원문 이미지와 텍스트 보기>

1882-03-00. **황협 소지**(黃莢所志), 황협. <1장. 한자+이두. 조선 필사 이두 자료. 전북 남원시 대곡 장수 황씨 문중 소장. 호남권 한국학자료센터 홈페이지 원문 이미지와 텍스트 보기. 박병호(1974ㄱ), 최승희(1989), 전북향토문화연구회 편(1993), 정구복 외(1999) 참고>

1882-04-04. **토지매매명문**(土地賣買明文), 답주 정 노 순례(畓主鄭奴順礼). <1장. 한자+이두. 조선 필사 이두 자료. 경남 거창 장기 거창 신씨가 소장. 한국학중앙연구원 장서각 한국고문서자료관 홈페이지 원문 이미지 보기. 한국학중앙연구원 편

---

700 호남권 한국학자료센터 홈페이지에서는 '1882년 신치백(申致伯) 방매(放賣) 토지매매명문(土地賣買明文)'으로 표시하였다.

(2005) 참고>

1882-04-05. **양 생원 토지매매명문**(楊生員土地賣買明文), 산주 종손 박철수(山主宗孫 朴喆秀). <1장. 한자+이두. 조선 필사 이두 자료. 순천 귀미 남원 양씨가 구장. 전주 송천 양병철가 소장. 호남권 한국학자료센터 홈페이지 원문 이미지와 텍스트 보기>

1882-04-06. **노 이운 토지매매명문**(奴二云土地賣買明文), 답주 노 석봉(畓主奴石奉). <1장. 한자+이두. 조선 필사 이두 자료. 경남 거창 장기 거창 신씨가 소장. 한국학중앙연구원 장서각 한국고문서자료관 홈페이지 원문 이미지 보기. 한국학중앙연구원 편(2005) 참고>

1882-04-17. **이 씨 댁 문중 가사매매명문**(李氏宅門中家舍賣買明文), 가주 함주철(家主 咸周哲). <1장. 한자+이두. 조선 필사 이두 자료. 경북 경주시 안강읍 옥산리 여주 이씨 독락당 소장. 한국학중앙연구원 장서각 한국고문서자료관 홈페이지 원문 이미지 보기. 한국정신문화연구원 편(2003) 참고>

1882-04-20. **토지매매명문**(土地賣買明文),[701] 답주 조성덕(畓主曺晟德). <1장. 한자+이두. 조선 필사 이두 자료. 전남 영광 마산 경주 이씨가 구장. 진안 용담호미술관 소장. 호남권 한국학자료센터 홈페이지 원문 이미지와 텍스트 보기. 최승희(1989), 정구복 외(1999), 채현경(2011) 참고>

1882-04-00. **김형선 소지**(金瀅鮮所志), 김형선. <1장. 한자+이두. 조선 필사 이두 자료. 전북 익산시 용제 경주 김씨가 소장. 호남권 한국학자료센터 홈페이지 원문 이미지와 텍스트 보기. 박병호(1974ㄱ), 최승희(1989), 정구복 외(1999) 참고>

1882-04-00. **면주전 시민 등 발괄**(綿紬廛市民等白活) 1, 면주전 시민 등. <1장. 한자+이두. 조선 필사 이두 자료. 일본 경도대학 가와이문고 소장. 고려대학교 해외한국학자료센터 홈페이지 원문 이미지 보기>

1882-04-00. **박양신 등 산도**(朴兩新等山圖), 고령군(高靈郡). <1장. 한자+이두. 조선 필사 이두 자료. 경남 합천 용연서원 소장. 한국학중앙연구원 장서각 한국고문서

---

[701] 호남권 한국학자료센터 홈페이지에서는 '1882년 조성덕(曺晟德) 방매(放賣) 토지매매명문(土地賣買明文)'으로 표시하였다.

자료관 홈페이지 원문 이미지 보기. 한국정신문화연구원 편(1996) 참고>

1882-04-00. **박우신 등 소지**(朴雨新等所志), 박우신 등. <1장. 한자+이두. 조선 필사 이두 자료. 경남 합천 용연서원 소장. 한국학중앙연구원 장서각 한국고문서자료관 홈페이지 원문 이미지 보기. 한국정신문화연구원 편(1996) 참고>

1882-04-00. **이병성 소지**(李秉成所志), 이병성. <1장. 한자+이두. 조선 필사 이두 자료. 전북 익산 용화 전주 이씨가 구장. 전북대학교 박물관 소장. 호남권 한국학자료센터 홈페이지 원문 이미지와 텍스트 보기. 최승희(1989), 김경숙(2002), 심재우(2013) 참고>

1882-05-05. **시재종숙 유학 이기수 입사명문**(媤再從叔幼學李基壽立嗣明文),[702] 기주 생모 월성 손씨(記注生母月城孫氏). <1장. 한자+이두. 조선 필사 이두 자료. 경북 경주시 안강읍 옥산리 여주 이씨 장산서원·치암 종택 구장. 한국학중앙연구원 장서각 한국고문서자료관 홈페이지 원문 이미지 보기. 한국정신문화연구원 편(2003) 참고>

1882-05-06. **재산 족숙 토지매매명문**(才山族叔土地賣買明文), 답주 계상 댁(畓主溪上宅). <1장. 한자+이두. 조선 필사 이두 자료. 경북 안동시 박실 전주 류씨 수정재 고택 구장. 한국국학진흥원 소장. 한국학자료센터 영남권역센터 홈페이지 원문 이미지와 텍스트 보기>

1882-05-11. **토지매매명문**(土地賣買明文),[703] 답주 장 노 계남(畓主張奴溪男). <1장. 한자+이두. 조선 필사 이두 자료. 전북대학교 박물관 소장. 호남권 한국학자료센터 홈페이지 원문 이미지와 텍스트 보기. 최승희(1989), 정구복 외(1999), 이재수(2003) 참고>

1882-05-23. **토지매매명문**(土地賣買明文),[704] 전주 유학 김재천(田主幼學金在千). <1

---

[702] 한국학중앙연구원 장서각 한국고문서자료관 홈페이지에서는 '1882년 월성손씨(月城孫氏) 입사명문(立嗣明文)'으로 표시하였다.

[703] 호남권 한국학자료센터 홈페이지에서는 '1882년 계남(溪男) 방매 토지매매명문(土地賣買明文)'으로 표시하였다.

[704] 호남권 한국학자료센터 홈페이지에서는 '1882년 김재천(金在千) 방매(放賣) 토지매매명문(土地賣買明文)'으로 표시하였다.

장. 한자+이두. 조선 필사 이두 자료. 전남 보성군 박실 제주 양씨가 구장. 원광대학교 박물관 소장. 호남권 한국학자료센터 홈페이지 원문 이미지와 텍스트 보기. 박병호(1974ㄱ), 최승희(1989), 이재수(2003) 참고>

1882-06-04~1883-12-29(광서 8년 壬午~癸未). 「강원감영관첩(**江原監營關牒**)」 6, 비변사(備邊司) 편(編). <1책(6/전6책). 33장. 필사본. 표제는 '江原監營關牒'. 한자+이두. 조선 필사 이두 자료. 서울대학교 규장각 한국학연구원 홈페이지 원문 이미지 보기> <영인본: 「각사등록」 27(강원도편 1)(국사편찬위원회 편, 1988)> <1859-12-30~1861-01-12(1/6)>

1882-06-07. **유학 토지매매명문**(幼學土地賣買明文),[705] 산주 유학 백덕인(山主幼學白德仁). <1장. 한자+이두. 조선 필사 이두 자료. 원광대학교 박물관 소장. 호남권 한국학자료센터 홈페이지 원문 이미지와 텍스트 보기. 박병호(1974ㄱ), 이재수(2003) 참고>

1882-06-08. **소종 계중 산지매매명문**(小宗稧中山地賣買明文), 수호주 족인 주훈(守護主族人周勳). <1장. 한자+이두. 조선 필사 이두 자료. 경북 고령군 대가야읍 본관1리 홍와 고택 구장. 한국국학진흥원 소장. 한국학자료센터 영남권역센터 홈페이지 원문 이미지와 텍스트 보기. 김성갑(2013) 참고>

1882-06-21. **유학 허운 토지매매명문**(幼學許芸土地賣買明文), 답주 유학 정두호(畓主幼學鄭斗昊). <1장. 한자+이두. 조선 필사 이두 자료. 전남 보성군 박실 제주 양씨가 구장. 원광대학교 박물관 소장. 호남권 한국학자료센터 홈페이지 원문 이미지와 텍스트 보기>

1882-06-21. **토지매매명문**(土地賣買明文), ■…■. <1장. 한자+이두. 조선 필사 이두 자료. 경북 경주시 내남면 이조리 경주 최씨·용산서원 소장. 한국학중앙연구원 장서각 한국고문서자료관 홈페이지 원문 이미지 보기. 한국정신문화연구원 편(2000) 참고>

1882-06-22~1890-03-16(광서 8년~광서 16년 庚寅). 「충청수영계록(**忠淸水營啓錄**)」

---

705 호남권 한국학자료센터 홈페이지에서는 '1882년 백덕인(白德仁) 방매(放賣) 토지매매명문(土地賣買明文)'으로 표시하였다.

6, <1책(6/전6책). 68장. 필사본. 표제는 '忠淸水營啓錄'. 권수제는 '(■六月 日)忠淸水營 啓爲辭錄'. 한자+이두. 조선 필사 이두 자료. 서울대학교 규장각 한국학연구원 홈페이지 원문 이미지 보기> <영인본:「각사등록」 8(충청도편 3)(국사편찬위원회 편, 1983)> <1842-07-01~1844-03-12(1/6)>

1882-06-23. **토지매매명문**(土地賣買明文), 서석규(徐錫奎). <1장. 한자+이두. 조선 필사 이두 자료. 경북 경주시 내남면 이조리 경주 최씨·용산서원 소장. 한국학중앙연구원 장서각 한국고문서자료관 홈페이지 원문 이미지 보기. 한국정신문화연구원 편(2000) 참고>

1882-06-00. **이주훈 댁 수표**(以周勳宅手標),[706] 표주 김운학(標主金雲鶴). <1장. 한자+이두. 조선 필사 이두 자료. 경북 고령군 대가야읍 본관 1리 홍와 고택 구장. 한국국학진흥원 소장. 한국학자료센터 영남권역센터 홈페이지 원문 이미지와 텍스트 보기. 김성갑(2013) 참고>

1882-07-05. **양 생원 수표**(梁生員手標),[707] 김문옥(金文玉). <1장. 한자+이두. 조선 필사 이두 자료. 전남 보성군 박실 제주 양씨가 구장. 원광대학교 박물관 소장. 호남권 한국학자료센터 홈페이지 원문 이미지와 텍스트 보기>

1882-07-13. **제주목 하귀리 동중 서목**(濟州牧下貴里洞中書目), 제주목 하귀리 동중. <1장. 한자+이두. 조선 필사 이두 자료. 제주시 이도 일도 이동규 구장. 제주시 일도 2동 제주민속자연사박물관 소장. 호남권 한국학자료센터 홈페이지 원문 이미지와 텍스트 보기. 최승희(1989), 고창석 역해(2012) 참고>

1882-07-23~1887-04-27(壬午~丁亥).「좌우포청등록(**左右捕廳謄錄**)」1, 포도청(捕盜廳) 편(編). <1책(1/전2책).[708] 26장. 필사본. 표제는 '左右捕廳謄錄'. 한자+이두. 조선 필사 이두 자료. 서울대학교 규장각 한국학연구원 홈페이지 '奎15143' 원문 이미지 보기> <1888-01-22~1890-12-28(2/2)>

1882-07-00. **전노적 소지**(全老迪所志), 전노적. <1장. 점련문서. 한자+이두. 조선 필

---

[706] 한국학자료센터 영남권역센터 홈페이지에서는 '1882년 김운학(金雲鶴) 산지 환퇴(還退) 수표(手標)'로 표시하였다.

[707] 호남권 한국학자료센터 홈페이지에서는 '1882년 김문옥(金文玉) 수표(手標)'로 표시하였다.

[708] 서울대학교 규장각 한국학연구원 홈페이지에는 제1과 제2의 권수가 바뀌어 표시되어 있다.

사 이두 자료. 전북 고창·고부 광산 김씨 소장. 한국학중앙연구원 고문서자료관 홈페이지 원문 이미지 보기. 한국학중앙연구원 편(2009) 참고>

1882-08-29. **토지매매명문**(土地賣買明文),[709] 답주 유학 최(畓主幼學崔). <1장. 한자+이두. 조선 필사 이두 자료. 전남 나주시 남내 밀양 박씨 청재 종가 소장. 호남권 한국학자료센터 홈페이지 원문 이미지와 텍스트 보기. 김태영(1983), 김재문(1986), 이재수(2003) 참고>

1882-08-00. **면주전 상인 유진순 단자**(綿紬廛商人劉鎭淳單子), 유진순. <1장. 한자+이두. 조선 필사 이두 자료. 일본 경도대학 가와이문고 소장. 고려대학교 해외한국학자료센터 홈페이지 원문 이미지 보기>

1882-08-00~1882-11-00. 「**사화기략**(使和記略)」, 박영효(朴泳孝) 지(著). <일본 견문록. 국사편찬위원회 한국사데이터베이스 한국사료총서 홈페이지 원문 이미지와 텍스트 보기> <영인본: ① 국사편찬위원회(1971) ② 보고사(2018)>

1882-08-00~1909-04-00(壬午~己酉). 「**종친부등록**(宗親府謄錄)」 12, 종친부(宗親府) 편(編). <1책(12/전12책). 72장. 필사본. 한자+이두. 조선 필사 이두 자료. 서울대학교 규장각 한국학연구원 홈페이지 '奎13007-v.1-12' 원문 이미지 보기> <1756-04-01~1759-01-15(1/12)>

1882-09-03. **토지매매명문**(土地賣買明文),[710] 답주 자필 이 노 천의(畓主自筆李奴千儀). <1장. 한자+이두. 조선 필사 이두 자료. 전남 보성군 박실 제주 양씨가 구장. 원광대학교 박물관 소장. 호남권 한국학자료센터 홈페이지 원문 이미지와 텍스트 보기. 박병호(1974ㄱ), 최승희(1989) 참고>

1882-09-22. **토지매매명문**(土地賣買明文),[711] 자필 답주 유학 장박옥(自筆畓主幼學張泊玉). <1장. 한자+이두. 조선 필사 이두 자료. 전남 순천 월등 목천 장씨가 구장.

---

[709] 호남권 한국학자료센터 홈페이지에서는 '1882년 최씨(崔氏) 방매(放賣) 토지매매명문(土地賣買明文)'으로 표시하였다.

[710] 호남권 한국학자료센터 홈페이지에서는 '1882년 이노(李奴) 천의(千儀) 방매(放賣) 토지매매명문(土地賣買明文)'으로 표시하였다.

[711] 호남권 한국학자료센터 홈페이지에서는 '1882년 장박옥(張泊玉) 방매(放賣) 토지매매명문(土地賣買明文)'으로 표시하였다.

전북대학교 박물관 소장. 호남권 한국학자료센터 홈페이지 원문 이미지와 텍스트 보기. 최승희(1989), 정구복 외(1999), 이재수(2003) 참고>

1882-09-00. **김우균 소지**(金禹均所志), 김우균. <1장. 한자+이두. 조선 필사 이두 자료. 대전·청양 안동 김씨 삼당 후손가 소장. 한국학중앙연구원 장서각 한국고문 서자료관 홈페이지 원문 이미지 보기. 한국정신문화연구원 편(2003) 참고>

1882-09-00. **면주전 시민 등 발괄**(綿紬廛市民等白活) 2, 면주전 시민 등. <1장. 한자+ 이두. 조선 필사 이두 자료. 일본 경도대학 가와이문고 소장. 고려대학교 해외한국 학자료센터 홈페이지 원문 이미지 보기>

1882-09-00. **이 노 수돌 소지**(李奴守돌所志) 1, 수돌. <1장. 한자+이두. 조선 필사 이두 자료. 경북 경주시 안강읍 옥산리 여주 이씨 장산서원·치암 종택 구장. 한국 학중앙연구원 장서각 한국고문서자료관 홈페이지 원문 이미지 보기. 한국정신문 화연구원 편(2003) 참고>

1882-09-00. **이민익 차첩**(李玟翼差帖), 이조(吏曹). <1장. 한자+이두. 조선 필사 이두 자료. 제천 한수 연안 이씨 소장. 한국학중앙연구원 장서각 한국고문서자료관 홈페이지 원문 이미지 보기. 한국정신문화연구원 편(2001) 참고>

1882-09-00. **이현성 소지**(李鉉成所志), 이현성. <1장. 한자+이두. 조선 필사 이두 자료. 경북 영해 인량 재령 이씨 충효당 소장. 한국학중앙연구원 장서각 한국고문 서자료관 홈페이지 원문 이미지 보기. 한국정신문화연구원 편(2004) 참고>

1882-10-25. **수표**(手標),[712] 동수 황정중·두민 김기명(洞首黃定中頭民金基明). <1장. 한자+이두. 조선 필사 이두 자료. 남원·구례 삭녕 최씨 구장. 한국학중앙연구원 장서각 한국고문서자료관 홈페이지 원문 이미지 보기. 한국정신문화연구원 편 (2004) 참고>

1882-10-27. **토지매매명문**(土地賣買明文),[713] 답주 김선식(畓主金善楠). <1장. 한자+ 이두. 조선 필사 이두 자료. 전남 나주시 남내 밀양 박씨 청재 종가 소장. 호남권

---

[712] 한국학중앙연구원 장서각 한국고문서자료관 홈페이지에서는 '1882년 동수(洞首) 황정중(黃定中), 두민(頭民) 김기명(金基明) 표(標)'로 표시하였다.

[713] 호남권 한국학자료센터 홈페이지에서는 '1882년 김선식(金善楠) 방매(放賣) 토지매매명문(土地賣 買明文)'으로 표시하였다.

한국학자료센터 홈페이지 원문 이미지와 텍스트 보기. 고창석(1996), 이재수(2003) 참고>

1882-10-00. **김우균 의송**(金禹均議送), 김우균. <1장. 한자+이두. 조선 필사 이두 자료. 대전·청양 안동 김씨 삼당 후손가 소장. 한국학중앙연구원 장서각 한국고문서자료관 홈페이지 원문 이미지 보기. 한국정신문화연구원 편(2003) 참고>

1882-10-00. **김유현 등 상서**(金裕鉉等上書), 김유현 등. <1장. 한자+이두. 조선 필사 이두 자료. 전남 무안 광산 김씨 모충사 소장. 호남권 한국학자료센터 홈페이지 원문 이미지 보기. 최승희(1989), 국립민속박물관 편(1991), 정구복 외(1999), 전경목 외(2006) 참고>

1882-10-00. **박치규 소지**(朴致奎所志), 박치규. <1장. 한자+이두. 조선 필사 이두 자료. 전북 장수군 침곡 충주 박씨가 소장. 호남권 한국학자료센터 홈페이지 원문 이미지와 텍스트 보기. 박병호(1974ㄱ) 참고>

1882-10-00. **이 노 수돌 소지**(李奴守乭所志) 2, 수돌. <1장. 한자+이두. 조선 필사 이두 자료. 경북 경주시 안강읍 옥산리 여주 이씨 장산서원·치암 종택 구장. 한국학중앙연구원 장서각 한국고문서자료관 홈페이지 원문 이미지 보기. 한국정신문화연구원 편(2003) 참고>

1882-10-00. **이각현 등 소지**(李珏鉉等所志), 이각현 등. <1장. 한자+이두. 조선 필사 이두 자료. 경북 성주군 초전면 월곡 1리 벽진 이씨 명암 고택 구장. 한국국학진흥원 소장. 한국학자료센터 영남권역센터 홈페이지 원문 이미지와 텍스트 보기. 김성갑(2013) 참고>

1882-10-00. **이정학 등 소지**(李禎鶴等所志), 이정학 등. <1장. 한자+이두. 조선 필사 이두 자료. 경북 성주군 초전면 월곡 1리 벽진 이씨 명암 고택 구장. 한국국학진흥원 소장. 한국학자료센터 영남권역센터 홈페이지 원문 이미지와 텍스트 보기. 김성갑(2013) 참고>

1882-11-08. **토지매매명문**(土地賣買明文),[714] 답주 유학 이응국(畓主幼學李應國). <1

---

[714] 호남권 한국학자료센터 홈페이지에서는 '1882년 이응국(李應國) 방매(放賣) 토지매매명문(土地賣買明文)'으로 표시하였다.

장. 한자+이두. 조선 필사 이두 자료. 전남 보성군 박실 제주 양씨가 구장. 원광대학교 박물관 소장. 호남권 한국학자료센터 홈페이지 원문 이미지와 텍스트 보기. 박병호(1974ㄱ), 최승희(1989), 이재수(2003) 참고>

1882-11-09. **유학 토지매매명문**(幼學土地賣買明文),[715] 답주 자필 유학 안채환(畓主自筆幼學安采煥). <1장. 한자+이두. 조선 필사 이두 자료. 전남 보성군 박실 제주 양씨가 구장. 원광대학교 박물관 소장. 호남권 한국학자료센터 홈페이지 원문 이미지와 텍스트 보기. 박병호(1974ㄱ), 최승희(1989), 이재수(2003) 참고>

1882-11-11. **양 생원 댁 노 만봉 토지매매명문**(梁生員宅奴萬奉土地賣買明文), 답주 박래길(畓主朴來吉). <1장. 한자+이두. 조선 필사 이두 자료. 전남 보성군 박실 제주 양씨가 구장. 원광대학교 박물관 소장. 호남권 한국학자료센터 홈페이지 원문 이미지와 텍스트 보기. 박병호(1974ㄱ), 최승희(1989), 이재수(2003) 참고>

1882-11-12~1883-12-29. 「결속색등록(**結束色謄錄**)」 98, 병조(兵曹) 편(編). <1책(98/낙질본 107책). 139장. 필사본. 한자+이두. 조선 필사 이두 자료. 서울대학교 규장각 한국학연구원 홈페이지 1787년~1891년 낙질본 107책(1792년(건륭 57년), 1811년(가경 16년) 하, 1816년(가경 21년), 1817년(가경 22년), 1824년(도광 4년), 1831(도광 11년), 1871(동치 10년) 없음) 원문 이미지 보기>

1882-11-22. **삼방 서리 김세현 고목**(三房書吏金世顯告目), 김세현. <1장. 한자+이두. 조선 필사 이두 자료. 경기도 양주 사릉 해주 정씨 종가 소장. 한국학중앙연구원 장서각 한국고문서자료관 홈페이지 이미지 보기>

1882-11-25. **이 생원 댁 노 정금 토지매매명문**(李生員宅奴定金土地賣買明文), 답주 유학 자필 이수학(畓主幼學自筆李洙學). <1장. 한자+이두. 조선 필사 이두 자료. 전남 보성군 박실 제주 양씨가 구장. 원광대학교 박물관 소장. 호남권 한국학자료센터 홈페이지 원문 이미지와 텍스트 보기. 박병호(1974ㄱ), 이재수(2003) 참고>

1882-11-00. **김환감 등 소지**(金煥鑑等所志), 김환감 등. <1장. 한자+이두. 조선 필사 이두 자료. 전북 부안군 취성재 소장. 호남권 한국학자료센터 홈페이지 원문 이미

---

715 호남권 한국학자료센터 홈페이지에서는 '1882년 안채환(安采煥) 방매(放賣)토지매매명문(土地賣買明文)'으로 표시하였다.

지와 텍스트 보기. 최승희(1989), 전경목(1997), 김현영(1999), 이수건 외(2004) 참고>

1882-11-00. **노 완득 배지**(奴完得牌旨), 상전 정(上典鄭). <1장. 한자+이두. 조선 필사 이두 자료. 안산 부곡 진주 류씨 경성당 소장. 한국학중앙연구원 장서각 한국고문서자료관 홈페이지 원문 이미지 보기. 한국정신문화연구원 편(2002) 참고>

1882-11-00. **양상헌 소지 초**(梁相憲所志草), 양상헌. <1장. 한자+이두. 조선 필사 이두 자료. 전남 보성군 박실 제주 양씨가 구장. 원광대학교 박물관 소장. 호남권 한국학자료센터 홈페이지 원문 이미지와 텍스트 보기>

1882-11-00. **양 생원 댁 노 맹문 소지**(梁生員宅奴孟文所志), 맹문. <1장. 한자+이두. 조선 필사 이두 자료. 전남 보성군 박실 제주 양씨가 구장. 원광대학교 박물관 소장. 호남권 한국학자료센터 홈페이지 원문 이미지와 텍스트 보기>

1882-12-01. **최호인 토지매매명문**(崔虎仁土地賣買明文), 답주 김 생원 광석 댁(畓主金生員廣石宅). <1장. 한자+이두. 조선 필사 이두 자료. 경북 안동시 오천 광산 김씨 후조당 소장. 한국학중앙연구원 장서각 한국고문서자료관 홈페이지 원문 이미지와 텍스트 보기. 한국정신문화연구원 편(1982) 참고>

1882-12-06. **유학 박오종 염장문기**(幼學朴五宗鹽場文記), 염부주 유학 박병석(鹽釜主幼學朴炳石). <1장. 한자+이두. 조선 필사 이두 자료. 전남 보성군 박실 제주 양씨가 구장. 원광대학교 박물관 소장. 호남권 한국학자료센터 홈페이지 원문 이미지와 텍스트 보기. 최승희(1989), 정구복 외(1999), 이재수(2003) 참고>

1882-12-10. **가사매매명문**(家舍賣買明文), 가주 유학 최순삼(家主幼學崔順三). <1장. 한자+이두. 조선 필사 이두 자료. 전북 정읍시 동학농민혁명기념관 소장. 호남권 한국학자료센터 홈페이지 원문 이미지와 텍스트 보기. 박병호(1974ㄱ), 이재수(2003) 참고>

1882-12-10~1891-11-13(壬午~辛卯). 「병사백등남익시보첩등록(**兵使白等南益時報牒謄錄**)」 2, 비변사(備邊司) 편(編). <1책(2/전2책).[716] 56장. 필사본. 표제는 '慶尙右兵營關牒'. 한자+이두. 조선 필사 이두 자료. 서울대학교 규장각 한국학연구원

---

[716] 서울대학교 규장각 한국학연구원 홈페이지에서는 권수를 잘못 매겼다.

홈페이지 원문 이미지 보기> <영인본:「각사등록」 13(경상도편 3)(국사편찬위원회 편, 1984)> <1854-02-20~1867-02-14(1/2)>

1882-12-15. **토지매매명문**(土地賣買明文),[717] 답주 자필 이기유(畓主自筆李基瑜). <1장. 한자+이두. 조선 필사 이두 자료. 전남 보성군 복내면 죽산 안씨 죽곡정사 소장. 호남권 한국학자료센터 홈페이지 원문 이미지와 텍스트 보기. 최승희(1989) 참고>

1882-12-20. **김 생원 댁 노 이남 가사매매명문**(金生員宅奴以男家舍賣買明文),[718] 가대주 김 생원 댁 노 윤득(家垈主金生員宅奴允得). <1장. 한자+이두. 조선 필사 이두 자료. 대전·청양 안동 김씨 삼당 후손가 소장. 한국학중앙연구원 장서각 한국고문서자료관 홈페이지 원문 이미지 보기. 한국정신문화연구원 편(2003) 참고>

1882-12-21. **토지매매명문**(土地賣買明文),[719] 답주 유학 선영구(畓主幼學宣永球). <1장. 한자+이두. 조선 필사 이두 자료. 전남 보성군 박실 제주 양씨가 구장. 원광대학교 박물관 소장. 호남권 한국학자료센터 홈페이지 원문 이미지와 텍스트 보기. 최승희(1989), 이재수(2003) 참고>

1882-12-21~1890-02-09(광서 8년 壬午~庚寅).「황해병영병사 정등운익시관첩등록 **(黃海兵營兵使鄭等雲翼時關牒謄錄)**」 2, 비변사(備邊司) 편(編). <1책(2/전2책). 36장. 필사본. 표제는 '岡營關牒'. 한자+이두. 조선 필사 이두 자료. 서울대학교 규장각 한국학연구원 홈페이지 원문 이미지 보기> <영인본:「각사등록」 24(황해도편 3)(국사편찬위원회 편, 1987)> <1853-03-07~1862-05-04(1/2)>

1882-12-24. **권석이 토지매매명문**(權錫伊土地賣買明文), 답주 고제호(畓主高濟浩). <1장. 한자+이두. 조선 필사 이두 자료. 경북 안동시 오천 광산 김씨 후조당 소장. 한국학중앙연구원 장서각 한국고문서자료관 홈페이지 원문 이미지와 텍스

---

[717] 호남권 한국학자료센터 홈페이지에서는 '1882년 이기유(李基瑜) 방매(放賣) 토지매매명문(土地賣買明文)'으로 표시하였다.

[718] 한국학중앙연구원 장서각 한국고문서자료관 홈페이지에서는 '1882년 김생원댁(金生員宅) 노(奴) 이남(以男) 토지매매명문(土地賣買明文)'으로 표시하였다.

[719] 호남권 한국학자료센터 홈페이지에서는 '1882년 선영구(宣永球) 방매(放賣) 토지매매명문(土地賣買明文)'으로 표시하였다.

트 보기. 한국정신문화연구원 편(1982) 참고>

1882-12-00. **박인환 소지**(朴寅煥所志), 박인환. <1장. 한자+이두. 조선 필사 이두 자료. 전북 임실군 청웅 밀양 박씨가 소장. 호남권 한국학자료센터 홈페이지 원문 이미지와 텍스트 보기. 박병호(1974ㄱ), 최승희(1989), 김경숙(2002), 전경목 외 (2006) 참고>

1882-12-00. **양 노 숭엽 소지**(梁奴勝葉所志), 숭엽. <1장. 한자+이두. 조선 필사 이두 자료. 전남 보성군 박실 제주 양씨가 구장. 원광대학교 박물관 소장. 호남권 한국학자료센터 홈페이지 원문 이미지와 텍스트 보기>

1882-12-00. **유학 토지매매명문**(幼學土地賣買明文),[720] 답주 유학 자필 강용수(畓主幼學自筆姜龍秀). <1장. 한자+이두. 조선 필사 이두 자료. 전남 보성군 박실 제주 양씨가 구장. 원광대학교 박물관 소장. 호남권 한국학자료센터 홈페이지 원문 이미지와 텍스트 보기. 박병호(1974ㄱ), 이재수(2003) 참고>

1882-■■-■■. **토지매매명문**(土地賣買明文), 답주 이 호 석남(畓主李戶石男). <1장. 한자+이두. 조선 필사 이두 자료. 경북 영해 인량 재령 이씨 충효당 소장. 한국학중앙연구원 장서각 한국고문서자료관 홈페이지 원문 이미지 보기. 한국정신문화연구원 편(1997) 참고>

1882-00-00.「선원보략수정의궤(璿源譜略修正儀軌)」, 종친부(宗親府) 편. <1책. 42 장. 필사본. 표제는 '光緒八年壬午正月 日璿源譜略修正儀軌'. 권수제는 '光緒八年壬午正月 日璿源譜略修正儀軌'. 한자+이두. 조선 필사 이두 자료. 서울대학교 규장각 한국학연구원 의궤 종합정보 홈페이지 '奎14128' 원문 이미지 보기>

1882-00-00.「왕세자가례도감의궤(王世子嘉禮都監儀軌)」상·하, 가례도감 편. <2권 2책. 282장+120장. 필사본. 상권의 개장된 표지의 표제는 '光緒八年壬午二月 日王世子嘉禮都監儀軌 上'. 상권의 권수제는 '王世子嘉禮都監儀軌上'. 한자+이두. 조선 필사 이두 자료. 한국학중앙연구원 디지털장서각 홈페이지 'K2-2678' 원문 이미지와 텍스트 보기>

---

[720] 호남권 한국학자료센터 홈페이지에서는 '1882년 강용수(姜龍秀) 방매(放賣) 토지매매명문(土地賣買明文)'으로 표시하였다.

1882-00-00.「훈련도감중기(訓練都監重記)」, 훈련도감 편. <1책. 139장. 필사본. 어휘 표기 자료. 서울대학교 규장각 한국학연구원 홈페이지 '奎9775' 원문 이미지 보기>

1883년
<계미(癸未), 고종 20년, 광서 9년, 명치 16년>

1883-01-09. **동중 토지매매명문**(洞中土地賣買明文) 1, 답주 이 노 소천(畓主李奴所天). <1장. 한자+이두. 조선 필사 이두 자료. 경북 경주시 소정리 경주 이씨 소장. 한국학중앙연구원 장서각 한국고문서자료관 홈페이지 원문 이미지 보기. 한국정신문화연구원 편(2002) 참고>

1883-01-09. **동중 토지매매명문**(洞中土地賣買明文) 2, 답주 이 노 소천(畓主李奴所天). <1장. 한자+이두. 조선 필사 이두 자료. 경북 경주시 소정리 경주 이씨 소장. 한국학중앙연구원 장서각 한국고문서자료관 홈페이지 원문 이미지 보기. 한국정신문화연구원 편(2002) 참고>

1883-01-09. **동중 토지매매명문**(洞中土地賣買明文) 3, 답주 이 노 소천(畓主李奴所天). <1장. 한자+이두. 조선 필사 이두 자료. 경북 경주시 소정리 경주 이씨 소장. 한국학중앙연구원 장서각 한국고문서자료관 홈페이지 원문 이미지 보기. 한국정신문화연구원 편(2002) 참고>

1883-01-09. **토지매매명문**(土地賣買明文), 전주 윤 노 우정(田主尹奴又丁). <1장. 한자+이두. 조선 필사 이두 자료. 경북 경주시 소정리 경주 이씨 소장. 한국학중앙연구원 장서각 한국고문서자료관 홈페이지 원문 이미지 보기. 한국정신문화연구원 편(2002) 참고>

1883-01-10~1885-02-25(癸未 광서 9년~乙酉 광서 11년).「통제영계록(統制營啓錄)」 6, 비변사(備邊司) 편(編). <1책(6/전8책). 109장. 필사본. 표제는 '統制營啓錄'. 한자+이두. 조선 필사 이두 자료. 서울대학교 규장각 한국학연구원 홈페이지 원문 이미지 보기> <영인본:「각사등록」17(경상도편 7)(국사편찬위원회 편, 1985)>

<1847-02-04~1848-01-27(1/8)>

1883-01-17~1884-08-28(癸未~甲申).「평안감영계록(平安監營啓錄)」37, 비변사(備邊司) 편(編). <1책(37/전37책). 155장. 필사본. 표제는 '箕營啓錄'. 한자+이두. 조선 필사 이두 자료. 서울대학교 규장각 한국학연구원 홈페이지 원문 이미지 보기> <영인본:「각사등록」33(평안도편 5)(국사편찬위원회 편, 1988)> <1830-08-12~1830-12-30(1/37)>

1883-01-20~1889-10-00(癸未~己丑).「정부관첩(政府關牒)」4, 비변사(備邊司) 편(編). <1책(4/전4책). 44장. 필사본. 표제는 '箕營關牒'. 한자+이두. 조선 필사 이두 자료. 서울대학교 규장각 한국학연구원 홈페이지 원문 이미지 보기> <1853-01-03~1854-10-25(1/4)>

1883-01-21. **유학 최재근 토지매매명문**(幼學崔在根土地賣買明文), 산주 유학 박종호(山主幼學朴鍾湖). <1장. 한자+이두. 조선 필사 이두 자료. 전북 정읍시 동학농민혁명기념관 소장. 호남권 한국학자료센터 홈페이지 원문 이미지와 텍스트 보기. 박병호(1974ㄱ), 이재수(2003) 참고>

1883-01-22. **토지매매명문**(土地賣買明文),[721] 답주 유학 선호근(畓主幼學宣護根). <1장. 한자+이두. 조선 필사 이두 자료. 전북대학교 박물관 소장. 호남권 한국학자료센터 홈페이지 원문 이미지와 텍스트 보기. 최승희(1989), 정구복 외(1999), 이재수(2003) 참고>

1883-01-24. **청각 댁 노 최흥술 토지매매명문**(淸閣宅奴崔興述土地賣買明文), 답주 손석윤(畓主孫碩允). <1장. 한자+이두. 조선 필사 이두 자료. 안동 천전 의성 김씨 지촌 종택 소장. 한국학중앙연구원 장서각 한국고문서자료관 홈페이지 원문 이미지 보기. 한국정신문화연구원 편(1990) 참고>

1883-01-25. **토지매매명문**(土地賣買明文), 답주 김인헌(畓主金麟憲). <1장. 한자+이두. 조선 필사 이두 자료. 경북 영해 인량 재령 이씨 충효당 소장. 한국학중앙연구원 장서각 한국고문서자료관 홈페이지 원문 이미지 보기. 한국정신문화연구원

---

721 호남권 한국학자료센터 홈페이지에서는 '1883년 선호근(宣護根) 방매 토지매매명문(土地賣買明文)'으로 표시하였다.

편(1997) 참고>

1883-01-29~1886-02-29(광서 9년 癸未~丙戌).「덕원부 장계등록계록성책(德源府 狀啓謄錄啓錄成冊)」[722] 1, 비변사(備邊司) 편(編). <1책(1/전2책). 57장. 필사본. 한자+이두. 조선 필사 이두 자료. 서울대학교 규장각 한국학연구원 홈페이지 원문 이미지 보기> <영인본:「각사등록」44(함경도편 3)(국사편찬위원회 편, 1990)> <1886-01-29~1886-02-29(2/2)>

1883-01-00. **경주 유학 이옥상 등 상서**(慶州幼學李玉祥等上書), 이옥상 등. <1장. 한자+이두. 조선 필사 이두 자료. 경북 경주 옥산서원 구장. 경주시 강동면 양동마을 안길 여주 이씨 무첨당 소장. 한국학자료센터 영남권역센터 홈페이지 원문 이미지와 텍스트 보기. 이수환(2001) 참고>

1883-01-00. **박치규 소지**(朴致奎所志) 1, 박치규. <1장. 한자+이두. 조선 필사 이두 자료. 전북 장수군 침곡 충주 박씨가 소장. 호남권 한국학자료센터 홈페이지 원문 이미지와 텍스트 보기. 박병호(1974ㄱ) 참고>

1883-01-00. **이 노 금철 소지**(李奴今哲所志), 금철. <1장. 한자+이두. 조선 필사 이두 자료. 경북 고령군 대가야읍 본관 1리 홍와 고택 구장. 한국국학진흥원 소장. 한국학자료센터 영남권역센터 홈페이지 원문 이미지와 텍스트 보기. 김성갑(2013) 참고>

1883-01-00~1883-12-00(癸未).「추조결옥록(秋曹決獄錄)」35, 형조(刑曹) 편(編). <1책(35/낙질본 43책). 68장. 필사본. 한자+이두. 조선 필사 이두 자료. 서울대학교 규장각 한국학연구원 홈페이지 원문 이미지 보기> <1822-01-00~1822-12-00(1/43)>

1883-02-06. **김진억 토지매매명문**(金鎭億土地賣買明文), 전주 이 노 순돌(田主李奴順乭). <1장. 한자+이두. 조선 필사 이두 자료. 제천 한수 연안 이씨 소장. 한국학중앙연구원 장서각 한국고문서자료관 홈페이지 원문 이미지 보기. 한국정신문화연

---

[722] 서울대학교 규장각 한국학연구원 홈페이지에는 책명을 '德源府啓錄 덕원부계록'으로 표시하였다. 이 책의 표제는 '(自 癸未 正月 至 丙戌 二月)德源府啓錄'이고, 권수제는 '(光緖十二年三月日)德源府自癸未正月至丙戌二月狀啓謄錄啓錄成冊'이다.

구원 편(2001) 참고>

1883-02-07. **장희길 토지매매명문**(張會吉土地賣買明文), 답주 자필 김희승(畓主自筆 金熙昇). <1장. 한자+이두. 조선 필사 이두 자료. 경북 안동시 주촌 진성 이씨 경류정 구장. 서울역사박물관 소장. 한국학중앙연구원 장서각 한국고문서자료관 홈페이지 & 한국학중앙연구원 한국학 디지털 아카이브 홈페이지 원문 이미지와 텍스트 보기. 한국정신문화연구원 편(1999) 참고>

1883-02-09. **안법전 댁 토지매매명문**(安法田宅土地賣買明文), 답주 계중 안고천 댁 등(畓主契中安古川宅等). <1장. 한자+이두. 조선 필사 이두 자료. 경북 안동시 주촌 진성 이씨 경류정 소장. 한국학중앙연구원 장서각 한국고문서자료관 홈페이지 & 한국학중앙연구원 한국학 디지털 아카이브 홈페이지 원문 이미지와 텍스트 보기. 한국정신문화연구원 편(1999) 참고>

1883-02-14. **토지매매명문**(土地賣買明文),[723] 전주 유학 이병현(田主幼學李秉鉉). <1장. 한자+이두. 조선 필사 이두 자료. 전북 정읍시 동학농민혁명기념관 소장. 호남권 한국학자료센터 홈페이지 원문 이미지와 텍스트 보기. 박병호(1974ㄱ), 이재수(2003) 참고>

1883-02-16. **수표**(手標),[724] 전주 과부 김 씨(田主寡婦金氏). <1장. 한자+이두. 조선 필사 이두 자료. 과부 김 씨가 유학 이광범(李光範)에게 작성해 준 수표. 전북 정읍시 동학농민혁명기념관 소장. 호남권 한국학자료센터 홈페이지 원문 이미지와 텍스트 보기. 이은영(2008), 정우형(2010) 참고>

1883-02-20. **종계첨 토지매매명문**(宗稧僉土地賣買明文), 답주 자필 남필복(畓主自筆 南弼復). <1장. 한자+이두. 조선 필사 이두 자료. 경북 영양군 영양읍 삼지리 한양 조씨 하담 고택 구장. 한국국학진흥원 소장. 한국학자료센터 영남권역센터 홈페이지 원문 이미지와 텍스트 보기. 박병호(1974ㄱ), 최승희(1989), 이재수(2003), 이수건 외(2004) 참고>

---

[723] 호남권 한국학자료센터 홈페이지에서는 '1883년 이병현(李秉鉉) 방매 토지매매명문(土地賣買明文)'으로 표시하였다.

[724] 호남권 한국학자료센터 홈페이지에서는 '1883년 과부(寡婦) 김씨(金氏) 수표(手標)'로 표시하였다.

1883-02-20. **재종제 토지매매명문**(再從弟土地賣買明文),[725] 답주 재종형 자필 유학 찬수(畓主再從兄自筆幼學燦秀). <1장. 한자+이두. 조선 필사 이두 자료. 전북 무장 원송 진주 강씨가 구장. 전북대학교 박물관 소장. 호남권 한국학자료센터 홈페이지 원문 이미지와 텍스트 보기. 박병호(1974ㄱ), 최승희(1989), 이재수(2003) 참고>

1883-02-23. **노 봉돌 토지매매명문**(奴奉乭土地賣買明文), 답주 김 노 운지(畓主金奴云地). <1장. 한자+이두. 조선 필사 이두 자료. 경남 진주시 단목 진양 하씨 창주 후손가 소장. 한국학중앙연구원 장서각 한국고문서자료관 홈페이지 원문 이미지 보기. 한국정신문화연구원 편(2000) 참고>

1883-02-24. **독락당 회중 토지매매명문**(獨樂堂會中土地賣買明文), 답주 원노 김원이(畓主院奴金元伊). <1장. 한자+이두. 조선 필사 이두 자료. 경북 경주시 안강읍 옥산리 여주 이씨 독락당 소장. 한국학중앙연구원 장서각 한국고문서자료관 홈페이지 원문 이미지 보기. 한국정신문화연구원 편(2003) 참고>

1883-02-25~1888-01-06(癸未~광서 14년). 「함경남병영계록(**咸鏡南兵營啓錄**)」 6, 비변사(備邊司) 편(編). <1책(6/전7책). 141장. 필사본. 표제는 '南兵營啓錄'. 권수제는 '(光緒九年四月 日)南兵使鄭駬澤在任時狀啓謄錄'. 한자+이두. 조선 필사 이두 자료. 서울대학교 규장각 한국학연구원 홈페이지 원문 이미지 보기> <영인본: 「각사등록」 44(함경도편 3)(국사편찬위원회 편, 1990)> <1856-02-25~1858-03-21(1/7)>

1883-02-27. **면주전 도원 유태응 단자**(綿紬廛都員劉泰膺單子), 유태응. <1장. 한자+이두. 조선 필사 이두 자료. 일본 경도대학 가와이문고 소장. 고려대학교 해외한국학자료센터 홈페이지 원문 이미지 보기>

1883-02-29~1884-02-14(癸未~甲申) 추정. 「이록계(**已錄啓**)」 1, 충청도(**忠淸道**) 편(篇). <1책(1/전3책). 124장. 필사본. 한자+이두. 조선 필사 이두 자료. 서울대학교 규장각 한국학연구원 홈페이지 '古5125-82-v.1'의 원문 이미지 보기> <1884-02-17~1885-01-18(2/3), 1885-02-24~1885-03-20(3/3)>

---

725 호남권 한국학자료센터 홈페이지에서는 '1883년 찬수(燦秀) 방매(放賣) 토지매매명문(土地賣買明文)'으로 표시하였다.

1883-02-00. **박치규 소지**(朴致奎所志) 2, 박치규. <1장. 한자+이두. 조선 필사 이두 자료. 전북 장수군 침곡 충주 박씨가 소장. 호남권 한국학자료센터 홈페이지 원문 이미지와 텍스트 보기. 박병호(1974ㄱ) 참고>

1883-02-00. **이남규 차첩**(李南珪差帖), 이조(吏曹). <1장. 한자+이두. 조선 필사 이두 자료. 예산 한곡 한산 이씨 수당 고택 소장. 한국학중앙연구원 장서각 한국고문서 자료관 홈페이지 원문 이미지 보기. 한국정신문화연구원 편(2002) 참고>

1883-02-00~1891-10-19(癸未~광서 17년 辛卯).「통제영관첩(**統制營關牒**)」2, 비변사(備邊司) 편(編). <1책(2/전2책).[726] 42장. 필사본. 표제는 '統制營關牒'. 한자+이두. 조선 필사 이두 자료. 서울대학교 규장각 한국학연구원 홈페이지 원문 이미지 보기> <영인본:「각사등록」13(경상도편 3)(국사편찬위원회 편, 1984)> <1871-12-23~1879-01-15(1/2)>

1883-03-02. **양 노 기남 토지매매명문**(楊奴奇男土地賣買明文), 답주 소 노 흥록(畓主蘇奴興彔). <1장. 한자+이두. 조선 필사 이두 자료. 전북대학교 박물관 소장. 호남권 한국학자료센터 홈페이지 원문 이미지와 텍스트 보기. 박병호(1974ㄱ), 이재수(2003) 참고>

1883-03-05. **유학 9촌 숙부 박준원 토지매매명문**(幼學九寸叔父朴準元土地賣買明文), 답주 유학 박종규(畓主幼學朴鍾奎). <1장. 한자+이두. 조선 필사 이두 자료. 전북대학교 박물관 소장. 호남권 한국학자료센터 홈페이지 원문 이미지와 텍스트 보기. 최승희(1989), 정구복 외(1999), 이재수(2003) 참고>

1883-03-08. **신휘상 토지매매명문**(辛徽常土地賣買明文) 1, 봉산 답주(奉山畓主). <1장. 한자+이두. 조선 필사 이두 자료. 영광 입석 영월 신씨 소장. 장서각 한국고문서자료관 홈페이지 원문 이미지 보기. 한국정신문화연구원 편(1996) 참고>

1883-03-11. **한의공 토지매매명문**(韓衣恭土地賣買明文), 자필 전주 한승방(自筆田主韓承邦). <1장. 한자+이두. 필사 이두 자료. 제주교육박물관 소장. 사이버 제주교육박물관 홈페이지 원문 이미지와 텍스트 보기>

---

726 서울대학교 규장각 한국학연구원 홈페이지에서는 권수를 잘못 매겼다. 제1과 제2가 바뀌었다.

1883-03-12. **가사매매명문**(家舍賣買明文), 가대주 이 노 종동(家垈株李奴從東). <1장. 한자+이두. 조선 필사 이두 자료. 경북 경주시 소정리 경주 이씨 소장. 한국학중앙연구원 장서각 한국고문서자료관 홈페이지 원문 이미지 보기. 한국정신문화연구원 편(2002) 참고>

1883-03-18 **이호 대근 토지매매명문**(李戶大根土地賣買明文), 전주 박 호 인돌(田主朴戶仁돌). <1장. 한자+이두. 조선 필사 이두 자료. 경북 영해 인량 재령 이씨 충효당 소장. 한국학중앙연구원 장서각 한국고문서자료관 홈페이지 원문 이미지 보기. 한국정신문화연구원 편(2004) 참고>

1883-03-25. **시장문기**(柴場文記),[727] 시장 여 전주 이경찬(柴場與田主李敬贊). <1장. 한자+이두. 조선 필사 이두 자료. 전남 영광 마산 경주 이씨가 구장. 진안 용담호 미술관 소장. 호남권 한국학자료센터 홈페이지 원문 이미지와 텍스트 보기. 최승희(1989), 정구복 외(1999), 채현경(2011) 참고>

1883-03-25. **전당문기**(典當文記),[728] 답주 한량 강여수(畓主閑良姜余壽). <1장. 한자+이두. 조선 필사 이두 자료. 영암 미암 창녕 조씨 태호 후손가 소장. 호남권 한국학자료센터 홈페이지 원문 이미지 보기. 최승희(1989) 참고>

1883-03-31. **임자록 토지매매명문**(林者彔土地賣買明文), 전답주 도원재 회중(田畓主兜院齋會中). <1장. 한자+이두. 조선 필사 이두 자료. 경북 안동시 주촌 진성 이씨 경류정 소장. 한국학중앙연구원 장서각 한국고문서자료관 홈페이지 & 한국학중앙연구원 한국학 디지털 아카이브 홈페이지 원문 이미지와 텍스트 보기. 한국정신문화연구원 편(1999) 참고>

1883-03-00. **김우균 소지**(金禹均所志) 1, 김우균. <1장. 한자+이두. 조선 필사 이두 자료. 대전·청양 안동 김씨 삼당 후손가 소장. 한국학중앙연구원 장서각 한국고문서자료관 홈페이지 원문 이미지 보기. 한국정신문화연구원 편(2003) 참고>

1883-03-00. **박대순 상서**(朴大淳上書), 박대순. <1장. 한자+이두. 조선 필사 이두

---

[727] 호남권 한국학자료센터 홈페이지에서는 '1883년 이경찬(李敬贊) 시장문기(柴場文記)'로 표시하였다.

[728] 호남권 한국학자료센터 홈페이지에서는 '1883년 강여수(姜余壽) 전당문기(典當文記)'로 표시하였다.

자료. 부여 은산 함양 박씨 소장. 한국학중앙연구원 장서각 한국고문서자료관 홈페이지 원문 이미지 보기. 한국정신문화연구원 편(2000) 참고>

1883-03-00. **신휘상 토지매매명문**(辛徽常土地賣買明文) 2, 답주 경주인 이병주(畓主京主人李炳炷). <1장. 한자+이두. 조선 필사 이두 자료. 영광 입석 영월 신씨 소장. 한국학중앙연구원 장서각 한국고문서자료관 홈페이지 원문 이미지와 텍스트 보기. 한국정신문화연구원 편(1996) 참고>

1883-03-00 이후 기입 추정. 「대방광원각수다라요의경(大方廣圓覺修多羅了義經)」, 양주: 천마산(天摩山) 봉인사(奉印寺). <3권 1책. 한문본. 목판본. 100본 간행. 본문에 생획토 기입. 불교 서적. 조선 묵서 구결 자료. 국립중앙도서관 홈페이지 원문 이미지 보기>

1883-04-09. **토지매매명문**(土地賣買明文),[729] 자필 답주 유학 김윤주(自筆畓主幼學金潤株). <1장. 한자+이두. 조선 필사 이두 자료. 전북대학교 박물관 소장. 호남권 한국학자료센터 홈페이지 원문 이미지와 텍스트 보기. 최승희(1989), 정구복 외(1999), 이재수(2003) 참고>

1883-04-10. **토지매매명문**(土地賣買明文), 답주 김 노 장금(畓主金奴長今). <1장. 한자+이두. 조선 필사 이두 자료. 경북 경주시 내남면 이조리 경주 최씨·용산서원 소장. 한국학중앙연구원 장서각 한국고문서자료관 홈페이지 & 한국학중앙연구원 한국학 디지털 아카이브 홈페이지 원문 이미지 보기. 한국정신문화연구원 편(2000) 참고>

1883-04-13. **유학 토지매매명문**(幼學土地賣買明文),[730] 답주 유학 문영록(畓主幼學文永祿). <1장. 한자+이두. 조선 필사 이두 자료. 전남 보성군 박실 제주 양씨가 구장. 원광대학교 박물관 소장. 호남권 한국학자료센터 홈페이지 원문 이미지와 텍스트 보기. 박병호(1974ㄱ), 이재수(2003) 참고>

1883-04-14. **토지매매명문**(土地賣買明文),[731] 답주 유학 임경로(畓主幼學林敬路). <1

---

[729] 호남권 한국학자료센터 홈페이지에서는 '1883년 김윤주(金潤株) 방매 토지매매명문(土地賣買明文)'으로 표시하였다.

[730] 호남권 한국학자료센터 홈페이지에서는 '1883년 문영록(文永祿) 방매(放賣) 토지매매명문(土地賣買明文)'으로 표시하였다.

장. 한자+이두. 조선 필사 이두 자료. 전남 나주시 남내 밀양 박씨 청재 종가 소장. 호남권 한국학자료센터 홈페이지 원문 이미지와 텍스트 보기. 이재수(2003), 김소은(2004) 참고>

1883-04-14. **토지매매명문**(土地賣買明文),⁷³² 답주 유학 임규채(畓主幼學林奎彩). <1장. 한자+이두. 조선 필사 이두 자료. 전남 나주시 남내 밀양 박씨 청재 종가 소장. 호남권 한국학자료센터 홈페이지 원문 이미지와 텍스트 보기. 박성종(1999), 김현영(2003) 참고>

1883-04-14. **토지매매명문**(土地賣買明文),⁷³³ 답주 임치인(畓主林治仁). <1장. 한자+이두. 조선 필사 이두 자료. 전남 나주시 남내 밀양 박씨 청재 종가 소장. 호남권 한국학자료센터 홈페이지 원문 이미지와 텍스트 보기. 박성종(1999), 김현영(2003) 참고>

1883-04-15~1884-00-00(癸未~甲申). 「황해감영심리등록(**黃海監營審理謄錄**)」 19, 비변사(備邊司) 편(編). <1책(19/전22책). 85장. 필사본. 표제는 '黃海監營啓錄'. 한자+이두. 조선 필사 이두 자료. 서울대학교 규장각 한국학연구원 홈페이지 원문 이미지 보기> <영인본:. 「각사등록」 24(황해도편 3)(국사편찬위원회 편, 1987)> <1832-07-02~1832-12-30(1/22)>

1883-04-00. **김내우 의송**(金來禹議送), 김내우. <1장. 한자+이두. 조선 필사 이두 자료. 대전·청양 안동 김씨 삼당 후손가 소장. 한국학중앙연구원 장서각 한국고문서자료관 홈페이지 원문 이미지 보기. 한국정신문화연구원 편(2003) 참고>

1883-04-00. **김우균 소지**(金禹均所志) 2, 김우균. <1장. 한자+이두. 조선 필사 이두 자료. 대전·청양 안동 김씨 삼당 후손가 소장. 한국학중앙연구원 장서각 한국고문서자료관 홈페이지 원문 이미지 보기. 한국정신문화연구원 편(2003) 참고>

---

731 호남권 한국학자료센터 홈페이지에서는 '1883년 임경로(林敬路) 방매(放賣) 토지매매명문(土地賣買明文)'으로 표시하였다.

732 호남권 한국학자료센터 홈페이지에서는 '1883년 임규채(林奎彩) 방매(放賣) 토지매매명문(土地賣買明文)'으로 표시하였다.

733 호남권 한국학자료센터 홈페이지에서는 '1883년 임치인(林治仁) 방매(放賣) 토지매매명문(土地賣買明文)'으로 표시하였다.

1883-04-00. **도산색 홍기특 등 다짐**(都山色洪奇特等侤音), 홍기특 등. <1장. 한자+이두. 조선 필사 이두 자료. 부여 은산 함양 박씨 소장. 한국학중앙연구원 장서각 한국고문서자료관 홈페이지 원문 이미지 보기. 한국정신문화연구원 편(2000) 참고>

1883-04-00. **박 참판댁 노 춘대 소지**(朴參判宅奴春大所志) 1, 춘대. <1장. 한자+이두. 조선 필사 이두 자료. 부여 은산 함양 박씨 소장. 한국학중앙연구원 장서각 한국고문서자료관 홈페이지 원문 이미지 보기. 한국정신문화연구원 편(2000) 참고>

1883-04-00. **박 참판댁 노 춘대 소지**(朴參判宅奴春大所志) 2, 춘대. <1장. 한자+이두. 조선 필사 이두 자료. 부여 은산 함양 박씨 소장. 한국학중앙연구원 장서각 한국고문서자료관 홈페이지 원문 이미지 보기. 한국정신문화연구원 편(2000) 참고>

1883-05-09. **이진채 수표**(李眞寀手標), 이진채. <1장. 한자+이두. 조선 필사 이두 자료. 경북 경주시 안강읍 옥산리 여주 이씨 독락당 소장. 한국학중앙연구원 장서각 한국고문서자료관 홈페이지 원문 이미지 보기. 한국정신문화연구원 편(2003) 참고>

1883-05-00. **양 노 맹문 소지**(梁奴孟文所志) 1, 맹문. <1장. 한자+이두. 조선 필사 이두 자료. 전남 보성군 박실 제주 양씨가 구장. 원광대학교 박물관 소장. 호남권 한국학자료센터 홈페이지 원문 이미지와 텍스트 보기>

1883-05-00. **양 노 맹문 소지**(梁奴孟文所志) 2, 맹문. <1장. 한자+이두. 조선 필사 이두 자료. 전남 보성군 박실 제주 양씨가 구장. 원광대학교 박물관 소장. 호남권 한국학자료센터 홈페이지 원문 이미지와 텍스트 보기>

1883-05-00. **화민 김영술 소지**(化民金永述所志), 김영술. <1장. 한자+이두. 조선 필사 이두 자료. 전북 부안군 우반 부안 김씨 세덕각 소장. 한국학중앙연구원 장서각 한국고문서자료관 홈페이지 & 호남권 한국학자료센터 홈페이지 원문 이미지와 텍스트 보기. 박병호(1974ㄱ), 한국정신문화연구원 편(1983, 1998), 최승희(1989), 김현영(1999), 전경목(2001), 한국학중앙연구원 편(2017) 참고>

1883-05-00 이후 기입 추정. 「육조대사법보단경(六祖大師法寶壇經)」, 당나라 법해(法海) 집(集), 합천: 가야산(伽倻山) 해인사(海印寺). <중수간판본(重修刊板本). 1책. 95장. 목판본. 본문에 생획토 기입. 묵서 생획토 구결 기입. 불교 서적. 조선 묵서

약체자 구결 자료. 국립중앙도서관 홈페이지 원문 이미지 보기> <이본: 고려 후반 기입 추정(1책. 63장. 영남대학교 묵서 음독구결 기입본 소장) 참고>

1883-06-04. **토지매매명문**(土地賣買明文),⁷³⁴ 답주 이흥칠(畓主李興七). <1장. 한자+이두. 조선 필사 이두 자료. 전남 보성군 박실 제주 양씨가 구장. 원광대학교 박물관 소장. 호남권 한국학자료센터 홈페이지 원문 이미지와 텍스트 보기>

1883-06-19~1884-11-06(광서 9년~광서 10년). 「탐라계록(**耽羅啓錄**)」⁷³⁵ 4, 비변사(備邊司) 편(編). <1책(4/전5책). 59장. 필사본. 표제는 '濟州啓錄'. 권수제는 '(光緖九年 五月 日)耽羅啓錄'. 한자+이두. 조선 필사 이두 자료. 서울대학교 규장각 한국학연구원 홈페이지 원문 이미지 보기> <영인본:「각사등록」19(전라도편 2)(국사편찬위원회 편, 1986)> <1846-02-04~1858-1?-02(1/5)>

1883-07-04~1884-10-09(광서 9년~광서 10년). 「탐라계록(**耽羅啓錄**)」⁷³⁶ 5, 비변사(備邊司) 편(編). <1책(5/전5책). 20장. 필사본. 표제는 '濟州啓錄'. 권수제는 '(光緖九年 五月 日)耽羅別啓錄'. 한자+이두. 조선 필사 이두 자료. 서울대학교 규장각 한국학연구원 홈페이지 원문 이미지 보기> <영인본:「각사등록」19(전라도편 2)(국사편찬위원회 편, 1986)> <1846-02-04~1858-1?-02(1/5)>

1883-07-15~1889-08-01(광서 9년 癸未~광서 15년 己丑). 「동래부계록(**東萊府啓錄**)」 9, 비변사(備邊司) 편(編). <1책(9/전9책). 201장. 필사본. 표제는 '東萊啓錄'. 한자+이두. 조선 필사 이두 자료. 서울대학교 규장각 한국학연구원 홈페이지 원문 이미지 보기> <영인본:「각사등록」12(경상도편 2)(국사편찬위원회 편, 1984)> <1849-06-06~1850-04-18(1/9)>

1883-07-00. **박경진 등 등장**(朴景鎭等等狀), 박경진 등. <1장. 한자+이두. 조선 필사 이두 자료. 전남 영암군 군서면 죽정서원 소장. 호남권 한국학자료센터 홈페이지 원문 이미지보기. 최승희(1989) 참고>

1883-08-08~1884-12-30(癸未~甲申).「민소제축(**民訴題軸**)」,⁷³⁷ 편자 미상. <2책. 필

---

734 호남권 한국학자료센터 홈페이지에서는 '1883년 이흥칠(李興七) 방매(放賣) 토지매매명문(土地賣買明文)'으로 표시하였다. '안내 정보'에서는 '7월 26일'로 잘못 적었다.
735 서울대학교 규장각 한국학연구원 홈페이지에서는 서명을 '濟州啓錄 제주계록'으로 적었다.
736 서울대학교 규장각 한국학연구원 홈페이지에서는 서명을 '濟州啓錄 제주계록'으로 적었다.

사본. 한자+이두. 조선 필사 이두 자료. 서울대학교 규장각 한국학연구원 홈페이지 원문 이미지 보기>

1883-08-11. **경주 옥산서원 사림 첩정**(慶州玉山書院士林牒呈) 1, 옥산서원 사림. <1장. 한자+이두. 조선 필사 이두 자료. 경북 경주 옥산서원 구장. 경주시 강동면 양동마을 안길 여주 이씨 무첨당 소장. 한국학자료센터 영남권역센터 홈페이지 원문 이미지와 텍스트 보기. 이수환(2001) 참고>

1883-08-00. **옥산서원 유생 이능장 등 상서**(玉山書院儒生李能章等上書) 1, 이능장 등. <1장. 한자+이두. 조선 필사 이두 자료. 경북 경주 옥산서원 구장. 경주시 강동면 양동마을 안길 여주 이씨 무첨당 소장. 한국학자료센터 영남권역센터 홈페이지 원문 이미지와 텍스트 보기. 이수환(2001) 참고>

1883-08-00. **옥산서원 유생 이능장 등 상서**(玉山書院儒生李能章等上書) 2, 이능장 등. <1장. 한자+이두. 조선 필사 이두 자료. 경북 경주 옥산서원 구장. 경주시 강동면 양동마을 안길 여주 이씨 무첨당 소장. 한국학자료센터 영남권역센터 홈페이지 원문 이미지와 텍스트 보기. 이수환(2001) 참고>

1883-08-00. **이두훈 상서**(李斗勳上書), 이두훈. <1장. 한자+이두. 조선 필사 이두 자료. 경북 고령군 대가야읍 본관 1리 홍와 고택 구장. 한국국학진흥원 소장. 한국학자료센터 영남권역센터 홈페이지 원문 이미지와 텍스트 보기. 김성갑(2013) 참고>

1883-08-00. **토지매매명문**(土地賣買明文),[738] 전답주 유학 나동희(田畓主幼學羅東熙). <1장. 한자+이두. 조선 필사 이두 자료. 전남 나주시 남내 밀양 박씨 청재 종가 소장. 호남권 한국학자료센터 홈페이지 원문 이미지와 텍스트 보기. 김태영(1983), 이수건 외(2004) 참고>

1883-09-02. **토지매매명문**(土地賣買明文),[739] 산지주 5대손 최종순(山地主五代孫崔鍾

---

[737] 제2책의 표지는 개장한 것으로 표제는 제1책의 표제와는 달리 '訟案'이다.
[738] 호남권 한국학자료센터 홈페이지에서는 '1883년 나동희(羅東熙) 방매(放賣) 토지매매명문(土地賣買明文)'으로 표시하였다.
[739] 호남권 한국학자료센터 홈페이지에서는 '1883년 최종순(崔鍾順) 방매(放賣) 토지매매명문(土地賣買明文)'으로 표시하였다.

順). <1장. 한자+이두. 조선 필사 이두 자료. 전북 김제 남산 임창종 구장. 전북대학교 박물관 소장. 호남권 한국학자료센터 홈페이지 원문 이미지와 텍스트 보기. 최승희(1989), 김소은(2004) 참고>

1883-09-20. **토지매매명문**(土地賣買明文),[740] 답주 박귀근(畓主朴貴近). <1장. 한자+이두. 조선 필사 이두 자료. 전남 영광 마산 경주 이씨가 구장. 진안 용담호미술관 소장. 호남권 한국학자료센터 홈페이지 원문 이미지와 텍스트 보기. 최승희(1989), 김소은(2004) 참고>

1883-09-20. **토지매매명문**(土地賣買明文),[741] 답주 유학 나계윤(畓主幼學羅啓允). <1장. 한자+이두. 조선 필사 이두 자료. 전남 나주시 남내 밀양 박씨 청재 종가 소장. 호남권 한국학자료센터 홈페이지 원문 이미지와 텍스트 보기. 김태영(1983), 최승희(1989), 이재수(2003) 참고>

1883-09-21. **박호 연심 토지매매명문**(朴戶蓮心土地賣買明文),[742] 답주 이 호 귀분(畓主李戶貴分). <1장. 한자+이두. 조선 필사 이두 자료. 경북 영양군 영양읍 삼지리 한양 조씨 하담 고택 구장. 한국국학진흥원 소장. 한국학자료센터 영남권역센터 홈페이지 & 한국국학진흥원 유교넷 홈페이지 원문 이미지와 텍스트 보기. 박병호(1974ㄱ), 최승희(1989), 이재수(2003) 참고>

1883-09-23. **토지매매명문**(土地賣買明文),[743] 답주 유학 양주환(畓主幼學梁周煥). <1장. 한자+이두. 조선 필사 이두 자료. 전북 정읍시 동학농민혁명기념관 소장. 호남권 한국학자료센터 홈페이지 원문 이미지와 텍스트 보기. 박병호(1974ㄱ), 이재수(2003) 참고>

1883-09-24. **가사매매명문**(家舍賣買明文),[744] 가대주 유학 김종래(家垈主幼學金鍾來).

---

[740] 호남권 한국학자료센터 홈페이지에서는 '1883년 박귀근(朴貴近) 방매(放賣) 토지매매명문(土地賣買明文)'으로 표시하였다.

[741] 호남권 한국학자료센터 홈페이지에서는 '1883년 나계윤(羅啓允) 방매(放賣) 토지매매명문(土地賣買明文)'으로 표시하였다.

[742] 한국학자료센터 영남권역센터 홈페이지에서는 '1883년 이호(李戶) 귀분(貴分) 토지매매명문(土地賣買明文)'으로 표시하였다.

[743] 호남권 한국학자료센터 홈페이지에서는 '1883년 양주환(梁周煥) 방매 토지매매명문(土地賣買明文)'으로 표시하였다.

<1장. 한자+이두. 조선 필사 이두 자료. 전남 보성군 박실 제주 양씨가 구장. 원광대학교 박물관 소장. 호남권 한국학자료센터 홈페이지 원문 이미지와 텍스트 보기. 최승희(1989), 전북향토문화연구회 편(1993), 정구복 외(1999) 참고>

1883-09-29. **토지매매명문**(土地賣買明文), 답주 호 헌절(畓主戶軒切). <1장. 한자+이두. 조선 필사 이두 자료. 경북 영해 인량 재령 이씨 충효당 소장. 한국학중앙연구원 장서각 한국고문서자료관 홈페이지 원문 이미지와 텍스트 보기. 한국정신문화연구원 편(1997) 참고>

1883-09-30. **경주 옥산서원 사림 첩정**(慶州玉山書院士林牒呈) 2, 옥산서원 사림. <1장. 한자+이두. 조선 필사 이두 자료. 경북 경주 옥산서원 구장. 경주시 강동면 양동마을 안길 여주 이씨 무첨당 소장. 한국학자료센터 영남권역센터 홈페이지 원문 이미지와 텍스트 보기. 이수환(2001) 참고>

1883-09-30. **배 노 석근 토지매매명문**(裵奴石根土地賣買明文), 답주 김여홍(畓主金汝弘). <1장. 한자+이두. 조선 필사 이두 자료. 경북 안동시 주촌 진성 이씨 경류정 소장. 한국학중앙연구원 장서각 한국고문서자료관 홈페이지 & 한국학중앙연구원 한국학 디지털 아카이브 홈페이지 원문 이미지와 텍스트 보기. 한국정신문화연구원 편(1999) 참고>

1883-09-00. **이 노 완석 소지**(李奴完石所志), 완석. <1장. 한자+이두. 조선 필사 이두 자료. 경북 고령군 대가야읍 본관 1리 홍와 고택 구장. 한국국학진흥원 소장. 한국학자료센터 영남권역센터 홈페이지 원문 이미지와 텍스트 보기. 김성갑(2013) 참고>

1883-09-00. **화민 신휘상 소지**(化民辛徽常所志), 신휘상. <1장. 한자+이두. 조선 필사 이두 자료. 영광 입석 영월 신씨 소장. 한국학중앙연구원 장서각 한국고문서자료관 홈페이지 원문 이미지와 텍스트 보기. 한국정신문화연구원 편(1996) 참고>

1883-10-02. **경주 옥산서원 사림 첩정**(慶州玉山書院士林牒呈) 3, 옥산서원 사림. <1장. 한자+이두. 조선 필사 이두 자료. 경북 경주 옥산서원 구장. 경주시 강동면

---

744 호남권 한국학자료센터 홈페이지에서는 '1883년 김종래(金鍾來) 방매(放賣) 가사매매명문(家舍賣買明文)'으로 표시하였다.

양동마을 안길 여주 이씨 무첨당 소장. 한국학자료센터 영남권역센터 홈페이지 원문 이미지와 텍스트 보기. 이수환(2001) 참고>

1883-10-14. **토지매매명문**(土地賣買明文),[745] 선산주 유학 문기홍(先山主幼學文基洪). <1장. 한자+이두. 조선 필사 이두 자료. 전남 보성군 복내면 죽산 안씨 죽곡정사 소장. 호남권 한국학자료센터 홈페이지 원문 이미지와 텍스트 보기. 김재문(1986) 참고>

1883-10-15. **옥산서원 사림 첩정**(玉山書院士林牒呈), 옥산서원 사림. <1장. 한자+이두. 조선 필사 이두 자료. 경북 경주 옥산서원 구장. 경주시 강동면 양동마을 안길 여주 이씨 무첨당 소장. 한국학자료센터 영남권역센터 홈페이지 원문 이미지와 텍스트 보기. 이수환(2001) 참고>

1883-10-17. **경주 옥산서원 사림 첩정**(慶州玉山書院士林牒呈) 4, 옥산서원 사림. <1장. 한자+이두. 조선 필사 이두 자료. 경북 경주 옥산서원 구장. 경주시 강동면 양동마을 안길 여주 이씨 무첨당 소장. 한국학자료센터 영남권역센터 홈페이지 원문 이미지와 텍스트 보기. 이수환(2001) 참고>

1883-10-22. **표**(標),[746] 동수 김재하(洞首金在河)·두민 황정중(頭民黃定中). <1장. 한자+이두. 조선 필사 이두 자료. 남원·구례 삭녕 최씨 구장. 한국학중앙연구원 장서각 한국고문서자료관 홈페이지 원문 이미지 보기. 한국정신문화연구원 편(2004) 참고>

1883-10-00. **박경진 소지**(朴景鎭所志) 1, 박경진. <1장. 한자+이두. 조선 필사 이두 자료. 전남 영암군 군서면 죽정서원 소장. 호남권 한국학자료센터 홈페이지 원문 이미지보기. 최승희(1989) 참고>

1883-10-00. **박경진 소지**(朴景鎭所志) 2, 박경진. <1장. 한자+이두. 조선 필사 이두 자료. 전남 영암군 군서면 죽정서원 소장. 호남권 한국학자료센터 홈페이지 원문 이미지보기. 최승희(1989) 참고>

---

[745] 호남권 한국학자료센터 홈페이지에서는 '1883년 문기홍(文基洪) 방매(放賣) 토지매매명문(土地賣買明文)'으로 표시하였다.

[746] 한국학중앙연구원 장서각 한국고문서자료관 홈페이지에서는 '1883년 동수(洞首) 김재하(金在河), 두민(頭民) 황정중(黃定中) 표(標)'로 표시하였다.

1883-11-07. **토지매매명문**(土地賣買明文),[747] 답주 고인환(畓主高仁煥). <1장. 한자+이두. 조선 필사 이두 자료. 전남 나주시 남내 밀양 박씨 청재 종가 소장. 호남권 한국학자료센터 홈페이지 원문 이미지와 텍스트 보기. 김태영(1983), 박성종(1999), 김영나(2007) 참고>

1883-11-07. **토지매매명문**(土地賣買明文), 답주 자필 최재명(畓主自筆崔載鳴). <1장. 한자+이두. 조선 필사 이두 자료. 부여 은산 함양 박씨 소장. 한국학중앙연구원 장서각 한국고문서자료관 홈페이지 원문 이미지 보기. 한국정신문화연구원 편(2000) 참고>

1883-11-13. **옥산서원 사림 유학 손영우 등 상서**(玉山書院士林幼學孫永愚等上書), 손영우 등. <1장. 한자+이두. 조선 필사 이두 자료. 경북 경주 옥산서원 구장. 경주시 강동면 양동마을 안길 여주 이씨 무첨당 소장. 한국학자료센터 영남권역센터 홈페이지 원문 이미지와 텍스트 보기. 이수환(2001) 참고>

1883-11-15. **경주 옥산서원 사림 문보**(慶州玉山書院士林文牒), 옥산서원 사림. <1장. 한자+이두. 조선 필사 이두 자료. 경북 경주 옥산서원 구장. 경주시 강동면 양동마을 안길 여주 이씨 무첨당 소장. 한국학자료센터 영남권역센터 홈페이지 원문 이미지와 텍스트 보기. 이수환(2001) 참고>

1883-11-15. **토지매매명문**(土地賣買明文), 답주 김경숙(畓主金景淑). <1장. 한자+이두. 조선 필사 이두 자료. 경북 상주 낙동 풍양 조씨 양진당 소장. 한국학중앙연구원 장서각 한국고문서자료관 홈페이지 원문 이미지 보기>

1883-11-21. **김조일 토지매매명문**(金調一土地賣買明文), 전답주 유학 이기장(田畓主幼學李起章). <1장. 한자+이두. 조선 필사 이두 자료. 경북 안동시 주촌 진성 이씨 경류정 소장. 한국학중앙연구원 장서각 한국고문서자료관 홈페이지 & 한국학중앙연구원 한국학 디지털 아카이브 홈페이지 원문 이미지와 텍스트 보기. 한국정신문화연구원 편(1999) 참고>

1883-11-21. **토지매매명문**(土地賣買明文),[748] 답주 마산 월암 조경중(畓主麻山月岩曺

---

747 호남권 한국학자료센터 홈페이지에서는 '1883년 고인환(高仁煥) 방매(放賣) 토지매매명문(土地賣買明文)'으로 표시하였다.

敬仲). <1장. 한자+이두. 조선 필사 이두 자료. 전남 영광 마산 경주 이씨가 구장. 진안 용담호미술관 소장. 호남권 한국학자료센터 홈페이지 원문 이미지와 텍스트 보기. 최승희(1989), 정구복 외(1999), 채현경(2011) 참고>

1883-11-22. **토지매매명문**(土地賣買明文), 답주 유학 김홍건(畓主幼學金洪健). <1장. 한자+이두. 조선 필사 이두 자료. 경북 경주시 소정리 경주 이씨 소장. 한국학중앙연구원 장서각 한국고문서자료관 홈페이지 원문 이미지 보기. 한국정신문화연구원 편(2002) 참고>

1883-11-25. **유학 토지매매명문**(幼學土地賣買明文),[749] 답주 자필 유학 조흥진(畓主自筆幼學曺興振). <1장. 한자+이두. 조선 필사 이두 자료. 전남 보성군 박실 제주 양씨가 구장. 원광대학교 박물관 소장. 호남권 한국학자료센터 홈페이지 원문 이미지와 텍스트 보기. 박병호(1974ㄱ), 이재수(2003) 참고>

1883-11-28. **주촌 종가댁 토지매매명문**(周村宗家宅土地賣買明文), 답주 문손 우현 자필(畓主門孫禹鉉自筆). <1장. 한자+이두. 조선 필사 이두 자료. 경북 안동시 주촌 진성 이씨 경류정 소장. 한국학중앙연구원 장서각 한국고문서자료관 홈페이지 & 한국학중앙연구원 한국학 디지털 아카이브 홈페이지 원문 이미지와 텍스트 보기. 한국정신문화연구원 편(1999) 참고>

1883-11-00. 「**감결 안산**(甘結安山)」, 경기 감영(京畿監營) 편(編). <1책. 9장. 필사본. 한자+이두 그리고 한글. 서울대학교 규장각 한국학연구원 홈페이지 원문 이미지 보기. 「각사등록」 47(경기도 보유편)(국사편찬위원회 편, 1990) 영인>

1883-11-00. **예안 유학 이중오 등 상서**(禮安幼學李中五等上書), 이중오 등. <1장. 한자+이두. 조선 필사 이두 자료. 경북 경주 옥산서원 구장. 경주시 강동면 양동마을 안길 여주 이씨 무첨당 소장. 한국학자료센터 영남권역센터 홈페이지 원문 이미지와 텍스트 보기. 이수환(2001) 참고>

1883-11-00. **임공기 소지**(任公夒所志), 임공기. <1장. 한자+이두. 조선 필사 이두

---

[748] 호남권 한국학자료센터 홈페이지에서는 '1883년 조경중(曺敬仲) 방매(放賣) 토지매매명문(土地賣買明文)'으로 표시하였다.

[749] 호남권 한국학자료센터 홈페이지에서는 '1883년 조흥진(曺興振) 방매(放賣) 토지매매명문(土地賣買明文)'으로 표시하였다.

자료. 전북 김제시 신풍 임창남 구장. 전북대학교 박물관 소장. 호남권 한국학자료 센터 홈페이지 원문 이미지와 텍스트 보기. 최승희(1989), 정구복 외(1999), 이재수 (2003) 참고>

1883-11-00. **토지매매명문**(土地賣買明文),[750] 자필 답주 정흥두(自筆畓主鄭興斗). <1 장. 한자+이두. 조선 필사 이두 자료. 전북대학교 박물관 소장. 호남권 한국학자 료센터 홈페이지 원문 이미지와 텍스트 보기. 최승희(1989), 정구복 외(1999), 이재수(2003) 참고>

1883-12-01. **토지매매명문**(土地賣買明文),[751] 답주 이 노 예정(畓主李奴禮亭). <1장. 한자+이두. 조선 필사 이두 자료. 경북 고령군 대가야읍 본관 1리 홍와 고택 구장. 한국국학진흥원 소장. 한국학자료센터 영남권역센터 홈페이지 원문 이미지와 텍스트 보기. 김성갑(2013) 참고>

1883-12-05. **토지매매명문**(土地賣買明文),[752] 답주 조치겸(畓主曹治兼). <1장. 한자+ 이두. 조선 필사 이두 자료. 전남 영광 마산 경주 이씨가 구장. 진안 용담호미술관 소장. 호남권 한국학자료센터 홈페이지 원문 이미지와 텍스트 보기. 박병호(1974 ㄱ), 최승희(1989), 이재수(2003) 참고>

1883-12-08. **이 노 순이 토지매매명문**(李奴純伊土地賣買明文), 답주 이 노 충이(畓主李 奴充伊). <1장. 한자+이두. 조선 필사 이두 자료. 경북 안동시 도산면 의촌리 은졸재 고택 구장. 한국국학진흥원 소장. 한국학자료센터 영남권역센터 홈페이지 원문 이미지와 텍스트 보기>

1883-12-10~1884-12-29. 「결속색등록(**結束色謄錄**)」 99, 병조(兵曹) 편(編). <1책(99/ 낙질본 107책). 88장. 필사본. 한자+이두. 조선 필사 이두 자료. 서울대학교 규장 각 한국학연구원 홈페이지 1787년~1891년 낙질본 107책(1792년(건륭 57년), 1811

---

750 호남권 한국학자료센터 홈페이지에서는 '1883년 정흥두(鄭興斗) 방매 토지매매명문(土地賣買明 文)'으로 표시하였다.

751 한국학자료센터 영남권역센터 홈페이지에서는 '1883년 이노(李奴) 예정(禮亭) 방매 토지매매명문 (土地賣買明文)'으로 표시하였다.

752 호남권 한국학자료센터 홈페이지에서는 '1883년 조치겸(曹致兼) 방매(放賣) 토지매매명문(土地賣 買明文)'으로 표시하였다.

년(가경 16년) 하, 1816년(가경 21년), 1817년(가경 22년), 1824년(도광 4년), 1831
년(도광 11년), 1871년(동치 10년), 1885년(광서 11년) 없음) 원문 이미지 보기>

1883-12-12. **족형 류안호 토지매매명문**(族兄柳安鎬土地賣買明文), 답주 족제 류관호
(畓主族弟柳觀鎬). <1장. 한자+이두. 조선 필사 이두 자료. 경북 안동시 수곡면
전주 류씨 수곡파 대야 고택 구장. 한국국학진흥원 소장. 한국학자료센터 영남권
역센터 홈페이지 원문 이미지와 텍스트 보기>

1883-12-15. **박개동 토지매매명문**(朴開東土地賣買明文), 답주 김학수(畓主金學守).
<1장. 한자+이두. 조선 필사 이두 자료. 경북 안동시 수곡면 전주 류씨 삼산
종가 구장. 대구광역시 수성구 만촌동 전주 류씨 종가 소장. 한국학자료센터 영남
권역센터 홈페이지 원문 이미지와 텍스트 보기. 최승희(1989), 이재수(2003), 전경
목(2010), 정수환(2012) 참고>

1883-12-19. **지일 양동댁 토지매매명문**(芝日良洞宅土地賣買明文),[753] 산주 최 노 소복
(山主崔奴小卜). <1장. 한자+이두. 조선 필사 이두 자료. 창녕 조씨 지산 종택
구장. 한국국학진흥원 소장. 한국국학진흥원 유교넷 홈페이지 원문 이미지 보
기>

1883-12-20. **토지매매명문**(土地賣買明文), 답주 김점백(畓主金占伯). <1장. 한자+이
두. 조선 필사 이두 자료. 강원도 강릉시 오죽헌시립박물관 소장. 한국학자료센터
강원권역센터 홈페이지 원문 이미지와 텍스트 보기>

1883-12-20. **통리군국사무안문 첩보**(統理軍國事務衙門牒報), 통리군국사무아문. <1
장. 한자+이두. 조선 필사 이두 자료. 제천 한수 연안 이씨 소장. 한국학중앙연구
원 장서각 한국고문서자료관 홈페이지 원문 이미지 보기. 한국정신문화연구원
편(2001) 참고>

1883-12-23. **토지매매명문**(土地賣買明文), 답주 김기언(畓主金璣彦). <1장. 한자+이
두. 조선 필사 이두 자료. 경북 경주시 소정리 경주 이씨 소장. 한국학중앙연구원
장서각 한국고문서자료관 홈페이지 원문 이미지 보기. 한국정신문화연구원 편

---

753 한국국학진흥원 유교넷 홈페이지에서는 문서명을 '1883년 복절이 산을 매도한 사실을 증명하는
전답매매문기'로 표시하였다. '창녕조씨 지산종택 [명문 132]'로 분류.

(2002) 참고>

1883-12-24. **강달원 토지매매명문**(姜達源土地賣買明文), 산장주 종손 유학 김기엽(山場主宗孫幼學金琪燁). <1장. 한자+이두. 조선 필사 이두 자료. 전북 진안 개화 전주 이씨가 소장. 호남권 한국학자료센터 홈페이지 원문 이미지와 텍스트 보기. 최승희(1989), 전북향토문화연구회 편(1993), 정구복 외(1999) 참고>

1883-12-25. **남근룡 토지매매명문**(南根龍土地賣買明文), 전주 권재룡(田主權載龍). <1장. 한자+이두. 조선 필사 이두 자료. 경북 안동시 주촌 진성 이씨 경류정 소장. 한국학중앙연구원 장서각 한국고문서자료관 홈페이지 & 한국학중앙연구원 한국학 디지털 아카이브 홈페이지 원문 이미지와 텍스트 보기. 한국정신문화연구원 편(1999) 참고>

1883-12-25. **유 생원 댁 노 화득 토지매매명문**(柳生員宅奴和得土地賣買明文), 답주 김신월(畓主金辛月). <1장. 한자+이두. 조선 필사 이두 자료. 경북 안동시 수곡면 전주 류씨 삼산 종가 구장. 대구광역시 수성구 만촌동 전주 류씨 종가 소장. 한국학자료센터 영남권역센터 홈페이지 원문 이미지와 텍스트 보기. 최승희(1989), 이재수(2000, 2003), 전경목(2010), 정수환(2012) 참고>

1883-12-25. **찬반소 토지매매명문**(饌飯所土地賣買明文), 답주 작산정사(畓主鵲山精舍). <1장. 한자+이두. 조선 필사 이두 자료. 경북 안동시 주촌 진성 이씨 경류정 구장. 서울역사박물관 소장. 한국학중앙연구원 장서각 한국고문서자료관 홈페이지 & 한국학중앙연구원 한국학 디지털 아카이브 홈페이지 원문 이미지와 텍스트 보기. 한국정신문화연구원 편(1999) 참고>

1883-12-29. **토지매매명문**(土地賣買明文),[754] 답주 자필 김명칠(畓主自筆金明七). <1장. 한자+이두. 조선 필사 이두 자료. 전남 보성군 박실 제주 양씨가 구장. 원광대학교 박물관 소장. 호남권 한국학자료센터 홈페이지 원문 이미지와 텍스트 보기. 박병호(1974ㄱ), 이재수(2003) 참고>

1883-12-31. **토지매매명문**(土地賣買明文), 자필 전주 유학 한봉준(自筆田主幼學韓奉

---

754 호남권 한국학자료센터 홈페이지에서는 '1883년 김명칠(金明七) 방매(放賣) 토지매매명문(土地賣買明文)'으로 표시하였다.

浚). <1장. 한자+이두. 조선 필사 이두 자료. 전남 구례군 토지면 오미리 문화
류씨 운조루 소장. 한국학중앙연구원 장서각 한국고문서자료관 홈페이지 원문
이미지와 텍스트 보기. 한국정신문화연구원 편(1998) 참고>

1883-12-■■. ■...■ 토지매매명문(■...■土地賣買明文),[755] 답주 종제 정순귀(畓主從
弟鄭 淳貴). <1장. 한자+이두. 조선 필사 이두 자료. 전북대학교 박물관 소장.
호남권 한국학자료센터 홈페이지 원문 이미지와 텍스트 보기. 최승희(1989), 정구
복 외(1999), 이재수(2003) 참고>

1883-00-00. 「선원보략수정의궤(璿源譜略修正儀軌)」, 종친부(宗親府) 편. <1책. 34
장. 필사본. 표제는 '(癸未正月 日)璿源譜略修正儀軌'. 권수제는 '(光緖九年癸未正月
日)璿源譜略修正儀軌'. 한자+이두. 조선 필사 이두 자료. 서울대학교 규장각 한국
학연구원 의궤 종합정보 홈페이지 '奎14129' 원문 이미지 보기>

1883-00-00. 「여유당집(與猶堂集)」, 정약용(丁若鏞). <필사본. 현전하지 않음> <활
자본 이본: 1934-00-00~1938-00-00. 「여유당전서(與猶堂全書)」, 외현손 김성진(金
誠鎭) 편, 경성: 신조선사(新朝鮮社).>

1883-00-00. 「해영장계등록(海營狀啓謄錄)」, 해주(海洲): 해영. <2책. 필사본. 한자+
이두. 조선 필사 이두 자료. 일본 오사카 부립 나카노시마 도서관 소장. 고려대학
교 해외한국학자료센터 홈페이지 참고>

1883-00-00 이후 기입 추정. 「금강경정해(金剛經正解)」, 감로사(甘露社). <전사체.
표제는 '金剛般若波羅密經正解'. '금강경구결(金剛經口訣)' 4장+'금강경정해(金剛
經正解)' 82장+'금강경총제(金剛經總提)' 2장. 본문 일부에 생획토 기입. 불교 서
적. 조선 묵서 구결 자료. 국립중앙도서관 홈페이지 원문 이미지 보기>

1883-00-00 이후 기입 추정. 「금강반야경소론찬요간정기회편(金剛般若經疏論纂要
刊定記會編)」 <4책. 본문에 생획토 기입. 불교 서적. 조선 묵서 구결 자료. 국립중
앙도서관 홈페이지 원문 이미지 보기>

1883-00-00 이후 기입 추정. 「마하반야바라밀다심경(摩訶般若波羅密多心經)」, 대전

---

[755] 호남권 한국학자료센터 홈페이지에서는 '1883년 정순귀(鄭淳貴) 방매 토지매매명문(土地賣買明
文)'으로 표시하였다.

요통(大顚了通) 선사(禪師) 주(註). <1책. 45장. 목활자본. 전사자본. 본문에 생획토 기입. 불교 서적. 묵서 구결 자료. 국립중앙도서관 홈페이지 '한고조21-73' 원문 이미지 보기>

1883-00-00 이후 기입 추정. 「마하반야바라밀다심경(摩訶般若波羅密多心經)」, 대전 선사(大顚禪師) 주해(註解), 감로사(甘露社) 식(識). <1책. 36장. 금속활자본. 전사자본. 책의 앞부분 본문에 생획토 기입. 불교 서적. 조선 묵서 구결 자료. 미국 예일대학교 도서관 소장. 국립중앙도서관 홈페이지 원문(표준번호/부호 UCI G701:B-00057005695) 이미지 보기>

1884년

<갑신(甲申), 고종 21년, 광서 10년, 명치 17년>

1884-01-08. **김수운 토지매매명문**(金雖云土地賣買明文), 답주 유학 홍이열(畓主幼學洪而烈). <1장. 한자+이두. 조선 필사 이두 자료. 전남 나주시 남내 밀양 박씨 청재 종가 소장. 호남권 한국학자료센터 홈페이지 원문 이미지와 텍스트 보기. 이수건 외(2004), 김영나(2007) 참고>

1884-01-11~1892-09-23(甲申~辛酉). 「용동궁등록(龍洞宮謄錄)」 4, 편자 미상. <1책 (4/낙질본 4책). 85장. 한자+이두. 조선 필사 이두 자료. 서울대학교 규장각 한국학 연구원 홈페이지 원문 이미지 보기> <1849-03-00~1853-00-00(1/4)>

1884-01-12. **토지매매명문**(土地賣買明文),[756] 답주 유학 안인협(畓主幼學安仁俠). <1장. 한자+이두. 조선 필사 이두 자료. 전남 나주시 남내 밀양 박씨 청재 종가 소장. 호남권 한국학자료센터 홈페이지 원문 이미지와 텍스트 보기. 김태영(1983), 이재수(2003) 참고>

1884-01-15. **사중 헌납문기**(寺中獻納文記),[757] 헌답주 산인 철감(獻畓主山人哲鑑). <1

---

[756] 호남권 한국학자료센터 홈페이지에서는 '1884년 안인협(安仁俠) 방매(放賣) 토지매매명문(土地賣買明文)'으로 표시하였다.

장. 한자+이두. 조선 필사 이두 자료. 전북대학교 박물관 소장. 호남권 한국학자료센터 홈페이지 원문 이미지와 텍스트 보기. 최승희(1989), 정구복 외(1999), 이재수(2003) 참고>

1884-01-17. **토지매매명문**(土地賣買明文),[758] 대전주 이석기(太田主李碩基). <1장. 한자+이두. 조선 필사 이두 자료. 원광대학교 박물관 소장. 호남권 한국학자료센터 홈페이지 원문 이미지와 텍스트 보기>

1884-01-19. **토지매매명문**(土地賣買明文), 답주 권 노 백철(畓主權奴白哲). <1장. 한자+이두. 조선 필사 이두 자료. 경북 경주시 내남면 이조리 경주 최씨·용산서원 소장. 한국학중앙연구원 장서각 한국고문서자료관 홈페이지 & 한국학중앙연구원 한국학 디지털 아카이브 홈페이지 원문 이미지 보기. 한국정신문화연구원 편(2000) 참고>

1884-01-21. **유학 정재원 토지매매명문**(幼學鄭在洹土地賣買明文), 전주 과부 김 씨(田主寡婦金氏). <1장. 한자+이두. 조선 필사 이두 자료. 전남 화순 해주 최씨가 소장. 호남권 한국학자료센터 홈페이지 원문 이미지 보기. 최승희(1989), 국립민속박물관 편(1991) 참고>

1884-01-22. **김운삼 토지매매명문**(金云三土地賣買明文), 답주 유학 나치린(畓主幼學羅致鏻). <1장. 한자+이두. 조선 필사 이두 자료. 전남 나주시 남내 밀양 박씨 청재 종가 소장. 호남권 한국학자료센터 홈페이지 원문 이미지와 텍스트 보기. 안승준(1989), 박노욱(1990), 이재수(2003) 참고>

1884-01-22. **토지매매명문**(土地賣買明文)[759] 1, 답주 이대헌(畓主李大憲). <1장. 한자+이두. 조선 필사 이두 자료. 전남 영광 마산 경주 이씨가 구장. 진안 용담호미술관 소장. 호남권 한국학자료센터 홈페이지 원문 이미지와 텍스트 보기. 최승희

---

[757] 호남권 한국학자료센터 홈페이지에서는 '1884년 철감(哲鑑) 작성 헌납문기(獻納文記)'로 표시하였다.

[758] 호남권 한국학자료센터 홈페이지에서는 '1884년 이석기(李碩基) 방매(放賣) 토지매매명문(土地賣買明文)'으로 표시하였다.

[759] 호남권 한국학자료센터 홈페이지에서는 '1884년 이대헌(李大憲) 방매(放賣) 토지매매명문(土地賣買明文)'으로 표시하였다.

(1989), 김소은(2004) 참고>

1884-01-22. **토지매매명문**(土地賣買明文)[760] 2, 답주 이대헌(畓主李大憲). <1장. 한자 +이두. 조선 필사 이두 자료. 전남 영광 마산 경주 이씨가 구장. 진안 용담호미술 관 소장. 호남권 한국학자료센터 홈페이지 원문 이미지와 텍스트 보기. 최승희 (1989), 김소은(2004) 참고>

1884-01-25. **교동댁 노 순성 토지매매명문**(校洞宅奴順成土地賣買明文), 답주 족질 노 돌암(畓主族侄奴乭岩). <1장. 한자+이두. 조선 필사 이두 자료. 경북 봉화군 명호 면 도천리 안동 김씨 해헌 고택 구장. 한국국학진흥원 소장. 한국학자료센터 영남 권역센터 홈페이지 원문 이미지와 텍스트 보기. 박병호(1974ㄱ), 최승희(1989), 이재수(2003), 이수건 외(2004) 참고>

1884-01-25. **장천 조씨 댁 종계 토지매매명문**(長川趙氏宅宗稧土地賣買明文), 답주 김 경숙(畓主金景淑). <1장. 한자+이두. 조선 필사 이두 자료. 경북 상주 낙동 풍양 조씨 양진당 소장. 한국학중앙연구원 장서각 한국고문서자료관 홈페이지 원문 이미지 보기>

1884-01-25. **토지매매명문**(土地賣買明文),[761] 답주 자필 김 노 강상(畓主自筆金奴江 尙). <1장. 한자+이두. 조선 필사 이두 자료. 경북 고령군 대가야읍 본관 1리 홍와 고택 구장. 한국국학진흥원 소장. 한국학자료센터 영남권역센터 홈페이지 원문 이미지와 텍스트 보기. 김성갑(2013) 참고>

1884-01-27. **조호 순심 토지매매명문**(趙戶順心土地賣買明文),[762] 답주 강호 명심(畓主 姜戶命心). <1장. 한자+이두. 조선 필사 이두 자료. 경북 영양군 영양읍 삼지리 한양 조씨 하담 고택 구장. 한국국학진흥원 소장. 한국학자료센터 영남권역센터 홈페이지 & 한국국학진흥원 유교넷 홈페이지 원문 이미지와 텍스트 보기. 박병호

---

[760] 호남권 한국학자료센터 홈페이지에서는 '1884년 이대헌(李大憲) 방매(放賣) 토지매매명문(土地賣 買明文)'으로 표시하였다.

[761] 한국학자료센터 영남권역센터 홈페이지에서는 '1884년 김노(金奴) 강상(江尙) 방매 토지매매명문 (土地賣買明文)'으로 표시하였다.

[762] 한국학자료센터 영남권역센터 홈페이지에서는 문서명을 '1884년 강호(姜戶) 명심(命心) 토지매매 명문(土地賣買明文)'으로 표시하였다.

(1974ㄱ), 최승희(1989), 이재수(2003) 참고>

1884-01-29. **응백 토지매매명문**(應伯土地賣買明文), 답주 강동현(畓主姜東賢). <1장. 한자+이두. 조선 필사 이두 자료. 경북 안동시 주촌 진성 이씨 경류정 소장. 한국학중앙연구원 장서각 한국고문서자료관 홈페이지 & 한국학중앙연구원 한국학디지털 아카이브 홈페이지 원문 이미지와 텍스트 보기. 한국정신문화연구원 편(1999) 참고>

1884-01-00~1884-12-00(甲申).「추조결옥록(**秋曹決獄錄**)」36, 형조(刑曹) 편(編). <1책(36/낙질본 43책). 46장. 필사본. 한자+이두. 조선 필사 이두 자료. 서울대학교 규장각 한국학연구원 홈페이지 원문 이미지 보기> <1822-01-00~1822-12-00(1/43)>

1884-02-01.「승무절목(**陞廡節目**)」, 최동술(崔東述). <1책. 13쪽. 한자+이두. 조선 필사 이두 자료. 경남 거창군 거창향교 소장. 한국학중앙연구원 장서각 한국고문서자료관 홈페이지 원문 이미지와 텍스트 보기. 한국정신문화연구원 편(1995) 참고>

1884-02-01. **조반호 춘단 토지매매명문**(趙班戶春丹土地賣買明文),[763] 전주 임대근(田主林大根). <1장. 한자+이두. 조선 필사 이두 자료. 임대근이 조반호 춘단에게 밭을 팔면서 작성한 문서. 경북 영양군 영양읍 삼지리 한양 조씨 하담 고택 구장. 한국국학진흥원 소장. 한국학자료센터 영남권역센터 홈페이지 & 한국국학진흥원 유교넷 홈페이지 원문 이미지와 텍스트 보기. 박병호(1974ㄱ), 최승희(1989), 이재수(2003) 참고>

1884-02-02. **김기동 토지매매명문**(金基東土地賣買明文), 전답주 김조일(田畓主金調一). <1장. 한자+이두. 조선 필사 이두 자료. 경북 안동시 주촌 진성 이씨 경류정 소장. 한국학중앙연구원 장서각 한국고문서자료관 홈페이지 & 한국학중앙연구원 한국학 디지털 아카이브 홈페이지 원문 이미지와 텍스트 보기. 한국정신문화연구원 편(1999) 참고>

---

[763] 한국학자료센터 영남권역센터 홈페이지에서는 문서명을 '1884년 임대근(林大根) 토지매매명문(土地賣買明文)'으로 적었다.

1884-02-04. **표기**(標記), 표기주 김문길(標記主金文吉). <1장. 한자+이두. 조선 필사 이두 자료. 개인 소장>

1884-02-06. **토지매매명문**(土地賣買明文),[764] 답주 유학 정내경(畓主幼學鄭乃卿). <1장. 한자+이두. 조선 필사 이두 자료. 전남 영광 마산 경주 이씨가 구장. 진안 용담호미술관 소장. 호남권 한국학자료센터 홈페이지 원문 이미지와 텍스트 보기. 박병호(1974ㄱ), 최승희(1989), 이재수(2003) 참고>

1884-02-07. **토지매매명문**(土地賣買明文),[765] 답주 안도기(畓主安道杞). <1장. 한자+이두. 조선 필사 이두 자료. 경북 안동시 법흥동 고성 이씨 탑동 종가 구장. 한국국학진흥원 소장. 한국국학진흥원 유교넷 홈페이지 원문 이미지 보기>

1884-02-09. **임 생원 댁 노 막선 토지매매명문**(任生員宅奴莫先土地賣買明文), 답주 김 생원 댁 노 오대(畓主金生員宅奴五大). <1장. 한자+이두. 조선 필사 이두 자료. 아산 선교 장흥 임씨 구장. 한국학중앙연구원 장서각 한국고문서자료관 홈페이지 원문 이미지 보기. 한국학중앙연구원 편(2008) 참고>

1884-02-11. **손옥 토지매매명문**(孫玉土地賣買明文), 답주 자필 권 노 복삼(畓主自筆權奴福三). <1장. 한자+이두. 조선 필사 이두 자료. 경북 안동시 주촌 진성 이씨 경류정 소장. 한국학중앙연구원 장서각 한국고문서자료관 홈페이지 & 한국학중앙연구원 한국학 디지털 아카이브 홈페이지 원문 이미지와 텍스트 보기. 한국정신문화연구원 편(1999) 참고>

1884-02-15.[766] **동 토지매매명문**(洞土地賣買明文), 전주 이 노 우순례(田主李奴又順禮). <1장. 한자+이두. 조선 필사 이두 자료. 경북 경주시 소정리 경주 이씨 소장. 한국학중앙연구원 장서각 한국고문서자료관 홈페이지 원문 이미지 보기. 한국정신문화연구원 편(2002) 참고>

---

764 호남권 한국학자료센터 홈페이지에서는 '1884년 정내경(鄭乃卿) 방매(放賣) 토지매매명문(土地賣買明文)'으로 표시하였다.

765 한국국학진흥원 유교넷 홈페이지에서는 문서명을 '1884년 안도기가 땅을 매도한 사실을 증명하는 전답매매문기'로 표시하였다.

766 한국학중앙연구원 장서각 한국고문서자료관 홈페이지에서는 '갑신6월15일'로 표시하였으며, 발급자는 '순례(順禮)'로 적었다.

1884-02-17~1885-01-18(甲申~乙酉) 추정. 「이록계(已錄啓)」 2, 충청도(忠淸道) 편(篇). <1책(2/전3책). 85장. 필사본. 한자+이두. 조선 필사 이두 자료. 서울대학교 규장각 한국학연구원 홈페이지 '古5125-82-v.2'의 원문 이미지 보기> <1883-02-29~1884-02-14(1/3)>

1884-02-20. **토지매매명문**(土地賣買明文), 답주 김 노 이랑(畓主金奴以郞). <1장. 한자+이두. 조선 필사 이두 자료. 강원도 강릉시 오죽헌시립박물관 소장. 한국학자료센터 강원권역센터 홈페이지 원문 이미지와 텍스트 보기>

1884-02-21. **토지매매명문**(土地賣買明文),[767] 전주 유학 박진태(田主幼學朴鎭泰). <1장. 한자+이두. 조선 필사 이두 자료. 전북대학교 박물관 소장. 호남권 한국학자료센터 홈페이지 원문 이미지와 텍스트 보기. 최승희(1989), 정구복 외(1999), 이재수(2003) 참고>

1884-02-22. **별치소 토지매매명문**(別置所土地賣買明文) 1, 답주 김 노 계심(畓主金奴戒心). <1장. 한자+이두. 조선 필사 이두 자료. 경북 경주시 내남면 이조리 경주 최씨·용산서원 소장. 한국학중앙연구원 장서각 한국고문서자료관 홈페이지 & 한국학중앙연구원 한국학 디지털 아카이브 홈페이지 원문 이미지 보기. 한국정신문화연구원 편(2000) 참고>

1884-02-25. **별치소 토지매매명문**(別置所土地賣買明文) 2, 답주 서 노 우차금(畓主徐奴又次今). <1장. 한자+이두. 조선 필사 이두 자료. 경북 경주시 내남면 이조리 경주 최씨·용산서원 소장. 한국학중앙연구원 장서각 한국고문서자료관 홈페이지 & 한국학중앙연구원 한국학 디지털 아카이브 홈페이지 원문 이미지 보기. 한국정신문화연구원 편(2000) 참고>

1884-02-25. **토지매매명문**(土地賣買明文), 전주 박월이(田主朴月伊). <1장. 한자+이두. 조선 필사 이두 자료. 경북 경주시 소정리 경주 이씨 소장. 한국학중앙연구원 장서각 한국고문서자료관 홈페이지 원문 이미지 보기. 한국정신문화연구원 편(2002) 참고>

---

[767] 호남권 한국학자료센터 홈페이지에서는 '1884년 박진태(朴鎭泰) 방매 토지매매명문(土地賣買明文)'으로 표시하였다.

1884-02-26. **토지매매명문**(土地賣買明文),[768] 답주 유학 박해두(畓主幼學朴海斗). <1장. 한자+이두. 조선 필사 이두 자료. 전남 영광 마산 경주 이씨가 구장. 진안 용담호미술관 소장. 호남권 한국학자료센터 홈페이지 원문 이미지와 텍스트 보기. 박병호(1974ㄱ), 최승희(1989), 이재수(2003) 참고>

1884-02-26. **토지매매명문**(土地賣買明文), 답주 이 노 금득(畓主李奴今得). <1장. 한자+이두. 조선 필사 이두 자료. 경북 경주시 소정리 경주 이씨 소장. 한국학중앙연구원 장서각 한국고문서자료관 홈페이지 원문 이미지 보기. 한국정신문화연구원 편(2002) 참고>

1884-02-28. **시장문기**(柴場文記),[769] 시장주 김봉승(柴場主金鳳昇). <1장. 한자+이두. 조선 필사 이두 자료. 광주광역시 광산구 김해 김씨 소장. 호남권 한국학자료센터 홈페이지 원문 이미지와 텍스트 보기. 이재수(2003), 이수건 외(2004) 참고>

1884-02-00. **영해부 전령**(寧海府傳令), 영해부. <1장. 한자+이두. 조선 필사 이두 자료. 경북 영덕군 영해면 괴시리 영양 남씨 괴시파 영감댁 구장. 한국국학진흥원 소장. 한국학자료센터 영남권역센터 홈페이지 원문 이미지와 텍스트 보기>

1884-02-00. **이장수 댁 노 만대 발괄**(李長水宅奴萬大白活), 만대. <1장. 한자+이두. 필사 이두 자료. 전북 진안군 정천면 전주 이씨 서곡 이정영 후손가 구장. 한국학중앙연구원 장서각 한국고문서자료관 홈페이지 원문 이미지 보기. 한국정신문화연구원 편(2002) 참고>

1884-02-00. **임공기 소지**(任公虁所志) 1, 임공기. <1장. 한자+이두. 조선 필사 이두 자료. 전북 김제시 신풍 임창남 구장. 전북대학교 박물관 소장. 호남권 한국학자료센터 홈페이지 원문 이미지와 텍스트 보기. 최승희(1989), 정구복 외(1999), 이재수(2003) 참고>

1884-02-00. **조경환 등 상서**(曺敬煥等上書), 조경환 등. <1장. 한자+이두. 조선 필사 이두 자료. 전남 화순 동면 창녕 조씨가 구장. 광주광역시 이정옥 소장. 호남권

---

768 호남권 한국학자료센터 홈페이지에서는 '1884년 박해두(朴海斗) 방매(放賣) 토지매매명문(土地賣買明文)'으로 표시하였다.

769 호남권 한국학자료센터 홈페이지에서는 '1884년 김봉승(金鳳昇) 방매(放賣) 시장문기(柴場文記)'로 표시하였다.

한국학자료센터 홈페이지 원문 이미지와 텍스트 보기. 최승희(1989) 참고>

1884-02-00. **화민 신휘상 소지**(化民辛徽常所志), 신휘상. <1장. 한자+이두. 조선 필사 이두 자료. 영광 입석 영월 신씨 소장. 한국학중앙연구원 장서각 한국고문서자료관 홈페이지 원문 이미지와 텍스트 보기. 한국정신문화연구원 편(1996) 참고>

1884-03-01. **토지매매명문**(土地賣買明文),[770] 답주 유학 나관형(畓主幼學羅官炯). <1장. 한자+이두. 조선 필사 이두 자료. 전남 나주시 남내 밀양 박씨 청재 종가 소장. 호남권 한국학자료센터 홈페이지 원문 이미지와 텍스트 보기. 이재수(2003) 참고>

1884-03-02. **박윤의 토지매매명문**(朴允義土地賣買明文), 답주 유학 나상문(畓主幼學 羅相文). <1장. 한자+이두. 조선 필사 이두 자료. 전남 나주시 남내 밀양 박씨 청재 종가 소장. 호남권 한국학자료센터 홈페이지 원문 이미지와 텍스트 보기. 이재수(2003) 참고>

1884-03-04. **심 생원 댁 노 시절 토지매매명문**(沈生員宅奴始節土地賣買明文), 답주 심 생원 댁 노 석룡(畓主沈生員奴石龍). <1장. 한자+이두. 조선 필사 이두 자료. 제천 한수 연안 이씨 소장. 한국학중앙연구원 장서각 한국고문서자료관 홈페이지 원문 이미지 보기. 한국정신문화연구원 편(2001) 참고>

1884-03-04. **이 노 상진 토지매매명문**(李奴相珍土地賣買明文), 전주 김기동(田主金基 東). <1장. 한자+이두. 조선 필사 이두 자료. 경북 안동시 주촌 진성 이씨 경류정 구장. 서울역사박물관 소장. 한국학중앙연구원 장서각 한국고문서자료관 홈페이지 & 한국학중앙연구원 한국학 디지털 아카이브 홈페이지 원문 이미지와 텍스트 보기. 한국정신문화연구원 편(1999) 참고>

1884-03-05. **이 노 명심 토지매매명문**(李奴命心土地賣買明文), 전주 정 노 삼돌(田主鄭 奴三乭). <1장. 한자+이두. 조선 필사 이두 자료. 경북 봉화군 명호면 도천리 안동 김씨 해헌 고택 구장. 한국국학진흥원 소장. 한국학자료센터 영남권역센터 홈페이지 원문 이미지와 텍스트 보기. 박병호(1974ㄱ), 최승희(1989), 이재수

---

[770] 호남권 한국학자료센터 홈페이지에서는 '1884년 나관형(羅官炯) 방매(放賣) 토지매매명문(土地賣 買明文)'으로 표시하였다.

(2003), 이수건 외(2004) 참고>

1884-03-13. **토지매매명문**(土地賣買明文), 답주 이 노 순월(畓主李奴順月). <1장. 한자＋이두. 조선 필사 이두 자료. 경북 경주시 소정리 경주 이씨 소장. 한국학중앙연구원 장서각 한국고문서자료관 홈페이지 원문 이미지 보기. 한국정신문화연구원 편(2002) 참고>

1884-03-15. **가사매매명문**(家舍賣買明文), 가주 유학 조석기(家主幼學曺錫琪). <1장. 한자＋이두. 조선 필사 이두 자료. 경북 경주시 소정리 경주 이씨 소장. 한국학중앙연구원 장서각 한국고문서자료관 홈페이지 원문 이미지 보기. 한국정신문화연구원 편(2002) 참고>

1884-03-16. **토지매매명문**(土地賣買明文),[771] 답주 종인 이상년(畓主宗人李相年). <1장. 한자＋이두. 조선 필사 이두 자료. 전남 영광 마산 경주 이씨가 구장. 진안 용담호미술관 소장. 호남권 한국학자료센터 홈페이지 원문 이미지와 텍스트 보기. 박병호(1974ㄱ), 최승희(1989), 이재수(2003) 참고>

1884-03-16. **토지매매명문**(土地賣買明文),[772] 흥덕 종손 이상영 등(興德宗孫李相英等). <1장. 한자＋이두. 조선 필사 이두 자료. 전남 영광 마산 경주 이씨가 구장. 진안 용담호미술관 소장. 호남권 한국학자료센터 홈페이지 원문 이미지와 텍스트 보기. 박병호(1974ㄱ), 최승희(1989), 이재수(2003) 참고>

1884-03-18. **노비 화득 토지매매명문**(奴婢和得土地賣買明文), 답주 자필 우 노 귀록(畓主自筆禹奴貴祿). <1장. 한자＋이두. 조선 필사 이두 자료. 경북 안동시 수곡면 전주 류씨 삼산 종가 구장. 대구광역시 수성구 만촌동 전주 류씨 종가 소장. 한국학자료센터 영남권역센터 홈페이지 원문 이미지와 텍스트 보기. 최승희(1989), 이재수(2000, 2003), 전경목(2010), 정수환(2012) 참고>

1884-03-18. **토지매매명문**(土地賣買明文), 답주 자필 이 노 최석(畓主自筆李奴最石). <1장. 한자＋이두. 조선 필사 이두 자료. 경북 상주 낙동 풍양 조씨 양진당 소장.

---

[771] 호남권 한국학자료센터 홈페이지에서는 '1884년 이상년(李相年) 방매(放賣) 토지매매명문(土地賣買明文)'으로 표시하였다.

[772] 호남권 한국학자료센터 홈페이지에서는 '1884년 이상년(李相年) 토지매매명문(土地賣買明文)'으로 잘못 표시하였다.

1884-03-19. **조 씨 댁 계중 토지매매명문**(趙氏宅稧中土地賣買明文), 답주 김근이(畓主 金根伊). <1장. 한자+이두. 조선 필사 이두 자료. 경북 영양군 영양읍 삼지리 한양 조씨 하담 고택 구장. 한국국학진흥원 소장. 한국학자료센터 영남권역센터 홈페이지 & 한국국학진흥원 유교넷 홈페이지 원문 이미지와 텍스트 보기. 박병호(1974ㄱ), 최승희(1989), 이재수(2003), 이수건 외(2004) 참고>

1884-03-20. **김 노 흥술 토지매매명문**(金奴興述土地賣買明文),[773] 답주 공비 유사 우인직(畓主公備有司禹隣稷). <1장. 한자+이두. 조선 필사 이두 자료. 경북 안동시 안동 권씨 이우당 종택 구장. 한국국학진흥원 소장. 한국국학진흥원 유교넷 홈페이지 원문 이미지 보기>

1884-03-20. **신 노 방이 토지매매명문**(申奴方伊土地賣買明文),[774] 답주 신 노 만천(畓主申奴萬千). <1장. 한자+이두. 조선 필사 이두 자료. 평산 신씨 진보 서파 돈와공 종중 구장. 한국국학진흥원 소장. 한국국학진흥원 유교넷 홈페이지 원문 이미지 보기>

1884-03-20. **족질 김종락 노비매매명문**(族侄金宗洛奴婢賣買明文), 표주 족숙 김홍진(標主族叔金弘鎭). <1장. 한자+이두. 조선 필사 이두 자료. 경북 안동시 천전 의성 김씨 지촌 종택 소장. 한국학중앙연구원 장서각 한국고문서자료관 홈페이지 & 한국국학진흥원 유교넷 홈페이지 원문 이미지와 텍스트 보기. 한국정신문화연구원 편(1990) 참고>

1884-03-20. **토지매매명문**(土地賣買明文),[775] 답주 자필 유학 최기형(畓主自筆幼學崔基馨). <1장. 한자+이두. 조선 필사 이두 자료. 전남 나주시 남내 밀양 박씨 청재 종가 소장. 호남권 한국학자료센터 홈페이지 원문 이미지와 텍스트 보기. 최승희

---

[773] 한국국학진흥원 유교넷 홈페이지에서는 문서명을 '1884년 우인직가 흥술에게 논을 팔았음을 증명하는 매매계약서'로 표시하였다.

[774] 한국국학진흥원 유교넷 홈페이지에서는 문서명을 '1884년 **민**천이 방이에게 밭을 팔았음을 증명하는 전답매매문기'로 잘못 적었다.

[775] 호남권 한국학자료센터 홈페이지에서는 '1884년 최기형(崔基馨) 방매(放賣) 토지매매명문(土地賣買明文)'으로 표시하였다.

(1989), 김현영(2003), 이재수(2003) 참고>

1884-03-22. **토지매매명문**(土地賣買明文),[776] 답주 유학 전영수(畓主幼學全永壽). <1장. 한자+이두. 조선 필사 이두 자료. 전북 정읍시 동학농민혁명기념관 소장. 호남권 한국학자료센터 홈페이지 원문 이미지와 텍스트 보기. 박병호(1974ㄱ), 이재수(2003) 참고>

1884-03-27. **치균 토지매매명문**(致均土地賣買明文),[777] 전주 김후종(田主金後種). <1장. 한자+이두. 조선 필사 이두 자료. 경북 안동시 법흥동 고성 이씨 탑동 종가 구장. 한국국학진흥원 소장. 한국국학진흥원 유교넷 홈페이지 원문 이미지 보기>

1884-03-00. **권삼길 발괄**(權三吉白活), 권삼길. <1장. 한자+이두. 조선 필사 이두 자료. 안산 부곡 진주 류씨 경성당 소장. 한국학중앙연구원 장서각 한국고문서자료관 홈페이지 원문 이미지 보기. 한국정신문화연구원 편(2002) 참고>

1884-03-00. **남지용 소지**(南志容所志), 남지용. <1장. 한자+이두. 조선 필사 이두 자료. 밀양 사촌 의령 남씨 침류정 소장. 한국학중앙연구원 한국고문서자료관 홈페이지 원문 이미지 보기. 한국정신문화연구원 편(2004) 참고>

1884-03-00. **담양부사 완문**(潭陽府使完文), 담양부사. <1장. 한자+이두. 조선 필사 이두 자료. 전북 담양군 모현관 소장. 호남권 한국학자료센터 홈페이지 원문 이미지와 텍스트 보기. 최승희(1989), 정구복 외(1999) 참고>

1884-03-00. **면주전 후2방 장무 박명호 수본**(綿紬廛後二房掌務朴命祜手本), 박명호. <1장. 한자+이두. 조선 필사 이두 자료. 일본 경도대학 가와이문고 소장. 고려대학교 해외한국학자료센터 홈페이지 원문 이미지 보기>

1884-03-00. **옥산서원 유생 정우재 등 상서**(玉山書院儒生鄭宇載等上書), 정우재 등. <1장. 한자+이두. 조선 필사 이두 자료. 경북 경주 옥산서원 구장. 경주시 강동면 양동마을 안길 여주 이씨 무첨당 소장. 한국학자료센터 영남권역센터 홈페이지

---

[776] 호남권 한국학자료센터 홈페이지에서는 '1884년 전영수(全永壽) 방매(放賣) 토지매매명문(土地賣買明文)'으로 표시하였다.

[777] 한국국학진흥원 유교넷 홈페이지에서는 문서명을 '1884년 김후종이 치균에게 땅을 매도한 사실을 증명하는 전답매매문기'로 표시하였다.

원문 이미지와 텍스트 보기. 이수환(2001) 참고>

1884-03-00. **유진수 등 등장**(柳震洙等等狀), 유진수 등. <1장. 한자+이두. 조선 필사 이두 자료. 전북 순창 청계 문화 유씨가 소장. 호남권 한국학자료센터 홈페이지 원문 이미지와 텍스트 보기. 최승희(1989), 김경숙(2002), 심재우(2013) 참고>

1884-03-00. **임공기 소지**(任公夔所志) 2, 임공기. <1장. 한자+이두. 조선 필사 이두 자료. 전북 김제시 신풍 임창남 구장. 전북대학교 박물관 소장. 호남권 한국학자료 센터 홈페이지 원문 이미지와 텍스트 보기. 최승희(1989), 정구복 외(1999), 이재수 (2003) 참고>

1884-04-03. **유학 토지매매명문**(幼學土地賣買明文),[778] 전주 과부 염 씨(田主寡婦廉 氏). <1장. 한자+이두. 조선 필사 이두 자료. 전남 보성군 박실 제주 양씨가 구장. 원광대학교 박물관 소장. 호남권 한국학자료센터 홈페이지 원문 이미지와 텍스트 보기. 김건우(2008), 정수환·이헌창(2008), 채현경(2011ㄱ, 2011ㄴ) 참고>

1884-04-04. **김씨 문중 흥학계중 토지매매명문**(金氏門中興學稧中土地賣買明文),[779] 답주 유학 이인신(畓主幼學李仁信). <1장. 한자+이두. 조선 필사 이두 자료. 전북 부안군 취성재 소장. 호남권 한국학자료센터 홈페이지 원문 이미지와 텍스트 보기. 최승희(1989), 전북향토문화연구회 편(1993), 정구복 외(1999) 참고>

1884-04-06. **토지매매명문**(土地賣買明文), 전답주 서 씨 문장 익규(田畓主徐氏門長益 奎). <1장. 한자+이두. 조선 필사 이두 자료. 상주 연안 이씨 이만부 종가 소장. 한국학중앙연구원 장서각 한국고문서자료관 홈페이지 & 한국학중앙연구원 한국 학 디지털 아카이브 홈페이지 원문 이미지와 텍스트 보기>

1884-04-13. **토지매매명문**(土地賣買明文), 자필 답주 김 노 석례(自筆畓主金奴石礼). <1장. 한자+이두. 조선 필사 이두 자료. 경북 경주시 소정리 경주 이씨 소장. 한국학중앙연구원 장서각 한국고문서자료관 홈페이지 원문 이미지 보기. 한국정 신문화연구원 편(2002) 참고>

---

[778] 호남권 한국학자료센터 홈페이지에서는 '1884년 과부(寡婦) 염씨(廉氏) 방매(放賣) 토지매매명문 (土地賣買明文)'으로 표시하였다.

[779] 호남권 한국학자료센터 홈페이지에서는 '1884년 부안김씨(扶安金氏) 문중(門中) 흥학계(興學稧) 토지매매명문(土地賣買明文)'으로 표시하였다.

1884-04-14. **유 노 화득 토지매매명문**(柳奴和得土地賣買明文), 전답주 권 노 점단(田畓柱權奴占丹). <1장. 한자+이두. 조선 필사 이두 자료. 경북 안동시 수곡면 전주 류씨 삼산 종가 구장. 대구광역시 수성구 만촌동 전주 류씨 종가 소장. 한국학자료센터 영남권역센터 홈페이지 원문 이미지와 텍스트 보기. 최승희(1989), 이재수 (2000, 2003), 전경목(2010), 정수환(2012) 참고>

1884-04-17. **토지매매명문**(土地賣買明文),[780] 답주 자필 최기전(畓主自筆崔驥展). <1장. 한자+이두. 조선 필사 이두 자료. 전남 나주시 남내 밀양 박씨 청재 종가 소장. 호남권 한국학자료센터 홈페이지 원문 이미지와 텍스트 보기. 이재수(2003) 참고>

1884-04-18~1885-09-18(甲申~乙酉). 「8도 4도 3항구 일기(八道四都三港口日記)」, 통리교섭통상사무아문(統理交涉通商事務衙門) 편(編). <2책. 필사본. 한자+이두. 이두 자료. 서울대학교 규장각 한국학연구원 홈페이지 원문 이미지 보기>

1884-04-20. **경주 옥산서원 사림 품목**(慶州玉山書院士林稟目), 옥산서원 사림. <1장. 한자+이두. 조선 필사 이두 자료. 경북 경주 옥산서원 구장. 경주시 강동면 양동마을 안길 여주 이씨 무첨당 소장. 한국학자료센터 영남권역센터 홈페이지 원문 이미지와 텍스트 보기. 이수환(2001) 참고>

1884-04-20. **이 생원 노 춘쇠 자매명문**(李生員奴春釗自賣明文), 자매녀 의신 장수옥 (自賣女矣身張水玉). <1장. 한자+이두. 조선 필사 이두 자료. 경북 영해 인량 재령 이씨 충효당 소장. 한국학중앙연구원 장서각 한국고문서자료관 홈페이지 원문 이미지와 텍스트 보기. 한국정신문화연구원 편(1997) 참고>

1884-04-25. **한 생원 댁 노 선일 배지**(韓生員宅奴先日牌旨), 상전 한(上典韓). <1장. 한자+이두. 조선 필사 이두 자료. 경기도 양주 사릉 해주 정씨 종가 소장. 한국학중앙연구원 장서각 한국고문서자료관 홈페이지 참고>

1884-04-26. **화득 토지매매명문**(和得土地賣買明文), 전주 권 노 점단(田主權奴占丹). <1장. 한자+이두. 조선 필사 이두 자료. 경북 안동시 수곡면 전주 류씨 삼산

---

780 호남권 한국학자료센터 홈페이지에서는 '1884년 최기전(崔驥展) 방매(放賣) 토지매매명문(土地賣買明文)'으로 표시하였다.

종가 구장. 대구광역시 수성구 만촌동 전주 류씨 종가 소장. 한국학자료센터 영남권역센터 홈페이지 원문 이미지와 텍스트 보기. 최승희(1989), 이재수(2000, 2003), 전경목(2010), 정수환(2012) 참고>

1884-04-28. **김언심 토지매매명문**(金彦心土地賣買明文), 답주 이태(畓主李太). <1장. 한자+이두. 조선 필사 이두 자료. 경북 영양군 영양읍 삼지리 한양 조씨 하담 고택 구장. 한국국학진흥원 소장. 한국학자료센터 영남권역센터 홈페이지 & 한국국학진흥원 유교넷 홈페이지 원문 이미지와 텍스트 보기. 박병호(1974ㄱ), 최승희(1989), 이재수(2003), 이수건 외(2004) 참고>

1884-04-00. **김치명 첩**(金致明帖), 행목관(行牧官). <1장. 한자+이두. 제주교육박물관 소장. 사이버 제주교육박물관 홈페이지 원문 이미지와 텍스트 보기>

1884-04-00. **면주전 시민 등 발괄**(綿紬廛市民等白活) 1, 면주전 시민 등. <1장. 한자+이두. 조선 필사 이두 자료. 일본 경도대학 가와이문고 소장. 고려대학교 해외한국학자료센터 홈페이지 원문 이미지 보기>

1884-04-00. **유학 화민 유지근 등 상서**(幼學化民柳之根等上書), 유지근 등. <1장. 한자+이두. 조선 필사 이두 자료. 경남 산청 덕천서원 소장. 한국학중앙연구원 장서각 한국고문서자료관 홈페이지 원문 이미지와 텍스트 보기. 한국정신문화연구원 편(1995) 참고>

1884-04-00. **이만목 등 상서**(李萬睦等上書), 이만목 등. <1장. 한자+이두. 조선 필사 이두 자료. 성주 명곡 벽진 이씨 완석정 종택 소장. 한국학중앙연구원 고문서자료관 홈페이지 원문 이미지 보기. 한국학중앙연구원 편(2009) 참고>

1884-04-00. **임공기 소지**(任公變所志) 3, 임공기. <1장. 한자+이두. 조선 필사 이두 자료. 전북 김제시 신풍 임창남 구장. 전북대학교 박물관 소장. 호남권 한국학자료센터 홈페이지 원문 이미지와 텍스트 보기. 최승희(1989), 정구복 외(1999), 이재수(2003) 참고>

1884-04-00. **토지매매명문**(土地賣買明文), 답주 한 생원 댁 노 선일(畓主韓生員宅奴先日). <1장. 한자+이두. 조선 필사 이두 자료. 경기도 양주 사릉 해주 정씨 종가 소장. 한국학중앙연구원 장서각 한국고문서자료관 홈페이지 이미지 보기>

1884-05-02. **토지매매명문**(土地賣買明文),[781] 답주 박윤행(畓主朴允行). <1장. 한자+

이두. 조선 필사 이두 자료. 전남 나주시 남내 밀양 박씨 청재 종가 소장. 호남권 한국학자료센터 홈페이지 원문 이미지와 텍스트 보기. 안승준(1989), 이재수(2003) 참고>

1884-05-04. **가후동소 가사매매명문**(家後洞所家舍賣買明文), 가주 산직 이공인이(家主山直李共仁伊). <1장. 한자+이두. 조선 필사 이두 자료. 경북 안동시 주촌 진성이씨 경류정 소장. 한국학중앙연구원 장서각 한국고문서자료관 홈페이지 & 한국학중앙연구원 한국학 디지털 아카이브 홈페이지 원문 이미지와 텍스트 보기. 한국정신문화연구원 편(1999) 참고>

1884-05-06. **유학 임양묵 토지매매명문**(幼學林良默土地賣買明文), 산지주 유학 사윤방(山地主幼學史允芳). <1장. 한자+이두. 조선 필사 이두 자료. 전북 김제 남산 임창종 구장. 전북대학교 박물관 소장. 호남권 한국학자료센터 홈페이지 원문 이미지와 텍스트 보기. 박병호(1974ㄱ), 최승희(1989), 정구복 외(1999) 참고>

1884-05-14. **임치운 수표**(林致云手標),[782] 표주 사내명(標主史乃明). <1장. 한자+이두. 조선 필사 이두 자료. 전북 김제 남산 임창종 구장. 전북대학교 박물관 소장. 호남권 한국학자료센터 홈페이지 원문 이미지와 텍스트 보기. 박병호(1974ㄱ), 최승희(1989), 정구복 외(1999) 참고>

1884-05-20. **종수 전노 용근 토지매매명문**(從嫂前奴用根土地賣買明文), 전주 노 옥심(田主奴玉心). <1장. 한자+이두. 조선 필사 이두 자료. 경북 봉화군 명호면 도천리 안동 김씨 해헌 고택 구장. 한국국학진흥원 소장. 한국학자료센터 영남권역센터 홈페이지 원문 이미지와 텍스트 보기. 박병호(1974ㄱ), 최승희(1989), 이재수(2003), 이수건 외(2004) 참고>

1884-05-27. **면주전 제3방 장무 백재경 수본**(綿紬廛第三房掌務白在慶手本),[783] 백재경. <1장. 한자+이두. 조선 필사 이두 자료. 일본 경도대학 가와이문고 소장.

---

[781] 호남권 한국학자료센터 홈페이지에서는 '1884년 박윤행(朴允行) 방매(放賣) 토지매매명문(土地賣買明文)'으로 표시하였다.

[782] 호남권 한국학자료센터 홈페이지에서는 '1884년 사내명(史乃明) 수표(手標)'로 표시하였다.

[783] 고려대학교 해외한국학자료센터 홈페이지에서는 '1884년 면주진(綿紬廛) 제3방(後三房) 장무(掌務) 백재경(白在慶) 수본(手本)'으로 잘못 적었다.

고려대학교 해외한국학자료센터 홈페이지 원문 이미지 보기>

1884-05-00. **영양향교 하첩**(英陽鄕校下帖) 1, 영양현감(英陽縣監). <1장. 한자+이두. 조선 필사 이두 자료. 경북 영양군 일월면 도계리 영양향교 소장. 한국학자료센터 영남권역센터 홈페이지 원문 이미지와 텍스트 보기. 영남대학교 민족문화연구소 편(1992) 참고>

1884-05-00. **화민 유학 하상흡 소지**(化民幼學河相翕所志) 1, 하상흡. <1장. 한자+이두. 조선 필사 이두 자료. 안동 송파 진주 하씨 하위지 후손가 소장. 한국학중앙연구원 장서각 한국고문서자료관 홈페이지 & 한국국학진흥원 유교넷 홈페이지 원문 이미지 보기. 한국정신문화연구원 편(2002) 참고>

1884-05-00. **화민 유학 하상흡 소지**(化民幼學河相翕所志) 2, 하상흡. <1장. 한자+이두. 조선 필사 이두 자료. 안동 송파 진주 하씨 하위지 후손가 소장. 한국학중앙연구원 장서각 한국고문서자료관 홈페이지 & 한국국학진흥원 유교넷 홈페이지 원문 이미지 보기. 한국정신문화연구원 편(2002) 참고>

1884-윤5-18. **정의묵 상서**(鄭宜默上書) 1, 정의묵. <1장. 한자+이두. 조선 필사 이두 자료. 경북 상주시 외서면 우산리 진주 정씨 우복 종택 소장. 한국학중앙연구원 장서각 한국고문서자료관 홈페이지 원문 이미지 보기. 한국학중앙연구원 편(2008) 참고>

1884-윤5-22. **우득호 토지매매명문**(禹得浩土地賣買明文), 원답주 윤봉주(元畓主尹鳳柱). <1장. 한자+이두. 조선 필사 이두 자료. 전북대학교 박물관 소장. 호남권 한국학자료센터 홈페이지 원문 이미지와 텍스트 보기>

1884-윤5-00. **김기두 소지**(金箕斗所志) 1, 김기두. <1장. 한자+이두. 조선 필사 이두 자료. 전북 고창군 장두 광산 김씨가 소장. 호남권 한국학자료센터 홈페이지 원문 이미지와 텍스트 보기. 최승희(1989), 전경목(1997), 김현영(1999), 이수건 외(2004) 참고>

1884-윤5-00. **김재성 소지**(金在聲所志), 김재성. <1장. 한자+이두. 조선 필사 이두 자료. 전북 고창군 장두 광산 김씨가 소장. 호남권 한국학자료센터 홈페이지 원문 이미지와 텍스트 보기. 최승희(1989), 전북향토문화연구회 편(1993), 정구복 외(1999) 참고>

1884-윤5-00. **박기환 소지**(朴基煥所志), 박기환. <1장. 한자+이두. 조선 필사 이두 자료. 전북 임실군 청웅 밀양 박씨가 소장. 호남권 한국학자료센터 홈페이지 원문 이미지와 텍스트 보기. 최승희(1989), 김경숙(2002), 심재우(2013) 참고>

1884-윤5-00. **서치규 상서**(徐致奎上書), 서치규. <1장. 한자+이두. 조선 필사 이두 자료. 상주 연안 이씨 이만부 종가 소장. 한국학중앙연구원 장서각 한국고문서자료관 홈페이지 원문 이미지 보기>

1884-06-21. **채시룡 다짐**(蔡時龍侤音), 채시룡. <1장. 한자+이두. 조선 필사 이두 자료. 경북 상주시 외서면 우산리 진주 정씨 우복 종택 소장. 한국학중앙연구원 장서각 한국고문서자료관 홈페이지 원문 이미지 보기. 한국학중앙연구원 편(2008) 참고>

1884-06-00. **이이천 댁 노 백산 소지**(李利川宅奴白山所志) 1, 백산. <1장. 한자+이두. 조선 필사 이두 자료. 상주 연안 이씨 이만부 종가 소장. 한국학중앙연구원 장서각 한국고문서자료관 홈페이지 원문 이미지 보기>

1884-06-00. **정의묵 상서**(鄭宜默上書) 2, 정의묵. <1장. 한자+이두. 조선 필사 이두 자료. 경북 상주시 외서면 우산리 진주 정씨 우복 종택 소장. 한국학중앙연구원 장서각 한국고문서자료관 홈페이지 원문 이미지 보기. 한국학중앙연구원 편(2008) 참고>

1884-06-00. **하귀리 김 훈장 호노 동이 발괄**(下歸里金訓長戶奴僮伊白活) 1, 동이. <1장. 한자+이두. 조선 필사 이두 자료. 제주시 이도 일도 이동규 구장. 제주시 일도 2동 제주민속자연사박물관 소장. 호남권 한국학자료센터 홈페이지 원문 이미지와 텍스트 보기. 오창명(2007) 참고>

1884-07-06. **토지매매명문**(土地賣買明文), 답주 유학 당재흥(畓主幼學姜在興). <1장. 한자+이두. 조선 필사 이두 자료. 경북 경주시 소정리 경주 이씨 소장. 한국학중앙연구원 장서각 한국고문서자료관 홈페이지 원문 이미지 보기. 한국정신문화연구원 편(2002) 참고>

1884-07-09. **장대신 토지매매명문**(張大信土地賣買明文), 답주 임봉완(畓主任奉完). <1장. 한자+이두. 조선 필사 이두 자료. 제주시 이도 일도 이동규 구장. 제주시 일도 2동 제주민속자연사박물관 소장. 호남권 한국학자료센터 홈페이지 원문

이미지와 텍스트 보기. 고창석(1997, 1998) 참고>

1884-07-12. **유학 이일근 토지매매명문**(幼學李一根土地賣買明文), 전주 유학 김낙경(田主幼學金洛京). <1장. 한자+이두. 조선 필사 이두 자료. 삼척시립박물관 소장. 한국학자료센터 강원권역센터 홈페이지 원문 이미지와 텍스트 보기. 김소은(2004), 전경목(2010), 정수환(2010), 채현경(2011) 참고>

1884-07-14.[784] **김이효 등 상서**(金履孝等上書) 1, 김이효 등. <1장. 한자+이두. 조선 필사 이두 자료. 전북 부안군 취성재 소장. 호남권 한국학자료센터 홈페이지 원문 이미지와 텍스트 보기. 최승희(1989), 이수건 외(2004), 김경숙(2012) 참고>

1884-07-20. 「물명고(**物名攷**)」, 유희(柳僖). <천양정사(天養精舍) 필사본. 1책. 16장. '물명유고(物名類考)'라고도 한다. 어휘집. 서울대학교 규장각 한국학연구원 홈페이지 원문 이미지 보기> <이본: 1820-00-00 무렵 추정(5권 1책. 14장. 필사본. 서울대학교 규장각 한국학연구원 홈페이지 원문 이미지 보기) 참고>

1884-07-24. **사제 승만 토지매매명문**(舍弟勝萬土地賣買明文), 전주 중형 승우(田主仲兄勝祐). <1장. 한자+이두. 조선 필사 이두 자료. 경북 봉화군 명호면 도천리 안동 김씨 해헌 고택 구장. 한국국학진흥원 소장. 한국학자료센터 영남권역센터 홈페이지 원문 이미지와 텍스트 보기. 박병호(1974ㄱ), 최승희(1989), 이재수(2003), 이수건 외(2004) 참고>

1884-07-26. **가사매매명문**(家舍賣買明文), 가대주 유학 신대홍(家垈主幼學辛大弘). <1장. 한자+이두. 조선 필사 이두 자료. 경북 안동시 오천 광산 김씨 후조당 소장. 한국학중앙연구원 장서각 한국고문서자료관 홈페이지 원문 이미지와 텍스트 보기. 한국정신문화연구원 편(1982) 참고>

1884-07-00. **김기두 소지**(金箕斗所志) 2, 김기두. <1장. 한자+이두. 조선 필사 이두 자료. 전북 고창군 장두 광산 김씨가 소장. 호남권 한국학자료센터 홈페이지 원문 이미지와 텍스트 보기. 최승희(1989), 전북향토문화연구회 편(1993), 정구복 외(1999) 참고>

1884-07-00. **김기두 의송**(金箕斗議送), 김기두. <1장. 한자+이두. 조선 필사 이두

---

784 호남권 한국학자료센터 홈페이지의 원문에는 '윤7'로 되어 있으나 윤달은 5월이다.

자료. 전북 고창군 장두 광산 김씨가 소장. 호남권 한국학자료센터 홈페이지 원문 이미지와 텍스트 보기. 박병호(1974ㄱ), 최승희(1989), 정구복(2002) 참고>

1884-07-00. **김두식 소지**(金斗植所志), 김두식. <1장. 한자+이두. 조선 필사 이두 자료. 안동 천전 의성 김씨 지촌 종택 소장. 한국학중앙연구원 장서각 한국고문서자료관 홈페이지 원문 이미지 보기. 한국정신문화연구원 편(1989) 참고>

1884-07-00. **김이효 등 상서**(金履孝等上書) 2, 김이효 등. <1장. 한자+이두. 조선 필사 이두 자료. 전북 부안군 취성재 소장. 호남권 한국학자료센터 홈페이지 원문 이미지와 텍스트 보기. 최승희(1989), 이수건 외(2004), 김경숙(2012) 참고>

1884-07-00. **유 노 연대 토지매매명문**(柳奴連大土地賣買明文), 답주 목 노 복금(畓主睦 奴福金). <1장. 한자+이두. 조선 필사 이두 자료. 안산 부곡 진주 류씨 경성당 소장. 한국학중앙연구원 장서각 한국고문서자료관 홈페이지 원문 이미지 보기. 한국정신문화연구원 편(2002) 참고>

1884-07-00. **하귀리 김 훈장 호노 동이 발괄**(下歸里金訓長戶奴僮伊白活) 2, 동이. <1장. 한자+이두. 조선 필사 이두 자료. 제주시 이도 일도 이동규 구장. 제주시 일도 2동 제주민속자연사박물관 소장. 호남권 한국학자료센터 홈페이지 원문 이미지와 텍스트 보기. 오창명(2007) 참고>

1884-08-03. **이석본 토지매매명문**(李石本土地賣買明文), 전주 집필 최주성(出主執筆 崔柱星). <1장. 한자+이두. 조선 필사 이두 자료. 경북 안동시 주촌 진성 이씨 경류정 소장. 한국학중앙연구원 한국학 디지털 아카이브 홈페이지 원문 이미지와 텍스트 보기>

1884-08-22. **김선도 토지매매명문**(金善道土地賣買明文), 재장주 조 노 화철(災場主曺 奴得文). <1장. 한자+이두. 조선 필사 이두 자료. 전남 보성군 박실 제주 양씨가 구장. 원광대학교 박물관 소장. 호남권 한국학자료센터 홈페이지 원문 이미지와 텍스트 보기. 최승희(1989), 정구복 외(1999), 이재수(2003) 참고>

1884-08-22. **조 노 춘단 토지매매명문**(趙奴春丹土地賣買明文), 답주 박연매(畓主朴連 每). <1장. 한자+이두. 조선 필사 이두 자료. 경북 영양군 영양읍 삼지리 한양 조씨 하담 고택 구장. 한국국학진흥원 소장. 한국학자료센터 영남권역센터 홈페 이지 & 한국국학진흥원 유교넷 홈페이지 원문 이미지와 텍스트 보기. 박병호

(1974ㄱ), 최승희(1989), 이재수(2003), 이수건 외(2004) 참고>

1884-08-00. **정의묵 상서**(鄭宜默上書) 3, 정의묵. <1장. 한자+이두. 조선 필사 이두 자료. 경북 상주시 외서면 우산리 진주 정씨 우복 종택 소장. 한국학중앙연구원 장서각 한국고문서자료관 홈페이지 원문 이미지 보기. 한국학중앙연구원 편(2008) 참고>

1884-09-11. **정의묵·정원묵 산도**(鄭宜默鄭原默山圖), 정의묵·정원묵. <1장. 한자+이두. 조선 필사 이두 자료. 경북 상주시 외서면 우산리 진주 정씨 우복 종택 소장. 한국학중앙연구원 장서각 한국고문서자료관 홈페이지 원문 이미지 보기. 한국학중앙연구원 편(2008) 참고>

1884-09-12. **정 씨 토지매매명문**(鄭氏土地賣買明文), 답주 허 진사 댁(畓主許進士宅). <1장. 한자+이두. 조선 필사 이두 자료. 전남 보성군 박실 제주 양씨가 구장. 원광대학교 박물관 소장. 호남권 한국학자료센터 홈페이지 원문 이미지와 텍스트 보기. 최승희(1989), 정구복 외(1999), 이재수(2003) 참고>

1884-09-00. **경상감영 완문**(慶尙監營完文), 경상 감영. <1책. 4장. 한자+이두. 조선 필사 이두 자료. 경남 고성 옥천사 보장각 소장. 한국학중앙연구원 장서각 한국고문서자료관 홈페이지 원문 이미지 보기>

1884-09-00. **고직 배지**(庫直牌旨), 산천재(山天齋). <1장. 한자+이두. 조선 필사 이두 자료. 경남 산청군 덕산서원 소장. 한국학중앙연구원 장서각 한국고문서자료관 홈페이지 원문 이미지와 텍스트 보기. 한국정신문화연구원 편(1995) 참고>

1884-09-00. **박 승지댁 노 부철 소지**(朴承旨宅奴夫哲所志), 부철. <1장. 한자+이두. 조선 필사 이두 자료. 경북 영주시 문수면 수도리 반남 박씨 오헌 고택 구장. 한국국학진흥원 소장. 한국학자료센터 영남권역센터 홈페이지 원문 이미지와 텍스트 보기>

1884-09-00. **정의묵 상서**(鄭宜默上書) 4, 정의묵. <1장. 한자+이두. 조선 필사 이두 자료. 경북 상주시 외서면 우산리 진주 정씨 우복 종택 소장. 한국학중앙연구원 장서각 한국고문서자료관 홈페이지 원문 이미지 보기. 한국학중앙연구원 편(2008) 참고>

1884-10-02. **조 호 춘단 토지매매명문**(趙戶春卝土地賣買明文), 답주 이용화(畓主李龍

華). <1장. 한자+이두. 조선 필사 이두 자료. 경북 영양군 영양읍 삼지리 한양 조씨 하담 고택 구장. 한국국학진흥원 소장. 한국학자료센터 영남권역센터 홈페이지 & 한국국학진흥원 유교넷 홈페이지 원문 이미지와 텍스트 보기. 박병호(1974ㄱ), 최승희(1989), 이재수(2003), 이수건 외(2004) 참고>

1884-10-07. **현창도감 첩정**(縣倉都監牒呈),[785] 풍산 현창도감(豊山縣倉都監). <1장. 한자+이두. 조선 필사 이두 자료. 풍산 류씨 하회 화경당(북촌댁) 구장. 한국국학진흥원 소장. 한국국학진흥원 유교넷 홈페이지 원문 이미지와 텍스트 보기>

1884-10-13. **김일심 토지매매명문**(金日心土地賣買明文), 답주 유학 김중문(畓主幼學金仲文). <1장. 한자+이두. 조선 필사 이두 자료. 원광대학교 박물관 소장. 호남권 한국학자료센터 홈페이지 원문 이미지와 텍스트 보기>

1884-10-13. **유학 토지매매명문**(幼學土地賣買明文),[786] 답주 유학 자필 염대현(畓主幼學自筆廉大鉉). <1장. 한자+이두. 조선 필사 이두 자료. 전남 보성군 복내면 죽산 안씨 죽곡정사 소장. 호남권 한국학자료센터 홈페이지 원문 이미지와 텍스트 보기. 이재수(2003) 참고>

1884-10-16. **박계민 수표**(朴啓珉手標), 박계민. <1장. 한자+이두. 조선 필사 이두 자료. 전북 임실군 청웅 밀양 박씨가 소장. 호남권 한국학자료센터 홈페이지 원문 이미지와 텍스트 보기. 박병호(1974ㄱ), 최승희(1989), 김경숙(2002), 전경목 외(2006) 참고>

1884-10-17~1893-04-16(광서 10년 甲申~癸巳). 「의주부장계등록(**義州府狀啓謄錄**)」 6, 비변사(備邊司) 편(編). <1책(6/전6책). 73장. 필사본. 표제는 '灣府啓錄'. 한자+이두. 조선 필사 이두 자료. 서울대학교 규장각 한국학연구원 홈페이지 원문 이미지 보기> <1840-08-08~1841-10-29(1/6)>

1884-10-18. **김금석 토지매매명문**(金琴碩土地賣買明文), 답주 자필 유학 이기영(畓主自筆幼學伊琦永). <1장. 한자+이두. 조선 필사 이두 자료. 전남 장흥군 용산 밀양

---

[785] 한국국학진흥원 유교넷 홈페이지에서는 문서명을 '풍산류씨 하회마을 화경당(북촌댁) 갑신년 10월에 풍산현창도감이 풍산군에 보낸 첩정(牒呈)[11280]'으로 표시하였다.

[786] 호남권 한국학자료센터 홈페이지에서는 '1884년 염대현(廉大鉉) 방매(放賣) 토지매매명문(土地賣買明文)'으로 표시하였다.

박씨 박철환 소장. 호남권 한국학자료센터 홈페이지 원문 이미지와 텍스트 보기. 최승희(1989), 정구복 외(1999), 전경목 외(2006) 참고>

1884-10-19. **토지매매명문**(土地賣買明文),[787] 회장주 자필 김선도(灰場主自筆金善道). <1장. 한자+이두. 조선 필사 이두 자료. 전남 보성군 박실 제주 양씨가 구장. 원광대학교 박물관 소장. 호남권 한국학자료센터 홈페이지 원문 이미지와 텍스트 보기. 최승희(1989), 정구복 외(1999), 이재수(2003) 참고>

1884-10-20. **정의묵 산도**(鄭宜默山圖), 함창 형리 김규화(咸昌刑吏金圭和). <1장. 한자+이두. 조선 필사 이두 자료. 경북 상주시 외서면 우산리 진주 정씨 우복 종택 소장. 한국학중앙연구원 장서각 한국고문서자료관 홈페이지 & 한국학중앙연구원 한국학 디지털 아카이브 홈페이지 원문 이미지와 텍스트 보기. 한국학중앙연구원 편(2008) 참고>

1884-10-20. **토지매매명문**(土地賣買明文),[788] 답주 유학 박치언(畓主幼學朴致彦). <1장. 한자+이두. 조선 필사 이두 자료. 전북 부안 석동 류절재 소장. 호남권 한국학자료센터 홈페이지 원문 이미지와 텍스트 보기. 박병호(1974ㄱ), 최승희(1989), 이재수(2003) 참고>

1884-10-21. **김 생원 댁 산지매매명문**(金生員宅山地賣買明文), 매산주 이만춘(賣山主李萬春). <1장. 한자+이두. 조선 필사 이두 자료. 전북 익산 용화 전주 이씨가 구장. 전북대학교 박물관 소장. 호남권 한국학자료센터 홈페이지 원문 이미지와 텍스트 보기. 최승희(1989), 이재수(2003) 참고>

1884-10-00. **괘릉동임 사통**(掛陵洞任私通), 최(崔)·손(孫). <1장. 한자+이두. 조선 필사 이두 자료. 경북 경주시 소정리 경주 이씨 소장. 한국학중앙연구원 장서각 한국고문서자료관 홈페이지 원문 이미지 보기. 한국정신문화연구원 편(2002) 참고>

1884-10-00. **박경진 등 등장**(朴景鎭等等狀), 박경진 등. <1장. 한자+이두. 조선 필사

---

[787] 호남권 한국학자료센터 홈페이지에서는 '1884년 김선도(金善道) 방매(放賣) 토지매매명문(土地賣買明文)'으로 표시하였다.

[788] 호남권 한국학자료센터 홈페이지에서는 '1844년 박치언(朴致彦) 방매(放賣) 토지매매명문(土地賣買明文)'으로 표시하였다.

이두 자료. 전남 영암군 군서면 죽정서원 소장. 호남권 한국학자료센터 홈페이지 원문 이미지보기. 최승희(1989) 참고>

1884-10-00. **신방묵 등 소지**(辛邦默等所志) 1, 신방묵 등. <1장. 한자+이두. 조선 필사 이두 자료. 영광 입석 영월 신씨 소장. 한국학중앙연구원 장서각 한국고문서자료관 홈페이지 원문 이미지와 텍스트 보기. 한국정신문화연구원 편(1996) 참고>

1884-10-00. **신방묵 등 소지**(辛邦默等所志) 2, 신방묵 등. <1장. 한자+이두. 조선 필사 이두 자료. 영광 입석 영월 신씨 소장. 한국학중앙연구원 장서각 한국고문서자료관 홈페이지 원문 이미지와 텍스트 보기. 한국정신문화연구원 편(1996) 참고>

1884-10-00. **오의환 차첩**(吳義煥差帖), 정의현감(旌義縣監). <1장. 한자+이두. 조선 필사 이두 자료. 제주시 이도 일도 이동규 구장. 제주시 일도 2동 제주민속자연사박물관 소장. 호남권 한국학자료센터 홈페이지 원문 이미지와 텍스트 보기. 최승희(1989), 이수건 외(2004) 참고>

1884-10-00. **이 노 우근 소지**(李奴又根所志), 우근. <1장. 한자+이두. 조선 필사 이두 자료. 경북 경주시 소정리 경주 이씨 소장. 한국학중앙연구원 장서각 한국고문서자료관 홈페이지 원문 이미지 보기. 한국정신문화연구원 편(2002) 참고>

1884-10-00. **이이천 댁 노 백산 소지**(李利川宅奴白山所志) 2, 백산. <1장. 한자+이두. 조선 필사 이두 자료. 상주 연안 이씨 이만부 종가 소장. 한국학중앙연구원 장서각 한국고문서자료관 홈페이지 원문 이미지 보기>

1884-10-00. **이이천 댁 노 백산 소지**(李利川宅奴白山所志) 3, 백산. <1장. 한자+이두. 조선 필사 이두 자료. 상주 연안 이씨 이만부 종가 소장. 한국학중앙연구원 장서각 한국고문서자료관 홈페이지 원문 이미지 보기>

1884-10-00. **정의묵 상서**(鄭宜默上書) 5, 정의묵. <1장. 한자+이두. 조선 필사 이두 자료. 경북 상주시 외서면 우산리 진주 정씨 우복 종택 소장. 한국학중앙연구원 장서각 한국고문서자료관 홈페이지 원문 이미지 보기. 한국학중앙연구원 편(2008) 참고>

1884-10-00. **정의묵 상서**(鄭宜默上書) 6, 정의묵. <1장. 한자+이두. 조선 필사 이두

자료. 경북 상주시 외서면 우산리 진주 정씨 우복 종택 소장. 한국학중앙연구원 장서각 한국고문서자료관 홈페이지 원문 이미지 보기. 한국학중앙연구원 편(2008) 참고>

1884-11-05. **구례현감 송 서목**(求禮縣監宋書目) 1, 구례현. <1장. 한자+이두. 조선 필사 이두 자료. 전남 구례군 토지면 오미리 문화 류씨 운조루 소장. 한국학중앙연구원 장서각 한국고문서자료관 홈페이지 원문 이미지와 텍스트 보기. 한국정신문화연구원 편(1998) 참고>

1884-11-06. **박 생원 댁 노 계강 토지매매명문**(朴生員宅奴啓江土地賣買明文), 답주 박문오(畓主朴文五). <1장. 한자+이두. 조선 필사 이두 자료. 개인 소장>

1884-11-09. **김병돈 토지매매명문**(金丙敦土地賣買明文), 답주 우주열(畓主禹周悅). <1장. 한자+이두. 조선 필사 이두 자료. 경북 안동시 수곡면 전주 류씨 삼산 종가 구장. 대구광역시 수성구 만촌동 전주 류씨 종가 소장. 한국학자료센터 영남권역센터 홈페이지 원문 이미지와 텍스트 보기. 최승희(1989), 이재수(2000, 2003), 전경목(2010), 정수환(2012) 참고>

1884-11-09. **유 씨 댁 노 화득 토지매매명문**(柳氏宅奴和得土地賣買明文), 전답주 우주열(田畓柱禹周悅). <1장. 한자+이두. 조선 필사 이두 자료. 경북 안동시 수곡면 전주 류씨 삼산 종가 구장. 대구광역시 수성구 만촌동 전주 류씨 종가 소장. 한국학자료센터 영남권역센터 홈페이지 원문 이미지와 텍스트 보기. 최승희(1989), 이재수(2000, 2003), 전경목(2010), 정수환(2012) 참고>

1884-11-09. **유학 토지매매명문**(幼學土地賣買明文),[789] 답주 자필 유학 윤귀원(畓主自筆幼學尹龜遠). <1장. 한자+이두. 조선 필사 이두 자료. 전남 보성군 복내면 죽산 안씨 죽곡정사 소장. 호남권 한국학자료센터 홈페이지 원문 이미지와 텍스트 보기. 최승희(1989) 참고>

1884-11-10. **유학 가사매매명문**(幼學家舍賣買明文),[790] 가대주 김정국(家垈主金正國).

---

[789] 호남권 한국학자료센터 홈페이지에서는 '1884년 윤귀원(尹龜遠) 방매(放賣) 토지매매명문(土地賣買明文)'으로 표시하였다.

[790] 호남권 한국학자료센터 홈페이지에서는 '1884년 김정국(金正國) 방매(放賣) 가사매매명문(家舍賣買明文)'으로 표시하였다.

<1장. 한자+이두. 조선 필사 이두 자료. 광주광역시 광산구 김해 김씨 소장. 호남권 한국학자료센터 홈페이지 원문 이미지와 텍스트 보기. 이재수(2003), 이수건 외(2004) 참고>

1884-11-14. **조반 춘단 토지매매명문**(趙班春丹土地賣買明文), 답주 박연심(畓主朴連心). <1장. 한자+이두. 조선 필사 이두 자료. 경북 영양군 영양읍 삼지리 한양 조씨 하담 고택 구장. 한국국학진흥원 소장. 한국학자료센터 영남권역센터 홈페이지 & 한국국학진흥원 유교넷 홈페이지 원문 이미지와 텍스트 보기. 박병호(1974ㄱ), 최승희(1989), 이재수(2003), 이수건 외(2004) 참고>

1884-11-15. **영광군수 전령**(靈光郡守傳令), 영광군수. <1장. 한자+이두. 조선 필사 이두 자료. 영광 입석 영월 신씨 소장. 한국학중앙연구원 장서각 한국고문서자료관 홈페이지 원문 이미지와 텍스트 보기. 한국정신문화연구원 편(1996) 참고>

1884-11-15. **유학 이 생원 댁 염장문기**(幼學李生員宅鹽場文記), 염막주 과거인 명(塩幕主寡居人明). <1장. 한자+이두. 조선 필사 이두 자료. 전남 보성군 박실 제주 양씨가 구장. 원광대학교 박물관 소장. 호남권 한국학자료센터 홈페이지 원문 이미지와 텍스트 보기. 최승희(1989), 정구복 외(1999), 이재수(2003) 참고>

1884-11-16. **토지매매명문**(土地賣買明文),[791] 답주 유학 주태순(畓主幼學朱泰淳). <1장. 한자+이두. 조선 필사 이두 자료. 전남 보성군 박실 제주 양씨가 구장. 원광대학교 박물관 소장. 호남권 한국학자료센터 홈페이지 원문 이미지와 텍스트 보기. 박병호(1974ㄱ), 이재수(2003) 참고>

1884-11-16~1892-02-21(甲申~壬辰). 「황해병영개록(**黃海兵營啓錄**)」 4, 비변사(備邊司) 편(編). <1책(4/전4책). 166장. 필사본. 권4의 표제는 '罔營啓錄'. 권수제는 '黃海兵營前兵使閔敬鎬在任時 啓錄'. 한자+이두. 조선 필사 이두 자료. 서울대학교 규장각 한국학연구원 홈페이지 원문 이미지 보기> <영인본:「각사등록」24(황해도편 3)(국사편찬위원회 편, 1987)> <1853-02-27~1856-05-21(1/4)>

1884-11-17. **유 생원 댁 노 득이 토지매매명문**(柳生員宅奴得伊土地賣買明文), 답주

---

[791] 호남권 한국학자료센터 홈페이지에서는 '1884년 주태순(朱泰淳) 방매(放賣) 토지매매명문(土地賣買明文)'으로 표시하였다.

홍 생원 댁 노 유록(畓主洪生員宅奴有祿). <1장. 한자+이두. 조선 필사 이두 자료. 안산 부곡 진주 류씨 경성당 소장. 한국학중앙연구원 장서각 한국고문서자료관 홈페이지 원문 이미지 보기. 한국정신문화연구원 편(2002) 참고>

1884-11-17. **토지매매명문**(土地賣買明文),[792] 답주 최성칠(畓主崔成七). <1장. 한자+이두. 조선 필사 이두 자료. 전남 나주시 남내 밀양 박씨 청재 종가 소장. 호남권 한국학자료센터 홈페이지 원문 이미지와 텍스트 보기. 이재수(2003), 김영나(2007) 참고>

1884-11-19. **가사매매명문**(家舍賣買明文),[793] 가대주 상제 엄도정(家垈主喪制嚴導政). <1장. 한자+이두. 조선 필사 이두 자료. 순창 좌부 천안 전씨가 구장. 순창장류박물관 소장. 호남권 한국학자료센터 홈페이지 원문 이미지와 텍스트 보기. 최승희(1989), 전북향토문화연구회 편(1993), 정구복 외(1999) 참고>

1884-11-19. **서 노 남이 토지매매명문**(徐奴男伊土地賣買明文),[794] 위전주 종가 노 삼녀 (位田主宗家奴三女). <1장. 한자+이두. 조선 필사 이두 자료. 경북 안동시 법흥동 고성 이씨 탑동 종가 구장. 한국국학진흥원 소장. 한국국학진흥원 유교넷 홈페이지 원문 이미지 보기>

1884-11-21. **유학 안도윤 토지매매명문**(幼學安道胤土地賣買明文), 답주 자필 유학 최병묵(畓主自筆幼學崔炳默). <1장. 한자+이두. 조선 필사 이두 자료. 전남 보성군 복내면 죽산 안씨 죽곡정사 소장. 호남권 한국학자료센터 홈페이지 원문 이미지와 텍스트 보기>

1884-11-22. **첩정**(牒呈), 관(官). <1장. 한자+이두. 조선 필사 이두 자료. 전남 구례군 토지면 오미리 문화 류씨 운조루 소장. 한국학중앙연구원 장서각 한국고문서자료관 홈페이지 원문 이미지와 텍스트 보기. 한국정신문화연구원 편(1998) 참고>

---

[792] 호남권 한국학자료센터 홈페이지에서는 '1884년 최성칠(崔成七) 방매(放賣) 토지매매명문(土地賣買明文)'으로 표시하였다.

[793] 호남권 한국학자료센터 홈페이지에서는 '1884년 엄도정(嚴導政) 방매(放賣) 가사매매명문(家舍賣買明文)'으로 표시하였다.

[794] 한국국학진흥원 유교넷 홈페이지에서는 문서명을 '1884년 삼녀가 서씨남이에게 땅을 매도한 사실을 증명하는 전답매매문기'로 표시하였다.

1884-11-23. **구례현감 송 서목**(求禮縣監宋書目) 2, 구례현. <1장. 한자+이두. 조선 필사 이두 자료. 전남 구례군 토지면 오미리 문화 류씨 운조루 소장. 한국학중앙연구원 장서각 한국고문서자료관 홈페이지 원문 이미지와 텍스트 보기. 한국정신문화연구원 편(1998) 참고>

1884-11-23. **토지매매명문**(土地賣買明文),[795] 답주 유학 임대현(畓主幼學任大鉉). <1장. 한자+이두. 조선 필사 이두 자료. 전남 보성군 복내면 죽산 안씨 죽곡정사 소장. 호남권 한국학자료센터 홈페이지 원문 이미지와 텍스트 보기>

1884-11-29. **토지매매명문**(土地賣買明文),[796] 전주 무부 최덕순(田主巫夫崔德順). <1장. 한자+이두. 조선 필사 이두 자료. 전남 보성군 박실 제주 양씨가 구장. 원광대학교 박물관 소장. 호남권 한국학자료센터 홈페이지 원문 이미지와 텍스트 보기. 최승희(1989), 이재수(2003) 참고>

1884-11-30. **토지매매명문**(土地賣買明文), 답주 자필 강성의(畓主自筆姜成義). <1장. 한자+이두. 조선 필사 이두 자료. 전남 나주시 남내 밀양 박씨 청재 종가 소장. 호남권 한국학자료센터 홈페이지 원문 이미지와 텍스트 보기. 김재문(1986), 이재수(2003) 참고>

1884-11-00. **김 조이 소지**(金召史所志),[797] 김 조이. <1장. 한자+이두. 조선 필사 이두 자료. 전남 영암군 군서면 죽정서원 소장. 호남권 한국학자료센터 홈페이지 원문 이미지보기. 최승희(1989) 참고>

1884-11-00. **김영술 소지**(金永述所志), 김영술. <1장. 한자+이두. 조선 필사 이두 자료. 전북 부안군 우반 부안 김씨 세덕각 소장. 한국학중앙연구원 장서각 한국고문서자료관 홈페이지 & 호남권 한국학자료센터 홈페이지 원문 이미지와 텍스트 보기. 박병호(1974ㄱ), 한국정신문화연구원 편(1983, 1998), 최승희(1989), 김현영(1999), 전경목(2001), 정구복(2002), 한국학중앙연구원 편(2017) 참고>

---

[795] 호남권 한국학자료센터 홈페이지에서는 '1884년 임대현(任大鉉) 방매(放賣) 토지매매명문(土地賣買明文)'으로 표시하였다.

[796] 호남권 한국학자료센터 홈페이지에서는 '1884년 최덕순(崔德順) 방매(放賣) 토지매매명문(土地賣買明文)'으로 표시하였다.

[797] 호남권 한국학자료센터 홈페이지에서는 '1884년 김소사(金召史) 소지(所志)'로 표시하였다.

1884-11-00. **박노상 소지**(朴魯相所志), 박노상. <1장. 한자+이두. 조선 필사 이두 자료. 전남 영암군 군서면 죽정서원 소장. 호남권 한국학자료센터 홈페이지 원문 이미지보기. 최승희(1989) 참고>

1884-11-00. **사평학계 토지매매명문**(沙坪學稧土地賣買明文), 답주 박이남(畓主朴已南). <1장. 한자+이두. 조선 필사 이두 자료. 경북 영양군 영양읍 삼지리 한양 조씨 하담 고택 구장. 한국국학진흥원 소장. 한국학자료센터 영남권역센터 홈페이지 & 한국국학진흥원 유교넷 홈페이지 원문 이미지와 텍스트 보기. 박병호(1974ㄱ), 최승희(1989), 이재수(2003), 이수건 외(2004) 참고>

1884-11-00. **이현성 소지**(李鉉成所志), 이현성. <1장. 한자+이두. 조선 필사 이두 자료. 경북 영해 인량 재령 이씨 충효당 소장. 한국학중앙연구원 장서각 한국고문서자료관 홈페이지 원문 이미지 보기. 한국정신문화연구원 편(2004) 참고>

1884-11-00. **전당문기**(典當文記),[798] 전주 유학 이우삼(田主幼學李愚三). <1장. 한자+이두. 조선 필사 이두 자료. 전남 보성군 박실 제주 양씨가 구장. 원광대학교 박물관 소장. 호남권 한국학자료센터 홈페이지 원문 이미지와 텍스트 보기>

1884-11-00. **조 생원 토지매매명문**(曺生員土地賣買明文), 답주 자필 하임원(畓主自筆河恁源). <1장. 한자+이두. 조선 필사 이두 자료. 영암 미암 창녕 조씨 태호 후손가 소장. 호남권 한국학자료센터 홈페이지 원문 이미지와 텍스트 보기>

1884-12-08. **신 노 육산 토지매매명문**(申奴六山土地賣買明文), 전답주 조 생원 댁 노 일득(田畓主趙生員宅奴日得). <1장. 한자+이두. 조선 필사 이두 자료. 대전·청양 안동 김씨 삼당 후손가 소장. 한국학중앙연구원 장서각 한국고문서자료관 홈페이지 원문 이미지 보기. 한국정신문화연구원 편(2003) 참고>

1884-12-09. **조시용 토지매매명문**(趙時容土地賣買明文), 답주 강호(畓主姜鎬). <1장. 한자+이두. 조선 필사 이두 자료. 경북 영양군 영양읍 삼지리 한양 조씨 하담 고택 구장. 한국국학진흥원 소장. 한국학자료센터 영남권역센터 홈페이지 & 한국국학진흥원 유교넷 홈페이지 원문 이미지와 텍스트 보기. 박병호(1974ㄱ), 최승희

---

[798] 호남권 한국학자료센터 홈페이지에서는 '1884년 이우삼(李愚三) 전당문기(典當文記)'로 표시하였다.

(1989), 이재수(2003), 이수건 외(2004) 참고>

1884-12-10 **유학 토지매매명문**(幼學土地賣買明文),[799] 답주 유학 이문석(畓主幼學李文石). <1장. 한자+이두. 조선 필사 이두 자료. 전남 보성군 박실 제주 양씨가 구장. 원광대학교 박물관 소장. 호남권 한국학자료센터 홈페이지 원문 이미지와 텍스트 보기. 박병호(1974ㄱ), 최승희(1989), 이재수(2003) 참고>

1884-12-12. **송계중 토지매매명문**(松稧中土地賣買明文), 답주 호 돌선(畓主戶乭先). <1장. 한자+이두. 조선 필사 이두 자료. 경북 영해 인량 재령 이씨 충효당 소장. 한국학중앙연구원 장서각 한국고문서자료관 홈페이지 원문 이미지와 텍스트 보기. 한국정신문화연구원 편(1997) 참고>

1884-12-12. **유학 토지매매명문**(幼學土地賣買明文),[800] 전주 유학 임기준(田主幼學林基俊). <1장. 한자+이두. 조선 필사 이두 자료. 전남 보성군 박실 제주 양씨가 구장. 원광대학교 박물관 소장. 호남권 한국학자료센터 홈페이지 원문 이미지와 텍스트 보기. 박병호(1974ㄱ), 최승희(1989), 이재수(2003) 참고>

1884-12-14. **토지매매명문**(土地賣買明文),[801] 답주 유학 송환국(畓主幼學宋煥國). <1장. 한자+이두. 조선 필사 이두 자료. 전남 영광 마산 경주 이씨가 구장. 진안 용담호미술관 소장. 호남권 한국학자료센터 홈페이지 원문 이미지와 텍스트 보기. 박병호(1974ㄱ), 최승희(1989), 이재수(2003) 참고>

1884-12-16. **토지매매명문**(土地賣買明文), 답주 조 노 일례(畓主趙奴日札). <1장. 한자+이두. 조선 필사 이두 자료. 경북 경주시 소정리 경주 이씨 소장. 한국학중앙연구원 장서각 한국고문서자료관 홈페이지 원문 이미지 보기. 한국정신문화연구원 편(2002) 참고>

1884-12-17. **동중 토지매매명문**(洞中土地賣買明文), 답주 이 노 일신(畓主李奴日身).

---

[799] 호남권 한국학자료센터 홈페이지에서는 '1884년 이문석(李文石) 방매(放賣) 토지매매명문(土地賣買明文)'으로 표시하였다.

[800] 호남권 한국학자료센터 홈페이지에서는 '1884년 임기준(林基俊) 방매(放賣) 토지매매명문(土地賣買明文)'으로 표시하였다.

[801] 호남권 한국학자료센터 홈페이지에서는 '1884년 송환국(宋煥國) 방매(放賣) 토지매매명문(土地賣買明文)'으로 표시하였다.

<1장. 점련문서. 한자+이두. 조선 필사 이두 자료. 경북 경주시 소정리 경주 이씨 소장. 한국학중앙연구원 장서각 한국고문서자료관 홈페이지 원문 이미지 보기. 한국정신문화연구원 편(2002) 참고>

1884-12-21. **남해현령 박 첩정**(南海縣令朴牒呈), 남해현. <1장. 한자+이두. 조선 필사 이두 자료. 경북 영해 인량 재령 이씨 충효당 소장. 한국학중앙연구원 장서각 한국고문서자료관 홈페이지 원문 이미지 보기. 한국학중앙연구원 편(2008) 참고>

1884-12-27. **김지손 토지매매명문**(金芝孫土地賣買明文), 전주 강귀록(田主姜貴祿). <1장. 한자+이두. 조선 필사 이두 자료. 경북 안동시 주촌 진성 이씨 경류정 구장. 서울역사박물관 소장. 한국학중앙연구원 장서각 한국고문서자료관 홈페이지 & 한국학중앙연구원 한국학 디지털 아카이브 홈페이지 원문 이미지와 텍스트 보기. 한국정신문화연구원 편(1999) 참고>

1884-12-27. **정 씨 토지매매명문**(鄭氏土地賣買明文), 전주 김 조이(田主金召史). <1장. 한자+이두. 조선 필사 이두 자료. 제주시 이도 일도 이동규 구장. 제주시 일도 2동 제주민속자연사박물관 소장. 호남권 한국학자료센터 홈페이지 원문 이미지와 텍스트 보기. 이재수(2003) 참고>

1884-12-27. **정중근 토지매매명문**(鄭仲根土地賣買明文), 답주 김 노 일덕(畓主金奴日德). <1장. 한자+이두. 조선 필사 이두 자료. 경북 봉화군 명호면 도천리 안동 김씨 해헌 고택 구장. 한국국학진흥원 소장. 한국학자료센터 영남권역센터 홈페이지 원문 이미지와 텍스트 보기. 박병호(1974ㄱ), 최승희(1989), 이재수(2003), 이수건 외(2004) 참고>

1884-12-00. **양헌묵 소지**(梁憲默所志), 양헌묵. <1장. 한자+이두. 조선 필사 이두 자료. 전남 보성군 박실 제주 양씨가 구장. 원광대학교 박물관 소장. 호남권 한국학자료센터 홈페이지 원문 이미지와 텍스트 보기>

1884-12-00. **영양향교 하첩**(英陽鄕校下帖) 2, 영양현감(英陽縣監). <1장. 한자+이두. 조선 필사 이두 자료. 경북 영양군 일월면 도계리 영양향교 소장. 한국학자료센터 영남권역센터 홈페이지 원문 이미지와 텍스트 보기. 영남대학교 민족문화연구소 편(1992) 참고>

1884-12-00. **오창권 첩**(吳昌權帖), 방어사(防禦使). <1장. 한자+이두. 조선 필사 이두 자료. 제주교육박물관 소장. 사이버 제주교육박물관 홈페이지 원문 이미지와 텍스트 보기>

1884-12-00. **이현모 소지**(李鉉謨所志) 1, 이현모. <1장. 한자+이두. 조선 필사 이두 자료. 경북 영해 인량 재령 이씨 충효당 소장. 한국학중앙연구원 장서각 한국고문서자료관 홈페이지 원문 이미지 보기. 한국정신문화연구원 편(2004) 참고>

1884-12-00. **이현모 소지**(李鉉謨所志) 2, 이현모. <1장. 한자+이두. 조선 필사 이두 자료. 경북 영해 인량 재령 이씨 충효당 소장. 한국학중앙연구원 장서각 한국고문서자료관 홈페이지 원문 이미지 보기. 한국정신문화연구원 편(2004) 참고>

1884-■■-00. **면주전 시민 등 발괄**(綿紬塵市民等白活) 2, 면주전 시민 등. <1장. 한자+이두. 조선 필사 이두 자료. 일본 경도대학 가와이문고 소장. 고려대학교 해외한국학자료센터 홈페이지 원문 이미지 보기>

1884-00-00. 「신약성서 마태전(**신약셩셔 마태젼 新約聖書馬太傳**)」, 이수정(李樹廷) 역, 요코하마: 미국성서회사(米國聖書會社). <쪽복음서. 중국 한문본에 생획토 구결로 현토를 달았다. 1,000부 발행. 흔히 '현토 한한 신약성서(懸吐漢韓新約聖書)'라고 한다. 주안교회 국제성서박물관, 뉴욕 미국성서공회, 하버드대 도서관 소장. 정길남(1995) 권6, 한국교회사문헌연구원 편(2002) 2. 영인>

1884-00-00 이후 기입 추정. 「부우제군약언보전(**孚佑帝君藥言寶典**), 유청련(劉淸蓮) 편(編). <2권 1책. 고활자본. 전사자본. 본문에 생획토 기입. 묵서 구결 자료. 국립중앙도서관 홈페이지 원문 보기>

1885년

<을유(乙酉). 고종 22년. 광서 11년. 명치 18년>

1885-01-01. **장만종 차첩**(張萬宗差帖), 충훈부(忠勳府). <1장. 한자+이두. 조선 필사 이두 자료. 전북 태인 상허 인동 장씨가 구장. 전북 정읍시 시산 최재필가 소장. 호남권 한국학자료센터 홈페이지 원문 이미지와 텍스트 보기. 최승희(1989), 전경

목 외(2006) 참고>

1885-01-07. **족종 양신묵 토지매매명문**(族從梁信默土地賣買明文), 회장주 유학 양운영(灰場主幼學梁運永). <1장. 한자+이두. 조선 필사 이두 자료. 전남 보성군 박실 제주 양씨가 구장. 원광대학교 박물관 소장. 호남권 한국학자료센터 홈페이지 원문 이미지와 텍스트 보기. 박병호(1974ㄱ), 최승희(1989), 이재수(2003) 참고>

1885-01-11. **유학 송협 토지매매명문**(幼學宋俠土地賣買明文), 답주 자필 유학 송방(畓主自筆幼學宋防). <1장. 한자+이두. 조선 필사 이두 자료. 전남 보성군 박실 제주 양씨가 구장. 원광대학교 박물관 소장. 호남권 한국학자료센터 홈페이지 원문 이미지와 텍스트 보기>

1885-01-14. **신 노 방이 토지매매명문**(申奴方伊土地賣買明文),[802] 전주 방석인(田主方石仁). <1장. 한자+이두. 조선 필사 이두 자료. 평산 신씨 진보 서파 돈와공 종중 구장. 한국국학진흥원 소장. 한국국학진흥원 유교넷 홈페이지 원문 이미지 보기>

1885-01-14. **조반 학계 토지매매명문**(趙班學稧土地賣買明文), 답주 서득손(畓主徐得孫). <1장. 한자+이두. 조선 필사 이두 자료. 경북 영양군 영양읍 삼지리 한양 조씨 하담 고택 구장. 한국국학진흥원 소장. 한국학자료센터 영남권역센터 홈페이지 원문 이미지와 텍스트 보기. 박병호(1974ㄱ), 최승희(1989), 이재수(2003), 이수건 외(2004) 참고>

1885-01-15. **가사매매명문**(家舍賣買明文),[803] 가대주 조선문(家垈主趙善文). <1장. 한자+이두. 조선 필사 이두 자료. 전북대학교 박물관 소장. 호남권 한국학자료센터 홈페이지 원문 이미지와 텍스트 보기. 박병호(1974ㄱ), 최승희(1989), 정구복 외(1999) 참고>

1885-01-17. **원촌댁 토지매매명문**(遠村宅土地賣買明文), 대전주 오산댁(垈田主吳山宅). <1장. 한자+이두. 조선 필사 이두 자료. 경북 안동시 하회 풍산 류씨 충효당

---

[802] 한국국학진흥원 유교넷 홈페이지에서는 문서명을 '1885년 방석인이 방이에게 밭을 팔았음을 증명하는 전답매매문기'로 표시하였다.

[803] 호남권 한국학자료센터 홈페이지에서는 '1885년 조선문(趙善文) 방매 가사매매명문(家舍賣買明文)'으로 표시하였다.

소장. 한국학중앙연구원 장서각 한국고문서자료관 홈페이지 & 한국국학연구원 유교넷 홈페이지 원문 이미지와 텍스트 보기. 한국정신문화연구원 편(1994) 참고>

1885-01-17. **토지매매명문**(土地賣買明文),[804] 답주 유학 김연기(畓主幼學金硏器). <1장. 한자+이두. 조선 필사 이두 자료. 전북 정읍시 동학농민혁명기념관 소장. 호남권 한국학자료센터 홈페이지 원문 이미지와 텍스트 보기. 박병호(1974ㄱ), 이재수(2003) 참고>

1885-01-18. **토지매매명문**(土地賣買明文),[805] 답주 유학 이만춘(畓主幼學李萬春). <1장. 한자+이두. 조선 필사 이두 자료. 전북 정읍시 옹동 전주 이씨가 구장. 정읍시 옹동 이태일가 소장. 호남권 한국학자료센터 홈페이지 원문 이미지와 텍스트 보기. 최승희(1989), 이재수(2003), 채현경(2011) 참고>

1885-01-20. **토지매매명문**(土地賣買明文),[806] 답주 유학 김응백(畓主幼學金應白). <1장. 한자+이두. 조선 필사 이두 자료. 전남 영광 마산 경주 이씨가 구장. 진안 용담호미술관 소장. 호남권 한국학자료센터 홈페이지 원문 이미지와 텍스트 보기. 최승희(1989), 이재수(2003), 채현경(2011) 참고>

1885-01-22. **권 진사 찬수 토지매매명문**(權進士瓚銖土地賣買明文), 전답주 자필 김영규(田畓主自筆金泳奎). <1장. 한자+이두. 조선 필사 이두 자료. 경북 봉화군 명호면 도천리 안동 김씨 해헌 고택 구장. 한국국학진흥원 소장. 한국학자료센터 영남권역센터 홈페이지 원문 이미지와 텍스트 보기. 박병호(1974ㄱ), 최승희(1989), 이재수(2003), 이수건 외(2004) 참고>

1885-01-23. **노비 자룡 토지매매명문**(奴婢自龍土地賣買明文), 전주 정금준(田主鄭金俊). <1장. 한자+이두. 조선 필사 이두 자료. 경북 안동시 수곡면 전주 류씨 삼산

---

[804] 호남권 한국학자료센터 홈페이지에서는 '1885년 김연기(金硏器) 방매 토지매매명문(土地賣買明文)'으로 표시하였다.

[805] 호남권 한국학자료센터 홈페이지에서는 '1885년 이만춘(李萬春) 방매(放賣) 토지매매명문(土地賣買明文)'으로 표시하였다.

[806] 호남권 한국학자료센터 홈페이지에서는 '1885년 김응백(金應白) 방매(放賣) 토지매매명문(土地賣買明文)'으로 표시하였다.

종가 구장. 대구광역시 수성구 만촌동 전주 류씨 종가 소장. 한국학자료센터 영남권역센터 홈페이지 원문 이미지와 텍스트 보기. 최승희(1989), 이재수(2000, 2003), 전경목(2010), 정수환(2012) 참고>

1885-01-24. **토지매매명문**(土地賣買明文),[807] 답주 유학 김윤화(畓主幼學金允華). <1장. 한자+이두. 조선 필사 이두 자료. 전북대학교 박물관 소장. 호남권 한국학자료센터 홈페이지 원문 이미지와 텍스트 보기. 최승희(1989), 정구복 외(1999), 이재수(2003) 참고>

1885-01-24. **토지매매명문**(土地賣買明文),[808] 답주 자필 유학 송영환(畓主自筆幼學宋永煥). <1장. 한자+이두. 조선 필사 이두 자료. 원광대학교 박물관 소장. 호남권 한국학자료센터 홈페이지 원문 이미지와 텍스트 보기>

1885-01-25. **김노녀 토지매매명문**(金奴女土地賣買明文), 전답주 자필 심 노 춘매(田畓主自筆沈奴春每). <1장. 한자+이두. 조선 필사 이두 자료. 경북 안동시 주촌 진성이씨 경류정 구장. 서울역사박물관 소장. 한국학중앙연구원 장서각 한국고문서자료관 홈페이지 & 한국학중앙연구원 한국학 디지털 아카이브 홈페이지 원문 이미지와 텍스트 보기. 한국정신문화연구원 편(1999) 참고>

1885-01-28. **유학 윤 생원 상설·병하 토지매매명문**(幼學尹生員相卨炳夏土地賣買明文),[809] 전주 유학 자필 남인조(田主幼學自筆南仁祚). <1장. 한자+이두. 조선 필사 이두 자료. 파평 윤씨 야성군파 천평 문중 우암 종택 구장. 한국국학진흥원 소장. 한국국학진흥원 유교넷 홈페이지 원문 이미지 보기>

1885-01-00. **북안면 장산 이 노 명철 소지**(北安面章山李奴明哲所志),[810] 명철. <1장.

---

[807] 호남권 한국학자료센터 홈페이지에서는 '1885년 김윤화(金允華) 방매 토지매매명문(土地賣買明文)'으로 표시하였다.

[808] 호남권 한국학자료센터 홈페이지에서는 '1885년 송영환(宋永煥) 방매(放賣) 토지매매명문(土地賣買明文)'으로 표시하였다.

[809] 한국국학진흥원 유교넷 홈페이지에서는 문서명을 '1885년(고종 22) 1월 28일에 유학(幼學) 남인조(南仁祚)가 생원(生員)인 윤상설(尹相卨)과 윤병하(尹炳夏)에게 마전(麻田)을 방매하면서 발행한 명문(明文)'으로 표시하였다.

[810] 한국학중앙연구원 장서각 한국고문서자료관 홈페이지에서는 '1885년 이씨가(李氏家) 노(奴) 명철(明哲) 소지(所志)'로 표시하였다.

한자+이두. 조선 필사 이두 자료. 경북 경주시 안강읍 옥산리 여주 이씨 장산서원·치암 종택 구장. 한국학중앙연구원 장서각 한국고문서자료관 홈페이지 원문 이미지 보기. 한국정신문화연구원 편(2003) 참고>

1885-01-00. **옥산서원 유생 이인구 등 상서**(玉山書院儒生李寅久等上書), 이인구 등. <1장. 한자+이두. 조선 필사 이두 자료. 경북 경주 옥산서원 구장. 경주시 강동면 양동마을 안길 여주 이씨 무첨당 소장. 한국학자료센터 영남권역센터 홈페이지 원문 이미지와 텍스트 보기. 이수환(2001) 참고>

1885-01-00~1885-12-00(광서 11년). 「각양상납아문월당전수구별성책(**各樣上納衙門月當錢數區別成冊**)」,[811] 광주목(光州牧) 편(編). <1책. 114장. 필사본. 표제는 '左道上納月當成冊'. 내제는 '(光州牧正月以十二月至)各樣上納衙門月當錢數區別成冊'. 권수제는 '(光緖十一年三月 日光州牧正月以十二月至)各樣上納衙門月當錢數區別成冊'. 한자+이두. 조선 필사 이두 자료. 서울대학교 규장각 한국학연구원 홈페이지 원문 이미지 보기>

1885-01-00~1885-12-00(광서 11년). 「각양상납아문월당전수구별성책(**各樣上納衙門月當錢數區別成冊**)」, 전주부(全州府) 편(編). <1책. 115장. 필사본. 한자+이두. 조선 필사 이두 자료. 서울대학교 규장각 한국학연구원 홈페이지 원문 이미지 보기>

1885-01-00~1885-12-00(乙酉). 「추조결옥록(**秋曹決獄錄**)」 37, 형조(刑曹) 편(編). <1책(37/낙질본 43책). 42장. 필사본. 한자+이두. 조선 필사 이두 자료. 서울대학교 규장각 한국학연구원 홈페이지 원문 이미지 보기> <1822-01-00~1822-12-00(1/43)>

1885-02-06. **권순이 토지매매명문**(權順伊土地賣買明文), 전답주 권 진사 댁 노 김득이(田畓主權進士宅奴金得伊). <1장. 한자+이두. 조선 필사 이두 자료. 경북 봉화군 명호면 도천리 안동 김씨 해헌 고택 구장. 한국국학진흥원 소장. 한국학자료센터

---

[811] 서울대학교 규장각 한국학연구원 홈페이지에서는 표제를 책명으로 표시하여 편자 미상으로 처리하였다. 그리고 표제가 '右道上納月當成冊'인 책을 동일한 책명의 두 번째 책으로 잘못 제시하였다.

영남권역센터 홈페이지 원문 이미지와 텍스트 보기. 박병호(1974ㄱ), 최승희(1989), 이재수(2003), 이수건 외(2004) 참고>

1885-02-08. **윤문칠 토지매매명문**(尹汶柒土地賣買明文), 답주 한둘길(畓主韓乭吉). <1장. 한자+이두. 조선 필사 이두 자료. 전북대학교 박물관 소장. 호남권 한국학자료센터 홈페이지 원문 이미지와 텍스트 보기>

1885-02-09. **족형 양신묵 토지매매명문**(族兄梁信默土地賣買明文), 답주 유학 족제 양중영(畓主幼學族弟梁重榮). <1장. 한자+이두. 조선 필사 이두 자료. 전남 보성군 박실 제주 양씨가 구장. 원광대학교 박물관 소장. 호남권 한국학자료센터 홈페이지 원문 이미지와 텍스트 보기. 박병호(1974ㄱ), 이재수(2003) 참고>

1885-02-10. **송계호 토지매매명문**(松稧戶土地賣買明文),[812] 답주호 춘쇠(畓主戶春釗). <1장. 한자+이두. 조선 필사 이두 자료. 경북 영해 인량 재령 이씨 충효당 구장. 한국국학진흥원 소장. 한국학중앙연구원 장서각 한국고문서자료관 홈페이지 원문 이미지와 텍스트 보기. 한국정신문화연구원 편(1997) 참고>

1885-02-12. **김 생원 댁 노 복군 토지매매명문**(金生員宅奴福佲土地賣買明文), 전답주 권순이(田畓主權順伊). <1장. 한자+이두. 조선 필사 이두 자료. 경북 봉화군 명호면 도천리 안동 김씨 해헌 고택 구장. 한국국학진흥원 소장. 한국학자료센터 영남권역센터 홈페이지 원문 이미지와 텍스트 보기. 박병호(1974ㄱ), 최승희(1989), 이재수(2003), 이수건 외(2004) 참고>

1885-02-12. **토지매매명문**(土地賣買明文),[813] 전주 박용순 댁 노 오복(田主朴龍淳宅奴五卜). <1장. 한자+이두. 조선 필사 이두 자료. 전북 정읍시 동학농민혁명기념관 소장. 호남권 한국학자료센터 홈페이지 원문 이미지와 텍스트 보기. 박병호(1974ㄱ), 이재수(2003) 참고>

1885-02-13. **유학 이성민 토지매매명문**(幼學李聖敏土地賣買明文), 전주 보원중 이치

---

[812] 한국학중앙연구원 장서각 한국고문서자료관 홈페이지에서는 '1885년 송계(松稧) 토지매매명문(土地賣買明文)'으로 표시하였다. 그리고 문서 발급자는 '춘쇠(春釗)', 수취인은 '송계(松稧)'로 적었다.

[813] 호남권 한국학자료센터 홈페이지에서는 '1885년 박용순댁노(朴龍淳宅奴) 오복(五卜) 방매 토지매매명문(土地賣買明文)'으로 표시하였다.

중(田主深員中李致伸). <1장. 한자+이두. 조선 필사 이두 자료. 전북 정읍시 동학농민혁명기념관 소장. 호남권 한국학자료센터 홈페이지 원문 이미지와 텍스트 보기. 박병호(1974ㄱ), 이재수(2003) 참고>

1885-02-15. **수침매매명문**(水砧賣買明文),[814] 수침주 이 생원 댁 노 재성(水砧主李生員宅奴在成). <1장. 한자+이두. 조선 필사 이두 자료. 전북 정읍시 동학농민혁명기념관 소장. 호남권 한국학자료센터 홈페이지 원문 이미지와 텍스트 보기. 박병호(1974ㄱ), 이재수(2003) 참고>

1885-02-15~1887-04-00(광서 11년~광서 13년). 「호남계록(**湖南啓錄**)」 1~4, 전라감영(全羅監營) 편(編). <4책. 필사본. 한자+이두. 조선 필사 이두 자료. 서울대학교 규장각 한국학연구원 홈페이지 원문 이미지 보기> <영인본: 「각사등록」 18(전라도편 1)(국사편찬위원회 편, 1985)>

1885-02-16.[815] **양 생원 첨공중 토지매매명문**(梁生員僉栱中土地賣買明文),[816] 답주 한량 오종춘(畓主閑良吳宗春). <1장. 한자+이두. 조선 필사 이두 자료. 전남 보성군 박실 제주 양씨가 구장. 원광대학교 박물관 소장. 호남권 한국학자료센터 홈페이지 원문 이미지와 텍스트 보기. 박병호(1974ㄱ), 이재수(2003) 참고>

1885-02-24~1885-03-20(乙酉) 추정. 「이록계(**巳錄啓**)」[817] 3, 충청도(忠淸道) 편(篇). <1책(3/전3책). 15장. 필사본. 내제는 낙장으로 확인할 수 없다. 표제는 '巳錄啓'. 한자+이두. 조선 필사 이두 자료. 서울대학교 규장각 한국학연구원 홈페이지 '古5125-82-v.3' 원문 이미지 보기> <1883-02-29~1884-02-14(1/3)>

1885-02-25. **장종형 토지상환명문**(長從兄土地相換明文), 상환 전주 강항빈(相換出主姜恒彬). <1장. 한자+이두. 조선 필사 이두 자료. 제주시 제주교육박물관 소장.

---

814 호남권 한국학자료센터 홈페이지에서는 '1885년 이생원댁노(李生員宅奴) 재성(在成) 방매 수침매매명문(水砧賣買明文)'으로 표시하였다.

815 호남권 한국학자료센터 홈페이지에서는 '2월 26일'로 잘못 적었다.

816 호남권 한국학자료센터 홈페이지에서는 '1885년 오종춘(吳宗春) 방매(放賣) 토지매매명문(土地賣買明文)'으로 표시하였다.

817 서울대학교 규장각 한국학연구원 홈페이지에서는 책명을 '巳錄啓 이록계'로 표시하고 다른 두 책 「이록계」(1883-02-29~1884-02-14)와 「이록계」(1884-02-17~1885-01-18)과 함께 처리하였다 (「이록계」의 '원문 이미지' 참고).

사이버 제주교육박물관 홈페이지 원문 이미지와 텍스트 보기>

1885-02-25. **토지상환명문**(土地相換明文), 장손 강항인 등(長孫姜恒仁等). <1장. 한자+이두. 조선 필사 이두 자료. 제주시 제주교육박물관 소장. 사이버 제주교육박물관 홈페이지 원문 이미지와 텍스트 보기>

1885-02-26. **정 노 종열 토지매매명문**(鄭奴宗烈土地賣買明文), 전답주 정 노 원심(田畓主鄭奴元心). <1장. 한자+이두. 조선 필사 이두 자료. 경북 봉화군 명호면 도천리 안동 김씨 해헌 고택 구장. 한국국학진흥원 소장. 한국학자료센터 영남권역센터 홈페이지 원문 이미지와 텍스트 보기. 박병호(1974ㄱ), 최승희(1989), 이재수(2003), 이수건 외(2004) 참고>

1885-02-27. **유학 신연호 토지매매명문**(幼學申鍊浩土地賣買明文),[818] 대주 유학 김두식(垈主幼學金斗植). <1장. 한자+이두. 조선 필사 이두 자료. 평산 신씨 진보 서파 돈와공 종중 구장. 한국국학진흥원 소장. 한국국학진흥원 유교넷 홈페이지 원문 이미지 보기>

1885-02-00. 「방약합편(**方藥合編**)」, 황도연(黃道淵, 1808년~1884년) 저, 황필수(黃泌秀, 1842년~1914년) 증보(增補). <야동(冶洞) 신간. 1책. 향약명 자료. 국립중앙도서관 홈페이지 원문 이미지 보기, 서울대학교 규장각 한국학연구원 홈페이지 '古7608-6' 원문 이미지 보기> <이본: ① 1885-00-00. 「중정 방약합편(重訂方藥合編)」(을유 중추 미동(美洞) 신간. 국립중앙도서관 홈페이지 원문 이미지 보기, 서울대학교 규장각 한국학연구원 홈페이지 '古7660-1' 원문 이미지 보기) ② 1885-00-00. 「증맥 방약합편(證脈方藥合編)」(야동(冶洞) 신간. 국립중앙도서관 홈페이지 원문 이미지 보기, 서울대학교 규장각 한국학연구원 홈페이지 '一簑古615.135-H349' 원문 이미지 보기>

1885-03-08. **김상묵 수표**(金商默手標), 김상묵. <1장. 한자+이두. 조선 필사 이두 자료. 전남 보성군 박실 제주 양씨가 구장. 원광대학교 박물관 소장. 호남권 한국학자료센터 홈페이지 원문 이미지와 텍스트 보기. 박병호(1974ㄱ), 최승희(1989),

---

818 한국국학진흥원 유교넷 홈페이지에서는 문서명을 '1885년 김두식이 신연호에게 집터 및 땅을 팔았음을 증명하는 대지매매문기'로 표시하였다.

이재수(2003) 참고>

1885-03-11. **토지매매명문**(土地賣買明文), 답주 조 노 달춘(畓主趙奴達春). <1장. 한자+이두. 조선 필사 이두 자료. 경북 경주시 소정리 경주 이씨 소장. 한국학중앙연구원 장서각 한국고문서자료관 홈페이지 원문 이미지 보기. 한국정신문화연구원 편(2002) 참고>

1885-03-13. **토지매매명문**(土地賣買明文), 답주 추성(畓主秋成). <1장. 한자+이두. 조선 필사 이두 자료. 경북 경주시 소정리 경주 이씨 소장. 한국학중앙연구원 장서각 한국고문서자료관 홈페이지 원문 이미지 보기. 한국정신문화연구원 편(2002) 참고>

1885-03-16. **유 씨 댁 노 화득 토지매매명문**(柳氏宅奴花得土地賣買明文), 전주 김재홍(出主金在興). <1장. 한자+이두. 조선 필사 이두 자료. 경북 안동시 수곡면 전주 류씨 삼산 종가 구장. 대구광역시 수성구 만촌동 전주 류씨 종가 소장. 한국학자료센터 영남권역센터 홈페이지 원문 이미지와 텍스트 보기. 최승희(1989), 이재수(2000, 2003), 전경목(2010), 정수환(2012) 참고>

1885-03-22. **조 노 암면 토지매매명문**(趙奴岩面土地賣買明文), 답주 이 생원 댁 노 후복(畓主李生員宅奴后卜). <1장. 한자+이두. 조선 필사 이두 자료. 경북 상주 낙동 풍양 조씨 양진당 소장. 한국학중앙연구원 장서각 한국고문서자료관 홈페이지 원문 이미지 보기>

1885-03-23. **토지매매명문**(土地賣買明文), 답주 박 노 계단(畓主朴奴桂丹). <1장. 한자+이두. 조선 필사 이두 자료. 경북 경주시 내남면 이조리 경주 최씨·용산서원 소장. 한국학중앙연구원 장서각 한국고문서자료관 홈페이지 & 한국학중앙연구원 한국학 디지털 아카이브 홈페이지 원문 이미지 보기. 한국정신문화연구원 편(2000) 참고>

1885-03-23. **토지매매명문**(土地賣買明文), 답주 박막립(畓主朴莫立). <1장. 한자+이두. 조선 필사 이두 자료. 경북 경주시 내남면 이조리 경주 최씨·용산서원 소장. 한국학중앙연구원 장서각 한국고문서자료관 홈페이지 & 한국학중앙연구원 한국학 디지털 아카이브 홈페이지 원문 이미지 보기. 한국정신문화연구원 편(2000) 참고>

1885-03-25. **시장문기**(柴場文記),[819] 시장주 한치흥(柴場主韓致興). <1장. 한자+이두. 조선 필사 이두 자료. 전남 영광 마산 경주 이씨가 구장. 진안 용담호미술관 소장. 호남권 한국학자료센터 홈페이지 원문 이미지와 텍스트 보기. 최승희(1989), 정구복 외(1999), 채현경(2011) 참고>

1885-03-26. **완문**(完文), 영양현(英陽縣). <1장. 한자+이두. 조선 필사 이두 자료. 경북 영양군 일월면 도계리 영양향교 소장. 한국학자료센터 영남권역센터 홈페이지 원문 이미지와 텍스트 보기. 영남대학교 민족문화연구소 편(1992) 참고>

1885-03-00. **기양연 소지**(奇陽衍所志), 기양연. <1장. 한자+이두. 조선 필사 이두 자료. 전남 장성군 행주 기씨 금강 종가 소장. 호남권 한국학자료센터 홈페이지 원문 이미지와 텍스트 보기. 김경숙(2008), 국사편찬위원회 편(2009) 참고>

1885-03-00. **면주전 삼소임 등 소지**(綿紬廛三所任等所志) 1, 삼소임 등. <1장. 한자+이두. 조선 필사 이두 자료. 일본 경도대학 가와이문고 소장. 고려대학교 해외한국학자료센터 홈페이지 원문 이미지 보기>

1885-03-00. **장덕중 예조 입안**(張德中禮曹立案), 예조. <1장. 한자+이두. 조선 필사 이두 자료. 전북 태인 상허 인동 장씨가 구장. 전북 정읍시 시산 최재필가 소장. 호남권 한국학자료센터 홈페이지 원문 이미지와 텍스트 보기. 최승희(1989), 전경목 외(2006) 참고>

1885-03-00. **장수윤 차첩**(張壽潤差帖), 충훈부(忠勳府). <1장. 한자+이두. 조선 필사 이두 자료. 전북 태인 상허 인동 장씨가 구장. 전북 정읍시 시산 최재필가 소장. 호남권 한국학자료센터 홈페이지 원문 이미지와 텍스트 보기. 최승희(1989), 정구복(2002), 전경목 외(2006) 참고>

1885-04-01. **시장문기**(柴場文記),[820] 시장주 김희윤(柴場主金喜潤). <1장. 한자+이두. 조선 필사 이두 자료. 전남 영광 마산 경주 이씨가 구장. 진안 용담호미술관 소장. 호남권 한국학자료센터 홈페이지 원문 이미지와 텍스트 보기. 최승희(1989), 정구

---

[819] 호남권 한국학자료센터 홈페이지에서는 '1885년 한치흥(韓致興) 시장문기(柴場文記)'로 표시하였다.

[820] 호남권 한국학자료센터 홈페이지에서는 '1885년 김희윤(金喜潤) 방매(放賣) 시장문기(柴場文記)'로 표시하였다.

복 외(1999), 채현경(2011) 참고>

1885-04-01~1887-02-25(乙酉~丁亥).「민장치부(民狀置簿)」, 전라 감영(全羅監營) 편(編). <1책. 84장. 필사본. 한자+이두. 이두 자료. 서울대학교 규장각 한국학연구원 홈페이지 원문 이미지 보기>

1885-04-03. **표문**(標文), 표주 유학 이의조(標主幼學李宜祚). <1장. 한자+이두. 조선 필사 이두 자료. 경북 안동시 주촌 진성 이씨 경류정 소장. 한국학중앙연구원 장서각 한국고문서자료관 홈페이지 & 한국학중앙연구원 한국학 디지털 아카이브 홈페이지 원문 이미지와 텍스트 보기. 한국정신문화연구원 편(1999) 참고>

1885-04-08. **토지매매명문**(土地賣買明文),[821] 답주 서기서(畓主徐其西). <1장. 한자+이두. 조선 필사 이두 자료. 원광대학교 박물관 소장. 호남권 한국학자료센터 홈페이지 원문 이미지와 텍스트 보기. 박병호(1974ㄱ), 이재수(2003) 참고>

1885-04-14~1889-04-21(광서 11년~광서 15년).「전라감영계록(全羅監營啓錄)」7, 비변사(備邊司) 편(編). <1책(7/전7책). 200장. 필사본. 표제는 '全羅監營啓錄'. 한자+이두. 조선 필사 이두 자료. 서울대학교 규장각 한국학연구원 홈페이지 원문 이미지 보기> <영인본:「각사등록」18(전라도편 1)(국사편찬위원회 편, 1985)> <1829-08-10~1829-11-21(1/7)>

1885-04-15. **예조 관**(禮曹關), 예조. <1장. 한자+이두. 조선 필사 이두 자료. 전북 태인 상허 인동 장씨 구장. 전북 정읍 시산 최재필가 소장. 호남권 한국학자료센터 홈페이지 원문 이미지 보기. 최승희(1989), 정구복(2002), 전경목 외(2006) 참고>

1885-04-20. **유학 이돈수 토지매매명문**(幼學李敦壽土地賣買明文), 산록주 유인환(山麓主 柳仁煥). <1장. 한자+이두. 조선 필사 이두 자료. 경북 경주시 안강읍 옥산리 여주 이씨 장산서원·치암 종택 구장. 한국학중앙연구원 장서각 한국고문서자료관 홈페이지 원문 이미지 보기. 한국정신문화연구원 편(2003) 참고>

1885-04-21. **토지매매명문**(土地賣買明文),[822] 답주 자필 유학 송봉만(畓主自筆幼學宋

---

[821] 호남권 한국학자료센터 홈페이지에서는 '1885년 서기서(徐其西) 방매(放賣) 토지매매명문(土地賣買明文)'으로 표시하였다.

鳳萬). <1장. 한자+이두. 조선 필사 이두 자료. 전남 보성군 박실 제주 양씨가 구장. 원광대학교 박물관 소장. 호남권 한국학자료센터 홈페이지 원문 이미지와 텍스트 보기. 최승희(1989), 이재수(2003) 참고>

1885-04-00. **오계량 차첩**(吳啓良差帖) 1, 정의향교 훈장(旌義鄕校訓長). <1장. 한자+이두. 조선 필사 이두 자료. 제주도 서귀포 강정리 화순 오씨가 오영석 구장. 제주시 일도 2동 제주민속자연사박물관 소장. 호남권 한국학자료센터 홈페이지 원문 이미지와 텍스트 보기. 박병호(1974ㄱ), 최승희(1989) 참고>

1885-04-00. **이 노 우근 소지**(李奴又根所志), 우근. <1장. 한자+이두. 조선 필사 이두 자료. 경북 경주시 소정리 경주 이씨 소장. 한국학중앙연구원 장서각 한국고문서 자료관 홈페이지 원문 이미지 보기. 한국정신문화연구원 편(2002) 참고>

1885-04-00. **이지평 댁 노 우근 소지**(李持平宅奴又根所志), 우근. <1장. 한자+이두. 조선 필사 이두 자료. 경북 경주시 소정리 경주 이씨 소장. 한국학중앙연구원 장서각 한국고문서자료관 홈페이지 원문 이미지 보기. 한국정신문화연구원 편(2002) 참고>

1885-05-03. **재종형 신연호 표문**(再從兄申鍊浩標文),[823] 표주 권수경(標主權秀馨). <1장. 한자+이두. 조선 필사 이두 자료. 평산 신씨 진보 서파 돈와공 종중 구장. 한국국학진흥원 소장. 한국국학진흥원 유교넷 홈페이지 원문 이미지 보기>

1885-05-04. **염장문기**(鹽場文記),[824] 부주 자필 한민국(釜主自筆韓珉國). <1장. 한자+이두. 조선 필사 이두 자료. 전남 보성군 박실 제주 양씨가 구장. 원광대학교 박물관 소장. 호남권 한국학자료센터 홈페이지 원문 이미지와 텍스트 보기. 최승희(1989), 정구복 외(1999), 이재수(2003) 참고>

1885-05-07. **하 생원 노비매매명문**(河生員奴婢賣買明文), 분이 부 김기횡(粉伊夫金基

B22 호남권 한국학자료센터 홈페이지에서는 '1885년 송봉만(宋鳳萬) 방매(放賣) 토지매매명문(土地賣買明文)'으로 표시하였다.

B23 한국국학진흥원 유교넷 홈페이지에서는 문서명을 '1885년 권수경이 신연호에게 노비를 팔았음을 증명하는 영수증 형식의 표문'으로 표시하였다.

B24 호남권 한국학자료센터 홈페이지에서는 '1885년 한민국(韓珉國) 방매(放賣) 염장문기(鹽場文記)'로 표시하였다.

橫). <1장. 한자+이두. 조선 필사 이두 자료. 경남 진주시 단목 진양 하씨 창주 후손가 소장. 한국학중앙연구원 장서각 한국고문서자료관 홈페이지 원문 이미지 보기. 한국정신문화연구원 편(2000) 참고>

1885-05-15. **토지매매명문**(土地賣買明文),[825] 산주 유학 오재익(山主幼學吳在益). <1장. 점련문서. 한자+이두. 조선 필사 이두 자료. 전남 순천 황전 김시만 구장. 전북대학교 박물관 소장. 호남권 한국학자료센터 홈페이지 원문 이미지와 텍스트 보기. 박병호(1974ㄱ), 이재수(2003) 참고>

1885-05-19. **삼척진 우영장 서목**(三陟鎭右營將書目), 삼척진 우영장. <1장. 한자+이두. 조선 필사 이두 자료. 삼척시립박물관 소장. 한국학자료센터 강원권역센터 홈페이지 원문 이미지와 텍스트 보기. 최승희(1989), 남권희(2002ㄴ), 김현영(2006ㄴ), 김완호(2012) 참고>

1885-05-24. **토지매매명문**(土地賣買明文), 전주 이 노 걸몽(田主李奴乬夢). <1장. 한자+이두. 조선 필사 이두 자료. 경북 경주시 소정리 경주 이씨 소장. 한국학중앙연구원 장서각 한국고문서자료관 홈페이지 원문 이미지 보기. 한국정신문화연구원 편(2002) 참고>

1885-05-00. **본도 도회소 유생 류도설 등 상서**(本道道會所儒生柳道卨等上書), 류도설 등. <1장. 한자+이두. 조선 필사 이두 자료. 경북 경주 옥산서원 구장. 경주시 강동면 양동마을 안길 여주 이씨 무첨당 소장. 한국학자료센터 영남권역센터 홈페이지 원문 이미지와 텍스트 보기. 이수환(2001) 참고>

1885-05-00. **오계량 차첩**(吳啓良差帖) 2, 정의현감(旌義縣監). <1장. 한자+이두. 조선 필사 이두 자료. 제주도 서귀포 강정리 화순 오씨가 오영석 구장. 제주시 일도 2동 제주민속자연사박물관 소장. 호남권 한국학자료센터 홈페이지 원문 이미지 와 텍스트 보기. 박병호(1974ㄱ), 최승희(1989) 참고>

1885-05-00. **이민익 차첩**(李玟翼差帖), 이조(吏曹). <1장. 한자+이두. 조선 필사 이두 자료. 제천 한수 연안 이씨 소장. 한국학중앙연구원 장서각 한국고문서자료관

---

[825] 호남권 한국학자료센터 홈페이지에서는 '1885년 오재익(吳在益) 방매(放賣) 토지매매명문(土地賣買明文)'으로 표시하였다.

홈페이지 원문 이미지 보기. 한국정신문화연구원 편(2001) 참고>

1885-05-00. **토지매매명문**(土地賣買明文),[826] 답주 양성후(畓主梁性厚). <1장. 한자+이두. 조선 필사 이두 자료. 전남 나주시 남내 밀양 박씨 청재 종가 소장. 호남권 한국학자료센터 홈페이지 원문 이미지와 텍스트 보기. 김태영(1983), 이재수(2003), 이수건 외(2004) 참고>

1885-06-05. **장성군 서이면 집강 보장**(長城郡西二面執綱報狀), 집강. <1장. 한자+이두. 조선 필사 이두 자료. 전남 장성군 행주 기씨 금강 종가 소장. 호남권 한국학자료센터 홈페이지 원문 이미지와 텍스트 보기. 김경숙(2008), 국사편찬위원회 편(2009) 참고>

1885-06-21. **주촌 종손 이긍연 완의**(周村宗孫李兢淵完議),[827] 도산서원 재임 이휘문·이만진((陶山書院齋任李彙㙷李晩震). <1장. 한자+이두. 조선 필사 이두 자료. 경북 안동시 주촌 진성 이씨 경류정 구장. 서울역사박물관 소장. 한국학중앙연구원 장서각 한국고문서자료관 홈페이지 원문 이미지와 텍스트 보기. 한국정신문화연구원 편(1999) 참고>

1885-06-00. **옥산서원 사림 이능장 등 상서**(玉山書院士林李能章等上書), 이능장 등. <1장. 한자+이두. 조선 필사 이두 자료. 경북 경주 옥산서원 구장. 경주시 강동면 양동마을 안길 여주 이씨 무첨당 소장. 한국학자료센터 영남권역센터 홈페이지 원문 이미지와 텍스트 보기. 이수환(2001) 참고>

1885-06-00~1887-윤4-11(광서 11년 乙酉~광서 13년 丁亥). 「김등장록(**金等狀錄**)」, 동래부(東萊府) 편(編). <1책. 61장. 필사본. 한자+이두. 조선 필사 이두 자료. 서울대학교 규장각 한국학연구원 홈페이지 원문 이미지 보기> <영인본: 「각사등록」 9(경상도 보유편 1)(국사편찬위원회 편, 1991)>

1885-07-02. **토지매매명문**(土地賣買明文),[828] 답주 권관 김완규(畓主權管金完圭). <1

---

[826] 호남권 한국학자료센터 홈페이지에서는 '1885년 양성후(梁性厚) 방매(放賣) 토지매매명문(土地賣買明文)'으로 표시하였다.

[827] 한국학중앙연구원 장서각 한국고문서자료관 홈페이지에서는 '1885년 도산서원재임(陶山書院齋任) 이휘문(李彙㙷) 등 완의(完議)'로 표시하였다.

[828] 호남권 한국학자료센터 홈페이지에서는 '1885년 김완규(金完圭) 방매(放賣) 토지매매명문(土地賣

장. 한자+이두. 조선 필사 이두 자료. 전남 보성군 박실 제주 양씨가 구장. 원광대학교 박물관 소장. 호남권 한국학자료센터 홈페이지 원문 이미지와 텍스트 보기. 박병호(1974ㄱ), 최승희(1989), 이재수(2003) 참고>

1885-07-06~1889-11-11(광서 11년~광서 15년). 「전라병영 장계등록(**全羅兵營狀啓謄錄**)」 3, 전라병영(全羅兵營) 편(編). <1책(3/전4책). 68장. 필사본. 표제는 '全羅兵營啓錄'. 한자+이두. 조선 필사 이두 자료. 서울대학교 규장각 한국학연구원 홈페이지 원문 이미지 보기> <영인본: 「각사등록」 19(전라도편 2)(국사편찬위원회 편, 1986)> <1834-01-24~1835-06-01(1/4)>

1885-07-09. **수표**(手標),[829] 안언빈(安彦彬). <1장. 한자+이두. 조선 필사 이두 자료. 경남 밀양 신호 밀성 박씨·덕남서원 소장. 한국학중앙연구원 장서각 한국고문서자료관 홈페이지 원문 이미지 보기. 한국정신문화연구원 편(2004) 참고>

1885-07-20. **수기**(手記),[830] 수기주 유학 이인철·이인문(手記主幼學李寅喆李寅文). <1장. 한자+이두. 조선 필사 이두 자료. 경북 고령군 대가야읍 본관 1리 홍와 고택 구장. 한국국학진흥원 소장. 한국학자료센터 영남권역센터 홈페이지 원문 이미지와 텍스트 보기. 김성갑(2013) 참고>

1885-07-25. **토지매매명문**(土地賣買明文),[831] 답주 유학 김기홍(畓主幼學金箕洪). <1장. 한자+이두. 조선 필사 이두 자료. 전북 무장 원송 진주 강씨가 구장. 전북대학교 박물관 소장. 호남권 한국학자료센터 홈페이지 원문 이미지와 텍스트 보기. 박병호(1974ㄱ), 최승희(1989), 이재수(2003) 참고>

1885-07-27. **토지매매명문**(土地賣買明文),[832] 답주 오득제(畓主吳得濟). <1장. 한자+

買明文'으로 표시하였다.

[829] 한국학중앙연구원 장서각 한국고문서자료관 홈페이지에서는 '1885년 안언빈(安彦彬) 수표(手標)'로 표시하였다.

[830] 한국학자료센터 영남권역센터 홈페이지에서는 '1885년 유학(幼學) 이인철(李寅喆) 수기(手記)'로 표시하였다.

[831] 호남권 한국학자료센터 홈페이지에서는 '1885년 김기홍(金箕洪) 방매(放賣) 토지매매명문(土地賣買明文)'으로 표시하였다.

[832] 호남권 한국학자료센터 홈페이지에서는 '1885년 오득제(吳得濟) 방매(放賣) 토지매매명문(土地賣買明文)'으로 표시하였다.

이두. 조선 필사 이두 자료. 전남 나주시 남내 밀양 박씨 청재 종가 소장. 호남권 한국학자료센터 홈페이지 원문 이미지와 텍스트 보기. 최승희(1989), 이재수(2003) 참고>

1885-07-00. **박경보 토지매매명문**(朴卿甫土地賣買明文), 답주 겸 집필 양래의(畓主兼執筆梁來儀). <1장. 한자+이두. 조선 필사 이두 자료. 전남 나주시 남내 밀양 박씨 청재 종가 소장. 호남권 한국학자료센터 홈페이지 원문 이미지와 텍스트 보기. 최승희(1989) 참고>

1885-07-00. **이원재 댁 노 춘성 소지**(李元宰宅奴春成所志), 춘성. <1장. 한자+이두. 조선 필사 이두 자료. 제천 한수 연안 이씨 소장. 한국학중앙연구원 장서각 한국고문서자료관 홈페이지 원문 이미지 보기. 한국정신문화연구원 편(2001) 참고>

1885-08-17.[833] **이 생원 댁 노 잉령 가사매매명문**(李生員宅奴芿令家舍賣買明文), 가사주 정 진사 댁 노 제길(家舍主丁進士宅奴弟吉). <1장. 한자+이두. 조선 필사 이두 자료. 원주시 무릉박물관 소장. 한국학자료센터 강원권역센터 홈페이지 원문 이미지 보기. 최승희(1989), 전경목(2010), 김성갑(2013), 박준호(2016) 참고>

1885-08-00. **박이규 상서**(朴履奎上書), 박이규. <1장, 한자+이두. 조선 필사 이두 자료. 경남 거창 강동 초계 정씨 동계 종가 구장. 한국학중앙연구원 장서각 한국고문서자료관 홈페이지 & 장서각 한국학자료센터 홈페이지 원문 이미지와 텍스트 보기. 한국정신문화연구원 편(1995), 박병련·김학수(2001), 한국학중앙연구원 편(2005), 김성갑(2006) 참고>

1885-08-00(광서 11년 을유).[834] **토지매매명문**(土地賣買明文),[835] 전주 유학 정추표(田主幼學丁{王+追}杓). <1장. 한자+이두. 조선 필사 이두 자료. 전남 나주시 남내 밀양 박씨 청재 종가 소장. 호남권 한국학자료센터 홈페이지 원문 이미지와 텍스트 보기. 오인택(1996), 이재수(2003) 참고>

1885-09-20~1896-04-20(乙酉~建陽 元年).「개국 504년 을미 3월 일 정배안(開國五百

---

[833] 한국학자료센터 강원권역센터 홈페이지 '안내 정보'에서는 '8월 14일'로 잘못 적었다.
[834] 호남권 한국학자료센터 홈페이지에서는 '1895년 8월'로 잘못 적었다.
[835] 호남권 한국학자료센터 홈페이지에서는 '**1895**년 정추표(丁{王+追}杓) 방매 토지매매명문(土地賣買明文)'으로 잘못 적었다.

四年乙未三月 日定配案)」, 법부(法部) 편(編). <1책. 9장. 필사본. 표제는 '島流配案'. 한자+이두 그리고 한자+한글 토. 서울대학교 규장각 한국학연구원 홈페이지 원문 이미지 보기>

1885-10-04. **염장문기**(鹽場文記),[836] 염부주 한량 한윤성(鹽釜主閑良韓允成). <1장. 한자+이두. 조선 필사 이두 자료. 전남 보성군 박실 제주 양씨가 구장. 원광대학교 박물관 소장. 호남권 한국학자료센터 홈페이지 원문 이미지와 텍스트 보기. 최승희(1989), 정구복 외(1999), 이재수(2003) 참고>

1885-10-10. **토지매매명문**(土地賣買明文),[837] 답주 유학 이성회(畓主幼學李成會). <1장. 한자+이두. 조선 필사 이두 자료. 전남 보성군 박실 제주 양씨가 구장. 원광대학교 박물관 소장. 호남권 한국학자료센터 홈페이지 원문 이미지와 텍스트 보기. 박병호(1974ㄱ), 최승희(1989), 이재수(2003) 참고>

1885-10-20. **유학 토지매매명문**(幼學土地賣買明文),[838] 답주 유학 주홍묵(畓主幼學朱弘默). <1장. 한자+이두. 조선 필사 이두 자료. 전북 정읍시 동학농민혁명기념관 소장. 호남권 한국학자료센터 홈페이지 원문 이미지와 텍스트 보기. 박병호(1974ㄱ), 이재수(2003) 참고>

1885-10-22. **족조 이형직 토지매매명문**(族祖李亨稷土地賣買明文), 전답주 족손 이한성(田畓主族孫李翰㘽). <1장. 한자+이두. 조선 필사 이두 자료. 경북 안동시 주촌 진성 이씨 경류정 구장. 서울역사박물관 소장. 한국학중앙연구원 장서각 한국고문서자료관 홈페이지 & 한국학중앙연구원 한국학 디지털 아카이브 홈페이지 원문 이미지와 텍스트 보기. 한국정신문화연구원 편(1999) 참고>

1885-10-24. **김상현 토지매매명문**(金相絢土地賣買明文), 답주 유학 김상순(畓主幼學金相純). <1장. 한자+이두. 조선 필사 이두 자료. 전남 나주시 남내 밀양 박씨

---

[836] 호남권 한국학자료센터 홈페이지에서는 '1885년 한윤성(韓允成) 방매(放賣) 염장문기(鹽場文記)'로 표시하였다.

[837] 호남권 한국학자료센터 홈페이지에서는 '1885년 이성회(李成會) 방매(放賣) 토지매매명문(土地賣買明文)'으로 표시하였다.

[838] 호남권 한국학자료센터 홈페이지에서는 '1885년 주홍묵(朱弘默) 방매 토지매매명문(土地賣買明文)'으로 표시하였다.

청재 종가 소장. 호남권 한국학자료센터 홈페이지 원문 이미지와 텍스트 보기. 김태영(1983), 최승희(1989), 이재수(2003) 참고>

1885-10-27. **유학 배준사 토지매매명문**(幼學裵俊賜土地賣買明文), 답주 유학 유재명(畓主幼學劉在明). <1장. 한자+이두. 조선 필사 이두 자료. 전북 장수 중번암 분성 배씨가 구장. 전북대학교 박물관 소장. 호남권 한국학자료센터 홈페이지 원문 이미지와 텍스트 보기. 최승희(1989), 손병규(2007), 문현주(2011) 참고>

1885-10-00. **유이흠 등 상서**(柳頤欽等上書) 1, 유이흠 등. <1장. 한자+이두. 조선 필사 이두 자료. 경북 안동시 수곡면 전주 류씨 삼산 종가 구장. 대구광역시 수성구 만촌동 전주 류씨 종가 소장. 한국학자료센터 영남권역센터 홈페이지 원문 이미지와 텍스트 보기. 김선경(1993), 김경숙(2002, 2008) 참고>

1885-10-00. **유이흠 등 상서**(柳頤欽等上書) 2, 유이흠 등. <1장. 한자+이두. 조선 필사 이두 자료. 경북 안동시 수곡면 전주 류씨 삼산 종가 구장. 대구광역시 수성구 만촌동 전주 류씨 종가 소장. 한국학자료센터 영남권역센터 홈페이지 원문 이미지와 텍스트 보기. 김선경(1993), 김경숙(2002, 2008) 참고>

1885-10-00. **유이흠 등 상서**(柳頤欽等上書) 3, 유이흠 등. <1장. 한자+이두. 조선 필사 이두 자료. 경북 안동시 수곡면 전주 류씨 삼산 종가 구장. 대구광역시 수성구 만촌동 전주 류씨 종가 소장. 한국학자료센터 영남권역센터 홈페이지 원문 이미지와 텍스트 보기. 김선경(1993), 김경숙(2002, 2008) 참고>

1885-10-00. **토지매매명문**(土地賣買明文),[839] 답주 김상순(畓主金相純). <1장. 한자+이두. 조선 필사 이두 자료. 전남 나주시 남내 밀양 박씨 청재 종가 소장. 호남권 한국학자료센터 홈페이지 원문 이미지와 텍스트 보기. 고창석(1996), 이재수(2003) 참고>

1885-11-01. **토지매매명문**(土地賣買明文), 답주 이 노 이단(畓主李奴伊丹). <1장. 한자+이두. 조선 필사 이두 자료. 경북 경주시 소정리 경주 이씨 소장. 한국학중앙연구원 장서각 한국고문서자료관 홈페이지 원문 이미지 보기. 한국정신문화연구원

---

839 호남권 한국학자료센터 홈페이지에서는 '1885년 김상순(金相純) 방매(放賣) 토지매매명문(土地賣買明文)'으로 표시하였다.

편(2002) 참고>

1885-11-05. **토지매매명문**(土地賣買明文),[840] 답주 자필 유영방(畓主自筆柳永邦). <1장. 한자+이두. 조선 필사 이두 자료. 광주광역시 광산구 김해 김씨 소장. 호남권 한국학자료센터 홈페이지 원문 이미지와 텍스트 보기. 이재수(2003), 이수건 외(2004) 참고>

1885-11-10. **문중 토지매매명문**(門中土地賣買明文), 답주 이종수(畓主李鍾壽). <1장. 한자+이두. 조선 필사 이두 자료. 경북 경주시 안강읍 옥산리 여주 이씨 독락당 소장. 한국학중앙연구원 장서각 한국고문서자료관 홈페이지 원문 이미지 보기. 한국정신문화연구원 편(2003) 참고>

1885-11-11. **최 노 철산 토지매매명문**(崔奴哲山土地賣買明文), 자필 답주 임 노 순녀(自筆畓主林奴順女). <1장. 한자+이두. 조선 필사 이두 자료. 경북 영양군 영양읍 삼지리 한양 조씨 하담 고택 구장. 한국국학진흥원 소장. 한국학자료센터 영남권역센터 홈페이지 원문 이미지와 텍스트 보기. 박병호(1974ㄱ), 최승희(1989), 이재수(2003), 이수건 외(2004) 참고>

1885-11-15. **유학 토지매매명문**(幼學土地賣買明文),[841] 전주 유학 신석주(田主幼學辛錫珠). <1장. 한자+이두. 조선 필사 이두 자료. 전북 정읍시 동학농민혁명기념관 소장. 호남권 한국학자료센터 홈페이지 원문 이미지와 텍스트 보기. 박병호(1974ㄱ), 이재수(2003) 참고>

1885-11-15. **토지매매명문**(土地賣買明文),[842] 답주 김정기(畓主金正基). <1장. 한자+이두. 조선 필사 이두 자료. 전남 보성군 박실 제주 양씨가 구장. 원광대학교 박물관 소장. 호남권 한국학자료센터 홈페이지 원문 이미지와 텍스트 보기. 박병호(1974ㄱ), 이재수(2003) 참고>

---

[840] 호남권 한국학자료센터 홈페이지에서는 '1885년 유영방(柳永邦) 방매(放賣) 토지매매명문(土地賣買明文)'으로 표시하였다.

[841] 호남권 한국학자료센터 홈페이지에서는 '1885년 신석주(辛錫珠) 방매 토지매매명문(土地賣買明文)'으로 표시하였다.

[842] 호남권 한국학자료센터 홈페이지에서는 '1885년 김정기(金正基) 방매(放賣) 토지매매명문(土地賣買明文)'으로 표시하였다.

1885-11-17. **유학 양헌 토지매매명문**(幼學梁櫶土地賣買明文), 산주 상인 양경도(山主喪人梁璟燾). <1장. 한자+이두. 조선 필사 이두 자료. 원주시 무릉박물관 소장. 한국학자료센터 강원권역센터 홈페이지 원문 이미지 보기. 박병호(1974ㄱ), 최승희(1989), 김소은(2004), 김성갑(2013) 참고>

1885-11-17~1886-12-30. 「결속색등록(**結束色謄錄**)」 100, 병조(兵曹) 편(編). <1책 (100/낙질본 107책). 92장. 필사본. 한자+이두. 이두 자료. 서울대학교 규장각 한국학연구원 홈페이지 1787년~1891년 낙질본 107책[843] 원문 이미지 보기>

1885-11-20~1887-05-13(乙酉~丁亥). 「구도사도관초(**九道四都關草**)」 1~2, 의정부 기록국(議政府記錄局) 편(編). <2책. 필사본. 한자+이두. 조선 필사 이두 자료. 서울대학교 규장각 한국학연구원 홈페이지 원문 이미지 보기> <영인본: 「각사등록」 63(국사편찬위원회 편, 1992)>

1885-11-22. **신 노 방이 토지매매명문**(申奴方伊土地賣買明文),[844] 답주 이 노 갑돌(畓主李奴甲乭). <1장. 한자+이두. 조선 필사 이두 자료. 평산 신씨 진보 서파 돈와공 종중 구장. 한국국학진흥원 소장. 한국국학진흥원 유교넷 홈페이지 원문 이미지 보기>

1885-11-22. **척숙 문성훈 가사매매명문**(戚叔文成勳家舍賣買明文),[845] 가대주 유학 척질 신병수(家垈主幼學戚姪愼炳壽). <1장. 한자+이두. 조선 필사 이두 자료. 전남 영암군 장암 남평 문씨 문창집 소장. 한국학중앙연구원 장서각 한국고문서자료관 홈페이지 원문 이미지와 텍스트 보기. 한국정신문화연구원 편(1995) 참고>

1885-11-23. **토지매매명문**(土地賣買明文),[846] 답주 자필 김명칠(畓主自筆金明七). <1장. 한자+이두. 조선 필사 이두 자료. 전남 보성군 박실 제주 양씨가 구장. 원광대

---

[843] 1792년(건륭 57년), 1811년(가경 16년) 하, 1816년(가경 21년), 1817년(가경 22년), 1824년(도광 4년), 1831년(도광 11년), 1871년(동치 10년), 1885년(광서 11년) 없음.

[844] 한국국학진흥원 유교넷 홈페이지에서는 문서명을 '1885년 갑돌이 방이에게 논을 팔았음을 증명하는 전답매매문기'로 표시하였다.

[845] 한국학중앙연구원 장서각 한국고문서자료관 홈페이지에서는 '1885년 척숙(戚叔) 문성훈(文成勳) 토지매매명문(土地賣買明文)'으로 표시하였다.

[846] 호남권 한국학자료센터 홈페이지에서는 '1885년 김명칠(金明七) 방매(放賣) 토지매매명문(土地賣買明文)'으로 표시하였다.

학교 박물관 소장. 호남권 한국학자료센터 홈페이지 원문 이미지와 텍스트 보기. 박병호(1974ㄱ), 이재수(2003) 참고>

1885-11-24. **제위소 토지매매명문**(祭位所土地賣買明文),[847] 전주 자필 중운(田主自筆中運). <1장. 한자+이두. 조선 필사 이두 자료. 경북 안동시 도산면 의촌리 은졸재 고택 구장. 한국국학진흥원 소장. 한국학자료센터 영남권역센터 홈페이지 원문 이미지와 텍스트 보기>

1885-11-29. **가사매매명문**(家舍賣買明文), 가대 저전주 강성손(家垈楮田主姜成孫). <1장. 한자+이두. 조선 필사 이두 자료. 경북 경주시 소정리 경주 이씨 소장. 한국학중앙연구원 장서각 한국고문서자료관 홈페이지 원문 이미지 보기. 한국정신문화연구원 편(2002) 참고>

1885-11-29. **유학 토지매매명문**(幼學土地賣買明文),[848] 초장주 유학 염재천(草場主幼學廉在千). <1장. 한자+이두. 조선 필사 이두 자료. 전남 보성군 복내면 죽산 안씨 죽곡정사 소장. 호남권 한국학자료센터 홈페이지 원문 이미지와 텍스트 보기. 김재문(1986) 참고>

1885-11-29. **토지매매명문**(土地賣買明文), 답주 가암동중(畓主佳岩洞中). <1장. 한자+이두. 조선 필사 이두 자료. 경북 경주시 내남면 이조리 경주 최씨·용산서원 소장. 한국학중앙연구원 장서각 한국고문서자료관 홈페이지 & 한국학중앙연구원 한국학 디지털 아카이브 홈페이지 원문 이미지 보기. 한국정신문화연구원 편(2000) 참고>

1885-11-29. **토지매매명문**(土地賣買明文),[849] 답주 윤수일(畓主尹壽鎰). <1장. 한자+이두. 조선 필사 이두 자료. 전북대학교 박물관 소장. 호남권 한국학자료센터 홈페이지 원문 이미지와 텍스트 보기>

---

[847] 한국학자료센터 영남권역센터 홈페이지에서는 '1885년 진성이씨 의인파 문중 제위소(祭位所) 토지매매문(土地賣買明文)'으로 표시하였다.

[848] 호남권 한국학자료센터 홈페이지에서는 '1885년 염재천(廉在千) 방매(放賣) 토지매매명문(土地賣買明文)'으로 표시하였다.

[849] 호남권 한국학자료센터 홈페이지에서는 '1885년 윤수일(尹壽鎰) 방매 토지매매명문(土地賣買明文)'으로 표시하였다.

1885-11-30. **토지매매명문**(土地賣買明文),[850] 답주 유학 최기윤(畓主幼學崔基潤). <1장. 한자+이두. 조선 필사 이두 자료. 전남 나주시 남내 밀양 박씨 청재 종가 소장. 호남권 한국학자료센터 홈페이지 원문 이미지와 텍스트 보기. 김태영(1983), 박노욱(1990), 이재수(2003) 참고>

1885-11-30. **토지매매명문**(土地賣買明文),[851] 답주 자필 임양재(畓主自筆林樑材). <1장. 한자+이두. 조선 필사 이두 자료. 전남 보성군 박실 제주 양씨가 구장. 원광대학교 박물관 소장. 호남권 한국학자료센터 홈페이지 원문 이미지와 텍스트 보기. 최승희(1989), 이재수(2003) 참고>

1885-11-00. **강계형 등 단자**(姜桂馨等單子), 강계형 등. <1장. 한자+이두. 조선 필사 이두 자료. 경북 상주 낙동 풍양 조씨 양진당 소장. 한국학중앙연구원 장서각 한국고문서자료관 홈페이지 원문 이미지 보기>

1885-11-00. **강계형 등 상서**(姜桂馨等上書), 강계형 등. <1장. 한자+이두. 조선 필사 이두 자료. 경북 상주 낙동 풍양 조씨 양진당 소장. 한국학중앙연구원 장서각 한국고문서자료관 홈페이지 원문 이미지 보기>

1885-11-00. **수기**(手記),[852] 답주 박완보(畓主朴完甫). <1장. 한자+이두. 조선 필사 이두 자료. 안산 부곡 진주 류씨 경성당 소장. 한국학중앙연구원 장서각 한국고문서자료관 홈페이지 원문 이미지 보기. 한국정신문화연구원 편(2002) 참고>

1885-11-00. **유병호 등 소지**(劉秉琥等所志), 유병호 등. <1장. 한자+이두. 조선 필사 이두 자료. 경북 예천군 감천면 강릉 유씨 벌방 종가 구장. 한국국학진흥원 소장. 한국학자료센터 영남권역센터 홈페이지 원문 이미지와 텍스트 보기. 전경목(1996), 김경숙(2002) 참고>

1385-11-00. **조주구 등 등장**(趙疇九等等狀), 조주구 등. <1장. 한자+이두. 조선 필사

---

850 호남권 한국학자료센터 홈페이지에서는 '1885년 최기윤(崔基潤) 방매(放賣) 토지매매명문(土地賣買明文)'으로 표시하였다.

851 호남권 한국학자료센터 홈페이지에서는 '1885년 임양재(林樑材) 방매(放賣) 토지매매명문(土地賣買明文)'으로 표시하였다.

852 한국학중앙연구원 장서각 한국고문서자료관 홈페이지에서는 '1885년 박완보(朴完甫) 수기(手記)'로 표시하였다.

이두 자료. 경북 상주 낙동 풍양 조씨 양진당 소장. 한국학중앙연구원 장서각 한국고문서자료관 홈페이지 원문 이미지 보기>

1885-11-■■. **박만준 다짐**(朴萬俊侤音),[853] 박만준. <1장. 한자+이두. 조선 필사 이두 자료. 경북 안동시 수곡면 전주 류씨 삼산 종가 구장. 대구광역시 수성구 만촌동 전주 류씨 종가 소장. 한국학자료센터 영남권역센터 홈페이지 원문 이미지와 텍스트 보기. 김선경(1993), 김경숙(2002, 2008) 참고>

1885-12-01. **토지매매명문**(土地賣買明文), 답주 김 진사 댁 노 성금(畓主金進士宅奴成今). <1장. 한자+이두. 조선 필사 이두 자료. 전북대학교 박물관 소장. 호남권 한국학자료센터 홈페이지 원문 이미지와 텍스트 보기>

1885-12-02. **이 노 만석 토지매매명문**(李奴萬石土地賣買明文),[854] 전주 김 노 득매(田主金奴得每). <1장. 한자+이두. 조선 필사 이두 자료. 진성 이씨 하계파 권재 댁 구장. 한국국학진흥원 소장. 한국국학진흥원 유교넷 홈페이지 원문 이미지와 텍스트 보기>

1885-12-02. **토지매매명문**(土地賣買明文),[855] 답주 동몽 최종열(畓主童蒙崔宗烈). <1장. 한자+이두. 조선 필사 이두 자료. 전북 부안 석동 류절재 소장. 호남권 한국학자료센터 홈페이지 원문 이미지와 텍스트 보기. 박병호(1974ㄱ), 최승희(1989), 이재수(2003) 참고>

1885-12-02. **토지매매명문**(土地賣買明文),[856] 전주 유학 이녕(田主幼學李寧). <1장. 한자+이두. 조선 필사 이두 자료. 전북대학교 박물관 소장. 호남권 한국학자료센터 홈페이지 원문 이미지와 텍스트 보기. 최승희(1989), 정구복 외(1999), 이재수(2003) 참고>

---

[853] 한국학자료센터 영남권역센터 홈페이지에서는 '1885년 박만준(朴萬俊)의 고음(侤音)'으로 표시하였다.

[854] 한국국학진흥원 유교넷 홈페이지에서는 문서명을 '1885년 득매가 만석에게 밭을 팔았음을 증명하는 전답매매문기'로 표시하였다.

[855] 호남권 한국학자료센터 홈페이지에서는 '1885년 최종열(崔宗烈) 방매(放賣) 토지매매명문(土地賣買明文)'으로 표시하였다.

[856] 호남권 한국학자료센터 홈페이지에서는 '1885년 이녕(李寧) 방매 토지매매명문(土地賣買明文)'으로 표시하였다.

1885-12-03. **토지매매명문**(土地賣買明文),[857] 답주 자필 유학 손장환(畓主自筆幼學孫章煥). <1장. 한자+이두. 조선 필사 이두 자료. 전남 보성군 복내면 죽산 안씨 죽곡정사 소장. 호남권 한국학자료센터 홈페이지 원문 이미지와 텍스트 보기. 이재수(2003), 이수건 외(2004) 참고>

1885-12-04. **화득 토지매매명문**(花得土地賣買明文), 전주 권재수(田主權再守). <1장. 한자+이두. 조선 필사 이두 자료. 경북 안동시 수곡면 전주 류씨 삼산 종가 구장. 대구광역시 수성구 만촌동 전주 류씨 종가 소장. 한국학자료센터 영남권역센터 홈페이지 원문 이미지와 텍스트 보기. 최승희(1989), 이재수(2000, 2003), 전경목(2010), 정수환(2012) 참고>

1885-12-06. **이 노 사월 토지매매명문**(李奴沙月土地賣買明文), 답주 김 노 일분(畓主金奴日分). <1장. 한자+이두. 조선 필사 이두 자료. 경북 고령군 대가야읍 본관1리 홍와 고택 구장. 한국국학진흥원 소장. 한국학자료센터 영남권역센터 홈페이지 원문 이미지와 텍스트 보기. 김성갑(2013) 참고>

1885-12-08. **소댁 노 삼봉 토지매매명문**(小宅奴三奉土地賣買明文), 전주 노 소상철(田主奴小商哲). <1장. 한자+이두. 조선 필사 이두 자료. 춘천 김현식 소장. 한국학자료센터 강원권역센터 홈페이지 원문 이미지 보기. 최승희(1989), 전경목(2010), 김성갑(2013), 박준호(2016) 참고>

1885-12-11. **토지매매명문**(土地賣買明文), 답주 김도치(畓主金刀致). <1장. 한자+이두. 조선 필사 이두 자료. 경북 상주 낙동 풍양 조씨 양진당 소장. 한국학중앙연구원 장서각 한국고문서자료관 홈페이지 원문 이미지 보기>

1885-12-12. **권기철 토지매매명문**(權基哲土地賣買明文), 전주 양은우(田主梁恩遇). <1장. 한자+이두. 조선 필사 이두 자료. 경북 안동시 주촌 진성 이씨 경류정 구장. 서울역사박물관 소장. 한국학중앙연구원 장서각 한국고문서자료관 홈페이지 & 한국학중앙연구원 한국학 디지털 아카이브 홈페이지 원문 이미지와 텍스트 보기. 한국정신문화연구원 편(1999) 참고>

---

857 호남권 한국학자료센터 홈페이지에서는 '1885년 손장환(孫章煥) 방매(放賣) 토지매매명문(土地賣買明文)'으로 표시하였다.

1885-12-15. **작산정사 당중 토지매매명문**(鵲山精舍堂中土地賣買明文), 답주 박계흥(畓主朴啓興). <1장. 한자+이두. 조선 필사 이두 자료. 경북 안동시 주촌 진성이씨 경류정 구장. 서울역사박물관 소장. 한국학중앙연구원 장서각 한국고문서자료관 홈페이지 & 한국학중앙연구원 한국학 디지털 아카이브 홈페이지 원문 이미지와 텍스트 보기. 한국정신문화연구원 편(1999) 참고>

1885-12-15. **토지매매명문**(土地賣買明文), 전주 김 노 언례(田主金奴彦祀). <1장. 한자+이두. 조선 필사 이두 자료. 경북 경주시 소정리 경주 이씨 소장. 한국학중앙연구원 장서각 한국고문서자료관 홈페이지 원문 이미지 보기. 한국정신문화연구원 편(2002) 참고>

1885-12-17. **김씨 문중 유사 김옥두 토지매매명문**(金氏門中有司金玉斗土地賣買明文), 답주 오위장 김규재(畓主五衛將金奎栽). <1장. 한자+이두. 조선 필사 이두 자료. 영암 미암 창녕 조씨 대호 후손가 소장. 호남권 한국학자료센터 홈페이지 원문 이미지와 텍스트 보기. 최승희(1989) 참고>

1885-12-18. **박복돌 토지매매명문**(朴福乭土地賣買明文), 전주 육인중계장 채갑(田主六人中稧長菜甲). <1장. 한자+이두. 조선 필사 이두 자료. 경북 안동시 주촌 진성이씨 경류정 소장. 한국학중앙연구원 장서각 한국고문서자료관 홈페이지 & 한국학중앙연구원 한국학 디지털 아카이브 홈페이지 원문 이미지와 텍스트 보기. 한국정신문화연구원 편(1999) 참고>

1885-12-18. **의인동 고직 박가 토지매매명문**(宜仁洞庫直朴哥土地賣買明文), 답주 이 노 순이(畓主李奴純伊). <1장. 한자+이두. 조선 필사 이두 자료. 경북 안동시 도산면 의촌리 은졸재 고택 구장. 한국국학진흥원 소장. 한국학자료센터 영남권역센터 홈페이지 원문 이미지와 텍스트 보기>

1885-12-18. **제차 고직 토지매매명문**(祭次庫直土地賣買明文),[858] 답주 결명 점득(畓主結名 占得). <1장. 한자+이두. 조선 필사 이두 자료. 경북 안동시 도산면 의촌리 은졸재 고택 구장. 한국국학진흥원 소장. 한국학자료센터 영남권역센터 홈페이지

---

858 한국학자료센터 영남권역센터 홈페이지에서는 '1885년 진성이씨 의인파 문중 **재**차고직(祭次庫直) 토지매매명문(土地賣買明文)'으로 표시하였다.

원문 이미지와 텍스트 보기>

1885-12-20. **조병삼 토지매매명문**(曺秉杉土地賣買明文), 답주 문계 유사 김옥두(畓主門契有司金玉斗). <1장. 한자+이두. 조선 필사 이두 자료. 영암 미암 창녕 조씨 태호 후손가 소장. 호남권 한국학자료센터 홈페이지 원문 이미지와 텍스트 보기. 최승희(1989) 참고>

1885-12-20. **토지매매명문**(土地賣買明文), 답주 유학 유옥인(畓主幼學柳玉印). <1장. 한자+이두. 조선 필사 이두 자료. 전남 구례군 토지면 오미리 문화 류씨 운조루 소장. 한국학중앙연구원 장서각 한국고문서자료관 홈페이지 원문 이미지와 텍스트 보기. 한국정신문화연구원 편(1998) 참고>

1885-12-21. **계중 토지매매명문**(稧中土地賣買明文),[859] 답주 제 진한(畓主弟鎭漢). <1장. 한자+이두. 조선 필사 이두 자료. 경북 예천 임씨 금양파 금포 고택 구장. 한국국학진흥원 소장. 한국국학진흥원 유교넷 홈페이지 원문 이미지와 텍스트 보기>

1885-12-21. **의인동중 토지매매명문**(宜仁洞中土地賣買明文), 답주 이 노 정금(畓主李奴丁金). <1장. 한자+이두. 조선 필사 이두 자료. 경북 안동시 도산면 의촌리 은졸재 고택 구장. 한국국학진흥원 소장. 한국학자료센터 영남권역센터 홈페이지 원문 이미지와 텍스트 보기>

1885-12-24. **토지매매명문**(土地賣買明文), 면전주 최 생원 종중(綿田主崔生員宗中). <1장. 한자+이두. 조선 필사 이두 자료. 남원·구례 삭녕 최씨 구장. 한국학중앙연구원 장서각 한국고문서자료관 홈페이지 원문 이미지 보기. 한국정신문화연구원 편(2004) 참고>

1885-12-26.[860] **용계별비 토지매매명문**(龍谿別備土地賣買明文), 답주 조우범(畓主趙禹範). <1장. 한자+이두. 조선 필사 이두 자료. 경북 안동시 안동 권씨 이우당 종택 구장. 한국국학진흥원 소장. 한국국학진흥원 유교넷 홈페이지 원문 이미지

---

[859] 한국국학진흥원 유교넷 홈페이지에서는 문서명을 '1885년 진한이 계 앞으로 논을 팔았음을 증명하는 전답매매문기'로 표시하였다.

[860] 한국국학진흥원 유교넷 홈페이지 '해제'에서는 '12월 6일에 작성되었다'로 잘못 적었다.

와 텍스트 보기>

1885-12-27. **유학 토지매매명문**(幼學土地賣買明文),[861] 전주 자필 유학 전영관(田主自筆幼學全永觀). <1장. 한자+이두. 조선 필사 이두 자료. 전남 보성군 박실 제주 양씨가 구장. 원광대학교 박물관 소장. 호남권 한국학자료센터 홈페이지 원문 이미지와 텍스트 보기. 박병호(1974ㄱ), 최승희(1989) 참고>

1885-12-27. **토지매매명문**(土地賣買明文), 전주 자필 윤 노 월돌(田主自筆尹奴月乭). <1장. 한자+이두. 조선 필사 이두 자료. 안동 천전 의성 김씨 지촌 종택 소장. 한국학중앙연구원 장서각 한국고문서자료관 홈페이지 원문 이미지와 텍스트 보기. 한국정신문화연구원 편(1990) 참고>

1885-12-28. **토지매매명문**(土地賣買明文),[862] 답주 최인좌(畓主崔寅祚). <1장. 한자+이두. 조선 필사 이두 자료. 전남 영광 마산 경주 이씨가 구장. 진안 용담호미술관 소장. 호남권 한국학자료센터 홈페이지 원문 이미지와 텍스트 보기. 최승희(1989), 정구복 외(1999), 채현경(2011) 참고>

1885-12-29. **시장문기**(柴場文記),[863] 시장주 노치겸(柴場主魯致兼). <1장. 한자+이두. 조선 필사 이두 자료. 전남 영광 마산 경주 이씨가 구장. 진안 용담호미술관 소장. 호남권 한국학자료센터 홈페이지 원문 이미지와 텍스트 보기. 최승희(1989), 정구복 외(1999), 채현경(2011) 참고>

1885-12-29. **작산 이씨 댁 문중 토지매매명문**(鵲山李氏宅門中土地賣買明文),[864] 전답주 권미갈(田畓主權美碣). <1장. 한자+이두. 조선 필사 이두 자료. 경북 안동시 주촌 진성 이씨 경류정 소장. 한국학중앙연구원 장서각 한국고문서자료관 홈페이

---

[861] 호남권 한국학자료센터 홈페이지에서는 '1885년 전영관(全永觀) 방매(放賣) 토지매매명문(土地賣買明文)'으로 표시하였다.

[862] 호남권 한국학자료센터 홈페이지에서는 '1885년 최인좌(崔寅祚) 방매(放賣) 토지매매명문(土地賣買明文)'으로 표시하였다.

[863] 호남권 한국학자료센터 홈페이지에서는 '1885년 노치겸(魯致兼) 방매(放賣) 시장문기(柴場文記)'로 표시하였다.

[864] 한국학중앙연구원 장서각 한국고문서자료관 홈페이지에서는 '1885년 작산이씨댁(鵲山李氏宅) 토지매매명문(土地賣買明文)'으로 표시하였다. 한국학중앙연구원 한국학 디지털 아카이브 홈페이지에서는 '토지매매명문150(土地賣買明文150)'으로 표시하였다.

지 원문 이미지와 텍스트 보기. 한국정신문화연구원 편(1999) 참고>

1885-12-30. **이 씨 댁 구로동 재사당중 가사매매명문**(李氏宅九老洞齋舍堂中家舍賣買明文), 가주 양인 김백준(家主良人金伯俊). <1장. 한자+이두. 조선 필사 이두 자료. 경북 안동시 주촌 진성 이씨 경류정 구장. 서울역사박물관 소장. 한국학중앙연구원 장서각 한국고문서자료관 홈페이지 & 한국학중앙연구원 한국학 디지털 아카이브 홈페이지 원문 이미지와 텍스트 보기. 한국정신문화연구원 편(1999) 참고>

1885-12-00. **김병용 등 소지**(金秉鏞等所志), 김병용 등. <1장. 한자+이두. 조선 필사 이두 자료. 전북 부안군 취성재 소장. 호남권 한국학자료센터 홈페이지 원문 이미지와 텍스트 보기. 최승희(1989), 정구복 외(1999), 전경목 외(2006) 참고>

1885-12-00. **김이효 등 상서**(金履孝等上書) 1, 김이효 등. <1장. 한자+이두. 조선 필사 이두 자료. 전북 부안군 취성재 소장. 호남권 한국학자료센터 홈페이지 원문 이미지와 텍스트 보기. 최승희(1989), 전경목(1997), 김현영(1999), 이수건 외(2004) 참고>

1885-12-00. **김이효 등 상서**(金履孝等上書) 2, 김이효 등. <1장. 한자+이두. 조선 필사 이두 자료. 전북 부안군 취성재 소장. 호남권 한국학자료센터 홈페이지 원문 이미지와 텍스트 보기. 최승희(1989), 이수건 외(2004), 김경숙(2012) 참고>

1885-12-00. **면주전 삼소임 등 소지**(綿紬廛三所任等所志) 2, 삼소임 등. <1장. 한자+이두. 조선 필사 이두 자료. 일본 경도대학 가와이문고 소장. 고려대학교 해외한국학자료센터 홈페이지 원문 이미지 보기>

1885-12-00. **토지매매명문**(土地賣買明文),[865] 답주 유학 채준석(畓主幼學蔡準錫). <1장. 한자+이두. 조선 필사 이두 자료. 전남 보성군 복내면 죽산 안씨 죽곡정사 소장. 호남권 한국학자료센터 홈페이지 원문 이미지와 텍스트 보기. 김태영(1983), 김현영(2003) 참고>

1885-00-00. 「감계사등록(**勘界使謄錄**)」 1, 이중하(李重夏). <1책. 한자+이두. 국립중앙도서관 소장. 동북아역사넷 홈페이지 원문 텍스트 보기> <1887-00-00. 「감계

---

865 호남권 한국학자료센터 홈페이지에서는 '1885년 채준석(蔡準錫) 방매(放賣) 토지매매명문(土地賣買明文)'으로 표시하였다.

사등록」 2>

1885-00-00. 「농정신편(農政新編)」, 안종수(安宗洙), 경성: 광인사(廣印社). <초판. 4권 4책. 농서. 어휘 표기 자료. 국립중앙도서관 홈페이지 이미지 보기> <이본: 1905-00-00(재판. 4권 1책. 49장. 박문사 발행. 삽화 삭제), 1931-00-00(조선총독부 한글 번역본)>

1885-00-00. 「왕세자가례도감의궤(王世子嘉禮都監儀軌)」[866] 상·하, 가례도감 편. <2책. 281장+162장. 필사본. 상권의 표제는 '光緖八年壬午二月 日 五臺山城上)王世子嘉禮都監儀軌上'. 권수제는 '王世子嘉禮都監儀軌上'. 한자+이두. 조선 필사 이두 자료. 서울대학교 규장각 한국학연구원 의궤 종합정보 홈페이지 '奎13174' 원문 이미지 보기>

1885-00-00. 「입조록(立朝錄)」, 이재원(李載元) 찬(撰). <불분권 5책. 필사본. 한자+이두. 한국학중앙연구원 디지털장서각 홈페이지 원문 이미지와 텍스트 보기>

1885-00-00. 「칠현금보(七絃琴譜)」, 윤현구(尹顯求) 편, 윤용구(尹用求, 1853년~1939년) 교독(校讀). <1책. 44장. 필사본. 한글+한자+이두. 조선 필사 이두 자료. 칠현금 악보. 연세대학교 중앙도서관 소장. 「한국음악학자료총서」 16(국립국악원, 1984) 영인>

1886년

<병술(丙戌), 고종 23년, 광서 12년, 명치 19년>

1886-01-02. **토지매매명문**(土地賣買明文), 답주 정 노 손례(畓主鄭奴孫礼). <1장. 한자+이두. 조선 필사 이두 자료. 경북 경주시 소정리 경주 이씨 소장. 한국학중앙연구원 장서각 한국고문서자료관 홈페이지 원문 이미지 보기. 한국정신문화연구원 편(2002) 참고>

---

866 서울대학교 규장각 한국학연구원 의궤 종합정보 홈페이지에서는 서명을 표제나 권수제와는 달리 '순종순명황후가례도감의궤(純宗純明皇后嘉禮都監儀軌)'로 적었다.

1886-01-04. **용담소 유사 임병우 토지매매명문**(龍潭所有司林秉右土地賣買明文),[867] 답주 삼촌숙 임심한(畓主三寸叔林深漢). <1장. 한자+이두. 조선 필사 이두 자료. 경북 예천 임씨 금양파 금포 고택 구장. 한국국학진흥원 소장. 한국국학진흥원 유교넷 홈페이지 원문 이미지와 텍스트 보기>

1886-01-07. **이씨 문중 감악소 토지매매명문**(李氏門中甘岳所土地賣買明文), 답주 자필 안법전 댁(畓主自筆安法田宅). <1장. 한자+이두. 조선 필사 이두 자료. 경북 안동시 주촌 진성 이씨 경류정 구장. 서울역사박물관 소장. 한국학중앙연구원 장서각 한국고문서자료관 홈페이지 & 한국학중앙연구원 한국학 디지털 아카이브 홈페이지 원문 이미지와 텍스트 보기. 한국정신문화연구원 편(1999) 참고>

1886-01-08~1887-05-13(丙戌~丁亥).「삼항구관초(三港口關草)」, 의정부 기록국(議政府記錄局) 편(編). <2책. 필사본. 한자+이두. 조선 필사 이두 자료. 서울대학교 규장각 한국학연구원 홈페이지 원문 이미지 보기> <영인본:「각사등록」63(국사편찬위원회 편, 1992)>

1886-01-11. **이 씨 댁 문중 구로동소 토지매매명문**(李氏宅門中九老洞所土地賣買明文),[868] 전주 자필 권명환(田主自筆權明煥). <1장. 한자+이두. 조선 필사 이두 자료. 경북 안동시 주촌 진성 이씨 경류정 구장. 서울역사박물관 소장. 한국학중앙연구원 장서각 한국고문서자료관 홈페이지 & 한국학중앙연구원 한국학 디지털 아카이브 홈페이지 원문 이미지와 텍스트 보기. 한국정신문화연구원 편(1999) 참고>

1886-01-13. **관부 전령**(官府傳令), 관부. <1장. 한자+이두. 조선 필사 이두 자료. 안산 부곡 진주 류씨 경성당 소장. 한국학중앙연구원 장서각 한국고문서자료관 홈페이지 원문 이미지 보기. 한국정신문화연구원 편(2002) 참고>

1886-01-13. **토지매매명문**(土地賣買明文),[869] 전주 유학 임사의(田主幼學任思儀). <1

---

[867] 한국국학진흥원 유교넷 홈페이지에서는 문서명을 '1886년 임심한이 임병우에게 논을 팔았음을 증명하는 전답매매문기'로 표시하였다.

[868] 한국학중앙연구원 장서각 한국고문서자료관 홈페이지에서는 '1886년 이씨문중(李氏門中) 토지매매명문(土地賣買明文)'으로 표시하였다.

[869] 호남권 한국학자료센터 홈페이지에서는 '1886년 임사의(任思儀) 방매(放賣) 토지매매명문(土地賣買明文)'으로 표시하였다.

장. 한자+이두. 조선 필사 이두 자료. 전남 보성군 복내면 죽산 안씨 죽곡정사 소장. 호남권 한국학자료센터 홈페이지 원문 이미지와 텍스트 보기. 이재수(2003) 참고>

1886-01-15. **신 승지 토지매매명문**(愼承旨土地賣買明文), 전주 강수언(出主姜邃彦). <1장. 한자+이두. 조선 필사 이두 자료. 경남 거창 장기 거창 신씨가 소장. 한국학중앙연구원 장서각 한국고문서자료관 홈페이지 원문 이미지 보기. 한국학중앙연구원 편(2005) 참고>

1886-01-22. **토지매매명문**(土地賣買明文), 답주 한량 박작구(畓主閑良朴勺九). <1장. 한자+이두. 조선 필사 이두 자료. 전남 구례군 토지면 오미리 문화 류씨 운조루 소장. 한국학중앙연구원 장서각 한국고문서자료관 홈페이지 원문 이미지와 텍스트 보기. 한국정신문화연구원 편(1998) 참고>

1886-01-22~1887-윤4-19(丙戌~丁亥).「연로각관관초(**沿路各官關草**)」, 의정부 기록국(議政府記錄局) 편(編). <1책. 23장. 필사본. 한자+이두. 조선 필사 이두 자료. 서울대학교 규장각 한국학연구원 홈페이지 원문 이미지 보기> <영인본:「각사등록」 63(국사편찬위원회 편, 1992)>

1886-01-23. **마호주 유주명 수표**(馬戶主柳周鳴手標), 유주명. <1장. 한자+이두. 조선 필사 이두 자료. 안산 부곡 진주 류씨 경성당 소장. 한국학중앙연구원 장서각 한국고문서자료관 홈페이지 원문 이미지 보기. 한국정신문화연구원 편(2002) 참고>

1886-01-24. **수기**(手記),[870] 표주 동몽 박동업(標主童蒙朴同業). <1장. 한자+이두. 조선 필사 이두 자료. 전북 태인 산내 전주 최씨가 구장. 전북 정읍시 동학농민혁명기념관 소장. 호남권 한국학자료센터 홈페이지 원문 이미지와 텍스트 보기. 박병호(1974ㄱ), 이재수(2003) 참고>

1886-01-25. **가사매매명문**(家舍賣買明文), 가대주 유학 고임중(家垈主幼學高任重). <1장. 한자+이두. 조선 필사 이두 자료. 전북대학교 박물관 소장. 호남권 한국학자료센터 홈페이지 원문 이미지와 텍스트 보기. 최승희(1989), 정구복 외(1999),

---

870 호남권 한국학자료센터 홈페이지에서는 '1886년 박동업(朴同業) 수표(手標)'로 표시하였다.

이재수(2003) 참고>

1886-01-25. **노 유점 토지매매명문**(奴有占土地賣買明文), 답주 자필 노 천연(畓主自筆奴千然). <1장. 한자+이두. 조선 필사 이두 자료. 경북 영양군 영양읍 삼지리 한양 조씨 하담 고택 구장. 한국국학진흥원 소장. 한국학자료센터 영남권역센터 홈페이지 원문 이미지와 텍스트 보기. 박병호(1974ㄱ), 최승희(1989), 이재수(2003), 이수건 외(2004) 참고>

1886-01-26.[871] **유학 양신묵 가사매매명문**(幼學梁信默家舍賣買明文), 가대주 유학 선백흠(家垈主幼學宣伯欽). <1장. 한자+이두. 조선 필사 이두 자료. 전남 보성군 박실 제주 양씨가 구장. 원광대학교 박물관 소장. 호남권 한국학자료센터 홈페이지 원문 이미지와 텍스트 보기. 박병호(1974ㄱ), 이재수(2003) 참고>

1886-01-26~1889-09-22(丙戌~己丑).「개성유영관첩(**開城留營關牒**)」 3, 비변사(備邊司) 편(編). <1책(3/전3책). 11장. 필사본. 표제는 '開城留營關牒'. 한자+이두. 조선 필사 이두 자료. 서울대학교 규장각 한국학연구원 홈페이지 원문 이미지 보기> <영인본:「각사등록」 4(경기도편 4)(국사편찬위원회 편, 1982)> <1863-01-11~1866-12-00(1/3)>

1886-01-29~1886-02-29(丙戌~己丑).「덕원부 계록(**德源府啓錄**)」[872] 2, 비변사(備邊司) 편(編). <1책(2/전2책). 39장. 필사본. 표제는 '德源府啓錄'. 권수제는 '(光緖十五年正月日)咸鏡道德源府 啓錄成冊'. 한자+이두. 조선 필사 이두 자료. 서울대학교 규장각 한국학연구원 홈페이지 원문 이미지 보기> <영인본:「각사등록」 44(함경도편 3)(국사편찬위원회 편, 1990)> <1883-01-29~1886-02-29(1/2)>

1886-01-00. **김채상 입안**(金彩相立案), 예조(禮曹). <1장. 한자+이두. 조선 필사 이두 자료. 전북 부안군 우반 부안 김씨 세덕각 소장. 한국학중앙연구원 장서각 한국고문서자료관 홈페이지 원문 이미지와 텍스트 보기. 한국정신문화연구원 편(1983, 1998), 한국학중앙연구원 편(2017) 참고>

---

871 호남권 한국학자료센터 홈페이지 '안내 정보'에서는 '1월 25일'로 잘못 적었으나, '원문 텍스트'에서는 '正月二十六日'로 정확하게 표시하였다.

872 서울대학교 규장각 한국학연구원 홈페이지에는 책명을 '德源府啓錄 덕원부계록'으로 붙여 썼다.

1886-01-00. **예조 관**(禮曹關), 예조. <1장. 한자+이두. 조선 필사 이두 자료. 전북 부안군 우반 부안 김씨 세덕각 소장. 한국학중앙연구원 장서각 한국고문서자료관 홈페이지 원문 이미지와 텍스트 보기. 한국정신문화연구원 편(1983, 1998), 한국학중앙연구원 편(2017) 참고>

1886-01-00. **정의묵 상서**(鄭宜默上書) 1, 정의묵. <1장. 한자+이두. 조선 필사 이두 자료. 경북 상주시 외서면 우산리 진주 정씨 우복 종택 소장. 한국학중앙연구원 장서각 한국고문서자료관 홈페이지 원문 이미지 보기. 한국학중앙연구원 편(2008) 참고>

1886-01-00. **정의묵 상서**(鄭宜默上書) 2, 정의묵. <1장. 한자+이두. 조선 필사 이두 자료. 경북 상주시 외서면 우산리 진주 정씨 우복 종택 소장. 한국학중앙연구원 장서각 한국고문서자료관 홈페이지 원문 이미지 보기. 한국학중앙연구원 편(2008) 참고>

1886-02-03. **점돌 토지매매명문**(占乭土地賣買明文), 전주 임돌(出主壬乭). <1장. 한자+이두. 조선 필사 이두 자료. 경북 안동시 박실 진주 류씨 수정재 고택 구장. 한국국학진흥원 소장. 한국학자료센터 영남권역센터 홈페이지 원문 이미지와 텍스트 보기>

1886-02-03. **정천전 댁 토지매매명문**(鄭川前宅土地賣買明文), 답주 손옥이(畓主孫玉伊). <1장. 한자+이두. 조선 필사 이두 자료. 경북 안동시 주촌 진성 이씨 경류정 소장. 한국학중앙연구원 장서각 한국고문서자료관 홈페이지 & 한국학중앙연구원 한국학 디지털 아카이브 홈페이지 원문 이미지와 텍스트 보기. 한국정신문화연구원 편(1999) 참고>

1886-02-03. **족제 류치걸 토지매매명문**(族弟柳致杰土地賣買明文), 답주 류치목(畓主柳致穆). <1장. 한자+이두. 조선 필사 이두 자료. 경북 안동시 수곡면 전주 류씨 수곡파 대야 고택 구장. 한국국학진흥원 소장. 한국학자료센터 영남권역센터 홈페이지 원문 이미지와 텍스트 보기>

1886-02-07. **토지매매명문**(土地賣買明文), 답주 한량 홍달선(畓主閑良洪達宣). <1장. 한자+이두. 조선 필사 이두 자료. 전남 구례군 토지면 오미리 문화 류씨 운조루 소장. 한국학중앙연구원 장서각 한국고문서자료관 홈페이지 원문 이미지와 텍스

트 보기. 한국정신문화연구원 편(1998) 참고>

1886-02-07. **토지매매명문**(土地賣買明文), 전주 이 노 영복(田主李奴英福). <1장. 한자+이두. 조선 필사 이두 자료. 경북 안동시 주촌 진성 이씨 경류정 소장. 한국학중앙연구원 장서각 한국고문서자료관 홈페이지 & 한국학중앙연구원 한국학 디지털 아카이브 홈페이지 원문 이미지와 텍스트 보기. 한국정신문화연구원 편(1999) 참고>

1886-02-16. **가사매매명문**(家舍賣買明文), 가대주 자필 유학 이계하(家垈主自筆幼學李啓夏). <1장. 한자+이두. 조선 필사 이두 자료. 영광 입석 영월 신씨 소장. 한국학중앙연구원 장서각 한국고문서자료관 홈페이지 원문 이미지와 텍스트 보기. 한국정신문화연구원 편(1996) 참고>

1886-02-16. **척형 이긍연 토지매매명문**(戚兄李兢淵土地賣買明文), 전주 자필 이옥성(田主自筆李玉成). <1장. 한자+이두. 조선 필사 이두 자료. 경북 안동시 주촌 진성 이씨 경류정 구장. 서울역사박물관 소장. 한국학중앙연구원 장서각 한국고문서자료관 홈페이지 & 한국학중앙연구원 한국학 디지털 아카이브 홈페이지 원문 이미지와 텍스트 보기. 한국정신문화연구원 편(1999) 참고>

1886-02-17. **토지매매명문**(土地賣買明文),[873] 전주 강 노 소명남(田主姜奴小命男). <1장. 한자+이두. 조선 필사 이두 자료. 경북 고령군 대가야읍 본관 1리 홍와 고택 구장. 한국국학진흥원 소장. 한국학자료센터 영남권역센터 홈페이지 원문 이미지와 텍스트 보기. 김성갑(2013) 참고>

1886-02-17. **전당문기**(典當文記), 금양주 족종 유학 양창현(禁養主族從幼學梁昶鉉). <1장. 한자+이두. 조선 필사 이두 자료. 전남 보성군 박실 제주 양씨가 구장. 원광대학교 박물관 소장. 호남권 한국학자료센터 홈페이지 원문 이미지와 텍스트 보기. 최승희(1989), 정구복 외(1999), 이재수(2003) 참고>

1886-02-19. **토지매매명문**(土地賣買明文), 답주 불국사 삼강(畓主佛國寺三綱). <1장. 한자+이두. 조선 필사 이두 자료. 경북 경주시 소정리 경주 이씨 소장. 한국학중

---

873 한국학자료센터 영남권역센터 홈페이지에서는 '1886년 강노(姜奴) 소명남(小命男) 방매 토지매매명문(土地賣買明文)'으로 표시하였다.

앙연구원 장서각 한국고문서자료관 홈페이지 원문 이미지 보기. 한국정신문화연구원 편(2002) 참고>

1886-02-20. **상전 주 토지매매명문**(上典主土地賣買明文),[874] 답주 사노 송귀룡(畓主私奴宋貴龍). <1장. 한자+이두. 조선 필사 이두 자료. 전북대학교 박물관 소장. 호남권 한국학자료센터 홈페이지 원문 이미지와 텍스트 보기. 최승희(1989), 정구복 외(1999), 이재수(2003) 참고>

1886-02-20. **이 노 만돌 토지매매명문**(李奴萬乭土地賣買明文), 답주 박 비 계심(畓主朴婢癸心). <1장. 한자+이두. 조선 필사 이두 자료. 경북 영해 인량 재령 이씨 충효당 소장. 한국학중앙연구원 장서각 한국고문서자료관 홈페이지 원문 이미지 보기. 한국학중앙연구원 편(2008) 참고>

1886-02-23. **족종 양신묵 토지매매명문**(族從梁信默土地賣買明文), 금양주 유학 양창현(禁養主幼學梁昶鉉). <1장. 한자+이두. 조선 필사 이두 자료. 전남 보성군 박실 제주 양씨가 구장. 원광대학교 박물관 소장. 호남권 한국학자료센터 홈페이지 원문 이미지와 텍스트 보기. 박병호(1974ㄱ), 최승희(1989), 이재수(2003) 참고>

1886-02-26. **족조 류치걸 토지매매명문**(族祖柳致杰土地賣買明文), 답주 손 류연청(畓主孫柳淵靑). <1장. 한자+이두. 조선 필사 이두 자료. 경북 안동시 수곡면 전주 류씨 수곡파 대야 고택 구장. 한국국학진흥원 소장. 한국학자료센터 영남권역센터 홈페이지 원문 이미지와 텍스트 보기>

1886-02-28~1886-03-16(丙戌).「선온등록(**宣醞謄錄**)」, 시강원(侍講院) 편(編). <1 책. 15장. 필사본. 한자+이두. 조선 필사 이두 자료. 서울대학교 규장각 한국학연구원 홈페이지 원문 이미지 보기>

1886-02-28~1887-05-06(丙戌~丁亥).「관초(**關草**)」,[875] 내각사(內各司)[876] 편(編). <2

---

[874] 호남권 한국학자료센터 홈페이지에서는 '1886년 송귀룡(宋貴龍) 방매 토지매매명문(土地賣買明文)'으로 표시하였다.

[875] 서울대학교 규장각 한국학연구원 홈페이지에는 책명이 '內各司關草 내각사관초'로 표시되어 있다.

[876] 서울대학교 규장각 한국학연구원 홈페이지에는 '議政府 記錄局(朝鮮) 편 / 의정부 기록국(조선) 편'으로 표시되어 있다.

책. 필사본. 한자+이두. 조선 필사 이두 자료. 서울대학교 규장각 한국학연구원 홈페이지 원문 이미지 보기> <영인본: 「각사등록」 63(국사편찬위원회 편, 1992)>

1886-02-00. **노 암면 토지매매명문**(奴岩面土地賣買明文), 신매 답주 김 노 일원(新買畓主金奴日元). <1장. 한자+이두. 조선 필사 이두 자료. 안산 부곡 진주 류씨 경성당 소장. 한국학중앙연구원 장서각 한국고문서자료관 홈페이지 원문 이미지 보기. 한국정신문화연구원 편(2002) 참고>

1886-02-00. **이홍무 첩**(李烘武帖), 춘추관(春秋館). <1장. 한자+이두. 조선 필사 이두 자료. 전라도 광양 당저 이돈모가 구장. 전북 전주 서서학동 이형진 소장. 호남권 한국학자료센터 홈페이지 원문 이미지와 텍스트 보기. 최승희(1989), 유지영(2007) 참고>

1886-02-00. **토지매매명문**(土地賣買明文),[877] 답주 유학 안군칠(畓主幼學安君七). <1장. 한자+이두. 조선 필사 이두 자료. 전남 나주시 남내 밀양 박씨 청재 종가 소장. 호남권 한국학자료센터 홈페이지 원문 이미지와 텍스트 보기. 김태영(1983) 참고>

1886-02-00. **토지매매명문**(土地賣買明文), 답주 자필 이 노 순월(畓主自筆李奴順月). <1장. 한자+이두. 조선 필사 이두 자료. 경북 경주시 소정리 경주 이씨 소장. 한국학중앙연구원 장서각 한국고문서자료관 홈페이지 원문 이미지 보기. 한국정신문화연구원 편(2002) 참고>

1886-윤2-24. **토지매매명문**(土地賣買明文),[878] 답주 유학 김화수(畓主幼學金華秀). <1장. 한자+이두. 조선 필사 이두 자료. 전북 정읍시 옹동 전주 이씨가 구장. 정읍시 옹동 이태일가 소장. 호남권 한국학자료센터 홈페이지 원문 이미지와 텍스트 보기. 박병호(1974ㄱ), 최승희(1989), 이재수(2003) 참고>

1886-03-02. **이무주 댁 노 원남 가사매매명문**(李茂朱宅奴元南家舍賣買明文), 가사주

---

[877] 호남권 한국학자료센터 홈페이지에서는 '1886년 안군칠(安君七) 방매(放賣) 토지매매명문(土地賣買明文)'으로 표시하였다.

[878] 호남권 한국학자료센터 홈페이지에서는 '1886년 김화수(金華秀) 방매(放賣) 토지매매명문(土地賣買明文)'으로 표시하였다.

노문표(家舍主盧文彪). <1장. 한자+이두. 조선 필사 이두 자료. 전북대학교 박물관 소장. 호남권 한국학자료센터 홈페이지 원문 이미지와 텍스트 보기. 박병호(1974ㄱ), 최승희(1989), 이재수(2003), 박준호(2004) 참고>

1886-03-13. **토지매매명문**(土地賣買明文),[879] 전답주 유학 배만풍(田畓主幼學裵萬豊). <1장. 한자+이두. 조선 필사 이두 자료. 전북 임실군 지사 협계태 씨가 소장. 호남권 한국학자료센터 홈페이지 원문 이미지와 텍스트 보기. 박병호(1974ㄱ), 최승희(1989), 이재수(2003) 참고>

1886-03-18. **토지매매명문**(土地賣買明文),[880] 답주 순원 김화복(畓主順元金化福). <1장. 한자+이두. 조선 필사 이두 자료. 전남 영광 마산 경주 이씨가 구장. 진안 용담호미술관 소장. 호남권 한국학자료센터 홈페이지 원문 이미지와 텍스트 보기. 박병호(1974ㄱ), 최승희(1989), 이재수(2003) 참고>

1886-03-20. **토지매매명문**(土地賣買明文),[881] 답주 유학 손종관(畓主幼學孫宗寬). <1장. 한자+이두. 조선 필사 이두 자료. 전남 보성군 복내면 죽산 안씨 죽곡정사 소장. 호남권 한국학자료센터 홈페이지 원문 이미지와 텍스트 보기. 최승희(1989) 참고>

1886-03-20. **토지매매명문**(土地賣買明文), 자필 전주 황 노 두레(自筆田主黃奴斗禮). <1장. 한자+이두. 조선 필사 이두 자료. 경북 경주시 소정리 경주 이씨 소장. 한국학중앙연구원 장서각 한국고문서자료관 홈페이지 원문 이미지 보기. 한국정신문화연구원 편(2002) 참고>

1886-03-23. **윤태원 토지매매명문**(尹泰元土地賣買明文), 답주 유학 유기주(畓主幼學柳基周). <1장. 한자+이두. 조선 필사 이두 자료. 개인 소장>

1886-03-27. **김관표 토지매매명문**(金官表土地賣買明文), 답주 이원회(畓主李元晦).

---

[879] 호남권 한국학자료센터 홈페이지에서는 '1886년 배만풍(裵萬豊) 방매(放賣) 토지매매명문(土地賣買明文)'으로 표시하였다.

[880] 호남권 한국학자료센터 홈페이지에서는 '1886년 김화복(金化福) 방매(放賣) 토지매매명문(土地賣買明文)'으로 표시하였다.

[881] 호남권 한국학자료센터 홈페이지에서는 '1886년 손종관(孫宗寬) 방매(放賣) 토지매매명문(土地賣買明文)'으로 표시하였다.

<1장. 한자+이두. 조선 필사 이두 자료. 전남 나주시 남내 밀양 박씨 청재 종가 소장. 호남권 한국학자료센터 홈페이지 원문 이미지와 텍스트 보기>

1886-03-27. **시장문기**(柴場文記),[882] 시장주 유학 조자엽(柴場主幼學趙自燁). <1장. 한자+이두. 조선 필사 이두 자료. 전남 영광 마산 경주 이씨가 구장. 진안 용담호미술관 소장. 호남권 한국학자료센터 홈페이지 원문 이미지와 텍스트 보기. 최승희(1989), 정구복 외(1999), 채현경(2011) 참고>

1886-03-27. **토지매매명문**(土地賣買明文), 답주 유학 김기홍(畓主幼學金箕洪). <1장. 한자+이두. 조선 필사 이두 자료. 전북 무장 원송 진주 강씨가 구장. 전북대학교 박물관 소장. 호남권 한국학자료센터 홈페이지 원문 이미지와 텍스트 보기. 박병호(1974ㄱ), 최승희(1989), 이재수(2003) 참고>

1886-03-30~1888-02-10(丙戌 광서 12년~戊子 광서 14년). 「통제영계록(**統制營啓錄**)」 7, 비변사(備邊司) 편(編). <1책(7/전8책). 78장. 필사본. 표제는 '統制營啓錄'. 한자+이두. 조선 필사 이두 자료. 서울대학교 규장각 한국학연구원 홈페이지 원문 이미지 보기> <영인본: 「각사등록」 17(경상도편 7)(국사편찬위원회 편, 1985)> <1847-02-04~1848-01-27(1/8)>

1886-03-00. **경상도감영 순영 관지**(慶尙道監營巡營關旨), 경상도관찰사(慶尙道觀察使). <1장. 한자+이두. 조선 필사 이두 자료. 경북 영양군 일월면 도계리 영양향교 구장. 영남대학교 민족문화연구소 소장. 한국학자료센터 영남권역센터 홈페이지 원문 이미지와 텍스트 보기. 영남대학교 민족문화연구소 편(1992) 참고>

1886-03-00. **경상도 영양현 향청 첩정**(慶尙道英陽縣鄕廳牒呈) 1, 영양현 향청. <1장. 한자+이두. 조선 필사 이두 자료. 경북 영양군 일월면 도계리 영양향교 구장. 영남대학교 민족문화연구소 소장. 한국학자료센터 영남권역센터 홈페이지 원문 이미지와 텍스트 보기. 영남대학교 민족문화연구소 편(1992) 참고>

1886-03-00. **경상도 영양현 향청 첩정**(慶尙道英陽縣鄕廳牒呈) 2, 영양현 향청. <1장. 한자+이두. 조선 필사 이두 자료. 경북 영양군 일월면 도계리 영양향교 구장.

---

[882] 호남권 한국학자료센터 홈페이지에서는 '1886년 조자엽(趙自燁) 방매(放賣) 시장문기(柴場文記)'로 표시하였다.

영남대학교 민족문화연구소 소장. 한국학자료센터 영남권역센터 홈페이지 원문 이미지와 텍스트 보기. 영남대학교 민족문화연구소 편(1992) 참고>

1886-03-00. **경상도 영양현 향청 첩정**(慶尙道英陽縣鄕廳牒呈) 3, 영양현 향청. <1장. 한자+이두. 조선 필사 이두 자료. 경북 영양군 일월면 도계리 영양향교 구장. 영남대학교 민족문화연구소 소장. 한국학자료센터 영남권역센터 홈페이지 원문 이미지와 텍스트 보기. 영남대학교 민족문화연구소 편(1992) 참고>

1886-03-00. **병조 순장 차하 공명 관**(兵曹巡將差下空名關) 1, 병조. <1장. 한자+이두. 조선 필사 이두 자료. 일본 경도대학 가와이문고 소장. 고려대학교 해외한국학자료센터 홈페이지 원문 이미지 보기>

1886-03-00. **병조 순장 차하 공명 관**(兵曹巡將差下空名關) 2, 병조. <1장. 한자+이두. 조선 필사 이두 자료. 일본 경도대학 가와이문고 소장. 고려대학교 해외한국학자료센터 홈페이지 원문 이미지 보기>

1886-03-00. **병조 순장 차하 공명 관**(兵曹巡將差下空名關) 3, 병조. <1장. 한자+이두. 조선 필사 이두 자료. 일본 경도대학 가와이문고 소장. 고려대학교 해외한국학자료센터 홈페이지 원문 이미지 보기>

1886-03-00. **이수영 등 상서**(李秀榮等上書) 1, 이수영 등. <1장. 한자+이두. 조선 필사 이두 자료. 경북 영해 인량 재령 이씨 충효당 구장. 한국국학진흥원 소장. 한국학중앙연구원 장서각 한국고문서자료관 홈페이지 원문 이미지와 텍스트 보기. 한국정신문화연구원 편(1997) 참고>

1886-03-00. **이수영 등 상서**(李秀榮等上書) 2, 이수영 등. <1장. 한자+이두. 조선 필사 이두 자료. 경북 영해 인량 재령 이씨 충효당 구장. 한국국학진흥원 소장. 한국학중앙연구원 장서각 한국고문서자료관 홈페이지 원문 이미지와 텍스트 보기. 한국정신문화연구원 편(1997) 참고>

1886-04-06. **토지매매명문**(土地賣買明文),[883] 답주 정성문(畓主鄭成文). <1장. 한자+이두. 조선 필사 이두 자료. 전남 나주시 남내 밀양 박씨 청재 종가 소장. 호남권

---

[883] 호남권 한국학자료센터 홈페이지에서는 '1886년 정성문(鄭成文) 방매(放賣) 土地賣買明文'으로 표시하였다.

한국학자료센터 홈페이지 원문 이미지와 텍스트 보기. 김태영(1983) 참고>

1886-04-16. **김봉선 등 단자**(金鳳璿等單子), 김봉선 등. <1장. 한자+이두. 조선 필사 이두 자료. 전북 부안군 취성재 소장. 호남권 한국학자료센터 홈페이지 원문 이미지와 텍스트 보기. 최승희(1989), 전경목(1997), 김현영(1999), 이수건 외(2004) 참고>

1886-04-21. **토지매매명문**(土地賣買明文),[884] 답주 이덕일(畓主李德一). <1장. 한자+이두. 조선 필사 이두 자료. 전남 나주시 남내 밀양 박씨 청재 종가 소장. 호남권 한국학자료센터 홈페이지 원문 이미지와 텍스트 보기. 안승준(1989) 참고>

1886-04-24. **토지매매명문**(土地賣買明文),[885] 답주 이원중(畓主李元仲). <1장. 한자+이두. 조선 필사 이두 자료. 전남 나주시 남내 밀양 박씨 청재 종가 소장. 호남권 한국학자료센터 홈페이지 원문 이미지와 텍스트 보기. 박준호(2004) 참고>

1886-04-25. **토지매매명문**(土地賣買明文), 답주 김 노 석례(畓主金奴石禮). <1장. 한자+이두. 조선 필사 이두 자료. 경북 경주시 소정리 경주 이씨 소장. 한국학중앙연구원 장서각 한국고문서자료관 홈페이지 원문 이미지 보기. 한국정신문화연구원 편(2002) 참고>

1886-04-00. **권묵연 소지**(權默淵所志), 권묵연. <1장. 한자+이두. 조선 필사 이두 자료. 경북 예천군 용문면 대제리 원동 권씨 춘우재 고택 구장. 한국국학진흥원 소장. 한국학자료센터 영남권역센터 홈페이지 원문 이미지와 텍스트 보기>

1886-04-00. **담양부사 완문**(潭陽府使完文), 담양부사. <1장. 한자+이두. 조선 필사 이두 자료. 전북 담양군 모현관 소장. 호남권 한국학자료센터 홈페이지 원문 이미지와 텍스트 보기. 최승희(1989), 정구복 외(1999) 참고>

1886-04-00. **조주구 등 상서**(趙疇九等上書), 조주구 등. <1장. 한자+이두. 조선 필사 이두 자료. 경북 상주 낙동 풍양 조씨 양진당 소장. 한국학중앙연구원 장서각 한국고문서자료관 홈페이지 원문 이미지 보기>

---

[884] 호남권 한국학자료센터 홈페이지에서는 '1886년 이덕일(李德一) 방매(放賣) 토지매매명문(土地賣買明文)'으로 표시하였다.

[885] 호남권 한국학자료센터 홈페이지에서는 '1886년 이원중(李元仲) 방매(放賣) 토지매매명문(土地賣買明文)'으로 표시하였다.

1886-05-01. **토지매매명문**(土地賣買明文),[886] 답주 손종원(畓主孫鍾遠). <1장. 한자+이두. 조선 필사 이두 자료. 전북 무장 원송 진주 강씨가 구장. 전북대학교 박물관 소장. 호남권 한국학자료센터 홈페이지 원문 이미지와 텍스트 보기. 최승희(1989), 정구복 외(1999), 이재수(2003) 참고>

1886-05-02. **면주전 상인 김진옥 단자**(綿紬廛商人金振玉單子), 김진옥. <1장. 한자+이두. 조선 필사 이두 자료. 일본 경도대학 가와이문고 소장. 고려대학교 해외한국학자료센터 홈페이지 원문 이미지 보기>

1886-05-08. **토지매매명문**(土地賣買明文),[887] 답주 정 선달(畓主鄭 先達). <1장. 한자+이두. 조선 필사 이두 자료. 전남 나주시 남내 밀양 박씨 청재 종가 소장. 호남권 한국학자료센터 홈페이지 원문 이미지와 텍스트 보기. 최승희(1989) 참고>

1886-05-11. **토지매매명문**(土地賣買明文),[888] 답주 양영진(畓主梁璟珍). <1장. 한자+이두. 조선 필사 이두 자료. 전남 나주시 남내 밀양 박씨 청재 종가 소장. 호남권 한국학자료센터 홈페이지 원문 이미지와 텍스트 보기. 김영나(2007) 참고>

1886-05-22. **토지매매명문**(土地賣買明文), 답주 유학 이문환(畓主幼學李文煥). <1장. 한자+이두. 조선 필사 이두 자료. 영광 입석 영월 신씨 소장. 한국학중앙연구원 장서각 한국고문서자료관 홈페이지 원문 이미지와 텍스트 보기. 한국정신문화연구원 편(1996) 참고>

1886-05-00. **유대영 등 상서**(柳大永等上書), 유대영 등. <1장. 한자+이두. 조선 필사 이두 자료. 경북 안동시 수곡면 전주 류씨 삼산 종가 구장. 대구광역시 수성구 만촌동 전주 류씨 종가 소장. 한국학자료센터 영남권역센터 홈페이지 원문 이미지와 텍스트 보기. 김선경(1993), 김경숙(2002, 2008) 참고>

1886-05-00. **유이흠 등 상서**(柳頤欽等上書), 유이흠 등. <1장. 한자+이두. 조선 필사

---

[886] 호남권 한국학자료센터 홈페이지에서는 '1886년 손종원(孫鍾遠) 방매 토지매매명문(土地賣買明文)'으로 표시하였다.

[887] 호남권 한국학자료센터 홈페이지에서는 '1886년 정선달(鄭先達) 방매(放賣) 토지매매명문(土地賣買明文)'으로 표시하였다.

[888] 호남권 한국학자료센터 홈페이지에서는 '1886년 양경진(梁璟珍) 방매(放賣) 토지매매명문(土地賣買明文)'으로 표시하였다.

이두 자료. 경북 안동시 수곡면 전주 류씨 삼산 종가 구장. 대구광역시 수성구 만촌동 전주 류씨 종가 소장. 한국학자료센터 영남권역센터 홈페이지 원문 이미지와 텍스트 보기. 김선경(1993), 김경숙(2002, 2008) 참고>

1886-05-00. **조동승 등 품목**(趙東昇等稟目) 1, 조동승 등. <1장. 한자+이두. 조선 필사 이두 자료. 경북 상주 낙동 풍양 조씨 양진당 소장. 한국학중앙연구원 장서각 한국고문서자료관 홈페이지 원문 이미지 보기>

1886-05-00. **조동승 등 품목**(趙東昇等稟目) 2, 조동승 등. <1장. 한자+이두. 조선 필사 이두 자료. 경북 상주 낙동 풍양 조씨 양진당 소장. 한국학중앙연구원 장서각 한국고문서자료관 홈페이지 원문 이미지 보기>

1886-05-00. **토지매매명문**(土地賣買明文),[889] 명문 기주 국병순(明文記主鞠炳珣). <1장. 한자+이두. 조선 필사 이두 자료. 전북 고창 석호 담양 국씨가 구장. 전북대학교 박물관 소장. 호남권 한국학자료센터 홈페이지 원문 이미지와 텍스트 보기. 박병호(1974ㄱ), 최승희(1989), 정구복 외(1999) 참고>

1886-05-00. **한성부 관**(漢城府關), 한성부. <1장. 한자+이두. 조선 필사 이두 자료. 전남 구례군 토지면 오미리 문화 류씨 운조루 소장. 한국학중앙연구원 장서각 한국고문서자료관 홈페이지 원문 이미지와 텍스트 보기. 한국정신문화연구원 편(1998) 참고>

1886-05-00. **한성부 본방 단자**(漢城府本房單子), 한성부 본방. <1장. 한자+이두. 조선 필사 이두 자료. 일본 경도대학 가와이문고 소장. 고려대학교 해외한국학자료센터 홈페이지 원문 이미지 보기>

1886-06-02. **토지매매명문**(土地賣買明文),[890] 답주 이동선(畓主李東先). <1장. 한자+이두. 조선 필사 이두 자료. 전남 나주시 남내 밀양 박씨 청재 종가 소장. 호남권 한국학자료센터 홈페이지 원문 이미지와 텍스트 보기. 박한설(2006) 참고>

1886-06-06. **토지매매명문**(土地賣買明文),[891] 답주 최진여(畓主崔振汝). <1장. 한자+

---

[889] 호남권 한국학자료센터 홈페이지에서는 '1886년 국병순(鞠炳珣) 방매(放賣) 토지매매명문(土地賣買明文)'으로 표시하였다.

[890] 호남권 한국학자료센터 홈페이지에서는 '1886년 이동선(李東先) 방매(放賣) 토지매매명문(土地賣買明文)'으로 표시하였다.

이두. 조선 필사 이두 자료. 전남 나주시 남내 밀양 박씨 청재 종가 소장. 호남권 한국학자료센터 홈페이지 원문 이미지와 텍스트 보기. 김용섭(1983), 김현영(1999) 참고>

1886-06-22. **수기**(手記),[892] 표주 송창현(標主宋昌鉉). <1장. 한자+이두. 조선 필사 이두 자료. 고령 도진 고령 박씨 소윤공·문연재 소장. 한국학중앙연구원 장서각 한국고문서자료관 홈페이지 이미지 보기>

1886-06-00. **박재영 차첩**(朴載榮差帖), 충훈부(忠勳府). <1장. 한자+이두. 조선 필사 이두 자료. 전남 장흥군 용산 밀양 박씨 박철환 소장. 호남권 한국학자료센터 홈페이지 원문 이미지와 텍스트 보기. 최승희(1989), 국립민속박물관 편(1991), 정구복 외(1999) 참고>

1886-06-00. **예조 관**(禮曹關), 예조. <1장. 한자+이두. 조선 필사 이두 자료. 전북 완주 봉동 전주 최씨가 소장. 호남권 한국학자료센터 홈페이지 원문 이미지와 텍스트 보기. 박병호(1974ㄱ), 최승희(1989), 정구복 외(1999) 참고>

1886-06-00. **예조 입안**(禮曹立案), 예조. <1장. 한자+이두. 조선 필사 이두 자료. 전북 완주 봉동 전주 최씨가 소장. 호남권 한국학자료센터 홈페이지 원문 이미지와 텍스트 보기. 박병호(1974ㄱ), 최승희(1989), 정구복 외(1999) 참고>

1886-07-17. **가사매매명문**(家舍賣買明文),[893] 가대전주 황삼곤(家垈田主黃三坤). <1장. 한자+이두. 조선 필사 이두 자료. 전남 영광 마산 경주 이씨가 구장. 진안 용담호미술관 소장. 호남권 한국학자료센터 홈페이지 원문 이미지와 텍스트 보기. 최승희(1989), 정구복 외(1999), 채현경(2011) 참고>

1886-07-25. **유학 박원풍 토지매매명문**(幼學朴園豊土地賣買明文), 산주 상인 윤태채(山主喪人尹泰采). <1장. 한자+이두. 조선 필사 이두 자료. 전북 임실군 청웅 밀양

---

891 호남권 한국학자료센터 홈페이지에서는 '1886년 최진여(崔振汝) 방매(放賣) 토지매매명문(土地賣買明文)'으로 표시하였다.

892 한국학중앙연구원 장서각 한국고문서자료관 홈페이지에서는 '1886년 송창현(宋昌鉉) 수기(手記)'로 표시하였다.

893 호남권 한국학자료센터 홈페이지에서는 '1886년 황삼곤(黃三坤) 방매(放賣) 가사매매명문(家舍賣買明文)'으로 표시하였다.

박씨가 소장. 호남권 한국학자료센터 홈페이지 원문 이미지와 텍스트 보기. 최승희(1989), 전북향토문화연구회 편(1993), 정구복 외(1999) 참고>

1886-07-26~1894-09-25(丙戌~甲午).[894] 「의생 래보 관첩(醫生來報關牒)」, 동래부(東萊부) 편(編). <1책. 118장. 필사본. 한자+이두. 조선 필사 이두 자료. 서울대학교 규장각 한국학연구원 홈페이지 원문 이미지 보기> <영인본: 「각사등록」 50(경상도 보유편 2)(국사편찬위원회 편, 1991)>

1886-07-27. **이정 이태조 산도**(里丁李台祚山圖), 이태조 <1장. 한자+이두. 조선 필사 이두 자료. 전남 영암군 장암 남평 문씨 문창집 소장. 한국학중앙연구원 장서각 한국고문서자료관 홈페이지 원문 이미지와 텍스트 보기. 한국정신문화연구원 편(1995) 참고>

1886-07-00. **이 노 우근 소지**(李奴又根所志), 우근. <1장. 한자+이두. 조선 필사 이두 자료. 경북 경주시 소정리 경주 이씨 소장. 한국학중앙연구원 장서각 한국고문서자료관 홈페이지 원문 이미지 보기. 한국정신문화연구원 편(2002) 참고>

1886-07-00. **이태조 등 산도**(李台祚等山圖), 이태조 등. <1장. 한자+이두. 조선 필사 이두 자료. 전남 영암군 장암 남평 문씨 문창집 소장. 호남권 한국학자료센터 홈페이지 원문 이미지와 텍스트 보기. 한국정신문화연구원 편(1995, 2003) 참고>

1886-08-22~1895-10-26(丙戌~乙未). 「경상도관초(慶尙道關草)」 1~4, 의정부 기록국(議政府記錄局). <4책. 제1(병술 8월). 제2(정해 5월). 제3(기축 5월 14일 起). 제4(계사 2월 起 을미 11월 止). 한문, 한자+이두 그리고 한자+한글 토(제4). 서울대학교 규장각 한국학연구원 홈페이지 원문 이미지 보기>

1886-08-00. **조봉환 소지**(曺鳳煥所志), 조봉환. <1장. 한자+이두. 조선 필사 이두 자료. 전남 화순 동면 창녕 조씨가 구장. 광주광역시 이정옥 소장. 호남권 한국학자료센터 홈페이지 원문 이미지와 텍스트 보기. 최승희(1989) 참고>

1886-09-02. **유학 토지매매명문**(幼學土地賣買明文),[895] 답주 전방욱(畓主全邦郁). <1

---

[894] 서울대학교 규장각 한국학연구원 홈페이지에서는 간년 미상으로 표시하였다.

[895] 호남권 한국학자료센터 홈페이지에서는 '1886년 전방욱(全邦郁) 방매(放賣) 토지매매명문(土地賣買明文)'으로 표시하였다.

장. 한자+이두. 조선 필사 이두 자료. 전남 보성군 박실 제주 양씨가 구장. 원광대학교 박물관 소장. 호남권 한국학자료센터 홈페이지 원문 이미지와 텍스트 보기. 최승희(1989), 이재수(2003) 참고>

1886-09-03. **권 사과댁 토지매매명문**(權司果宅土地賣買明文), 답주 김춘록(畓主金春祿). <1장. 한자+이두. 조선 필사 이두 자료. 경북 안동시 오천 광산 김씨 후조당 소장. 한국학중앙연구원 장서각 한국고문서자료관 홈페이지 원문 이미지와 텍스트 보기. 한국정신문화연구원 편(1982) 참고>

1886-09-03. **토지매매명문**(土地賣買明文),[896] 1, 답주 한량 정무현(畓主閑良鄭武鉉). <1장. 한자+이두. 조선 필사 이두 자료. 전남 보성군 박실 제주 양씨가 구장. 원광대학교 박물관 소장. 호남권 한국학자료센터 홈페이지 원문 이미지와 텍스트 보기. 박병호(1974ㄱ), 최승희(1989), 이재수(2003) 참고>

1886-09-07. **석물매매명문**(石物賣買明文),[897] 석물주 김경조(石物主金鏡照). <1장. 한자+이두. 조선 필사 이두 자료. 영광 입석 영월 신씨 소장. 한국학중앙연구원 장서각 한국고문서자료관 홈페이지 원문 이미지와 텍스트 보기. 한국정신문화연구원 편(1996) 참고>

1886-09-08. **토지매매명문**(土地賣買明文),[898] 답주 정동 진사 김응선(畓主旌洞進士金應善). <1장. 한자+이두. 조선 필사 이두 자료. 전남 영광 마산 경주 이씨가 구장. 진안 용담호미술관 소장. 호남권 한국학자료센터 홈페이지 원문 이미지와 텍스트 보기. 최승희(1989), 정구복 외(1999), 채현경(2011) 참고>

1886-09-09. **토지매매명문**(土地賣買明文),[899] 1, 답주 월암 이성환(畓主月岩李成煥). <1장. 한자+이두. 조선 필사 이두 자료. 전남 영광 마산 경주 이씨가 구장. 진안

---

[896] 호남권 한국학자료센터 홈페이지에서는 '1886년 정무현(鄭武鉉) 방매(放賣) 토지매매명문(土地賣買明文)'으로 표시하였다.

[897] 장서각 한국고문서자료관 홈페이지에서는 '1886년 토지매매명문(土地賣買明文)'으로 표시하였다.

[898] 호남권 한국학자료센터 홈페이지에서는 '1886년 김응선(金應善) 방매(放賣) 토지매매명문(土地賣買明文)'으로 표시하였다.

[899] 호남권 한국학자료센터 홈페이지에서는 '1886년 이성환(李成煥) 방매(放賣) 토지매매명문(土地賣買明文)'으로 표시하였다.

용담호미술관 소장. 호남권 한국학자료센터 홈페이지 원문 이미지와 텍스트 보기. 박병호(1974ㄱ), 최승희(1989), 이재수(2003) 참고>

1886-09-16. **유학 토지매매명문**(幼學土地賣買明文),[900] 1, 답주 유학 전영채(畓主幼學全永采). <1장. 한자+이두. 조선 필사 이두 자료. 전남 보성군 박실 제주 양씨가 구장. 원광대학교 박물관 소장. 호남권 한국학자료센터 홈페이지 원문 이미지와 텍스트 보기. 최승희(1989), 전북향토문화연구회 편(1993), 정구복 외(1999) 참고>

1886-09-17~1888-01-06(丙戌~戊子).「경상감영계록(慶尙監營啓錄)」 4, 경상 감영(慶尙監營) 편(編). <1책(4/전7책). 59장. 필사본. 표제는 '慶尙監營啓錄'. 한자+이두. 조선 필사 이두 자료. 서울대학교 규장각 한국학연구원 홈페이지 원문 이미지 보기> <1842-04-19~1842-11-16(6/7)>

1886-09-19. **토지매매명문**(土地賣買明文),[901] 답주 최흥수(畓主崔興守). <1장. 한자+이두. 조선 필사 이두 자료. 원광대학교 박물관 소장. 호남권 한국학자료센터 홈페이지 원문 이미지와 텍스트 보기>

1886-09-22. **토지매매명문**(土地賣買明文)[902] 2, 답주 월암 이성환(畓主月岩李成煥). <1장. 한자+이두. 조선 필사 이두 자료. 전남 영광 마산 경주 이씨가 구장. 진안 용담호미술관 소장. 호남권 한국학자료센터 홈페이지 원문 이미지와 텍스트 보기. 박병호(1974ㄱ), 최승희(1989), 이재수(2003) 참고>

1886-09-25. **유병호 등 상서**(劉秉琥等上書), 유병호 등. <1장. 한자+이두. 조선 필사 이두 자료. 경북 예천군 감천면 강릉 유씨 벌방 종가 구장. 한국국학진흥원 소장. 한국학자료센터 영남권역센터 홈페이지 원문 이미지와 텍스트 보기. 전경목(1996), 김경숙(2002) 참고>

1886-09-00. **박원풍 소지**(朴園豊所志) 1, 박원풍. <1장. 한자+이두. 조선 필사 이두

---

[900] 호남권 한국학자료센터 홈페이지에서는 '1886년 전영채(全永采) 방매(放賣) 토지매매명문(土地賣買明文)'으로 표시하였다.

[901] 호남권 한국학자료센터 홈페이지에서는 '1886년 최흥수(崔興守) 방매(放賣) 토지매매명문(土地賣買明文)'으로 표시하였다.

[902] 호남권 한국학자료센터 홈페이지에서는 '1886년 이성환(李成煥) 방매(放賣) 토지매매명문(土地賣買明文)'으로 표시하였다.

자료. 전북 임실군 청웅 밀양 박씨가 소장. 호남권 한국학자료센터 홈페이지 원문 이미지와 텍스트 보기. 박병호(1974ㄱ), 최승희(1989), 이재수(2003) 참고>

1886-09-00. **양창현 소지**(梁昶鉉所志), 양창현. <1장. 한자+이두. 조선 필사 이두 자료. 전남 보성군 박실 제주 양씨가 구장. 원광대학교 박물관 소장. 호남권 한국학자료센터 홈페이지 원문 이미지와 텍스트 보기>

1886-09-00. **옥산서원 사림 김상학 등 상서**(玉山書院士林金相學等上書), 김상학 등. <1장. 한자+이두. 조선 필사 이두 자료. 경북 경주 옥산서원 구장. 경주시 강동면 양동마을 안길 여주 이씨 무첨당 소장. 한국학자료센터 영남권역센터 홈페이지 원문 이미지와 텍스트 보기. 이수환(2001) 참고>

1886-10-03. **토지매매명문**(土地賣買明文),[903] 답주 자필 박옥현(畓主自筆朴玉賢). <1장. 한자+이두. 조선 필사 이두 자료. 전남 나주시 남내 밀양 박씨 청재 종가 소장. 호남권 한국학자료센터 홈페이지 원문 이미지와 텍스트 보기. 박화진(1998), 이정수(1999) 참고>

1886-10-10~1887-02-08(丙戌~丁亥). 「진찬등록(**進饌謄錄**)」, 사옹원(司饔院) 편(編). <1책. 56장. 표제는 '進饌謄錄(丁亥)'. 필사본. 한자+이두. 조선 필사 이두 자료. 서울대학교 규장각 한국학연구원 홈페이지 원문 이미지 보기>

1886-10-11. **이 생원 댁 노 복이 토지매매명문**(李生員宅奴福伊土地賣買明文), 답주 권오대(畓主權奧大). <1장. 한자+이두. 조선 필사 이두 자료. 경북 안동시 수곡면 전주 류씨 삼산 종가 구장. 대구광역시 수성구 만촌동 전주 류씨 종가 소장. 한국학자료센터 영남권역센터 홈페이지 원문 이미지와 텍스트 보기. 최승희(1989), 이재수(2003), 전경목(2010), 정수환(2012) 참고>

1886-10-25. **토지매매명문**(土地賣買明文),[904] 답주 강두만(畓主姜斗萬). <1장. 한자+이두. 조선 필사 이두 자료. 전북대학교 박물관 소장. 호남권 한국학자료센터 홈페이지 원문 이미지와 텍스트 보기. 최승희(1989), 정구복 외(1999), 이재수

---

[903] 호남권 한국학자료센터 홈페이지에서는 '1886년 박옥현(朴玉賢) 방매(放賣) 토지매매명문(土地賣買明文)'으로 표시하였다.

[904] 호남권 한국학자료센터 홈페이지에서는 '1886년 강두만(姜斗萬) 방매 토지매매명문(土地賣買明文)'으로 표시하였다.

(2003) 참고>

1886-10-29. **토지매매명문**(土地賣買明文),[905] 답주 김진화(畓主金眞化). <1장. 한자+이두. 조선 필사 이두 자료. 광주광역시 광산구 김해 김씨 소장. 호남권 한국학자료센터 홈페이지 원문 이미지와 텍스트 보기. 이재수(2003), 이수건 외(2004) 참고>

1886-10-00. **영해 유학 남흥수 등 상서**(寧海幼學南興壽等上書), 남흥수 등. <1장. 한자+이두. 조선 필사 이두 자료. 경북 영덕군 영해면 괴시리 영양 남씨 괴시파 영감댁 구장. 한국국학진흥원 소장. 한국학자료센터 영남권역센터 홈페이지 원문 이미지와 텍스트 보기>

1886-10-00. **유병두 등 소지**(柳秉斗等所志), 유병두 등. <1장. 한자+이두. 조선 필사 이두 자료. 전북 부안군 취성재 소장. 호남권 한국학자료센터 홈페이지 원문 이미지와 텍스트 보기. 최승희(1989), 정구복 외(1999), 전경목 외(2006) 참고>

1886-10-00. **이익 등 소지**(李益等所志), 이익 등. <1장. 한자+이두. 조선 필사 이두 자료. 경북 경주시 안강읍 옥산리 여주 이씨 장산서원·치암 종택 구장. 한국학중앙연구원 장서각 한국고문서자료관 홈페이지 원문 이미지 보기. 한국정신문화연구원 편(2003) 참고>

1886-10-00. **이현명 소지**(李鉉命所志) 1, 이현명. <1장. 한자+이두. 조선 필사 이두 자료. 경북 영해 인량 재령 이씨 충효당 구장. 한국국학진흥원 소장. 한국학중앙연구원 장서각 한국고문서자료관 홈페이지 원문 이미지 보기. 한국정신문화연구원 편(2004) 참고>

1886-10-00. **이현명 소지**(李鉉命所志) 2, 이현명. <1장. 한자+이두. 조선 필사 이두 자료. 경북 영해 인량 재령 이씨 충효당 구장. 한국국학진흥원 소장. 한국학중앙연구원 장서각 한국고문서자료관 홈페이지 원문 이미지 보기. 한국정신문화연구원 편(2004) 참고>

1886-10-00. **정순묵 소지**(鄭淳默所志), 정순묵. <1장. 한자+이두. 조선 필사 이두

---

905 호남권 한국학자료센터 홈페이지에서는 '1886년 김진화(金眞化) 방매(放賣) 토지매매명문(土地賣買明文)'으로 표시하였다.

자료. 전남 보성 하동 정씨 정찬관 소장. 호남권 한국학자료센터 홈페이지 원문 이미지 보기. 최승희(1989), 국립민속박물관 편(1991) 참고>

1886-11-01. **토지매매명문**(土地賣買明文),[906] 답주 문장 유의석 등(畓主門長柳宜錫等). <1장. 한자+이두. 조선 필사 이두 자료. 광주광역시 광산구 김해 김씨 소장. 호남권 한국학자료센터 홈페이지 원문 이미지와 텍스트 보기. 이재수(2003), 이수건 외(2004) 참고>

1886-11-02. **영해 유학 남흥수 선산 산도**(寧海幼學南興壽先山山圖), 영양현 형리(英陽縣刑吏). <1장. 한자+이두. 조선 필사 이두 자료. 경북 영덕군 영해면 괴시리 영양 남씨 괴시파 영감댁 구장. 한국국학진흥원 소장. 한국학자료센터 영남권역센터 홈페이지 원문 이미지와 텍스트 보기>

1886-11-02. **유학 토지매매명문**(幼學土地賣買明文)[907] 2, 답주 유학 전영채(畓主幼學全永采). <1장. 한자+이두. 조선 필사 이두 자료. 전남 보성군 박실 제주 양씨가 구장. 원광대학교 박물관 소장. 호남권 한국학자료센터 홈페이지 원문 이미지와 텍스트 보기. 최승희(1989), 이재수(2003) 참고>

1886-11-06. **토지매매명문**(土地賣買明文)[908] 2, 답주 한량 정무현(畓主閑良鄭武鉉). <1장. 한자+이두. 조선 필사 이두 자료. 전남 보성군 박실 제주 양씨가 구장. 원광대학교 박물관 소장. 호남권 한국학자료센터 홈페이지 원문 이미지와 텍스트 보기>

1886-11-09. **토지매매명문**(土地賣買明文),[909] 답주 유학 이형자(畓主幼學李馨自). <1장. 한자+이두. 조선 필사 이두 자료. 전남 영광 마산 경주 이씨가 구장. 진안 용담호미술관 소장. 호남권 한국학자료센터 홈페이지 원문 이미지와 텍스트 보

---

[906] 호남권 한국학자료센터 홈페이지에서는 '1886년 유의석(柳宜錫) 등 방매(放賣) 토지매매명문(土地賣買明文)'으로 표시하였다.

[907] 호남권 한국학자료센터 홈페이지에서는 '1886년 전영채(全永采) 방매(放賣) 토지매매명문(土地賣買明文)'으로 표시하였다.

[908] 호남권 한국학자료센터 홈페이지에서는 '1886년 정무현(鄭武鉉) 방매(放賣) 토지매매명문(土地賣買明文)'으로 표시하였다.

[909] 호남권 한국학자료센터 홈페이지에서는 '1886년 이형자(李馨自) 방매(放賣) 토지매매명문(土地賣買明文)'으로 표시하였다.

기. 박병호(1974ㄱ), 최승희(1989), 정구복 외(1999), 이재수(2003) 참고>

1886-11-19. **토지매매명문**(土地賣買明文), 답주 강성룡(畓主姜成龍). <1장. 한자+이두. 조선 필사 이두 자료. 개인 소장>

1886-11-21. **토지매매명문**(土地賣買明文),[910] 답주 유학 자필 민창식(畓主幼學自筆閔昌植). <1장. 한자+이두. 조선 필사 이두 자료. 전남 보성군 복내면 죽산 안씨 죽곡정사 소장. 호남권 한국학자료센터 홈페이지 원문 이미지와 텍스트 보기. 박준호(2004), 이수건 외(2004) 참고>

1886-11-21. **토지매매명문**(土地賣買明文), 전답주 김기동(田畓主金基東). <1장. 한자+이두. 조선 필사 이두 자료. 경북 경주시 소정리 경주 이씨 소장. 한국학중앙연구원 장서각 한국고문서자료관 홈페이지 원문 이미지 보기. 한국정신문화연구원 편(2002) 참고>

1886-11-22. **종중 가사매매명문**(宗中家舍賣買明文), 가주 완동댁(家主浣洞宅). <1장. 한자+이두. 조선 필사 이두 자료. 성주 명곡 벽진 이씨 완석정 종택 소장. 한국학중앙연구원 고문서자료관 홈페이지 원문 이미지 보기. 한국학중앙연구원 편(2009) 참고>

1886-11-24. **박 노 월삼 토지매매명문**(朴奴月三土地賣買明文), 답주 박칠수(畓主朴七壽). <1장. 한자+이두. 조선 필사 이두 자료. 경북 영주시 문수면 수도리 반남 박씨 오헌 고택 구장. 한국국학진흥원 소장. 한국학자료센터 영남권역센터 홈페이지 원문 이미지와 텍스트 보기. 김성갑(2013) 참고>

1886-11-26~1887-12-29. 「결속색등록(**結束色謄錄**)」 101, 병조(兵曹) 편(編). <1책(101/낙질본 107책). 142장. 필사본. 한자+이두. 조선 필사 이두 자료. 서울대학교 규장각 한국학연구원 홈페이지 1787년~1891년 낙질본 107책(1792년(건륭 57년), 1811년(가경 16년) 하, 1816년(가경 21년), 1817년(가경 22년), 1824년(도광 4년), 1831(도광 11년), 1871(동치 10년), 1885년(광서 11년) 없음) 원문 이미지 보기>

1886-11-28. **임실현감 관**(任實縣監關), 임실현감. <1장. 한자+이두. 조선 필사 이두

---

[910] 호남권 한국학자료센터 홈페이지에서는 '1886년 민창식(閔昌植) 방매(放賣) 토지매매명문(土地賣買明文)'으로 표시하였다.

자료. 전북 임실군 청웅 밀양 박씨가 소장. 호남권 한국학자료센터 홈페이지 원문 이미지와 텍스트 보기. 박병호(1974ㄱ), 최승희(1989), 유지영(2007) 참고>

1886-11-29. **토지매매명문**(土地賣買明文),[911] 답주 유학 임기선(畓主幼學林奇宣). <1장. 한자+이두. 조선 필사 이두 자료. 전북대학교 박물관 소장. 호남권 한국학자료센터 홈페이지 원문 이미지와 텍스트 보기. 최승희(1989), 정구복 외(1999), 이재수(2003) 참고>

1886-11-2■. **노 순이 토지매매명문**(奴順伊土地賣買明文), 답주 호 석남(畓主戶石男). <1장. 한자+이두. 조선 필사 이두 자료. 경북 영해 인량 재령 이씨 충효당 구장. 한국국학진흥원 소장. 한국학중앙연구원 장서각 한국고문서자료관 홈페이지 원문 이미지와 텍스트 보기. 한국정신문화연구원 편(1997) 참고>

1886-11-00. **박원풍 소지**(朴園豊所志) 2, 박원풍. <1장. 한자+이두. 조선 필사 이두 자료. 전북 임실군 청웅 밀양 박씨가 소장. 호남권 한국학자료센터 홈페이지 원문 이미지와 텍스트 보기. 박병호(1974ㄱ), 최승희(1989), 이재수(2003) 참고>

1886-11-00. **박원풍 소지**(朴園豊所志) 3, 박원풍. <1장. 한자+이두. 조선 필사 이두 자료. 전북 임실군 청웅 밀양 박씨가 소장. 호남권 한국학자료센터 홈페이지 원문 이미지와 텍스트 보기. 박병호(1974ㄱ), 최승희(1989), 이재수(2003) 참고>

1886-11-00. **수기**(手記),[912] 수기주 유주명(手記主柳周鳴). <1장. 한자+이두. 조선 필사 이두 자료. 안산 부곡 진주 류씨 경성당 소장. 한국학중앙연구원 장서각 한국고문서자료관 홈페이지 원문 이미지 보기. 한국정신문화연구원 편(2002) 참고>

1886-12-01. **토지매매명문**(土地賣買明文),[913] 답주 유학 강용한(畓主幼學姜龍翰). <1장. 한자+이두. 조선 필사 이두 자료. 전북대학교 박물관 소장. 호남권 한국학자료센터 홈페이지 원문 이미지와 텍스트 보기. 최승희(1989), 정구복 외(1999), 이재

---

[911] 호남권 한국학자료센터 홈페이지에서는 '1886년 임기선(林奇宣) 방매 토지매매명문(土地賣買明文)'으로 표시하였다.

[912] 한국학중앙연구원 장서각 한국고문서자료관 홈페이지에서는 '1886년 유주명(柳周鳴) 수기(手記)'로 표시하였다.

[913] 호남권 한국학자료센터 홈페이지에서는 '1886년 강용한(姜龍翰) 방매 토지매매명문(土地賣買明文)'으로 표시하였다.

수(2003) 참고>

1886-12-03. **토지매매명문**(土地賣買明文),[914] 답주 유학 김두문(畓主幼學金斗文). <1장. 한자+이두. 조선 필사 이두 자료. 전남 보성군 박실 제주 양씨가 구장. 원광대학교 박물관 소장. 호남권 한국학자료센터 홈페이지 원문 이미지와 텍스트 보기. 박병호(1974ㄱ), 이재수(2003) 참고>

1886-12-08. **권상수 토지매매명문**(權相壽土地賣買明文), 전답주 이득록(田畓主李得祿). <1장. 한자+이두. 조선 필사 이두 자료. 경북 안동시 도산면 의촌리 은졸재 고택 구장. 한국국학진흥원 소장. 한국학자료센터 영남권역센터 홈페이지 원문 이미지와 텍스트 보기>

1886-12-09. **조 노 춘단 토지매매명문**(趙奴春丹土地賣買明文), 답주 박연심(畓主朴蓮心). <1장. 한자+이두. 조선 필사 이두 자료. 경북 영양군 영양읍 삼지리 한양조씨 하담 고택 구장. 한국국학진흥원 소장. 한국학자료센터 영남권역센터 홈페이지 원문 이미지와 텍스트 보기. 박병호(1974ㄱ), 최승희(1989), 이재수(2003), 이수건 외(2004) 참고>

1886-12-10. **양 생원 노 만봉 토지매매명문**(梁生員奴萬奉土地賣買明文),[915] 답주 한량 오인채(畓主閑良吳仁采). <1장. 한자+이두. 조선 필사 이두 자료. 전남 보성군 박실 제주 양씨가 구장. 원광대학교 박물관 소장. 호남권 한국학자료센터 홈페이지 원문 이미지와 텍스트 보기. 박병호(1974ㄱ), 이재수(2003) 참고>

1886-12-10. **족대부 양치장 토지매매명문**(族大父梁致章土地賣買明文), 답 여 회장주 족손 양회경(畓與灰場主族孫梁會璟). <1장. 한자+이두. 조선 필사 이두 자료. 전남 보성군 박실 제주 양씨가 구장. 원광대학교 박물관 소장. 호남권 한국학자료센터 홈페이지 원문 이미지와 텍스트 보기. 최승희(1989), 정구복 외(1999), 이재수(2003), 이정수·김희호(2011) 참고>

1886-12-11. **의인 상촌 제위소 노 선봉 토지매매명문**(宜仁上村祭位所奴先奉土地賣買

---

[914] 호남권 한국학자료센터 홈페이지에서는 '1886년 양생원노(梁生員奴) 만동(萬東) 토지매매명문(土地賣買明文)'으로 잘못 적었다.

[915] 호남권 한국학자료센터 홈페이지에서는 '1886년 양생원노(梁生員奴) 만**동**(萬**東**) 토지매매명문(土地賣買明文)'으로 표시하였다.

明文), 답주 신 노 치원(畓主申奴致元). <1장. 한자+이두. 조선 필사 이두 자료. 경북 안동시 도산면 의촌리 은졸재 고택 구장. 한국국학진흥원 소장. 한국학자료센터 영남권역센터 홈페이지 원문 이미지와 텍스트 보기>

1886-12-12. **임실현감 전령**(任實縣監傳令), 임실현감. <1장. 한자+이두. 조선 필사 이두 자료. 전북 임실군 청웅 밀양 박씨가 소장. 호남권 한국학자료센터 홈페이지 원문 이미지와 텍스트 보기. 박병호(1974ㄱ), 최승희(1989), 이재수(2003) 참고>

1886-12-13. **영양향교 하첩**(英陽鄕校下帖), 영양현감(英陽縣監). <1장. 한자+이두. 조선 필사 이두 자료. 경북 영양군 일월면 도계리 영양향교 소장. 한국학자료센터 영남권역센터 홈페이지 원문 이미지와 텍스트 보기. 영남대학교 민족문화연구소 편(1992) 참고>

1886-12-19. **김처일 토지매매명문**(金處一土地賣買明文),[916] 답주 김 노 흥술(畓主金奴興述). <1장. 한자+이두. 조선 필사 이두 자료. 경북 안동시 안동 권씨 이우당 종택 구장. 한국국학진흥원 소장. 한국국학진흥원 유교넷 홈페이지 원문 이미지와 텍스트 보기>

1886-12-20. **양 생원 댁 노 만봉 토지매매명문**(梁生員宅奴萬奉土地賣買明文), 답 급 회장주 김한국(畓及灰場主金漢國). <1장. 한자+이두. 조선 필사 이두 자료. 전남 보성군 박실 제주 양씨가 구장. 원광대학교 박물관 소장. 호남권 한국학자료센터 홈페이지 원문 이미지와 텍스트 보기. 최승희(1989), 정구복 외(1999), 이재수(2003) 참고>

1886-12-20. **유학 이 토지매매명문**(幼學李土地賣買明文),[917] 답주 유학 정재귀(畓主幼學鄭在龜). <1장. 한자+이두. 조선 필사 이두 자료. 전남 보성군 박실 제주 양씨가 구장. 원광대학교 박물관 소장. 호남권 한국학자료센터 홈페이지 원문 이미지와 텍스트 보기. 박병호(1974ㄱ), 이재수(2003) 참고>

1886-12-24. **토지매매명문**(土地賣買明文),[918] 답주 유학 안봉환(畓主幼學安鳳煥). <1

---

[916] 한국국학진흥원 유교넷 홈페이지에서는 문서명을 '1886년 흥술가 김처일에게 논을 팔았음을 증명하는 매매계약서'로 표시하였다.

[917] 호남권 한국학자료센터 홈페이지에서는 '1886년 정재귀(鄭在龜) 방매(放賣) 토지매매명문(土地賣買明文)'으로 표시하였다.

장. 한자+이두. 조선 필사 이두 자료. 전남 보성군 복내면 죽산 안씨 죽곡정사 소장. 호남권 한국학자료센터 홈페이지 원문 이미지와 텍스트 보기. 이수건 외 (2004) 참고>

1886-12-28. **시장문기**(柴場文記),[919] 시장주 마산 월암 이경오(柴場主麻山月岩李景五). <1장. 한자+이두. 조선 필사 이두 자료. 전남 영광 마산 경주 이씨가 구장. 진안 용담호미술관 소장. 호남권 한국학자료센터 홈페이지 원문 이미지와 텍스트 보기. 최승희(1989), 정구복 외(1999), 채현경(2011) 참고>

1886-12-28. **토지매매명문**(土地賣買明文),[920] 회장주 유학 족종 양상국(灰場主幼學族從梁相國). <1장. 한자+이두. 조선 필사 이두 자료. 전남 보성군 박실 제주 양씨가 구장. 원광대학교 박물관 소장. 호남권 한국학자료센터 홈페이지 원문 이미지와 텍스트 보기. 최승희(1989), 정구복 외(1999), 이재수(2003) 참고>

1886-12-29. **재종제 명규 토지매매명문**(再從弟明奎土地賣買明文), 전주 재종형 김홍규(田主再從弟金永奎). <1장. 한자+이두. 조선 필사 이두 자료. 경북 안동시 수곡면 전주 류씨 삼산 종가 구장. 대구광역시 수성구 만촌동 전주 류씨 종가 소장. 한국학자료센터 영남권역센터 홈페이지 원문 이미지와 텍스트 보기. 최승희(1989), 이재수(2003), 전경목(2010), 정수환(2012) 참고>

1886-12-00. **가사매매명문**(家舍賣買明文), 가대주 최 노 감운(家垈主崔奴甘雲). <1장. 한자+이두. 조선 필사 이두 자료. 경북 경주시 소정리 경주 이씨 소장. 한국학중앙연구원 장서각 한국고문서자료관 홈페이지 원문 이미지 보기. 한국정신문화연구원 편(2002) 참고>

1886-12-00. **장사랑 도사 차첩**(將仕郞都事差帖), 충훈부(忠勳府). <1장. 한자+이두. 조선 필사 이두 자료. 중간 부분 결락. 경북 안동시 갈전 순흥 안씨 소장. 한국학중

---

918 호남권 한국학자료센터 홈페이지에서는 '1886년 안봉환(安鳳煥) 방매(放賣) 토지매매명문(土地賣買明文)'으로 표시하였다.

919 호남권 한국학자료센터 홈페이지에서는 '1886년 이경오(李景五) 시장문기(柴場文記)'로 표시하였다.

920 호남권 한국학자료센터 홈페이지에서는 '1886년 양상국(梁相國) 방매(放賣) 토지매매명문(土地賣買明文)'으로 표시하였다.

앙연구원 장서각 한국고문서자료관 홈페이지 원문 이미지 보기. 한국정신문화연구원 편(1999) 참고>

1886-■■-■■. **안동부 완문**(安東府完文), 안동부(安東府). <1장. 한자+이두. 조선 필사 이두 자료. 경북 안동시 하회 풍산 류씨 충효당 소장. 한국학중앙연구원 장서각 한국고문서자료관 홈페이지 원문 이미지와 텍스트 보기. 한국정신문화연구원 편(1994) 참고>

1886-00-00. 「사직서등록(**社稷署謄錄**)」, 사직서. <1책. 36장. 필사본. 한자+이두. 조선 필사 이두 자료. 한국학중앙연구원 장서각 소장. 한국학중앙연구원 장서각 한국학자료센터 홈페이지 원문 이미지 보기>

1886-00-00. **전라도관찰사 관**(全羅道觀察使關), 예조(禮曹). <1장. 한자+이두. 조선 필사 이두 자료. 전북 부안군 우반 부안 김씨 세덕각 구장. 부안 우동 김형복 소장. 호남권 한국학자료센터 홈페이지 원문 이미지와 텍스트 보기. 한국정신문화연구원 편(1983, 1998) 참고>

1886-00-00. 「현금오음통론(**玄琴五音通論**)」, 윤용구(尹用求, 1853년~1939년) 편. <1책. 62장. 필사본. 한자+한글. 어휘 표기 자료. 음악서. 거문고 악보. 한국학중앙연구원 디지털장서각 홈페이지 원문 이미지 보기. 서울대학교 규장각 한국학연구원 '奎15750' 소장. 「한국음악학자료총서」 14(국립국악원) 참고>

1887년

<정해(丁亥), 고종 24년, 광서 13년, 명치 20년>

1887-01-08. **토지매매명문**(土地賣買明文), 답주 갑장사(畓主甲長寺). <1장. 한자+이두. 조선 필사 이두 자료. 경북 상주 낙동 풍양 조씨 양진당 소장. 한국학중앙연구원 장서각 한국고문서자료관 홈페이지 원문 이미지 보기>

1887-01-08~1887-03-22(丁亥). 「공사초개책(**公事抄槩冊**)」,[921] 칠곡부(柒谷府) 편(編).

---

[921] 개장한 표지의 표제는 '公事抄槩冊'이다. 서울대학교 규장각 한국학연구원 홈페이지에서는 책명

<1책. 39장. 필사본. 한자+이두. 조선 필사 이두 자료. 서울대학교 규장각 한국학연구원 홈페이지 원문 이미지 보기>

1887-01-09. **토지매매명문**(土地賣買明文) 1, 답주 마산 월암 유학 조경중(畓主麻山月岩幼學曺敬中). <1장. 한자+이두. 조선 필사 이두 자료. 전남 영광 마산 경주이씨가 구장. 진안 용담호미술관 소장. 호남권 한국학자료센터 홈페이지 원문이미지와 텍스트 보기. 최승희(1989), 정구복 외(1999), 채현경(2011) 참고>

1887-01-20. **류 생원 댁 노 나귀 토지매매명문**(柳生員宅奴羅貴土地賣買明文), 전답주 강 생원 댁 노 삼봉(田畓主姜生員宅奴三奉). <1장. 한자+이두. 조선 필사 이두자료. 춘천 김현식 소장. 한국학자료센터 강원권역센터 홈페이지 원문 이미지보기. 최승희(1989), 전경목(2010), 김성갑(2013), 박준호(2016) 참고>

1887-01-21. **토지매매명문**(土地賣買明文),[922] 전답주 주팔백(田畓主朱八百). <1장. 한자+이두. 조선 필사 이두 자료. 전남 순천 황전 경주 정씨가 구장. 광주광역시이정옥 소장. 호남권 한국학자료센터 홈페이지 원문 이미지와 텍스트 보기. 최승희(1989) 참고>

1887-01-25. **박재평 토지매매명문**(朴在平土地賣買明文), 답주 구재희(畓主具在禧). <1장. 한자+이두. 조선 필사 이두 자료. 전남 나주시 남내 밀양 박씨 청재 종가소장. 호남권 한국학자료센터 홈페이지 원문 이미지와 텍스트 보기. 박화진(1998), 이수건 외(2004) 참고>

1887-01-25. **토지매매명문**(土地賣買明文), 답주 자필 유학 김창규(畓主自筆幼學金昌奎). <1장. 한자+이두. 조선 필사 이두 자료. 전남 구례군 토지면 오미리 문화류씨 운조루 소장. 한국학중앙연구원 장서각 한국고문서자료관 홈페이지 원문이미지와 텍스트 보기. 한국정신문화연구원 편(1998) 참고>

1887-01-26. **시장문기**(柴場文記),[923] 양산주 유학 지득신(養山主幼學池得臣). <1장. 한

을 '平邱道察訪公事抄櫫冊 평구도찰방공사초개책'으로 표시하였다.
[922] 호남권 한국학자료센터 홈페이지에서는 '1887년 주팔백(朱八百) 방매(放賣) 토지매매명문(土地賣買明文)'으로 표시하였다.
[923] 호남권 한국학자료센터 홈페이지에서는 '1887년 지득신(池得臣) 방매(放賣) 시장문기(柴場文記)'로 표시하였다.

자+이두. 조선 필사 이두 자료. 전남 여수 좌수영박물관 소장. 호남권 한국학자료센터 홈페이지 원문 이미지와 텍스트 보기. 최승희(1989), 국립민속박물관 편(1991) 참고>

1887-01-29. **기남 토지매매명문**(己男土地賣買明文), 답주 최 노 백션(畓主崔奴白先). <1장. 한자+이두. 조선 필사 이두 자료. 강원도 원주시 이정동 소장. 한국학자료센터 강원권역센터 홈페이지 원문 이미지와 텍스트 보기. 김건우(2008), 전경목(2010, 2014), 박준호(2016) 참고>

1887-01-29. **최 노 토지매매명문**(崔奴土地賣買明文), 답주 최 노 백션(畓主崔奴白先). <1장. 한자+이두. 조선 필사 이두 자료. 강원도 원주시 이정동 소장. 한국학자료센터 강원권역센터 홈페이지 원문 이미지와 텍스트 보기. 최승희(1989), 전경목(2010, 2014), 박준호(2016) 참고>

1887-01-00. **박원풍 소지**(朴園豊所志) 1, 박원풍. <1장. 한자+이두. 조선 필사 이두 자료. 전북 임실군 청웅 밀양 박씨가 소장. 호남권 한국학자료센터 홈페이지 원문 이미지와 텍스트 보기. 박병호(1974ㄱ), 최승희(1989), 이재수(2003) 참고>

1887-01-00. **박원풍 소지**(朴園豊所志) 2, 박원풍. <1장. 한자+이두. 조선 필사 이두 자료. 전북 임실군 청웅 밀양 박씨가 소장. 호남권 한국학자료센터 홈페이지 원문 이미지와 텍스트 보기. 박병호(1974ㄱ), 최승희(1989), 이재수(2003) 참고>

1887-01-00. **이 노 우근 소지**(李奴又根所志), 우근. <1장. 한자+이두. 조선 필사 이두 자료. 경북 경주시 소정리 경주 이씨 소장. 한국학중앙연구원 장서각 한국고문서자료관 홈페이지 원문 이미지 보기. 한국정신문화연구원 편(2002) 참고>

1887-02-03. **토지매매명문**(土地賣買明文),[924] 답주 권관 김장묵(畓主權官金章默). <1장. 한자+이두. 조선 필사 이두 자료. 전남 보성군 박실 제주 양씨가 구장. 원광대학교 박물관 소장. 호남권 한국학자료센터 홈페이지 원문 이미지와 텍스트 보기. 박병호(1974ㄱ), 최승희(1989), 이재수(2003) 참고>

1887-02-03. **토지매매명문**(土地賣買明文),[925] 답주 유학 문창호(畓主幼學文昌鎬). <1

---

924 호남권 한국학자료센터 홈페이지에서는 '1887년 김장묵(金章默) 방매(放賣) 토지매매명문(土地賣買明文)'으로 표시하였다.

장. 한자+이두. 조선 필사 이두 자료. 전남 영광 마산 경주 이씨가 구장. 진안 용담호미술관 소장. 호남권 한국학자료센터 홈페이지 원문 이미지와 텍스트 보기. 박병호(1974ㄱ), 최승희(1989), 정구복 외(1999), 이재수(2003) 참고>

1887-02-03. **토지매매명문**(土地賣買明文), 답주 유학 유재홍(畓主幼學庾載洪). <1장. 한자+이두. 조선 필사 이두 자료. 영광 입석 영월 신씨 소장. 한국학중앙연구원 장서각 한국고문서자료관 홈페이지 원문 이미지와 텍스트 보기. 한국정신문화연구원 편(1996) 참고>

1887-02-08. **강 노 순년 토지매매명문**(姜奴順年土地賣買明文),[926] 전답주 강칠근(田畓主姜七根). <1장. 한자+이두. 조선 필사 이두 자료. 진성 이씨 하계파 권재 댁 구장. 한국국학진흥원 소장. 한국국학진흥원 유교넷 홈페이지 원문 이미지와 텍스트 보기>

1887-02-09. **토지매매명문**(土地賣買明文) 2, 답주 유학 조경중(畓主幼學曺敬中). <1장. 한자+이두. 조선 필사 이두 자료. 전남 영광 마산 경주 이씨가 구장. 진안 용담호미술관 소장. 호남권 한국학자료센터 홈페이지 원문 이미지와 텍스트 보기. 최승희(1989), 정구복 외(1999), 채현경(2011) 참고>

1887-02-10. **토지매매명문**(土地賣買明文),[927] 답주 자필 조병수(畓主自筆曺秉殳). <1장. 한자+이두. 조선 필사 이두 자료. 영암 미암 창녕 조씨 태호 후손가 소장. 호남권 한국학자료센터 홈페이지 원문 이미지와 텍스트 보기. 최승희(1989) 참고>

1887-02-14. **토지매매명문**(土地賣買明文),[928] 전주 유학 성윤구(田主幼學成允九). <1장. 한자+이두. 조선 필사 이두 자료. 전북 정읍시 옹동 전주 이씨가 구장. 정읍시

---

925 호남권 한국학자료센터 홈페이지에서는 '1887년 문창호(文昌鎬) 방매(放賣) 토지매매명문(土地賣買明文)'으로 표시하였다.

926 한국국학진흥원 유교넷 홈페이지에서는 '1887년 강칠근이 순년에게 논과 밭을 팔았음을 증명하는 전답매매문기'로 표시하였다.

927 호남권 한국학자료센터 홈페이지에서는 '1887년 조병수(曺秉殳) 방매(放賣) 토지매매명문(土地賣買明文)'으로 표시하였다.

928 호남권 한국학자료센터 홈페이지에서는 '1887년 성윤구(成允九) 방매(放賣) 토지매매명문(土地賣買明文)'으로 표시하였다.

옹동 이태일가 소장. 호남권 한국학자료센터 홈페이지 원문 이미지와 텍스트 보기. 박병호(1974ㄱ), 최승희(1989), 이재수(2003) 참고>

1887-02-17. **토지매매명문**(土地賣買明文), 산주 정 진사 댁 노 응덕(山主鄭進士宅奴應德). <1장. 한자+이두. 조선 필사 이두 자료. 상주 연안 이씨 이만부 종가 소장. 한국학중앙연구원 장서각 한국고문서자료관 홈페이지 & 한국학중앙연구원 한국학 디지털 아카이브 홈페이지 원문 이미지 보기>

1887-02-20. **노 헌이 토지매매명문**(奴軒伊土地賣買明文), 전답주 노 월제(田畓主奴月弟). <1장. 한자+이두. 조선 필사 이두 자료. 경북 영해 인량 재령 이씨 충효당 구장. 한국국학진흥원 소장. 한국학중앙연구원 장서각 한국고문서자료관 홈페이지 원문 이미지와 텍스트 보기. 한국정신문화연구원 편(1997) 참고>

1887-02-28. **6대 조부 소제조 성치문**(六代祖父掃祭條成置文), 문중 강문구 등(門中姜文龜). <1장. 한자+이두. 조선 필사 이두 자료. 제주시 제주교육박물관 소장. 사이버 제주교육박물관 홈페이지 원문 이미지와 텍스트 보기>

1887-02-00. **박원풍 소지**(朴園豊所志) 3, 박원풍. <1장. 한자+이두. 조선 필사 이두 자료. 전북 임실군 청웅 밀양 박씨가 소장. 호남권 한국학자료센터 홈페이지 원문 이미지와 텍스트 보기. 박병호(1974ㄱ), 최승희(1989), 이재수(2003) 참고>

1887-02-00. **서억지 소지**(徐億只所志), 서억지. <1장. 한자+이두. 조선 필사 이두 자료. 경북 영양군 일월면 도계리 영양향교 소장. 한국학자료센터 영남권역센터 홈페이지 원문 이미지와 텍스트 보기. 영남대학교 민족문화연구소 편(1992) 참고>

1887-02-00. **오한두 등 소지**(吳漢斗等所志), 오한두 등. <1장. 한자+이두. 조선 필사 이두 자료. 부여 은산 함양 박씨 소장. 한국학중앙연구원 장서각 한국고문서자료관 홈페이지 원문 이미지 보기. 한국정신문화연구원 편(2000) 참고>

1887-02-00.「함경북도 도류 정배 죄인 등 잉질 성책(**咸鏡北道徒流定配罪人等仍秩成冊**)」, 함경감영(咸鏡監營) 편(編). <1책. 4장. 한자+이두. 이두 자료. 서울대학교 규장각 한국학연구원 홈페이지 원문 이미지 보기>

1887-03-01~1887-06-04(丁亥).「민소치부(**民訴置簿**)」 1~2, 편자 미상. <2책. 필사본. 한자+이두. 조선 필사 이두 자료. 서울대학교 규장각 한국학연구원 홈페이지

원문 이미지 보기>

1887-03-07. **유학 박 가사매매명문**(幼學朴家舍賣買明文),[929] 가대주 유학 한석모(家垈主幼學韓錫模). <1장. 한자+이두. 조선 필사 이두 자료. 전북 장수군 침곡 충주 박씨가 소장. 호남권 한국학자료센터 홈페이지 원문 이미지와 텍스트 보기. 박병호(1974ㄱ), 최승희(1989), 이재수(2003) 참고>

1887-03-07. **토지매매명문**(土地賣買明文),[930] 전주 유학 이내희(田主幼學李乃希). <1장. 한자+이두. 조선 필사 이두 자료. 전남 영광 마산 경주 이씨가 구장. 진안 용담호미술관 소장. 호남권 한국학자료센터 홈페이지 원문 이미지와 텍스트 보기. 박병호(1974ㄱ), 최승희(1989), 이재수(2003) 참고>

1887-03-18. **면주전 상인 오현익 단자**(綿紬廛商人吳顯益單子), 오현익. <1장. 한자+이두. 조선 필사 이두 자료. 일본 경도대학 가와이문고 소장. 고려대학교 해외한국학자료센터 홈페이지 원문 이미지 보기>

1887-03-21. **이양조 토지매매명문**(李良祚土地賣買明文), 답주 이윤희(畓主李允熙). <1장. 한자+이두. 조선 필사 이두 자료. 삼척시립박물관 소장. 한국학자료센터 강원권역센터 홈페이지 원문 이미지와 텍스트 보기. 최승희(1989), 전경목(2010), 채현경(2011), 김세민(2013) 참고>

1887-03-24. **신휘년 수표**(辛徽年手標), 신휘년. <1장. 한자+이두. 조선 필사 이두 자료. 영광 입석 영월 신씨 소장. 한국학중앙연구원 장서각 한국고문서자료관 홈페이지 원문 이미지와 텍스트 보기. 한국정신문화연구원 편(1996) 참고>

1887-03-00. **토지매매명문**(土地賣買明文),[931] 답주 유학 정옥?(畓主幼學鄭玉?). <1장. 한자+이두. 조선 필사 이두 자료. 전북대학교 박물관 소장. 호남권 한국학자료센터 홈페이지 원문 이미지와 텍스트 보기. 최승희(1989), 정구복 외(1999), 이재수

---

[929] 호남권 한국학자료센터 홈페이지에서는 '1887년 한석모(韓錫模) 방매(放賣) 가사매매명문(家舍賣買明文)'으로 표시하였다.

[930] 호남권 한국학자료센터 홈페이지에서는 '1887년 이내희(李乃希) 방매(放賣) 토지매매명문(土地賣買明文)'으로 표시하였다.

[931] 호남권 한국학자료센터 홈페이지에서는 '1887년 정옥?(鄭玉?) 방매 토지매매명문(土地賣買明文)'으로 표시하였다.

(2003) 참고>

1887-04-01. **토지매매명문**(土地賣買明文),⁹³² 답주 김 조이(畓主金召史). <1장. 한자+이두. 조선 필사 이두 자료. 전남 나주시 남내 밀양 박씨 청재 종가 소장. 호남권 한국학자료센터 홈페이지 원문 이미지와 텍스트 보기. 김용섭(1983), 박준호(2004) 참고>

1887-04-10. **시장문기**(柴場文記),⁹³³ 시장주 유학 심용후(柴場主幼學沈龍厚). <1장. 한자+이두. 조선 필사 이두 자료. 전북 고창군 장두 광산 김씨가 소장. 호남권 한국학자료센터 홈페이지 원문 이미지와 텍스트 보기. 박병호(1974ㄱ), 최승희(1989), 이재수(2003) 참고>

1887-04-10. **토지매매명문**(土地賣買明文),⁹³⁴ 답주 유학 정만원(畓主幼學鄭萬源). <1장. 한자+이두. 조선 필사 이두 자료. 전북 무장 원송 진주 강씨가 구장. 전북대학교 박물관 소장. 호남권 한국학자료센터 홈페이지 원문 이미지와 텍스트 보기. 최승희(1989), 정구복 외(1999), 이재수(2003) 참고>

1887-04-16. **토지매매명문**(土地賣買明文), 답주 김성득(畓主金聖得). <1장. 한자+이두. 조선 필사 이두 자료. 경북 경주시 내남면 이조리 경주 최씨·용산서원 소장. 한국학중앙연구원 장서각 한국고문서자료관 홈페이지 & 한국학중앙연구원 한국학 디지털 아카이브 홈페이지 원문 이미지 보기. 한국정신문화연구원 편(2000) 참고>

1887-04-16. **토지매매명문**(土地賣買明文),⁹³⁵ 답주 유학 나기종(畓主幼學羅基宗). <1장. 한자+이두. 조선 필사 이두 자료. 전북대학교 박물관 소장. 호남권 한국학자료센터 홈페이지 원문 이미지와 텍스트 보기. 최승희(1989), 정구복 외(1999), 이재

---

932 호남권 한국학자료센터 홈페이지에서는 '1887년 김소사(金召史) 방매(放賣) 토지매매명문(土地賣買明文)'으로 표시하였다.

933 호남권 한국학자료센터 홈페이지에서는 '1887년 심용후(沈龍厚) 방매(放賣) 시장문기(柴場文記)'로 표시하였다.

934 호남권 한국학자료센터 홈페이지에서는 '1887년 정만원(鄭萬源) 방매(放賣) 토지매매명문(土地賣買明文)'으로 표시하였다.

935 호남권 한국학자료센터 홈페이지에서는 '1887년 나기종(羅基宗) 토지매매명문(土地賣買明文)'으로 적었다.

수(2003) 참고>

1887-04-16. **토지매매명문**(土地賣買明文), 답주 최 노 갑준(畓主崔奴甲俊). <1장. 한자+이두. 조선 필사 이두 자료. 경북 경주시 내남면 이조리 경주 최씨·용산서원 소장. 한국학중앙연구원 장서각 한국고문서자료관 홈페이지 & 한국학중앙연구원 한국학 디지털 아카이브 홈페이지 원문 이미지 보기. 한국정신문화연구원 편(2000) 참고>

1887-04-17. **토지매매명문**(土地賣買明文),[936] 답주 자필 유학 정취술(畓主自筆幼學鄭聚述). <1장. 한자+이두. 조선 필사 이두 자료. 전북 무장 원송 진주 강씨가 구장. 전북대학교 박물관 소장. 호남권 한국학자료센터 홈페이지 원문 이미지와 텍스트 보기. 최승희(1989), 정구복 외(1999), 이재수(2003) 참고>

1887-04-19. **신 생원 댁 명문**(辛生員宅明文), 표주 종손 김경조(標主宗孫金敬祚). <1장. 한자+이두. 조선 필사 이두 자료. 영광 입석 영월 신씨 소장. 한국학중앙연구원 장서각 한국고문서자료관 홈페이지 원문 이미지와 텍스트 보기. 한국정신문화연구원 편(1996) 참고>

1887-04-20. **임영근 산도**(任永根山圖), 임영근. <1장. 한자+이두. 조선 필사 이두 자료. 아산 선교 장흥 임씨 구장. 한국학중앙연구원 장서각 한국고문서자료관 홈페이지 원문 이미지 보기. 한국학중앙연구원 편(2008) 참고>

1887-04-22. **송기홍 걸양문**(宋基泓乞養文), 주 과부 김 씨(主寡婦金氏). <1장. 한자+이두. 조선 필사 이두 자료. 제주도 애월 여산 송씨가 구장. 제주시 일도 2동 제주민속자연사박물관 소장. 호남권 한국학자료센터 홈페이지 원문 이미지와 텍스트 보기>

1887-04-29. **동중 토지매매명문**(洞中土地賣買明文), 답주 윤 노 옥이(畓主尹奴玉伊). <1장. 한자+이두. 조선 필사 이두 자료. 경북 경주시 소정리 경주 이씨 소장. 한국학중앙연구원 장서각 한국고문서자료관 홈페이지 원문 이미지 보기. 한국정신문화연구원 편(2002) 참고>

---

936 호남권 한국학자료센터 홈페이지에서는 '1887년 정취슐(鄭聚述) 방매(放賣) 토지매매명문(土地賣買明文)'으로 표시하였다.

1887-04-00. **임영근 단자**(任永根單子) 1, 임영근. <1장. 한자+이두. 조선 필사 이두 자료. 아산 선교 장흥 임씨 구장. 한국학중앙연구원 장서각 한국고문서자료관 홈페이지 원문 이미지 보기. 한국학중앙연구원 편(2008) 참고>

1887-04-00. **임영근 단자**(任永根單子) 2, 임영근. <1장. 한자+이두. 조선 필사 이두 자료. 아산 선교 장흥 임씨 구장. 한국학중앙연구원 장서각 한국고문서자료관 홈페이지 원문 이미지 보기. 한국학중앙연구원 편(2008) 참고>

1887-04-00. **장수윤 차첩**(張壽潤差帖), 충훈부(忠勳府). <1장. 한자+이두. 조선 필사 이두 자료. 전북 태인 상허 인동 장씨가 구장. 전북 정읍 시산 최재필가 소장. 호남권 한국학자료센터 홈페이지 원문 이미지 보기. 최승희(1989), 전경목 외 (2006) 참고>

1887-04-00. **조이 문 수표**(召史文手標), 조이 문. <1장. 한자+이두. 조선 필사 이두 자료. 안산 부곡 진주 류씨 경성당 소장. 장서각 한국고문서자료관 홈페이지 원문 이미지 보기. 한국정신문화연구원 편(2002) 참고>

1887-04-00. **토지매매명문**(土地賣買明文),[937] 자필 답주 유학 강기혁(自筆畓主幼學姜基赫). <1장. 한자+이두. 조선 필사 이두 자료. 전북대학교 박물관 소장. 호남권 한국학자료센터 홈페이지 원문 이미지와 텍스트 보기. 최승희(1989), 정구복 외 (1999), 이재수(2003) 참고>

1887-윤4-01~1891-07-14(丁亥~辛卯).「사송록(詞訟錄)」, 충청 감영(忠淸監營) 편(篇). <21책. 필사본. 한자+이두. 이두 자료. 서울대학교 규장각 한국학연구원 홈페이지 원문 이미지 보기>

1887-윤4-28. **토지매매명문**(土地賣買明文), 답주 양 노 소어차(畓主楊奴小於此). <1장. 한자+이두. 조선 필사 이두 자료. 경북 경주시 내남면 이조리 경주 최씨·용산 서원 소장. 한국학중앙연구원 장서각 한국고문서자료관 홈페이지 & 한국학중앙연구원 한국학 디지털 아카이브 홈페이지 원문 이미지 보기. 한국정신문화연구원 편(2000) 참고>

---

937 호남권 한국학자료센터 홈페이지에서는 '1887년 강기혁(姜基赫) 방매 토지매매명문(土地賣買明文)'으로 표시하였다.

1887-윤4-29~1889-12-26. 「결속색등록(結束色謄錄)」 102, 병조(兵曹) 편(編). <1책 (102/낙질본 107책). 73장. 필사본. 한자+이두. 조선 필사 이두 자료. 서울대학교 규장각 한국학연구원 홈페이지 1787년~1891년 낙질본 107책(1792년(건륭 57년), 1811년(가경 16년) 하, 1816년(가경 21년), 1817년(가경 22년), 1824년(도광 4년), 1831년(도광 11년), 1871년(동치 10년), 1885년(광서 11년) 없음) 원문 이미지 보기>

1887-윤4-00. **성일원 등 상서**(成一源等上書) 1, 성일원 등. <1장. 한자+이두. 조선 필사 이두 자료. 안동 송파 진주 하씨 하위지 후손가 소장. 한국학중앙연구원 장서각 한국고문서자료관 홈페이지 원문 이미지 보기. 한국정신문화연구원 편 (2002) 참고>

1887-윤4-00. **아산거 임희태 단자**(牙山居任熙台單子), 임희태. <1장. 한자+이두. 조선 필사 이두 자료. 아산 선교 장흥 임씨 구장. 한국학중앙연구원 장서각 한국고문서자료관 홈페이지 원문 이미지 보기. 한국학중앙연구원 편(2008) 참고>

1887-윤4-00. **이필·이일수 등 상서**(李珌李一秀等上書), 이필·이일수 등. <1장. 한자+이두. 조선 필사 이두 자료. 경북 안동시 법흥동 고성 이씨 탑동 종가 구장. 한국국학진흥원 소장. 한국학자료센터 영남권역센터 홈페이지 원문 이미지와 텍스트 보기>

1887-05-29~1894-12-27(丁亥~甲午). 「도배안(到配案)」, 법부(法部) 편(編). <1책. 4장. 필사본. 한자+이두. 이두 자료. 서울대학교 규장각 한국학연구원 홈페이지 원문 이미지 보기>

1887-05-00. **성일원 등 상서**(成一源等上書) 2, 성일원 등. <1장. 한자+이두. 조선 필사 이두 자료. 안동 송파 진주 하씨 하위지 후손가 소장. 한국학중앙연구원 장서각 한국고문서자료관 홈페이지 원문 이미지 보기. 한국정신문화연구원 편 (2002) 참고>

1887-05-00. **아산거 임선근 단자**(牙山居任善根單子), 임선근. <1장. 한자+이두. 조선 필사 이두 자료. 아산 선교 장흥 임씨 구장. 한국학중앙연구원 장서각 한국고문서자료관 홈페이지 원문 이미지 보기. 한국학중앙연구원 편(2008) 참고>

1887-05-00. **하문환 상서**(河文煥上書) 1, 하문환. <1장. 한자+이두. 조선 필사 이두 자료. 안동 송파 진주 하씨 하위지 후손가 소장. 한국학중앙연구원 장서각 한국고

문서자료관 홈페이지 원문 이미지 보기. 한국정신문화연구원 편(2002) 참고>

1887-05-00. **하문환 소지**(河文煥所志), 하문환. <1장. 한자+이두. 조선 필사 이두 자료. 안동 송파 진주 하씨 하위지 후손가 소장. 한국학중앙연구원 장서각 한국고 문서자료관 홈페이지 원문 이미지 보기. 한국정신문화연구원 편(2002) 참고>

1887-05-00. **하문환 의송**(河文煥議送), 하문환. <1장. 한자+이두. 조선 필사 이두 자료. 안동 송파 진주 하씨 하위지 후손가 소장. 한국학중앙연구원 장서각 한국고 문서자료관 홈페이지 원문 이미지 보기. 한국정신문화연구원 편(2002) 참고>

1887-06-02~1892-04-14(丁亥~壬辰). 「8도 4도 관초(八道四都關草)」, 통리교섭통상 사무아문(統理交涉通商事務衙門) 편(編). <1책. 68장. 필사본. 한자+이두. 조선 필 사 이두 자료. 서울대학교 규장각 한국학연구원 홈페이지 원문 이미지 보기> <영인본: 「각사등록」 63(국사편찬위원회 편, 1992)>

1887-06-10. **토지매매명문**(土地賣買明文),[938] 답주 김봉균(畓主金鳳均). <1장. 한자+ 이두. 조선 필사 이두 자료. 전남 나주시 남내 밀양 박씨 청재 종가 소장. 호남권 한국학자료센터 홈페이지 원문 이미지와 텍스트 보기. 심희기(1991) 참고>

1887-06-00. **이승한 등 상서**(李承翰等上書), 이승한 등. <1장. 한자+이두. 조선 필사 이두 자료. 경북 성주군 초전면 월곡 1리 벽진 이씨 명암 고택 구장. 한국국학진흥 원 소장. 한국학자료센터 영남권역센터 홈페이지 원문 이미지와 텍스트 보기. 김성갑(2013) 참고>

1887-07-06. **토지매매명문**(土地賣買明文), 대전주 주 노 방외(垈田主朱奴方外). <1장. 한자+이두. 조선 필사 이두 자료. 경북 경주시 내남면 이조리 경주 최씨·용산서 원 소장. 한국학중앙연구원 장서각 한국고문서자료관 홈페이지 & 한국학중앙연 구원 한국학 디지털 아카이브 홈페이지 원문 이미지 보기. 한국정신문화연구원 편(2000) 참고>

1887-07-07. **토지매매명문**(土地賣買明文), 산주 유학 문장 심여우 등(山主幼學門長沈 汝友等). <1장. 한자+이두. 조선 필사 이두 자료. 남원·구례 삭녕 최씨 구장. 한국

---

938 호남권 한국학자료센터 홈페이지에서는 '1887년 김봉균(金鳳均) 방매(放賣) 토지매매명문(土地賣 買明文)'으로 표시하였다.

학중앙연구원 장서각 한국고문서자료관 홈페이지 원문 이미지 보기. 한국정신문화연구원 편(2004) 참고>

1887-07-13. **첩정**(牒呈), 군수(郡守). <1장. 한자+이두. 조선 필사 이두 자료. 부여·강화·영주 창원 황씨 소장. 한국학중앙연구원 장서각 한국고문서자료관 홈페이지 원문 이미지와 텍스트 보기. 한국정신문화연구원 편(1990) 참고>

1887-07-18. **면주전 상인 김재경 단자**(綿紬廛商人金在敬單子), 김재경. <1장. 한자+이두. 조선 필사 이두 자료. 일본 경도대학 가와이문고 소장. 고려대학교 해외한국학자료센터 홈페이지 원문 이미지 보기>

1887-07-27. **족종 토지매매명문**(族從土地賣買明文),[939] 회장 급 답주 유학 양창대(灰場及畓主幼學梁昶大). <1장. 한자+이두. 조선 필사 이두 자료. 전남 보성군 박실 제주 양씨가 구장. 원광대학교 박물관 소장. 호남권 한국학자료센터 홈페이지 원문 이미지와 텍스트 보기. 박병호(1974ㄱ), 최승희(1989), 이재수(2003) 참고>

1887-07-00. **김낙진 소지**(金洛晉所志), 김낙진. <1장. 한자+이두. 조선 필사 이두 자료. 전북 부안군 우반 부안 김씨 세덕각 소장. 한국학중앙연구원 장서각 한국고문서자료관 홈페이지 & 호남권 한국학자료센터 홈페이지 원문 이미지와 텍스트 보기. 박병호(1974ㄱ), 한국정신문화연구원 편(1983, 1998), 최승희(1989), 김현영(1999), 전경목(2001), 정구복(2002), 한국학중앙연구원 편(2017) 참고>

1887-07-00. **면주전 상인 류정묵 단자**(綿紬廛商人柳鼎默單子), 류정묵. <1장. 한자+이두. 조선 필사 이두 자료. 일본 경도대학 가와이문고 소장. 고려대학교 해외한국학자료센터 홈페이지 원문 이미지 보기>

1887-07-00. **송곡면 호곡촌 민인 등장**(松谷面毫谷村民人等狀), 호곡촌 민인. <1장. 한자+이두. 조선 필사 이두 자료. 전남 보성군 박실 제주 양씨가 구장. 원광대학교 박물관 소장. 호남권 한국학자료센터 홈페이지 원문 이미지와 텍스트 보기>

1887-07-00. **장성진 상서**(張成辰上書), 장성진. <1장. 한자+이두. 조선 필사 이두 자료. 전북 태인 상허 인동 장씨가 구장. 전북 정읍 시산 최재필가 소장. 호남권

---

[939] 호남권 한국학자료센터 홈페이지에서는 '1887년 양창대(梁昶大) 방매(放賣) 토지매매명문(土地賣買明文)'으로 표시하였다.

한국학자료센터 홈페이지 원문 이미지 보기. 최승희(1989), 정구복(2002), 전경목 외(2006) 참고>

1887-07-00~1895-11-00(丁亥~乙未). 「소지등록(**所志謄錄**)」, 통리문섭통상사무아문(統理文涉通商事務衙門) 편(編). <5책. 필사본. 한자+이두. 조선 필사 이두 자료. 서울대학교 규장각 한국학연구원 홈페이지 원문 이미지 보기. 국사편찬위원회 한국사데이터베이스 각사등록 근대편 홈페이지 원문 텍스트 보기>

1887-08-00. **동민 유제원 등 소지**(洞民柳濟轅等所志), 유제원 등. <1장. 한자+이두. 조선 필사 이두 자료. 전남 구례군 토지면 오미리 문화 류씨 운조루 소장. 한국학중앙연구원 장서각 한국고문서자료관 홈페이지 원문 이미지와 텍스트 보기. 한국정신문화연구원 편(1998) 참고>

1887-08-00. **면주전 상인 류태선 단자**(綿紬廛商人柳泰宣單子), 류태선. <1장. 한자+이두. 조선 필사 이두 자료. 일본 경도대학 가와이문고 소장. 고려대학교 해외한국학자료센터 홈페이지 원문 이미지 보기>

1887-08-00. **문재호 단자**(文在鎬單子), 문재호. <1장. 한자+이두. 조선 필사 이두 자료. 전남 장흥군 금자 남평 문씨 문헌기 소장. 호남권 한국학자료센터 홈페이지 원문 이미지와 텍스트 보기. 최승희(2003) 참고>

1887-09-13. **변운경 수기**(邊雲卿手記), 변운경. <1장. 한자+이두. 조선 필사 이두 자료. 안산 부곡 진주 류씨 경성당 소장. 한국학중앙연구원 장서각 한국고문서자료관 홈페이지 원문 이미지 보기. 한국정신문화연구원 편(2002) 참고>

1887-09-18. **이성삼 토지매매명문**(李成三土地賣買明文), 전주 임성거(出主林成居). <1장. 한자+이두. 조선 필사 이두 자료. 전남 화순 동면 창녕 조씨가 구장. 광주광역시 이정옥 소장. 호남권 한국학자료센터 홈페이지 원문 이미지와 텍스트 보기. 최승희(1989) 참고>

1887-09-28. **족호 삼월 토지매매명문**(族戶三月土地賣買明文), 답주 호 덕삼(畓主戶德三). <1장. 한자+이두. 조선 필사 이두 자료. 경북 영해 인량 재령 이씨 충효당 소장. 한국학중앙연구원 장서각 한국고문서자료관 홈페이지 원문 이미지 보기. 한국정신문화연구원 편(2004) 참고>

1887-09-30. **이광석 토지매매명문**(李光錫土地賣買明文), 답주 김 노 월매(畓主金奴月

每). <1장. 한자+이두. 조선 필사 이두 자료. 경북 안동시 도산면 의촌리 은졸재 고택 구장. 한국국학진흥원 소장. 한국학자료센터 영남권역센터 홈페이지 원문 이미지와 텍스트 보기>

1887-10-00. **남유화 등 상서**(南有鏵等上書), 남유화 등. <1장. 한자+이두. 조선 필사 이두 자료. 경북 영덕군 영해면 괴시리 영양 남씨 괴시파 영감댁 구장. 한국국학진흥원 소장. 한국학자료센터 영남권역센터 홈페이지 원문 이미지와 텍스트 보기>

1887-10-00. **면주전 시민 등장**(綿紬廛市民等狀), 홍순호 등(洪淳祜等). <1장. 한자+이두. 조선 필사 이두 자료. 일본 경도대학 가와이문고 소장. 고려대학교 해외한국학자료센터 홈페이지 원문 이미지 보기>

1887-10-00. **안응종 단자**(安應鍾單子), 안응종. <1장. 한자+이두. 조선 필사 이두 자료. 일본 경도대학 가와이문고 소장. 고려대학교 해외한국학자료센터 홈페이지 원문 이미지 보기>

1887-10-00. **유병호 등 상서**(劉秉琥等上書), 유병호 등. <1장. 한자+이두. 조선 필사 이두 자료. 경북 예천군 감천면 강릉 유씨 벌방 종가 구장. 한국국학진흥원 소장. 한국학자료센터 영남권역센터 홈페이지 원문 이미지와 텍스트 보기. 전경목(1996), 김경숙(2002) 참고>

1887-11-01. **통문**(通文), 향교(鄕校). <1장. 한자+이두. 조선 필사 이두 자료. 경북 경주시 내남면 이조리 경주 최씨·용산서원 소장. 한국학중앙연구원 장서각 한국고문서자료관 홈페이지 & 한국학중앙연구원 한국학 디지털 아카이브 홈페이지 원문 이미지 보기. 한국정신문화연구원 편(2000) 참고>

1887-11-04. **토지매매명문**(土地賣買明文),[940] 답주 유학 양수현(畓主幼學楊秀賢). <1장. 한자+이두. 조선 필사 이두 자료. 전북 순창 구미 남원 양씨가 소장. 호남권한국학자료센터 홈페이지 원문 이미지와 텍스트 보기. 박병호(1974ㄱ), 최승희(1989), 전경목 외(2006), 채현경(2011) 참고>

1887-11-07~1888-12-28. 「결속색등록(**結束色謄錄**)」 103, 병조(兵曹) 편(編). <1책

---

[940] 호남권 한국학자료센터 홈페이지에서는 '1887년 양수현(楊秀賢) 방매(放賣) 토지매매명문(土地賣買明文)'으로 표시하였다.

(103/낙질본 107책). 139장. 필사본. 한자+이두. 이두 자료. 서울대학교 규장각 한국학연구원 홈페이지 1787년~1891년 낙질본 107책(1792년(건륭 57년), 1811년(가경 16년) 하, 1816년(가경 21년), 1817년(가경 22년), 1824년(도광 4년), 1831(도광 11년), 1871(동치 10년), 1885년(광서 11년) 없음) 원문 이미지 보기>

1887-11-10. **최재근 토지매매명문**(崔在根土地賣買明文), 산주 유학 박종호(山主幼學朴鍾湖). <1장. 한자+이두. 조선 필사 이두 자료. 전북 태인 산내 전주 최씨가 구장. 전북 정읍시 동학농민혁명기념관 소장. 호남권 한국학자료센터 홈페이지 원문 이미지와 텍스트 보기. 박병호(1974ㄱ), 이재수(2003) 참고>

1887-11-21. **박종화 토지매매명문**(朴宗華土地賣買明文), 답주 허 생원 댁 노 김평득(畓主許生員宅奴金平得). <1장. 한자+이두. 조선 필사 이두 자료. 전남 보성군 박실 제주 양씨가 구장. 원광대학교 박물관 소장. 호남권 한국학자료센터 홈페이지 원문 이미지와 텍스트 보기. 박병호(1974ㄱ), 최승희(1989), 이재수(2003) 참고>

1887-11-22. **유학 하문환 토지매매명문**(幼學河文煥土地賣買明文), 전답주 자필 유학 김국모(田畓主自筆幼學金國模). <1장. 한자+이두. 조선 필사 이두 자료. 안동 송파 진주 하씨 하위지 후손가 소장. 한국학중앙연구원 장서각 한국고문서자료관 홈페이지 원문 이미지 보기. 한국정신문화연구원 편(2002) 참고>

1887-11-26. **작산 갱장소 토지매매명문**(鵲山更張所土地賣買明文), 답주 배영학(畓主裵永學). <1장. 한자+이두. 조선 필사 이두 자료. 경북 안동시 주촌 진성 이씨 경류정 구장. 서울역사박물관 소장. 한국학중앙연구원 장서각 한국고문서자료관 홈페이지 & 한국학중앙연구원 한국학 디지털 아카이브 홈페이지 원문 이미지와 텍스트 보기. 한국정신문화연구원 편(1999) 참고>

1887-11-27. **미동 경계 토지매매명문**(美洞京契土地賣買明文),[941] 답주 유학 김용필(畓主幼學金溶弼). <1장. 한자+이두. 조선 필사 이두 자료. 전남 구례군 토지면 오미리 문화 류씨 운조루 소장. 한국학중앙연구원 장서각 한국고문서자료관 홈페이지 원문 이미지와 텍스트 보기. 한국정신문화연구원 편(1998) 참고>

---

941 한국학중앙연구원 장서각 한국고문서자료관 홈페이지에서는 '1887년 토지매매명문(土地賣買明文)'으로 표시하였다.

1887-11-00. **유주호 소지**(劉柱昊所志), 유주호. <1장. 한자+이두. 조선 필사 이두 자료. 경북 예천군 감천면 강룡 유씨 벌방 종가 구장. 한국국학진흥원 소장. 한국학자료센터 영남권역센터 홈페이지 원문 이미지와 텍스트 보기. 전경목(1996), 김경숙(2002) 참고>

1887-11-00. **토지매매명문**(土地賣買明文),[942] 답주 유학 이인찬(畓主幼學李仁贊). <1장. 한자+이두. 조선 필사 이두 자료. 전북대학교 박물관 소장. 호남권 한국학자료센터 홈페이지 원문 이미지와 텍스트 보기. 최승희(1989), 정구복 외(1999), 이재수(2003) 참고>

1887-12-03. **간역소 토지매매명문**(刊役所土地賣買明文) 1, 전답주 권용철(田畓主權龍哲). <1장. 한자+이두. 조선 필사 이두 자료. 경북 안동시 주촌 진성 이씨 경류정 소장. 한국학중앙연구원 장서각 한국고문서자료관 홈페이지 & 한국학중앙연구원 한국학 디지털 아카이브 홈페이지 원문 이미지와 텍스트 보기. 한국정신문화연구원 편(1999) 참고>

1887-12-03. **간역소 토지매매명문**(刊役所土地賣買明文) 2, 전주 이극이(田主李克伊). <1장. 한자+이두. 조선 필사 이두 자료. 경북 안동시 주촌 진성 이씨 경류정 소장. 한국학중앙연구원 장서각 한국고문서자료관 홈페이지 & 한국학중앙연구원 한국학 디지털 아카이브 홈페이지 원문 이미지와 텍스트 보기. 한국정신문화연구원 편(1999) 참고>

1887-12-13. **관동면 각동 동임 전령**(館洞面各洞洞任傳令), 고령현(高靈縣). <1장. 한자+이두. 조선 필사 이두 자료. 경북 고령군 대가야읍 본관 1리 홍와 고택 구장. 한국국학진흥원 소장. 한국학자료센터 영남권역센터 홈페이지 원문 이미지와 텍스트 보기. 김성갑(2013) 참고>

1887-12-15. **토지매매명문**(土地賣買明文),[943] 답주 유학 이창권(畓主幼學李昌權). <1장. 한자+이두. 조선 필사 이두 자료. 전북대학교 박물관 소장. 호남권 한국학자

---

[942] 호남권 한국학자료센터 홈페이지에서는 '1887년 이인찬(李仁贊) 방매 토지매매명문(土地賣買明文)'으로 표시하였다.

[943] 호남권 한국학자료센터 홈페이지에서는 '1887년 이창권(李昌權) 방매 토지매매명문(土地賣買明文)'으로 표시하였다.

료센터 홈페이지 원문 이미지와 텍스트 보기. 최승희(1989), 정구복 외(1999), 이재수(2003) 참고>

1887-12-17~1889-06-18(丁亥~己丑). 「해영잡장계등록(海營雜狀啓謄錄)」 20, 비변사(備邊司) 편(編). <1책(20/전22책). 138장. 필사본. 표제는 '海營啓錄'. 한자+이두. 조선 필사 이두 자료. 서울대학교 규장각 한국학연구원 홈페이지 원문 이미지 보기> <영인본: 「각사등록」 24(황해도편 3)(국사편찬위원회 편, 1987)> <1832-07-02~1832-12-30(1/22)>

1887-12-20. **최석제·최석모 통문**(崔錫齊崔錫謨通文) 1, 최석제·최석모 <1장. 한자+이두. 조선 필사 이두 자료. 남원·구례 삭녕 최씨 구장. 한국학중앙연구원 장서각 한국고문서자료관 홈페이지 원문 이미지 보기. 한국정신문화연구원 편(2004) 참고>

1887-12-20. **최석제·최석모 통문**(崔錫齊崔錫謨通文) 2, 최석제·최석모 <1장. 한자+이두. 조선 필사 이두 자료. 남원·구례 삭녕 최씨 구장. 한국학중앙연구원 장서각 한국고문서자료관 홈페이지 원문 이미지 보기. 한국정신문화연구원 편(2004) 참고>

1887-12-30. **족질 류연청 토지매매명문**(族侄柳淵靑土地賣買明文), 답주 류안호(族侄柳安鎬). <1장. 한자+이두. 조선 필사 이두 자료. 경북 안동시 수곡면 전주 류씨 수곡파 대야 고택 구장. 한국국학진흥원 소장. 한국학자료센터 영남권역센터 홈페이지 원문 이미지와 텍스트 보기>

1887-12-00. **가사매매명문**(家舍賣買明文), 가대전주 최 노 감운(家垈田主崔奴甘雲). <1장. 한자+이두. 조선 필사 이두 자료. 경북 경주시 소정리 경주 이씨 소장. 한국학중앙연구원 장서각 한국고문서자료관 홈페이지 원문 이미지 보기. 한국정신문화연구원 편(2002) 참고>

1887-12-00. **박응현 등 상서**(朴應鉉等上書), 박응현 등. <1장. 한자+이두. 조선 필사 이두 자료. 전북 고창군 장두 광산 김씨가 소장. 호남권 한국학자료센터 홈페이지 원문 이미지와 텍스트 보기. 최승희(1989), 전경목(1997), 김현영(1999), 이수건 외(2004) 참고>

1887-12-00. **염상묵 차정첩**(廉常默差定帖), 충훈부(忠勳府). <1장. 한자+이두. 조선

필사 이두 자료. 춘천 파주 염씨 소장. 한국학자료센터 강원권역센터 홈페이지 원문 이미지와 텍스트 보기. 박성종(2003ㄱ), 송철호(2009), 문보미(2010), 박준호(2016) 참고>

1887-12-00. **이두훈·이호 등 상서**(李斗勳李灝等上書), 이두훈·이호 등. <1장. 한자+이두. 조선 필사 이두 자료. 경북 고령군 대가야읍 본관 1리 홍와 고택 구장. 한국국학진흥원 소장. 한국학자료센터 영남권역센터 홈페이지 원문 이미지와 텍스트 보기. 김성갑(2013) 참고>

1887-12-00. **춘천부사 관문**(春川府使關文), 충훈부(忠勳府). <1장. 한자+이두. 조선 필사 이두 자료. 춘천 파주 염씨 소장. 한국학자료센터 강원권역센터 홈페이지 원문 이미지와 텍스트 보기. 박성종(2003ㄱ), 송철호(2009), 문보미(2010), 박준호(2016) 참고>

1887-12-00. **하문환 상서**(河文煥上書) 2, 하문환. <1장. 한자+이두. 조선 필사 이두 자료. 안동 송파 진주 하씨 하위지 후손가 소장. 한국학중앙연구원 장서각 한국고문서자료관 홈페이지 원문 이미지 보기. 한국정신문화연구원 편(2002) 참고>

1887-00-00. 「감계사등록(勘界使謄錄)」 2, 이중하(李重夏). <1책. 한자+이두. 필사 이두 자료. 국립중앙도서관 소장. 동북아역사넷 홈페이지 원문 텍스트 보기> <1885-00-00. 「감계사등록」 1>

1887-00-00. 「이문(吏文)」, 최세진(崔世珍). <중간본의 필사본. 일본 동양문고 소장. 고려대학교 해외한국학자료센터 홈페이지 참고>

1887-00-00. 「진찬의궤(進饌儀軌)」[944] 3, 진연도감(進宴都監) 편(編). <1책. 금속활자본. 재주 정리자본. 표제는 '(丁亥)進饌儀軌 三'. 권수제는 '進饌儀軌卷之三'. 한자+이두. 조선 인쇄 이두 자료. 한국학중앙연구원 디지털장서각 홈페이지 'K2-2877' 원문 이미지와 텍스트 보기>

1887-00-00. 「진찬의궤(進饌儀軌)」[945] 5~8, 진연도감(進宴都監) 편(編). <4책. 금속활

---

[944] 한국학중앙연구원 디지털장서각 홈페이지에서는 서명을 '[정해]진찬의궤[丁亥]進饌儀軌]'로 적었다.

[945] 한국학중앙연구원 디지털장서각 홈페이지에서는 서명을 '[정해]진찬의궤[丁亥]進饌儀軌]'로 적었다.

자본. 재주 정리자본. 표제와 권수제는 '進饌儀軌'. 한자+이두. 조선 인쇄 이두 자료. 한국학중앙연구원 디지털장서각 홈페이지 'K2-2876' 원문 이미지와 텍스트 보기>

1887-00-00. **최문달 차첩**(崔文達差帖), 충훈부(忠勳府). <1장. 한자+이두. 조선 필사 이두 자료. 신안 영산 경주 최씨 제유각 소장. 호남권 한국학자료센터 홈페이지 원문 이미지와 텍스트 보기. 최승희(1989), 국립민속박물관 편(1991), 정구복 외(1999), 송철호(2008) 참고>

1888년

<무자(戊子), 고종 25년, 광서 14년, 명치 21년>

1888-01-08. **사평 조 생원 댁 학계 토지매매명문**(沙坪趙生員宅學稧土地賣買明文), 답주 조업이(畓主趙業伊). <1장. 한자+이두. 조선 필사 이두 자료. 경북 영양군 영양읍 삼지리 한양 조씨 하담 고택 구장. 한국국학진흥원 소장. 한국학자료센터 영남권역센터 홈페이지 원문 이미지와 텍스트 보기. 박병호(1974ㄱ), 최승희(1989), 이재수(2003), 이수건 외(2004) 참고>

1888-01-14. **작산정사 당중 토지매매명문**(鵲山精舍堂中土地賣買明文), 답주 강응백(畓主姜應伯). <1장. 한자+이두. 조선 필사 이두 자료. 경북 안동시 주촌 진성 이씨 경류정 구장. 서울역사박물관 소장. 한국학중앙연구원 장서각 한국고문서자료관 홈페이지 원문 이미지와 텍스트 보기. 한국정신문화연구원 편(1999) 참고>

1888-01-15. **대정현감 첩정**(大靜縣監牒呈), 대정현감. <1장. 한자+이두. 조선 필사 이두 자료. 제주도 제주시 일도 이동규 구장. 제주시 일도 2동 제주민속자연사박물관 소장. 호남권 한국학자료센터 홈페이지 원문 이미지와 텍스트 보기. 최승희(1989), 고창석(2012) 참고>

1888-01-16. **가사매매명문**(家舍賣買明文),[946] 가대주 유학 유제희(家垈主幼學柳濟晞).

---

[946] 호남권 한국학자료센터 홈페이지에서는 '1888년 유제희(柳濟晞) 방매 가사매매명문(家舍賣買明

<1장. 한자+이두. 조선 필사 이두 자료. 전북대학교 박물관 소장. 호남권 한국학자료센터 홈페이지 원문 이미지와 텍스트 보기. 최승희(1989), 정구복 외(1999), 이재수(2003) 참고>

1888-01-19. **이동운 토지매매명문**(李東雲土地賣買明文), 답주 김몽필(畓主金夢筆). <1장. 한자+이두. 조선 필사 이두 자료. 경북 상주 낙동 풍양 조씨 양진당 소장. 한국학중앙연구원 장서각 한국고문서자료관 홈페이지 원문 이미지 보기>

1888-01-20. **김 노 학심 토지매매명문**(金奴學心土地賣買明文), 전주 김 노 덕석(田主金奴德碩).[947] <1장. 한자+이두. 조선 필사 이두 자료. 경북 안동시 오천 광산 김씨 후조당 소장. 한국학중앙연구원 장서각 한국고문서자료관 홈페이지 원문 이미지와 텍스트 보기. 한국정신문화연구원 편(1982) 참고>

1888-01-22~1890-12-28(戊子~광서 16년).「좌우포청등록(**左右捕廳謄錄**)」2, 포도청(捕盜廳) 편(編). <1책(2/전2책). 56장. 필사본. 표제는 '左右捕廳謄錄'. 한자+이두. 조선 필사 이두 자료. 서울대학교 규장각 한국학연구원 홈페이지 '奎15143' 원문 이미지 보기> <1882-07-23~1887-04-27(1/2)>

1888-01-24. **시장문기**(柴場文記),[948] 탄산주 유학 이언우(炭山主幼學李彦宇). <1장. 한자+이두. 조선 필사 이두 자료. 전남 순천 황전 경주 정씨가 구장. 광주광역시 이정옥 소장. 호남권 한국학자료센터 홈페이지 원문 이미지와 텍스트 보기. 최승희(1989) 참고>

1888-01-24. **토지매매명문**(土地賣買明文),[949] 답주 유학 김윤보(畓主幼學金輪寶). <1장. 한자+이두. 조선 필사 이두 자료. 전남 곡성군 옥과면 설옥리 최씨가 구장. 전북대학교 박물관 소장. 호남권 한국학자료센터 홈페이지 원문 이미지와 텍스트

文'으로 표시하였다.

[947] 한국학중앙연구원 장서각 한국고문서자료관 홈페이지에서는 발급자를 '용석(龍碩)'으로 잘못 적었다.

[948] 호남권 한국학자료센터 홈페이지에서는 '1888년 이언우(李彦宇) 방매(放賣) 시장문기(柴場文記)'로 표시하였다.

[949] 호남권 한국학자료센터 홈페이지에서는 '1888년 김윤보(金輪寶) 방매 토지매매명문(土地賣買明文)'으로 표시하였다.

보기. 최승희(1989), 정구복 외(1999), 이재수(2003) 참고>

1888-01-25. **토지매매명문**(土地賣買明文),[950] 자필 답주 유학 조준량(自筆畓主幼學趙浚良). <1장. 한자+이두. 조선 필사 이두 자료. 전남 순천 황전 경주 정씨가 구장. 광주광역시 이정옥 소장. 호남권 한국학자료센터 홈페이지 원문 이미지와 텍스트 보기. 최승희(1989) 참고>

1888-01-27. **이종제 토지매매명문**(姨從弟土地賣買明文),[951] 답주 이종형 박준영(畓主姨從兄朴準瑛). <1장. 한자+이두. 조선 필사 이두 자료. 원광대학교 박물관 소장. 호남권 한국학자료센터 홈페이지 원문 이미지와 텍스트 보기 참고>

1888-01-29. **작산 경로소 토지매매명문**(鵲山敬老所土地賣買明文), 답주 문장 유학 이발주(畓主門長幼學李發周). <1장. 한자+이두. 조선 필사 이두 자료. 경북 안동시 주촌 진성 이씨 경류정 소장. 한국학중앙연구원 장서각 한국고문서자료관 홈페이지 원문 이미지와 텍스트 보기. 한국정신문화연구원 편(1999) 참고>

1888-01-00. **유병두 등 소지**(柳秉斗等所志), 유병두 등. <1장. 한자+이두. 조선 필사 이두 자료. 전북 부안군 취성재 소장. 호남권 한국학자료센터 홈페이지 원문 이미지와 텍스트 보기. 최승희(1989), 정구복 외(1999), 전경목 외(2006) 참고>

1888-01-00. **이두강 등 소지**(李斗綱等所志), 이두강 등. <1장. 한자+이두. 조선 필사 이두 자료. 경북 안동시 주촌 진성 이씨 경류정 소장. 한국학중앙연구원 장서각 한국고문서자료관 홈페이지 원문 이미지와 텍스트 보기. 한국정신문화연구원 편(1999) 참고>

1888-01-00. **하상흡 상서**(河相翕上書) 1, 하상흡. <1장. 한자+이두. 조선 필사 이두 자료. 경북 안동시 송파 진주 하씨 하위지 후손가 소장. 한국학중앙연구원 장서각 한국고문서자료관 홈페이지 원문 이미지 보기. 한국정신문화연구원 편(2002) 참고>

1888-01-00~1888-12-00(戊子). 「추조결옥록(**秋曹決獄錄**)」 38, 형조(刑曹) 편(編). <1

---

[950] 호남권 한국학자료센터 홈페이지에서는 '1888년 조준량(趙浚良) 방매(放賣) 토지매매명문(土地賣買明文)'으로 표시하였다.

[951] 호남권 한국학자료센터 홈페이지에서는 '1888년 박준영(朴準瑛) 방매(放賣) 토지매매명문(土地賣買明文)'으로 표시하였다.

책(38/낙질본 43책). 31장. 필사본. 한자+이두. 조선 필사 이두 자료. 서울대학교 규장각 한국학연구원 홈페이지 원문 이미지 보기> <1822-01-00~1822-12-00(1/43)>

1888-02-02. **계중 토지매매명문**(契中土地賣買明文), 전주 김 노 태열(田主金奴泰悅). <1장. 한자+이두. 조선 필사 이두 자료. 경북 안동시 주촌 진성 이씨 경류정 구장. 서울역사박물관 소장. 한국학중앙연구원 장서각 한국고문서자료관 홈페이지 원문 이미지와 텍스트 보기. 한국정신문화연구원 편(1999) 참고>

1888-02-02. **황영천 댁 노 천흥 토지매매명문**(黃永川宅奴千興土地賣買明文), 전답주 신 노 육산(田畓主申奴六山). <1장. 한자+이두. 조선 필사 이두 자료. 대전·청양 안동 김씨 삼당 후손가 소장. 한국학중앙연구원 장서각 한국고문서자료관 홈페이지 원문 이미지 보기. 박병호(1974ㄱ), 한국정신문화연구원 편(2003) 참고>

1888-02-03. **삼종제 정철 토지매매명문**(三從弟貞鐵土地賣買明文), 전주 자필 삼종형 지연(田主自筆三從兄止淵). <1장. 한자+이두. 조선 필사 이두 자료. 경북 안동시 주촌 진성 이씨 경류정 구장. 서울역사박물관 소장. 한국학중앙연구원 장서각 한국고문서자료관 홈페이지 원문 이미지와 텍스트 보기. 한국정신문화연구원 편(1999) 참고>

1888-02-03. **토지매매명문**(土地賣買明文),[952] 답주 유학 박한영(畓主幼學朴漢英). <1장. 한자+이두. 조선 필사 이두 자료. 영암 미암 창녕 조씨 태호 후손가 소장. 호남권 한국학자료센터 홈페이지 원문 이미지와 텍스트 보기. 최승희(1989) 참고>

1888-02-05. **가사매매명문**(家舍賣買明文),[953] 가대주 과부 송(家垈主寡婦宋). <1장. 한자+이두. 조선 필사 이두 자료. 전북 정읍시 동학농민혁명기념관 소장. 호남권 한국학자료센터 홈페이지 원문 이미지와 텍스트 보기. 박병호(1974ㄱ), 이재수(2003) 참고>

---

952 호남권 한국학자료센터 홈페이지에서는 '1888년 박한영(朴漢英) 방매(放賣) 토지매매명문(土地賣買明文)'으로 표시하였다.

953 호남권 한국학자료센터 홈페이지에서는 '1888년 과부송씨(寡婦宋氏) 방매 가사매매명문(家舍賣買明文)'으로 표시하였다.

1888-02-07. **신 노 이운 토지매매명문**(愼奴以云土地賣買明文), 전주 최 노 소덕매(田主崔奴小德每). <1장. 한자+이두. 조선 필사 이두 자료. 경남 거창 장기 거창 신씨가 소장. 한국학중앙연구원 장서각 한국고문서자료관 홈페이지 원문 이미지 보기. 한국학중앙연구원 편(2005) 참고>

1888-02-09. **이 노 초단 토지매매명문**(李奴草丹土地賣買明文), 답주 윤 노 성숙(畓主尹奴成叔). <1장. 한자+이두. 조선 필사 이두 자료. 경북 고령군 대가야읍 본관1리 홍와 고택 구장. 한국국학진흥원 소장. 한국학자료센터 영남권역센터 홈페이지 원문 이미지와 텍스트 보기. 김성갑(2013) 참고>

1888-02-10. **주촌 종택 공비소 토지매매명문**(周村宗宅公備所土地賣買明文),[954] 전주 상인 박우인(田主喪人朴又仁). <1장. 한자+이두. 조선 필사 이두 자료. 경북 안동시 주촌 진성 이씨 경류정 구장. 서울역사박물관 소장. 한국학중앙연구원 장서각 한국고문서자료관 홈페이지 원문 이미지와 텍스트 보기. 한국정신문화연구원 편(1999) 참고>

1888-02-20. **유학 토지매매명문**(幼學土地賣買明文),[955] 전주 유학 이문회(田主幼學李文會). <1장. 한자+이두. 조선 필사 이두 자료. 전남 보성군 박실 제주 양씨가 구장. 원광대학교 박물관 소장. 호남권 한국학자료센터 홈페이지 원문 이미지와 텍스트 보기. 최승희(1989), 이재수(2003) 참고>

1888-02-25. **노 이운 송추문기**(奴以云松楸文記),[956] 송추주 노 순이 등(松楸主奴順伊等). <1장. 한자+이두. 조선 필사 이두 자료. 경남 거창 장기 거창 신씨가 소장. 한국학중앙연구원 장서각 한국고문서자료관 홈페이지 원문 이미지 보기. 한국학중앙연구원 편(2005) 참고>

1888-02-27. **토지매매명문**(土地賣買明文),[957] 답주 자필 유학 정찬일(畓主自筆幼學鄭

---

[954] 한국학중앙연구원 장서각 한국고문서자료관 홈페이지에서는 '1888년 주촌종택(周村宗宅) 토지매매명문(土地賣買明文)'으로 표시하였다.

[955] 호남권 한국학자료센터 홈페이지에서는 '1888년 이문회(李文會) 방매(放賣) 토지매매명문(土地賣買明文)'으로 표시하였다.

[956] 한국학중앙연구원 장서각 한국고문서자료관 홈페이지에서는 '1888년 노(奴) 이운(以云) 토지매매명문(土地賣買明文)'으로 표시하였다.

贊一). <1장. 한자+이두. 조선 필사 이두 자료. 광주광역시 광산구 김해 김씨 소장. 호남권 한국학자료센터 홈페이지 원문 이미지와 텍스트 보기. 이재수(2003), 이수건 외(2004) 참고>

1888-02-28. **손경일 토지매매명문**(孫敬一土地賣買明文), 답주 차만랑(畓主車萬郞). <1장. 한자+이두. 조선 필사 이두 자료. 경북 상주 낙동 풍양 조씨 양진당 소장. 한국학중앙연구원 장서각 한국고문서자료관 홈페이지 원문 이미지 보기>

1888-02-28. **종중 수표**(宗中手標),[958] 표주 상인 고병모 등(標主喪人高秉摸等). <1장. 한자+이두. 조선 필사 이두 자료. 전북 군산시 임피면 갈운 제주 고씨가 구장. 군산근대역사박물관 소장. 호남권 한국학자료센터 홈페이지 원문 이미지와 텍스트 보기. 박병호(1974ㄱ), 최승희(1989), 전경목(1997), 김현영(1999), 정구복(2002), 김경숙(2012) 참고>

1888-02-29~1890-03-03(광서 14년 /戊子~광서 16년 /庚寅).「통제영계록(**統制營啓錄**)」8, 비변사(備邊司) 편(編). <1책(8/전8책). 68장. 필사본. 표제는 '統制營啓錄'. 한자+이두. 조선 필사 이두 자료. 서울대학교 규장각 한국학연구원 홈페이지 원문 이미지 보기> <영인본:「각사등록」17(경상도편 7)(국사편찬위원회 편, 1985)> <1847-02-04~1848-01-27(1/8)>

1888-02-29~1890-윤2-00(戊子~庚寅).「춘천유영계첩록(**春川留營啓牒錄**)」, 의정부(議政府) 편(編). <1책. 36장. 필사본. 표제는 '春川留營啓牒錄'. 한자+이두. 조선 필사 이두 자료. 서울대학교 규장각 한국학연구원 홈페이지 원문 이미지 보기> <영인본:「각사등록」27(강원도편 1)(국사편찬위원회 편, 1988)>

1888-02-00. **강두회 도형**(姜斗會圖形), 전주부(全州府). <1장. 한자+이두. 조선 필사 이두 자료. 서울 정동 진주 강씨가 구장. 전북대학교 박물관 소장. 호남권 한국학자료센터 홈페이지 원문 이미지와 텍스트 보기. 박병호(1974ㄱ), 최승희(1989), 정구복 외(1999) 참고>

---

957 호남권 한국학자료센터 홈페이지에서는 '1888년 정찬일(鄭贊一) 토지매매명문(土地賣買明文)'으로 잘못 표시하였다.
958 호남권 한국학자료센터 홈페이지에서는 '1888년 고병모(高秉摸) 수표(手標)'로 표시하였다.

1888-02-00. **강두회 등 단자**(姜斗會等單子) 1, 강두회 등. <1장. 한자+이두. 조선 필사 이두 자료. 서울 정동 진주 강씨가 구장. 전북대학교 박물관 소장. 호남권 한국학자료센터 홈페이지 원문 이미지와 텍스트 보기. 박병호(1974ㄱ), 최승희(1989), 정구복 외(1999) 참고>

1888-02-00. **강두회 등 상서**(姜斗會等上書) 1, 강두회 등. <1장. 한자+이두. 조선 필사 이두 자료. 서울 정동 진주 강씨가 구장. 전북대학교 박물관 소장. 호남권 한국학자료센터 홈페이지 원문 이미지와 텍스트 보기. 박병호(1974ㄱ), 최승희(1989), 정구복 외(1999) 참고>

1888-02-00. **고창현 유지만 등 품목**(高敞縣柳志晩等稟目), 유지만 등. <1장. 한자+이두. 조선 필사 이두 자료. 전북 고창군 장두 광산 김씨가 소장. 호남권 한국학자료센터 홈페이지 원문 이미지와 텍스트 보기. 최승희(1989), 전경목(1997), 김현영(1999), 이수건 외(2004) 참고>

1888-02-00. **권수연 상서**(權秀淵上書), 권수연. <1장. 한자+이두. 조선 필사 이두 자료. 경북 예천군 용문면 대제리 원동 권씨 춘우재 고택 구장. 한국국학진흥원 소장. 한국학자료센터 영남권역센터 홈페이지 원문 이미지와 텍스트 보기>

1888-02-00. **김종현 등 상서**(金宗鉉等上書) 1, 김종현 등. <1장. 한자+이두. 조선 필사 이두 자료. 전남 무안 광산 김씨 모충사 소장. 호남권 한국학자료센터 홈페이지 원문 이미지 보기. 최승희(1989), 국립민속박물관 편(1991), 정구복 외(1999), 전경목 외(2006) 참고>

1888-02-00 추정. **수성리 거민 등장**(守城里居民等狀), 수성리 거민. <1장. 한자+이두. 조선 필사 이두 자료. 경북 경주시 안강읍 옥산리 여주 이씨 장산서원·치암 종택 구장. 한국학중앙연구원 장서각 한국고문서자료관 홈페이지 원문 이미지 보기. 한국정신문화연구원 편(2003) 참고>

1888-02-00. **이장문 등 상서**(李章文等上書), 이장문 등. <1장. 한자+이두. 조선 필사 이두 자료. 경북 안동시 주촌 진성 이씨 경류정 구장. 서울역사박물관 소장. 한국학중앙연구원 장서각 한국고문서자료관 홈페이지 원문 이미지와 텍스트 보기. 한국정신문화연구원 편(1999) 참고>

1888-02-00. **화민 양주묵 소지**(化民梁周黙所志), 양주묵. <1장. 한자+이두. 조선 필사

이두 자료. 전남 보성군 박실 제주 양씨가 구장. 원광대학교 박물관 소장. 호남권 한국학자료센터 홈페이지 원문 이미지와 텍스트 보기>

1888-03-01. **복 생원 댁 노 순대 가사매매명문**(卜生員宅奴順大家舍賣買明文),[959] 가사주 김 생원 댁 노 이남(家舍主金生員宅奴以男). <1장. 한자+이두. 조선 필사 이두 자료. 대전·청양 안동 김씨 삼당 후손가 소장. 한국학중앙연구원 장서각 한국고문서자료관 홈페이지 원문 이미지 보기. 한국정신문화연구원 편(2003) 참고>

1888-03-05~1888-12-24(戊子). 「일안(日案)」[960] 1, 제초권(第初卷), 동래 감리서(東萊監理署) 편(編). <1책(1/전4책)[961]. 58장. 필사본. 표제는 '日案'. 권수제는 '日本領事館往復照會存案'. 한자+이두. 조선 필사 이두 자료. 서울대학교 규장각 한국학연구원 홈페이지 원문 이미지 보기> <영인본: 「각사등록」 49(경상도 보유편 1)(국사편찬위원회 편, 1991)> <1889-01-16~1889-10-24(2/4), 1889-09-16~1889-12-27(3/4), 1904-10-29~1906-12-27(4/4)>

1888-03-08. **김 노 일손 토지매매명문**(金奴一孫土地賣買明文), 답주 소 오위장 노 춘복(畓主蘇五衛將奴春福). <1장. 한자+이두. 조선 필사 이두 자료. 원주시 무릉박물관 소장. 한국학자료센터 강원권역센터 홈페이지 원문 이미지 보기. 최승희(1989), 김건우(2008), 전경목(2010), 박준호(2016) 참고>

1888-03-13. **토지매매명문**(土地賣買明文), 답주 자필 유학 곽순(畓主自筆幼學郭淳). <1장. 한자+이두. 조선 필사 이두 자료. 전남 구례군 토지면 오미리 문화 류씨 운조루 소장. 한국학중앙연구원 장서각 한국고문서자료관 홈페이지 원문 이미지와 텍스트 보기. 한국정신문화연구원 편(1998) 참고>

1888-03-24. **동수 김 첩정**(洞首金牒呈), 동수 김. <1장. 한자+이두. 조선 필사 이두 자료. 경북 안동시 송파 진주 하씨 하위지 후손가 소장. 한국학중앙연구원 장서각 한국고문서자료관 홈페이지 원문 이미지 보기. 한국정신문화연구원 편(2002) 참

---

[959] 한국학중앙연구원 장서각 한국고문서자료관 홈페이지에서는 '1888년 복생원댁(卜生員宅) 노(奴) 순대(順大) 토지매매명문(土地賣買明文)'으로 표시하였다.
[960] 서울대학교 규장각 한국학연구원 홈페이지에는 책명을 표제인 '日案 일안'으로 표시하였다.
[961] 서울대학교 규장각 한국학연구원 홈페이지에서는 4책 가운데 제2권인 '0002'로 잘못 표시하였으므로 제1권인 '0001'로 순서를 바꾸어야 하고, '0001'은 '0002'로 고쳐야 한다.

고>

1888-03-24. **옥산계정 토지매매명문**(玉山溪亭土地賣買明文), 전주 김외불(全州金外佛). <1장. 한자+이두. 조선 필사 이두 자료. 경북 경주시 안강읍 옥산리 여주이씨 독락당 소장. 한국학중앙연구원 장서각 한국고문서자료관 홈페이지 원문 이미지 보기. 한국정신문화연구원 편(2003) 참고>

1888-03-24. **집강 서목**(執綱書目), 집강 허(許). <1장. 한자+이두. 조선 필사 이두 자료. 경북 안동시 송파 진주 하씨 하위지 후손가 소장. 한국학중앙연구원 장서각 한국고문서자료관 홈페이지 원문 이미지 보기. 한국정신문화연구원 편(2002) 참고>

1888-03-25. **이일건 토지매매명문**(李一建土地賣買明文), 전주 우철보(出主禹哲甫). <1장. 한자+이두. 조선 필사 이두 자료. 삼척시립박물관 소장. 한국학자료센터 강원권역센터 홈페이지 원문 이미지와 텍스트 보기. 최승희(1989), 채현경(2011), 김세민(2013), 김영란(2017) 참고>

1888-03-00. **강두회 등 단자**(姜斗會等單子) 2, 강두회 등. <1장. 한자+이두. 조선 필사 이두 자료. 서울 정동 진주 강씨가 구장. 전북대학교 박물관 소장. 호남권 한국학자료센터 홈페이지 원문 이미지와 텍스트 보기. 박병호(1974ㄱ), 최승희(1989), 정구복 외(1999) 참고>

1888-03-00. **강두회 등 상서**(姜斗會等上書) 2, 강두회 등. <1장. 한자+이두. 조선 필사 이두 자료. 서울 정동 진주 강씨가 구장. 전북대학교 박물관 소장. 호남권 한국학자료센터 홈페이지 원문 이미지와 텍스트 보기. 박병호(1974ㄱ), 최승희(1989), 정구복 외(1999) 참고>

1888-03-00. **강두회 등 상서**(姜斗會等上書) 3, 강두회 등. <1장. 한자+이두. 조선 필사 이두 자료. 서울 정동 진주 강씨가 구장. 전북대학교 박물관 소장. 호남권 한국학자료센터 홈페이지 원문 이미지와 텍스트 보기. 박병호(1974ㄱ), 최승희(1989), 정구복 외(1999) 참고>

1888-03-00. **면주전 소지 초**(綿紬廛所志草), 면주전. <1장. 한자+이두. 조선 필사 이두 자료. 일본 경도대학 가와이문고 소장. 고려대학교 해외한국학자료센터 홈페이지 원문 이미지 보기>

1888-03-00. **하재한 소지**(河載翰所志), 하재한. <1장. 한자+이두. 조선 필사 이두 자료. 경북 안동시 송파 진주 하씨 하위지 후손가 소장. 한국학중앙연구원 장서각 한국고문서자료관 홈페이지 원문 이미지 보기. 한국정신문화연구원 편(2002) 참고>

1888-03-00. **하차현 상서**(河次顯上書) 1, 하차현. <1장. 한자+이두. 조선 필사 이두 자료. 경북 안동시 송파 진주 하씨 하위지 후손가 소장. 한국학중앙연구원 장서각 한국고문서자료관 홈페이지 원문 이미지 보기. 한국정신문화연구원 편(2002) 참고>

1888-04-10. **유주명 수표**(柳周鳴手標), 유주명, <1장. 한자+이두. 조선 필사 이두 자료. 안산 부곡 진주 류씨 경성당 소장. 한국학중앙연구원 장서각 한국고문서자료관 홈페이지 원문 이미지 보기. 한국정신문화연구원 편(2002) 참고>

1888-04-12. **토지매매명문**(土地賣買明文), 답주 수노 순이(畓主首奴順伊). <1장. 한자+이두. 조선 필사 이두 자료. 경북 경주시 소정리 경주 이씨 소장. 한국학중앙연구원 장서각 한국고문서자료관 홈페이지 원문 이미지 보기. 한국정신문화연구원 편(2002) 참고>

1888-04-25~1890-08-06(광서 14년 戊子~광서 16년 庚寅).「함경북병영계록(**咸鏡北兵營啓錄**)」7, 비변사(備邊司) 편(編). <1책(7/전7책). 135장. 필사본. 표제는 '鏡營啓錄'. 한자+이두. 조선 필사 이두 자료. 서울대학교 규장각 한국학연구원 홈페이지 원문 이미지 보기> <영인본:「각사등록」43(함경도편 2)(국사편찬위원회 편, 1990)> <1844-03-29~1846-02-00(1/7)>

1888-04-00. **박완풍 소지**(朴完豊所志), 박완풍. <1장. 한자+이두. 조선 필사 이두 자료. 전북 임실군 청웅 밀양 박씨가 소장. 호남권 한국학자료센터 홈페이지 원문 이미지와 텍스트 보기. 박병호(1974ㄱ), 최승희(1989), 이재수(2003) 참고>

1888-04-00. **유이흠 등 상서**(柳頤欽等上書) 1, 유이흠 등. <1장. 한자+이두. 조선 필사 이두 자료. 경북 안동시 수곡면 전주 류씨 삼산 종가 구장. 대구광역시 수성구 만촌동 전주 류씨 종가 소장. 한국학자료센터 영남권역센터 홈페이지 원문 이미지와 텍스트 보기. 김선경(1993), 김경숙(2002, 2008) 참고>

1888-04-00. **하상흡 상서**(河相翕上書) 2, 하상흡. <1장. 한자+이두. 조선 필사 이두

자료. 경북 안동시 송파 진주 하씨 하위지 후손가 소장. 한국학중앙연구원 장서각 한국고문서자료관 홈페이지 원문 이미지 보기. 한국정신문화연구원 편(2002) 참고>

1888-05-03. **호노 찬명 토지매매명문**(戶奴贊命土地賣買明文), 답주 김명종(畓主金命宗). <1장. 한자+이두. 조선 필사 이두 자료. 영해 도곡 무안 박씨 무의공 종택 소장. 한국학중앙연구원 장서각 한국고문서자료관 홈페이지 원문 이미지 보기. 박병호(1974ㄱ), 최승희(1989), 이재수(2003), 정구복(2005), 한국학중앙연구원 편 (2008) 참고>

1888-05-09. **면주전 상인 김준원 단자**(綿紬廛商人金俊源單子), 김준원. <1장. 한자+이두. 조선 필사 이두 자료. 일본 경도대학 가와이문고 소장. 고려대학교 해외한국학자료센터 홈페이지 원문 이미지 보기>

1888-05-13. **주촌 이씨 문중 토지매매명문**(周村李氏門中土地賣買明文), 산주 정씨 문중(山主鄭氏門中). <1장. 한자+이두. 조선 필사 이두 자료. 경북 안동시 주촌 진성 이씨 경류정 구장. 서울역사박물관 소장. 한국학중앙연구원 장서각 한국고문서자료관 홈페이지 원문 이미지와 텍스트 보기. 한국정신문화연구원 편(1999) 참고>

1888-05-15. **박첨정 상첩**(朴僉正賞帖), 대방(大房). <1장. 한자+이두. 조선 필사 이두 자료. 일본 경도대학 가와이문고 소장. 고려대학교 해외한국학자료센터 홈페이지 원문 이미지 보기>

1888-05-20. **가사매매명문**(家舍賣買明文), 가주 문유상(家主文有祥). <1장. 한자+이두. 조선 필사 이두 자료. 상주 연안 이씨 이만부 종가 소장. 한국학중앙연구원 장서각 한국고문서자료관 홈페이지 홈페이지 원문 이미지 보기>

1888-05-25. **안동 이수경 등 통문**(安東李秀憼等通文), 이수경 등. <1장. 한자+이두. 조선 필사 이두 자료. 경북 경주 옥산서원 구장. 경주시 강동면 양동마을 안길 여주 이씨 무첨당 소장. 한국학자료센터 영남권역센터 홈페이지 원문 이미지와 텍스트 보기. 이수환(2001) 참고>

1888-05-28~1892-02-29(戊子~壬辰).「황해수영계첩(**黃海水營 啓牒**)」4, 비변사(備邊司) 편(編). <1책(4/전4책). 36장. 필사본. 표제는 '黃海水營啓錄'. 한자+이두. 조선 필사 이두 자료. 서울대학교 규장각 한국학연구원 홈페이지 원문 이미지 보기>

<영인본: 「각사등록」 25(황해도편 4)(국사편찬위원회 편, 1987)> <1870-07-26~1876-06-09(1/4)>

1888-05-00. **영해 대소민인 상서**(寧海大小民人上書) 1, 영해 대소민인. <1장. 한자+이두. 조선 필사 이두 자료. 경북 영덕군 영해면 괴시리 영양 남씨 괴시파 영감댁 구장. 한국국학진흥원 소장. 한국학자료센터 영남권역센터 홈페이지 원문 이미지와 텍스트 보기>

1888-05-00. **영해 유학 남효직 등 상서**(寧海幼學南孝稷等上書), 남효직 등. <1장. 한자+이두. 조선 필사 이두 자료. 경북 영덕군 영해면 괴시리 영양 남씨 괴시파 영감댁 구장. 한국국학진흥원 소장. 한국학자료센터 영남권역센터 홈페이지 원문 이미지와 텍스트 보기>

1888-06-01. **성호영 단자**(成浩永單子), 성호영. <1장. 한자+이두. 조선 필사 이두 자료. 일본 경도대학 가와이문고 소장. 고려대학교 해외한국학자료센터 홈페이지 원문 이미지 보기>

1888-06-15. **종가댁 토지매매명문**(宗家宅土地賣買明文), 전주 금석수(田主琴石壽). <1장. 한자+이두. 조선 필사 이두 자료. 경북 안동시 주촌 진성 이씨 경류정 구장. 서울역사박물관 소장. 한국학중앙연구원 장서각 한국고문서자료관 홈페이지 원문 이미지와 텍스트 보기. 한국정신문화연구원 편(1999) 참고>

1888-06-00. **영해 대소민인 등장**(寧海大小民人等狀) 1, 영해 대소민인. <1장. 한자+이두. 조선 필사 이두 자료. 경북 영덕군 영해면 괴시리 영양 남씨 괴시파 영감댁 구장. 한국국학진흥원 소장. 한국학자료센터 영남권역센터 홈페이지 원문 이미지와 텍스트 보기>

1888-06-00. **영해 도호부사 첩정**(寧海都護府使牒呈), 영해 도호부사. <1장. 한자+이두. 조선 필사 이두 자료. 경북 영덕군 영해면 괴시리 영양 남씨 괴시파 영감댁 구장. 한국국학진흥원 소장. 한국학자료센터 영남권역센터 홈페이지 원문 이미지와 텍스트 보기>

1888-06-00. **유이흠 등 상서**(柳頤欽等上書) 2, 유이흠 등. <1장. 한자+이두. 조선 필사 이두 자료. 경북 안동시 수곡면 전주 류씨 삼산 종가 구장. 대구광역시 수성구 만촌동 전주 류씨 종가 소장. 한국학자료센터 영남권역센터 홈페이지 원문

이미지와 텍스트 보기. 김선경(1993), 김경숙(2002, 2008) 참고>

1888-06-00. **하문환 상서**(河文煥上書), 하문환. <1장. 한자+이두. 조선 필사 이두 자료. 경북 안동시 송파 진주 하씨 하위지 후손가 소장. 한국학중앙연구원 장서각 한국고문서자료관 홈페이지 원문 이미지 보기. 한국정신문화연구원 편(2002) 참고>

1888-07-01. **하차현 상서**(河次顯上書) 2, 하차현. <1장. 한자+이두. 조선 필사 이두 자료. 경북 안동시 송파 진주 하씨 하위지 후손가 소장. 한국학중앙연구원 장서각 한국고문서자료관 홈페이지 원문 이미지 보기. 한국정신문화연구원 편(2002) 참고>

1888-07-14. **토지매매명문**(土地賣買明文),[962] 답주 유학 양정환(畓主幼學梁正煥). <1장. 한자+이두. 조선 필사 이두 자료. 전남 보성군 박실 제주 양씨가 구장. 원광대학교 박물관 소장. 호남권 한국학자료센터 홈페이지 원문 이미지와 텍스트 보기. 박병호(1974ㄱ), 최승희(1989), 이재수(2003) 참고>

1888-07-27. **명심 수기**(命心手記), 명심. <1장. 한자+이두. 조선 필사 이두 자료. 안동 금계 의성 김씨 학봉 종가 소장. 한국학중앙연구원 장서각 한국고문서자료관 홈페이지 원문 이미지와 텍스트 보기. 한국정신문화연구원 편(1990) 참고>

1888-07-00. **영해 대소민인 등장**(寧海大小民人等狀) 2, 영해 대소민인. <1장. 한자+이두. 조선 필사 이두 자료. 경북 영덕군 영해면 괴시리 영양 남씨 괴시파 영감댁 구장. 한국국학진흥원 소장. 한국학자료센터 영남권역센터 홈페이지 원문 이미지와 텍스트 보기>

1888-07-00. **영해 향중 첩정**(寧海鄕中牒呈) 1, 영해 향중. <1장. 한자+이두. 조선 필사 이두 자료. 경북 영덕군 영해면 괴시리 영양 남씨 괴시파 영감댁 구장. 한국국학진흥원 소장. 한국학자료센터 영남권역센터 홈페이지 원문 이미지와 텍스트 보기>

1888-08-01. 「장계등록(**狀啓謄錄**)」 <1책. 272장. 필사본. 1886년 7월부터 1888년 8월

---

[962] 호남권 한국학자료센터 홈페이지에서는 '1888년 양정환(梁正煥) 방매(放賣) 토지매매명문(土地賣買明文)'으로 표시하였다.

1일까지 경상도 이(李) 씨 등이 기록한 등록. 한문+이두. 조선 필사 이두 자료. 국립중앙도서관 홈페이지 원문 이미지 보기>

1888-08-22. **토지매매명문**(土地賣買明文), 답주 오 노 오년(畓主吳奴五年). <1장. 한자+이두. 조선 필사 이두 자료. 경북 경주시 소정리 경주 이씨 소장. 한국학중앙연구원 장서각 한국고문서자료관 홈페이지 원문 이미지 보기. 한국정신문화연구원 편(2002) 참고>

1888-08-26~1889-02-03(戊子~己丑). 「송안(訟案)」[963] 상(上)·하(下), 함열현(咸悅縣) 편(編). <2책. 필사본. 한자+이두. 조선 필사 이두 자료. 서울대학교 규장각 한국학연구원 홈페이지 '古5125-10-v.1-2'의 원문 이미지 보기>

1888-08-29. **유 생원 댁 표문**(柳生員宅標文),[964] 표주 박만숭(標主朴萬崇). <1장. 한자+이두. 조선 필사 이두 자료. 경북 안동시 수곡면 전주 류씨 삼산 종가 구장. 대구광역시 수성구 만촌동 전주 류씨 종가 소장. 한국학자료센터 영남권역센터 홈페이지 원문 이미지와 텍스트 보기. 최승희(1989), 김경숙(2002) 참고>

1888-08-00. **면주전 김진우 소지**(綿紬廛金晉宇所志), 김진우. <1장. 한자+이두. 조선 필사 이두 자료. 일본 경도대학 가와이문고 소장. 고려대학교 해외한국학자료센터 홈페이지 원문 이미지 보기>

1888-08-00. **병조 관**(兵曹關), 병조. <1장. 한자+이두. 조선 필사 이두 자료. 경남 거창 장기 거창 신씨가 소장. 한국학중앙연구원 장서각 한국고문서자료관 홈페이지 원문 이미지 보기. 한국학중앙연구원 편(2005) 참고>

1888-08-00. **신구술 등 소지**(申求述等所志), 신구술 등. <1장. 한자+이두. 조선 필사 이두 자료. 구미 옥산 인동 장씨 여헌 종택 소장. 한국학중앙연구원 장서각 한국고문서자료관 홈페이지 원문 이미지 보기. 한국학중앙연구원 편(2005) 참고>

1888-08-00. **영해 대소민인 등장**(寧海大小民人等狀) 3, 영해 대소민인. <1장. 한자+

---

[963] 제1권의 내제는 '(戊子八月 日)訟案'이고, 개장한 표지의 표제는 '訟案'이다. 그리고 제2권의 내제는 '(戊子十月 日上案)訟案狀題冊'이고, 표제는 ''訟案狀題冊'이다. 서울대 규장각 한국학연구원 홈페이지에서는 표제가 다른 이 두 권의 책명을 모두 '訟案 송안'으로 표시하였다.

[964] 한국학자료센터 영남권역센터 홈페이지에서는 '1888년 박만숭(朴萬崇) 표문(標文)'으로 표시하였다.

이두. 조선 필사 이두 자료. 경북 영덕군 영해면 괴시리 영양 남씨 괴시파 영감댁 구장. 한국국학진흥원 소장. 한국학자료센터 영남권역센터 홈페이지 원문 이미지와 텍스트 보기>

1888-08-00. **장복추 등 상서**(張福樞等上書), 장복추 등. <1장. 한자+이두. 조선 필사 이두 자료. 구미 옥산 인동 장씨 여헌 종택 소장. 한국학중앙연구원 장서각 한국고문서자료관 홈페이지 원문 이미지 보기. 한국학중앙연구원 편(2005) 참고>

1888-08-00. **장복추 소지**(張福樞所志), 장복추. <1장. 한자+이두. 조선 필사 이두 자료. 구미 옥산 인동 장씨 여헌 종택 소장. 한국학중앙연구원 장서각 한국고문서자료관 홈페이지 원문 이미지 보기. 한국학중앙연구원 편(2005) 참고>

1888-08-00. **장선추 등 등장**(張鮮樞等等狀) 1, 장선추 등. <1장. 한자+이두. 조선 필사 이두 자료. 구미 옥산 인동 장씨 여헌 종택 소장. 한국학중앙연구원 장서각 한국고문서자료관 홈페이지 원문 이미지 보기. 한국학중앙연구원 편(2005) 참고>

1888-08-00. **장선추 등 등장**(張鮮樞等等狀) 2, 장선추 등. <1장. 한자+이두. 조선 필사 이두 자료. 구미 옥산 인동 장씨 여헌 종택 소장. 한국학중앙연구원 장서각 한국고문서자료관 홈페이지 원문 이미지 보기. 한국학중앙연구원 편(2005) 참고>

1888-08-00. **장지영 소지**(張志永所志) 1, 장지영. <1장. 한자+이두. 조선 필사 이두 자료. 구미 옥산 인동 장씨 여헌 종택 소장. 한국학중앙연구원 장서각 한국고문서자료관 홈페이지 원문 이미지 보기. 한국학중앙연구원 편(2005) 참고>

1888-08-00. **조동운 등 등장**(趙東運等等狀) 1, 조동운 등. <1장. 한자+이두. 조선 필사 이두 자료. 경북 상주 낙동 풍양 조씨 양진당 소장. 한국학중앙연구원 장서각 한국고문서자료관 홈페이지 원문 이미지 보기>

1888-09-21. **토지매매명문**(土地賣買明文), 답주 김문성(畓主金文星). <1장. 한자+이두. 조선 필사 이두 자료. 경북 안동시 오천 광산 김씨 후조당 소장. 한국학중앙연구원 장서각 한국고문서자료관 홈페이지 원문 이미지와 텍스트 보기. 한국정신문화연구원 편(1982) 참고>

1888-09-28. **토지매매명문**(土地賣買明文),[965] 답주 유학 최석학(畓主幼學崔錫鶴). <1

장. 한자+이두. 조선 필사 이두 자료. 전남 장성군 행주 기씨 금강 종가 소장. 호남권 한국학자료센터 홈페이지 원문 이미지와 텍스트 보기. 이수건 외(2004) 참고>

1888-09-30 이후 추정. 「울산부 외현면 유곶리 피타 치사남 인명 부지 이 총각 시체복검문안(蔚山府外峴面柳串里被打致死男人名不知李總角屍體覆檢文案)」, 언양군수(彦陽郡守) 편. <1책. 20장. 필사본. 한자+이두. 조선 필사 이두 자료. 서울대학교 규장각 한국학연구원 홈페이지 '奎26218'의 원문 이미지 보기>

1888-09-00. **영해 대소민인 상서**(寧海大小民人上書) 2, 영해 대소민인. <1장. 한자+이두. 조선 필사 이두 자료. 경북 영덕군 영해면 괴시리 영양 남씨 괴시파 영감댁 구장. 한국국학진흥원 소장. 한국학자료센터 영남권역센터 홈페이지 원문 이미지와 텍스트 보기>

1888-09-00. **영해 향중 첩정**(寧海鄕中牒呈) 2, 영해 향중. <1장. 한자+이두. 조선 필사 이두 자료. 경북 영덕군 영해면 괴시리 영양 남씨 괴시파 영감댁 구장. 한국국학진흥원 소장. 한국학자료센터 영남권역센터 홈페이지 원문 이미지와 텍스트 보기>

1888-09-00. **장지영 상서**(張志永上書) 1, 장지영. <1장. 한자+이두. 조선 필사 이두 자료. 구미 옥산 인동 장씨 여헌 종택 소장. 한국학중앙연구원 장서각 한국고문서자료관 홈페이지 원문 이미지 보기. 한국학중앙연구원 편(2005) 참고>

1888-09-00. **장지영 소지**(張志永所志) 2, 장지영. <1장. 한자+이두. 조선 필사 이두 자료. 구미 옥산 인동 장씨 여헌 종택 소장. 한국학중앙연구원 장서각 한국고문서자료관 홈페이지 원문 이미지 보기. 한국학중앙연구원 편(2005) 참고>

1888-09-00. **장지영 원정**(張志永原情), 장지영. <1장. 한자+이두. 조선 필사 이두 자료. 구미 옥산 인동 장씨 여헌 종택 소장. 한국학중앙연구원 장서각 한국고문서자료관 홈페이지 원문 이미지 보기. 한국학중앙연구원 편(2005) 참고>

1888-10-01. **문 생원 노 사동 토지매매명문**(文生員奴士東土地賣買明文), 전주 노소사

---

965 호남권 한국학자료센터 홈페이지에서는 '1888년 최석학(崔錫鶴) 방매(放賣) 토지매매명문(土地賣買明文)'으로 표시하였다.

(田主魯小使). <1장. 한자+이두. 조선 필사 이두 자료. 전남 영암군 장암 남평 문씨 문창집 소장. 호남권 한국학자료센터 홈페이지 원문 이미지와 텍스트 보기. 한국정신문화연구원 편(1995) 참고>

1888-10-04. **토지매매명문**(土地賣買明文),[966] 답주 김상순(畓主金相順). <1장. 한자+이두. 조선 필사 이두 자료. 전남 나주시 남내 밀양 박씨 청재 종가 소장. 호남권 한국학자료센터 홈페이지 원문 이미지와 텍스트 보기. 심희기(1991) 참고>

1888-10-06~1891-03-29(광서 14년 戊子~광서 17년 辛卯). 「함경남병영계록(**咸鏡南兵營啓錄**)」 7, 비변사(備邊司) 편(編). <1책(7/전7책). 66장. 필사본. 표제는 '南兵營啓錄'. 권수제는 '(光緒十四年九月 日)南兵使李奎遠在任時狀本謄錄'. 한자+이두. 이두 자료. 서울대학교 규장각 한국학연구원 홈페이지 원문 이미지 보기> <영인본: 「각사등록」 44(함경도편 3)(국사편찬위원회 편, 1990)> <1856-02-25~1858-03-21(1/7)>

1888-10-15. **대정현감 윤 서목**(大靜縣監尹書目), 대정현감 윤. <1장. 한자+이두. 조선 필사 이두 자료. 제주교육박물관 소장. 사이버 제주교육박물관 홈페이지 원문 이미지와 텍스트 보기>

1888-10-17. **족질 제민 토지매매명문**(族侄濟民土地賣買明文), 전주 권재수(田主權載銖). <1장. 한자+이두. 조선 필사 이두 자료. 경북 안동시 주촌 진성 이씨 경류정 구장. 서울역사박물관 소장. 한국학중앙연구원 장서각 한국고문서자료관 홈페이지 & 한국학중앙연구원 한국학 디지털 아카이브 홈페이지 원문 이미지와 텍스트 보기. 한국정신문화연구원 편(1999) 참고>

1888-10-22. **가사매매명문**(家舍賣買明文), 가대주 유학 최우상(家垈主幼學崔遇祥). <1장. 한자+이두. 조선 필사 이두 자료. 남원·구례 삭녕 최씨 구장. 한국학중앙연구원 장서각 한국고문서자료관 홈페이지 원문 이미지 보기. 한국정신문화연구원 편(2004) 참고>

1888-10-28. **최석구 등 통문**(崔奭九等通文), 최석구 등. <1장. 한자+이두. 조선 필사

---

[966] 호남권 한국학자료센터 홈페이지에서는 '1888년 김상순(金相順) 방매(放賣) 토지매매명문(土地賣買明文)'으로 표시하였다.

이두 자료. 남원·구례 삭녕 최씨 구장. 한국학중앙연구원 장서각 한국고문서자료
관 홈페이지 원문 이미지 보기. 한국정신문화연구원 편(2004) 참고>

1888-10-28. **최석구 통문**(崔奭九通文), 최석구. <1장. 한자+이두. 조선 필사 이두
자료. 남원·구례 삭녕 최씨 구장. 한국학중앙연구원 장서각 한국고문서자료관
홈페이지 원문 이미지 보기. 한국정신문화연구원 편(2004) 참고>

1888-10-29. **시장문기**(柴場文記), 시장주 재종조 신항흔(柴場主再從祖辛恒忻). <1장.
한자+이두. 조선 필사 이두 자료. 영광 입석 영월 신씨 소장. 한국학중앙연구원
장서각 한국고문서자료관 홈페이지 원문 이미지와 텍스트 보기. 한국정신문화연
구원 편(1996) 참고>

1888-10-00. **양 노 소지 초**(梁奴所志草), 양 노. <1장. 한자+이두. 조선 필사 이두
자료. 전남 보성군 박실 제주 양씨가 구장. 원광대학교 박물관 소장. 호남권 한국
학자료센터 홈페이지 원문 이미지와 텍스트 보기>

1888-10-00. **양 노 인작 소지**(梁奴仁作所志) 1, 인작. <1장. 한자+이두. 조선 필사
이두 자료. 전남 보성군 박실 제주 양씨가 구장. 원광대학교 박물관 소장. 호남권
한국학자료센터 홈페이지 원문 이미지와 텍스트 보기>

1888-10-00. **양 노 인작 소지**(梁奴仁作所志) 2, 인작. <1장. 한자+이두. 조선 필사
이두 자료. 전남 보성군 박실 제주 양씨가 구장. 원광대학교 박물관 소장. 호남권
한국학자료센터 홈페이지 원문 이미지와 텍스트 보기>

1888-10-00. **양 노 인작 소지**(梁奴仁作所志) 3, 인작. <1장. 한자+이두. 조선 필사
이두 자료. 전남 보성군 박실 제주 양씨가 구장. 원광대학교 박물관 소장. 호남권
한국학자료센터 홈페이지 원문 이미지와 텍스트 보기>

1888-10-00. **유 진사 토지매매명문**(柳進士土地賣買明文), 전답주 유학 이태진(田畓主
幼學李泰鎭). <1장. 한자+이두. 조선 필사 이두 자료. 안산 부곡 진주 류씨 경성당
소장. 한국학중앙연구원 장서각 한국고문서자료관 홈페이지 원문 이미지 보기.
한국정신문화연구원 편(2002) 참고>

1888-10-00. **장지영 상서**(張志永上書) 2, 장지영. <1장. 한자+이두. 조선 필사 이두
자료. 구미 옥산 인동 장씨 여헌 종택 소장. 한국학중앙연구원 장서각 한국고문서
자료관 홈페이지 원문 이미지 보기. 한국학중앙연구원 편(2005) 참고>

1888-10-00. **장지영 소지**(張志永所志) 3, 장지영. <1장. 한자+이두. 조선 필사 이두 자료. 구미 옥산 인동 장씨 여헌 종택 소장. 한국학중앙연구원 장서각 한국고문서자료관 홈페이지 원문 이미지 보기. 한국학중앙연구원 편(2005) 참고>

1888-10-00. **조동운 등 등장**(趙東運等等狀) 2, 조동운 등. <1장. 한자+이두. 조선 필사 이두 자료. 경북 상주 낙동 풍양 조씨 양진당 소장. 한국학중앙연구원 장서각 한국고문서자료관 홈페이지 원문 이미지 보기>

1888-11-05. **마구동 동중 토지매매명문**(馬口洞洞中土地賣買明文),[967] 답주 안시환(畓主安時煥). <1장. 한자+이두. 조선 필사 이두 자료. 전남 보성군 복내면 죽산 안씨 죽곡정사 소장. 호남권 한국학자료센터 홈페이지 원문 이미지와 텍스트 보기. 김재문(1986), 이재수(2003) 참고>

1888-11-05~1892-07-25(광서 14년~광서 18년). 「통어영관자등록(**統御營關子謄錄**)」,[968] 비변사(備邊司) 편(編). <1책. 11장. 필사본. 표제는 '淸營關牒'. 한자+이두. 조선 필사 이두 자료. 서울대학교 규장각 한국학연구원 홈페이지 원문 이미지 보기> <영인본: 「각사등록」 48(충청도 보유편)(국사편찬위원회 편, 1990)>

1888-11-07. **토지매매명문**(土地賣買明文),[969] 답주 유학 황인백(畓主幼學黃仁伯). <1장. 한자+이두. 조선 필사 이두 자료. 전남 보성군 박실 제주 양씨가 구장. 원광대학교 박물관 소장. 호남권 한국학자료센터 홈페이지 원문 이미지와 텍스트 보기. 최승희(1989), 정구복 외(1999), 이재수(2003) 참고>

1888-11-08. **유학 토지매매명문**(幼學土地賣買明文),[970] 답주 유학 정계현(畓主幼學鄭桂鉉). <1장. 한자+이두. 조선 필사 이두 자료. 전남 보성군 박실 제주 양씨가 구장. 원광대학교 박물관 소장. 호남권 한국학자료센터 홈페이지 원문 이미지와

---

[967] 호남권 한국학자료센터 홈페이지에서는 '1888년 마구동 동중(馬口洞 洞中) 방매(放賣) 토지매매명문(土地賣買明文)'으로 잘못 적었다.

[968] 서울대학교 규장각 한국학연구원 홈페이지에서는 책명을 '統御營關子謄錄 통어영관자등록'으로 표시했다.

[969] 호남권 한국학자료센터 홈페이지에서는 '1888년 황인백(黃仁伯) 방매(放賣) 토지매매명문(土地賣買明文)'으로 표시하였다.

[970] 호남권 한국학자료센터 홈페이지에서는 '1888년 정계현(鄭桂鉉) 방매(放賣) 토지매매명문(土地賣買明文)'으로 표시하였다.

텍스트 보기. 박병호(1974ㄱ), 최승희(1989), 이재수(2003) 참고>

1888-11-10. **한기봉 토지매매명문**(韓基奉土地賣買明文), 전주 송수문(田主宋秀文). <1장. 한자+이두. 필사 이두 자료. 제주교육박물관 소장. 사이버 제주교육박물관 홈페이지 원문 이미지와 텍스트 보기>

1888-11-12 **시장문기**(柴場文記),[971] 시장주 원산 소반동 동몽 김덕칠(柴場主元山小盤洞童蒙金德七). <1장. 한자+이두. 조선 필사 이두 자료. 전남 영광 마산 경주이씨가 구장. 진안 용담호미술관 소장. 호남권 한국학자료센터 홈페이지 원문 이미지와 텍스트 보기. 최승희(1989), 정구복 외(1999), 채현경(2011) 참고>

1888-11-12. **토지매매명문**(土地賣買明文), 답주 자필 권 사과 댁 노 천돌(畓主自筆權司果宅奴千乭). <1장. 한자+이두. 조선 필사 이두 자료. 경북 안동시 오천 광산김씨 후조당 소장. 한국학중앙연구원 장서각 한국고문서자료관 홈페이지 원문 이미지와 텍스트 보기. 한국정신문화연구원 편(1982) 참고>

1888-11-13. **오양묵 입의**(吳陽默立議), 오양묵. <1장. 한자+이두. 조선 필사 이두 자료. 경기도 용인시 오산 해주 오씨 추탄 종가 구장. 한국학중앙연구원 장서각 한국고문서자료관 홈페이지 원문 이미지와 텍스트 보기. 한국정신문화연구원 편(1998) 참고>

1888-11-15. **토지매매명문**(土地賣買明文),[972] 답주 김사근(畓主金士根). <1장. 한자+이두. 조선 필사 이두 자료. 전남 나주시 남내 밀양 박씨 청재 종가 소장. 호남권 한국학자료센터 홈페이지 원문 이미지와 텍스트 보기. 김용섭(1983), 오인택(1996) 참고>

1888-11-16. **유학 오세용 차정첩**(幼學吳世瑢差定帖), 현감(縣監). <1장. 한자+이두. 조선 필사 이두 자료. 원주시 무릉박물관 소장. 한국학자료센터 강원권역센터 홈페이지 원문 이미지 보기. 박성종(2003ㄴ), 송철호(2009), 문보미(2010), 박준호(2016) 참고>

---

[971] 호남권 한국학자료센터 홈페이지에서는 '1888년 김덕칠(金德七) 시장문기(柴場文記)'로 표시하였다.

[972] 호남권 한국학자료센터 홈페이지에서는 '1888년 김사근(金士根) 방매(放賣) 토지매매명문(土地賣買明文)'으로 표시하였다.

1888-11-19. **종손 진행 토지매매명문**(宗孫鎭行土地賣買明文), 답주 유사 최석모(畓主 有司崔錫謨). <1장. 한자+이두. 조선 필사 이두 자료. 남원·구례 삭녕 최씨 구장. 한국학중앙연구원 장서각 한국고문서자료관 홈페이지 원문 이미지 보기. 한국정신문화연구원 편(2004) 참고>

1888-11-25. **유학 토지매매명문**(幼學土地賣買明文),[973] 전주 유학 김병홍(出主幼學金 秉泓). <1장. 한자+이두. 조선 필사 이두 자료. 전북 태인 산내 전주 최씨가 구장. 전북 정읍시 동학농민혁명기념관 소장. 호남권 한국학자료센터 홈페이지 원문 이미지와 텍스트 보기. 박병호(1974ㄱ), 이재수(2003) 참고>

1888-11-00. **김종현 등 상서**(金宗鉉等上書) 2, 김종현 등. <1장. 한자+이두. 조선 필사 이두 자료. 전남 무안 광산 김씨 모충사 소장. 호남권 한국학자료센터 홈페이지 원문 이미지 보기. 최승희(1989), 국립민속박물관 편(1991), 정구복 외(1999), 전경목 외(2006) 참고>

1888-11-00. **영해 향중 첩정**(寧海鄕中牒呈) 3, 영해 향중. <1장. 한자+이두. 조선 필사 이두 자료. 경북 영덕군 영해면 괴시리 영양 남씨 괴시파 영감댁 구장. 한국국학진흥원 소장. 한국학자료센터 영남권역센터 홈페이지 원문 이미지와 텍스트 보기>

1888-11-00. **영해 향중 첩정**(寧海鄕中牒呈) 4, 영해 향중. <1장. 한자+이두. 조선 필사 이두 자료. 경북 영덕군 영해면 괴시리 영양 남씨 괴시파 영감댁 구장. 한국국학진흥원 소장. 한국학자료센터 영남권역센터 홈페이지 원문 이미지와 텍스트 보기>

1888-11-00. **조동운 등 등장**(趙東運等等狀) 3, 조동운 등. <1장. 한자+이두. 조선 필사 이두 자료. 경북 상주 낙동 풍양 조씨 양진당 소장. 한국학중앙연구원 장서각 한국고문서자료관 홈페이지 원문 이미지 보기>

1888-11-00. **조동운 등 등장**(趙東運等等狀) 4, 조동운 등. <1장. 한자+이두. 조선 필사 이두 자료. 경북 상주 낙동 풍양 조씨 양진당 소장. 한국학중앙연구원 장서각

---

[973] 호남권 한국학자료센터 홈페이지에서는 '1888년 김병홍(金秉泓) 방매(放賣) 토지매매명문(土地賣 買明文)'으로 표시하였다.

한국고문서자료관 홈페이지 원문 이미지 보기>

1888-11-00. **조동운 등 상서**(趙東運等上書), 조동운 등. <1장. 한자+이두. 조선 필사 이두 자료. 경북 상주 낙동 풍양 조씨 양진당 소장. 한국학중앙연구원 장서각 한국고문서자료관 홈페이지 원문 이미지 보기>

1888-11-00. **토지매매명문**(土地賣買明文), 전주 권유서(田主權裕瑞). <1장. 한자+이두. 조선 필사 이두 자료. 경북 안동시 주촌 진성 이씨 경류정 소장. 한국학중앙연구원 장서각 한국고문서자료관 홈페이지 원문 이미지와 텍스트 보기. 한국정신문화연구원 편(1999) 참고>

1888-11-■■. **김 조이 토지매매명문**(金召史土地賣買明文), 답주 이 노 헌■(畓主李奴軒■). <1장. 한자+이두. 조선 필사 이두 자료. 경북 영해 인량 재령 이씨 충효당 소장. 한국학중앙연구원 장서각 한국고문서자료관 홈페이지 원문 이미지와 텍스트 보기. 한국정신문화연구원 편(1997) 참고>

1888-12-01. **토지매매명문**(土地賣買明文), 전답주 김운성(田畓主金云成). <1장. 한자+이두. 조선 필사 이두 자료. 경북 봉화 꽃내 문안 박씨 회이당 박한 종가 소장. 한국학중앙연구원 장서각 한국고문서자료관 홈페이지 원문 이미지 보기>

1888-12-02.[974] **김익서 토지매매명문**(金益瑞土地賣買明文), 전주 윤사일(田主尹士一). <1장. 한자+이두. 조선 필사 이두 자료. 광주광역시 광산구 김해 김씨 소장. 호남권 한국학자료센터 홈페이지 원문 이미지와 텍스트 보기. 이재수(2003), 이수건 외(2004) 참고>

1888-12-02. **양 생원 토지매매명문**(梁生員土地賣買明文), 전주 한량 최영운(田主閑良崔永雲). <1장. 한자+이두. 조선 필사 이두 자료. 전남 보성군 박실 제주 양씨가 구장. 원광대학교 박물관 소장. 호남권 한국학자료센터 홈페이지 원문 이미지와 텍스트 보기. 최승희(1989), 이재수(2003) 참고>

1888-12-06. **토지매매명문**(土地賣買明文),[975] 답주 유학 김학의(畓主幼學金學儀). <1

---

974 호남권 한국학자료센터 홈페이지 '안내 정보'에서는 '2월 2일'로 잘못 적었다.
975 호남권 한국학자료센터 홈페이지에서는 '1888년 김학의(金學儀) 방매 토지매매명문(土地賣買明文)'으로 표시하였다.

장. 한자+이두. 조선 필사 이두 자료. 전북 정읍시 동학농민혁명기념관 소장. 호남권 한국학자료센터 홈페이지 원문 이미지와 텍스트 보기. 박병호(1974ㄱ), 이재수(2003) 참고>

1888-12-07. **노 춘단 토지매매명문**(奴春丹土地賣買明文), 답주 자필 노 천연(畓主自筆奴千然). <1장. 한자+이두. 조선 필사 이두 자료. 경북 영양군 영양읍 삼지리 한양 조씨 하담 고택 구장. 한국국학진흥원 소장. 한국학자료센터 영남권역센터 홈페이지 원문 이미지와 텍스트 보기. 박병호(1974ㄱ), 최승희(1989), 이재수(2003), 이수건 외(2004) 참고>

1888-12-07. **이 노 만돌 토지매매명문**(李奴萬乭土地賣買明文), 전주 김 노 만득(出主金奴萬得). <1장. 한자+이두. 조선 필사 이두 자료. 경북 영해 인량 재령 이씨 충효당 소장. 한국학중앙연구원 장서각 한국고문서자료관 홈페이지 원문 이미지 보기. 한국학중앙연구원 편(2008) 참고>

1888-12-10. **가사매매명문**(家舍賣買明文),[976] ■...■. <1장. 한자+이두. 조선 필사 이두 자료. 전남 보성군 박실 제주 양씨가 구장. 원광대학교 박물관 소장. 호남권 한국학자료센터 홈페이지 원문 이미지와 텍스트 보기. 최승희(1989), 정구복 외(1999), 이재수(2003) 참고>

1888-12-10. **토지매매명문**(土地賣買明文),[977] 답주 유학 최문영(畓主幼學崔文榮). <1장. 한자+이두. 조선 필사 이두 자료. 전남 곡성군 옥과면 설옥리 최씨가 구장. 전북대학교 박물관 소장. 호남권 한국학자료센터 홈페이지 원문 이미지와 텍스트 보기. 박병호(1974ㄱ), 이재수(2003) 참고>

1888-12-10. **함평현감 첩**(咸平縣監帖), 함평현. <1장. 한자+이두. 조선 필사 이두 자료. 전남 광주 김해 김씨 김진호 소장. 호남권 한국학자료센터 홈페이지 원문 이미지와 텍스트 보기. 최승희(1989) 참고>

1888-12-14. **족형 김홍식 가사매매명문**(族兄金弘植家舍賣買明文),[978] 가주 김규병(家

---

[976] 호남권 한국학자료센터 홈페이지에서는 '1888년 모인(某人) 가사매매명문(家舍賣買明文)'으로 표시하였다.

[977] 호남권 한국학자료센터 홈페이지에서는 '1888년 최문영(崔文榮) 방매 토지매매명문(土地賣買明文)'으로 표시하였다.

主金奎秉). <1장. 한자+이두. 조선 필사 이두 자료. 안동 천전 의성 김씨 지촌 종택 소장. 한국학중앙연구원 장서각 한국고문서자료관 홈페이지 원문 이미지와 텍스트 보기. 한국정신문화연구원 편(1990) 참고>

1888-12-15. **당질 김형철 토지매매명문**(堂姪金炯徹土地賣買明文), 답주 당매 김인식(畓主堂妹金仁楠). <1장. 한자+이두. 조선 필사 이두 자료. 전남 보성군 박실 제주 양씨가 구장. 원광대학교 박물관 소장. 호남권 한국학자료센터 홈페이지 원문 이미지와 텍스트 보기. 박병호(1974ㄱ) 참고>

1888-12-21. **토지매매명문**(土地賣買明文),[979] 답주 김운삼(畓主金云三). <1장. 한자+이두. 조선 필사 이두 자료. 전남 나주시 남내 밀양 박씨 청재 종가 소장. 호남권 한국학자료센터 홈페이지 원문 이미지와 텍스트 보기. 김영나(2007) 참고>

1888-12-26. **종가댁 토지매매명문**(宗家宅土地賣買明文), 전답주 임잔록(田主林耆卩彔).[980] <1장. 한자+이두. 조선 필사 이두 자료. 경북 안동시 주촌 진성 이씨 경류정 구장. 서울역사박물관 소장. 한국학중앙연구원 장서각 한국고문서자료관 홈페이지 원문 이미지와 텍스트 보기. 한국정신문화연구원 편(1999) 참고>

1888-12-26. **토지매매명문**(土地賣買明文), 전주 이 노 득이(田主李奴得伊). <1장. 한자+이두. 조선 필사 이두 자료. 경북 경주시 소정리 경주 이씨 소장. 한국학중앙연구원 장서각 한국고문서자료관 홈페이지 원문 이미지 보기. 한국정신문화연구원 편(2002) 참고>

1888-12-29. **토지매매명문**(土地賣買明文),[981] 답주 종형 김성채(畓主從兄金星彩). <1장. 한자+이두. 조선 필사 이두 자료. 광주광역시 광산구 김해 김씨 소장. 호남권

---

[978] 한국학중앙연구원 장서각 한국고문서자료관 홈페이지에서는 '1888년 김홍식(金弘植) 토지매매명문(土地賣買明文)'으로 표시하였다.

[979] 호남권 한국학자료센터 홈페이지에서는 '1888년 김운삼(金云三) 방매(放賣) 토지매매명문(土地賣買明文)'으로 표시하였다.

[980] 한국학중앙연구원 장서각 한국고문서자료관 홈페이지에서는 발급자를 '임자절록(林耆卩彔)'으로 적었다. 그런데 1559년 2월 22일에 작성한 '김부필 남매 화회문기'의 번역문에서는 '잔련이(耆卩連里)'로 적었다. 여기에서는 '耆卩'을 '잔'으로 적었다.

[981] 호남권 한국학자료센터 홈페이지에서는 '1888년 김성채(金星彩) 방매(放賣) 토지매매명문(土地賣買明文)'으로 표시하였다.

한국학자료센터 홈페이지 원문 이미지와 텍스트 보기. 이재수(2003), 이수건 외 (2004) 참고>

1888-12-00. 완문(完文), 풍기군(豊基郡). <1장. 한자+이두. 조선 필사 이두 자료. 경북 예천군 용문면 대제리 원동 권씨 춘우재 고택 구장. 한국국학진흥원 소장. 한국학자료센터 영남권역센터 홈페이지 원문 이미지와 텍스트 보기>

1888-12-00. **유학 권경하 등 상서**(幼學權經夏等上書), 권경하 등. <1장. 한자+이두. 조선 필사 이두 자료. 경북 예천군 용문면 대제리 원동 권씨 춘우재 고택 구장. 한국국학진흥원 소장. 한국학자료센터 영남권역센터 홈페이지 원문 이미지와 텍스트 보기>

1888-12-00. **장지영 상서**(張志永上書) 3, 장지영. <1장. 한자+이두. 조선 필사 이두 자료. 구미 옥산 인동 장씨 여헌 종택 소장. 한국학중앙연구원 장서각 한국고문서 자료관 홈페이지 원문 이미지 보기. 한국학중앙연구원 편(2005) 참고>

1888-12-00. **조동운 등 등장**(趙東運等等狀) 5, 조동운 등. <1장. 한자+이두. 조선 필사 이두 자료. 경북 상주 낙동 풍양 조씨 양진당 소장. 한국학중앙연구원 장서각 한국고문서자료관 홈페이지 원문 이미지 보기>

1888-12-00. **전령**(傳令), 해남현(海南縣). <1장. 한자+이두. 조선 필사 이두 자료. 전남 해남군 원주 이씨 이이림 소장. 호남권 한국학자료센터 홈페이지 원문 이미지 보기. 최승희(1989) 참고>

1888-00-00. 「가상존호도감의궤(加上 尊號都監儀軌)」,[982] 존호도감 편. <1책. 307장. 필사본. 권수제는 '加上 尊號都監儀軌'. 한자+이두. 조선 필사 이두 자료. 한국학중앙연구원 디지털장서각 홈페이지 'K2-2792' 원문 이미지 보기>

1888-00-00. 「가상존호도감의궤(加上 尊號都監儀軌)」,[983] 존호도감 편. <1책. 256장. 필사본. 권수제는 '加上 尊號都監儀軌'. 한자+이두. 조선 필사 이두 자료. 한국학중앙연구원 디지털장서각 홈페이지 'K2-2793' 원문 이미지와 텍스트 보기>

---

982 한국학중앙연구원 디지털장서각 홈페이지에서는 서명을 '가상존호도감의궤(加上尊號都監儀軌)'로 붙여 썼다.

983 한국학중앙연구원 디지털장서각 홈페이지에서는 서명을 '가상존호도감의궤(加上尊號都監儀軌)'로 붙여 썼다.

1888-00-00. 「선원보략수정의궤(璿源譜略修正儀軌)」, 종친부(宗親府) 편. <1책. 25장. 필사본. 표제는 '(丙戌 丁亥 戊子正月以上合設 府上)璿源譜略修正儀軌'. 권수제는 '(光緖十四年丙戌正月 日)璿源譜略修正儀軌'. 한자+이두. 조선 필사 이두 자료. 서울대학교 규장각 한국학연구원 의궤 종합정보 홈페이지 '奎14131' 원문 이미지 보기>

1888-00-00. 「선원보략수정의궤(璿源譜略修正儀軌)」, 종친부(宗親府) 편. <1책. 24장. 필사본. 표제는 '(戊子三月 府上)璿源譜略修正儀軌'. 권수제는 '(光緖十四年戊子三月 日)璿源譜略修正儀軌'. 한자+이두. 조선 필사 이두 자료. 서울대학교 규장각 한국학연구원 의궤 종합정보 홈페이지 '奎14139' 원문 이미지 보기>

1889년

<기축(己丑), 고종 26년, 조선 개국 498년, 광서 15년, 명치 22년>

1889-01-01~1889-12-28. 「결속색등록(結束色謄錄)」 104, 병조(兵曹) 편(編). <1책(104/낙질본 107책). 119장. 필사본. 한자+이두. 조선 필사 이두 자료. 서울대학교 규장각 한국학연구원 홈페이지 1787년~1891년 낙질본 107책(1792년(건륭 57년), 1811년(가경 16년) 하, 1816년(가경 21년), 1817년(가경 22년), 1824년(도광 4년), 1831년(도광 11년), 1871년(동치 10년), 1885년(광서 11년) 없음) 원문 이미지 보기>

1889-01-09~1892-04-29(己丑~壬辰). 「관첩내안(關牒內案)」[984] 1, 동래감리서(東萊監理署) 편(編). <1책(1/전2책). 34장. 필사본. 한자+이두. 조선 필사 이두 자료. 서울대학교 규장각 한국학연구원 홈페이지 원문 이미지 보기> <영인본:「각사등록」 13(경상도편 3)(국사편찬위원회 편, 1984)> <1892-05-01~1895-06-21(2/2)>

1889-01-10. **종형 토지매매명문**(從兄土地賣買明文), 답주 종제 이병기(畓主從弟伊秉琪). <1장. 한자+이두. 조선 필사 이두 자료. 경북 경주시 안강읍 옥산리 여주이씨 독락당 소장. 한국학중앙연구원 장서각 한국고문서자료관 홈페이지 원문

---

[984] 서울대학교 규장각 한국학연구원 홈페이지에서는 책명을 '東萊關牒內案 동래관첩내안'으로 표시하였다.

이미지 보기. 한국정신문화연구원 편(2003) 참고>

1889-01-11~1889-10-26(己丑). 「관첩외안(關牒外案)」⁹⁸⁵ 1, 동래감리서(東萊監理署) 편(編). <1책(1/전2책). 38장. 필사본. 한자+이두. 조선 필사 이두 자료. 서울대학교 규장각 한국학연구원 홈페이지 원문 이미지 보기> <영인본:「각사등록」 13 (경상도편 3)(국사편찬위원회 편, 1984)> <1889-10-28~1890-07-27(2/2)>

1889-01-12. **토지매매명문**(土地賣買明文),⁹⁸⁶ 답주 고제운(畓主高濟雲). <1장. 한자+이두. 조선 필사 이두 자료. 전남 나주시 남내 밀양 박씨 청재 종가 소장. 호남권 한국학자료센터 홈페이지 원문 이미지와 텍스트 보기. 박성종(1999) 참고>

1889-01-16. **묘진 토지매매명문**(妙眞土地賣買明文), 답주 사중 유나 백월 태순(畓主寺中維那白月泰淳). <1장. 한자+이두. 조선 필사 이두 자료. 전남 나주시 남내 밀양 박씨 청재 종가 소장. 호남권 한국학자료센터 홈페이지 원문 이미지와 텍스트 보기. 김재문(1986), 최승희(1989) 참고>

1889-01-16. **토지매매명문**(土地賣買明文), 답주 유학 정재호(畓主幼學鄭在護). <1장. 한자+이두. 조선 필사 이두 자료. 전남 구례군 토지면 오미리 문화 류씨 운조루 소장. 한국학중앙연구원 장서각 한국고문서자료관 홈페이지 원문 이미지와 텍스트 보기. 한국정신문화연구원 편(1998) 참고>

1889-01-16~1889-10-24(己丑). 「일안(日案)」 2, 동래감리서(東萊監理署) 편(編). <1책 (2/전4책). 68장. 필사본. 표제는 '日案'. 권수제는 '日本領事舘送件照會存案'. 한자+이두. 이두 자료. 서울대학교 규장각 한국학연구원 홈페이지 원문 이미지 보기. 「각사등록」 49(경상도 보유편 1)(국사편찬위원회 편, 1991) 영인> <1888-03-05~1888-12-24(1/4)>

1889-01-26. **박재규 토지매매명문**(朴在珪土地賣買明文), 답주 유학 안택인(畓主幼學安宅仁). <1장. 한자+이두. 조선 필사 이두 자료. 전남 나주시 남내 밀양 박씨 청재 종가 소장. 호남권 한국학자료센터 홈페이지 원문 이미지와 텍스트 보기.

---

985 서울대학교 규장각 한국학연구원 홈페이지에서는 책명을 '東萊關牒外案 동래관첩외안'으로 표시하였다.

986 호남권 한국학자료센터 홈페이지에서는 '1889년 고제운(高濟雲) 방매(放賣) 토지매매명문(土地賣買明文)'으로 표시하였다.

김재문(1986), 박경(2008) 참고>

1889-01-27. **토지매매명문**(土地賣買明文), 답주 유학 박용호(畓主幼學朴鏞浩). <1장. 한자+이두. 조선 필사 이두 자료. 전남 구례군 토지면 오미리 문화 류씨 운조루 소장. 한국학중앙연구원 장서각 한국고문서자료관 홈페이지 원문 이미지와 텍스트 보기. 한국정신문화연구원 편(1998) 참고>

1889-01-00. **토지매매명문**(土地賣買明文),[987] 답주 유학 김운삼(畓主幼學金云三). <1장. 한자+이두. 조선 필사 이두 자료. 전남 나주시 남내 밀양 박씨 청재 종가 소장. 호남권 한국학자료센터 홈페이지 원문 이미지와 텍스트 보기. 안승준(1989), 오인택(1996) 참고>

1889-01-00~1889-12-00(己丑). 「추조결옥록(**秋曹決獄錄**)」 39, 형조(刑曹) 편(編). <1책(39/낙질본 43책). 25장. 필사본. 한자+이두. 조선 필사 이두 자료. 서울대학교 규장각 한국학연구원 홈페이지 원문 이미지 보기> <1822-01-00~1822-12-00 (1/43)>

1889-02-01~1895-03-25(己丑~乙未). 「종친부등록(**宗親府謄錄**)」 11, 종친부(宗親府) 편(編). <1책(11/전12책). 145장. 필사본. 한자+이두. 조선 필사 이두 자료. 서울대학교 규장각 한국학연구원 홈페이지 '奎13007-v.1-12' 원문 이미지 보기> <1756-04-01~1759-01-15(1/12)>

1889-02-03. **김익서 송추문기**(金益西松楸文記), 금양주 김준협(禁養主金俊協). <1장. 한자+이두. 조선 필사 이두 자료. 광주광역시 광산구 김해 김씨 소장. 호남권 한국학자료센터 홈페이지 원문 이미지와 텍스트 보기. 이재수(2003), 이수건 외(2004) 참고>

1889-02-07. **유학 문기홍 토지매매명문**(幼學文基弘土地賣買明文), 답주 유학 송원서(畓主幼學宋元燮). <1장. 한자+이두. 조선 필사 이두 자료. 전남 보성군 박실 제주 양씨가 구장. 원광대학교 박물관 소장. 호남권 한국학자료센터 홈페이지 원문 이미지와 텍스트 보기. 박병호(1974ㄱ), 최승희(1989), 이재수(2003) 참고>

---

[987] 호남권 한국학자료센터 홈페이지에서는 '1889년 김운삼(金云三) 방매(放賣) 토지매매명문(土地賣買明文)'으로 표시하였다.

1889-02-12. **강 노 갑손 토지매매명문**(姜奴甲孫土地賣買明文),[988] 답주 이운손(畓主李雲孫). <1장. 한자+이두. 조선 필사 이두 자료. 진성 이씨 하계파 권재 댁 구장. 한국국학진흥원 소장. 한국국학진흥원 유교넷 홈페이지 원문 이미지와 텍스트 보기>

1889-02-12. **유학 토지매매명문**(幼學土地賣買明文),[989] 산주 과부 송 씨(山主寡婦宋氏). <1장. 한자+이두. 조선 필사 이두 자료. 전북 정읍시 동학농민혁명기념관 소장. 호남권 한국학자료센터 홈페이지 원문 이미지와 텍스트 보기. 박병호(1974ㄱ), 이재수(2003) 참고>

1889-02-15. **최 생원 토지매매명문**(崔生員土地賣買明文),[990] 산주 김길룡(山主金吉龍). <1장. 한자+이두. 조선 필사 이두 자료. 전북 완주 봉동 전주 최씨가 소장. 호남권 한국학자료센터 홈페이지 원문 이미지와 텍스트 보기. 박병호(1974ㄱ), 최승희(1989), 정구복 외(1999) 참고>

1889-02-17. **박 선달 토지매매명문**(朴先達土地賣買明文) 1, 답주 유학 김인석(畓主幼學金仁錫). <1장. 한자+이두. 조선 필사 이두 자료. 전남 장흥군 용산 밀양 박씨 박철환 소장. 호남권 한국학자료센터 홈페이지 원문 이미지와 텍스트 보기. 최승희(1989), 정구복 외(1999), 전경목 외(2006) 참고>

1889-02-22. **토지매매명문**(土地賣買明文),[991] 답주 동기 김준일(畓主東基金俊一). <1장. 한자+이두. 조선 필사 이두 자료. 전남 영광 마산 경주 이씨가 구장. 진안 용담호미술관 소장. 호남권 한국학자료센터 홈페이지 원문 이미지와 텍스트 보기. 박병호(1974ㄱ), 최승희(1989), 이재수(2003) 참고>

1889-02-22. **토지매매명문**(土地賣買明文),[992] 답주 주여일(畓主朱如日). <1장. 한자+

---

[988] 한국국학진흥원 유교넷 홈페이지에서는 문서명을 '1889년 이운손이 갑손에게 논을 팔았음을 증명하는 전답매매문기'로 표시하였다.

[989] 호남권 한국학자료센터 홈페이지에서는 '1889년 과부 송씨(寡婦 宋氏) 방매(放賣) 토지매매명문(土地賣買明文)'으로 표시하였다.

[990] 호남권 한국학자료센터 홈페이지에서는 '1889년 김길룡(金吉龍) 방매(放賣) 산지매매명문(山地賣買明文)'으로 표시하였다.

[991] 호남권 한국학자료센터 홈페이지에서는 '1889년 김준일(金俊一) 방매(放賣) 토지매매명문(土地賣買明文)'으로 표시하였다.

이두. 조선 필사 이두 자료. 전북 무장 원송 진주 강씨가 구장. 전북대학교 박물관 소장. 호남권 한국학자료센터 홈페이지 원문 이미지와 텍스트 보기. 박병호(1974 ㄱ), 최승희(1989), 이재수(2003) 참고>

1889-02-28. **시장문기**(柴場文記),[993] 시장주 자필 유학 이명노(柴場主自筆幼學李明老). <1장. 한자+이두. 조선 필사 이두 자료. 전북 고창군 장두 광산 김씨가 소장. 호남권 한국학자료센터 홈페이지 원문 이미지와 텍스트 보기. 박병호(1974ㄱ), 최승희(1989), 이재수(2003) 참고>

1889-02-28, **토지매매명문**(土地賣買明文),[994] 자필 답주 유학 조준량(自筆畓主幼學趙浚良). <1장. 한자+이두. 조선 필사 이두 자료. 전남 순천 황전 경주 정씨가 구장. 광주광역시 이정옥 소장. 호남권 한국학자료센터 홈페이지 원문 이미지와 텍스트 보기. 최승희(1989) 참고>

1889-02-00. **고유석 등 소지**(高有奭等所志), 고유석 등. <1장. 한자+이두. 조선 필사 이두 자료. 전북 군산시 임피면 갈운 제주 고씨가 구장. 군산근대역사박물관 소장. 호남권 한국학자료센터 홈페이지 원문 이미지와 텍스트 보기. 박병호(1974ㄱ), 최승희(1989), 전경목(1997), 김현영(1999), 정구복(2002), 김경숙(2012) 참고>

1889-02-00. **유병호 등 소지**(劉秉琥等所志),[995] 유병호 등. <1장. 한자+이두. 조선 필사 이두 자료. 경북 예천군 감천면 강릉 유씨 벌방 종가 구장. 한국국학진흥원 소장. 한국학자료센터 영남권역센터 홈페이지 원문 이미지와 텍스트 보기. 전경목(1996), 김경숙(2002) 참고>

1889-02-00. **조동운 등 등장**(趙東運等等狀), 조동운 등. <1장. 한자+이두. 조선 필사 이두 자료. 경북 상주 낙동 풍양 조씨 양진당 소장. 한국학중앙연구원 장서각

---

992 호남권 한국학자료센터 홈페이지에서는 '1889년 주여일(朱如日) 방매(放賣) 토지매매명문(土地賣買明文)'으로 표시하였다.

993 호남권 한국학자료센터 홈페이지에서는 '1889년 이명노(李明老) 방매(放賣) 시장문기(柴場文記)'로 표시하였다.

994 호남권 한국학자료센터 홈페이지에서는 '1889년 조준량(趙浚良) 방매(放賣) 토지매매명문(土地賣買明文)'으로 표시하였다.

995 한국학자료센터 영남권역센터 홈페이지에서는 '1889년 유병호(劉秉琥) 산송관련 소지(所志)'로 표시하였다.

한국고문서자료관 홈페이지 원문 이미지 보기>

1889-02-00. **토지매매명문**(土地賣買明文),[996] 표주 신 노 소정월(標主申奴小正月). <1장. 한자+이두. 조선 필사 이두 자료. 경북 고령군 대가야읍 본관 1리 홍와 고택 구장. 한국국학진흥원 소장. 한국학자료센터 영남권역센터 홈페이지 원문 이미지와 텍스트 보기. 김성갑(2013) 참고>

1889-03-03. **토지매매명문**(土地賣買明文), 답주 유학 이현승(畓主幼學李顯升).[997] <1장. 한자+이두. 조선 필사 이두 자료. 전북 임실군 지사 협계태 씨가 소장. 호남권 한국학자료센터 홈페이지 원문 이미지와 텍스트 보기. 김재문(1986), 이재수(2003), 채현경(2011) 참고>

1889-03-06 추정. **경주부윤 전령**(慶州府尹傳令), 경주부. <1장. 한자+이두. 조선 필사 이두 자료. 경북 경주시 안강읍 옥산리 여주 이씨 장산서원·치암 종택 구장. 한국학중앙연구원 장서각 한국고문서자료관 홈페이지 원문 이미지 보기. 한국정신문화연구원 편(2003) 참고>

1889-03-09. **남악계중 토지매매명문**(南岳契中土地賣買明文), 답주 자필 신두명(畓主自筆申斗明). <1장. 한자+이두. 조선 필사 이두 자료. 안동 천전 의성 김씨 지촌 종택 소장. 한국학중앙연구원 장서각 한국고문서자료관 홈페이지 원문 이미지와 텍스트 보기. 한국정신문화연구원 편(1990) 참고>

1889-03-20. **박희태 토지매매명문**(朴熙泰土地賣買明文), 산주 한량 금동석(山主閑良琴同錫). <1장. 한자+이두. 조선 필사 이두 자료. 전남 장흥군 용산 밀양 박씨 박철환 소장. 호남권 한국학자료센터 홈페이지 원문 이미지와 텍스트 보기. 최승희(1989), 정구복 외(1999), 전경목 외(2006) 참고>

1889-03-23. **토지매매명문**(土地賣買明文), 답주 최석보(畓主崔石甫). <1장. 한자+이두. 조선 필사 이두 자료. 경북 상주 낙동 풍양 조씨 양진당 소장. 한국학중앙연구원 장서각 한국고문서자료관 홈페이지 원문 이미지 보기>

---

[996] 한국학자료센터 영남권역센터 홈페이지에서는 '1889년 소정월(小正月) 방매 토지매매명문(土地賣買明文)'으로 표시하였다.

[997] 호남권 한국학자료센터 홈페이지에서는 '1889년 이현승(李顯升) 방매(放賣) 토지매매명문(土地賣買明文)'으로 표시하였다.

1889-03-23. **토지매매명문**(土地賣買明文), 전주 김순실(出主金順實). <1장. 한자+이두. 조선 필사 이두 자료. 경북 안동시 오천 광산 김씨 후조당 소장. 한국학중앙연구원 장서각 한국고문서자료관 홈페이지 원문 이미지와 텍스트 보기. 한국정신문화연구원 편(1982) 참고>

1889-03-24. **유학 조병삼 토지매매명문**(幼學曺秉杉土地賣買明文), 답주 자필 유학 최영태(畓主自筆幼學崔榮泰). <1장. 한자+이두. 조선 필사 이두 자료. 영암 미암 창녕 조씨 태호 후손가 소장. 호남권 한국학자료센터 홈페이지 원문 이미지와 텍스트 보기. 최승희(1989) 참고>

1889-03-28. **이씨 문중 토지매매명문**(李氏門中土地賣買明文), 산주 유학 정동락(山主幼學鄭東洛). <1장. 한자+이두. 조선 필사 이두 자료. 경북 안동시 주촌 진성이씨 경류정 구장. 서울역사박물관 소장. 한국학중앙연구원 장서각 한국고문서자료관 홈페이지 원문 이미지와 텍스트 보기. 한국정신문화연구원 편(1999) 참고>

1889-03-30. **토지매매명문**(土地賣買明文),[998] 답주 유 생원 댁 노 천금(畓主柳生員宅奴千金). <1장. 한자+이두. 조선 필사 이두 자료. 전북 익산 마동 창녕 조씨가 소장. 호남권 한국학자료센터 홈페이지 원문 이미지와 텍스트 보기. 최승희(1989), 이재수(2003), 이정수·김희호(2011) 참고>

1889-03-30. **토지매매명문**(土地賣買明文),[999] 답주 유학 김성언(畓主幼學金成彦). <1장. 한자+이두. 조선 필사 이두 자료. 전남 나주시 남내 밀양 박씨 청재 종가 소장. 호남권 한국학자료센터 홈페이지 원문 이미지와 텍스트 보기. 김용섭(1983) 참고>

1889-03-30. **토지매매명문**(土地賣買明文),[1000] 답주 유학 자필 유영희(畓主幼學自筆柳永爔). <1장. 한자+이두. 조선 필사 이두 자료. 전북대학교 박물관 소장. 호남권

---

[998] 호남권 한국학자료센터 홈페이지에서는 '1889년 유생원댁(柳生員宅) 노(奴) 천금(千金) 방매(放賣) 토지매매명문(土地賣買明文)'으로 표시하였다.

[999] 호남권 한국학자료센터 홈페이지에서는 '1889년 김성언(金成彦) 방매(放賣) 토지매매명문(土地賣買明文)'으로 표시하였다.

[1000] 호남권 한국학자료센터 홈페이지에서는 '1889년 유영희(柳永爔) 방매 토지매매명문(土地賣買明文)'으로 표시하였다.

한국학자료센터 홈페이지 원문 이미지와 텍스트 보기. 최승희(1989), 정구복 외 (1999), 이재수(2003) 참고>

1889-03-00. **기양연 소지**(奇陽衍所志), 기양연. <1장. 한자+이두. 조선 필사 이두 자료. 전남 장성군 행주 기씨 금강 종가 소장. 호남권 한국학자료센터 홈페이지 원문 이미지와 텍스트 보기>

1889-03-00. **이의갑 등 소지**(李宜甲等所志) 1, 이의갑 등. <1장. 한자+이두. 조선 필사 이두 자료. 경북 안동시 주촌 진성 이씨 경류정 구장. 서울역사박물관 소장. 한국학중앙연구원 장서각 한국고문서자료관 홈페이지 원문 이미지와 텍스트 보기. 한국정신문화연구원 편(1999) 참고>

1889-03-00 **전라도 함열현 지영록 의송**(全羅道咸悅縣池永祿議送), 지영록. <1장. 한자+이두. 조선 필사 이두 자료. 일본 경도대학 가와이문고 소장. 고려대학교 해외 한국학자료센터 홈페이지 원문 이미지 보기>

1889-03-00. **토지매매명문**(土地賣買明文),[1001] 답주 유학 임기헌(畓主幼學林基獻). <1장. 한자+이두. 조선 필사 이두 자료. 전북대학교 박물관 소장. 호남권 한국학자료센터 홈페이지 원문 이미지와 텍스트 보기>

1889-03-00. **토지매매명문**(土地賣買明文),[1002] 답주 최응숙(畓主崔應叔). <1장. 한자+이두. 조선 필사 이두 자료. 경북 고령군 대가야읍 본관 1리 홍와 고택 구장. 한국국학진흥원 소장. 한국학자료센터 영남권역센터 홈페이지 원문 이미지와 텍스트 보기. 김성갑(2013) 참고>

1889-04-08. **토지매매명문**(土地賣買明文),[1003] 답주 유학 양수환(畓主幼學梁秀煥). <1장. 한자+이두. 조선 필사 이두 자료. 전북 태인 산내 전주 최씨가 구장. 전북 정읍시 동학농민혁명기념관 소장. 호남권 한국학자료센터 홈페이지 원문 이미지

[1001] 호남권 한국학자료센터 홈페이지에서는 '1889년 임기헌(林基獻) 방매 토지매매명문(土地賣買明文)'으로 표시하였다.
[1002] 한국학자료센터 영남권역센터 홈페이지에서는 '1889년 최응숙(崔應叔) 방매 토지매매명문(土地賣買明文)'으로 표시하였다.
[1003] 호남권 한국학자료센터 홈페이지에서는 '1889년 양수환(梁秀煥) 방매 토지매매명문(土地賣買明文)'으로 표시하였다.

와 텍스트 보기. 박병호(1974ㄱ), 이재수(2003) 참고>

1889-04-10. **노비매매명문**(奴婢賣買明文),[1004] 부 한량 이소동(父閑良李蘇同). <1장. 한자+이두. 조선 필사 이두 자료. 전남 보성군 복내면 죽산 안씨 죽곡정사 소장. 호남권 한국학자료센터 홈페이지 원문 이미지와 텍스트 보기. 김용만(1997), 김건태(2004) 참고>

1889-04-15. **토지매매명문**(土地賣買明文),[1005] 산주 유학 정완익(山主幼學鄭完翼). <1장. 한자+이두. 조선 필사 이두 자료. 전북 태인 산내 전주 최씨가 구장. 전북 정읍시 동학농민혁명기념관 소장. 호남권 한국학자료센터 홈페이지 원문 이미지와 텍스트 보기. 박병호(1974ㄱ), 이재수(2003) 참고>

1889-04-17. **토지매매명문**(土地賣買明文),[1006] 산주 유학 최용운·동몽 최일열(山主幼學崔龍雲童蒙崔日烈). <1장. 한자+이두. 조선 필사 이두 자료. 전북 태인 산내 전주 최씨가 구장. 전북 정읍시 동학농민혁명기념관 소장. 호남권 한국학자료센터 홈페이지 원문 이미지와 텍스트 보기. 박병호(1974ㄱ), 이재수(2003) 참고>

1889-04-19. **토지매매명문**(土地賣買明文),[1007] 답주 한태경(畓主韓泰敬). <1장. 한자+이두. 조선 필사 이두 자료. 원광대학교 박물관 소장. 호남권 한국학자료센터 홈페이지 원문 이미지와 텍스트 보기. 박병호(1974ㄱ), 이재수(2003) 참고>

1889-04-20. **시장문기**(柴場文記),[1008] 시장주 ■...■. <1장. 한자+이두. 조선 필사 이두 자료. 부여 은산 함양 박씨 소장. 한국학중앙연구원 장서각 한국고문서자료관 홈페이지 원문 이미지 보기. 한국정신문화연구원 편(2000) 참고>

[1004] 호남권 한국학자료센터 홈페이지에서는 '1889년 이생원(李生員) 노비매매명문(奴婢賣買明文)'으로 표시하였다.

[1005] 호남권 한국학자료센터 홈페이지에서는 '1889년 정완익(鄭完翼) 방매 토지매매명문(土地賣買明文)'으로 표시하였다.

[1006] 호남권 한국학자료센터 홈페이지에서는 '1889년 최용운(崔龍雲) 방매 토지매매명문(土地賣買明文)'으로 잘못 적었다.

[1007] 호남권 한국학자료센터 홈페이지에서는 '1889년 한태경(韓泰敬) 방매(放賣) 토지매매명문(土地賣買明文)'으로 표시하였다.

[1008] 한국학중앙연구원 장서각 한국고문서자료관 홈페이지에서는 '1889년 토지매매명문(土地賣買明文)'으로 표시하였다.

1889-04-21. **유학 토지매매명문**(幼學土地賣買明文),[1009] 계답주 유학 정환용 등(楔畓主幼學鄭煥容等). <1장. 한자+이두. 조선 필사 이두 자료. 전남 보성군 박실 제주 양씨가 구장. 원광대학교 박물관 소장. 호남권 한국학자료센터 홈페이지 원문 이미지와 텍스트 보기. 박병호(1974ㄱ), 이재수(2003) 참고>

1889-04-24. **토지매매명문**(土地賣買明文),[1010] 답주 안 생원 댁 봉손(畓主安生員宅奉孫). <1장. 한자+이두. 조선 필사 이두 자료. 전남 보성군 박실 제주 양씨가 구장. 원광대학교 박물관 소장. 호남권 한국학자료센터 홈페이지 원문 이미지와 텍스트 보기. 박병호(1974ㄱ), 이재수(2003) 참고>

1889-05-02. **유학 토지매매명문**(幼學土地賣買明文),[1011] 답주 유학 정종현(畓主幼學鄭宗鉉). <1장. 한자+이두. 조선 필사 이두 자료. 전남 보성군 박실 제주 양씨가 구장. 원광대학교 박물관 소장. 호남권 한국학자료센터 홈페이지 원문 이미지와 텍스트 보기. 박병호(1974ㄱ), 이재수(2003) 참고>

1889-05-06. **양 생원 댁 자매명문**(梁生員宅自賣明文),[1012] 비납 순부 사천 강찬용 등(婢納純父私賤姜贊龍等). <1장. 한자+이두. 조선 필사 이두 자료. 전남 보성군 박실 제주 양씨가 구장. 원광대학교 박물관 소장. 호남권 한국학자료센터 홈페이지 원문 이미지와 텍스트 보기. 박병호(1974ㄱ), 최승희(1989), 정구복 외(1999), 채현경(2011) 참고>

1889-05-00. **완문**(完文), 풍기군수(豊基郡守). <1장. 한자+이두. 조선 필사 이두 자료. 경북 예천군 용문면 대제리 원동 권씨 춘우재 고택 구장. 한국국학진흥원 소장. 한국학자료센터 영남권역센터 홈페이지 원문 이미지와 텍스트 보기>

1889-05-00. **이의갑 등 소지**(李宜甲等所志) 2, 이의갑 등. <1장. 한자+이두. 조선

[1009] 호남권 한국학자료센터 홈페이지에서는 '1889년 정환용(鄭煥容) 방매(放賣) 토지매매명문(土地賣買明文)'으로 표시하였다.

[1010] 호남권 한국학자료센터 홈페이지에서는 '1889년 안생원댁(安生員宅) 봉손(奉孫) 방매(放賣) 토지매매명문(土地賣買明文)'으로 표시하였다.

[1011] 호남권 한국학자료센터 홈페이지에서는 '1889년 정종현(鄭宗鉉) 방매(放賣) 토지매매명문(土地賣買明文)'으로 표시하였다.

[1012] 호남권 한국학자료센터 홈페이지에서는 '1889년 사천(私賤) 강찬용(姜贊龍) 자매명문(自賣明文)'으로 표시하였다.

필사 이두 자료. 경북 안동시 주촌 진성 이씨 경류정 구장. 서울역사박물관 소장. 한국학중앙연구원 장서각 한국고문서자료관 홈페이지 원문 이미지와 텍스트 보기. 한국정신문화연구원 편(1999) 참고>

1889-05-00. **화민 유학 이긍연 등 상서**(幼學李兢淵等上書), 이긍연 등. <1장. 한자+이두. 조선 필사 이두 자료. 경북 안동시 주촌 진성 이씨 경류정 구장. 서울역사박물관 소장. 한국학중앙연구원 장서각 한국고문서자료관 홈페이지 원문 이미지와 텍스트 보기. 한국정신문화연구원 편(1999) 참고>

1889-06-09. **첩정**(牒呈), 조천진 조방장 박(朝天鎭助防將朴). <1장. 한자+이두. 제주교육박물관 소장. 사이버 제주교육박물관 홈페이지 원문 이미지와 텍스트 보기>

1889-06-11. **유 생원 댁 문중표기**(劉生員宅門中標記),[1013] 표주 강희봉(標主姜喜鳳). <1장. 한자+이두. 조선 필사 이두 자료. 경북 예천군 감천면 강룡 유씨 벌방종가 구장. 한국국학진흥원 소장. 한국학자료센터 영남권역센터 홈페이지 원문 이미지와 텍스트 보기>

1889-06-23. **구 생원 댁 노 얼산 토지매매명문**(具生員宅奴乻山土地賣買明文), 답주 조 생원 댁 노 강산(畓主曺生員宅奴江山). <1장. 한자+이두. 조선 필사 이두 자료. 전북 익산 마동 창녕 조씨가 소장. 호남권 한국학자료센터 홈페이지 원문 이미지와 텍스트 보기. 최승희(1989), 이재수(2003), 이정수·김희호(2011) 참고>

1889-07-07. **유학 토지매매명문**(幼學土地賣買明文),[1014] 답주 유학 안종명(畓主幼學安鍾明). <1장. 한자+이두. 조선 필사 이두 자료. 전남 보성군 박실 제주 양씨가 구장. 원광대학교 박물관 소장. 호남권 한국학자료센터 홈페이지 원문 이미지와 텍스트 보기. 박병호(1974ㄱ), 최승희(1989), 이재수(2003) 참고>

1889-07-13. **토지매매명문**(土地賣買明文), 문중 유사 신휘순 등(門中有司辛徽順等). <1장. 한자+이두. 조선 필사 이두 자료. 영광 입석 영월 신씨 소장. 한국학중앙연구원 장서각 한국고문서자료관 홈페이지 원문 이미지와 텍스트 보기. 한국정신문

1013 한국학자료센터 영남권역센터 홈페이지에서는 '1889년 강희봉(姜喜鳳) 전답 매매 관련 수표(手標)'로 표시하였다.

1014 호남권 한국학자료센터 홈페이지에서는 '1889년 안종명(安鍾明) 방매(放賣) 토지매매명문(土地賣買明文)'으로 표시하였다.

화연구원 편(1996) 참고>

1889-07-00. **전옥서 아방 단자**(典獄署亞房單子), 이세춘 등(李世春等). <1장. 한자+이두. 조선 필사 이두 자료. 일본 경도대학 가와이문고 소장. 고려대학교 해외한국학자료센터 홈페이지 원문 이미지 보기>

1889-08-09~1890-12-17(己丑~庚寅).「일기청개수등록(日記廳改修謄錄)」, <1책. 21장. 표제는 '日記廳儀軌'. 필사본. 한자+이두. 조선 필사 이두 자료. 서울대학교 규장각 한국학연구원 홈페이지 원문 이미지 보기>

1889-08-17. **시장문기**(柴場文記), 시장주 유학 황순성(柴場主幼學黃順成). <1장. 한자+이두. 조선 필사 이두 자료. 전북 순창 구미 남원 양씨가 소장. 호남권 한국학자료센터 홈페이지 원문 이미지와 텍스트 보기. 최승희(1989), 이재수(2003), 채현경(2011) 참고>

1889-08-17~1891-07-15(己丑~辛卯).「공문일록(公文日錄)」[1015] 2, 동래부(東萊府) 편(編). <1책(2/전5책). 49장. 필사본. 표제는 '光緖十五年己丑八月以辛卯七月至第二目錄'. 권수제는 '光緖十五年己丑八月 日第二目錄'. 한자+이두. 조선 필사 이두 자료. 서울대학교 규장각 한국학연구원 홈페이지 '奎18149-v.2' 원문 이미지 보기> <영인본:「각사등록」17(경상도편 7)(국사편찬위원회 편, 1985)> <1857-03-10~1858-12-27(1)>

1889-08-00. **고준경 소지**(高俊京所志), 고준경. <1장. 한자+이두. 필사 이두 자료. 제주교육박물관 소장. 사이버 제주교육박물관 홈페이지 원문 이미지와 텍스트 보기>

1889-08-00. **이병의 소지**(李秉儀所志), 이병의. <1장. 한자+이두. 조선 필사 이두 자료. 전북 남원 둔덕 전주 이씨가 구장. 전북대학교 박물관 소장. 호남권 한국학자료센터 홈페이지 원문 이미지와 텍스트 보기. 박병호(1974ㄱ), 최승희(1989), 정구복 외(1999) 참고>

1889-08-00. **이의춘 등 상서**(李宜春等上書), 이의춘 등. <1장. 한자+이두. 조선 필사 이두 자료. 경북 안동시 주촌 진성 이씨 경류정 구장. 서울역사박물관 소장. 한국

1015 서울대학교 규장각 한국학연구원 홈페이지에서는 책명을 '公文日錄 공문일록'으로 표시하였다.

학중앙연구원 장서각 한국고문서자료관 홈페이지 원문 이미지와 텍스트 보기. 한국정신문화연구원 편(1999) 참고>

1889-09-12. **종가 토지매매명문**(宗家土地賣買明文), 물주 원곡댁(物主遠谷宅). <1장. 한자+이두. 조선 필사 이두 자료. 안동 천전 의성 김씨 지촌 종택 소장. 한국학중앙연구원 장서각 한국고문서자료관 홈페이지 원문 이미지와 텍스트 보기. 한국정신문화연구원 편(1990) 참고>

1889-09-13. **토지매매명문**(土地賣買明文), 답주 손 노 소상례(畓主孫奴小尙禮). <1장. 한자+이두. 조선 필사 이두 자료. 경북 경주시 소정리 경주 이씨 소장. 한국학중앙연구원 장서각 한국고문서자료관 홈페이지 원문 이미지 보기. 한국정신문화연구원 편(2002) 참고>

1889-09-15. **토지매매명문**(土地賣買明文), 전주 강 노 원금(田主姜奴元今). <1장. 한자+이두. 조선 필사 이두 자료. 경북 경주시 소정리 경주 이씨 소장. 한국학중앙연구원 장서각 한국고문서자료관 홈페이지 원문 이미지 보기. 한국정신문화연구원 편(2002) 참고>

1889-09-16~1889-12-27(명치 22년 己丑).「일안(日案)」3, 동래감리서(東萊監理署) 편(編). <1책(3/전4책). 121장. 필사본. 표제는 '日案'. 한자+일본 글자 그리고 한자+이두. 조선 필사 이두 자료. 서울대학교 규장각 한국학연구원 홈페이지 원문 이미지 보기> <영인본:「각사등록」49(경상도 보유편 1)(국사편찬위원회 편, 1991)> <1888-03-05~1888-12-24(1/4), 1889-01-16~1889-10-24(2/4), 1904-10-29~1906-12-27(4/4)>

1889-09-25. **부원희 토지매매명문**(夫元熙土地賣買明文), 전주 부계성(田主夫啓成). <1장. 한자+이두. 필사 이두 자료. 제주교육박물관 소장. 사이버 제주교육박물관 홈페이지 원문 이미지와 텍스트 보기>

1889-09-00. **김병용 등 상서**(金秉鏞等上書) 1, 김병용 등. <1장. 한자+이두. 조선 필사 이두 자료. 전북 부안군 취성재 소장. 호남권 한국학자료센터 홈페이지 원문 이미지와 텍스트 보기. 최승희(1989), 정구복 외(1999), 전경목 외(2006) 참고>

1889-09-00. **안치인 토지매매명문**(安致仁土地賣買明文), 원림 급 전주 문장원(園林及田主文長元). <1장. 한자+이두. 조선 필사 이두 자료. 보령 천궁 경주 김씨 소장.

한국학중앙연구원 장서각 한국고문서자료관 홈페이지 원문 이미지와 텍스트 보기. 한국정신문화연구원 편(1990) 참고>

1889-09-00. **이종성 소지**(李鍾成所志) 1, 이종성. <1장. 한자+이두. 조선 필사 이두 자료. 전북 익산 용화 전주 이씨가 구장. 전북대학교 박물관 소장. 호남권 한국학자료센터 홈페이지 원문 이미지와 텍스트 보기. 최승희(1989), 김경숙(2002), 심재우(2013) 참고>

1889-10-14. **손진표 수표**(孫晉表手標), 손진표. <1장. 한자+이두. 조선 필사 이두 자료. 경북 경주시 소정리 경주 이씨 소장. 한국학중앙연구원 장서각 한국고문서자료관 홈페이지 원문 이미지 보기. 한국정신문화연구원 편(2002) 참고>

1889-10-15. **김도현 토지매매명문**(金燾鉉土地賣買明文),[1016] 답주 이진영(畓主李震榮). <1장. 한자+이두. 조선 필사 이두 자료. 경북 영양군 영양읍 삼지리 한양 조씨 하담 고택 구장. 한국국학진흥원 소장. 한국학자료센터 영남권역센터 홈페이지 & 한국국학진흥원 유교넷 홈페이지 원문 이미지와 텍스트 보기. 박병호(1974ㄱ), 최승희(1989), 이재수(2003), 이수건 외(2004) 참고>

1889-10-21. **적간 장교 안종범·이병유 소지**(摘奸將校安鍾範李秉裕所志), 안종범·이병유. <1장. 한자+이두. 조선 필사 이두 자료. 경북 경주시 안강읍 옥산리 여주 이씨 독락당 소장. 한국학중앙연구원 장서각 한국고문서자료관 홈페이지 원문 이미지 보기. 한국정신문화연구원 편(2003) 참고>

1889-10-28~1890-07-27(己丑~庚寅). 「관첩외안(關牒外案)」[1017] 2, 동래감리서(東萊監理署) 편(編). <1책(2/전2책). 47장. 필사본. 한자+이두. 조선 필사 이두 자료. 서울대학교 규장각 한국학연구원 홈페이지 원문 이미지 보기> <영인본: 「각사등록」 13(경상도편 3)(국사편찬위원회 편, 1984)> <1889-01-11~1889-10-26(1/2)>

1889-10-00. **고응주 등 상서**(高應柱等上書), 고응주 등. <1장. 한자+이두. 조선 필사 이두 자료. 전북 담양군 모현관 소장. 호남권 한국학자료센터 홈페이지 원문 이미

[1016] 한국국학진흥원 유교넷 홈페이지에서는 문서명을 '1889년 이진영이 김도현에게 논을 팔았음을 증명한 전답매매문기'로 표시하였다.

[1017] 서울대학교 규장각 한국학연구원 홈페이지에는 책명을 '東萊關牒外案 동래관첩외안'으로 표시하였다.

지와 텍스트 보기. 최승희(1989), 정구복 외(1999) 참고>

1889-10-00. **김병용 등 상서**(金秉鏞等上書) 2, 김병용 등. <1장. 한자+이두. 조선 필사 이두 자료. 전북 부안군 취성재 소장. 호남권 한국학자료센터 홈페이지 원문 이미지와 텍스트 보기. 최승희(1989), 정구복 외(1999), 전경목 외(2006) 참고>

1889-10-00. **이진봉 등 상서**(李眞鳳等上書), 이진봉 등. <1장. 한자+이두. 조선 필사 이두 자료. 경북 경주시 안강읍 옥산리 여주 이씨 독락당 소장. 한국학중앙연구원 장서각 한국고문서자료관 홈페이지 원문 이미지 보기. 한국정신문화연구원 편(2003) 참고>

1889-10-00. **황학구 등 등장**(黃鶴九等等狀) 1, 황학구 등. <1장. 한자+이두. 조선 필사 이두 자료. 경북 경주시 소정리 경주 이씨 소장. 한국학중앙연구원 장서각 한국고문서자료관 홈페이지 원문 이미지 보기. 한국정신문화연구원 편(2002) 참고>

1889-10-00. **황학구 등 등장**(黃鶴九等等狀) 2, 황학구 등. <1장. 한자+이두. 조선 필사 이두 자료. 경북 경주시 소정리 경주 이씨 소장. 한국학중앙연구원 장서각 한국고문서자료관 홈페이지 원문 이미지 보기. 한국정신문화연구원 편(2002) 참고>

1889-10-00. **황학구 등 소지**(黃鶴九等所志), 황학구 등. <1장. 한자+이두. 조선 필사 이두 자료. 경북 경주시 소정리 경주 이씨 소장. 한국학중앙연구원 장서각 한국고문서자료관 홈페이지 원문 이미지 보기. 한국정신문화연구원 편(2002) 참고>

1889-11-14. **토지매매명문**(土地賣買明文),[1018] 전답주 유학 김낙철(田畓主幼學金洛喆). <1장. 한자+이두. 조선 필사 이두 자료. 전북 태인 산내 전주 최씨가 구장. 전북 정읍시 동학농민혁명기념관 소장. 호남권 한국학자료센터 홈페이지 원문 이미지와 텍스트 보기. 박병호(1974ㄱ), 이재수(2003) 참고>

1889-11-19. **이군삼 토지매매명문**(李君三土地賣買明文), 답주 유학 손지택(畓主幼學孫志澤). <1장. 한자+이두. 조선 필사 이두 자료. 전남 보성군 박실 제주 양씨가

1018 호남권 한국학자료센터 홈페이지에서는 '1889년 김낙철(金洛喆) 방매 토지매매명문(土地賣買明文)'으로 표시하였다.

구장. 원광대학교 박물관 소장. 호남권 한국학자료센터 홈페이지 원문 이미지와 텍스트 보기. 박병호(1974ㄱ), 이재수(2003) 참고>

1889-11-25~1893-04-07(광서 15년~광서 19년). 「전라병영 장계등록(**全羅兵營狀啓膽錄**)」 4, 전라병영(全羅兵營) 편(編). <1책(4/전4책). 56장. 필사본. 표제는 '全羅兵營啓錄'. 한자+이두. 조선 필사 이두 자료. 서울대학교 규장각 한국학연구원 홈페이지 원문 이미지 보기> <영인본: 「각사등록」 19(전라도편 2)(국사편찬위원회 편, 1986)> <1834-01-24~1835-06-01(1/4)>

1889-11-26. **토지매매명문**(土地賣買明文), 답주 유학 자필 유제혁(畓主幼學自筆柳濟赫). <1장. 한자+이두. 조선 필사 이두 자료. 전남 구례군 토지면 오미리 문화 류씨 운조루 소장. 한국학중앙연구원 장서각 한국고문서자료관 홈페이지 원문 이미지와 텍스트 보기. 한국정신문화연구원 편(1998) 참고>

1889-11-27. **경상감사 계**(慶尙監司啓), 경상도(慶尙道). <1장. 한자+이두. 조선 필사 이두 자료. 제천 한수 연안 이씨 소장. 한국학중앙연구원 장서각 한국고문서자료관 홈페이지 원문 이미지 보기. 한국정신문화연구원 편(2001) 참고>

1889-11-27. **유 생원 댁 노 계석 토지매매명문**(柳生員宅奴啓石土地賣買明文), 전답주 안산 유 진사 댁 노 수경(田畓主安山柳進士宅奴守京). <1장. 한자+이두. 조선 필사 이두 자료. 안산 부곡 진주 류씨 경성당 소장. 한국학중앙연구원 장서각 한국고문서자료관 홈페이지 원문 이미지 보기. 한국정신문화연구원 편(2002) 참고>

1889-11-28. **계원 토지매매명문**(稧員土地賣買明文),[1019] 마전주 삼촌 신치만(麻田主三寸申致萬). <1장. 한자+이두. 조선 필사 이두 자료. 순창 좌부 천안 전씨가 구장. 순창장류박물관 소장. 호남권 한국학자료센터 홈페이지 원문 이미지와 텍스트 보기. 최승희(1989), 전북향토문화연구회 편(1993), 정구복 외(1999) 참고>

1889-11-29-1890-12-29(己丑~庚寅). 「배위결속색등록(**陪衛結束色謄錄**)」 2, 편자 미상. <1책(2/전3책). 81장. 필사본. 한자+이두. 조선 필사 이두 자료. 서울대학교 규장각 한국학연구원 홈페이지 원문 이미지 보기> <1873-12-25~1883-11-12

1019 호남권 한국학자료센터 홈페이지에서는 '1889년 신치만(申致萬) 방매(放賣) 토지매매명문(土地賣買明文)'으로 표시하였다.

(1/3)>

1889-11-30. **이중희 토지매매명문**(李仲希土地賣買明文), 전주 박성숙(田主朴聖淑). <1장. 한자+이두. 조선 필사 이두 자료. 전남 영광군 염소면 원주 이씨가 구장. 광주광역시 이정옥 소장. 호남권 한국학자료센터 홈페이지 원문 이미지와 텍스트 보기. 최승희(1989), 정구복 외(1999) 참고>

1889-11-00. **권후연 등 소지**(權厚淵等所志), 권후연 등. <1장. 한자+이두. 조선 필사 이두 자료. 경북 예천군 용문면 대제리 원동 권씨 춘우재 고택 구장. 한국국학진흥원 소장. 한국학자료센터 영남권역센터 홈페이지 원문 이미지와 텍스트 보기>

1889-11-00. **박영식 등 소지**(朴永植等所志), 박영식 등. <1장. 한자+이두. 조선 필사 이두 자료. 영해 도곡 무안 박씨 무의공 종택 소장. 한국학중앙연구원 장서각 한국고문서자료관 홈페이지 원문 이미지 보기. 한국학중앙연구원 편(2008) 참고>

1889-11-00. **이석구 소지**(李錫球所志), 이석구. <1장. 한자+이두. 조선 필사 이두 자료. 전북 정읍시 옹동 전주 이씨가 구장. 정읍시 옹동 이태일가 소장. 호남권 한국학자료센터 홈페이지 원문 이미지와 텍스트 보기. 박병호(1974ㄱ), 최승희(1989), 이재수(2003) 참고>

1889-11-00. **이종성 소지**(李鍾成所志) 2, 이종성. <1장. 한자+이두. 조선 필사 이두 자료. 전북 익산 용화 전주 이씨가 구장. 전북대학교 박물관 소장. 호남권 한국학자료센터 홈페이지 원문 이미지와 텍스트 보기. 최승희(1989), 김경숙(2002), 심재우(2013) 참고>

1889-11-00. **정 가동댁 토지매매명문**(鄭佳洞宅土地賣買明文), 답주 최개이(畓主崔介伊). <1장. 한자+이두. 조선 필사 이두 자료. 경북 안동시 오천 광산 김씨 후조당 소장. 한국학중앙연구원 장서각 한국고문서자료관 홈페이지 원문 이미지와 텍스트 보기. 한국정신문화연구원 편(1982) 참고>

1889-11-00. **토지매매명문**(土地賣買明文), 답주 이 노 이단(畓主李奴以丹). <1장. 한자+이두. 조선 필사 이두 자료. 경북 경주시 소정리 경주 이씨 소장. 한국학중앙연구원 장서각 한국고문서자료관 홈페이지 원문 이미지 보기. 한국정신문화연구원 편(2002) 참고>

1889-11-00. **토지매매명문**(土地賣買明文), 답주 이치상(畓主李穉瑺). <1장. 한자+이두. 조선 필사 이두 자료. 경기도 양주 사릉 해주 정씨 종가 소장. 한국학중앙연구원 장서각 한국고문서자료관 홈페이지 이미지 보기>

1889-11-00. **화민 이광범 소지**(化民李光範所志), 이광범. <1장. 한자+이두. 조선 필사 이두 자료. 전북 진안 마령 성주 이씨가 구장. 전북 정읍시 동학농민혁명기념관 소장. 호남권 한국학자료센터 홈페이지 원문 이미지와 텍스트 보기. 김선경(1993), 전경목(1997), 김경숙(2002, 2008) 참고>

1889-12-03. **박 선달 토지매매명문**(朴先達土地賣買明文) 2, 답주 김금석(畓主金琴碩). <1장. 한자+이두. 조선 필사 이두 자료. 전남 장흥군 용산 밀양 박씨 박철환 소장. 호남권 한국학자료센터 홈페이지 원문 이미지와 텍스트 보기. 최승희(1989), 정구복 외(1999), 전경목 외(2006) 참고>

1889-12-06. **토지매매명문**(土地賣買明文), 포전주 김유회(浦田主金孺會). <1장. 한자+이두. 조선 필사 이두 자료. 경북 상주 낙동 풍양 조씨 양진당 소장. 한국학중앙연구원 장서각 한국고문서자료관 홈페이지 원문 이미지 보기>

1889-12-08. **가사매매명문**(家舍賣買明文),[1020] 가대주 유학 이상년(家垈主幼學李相年). <1장. 한자+이두. 조선 필사 이두 자료. 전남 영광 마산 경주 이씨가 구장. 진안 용담호미술관 소장. 호남권 한국학자료센터 홈페이지 원문 이미지와 텍스트 보기. 박병호(1974ㄱ), 최승희(1989), 이재수(2003) 참고>

1889-12-09. **토지매매명문**(土地賣買明文), 전주 조 생원 댁 노 종선(田主趙生員宅奴宗先). <1장. 한자+이두. 조선 필사 이두 자료. 경북 상주 낙동 풍양 조씨 양진당 소장. 한국학중앙연구원 장서각 한국고문서자료관 홈페이지 원문 이미지 보기>

1889-12-10. **류 생원 댁 노 금복 토지매매명문**(柳生員宅奴今卜土地賣買明文), 답주 류 생원 댁 노 용득(畓主柳生員宅奴用得). <1장. 한자+이두. 조선 필사 이두 자료. 춘천 김현식 소장. 한국학자료센터 강원권역센터 홈페이지 원문 이미지 보기. 김건우(2008), 전경목(2010, 2014), 박준호(2016) 참고>

[1020] 호남권 한국학자료센터 홈페이지에서는 '1889년 이상년(李相年) 방매(放賣) 가사매매명문(家舍賣買明文)'으로 표시하였다.

1889-12-12. **김구용 토지매매명문**(金九用土地賣買明文), 전주 조치규(田主趙致奎). <1장. 한자+이두. 조선 필사 이두 자료. 경북 안동시 주촌 진성 이씨 경류정 소장. 한국학중앙연구원 장서각 한국고문서자료관 홈페이지 원문 이미지와 텍스트 보기. 한국정신문화연구원 편(1999) 참고>

1889-12-12. **유학 이긍연 토지매매명문**(幼學李兢淵土地賣買明文), 답주 자필 유학 이정하(畓主自筆幼學李鼎夏). <1장. 한자+이두. 조선 필사 이두 자료. 경북 안동시 주촌 진성 이씨 경류정 구장. 서울역사박물관 소장. 한국학중앙연구원 장서각 한국고문서자료관 홈페이지 원문 이미지와 텍스트 보기. 한국정신문화연구원 편(1999) 참고>

1889-12-12. **토지매매명문**(土地賣買明文), 답주 이 노 용검(畓主李奴龍劍). <1장. 한자+이두. 조선 필사 이두 자료. 경북 안동시 주촌 진성 이씨 경류정 소장. 한국학중앙연구원 장서각 한국고문서자료관 홈페이지 원문 이미지와 텍스트 보기. 한국정신문화연구원 편(1999) 참고>

1889-12-15. **유학 최유상 토지매매명문**(幼學崔有相土地賣買明文), 답주 유학 박규진(畓主幼學朴主鎭). <1장. 한자+이두. 조선 필사 이두 자료. 전남 나주시 남내 밀양 박씨 청재 종가 소장. 호남권 한국학자료센터 홈페이지 원문 이미지와 텍스트 보기. 박노욱(1990), 김소은(2004) 참고>

1889-12-16. **노 계 토지매매명문**(奴癸土地賣買明文), 답주 노 만단(畓主奴萬丹). <1장. 한자+이두. 조선 필사 이두 자료. 경북 영양군 영양읍 삼지리 한양 조씨 하담 고택 구장. 한국국학진흥원 소장. 한국학자료센터 영남권역센터 홈페이지 원문 이미지와 텍스트 보기. 박병호(1974ㄱ), 최승희(1989), 이재수(2003), 이수건 외 (2004) 참고>

1889-12-17. **박 선달 토지매매명문**(朴先達土地賣買明文) 3, 답주 유학 이봉두(畓主幼學李奉斗). <1장. 한자+이두. 조선 필사 이두 자료. 전남 장흥군 용산 밀양 박씨 박철환 소장. 호남권 한국학자료센터 홈페이지 원문 이미지와 텍스트 보기. 최승희(1989), 정구복 외(1999), 전경목 외(2006) 참고>

1889-12-20. **토지매매명문**(土地賣買明文),[1021] 답주 이연수(畓主李連壽). <1장. 한자+이두. 조선 필사 이두 자료. 진성 이씨 하계파 권재 댁 구장. 한국국학진흥원

소장. 한국국학진흥원 유교넷 홈페이지 원문 이미지와 텍스트 보기>

1889-12-22. **토지매매명문**(土地賣買明文),[1022] 답주 유학 채수학(畓主幼學蔡洙學). <1장. 한자+이두. 조선 필사 이두 자료. 전남 보성군 복내면 죽산 안씨 죽곡정사 소장. 호남권 한국학자료센터 홈페이지 원문 이미지와 텍스트 보기. 김태영(1983), 최승희(1989) 참고>

1889-12-23. **토지매매명문**(土地賣買明文), 답주 김 노 문절두(畓主金奴文切斗). <1장. 한자+이두. 조선 필사 이두 자료. 경북 경주시 안강읍 옥산리 여주 이씨 독락당 소장. 한국학중앙연구원 장서각 한국고문서자료관 홈페이지 원문 이미지 보기. 한국정신문화연구원 편(2003) 참고>

1889-12-23. **토지매매명문**(土地賣買明文), 답주 김 노 천지(畓主金奴千地). <1장. 한자+이두. 조선 필사 이두 자료. 경북 경주시 안강읍 옥산리 여주 이씨 독락당 소장. 한국학중앙연구원 장서각 한국고문서자료관 홈페이지 원문 이미지 보기. 한국정신문화연구원 편(2003) 참고>

1889-12-24. **김 노 돌이 토지매매명문**(金奴乭伊土地賣買明文), 답주 배 노 용이(畓主裵奴用伊). <1장. 한자+이두. 조선 필사 이두 자료. 경북 안동시 수곡면 전주 류씨 삼산 종가 구장. 대구광역시 수성구 만촌동 전주 류씨 종가 소장. 한국학자료센터 영남권역센터 홈페이지 원문 이미지와 텍스트 보기. 최승희(1989), 이재수(2000, 2003), 김경숙(2002), 전경목(2010), 정수환(2012) 참고>

1889-12-25. **간역소 토지매매명문**(刊役所土地賣買明文), 답주 주촌 종택(畓主周村宗宅). <1장. 한자+이두. 조선 필사 이두 자료. 경북 안동시 주촌 진성 이씨 경류정 구장. 서울역사박물관 소장. 한국학중앙연구원 장서각 한국고문서자료관 홈페이지 원문 이미지와 텍스트 보기. 한국정신문화연구원 편(1999) 참고>

1889-12-25. **작산계중 토지매매명문**(鵲山契中土地賣買明文), 전주 계원 채갑이(出主 稧員蔡甲伊). <1장. 한자+이두. 조선 필사 이두 자료. 경북 안동시 주촌 진성

[1021] 한국국학진흥원 유교넷 홈페이지에서는 문서명을 '1889년 이연수가 논을 팔았음을 증명하는 전답매매문기'로 표시하였다.

[1022] 호남권 한국학자료센터 홈페이지에서는 '1889년 채수학(蔡洙學) 방매(放賣) 토지매매명문(土地賣買明文)'으로 표시하였다.

이씨 경류정 구장. 서울역사박물관 소장. 한국학중앙연구원 장서각 한국고문서자료관 홈페이지 원문 이미지와 텍스트 보기. 한국정신문화연구원 편(1999) 참고>

1889-12-27. **토지매매명문**(土地賣買明文), 답주 김명여(畓主金明汝). <1장. 한자+이두. 조선 필사 이두 자료. 전남 나주시 남내 밀양 박씨 청재 종가 소장. 호남권 한국학자료센터 홈페이지 원문 이미지와 텍스트 보기. 심희기(1991), 김영나(2007) 참고>

1889-12-27. **토지매매명문**(土地賣買明文),[1023] 답주 유학 김종국(畓主幼學金宗國). <1장. 한자+이두. 조선 필사 이두 자료. 전남 영광 마산 경주 이씨가 구장. 진안 용담호미술관 소장. 호남권 한국학자료센터 홈페이지 원문 이미지와 텍스트 보기. 최승희(1989), 정구복 외(1999), 채현경(2011) 참고>

1889-12-28. **과계중 토지매매명문**(科禊中土地賣買明文),[1024] 답주 유학 임로승(畓主幼學林魯升). <1장. 한자+이두. 조선 필사 이두 자료. 전북 익산 용화 전주 이씨가 구장. 전북대학교 박물관 소장. 호남권 한국학자료센터 홈페이지 원문 이미지와 텍스트 보기. 최승희(1989), 정구복 외(1999), 이재수(2003) 참고>

1889-12-30. **토지매매명문**(土地賣買明文),[1025] 답주 유학 손종채(畓主幼學孫宗綵). <1장. 한자+이두. 조선 필사 이두 자료. 전남 보성군 복내면 죽산 안씨 죽곡정사 소장. 호남권 한국학자료센터 홈페이지 원문 이미지와 텍스트 보기. 김태영(1983), 최승희(1989) 참고>

1889-12-00. **박기환 소지**(朴基煥所志), 박기환. <1장. 한자+이두. 조선 필사 이두 자료. 전북 임실군 청웅 밀양 박씨가 소장. 호남권 한국학자료센터 홈페이지 원문 이미지와 텍스트 보기. 박병호(1974ㄱ), 최승희(1989), 김경숙(2002), 전경목 외(2006) 참고>

[1023] 호남권 한국학자료센터 홈페이지에서는 '1889년 김종국(金宗國) 방매(放賣) 토지매매명문(土地賣買明文)'으로 표시하였다.

[1024] 호남권 한국학자료센터 홈페이지에서는 '1889년 임로승(林魯升) 방매 토지매매명문(土地賣買明文)'으로 표시하였다.

[1025] 호남권 한국학자료센터 홈페이지에서는 '1889년 손종채(孫宗綵) 방매(放賣) 토지매매명문(土地賣買明文)'으로 표시하였다.

1889-12-00. **박완풍 소지**(朴完豊所志), 박완풍. <1장. 한자+이두. 조선 필사 이두 자료. 전북 임실군 청웅 밀양 박씨가 소장. 호남권 한국학자료센터 홈페이지 원문 이미지와 텍스트 보기. 박병호(1974ㄱ), 최승희(1989), 이재수(2003) 참고>

1889-12-00. **박완풍 의송**(朴完豊議送), 박완풍. <1장. 한자+이두. 조선 필사 이두 자료. 전북 임실군 청웅 밀양 박씨가 소장. 호남권 한국학자료센터 홈페이지 원문 이미지와 텍스트 보기. 박병호(1974ㄱ), 최승희(1989), 이재수(2003) 참고>

1889-12-00. **박진삼 등 소지**(朴鎭三等所志), 박진삼 등. <1장. 한자+이두. 조선 필사 이두 자료. 영해 도곡 무안 박씨 무의공 종택 소장. 한국학중앙연구원 장서각 한국고문서자료관 홈페이지 원문 이미지 보기. 한국학중앙연구원 편(2008) 참고>

1889-12-00. **토지매매명문**(土地賣買明文),[1026] 계중 유학 조준복 등(禊中幼學趙浚福等). <1장. 한자+이두. 조선 필사 이두 자료. 전남 순천 황전 경주 정씨가 구장. 광주광역시 이정옥 소장. 호남권 한국학자료센터 홈페이지 원문 이미지와 텍스트 보기. 최승희(1989) 참고>

1889-12-00. **토지매매명문**(土地賣買明文),[1027] 자필 답주 오의겸(自筆畓主吳義兼). <1장. 한자+이두. 조선 필사 이두 자료. 전남 곡성군 옥과면 설옥리 최씨가 구장. 전북대학교 박물관 소장. 호남권 한국학자료센터 홈페이지 원문 이미지와 텍스트 보기. 최승희(1989), 정구복 외(1999), 이재수(2003) 참고>

1889-12-00. **화민 신경규 소지**(化民辛景珪所志), 신경규. <1장. 한자+이두. 조선 필사 이두 자료. 영광 입석 영월 신씨 소장. 한국학중앙연구원 장서각 한국고문서자료관 홈페이지 원문 이미지와 텍스트 보기. 한국정신문화연구원 편(1996) 참고>

1889-■■-10. **토지매매명문**(土地賣買明文),[1028] 답주 유학 정환옥(畓主幼學鄭煥玉).

[1026] 호남권 한국학자료센터 홈페이지에서는 '1889년 조준복(趙浚福) 등 방매(放賣) 토지매매명문(土地賣買明文)'으로 표시하였다.

[1027] 호남권 한국학자료센터 홈페이지에서는 '1889년 오의겸(吳義兼) 방매 토지매매명문(土地賣買明文)'으로 표시하였다.

[1028] 호남권 한국학자료센터 홈페이지에서는 '1889년 정환옥(鄭煥玉) 방매(放賣) 토지매매명문(土地賣買明文)'으로 표시하였다.

<1장. 한자+이두. 조선 필사 이두 자료. 전남 보성군 박실 제주 양씨가 구장. 원광대학교 박물관 소장. 호남권 한국학자료센터 홈페이지 원문 이미지와 텍스트 보기. 박병호(1974ㄱ), 이재수(2003) 참고>

1890년

<경인(庚寅), 고종 27년, 광서 16년, 명치 23년>

1890-01-01~1890-07-15. 「결속색등록(結束色謄錄)」 105, 병조(兵曹) 편(編). <1책 (105/낙질본 107책). 121장. 필사본. 한자+이두. 조선 필사 이두 자료. 서울대학교 규장각 한국학연구원 홈페이지 1787년~1891년 낙질본 107책[1029] 원문 이미지 보기>

1890-01-04. **박숭목 회문**(朴崇穆回文) 1, 박숭목. <1장. 한자+이두. 조선 필사 이두 자료. 경남 밀양 신호 밀성 박씨·덕남서원 소장. 한국학중앙연구원 장서각 한국고문서자료관 홈페이지 원문 이미지 보기. 한국정신문화연구원 편(2004) 참고>

1890-01-04. **박숭목 회문**(朴崇穆回文) 2, 박숭목. <1장. 한자+이두. 조선 필사 이두 자료. 경남 밀양 신호 밀성 박씨·덕남서원 소장. 한국학중앙연구원 장서각 한국고문서자료관 홈페이지 원문 이미지 보기. 한국정신문화연구원 편(2004) 참고>

1890-01-04. **박종목 발괄**(朴宗穆白活), 박종목. <1장. 한자+이두. 조선 필사 이두 자료. 경남 밀양 신호 밀성 박씨·덕남서원 소장. 한국학중앙연구원 장서각 한국고문서자료관 홈페이지 원문 이미지 보기. 한국정신문화연구원 편(2004) 참고>

1890-01-06. **수표**(手標),[1030] 답주 이 노 덕주(畓主李奴德舟). <1장. 한자+이두. 조선 필사 이두 자료. 경북 경주시 소정리 경주 이씨 소장. 한국학중앙연구원 장서각 한국고문서자료관 홈페이지 원문 이미지 보기. 한국정신문화연구원 편(2002) 참

1029 1792년(건륭 57년), 1811년(가경 16년) 하, 1816년(가경 21년), 1817년(가경 22년), 1824년(도광 4년), 1831년(도광 11년), 1871년(동치 10년), 1885년(광서 11년) 없음.

1030 한국학중앙연구원 장서각 한국고문서자료관 홈페이지에서는 '1890년 이노(李奴) 덕주(德舟) 수표(手標)'로 표시하였다.

고>
1890-01-11. **박 선달 토지매매명문**(朴先達土地賣買明文), 답주 유학 김종서(畓主幼學金宗瑞). <1장. 한자+이두. 조선 필사 이두 자료. 전남 장흥군 용산 밀양 박씨 박철환 소장. 호남권 한국학자료센터 홈페이지 원문 이미지와 텍스트 보기. 최승희(1989), 정구복 외(1999), 전경목 외(2006) 참고>

1890-01-13. **녹동계 토지매매명문**(鹿洞契土地賣買明文), 답주 유학 고광언(畓主幼學高光彦). <1장. 한자+이두. 조선 필사 이두 자료. 전남 장흥군 용산 밀양 박씨 박철환 소장. 호남권 한국학자료센터 홈페이지 원문 이미지와 텍스트 보기. 최승희(1989), 정구복 외(1999), 전경목 외(2006) 참고>

1890-01-13. **신 승지댁 토지매매명문**(愼承旨宅土地賣買明文), 답주 최 노 덕봉(畓主崔奴德奉). <1장. 한자+이두. 조선 필사 이두 자료. 경남 거창 장기 거창 신씨가 소장. 한국학중앙연구원 장서각 한국고문서자료관 홈페이지 원문 이미지 보기. 한국학중앙연구원 편(2005) 참고>

1890-01-13. **우상옥 토지매매명문**(禹相玉土地賣買明文), 답주 자필 강경철(畓主自筆姜敬哲). <1장. 한자+이두. 조선 필사 이두 자료. 경북 안동시 주촌 진성 이씨 경류정 소장. 한국학중앙연구원 장서각 한국고문서자료관 홈페이지 & 한국학중앙연구원 한국학 디지털 아카이브 홈페이지 원문 이미지와 텍스트 보기. 한국정신문화연구원 편(1999) 참고>

1890-01-17. **완문**(完文), 대종중(大宗中). <1장. 한자+이두. 조선 필사 이두 자료. 경남 밀양 신호 밀성 박씨·덕남서원 소장. 한국학중앙연구원 장서각 한국고문서자료관 홈페이지 & 한국학중앙연구원 한국학 디지털 아카이브 홈페이지 원문 이미지 보기. 한국정신문화연구원 편(2004) 참고>

1890-01-25. **토지매매명문**(土地賣買明文),[1031] 답주 유학 김상홍(畓主幼學金相洪). <1장. 한자+이두. 조선 필사 이두 자료. 전북 진안 마령 성주 이씨가 구장. 전북 정읍시 동학농민혁명기념관 소장. 호남권 한국학자료센터 홈페이지 원문 이미지

[1031] 호남권 한국학자료센터 홈페이지에서는 '1890년 김상홍(金相洪) 방매 토지매매명문(土地賣買明文)'으로 표시하였다.

와 텍스트 보기. 박병호(1974ㄱ), 이재수(2003) 참고>

1890-01-00. **박영엽 등 소지**(朴永燁等所志), 박영엽 등. <1장. 한자+이두. 조선 필사 이두 자료. 영해 도곡 무안 박씨 무의공 종택 소장. 한국학중앙연구원 장서각 한국고문서자료관 홈페이지 원문 이미지 보기. 한국학중앙연구원 편(2008) 참고>

1890-01-00. **박희일 등 상서**(朴熙一等上書), 박희일 등. <1장. 한자+이두. 조선 필사 이두 자료. 경남 밀양 신호 밀성 박씨·덕남서원 소장. 한국학중앙연구원 장서각 한국고문서자료관 홈페이지 원문 이미지 보기. 한국정신문화연구원 편(2004) 참고>

1890-01-00. **이종기 소지**(李鍾基所志), 이종기. <1장. 한자+이두. 조선 필사 이두 자료. 경북 경주시 소정리 경주 이씨 소장. 한국학중앙연구원 장서각 한국고문서자료관 홈페이지 원문 이미지 보기. 한국정신문화연구원 편(2002) 참고>

1890-01-00. **진주진 완문**(晋州鎭完文), 진주진. <1책. 4장. 한자+이두. 조선 필사 이두 자료. 경남 고성 옥천사 보장각 소장. 한국학중앙연구원 장서각 한국고문서자료관 홈페이지 원문 이미지 보기>

1890-01-00~1890-12-00(庚寅). 「추조결옥록(**秋曹決獄錄**)」 40, 형조(刑曹) 편(編). <1책(40/낙질본 43책). 24장. 필사본. 한자+이두. 이두 자료. 서울대학교 규장각 한국학연구원 홈페이지 원문 이미지 보기> <1822-01-00~1822-12-00(1/43)>

1890-02-02. **이채영 토지매매명문**(李彩永土地賣買明文), 답주 김금석(畓主金琴碩). <1장. 한자+이두. 조선 필사 이두 자료. 전남 장흥군 용산 밀양 박씨 박철환 소장. 호남권 한국학자료센터 홈페이지 원문 이미지와 텍스트 보기. 최승희(1989), 정구복 외(1999), 전경목 외(2006) 참고>

1890-02-04. **이계운 토지매매명문**(李啓雲土地賣買明文) 1, 전주 김귀석(田主金貴石). <1장. 한자+이두. 조선 필사 이두 자료. 경북 안동시 오천 광산 김씨 후조당 소장. 한국학중앙연구원 장서각 한국고문서자료관 홈페이지 원문 이미지와 텍스트 보기. 한국정신문화연구원 편(1982) 참고>

1890-02-04. **이계운 토지매매명문**(李啓雲土地賣買明文) 2, 전주 김귀석(田主金貴石). <1장. 한자+이두. 조선 필사 이두 자료. 경북 안동시 오천 광산 김씨 후조당

소장. 한국학중앙연구원 장서각 한국고문서자료관 홈페이지 & 한국학중앙연구원 한국학 디지털 아카이브 홈페이지 원문 이미지와 텍스트 보기. 한국정신문화연구원 편(1982) 참고>

1890-02-15. **김 생원 댁 노 봉쇠 토지매매명문**(金生員宅奴奉釗土地賣買明文), 답주 김 생원 댁 노 옥이(畓主金生員宅奴玉已). <1장. 한자+이두. 조선 필사 이두 자료. 경기도 안산시 부곡동 진주 류씨 경성당 소장. 한국학중앙연구원 장서각 한국고문서자료관 홈페이지 원문 이미지 보기. 한국정신문화연구원 편(2002) 참고>

1890-02-17. **토지매매명문**(土地賣買明文), 답주 최 노 대철(畓主崔奴大哲). <1장. 한자+이두. 조선 필사 이두 자료. 경북 경주시 내남면 이조리 경주 최씨·용산서원 소장. 한국학중앙연구원 장서각 한국고문서자료관 홈페이지 원문 이미지 보기. 한국정신문화연구원 편(2000) 참고>

1890-02-20. **유 씨 댁 노 화득 토지매매명문**(柳氏宅奴和得土地賣買明文) 1, 전주 김도성 자필(田主金道聲自筆). <1장. 한자+이두. 조선 필사 이두 자료. 경북 안동시 수곡면 전주 류씨 삼산 종가 구장. 대구광역시 수성구 만촌동 전주 류씨 종가 소장. 한국학자료센터 영남권역센터 홈페이지 원문 이미지와 텍스트 보기. 최승희(1989), 이재수(2000, 2003), 김경숙(2002), 전경목(2010), 정수환(2012) 참고>

1890-02-25. **김대목 토지매매명문**(金大木土地賣買明文), 전주 권 노 화득(田主權奴化得). <1장. 한자+이두. 조선 필사 이두 자료. 경북 영주시 문수면 수도리 반남 박씨 오헌 고택 구장. 한국국학진흥원 소장. 한국학자료센터 영남권역센터 홈페이지 원문 이미지와 텍스트 보기. 김성갑(2013) 참고>

1890-02-27. 수기(手記),[1032] 수기주 윤이출(手記主尹二出). <1장. 한자+이두. 조선 필사 이두 자료. 경북 예천군 감천면 강릉 유씨 벌방 종가 구장. 한국국학진흥원 소장. 한국학자료센터 영남권역센터 홈페이지 원문 이미지와 텍스트 보기. 전경목(1996), 김경숙(2002) 참고>

1890-02-00. **면주전 시민 소지**(綿紬廛市民所志), 홍순기 등(洪淳祺等). <1장. 한자+이

[1032] 한국학자료센터 영남권역센터 홈페이지에서는 '1890년 윤이출(尹二出) 산송 관련 수기(手記)'로 표시하였다.

두. 조선 필사 이두 자료. 일본 경도대학 가와이문고 소장. 고려대학교 해외한국학자료센터 홈페이지 원문 이미지 보기>

1890-02-00. **유학 유병수 소지**(幼學劉秉洙所志), 유병수. <1장. 한자+이두. 조선 필사 이두 자료. 경북 예천군 감천면 강릉 유씨 벌방 종가 구장. 한국국학진흥원 소장. 한국학자료센터 영남권역센터 홈페이지 원문 이미지와 텍스트 보기. 전경목(1996), 김경숙(2002) 참고>

1890-02-00. **유학 유병호 등 소지**(幼學劉秉琥等所志), 유병호 등. <1장. 한자+이두. 조선 필사 이두 자료. 경북 예천군 감천면 강릉 유씨 벌방 종가 구장. 한국국학진흥원 소장. 한국학자료센터 영남권역센터 홈페이지 원문 이미지와 텍스트 보기. 전경목(1996), 김경숙(2002) 참고>

1890-02-00. **이재기 소지**(李載基所志) 1, 이재기. <1장. 한자+이두. 조선 필사 이두 자료. 전남 해남군 원주 이씨 이이림 소장. 호남권 한국학자료센터 홈페이지 원문 이미지 보기. 최승희(1989) 참고>

1890-윤2-05. **유 생원 댁 표문**(劉生員宅標文),[1033] ■...■. <1장. 한자+이두. 조선 필사 이두 자료. 경북 예천군 감천면 강릉 유씨 벌방 종가 구장. 한국국학진흥원 소장. 한국학자료센터 영남권역센터 홈페이지 원문 이미지와 텍스트 보기. 전경목(1996), 김경숙(2002) 참고>

1890-윤2-05.[1034] **호노 종선 토지매매명문**(戶奴宗先土地賣買明文), 답주 노 찬명(畓主奴贊命). <1장. 한자+이두. 조선 필사 이두 자료. 영해 도곡 무안 박씨 무의공 종택 소장. 한국학중앙연구원 장서각 한국고문서자료관 홈페이지 원문 이미지 보기. 한국학중앙연구원 편(2008) 참고>

1890-윤2-20. **신 노 복녀 토지매매명문**(申奴卜女土地賣買明文), 답주 이 노 관지(畓主李奴官地). <1장. 한자+이두. 조선 필사 이두 자료. 경북 안동시 수곡면 전주 류씨 수곡파 대야 고택 구장. 한국국학진흥원 소장. 한국학자료센터 영남권역센

[1033] 한국학자료센터 영남권역센터 홈페이지에서는 '1890년 유이츌(尹二出) 산송 관련 수표(手標)'로 표시하였다.

[1034] 한국학중앙연구원 장서각 한국고문서자료관 홈페이지에서는 '1889년 윤월초5일'로 잘못 적었다.

터 홈페이지 원문 이미지와 텍스트 보기>

1890-윤2-24. **사종숙 조병삼 토지매매명문**(四從叔曺秉杉土地賣買明文), 전주 사종질 동몽 조장수(出主四從侄童蒙曺長壽). <1장. 한자+이두. 조선 필사 이두 자료. 영암 미암 창녕 조씨 태호 후손가 소장. 호남권 한국학자료센터 홈페이지 원문 이미지와 텍스트 보기. 최승희(1989) 참고>

1890-윤2-24~1892-01-01(광서 16년~광서 18년). 「경상우병영계록(**慶尙右兵營啓錄**)」 4, 비변사(備邊司) 편(編). <1책(4/전4책). 45장. 필사본. 표제는 '慶尙右兵營啓錄'. 한자+이두. 조선 필사 이두 자료. 서울대학교 규장각 한국학연구원 홈페이지 원문 이미지 보기> <영인본: 「각사등록」 11(경상도편 1)(국사편찬위원회 편, 1984)> <1856-02-24~1859-09-01(1/4)>

1890-윤2-00. **양우영 등 등장**(楊佑泳等等狀) 1, 양우영 등. <1장. 한자+이두. 조선 필사 이두 자료. 전북 순창 구미 남원 양씨가 소장. 호남권 한국학자료센터 홈페이지 원문 이미지와 텍스트 보기. 최승희(1989), 김경숙(2002), 심재우(2013) 참고>

1890-윤2-00. **양우영 등 등장**(楊佑泳等等狀) 2, 양우영 등. <1장. 한자+이두. 조선 필사 이두 자료. 전북 순창 구미 남원 양씨가 소장. 호남권 한국학자료센터 홈페이지 원문 이미지와 텍스트 보기. 최승희(1989), 김경숙(2002), 심재우(2013) 참고>

1890-윤2-00. **이재기 소지**(李載基所志) 2, 이재기. <1장. 한자+이두. 조선 필사 이두 자료. 전남 해남군 원주 이씨 이이림 소장. 호남권 한국학자료센터 홈페이지 원문 이미지 보기. 최승희(1989) 참고>

1890-윤2-00.[1035] **일도리 송시호 소지**(一徒里宋時鎬所志), 송시호. <1장. 한자+이두. 조선 필사 이두 자료. 제주도 제주시 일도 이동규 구장. 제주시 일도 2동 제주민속자연사박물관 소장. 호남권 한국학자료센터 홈페이지 원문 이미지와 텍스트 보기. 정구복 외(1999), 김경숙(2002), 이수건 외(2004) 참고>

1890-윤2-00. **토지매매명문**(土地賣買明文)[1036] 1, 전주 유 노 만석(出主兪奴萬石). <1

[1035] 호남권 한국학자료센터 홈페이지에서는 '1889년 윤2월'로 잘못 적었다.
[1036] 한국학자료센터 영남권역센터 홈페이지에서는 '1890년 유노(兪奴) 만석(萬石) 방매 토지매매명문(土地賣買明文)'으로 표시하였다.

장. 한자+이두. 조선 필사 이두 자료. 경북 고령군 대가야읍 본관 1리 홍와 고택 구장. 한국국학진흥원 소장. 한국학자료센터 영남권역센터 홈페이지 원문 이미지와 텍스트 보기. 김성갑(2013) 참고>

1890-윤2-00. **화민 정구태 소지**(化民丁求泰所志), 정구태. <1장. 한자+이두. 조선 필사 이두 자료. 영광 입석 영월 신씨 소장. 한국학중앙연구원 장서각 한국고문서자료관 홈페이지 원문 이미지와 텍스트 보기. 한국정신문화연구원 편(1996) 참고>

1890-03-03. **장우목 토지매매명문**(張又目土地賣買明文), 답주 조우범(畓主趙于範). <1장. 한자+이두. 조선 필사 이두 자료. 경북 안동시 주촌 진성 이씨 경류정 구장. 서울역사박물관 소장. 한국학중앙연구원 장서각 한국고문서자료관 홈페이지 & 한국학중앙연구원 한국학 디지털 아카이브 홈페이지 원문 이미지와 텍스트 보기. 한국정신문화연구원 편(1999) 참고>

1890-03-07.[1037] **호노 종선 토지매매명문**(戶奴宗先土地賣買明文), 답주 노 칠원(畓主奴七元). <1장. 한자+이두. 조선 필사 이두 자료. 영해 도곡 무안 박씨 무의공 종택 소장. 한국학중앙연구원 장서각 한국고문서자료관 홈페이지 원문 이미지 보기. 한국학중앙연구원 편(2008) 참고>

1890-03-09. **토지매매명문**(土地賣買明文),[1038] 답주 유학 김영석(畓主幼學金榮錫). <1장. 한자+이두. 조선 필사 이두 자료. 전북 진안 마령 성주 이씨가 구장. 전북 정읍시 동학농민혁명기념관 소장. 호남권 한국학자료센터 홈페이지 원문 이미지와 텍스트 보기. 박병호(1974ㄱ), 이재수(2003) 참고>

1890-03-10. **유 씨 댁 노 화득 토지매매명문**(柳氏宅奴和得土地賣買明文) 2, 전주 임춘득(田主林春得). <1장. 한자+이두. 조선 필사 이두 자료. 경북 안동시 수곡면 전주 류씨 삼산 종가 구장. 대구광역시 수성구 만촌동 전주 류씨 종가 소장. 한국학자료센터 영남권역센터 홈페이지 원문 이미지와 텍스트 보기. 최승희(1989), 이재수

1037 한국학중앙연구원 장서각 한국고문서자료관 홈페이지에서는 '1889년 3월초7일'로 잘못 적었다.
1038 호남권 한국학자료센터 홈페이지에서는 '1890년 김영석(金榮錫) 방매 토지매매문(土地賣買明文)'으로 표시하였다.

(2000, 2003), 김경숙(2002), 전경목(2010), 정수환(2012) 참고>

1890-03-13. **토지매매명문**(土地賣買明文),[1039] 산지주 강성서(山地主姜成瑞). <1장. 한자+이두. 조선 필사 이두 자료. 전북 진안 마령 성주 이씨가 구장. 전북 정읍시 동학농민혁명기념관 소장. 호남권 한국학자료센터 홈페이지 원문 이미지와 텍스트 보기. 박병호(1974ㄱ), 이재수(2003) 참고>

1890-03-15. **유학 토지매매명문**(幼學土地賣買明文),[1040] 답주 유학 김낙주(畓主幼學金洛周). <1장. 한자+이두. 조선 필사 이두 자료. 전북 진안 마령 성주 이씨가 구장. 전북 정읍시 동학농민혁명기념관 소장. 호남권 한국학자료센터 홈페이지 원문 이미지와 텍스트 보기. 박병호(1974ㄱ), 이재수(2003) 참고>

1890-03-15. **주촌 이 생원 댁 노 상진 토지매매명문**(周村李生員宅奴相珍土地賣買明文), 전주 박희준(出主朴稀俊). <1장. 한자+이두. 조선 필사 이두 자료. 경북 안동시 주촌 진성 이씨 경류정 구장. 서울역사박물관 소장. 한국학중앙연구원 장서각 한국고문서자료관 홈페이지 & 한국학중앙연구원 한국학 디지털 아카이브 홈페이지 원문 이미지와 텍스트 보기. 한국정신문화연구원 편(1999) 참고>

1890-03-16~1892-04-27(庚寅~壬辰). 「각도사험관초(各道査驗關草)」,[1041] 의정부 기록국(議政府記錄局) 편(編). <1책. 21장. 필사본. 한자+이두. 조선 필사 이두 자료. 서울대학교 규장각 한국학연구원 홈페이지 원문 이미지 보기> <영인본: 「각사등록」 63(국사편찬위원회 편, 1992)>

1890-03-18. **노비매매명문**(奴婢賣買明文),[1042] 표주 유학 이기오(標主幼學李基伍). <1장. 한자+이두. 조선 필사 이두 자료. 전남 보성군 복내면 죽산 안씨 죽곡정사 소장. 호남권 한국학자료센터 홈페이지 원문 이미지와 텍스트 보기>

[1039] 호남권 한국학자료센터 홈페이지에서는 '1890년 강성서(姜成瑞) 방매 토지매매명문(土地賣買明文)'으로 표시하였다.

[1040] 호남권 한국학자료센터 홈페이지에서는 '1890년 김낙주(金洛周) 방매 토지매매명문(土地賣買明文)'으로 표시하였다.

[1041] 서울대학교 규장각 한국학연구원 홈페이지에서는 책명을 '沿海監務趨報 연해감무조보'로 표시하였다.

[1042] 호남권 한국학자료센터 홈페이지에서는 '1890년 이생원(李生員) 노비매매명문(奴婢賣買明文)'으로 표시하였다.

1890-03-00. **병조 관**(兵曹關), 병조. <1장. 한자+이두. 조선 필사 이두 자료. 군포 속달 동래 정씨 정난종 종가 구장. 한국학중앙연구원 장서각 한국고문서자료관 홈페이지 원문 이미지 보기. 한국학중앙연구원 편(2010) 참고>

1890-03-00. **이재기 소지**(李載基所志) 3, 이재기. <1장. 한자+이두. 조선 필사 이두 자료. 전남 해남군 원주 이씨 이이림 소장. 호남권 한국학자료센터 홈페이지 원문 이미지 보기. 최승희(1989) 참고>

1890-03-00. **토지매매명문**(土地賣買明文), 답주 최 노 대철(畓主崔奴大哲). <1장. 한자+이두. 조선 필사 이두 자료. 경북 경주시 내남면 이조리 경주 최씨·용산서원 소장. 한국학중앙연구원 장서각 한국고문서자료관 홈페이지 & 한국학중앙연구원 한국학 디지털 아카이브 홈페이지 원문 이미지 보기. 한국정신문화연구원 편(2000) 참고>

1890-03-00. **토지매매명문**(土地賣買明文)[1043] 2, 전주 유 노 만석(田主兪奴萬石). <1장. 한자+이두. 조선 필사 이두 자료. 경북 고령군 대가야읍 본관 1리 홍와 고택 구장. 한국국학진흥원 소장. 한국학자료센터 영남권역센터 홈페이지 원문 이미지 와 텍스트 보기. 김성갑(2013) 참고>

1890-03-00. **화민 최제민 등 소지**(化民崔濟民等所志), 최제민 등. <1장. 한자+이두. 조선 필사 이두 자료. 경북 경주시 내남면 이조리 경주 최씨·용산서원 소장. 한국학중앙연구원 장서각 한국고문서자료관 홈페이지 원문 이미지 보기. 한국정신문화연구원 편(2000) 참고>

1890-04-15. **토지매매명문**(土地賣買明文), 답주 손 노 덕순(畓主孫奴德順). <1장. 한자+이두. 조선 필사 이두 자료. 경북 경주시 소정리 경주 이씨 소장. 한국학중앙연구원 장서각 한국고문서자료관 홈페이지 원문 이미지 보기. 한국정신문화연구원 편(2002) 참고>

1890-04-20. **토지매매명문**(土地賣買明文),[1044] 답주 유학 이계채(畓主幼學李契采). <1

[1043] 한국학자료센터 영남권역센터 홈페이지에서는 '1890년 유노(兪奴) 만석(萬石) 방매 토지매매명문(土地賣買明文)'으로 표시하였다.

[1044] 호남권 한국학자료센터 홈페이지에서는 '1890년 이계채(李契采) 방매(放賣) 토지매매명문(土地賣買明文)'으로 표시하였다.

장. 한자+이두. 조선 필사 이두 자료. 전남 보성군 박실 제주 양씨가 구장. 원광대학교 박물관 소장. 호남권 한국학자료센터 홈페이지 원문 이미지와 텍스트 보기. 최승희(1989), 정수환·이헌창(2008), 채현경(2011) 참고>

1890-04-00. **남원부 대곡방 상유사 품목**(南原府大谷坊上有司稟目), 상유사 최(上有司崔). <1장. 한자+이두. 조선 필사 이두 자료. 전북 남원시 대곡 장수 황씨 문중 소장. 호남권 한국학자료센터 홈페이지 원문 이미지와 텍스트 보기. 최승희(1989), 김경숙(2002), 심재우(2013) 참고>

1890-04-00. **박두현 소지**(朴斗鉉所志), 박두현. <1장. 한자+이두. 조선 필사 이두 자료. 전남 보성군 박실 제주 양씨가 구장. 원광대학교 박물관 소장. 호남권 한국학자료센터 홈페이지 원문 이미지와 텍스트 보기>

1890-04-00. **유학 이재교 등 상서**(幼學李在嶠等上書), 이재교 등. <1장. 한자+이두. 조선 필사 이두 자료. 경북 경주 옥산서원 구장. 경주시 강동면 양동마을 안길 여주 이씨 무첨당 소장. 한국학자료센터 영남권역센터 홈페이지 원문 이미지와 텍스트 보기. 이수환(2001) 참고>

1890-04-00. **천경필 등 등장**(千敬弼等等狀), 천경필 등. <1장. 한자+이두. 조선 필사 이두 자료. 경북 경주시 소정리 경주 이씨 소장. 한국학중앙연구원 장서각 한국고문서자료관 홈페이지 원문 이미지 보기. 한국정신문화연구원 편(2002) 참고>

1890-04-00. **토지매매명문**(土地賣買明文)[1045] 3, 송전 율목주 유 노 만석(松田栗木主俞奴萬石). <1장. 한자+이두. 조선 필사 이두 자료. 경북 고령군 대가야읍 본관1리 홍와 고택 구장. 한국국학진흥원 소장. 한국학자료센터 영남권역센터 홈페이지 원문 이미지와 텍스트 보기. 김성갑(2013) 참고>

1890-04-00. **토지매매명문**(土地賣買明文), 전주 김 노 개남(出主金奴介男). <1장. 한자+이두. 조선 필사 이두 자료. 경북 경주시 소정리 경주 이씨 소장. 한국학중앙연구원 장서각 한국고문서자료관 홈페이지 원문 이미지 보기. 한국정신문화연구원 편(2002) 참고>

1045 한국학자료센터 영남권역센터 홈페이지에서는 '1890년 유노(俞奴) 만석(萬石) 방매 토지매매명문(土地賣買明文)'으로 표시하였다.

1890-05-00. **무주부사 완문**(茂朱府使完文) 1, 무주부. <1장. 한자+이두. 조선 필사 이두 자료. 전북 무주군 장기 연안 이씨가 소장. 호남권 한국학자료센터 홈페이지 원문 이미지와 텍스트 보기. 최승희(1989), 정구복(1996), 김혁(2008) 참고>

1890-05-00~1893-04-07(광서 16년 庚寅~광서 19년 癸巳).「전라병영관첩등록(**全羅兵營關牒謄錄**)」, 의정부(議政府) 편(編). <1책. 2장. 필사본. 표제는 '(庚寅 辛卯 壬辰 癸巳)全羅兵營關牒'. 권수제는 '(光緒十六年五月 日)爲始全羅兵營關牒謄錄'. 한자+이두. 조선 필사 이두 자료. 서울대학교 규장각 한국학연구원 홈페이지 원문 이미지 보기> <영인본:「각사등록」54(전라도 보유편 2)(국사편찬위원회 편, 1991)>

1890-06-03. **토지매매명문**(土地賣買明文),[1046] 답주 계장 유학 홍재석(畓主稧長幼學洪在錫). <1장. 한자+이두. 조선 필사 이두 자료. 전북 진안 마령 성주 이씨가 구장. 전북 정읍시 동학농민혁명기념관 소장. 호남권 한국학자료센터 홈페이지 원문 이미지와 텍스트 보기. 박병호(1974ㄱ), 이재수(2003) 참고>

1890-06-15~1890-07-07(庚寅).「사송록(**詞訟錄**)」, 충청감영(忠淸監營) 편(篇). <1책. 34장. 필사본. 한자+이두. 이두 자료. 서울대학교 규장각 한국학연구원 홈페이지 원문 이미지 보기>

1890-06-00. **무주부사 완문**(茂朱府使完文) 2, 무주부. <1장. 한자+이두. 조선 필사 이두 자료. 전북 무주군 장기 연안 이씨가 소장. 호남권 한국학자료센터 홈페이지 원문 이미지와 텍스트 보기. 최승희(1989), 정구복(1996), 김혁(2008) 참고>

1890-06-00. **신곡 화민 등장**(新谷化民等狀), 신곡 화민. <1장. 한자+이두. 조선 필사 이두 자료. 경북 안동시 송파 진주 하씨 하위지 후손가 소장. 한국학중앙연구원 장서각 한국고문서자료관 홈페이지 원문 이미지 보기. 한국정신문화연구원 편(2002) 참고>

1890-06-00. **하문환 소지**(河文煥所志), 하문환. <1장. 한자+이두. 조선 필사 이두 자료. 경북 안동시 송파 진주 하씨 하위지 후손가 소장. 한국학중앙연구원 장서각 한국고문서자료관 홈페이지 & 한국국학진흥원 유교넷 홈페이지 원문 이미지 보

[1046] 호남권 한국학자료센터 홈페이지에서는 '1890년 홍재석(洪在錫) 방매 토지매매명문(土地賣買明文)'으로 표시하였다.

기. 한국정신문화연구원 편(2002) 참고>

1890-07-02~1893-03-20(광서 16년 庚寅~광서 19년 癸巳).「계록(啓錄)」, 강화부(江華府) 편(編). <1책. 73장. 필사본. 표제는 '(本宅 勳洞 庚寅七月以 癸巳三月至)啓錄'. 승정원(承政院) 개탁(開坼)을 열거. 한자+이두. 조선 필사 이두 자료. 서울대학교 규장각 한국학연구원 홈페이지 원문 이미지 보기> <영인본:「각사등록」47(경기도 보유편)(국사편찬위원회 편, 1990)>

1890-07-09. **사제 토지매매명문**(舍弟土地賣買明文), 전주 형(田主兄). <1장. 한자+이두. 조선 필사 이두 자료. 대전·청양 안동 김씨 삼당 후손가 소장. 한국학중앙연구원 장서각 한국고문서자료관 홈페이지 원문 이미지 보기. 한국정신문화연구원 편(2003) 참고>

1890-07-10~1891-02-12(庚寅~辛卯 광서 17년).「경상감영계록(**慶尙監營啓錄**)」5, 경상감영(慶尙監營) 편(編). <1책(5/전7책). 143장. 필사본. 표제는 '慶尙監營啓錄'. 한자+이두. 조선 필사 이두 자료. 서울대학교 규장각 한국학연구원 홈페이지 원문 이미지 보기> <1842-04-19~1842-11-16(6/7)>

1890-07-13~1892-09-21(광서 16년~광서 18년).「전라좌수영계록(**全羅左水營啓錄**)」5, 비변사(備邊司) 편(編). <1책(5/전5책). 26장. 필사본. 표제는 '全羅左水營啓錄'. 한자+이두. 조선 필사 이두 자료. 서울대학교 규장각 한국학연구원 홈페이지 원문 이미지 보기> <영인본:「각사등록」20(전라도편 3)(국사편찬위원회 편, 1986)> <1850-02-12~1860-07-22(1/5)>

1890-08-01~1890-12-29.「결속색등록(**結束色謄錄**)」106, 병조(兵曹) 편(編). <1책(106/낙질본 107책). 121장. 필사본. 한자+이두. 조선 필사 이두 자료. 서울대학교 규장각 한국학연구원 홈페이지 1787년~1891년 낙질본 107책(1792년(건륭 57년), 1811년(가경 16년) 하, 1816년(가경 21년), 1817년(가경 22년), 1824년(도광 4년), 1831년(도광 11년), 1871년(동치 10년), 1885년(광서 11년) 없음) 원문 이미지 보기>

1890-08-16. **삼척진 우영장 서목**(三陟鎭右營將書目) 1, 삼척진 우영장. <1장. 한자+이두. 조선 필사 이두 자료. 삼척시립박물관 소장. 한국학자료센터 강원권역센터 홈페이지 원문 이미지와 텍스트 보기. 최승희(1989), 남권희(2002ㄴ), 김현영(2006ㄴ), 김완호(2012) 참고>

1890-08-21~1892-03-19(광서 16년 庚寅~광서 18년). 「함경감영계록(**咸鏡監營啓錄**)」 6, 비변사(備邊司) 편(編). <1책(6/전6책). 102장. 필사본. 표제는 '咸鏡監營啓錄'. 한자+이두. 조선 필사 이두 자료. 서울대학교 규장각 한국학연구원 홈페이지 원문 이미지 보기> <영인본: 「각사등록」 42(함경도편 1)(국사편찬위원회 편, 1990)> <1856-02-27~1856-08-02(1/6)>

1890-08-28. **삼척진 우영장 서목**(三陟鎭右營將書目) 2, 삼척진 우영장. <1장. 한자+이두. 조선 필사 이두 자료. 삼척시립박물관 소장. 한국학자료센터 강원권역센터 홈페이지 원문 이미지와 텍스트 보기. 최승희(1989), 남권희(2002ㄴ), 김현영(2006ㄴ), 김완호(2012) 참고>

1890-08-31. **토지매매명문**(土地賣買明文),[1047] 전주 유학 '이창환(田主幼學李昌煥). <1장. 한자+이두. 조선 필사 이두 자료. 전북대학교 박물관 소장. 호남권 한국학자료센터 홈페이지 원문 이미지와 텍스트 보기. 최승희(1989), 정구복 외(1999), 이재수(2003) 참고>

1890-08-00. **가사매매명문**(家舍賣買明文), 재주 한만홍(財主韓晚洪).[1048] <1장. 한자+이두. 조선 필사 이두 자료. 한국학중앙연구원 장서각 한국고문서자료관 홈페이지 원문 이미지와 텍스트 보기. 한국정신문화연구원 편(1992) 참고>

1890-09-02. **이병호 토지매매명문**(李秉鎬土地賣買明文), 답주 자필 김태진(畓主自筆金泰振). <1장. 한자+이두. 조선 필사 이두 자료. 삼척시립박물관 소장. 한국학자료센터 강원권역센터 홈페이지 원문 이미지와 텍스트 보기. 김건우(2008), 전경목(2010, 2014), 박준호(2016) 참고>

1890-09-03. **삼척 김씨 종중 토지매매명문**(三陟金氏宗中土地賣買明文), 답주 자필 이병호(畓主自筆李秉鎬). <1장. 한자+이두. 조선 필사 이두 자료. 삼척시립박물관 소장. 한국학자료센터 강원권역센터 홈페이지 원문 이미지와 텍스트 보기. 김건우(2008), 전경목(2010, 2014), 박준호(2016) 참고>

1047 호남권 한국학자료센터 홈페이지에서는 '1890년 이창환(李昌煥) 방매 토지매매명문(土地賣買明文)'으로 표시하였다.
1048 한국학중앙연구원 장서각 한국고문서자료관 홈페이지 '원문 텍스트'에서는 '財主 申在黙'으로 잘못 적었다.

1890-09-24. **홍성원 단자**(洪成圓單子), 홍성원. <1장. 한자+이두. 조선 필사 이두 자료. 일본 경도대학 가와이문고 소장. 고려대학교 해외한국학자료센터 홈페이지 원문 이미지 보기>

1890-09-00. **완문**(完文), 한성부(漢城府). <1장. 한자+이두. 조선 필사 이두 자료. 전남 보성군 창녕 조씨 하계정사 소장. 호남권 한국학자료센터 홈페이지 원문 이미지와 텍스트 보기. 최승희(1989), 국립민속박물관 편(1991), 정구복 외(1999) 참고>

1890-09-00. **황학구 등 상서**(黃鶴九等上書), 황학구 등. <1장. 한자+이두. 조선 필사 이두 자료. 경북 경주시 소정리 경주 이씨 소장. 한국학중앙연구원 장서각 한국고문서자료관 홈페이지 원문 이미지 보기. 한국정신문화연구원 편(2002) 참고>

1890-10-05.[1049] **토지매매명문**(土地賣買明文), 답주 오미동 재계수 유 노 복득 댁(畓主五美洞齋首柳奴卜得宅). <1장. 한자+이두. 조선 필사 이두 자료. 전남 구례군 토지면 오미리 문화 류씨 운조루 소장. 한국학중앙연구원 장서각 한국고문서자료관 홈페이지 원문 이미지와 텍스트 보기. 한국정신문화연구원 편(1998) 참고>

1890-10-07. **토지매매명문**(土地賣買明文),[1050] 산전주 조소월매(山田主趙小月每). <1장. 한자+이두. 조선 필사 이두 자료. 경북 고령군 대가야읍 본관 1리 홍와 고택 구장. 한국국학진흥원 소장. 한국학자료센터 영남권역센터 홈페이지 원문 이미지와 텍스트 보기. 김성갑(2013) 참고>

1890-10-15. **노 춘단 토지매매명문**(奴春丹土地賣買明文), 답주 조 노 정월(畓主曺奴正月). <1장. 한자+이두. 조선 필사 이두 자료. 경북 영양군 영양읍 삼지리 한양 조씨 하담 고택 구장. 한국국학진흥원 소장. 한국학자료센터 영남권역센터 홈페이지 & 한국국학진흥원 유교넷 홈페이지 원문 이미지와 텍스트 보기. 박병호(1974ㄱ), 최승희(1989), 이재수(2003), 이수건 외(2004) 참고>

1890-10-00. **김원조 소지**(金元祚所志), 김원조. <1장. 한자+이두. 조선 필사 이두

1049 한국학중앙연구원 장서각 한국고문서자료관 홈페이지 '기본 정보'에서는 '10월 21일'로 잘못 적었다.

1050 한국학자료센터 영남권역센터 홈페이지에서는 '1890년 조소월매(趙小月每) 방매 산지매매명문(山地賣買明文)'으로 표시하였다.

자료. 전남 화순 동면 창녕 조씨가 구장. 광주광역시 이정옥 소장. 호남권 한국학 자료센터 홈페이지 원문 이미지와 텍스트 보기. 최승희(1989) 참고>

1890-10-00. **남면 향약계 면학계 완문**(南面鄉約契面學契完文), 남면 향약계. <1장. 한자+이두. 조선 필사 이두 자료. 경남 남해군 남해군청 소장. 한국학자료센터 영남권역센터 홈페이지 원문 이미지와 텍스트 보기. 오세창 외(1986) 참고>

1890-10-00. **남유상 등 상서**(南有鏛等上書), 남유상 등. <1장. 한자+이두. 조선 필사 이두 자료. 경북 영덕군 영해면 괴시리 영양 남씨 괴시파 영감댁 구장. 한국국학진흥원 소장. 한국학자료센터 영남권역센터 홈페이지 원문 이미지와 텍스트 보기>

1890-10-00. **면주전 시민 등장**(綿紬廛市民等狀), 김재경 등(金在敬等). <1장. 한자+이두. 조선 필사 이두 자료. 일본 경도대학 가와이문고 소장. 고려대학교 해외한국학자료센터 홈페이지 원문 이미지 보기>

1890-10-00. **박치상 등 등장**(朴致翔等等狀), 박치상 등. <1장. 한자+이두. 조선 필사 이두 자료. 전북 장수군 침곡 충주 박씨가 소장. 호남권 한국학자료센터 홈페이지 원문 이미지와 텍스트 보기. 박병호(1974ㄱ) 참고>

1890-10-00. **순창군수 도형**(淳昌郡守圖形), 양봉영(楊鳳泳). <1장. 한자+이두. 조선 필사 이두 자료. 전북 순창 구미 남원 양씨가 소장. 호남권 한국학자료센터 홈페이지 원문 이미지와 텍스트 보기. 박병호(1974ㄱ), 최승희(1989), 전경목 외(2006) 참고>

1890-10-00. **양봉영 소지**(楊鳳泳所志), 양봉영. <1장. 한자+이두. 조선 필사 이두 자료. 전북 순창 구미 남원 양씨가 소장. 호남권 한국학자료센터 홈페이지 원문 이미지와 텍스트 보기. 최승희(1989), 김경숙(2002), 심재우(2013) 참고>

1890-11-11~1891-12-29(庚寅~辛卯).「배위결속색등록(**陪衛結束色謄錄**)」3, 편자 미상. <1책(3/전3책). 74장. 필사본. 한자+이두. 조선 필사 이두 자료. 서울대학교 규장각 한국학연구원 홈페이지 원문 이미지 보기> <1873-12-25~1883-11-12(1/3)>

1890-11-12. **토지매매명문**(土地賣買明文),[1051] 답주 상인 오사언(畓主喪人吳士彦). <1

[1051] 호남권 한국학자료센터 홈페이지에서는 '1890년 오사언(吳士彦) 방매(放賣) 토지매매명문(土地賣

장. 한자+이두. 조선 필사 이두 자료. 전북 정읍시 옹동 전주 이씨가 구장. 정읍시 옹동 이태일가 소장. 호남권 한국학자료센터 홈페이지 원문 이미지와 텍스트 보기. 박병호(1974ㄱ), 최승희(1989), 이재수(2003) 참고>

1890-11-16. **계중 토지매매명문**(契中土地賣買明文),[1052] 답주 유학 이용안(畓主幼學李容顔). <1장. 한자+이두. 조선 필사 이두 자료. 전남 보성군 박실 제주 양씨가 구장. 원광대학교 박물관 소장. 호남권 한국학자료센터 홈페이지 원문 이미지와 텍스트 보기. 박병호(1974ㄱ), 최승희(1989), 이재수(2003) 참고>

1890-11-17. **토지매매명문**(土地賣買明文),[1053] 답주 유학 안종선(畓主幼學安鍾鮮). <1장. 한자+이두. 조선 필사 이두 자료. 전남 보성군 박실 제주 양씨가 구장. 원광대학교 박물관 소장. 호남권 한국학자료센터 홈페이지 원문 이미지와 텍스트 보기. 김건우(2008), 정수환·이헌창(2008), 채현경(2011ㄱ, 2011ㄴ) 참고>

1890-11-18. **토지매매명문**(土地賣買明文),[1054] 답주 자필 유학 정운하(畓主自筆幼學鄭雲夏). <1장. 한자+이두. 조선 필사 이두 자료. 전남 보성군 복내면 죽산 안씨 죽곡정사 소장. 호남권 한국학자료센터 홈페이지 원문 이미지와 텍스트 보기. 김태영(1983), 최승희(1989), 이재수(2003) 참고>

1890-11-19. **토지매매명문**(土地賣買明文) 1, 답주 김두하(畓主金斗河). <1장. 한자+이두. 조선 필사 이두 자료. 경북 경주시 소정리 경주 이씨 소장. 한국학중앙연구원 장서각 한국고문서자료관 홈페이지 원문 이미지 보기. 한국정신문화연구원 편(2002) 참고>

1890-11-19. **토지매매명문**(土地賣買明文) 2, 답주 김두하(畓主金斗河). <1장. 한자+이두. 조선 필사 이두 자료. 경북 경주시 소정리 경주 이씨 소장. 한국학중앙연구

買明文)'으로 표시하였다.

[1052] 호남권 한국학자료센터 홈페이지에서는 '1890년 이용안(李容顔) 방매(放賣) 토지매매명문(土地賣買明文)'으로 표시하였다.

[1053] 호남권 한국학자료센터 홈페이지에서는 '1890년 안종선(安鍾鮮) 방매(放賣) 토지매매명문(土地賣買明文)'으로 표시하였다.

[1054] 호남권 한국학자료센터 홈페이지에서는 '1890년 정운하(鄭雲夏) 방매(放賣) 토지매매명문(土地賣買明文)'으로 표시하였다.

원 장서각 한국고문서자료관 홈페이지 원문 이미지 보기. 한국정신문화연구원 편(2002) 참고>

1890-11-20. **정덕립 토지매매명문**(鄭德立土地賣買明文), 답주 윤경희(畓主尹景希). <1장. 한자+이두. 조선 필사 이두 자료. 부여 은산 함양 박씨 소장. 한국학중앙연구원 장서각 한국고문서자료관 홈페이지 원문 이미지 보기. 한국정신문화연구원 편(2000) 참고>

1890-11-21.[1055] **유학 토지매매명문**(幼學土地賣買明文),[1056] 답주 유학 서월봉(畓主幼學徐月奉). <1장. 한자+이두. 조선 필사 이두 자료. 전남 보성군 박실 제주 양씨가 구장. 원광대학교 박물관 소장. 호남권 한국학자료센터 홈페이지 원문 이미지와 텍스트 보기. 김건우(2008), 정수환·이헌창(2008), 채현경(2011ㄱ, 2011ㄴ) 참고>

1890-11-21. **종가 공비소 토지매매명문**(宗家公備所土地賣買明文), 전주 이수동(田主李壽洞). <1장. 한자+이두. 조선 필사 이두 자료. 경북 안동시 주촌 진성 이씨 경류정 구장. 서울역사박물관 소장. 한국학중앙연구원 장서각 한국고문서자료관 홈페이지 & 한국학중앙연구원 한국학 디지털 아카이브 홈페이지 원문 이미지와 텍스트 보기. 한국정신문화연구원 편(1999) 참고>

1890-11-26. **분천 이씨 댁 토지매매명문**(汾川李氏宅土地賣買明文),[1057] 용수사 중수승 경인 등(龍壽寺中首僧景仁等). <1장. 한자+이두. 조선 필사 이두 자료. 영천 이씨 농암 종택 구장. 한국국학진흥원 소장. 한국국학진흥원 유교넷 홈페이지 원문 이미지와 텍스트 보기>

1890-11-26. **유평손 토지매매명문**(俞平孫土地賣買明文), 답주 박용학(畓主朴龍學). <1장. 한자+이두. 조선 필사 이두 자료. 한국학중앙연구원 장서각 한국고문서자료관 홈페이지 & 한국학중앙연구원 한국학 디지털 아카이브 홈페이지 원문 텍스트 보기>

1055 호남권 한국학자료센터 홈페이지 '안내 정보'에서는 '1890년 2월'로 잘못 적었다.
1056 호남권 한국학자료센터 홈페이지에서는 '1890년 서일봉(徐一奉) 방매(放賣) 토지매매명문(土地賣買明文)'으로 표시하였다.
1057 한국국학진흥원 유교넷 홈페이지에서는 문서명을 '영천이씨 농암종택 1890에 용수사 승 경인 등과 분천 이씨택 사이에 작성된 명문(明文)[13519]'로 표시하였다.

1890-11-30. **김안수 토지매매명문**(金安須土地賣買明文), 전답주 이 생원 댁 노 춘금(田畓主李生員宅奴春金). <1장. 한자+이두. 조선 필사 이두 자료. 부여 은산 함양 박씨 소장. 한국학중앙연구원 장서각 한국고문서자료관 홈페이지 원문 이미지 보기. 한국정신문화연구원 편(2000) 참고>

1890-11-00. **유학 조석일 단자**(幼學曺錫日單子), 조석일. <1장. 한자+이두. 조선 필사 이두 자료. 전남 보성군 창녕 조씨 하계정사 소장. 호남권 한국학자료센터 홈페이지 원문 이미지와 텍스트 보기. 최승희(1989), 국립민속박물관 편(1991), 정구복 외(1999), 전경목 외(2006) 참고>

1890-11-00. **이 진사 댁 노 석만 소지**(李進士宅奴石萬所志), 석만. <1장. 한자+이두. 조선 필사 이두 자료. 경북 경주시 소정리 경주 이씨 소장. 한국학중앙연구원 장서각 한국고문서자료관 홈페이지 원문 이미지 보기. 한국정신문화연구원 편(2002) 참고>

1890-12-02. **안 생원 댁 전답전당문기**(安生員宅田畓典當文記), 답주 이(畓主李). <1장. 한자+이두. 필사 이두 자료. 전북 진안군 정천면 전주 이씨 서곡 이정영 후손가 구장. 한국학중앙연구원 장서각 한국고문서자료관 홈페이지 원문 이미지 보기. 한국정신문화연구원 편(2002) 참고>

1890-12-06. **토지매매명문**(土地賣買明文), 답주 자필 감찰 정겸수(畓主自筆監察鄭謙洙). <1장. 한자+이두. 조선 필사 이두 자료. 양주 안흥 광주 정씨 소장. 한국학중앙연구원 장서각 한국고문서자료관 홈페이지 원문 이미지 보기. 한국정신문화연구원 편(2004) 참고>

1890-12-08. **김 노 만절 토지매매명문**(金奴晩節土地賣買明文), 답주 김 노 복이(畓主金奴福伊). <1장. 한자+이두. 조선 필사 이두 자료. 경북 안동시 오천 광산 김씨 후조당 소장. 한국학중앙연구원 장서각 한국고문서자료관 홈페이지 & 한국학중앙연구원 한국학 디지털 아카이브 홈페이지 원문 이미지와 텍스트 보기. 한국정신문화연구원 편(1982) 참고>

1890-12-08. **조 생원 댁 노 덕흥 토지매매명문**(曺生員宅奴德興土地賣買明文), 답주 유 댁 종중 노 도정(畓主柳宅宗中奴道正). <1장. 한자+이두. 조선 필사 이두 자료. 전북 익산 마동 창녕 조씨가 소장. 호남권 한국학자료센터 홈페이지 원문 이미지

와 텍스트 보기. 최승희(1989), 이재수(2003) 참고>

1890-12-09. **토지매매명문**(土地賣買明文), 답주 한 노 위심(畓主韓奴爲心). <1장. 한자＋이두. 조선 필사 이두 자료. 경북 경주시 소정리 경주 이씨 소장. 한국학중앙연구원 장서각 한국고문서자료관 홈페이지 원문 이미지 보기. 한국정신문화연구원 편(2002) 참고>

1890-12-11. **토지매매명문**(土地賣買明文),[1058] 답주 유학 양현문(畓主幼學梁顯汶). <1장. 한자＋이두. 조선 필사 이두 자료. 전남 순천 황전 경주 정씨가 구장. 광주광역시 이정옥 소장. 호남권 한국학자료센터 홈페이지 원문 이미지와 텍스트 보기. 최승희(1989) 참고>

1890-12-12. **여산도호부 첩보**(礪山都護府牒報), 여산 도호부. <1장. 한자＋이두. 조선 필사 이두 자료. 양근 안동 김씨 노가재 후손가 소장. 한국학중앙연구원 장서각 한국고문서자료관 홈페이지 원문 이미지 보기. 한국정신문화연구원 편(2003) 참고>

1890-12-13. **토지매매명문**(土地賣買明文),[1059] 답주 이순거(畓主李順巨). <1장. 한자＋이두. 조선 필사 이두 자료. 전남 나주시 남내 밀양 박씨 청재 종가 소장. 호남권 한국학자료센터 홈페이지 원문 이미지와 텍스트 보기. 박노욱(1990) 참고>

1890-12-14. **토지매매명문**(土地賣買明文), 전주 을문(出主乙文). <1장. 한자＋이두. 조선 필사 이두 자료. 상주 연안 이씨 이만부 종가 소장. 한국학중앙연구원 장서각 한국고문서자료관 홈페이지 & 한국학중앙연구원 한국학 디지털 아카이브 홈페이지 원문 이미지 보기>

1890-12-17. **유 씨 댁 공소 가사매매명문**(柳氏宅公所家舍賣買明文), 가대주 박증수(家垈主朴曾壽). <1장. 한자＋이두. 조선 필사 이두 자료. 경북 안동시 수곡면 전주 류씨 삼산 종가 구장. 대구 수성구 만촌동 전주 류씨 종가 소장. 한국학자료센터 영남권역센터 홈페이지 원문 이미지와 텍스트 보기. 최승희(1989), 이재수(2000,

---

1058 호남권 한국학자료센터 홈페이지에서는 '1890년 양현문(梁顯汶) 방매(放賣) 토지매매명문(土地賣買明文)'으로 표시하였다.

1059 호남권 한국학자료센터 홈페이지에서는 '1890년 이순거(李順巨) 방매 토지매매명문(土地賣買明文)'으로 표시하였다.

2003), 김경숙(2002), 진경목(2010), 정수환(2012) 참고>

1890-12-18. **이동운이 토지매매명문**(李同雲伊土地賣買明文), 포전주 노 개돌(浦田主奴介乭). <1장. 한자+이두. 조선 필사 이두 자료. 경북 상주 낙동 풍양 조씨 양진당 소장. 한국학중앙연구원 장서각 한국고문서자료관 홈페이지 원문 이미지 보기>

1890-12-19. **유 노 금복 토지매매명문**(柳奴今卜土地賣買明文), 답주 정 노 복순(畓主鄭奴福順). <1장. 한자+이두. 조선 필사 이두 자료. 춘천 김현식 소장. 한국학자료센터 강원권역센터 홈페이지 원문 이미지 보기. 김건우(2008), 진경목(2010, 2014), 박준호(2016) 참고>

1890-12-20. **토지매매명문**(土地賣買明文),[1060] 전주 김점리(田主金占吏). <1장. 한자+이두. 조선 필사 이두 자료. 전남 나주시 남내 밀양 박씨 청재 종가 소장. 호남권 한국학자료센터 홈페이지 원문 이미지와 텍스트 보기. 김현영(2003) 참고>

1890-12-22. **토지매매명문**(土地賣買明文),[1061] 답주 이성(畓主李姓). <1장. 한자+이두. 조선 필사 이두 자료. 전남 나주시 남내 밀양 박씨 청재 종가 소장. 호남권 한국학자료센터 홈페이지 원문 이미지와 텍스트 보기. 김재문(1986), 이재수(2003) 참고>

1890-12-27. **문중 유사 임석한·임병우 토지매매명문**(門中有司林錫漢林秉佑土地賣買明文),[1062] 답주 박수봉(畓主朴洙鳳). <1장. 한자+이두. 조선 필사 이두 자료. 경북 예천 임씨 금양파 금포 고택 구장. 한국국학진흥원 소장. 한국국학진흥원 유교넷 홈페이지 원문 이미지와 텍스트 보기>

1890-12-00. **박중봉 등 소지**(朴重鳳等所志), 박중봉 등. <1장. 한자+이두. 조선 필사 이두 자료. 전남 보성군 박실 제주 양씨가 구장. 원광대학교 박물관 소장. 호남권 한국학자료센터 홈페이지[1063] 원문 이미지와 텍스트 보기>

[1060] 호남권 한국학자료센터 홈페이지에서는 '1890년 김점리(金占吏) 방매 토지매매명문(土地賣買明文)'으로 표시하였다.

[1061] 호남권 한국학자료센터 홈페이지에서는 '1890년 이성(李姓) 방매(放賣) 토지매매명문(土地賣買明文)'으로 표시하였다.

[1062] 한국국학진흥원 유교넷 홈페이지에서는 문서명을 '1890년 박수봉이 임석한 등 2명에게 논을 팔았음을 증명하는 전답매매문기'로 표시하였다.

1890-12-00. **일석 토지매매명문**(一錫土地賣買明文), 답주 종숙 유외(畓主從叔攸畏). <1장. 한자+이두. 조선 필사 이두 자료. 경북 안동시 오천 광산 김씨 후조당 소장. 한국학중앙연구원 장서각 한국고문서자료관 홈페이지 & 한국학중앙연구원 한국학 디지털 아카이브 홈페이지 원문 이미지와 텍스트 보기. 한국정신문화연구원 편(1982) 참고>

1890-12-00. **토지매매명문**(土地賣買明文) 1, 답주 이백락(畓主李白洛). <1장. 한자+이두. 조선 필사 이두 자료. 전북대학교 박물관 소장. 호남권 한국학자료센터 홈페이지 원문 이미지와 텍스트 보기. 최승희(1989), 정구복 외(1999), 이재수(2003) 참고>

1890-12-00. **토지매매명문**(土地賣買明文) 2, 답주 이백락(畓主李白洛). <1장. 한자+이두. 조선 필사 이두 자료. 전북대학교 박물관 소장. 호남권 한국학자료센터 홈페이지 원문 이미지와 텍스트 보기. 최승희(1989), 정구복 외(1999), 이재수(2003) 참고>

1890-12-00. **토지매매명문**(土地賣買明文) 3, 답주 이백락(畓主李白洛). <1장. 한자+이두. 조선 필사 이두 자료. 전북대학교 박물관 소장. 호남권 한국학자료센터 홈페이지 원문 이미지와 텍스트 보기. 최승희(1989), 정구복 외(1999), 이재수(2003) 참고>

1890-12-00. **토지매매문기**(土地賣買文記) (4) <조선 이두 자료.「이두집성」부록(조선총독부 중추원 편, 1937: 31-32) 참고>

1890-12-00. **한동흘 소지**(韓東屹所志), 한동흘. <1장. 한자+이두. 조선 필사 이두 자료. 전북 장수군 화양 흥학당 소장. 호남권 한국학자료센터 홈페이지 원문 이미지와 텍스트 보기. 박병호(1974ㄱ), 최승희(1989), 정구복 외(1999) 참고>

1890-00-00.「가상존호도감의궤**(加上 尊號都監儀軌)**」,[1064] 존호도감 편. <1책. 468장. 필사본. 권수제는 '加上 尊號都監儀軌'. 한자+이두. 조선 필사 이두 자료. 한국학

1063 '안내 정보'에서는 '박중봉 등 소지'가 아닌 '박두현(朴斗鉉) 소지(所志)'를 소개하였다.
1064 한국학중앙연구원 디지털장서각 홈페이지에서는 서명을 '가상존호도감의궤(加上尊號都監儀軌)'로 붙여 썼다.

중앙연구원 디지털장서각 홈페이지 'K2-2794' 원문 이미지 보기>

1890-00-00.「경인일기청개수등록(**庚寅日記廳改修謄錄**)」,[1065] 박시순(朴始淳). <1책. 21장. 필사본. 표제는 '日記廳儀軌'. 목록제는 '庚寅日記廳改修謄錄目錄'. 한자+이두. 조선 필사 이두 자료. 한국학중앙연구원 디지털장서각 홈페이지 원문 이미지 보기>

1890-00-00.「묘호도감의궤(**廟號都監儀軌**)」, 묘호도감 편. <1책. 233장. 필사본. 표제는 '(光緒十六年庚寅正月 日)廟號都監儀軌 全'. 권수제는 '廟號都監儀軌'. 한자+이두. 조선 필사 이두 자료. 한국학중앙연구원 디지털장서각 홈페이지 'K2-3062' 원문 이미지와 텍스트 보기>

1890-00-00.「묘호도감의궤(**廟號都監儀軌**)」,[1066] 묘호도감 편. <1책. 234장. 필사본. 표제는 '(光緒十六年庚寅正月 日春秋館上)廟號都監儀軌 全'. 권수제는 '廟號都監儀軌'. 한자+이두. 조선 필사 이두 자료. 서울대학교 규장각 한국학연구원 의궤 종합정보 홈페이지 '奎13301' 원문 이미지 보기>

1890-00-00.「선원보략수정의궤(**璿源譜略修正儀軌**)」, 종친부(宗親府) 편. <1책. 20장. 필사본. 표제는 '(庚寅二月 府上)璿源譜略修正儀軌'. 권수제는 '(光緒十六年庚寅二月 日)璿源譜略修正儀軌'. 한자+이두. 조선 필사 이두 자료. 서울대학교 규장각 한국학연구원 의궤 종합정보 홈페이지 '奎14134' 원문 이미지 보기>

1890-00-00.「선원보략수정의궤(**璿源譜略修正儀軌**)」, 종친부(宗親府) 편. <1책. 19장. 필사본. 표제는 '(庚寅正月合設 府上)璿源譜略修正儀軌'. 권수제는 '(光緒十六年庚寅正月 日)璿源譜略修正儀軌'. 한자+이두. 조선 필사 이두 자료. 서울대학교 규장각 한국학연구원 의궤 종합정보 홈페이지 '奎14132' 원문 이미지 보기>

1890-00-00.「일기청의궤(**日記廳儀軌**)」, 박시순(朴始淳). <1장. 한자+이두. 조선 필사 이두 자료. 부여 은산 함양 박씨 소장. 한국학중앙연구원 장서각 한국고문서자료관 홈페이지 원문 이미지 보기. 한국정신문화연구원 편(2000) 참고>

[1065] 한국학중앙연구원 디지털장서각 홈페이지에서는 서명을 '1890년 박시순(朴始淳) 일기청의궤(日記廳儀軌)'로 적었다.

[1066] 서울대학교 규장각 한국학연구원 의궤 종합정보 홈페이지에서는 서명을 '영조묘호도감의궤(英祖廟號都監儀軌)'로 표시하였다.

1890-00-00. 「추상 존호도감의궤(追上 尊號都監儀軌)」,[1067] 존호도감 편. <1책. 143장. 필사본. 권수제는 '追上 尊號都監儀軌'. 한자+이두. 조선 필사 이두 자료. 한국학중앙연구원 디지털장서각 홈페이지 'K2-'2848 원문 이미지와 텍스트 보기>

1890-00-00. 「추상 존호도감의궤(追上尊號都監儀軌)」, 추상존호도감. <1책. 157장. 필사본. 표제는 '光緖十六年庚寅三月 日追上 尊號都監儀軌 全'. 권수제는 '追上 尊號都監儀軌'. 한자+이두. 조선 필사 이두 자료. 한국학중앙연구원 디지털장서각 홈페이지 'K2-2849' 원문 이미지와 텍스트 보기>

1890-00-00. 「추상 존호도감의궤(追上 尊號都監儀軌)」,[1068] 추상존호도감 편. <1책. 157장. 필사본. 표제는 '追上 尊號都監儀軌全'. 권수제는 '追上 尊號都監儀軌'. 한자+이두. 조선 필사 이두 자료. 서울대학교 규장각 한국학연구원 의궤 종합정보 홈페이지 '奎13272' 원문 이미지 보기>

1890-00-00 이후 추정. 「충훈부등록(忠勳府謄錄)」, 충훈부(忠勳府) 편(編). <39책. 필사본. 한자+이두. 조선 필사 이두 자료. 1609년(己酉) 1월 8일부터 1890년(경인) 11월까지의 충훈부에 관한 기록. 서울대학교 규장각 한국학연구원 홈페이지 원문 이미지 보기>

1891년

<신묘(辛卯), 고종 28년, 광서 17년, 명치 24년>

1891-01-01~1891-12-29. 「결속색등록(結束色謄錄)」 107, 병조(兵曹) 편(編). <1책(107/낙질본 107책). 188장. 필사본. 한자+이두. 조선 필사 이두 자료. 서울대학교 규장각 한국학연구원 홈페이지 1787년~1891년 낙질본 107책(1792년(건륭 57년), 1811년(가경 16년) 하, 1816년(가경 21년), 1817년(가경 22년), 1824년(도광 4년),

---

[1067] 한국학중앙연구원 디지털장서각 홈페이지에서는 서명을 '추상존호도감의궤(追上尊號都監儀軌)'로 붙여 썼다.

[1068] 서울대학교 규장각 한국학연구원 의궤 종합정보 홈페이지에서는 서명을 '숙종인경왕후인현왕후인원왕후추상존호도감의궤(肅宗仁敬王后仁顯王后仁元王后追上尊號都監儀軌)'로 적었다.

1831(도광 11년), 1871(동치 10년), 1885년(광서 11년) 없음) 원문 이미지 보기>

1891-01-06~1891-04-30(辛卯).「사송록(詞訟錄)」1~4, 진천현(鎭川縣) 편(編). <4책. 필사본. 한자+이두. 조선 필사 이두 자료. 서울대학교 규장각 한국학연구원 홈페이지 '古5125-19-v.1-4'의 원문 이미지 보기>

1891-01-20. **노 종옥 토지매매명문**(奴宗玉土地賣買明文), 상전 안(上典安). <1장. 한자+이두. 조선 필사 이두 자료. 전남 보성군 복내면 죽산 안씨 죽곡정사 소장. 호남권 한국학자료센터 홈페이지 원문 이미지와 텍스트 보기. 김태영(1983), 이재수(2003), 박경(2008) 참고>

1891-01-22~1893-12-30(辛卯~癸巳).「천수사록(天水辭錄)」춘(春)·하(夏)·추(秋)·동(冬), 충청도 영춘현(忠淸道 永春縣) 편(篇). <4책. 필사본. 춘의 권수제는 '天水辭錄附日記 辛卯正月'. 한자+이두. 조선 필사 이두 자료. 서울대학교 규장각 한국학연구원 홈페이지 원문 이미지 보기.「각사등록」48(충청도 보유편)(국사편찬위원회 편, 1991) 영인>

1891-01-24. **조시용 토지매매명문**(趙時容土地賣買明文), 답주 자필 김수현(畓主自筆金壽鉉). <1장. 한자+이두. 조선 필사 이두 자료. 경북 영양군 영양읍 삼지리 한양 조씨 하담 고택 구장. 한국국학진흥원 소장. 한국학자료센터 영남권역센터 홈페이지 & 한국국학진흥원 유교넷 홈페이지 원문 이미지와 텍스트 보기. 박병호(1974ㄱ), 최승희(1989), 이재수(2003), 이수건 외(2004) 참고>

1891-01-24. **토지매매명문**(土地賣買明文), 답주 자필 유학 오진순(畓主自筆幼學吳璡淳). <1장. 한자+이두. 조선 필사 이두 자료. 전남 구례군 토지면 오미리 문화 류씨 운조루 소장. 한국학중앙연구원 장서각 한국고문서자료관 홈페이지 원문 이미지와 텍스트 보기. 한국정신문화연구원 편(1998) 참고>

1891-01-31. **거일 토지매매명문**(車日土地賣買明文), 전주 유덕(田主有德). <1장. 한자+이두. 조선 필사 이두 자료. 경북 안동시 오천 광산 김씨 후조당 소장. 한국학중앙연구원 장서각 한국고문서자료관 홈페이지 원문 이미지와 텍스트 보기. 한국정신문화연구원 편(1982) 참고>

1891-01-00. **김재석 등 소지**(金載錫等所志),[1069] 김재석 등. <1장. 한자+이두. 조선 필사 이두 자료. 부여 은산 함양 박씨 소장. 한국학중앙연구원 장서각 한국고문서

자료관 홈페이지 원문 이미지 보기. 한국정신문화연구원 편(2000) 참고>

1891-01-00. **정의현 법환리 오한택 소지**(旌義縣法還里吳漢澤所志), 오한택. <1장. 한자+이두. 조선 필사 이두 자료. 제주도 제주시 일도 이동규 구장. 제주시 일도2동 제주민속자연사박물관 소장. 호남권 한국학자료센터 홈페이지 원문 이미지와 텍스트 보기. 김경숙(2002), 오창명(2007) 참고>

1891-01-00. **토지매매명문**(土地賣買明文),[1070] 전주 유 노 소화균(田主劉奴小化均). <1장. 한자+이두. 조선 필사 이두 자료. 경북 고령군 대가야읍 본관 1리 홍와 고택 구장. 한국국학진흥원 소장. 한국학자료센터 영남권역센터 홈페이지 원문 이미지와 텍스트 보기. 김성갑(2013) 참고>

1891-01-00~1891-12-00(辛卯). 「추조결옥록(秋曹決獄錄)」 41, 형조(刑曹) 편(編). <1책(41/낙질본 43책). 26장. 필사본. 한자+이두. 조선 필사 이두 자료. 서울대학교 규장각 한국학연구원 홈페이지 원문 이미지 보기> <1822-01-00~1822-12-00(1/43)>

1891-02-06. **토지매매명문**(土地賣買明文), 답주 자필 유학 정영희(畓主自筆幼學丁永禧). <1장. 한자+이두. 조선 필사 이두 자료. 전남 구례군 토지면 오미리 문화 류씨 운조루 소장. 한국학중앙연구원 장서각 한국고문서자료관 홈페이지 원문 이미지와 텍스트 보기. 한국정신문화연구원 편(1998) 참고>

1891-02-07. **배치도 전당문기**(裵致道典當文記), 배치도. <1장. 한자+이두. 조선 필사 이두 자료. 전남 보성군 박실 제주 양씨가 구장. 원광대학교 박물관 소장. 호남권 한국학자료센터 홈페이지 원문 이미지와 텍스트 보기>

1891-02-14. **가사매매명문**(家舍賣買明文),[1071] 가대전주 유학 이유원(家垈田主幼學李儒元). <1장. 한자+이두. 조선 필사 이두 자료. 전남 함평군 함평 이씨 이민호

[1069] 한국학중앙연구원 장서각 한국고문서자료관 홈페이지에서는 '1891년 금재석(金載錫) 등 소지(所志)'로 표시하였다. 그런데 '기본 정보'와 '상세 정보'에서는 '김재석'으로 적었다.
[1070] 한국학자료센터 영남권역센터 홈페이지에서는 '1891년 소화균(小化均) 방매 토지매매문문(土地賣買明文)'으로 표시하였다.
[1071] 호남권 한국학자료센터 홈페이지에서는 '1891년 이유원(李儒元) 방매(放賣) 가사매매명문(家舍賣買明文)으로 표시하였다.

구장. 목포 함평 이씨 이명헌 소장. 호남권 한국학자료센터 홈페이지 원문 이미지와 텍스트 보기. 최승희(2003) 참고>

1891-02-18. **사평계 토지매매명문**(沙坪稧土地賣買明文), 답주 조 호 무돌(畓主趙戶戊乭). <1장. 한자+이두. 조선 필사 이두 자료. 경북 영양군 영양읍 삼지리 한양 조씨 하담 고택 구장. 한국국학진흥원 소장. 한국학자료센터 영남권역센터 홈페이지 원문 이미지와 텍스트 보기. 박병호(1974ㄱ), 최승희(1989), 이재수(2003), 이수건 외(2004) 참고>

1891-02-26 이후 추정.「용강군 일운지면 구6리 치사인 오상조 옥사 초검 문안(龍岡郡日運池面舊六里致死人吳尙祚獄事初檢文案)」, 초검관 삼화도호부사(初檢官三和都護府使). <1책. 25장. 필사본. 한자+이두. 필사 이두 자료. 서울대학교 규장각 한국학연구원 홈페이지 '奎26430' 원문 이미지 보기>

1891-02-00. **박치용 등 등장**(朴致鏞等等狀), 박치용 등. <1장. 한자+이두. 조선 필사 이두 자료. 전북 장수군 침곡 충주 박씨가 소장. 호남권 한국학자료센터 홈페이지 원문 이미지와 텍스트 보기. 박병호(1974ㄱ) 참고>

1891-02-00. **표기**(標記),[1072] 표주 정(標主丁). <1장. 한자+이두. 조선 필사 이두 자료. 전남 구례군 토지면 오미리 문화 류씨 운조루 소장. 한국학중앙연구원 장서각 한국고문서자료관 홈페이지 원문 이미지와 텍스트 보기. 한국정신문화연구원 편(1998) 참고>

1891-03-14. **영광군수 하체**(靈光郡守下帖), 영광군수. <1장. 한자+이두. 조선 필사 이두 자료. 영광 입석 영월 신씨 소장. 한국학중앙연구원 장서각 한국고문서자료관 홈페이지 원문 이미지와 텍스트 보기. 한국정신문화연구원 편(1996) 참고>

1891-03-18(광서 17년).「본부 대황 교작 나죄인 등 행사 문안(本府大皇橋作拏罪人等行査文案)」,[1073] 용인현(龍仁縣) 편(編). <1책. 13장. 필사본. 한자+이두. 조선 필사 이두 자료. 서울대학교 규장각 한국학연구원 홈페이지 원문 이미지 보기> <영인

[1072] 한국학중앙연구원 장서각 한국고문서자료관 홈페이지에서는 '1891년 토지매매명문(土地賣買明文)'으로 표시하였다.

[1073] 서울대학교 규장각 한국학연구원 홈페이지에서는 책명을 '本府大皇橋作拏罪人等行査文案 본부대황교작라죄인등행사문안'으로 표시하였다.

본: 「각사등록」 47(경기도 보유편)(국사편찬위원회 편, 1990)>

1891-03-19. **토지매매명문**(土地賣買明文),[1074] 답주 유학 정경도(畓主幼學鄭景道). <1장. 한자+이두. 조선 필사 이두 자료. 전남 보성군 박실 제주 양씨가 구장. 원광대학교 박물관 소장. 호남권 한국학자료센터 홈페이지 원문 이미지와 텍스트 보기>

1891-03-20. **석백옥 토지매매명문**(石白玉土地賣買明文), 답주 심 생원 댁 노 순절(畓主沈生員宅奴順切). <1장. 한자+이두. 조선 필사 이두 자료. 제천 한수 연안 이씨 소장. 한국학중앙연구원 장서각 한국고문서자료관 홈페이지 원문 이미지 보기. 한국정신문화연구원 편(2001) 참고>

1891-03-00. **이종성 소지**(李鍾成所志) 1, 이종성. <1장. 한자+이두. 조선 필사 이두 자료. 전북 익산 용화 전주 이씨가 구장. 전북대학교 박물관 소장. 호남권 한국학자료센터 홈페이지 원문 이미지와 텍스트 보기. 최승희(1989), 김경숙(2002), 심재우(2013) 참고>

1891-03-00. **화민 신휘상 단자**(化民辛徽常單子), 신휘상. <1장. 한자+이두. 조선 필사 이두 자료. 영광 입석 영월 신씨 소장. 한국학중앙연구원 장서각 한국고문서자료관 홈페이지 원문 이미지와 텍스트 보기. 한국정신문화연구원 편(1996) 참고>

1891-04-11. **토지매매명문**(土地賣買明文), 답주 이 노 덕단(畓主李奴德丹). <1장. 한자+이두. 조선 필사 이두 자료. 경북 경주시 소정리 경주 이씨 소장. 한국학중앙연구원 장서각 한국고문서자료관 홈페이지 원문 이미지 보기. 한국정신문화연구원 편(2002) 참고>

1891-04-15. **토지매매명문**(土地賣買明文),[1075] 답주 김 노 삼득(畓主金奴三得). <1장. 한자+이두. 조선 필사 이두 자료. 경북 고령군 대가야읍 본관 1리 홍와 고택 구장. 한국국학진흥원 소장. 한국학자료센터 영남권역센터 홈페이지 원문 이미지와 텍스트 보기. 김성갑(2013) 참고>

[1074] 호남권 한국학자료센터 홈페이지에서는 '1891년 정경도(鄭景道) 방매(放賣) 토지매매명문(土地賣買明文)'으로 표시하였다.

[1075] 한국학자료센터 영남권역센터 홈페이지에서는 '1891년 김노(金奴) 삼득(三得) 방매 토지매매명문(土地賣買明文)'으로 표시하였다.

1891-04-00. **고유종 등 소지**(高有鍾等所志), 고유종 등. <1장. 한자+이두. 조선 필사 이두 자료. 전북 군산시 임피면 갈운 제주 고씨가 구장. 군산근대역사박물관 소장. 호남권 한국학자료센터 홈페이지 원문 이미지와 텍스트 보기. 박병호(1974ㄱ), 최승희(1989), 전경목(1997), 김현영(1999), 정구복(2002), 김경숙(2012) 참고>

1891-04-00. **박기환 소지**(朴基煥所志), 박기환. <1장. 한자+이두. 조선 필사 이두 자료. 전북 임실군 청웅 밀양 박씨가 소장. 호남권 한국학자료센터 홈페이지 원문 이미지와 텍스트 보기. 최승희(1989), 김선경(1993), 김경숙(2002) 참고>

1891-04-00. **신방묵 등 소지**(辛邦默等所志), 신방묵 등. <1장. 한자+이두. 조선 필사 이두 자료. 영광 입석 영월 신씨 소장. 한국학중앙연구원 장서각 한국고문서자료관 홈페이지 원문 이미지와 텍스트 보기. 한국정신문화연구원 편(1996) 참고>

1891-04-00. **이군장 소지**(李君章所志), 이군장. <1장. 한자+이두. 조선 필사 이두 자료. 전북 익산 용화 전주 이씨가 구장. 전북대학교 박물관 소장. 호남권 한국학자료센터 홈페이지 원문 이미지와 텍스트 보기. 최승희(1989), 김경숙(2002), 심재우(2013) 참고>

1891-04-00. **토지매매명문**(土地賣買明文), 답주 남 노 일심(畓主南奴一心). <1장. 한자+이두. 조선 필사 이두 자료. 경북 경주시 소정리 경주 이씨 소장. 한국학중앙연구원 장서각 한국고문서자료관 홈페이지 원문 이미지 보기. 한국정신문화연구원 편(2002) 참고>

1891-04-00. **토지매매명문**(土地賣買明文), 최돈수(崔燉壽). <1장. 한자+이두. 조선 필사 이두 자료. 경북 경주시 내남면 이조리 경주 최씨·용산서원 소장. 한국학중앙연구원 장서각 한국고문서자료관 홈페이지 원문 이미지 보기. 한국정신문화연구원 편(2000) 참고>

1891-05-03. **토지매매명문**(土地賣買明文),[1076] 답주 이원(畓主李元). <1장. 한자+이두. 조선 필사 이두 자료. 경북 고령군 대가야읍 본관 1리 홍와 고택 구장. 한국국학진흥원 소장. 한국학자료센터 영남권역센터 홈페이지 원문 이미지와 텍스트

[1076] 한국학자료센터 영남권역센터 홈페이지에서는 '1891년 이원(李元) 방매 토지매매명문(土地賣買明文)'으로 표시하였다.

보기. 김성갑(2013) 참고>

1891-05-12. **토지매매명문**(土地賣買明文), 산주 박해안(山主朴海顔). <1장. 한자+이두. 조선 필사 이두 자료. 제천 한수 연안 이씨 소장. 한국학중앙연구원 장서각 한국고문서자료관 홈페이지 원문 이미지 보기. 한국정신문화연구원 편(2001) 참고>

1891-05-15. **토지매매명문**(土地賣買明文),[1077] 답주 유학 김계각(畓主幼學金桂珏). <1장. 한자+이두. 조선 필사 이두 자료. 전남 보성군 박실 제주 양씨가 구장. 원광대학교 박물관 소장. 호남권 한국학자료센터 홈페이지 원문 이미지와 텍스트 보기. 박병호(1974ㄱ), 최승희(1989), 이재수(2003) 참고>

1891-05-16. **김흥락 단자**(金興洛單子), 김흥락. <1장. 한자+이두. 조선 필사 이두 자료. 안동 금계 의성 김씨 학봉 종가 소장. 한국학중앙연구원 장서각 한국고문서자료관 홈페이지 원문 이미지와 텍스트 보기. 한국정신문화연구원 편(1989) 참고>

1891-05-20. **수표**(手標), 표주 죽소 호 석남(標主竹所戶石男). <1장. 한자+이두. 조선 필사 이두 자료. 경북 영해 인량 재령 이씨 충효당 소장. 한국학중앙연구원 장서각 한국고문서자료관 홈페이지 원문 이미지 보기. 한국정신문화연구원 편(1997) 참고>

1891-05-00. 토지매매명문(土地賣買明文), 답주 이 노 일심(畓主李奴一心). <1장. 한자+이두. 조선 필사 이두 자료. 경북 경주시 소정리 경주 이씨 소장. 한국학중앙연구원 장서각 한국고문서자료관 홈페이지 원문 이미지 보기. 한국정신문화연구원 편(2002) 참고>

1891-05-00. **토지매매명문**(土地賣買明文), 답주 자필 구례 미동 유강령 댁 노 봉석(畓主自筆求禮美洞柳康翎宅奴鳳石) <1장. 한자+이두. 조선 필사 이두 자료. 전남 구례군 토지면 오미리 문화 류씨 운조루 소장. 한국학중앙연구원 장서각 한국고문서자료관 홈페이지 원문 이미지와 텍스트 보기. 한국정신문화연구원 편(1998)

1077 호남권 한국학자료센터 홈페이지에서는 '1891년 김계각(金桂珏) 방매(放賣) 토지매매명문(土地賣買明文)'으로 표시하였다.

참고>

1891-06-00. 「우도 15읍 진역 사례(右道十五邑鎭驛事例)」, 충청감영(忠淸監營). <1책. 31장. 필사본. 한자+이두. 조선 필사 이두 자료. 서울대학교 규장각한국학연구원 홈페이지 원문 이미지 보기> <영인본: 「각사등록」 48(충청도 보유편)(국사편찬위원회 편, 1991)>

1891-06-00. **이재근 등 상서**(李在根等上書), 이재근 등. <1장. 한자+이두. 조선 필사 이두 자료. 경북 안동시 주촌 진성 이씨 경류정 구장. 서울역사박물관 소장. 한국학중앙연구원 장서각 한국고문서자료관 홈페이지 & 한국학중앙연구원 한국학디지털 아카이브 홈페이지 원문 이미지와 텍스트 보기. 한국정신문화연구원 편 (1999) 참고>

1891-06-00 추정. 「좌도 14읍 진역 사례(右道五十邑鎭驛事例)」, 충청감영(忠淸監營). <1책. 20장. 필사본. 한자+이두. 조선 필사 이두 자료. 서울대학교 규장각 한국학연구원 홈페이지 원문 이미지 보기> <영인본: 「각사등록」 48(충청도 보유편)(국사편찬위원회 편, 1991)>

1891-07-03. 수기(手記),[1078] 산지주 유학 서병만(山地主幼學徐丙巒). <1장. 한자+이두. 조선 필사 이두 자료. 전북 진안 개화 전주 이씨가 소장. 호남권 한국학자료센터 홈페이지 원문 이미지와 텍스트 보기. 최승희(1989), 전북향토문화연구회 편 (1993), 정구복 외(1999) 참고>

1891-07-00(신묘). 「각면약문(各面約文)」, 자성군(慈城郡). <1책. 4장. 필사본. 한자+이두. 조선 필사 이두 자료. 서울대학교 규장각 한국학연구원 홈페이지 원문 이미지 보기>

1891-07-00. **토지매매명문**(土地賣買明文),[1079] 전주 박 노 소천삼(田主朴奴小千三). <1장. 한자+이두. 조선 필사 이두 자료. 경북 고령군 대가야읍 본관 1리 홍와 고택 구장. 한국국학진흥원 소장. 한국학자료센터 영남권역센터 홈페이지 원문 이미지

[1078] 호남권 한국학자료센터 홈페이지에서는 '1891년 서병만(徐丙巒) 수기(手記)'로 표시하였다.
[1079] 한국학자료센터 영남권역센터 홈페이지에서는 '1891년 박노(朴奴) 소천삼(小千三) 방매 토지매매명문(土地賣買明文)'으로 표시하였다.

와 텍스트 보기. 김성갑(2013) 참고>

1891-08-20. **문장 시장문기**(門長柴場文記),[1080] 시장주 삼종손 박종규(柴場主三從孫朴鍾圭). <1장. 한자+이두. 조선 필사 이두 자료. 전북대학교 박물관 소장. 호남권 한국학자료센터 홈페이지 원문 이미지와 텍스트 보기. 최승희(1989), 정구복 외(1999), 이재수(2003) 참고>

1891-08-20. **유학 구촌 숙부 시장문기**(幼學九寸叔父柴場文記),[1081] 시장주 유학 구촌질 박종규(柴場主 幼學九寸侄朴鍾圭). <1장. 한자+이두. 조선 필사 이두 자료. 전북대학교 박물관 소장. 호남권 한국학자료센터 홈페이지 원문 이미지와 텍스트 보기. 박병호(1974ㄱ), 이재수(2003) 참고>

1891-08-22. **유학 토지매매명문**(幼學土地賣買明文), 답주 유학 이학수(畓主幼學李學洙). <1장. 한자+이두. 조선 필사 이두 자료. 전북 진안 마령 성주 이씨가 구장. 전북 정읍시 동학농민혁명기념관 소장. 호남권 한국학자료센터 홈페이지 원문 이미지와 텍스트 보기. 박병호(1974ㄱ), 이재수(2003) 참고>

1891-08-23~1893-07-03(광서 17년 辛卯~癸巳). 「(광서 17년 7월 일)제3목록(**光緒十七年七月 日第三目錄**)[1082]」, 동래부(東萊府) 편(編). <1책(3/전5책). 63장. 필사본. 표제는 '(光緒十七年辛卯七月以癸巳七月至)第三目錄'. 한자+이두. 조선 필사 이두 자료. 서울대학교 규장각한국학연구원 홈페이지 원문 이미지 보기> <영인본: 「각사등록」 17(경상도편 7)(국사편찬위원회 편, 1985)> <1857-03-10~1858-12-27(제1 목록)>

1891-08-00. **김국황 첩**(金國黃帖), 방어사(防禦使). <1장. 한자+이두. 제주교육박물관 소장. 사이버 제주교육박물관 홈페이지 원문 이미지와 텍스트 보기>

1891-08-00. **고운선 첩**(高雲仙帖), 방어사(防禦使). <1장. 한자+이두. 제주교육박물관 소장. 사이버 제주교육박물관 홈페이지 원문 이미지와 텍스트 보기>

[1080] 호남권 한국학자료센터 홈페이지에서는 '1891년 박종규(朴鍾圭) 방매 시장문기(柴場文記)'로 표시하였다.

[1081] 호남권 한국학자료센터 홈페이지에서는 '1891년 구촌숙(九寸叔) 토지매매명문(土地賣買明文)'으로 표시하였다.

[1082] 서울대학교 규장각 한국학연구원 홈페이지에서는 책명을 '公文日錄 공문일록'으로 표시하였다.

1891-09-01. **쾌업 가사매매명문**(快業家舍賣買明文), 가대주 김내귀(家垈主金乃貴). <1장. 한자+이두. 조선 필사 이두 자료. 경북 안동시 법흥동 고성 이씨 탑동 종가 구장. 한국국학진흥원 소장. 한국학자료센터 영남권역센터 홈페이지 원문 이미지와 텍스트 보기. 박병호(1974ㄱ), 최승희(1989), 이재수(2003), 이수건 외 (2004), 전경목(2010) 참고>

1891-09-10. **토지매매명문**(土地賣買明文),[1083] 답주 유학 이서모(畓主幼學李署模). <1 장. 한자+이두. 조선 필사 이두 자료. 전북 무장 원송 진주 강씨가 구장. 전북대학 교 박물관 소장. 호남권 한국학자료센터 홈페이지 원문 이미지와 텍스트 보기. 박병호(1974ㄱ), 최승희(1989), 이재수(2003) 참고>

1891-09-00. **가사매매명문**(家舍賣買明文), 가답주 이 노 금덕(家畓主李奴今德). <1장. 한자+이두. 조선 필사 이두 자료. 경북 경주시 소정리 경주 이씨 소장. 한국학중 앙연구원 장서각 한국고문서자료관 홈페이지 원문 이미지 보기. 한국정신문화연 구원 편(2002) 참고>

1891-09-00. **김영술 소지**(金永述所志), 김영술. <1장. 한자+이두. 조선 필사 이두 자료. 전북 부안군 우반 부안 김씨 세덕각 소장. 호남권 한국학자료센터 홈페이지 원문 이미지와 텍스트 보기. 박병호(1974ㄱ), 최승희(1989), 김현영(1999), 전경목 (2001), 정구복(2002) 참고>

1891-09-00. **의정부 완문**(議政府完文), 의정부. <1책. 4장. 한자+이두. 조선 필사 이 두 자료. 경남 고성 옥천사 보장각 소장. 한국학중앙연구원 장서각 한국고문서자 료관 홈페이지 원문 이미지 보기>

1891-09-00. **이종기 소지**(李鍾基所志), 이종기. <1장. 한자+이두. 조선 필사 이두 자료. 경북 경주시 소정리 경주 이씨 소장. 한국학중앙연구원 장서각 한국고문서 자료관 홈페이지 원문 이미지 보기. 한국정신문화연구원 편(2002) 참고>

1891-09-00 이후 필사 추정. 「별례방등록(**別例房謄錄**)」 1~3, 호조(戶曹) 별례방(別例 房) 편(編). <3책. 필사본. 필사본. 한자+이두. 조선 필사 이두 자료. 1890년(경인)

1083 호남권 한국학자료센터 홈페이지에서는 '1891년 이서모(李署模) 방매(放賣) 토지매매명문(土地賣 買明文)'으로 표시하였다.

1월부터 1891년(辛卯) 9월까지의 호조 별례방의 각 아문에 지출한 경비에 관한 기록. 서울대학교 규장각 한국학연구원 홈페이지 원문 이미지 보기> <영인본: 「각사등록」 82. 호조편(국사편찬위원회 편, 1995)>

1891-10-19~1893-03-23(광서 17년~광서 19년).「관동계록(關東啓錄)」 강원감영(江原監營) 편(編). <1책. 115장. 필사본. 한자+이두. 조선 필사 이두 자료. 서울대학교 규장각 한국학연구원 홈페이지 원문 이미지 보기> <영인본:「각사등록」 27 (강원도편 1)(국사편찬위원회 편, 1988)>

1891-10-23~1893-02-29.「의송등서책(議送謄書冊)」 1~17, 강원도(江原道) 편(編). <17책. 필사본. 한자+이두. 조선 필사 이두 자료. 서울대학교 규장각 한국학연구원 홈페이지 원문 이미지 보기> <영인본:「각사등록」 27(강원도편 1)(국사편찬위원회 편, 1988)>

1891-10-29. **토지매매명문**(土地賣買明文),[1084] 답주 문장 박득삼(畓主門長朴得三). <1장. 한자+이두. 조선 필사 이두 자료. 전남 나주시 남내 밀양 박씨 청재 종가 소장. 호남권 한국학자료센터 홈페이지 원문 이미지와 텍스트 보기. 오인택(1994) 참고>

1891-10-29. **토지매매명문**(土地賣買明文),[1085] 답주 정내겸(畓主丁乃兼). <1장. 한자+이두. 조선 필사 이두 자료. 전남 장흥군 용산 밀양 박씨 박철환 소장. 호남권 한국학자료센터 홈페이지 원문 이미지와 텍스트 보기. 최승희(1989), 정구복 외(1999), 전경목 외(2006) 참고>

1891-10-00. **면주전 시민 소지**(綿紬廛市民所志), 면주전 시민 <1장. 한자+이두. 조선 필사 이두 자료. 일본 경도대학 가와이문고 소장. 고려대학교 해외한국학자료센터 홈페이지 원문 이미지 보기>

1891-10-00. **박시순 단자**(朴始淳單子) 1, 박시순. <1장. 한자+이두. 조선 필사 이두 자료. 부여 은산 함양 박씨 소장. 한국학중앙연구원 장서각 한국고문서자료관

[1084] 호남권 한국학자료센터 홈페이지에서는 '1891년 박득삼(朴得三) 방매(放賣) 토지매매명문(土地賣買明文)'으로 표시하였다.

[1085] 호남권 한국학자료센터 홈페이지에서는 '1891년 정내겸(丁乃兼) 방매(放賣) 토지매매명문(土地賣買明文)'으로 표시하였다.

홈페이지 원문 이미지 보기. 한국정신문화연구원 편(2000) 참고>

1891-10-00. **박시순 단자**(朴始淳單子) 2, 박시순. <1장. 한자+이두. 조선 필사 이두 자료. 부여 은산 함양 박씨 소장. 한국학중앙연구원 장서각 한국고문서자료관 홈페이지 원문 이미지 보기. 한국정신문화연구원 편(2000) 참고>

1891-10-00. **의인 문중 토지매매명문**(宜仁門中土地賣買明文), 답주 김휘호(畓主金輝昊). <1장. 한자+이두. 조선 필사 이두 자료. 경북 안동시 도산면 의촌리 은졸재 고택 구장. 한국국학진흥원 소장. 한국학자료센터 영남권역센터 홈페이지 원문 이미지와 텍스트 보기>

1891-10-00. **평산 읍민 소지**(平山邑民所志) 1, 평산 읍민. <1장. 한자+이두. 조선 필사 이두 자료. 부여 은산 함양 박씨 소장. 한국학중앙연구원 장서각 한국고문서 자료관 홈페이지 원문 이미지 보기. 한국정신문화연구원 편(2000) 참고>

1891-10-00. **평산 읍민 소지**(平山邑民所志) 2, 평산 읍민. <1장. 점련문서. 한자+이두. 조선 필사 이두 자료. 부여 은산 함양 박씨 소장. 한국학중앙연구원 장서각 한국고 문서자료관 홈페이지 원문 이미지 보기. 한국정신문화연구원 편(2000) 참고>

1891-11-20. **김 노 복심 토지매매명문**(金奴卜心土地賣買明文), 답주 박광이(畓主朴光伊). <1장. 한자+이두. 조선 필사 이두 자료. 경북 안동시 수곡면 전주 류씨 삼산 종가 구장. 대구광역시 수성구 만촌동 전주 류씨 종가 소장. 한국학자료센터 영남 권역센터 홈페이지 원문 이미지와 텍스트 보기. 최승희(1989), 이재수(2000, 2003), 김경숙(2002), 전경목(2010), 정수환(2012) 참고>

1891-11-20. **토지매매명문**(土地賣買明文), 답주 외손 차학이(畓主外孫車鶴伊). <1장. 한자+이두. 조선 필사 이두 자료. 경북 경주시 소정리 경주 이씨 소장. 한국학중 앙연구원 장서각 한국고문서자료관 홈페이지 원문 이미지 보기. 한국정신문화연 구원 편(2002) 참고>

1891-11-20. **학계 토지매매명문**(學稧土地賣買明文), 답주 노 춘근(畓主奴春根). <1장. 한자+이두. 조선 필사 이두 자료. 경북 영양군 영양읍 삼지리 한양 조씨 하담 고택 구장. 한국국학진흥원 소장. 한국학자료센터 영남권역센터 홈페이지 원문 이미지와 텍스트 보기. 박병호(1974ㄱ), 최승희(1989), 이재수(2003), 이수건 외 (2004) 참고>

1891-11-22. **차일분 토지매매명문**(車一分土地賣買明文), 답주 손경도(畓主孫敬道). <1장. 한자+이두. 조선 필사 이두 자료. 경북 상주 낙동 풍양 조씨 양진당 소장. 한국학중앙연구원 장서각 한국고문서자료관 홈페이지 원문 이미지 보기>

1891-11-23. **장 생원 댁 토지매매명문**(張生員宅土地賣買明文), 답주 정승문(畓主鄭承文). <1장. 한자+이두. 조선 필사 이두 자료. 경북 안동시 도산면 의촌리 은졸재 고택 구장. 한국국학진흥원 소장. 한국학자료센터 영남권역센터 홈페이지 원문 이미지와 텍스트 보기>

1891-11-25. **일가 댁 노 덕흥 토지매매명문**(一家宅奴德興土地賣買明文), 답주 일가 댁 노 사금(畓主一家宅奴士金). <1장. 한자+이두. 조선 필사 이두 자료. 전북 익산 마동 창녕 조씨가 소장. 호남권 한국학자료센터 홈페이지 원문 이미지와 텍스트 보기. 최승희(1989), 이재수(2003) 참고>

1891-11-28. **수표**(手標), 수표주 은기호(手標主殷基弘). <1장. 한자+이두. 조선 필사 이두 자료. 전북 고창 석호 담양 국씨가 구장. 전북대학교 박물관 소장. 호남권 한국학자료센터 홈페이지 원문 이미지와 텍스트 보기. 박병호(1974ㄱ), 최승희(1989), 정구복 외(1999) 참고>

1891-11-28. **원곡 댁 가사매매명문**(元谷宅家舍賣買明文),[1086] 가주 임해용(家主林海用). <1장. 한자+이두. 조선 필사 이두 자료. 경북 영해 인량 재령 이씨 충효당 소장. 한국학중앙연구원 장서각 한국고문서자료관 홈페이지 원문 이미지 보기. 한국정신문화연구원 편(1997) 참고>

1891-11-00. **수표**(手標),[1087] 수표주 신순명(手標主申順命). <1장. 한자+이두. 조선 필사 이두 자료. 아산 선교 장흥 임씨 구장. 한국학중앙연구원 장서각 한국고문서자료관 홈페이지 원문 이미지 보기. 한국학중앙연구원 편(2008) 참고>

1891-11-00. **이종성 소지**(李鍾成所志) 2, 이종성. <1장. 한자+이두. 조선 필사 이두 자료. 전북 익산 용화 전주 이씨가 구장. 전북대학교 박물관 소장. 호남권 한국학

[1086] 한국학중앙연구원 장서각 한국고문서자료관 홈페이지에서는 '1891년 원곡댁(元谷宅) 토지매매명문(土地賣買明文)'으로 표시하였다.

[1087] 한국학중앙연구원 장서각 한국고문서자료관 홈페이지에서는 '1891년 수표주(手標主) 신순명(申順命) 수표(手標)'로 표시하였다.

자료센터 홈페이지 원문 이미지와 텍스트 보기. 최승희(1989), 김경숙(2002), 심재우(2013) 참고>

1891-11-00. **토지매매명문**(土地賣買明文),[1088] 답주 집필 남 노 복열(畓主執筆南奴卜悅). <1장. 한자+이두. 조선 필사 이두 자료. 경북 고령군 대가야읍 본관 1리 홍와 고택 구장. 한국국학진흥원 소장. 한국학자료센터 영남권역센터 홈페이지 원문 이미지와 텍스트 보기. 김성갑(2013) 참고>

1891-11-00 추정. **경거 오 상인 댁 노 이손 발괄**(京居吳喪人宅奴二孫白活),[1089] 이손. <1장. 한자+이두. 조선 필사 이두 자료. 경기도 용인시 오산 해주 오씨 추탄 종가 구장. 한국학중앙연구원 장서각 한국고문서자료관 홈페이지 원문 이미지와 텍스트 보기. 한국정신문화연구원 편(1998) 참고>

1891-12-05~1892-07-19(辛卯~壬辰). 「의화군관례등록(**義和君冠禮謄錄**)」, 종친부(宗親府) 편(編). <1책. 34장. 필사본. 한자+이두. 조선 필사 이두 자료. 1892년 7월 20일 진시(辰時)에 거행한 의화군 관례에 관한 기록. 서울대학교 규장각 한국학연구원 홈페이지 원문 이미지 보기>

1891-12-07. **종계 토지매매명문**(宗稧土地賣買明文), 답주 김문중(畓主金文中). <1장. 한자+이두. 조선 필사 이두 자료. 경북 안동시 수곡면 전주 류씨 삼산 종가 구장. 대구광역시 수성구 만촌동 전주 류씨 종가 소장. 한국학자료센터 영남권역센터 홈페이지 원문 이미지와 텍스트 보기. 최승희(1989), 이재수(2003), 전경목(2010), 정수환(2012) 참고>

1891-12-12. **토지매매명문**(土地賣買明文),[1090] 답주 박선학(畓主朴先學). <1장. 한자+이두. 조선 필사 이두 자료. 경북 고령군 대가야읍 본관 1리 홍와 고택 구장. 한국국학진흥원 소장. 한국학자료센터 영남권역센터 홈페이지 원문 이미지와

[1088] 한국학자료센터 영남권역센터 홈페이지에서는 '1891년 남노(南奴) 복열(卜悅) 방매 토지매매명문(土地賣買明文)'으로 표시하였다.

[1089] 한국학중앙연구원 장서각 한국고문서자료관 홈페이지에서는 '1891년(?) 오상인댁(吳喪人宅) 노(奴) 이손(二孫) 소지(所志)'로 표시하였다.

[1090] 한국학자료센터 영남권역센터 홈페이지에서는 '1891년 박선학(朴先學) 방매 토지매매명문(土地賣買明文)'으로 표시하였다.

텍스트 보기. 김성갑(2013) 참고>

1891-12-12. **토지매매명문**(土地賣買明文),[1091] 답주 이영진(畓主李永眞). <1장. 한자+이두. 조선 필사 이두 자료. 경북 고령군 대가야읍 본관 1리 홍와 고택 구장. 한국국학진흥원 소장. 한국학자료센터 영남권역센터 홈페이지 원문 이미지와 텍스트 보기. 김성갑(2013) 참고>

1891-12-15. **지산 별소 토지매매명문**(芝山別所土地賣買明文), 답주 권 노 복이(畓主權奴福伊). <1장. 한자+이두. 조선 필사 이두 자료. 안동 천전 의성 김씨 지촌 종택 소장. 한국학중앙연구원 장서각 한국고문서자료관 홈페이지 원문 이미지와 텍스트 보기. 한국정신문화연구원 편(1990) 참고>

1891-12-16. **토지매매명문**(土地賣買明文),[1092] 답주 유학 강군표(畓主幼學姜君表). <1장. 한자+이두. 조선 필사 이두 자료. 전남 나주시 남내 밀양 박씨 청재 종가 소장. 호남권 한국학자료센터 홈페이지 원문 이미지와 텍스트 보기. 오인택(1994) 참고>

1891-12-19. **토지매매명문**(土地賣買明文), 답주 유학 최창현(畓主幼學崔昌鉉). <1장. 한자+이두. 조선 필사 이두 자료. 전남 구례군 토지면 오미리 문화 류씨 운조루 소장. 한국학중앙연구원 장서각 한국고문서자료관 홈페이지 원문 이미지와 텍스트 보기. 한국정신문화연구원 편(1998) 참고>

1891-12-20. **토지매매명문**(土地賣買明文), 답주 유학 문규오(畓主幼學文奎五). <1장. 한자+이두. 조선 필사 이두 자료. 전남 보성군 복내면 죽산 안씨 죽곡정사 소장. 호남권 한국학자료센터 홈페이지 원문 이미지와 텍스트 보기. 김태영(1983), 손환일(2004ㄱ), 정수환·이헌창(2008) 참고>

1891-12-24. **유학 김정팔 토지매매명문**(幼學金正八土地賣買明文), 전주 산인 묘진(田主山人妙眞). <1장. 한자+이두. 조선 필사 이두 자료. 전남 나주시 남내 밀양 박씨 청재 종가 소장. 호남권 한국학자료센터 홈페이지 원문 이미지와 텍스트

1091 한국학자료센터 영남권역센터 홈페이지에서는 '1891년 이영진(李永眞) 방매 토지매매명문(土地賣買明文)'으로 표시하였다.

1092 호남권 한국학자료센터 홈페이지에서는 '1891년 강군표(姜君表) 방매(放賣) 토지매매명문(土地賣買明文)'으로 표시하였다.

보기. 이재수(2003), 이수건 외(2004) 참고>

1891-12-27. **토지매매명문**(土地賣買明文), 전주 유학 이재연(田主幼學李在淵). <1장. 한자+이두. 조선 필사 이두 자료. 경북 안동시 주촌 진성 이씨 경류정 구장. 서울역사박물관 소장. 한국학중앙연구원 장서각 한국고문서자료관 홈페이지 원문 이미지와 텍스트 보기. 한국정신문화연구원 편(1999) 참고>

1891-12-00. **화민 이덕영·이수창 등 소지**(化民李德榮李壽昌等所志), 이덕영·이수창 등. <1장. 한자+이두. 조선 필사 이두 자료. 경북 영해 인량 재령 이씨 충효당 소장. 한국학중앙연구원 장서각 한국고문서자료관 홈페이지 원문 이미지 보기. 한국정신문화연구원 편(1997) 참고>

1891-■2-14. **토지매매명문**(土地賣買明文), 답주 최 노 오석(畓主崔奴吳石). <1장. 한자+이두. 조선 필사 이두 자료. 경북 경주시 내남면 이조리 경주 최씨·용산서원 소장. 한국학중앙연구원 장서각 한국고문서자료관 홈페이지 원문 이미지 보기. 한국정신문화연구원 편(2000) 참고>

1891-00-00. 「가상 존호도감의궤(**加上 尊號都監儀軌**)」,[1093] 가상존호도감. <1책. 255장. 필사본. 표제는 '光緒十四年戊子二月十三日 五臺山城上 大王大妃殿 王大妃殿 中宮殿加上尊號 加上尊號都監儀軌全'. 권수제는 '加上 尊號都監儀軌'. 한자+이두. 조선 필사 이두 자료. 서울대학교 규장각 한국학연구원 의궤 종합정보 홈페이지 '奎13473' 원문 이미지 보기>

1891-00-00. 「가상 존호도감의궤(**加上 尊號都監儀軌**)」,[1094] 가상존호도감. <1책. 255장. 필사본. 표제는 '光緖十六年庚寅二月十一日 春秋館上 大殿 大王大妃殿 王大妃殿 中宮殿加上尊 號加上 尊號都監儀軌全'. 권수제는 '加上 尊號都監儀軌'. 한자+이두. 조선 필사 이두 자료. 서울대학교 규장각 한국학연구원 의궤 종합정보 홈페이지 '奎13475'

[1093] 서울대학교 규장각 한국학연구원 의궤 종합정보 홈페이지에서는 서명을 표제나 권수제와는 달리 '고종신정왕후효정왕후명성왕후가상존호도감의궤(高宗神貞王后孝定王后明聖王后加上尊號都監儀軌)'로 적었다.

[1094] 서울대학교 규장각 한국학연구원 의궤 종합정보 홈페이지에서는 서명을 표제나 권수제와는 달리 '고종신정왕후효정왕후명성왕후가상존호도감의궤(高宗神貞王后孝定王后明聖王后加上尊號都監儀軌)'로 적었다.

원문 이미지 보기>

1891-00-00.「가상 존호도감의궤(加上 尊號都監儀軌)」,[1095] 존호도감 편. <1책. 155장. 필사본. 표제는 '加上 尊號都監儀軌全'. 권수제는 '加上 尊號都監儀軌'. 한자+이두. 조선 필사 이두 자료. 서울대학교 규장각 한국학연구원 의궤 종합정보 홈페이지 '奎13460' 원문 이미지 보기>

1891-00-00.「동몽선습(童蒙先習)」, 민제인(閔齊仁)·박세무(朴世茂) 외 공술(共述).[1096] <辛卯 孟冬 重刊. 1책. 15장. 목판본. 대자 한자+인쇄 소자 한자 구결(예: 天地之間 萬物之衆厓). 고창 흥덕 평해 황씨 황윤석 종가 소장. 장서각 한국고문서자료관 홈페이지 원문 일부 이미지 보기> <이본: 1543-00-00(원간본) 참고>

1891-00-00.「민송초개(民訟草槪)」, 강원감영(江原監營) 편(編). <1책. 3장. 필사본. 한자+이두. 필사 이두 자료. 서울대학교 규장각 한국학연구원 홈페이지 '奎 27716'의 원문 이미지 보기>

1891-00-00.「선원보략수정의궤(璿源譜略修正儀軌)」, 종친부(宗親府) 편. <1책. 20장. 필사본. 표제는 '(庚寅三月 九月 十二月 合設 府上)璿源譜略修正儀軌'. 권수제는 '(光緒十六年庚寅三月 日)璿源譜略修正儀軌'. 한자+이두. 조선 필사 이두 자료. 서울대학교 규장각 한국학연구원 의궤 종합정보 홈페이지 '奎14133' 원문 이미지 보기>

1891-00-00.「윤등중기(尹等重記)」,[1097] 아이진(阿耳鎭) 편(編). <1책. 39장. 필사본. 표제는 '等內重記'. 한자+이두. 이두 자료. 서울대학교 규장각 한국학연구원 홈페이지 원문 이미지 보기>

[1095] 서울대학교 규장각 한국학연구원 의궤 종합정보 홈페이지에서는 서명을 표제나 권수제와는 달리 '신정왕후가상존호도감의궤(神貞王后加上尊號都監儀軌)'로 적었다.

[1096] 감영본의 유인서의 발문,「중종실록」 39년 기록, 노수신(盧守愼)의 '박세무 묘갈명', 1759년 중간본「동몽선습」의 송시열(宋時烈)의 발문 등에서는 박세무와 민제인 등을 저자로 보고 있다. 그런데「대동운부군옥」(권문해)과「해동문헌총록」(김휴)에서는 김안국(金安國)을 저자로 기록하였다.

[1097] 서울대학교 규장각 한국학연구원 홈페이지에서는 책명을 '[阿耳鎭]等內重記 [아이진]등내중기'로 표시하였다.

1892년

<임진(壬辰), 고종 29년, 광서 18년, 명치 25년>

1892-01-07~1895-05-30(壬辰~乙未).「오도구도관초(五都九道關草)」, 의정부 기록국(議政府記錄局) 편(編). <2책. 필사본. 한자+이두 그리고 한자+한글 토(제2). 조선 필사 이두 자료. 서울대학교 규장각 한국학연구원 홈페이지 원문 이미지 보기> <영인본:「각사등록」63(국사편찬위원회 편, 1992)>

1892-01-10. **박 수문장댁 토지매매명문**(朴守門將宅土地賣買明文), 답주 이명원(畓主李明元). <1장. 한자+이두. 조선 필사 이두 자료. 전남 장흥군 용산 밀양 박씨 박철환 소장. 호남권 한국학자료센터 홈페이지 원문 이미지와 텍스트 보기. 최승희(1989), 정구복 외(1999), 전경목 외(2006) 참고>

1892-01-22. **토지매매명문**(土地賣買明文), 자필 답주 차학이(自筆畓主車鶴伊). <1장. 한자+이두. 조선 필사 이두 자료. 경북 경주시 소정리 경주 이씨 소장. 한국학중앙연구원 장서각 한국고문서자료관 홈페이지 원문 이미지 보기. 한국정신문화연구원 편(2002) 참고>

1892-01-22. **토지매매명문**(土地賣買明文),[1098] 전주 자필 이(田主自筆李). <1장. 한자+이두. 조선 필사 이두 자료. 경북 안동시 수곡면 전주 류씨 삼산 종가 구장. 대구광역시 수성구 만촌동 전주 류씨 종가 소장. 한국학자료센터 영남권역센터 홈페이지 원문 이미지와 텍스트 보기. 최승희(1989), 이재수(2003), 전경목(2010), 정수환(2012) 참고>

1892-01-24. **토지매매명문**(土地賣買明文),[1099] 산주 박 노 성원(山主朴奴性遠). <1장. 한자+이두. 조선 필사 이두 자료. 경북 고령군 대가야읍 본관 1리 홍와 고택 구장. 한국국학진흥원 소장. 한국학자료센터 영남권역센터 홈페이지 원문 이미지

[1098] 한국학자료센터 영남권역센터 홈페이지에서는 '1892년 이씨(李氏) 토지매매명문(土地賣買明文)'으로 적었다.

[1099] 한국학자료센터 영남권역센터 홈페이지에서는 '1892년 박노(朴奴) 성원(性遠) 방매 산지매매명문(山地賣買明文)'으로 표시하였다.

와 텍스트 보기. 김성갑(2013) 참고>

1892-01-26. **조정순 단자**(趙貞淳單子), 조정순. <1장. 한자+이두. 조선 필사 이두 자료. 일본 경도대학 가와이문고 소장. 고려대학교 해외한국학자료센터 홈페이지 원문 이미지 보기>

1892-01-26. **토지매매명문**(土地賣買明文),[1100] 전주 서정도(田主徐正道). <1장. 한자+이두. 조선 필사 이두 자료. 경북 고령군 대가야읍 본관 1리 홍와 고택 구장. 한국국학진흥원 소장. 한국학자료센터 영남권역센터 홈페이지 원문 이미지와 텍스트 보기. 김성갑(2013) 참고>

1892-01-27. **역소 당중 토지매매명문**(嶧所堂中土地賣買明文), 전답주 김병운·김병순(田畓主金炳雲金炳順). <1장. 한자+이두. 조선 필사 이두 자료. 경북 안동시 주촌 진성 이씨 경류정 구장. 서울역사박물관 소장. 한국학중앙연구원 장서각 한국고문서자료관 홈페이지 원문 이미지와 텍스트 보기. 한국정신문화연구원 편(1999) 참고>

1892-01-00. **박기환 소지**(朴基煥所志)[1101] 1, 박기환. <1장. 한자+이두. 조선 필사 이두 자료. 전북 임실군 청웅 밀양 박씨가 소장. 호남권 한국학자료센터 홈페이지 원문 이미지와 텍스트 보기. 박병호(1974ㄱ), 최승희(1989), 이재수(2003) 참고>

1892-01-00. **오미동 거민 유학 김익흠 등 상서**(五美洞居民幼學金益欽等上書), 김익흠 등. <1장. 한자+이두. 조선 필사 이두 자료. 경북 안동시 풍산읍 오미리 풍산 김씨 허백당 종택 구장. 한국국학진흥원 소장. 한국학자료센터 영남권역센터 홈페이지 원문 이미지와 텍스트 보기. 박병호(1974ㄱ), 전경목(1994, 1996), 김경숙(2002) 참고>

1892-01-00. **이기영 차첩**(李岐榮差帖), 영해부(寧海府). <1장. 한자+이두. 조선 필사 이두 자료. 경북 영해 인량 재령 이씨 충효당 소장. 한국학중앙연구원 장서각 한국고문서자료관 홈페이지 원문 이미지 보기. 한국학중앙연구원 편(2008) 참

[1100] 한국학자료센터 영남권역센터 홈페이지에서는 '1892년 서정도(徐正道) 방매 토지매매명문(土地賣買明文)'으로 표시하였다.

[1101] 호남권 한국학자료센터 홈페이지 '안내 정보'에서는 '박원풍(朴元豊) 소지(所志) 1'로 잘못 적었다.

고>

1892-01-00~1892-12-00(壬辰). 「추조결옥록(秋曹決獄錄)」 42, 형조(刑曹) 편(編). <1책(42/낙질본 43책). 61장. 필사본. 한자+이두. 조선 필사 이두 자료. 서울대학교 규장각 한국학연구원 홈페이지 원문 이미지 보기> <1822-01-00~1822-12-00(1/43)>

1892-02-03. **김 노 천룡 토지매매명문**(金奴千龍土地賣買明文), 전답주 정춘범(畓主鄭春范). <1장. 한자+이두. 조선 필사 이두 자료. 경북 영주시 문수면 수도리 반남 박씨 오헌 고택 구장. 한국국학진흥원 소장. 한국학자료센터 영남권역센터 홈페이지 원문 이미지와 텍스트 보기. 김성갑(2013) 참고>

1892-02-04. **토지매매명문**(土地賣買明文),[1102] 답주 유학 정환홍(畓主幼學鄭煥弘). <1장. 한자+이두. 조선 필사 이두 자료. 전남 보성군 박실 제주 양씨가 구장. 원광대학교 박물관 소장. 호남권 한국학자료센터 홈페이지 원문 이미지와 텍스트 보기. 박병호(1974ㄱ), 이재수(2003) 참고>

1892-02-06. **박 노 월삼 토지매매명문**(朴奴月三土地賣買明文) 1, 전답주 김 노 천룡(畓主金奴千龍). <1장. 한자+이두. 조선 필사 이두 자료. 경북 영주시 문수면 수도리 반남 박씨 오헌 고택 구장. 한국국학진흥원 소장. 한국학자료센터 영남권역센터 홈페이지 원문 이미지와 텍스트 보기. 김성갑(2013) 참고>

1892-02-10. **가사매매명문**(家舍賣買明文),[1103] 가주 이 노 교상(家主李奴喬商). <1장. 한자+이두. 조선 필사 이두 자료. 대구 칠계 경주 최씨 백불암 종중 구장. 안동대학교 박물관 소장. 한국학자료센터 영남권역센터 홈페이지 원문 이미지와 텍스트 보기. 박병호(1974ㄱ), 최승희(1989), 이재수(2003), 이수건 외(2004) 참고>

1892-02-12. **토지매매명문**(土地賣買明文), 답주 이 호 석만(畓主李戶石萬). <1장. 한자+이두. 조선 필사 이두 자료. 경북 영해 인량 재령 이씨 충효당 구장. 한국국학진흥원 소장. 한국학중앙연구원 장서각 한국고문서자료관 홈페이지 원문 이미지와

[1102] 호남권 한국학자료센터 홈페이지에서는 '1892년 정환홍(鄭煥弘) 방매(放賣) 토지매매명문(土地賣買明文)'으로 표시하였다.

[1103] 한국학자료센터 영남권역센터 홈페이지에서는 '1892년 이노(李奴) 교상(喬商) 가사매매명문(家舍賣買明文)'으로 표시하였다.

텍스트 보기. 한국정신문화연구원 편(1997) 참고>

1892-02-13. **토지매매명문**(土地賣買明文),[1104] 답주 유학 김낙철(畓主幼學金洛澈). <1장. 한자+이두. 조선 필사 이두 자료. 전북 부안군 취성재 소장. 호남권 한국학자료센터 홈페이지 원문 이미지와 텍스트 보기. 최승희(1989), 정구복 외(1999), 전경목(2001), 이재수(2003) 참고>

1892-02-15. **수표**(手標),[1105] 수표주 신순명(手標主申順命). <1장. 한자+이두. 조선 필사 이두 자료. 아산 선교 장흥 임씨 구장. 한국학중앙연구원 장서각 한국고문서자료관 홈페이지 원문 이미지 보기. 한국학중앙연구원 편(2008) 참고>

1892-02-15. **신 노 귀봉 토지매매명문**(申奴貴奉土地賣買明文),[1106] 답주 신 노 돌(畓主申奴乭). <1장. 한자+이두. 조선 필사 이두 자료. 진성 이씨 향산 고택 구장. 한국국학진흥원 소장. 한국국학진흥원 유교넷 홈페이지 원문 이미지 보기>

1892-02-22. **유학 박한상 다짐**(幼學朴漢相侤音), 박한상 등. <1장. 한자+이두. 조선 필사 이두 자료. 경북 영덕군 영해면 괴시리 영양 남씨 괴시파 영감댁 구장. 한국국학진흥원 소장. 한국학자료센터 영남권역센터 홈페이지 원문 이미지와 텍스트 보기>

1892-02-00. **남유순 등 상서**(南有錞等上書), 남유순 등. <1장. 한자+이두. 조선 필사 이두 자료. 경북 영덕군 영해면 괴시리 영양 남씨 괴시파 영감댁 구장. 한국국학진흥원 소장. 한국학자료센터 영남권역센터 홈페이지 원문 이미지와 텍스트 보기>

1892-02-00. **박기환 소지**(朴基煥所志) 2, 박기환. <1장. 한자+이두. 조선 필사 이두 자료. 전북 임실군 청웅 밀양 박씨가 소장. 호남권 한국학자료센터 홈페이지 원문 이미지와 텍스트 보기. 최승희(1989), 김경숙(2002), 심재우(2013) 참고>

1892-02-00. **이상후 소지**(李尙厚所志), 이상후. <1장. 한자+이두. 조선 필사 이두

[1104] 호남권 한국학자료센터 홈페이지에서는 '1892년 김낙철(金洛澈) 방매(放賣) 토지매매명문(土地賣買明文)'으로 표시하였다.

[1105] 한국학중앙연구원 장서각 한국고문서자료관 홈페이지에서는 '1892년 수표주(手標主) 신순명(申順命) 수표(手標)'로 표시하였다.

[1106] 한국국학진흥원 유교넷 홈페이지에서는 문서명을 '1892년 돌이 귀봉에게 토지를 팔았음을 증명하는 토지매매명문'으로 표시하였다.

자료. 성주 명곡 벽진 이씨 완석정 종택 소장. 한국학중앙연구원 고문서자료관 홈페이지 원문 이미지 보기. 한국학중앙연구원 편(2009) 참고>

1892-02-00. **이재기 소지**(李載基所志), 이재기. <1장. 한자+이두. 조선 필사 이두 자료. 전남 해남군 원주 이씨 이이림 소장. 호남권 한국학자료센터 홈페이지 원문 이미지 보기. 최승희(1989) 참고>

1892-02-00. **토지매매명문**(土地賣買明文), 답주 김 노 옥심(畓主金奴玉心). <1장. 한자+이두. 조선 필사 이두 자료. 경북 경주시 소정리 경주 이씨 소장. 한국학중앙연구원 장서각 한국고문서자료관 홈페이지 원문 이미지 보기. 한국정신문화연구원 편(2002) 참고>

1892-02-00. **토지매매명문**(土地賣買明文), 답주 이 노 명단(畓主李奴命丹). <1장. 한자+이두. 조선 필사 이두 자료. 경북 경주시 소정리 경주 이씨 소장. 한국학중앙연구원 장서각 한국고문서자료관 홈페이지 원문 이미지 보기. 한국정신문화연구원 편(2002) 참고>

1892-03-02. **토지매매명문**(土地賣買明文), 답주 유학 이운서(畓主幼學李云西). <1장. 한자+이두. 조선 필사 이두 자료. 영광 입석 영월 신씨 소장. 한국학중앙연구원 장서각 한국고문서자료관 홈페이지 원문 이미지와 텍스트 보기. 한국정신문화연구원 편(1996) 참고>

1892-03-04. **문중 유사 숙부 임심한 종제 임병혁 토지매매명문**(門中有司叔父林沈漢 從弟林秉爀土地賣買明文),[1107] 답주 장질 임병우(畓主長侄林秉佑). <1장. 한자+이두. 조선 필사 이두 자료. 경북 예천 임씨 금양파 금포 고택 구장. 한국국학진흥원 소장. 한국국학진흥원 유교넷 홈페이지 원문 이미지와 텍스트 보기>

1892-03-09. **심 노 순랑 토지매매명문**(沈奴順郎土地賣買明文),[1108] 전주 이 노 원이(出 主李奴願伊). <1장. 한자+이두. 조선 필사 이두 자료. 진성 이씨 향산 고택 구장. 한국국학진흥원 소장. 한국국학진흥원 유교넷 홈페이지 원문 이미지 보기>

[1107] 한국국학진흥원 유교넷 홈페이지에서는 문서명을 '1892년 임병우가 임시한 등 3명에게 논을 팔았음을 증명하는 전답매매문기'로 잘못 적었다.

[1108] 한국국학진흥원 유교넷 홈페이지에서는 문서명을 '1892년 원이와 순랑 사이에 토지를 매도한 매매명문'으로 표시하였다.

1892-03-10. **서계 유사 토지매매명문**(書楔有司土地賣買明文), 답주 유학 윤장원(畓主幼學尹章遠). <1장. 한자+이두. 조선 필사 이두 자료. 전남 보성군 복내면 죽산 안씨 죽곡정사 소장. 호남권 한국학자료센터 홈페이지 원문 이미지와 텍스트 보기. 고창석(1999), 정수환·이헌창(2008) 참고>

1892-03-15. **유학 토지매매명문**(幼學土地賣買明文),[1109] 답주 명 과부(畓主明寡婦). <1장. 한자+이두. 조선 필사 이두 자료. 전남 보성군 박실 제주 양씨가 구장. 원광대학교 박물관 소장. 호남권 한국학자료센터 홈페이지 원문 이미지와 텍스트 보기. 박병호(1974ㄱ), 최승희(1989), 이재수(2003) 참고>

1892-03-16. **토지매매명문**(土地賣買明文),[1110] 답주 자필 유학 윤우원(畓主自筆幼學尹右遠). <1장. 한자+이두. 조선 필사 이두 자료. 전남 보성군 복내면 죽산 안씨 죽곡정사 소장. 호남권 한국학자료센터 홈페이지 원문 이미지와 텍스트 보기. 김태영(1983), 김재문(1986), 박준호(2004) 참고>

1892-03-21. **가사매매명문**(家舍賣買明文),[1111] 가주 강 노 소옥공(家主姜奴小玉功). <1장. 한자+이두. 조선 필사 이두 자료. 경북 고령군 대가야읍 본관 1리 홍와 고택 구장. 한국국학진흥원 소장. 한국학자료센터 영남권역센터 홈페이지 원문 이미지와 텍스트 보기. 김성갑(2013) 참고>

1892-03-00. **공명첩**(空名帖), 전라도(全羅道). <1장. 한자+이두. 조선 인쇄 이두 자료. 목판본 서식의 공란에 내용을 필사한 첩. '爲去乎'가 인쇄되어 있다. 전남 신안 안좌도 소장. 호남권 한국학자료센터 홈페이지 원문 이미지와 텍스트 보기. 최승희(1989), 국립민속박물관 편(1991), 국립전주박물관 편(2003) 참고>

1892-03-00. **신휘상 소지**(辛徽常所志), 신휘상. <1장. 한자+이두. 조선 필사 이두 자료. 영광 입석 영월 신씨 소장. 한국학중앙연구원 장서각 한국고문서자료관

1109 호남권 한국학자료센터 홈페이지에서는 '1892년 과부(寡婦) 명씨(明氏) 방매(放賣) 토지매매명문(土地賣買明文)'으로 표시하였다.

1110 호남권 한국학자료센터 홈페이지에서는 '1892년 윤우원(尹右遠) 방매(放賣) 토지매매명문(土地賣買明文)'으로 표시하였다.

1111 한국학자료센터 영남권역센터 홈페이지에서는 '1892년 동중(洞中) 가사매매명문(家舍賣買明文)'으로 표시하였다.

홈페이지 원문 이미지와 텍스트 보기. 한국정신문화연구원 편(1996) 참고>

1892-03-00. **이병돈 등 상서**(李炳敦等上書), 이병돈 등. <1장. 한자+이두. 조선 필사 이두 자료. 전북 임실 오산 전주 유씨가 구장. 전북대학교 박물관 소장. 호남권 한국학자료센터 홈페이지 원문 이미지와 텍스트 보기. 박병호(1974ㄱ), 최승희(1989), 정구복 외(1999) 참고>

1892-03-00. **조석일 단자**(曺錫日單子), 조석일. <1장. 한자+이두. 조선 필사 이두 자료. 전남 보성군 창녕 조씨 하계정사 소장. 호남권 한국학자료센터 홈페이지 원문 이미지와 텍스트 보기. 최승희(1989), 국립민속박물관 편(1991), 정구복 외(1999), 전경목 외(2006) 참고>

1892-04-03. **토지매매명문**(土地賣買明文), 전주 이(出主李). <1장. 한자+이두. 조선 필사 이두 자료. 경북 경주시 소정리 경주 이씨 소장. 한국학중앙연구원 장서각 한국고문서자료관 홈페이지 원문 이미지 보기. 한국정신문화연구원 편(2002) 참고>

1892-04-03. **황 생원 댁 노 춘단 토지매매명문**(黃生員宅奴春丹土地賣買明文), 답주 윤진해 댁 노 흥손(畓主尹鎭海宅奴興孫). <1장. 한자+이두. 조선 필사 이두 자료. 부여·강화·영주 창원 황씨 소장. 한국학중앙연구원 장서각 한국고문서자료관 홈페이지 원문 이미지와 텍스트 보기. 한국정신문화연구원 편(1990) 참고>

1892-04-13. **노비매매명문**(奴婢賣買明文),[1112] 노비주 유학 홍기성(奴婢主幼學洪起聖). <1장. 한자+이두. 조선 필사 이두 자료. 경북 안동시 주촌 진성 이씨 경류정 소장. 한국학중앙연구원 장서각 한국고문서자료관 홈페이지 원문 텍스트 보기. 한국정신문화연구원 편(1999) 참고>

1892-04-17. **토지매매명문**(土地賣買明文),[1113] 전주 유학 이지래(出主幼學李智來). <1장. 한자+이두. 조선 필사 이두 자료. 전북대학교 박물관 소장. 호남권 한국학자

[1112] 한국학중앙연구원 장서각 한국고문서자료관 홈페이지에서는 '1892년 홍기성(洪起聖) **토지**매매명문(土**地**賣買明文)'으로 잘못 적었다. '원문 텍스트'에서는 '홍기서(洪起聖)'이 아닌 '홍기벽(洪起聖)'으로 적었다.

[1113] 호남권 한국학자료센터 홈페이지에서는 '1892년 이지래(李智來) 방매 토지매매명문(土地賣買明文)'으로 표시하였다.

료센터 홈페이지 원문 이미지와 텍스트 보기. 박병호(1974ㄱ), 최승희(1989), 이재수(2003), 박준호(2004), 전경목 외(2006) 참고>

1892-04-00. **경상도 상주목 옥동서원 품목**(慶尙道尙州牧玉洞書院稟目) 1, 옥동서원. <1장. 한자+이두. 조선 필사 이두 자료. 경북 상주시 모동면 수봉리 옥동서원 소장. 한국학자료센터 영남권역센터 홈페이지 원문 이미지와 텍스트 보기. 이수환(2001) 참고>

1892-04-00. **고종주 등 상서**(高宗柱等上書), 고종주 등. <1장. 점련문서. 한자+이두. 조선 필사 이두 자료. 전북 남원시 대곡 장수 황씨 문중 소장. 호남권 한국학자료센터 홈페이지 원문 이미지와 텍스트 보기. 최승희(1989), 전북향토문화연구회 편(1993) 참고>

1892-04-00. **박기환 소지**(朴基煥所志) 3, 박기환. <1장. 한자+이두. 조선 필사 이두 자료. 전북 임실군 청웅 밀양 박씨가 소장. 호남권 한국학자료센터 홈페이지 원문 이미지와 텍스트 보기. 최승희(1989), 김경숙(2002), 심재우(2013) 참고>

1892-04-00. **신봉문 입지**(申鳳文立旨), 신봉문. <1장. 한자+이두. 조선 필사 이두 자료. 경북 고령군 대가야읍 본관 1리 홍와 고택 구장. 한국국학진흥원 소장. 한국학자료센터 영남권역센터 홈페이지 원문 이미지와 텍스트 보기. 김성갑(2013) 참고>

1892-04-00. **토지매매명문**(土地賣買明文),[1114] 답주 유학 심영준(畓主幼學沈永俊). <1장. 한자+이두. 조선 필사 이두 자료. 전북 익산 마동 창녕 조씨가 소장. 호남권 한국학자료센터 홈페이지 원문 이미지와 텍스트 보기. 박병호(1974ㄱ), 최승희(1989), 이재수(2003) 참고>

1892-04-00. **토지매매명문**(土地賣買明文),[1115] 전주 박영환(田主朴英煥). <1장. 한자+이두. 조선 필사 이두 자료. 경북 고령군 대가야읍 본관 1리 홍와 고택 구장. 한국국학진흥원 소장. 한국학자료센터 영남권역센터 홈페이지 원문 이미지와

1114 호남권 한국학자료센터 홈페이지에서는 '1892년 심영준(沈永俊) 방매(放賣) 토지매매명문(土地賣買明文)'으로 표시하였다.

1115 한국학자료센터 영남권역센터 홈페이지에서는 '1892년 박영환(朴英煥) 방매 토지매매명문(土地賣買明文)'으로 표시하였다.

텍스트 보기. 김성갑(2013) 참고>

1892-05-01~1895-06-21(己丑~개국 504년 乙未). 「관첩내안(關牒內案)」[1116] 2, 동래감리서(東萊監理署) 편(編). <1책(2/전2책). 33장. 필사본. 한자+이두 그리고 한자+한글 토. 조선 필사 이두 자료. 서울대학교 규장각 한국학연구원 홈페이지 원문 이미지 보기> <영인본:「각사등록」13(경상도편 3)(국사편찬위원회 편, 1984)> <1889-01-09~1892-04-29(1/2)>

1892-05-03. **송성은 토지매매명문**(宋成殷土地賣買明文), 전주 현용구(田主玄龍口). <1장. 한자+이두. 필사 이두 자료. 제주교육박물관 소장. 사이버 제주교육박물관 홈페이지 원문 이미지와 텍스트 보기>

1892-05-15. **박희태 토지매매명문**(朴熙泰土地賣買明文), 산주 이대진(山主李大振). <1장. 한자+이두. 조선 필사 이두 자료. 전남 장흥군 용산 밀양 박씨 박철환 소장. 호남권 한국학자료센터 홈페이지 원문 이미지와 텍스트 보기. 최승희(1989), 정구복 외(1999), 전경목 외(2006) 참고>

1892-05-15. **조대용 단자**(趙大用單子), 조대용. <1장. 한자+이두. 조선 필사 이두 자료. 일본 경도대학 가와이문고 소장. 고려대학교 해외한국학자료센터 홈페이지 원문 이미지 보기>

1892-05-15. **주중열 단자**(朱重烈單子), 주중열. <1장. 한자+이두. 조선 필사 이두 자료. 일본 경도대학 가와이문고 소장. 고려대학교 해외한국학자료센터 홈페이지 원문 이미지 보기>

1892-05-16. **경상도 상주목 하체**(慶尙道尙州牧下帖), 경상도 상주목. <1장. 한자+이두. 조선 필사 이두 자료. 경북 상주시 모동면 수봉리 옥동서원 소장. 한국학자료센터 영남권역센터 홈페이지 원문 이미지와 텍스트 보기. 이수환(2001) 참고>

1892-05-16. **조신호 단자**(趙信鎬單子), 조신호. <1장. 한자+이두. 조선 필사 이두 자료. 일본 경도대학 가와이문고 소장. 고려대학교 해외한국학자료센터 홈페이지 원문 이미지 보기>

1116 서울대학교 규장각 한국학연구원 홈페이지에서는 책명을 '東萊關牒內案 동래관첩내안'으로 표시하였다.

1892-05-17. **김희원 단자**(金熙元單子), 김희원. <1장. 한자+이두. 조선 필사 이두 자료. 일본 경도대학 가와이문고 소장. 고려대학교 해외한국학자료센터 홈페이지 원문 이미지 보기>

1892-05-00. **경상도 상주목 옥동서원 품목**(慶尙道尙州牧玉洞書院稟目) 2, 옥동서원. <1장. 한자+이두. 조선 필사 이두 자료. 경북 상주시 모동면 수봉리 옥동서원 소장. 한국학자료센터 영남권역센터 홈페이지 원문 이미지와 텍스트 보기. 이수환(2001) 참고>

1892-05-00. **남죽 만호 김모내·김달삼 소지**(南竹萬戶金牟乃金達三所志), 김모내·김달삼. <1장. 한자+이두. 조선 필사 이두 자료. 전남 영광 만금 송촌사 소장. 호남권 한국학자료센터 홈페이지 원문 이미지와 텍스트 보기. 최승희(1989), 국립민속박물관 편(1991), 정구복 외(1999) 참고>

1892-06-03. **경상도 상주목 천하동 완의**(慶尙道尙州牧川下洞完議), 경상도 상주목 천하동. <1장. 한자+이두. 조선 필사 이두 자료. 경북 상주시 모동면 수봉리 옥동서원 소장. 한국학자료센터 영남권역센터 홈페이지 원문 이미지와 텍스트 보기. 이수환(2001) 참고>

1892-06-00. **김상술 차첩**(金常述差帖), 부안현감(扶安縣監). <1장. 한자+이두. 조선 필사 이두 자료. 전북 부안군 우반 부안 김씨 세덕각 소장. 한국학중앙연구원 장서각 한국고문서자료관 홈페이지 & 호남권 한국학자료센터 홈페이지 원문 이미지와 텍스트 보기. 박병호(1974ㄱ), 한국정신문화연구원 편(1983, 1998), 최승희(1989), 전경목(2001), 한국학중앙연구원 편(2017) 참고>

1892-06-00. **면주전 시민 등장**(綿紬廛市民等狀), 면주전 시민. <1장. 한자+이두. 조선 필사 이두 자료. 일본 경도대학 가와이문고 소장. 고려대학교 해외한국학자료센터 홈페이지 원문 이미지 보기>

1892-06-00. **박원풍 의송**(朴元豊議送), 박원풍. <1장. 한자+이두. 조선 필사 이두 자료. 전북 임실군 청웅 밀양 박씨가 소장. 호남권 한국학자료센터 홈페이지 원문 이미지와 텍스트 보기. 박병호(1974ㄱ), 최승희(1989), 이재수(2003) 참고>

1892-06-00. **예조 황위 관문**(禮曹黃暐關文), 예조. <1장. 한자+이두. 조선 필사 이두 자료. 전북 남원시 대곡 장수 황씨 문중 소장. 호남권 한국학자료센터 홈페이지

원문 이미지와 텍스트 보기. 최승희(1989), 김경숙(2002), 심재우(2013) 참고>

1892-06-00. **이 노 완석 소지**(李奴完石所志) 1, 완석. <1장. 한자+이두. 조선 필사 이두 자료. 경북 고령군 대가야읍 본관 1리 홍와 고택 구장. 한국국학진흥원 소장. 한국학자료센터 영남권역센터 홈페이지 원문 이미지와 텍스트 보기. 김성갑(2013) 참고>

1892-윤6-05. **가사매매명문**(家舍賣買明文),[1117] 가주 박 노 소일억(家主朴奴小日億). <1장. 한자+이두. 조선 필사 이두 자료. 경북 고령군 대가야읍 본관 1리 홍와 고택 구장. 한국국학진흥원 소장. 한국학자료센터 영남권역센터 홈페이지 원문 이미지와 텍스트 보기. 김성갑(2013) 참고>

1892-윤6-24. **가사매매명문**(家舍賣買明文),[1118] 가대주 신태모(家垈主申泰模). <1장. 한자+이두. 조선 필사 이두 자료. 전북대학교 박물관 소장. 호남권 한국학자료센터 홈페이지 원문 텍스트 보기. 최승희(1989), 정구복 외(1999), 이재수(2003) 참고>

1892-윤6-00. **면주전 시민 소지**(綿紬廛市民所志) 1, 면주전 시민. <1장. 한자+이두. 조선 필사 이두 자료. 일본 경도대학 가와이문고 소장. 고려대학교 해외한국학자료센터 홈페이지 원문 이미지 보기>

1892-윤6-00. **토지매매명문**(土地賣買明文),[1119] 답주 신봉문(畓主申鳳文). <1장. 한자+이두. 조선 필사 이두 자료. 경북 고령군 대가야읍 본관 1리 홍와 고택 구장. 한국국학진흥원 소장. 한국학자료센터 영남권역센터 홈페이지 원문 이미지와 텍스트 보기. 김성갑(2013) 참고>

1892-윤6-00. **토지매매명문**(土地賣買明文),[1120] 답주 박창훈(畓主朴昌勳). <1장. 한자

[1117] 한국학자료센터 영남권역센터 홈페이지에서는 '1892년 박노(朴奴) 소일억(小日億) 방매 가사매매명문(家舍賣買明文)'으로 표시하였다.

[1118] 호남권 한국학자료센터 홈페이지에서는 '1892년 신태모(申泰模) 방매 가사매매명문(家舍賣買明文)'으로 표시하였다. 원문 텍스트에는 '愼泰模'가 아닌 '申泰愼'으로 적었다.

[1119] 한국학자료센터 영남권역센터 홈페이지에서는 '1892년 신봉문(申鳳文) 방매 토지매매명문(土地賣買明文)'으로 표시하였다.

[1120] 한국학자료센터 영남권역센터 홈페이지에서는 '1892년 박창훈(朴昌勳) 방매 토지매매명문(土地賣買明文)'으로 표시하였다.

+이두. 조선 필사 이두 자료. 경북 고령군 대가야읍 본관 1리 홍와 고택 구장. 한국국학진흥원 소장. 한국학자료센터 영남권역센터 홈페이지 원문 이미지와 텍스트 보기. 김성갑(2013) 참고>

1892-윤6-00.[1121] **토지매매명문**(土地賣買明文),[1122] 전주 유 노 복석(出主兪奴卜石). <1장. 한자+이두. 조선 필사 이두 자료. 경북 고령군 대가야읍 본관 1리 홍와 고택 구장. 한국국학진흥원 소장. 한국학자료센터 영남권역센터 홈페이지 원문 이미지와 텍스트 보기. 김성갑(2013) 참고>

1892-07-02~1892-12-02(壬辰). 「광서 18년 임진 9월 일)내외진찬등록(**光緒十八年壬辰九月 日 內外進饌謄錄**)」, 사옹원(司饔院) 편(編). <1책. 50장. 표제는 '內外進饌謄錄(壬辰)'. 필사본. 한자+이두. 조선 필사 이두 자료. 서울대학교 규장각 한국학연구원 홈페이지 원문 이미지 보기>

1892-07-23. **삼척부사 관문**(三陟府使關文), 도순찰사(都巡察使). <1장. 한자+이두. 조선 필사 이두 자료. 원주시 무릉박물관 소장. 한국학자료센터 강원권역센터 홈페이지 원문 이미지와 텍스트 보기. 최승희(1989), 김현영(2006), 박준호(2006), 문보미(2010) 참고>

1892-07-00. **이의찬 등 상서**(李宜燦等上書), 이의찬 등. <1장. 한자+이두. 조선 필사 이두 자료. 경북 안동시 주촌 진성 이씨 경류정 구장. 서울역사박물관 소장. 한국학중앙연구원 장서각 한국고문서자료관 홈페이지 원문 이미지와 텍스트 보기. 한국정신문화연구원 편(1999) 참고>

1892-08-15. **토지매매명문**(土地賣買明文),[1123] 전주 김천백(出主金千白). <1장. 한자+이두. 조선 필사 이두 자료. 진성 이씨 향산 고택 구장. 한국국학진흥원 소장. 한국국학진흥원 유교넷 홈페이지 원문 이미지 보기>

1892-08-00. **면주전 시민 순막 소회**(綿紬廛市民詢瘼所懷), 면주전 시민. <1장. 한자+

[1121] 한국학자료센터 영남권역센터 홈페이지에서는 '1890년 윤6월'로 잘못 적었다.
[1122] 한국학자료센터 영남권역센터 홈페이지에서는 '**1890**년 유노(兪奴) 복석(卜石) 방매 토지매매명문(土地賣買明文)'으로 잘못 적었다.
[1123] 한국국학진흥원 유교넷 홈페이지에서는 문서명을 '1892년 김천백이 토지를 매도한 매매명문'으로 표시하였다.

이두. 조선 필사 이두 자료. 일본 경도대학 가와이문고 소장. 고려대학교 해외한국학자료센터 홈페이지 원문 이미지 보기>

1892-08-00. **이재기 의송**(李載基議送), 이재기. <1장. 한자+이두. 조선 필사 이두 자료. 전남 해남군 원주 이씨 이이림 소장. 호남권 한국학자료센터 홈페이지 원문 이미지 보기. 최승희(1989) 참고>

1892-08-00. **임헌호 원정**(任憲鎬原情), 임헌호. <1장. 한자+이두. 조선 필사 이두 자료. 전남 보성군 복내 장흥 임씨가 구장. 광주광역시 이정옥 소장. 호남권 한국학자료센터 홈페이지 원문 이미지와 텍스트 보기. 최승희(1989) 참고>

1892-08-00.「호남수계초책부별단(**湖南繡啓草冊附別單**)」,[1124] 이면상(李冕相) 저(著). <1책. 36장. 필사본. 한자+이두. 조선 필사 이두 자료. 서울대학교 규장각 한국학연구원 홈페이지 '古4255.5-19'의 원문 이미지 보기> <영인본:「각사등록」54(전라도 보유편 2)(국사편찬위원회 편, 1991)>

1892-09-07. **유학 김종표 토지매매명문**(幼學金鍾表土地賣買明文), 답주 유학 김계휴(畓主幼學金桂休). <1장. 한자+이두. 조선 필사 이두 자료. 전남 보성군 박실 제주 양씨가 구장. 원광대학교 박물관 소장. 호남권 한국학자료센터 홈페이지 원문 이미지와 텍스트 보기. 박병호(1974ㄱ), 최승희(1989), 이재수(2003) 참고>

1892-09-24. **전당문기**(典當文記),[1125] 답주 김병수(畓主金秉秀). <1장. 한자+이두. 조선 필사 이두 자료. 원광대학교 박물관 소장. 호남권 한국학자료센터 홈페이지 원문 이미지와 텍스트 보기>

1892-09-27. **면주전 방말 류원대 단자**(綿紬廛房末劉元垈單子), 류원대. <1장. 한자+이두. 조선 필사 이두 자료. 일본 경도대학 가와이문고 소장. 고려대학교 해외한국학자료센터 홈페이지 원문 이미지 보기>

1892-09-00. **가사매매명문**(家舍賣買明文),[1126] 재주 임기조(財主林箕祚). <1장. 한자+

[1124] 개장한 표지의 표제는 '湖南繡啓草冊附別單'이다. 서울대학교 규장각 한국학연구원 홈페이지에서는 책명을 '湖南繡啓草冊 호남수계초책'으로 표시하였다.

[1125] 호남권 한국학자료센터 홈페이지에서는 '1892년 김병수(金秉秀) 전당문기(典當文記)'로 표시하였다.

[1126] 한국학중앙연구원 장서각 한국고문서자료관 홈페이지에서는 '1892년 임기조(林箕祚) 방매 가사

이두. 조선 필사 이두 자료. 한국학중앙연구원 장서각 한국고문서자료관 홈페이지 원문 이미지와 텍스트 보기. 한국정신문화연구원 편(1992) 참고>

1892-09-00. **면주전 도원 단자**(綿紬廛都員單子), 면주전 도원. <1장. 한자+이두. 조선 필사 이두 자료. 일본 경도대학 가와이문고 소장. 고려대학교 해외한국학자료센터 홈페이지 원문 이미지 보기>

1892-09-00. **이중악 등 상서**(李中岳等所志), 이중악 등. <1장. 한자+이두. 조선 필사 이두 자료. 경북 안동시 주촌 진성 이씨 경류정 구장. 서울역사박물관 소장. 한국학중앙연구원 장서각 한국고문서자료관 홈페이지 원문 이미지와 텍스트 보기. 한국정신문화연구원 편(1999) 참고>

1892-09-00. **토지매매명문**(土地賣買明文),[1127] 답주 김원숙(畓主金元淑). <1장. 한자+이두. 조선 필사 이두 자료. 전남 나주시 남내 밀양 박씨 청재 종가 소장. 호남권 한국학자료센터 홈페이지 원문 이미지와 텍스트 보기. 오인택(1996) 참고>

1892-09-00. **학계 토지매매명문**(學稧土地賣買明文), 답주 노 신복(畓主奴辛卜). <1장. 한자+이두. 조선 필사 이두 자료. 경북 영양군 영양읍 삼지리 한양 조씨 하담 고택 구장. 한국국학진흥원 소장. 한국학자료센터 영남권역센터 홈페이지 원문 이미지와 텍스트 보기. 박병호(1974ㄱ), 최승희(1989), 이재수(2003), 이수건 외 (2004) 참고>

1892-10-02. **유진하 단자**(柳鎭夏單子), 유진하. <1장. 한자+이두. 조선 필사 이두 자료. 일본 경도대학 가와이문고 소장. 고려대학교 해외한국학자료센터 홈페이지 원문 이미지 보기>

1892-10-06. **이 생원 댁 노 석남 가사매매명문**(李生員宅奴石男家舍賣買明文),[1128] 가대주 박 생원 댁 노 칠성(家垈主朴生員宅奴七成). <1장. 한자+이두. 조선 필사 이두 자료. 대전·청양 안동 김씨 삼당 후손가 소장. 한국학중앙연구원 장서각 한국고문

매매명문('家舍賣買明文'으로 표시하였다.

[1127] 호남권 한국학자료센터 홈페이지에서는 '1892년 김원숙(金元淑) 방매(放賣) 토지매매명문(土地賣買明文)'으로 표시하였다.

[1128] 한국학중앙연구원 장서각 한국고문서자료관 홈페이지에서는 '1892년 이생원댁(李生員宅) 노(奴) 석남(石男) 토지매매명문(土地賣買明文)'으로 적었다.

서지자료관 홈페이지 원문 이미지 보기. 박병호(1974ㄱ), 한국정신문화연구원 편 (2003) 참고>

1892-10-11. **토지매매명문**(土地賣買明文),[1129] 답주 유학 김병수(畓主幼學金柄洙). <1장. 한자+이두. 조선 필사 이두 자료. 전남 장흥군 용산 밀양 박씨 박철환 소장. 호남권 한국학자료센터 홈페이지 원문 이미지와 텍스트 보기. 최승희(1989), 정구복 외(1999), 전경목 외(2006) 참고>

1892-10-14. **김찬희 단자**(金贊熙單子), 김찬희. <1장. 한자+이두. 조선 필사 이두 자료. 일본 경도대학 가와이문고 소장. 고려대학교 해외한국학자료센터 홈페이지 원문 이미지 보기>

1892-10-25. **면주전 제1방 장무 박창하 수본**(綿紬廛第一房掌務朴昌夏手本), 박창하. <1장. 한자+이두. 조선 필사 이두 자료. 일본 경도대학 가와이문고 소장. 고려대학교 해외한국학자료센터 홈페이지 원문 이미지 보기>

1892-10-26. **호노 춘단 토지매매명문**(戶奴春丹土地賣買明文) 1, 답주 김 노 점녀(畓主 金奴占女). <1장. 한자+이두. 조선 필사 이두 자료. 경북 영양군 영양읍 삼지리 한양 조씨 하담 고택 구장. 한국국학진흥원 소장. 한국학자료센터 영남권역센터 홈페이지 원문 이미지와 텍스트 보기. 박병호(1974ㄱ), 최승희(1989), 이재수(2003), 이수건 외(2004) 참고>

1892-10-26. **호노 춘단 토지매매명문**(戶奴春丹土地賣買明文) 2, 답주 노 김 호 점녀(畓主奴金戶占女). <1장. 한자+이두. 조선 필사 이두 자료. 경북 영양군 영양읍 삼지리 한양 조씨 하담 고택 구장. 한국국학진흥원 소장. 한국학자료센터 영남권역센터 홈페이지 원문 이미지와 텍스트 보기. 박병호(1974ㄱ), 최승희(1989), 이재수(2003), 이수건 외(2004) 참고>

1892-10-30. **진성 이씨 문중 토지매매명문**(眞城李氏門中土地賣買明文), 산주 유학 정오규(山主幼學鄭五逵). <1장. 한자+이두. 조선 필사 이두 자료. 경북 안동시 주촌 진성 이씨 경류정 소장. 장서각 한국고문서자료관 홈페이지 원문 이미지와 텍스

[1129] 호남권 한국학자료센터 홈페이지에서는 '1892년 김병수(金柄洙) 방매(放賣) 토지매매명문(土地賣買明文)'으로 표시하였다.

트 보기. 한국정신문화연구원 편(1999) 참고>

1892-10-00. **의재 고자 소지**(義齋庫子所志),[1130] 의재 고자. <1장. 한자+이두. 조선 필사 이두 자료. 경북 고령군 대가야읍 본관 1리 홍와 고택 구장. 한국국학진흥원 소장. 한국학자료센터 영남권역센터 홈페이지 원문 이미지와 텍스트 보기. 김성갑(2013) 참고>

1892-10-00. **이 노 완석 소지**(李奴完石所志) 2, 완석. <1장. 한자+이두. 조선 필사 이두 자료. 경북 고령군 대가야읍 본관 1리 홍와 고택 구장. 한국국학진흥원 소장. 한국학자료센터 영남권역센터 홈페이지 원문 이미지와 텍스트 보기. 김성갑(2013) 참고>

1892-11-02. **종형 토지매매명문**(從兄土地賣買明文),[1131] 답주 유학 종제 방회(畓主幼學從弟邦會). <1장. 한자+이두. 조선 필사 이두 자료. 전북 무장 원송 진주 강씨가 구장. 전북대학교 박물관 소장. 호남권 한국학자료센터 홈페이지 원문 이미지와 텍스트 보기. 최승희(1989), 김소은(2004) 참고>

1892-11-16. **임 생원 댁 노 막선 토지매매명문**(任生員宅奴莫先土地賣買明文), 산주 이 진사 댁 노 순금(山主李進士宅奴順金). <1장. 한자+이두. 조선 필사 이두 자료. 아산 선교 장흥 임씨 구장. 한국학중앙연구원 장서각 한국고문서자료관 홈페이지 원문 이미지 보기. 한국학중앙연구원 편(2008) 참고>

1892-11-18. **박 노 월삼 토지매매명문**(朴奴月三土地賣買明文) 2, 전주 김대목(田主金大木). <1장. 한자+이두. 조선 필사 이두 자료. 경북 영주시 문수면 수도리 반남 박씨 오헌 고택 구장. 한국국학진흥원 소장. 한국학자료센터 영남권역센터 홈페이지 원문 이미지와 텍스트 보기. 김성갑(2013) 참고>

1892-11-18. **토지매매명문**(土地賣買明文), 답주 이 호 헌이(畓主李戶軒伊). <1장. 한자+이두. 조선 필사 이두 자료. 경북 영해 인량 재령 이씨 충효당 구장. 한국국학진흥원 소장. 한국학중앙연구원 장서각 한국고문서자료관 홈페이지 원문 이미지와

[1130] 한국학자료센터 영남권역센터 홈페이지에서는 '1892년 의제(義齋) 고자(庫子) 소지(所志)'로 잘못 적었다.

[1131] 호남권 한국학자료센터 홈페이지에서는 '1892년 방회(邦會) 종형(從兄) 토지매매명문(土地賣買明文)'으로 표시하였다.

텍스트 보기. 한국정신문화연구원 편(1997) 참고>

1892-11-25. **토지매매명문**(土地賣買明文),[1132] 답주 산승 덕홍(畓主山僧德弘). <1장. 한자+이두. 조선 필사 이두 자료. 전남 나주시 남내 밀양 박씨 청재 종가 소장. 호남권 한국학자료센터 홈페이지 원문 이미지와 텍스트 보기. 최승희(1989), 이재수(2003) 참고>

1892-11-26. **소생 윤용이 고목**(小生尹龍已告目), 윤용이. <1장. 한자+이두. 조선 필사 이두 자료. 경북 상주시 외서면 우산리 진주 정씨 우복 종택 소장. 한국학중앙연구원 장서각 한국고문서자료관 홈페이지 원문 이미지 보기. 한국학중앙연구원 편(2008) 참고>

1892-11-00. **구상모 등 문보**(具相謨等文報), 구상모 등. <1장. 한자+이두. 조선 필사 이두 자료. 전남 화순 동면 창녕 조씨가 구장. 광주광역시 이정옥 소장. 호남권 한국학자료센터 홈페이지 원문 이미지와 텍스트 보기. 최승희(1989) 참고>

1892-11-00. **이규용 소지**(李圭鎔所志), 이규용. <1장. 한자+이두. 조선 필사 이두 자료. 경북 경주시 소정리 경주 이씨 소장. 한국학중앙연구원 장서각 한국고문서자료관 홈페이지 원문 이미지 보기. 한국정신문화연구원 편(2002) 참고>

1892-11-00. **이성규 소지**(李聖圭所志), 이성규. <1장. 한자+이두. 조선 필사 이두 자료. 경북 경주시 소정리 경주 이씨 소장. 한국학중앙연구원 장서각 한국고문서자료관 홈페이지 원문 이미지 보기. 한국정신문화연구원 편(2002) 참고>

1892-11-00. **이종철 소지**(李鍾轍所志), 이종철. <1장. 한자+이두. 조선 필사 이두 자료. 경북 경주시 소정리 경주 이씨 소장. 한국학중앙연구원 장서각 한국고문서자료관 홈페이지 원문 이미지 보기. 한국정신문화연구원 편(2002) 참고>

1892-11-00. **토지매매명문**(土地賣買明文)[1133] 1, 전주 박 노 용삼(出主朴奴龍三). <1장. 한자+이두. 조선 필사 이두 자료. 경북 고령군 대가야읍 본관 1리 홍와 고택 구장. 한국국학진흥원 소장. 한국학자료센터 영남권역센터 홈페이지 원문 이미지

[1132] 호남권 한국학자료센터 홈페이지에서는 '1892년 덕홍(德弘) 방매 토지매매명문(土地賣買明文)'으로 표시하였다.

[1133] 한국학자료센터 영남권역센터 홈페이지에서는 '1892년 박노(朴奴) 용삼(龍三) 방매 토지매매명문(土地賣買明文)'으로 표시하였다.

와 텍스트 보기. 김성갑(2013) 참고>

1892-11-00. **토지매매명문**(土地賣買明文)[1134] 2, 표주 박 노 용삼(標主朴奴龍三). <1장. 한자+이두. 조선 필사 이두 자료. 경북 고령군 대가야읍 본관 1리 홍와 고택 구장. 한국국학진흥원 소장. 한국학자료센터 영남권역센터 홈페이지 원문 이미지와 텍스트 보기. 김성갑(2013) 참고>

1892-11-00. **황학구 등 등장**(黃鶴九等等狀) 1, 황학구 등. <1장. 한자+이두. 조선 필사 이두 자료. 경북 경주시 소정리 경주 이씨 소장. 한국학중앙연구원 장서각 한국고문서자료관 홈페이지 원문 이미지 보기. 한국정신문화연구원 편(2002) 참고>

1892-11-00. **황학구 등 등장**(黃鶴九等等狀) 2, 황학구 등. <1장. 한자+이두. 조선 필사 이두 자료. 경북 경주시 소정리 경주 이씨 소장. 한국학중앙연구원 장서각 한국고문서자료관 홈페이지 원문 이미지 보기. 한국정신문화연구원 편(2002) 참고>

1892-11-00 추정. **기계 벌치동 거민 수본**(杞溪伐致洞居民手本), 기계 벌치동 거민. <1장. 한자+이두. 조선 필사 이두 자료. 경북 경주시 안강읍 옥산리 여주 이씨 장산서원·치암 종택 구장. 한국학중앙연구원 장서각 한국고문서자료관 홈페이지 원문 이미지 보기. 한국정신문화연구원 편(2003) 참고>

1892-12-03. **이호방 토지매매명문**(李戶房土地賣買明文), 답주 권석이(畓主權錫伊). <1장. 한자+이두. 조선 필사 이두 자료. 경북 안동시 오천 광산 김씨 후조당 소장. 한국학중앙연구원 장서각 한국고문서자료관 홈페이지 원문 이미지와 텍스트 보기. 한국정신문화연구원 편(1982) 참고>

1892-12-04. **족형 김상필 토지매매명문**(族兄金相弼土地賣買明文), 전주 자필 김진상(田主自筆金震相). <1장. 한자+이두. 조선 필사 이두 자료. 경북 안동시 오천 광산 김씨 후조당 소장. 한국학중앙연구원 장서각 한국고문서자료관 홈페이지 원문 이미지와 텍스트 보기. 한국정신문화연구원 편(1982) 참고>

1134 한국학자료센터 영남권역센터 홈페이지에서는 '1892년 박노(朴奴) 용삼(龍三) 방매 토지매매명문(土地賣買明文)'으로 표시하였다.

1892-12-06. **유학 이긍연 토지매매명문**(幼學李兢淵土地賣買明文), 답주 이 댁 훈이(畓主李宅薰伊). <1장. 한자+이두. 조선 필사 이두 자료. 경북 안동시 주촌 진성 이씨 경류정 구장. 서울역사박물관 소장. 한국학중앙연구원 장서각 한국고문서자료관 홈페이지 원문 이미지와 텍스트 보기. 한국정신문화연구원 편(1999) 참고>

1892-12-10. **유학 박규환 토지매매명문**(幼學朴圭煥土地賣買明文), 답주 유학 김권표 (畓主幼學金權杓). <1장. 한자+이두. 조선 필사 이두 자료. 전남 나주시 남내 밀양 박씨 청재 종가 소장. 호남권 한국학자료센터 홈페이지 원문 이미지와 텍스트 보기. 김용섭(1983), 고창석(1998) 참고>

1892-12-10. **토지매매명문**(土地賣買明文),[1135] 전주 유국서(出主劉國瑞). <1장. 한자+ 이두. 조선 필사 이두 자료. 원광대학교 박물관 소장. 호남권 한국학자료센터 홈페이지 원문 이미지와 텍스트 보기. 박병호(1974ㄱ), 이재수(2003) 참고>

1892-12-13. **정사 재중 토지매매명문**(精舍齋中土地賣買明文),[1136] 답주 마치운(畓主馬 致雲). <1장, 한자+이두. 조선 필사 이두 자료. 경남 거창 강동 초계 정씨 동계 종가 구장. 한국학중앙연구원 장서각 한국고문서자료관 홈페이지 & 한국학중앙 연구원 장서각 한국학자료센터 홈페이지 원문 이미지와 텍스트 보기. 김태영 (1983), 최승희(1989), 한국정신문화연구원 편(1995), 이재수(2003), 한국학중앙연 구원 편(2005) 참고>

1892-12-15. **이성규 토지매매명문**(李成圭土地賣買明文), 답주 유학 김경숙(畓主幼學 金敬淑). <1장. 한자+이두. 조선 필사 이두 자료. 전남 보성군 박실 제주 양씨가 구장. 원광대학교 박물관 소장. 호남권 한국학자료센터 홈페이지 원문 이미지와 텍스트 보기>

1892-12-16. **토지매매명문**(土地賣買明文),[1137] 답주 유학 안갑환(畓主幼學安甲煥). <1

[1135] 호남권 한국학자료센터 홈페이지에서는 '1892년 유국서(劉國瑞) 방매(放賣) 토지매매명문(土地賣 買明文)'으로 표시하였다.
[1136] 한국학중앙연구원 장서각 한국학자료센터 홈페이지에서는 '1892년 마치운(馬致雲) 토지매매명 문(土地賣買明文)'으로 표시하였다.
[1137] 호남권 한국학자료센터 홈페이지에서는 '1892년 안갑환(安甲煥) 방매(放賣) 토지매매명문(土地賣 買明文)'으로 표시하였다.

장. 한자+이두. 조선 필사 이두 자료. 전남 보성군 박실 제주 양씨가 구장. 원광대학교 박물관 소장. 호남권 한국학자료센터 홈페이지 원문 이미지와 텍스트 보기. 최승희(1989), 정구복 외(1999), 채현경(2011) 참고>

1892-12-19. **토지매매명문**(土地賣買明文),[1138] 1, 답주 유학 염재하(畓主幼學廉在河). <1장. 한자+이두. 조선 필사 이두 자료. 전남 보성군 박실 제주 양씨가 구장. 원광대학교 박물관 소장. 호남권 한국학자료센터 홈페이지 원문 이미지와 텍스트 보기. 최승희(1989), 정구복 외(1999), 채현경(2011) 참고>

1892-12-20. **토지매매명문**(土地賣買明文),[1139] 전주 박 노 개중(田主朴奴介仲). <1장. 한자+이두. 조선 필사 이두 자료. 경북 영주시 문수면 수도리 반남 박씨 오헌고택 구장. 한국국학진흥원 소장. 한국학자료센터 영남권역센터 홈페이지 원문 이미지와 텍스트 보기. 김성갑(2013) 참고>

1892-12-21. **윤 생원 댁 노 백석 가사매매명문**(尹生員宅奴白石家舍賣買明文), 구 가대주 박 생원 댁(舊家垈主朴生員宅). <1장. 한자+이두. 조선 필사 이두 자료. 원주시 무릉박물관 소장. 한국학자료센터 강원권역센터 홈페이지 원문 이미지와 텍스트 보기. 박병호(1974ㄱ), 최승희(1989), 김소은(2004), 김성갑(2013) 참고>

1892-12-22. **토지매매명문**(土地賣買明文),[1140] 답주 유학 안종명(畓主幼學安鍾明). <1장. 한자+이두. 조선 필사 이두 자료. 전남 보성군 박실 제주 양씨가 구장. 원광대학교 박물관 소장. 호남권 한국학자료센터 홈페이지 원문 이미지와 텍스트 보기. 최승희(1989), 이재수(2003) 참고>

1892-12-23. **이씨 문중 표기**(李氏門中標記),[1141] 표주 자필 순영 재가 군관 김봉의(標主自筆巡營在家軍官金鳳儀). <1장. 한자+이두. 조선 필사 이두 자료. 경북 경주시

[1138] 호남권 한국학자료센터 홈페이지에서는 '1892년 염재하(廉在河) 방매(放賣) 토지매매명문(土地賣買明文)'으로 표시하였다.

[1139] 한국학자료센터 영남권역센터 홈페이지에서는 '1892년 박노(朴奴) 개중(介仲) 방매 토지매매명문(土地賣買明文)'으로 표시하였다.

[1140] 호남권 한국학자료센터 홈페이지에서는 '1892년 안종명(安鍾明) 방매(放賣) 토지매매명문(土地賣買明文)'으로 표시하였다.

[1141] 한국학중앙연구원 장서각 한국고문서자료관 홈페이지에서는 '1892년 김봉의(金鳳儀) 수표(手標)'로 표시하였다.

소정리 경주 이씨 소장. 한국학중앙연구원 장서각 한국고문서자료관 홈페이지 원문 이미지 보기. 한국정신문화연구원 편(2002) 참고>

1892-12-24. **재사 당중 토지매매명문**(齋舍堂中土地賣買明文), 전주 김선이(田主金先伊). <1장. 한자+이두. 조선 필사 이두 자료. 경북 안동시 주촌 진성 이씨 경류정 구장. 서울역사박물관 소장. 한국학중앙연구원 장서각 한국고문서자료관 홈페이지 원문 이미지와 텍스트 보기. 한국정신문화연구원 편(1999) 참고>

1892-12-25. **토지매매명문**(土地賣買明文),[1142] 답주 유학 박경언(畓主幼學朴敬言). <1장. 한자+이두. 조선 필사 이두 자료. 전북 정읍시 옹동 전주 이씨가 구장. 정읍시 옹동 이태일가 소장. 호남권 한국학자료센터 홈페이지 원문 이미지와 텍스트 보기. 박병호(1974ㄱ), 최승희(1989), 이재수(2003) 참고>

1892-12-27. **토지매매명문**(土地賣買明文)[1143] 2, 답주 유학 염재하(畓主幼學廉在河). <1장. 한자+이두. 조선 필사 이두 자료. 전남 보성군 박실 제주 양씨가 구장. 원광대학교 박물관 소장. 호남권 한국학자료센터 홈페이지 원문 이미지와 텍스트 보기. 최승희(1989), 정구복 외(1999), 채현경(2011) 참고>

1892-12-27 추정. **벌치동 상임 첩정**(伐致洞上任牒呈), 벌치동 상임. <1장. 한자+이두. 조선 필사 이두 자료. 경북 경주시 안강읍 옥산리 여주 이씨 장산서원·치암 종택 구장. 한국학중앙연구원 장서각 한국고문서자료관 홈페이지 원문 이미지 보기. 한국정신문화연구원 편(2003) 참고>

1892-12-00. **면주전 시민 소지**(綿紬廛市民所志) 2, 면주전 시민. <1장. 한자+이두. 조선 필사 이두 자료. 일본 경도대학 가와이문고 소장. 고려대학교 해외한국학자료센터 홈페이지 원문 이미지 보기>

1892-12-00. **부곡 유 진사 댁 노 연대 발괄**(釜谷柳進士宅奴連大白活), 연대. <1장. 한자+이두. 조선 필사 이두 자료. 경기도 안산시 부곡동 진주 류씨 경성당 소장. 한국학중앙연구원 장서각 한국고문서자료관 홈페이지 원문 이미지 보기. 한국정

[1142] 호남권 한국학자료센터 홈페이지에서는 '1892년 박경언(朴敬言) 방매(放賣) 토지매매명문(土地賣買明文)'으로 표시하였다.

[1143] 호남권 한국학자료센터 홈페이지에서는 '1892년 염재하(廉在河) 방매(放賣) 토지매매명문(土地賣買明文)'으로 표시하였다.

신문화연구원 편(2002) 참고>

1892-12-00. 예조 입안(禮曹立案), 예조. <1장. 한자+이두. 조선 필사 이두 자료. 영광 입석 영월 신씨 소장. 한국학중앙연구원 장서각 한국고문서자료관 홈페이지 원문 이미지와 텍스트 보기. 한국정신문화연구원 편(1996) 참고>

1892-12-00. **유상렬 등 소지**(柳相烈等所志), 유상렬 등. <1장. 한자+이두. 조선 필사 이두 자료. 전북 진안 개화 전주 이씨가 소장. 호남권 한국학자료센터 홈페이지 원문 이미지와 텍스트 보기. 박병호(1974ㄱ), 최승희(1989), 전경목 외(2006) 참고>

1892-12-00. **이규호 소지**(李圭鎬所志), 이규호. <1장. 한자+이두. 조선 필사 이두 자료. 경북 경주시 소정리 경주 이씨 소장. 한국학중앙연구원 장서각 한국고문서자료관 홈페이지 원문 이미지 보기. 한국정신문화연구원 편(2002) 참고>

1892-12-00. **이방동 소지**(李芳洞所志), 이방동. <1장. 한자+이두. 조선 필사 이두 자료. 경북 경주시 소정리 경주 이씨 소장. 한국학중앙연구원 장서각 한국고문서자료관 홈페이지 원문 이미지 보기. 한국정신문화연구원 편(2002) 참고>

1892-12-00. **토지매매명문**(土地賣買明文),[1144] 답주 유학 박상칠(畓主幼學朴相七). <1장. 한자+이두. 조선 필사 이두 자료. 전남 보성군 박실 제주 양씨가 구장. 원광대학교 박물관 소장. 호남권 한국학자료센터 홈페이지 원문 이미지와 텍스트 보기. 박병호(1974ㄱ) 참고>

1892-12-00. **황류 소지**(黃壟所志), 황류. <1장. 한자+이두. 조선 필사 이두 자료. 전북 남원시 대곡 장수 황씨 문중 소장. 호남권 한국학자료센터 홈페이지 원문 이미지와 텍스트 보기. 박병호(1974ㄱ), 최승희(1989), 전북향토문화연구회 편(1993), 정구복 외(1999) 참고>

1892-12-00. **황성현 소지**(黃成顯所志), 황성현. <1장. 한자+이두. 조선 필사 이두 자료. 전북 남원시 대곡 장수 황씨 문중 소장. 호남권 한국학자료센터 홈페이지 원문 이미지와 텍스트 보기. 박병호(1974ㄱ), 최승희(1989), 전북향토문화연구회 편(1993), 정구복 외(1999) 참고>

1144 호남권 한국학자료센터 홈페이지에서는 '1892년 박상칠(朴相七) 방매(放賣) 토지매매명문(土地賣買明文)'으로 표시하였다.

1892-00-00. 「강원 각군 일반 정형(江原各郡一般情形)」, 강원감영(江原監營) 편(編). <4책. 필사본. 한자+이두. 조선 필사 이두 자료. 서울대학교 규장각 한국학연구원 홈페이지 '奎27722-v.1-4'의 원문 이미지 보기> <영인본:「각사등록」 55(황해도 보유편)」(국사편찬위원회 편, 1991)>

1892-00-00. 「사직서등록(社稷署謄錄)」 <1책. 35장. 필사본. 한자+이두. 조선 필사 이두 자료. 한국학중앙연구원 장서각 한국학자료센터 홈페이지 원문 이미지 보기>

1892-00-00. 「상호도감의궤(上 號都監儀軌)」,[1145] 상호도감 편. <1책. 280장. 필사본. 표제는 '(光緖十八年壬辰七月 日)上 號都監儀軌 全'. 권수제는 '上 號都監儀軌'. 한자+이두. 조선 필사 이두 자료. 한국학중앙연구원 디지털장서각 홈페이지 'K2-2822' 원문 이미지와 텍스트 보기>

1892-00-00. 「선원보략수정의궤(璿源譜略修正儀軌)」, 종친부(宗親府) 편. <1책. 19장. 필사본. 표제는 '(壬辰四月 府上)璿源譜略修正儀軌'. 권수제는 '(光緖十八年四月 日)璿源譜略修正儀軌'. 한자+이두. 조선 필사 이두 자료. 서울대학교 규장각 한국학연구원 의궤 종합정보 홈페이지 '奎14136' 원문 이미지 보기>

1892-00-00. 「선원보략수정의궤(璿源譜略修正儀軌)」, 종친부(宗親府) 편. <1책. 22장. 필사본. 표제는 '(壬辰七月)璿源譜略修正儀軌'. 권수제는 '(光緖十八年七月 日)璿源譜略修正儀軌'. 한자+이두. 조선 필사 이두 자료. 서울대학교 규장각 한국학연구원 의궤 종합정보 홈페이지 '奎14135' 원문 이미지 보기>

1892-00-00. 「수릉산릉도감의궤(綏陵山陵都監儀軌)」[1146] 상·하, 산릉도감 편. <2책. 207장+193장. 필사본. 상권의 권수제는 '綏陵山陵都監儀軌上'. 한자+이두. 조선 필사 이두 자료. 서울대학교 규장각 한국학연구원 의궤 종합정보 홈페이지 '奎13749' 원문 이미지 보기>

1892-00-00. 「신정왕후국장도감의궤(神貞王后國葬都監儀軌)」 1~4, 국장도감 편.

[1145] 한국학중앙연구원 디지털장서각 홈페이지에서는 서명을 '상호도감의궤(上號都監儀軌)'로 붙여 썼다.

[1146] 서울대학교 규장각 한국학연구원 의궤 종합정보 홈페이지에서는 서명을 '신정왕후수릉산릉도감의궤(神貞王后綏陵山陵都監儀軌)'로 적었다.

<4권 4책. 필사본. 1권의 표제는 '(光緖十六年庚寅四月 日 鼎足山城上)神貞王后國葬都監儀軌 一'. 권수제는 '神貞王后國葬都監儀軌卷首'. 한자+이두. 조선 필사 이두 자료. 서울대학교 규장각 한국학연구원 의궤 종합정보 홈페이지 '奎13736' 원문 이미지 보기>

1892-00-00. 「신정왕후국휼등록(神貞王后國恤謄錄)」, 전향사(典享司) 편. <1책. 62장. 필사본. 한자+이두. 조선 필사 이두 자료. 한국학중앙연구원 장서각 소장. 한국학중앙연구원 장서각 한국학자료센터 홈페이지 원문 이미지와 텍스트 보기>

1892-00-00. 「신정왕후국휼등록(神貞王后國恤謄錄)」, 전향사(典享司) 편. <1책. 117장. 필사본. 한자+이두. 조선 필사 이두 자료. 한국학중앙연구원 장서각 소장. 한국학중앙연구원 장서각 한국학자료센터 홈페이지 원문 이미지 보기>

1892-00-00. 「신정왕후국휼등록(神貞王后國恤謄錄)」, 예조(禮曹) 편. <1책. 167장. 필사본. 한자+이두. 조선 필사 이두 자료. 한국학중앙연구원 장서각 소장. 한국학중앙연구원 한국학 디지털 아카이브 홈페이지 원문 이미지와 텍스트 보기>

1892-00-00. 「신정왕후국휼의주등록(神貞王后國恤儀註謄錄)」, 계제사(稽制司) 편. <2책. 198장. 필사본. 한자+이두. 조선 필사 이두 자료. 한국학중앙연구원 장서각 한국학자료센터 홈페이지 & 한국학중앙연구원 한국학 디지털 아카이브 홈페이지 원문 이미지와 텍스트 보기>

1892-00-00. 「신정왕후부묘도감의궤(神貞王后祔 廟都監儀軌)」,[1147] 부묘도감 편. <1책. 188장. 필사본. 표제는 '(光緖十八年壬辰六月 日 宗廟署上)祔廟都監儀軌 全'. 권수제는 '(光緖十八年四月 日)神貞王后祔 廟都監儀軌'. 한자+이두. 조선 필사 이두 자료. 한국학중앙연구원 디지털장서각 홈페이지 'K2-2253' 원문 이미지 보기>

1892-00-00. 「신정왕후부묘도감의궤(神貞王后祔 廟都監儀軌)」,[1148] 부묘도감 편. <1책. 187장. 필사본. 표제는 '(光緖十八年壬辰七月 日)祔 廟都監儀軌 全'. 권수제는 '(光緖

[1147] 한국학중앙연구원 디지털장서각 홈페이지에서는 서명을 '[신정왕후]부묘도감의궤([神貞王后]祔廟都監儀軌)'로 붙여 썼다.

[1148] 한국학중앙연구원 디지털장서각 홈페이지에서는 서명을 '[신정왕후]부묘도감의궤([神貞王后]祔廟都監儀軌)'로 붙여 썼다.

十八年四月 日)神貞王后祔 廟都監儀軌'. 한자+이두. 조선 필사 이두 자료. 한국학중앙연구원 디지털장서각 홈페이지 'K2-2254' 원문 이미지와 텍스트 보기>

1892-00-00. 「신정왕후빈전혼전도감의궤(神貞王后殯殿魂殿都監儀軌)」 상·중·하, 빈전혼전도감 편. <5권 3책. 필사본. 상권의 표제는 '(光緒十六年庚寅四月 日 鼎足山城上 神貞王后)殯殿魂殿都監儀軌 上'. 목록제는 '神貞王后殯殿魂殿都監儀軌目錄'. 한자+이두. 조선 필사 이두 자료. 서울대학교 규장각 한국학연구원 의궤 종합정보 홈페이지 '奎13747' 원문 이미지 보기>

1892-00-00. 「신정익왕후국휼등록(神貞翼王后國恤謄錄)」 <1책. 19장. 필사본. 한자+이두. 조선 필사 이두 자료. 한국학중앙연구원 디지털장서각 홈페이지 원문 이미지와 텍스트 보기>

1892-00-00. 「정재후집(定齋後集)」, 박태보(朴泰輔, 1654년~1689년) 저(著). <6권 3책. 목판본. 한자+이두. 서울대학교 규장각 한국학연구원 '奎5443' 소장. 한국고전종합DB 홈페이지 원문 이미지와 텍스트 보기> <1702-00-00(「정재집(定齋集)」>

1892-00-00. 「진찬의궤(進饌儀軌)」,[1149] 진연도감(進宴都監) 편(編). <4책. 금속활자본. 재주정리자본. 도판은 목판본. 수권의 표제와 권수제는 '進饌儀軌 首卷'. 한자+이두. 조선 필사 이두 자료. 한국학중앙연구원 디지털장서각 홈페이지 'K2-2879' & 'K2-2880' 원문 이미지와 텍스트 보기>

1892-00-00. 「진찬의궤(進饌儀軌)」 1~4, 의궤청(儀軌廳) 편. <4책. 활자본. 권1의 표제는 '(壬辰)進饌儀軌一'. 권수제는 '進饌儀軌卷首'. 한자+이두. 조선 활자 이두 자료. 서울대학교 규장각 한국학연구원 의궤 종합정보 홈페이지 '奎14428' 원문 이미지와 텍스트 보기>

1892-00-00. **토지매매명문**(土地賣買明文),[1150] 계장 권종학(禊丈 權鍾學). <1장. 한자+이두. 조선 필사 이두 자료. 전북 고창 읍내 안동 권씨가 소장. 호남권 한국학자료센터 홈페이지 원문 이미지와 텍스트 보기. 최승희(1989), 전북향토문화연구회

1149 한국학중앙연구원 디지털장서각 홈페이지에서는 서명을 '[임진]진찬의궤[壬辰]進饌儀軌]'로 적었다.

1150 호남권 한국학자료센터 홈페이지에서는 '1881년 권종학(權鍾學) 방매(放賣) 토지매매명문(土地賣買明文)'으로 잘못 표시하였다.

편(1993), 정구복 외(1999) 참고>

1892-00-00. **토지매매명문**(土地賣買明文),[1151] 답주 자필 유학 박우석(畓主自筆幼學朴瑀錫). <1장. 한자+이두. 조선 필사 이두 자료. 전남 보성군 박실 제주 양씨가 구장. 원광대학교 박물관 소장. 호남권 한국학자료센터 홈페이지 원문 이미지와 텍스트 보기. 박병호(1974ㄱ), 이재수(2003) 참고>

1892-00-00. 「호남별단초(**湖南別單草**)」, 이면상(李冕相) 편(編). <1책. 21장. 필사본. 한자+이두. 조선 필사 이두 자료. 서울대학교 규장각 한국학연구원 홈페이지 '古5120-71' 원문 이미지 보기> <영인본: 「각사등록」 54(전라도 보유편 2)(국사편찬위원회 편, 1991)>

1892-00-00 추정.[1152] 「호남서계초(**湖南書啓草**)」, 이면상(李冕相) 편(編). <1책. 46장. 필사본. 한자+이두. 조선 필사 이두 자료. 서울대학교 규장각 한국학연구원 홈페이지 원문 이미지 보기> <영인본: 「각사등록」 54(전라도 보유편 2)(국사편찬위원회 편, 1991)>

1893년

<계사(癸巳), 고종 30년, 광서 19년, 명치 26년>

1893-01-08. **가사매매명문**(家舍賣買明文),[1153] 가대전주 장원숙(家垈田主張元叔). <1장. 한자+이두. 조선 필사 이두 자료. 전남 영광 마산 경주 이씨가 구장. 진안 용담호미술관 소장. 호남권 한국학자료센터 홈페이지 원문 이미지와 텍스트 보기. 박병호(1974ㄱ), 최승희(1989), 이재수(2003) 참고>

1893-01-10. **토지매매명문**(土地賣買明文), 권보현(權輔鉉). <1장. 한자+이두. 조선

1151 호남권 한국학자료센터 홈페이지에서는 '1892년 박우석(朴瑀錫) 방매(放賣) 토지매매명문(土地賣買明文)'으로 표시하였다.
1152 서울대학교 규장각 한국학연구원 홈페이지에서는 간년 미상으로 표시하였다.
1153 호남권 한국학자료센터 홈페이지에서는 '1893년 장원숙(張元叔) 방매(放賣) 가사매매명문(家舍賣買明文)'으로 표시하였다.

필사 이두 자료. 경북 안동시 주촌 진성 이씨 경류정 소장. 한국학중앙연구원 장서각 한국고문서자료관 홈페이지 & 한국학중앙연구원 한국학 디지털 아카이브 홈페이지 원문 이미지와 텍스트 보기. 한국정신문화연구원 편(1999) 참고>

1893-01-11. **삼산 재소 토지매매명문**(三山齋所土地賣買明文), 답주 박천수(畓主朴千守). <1장. 한자+이두. 조선 필사 이두 자료. 경북 안동시 수곡면 전주 류씨 삼산 종가 구장. 한국국학진흥원 소장. 한국학자료센터 영남권역센터 홈페이지 원문 이미지와 텍스트 보기. 최승희(1989), 이재수(2003), 전경목(2010), 정수환(2012) 참고>

1893-01-13. **토지매매명문**(土地賣買明文), 답주 자필 권보현(畓主自筆權輔鉉). <1장. 한자+이두. 조선 필사 이두 자료. 경북 안동시 주촌 진성 이씨 경류정 구장. 서울역사박물관 소장. 한국학중앙연구원 장서각 한국고문서자료관 홈페이지 & 한국학중앙연구원 한국학 디지털 아카이브 홈페이지 원문 이미지와 텍스트 보기. 한국정신문화연구원 편(1999) 참고>

1893-01-15. **조천진 치총 강 서목**(朝天鎭雉摠姜書目), 치총 강. <1장. 한자+이두. 필사 이두 자료. 제주시 일도 김명순 구장. 제주시 일도 2동 제주민속자연사박물관 소장. 호남권 한국학자료센터 홈페이지 원문 이미지와 텍스트 보기. 최승희(1989), 고창석 역해(2012) 참고>

1893-01-15. **첩정**(牒呈), 치총 강(雉摠姜). <1장. 한자+이두. 제주교육박물관 소장. 사이버 제주교육박물관 홈페이지 원문 이미지와 텍스트 보기>

1893-01-16 추정. **기계면 풍헌 서목**(杞溪面風憲書目), 기계면 풍헌. <1장. 한자+이두. 조선 필사 이두 자료. 경북 경주시 안강읍 옥산리 여주 이씨 장산서원·치암 종택 구장. 한국학중앙연구원 장서각 한국고문서자료관 홈페이지 원문 이미지 보기. 한국정신문화연구원 편(2003) 참고>

1893-01-20 추정. **벌치동 상임 서목**(伐致洞上任書目) 1, 벌치동 상임. <1장. 한자+이두. 조선 필사 이두 자료. 경북 경주시 안강읍 옥산리 여주 이씨 장산서원·치암 종택 구장. 한국학중앙연구원 장서각 한국고문서자료관 홈페이지 원문 이미지 보기. 한국정신문화연구원 편(2003) 참고>

1893-01-22 추정. **벌치동 상임 서목**(伐致洞上任書目) 2, 벌치동 상임. <1장. 한자+이

두. 조선 필사 이두 자료. 경북 경주시 안강읍 옥산리 여주 이씨 장산서원·치암 종택 구장. 한국학중앙연구원 장서각 한국고문서자료관 홈페이지 원문 이미지 보기. 한국정신문화연구원 편(2003) 참고>

1893-01-24. **박 수문장댁 토지매매명문**(朴守門將宅土地賣買明文) 1, 답주 오태조(畓主吳泰祚). <1장. 한자+이두. 조선 필사 이두 자료. 전남 장흥군 용산 밀양 박씨 박철환 소장. 호남권 한국학자료센터 홈페이지 원문 이미지와 텍스트 보기. 최승희(1989), 정구복 외(1999), 전경목 외(2006) 참고>

1893-01-24 추정. **경주부 전령**(慶州府傳令), 경주부. <1장. 한자+이두. 조선 필사 이두 자료. 경북 경주시 안강읍 옥산리 여주 이씨 장산서원·치암 종택 구장. 한국학중앙연구원 장서각 한국고문서자료관 홈페이지 원문 이미지 보기. 한국정신문화연구원 편(2003) 참고>

1893-01-25. **신 생원 토지매매명문**(申生員土地賣買明文), 답주 김창이(畓主金昌伊). <1장. 한자+이두. 조선 필사 이두 자료. 경북 안동시 오천 광산 김씨 후조당 소장. 한국학중앙연구원 장서각 한국고문서자료관 홈페이지 & 한국학중앙연구원 한국학 디지털 아카이브 홈페이지 원문 이미지와 텍스트 보기. 한국정신문화연구원 편(1982) 참고>

1893-01-26. **토지매매명문**(土地賣買明文), 답주 이 호 헌이(畓主李戶軒伊). <1장. 한자+이두. 조선 필사 이두 자료. 경북 영해 인량 재령 이씨 충효당 구장. 한국국학진흥원 소장. 한국학중앙연구원 장서각 한국고문서자료관 홈페이지 원문 이미지와 텍스트 보기. 한국정신문화연구원 편(1997) 참고>

1893-01-26. **수표**(手標), 표주 호 헌이(標主戶軒伊). <1장. 한자+이두. 조선 필사 이두 자료. 경북 영해 인량 재령 이씨 충효당 소장. 한국학중앙연구원 장서각 한국고문서자료관 홈페이지 원문 이미지와 텍스트 보기. 한국정신문화연구원 편(1997) 참고>

1893-01-29. **토지매매명문**(土地賣買明文), 답주 최 노 오석(畓主崔奴吳石). <1장. 한자+이두. 조선 필사 이두 자료. 경북 경주시 내남면 이조리 경주 최씨·용산서원 소장. 한국학중앙연구원 장서각 한국고문서자료관 홈페이지 & 한국학중앙연구원 한국학 디지털 아카이브 홈페이지 원문 이미지 보기. 한국정신문화연구원

편(2000) 참고>

1893-01-29~1894-11-26. 「경상도 고성부 총쇄록(慶尙道固城府 叢瑣錄)」, 오횡묵(吳宖默) 지(著), 경상도 고성부 편(編). <2책. 필사본. 표제는 '固城叢瑣錄'. 권수제는 '慶尙道固城府叢瑣錄'. 한자+이두. 일기체 일록(日錄). 한국학중앙연구원 디지털 장서각 홈페이지 원문 이미지와 텍스트 보기>

1893-01-00. **노민환 소지**(盧珉煥所志), 노민환. <1장. 한자+이두. 조선 필사 이두 자료. 전남 화순 동면 창녕 조씨가 구장. 광주광역시 이정옥 소장. 호남권 한국학 자료센터 홈페이지 원문 이미지와 텍스트 보기. 최승희(1989) 참고>

1893-01-00. **면주전 시민 등장**(綿紬廛市民等狀), 면주전 시민. <1장. 한자+이두. 조선 필사 이두 자료. 일본 경도대학 가와이문고 소장. 고려대학교 해외한국학자료센터 홈페이지 원문 이미지 보기>

1893-01-00. **이종성 소지**(李鍾成所志), 이종성. <1장. 한자+이두. 조선 필사 이두 자료. 전북 익산 용화 전주 이씨가 구장. 전북대학교 박물관 소장. 호남권 한국학자료센터 홈페이지 원문 이미지와 텍스트 보기. 최승희(1989), 김경숙(2002), 심재우(2013) 참고>

1893-01-00. **토지매매명문**(土地賣買明文), 답주 황 노 재단(畓主黃奴再丹). <1장. 한자+이두. 조선 필사 이두 자료. 경북 경주시 소정리 경주 이씨 소장. 한국학중앙연구원 장서각 한국고문서자료관 홈페이지 원문 이미지 보기. 한국정신문화연구원 편(2002) 참고>

1893-01-00~1893-12-00(광서 19년 癸巳). 「별례방별등록(別例房別謄錄)」, 호조(戶曹) 별례방(別例房) 편(編). <1책. 54장. 필사본. 표제는 '光緖十九年癸巳)別例房別謄錄'. 한자+이두. 조선 필사 이두 자료. 서울대학교 규장각 한국학연구원 홈페이지 원문 이미지 보기> <영인본:「각사등록」 82(호조편)(국사편찬위원회 편, 1995)>

1893-01-00~1893-12-00(癸巳). 「추조결옥록(秋曹決獄錄)」 43, 형조(刑曹) 편(編). <1책(43/낙질본 43책). 40장. 필사본. 한자+이두. 조선 필사 이두 자료. 서울대학교 규장각 한국학연구원 홈페이지 원문 이미지 보기> <1822-01-00~1822-12-00(1/43)>

1893-02-01. **이 노 악이 토지매매명문**(李奴岳伊土地賣買明文), 전주 박승만(田主朴勝

萬). <1장. 한자+이두. 조선 필사 이두 자료. 경북 봉화군 명호면 도천리 안동 김씨 해헌 고택 구장. 한국국학진흥원 소장. 한국학자료센터 영남권역센터 홈페이지 원문 이미지와 텍스트 보기. 박병호(1974ㄱ), 최승희(1989), 이재수(2003), 이수건 외(2004) 참고>

1893-02-01. **이화엽 토지매매명문**(李花葉土地賣買明文), 화전 답주 김 노 개돌(花田畓主金奴介㐖). <1장. 한자+이두. 조선 필사 이두 자료. 경북 상주 낙동 풍양 조씨 양진당 소장. 한국학중앙연구원 장서각 한국고문서자료관 홈페이지 원문 이미지 보기>

1893-02-03. **토지매매명문**(土地賣買明文), 답주 남태휘(畓主南泰彙). <1장. 한자+이두. 조선 필사 이두 자료. 경북 안동시 오천 광산 김씨 후조당 소장. 한국학중앙연구원 장서각 한국고문서자료관 홈페이지 원문 이미지와 텍스트 보기. 한국정신문화연구원 편(1982) 참고>

1893-02-07. **족종제 김제전 토지매매명문**(族從弟金濟栓土地賣買明文), 전주 자필 김제윤(田主自筆金濟允). <1장. 한자+이두. 조선 필사 이두 자료. 경북 안동시 오천 광산 김씨 후조당 소장. 한국학중앙연구원 장서각 한국고문서자료관 홈페이지 & 한국학중앙연구원 한국학 디지털 아카이브 홈페이지 원문 이미지와 텍스트 보기. 한국정신문화연구원 편(1982) 참고>

1893-02-10. **족종 노선 토지매매명문**(族從魯宣土地賣買明文), 답주 김원교(畓主金遠敎). <1장. 한자+이두. 조선 필사 이두 자료. 경북 안동시 오천 광산 김씨 후조당 소장. 한국학중앙연구원 장서각 한국고문서자료관 홈페이지 원문 이미지와 텍스트 보기. 한국정신문화연구원 편(1982) 참고>

1893-02-12. **가사매매명문**(家舍賣買明文), 자필 가대주 김지동(自筆家垈主金支東). <1장. 한자+이두. 조선 필사 이두 자료. 경북 경주시 소정리 경주 이씨 소장. 한국학중앙연구원 장서각 한국고문서자료관 홈페이지 원문 이미지 보기. 한국정신문화연구원 편(2002) 참고>

1893-02-12. **권호 정대 토지매매명문**(權戶丁大土地賣買明文), 답주 조 호 충단(畓主趙戶忠丹). <1장. 한자+이두. 조선 필사 이두 자료. 경북 영양군 영양읍 삼지리 한양 조씨 하담 고택 구장. 한국국학진흥원 소장. 한국학자료센터 영남권역센터

홈페이지 & 한국국학진흥원 유교넷 홈페이지 원문 이미지와 텍스트 보기. 박병호(1974ㄱ), 최승희(1989), 이재수(2003), 이수건 외(2004) 참고>

1893-02-12~1895-00-00(癸巳~乙未).「연로각관관초(沿路各官關草)」 1~2, 의정부 기록국(議政府記錄局) 편(編). <2책. 필사본. 한자+이두. 조선 필사 이두 자료. 서울대학교 규장각 한국학연구원 홈페이지 원문 이미지 보기> <영인본:「각사등록」 63(국사편찬위원회 편, 1992)>

1893-02-13. **유학 토지매매명문**(幼學土地賣買明文),[1154] 답주 유학 이수회(畓主幼學李秀會). <1장. 한자+이두. 조선 필사 이두 자료. 전남 보성군 박실 제주 양씨가 구장. 원광대학교 박물관 소장. 호남권 한국학자료센터 홈페이지 원문 이미지와 텍스트 보기. 김건우(2008), 정수환·이헌창(2008), 채현경(2011ㄱ, 2011ㄴ) 참고>

1893-02-13. **이 노 중선 토지매매명문**(李奴中先土地賣買明文), 답주 권 노 월색(畓主權奴月色). <1장. 한자+이두. 조선 필사 이두 자료. 성주 명곡 벽진 이씨 완석정 종택 소장. 한국학중앙연구원 고문서자료관 홈페이지 원문 이미지 보기. 한국학중앙연구원 편(2009) 참고>

1893-02-13. **토지매매명문**(土地賣買明文), 답주 유학 최성범(畓主幼學崔聖範). <1장. 한자+이두. 조선 필사 이두 자료. 전남 나주시 남내 밀양 박씨 청재 종가 소장. 호남권 한국학자료센터 홈페이지 원문 이미지와 텍스트 보기. 고창석(2000ㄱ) 참고>

1893-02-17. **토지매매명문**(土地賣買明文), 답주 일락 공소(畓主日落公所). <1장. 한자+이두. 조선 필사 이두 자료. 안동 천전 의성 김씨 지촌 종택 소장. 한국학중앙연구원 장서각 한국고문서자료관 홈페이지 원문 이미지와 텍스트 보기. 한국정신문화연구원 편(1990) 참고>

1893-02-19. **유교영 차첩**(柳喬榮差帖) 1, 이조(吏曹). <1장. 한자+이두. 조선 필사 이두 자료. 경북 영해 인량 재령 이씨 충효당 구장. 한국국학진흥원 소장. 한국학중앙연구원 장서각 한국고문서자료관 홈페이지 원문 이미지와 텍스트 보기. 한국

1154 호남권 한국학자료센터 홈페이지에서는 '1893년 이수회(李秀會) 방매(放賣) 토지매매명문(土地賣買明文)'으로 표시하였다.

정신문화연구원 편(1994) 참고>

1893-02-24. **토지매매명문**(土地賣買明文), 답주 유학 이국언(畓主幼學伊國彦). <1장. 한자+이두. 조선 필사 이두 자료. 남원·구례 삭녕 최씨 구장. 한국학중앙연구원 장서각 한국고문서자료관 홈페이지 원문 이미지 보기. 한국정신문화연구원 편(2004) 참고>

1893-02-00. **강재봉 등 단자**(姜在鳳等單子) 1, 강재봉 등. <1장. 한자+이두. 조선 필사 이두 자료. 서울 정동 진주 강씨가 구장. 전북대학교 박물관 소장. 호남권 한국학자료센터 홈페이지 원문 이미지와 텍스트 보기. 박병호(1974ㄱ), 최승희(1989), 정구복 외(1999) 참고>

1893-02-00. **강재봉 등 상서**(姜在鳳等上書) 1, 강재봉 등. <1장. 한자+이두. 조선 필사 이두 자료. 서울 정동 진주 강씨가 구장. 전북대학교 박물관 소장. 호남권 한국학자료센터 홈페이지 원문 이미지와 텍스트 보기. 박병호(1974ㄱ), 최승희(1989), 정구복 외(1999) 참고>

1893-02-00. **강재봉 등 상서**(姜在鳳等上書) 2, 강재봉 등. <1장. 한자+이두. 조선 필사 이두 자료. 서울 정동 진주 강씨가 구장. 전북대학교 박물관 소장. 호남권 한국학자료센터 홈페이지 원문 이미지와 텍스트 보기. 박병호(1974ㄱ), 최승희(1989), 정구복 외(1999) 참고>

1893-02-00. **강재택 등 상서**(姜在澤等上書) 1, 강재택 등. <1장. 한자+이두. 조선 필사 이두 자료. 서울 정동 진주 강씨가 구장. 전북대학교 박물관 소장. 호남권 한국학자료센터 홈페이지 원문 이미지와 텍스트 보기. 박병호(1974ㄱ), 최승희(1989), 정구복 외(1999) 참고>

1893-02-00. **강재택 등 상서**(姜在澤等上書) 2, 강재택 등. <1장. 한자+이두. 조선 필사 이두 자료. 서울 정동 진주 강씨가 구장. 전북대학교 박물관 소장. 호남권 한국학자료센터 홈페이지 원문 이미지와 텍스트 보기. 박병호(1974ㄱ), 최승희(1989), 정구복 외(1999) 참고>

1893-02-00. **강재택 등 상서**(姜在澤等上書) 3, 강재택 등. <1장. 한자+이두. 조선 필사 이두 자료. 서울 정동 진주 강씨가 구장. 전북대학교 박물관 소장. 호남권 한국학자료센터 홈페이지 원문 이미지와 텍스트 보기. 박병호(1974ㄱ), 최승희

(1989), 정구복 외(1999) 참고>

1893-02-00. **김봉규 다짐**(金奉圭侤音) 1, 김봉규. <1장. 한자+이두. 조선 필사 이두 자료. 서울 정동 진주 강씨가 구장. 전북대학교 박물관 소장. 호남권 한국학자료센터 홈페이지 원문 이미지와 텍스트 보기. 박병호(1974ㄱ), 최승희(1989), 정구복 외(1999) 참고>

1893-02-00. **이달호 소지**(李達浩所志), 이달호. <1장. 한자+이두. 조선 필사 이두 자료. 경북 영해 인량 재령 이씨 충효당 소장. 장서각 한국고문서자료관 홈페이지 원문 이미지 보기. 한국정신문화연구원 편(2004) 참고>

1893-03-04. **첩정**(牒呈) 1, 조천진 조방장 고(朝天鎭助防將高). <1장. 한자+이두. 필사 이두 자료. 제주교육박물관 소장. 사이버 제주교육박물관 홈페이지 원문 이미지와 텍스트 보기>

1893-03-06. **제위소 토지매매명문**(祭位所土地賣買明文), 답주 순광(畓主順光). <1장. 한자+이두. 조선 필사 이두 자료. 경북 안동시 도산면 의촌리 은졸재 고택 구장. 한국국학진흥원 소장. 한국학자료센터 영남권역센터 홈페이지 원문 이미지와 텍스트 보기>

1893-03-06.[1155] **토지매매명문**(土地賣買明文), 답주 자필 김 노 예금(畓主自筆金奴禮今). <1장. 한자+이두. 조선 필사 이두 자료. 경남 거창 장기 거창 신씨가 소장. 한국학중앙연구원 장서각 한국고문서자료관 홈페이지 원문 이미지 보기. 한국학중앙연구원 편(2005) 참고>

1893-03-07. **이 노 선이 토지매매명문**(李奴先伊土地賣買明文), 답주 정춘길(畓主鄭春吉). <1장. 한자+이두. 조선 필사 이두 자료. 경북 고령군 대가야읍 본관 1리 홍와 고택 구장. 한국국학진흥원 소장. 한국학자료센터 영남권역센터 홈페이지 원문 이미지와 텍스트 보기. 김성갑(2013) 참고>

1893-03-13. **학계 토지매매명문**(學契土地賣買明文), 전주 정 노 항단(田主鄭奴亢丹). <1장. 한자+이두. 조선 필사 이두 자료. 경북 경주시 소정리 경주 이씨 소장.

1155 한국학중앙연구원 장서각 한국고문서자료관 홈페이지에서는 문서의 작성 시기를 '광서19년계사 ■...■'로 표시하였다.

한국학중앙연구원 장서각 한국고문서자료관 홈페이지 원문 이미지 보기. 한국정신문화연구원 편(2002) 참고>

1893-03-17. **조진원 소지**(趙進源所志) 1, 조진원. <1장. 한자+이두. 조선 필사 이두 자료. 부여 은산 함양 박씨 소장. 한국학중앙연구원 장서각 한국고문서자료관 홈페이지 원문 이미지 보기. 한국정신문화연구원 편(2000) 참고>

1893-03-21. **이형만 단자**(李瀅萬單子) 1, 이형만. <1장. 한자+이두. 조선 필사 이두 자료. 전북 익산 왕궁 이인승 소장. 호남권 한국학자료센터 홈페이지 원문 이미지와 텍스트 보기. 박병호(1974ㄱ), 최승희(1989) 참고>

1893-03-00. **박 승지 시장문기**(朴承旨柴場文記),[1156] 두민 유학 이창식 등(頭民幼學李昌楠). <1장. 한자+이두. 조선 필사 이두 자료. 한자 오른쪽에 '줍틱우의'라고 병기. 부여 은산 함양 박씨 소장. 한국학중앙연구원 장서각 한국고문서자료관 홈페이지 원문 이미지 보기. 한국정신문화연구원 편(2000) 참고>

1893-03-00. **신판규 등 소지**(辛判珪等所志), 신판규 등. <1장. 한자+이두. 조선 필사 이두 자료. 영광 입석 영월 신씨 소장. 한국학중앙연구원 장서각 한국고문서자료관 홈페이지 원문 이미지와 텍스트 보기. 한국정신문화연구원 편(1996) 참고>

1893-03-00. **오상능 차첩**(吳尙能差帖), 정의현감(旌義縣監). <1장. 한자+이두. 조선 필사 이두 자료. 제주도 서귀포시 강정 화순 오씨가 구장. 제주시 일도 2동 제주민속자연사박물관 소장. 호남권 한국학자료센터 홈페이지 원문 이미지와 텍스트 보기. 박병호(1974ㄱ), 최승희(1989) 참고>

1893-03-00. **유교영 차첩**(柳喬榮差帖) 2, 이조(吏曹). <1장. 한자+이두. 조선 필사 이두 자료. 경북 영해 인량 재령 이씨 충효당 구장. 한국국학진흥원 소장. 한국학중앙연구원 장서각 한국고문서자료관 홈페이지 원문 이미지와 텍스트 보기. 한국정신문화연구원 편(1994) 참고>

1893-03-00. **유병호 등 상서**(劉秉琥等上書),[1157] 유병호 등. <1장. 한자+이두. 조선

[1156] 한국학중앙연구원 장서각 한국고문서자료관 홈페이지에서는 '1893년 박승지댁(朴承旨宅) 토지매매명문(土地賣買明文)'으로 적었다.

[1157] 한국학자료센터 영남권역센터 홈페이지에서는 '1893년 유병호(劉秉琥) 외 1인 산송 관련 상서(上書)'로 표시하였다.

필사 이두 자료. 경북 예천군 감천면 강릉 유씨 벌방 종가 구장. 한국국학진흥원 소장. 한국학자료센터 영남권역센터 홈페이지 원문 이미지와 텍스트 보기. 전경목(1996), 김경숙(2002) 참고>

1893-03-00. **이수영 등 상서**(李壽榮等上書), 이수영 등. <1장. 한자+이두. 조선 필사 이두 자료. 경북 경주시 소정리 경주 이씨 소장. 한국학중앙연구원 장서각 한국고문서자료관 홈페이지 원문 이미지 보기. 한국정신문화연구원 편(2002) 참고>

1893-03-00. **이형만 단자**(李瀅萬單子) 2, 이형만. <1장. 한자+이두. 조선 필사 이두 자료. 전북 익산 왕궁 이인승 소장. 호남권 한국학자료센터 홈페이지 원문 이미지와 텍스트 보기. 박병호(1974ㄱ), 최승희(1989) 참고>

1893-03-00. **이형만 단자**(李瀅萬單子) 3, 이형만. <1장. 한자+이두. 조선 필사 이두 자료. 전북 익산 왕궁 이인승 소장. 호남권 한국학자료센터 홈페이지 원문 이미지와 텍스트 보기. 박병호(1974ㄱ), 최승희(1989) 참고>

1893-03-00. **정석원 소지**(鄭錫元所志) 1, 정석원. <1장. 한자+이두. 조선 필사 이두 자료. 양주 안흥 광주 정씨 소장. 한국학중앙연구원 장서각 한국고문서자료관 홈페이지 원문 이미지 보기. 한국정신문화연구원 편(2004) 참고>

1893-03-00. **토지매매명문**(土地賣買明文),[1158] 전주 유진표(田主兪鎭杓). <1장. 한자+이두. 조선 필사 이두 자료. 경북 고령군 대가야읍 본관 1리 홍와 고택 구장. 한국국학진흥원 소장. 한국학자료센터 영남권역센터 홈페이지 원문 이미지와 텍스트 보기. 김성갑(2013) 참고>

1893-04-02. **순창군수 첩**(淳昌郡守帖), 순창군수. <1장. 한자+이두. 조선 필사 이두 자료. 전북 순창 청계 문화 유씨가 소장. 호남권 한국학자료센터 홈페이지 원문 이미지와 텍스트 보기. 박병호(1974ㄱ), 최승희(1989), 정구복 외(1999) 참고>

1893-04-02. **토지매매명문**(土地賣買明文),[1159] 전주 유학 김재홍(田主幼學金在弘). <1장. 한자+이두. 조선 필사 이두 자료. 전북 진안 마령 성주 이씨가 구장. 전북

[1158] 한국학자료센터 영남권역센터 홈페이지에서는 '1893년 유진표(兪鎭杓) 방매 토지매매명문(土地賣買明文)'으로 표시하였다.

[1159] 호남권 한국학자료센터 홈페이지에서는 '1893년 김재홍(金在弘) 방매 토지매매명문(土地賣買明文)'으로 표시하였다.

정읍시 동학농민혁명기념관 소장. 호남권 한국학자료센터 홈페이지 원문 이미지와 텍스트 보기. 박병호(1974ㄱ), 이재수(2003) 참고>

1893-04-05. **시장문기**(柴場文記),[1160] 시장주 자필 유학 성대경(柴場主自筆幼學成大敬). <1장. 한자+이두. 조선 필사 이두 자료. 전북 무장 원송 진주 강씨가 구장. 전북대학교 박물관 소장. 호남권 한국학자료센터 홈페이지 원문 이미지와 텍스트 보기. 박병호(1974ㄱ), 최승희(1989), 이재수(2003) 참고>

1893-04-09. **조천진 조방장 첩정**(朝天鎭助防將牒呈) 1, 조천진 조방장 고(朝天鎭助防將高). <1장. 한자+이두. 필사 이두 자료. 제주시 일도 이동규 구장. 제주시 일도2동 제주민속자연사박물관 소장. 호남권 한국학자료센터 홈페이지 원문 이미지와 텍스트 보기. 최승희(1989), 고창석 역해(2012) 참고>

1893-04-09. **첩정**(牒呈) 2, 조천진 조방장 고(朝天鎭助防將高). <1장. 한자+이두. 필사 이두 자료. 제주교육박물관 소장. 사이버 제주교육박물관 홈페이지 원문 이미지와 텍스트 보기>

1893-04-10. **토지매매명문**(土地賣買明文),[1161] 답주 유학 곽용호(畓主幼學郭龍虎). <1장. 한자+이두. 조선 필사 이두 자료. 원주시 무릉박물관 소장. 한국학자료센터 강원권역센터 홈페이지 원문 이미지와 텍스트 보기. 최승희(1989), 김건우(2008), 전경목(2010), 박준호(2016) 참고>

1893-04-13. **유상호 단자**(劉相祜單子), 유상호. <1장. 한자+이두. 조선 필사 이두 자료. 일본 경도대학 가와이문고 소장. 고려대학교 해외한국학자료센터 홈페이지 원문 이미지 보기>

1893-04-13. **토지매매명문**(土地賣買明文), 답주 자필 유학 박기엽(畓主自筆幼學朴基燁). <1장. 한자+이두. 조선 필사 이두 자료. 전북 부안군 취성재 소장. 호남권 한국학자료센터 홈페이지 원문 이미지와 텍스트 보기. 최승희(1989), 정구복 외(1999), 이재수(2003) 참고>

[1160] 호남권 한국학자료센터 홈페이지에서는 '1893년 성대경(成大敬) 시장문기(柴場文記)'로 표시하였다.
[1161] 한국학자료센터 강원권역센터 홈페이지에서는 '1893년 아무개 토지매매명문(土地賣買明文)'으로 표시하였다.

1893-04-22. **별방진 조방장 송 서목**(別防鎭助防將宋書目), 별방진 조방장 송. <1장. 한자+이두. 조선 필사 이두 자료. 제주도 제주시 일도 김명순 구장. 제주시 일도 2동 제주민속자연사박물관 소장. 호남권 한국학자료센터 홈페이지 원문 이미지와 텍스트 보기. 최승희(1989), 고창석 역해(2012) 참고>

1893-04-24. **화북진 조방장 고 서목**(禾北鎭助防將高書目) 1, 화북진 조방장 고. <1장. 한자+이두. 조선 필사 이두 자료. 제주도 제주시 일도 김명순 구장. 제주시 일도 2동 제주민속자연사박물관 소장. 호남권 한국학자료센터 홈페이지 원문 이미지와 텍스트 보기. 최승희(1989), 고창석 역해(2012) 참고>

1893-04-26. **별방진 조방장 송 첩정**(別防鎭助防將宋牒呈), 조방장 송. <1장. 한자+이두. 조선 필사 이두 자료. 제주도 제주시 일도 이동규 구장. 제주시 일도 2동 제주민속자연사박물관 소장. 호남권 한국학자료센터 홈페이지 원문 이미지와 텍스트 보기. 최승희(1989), 고창석(2002, 2012) 참고>

1893-04-26. **토지매매명문**(土地賣買明文),[1162] 답주 유학 김용석(畓主幼學金龍錫). <1장. 한자+이두. 조선 필사 이두 자료. 전북 진안 마령 성주 이씨가 구장. 전북 정읍시 동학농민혁명기념관 소장. 호남권 한국학자료센터 홈페이지 원문 이미지와 텍스트 보기. 박병호(1974ㄱ), 이재수(2003) 참고>

1893-04-27. **첩정**(牒呈) 3, 화북진 조방장 고(禾北鎭助防將高). <1장. 한자+이두. 필사 이두 자료. 제주교육박물관 소장. 사이버 제주교육박물관 홈페이지 원문 이미지와 텍스트 보기>

1893-04-27. **화북진 조방장 고 서목**(禾北鎭助防將高書目) 2, 화북진 조방장 고. <1장. 한자+이두. 조선 필사 이두 자료. 제주도 제주시 일도 김명순 구장. 제주시 일도 2동 제주민속자연사박물관 소장. 호남권 한국학자료센터 홈페이지 원문 이미지와 텍스트 보기. 최승희(1989), 고창석 역해(2012) 참고>

1893-04-29. **첩정**(牒呈) 4, 화북진 조방장 고(禾北鎭助防將高). <1장. 한자+이두. 필사 이두 자료. 제주교육박물관 소장. 사이버 제주교육박물관 홈페이지 원문 이미지

1162 호남권 한국학자료센터 홈페이지에서는 '1893년 김용석(金龍錫) 방매 토지매매명문(土地賣買明文)'으로 표시하였다.

와 텍스트 보기>

1893-04-00. **무장현 좌수 서목**(茂長縣座首書目) 1, 무장현 좌수. <1장. 한자+이두. 조선 필사 이두 자료. 전북 고창군 장두 광산 김씨가 소장. 호남권 한국학자료센터 홈페이지 원문 이미지와 텍스트 보기. 최승희(1989), 전북향토문화연구회 편(1993), 정구복 외(1999) 참고>

1893-04-00. **유교영 차첩**(柳喬榮差帖) 3, 이조(吏曹). <1장. 한자+이두. 조선 필사 이두 자료. 경북 영해 인량 재령 이씨 충효당 구장. 한국국학진흥원 소장. 한국학중앙연구원 장서각 한국고문서자료관 홈페이지 원문 이미지와 텍스트 보기. 한국정신문화연구원 편(1994) 참고>

1893-04-00. **유병두 등 상서**(柳秉斗等上書) 1, 유병두 등. <1장. 한자+이두. 조선 필사 이두 자료. 전북 부안군 취성재 소장. 호남권 한국학자료센터 홈페이지 원문 이미지와 텍스트 보기. 최승희(1989), 전경목(1997), 김현영(1999), 이수건 외(2004) 참고>

1893-04-00. **토지매매명문**(土地賣買明文),[1163] 답주 장치선(畓主張致先). <1장. 한자+이두. 조선 필사 이두 자료. 경북 고령군 대가야읍 본관 1리 홍와 고택 구장. 한국국학진흥원 소장. 한국학자료센터 영남권역센터 홈페이지 원문 이미지와 텍스트 보기. 김성갑(2013) 참고>

1893-05-03. **정병원 등 소지**(鄭炳源等所志), 정병원 등. <1장. 한자+이두. 조선 필사 이두 자료. 전북 고창군 장두 광산 김씨가 소장. 호남권 한국학자료센터 홈페이지 원문 텍스트 보기. 최승희(1989), 전북향토문화연구회 편(1993), 정구복 외(1999) 참고>

1893-05-06. **조천진 조방장 고 서목**(朝天鎭 助防將高書目) 1, 조천진 조방장 고. <1장. 한자+이두. 조선 필사 이두 자료. 제주도 제주시 일도 김명순 구장. 제주시 일도 2동 제주민속자연사박물관 소장. 호남권 한국학자료센터 홈페이지 원문 이미지와 텍스트 보기. 최승희(1989), 고창석 역해(2012) 참고>

1163 한국학자료센터 영남권역센터 홈페이지에서는 '1893년 장치선(張致先) 방매 토지매매명문(土地賣買明文)'으로 표시하였다.

1893-05-09. **조천진 조방장 고 서목**(朝天鎭 助防將高書目) 2, 조천진 조방장 고. <1장. 한자+이두. 조선 필사 이두 자료. 제주도 제주시 일도 김명순 구장. 제주시 일도 2동 제주민속자연사박물관 소장. 호남권 한국학자료센터 홈페이지 원문 이미지 와 텍스트 보기. 최승희(1989), 고창석 역해(2012) 참고>

1893-05-09. **첩정**(牒呈) 5, 조천진 조방장 고(朝天鎭助防將高). <1장. 한자+이두. 필사 이두 자료. 제주교육박물관 소장. 사이버 제주교육박물관 홈페이지 원문 이미지와 텍스트 보기>

1893-05-11.[1164] **토지매매명문**(土地賣買明文),[1165] 자필 답주 유학 정문영(自筆畓主幼學鄭雯榮). <1장. 한자+이두. 조선 필사 이두 자료. 전북대학교 박물관 소장. 호남권 한국학자료센터 홈페이지 원문 이미지와 텍스트 보기. 박병호(1974ㄱ), 최승희(1989), 이재수(2003), 박준호(2004), 전경목 외(2006) 참고>

1893-05-12. **낙안군수 전령**(樂安郡守傳令), 낙안군수. <1장. 한자+이두. 조선 필사 이두 자료. 경남 거창 장기 거창 신씨가 소장. 한국학중앙연구원 장서각 한국고문서자료관 홈페이지 원문 이미지 보기. 한국학중앙연구원 편(2005) 참고>

1893-05-12. **수표**(手標), 표주 고부 가전 이화삼(標主古阜佳田李化三). <1장. 한자+이두. 조선 필사 이두 자료. 전남 영광 마산 경주 이씨가 구장. 진안 용담호미술관 소장. 호남권 한국학자료센터 홈페이지 원문 이미지와 텍스트 보기. 최승희(1989), 김소은(2004) 참고>

1893-05-12. **화북진 조방장 서목**(禾北鎭助防將書目) 1, 화북진 조방장 고. <1장. 한자+이두. 조선 필사 이두 자료. 제주도 제주시 일도 이동규 구장. 제주시 일도 2동 제주민속자연사박물관 소장. 호남권 한국학자료센터 홈페이지 원문 이미지와 텍스트 보기. 최승희(1989), 고창석 역해(2012) 참고>

1893-05-15. **조천진 조방장 첩정**(朝天鎭助防將牒呈) 2, 조천진 조방장 고(朝天鎭助防將高). <1장. 한자+이두. 필사 이두 자료. 제주시 일도 이동규 구장. 제주시 일도

1164 호남권 한국학자료센터 홈페이지 '안내 정보'에서는 '12월'로 잘못 적었다.
1165 호남권 한국학자료센터 홈페이지에서는 '1893년 정문영(鄭雯榮) 방매 토지매매명문(土地賣買明文)'으로 표시하였다.

2동 제주민속자연사박물관 소장. 호남권 한국학자료센터 홈페이지 원문 이미지와 텍스트 보기. 최승희(1989), 고창석 역해(2012) 참고>

1893-05-15. **화북진 조방장 서목**(禾北鎭助防將書目) 2, 화북진 조방장 고. <1장. 한자+이두. 조선 필사 이두 자료. 제주도 제주시 일도 이동규 구장. 제주시 일도 2동 제주민속자연사박물관 소장. 호남권 한국학자료센터 홈페이지 원문 이미지와 텍스트 보기. 최승희(1989), 고창석 역해(2012) 참고>

1893-05-17. **유학 토지매매명문**(幼學土地賣買明文),[1166] 답주 유학 안종선(畓主幼學安鍾鮮). <1장. 한자+이두. 조선 필사 이두 자료. 전남 보성군 박실 제주 양씨가 구장. 원광대학교 박물관 소장. 호남권 한국학자료센터 홈페이지 원문 이미지와 텍스트 보기. 김건우(2008), 정수환·이헌창(2008), 채현경(2011ㄱ, 2011ㄴ) 참고>

1893-05-00. **무장현 좌수 서목**(茂長縣座首書目) 2, 무장현 좌수. <1장. 한자+이두. 조선 필사 이두 자료. 전북 고창군 장두 광산 김씨가 소장. 호남권 한국학자료센터 홈페이지 원문 이미지와 텍스트 보기. 최승희(1989), 전북향토문화연구회 편(1993), 정구복 외(1999) 참고>

1893-05-00. **유교영 차첩**(柳喬榮差帖) 5, 이조(吏曹). <1장. 한자+이두. 조선 필사 이두 자료. 경북 영해 인량 재령 이씨 충효당 구장. 한국국학진흥원 소장. 한국학중앙연구원 장서각 한국고문서자료관 홈페이지 원문 이미지와 텍스트 보기. 한국정신문화연구원 편(1994) 참고>

1893-05-00. **유병두 등 상서**(柳秉斗等上書) 2, 유병두 등. <1장. 한자+이두. 조선 필사 이두 자료. 전북 부안군 취성재 소장. 호남권 한국학자료센터 홈페이지 원문 이미지와 텍스트 보기. 최승희(1989), 전경목(1997), 김현영(1999), 이수건 외(2004) 참고>

1893-06-00. **김 판서댁 토지매매명문**(金判書宅土地賣買明文), 자필 답주 김용배(自筆畓主金龍培). <1장. 한자+이두. 조선 필사 이두 자료. 경기도 안산시 부곡동 진주 류씨 경성당 소장. 한국학중앙연구원 장서각 한국고문서자료관 홈페이지 원문

[1166] 호남권 한국학자료센터 홈페이지에서는 '1893년 안종선(安鍾鮮) 방매(放賣) 토지매매명문(土地賣買明文)'으로 표시하였다.

이미지 보기. 한국정신문화연구원 편(2002) 참고>

1893-06-00. **남용하 등 상서**(南龍廈等上書), 남용하 등. <1장. 한자+이두. 조선 필사 이두 자료. 전북 고창군 장두 광산 김씨가 소장. 호남권 한국학자료센터 홈페이지 원문 이미지와 텍스트 보기. 최승희(1989), 전경목(1997), 김현영(1999), 이수건 외(2004) 참고>

1893-06-00. **이병목 상서**(李炳牧上書) 1, 이병목. <1장. 한자+이두. 조선 필사 이두 자료. 상주 연안 이씨 이만부 종가 소장. 한국학중앙연구원 장서각 한국고문서자료관 홈페이지 원문 이미지 보기>

1893-07-02. **무주리 삼소임 서목**(武州里三所任書目), 무주리 삼소임. <1장. 한자+이두. 조선 필사 이두 자료. 제주도 제주시 일도 김명순 구장. 제주시 일도 2동 제주민속자연사박물관 소장. 호남권 한국학자료센터 홈페이지 원문 이미지와 텍스트 보기. 최승희(1989), 고창석 역해(2012) 참고>

1893-07-02. **애월진 조방장 고 서목**(涯月鎭助防將高書目) 1, 애월진 조방장 고. <1장. 한자+이두. 필사 이두 자료. 제주교육박물관 소장. 사이버 제주교육박물관 홈페이지 원문 이미지와 텍스트 보기>

1893-07-02. **조천진 치총 첩정**(朝天鎭維摠牒呈), 조천진 치총. <1장. 한자+이두. 필사 이두 자료. 제주시 일도 이동규 구장. 제주시 일도 2동 제주민속자연사박물관 소장. 호남권 한국학자료센터 홈페이지 원문 이미지와 텍스트 보기. 최승희(1989), 고창석 역해(2012) 참고>

1893-07-03. **애월진 조방장 고 서목**(涯月鎭助防將高書目) 2, 애월진 조방장 고. <1장. 한자+이두. 필사 이두 자료. 제주도 제주시 일도 김명순 구장. 제주시 일도 2동 제주민속자연사박물관 소장. 호남권 한국학자료센터 홈페이지 원문 이미지와 텍스트 보기. 최승희(1989), 고창석 역해(2012) 참고>

1893-07-05. **화북진 조방장 고 첩정**(禾北鎭助防將高牒呈), 화북진 조방장 고. <1장. 한자+이두. 조선 필사 이두 자료. 제주도 제주시 일도 이동규 구장. 제주시 일도 2동 제주민속자연사박물관 소장. 호남권 한국학자료센터 홈페이지 원문 이미지와 텍스트 보기. 최승희(1989), 고창석 역해(2012) 참고>

1893-07-13. **애월진 조방장 고 서목**(涯月鎭助防將高書目) 3, 애월진 조방장 고. <1장.

한자+이두. 필사 이두 자료. 제주교육박물관 소장. 사이버 제주교육박물관 홈페이지 원문 이미지와 텍스트 보기>

1893-07-15. **애월진 조방장 고 서목**(涯月鎭助防將高書目) 4, 애월진 조방장 고. <1장. 한자+이두. 필사 이두 자료. 제주도 제주시 일도 김명순 구장. 제주시 일도 2동 제주민속자연사박물관 소장. 호남권 한국학자료센터 홈페이지 원문 이미지와 텍스트 보기. 최승희(1989), 고창석 역해(2012) 참고>

1893-07-22~1894-12-07(광서 20년 癸巳~甲午). 「제4목록(**第四目錄**)」[167] 4, 동래부(東萊府) 편(編). <1책(4/전5책). 43장. 필사본. 표제는 '(甲午十二月 日)目錄第四'. 한자+이두. 조선 필사 이두 자료. 서울대학교 규장각 한국학연구원 홈페이지 원문 이미지 보기> <영인본: 「각사등록」 17(경상도편 7)(국사편찬위원회 편, 1985)> <1857-03-10~1858-12-27(제1목록)>

1893-07-23. **동임 박 첩정**(洞任朴牒呈) 1, 동임 박. <1장. 한자+이두. 조선 필사 이두 자료. 경남 거창 장기 거창 신씨가 소장. 한국학중앙연구원 장서각 한국고문서자료관 홈페이지 원문 이미지 보기. 한국학중앙연구원 편(2005) 참고>

1893-07-24. **동임 서 첩정**(洞任徐牒呈) 1, 동임 서. <1장. 한자+이두. 조선 필사 이두 자료. 경남 거창 장기 거창 신씨가 소장. 한국학중앙연구원 장서각 한국고문서자료관 홈페이지 원문 이미지 보기. 한국학중앙연구원 편(2005) 참고>

1893-07-24. **두민 송 첩정**(頭民宋牒呈), 두민 송. <1장. 한자+이두. 조선 필사 이두 자료. 경남 거창 장기 거창 신씨가 소장. 한국학중앙연구원 장서각 한국고문서자료관 홈페이지 원문 이미지 보기. 한국학중앙연구원 편(2005) 참고>

1893-07-24. **두민 전 첩정**(頭民李田牒呈), 두민 전. <1장. 한자+이두. 조선 필사 이두 자료. 경남 거창 장기 거창 신씨가 소장. 한국학중앙연구원 장서각 한국고문서자료관 홈페이지 원문 이미지 보기. 한국학중앙연구원 편(2005) 참고>

1893-07-24. **면임 최 첩정**(面任崔牒呈), 면임 최. <1장. 한자+이두. 조선 필사 이두 자료. 경남 거창 장기 거창 신씨가 소장. 한국학중앙연구원 장서각 한국고문서자료관 홈페이지 원문 이미지 보기. 한국학중앙연구원 편(2005) 참고>

---

[167] 서울대학교 규장각 한국학연구원 홈페이지에서는 책명을 '公文目錄 공문일록'으로 표시하였다.

1893-07-24. **연감 장 첩정**(年監張牒呈) 1, 연감. <1장. 한자+이두. 조선 필사 이두 자료. 경남 거창 장기 거창 신씨가 소장. 한국학중앙연구원 장서각 한국고문서자료관 홈페이지 원문 이미지 보기. 한국학중앙연구원 편(2005) 참고>

1893-07-24. **존위 김 첩정**(尊位金牒呈), 존위. <1장. 한자+이두. 조선 필사 이두 자료. 경남 거창 장기 거창 신씨가 소장. 한국학중앙연구원 장서각 한국고문서자료관 홈페이지 원문 이미지 보기. 한국학중앙연구원 편(2005) 참고>

1893-07-25. **동민 장 첩정**(洞民張牒呈), 동민 장. <1장. 한자+이두. 조선 필사 이두 자료. 경남 거창 장기 거창 신씨가 소장. 한국학중앙연구원 장서각 한국고문서자료관 홈페이지 원문 이미지 보기. 한국학중앙연구원 편(2005) 참고>

1893-07-25. **동수 김 첩정**(洞首金牒呈), 동수 김. <1장. 한자+이두. 조선 필사 이두 자료. 경남 거창 장기 거창 신씨가 소장. 한국학중앙연구원 장서각 한국고문서자료관 홈페이지 원문 이미지 보기. 한국학중앙연구원 편(2005) 참고>

1893-07-25. **동임 박 첩정**(洞任朴牒呈) 2, 동임 박. <1장. 한자+이두. 조선 필사 이두 자료. 경남 거창 장기 거창 신씨가 소장. 한국학중앙연구원 장서각 한국고문서자료관 홈페이지 원문 이미지 보기. 한국학중앙연구원 편(2005) 참고>

1893-07-25. **동임 서 첩정**(洞任徐牒呈) 2, 동임 서. <1장. 한자+이두. 조선 필사 이두 자료. 경남 거창 장기 거창 신씨가 소장. 한국학중앙연구원 장서각 한국고문서자료관 홈페이지 원문 이미지 보기. 한국학중앙연구원 편(2005) 참고>

1893-07-25. **동임 진 첩정**(洞任陳牒呈), 동임 진. <1장. 한자+이두. 조선 필사 이두 자료. 경남 거창 장기 거창 신씨가 소장. 한국학중앙연구원 장서각 한국고문서자료관 홈페이지 원문 이미지 보기. 한국학중앙연구원 편(2005) 참고>

1893-07-25. **동임 홍 첩정**(洞任洪牒呈), 동임 홍. <1장. 한자+이두. 조선 필사 이두 자료. 경남 거창 장기 거창 신씨가 소장. 한국학중앙연구원 장서각 한국고문서자료관 홈페이지 원문 이미지 보기. 한국학중앙연구원 편(2005) 참고>

1893-07-25. **두민 강 첩정**(頭民姜牒呈) 1, 두민 강. <1장. 한자+이두. 조선 필사 이두 자료. 경남 거창 장기 거창 신씨가 소장. 한국학중앙연구원 장서각 한국고문서자료관 홈페이지 원문 이미지 보기. 한국학중앙연구원 편(2005) 참고>

1893-07-25. **두민 김 첩정**(頭民金牒呈) 1, 두민 김. <1장. 한자+이두. 조선 필사 이두

자료. 경남 거창 장기 거창 신씨가 소장. 한국학중앙연구원 장서각 한국고문서자료관 홈페이지 원문 이미지 보기. 한국학중앙연구원 편(2005) 참고>

1893-07-25. **두민 김 첩정**(頭民金牒呈) 2, 두민 김. <1장. 한자+이두. 조선 필사 이두 자료. 경남 거창 장기 거창 신씨가 소장. 한국학중앙연구원 장서각 한국고문서자료관 홈페이지 원문 이미지 보기. 한국학중앙연구원 편(2005) 참고>

1893-07-25. **두민 김 첩정**(頭民金牒呈) 3, 두민 김. <1장. 한자+이두. 조선 필사 이두 자료. 경남 거창 장기 거창 신씨가 소장. 한국학중앙연구원 장서각 한국고문서자료관 홈페이지 원문 이미지 보기. 한국학중앙연구원 편(2005) 참고>

1893-07-25. **두민 신 첩정**(頭民申牒呈), 두민 신. <1장. 한자+이두. 조선 필사 이두 자료. 경남 거창 장기 거창 신씨가 소장. 한국학중앙연구원 장서각 한국고문서자료관 홈페이지 원문 이미지 보기. 한국학중앙연구원 편(2005) 참고>

1893-07-25. **두민 이 첩정**(頭民李牒呈) 1, 두민 이. <1장. 한자+이두. 조선 필사 이두 자료. 경남 거창 장기 거창 신씨가 소장. 한국학중앙연구원 장서각 한국고문서자료관 홈페이지 원문 이미지 보기. 한국학중앙연구원 편(2005) 참고>

1893-07-25. **두민 이 첩정**(頭民李牒呈) 2, 두민 이. <1장. 한자+이두. 조선 필사 이두 자료. 경남 거창 장기 거창 신씨가 소장. 한국학중앙연구원 장서각 한국고문서자료관 홈페이지 원문 이미지 보기. 한국학중앙연구원 편(2005) 참고>

1893-07-25. **두민 한 첩정**(頭民韓牒呈), 두민 한. <1장. 한자+이두. 조선 필사 이두 자료. 경남 거창 장기 거창 신씨가 소장. 한국학중앙연구원 장서각 한국고문서자료관 홈페이지 원문 이미지 보기. 한국학중앙연구원 편(2005) 참고>

1893-07-25. **연감 강 첩정**(年監姜牒呈), 연감. <1장. 한자+이두. 조선 필사 이두 자료. 경남 거창 장기 거창 신씨가 소장. 한국학중앙연구원 장서각 한국고문서자료관 홈페이지 원문 이미지 보기. 한국학중앙연구원 편(2005) 참고>

1893-07-25. **연감 이 첩정**(年監李牒呈), 연감. <1장. 한자+이두. 조선 필사 이두 자료. 경남 거창 장기 거창 신씨가 소장. 한국학중앙연구원 장서각 한국고문서자료관 홈페이지 원문 이미지 보기. 한국학중앙연구원 편(2005) 참고>

1893-07-25. **연감 장 첩정**(年監張牒呈) 2, 연감. <1장. 한자+이두. 조선 필사 이두 자료. 경남 거창 장기 거창 신씨가 소장. 한국학중앙연구원 장서각 한국고문서자

료관 홈페이지 원문 이미지 보기. 한국학중앙연구원 편(2005) 참고>

1893-07-25. **지례 종가댁 토지매매명문**(知禮宗家宅土地賣買明文), 전주 김성규(出主 金性圭). <1장. 한자+이두. 조선 필사 이두 자료. 안동 천전 의성 김씨 지촌 종택 소장. 한국학중앙연구원 장서각 한국고문서자료관 홈페이지 원문 이미지와 텍스트 보기. 한국정신문화연구원 편(1990) 참고>

1893-07-25. **풍헌 김 첩정**(風憲金 牒呈), 풍헌. <1장. 한자+이두. 조선 필사 이두 자료. 경남 거창 장기 거창 신씨가 소장. 한국학중앙연구원 장서각 한국고문서자료관 홈페이지 원문 이미지 보기. 한국학중앙연구원 편(2005) 참고>

1893-07-26. **동임 김 첩정**(洞任金牒呈) 1, 동임 김. <1장. 한자+이두. 조선 필사 이두 자료. 경남 거창 장기 거창 신씨가 소장. 한국학중앙연구원 장서각 한국고문서자료관 홈페이지 원문 이미지 보기. 한국학중앙연구원 편(2005) 참고>

1893-07-26. **동임 이 첩정**(洞任李牒呈), 동임 이. <1장. 한자+이두. 조선 필사 이두 자료. 경남 거창 장기 거창 신씨가 소장. 한국학중앙연구원 장서각 한국고문서자료관 홈페이지 원문 이미지 보기. 한국학중앙연구원 편(2005) 참고>

1893-07-26. **동임 채 첩정**(洞任蔡牒呈), 동임 채. <1장. 한자+이두. 조선 필사 이두 자료. 경남 거창 장기 거창 신씨가 소장. 한국학중앙연구원 장서각 한국고문서자료관 홈페이지 원문 이미지 보기. 한국학중앙연구원 편(2005) 참고>

1893-07-27. **동두민 김 첩정**(洞頭民金牒呈),[1168] 동두민 김. <1장. 한자+이두. 조선 필사 이두 자료. 경남 거창 장기 거창 신씨가 소장. 한국학중앙연구원 장서각 한국고문서자료관 홈페이지 원문 이미지 보기. 한국학중앙연구원 편(2005) 참고>

1893-07-00. **김재성 소지**(金才聲所志), 김재성. <1장. 한자+이두. 조선 필사 이두 자료. 전북 고창군 장두 광산 김씨가 소장. 호남권 한국학자료센터 홈페이지 원문 이미지와 텍스트 보기. 최승희(1989), 전경목(1997), 김현영(1999), 이수건 외(2004) 참고>

[1168] 한국학중앙연구원 장서각 한국고문서자료관 홈페이지에서는 '1893년 동민(洞民) 김(金) 첩정(牒呈)'으로 표시하였다.

1893-07-00. **동임 김 첩정**(洞任金牒呈) 2, 동임 김. <1장. 한자+이두. 조선 필사 이두 자료. 경남 거창 장기 거창 신씨가 소장. 한국학중앙연구원 장서각 한국고문서자료관 홈페이지 원문 이미지 보기. 한국학중앙연구원 편(2005) 참고>

1893-07-00. **두민 강 첩정**(頭民姜牒呈) 2, 두민 강. <1장. 한자+이두. 조선 필사 이두 자료. 경남 거창 장기 거창 신씨가 소장. 한국학중앙연구원 장서각 한국고문서자료관 홈페이지 원문 이미지 보기. 한국학중앙연구원 편(2005) 참고>

1893-07-00. **연감 김 첩정**(年監金牒呈), 연감. <1장. 한자+이두. 조선 필사 이두 자료. 경남 거창 장기 거창 신씨가 소장. 한국학중앙연구원 장서각 한국고문서자료관 홈페이지 원문 이미지 보기. 한국학중앙연구원 편(2005) 참고>

1893-07-00. **유병두 등 상서**(柳秉斗等上書) 3, 유병두 등. <1장. 한자+이두. 조선 필사 이두 자료. 전북 부안군 취성재 소장. 호남권 한국학자료센터 홈페이지 원문 이미지와 텍스트 보기. 최승희(1989), 전경목(1997), 김현영(1999), 이수건 외(2004) 참고>

1893-07-00. **이병목 상서**(李炳牧上書) 2, 이병목. <1장. 한자+이두. 조선 필사 이두 자료. 상주 연안 이씨 이만부 종가 소장. 한국학중앙연구원 장서각 한국고문서자료관 홈페이지 원문 이미지 보기>

1893-07-00. **이병목 상서**(李炳牧上書) 3, 이병목. <1장. 한자+이두. 조선 필사 이두 자료. 상주 연안 이씨 이만부 종가 소장. 한국학중앙연구원 장서각 한국고문서자료관 홈페이지 원문 이미지 보기>

1893-08-01. **좌수 이 첩정**(座首李牒呈), 좌수 이. <1장. 한자+이두. 조선 필사 이두 자료. 경남 거창 장기 거창 신씨가 소장. 한국학중앙연구원 장서각 한국고문서자료관 홈페이지 원문 이미지 보기. 한국학중앙연구원 편(2005) 참고>

1893-08-03. **시장문기**(柴場文記),[1169] 시장주 유학 한세언(柴場主幼學韓世彦). <1장. 한자+이두. 조선 필사 이두 자료. 전북 무장 원송 진주 강씨가 구장. 전북대학교 박물관 소장. 호남권 한국학자료센터 홈페이지 원문 이미지와 텍스트 보기. 박병

1169 호남권 한국학자료센터 홈페이지에서는 '1893년 한세언(韓世彦) 방매(放賣) 시장문기(柴場文記)'로 표시하였다.

호(1974ㄱ), 최승희(1989), 이재수(2003) 참고>

1893-08-04. **애월진 조방장 고 서목**(涯月鎭助防將高書目) 3, 애월진 조방장 고. <1장. 한자+이두. 필사 이두 자료. 제주교육박물관 소장. 사이버 제주교육박물관 홈페이지 원문 이미지와 텍스트 보기>

1893-08-06~1893-10-00(癸巳). 「내외진찬등록(**內外進饌謄錄**)」, 사옹원(司饔院) 편(編). <1책. 44장. 필사본. 한자+이두. 조선 필사 이두 자료. 서울대학교 규장각 한국학연구원 홈페이지 원문 이미지 보기>

1893-08-08. **토지매매명문**(土地賣買明文), 산주 유학 심용택(山主幼學沈龍澤). <1장. 한자+이두. 조선 필사 이두 자료. 남원·구례 삭녕 최씨 구장. 한국학중앙연구원 장서각 한국고문서자료관 홈페이지 원문 이미지 보기. 한국정신문화연구원 편(2004) 참고>

1893-08-15. ■...■ **서목**(■...■書目), ■...■. <1장. 한자+이두. 필사 이두 자료. 제주교육박물관 소장. 사이버 제주교육박물관 홈페이지 원문 이미지와 텍스트 보기>

1893-08-17~1893-10-00(癸巳). 「의화군가례등록(**義和君嘉禮謄錄**)」, 종친부(宗親府) 편(編). <1책. 101장. 필사본. 한자+이두. 조선 필사 이두 자료. 서울대학교 규장각 한국학연구원 홈페이지 원문 이미지 보기> <영인본: 「각사등록(V. 58)」(국사편찬위원회 편, 1992)>

1893-08-00. **이병목 상서**(李炳牧上書) 4, 이병목. <1장. 한자+이두. 조선 필사 이두 자료. 상주 연안 이씨 이만부 종가 소장. 한국학중앙연구원 장서각 한국고문서자료관 홈페이지 원문 이미지 보기>

1893-08-00. **정현념 등 수기**(鄭顯念等手記), 정현념 등. <1장. 한자+이두. 조선 필사 이두 자료. 경북 안동시 송파 진주 하씨 하위지 후손가 소장. 한국학중앙연구원 장서각 한국고문서자료관 홈페이지 원문 이미지 보기. 한국정신문화연구원 편(2002) 참고>

1893-08-00 추정. **벌치동 동임 의송**(伐致洞洞任議送), 벌치동 동임. <1장. 한자+이두. 조선 필사 이두 자료. 경북 경주시 안강읍 옥산리 여주 이씨 장산서원·치암 종택 구장. 한국학중앙연구원 장서각 한국고문서자료관 홈페이지 원문 이미지 보기. 한국정신문화연구원 편(2003) 참고>

1893-09-04. **박완성 단자**(朴完成單子), 박완성. <1장. 한자+이두. 조선 필사 이두 자료. 일본 경도대학 가와이문고 소장. 고려대학교 해외한국학자료센터 홈페이지 원문 이미지 보기>

1893-09-20. **조축 소지**(趙鏓所志), 조축. <1장. 한자+이두. 조선 필사 이두 자료. 부여 은산 함양 박씨 소장. 한국학중앙연구원 장서각 한국고문서자료관 홈페이지 원문 이미지 보기. 한국정신문화연구원 편(2000) 참고>

1893-09-28. **유학 토지매매명문**(幼學土地賣買明文),[1170] 답주 유학 김명여(畓主幼學金明汝). <1장. 한자+이두. 조선 필사 이두 자료. 전남 나주시 남내 밀양 박씨 청재 종가 소장. 호남권 한국학자료센터 홈페이지 원문 이미지와 텍스트 보기. 이수건(1987) 참고>

1893-09-00. **이병목 상서**(李炳牧上書) 5, 이병목. <1장. 한자+이두. 조선 필사 이두 자료. 상주 연안 이씨 이만부 종가 소장. 한국학중앙연구원 장서각 한국고문서자료관 홈페이지 원문 이미지 보기>

1893-09-00. **토지매매명문**(土地賣買明文),[1171] 전주 배 노 태정(出主裵奴太正). <1장. 한자+이두. 조선 필사 이두 자료. 경북 고령군 대가야읍 본관 1리 홍와 고택 구장. 한국국학진흥원 소장. 한국학자료센터 영남권역센터 홈페이지 원문 이미지와 텍스트 보기. 김성갑(2013) 참고>

1893-10-03. **경상도 영양현감 전령**(慶尙道英陽縣監傳令), 영양현감. <1장. 한자+이두. 조선 필사 이두 자료. 경북 영양군 영양향교 구장. 영남대학교 민족문화연구소 소장. 한국학자료센터 영남권역센터 홈페이지 원문 이미지와 텍스트 보기. 영남대학교 민족문화연구소 편(1992), 김선경(1993) 참고>

1893-10-04. **계중 가사매매명문**(稧中家舍賣買明文),[1172] 가대주 기 노 태정(家垈主寄奴

[1170] 호남권 한국학자료센터 홈페이지에서는 '1893년 김명여(金明汝) 방매(放賣) 토지매매명문(土地賣買明文)'으로 표시하였다.

[1171] 한국학자료센터 영남권역센터 홈페이지에서는 '1893년 배노(裵奴) 태정(太正) 방매 토지매매명문(土地賣買明文)'으로 표시하였다.

[1172] 한국학자료센터 영남권역센터 홈페이지에서는 '1893년 계중(稧中) 가사 및 토지 매매명문(賣買明文)'으로 표시하였다.

太丁). <1장. 한자+이두. 조선 필사 이두 자료. 경북 성주군 월항면 대산리 성산 이씨 응와 종택 구장. 한국국학진흥원 소장. 한국학자료센터 영남권역센터 홈페이지 원문 이미지와 텍스트 보기>

1893-10-06. **토지매매명문**(土地賣買明文),[1173] 전주 유학 최영일(田主幼學崔永一). <1장. 한자+이두. 조선 필사 이두 자료. 원광대학교 박물관 소장. 호남권 한국학자료센터 홈페이지 원문 이미지와 텍스트 보기. 박병호(1974ㄱ), 이재수(2003) 참고>

1893-10-07. **순창군 남원 양씨 문중 완의**(淳昌郡南原楊氏門中完議), 남원 양씨 문중. <1장. 한자+이두. 조선 필사 이두 자료. 전북 순창 구미 남원 양씨가 소장. 호남권 한국학자료센터 홈페이지 원문 이미지와 텍스트 보기. 박병호(1974ㄱ), 최승희(1989), 전경목 외(2006), 채현경(2011ㄴ) 참고>

1893-10-12. **첩정**(牒呈) 6, 조천진 조방장 고(朝天鎭助防將高). <1장. 한자+이두. 필사 이두 자료. 제주교육박물관 소장. 사이버 제주교육박물관 홈페이지 원문 이미지와 텍스트 보기>

1893-10-13. **첩정**(牒呈) 7, 조천진 조방장 고(朝天鎭助防將高). <1장. 한자+이두. 필사 이두 자료. 제주교육박물관 소장. 사이버 제주교육박물관 홈페이지 원문 이미지와 텍스트 보기>

1893-10-15. **박 승지댁 종중 가사매매명문**(朴承旨宅宗中家舍賣買明文),[1174] 가대주 한량 최국조(家垈主閑良崔國祚). <1장. 한자+이두. 조선 필사 이두 자료. 부여 은산 함양 박씨 소장. 한국학중앙연구원 장서각 한국고문서자료관 홈페이지 원문 이미지 보기. 한국정신문화연구원 편(2000) 참고>

1893-10-20. **이 도정댁 토지매매명문**(李都正宅土地賣買明文), 산주 유학 김덕휘(山主幼學金德輝). <1장. 한자+이두. 조선 필사 이두 자료. 전북 익산 용화 전주 이씨가 구장. 전북대학교 박물관 소장. 호남권 한국학자료센터 홈페이지 원문 이미지와

[1173] 호남권 한국학자료센터 홈페이지에서는 '1893년 최영일(崔永一) 방매(放賣) 토지매매명문(土地賣買明文)'으로 표시하였다.

[1174] 한국학중앙연구원 장서각 한국고문서자료관 홈페이지에서는 '1893년 박승지댁(朴承旨宅) 종중(宗中) **토지**매매명문(**土地**賣買明文)'으로 잘못 적었다.

텍스트 보기. 박병호(1974ㄱ), 최승희(1989), 정구복 외(1999) 참고>

1893-10-27. **정 생원 댁 노 토지매매명문**(鄭生員宅奴土地賣買明文), 답주 박 생원 댁 노 사내(畓主朴生員宅奴事乃). <1장. 한자+이두. 조선 필사 이두 자료. 전남 보성군 박실 제주 양씨가 구장. 원광대학교 박물관 소장. 호남권 한국학자료센터 홈페이지 원문 이미지와 텍스트 보기. 박병호(1974ㄱ), 최승희(1989), 이재수(2003) 참고>

1893-10-29. **윤형순 단자**(尹亨順單子), 윤형순. <1장. 한자+이두. 조선 필사 이두 자료. 일본 경도대학 가와이문고 소장. 고려대학교 해외한국학자료센터 홈페이지 원문 이미지 보기>

1893-10-30. **토지매매명문**(土地賣買明文),[1175] 답주 이명곤(畓主李明坤). <1장. 한자+이두. 조선 필사 이두 자료. 전남 장흥군 용산 밀양 박씨 박철환 소장. 호남권 한국학자료센터 홈페이지 원문 이미지와 텍스트 보기. 최승희(1989), 정구복 외(1999), 전경목 외(2006) 참고>

1893-10-00. **강재봉 등 상서**(姜在鳳等上書) 3, 강재봉 등. <1장. 한자+이두. 조선 필사 이두 자료. 서울 정동 진주 강씨가 구장. 전북대학교 박물관 소장. 호남권 한국학자료센터 홈페이지 원문 이미지와 텍스트 보기. 박병호(1974ㄱ), 최승희(1989), 정구복 외(1999) 참고>

1893-10-00. **경상도 영양현 영양향교 첩정**(慶尙道英陽縣英陽鄕校牒呈), 영양향교. <1장. 한자+이두. 조선 필사 이두 자료. 경북 영양군 영양향교 구장. 영남대학교 민족문화연구소 소장. 한국학자료센터 영남권역센터 홈페이지 원문 이미지와 텍스트 보기. 영남대학교 민족문화연구소 편(1992), 김선경(1993) 참고>

1893-10-00. **계사년 영양향교 첩정**(癸巳年英陽鄕校牒呈), 영양향교 집강 조(執綱趙). <1장. 한자+이두. 조선 필사 이두 자료. 경북 영양군 영양향교 소장. 한국학자료센터 영남권역센터 홈페이지 원문 이미지와 텍스트 보기. 영남대학교 민족문화연구소 편(1992), 김경숙(2002) 참고>

1175 호남권 한국학자료센터 홈페이지에서는 '1893년 이명곤(李明坤) 방매(放賣) 토지매매명문(土地賣買明文)'으로 표시하였다.

1893-10-00. **김기두 소지**(金箕斗所志) 1, 김기두. <1장. 한자+이두. 조선 필사 이두 자료. 전북 고창군 장두 광산 김씨가 소장. 호남권 한국학자료센터 홈페이지 원문 텍스트 보기. 최승희(1989), 전북향토문화연구회 편(1993), 정구복 외(1999) 참고>

1893-10-00. **김봉규 다짐**(金奉圭侤音) 2, 김봉규. <1장. 한자+이두. 조선 필사 이두 자료. 서울 정동 진주 강씨가 구장. 전북대학교 박물관 소장. 호남권 한국학자료센터 홈페이지 원문 이미지와 텍스트 보기. 박병호(1974ㄱ), 최승희(1989), 정구복 외(1999) 참고>

1893-10-00. **이병목 상서**(李炳牧上書) 6, 이병목. <1장. 한자+이두. 조선 필사 이두 자료. 상주 연안 이씨 이만부 종가 소장. 한국학중앙연구원 장서각 한국고문서자료관 홈페이지 원문 이미지 보기>

1893-10-00. **정병원 등 등장**(鄭炳源等等狀), 정병원 등. <1장. 한자+이두. 조선 필사 이두 자료. 전북 고창군 장두 광산 김씨가 소장. 호남권 한국학자료센터 홈페이지 원문 텍스트 보기. 최승희(1989), 전북향토문화연구회 편(1993), 정구복 외(1999) 참고>

1893-10-00. **진제만 소지**(陳濟萬所志) 1, 진제만. <1장. 한자+이두. 조선 필사 이두 자료. 전북 부안군 취성재 소장. 호남권 한국학자료센터 홈페이지 원문 이미지와 텍스트 보기. 최승희(1989), 전경목(1997), 김현영(1999), 이수건 외(2004) 참고>

1893-10-00. **토지매매명문**(土地賣買明文)[1176] 1, 답주 동임 서작심 등(畓主洞任徐作心 等). <1장. 한자+이두. 조선 필사 이두 자료. 경북 고령군 대가야읍 본관 1리 홍와 고택 구장. 한국국학진흥원 소장. 한국학자료센터 영남권역센터 홈페이지 원문 이미지와 텍스트 보기. 김성갑(2013) 참고>

1893-10-00. **토지매매명문**(土地賣買明文)[1177] 2, 답주 동임 서작심 등(畓主洞任徐作心 等). <1장. 한자+이두. 조선 필사 이두 자료. 경북 고령군 대가야읍 본관 1리 홍와 고택 구장. 한국국학진흥원 소장. 한국학자료센터 영남권역센터 홈페이지

[1176] 한국학자료센터 영남권역센터 홈페이지에서는 '1893년 동답(洞畓) 방매 토지매매명문(土地賣買明文)'으로 표시하였다.
[1177] 한국학자료센터 영남권역센터 홈페이지에서는 '1893년 동답(洞畓) 방매 토지매매명문(土地賣買明文)'으로 표시하였다.

원문 이미지와 텍스트 보기. 김성갑(2013) 참고>

1893-11-02. **미동 유씨 종계 토지매매명문**(美洞柳氏宗契土地賣買明文), 답주 유학 김정언(畓主幼學金廷彦). <1장. 한자+이두. 조선 필사 이두 자료. 전남 구례군 토지면 오미리 문화 류씨 운조루 소장. 한국학중앙연구원 장서각 한국고문서자료관 홈페이지 원문 이미지와 텍스트 보기. 한국정신문화연구원 편(1998) 참고>

1893-11-03. **조진원 소지**(趙進源所志) 2, 조진원. <1장. 한자+이두. 조선 필사 이두 자료. 부여 은산 함양 박씨 소장. 한국학중앙연구원 장서각 한국고문서자료관 홈페이지 원문 이미지 보기. 한국정신문화연구원 편(2000) 참고>

1893-11-07. **광평 정씨 댁 공소 토지매매명문**(廣坪鄭氏宅公所土地賣買明文), 답주 조문수(畓主趙文守). <1장. 한자+이두. 조선 필사 이두 자료. 경북 안동시 주촌 진성 이씨 경류정 구장. 서울역사박물관 소장. 한국학중앙연구원 장서각 한국고문서자료관 홈페이지 & 한국학중앙연구원 한국학 디지털 아카이브 홈페이지 원문 이미지와 텍스트 보기. 한국정신문화연구원 편(1999) 참고>

1893-11-08. **가사매매명문**(家舍賣買明文),[1178] 방매 가주 강운여(放賣家主姜雲與). <1장. 한자+이두. 조선 필사 이두 자료. 전북대학교 박물관 소장. 호남권 한국학자료센터 홈페이지 원문 이미지 보기. 최승희(1989), 정구복 외(1999), 이재수(2003) 참고>

1893-11-10. **토지매매명문**(土地賣買明文),[1179] 답주 정창권(畓主鄭昌權). <1장. 한자+이두. 조선 필사 이두 자료. 전남 나주시 남내 밀양 박씨 청재 종가 소장. 호남권 한국학자료센터 홈페이지 원문 이미지와 텍스트 보기. 이수건(1987), 심희기(1991) 참고>

1893-11-12. **토지매매명문**(土地賣買明文), 전답주 권 노 봉월(田畓主權奴奉月).[1180] <1

[1178] 호남권 한국학자료센터 홈페이지에서는 '1893년 강운여(姜雲與) 방매 가사매매명문(家舍賣買明文)'으로 표시하였다.

[1179] 호남권 한국학자료센터 홈페이지에서는 '1893년 정창권(鄭昌權) 방매(放賣) 토지매매명문(土地賣買明文)'으로 표시하였다.

[1180] 한국학중앙연구원 장서각 한국고문서자료관 홈페이지에서는 발급자를 '유노봉(柳奴奉)'으로 잘못 적었다.

장. 한자+이두. 조선 필사 이두 자료. 전남 구례군 토지면 오미리 문화 류씨 운조루 소장. 한국학중앙연구원 장서각 한국고문서자료관 홈페이지 원문 이미지와 텍스트 보기. 한국정신문화연구원 편(1998) 참고>

1893-11-15. **박명수 토지매매명문**(朴命守土地賣買明文), 전주 김 노 계월(田主金奴戒月). <1장. 한자+이두. 조선 필사 이두 자료. 경북 안동시 수곡면 전주 류씨 수곡파 대야 고택 구장. 한국국학진흥원 소장. 한국학자료센터 영남권역센터 홈페이지 원문 이미지와 텍스트 보기>

1893-11-17. **유 노 화득 토지매매명문**(柳奴和得土地賣買明文), 답주 김 노 돌이(畓主金奴㐎伊). <1장. 한자+이두. 조선 필사 이두 자료. 경북 안동시 수곡면 전주 류씨 삼산 종가 구장. 한국국학진흥원 소장. 한국학자료센터 영남권역센터 홈페이지 원문 이미지와 텍스트 보기. 최승희(1989), 이재수(2000, 2003), 전경목(2010), 정수환(2012) 참고>

1893-11-17. **유학 토지매매명문**(幼學土地賣買明文),[1181] 답주 유학 채경석(畓主幼學蔡景錫). <1장. 한자+이두. 조선 필사 이두 자료. 전남 보성군 복내면 죽산 안씨 죽곡정사 소장. 호남권 한국학자료센터 홈페이지 원문 이미지와 텍스트 보기. 이정수(1999), 이재수(2003) 참고>

1893-11-17. **토지매매명문**(土地賣買明文),[1182] 답주 응령계 답골 노 승돌(畓主應令契畓廛奴升乭). <1장. 한자+이두. 조선 필사 이두 자료. 전북대학교 박물관 소장. 호남권 한국학자료센터 홈페이지 원문 이미지 보기>

1893-11-21. **종계 호 계복 토지매매명문**(宗禊戶癸福土地賣買明文),[1183] 답주 호 가팔리(畓主戶加八里). <1장. 한자+이두. 조선 필사 이두 자료. 영해 인량 재령 이씨 우계 종택 구장. 한국국학진흥원 소장. 한국학자료센터 영남권역센터 홈페이지

1181 호남권 한국학자료센터 홈페이지에서는 '1893년 채경석(蔡景錫) 방매(放賣) 토지매매명문(土地賣買明文)'으로 표시하였다.

1182 호남권 한국학자료센터 홈페이지에서는 '1893년 노(奴) 승돌(升乭) 방매 토지매매명문(土地賣買明文)'으로 표시하였다.

1183 한국국학진흥원 유교넷 홈페이지에서는 문서명을 '1893년 **곡가팔리**가 계복에게 토지(논)를 팔았음을 증명하는 매매명문'으로 표시하였다. 발급자를 '곡가팔리 谷加八里'로 적었다.

& 한국국학진흥원 유교넷 홈페이지 원문 이미지와 텍스트 보기>

1893-11-22. **문중 토지매매명문**(門中土地賣買明文), 전주 이수호 등(田主李壽昊等). <1장. 한자+이두. 조선 필사 이두 자료. 경북 영해 인량 재령 이씨 충효당 구장. 한국국학진흥원 소장. 한국학중앙연구원 장서각 한국고문서자료관 홈페이지 원문 이미지와 텍스트 보기. 한국정신문화연구원 편(1997) 참고>

1893-11-25. **유학 토지매매명문**(幼學土地賣買明文),[1184] 답주 유학 이성민(畓主幼學李聖敃). <1장. 한자+이두. 조선 필사 이두 자료. 전북 정읍시 동학농민혁명기념관 소장. 호남권 한국학자료센터 홈페이지 원문 이미지와 텍스트 보기. 박병호(1974ㄱ), 이재수(2003) 참고>

1893-11-25. **토지매매명문**(土地賣買明文),[1185] 답주 유학 이성민(畓主幼學李聖敃). <1장. 한자+이두. 조선 필사 이두 자료. 전북 정읍시 동학농민혁명기념관 소장. 호남권 한국학자료센터 홈페이지 원문 이미지와 텍스트 보기. 박병호(1974ㄱ), 이재수(2003) 참고>

1893-11-26. **김 노 한근 토지매매명문**(金奴漢根土地賣買明文), 답주 신대균(畓主申大均). <1장. 한자+이두. 조선 필사 이두 자료. 경북 안동시 오천 광산 김씨 후조당 소장. 한국학중앙연구원 장서각 한국고문서자료관 홈페이지 & 한국학중앙연구원 한국학 디지털 아카이브 홈페이지 원문 이미지와 텍스트 보기. 한국정신문화연구원 편(1982) 참고>

1893-11-29. **유학 양천환 토지매매명문**(幼學梁天煥土地賣買明文), 도문 답주 유학 김재무(都文畓主幼學金在武). <1장. 한자+이두. 조선 필사 이두 자료. 전남 보성군 박실 제주 양씨가 구장. 원광대학교 박물관 소장. 호남권 한국학자료센터 홈페이지 원문 이미지와 텍스트 보기. 박병호(1974ㄱ), 이재수(2003) 참고>

1893-11-00. **김진현 등 소지**(金晉鉉等所志),[1186] 김진현 등. <1장. 한자+이두. 조선

[1184] 호남권 한국학자료센터 홈페이지에서는 '1893년 이성민(李聖敃) 방매 토지매매명문(土地賣買明文)'으로 표시하였다.

[1185] 호남권 한국학자료센터 홈페이지에서는 '1893년 이성민(李聖敃) 방매 토지매매명문(土地賣買明文)'으로 표시하였다.

[1186] 한국국학진흥원 유교넷 홈페이지에서는 문서명을 '1893년 김진현 등이 예안성주에게 투장건에

필사 이두 자료. 의성 김씨 함집당 종택 구장. 한국국학진흥원 소장. 한국국학진흥원 유교넷 홈페이지 원문 이미지 보기>

1893-11-00. **오창권 첩**(吳昌權帖), 찰리사 겸 방어사(察里使兼防禦使). <1장. 한자+이두. 필사 이두 자료. 제주교육박물관 소장. 사이버 제주교육박물관 홈페이지 원문 이미지와 텍스트 보기>

1893-11-00. **전라도관찰사 관**(全羅道觀察使關), 예조(禮曹). <1장. 한자+이두. 조선 필사 이두 자료. 영광 함안 이씨 이기태 구장. 영광농업기술센터 영인본 소장. 호남권 한국학자료센터 홈페이지 원문 이미지와 텍스트 보기. 최승희(1989), 국립민속박물관 편(1991), 정구복 외(1999) 참고>

1893-11-00. **정석원 소지**(鄭錫元所志) 2, 정석원. <1장. 한자+이두. 조선 필사 이두 자료. 양주 안흥 광주 정씨 소장. 한국학중앙연구원 장서각 한국고문서자료관 홈페이지 원문 이미지 보기. 한국정신문화연구원 편(2004) 참고>

1893-11-00. **진제만 소지**(陳濟萬所志) 2, 진제만. <1장. 한자+이두. 조선 필사 이두 자료. 전북 부안군 취성재 소장. 호남권 한국학자료센터 홈페이지 원문 이미지와 텍스트 보기. 최승희(1989), 전경목(1997), 김현영(1999), 이수건 외(2004) 참고>

1893-11-00. **토지매매명문**(土地賣買明文), 답주 노 오석(畓主奴吳石). <1장. 한자+이두. 조선 필사 이두 자료. 경북 경주시 내남면 이조리 경주 최씨·용산서원 소장. 한국학중앙연구원 장서각 한국고문서자료관 홈페이지 & 한국학중앙연구원 한국학 디지털 아카이브 홈페이지 원문 이미지 보기. 한국정신문화연구원 편(2000) 참고>

1893-12-02. **토지매매명문**(土地賣買明文), 답주 자필 김 노 갑정(畓主自筆金奴甲丁). <1장. 한자+이두. 조선 필사 이두 자료. 경남 거창 장기 거창 신씨가 소장. 한국학중앙연구원 장서각 한국고문서자료관 홈페이지 원문 이미지 보기. 한국학중앙연구원 편(2005) 참고>

1893-12-04. **유학 토지매매명문**(幼學土地賣買明文),[1187] 답주 유학 정해일(畓主幼學鄭

대해 올린 소지'로 표시하였다.

[1187] 호남권 한국학자료센터 홈페이지에서는 '1893년 정해일(鄭海鎰) 방매(放賣) 토지매매명문(土地賣

海鎰). <1장. 한자+이두. 조선 필사 이두 자료. 전남 보성군 박실 제주 양씨가 구장. 원광대학교 박물관 소장. 호남권 한국학자료센터 홈페이지 원문 이미지와 텍스트 보기. 김건우(2008), 정수환·이헌창(2008), 채현경(2011ㄱ, 2011ㄴ) 참고>

1893-12-05. **임실현감 전령**(任實縣監傳令), 임실현감. <1장. 한자+이두. 조선 필사 이두 자료. 전북 임실군 청웅 밀양 박씨가 소장. 호남권 한국학자료센터 홈페이지 원문 이미지와 텍스트 보기. 박병호(1974ㄱ), 최승희(1989), 이재수(2003) 참고>

1893-12-09. **신 노 이운 토지매매명문**(愼奴以云土地賣買明文) 1, 답주 이 노 진연(畓主李奴眞淵). <1장. 한자+이두. 조선 필사 이두 자료. 경남 거창 장기 거창 신씨가 소장. 한국학중앙연구원 장서각 한국고문서자료관 홈페이지 원문 이미지 보기. 한국학중앙연구원 편(2005) 참고>

1893-12-10. **토지매매명문**(土地賣買明文),[1188] 답주 자필 한필수(畓主自筆韓弼洙). <1장. 한자+이두. 조선 필사 이두 자료. 전북 무장 원송 진주 강씨가 구장. 전북대학교 박물관 소장. 호남권 한국학자료센터 홈페이지 원문 이미지와 텍스트 보기. 최승희(1989), 김소은(2004) 참고>

1893-12-12. **예조 입안**(禮曹立案) 1, 예조. <1장. 한자+이두. 세로 줄이 있는 인쇄 종이에 필사. 수결이나 착명 대신에 도장 사용. 조선 필사 이두 자료. 전북 진안 개화 전주 이씨가 소장. 호남권 한국학자료센터 홈페이지 원문 이미지와 텍스트 보기. 박병호(1974ㄱ), 최승희(1989), 전경목 외(2006) 참고>

1893-12-13. **토지매매명문**(土地賣買明文),[1189] 답주 유학 전영식(畓主幼學全永植). <1장. 한자+이두. 조선 필사 이두 자료. 전남 보성군 박실 제주 양씨가 구장. 원광대학교 박물관 소장. 호남권 한국학자료센터 홈페이지 원문 이미지와 텍스트 보기. 최승희(1989), 김건우(2008), 정수환·이헌창(2008), 채현경(2011ㄴ) 참고>

1893-12-13 추정. **벌치동 상임 서목**(伐致洞上任書目) 3, 벌치동 상임. <1장. 한자+이

買明文)'으로 표시하였다.

[1188] 호남권 한국학자료센터 홈페이지에서는 '1893년 한필수(韓弼洙) 방매(放賣) 토지매매명문(土地賣買明文)'으로 표시하였다.

[1189] 호남권 한국학자료센터 홈페이지에서는 '1893년 전영식(全永植) 방매(放賣) 토지매매명문(土地賣買明文)'으로 표시하였다.

두. 조선 필사 이두 자료. 경북 경주시 안강읍 옥산리 여주 이씨 장산서원·치암종택 구장. 한국학중앙연구원 장서각 한국고문서자료관 홈페이지 원문 이미지 보기. 한국정신문화연구원 편(2003) 참고>

1893-12-14. **조 씨 댁 토지매매명문**(趙氏宅土地賣買明文), 전주 권 생원 댁 노 춘삼(田主權生員宅奴春三). <1장. 한자+이두. 조선 필사 이두 자료. 경북 상주 낙동 풍양 조씨 양진당 소장. 한국학중앙연구원 장서각 한국고문서자료관 홈페이지 원문 이미지 보기>

1893-12-15. **토지매매명문**(土地賣買明文),[1190] 전주 유학 김성수(田主幼學金聖秀). <1장. 한자+이두. 조선 필사 이두 자료. 전북 정읍시 옹동 전주 이씨가 구장. 정읍시 옹동 이태일가 소장. 호남권 한국학자료센터 홈페이지 원문 이미지와 텍스트 보기. 박병호(1974ㄱ), 최승희(1989), 이재수(2003) 참고>

1893-12-17. **수표**(手標), 표주 한필수(標主韓㓖洙). <1장. 한자+이두. 조선 필사 이두 자료. 전북 무장 원송 진주 강씨가 구장. 전북대학교 박물관 소장. 호남권 한국학자료센터 홈페이지 원문 이미지와 텍스트 보기. 최승희(1989), 김소은(2004) 참고>

1893-12-18. **조세물 토지매매명문**(趙歲勿土地賣買明文), 답주 차득랑(畓主車得郞). <1장. 한자+이두. 조선 필사 이두 자료. 경북 상주 낙동 풍양 조씨 양진당 소장. 한국학중앙연구원 장서각 한국학자료포털 홈페이지 참고>

1893-12-19. **계중 토지매매명문**(稧中土地賣買明文),[1191] 답주 임병우(畓主林秉佑). <1장. 한자+이두. 조선 필사 이두 자료. 경북 예천 임씨 금양파 금포 고택 구장. 한국국학진흥원 소장. 한국국학진흥원 유교넷 홈페이지 원문 이미지와 텍스트 보기>

1893-12-20. **이 승지댁 토지매매명문**(李承旨宅土地賣買明文),[1192] 답주 이연수(畓主李

[1190] 호남권 한국학자료센터 홈페이지에서는 '1893년 김성수(金聖秀) 방매(放賣) 토지매매명문(土地賣買明文)'으로 표시하였다.

[1191] 한국국학진흥원 유교넷 홈페이지에서는 문서명을 '1893년 임병우가 계 앞으로 논을 팔았음을 증명하는 전답매매문기'로 표시하였다.

[1192] 한국국학진흥원 유교넷 홈페이지에서는 문서명을 '1893년 이연수가 이승지댁에 논을 팔았음을

連壽). <1장. 한자+이두. 조선 필사 이두 자료. 진성 이씨 하계파 권재 댁 구장. 한국국학진흥원 소장. 한국국학진흥원 유교넷 홈페이지 원문 이미지와 텍스트 보기>

1893-12-21. **토지매매명문**(土地賣買明文),[1193] 답주 유학 홍경선(畓主幼學洪京先). <1장. 한자+이두. 조선 필사 이두 자료. 전북 정읍시 동학농민혁명기념관 소장. 호남권 한국학자료센터 홈페이지 원문 이미지와 텍스트 보기. 박병호(1974ㄱ), 이재수(2003) 참고>

1893-12-23. **박 수문장댁 토지매매명문**(朴守門將宅土地賣買明文) 2, 전주 강달삼(田主姜達三). <1장. 한자+이두. 조선 필사 이두 자료. 전남 장흥군 용산 밀양 박씨 박철환 소장. 호남권 한국학자료센터 홈페이지 원문 이미지와 텍스트 보기. 최승희(1989), 정구복 외(1999), 전경목 외(2006) 참고>

1893-12-23. **수표**(手標), 표주 자필 유학 이평회(標主自筆幼學李平會). <1장. 한자+이두. 조선 필사 이두 자료. 전남 보성군 박실 제주 양씨가 구장. 원광대학교 박물관 소장. 호남권 한국학자료센터 홈페이지 원문 이미지와 텍스트 보기. 최승희(1989), 정구복 외(1999), 채현경(2011) 참고>

1893-12-24. **토지매매명문**(土地賣買明文),[1194] 산지주 종손 김여성(山地主宗孫金汝成). <1장. 한자+이두. 조선 필사 이두 자료. 전북 진안 개화 전주 이씨가 소장. 호남권 한국학자료센터 홈페이지 원문 이미지와 텍스트 보기. 최승희(1989), 전북향토문화연구회 편(1993), 정구복 외(1999) 참고>

1893-12-26. **수표**(手標), 표주 유학 최윤직(標主幼學崔允稙). <1장. 한자+이두. 조선 필사 이두 자료. 전북 김제 남산 임창종 구장. 전북대학교 박물관 소장. 호남권 한국학자료센터 홈페이지 원문 이미지와 텍스트 보기. 박병호(1974ㄱ), 최승희(1989), 정구복 외(1999) 참고>

증명하는 전답매매문기'로 표시하였다.

[1193] 호남권 한국학자료센터 홈페이지에서는 '1893년 홍경선(洪京先) 방매 토지매매명문(土地賣買明文)'으로 표시하였다.

[1194] 호남권 한국학자료센터 홈페이지에서는 '1893년 김여성(金汝成) 방매(放賣) 토지매매명문(土地賣買明文)'으로 표시하였다.

1893-12-26. **신 노 이운 토지매매명문**(愼奴以云土地賣買明文) 2, 답주 박 노 필분(畓主 朴奴必分). <1장. 한자+이두. 조선 필사 이두 자료. 경남 거창 장기 거창 신씨가 소장. 한국학중앙연구원 장서각 한국고문서자료관 홈페이지 원문 이미지 보기. 한국학중앙연구원 편(2005) 참고>

1893-12-27. **남만여 수표**(南萬汝手標), 남만여. <1장. 한자+이두. 조선 필사 이두 자료. 경기도 안산시 부곡동 진주 류씨 경성당 소장. 한국학중앙연구원 장서각 한국고문서자료관 홈페이지 원문 이미지 보기. 한국정신문화연구원 편(2002) 참고>

1893-12-29. **선달 이문숙 가사매매명문**(先達李文淑家舍賣買明文), 가주 김학성(家主 金學聲). <1장. 한자+이두. 조선 필사 이두 자료. 삼척시립박물관 소장. 한국학자료센터 강원권역센터 홈페이지 원문 이미지와 텍스트 보기. 최승희(1989), 채현경(2011ㄱ), 김세민(2013), 김영란(2017) 참고>

1893-12-00. **강재봉 등 단자**(姜在鳳等單子) 2, 강재봉 등. <1장. 한자+이두. 조선 필사 이두 자료. 서울 정동 진주 강씨가 구장. 전북대학교 박물관 소장. 호남권 한국학자료센터 홈페이지 원문 이미지와 텍스트 보기. 박병호(1974ㄱ), 최승희(1989), 정구복 외(1999) 참고>

1893-12-00. **강재봉 등 등장**(姜在鳳等等狀), 강재봉 등. <1장. 한자+이두. 조선 필사 이두 자료. 서울 정동 진주 강씨가 구장. 전북대학교 박물관 소장. 호남권 한국학자료센터 홈페이지 원문 이미지와 텍스트 보기. 박병호(1974ㄱ), 최승희(1989), 정구복 외(1999) 참고>

1893-12-00. **강재봉 등 상서**(姜在鳳等上書) 4, 강재봉 등. <1장. 한자+이두. 조선 필사 이두 자료. 서울 정동 진주 강씨가 구장. 전북대학교 박물관 소장. 호남권 한국학자료센터 홈페이지 원문 이미지와 텍스트 보기. 박병호(1974ㄱ), 최승희(1989), 정구복 외(1999) 참고>

1893-12-00. **강재봉 등 상서**(姜在鳳等上書) 5, 강재봉 등. <1장. 한자+이두. 조선 필사 이두 자료. 서울 정동 진주 강씨가 구장. 전북대학교 박물관 소장. 호남권 한국학자료센터 홈페이지 원문 이미지와 텍스트 보기. 박병호(1974ㄱ), 최승희(1989), 정구복 외(1999) 참고>

1893-12-00. **강재봉 등 상서**(姜在鳳等上書) 6, 강재봉 등. <1장. 한자+이두. 조선 필사 이두 자료. 서울 정동 진주 강씨가 구장. 전북대학교 박물관 소장. 호남권 한국학자료센터 홈페이지 원문 이미지와 텍스트 보기. 박병호(1974ㄱ), 최승희(1989), 정구복 외(1999) 참고>

1893-12-00. **김병현 등 소지**(金秉鉉等所志),[1195] 김병현 등. <1장. 한자+이두. 조선 필사 이두 자료. 의성 김씨 함집당 종택 구장. 한국국학진흥원 소장. 한국국학진흥원 유교넷 홈페이지 원문 이미지와 텍스트 보기>

1893-12-00. **양지겸 등 상서**(楊志謙等上書), 양지겸 등. <1장. 한자+이두. 조선 필사 이두 자료. 전북 순창 청계 문화 유씨가 소장. 호남권 한국학자료센터 홈페이지 원문 이미지와 텍스트 보기. 박병호(1974ㄱ), 최승희(1989), 정구복 외(1999) 참고>

1893-12-00. **예조 입안**(禮曹立案) 2, 예조. <1장. 한자+이두. 조선 필사 이두 자료. 전북 진안 개화 전주 이씨가 소장. 호남권 한국학자료센터 홈페이지 원문 이미지와 텍스트 보기. 박병호(1974ㄱ), 최승희(1989), 전경목 외(2006) 참고>

1893-12-00. **이재두 소지**(李在斗所志) 이재두. <1장. 한자+이두. 조선 필사 이두 자료. 전북 순창군 인화 전주 이씨가 구장. 전북 전주시 효자동 전주 이씨가 소장. 호남권 한국학자료센터 홈페이지 원문 이미지와 텍스트 보기. 최승희(1989), 이수건 외(2004) 참고>

1893-12-00. **임용묵 소지**(林容默所志), 임용묵. <1장. 한자+이두. 조선 필사 이두 자료. 전북 김제 남산 임창종 구장. 전북대학교 박물관 소장. 호남권 한국학자료센터 홈페이지 원문 이미지와 텍스트 보기. 박병호(1974ㄱ), 최승희(1989), 정구복 외(1999) 참고>

1893-12-00. **정석원 소지**(鄭錫元所志) 3, 정석원. <1장. 한자+이두. 조선 필사 이두 자료. 양주 안흥 광주 정씨 소장. 한국학중앙연구원 장서각 한국고문서자료관 홈페이지 원문 이미지 보기. 한국정신문화연구원 편(2004) 참고>

1893-12-00. **토지매매명문**(土地賣買明文),[1196] 답주 김 노 백열(畓主金奴白悅). <1장.

[1195] 한국국학진흥원 유교넷 홈페이지에서는 문서명을 '1893년 김병현 등이 예안성주에게 투장건에 대해 올린 소지'로 표시하였다.

한자+이두. 조선 필사 이두 자료. 경북 안동시 수곡면 전주 류씨 삼산 종가 구장. 대구광역시 수성구 만촌동 전주 류씨 종가 소장. 한국학자료센터 영남권역센터 홈페이지 원문 이미지와 텍스트 보기. 최승희(1989), 이재수(2003), 전경목(2010), 정수환(2012) 참고>

1893-12-00. **토지매매명문**(土地賣買明文),[1197] 답주 김경숙(畓主金敬淑). <1장. 한자+이두. 조선 필사 이두 자료. 전남 보성군 박실 제주 양씨가 구장. 원광대학교 박물관 소장. 호남권 한국학자료센터 홈페이지 원문 이미지와 텍스트 보기>

1893-12-00. **토지매매명문**(土地賣買明文),[1198] 답주 문초계 댁(畓主文草溪宅). <1장. 한자+이두. 조선 필사 이두 자료. 전남 장성군 고산서원 소장. 호남권 한국학자료센터 홈페이지 원문 이미지와 텍스트 보기. 이수건 외(2004) 참고>

1893-12-00. **토지매매명문**(土地賣買明文),[1199] 답주 유학 임병문(畓主幼學林柄紋). <1장. 한자+이두. 조선 필사 이두 자료. 전남 보성군 박실 제주 양씨가 구장. 원광대학교 박물관 소장. 호남권 한국학자료센터 홈페이지 원문 이미지와 텍스트 보기. 박병호(1974ㄱ), 최승희(1989), 이재수(2003) 참고>

1893-12-00. **토지매매명문**(土地賣買明文),[1200] 답주 유학 황명수(畓主幼學黃命守). <1장. 한자+이두. 조선 필사 이두 자료. 전북대학교 박물관 소장. 호남권 한국학자료센터 홈페이지 원문 이미지와 텍스트 보기. 최승희(1989), 정구복 외(1999), 이재수(2003) 참고>

1893-■■-28. **토지매매명문**(土地賣買明文),[1201] 전주 강 노 옥공(田主姜奴玉功). <1장.

[1196] 한국학자료센터 영남권역센터 홈페이지에서는 '1893년 김노(金奴) 토지매매명문(土地賣買明文)'으로 표시하였다.

[1197] 호남권 한국학자료센터 홈페이지에서는 '1893년 김경숙(金敬淑) 방매(放賣) 토지매매명문(土地賣買明文)'으로 표시하였다.

[1198] 호남권 한국학자료센터 홈페이지에서는 '1893년 문초계택(文草溪宅) 방매(放賣) 토지매매명문(土地賣買明文)'으로 적었다.

[1199] 호남권 한국학자료센터 홈페이지에서는 '1893년 임병문(林柄紋) 방매(放賣) 토지매매명문(土地賣買明文)'으로 표시하였다.

[1200] 호남권 한국학자료센터 홈페이지에서는 '1893년 황명수(黃命守) 방매 토지매매명문(土地賣買明文)'으로 표시하였다.

한자+이두. 조선 필사 이두 자료. 경북 고령군 대가야읍 본관 1리 홍와 고택 구장. 한국국학진흥원 소장. 한국학자료센터 영남권역센터 홈페이지 원문 이미지와 텍스트 보기. 김성갑(2013) 참고>

1893-■■-■■. **김기두 소지**(金箕斗所志) 2, 김기두. <1장. 한자+이두. 조선 필사 이두 자료. 전북 고창군 장두 광산 김씨가 소장. 호남권 한국학자료센터 홈페이지 원문 텍스트 보기. 최승희(1989), 전경목(1997), 김현영(1999), 이수건 외(2004) 참고>

1893-■■-■■. **두민 ■ 첩정**(頭民■牒呈), 두민 ■. <1장. 한자+이두. 조선 필사 이두 자료. 경남 거창 장기 거창 신씨가 소장. 한국학중앙연구원 장서각 한국고문서자료관 홈페이지 원문 이미지 보기. 한국학중앙연구원 편(2005) 참고>

1893-00-00. **김 생원 원촌댁 수표**(金生員遠村宅手標), 표주 김 생원 원촌댁(標主金生員遠村宅). <1장. 한자+이두. 조선 필사 이두 자료. 경북 영해 인량 재령 이씨 충효당 소장. 한국학중앙연구원 장서각 한국고문서자료관 홈페이지 원문 이미지 보기. 한국정신문화연구원 편(2004) 참고>

1893-00-00. **동임 김 첩정**(洞任金牒呈) 3, 동임 김. <1장. 한자+이두. 조선 필사 이두 자료. 경남 거창 장기 거창 신씨가 소장. 한국학중앙연구원 장서각 한국고문서자료관 홈페이지 원문 이미지 보기. 한국학중앙연구원 편(2005) 참고>

1893-00-00. 「신정왕후부묘도감의궤(**神貞王后祔 廟都監儀軌**)」,[1202] 부묘도감 편. <1책. 145장. 필사본. 표제는 '祔 廟都監儀軌全'. 권수제는 '(光緖十八年壬辰四月 日)神貞王后祔 廟都監儀軌'. 한자+이두. 조선 필사 이두 자료. 서울대학교 규장각 한국학연구원 의궤 종합정보 홈페이지 '奎13754' 원문 이미지 보기>

1893-00-00. 「열성조하교(**列聖朝下敎**)」, 김홍두(金洪斗) 편. <1책. 9장. 목판본. '열성조 하교', '완문(完文)', '입안(立案)' 수록. 조선 인쇄 이두 자료. 국립중앙도서관 홈페이지 원문 이미지 보기>

1201 한국학자료센터 영남권역센터 홈페이지에서는 '1893년 강노(姜奴) 옥공(玉功) 방매 토지매매명문(土地賣買明文)'으로 표시하였다.

1202 서울대학교 규장각 한국학연구원 의궤 종합정보 홈페이지에서는 서명을 '신정왕후부묘도감의궤(神貞王后祔廟都監儀軌)'로 붙여 썼다.

1893-00-00. 「의화군가례등록(義和君嘉禮謄錄)」, 예조(禮曹). <1책. 78장. 필사본. 한자+이두. 조선 필사 이두 자료. 한국학중앙연구원 장서각 소장. 한국학중앙연구원 한국학 디지털 아카이브 홈페이지 & 한국학중앙연구원 장서각 한국학자료센터 홈페이지 원문 이미지 보기>

한국어의 한자 및 한문 표기 자료의 목록과 서지 5
-19세기 후반(1851년~1893년)-

초판 1쇄 인쇄 2025년 12월 1일
초판 1쇄 발행 2025년 12월 8일

지은이 박형익
펴낸이 이대현
편집 이태곤 권분옥 임애정 강윤경
디자인 안혜진 최선주 김다윤 | 마케팅 박태훈
펴낸곳 도서출판 역락 | 등록 1999년 4월 19일 제303-2002-000014호
주소 서울시 서초구 동광로46길 6-6 문창빌딩 2층(우06589)
전화 02-3409-2060(편집부), 2058(영업부) | 팩스 02-3409-2059
전자우편 youkrack@hanmail.net | 홈페이지 www.youkrackbooks.com

ISBN 979-11-7396-203-5 94710
      979-11-7396-206-6 (세트)

정가는 뒤표지에 있습니다.
파본은 구입처에서 교환해 드립니다.